Gisela Dachs (Hrsg.)
Länderbericht Israel

W0245161

Schriftenreihe Band 10000

Gisela Dachs (Hrsg.)

Länderbericht Israel

bpb:
Bundeszentrale für
politische Bildung

Bonn 2016

© Bundeszentrale für politische Bildung
  Adenauerallee 86, 53113 Bonn

Projektleitung: Hildegard Bremer, bpb
Bildredaktion; Hildegard Bremer, Jutta Klaeren, bpb, Gisela Dachs
Lektorat: Gabi Gumbel, Mannheim

Kartografie: Manfred Müller, mr-kartographie, Gotha
Umschlaggestaltung und Satzherstellung: Naumilkat – Agentur für Kommunikation und Design, Düsseldorf
Umschlagfoto: © Vered Navon
Druck: Druck- und Verlagshaus Zarbock GmbH & Co. KG, Frankfurt/Main

ISBN: 978-3-7425-0000-7

www.bpb.de

Inhalt

Vorwort

Dies ist der erste Länderbericht über Israel in der Schriftenreihe der Bundeszentrale für politische Bildung. Davor wurden bereits viele Staaten in den Blick genommen, mit dem Ziel, interessierten Leserinnen und Lesern[1] Grundlagenkenntnisse nahezubringen und ein komplexes Profil aus verschiedenen Perspektiven zu zeichnen. Die Gestaltung eines solches Bandes über Israel stellt meines Erachtens aber eine ganz besondere Herausforderung dar.

Dies ist Israels einzigartiger Entstehungsgeschichte geschuldet, seiner geografischen Lage, dem volatilen Nachrichtengeschehen, das manche Bewertungen schnell wieder obsolet macht, und nicht zuletzt den besonderen Beziehungen zu Deutschland 71 Jahre nach Ende des Zweiten Weltkriegs.

Israel ist ein Land mit nur acht Millionen Einwohnerinnen und Einwohnern, so klein wie Hessen, mit einer jüdischen Mehrheit, angesiedelt mitten im arabischen Nahen Osten. Fast siebzig Jahre nach der Staatsgründung befindet es sich immer noch im Kriegszustand mit den meisten seiner Nachbarn und ohne feste Grenzen.

Der vorliegende Band will diese komplexe Realität in ihrem Kontext darstellen und rückt dabei auch die konkreten Lebenswirklichkeiten der Israelis mit ins Bild. Beides ist für das tiefere Verstehen unabdingbar und kommt in der tagesaktuellen Nachrichtenflut fast immer zu kurz. Die zahlreichen Autorinnen und Autoren verfolgen bewusst unterschiedliche Ansätze. In ihrer Vielfalt sollen die Beiträge einem wissenschaftlichen Anspruch gerecht werden, aber zugleich auch ein greifbares Gesamtbild der Gesellschaft malen. Dazu tragen etwa ein Essay über israelische Frauen, eine Reportage über das Leben einer ultraorthodoxen Familie oder das Porträt einer Zeitung ebenso bei wie die fünf ganz persönlichen Städteporträts.

---

1 Im Fall von Personengruppen wird im Allgemeinen das generische Maskulinum benutzt, das sich dadurch auszeichnet, dass es geschlechtsabstrahierend verwendet werden kann.

◀ In der Nähe der Kleinstadt Mitzpe Ramon in der Negevwüste

Zunächst aber führt das erste Kapitel in den ganz konkreten Alltag in Israel ein, der in so mancher Hinsicht dem Leben in Deutschland durchaus ähnelt, um dann aber doch völlig anders zu sein. Die Geschichte sitzt den Menschen tief im Nacken, auch wenn sie das selbst nicht immer so empfinden mögen. Vom israelischen Selbstverständnis handelt deshalb eine zweiteilige Ideengeschichte zum Thema Zionismus. Es geht um die Zeit vor und nach der Staatsgründung 1948. Im Zentrum stehen dabei die Fragen, was aus der einstigen Sehnsucht nach Normalisierung jüdischer Existenz geworden ist, und die Debatte, was Zionismus heute eigentlich noch bedeutet.

Andernorts entstanden im 19. Jahrhundert Länder, die man im Nachhinein erst beschrieben hat. Mythen wurden erfunden, um den nationalen Zusammenhalt zu bekräftigen. Der Staatsgründung Israels hingegen ging die Idee voraus. Dazu gehörte auch das Ideal des »neuen Israeli«, konzipiert als ein in die Zukunft gerichteter Gegenentwurf zum verfolgten Diasporajuden. Das war jedoch immer mehr Wunschbild als Realität. Den berühmten Schmelztiegel aus Einwanderern aus aller Welt hat es so nie gegeben. Was wir heute sehen, ist eine Mosaikgesellschaft, wobei sich darüber streiten lässt, wie groß deren Zusammenhalt bzw. das Desintegrationspotenzial ist.

Das dritte Kapitel wirft ein Schlaglicht auf die Gesellschaft. Diese ist geprägt von frühen und späten Immigrationswellen, von Säkularen und Religiösen, von orientalischen und europäischen Juden. Es handelt sich um Gesellschaften im Plural. Nach der großen Einwanderungswelle aus der ehemaligen Sowjetunion sind es jetzt Immigranten aus Frankreich, die dem Land ihren Stempel aufdrücken. Zugleich haben auch immer mehr nicht jüdische Migranten aus Afrika den Weg nach Israel gefunden.

Neben der jüdischen Mehrheit gibt es auch die arabische Minderheit, die in vieler Hinsicht ausgeschlossen ist vom nationalen Diskurs, den nationalen Symbolen. Über solche Demokratiedefizite muss gesprochen werden, aber dann sollte auch erwähnt werden, dass diese arabischen Bürgerinnen und Bürger dennoch mehr demokratische Freiheiten haben als in fast allen anderen Staaten des arabischen Raums.

Dies wirft die Frage nach der Stellung von Religion auf in einem Land, das wie kein anderes weiterhin ständig »in der Mache« ist und dessen ultraorthodoxe Bevölkerung - ähnlich der arabischen - disproportional wächst. Wird Israel in Zukunft ein säkularer und liberaler Staat sein, jüdisch und demokratisch, fragte sich der Staatspräsident Reuven Rivlin in einer viel beachteten Ansprache. Wird es sich zu einem Staat unter jüdischem Gesetz hin entwickeln? Oder zu einem Staat aller seiner Bürger? Lauter offene Fragen. Sie sind aber auch von Israelisierungsprozessen bei der ultraorthodoxen wie auch arabischen Bevölkerung begleitet, die weniger deutlich wahrgenommen werden.

Um den Rahmen besser zu begreifen, innerhalb dessen sich diese Debatten abspielen, werden in den darauffolgenden Kapiteln die Grundstrukturen des politischen Systems, die Leitlinien der Außenpolitik und das Verhältnis zur Diaspora näher erläutert.

Danach geht es um *den* Konflikt. Dieser umfasst aber für Israelis längst nicht nur das ungelöste Palästinenserproblem und die mittlerweile fast fünfzig Jahre währende Besatzung, sondern auch die anhaltende Feindschaft, mit der sich Israel in der Region konfrontiert sieht. Diese Eigenwahrnehmung in einer von Umstürzen und Chaos gezeichneten Region hat auch die politische Landschaft in den vergangenen Jahren beeinflusst. Das Streben nach einem normalen Leben ist von Angst geprägt. Im Zentrum dieses Kampfes um Sicherheit und für die Aufrechterhaltung einer humanen Gesellschaft steht die Armee. Sie ist nach wie vor die wichtigste Institution des Landes.

Da die Armee Eigenverantwortlichkeit und Risikobereitschaft fördert, hat sie auch viel zum Wirtschaftswachstum des Landes beigetragen. Historisch betrachtet hat Israel in dieser Hinsicht einen bemerkenswerten Weg zurückgelegt: weg von einer reinen Zentralwirtschaft, in der ausschließlich die Regierung die ökonomischen und sozialen Ziele vorgab, hin zu einem System, in dem der Einfluss der Politik auf ein absolutes Minimum reduziert wurde und allein die Interessen der Privatwirtschaft im Mittelpunkt stehen. Das alles geschah in relativ kurzer Zeit und mit gravierenden Folgen für die gesamte Gesellschaft, da die Wohlstandskluft wächst. Die richtige Balance zwischen diesen beiden Polen zu finden, stellt heute nicht nur für Israel eine große Herausforderung dar.

Was den jüdischen Staat kennzeichnet, ist die kollektive Erinnerung an die Schoah. Ein Drittel des jüdischen Volkes wurde im Zweiten Weltkrieg ermordet oder starb an den Folgen nationalsozialistischer Judenpolitik. Mit den Opfern identifizieren sich heute auch jene, deren Familiengeschichten nicht unmittelbar von dieser traumatischen Erfahrung geprägt sind. Auch hinterlässt der öffentliche Umgang mit dem nationalen Gedächtnis Spuren. Hinzu kommt: Viele Opfer hätten oder würden gern vergessen, aber sie konnten und können es nicht. Die Täter und ihre nachfolgenden Generationen wiederum sollen oder dürfen nicht vergessen.

In diesem Zusammenhang erscheint die Entwicklung der deutsch-israelischen Beziehungen höchst bemerkenswert, auch wenn diese immer wieder Schwankungen unterworfen war. Viel dazu beigetragen haben – lange schon vor der Aufnahme diplomatischer Beziehungen im Jahr 1965 – die frühen Brückenbauer in Israel. So waren ein beachtlicher Teil der israelischen Bevölkerung zum Zeitpunkt der Staatsgründung (rund ein Zehntel der damaligen jüdischen Landesbevölkerung) zuvor deutsche Staatsbürger gewesen. Bei ihrer Emigration oder Flucht nach Palästina hatten sie ein ausgeprägtes deutsches Kulturvermächtnis mit im Gepäck, das von einem Land ins andere transferiert wurde.

Neben Ursprünglichem und Neuem haben immer auch andere Kulturen – jüdische und fremde aus West und Ost, Vergangenheit und Gegenwart – die sogenannte *israeliness* beeinflusst. Was diese israelische Identität jedoch ausmacht, beruht weniger auf einer historischen und lokalen Entwicklung, sondern auf »einem Zukunftstraum«, wie es der Schriftsteller Amos Oz formuliert hat. Das führt dazu, dass das originäre israelische Kunstschaffen voller Gegensätze steckt. Kämpfe und Risse entstehen im ständigen Dialog auf der Suche nach Identitäten und deren Abwechslung durch neue. So entstand ein vielfarbiges und einfallsreiches Spektrum. Zu diesem gehört eine selbstironische Populärkultur und – entgegen dem ursprünglichen Traum – eine Gegenwartskunst, die das Heute und Morgen der Israelis eher düster und pessimistisch betrachtet. Den Medien kommt dabei die Rolle von Seismografen zu. Der Nachrichtentropf beeinflusst direkt das Leben. Israelis sind nicht nur sozial, sondern auch technologisch gut vernetzt.

Israels Errungenschaften in der Wissenschaft, im technologischen Bereich und in der Kultur sind beeindruckend. Die Anzahl der Akademiker gehört, gemessen an der Bevölkerung, zu den höchsten der Welt. Trotz seiner beträchtlichen Leistungen ist das Land aber auf dem Bildungssektor mit Ungleichheit und Qualitätsproblemen konfrontiert – ein Trend, dem man in jüngster Zeit versucht hat entgegenzuwirken.

Selbst bei einem Umfang von fast 800 Seiten kann es keinen Vollständigkeitsanspruch geben. Vieles, was ebenfalls Tiefe verdient hätte, kann nur en passant angesprochen werden. Während der arabischen Minderheit viel Platz eingeräumt wurde, kommen die Palästinenser im Westjordanland und im Gazastreifen lediglich als Konfliktpartei vor. Über ihre Lebenswirklichkeiten müsste ein eigener Band berichten.

Ebenso wenig kann es, wie bereits anfangs erwähnt, einen Aktualitätsanspruch geben. Das politische Klima in Israel ist sowohl hinsichtlich der Innenpolitik als auch mit Bezug auf die nahöstliche Großwetterlage wechselhaft und schnelllebig. Was einem bei Redaktionsschluss (März 2016) als aktuell und wichtig erscheint, mag bei Erscheinen schon wieder veraltet sein. Ein plötzlicher erneuter Krieg oder vorgezogene Neuwahlen sind nichts Ungewöhnliches. Deshalb wollen wir vielmehr Grundmuster aufzeigen, die auch weit über das Tagesgeschehen hinaus Gültigkeit haben.

Mein großer Dank gilt den Mitarbeitern der Bundeszentrale für politische Bildung, die den Erarbeitungsprozess mit genuinem Interesse, großer Sorgfalt und Professionalität begleitet haben. Ganz besonders danke ich Hildegard Bremer, die sich weder durch die Fülle noch die hohe Seitenzahl hat abschrecken lassen, aber auch Dr. Heinrich Bartel und Jutta Klaeren sowie Dr. Hans-Georg Golz – und nicht zuletzt der Lektorin Gabi Gumbel, deren außerordentliche Akribie den gesamten vorliegenden Band durchzieht.

Gisela Dachs, im Frühjahr 2016

Einführung

Gisela Dachs

Alltag und Leben in Israel

Über kaum ein anderes Land wird so viel diskutiert wie über Israel. Über kaum ein anderes haben so viele Menschen eine Meinung. Vermutlich kein anderes Land fühlt sich vor Ort so anders an, als man es sich aus der Ferne vorgestellt hat. Diese Erfahrung machen jedenfalls viele, wenn sie erstmals nach Israel reisen. Die Bilder in den Medien und im Kopf unterscheiden sich dann meist stark von der Wirklichkeit.

Diese ist vielschichtig und oftmals nur in ihrem historischen und geopolitischen Kontext zu verstehen. Israel birgt viele Gegensätze in sich: Es ist ein westlich orientierter Staat mitten im Nahen Osten. Das Kind säkularer europäischer Gründerväter hat einen wachsenden religiösen und orientalischen Bevölkerungsanteil. Es handelt sich um eine dynamische und hochmoderne Gesellschaft, die zugleich aber tief von traditionellen Werten durchdrungen ist.

Die Beschreibung des Alltags ist somit eine Frage des Standorts. Weltliche Juden – die immer noch die große Mehrheit stellen – führen ein anderes Leben als Strenggläubige. In Jerusalem herrscht eine andere Welt als in Tel Aviv oder in einem der Entwicklungsstädtchen in der sogenannten Peripherie. Jüdische Einwanderer aus der ehemaligen Sowjetunion ticken anders als solche aus Marokko, Kanada oder Argentinien. Hinzu kommen die arabischen Staatsbürger und neuerdings auch immer mehr Arbeitsmigranten. An die Stelle des utopischen Schmelztiegels ist längt das Konzept von einer Mosaikgesellschaft getreten.

Nirgendwo aber mag es so viele Staatsbürger geben, die sich permanent über die Verhältnisse in ihrem Land aufregen, aber auch engagiert darüber streiten, wie die Dinge anders laufen könnten oder sollten. Die Konfliktlage zwingt dazu, politisch zu denken; der hohe Grad an Involviertheit signalisiert jedoch auch Zugehörigkeit zu einem nationalen Projekt, das immer noch als ein Unterfangen »in der Mache« ist, ein *ongoing project*, und dessen langfristige Existenz keineswegs gesichert scheint.

◀ Restaurant auf dem Rothschild Boulevard, Tel Aviv 2016

20

Allerdings ist das Ansehen der politischen Führung und der staatlichen Institutionen in den vergangenen Jahren deutlich gesunken. Nach dem Israeli Democracy Index des Israeli Democracy Institute in Jerusalem von 2015 halten 45,4 Prozent der jüdischen Israelis die Regierung für korrupt, bei der arabischen Bevölkerung sind es sogar 60,8 Prozent. Nur 36,2 Prozent der Israelis vertrauen ihrer Regierung. Im Vordergrund dieser jährlichen Bestandsaufnahme stand dieses Mal die wachsende Kluft zwischen Juden und Arabern. Demnach glauben 42 Prozent der Juden, dass die arabischen Staatsbürger die Existenz des Staates nicht akzeptieren und sein Verschwinden unterstützen. Zugleich gibt es aber auch Daten, die in eine andere Richtung weisen. So gaben 78 Prozent der Juden und 91 Prozent der Araber an, dass es für sie keinen Unterschied mache, von einem jüdischen oder arabischen Arzt behandelt zu werden.

In der Frage nach der Definition ihres Staates herrscht auch im Jahr 2015 noch Uneinigkeit. 36,5 Prozent der Juden hielten die Definition Israels als jüdischer Staat für den wichtigsten Aspekt, während 35,5 Prozent den demokratischen Aspekt hervorhoben. 27 Prozent wiederum hielten beide Definitionen für gleich wichtig. Dieses Spannungsfeld prägt Israel seit seiner Gründung und spiegelt sich in der Abwesenheit einer Verfassung wider.

Dennoch würden 85 Prozent aller Befragten, Juden und Araber gleichermaßen, es vorziehen, im Land zu bleiben, selbst dann, wenn sie die amerikanische oder eine andre westliche Staatsbürgerschaft bekämen. 75 Prozent der befragten Juden und 65 Prozent der befragten Araber hielten zudem ihre persönliche Situation für gut.

Das mutet manchmal wie eine Alltagsschizophrenie an. Fragen Sie ganz normale Israelis nach ihrem Befinden, erhalten Sie häufig die Antwort, dem Land gehe es miserabel und es bestehe Anlass zur Sorge, dass es Israel in fünfzig Jahren womöglich gar nicht mehr gibt, aber mit der persönlichen Situation sei man ziemlich zufrieden. Nach dem Better Life Index der OECD gehört Israel sogar zu den fünf glücklichsten Ländern der Welt – es folgt gleich nach Dänemark, Island, der Schweiz und Finnland. Der israelische »Glückspsychologe« Tal Ben-Shahar, der in Harvard zu Ruhm gelangt ist, erklärt das weniger mit den äußeren Umständen als vielmehr mit der engmaschigen Vernetzung der Menschen untereinander. »Wir legen viel Wert auf Beziehungen. Freunde und Familie stehen hoch oben auf unserer Werteskala. Zeit, die man mit Menschen verbringt, die einem wichtig sind und denen wir wichtig sind, gilt unter den Voraussetzungen für das Glücklichsein als Nummer eins.«[1]

---

1 Dieses Zitat und alle weiteren nicht nachgewiesenen Zitate stammen aus Gesprächen, die die Autorin mit den jeweiligen Personen geführt hat.

Gesellschaftliche Intimität

Das Miteinander spielt sich in einem sehr kleinen Land ab, das in der Region isoliert ist. Diese Situation führt zu einer besonderen gesellschaftlichen Intimität – zementiert durch eine Sprache, das Hebräische, die im Ausland niemand versteht (allenfalls religiöse Juden in der Diaspora). So herrscht eine klare Dichotomie zwischen drinnen und draußen. Dinge ereignen sich »im Land« – auf Hebräisch *baaretz* – oder »außerhalb des Landes« – auf Hebräisch *chutzlaaretz*. Für den letzteren Fall gibt es sogar eine geläufige Abkürzung – *chul*. Man sei außer Landes gewesen, lautet oft die pauschale Antwort auf die Frage, wo man seine Ferien oder Feiertage verbracht habe. Die genaue Ortsangabe bleibt oft zweitrangig. Hauptsache, man hat etwas »draußen« erworben oder war ein paar Tage »draußen«, fernab von dem stressigen israelischen Alltag.

Wer raus will, muss ins Flugzeug steigen. Mit dem Auto kommt er nicht weit. Denn die Landesgrenzen zu den Nachbarländern sind entweder ge-

Der internationale Tel Aviver Flughafen Ben Gurion, 2010

schlossen oder es ist – im Fall von Jordanien und Ägypten, die Friedensabkommen mit Israel haben – nicht ratsam, sie zu überqueren. Auch sind die entspannten Zeiten vorbei, zu denen Israelis abends zum Jazz einfach in die heimliche palästinensische Hauptstadt nach Ramallah im Westjordanland fahren konnten – und durften. Heute sorgt die Sperranlage, gebaut als Antiterrormaßnahme im Zuge der zweiten Intifada, für Abschottung – und Konfliktpotenzial. Das Chaos in den arabischen Ländern ringsherum hat die Region für Israelis noch unzugänglicher gemacht.

Mit »draußen« ist für Israelis somit der für sie zugängliche Rest der Welt gemeint. Die kürzeste Destination bleibt Europa. Hier beginnt die Asymmetrie in der Wahrnehmung. Was für deutsche Touristen eine Fernreise bedeutet (wenn sie nach Israel fliegen), kommt für Israelis einem Kurztrip gleich (wenn sie nach Berlin fliegen). Der internationale Tel Aviver Flughafen ist Nadelöhr und Lebensader zugleich. Lange Zeit war es teuer gewesen, ins Ausland zu fliegen, aber mit der neuen Politik der *open skies* gibt es nun auch Billigflüge mit vielen direkten Verbindungen zum alten Kontinent.

Als im Sommer 2014 eine Rakete der Hamas unweit einer Landebahn einschlug und daraufhin ausländische Fluggesellschaften – darunter Lufthansa – beschlossen, das Land vorübergehend nicht mehr anzufliegen, traf dies einen empfindlichen Nerv. Die schwierige Verortung wird noch unterstrichen durch die Tatsache, dass man beim Eurovision Song Contest mitmacht und in der europäischen Liga Basketball spielt.

Der alte Kontinent ist auch in anderer Hinsicht ein Orientierungspfeiler. Seit 2010 gehört Israel der OECD an, deren mittlerweile 34 Mitglieder zu den reicheren Staaten der Welt zählen und die sich der »Demokratie und Marktwirtschaft verpflichtet fühlen«. Die eigene Aufnahme ist als Erfolg gefeiert worden. Seither wird gern verglichen, sei es in Sachen Bildung, Gesundheit, Lebensstandard oder Korruption. Wo kann man mithalten, wo ist man schlechter, wo vielleicht sogar besser? Stolz auf die Errungenschaften – wie etwa eine weitaus höhere Lebenserwartung trotz niedrigerer Gesundheitsausgaben und ein offensichtliches Talent für Innovation – geht aber immer mit einer strammen Selbstkritik einher, wenn es ums eher schlechte Abschneiden bei der PISA-Studie geht oder ums anwachsende Wohlstandsgefälle. Wollte man nicht ein »Licht unter den Nationen« sein, fragen dann Kommentatoren gern rhetorisch. Oder manchmal auch zynisch.

Israelis vergleichen die Eckdaten ihres Landes gern mit denen anderer OECD-Staaten. Das schafft Zugehörigkeit, aber ändert nichts daran, dass es 68 Jahre nach der Staatsgründung keinen Konsens darüber gibt, was Zionismus bedeutet oder in seinem Namen erlaubt oder notwendig wäre.

Anspruch und Wirklichkeit

Die Kluft zwischen historischem Anspruch und Wirklichkeit bleibt auch 2016 ein Thema. Der Erfinder des Staates, Theodor Herzl, glaubte an die Normalisierung jüdischer Existenz. Israel sollte auf Verfolgung und Minderheitendasein der Juden in aller Welt eine Antwort sein. Man wollte sein Schicksal endlich selbst in der Hand halten, als Teil einer Mehrheitsgesellschaft. In vieler Hinsicht ist das auch gelungen. Der jüdische Kalender regelt die Feiertage im Jahr, so wird eben Chanukka statt Weihnachten gefeiert. Die Schulkinder lesen die Bibel im Original und verstehen die Worte, selbst, wenn sie in säkularen Elternhäusern aufwachsen. Und eine Kippa in der Öffentlichkeit zu tragen, ist für gläubige Juden selbstverständlich. Man könnte das »banales Judentum« nennen, wie es die Gründerväter Israels im Sinn gehabt haben mögen – in Anspielung an den Terminus »banaler Nationalismus«, den der Sozialwissenschaftler Michael Billig 1995 geprägt hat. Dieser Begriff bezieht sich auf verbindende Symbole beispielsweise auf Geldscheinen und in patriotischen Liedern oder aber auch auf die Alltagssprache, wenn in den Nachrichten zum Beispiel von »unserem« Wetter oder »unserem« Premierminister oder »unserer« Mannschaft die Rede ist.

Der Umgang mit jüdischer Tradition ist dennoch von »draußen« nicht immer leicht zu verstehen. Nicht nur, weil das religiöse Establishment eine starke politische Kraft im Land darstellt, sondern auch, weil es eine breite Palette von Verhaltensweisen gibt, die oft mehr mit Identität als mit Glauben zu tun haben.

So gibt es viele jüdische Israelis, die auf eine koschere Küche Wert legen und sich am Freitagabend feierlich zum Sabbatmahl und Kiddusch – dem Segensspruch über einem Glas Wein, der den Sabbat einleitet – am Familientisch versammeln, was sie aber nicht hindert, am geheiligten Tag der Woche das Fernsehgerät einzuschalten, zu telefonieren oder mit dem Auto zu einem Fußballspiel zu fahren.

Zudem halten sich viele auch nicht an die Speisevorschriften, die nicht nur die Vermischung von »milchig« und »fleischig« untersagen, sondern etwa auch das Essen von Meeresfrüchten. Schweinefleisch gehört demgegenüber in eine weitere Kategorie – es wird gekauft und gegessen, heißt vielerorts aber beschönigend »weißes Fleisch«, wird also nicht beim Namen genannt.

Die Pessachwoche mag Besucher noch mehr verwirren, da sich öffentliche Rituale nicht unbedingt sofort erschließen. Dazu gehören geschlossene Bäckereien, Pizzerien und Falafelstände sowie verdeckte Regale in den Supermärkten, um allein schon den Blick auf alles Gesäuerte zu vermeiden, das sieben Tage lang nicht verkauft werden darf. Stattdessen werden überall Mazzot angeboten. Die quadratischen ungesäuerten Brote, die an die Eile beim Auszug aus Ägypten erinnern sollen, als keine Zeit war, den Teig aufgehen zu lassen, gibt es mittlerweile auch mit Honiggeschmack, Schokoladenüberzug oder in Diätversion. Für alle Geschmäcke eben.

■ Jüdischer Kalender

Das Leben in Israel richtet sich nach zwei Zeitrechnungen – dem jüdischen und gregorianischen Kalender. So ist der Sabbat ein offizieller Feiertag, die Arbeits- und Schulwoche beginnen jeweils am Sonntag. Und nicht nur die religiösen jüdischen Festtage, sondern auch die säkularen wie der Unabhängigkeitstag orientieren sich am jüdischen Kalender. Da aber international der gregorianische Kalender bestimmend ist, werden beide Kalender parallel im Alltag genutzt. Die jüdische Zeitrechnung hat als Anfangspunkt die biblische Schöpfung der Welt, die auf das Jahr 3761 v. u. Z. berechnet wird. Somit befinden wir uns bereits im sechsten Jahrtausend. Die israelischen Zeitungen schreiben jeweils beide Jahreszahlen nebeneinander auf ihre Titelseiten.

Das Jahr beginnt immer im September oder Oktober mit dem Monat Tischri, der nach jüdischer Auffassung der Monat ist, in dem die Menschheit erschaffen wurde. Das war nicht immer so. In biblischer Zeit begann das Jahr mit dem Nisan im Frühjahr. Der Nisan ist der Monat der Erlösung, in dem die Vorfahren aus Ägypten auszogen. Die Erlösung steht auch heute über der Schöpfung, indem beim religiösen Gebrauch des jüdischen Kalenders der Nisan weiter als erster, der Tischri erst als siebter Monat des Jahres betrachtet wird.

Nach dem jüdischen Kalender richten sich in Israel vor allem die Daten der jüdischen Feier- und Gedenktage. Im Gegensatz zur allgemeinen Zeitrechnung, die sich am Sonnenjahr orientiert, richtet sich der jüdische Kalender nach den Mondphasen. Zur Angleichung an den Sonnenzyklus werden Schaltmonate eingesetzt, sodass die Monate stets in dieselbe Jahreszeit fallen.

Der Tag wird von Abend zu Abend gerechnet. Er endete im früheren jüdischen Kalender, wenn mindestens drei »mittlere« Sterne sichtbar wurden (»und es war Abend und es war Morgen, ein Tag«, Gen. 1,5), die zu einem Himmelsdreieck verbunden werden konnten. Der jüdische Tag hat somit keine feste Länge, da seine Dauer von Breitengrad und Jahreszeit abhängig ist.

In Israel macht sich dieser Rhythmus darin bemerkbar, dass nach dem Ende des Sabbats oder nach dem Ausklang von Feiertagen vielerorts am Abend ein reges Treiben auf den Straßen beginnt. Geschäfte und Läden haben dann wieder geöffnet, ebenso wie Restaurants und Cafés.

G. D.

Dennoch spaltet diese Nahrungszensur die Nation jedes Jahr in zwei Lager. In die Mazze-Esser, die sich aus religiösen oder auch aus traditionellen Gründen an die Speiseregeln halten, und in jene, die es ohne normales Brot nicht aushalten können oder wollen. Falls sie ohnehin nicht gleich ganz ins Ausland reisen, decken sie sich zuvor mit Vorräten ein, die sie in ihren Gefriertruhen horten, oder sie besuchen die wenigen Cafés, vornehmlich in Tel Aviv, die auch zu Pessach weiterhin normale Brötchen zum Frühstück servieren und damit eigentlich im grauen Bereich operieren.

Jedes Jahr wird dann in den Medien erneut diskutiert, ob die Einhaltung dieser Speisevorschrift tatsächlich weiterhin im Gesetz verankert sein solle. Interessant ist die Einstellung der säkularen Mehrheit, die einerseits über den großen Einfluss der religiösen Parteien klagt und sich nichts aufoktroyieren lassen will, andererseits aber auch jüdische Traditionen wahren will. Da lassen sich durchaus Anklänge zur deutschen Debatte um das Ladenschlussgesetz am Sonntag finden.

Nach einer Umfrage von 2015 fanden 56 Prozent aller Befragten, dass eine gesetzliche Verankerung der Speisevorschrift zu Pessach notwendig sei, um den jüdischen Charakter des Staates und den Status quo zwischen Religiösen und Säkularen im Land aufrechtzuerhalten. 42 Prozent allerdings hielten das Gesetz für überholt und argumentierten, dass solche sozialen Normen vielmehr von gegenseitigem Respekt aufrechterhalten werden sollten oder dass die individuelle Freiheit garantiert werden solle, Chamez, also Gesäuertes, zu essen. Etwa 70 Prozent aller Israelis, so wird geschätzt, halten sich an die besonderen Speisevorschriften zu Pessach, also auch viele, die sich sonst als säkular einordnen würden. Längst aber ist auch das Angebot an Ersatzzutaten so groß, dass niemand mehr auf ein Schnitzel, das mit eigens dafür präpariertem Mazzemehl zubereitet wurde, verzichten muss.

Der Konflikt zwischen einer säkularen Mehrheit und der wachsenden Anzahl von Religiösen, die andere Vorstellungen von einem Gemeinwesen haben, ist dennoch nicht aus dem Weg geräumt. Einst hatten orthodoxe Rabbiner als winzige Minderheit dem Staat einen von den Gründern durchaus erwünschten »Koscherstempel« aufgedrückt, was sich mit den Jahren jedoch in eine Macht über zivilrechtliche Angelegenheiten verwandelt hat, die in vieler Hinsicht nicht mehr zeitgemäß ist. Es gibt immer mehr Einwanderer, die nach den Gesetzen des Staates Israel zwar als jüdische Israelis, aber nach dem jüdischen Religionsgesetz nicht als Juden gelten. Hinzu kommt, dass Israels wirtschaftlicher Erfolg das Land längst auch zu einem Sehnsuchtsort für Arbeitsmigranten aus Asien und Afrika gemacht hat. Deren Kinder fühlen sich als Israelis, ohne wirklich dazuzugehören.

Keine Kultur des Scheiterns

Dass Israel heute so attraktiv für Arbeitsmigranten ist, geht auf hohe Wachstumsraten und den gestiegenen Lebensstandard zurück. Rückblickend handelt es sich um eine erstaunliche wirtschaftliche Erfolgsgeschichte, basierend auf Erfindungsreichtum aus der Not heraus. Schließlich musste der Staat von Anbeginn an nicht nur Boykotten trotzen und Kriege ausfechten, sondern auch ohne nennenswerte Rohstoffe auskommen. Die einst sozialistisch geprägten Grundfesten sind allerdings längst durch eine freie Marktwirtschaft ersetzt worden. Das bringt Nachteile mit sich, die sich Israel noch weniger leisten kann als andere Gesellschaften. Wer zu den Verlierern einer immer größeren Wohlstandskluft zählt, weil er nicht am Wirtschaftswunder der Hightechszene teilhaben kann, könnte dem Staat eines Tages nicht mehr geben wollen, was dieser von seinen Bürgern einfordert: den Dienst in Soldatenuniform – oder auch einfach nur das Dableiben. Vor diesem Hintergrund fanden die sozialen Proteste im Sommer 2011 statt, als Hunderttausende auf die Straße gingen, um eine gerechtere Umverteilung von Kapital und Lasten zu fordern.

Die kleine, aber boomende Hightechszene, die gern als Aushängeschild benutzt wird, mag über die realen Verhältnisse hinwegtäuschen. Dennoch steht sie für etwas, was die israelische Mentalität ausmacht, die auch im Alltagsleben spürbar ist. Dazu gehören Risikobereitschaft und Eigeninitiative.

In Israel gibt es eine Gründermentalität, die sich, wie bereits erwähnt, aus historischen Gründen entwickeln musste und deren Früchte jetzt geerntet werden. Hinzu kommt eine relative Lebensreife der Unternehmer, die erst nach mindestens drei Jahren Armeedienst mit dem Studium beginnen, und eine fast kindliche Ungeduld, die Dinge voranzutreiben. Die Chance, dass ein Studienabgänger mit einem technischen Abschluss als Berufswunsch »Firmengründer« angebe, sei 25-mal größer als bei einem deutschen Kommilitonen, sagt Grisha Alroi-Arloser, Geschäftsführer der Israelisch-Deutschen Industrie- und Handelskammer. »Israelis werden nie sagen: Das geht nicht. Sie sagen, klar geht das, und dann zerbrechen sie sich den Kopf, wie sie es machen. Man sagt den Israelis gern nach, dass sie meistens den kürzesten Weg zur zweitbesten Lösung kennen. In vielen Fällen reichen zweitbeste Lösungen. Also, wenn jemand eine Rolls Royce bauen will, dann wird er das vielleicht nicht mit Israelis machen, aber alles andere lässt sich mit ihnen viel schneller bewerkstelligen.«

Zudem existiert keine entmutigende Kultur des Scheiterns. Im Gegenteil: Wer gescheitert ist, kann aus seinen Fehlern lernen. Man scheut sich nicht, von Neuem zu beginnen. So wie auch in den Vereinigten Staaten ein Boxer, der sich aufgerappelt hat, mehr gilt als einer, der noch nie k. o. gegangen ist. In Deutschland wiederum sei der gefährlichste Vogel der Pleitegeier, ergänzt Grisha Alroi-Arloser: »Wer dort einmal ein Unternehmen an die Wand gefahren hat, bekommt nicht einmal mehr eine Hypothek für eine Dreizimmerwohnung. In Israel ist das nicht so. Dov Moran, der den USB-Stick erfunden hat und mit zu den ganz Großen zählt, ist gleich danach mit einer Firma gescheitert. Dann baute er eine neue auf. Das sind Serientäter, Serienunternehmer.«

Die Kehrseite dieser Fähigkeiten zur Improvisation und zu einem Denken *out of the box* ist der Mangel an langfristiger Planung. Auch das macht sich im Alltag oft bemerkbar. Zum Beispiel, wenn ein neues Wohnhaus gebaut wird und die Tiefgarage, die mit einem Aufzug betrieben wird, auch ein Jahr nach Bezug immer noch nicht funktioniert. Der populäre Satz *jehihe beseder,* »es wird schon alles gut gehen«, hat nicht immer eine solide Basis.

Israel ist oft anstrengend und stressig, aber dafür sehr lebendig. Tatsächlich leben hier sehr viele Menschen, die wie Jongleure alles auf einmal versuchen. Viele haben bereits jung eine Familie oder wollen früh eine gründen, sie studieren gleichzeitig und arbeiten nach dem Unterricht als Nachtwächter oder Kellner. Viele leben nach dem Motto *carpe diem,* genieße den Augenblick – man lebt heute, wer weiß, was morgen sein wird: Die Frage nach der Zukunft wird oft ausgeblendet, wenn mit Kreditkarten, die auch bei kleinen Summen ein geläufiges Zahlungsmittel sind, bezahlt wird.

Morgens erlebt man ein Land voller junger Eltern, die auf dem Weg zur Arbeit die Kinder zu Krippen oder Tagesmüttern bringen und um vier abholen oder wieder abholen lassen. Wer in diesem Mittelmeerland nach langen Mittagspausen sucht, wird nicht fündig werden. Und nicht wenige Mütter setzen sich dann abends, wenn der Nachwuchs schläft, erneut an den Computer, um im Job mitzuhalten.

Diskussionen über die Vereinbarkeit von Beruf und Familie gibt es nicht. Schon aus finanziellen Gründen braucht man zwei Gehälter, um über die Runden zu kommen. Oft reicht sogar das nicht. Dann helfen die Großeltern aus, sofern sie dazu in der Lage sind. Sie sind auch als Stütze in vielen jungen Haushalten unerlässlich, versammeln die Großfamilie am Freitagabend am Esstisch, laden zu gemeinsamen Ferienaufenthalten in *zimmerim* (privaten Gästezimmern, die auch kleine komfortable Holzhäuschen sein können) im Norden des Landes oder auch zu einem verlängerten Wochenende auf Kreta ein. Lange Urlaube sind ohnehin die Ausnahme, weshalb sich die nicht billige Kinderbetreuung in den zwei Monate währenden Sommerferien zu einer regelrechten Freizeitindustrie entwickelt hat.

Ben-Jehuda-Straße in Jerusalem, 2016

Dass sich der Lebensstandard insgesamt verändert hat, weiß jeder, der die Entwicklung der letzten zwanzig Jahre verfolgt hat. Davon zeugt allein schon die immer größere Anzahl an Restaurants, Weinlokalen, Mode- und Möbelhäusern. Die Qualität der Produkte ist zweifelsohne drastisch gestiegen. Der säkulare Mittelstand ist die tragende Säule dieser Konsumgesellschaft, muss aber schwer dafür arbeiten. Die Lebenshaltungskosten sind vergleichsweise hoch, die Gehälter aber niedriger als in Deutschland.

Konsum gehört zum Leben, so wie in anderen westlichen Gesellschaften auch – und in Israel mag er noch eine zusätzliche Bedeutung haben. Der Journalist Ari Shavit sieht in den glitzernden klimatisierten Einkaufszentren, die in den letzten Jahren vielerorts aus dem Boden geschossen sind und die Israelis so gern besuchen, eine Metapher für ganz Israel. »Es ist der verzweifelte Versuch, einer unnormalen Vergangenheit und dem Beginn einer unnormalem Zukunft unter unnormalen Zuständen ein pseudonormales Leben abzuringen.« (Shavit 2015, S. 531)

Hinzu kommt der Traum von den eigenen vier Wänden. Fast zwei Drittel der Israelis besitzen die Wohnung oder das Haus, in der/dem sie leben. So klein die Bleibe auch sein mag, der eigene Besitz signalisiert Unabhängigkeit. Viele nehmen dazu Kredite auf, deren Rückzahlung Jahrzehnte dauert. Um den Wohnraum zu vergrößern, werden Balkone zugemauert; was von außen oft schäbig aussieht, nimmt sich innen dann oft ganz heimelig an. Das schwedische Möbelhaus IKEA unterhält mittlerweile drei riesige Filialen in Israel.

Da Platz knapp ist, wird zunehmend in die Höhe gebaut. Während junge Israelis aus den Städten im Zentrum wegziehen, um sich eine eigene Wohnung leisten zu können, zieht es eine wohlhabende ältere Elite zunehmend wieder zurück aus ihren Vorstadtvillen in die Urbanität. Von diesem Trend zeugen die vielen brandneuen hohen Glastürme samt ihrer Fitnesszentren und Swimmingpools. Israel leidet aber dennoch unter einer chronischen Wohnungsnot − trotz all der neuen Gebäudekomplexe, die vielerorts ständig aus dem Boden schießen und Straßenkarten oft innerhalb weniger Monate schon veralten sein lassen. Man kann zusehen, wie die Küste zwischen Tel Aviv und Haifa allmählich zugebaut wird. Auch Staus gehören zum hektischen Alltag.

Hohe Lebenserwartung

Es ist daher schon erstaunlich, dass Israelis − darunter besonders die Männer − mit die höchste Lebenserwartung (82 Jahre) überhaupt haben. Über die genauen Gründe lässt sich bisher allenfalls spekulieren. Experten verweisen auf ein Zusammenspiel aus umfassender Gesundheitsversorgung, moderner Präventivmedizin, dem gemischten Genpool, einer ausgewogenen Mittelmeerdiät, den bereits erwähnten eng geknüpften sozialen Netzwerken sowie einem hohen Maß an Aktivität im Alter.

So ist etwa der Anteil der berufstätigen 55- bis 64-jährigen Israelis seit 2001 von 48 auf 61 Prozent angestiegen. Unter den 65- bis 70-Jährigen arbeiten mittlerweile 29 Prozent (statt zuvor 17 Prozent). Zudem gehen Israelis im vorgerückten Alter mehr Vollzeitbeschäftigungen nach als in anderen Ländern der OECD: Israelische Männer werden mit 67 Jahren pensioniert, wobei es Diskussionen darüber gibt, das Rentenalter auf 69 Jahre zu erhöhen. Möglichst lange zu arbeiten, ist für viele Israelis oft aus finanziellen Gründen notwendig. Aber es hat auch einen kulturellen Hintergrund, der sich durchaus als lebensverlängernd erweisen könnte.

Der Altersforscher Israel Doron von der Universität Haifa verweist auf das herrschende Ethos: »Der Zionismus heißt Arbeit in jedem Alter für gut.« Das macht aus dem In-Rente-Gehen eine schwierige und komplizierte Angelegenheit. »Woanders legt man sich mit über fünfzig in die Sonne, wir in Israel leiden unter einem Workaholismus, der nicht mit den Jahren verschwindet.« Israelis arbeiten 1 889 Stunden pro Jahr. Das sind 140 Stunden mehr als im OECD-Durchschnitt.

Wer jenseits des Rentenalters nicht mehr auf dem Arbeitsmarkt aktiv ist, und das gilt häufig für Frauen, die offiziell mit 62 pensioniert werden, engagiert sich oft und gern freiwillig – sei es in Kindergärten, Schulen, Behindertenheimen, Krankenhäusern oder im Zoo, sofern einen nicht die Enkelkinder brauchen. Gerade dieses Engagement aber ist für Gad Yair von der Hebräischen Universität in Jerusalem ein weiterer Schlüssel für ein langes Leben. Yair spricht in diesem Zusammenhang auch von »sofortiger Intimität«, die die israelische Gesellschaft auszeichne, das heißt, die Menschen kommen im Alltag schnell miteinander in Kontakt, sei es im Wartezimmer von Ärzten oder im Supermarkt. Soziale Barrieren würden schnell durchbrochen, was zu mehr Kommunikation im Alltag und weniger Depressionen führe. Statistisch kann Israel jedenfalls mit die geringsten Selbstmordraten der westlichen Länder vorweisen – nur sechs von 100 000 Israelis töten sich selbst. Das ist weniger als die Hälfte der Rate in Ländern wie Schweden, Frankreich und Deutschland.

Männer

Womöglich profitieren die Männer am meisten von diesen Strukturen. Warum sie mit die höchste Lebenserwartung überhaupt haben, erklären Sozialwissenschaftler zusätzlich mit spezifischen Verhaltensweisen: »Männer sind in der Regel risikofreudiger, rauchen mehr und trinken mehr Alkohol. Israelische Juden hingegen trinken weniger Alkohol und sie heiraten auch eher als (nicht jüdische) Männer im Ausland«, sagt der Tel Aviver Soziologe Jona Schellekens. »Und die Ehe hat einen Schutzeffekt für Männer und Frauen, aber besonders für Männer.«

Die Soziologin Eva Illouz misst auch Militär und Gemeinschaft eine zentrale Bedeutung für israelische Männer zu. Dieser Code der Männlichkeit enthalte Werte wie Mut, militärische Risikobereitschaft, die Fähigkeit, sich selbst zu opfern, aber auch eine gewisse Informalität in Beziehungen, Widerstandskraft und die Bereitschaft zur Solidarität mit anderen Männern. Das wirke sich auch auf Freundschaften aus. »Die Referenzwelt des israelischen Mannes besteht aus anderen Männern – er bekommt Zuneigung, Solidarität und Brüderlichkeit von anderen Männern.« Das mag vielleicht erklären, warum hier die Männer einander oft eher Privates anvertrauen als in anderen Ländern.

Sie kommen dabei häufig sogar ganz ohne Alkohol aus. In einem populären Radiospot für Kaffeemaschinen, der 2014 lief, heißt es: »Wollen

Sie wissen, warum niemand zu Ihnen kommt, um sich ein Fußballspiel anzuschauen?« Die Antwort würde kaum ein Europäer verstehen. Sie lautet: »Weil Sie keine Espressomaschine besitzen.« Fazit: Es gibt in Israel immer noch jede Menge Geselligkeit ohne Alkohol. Und auch, wenn der Konsum bei der jüngeren Generation zunimmt, ist man immer noch weit entfernt vom Komasaufen, wie man das aus Deutschland oder England kennt.

Frauen

Man stelle sich vor: Hundert Künstlerinnen aus einem Land bekommen jeweils eine nackte Schaufensterpuppe – quasi als Leinwand – und werden gebeten, Selbstbildnisse zu gestalten. So entstand vor ein paar Jahren die Ausstellung »Hey Babe« von und über Israelinnen. »Es gab keine Frau, die sich nicht mit der Puppe identifizieren konnte«, sagt Tami Sinar. Die 50-Jährige ist selbst Künstlerin und hatte das Projekt konzipiert.

Wer vor nicht langer Zeit durch die Ausstellungshalle des Museums von Ein Hod, einem Künstlerdorf südlich von Haifa, spazierte, kam nur langsam voran. Nicht nur, weil die Puppen so gedrängt standen, sondern, weil jede einzelne eine ganze Welt für sich enthüllte und Kritik und geballte Energie gleichermaßen ausdrückte. Eine Puppe trug ein Prinzessinnenkleid

»Hey-Babe«-Ausstellung im Künstlerdorf Ein Hod, 2010, hier »The Hero Woman«

Rennen auf mindestens sieben Zentimeter hohen High Heels, Tel Aviv

aus gebrauchten Teebeuteln, eine andere einen aus scheinbar endlosen Erledigungslisten angefertigten Rock. Eine weitere Puppe war ein strahlendes Schneewittchen, in dessen Tasche eine Hexenkönigin steckte. Wieder eine andere war eine ganz in Gold getränkte Jongleurin.

Die Puppe, die die Künstlerin Nili Pardes gestaltet hatte, trug ein Glitzerkleid und dazu Turnschuhe. Sie hatte eine Krawatte um den Hals gebunden, in ihrem Jackett steckten zwei Handys und der magnetisierte Angestelltenausweis einer Hightechfirma. »Die Frau des 21. Jahrhunderts ruht keinen Augenblick«, schrieb Nili Pardes über ihre Puppe im Katalog. Es werde von ihr erwartet, gleichzeitig sehr feminin zu sein, erfolgreich in der Männerwelt zu funktionieren sowie eine ergebene Mutter und perfekte Ehefrau abzugeben. »Draußen glänzt alles, bloß wie sieht es drinnen aus?«

So unterschiedlich die Darstellungen, so sehr ähneln sie sich in ihrer Botschaft: Die Israelin versucht als Superwoman, allen Ansprüchen gerecht zu werden – und vergisst sich dabei selbst.

In Israel ist es normal, dass Frauen nicht nur wie Männer Wehrdienst leisten, sondern auch, wie bereits erwähnt, Familie und Beruf vereinbaren. Zwar wurde der Mutterschaftsurlaub mittlerweile auf sechs Monate angehoben, aber spätestens danach gehen die Frauen wieder zurück an den Arbeitsplatz. Zu einer (verglichen mit Deutschland) hohen weiblichen Arbeitsrate kommt eine hohe Heiratsrate. Nachwuchs gehört so selbstverständlich dazu, dass sich kinderlose Frauen über 30 häufig über den Druck beklagen, dem sie deshalb in ihrem Umfeld ausgesetzt seien. Fehlt der richtige Partner, so entscheiden sich heute auch immer mehr alleinstehende Frauen für ein Kind. Da ist die Mehrfachbelastung dann sowieso vorprogrammiert. Kein Wunder, dass in der Ausstellung an nicht wenigen Schaufensterpuppen irgendwo ein kleines Baby herumkrabbelte.

Natürlich war auch das Streben nach Gleichstellung ein Thema. Eine Puppe beispielsweise durchbohrt mit dem Kopf eine »gläserne Decke«, aber ihre Beine sind gefesselt. In Israel gilt, was Frauen in anderen westlichen Ländern ebenfalls immer wieder feststellen müssen: Sie sind zwar besser ausgebildet als Männer, aber weniger als ihre männlichen Kollegen in Führungspositionen vertreten und sie verdienen im Durchschnitt ein Drittel weniger. Dass Frauen mittlerweile so wichtige Positionen wie den Vorsitz des Obersten Gerichts innehaben, es bis zu Bankdirektorinnen gebracht haben, in die Wissenschaftselite vordringen konnten (2009 erhielt erstmals eine israelische Forscherin einen Nobelpreis – Ada Yonath wurde mit dem Nobelpreis für Chemie ausgezeichnet) und auch stärker als früher in der Knesset vertreten sind, sehen Organisationen wie »Israel Women's Network« als erfreuliche Entwicklung, die allerdings nur ein Anfang sein könne, da Frauen in Führungspositionen und vor allem in Positionen, in denen sie tatsächlich relevant Einfluss ausüben können, immer noch die Ausnahme darstellen.

Nachwuchs

In jeder Einwanderergesellschaft kommt dem Nachwuchs eine Schlüsselrolle zu. Für den jüdischen Staat Israel trifft das ganz besonders zu. Mit mehr als drei Kindern pro Frau verzeichnet er die höchste Geburtenrate in der westlichen Welt. Das betrifft nicht nur gläubige, sondern auch säkulare Familien. In kaum einem anderen Land ist man gegenüber der modernen Fortpflanzungsmedizin so aufgeschlossen wie in Israel; auch von religiöser Seite gibt es dagegen keine rigiden Vorbehalte. Der Staat sorgt dafür, dass sich jede Frau teure Behandlungen leisten kann, um mit medizinischer Hilfe zweimal schwanger zu werden. Und dieses Angebot wird angenommen: Nirgendwo unterziehen sich Frauen so vielen Behandlungszyklen wie in Israel.

Ein Grund für das ungebrochene Streben nach Nachwuchs, so der Soziologe Jackie Feldman von der Ben-Gurion-Universität in Beer Sheva, liegt seines Erachtens auch tief im Judentum verankert. Denn dort spielt die Familie seit je eine zentrale Rolle. Das Alleinsein wird höchstens bemitleidet,

Straßenszene in Jerusalem, 2014

niemals idealisiert. Es gibt weder ein Mönchs- noch ein Nonnendasein –
und keine ledigen Rabbiner. In der Thora fleht Rachel, die Schwester von
Lea (die bereits fünf Kinder hat), ihren Mann Jacob an: »Gib mir Kinder, sonst bin ich tot.« Die meisten Menschen drückten das bestimmt so
nicht aus, glaubt Feldman, aber gesellschaftlich würde das durchaus schon
so empfunden. Das Kinderhaben gilt als Erfüllung, weil man auf diese
Weise etwas an die nächste Generation weitergibt. »Solche Muster jüdischer Tradition greifen auch bei Menschen, die sich als säkular definieren.
Zudem sind Familien- und Kinderorientiertheit Teil der Ökonomie und
Gesellschaft. Die Strukturen fürs Kinderhaben sind längst da; sie sorgen
dafür, dass auch Tel Aviver Yuppies unbedingt Nachwuchs haben wollen.«

Das gilt auch für gleichgeschlechtliche Paare. Auf der Gay-Parade 2012
stand solchen Vätern ein Ehrenplatz zu. »Jedes schwule Paar, das ich kenne,
möchte mindestens zwei Kinder«, sagt der dreifache Vater Ron Poole
Dayan, der mit einem Kanadier verheiratet ist. »Manche werfen uns vor,
dass wir uns dem Mainstream anzupassen versuchen, aber das ist nicht so.
Viele von uns teilen einfach die Werte dieser Gesellschaft. Und in Israel
ist Familie alles.« Im März 2009 gewährte die Nationale Versicherungsan-
stalt auch erstmals zwei Männern, die per Eizellenspende und Leihmutter
in Indien einen Sohn bekommen hatten, »Mutterschaftsurlaub«. In einem
bahnbrechenden Richterspruch des Familiengerichts in Ramat Gan wurden vor Kurzem lesbische Partnerinnen als die beiden biologischen Müt-

ter eines Kindes anerkannt, nachdem die eine die Schwangerschaft mit der befruchteten Eizelle der anderen ausgetragen hatte.

Gleichberechtigung zwischen den Geschlechtern herrscht im Übrigen jetzt auch hinsichtlich des Wunsches, die Gene verstorbener Ehepartner an künftige Kinder weiterzugeben. So dürfen heute Witwen nicht nur die Spermien ihrer verstorbenen Ehemänner zur Fortpflanzung benutzen, sondern auch Witwer die eingefrorenen Eizellen ihrer verstorbenen Ehefrauen. Einen weiteren Durchbruch auf der Ebene der Rechtsprechung feierte die Tel Aviver Rechtsanwältin Irit Rosenblum an der Spitze ihrer Organisation »New Family«, nachdem in einem neuen Fall nun auch Großeltern ein Recht auf Enkelkinder verbrieft wurde.

Der eigene Nachwuchs garantiert nicht nur die persönliche Zukunft. Bevölkerungswachstum symbolisiert in Israel mehr als anderswo Stärke. Die Menschen in Deutschland oder anderswo kennen nicht das Gefühl, dass ihr Land vielleicht verschwinden würde, wenn sie keine Kinder mehr bekämen, sagt der Soziologe Jackie Feldman. »Wir hier tragen die Verantwortung für das Überleben des jüdischen Volks auf unseren Schultern.« Die Zukunftsangst, mit der heute viele Europäer ihre Kinderlosigkeit rechtfertigen, führt in Israel zum genauen Gegenteil: Weil man sich auch gegenwärtig bedroht fühlt, will man für Nachwuchs sorgen. Hinter diesem Wunsch steht zugleich das Bestreben, den Menschenverlust durch den Holocaust wenigstens ein ganz kleines bisschen auszugleichen. Normalität in Israel bedeutet heute aber auch, dass Kinder ganz selbstverständlich mit ihren Großeltern aufwachsen, was vielen unmittelbaren Nachkommen von Holocaustüberlebenden versagt geblieben war.

Manche Mütter geben es ungern zu, aber leugnen es auch nicht, dass ihnen der unangenehme Gedanke vom notwenigen »Ersatz« in diesem bedrohten Land, in dem das Soldatendasein genauso dazugehört wie Kindergarten und Schulausbildung, schon einmal durch den Kopf gegangen sei. Lange Zeit gab es deshalb bei einer Geburt den hoffnungsvollen Standardsatz, der längst zum Klischee geworden war: »Ja, bis das Kind einmal groß ist, wird es vielleicht nicht mehr zur Armee gehen müssen, weil wir bis dann Frieden haben.« Diesen Satz hört man heute nicht mehr bzw. allenfalls von Zynikern.

Informelle Umgangsformen

Dass sich Israelis gern und oft in Gruppen zusammenfinden, mag mit von der Tatsache geprägt sein, dass das zionistische Projekt einst als Gemeinschaftsprojekt konzipiert war. So waren die ursprünglichen sozialen

Traditionelles Grillen am Unabhängigkeitstag, 2016

Organisationen des Staates darauf ausgerichtet, das Private und Öffentliche nicht deutlich oder gar nicht zu trennen. Man begründete nicht nur die Kibbuzim als Form des Zusammenlebens und kämpft Seite an Seite in der Armee, sondern trifft sich auch regelmäßig im größeren Familien- und Freundeskreis. Der Historiker Zeev Sternhell unterstreicht die Wirkmächtigkeit dieser Wurzeln. Seines Erachtens hat die historische Arbeiterbewegung der Gesellschaft ein so starkes gemeinsames Entwicklungsmodell mit auf den Weg gegeben, dass dieses auch nach 1977 (als der Likud die Arbeitspartei erstmals an der Macht ablöste) weiterhin das wirtschaftliche, kulturelle und gesellschaftliche Leben geprägt hat. Dieses Kollektivdasein, wie es einst die sozialistischen Gründerväter erdacht hatten, ist zwar längst von einem Individualisierungsprozess abgelöst worden, doch sind durchaus noch Anklänge daran zu finden.

So werden Geburtstagsfeiern von Schulkindern bevorzugt im Klassenverbund gefeiert, damit sich niemand ausgeschlossen fühlt. Auch arten Hochzeiten oft zu Massenveranstaltungen aus, weil der Onkel des Nachbarn genauso eingeladen ist wie die Kollegen des Brautvaters. Pragmatisch bringen die Gäste dann – statt Geschenken – Schecks, mit denen die Ausgaben dann wenigstens zum Teil gedeckt sind. Nach der Trauung unter der Chuppa, dem Traubaldachin, geht es erstaunlich unzeremoniell und informell zu. Es wird gemeinsam gegessen und getanzt, ohne dass große Reden gehalten würden.

Die Informalität ist auch schon in der Sprache verankert. Im Hebräischen gibt es – wie im Englischen – kein »Sie«, nur »du«. Es gibt zwar die höflich-distanzierte Anrede »Herr« und »Frau«, aber man redet sich schnell mit Vornamen an; dem muss keine lange Bekanntschaft vorausgehen. Die Schuldirektoren unterschreiben ihre monatlichen Rundbriefe mit ihrem Vornamen. Auch Lehrer werden von ihren Schülern mit Vornamen angesprochen. Selbst an Wohnungstüren stehen oft nur die Rufnamen. Politiker haben infantile Spitznamen wie »Bibi« oder »Bougie«, die auch in den Medien ganz selbstverständlich benutzt werden.

Dieser direkte Umgang miteinander trägt aber auch dazu bei, dass zwischenmenschliche Grenzen leicht überschritten werden. Ungefragte Einmischung und Fragen nach Persönlichem gehören dazu. Was in anderen Ländern unter Respekt der Privatsphäre verstanden wird, kann sogar als Teilnahmslosigkeit oder Mangel an Empathie gelten. In manchen Situationen hat eine solche Distanzlosigkeit unbestritten Vorteile: Auf der Straße darf man sich im Notfall eher der Hilfe anderer sicher sein als anderswo. Respektlosigkeit ist auch eine Form von Zivilcourage, wenn zweifelhafte Hackordnungen hinterfragt werden.

Auch im Arbeitsalltag macht sich die Abwesenheit jeglicher Förmlichkeit bemerkbar. Den Israelis sind Höflichkeitsfloskeln fremd. Eine solche Direktheit ist zudem zeitsparend. Der Zugang zu Ranghöheren ist unmittelbarer als in Deutschland. Dabei ist Widerspruch möglich – und sogar erwünscht, was aber nicht bedeutet, dass unklare Machtverhältnisse bestünden. Ein solcher Führungsstil ist vielmehr stark vom Militärdienst geprägt. Hohe Offiziere handeln dort mit viel Eigenverantwortung, die Befehlswege sind pragmatisch und zielorientiert.

Die historische Abneigung gegenüber Formalitäten schlägt sich bis heute in einem allgemein sehr lockeren Kleidungsstil nieder. Vom Äußeren her lässt sich in Israel nicht so leicht auf die Position einer Person schließen. Dass man einflussreiche Direktoren in Hemdsärmeln und Sandalen antreffen kann, ist im Sommer nicht nur den heißen Temperaturen geschuldet, sondern gehört zur Entstehungsgeschichte des Landes. »Die Gründergeneration hatte für Blazer und Abendkleider nur ein Schulterzucken übrig und tabuisierte sogar die Krawatte als ein Symbol des heuchlerischen, dekadenten Europa, dem sie den Rücken gekehrt hatte.« (Rosenthal 2008, S. 123) Die jungen, vom Prinzip der Egalität überzeugten Pioniere wollten damals die bürgerlichen Verhältnisse auf den Kopf stellen. Dabei agierten sie weitgehend auch ohne ältere Vorbilder, da sie elternlos ins Land gekommen waren. Modelle fürs Älterwerden fehlten. Das mag mit erklären, warum im heutigen Israel sich selbst viele Pensionäre im westlichen Sinn »jung« kleiden – einschließlich Jeans, Crocs und manchmal auch einem Pferdeschwanz –, ohne je »Hippies« gewesen zu sein. Vielleicht ist es auch Anpassung an die Mehrheit, also an all diejenigen, die jünger als sie sind.

Israelis sind Nachrichtenjunkies

Israelis gehören weltweit mit zu den aktivsten Nutzern von Smartphones. Der Gebrauch neuester Medientechnologien ist keine Einstellungssache, sondern Notwendigkeit. Wer ein Kind im Kindergarten oder in der Schule und kein WhatsApp hat, der ist schlecht informiert, bekommt weder Fotos noch pädagogische Lesetipps. Auch immer mehr Ärzte setzen auf den Kontakt online. Und nicht wenige Großmütter brüsten sich, mithilfe der sozialen Medien mit ihren Enkeln zu korrespondieren. Vermutlich gibt es nicht viele Länder, in denen Eltern ihren Nachwuchs früh schon so bereitwillig mit Handys und Smartphones ausstatten. Das hat vor allem mit der Sicherheitslage zu tun. Wenn irgendwo etwas passiert, will man seine Lieben möglichst schnell erreichen.

Diese ständige Erreichbarkeit geht einher mit einem permanenten Nachrichtenkonsum. Israelis sind Nachrichtenjunkies. Den Nachrichten kann man sich nirgendwo entziehen. In Bussen, an Kiosken oder in Warteräumen in Krankenhäusern laufen Radio oder Fernsehen. Chaim Javin, der legendäre einstige Moderator des ersten öffentlichen – und lange Zeit einzigen – Fernsehsenders, bezeichnete seine abendliche Tagesschau als »Lebensader«, die die Israelis zusammenbringe; ein Puls, der andauernd gemessen werde, um den fragilen Gesundheitszustand zu überprüfen. Yavin musste immer mit der Angst leben, dass man ihn tagsüber ins Studio rufen würde, »weil irgendwo eine Bombe hochgegangen« sei. Nachrichten in den Medien seien wie »Urteilssprüche über das tägliche Leben«, formulierte der Politikwissenschaftler Yaron Ezrachi.

Egozentrisch ist die Berichterstattung, die fast ausschließlich um Innenpolitik und den Nahen Osten kreist. Inzwischen dauern Abendnachrichten – samt Werbung – sogar knapp eineinhalb Stunden. Dennoch tragen viele Israelis nach wie vor am Freitag auch die fetten Wochenendausgaben ihrer Zeitung nach Hause. Bemerkenswert ist die Bereitschaft vieler Israelis aus allen Schichten, sich mit Leserkommentaren an den Debatten in Internetportalen zu beteiligen. Dafür wurde sogar eigens ein Wort aus dem Englischen hebräisiert: *talkbackim*.

Meinungsfreiheit gilt als ein wichtiges Gut, Kritik gehört zum Alltag. In der Knesset geht es oft hoch her und besonders den arabischen Abgeordneten wird vorgeworfen, das Podium als antiisraelische Plattform zu nutzen. Doch mehr als 70 Prozent der Israelis (69,2 Prozent der Juden und 76,2 Prozent der Araber) sind dagegen, öffentliche Kritik am Staat einzuschränken (2015 Israeli Democracy Index). 59,1 Prozent der jüdischen Bevölkerung denken aber auch, dass der Staat im Interesse der nationalen Sicherheit ein Auge darauf haben sollte, was seine Bürger im Internet publizieren.

Prinzipiell aber pflegen Israelis auch kulturell einen viel sorgloseren Umgang mit dem Thema Datensicherheit und Schutz von Privatsphäre. Man fragt schließlich ja auch ganz offen, wie viel einer verdient oder wie hoch der Preis für die Eigentumswohnung war.

Nichtsdestoweniger ist Sicherheitsdenken ein fester Bestandteil des Alltags. Wenn man in der Schule übt, den Bunker aufzusuchen, ist das keine bloße Feuerwehrübung. Schon kleine Kinder wissen, dass eine herrenlose Tasche auf der Straße sofort bei der Polizei gemeldet werden muss, weil sie Sprengstoff enthalten könnte. Sie passieren auch jeden Morgen einen Sicherheitsmann am Eingang der Schule und öffnen die Taschen automatisch, wenn sie einen Supermarkt betreten. Hinzu kommt ein Bewusstsein, das israelische Kinder früh verinnerlichen. Der amerikanische Präsident Barack Obama hat dies in seiner Rede in Jerusalem am 21. März 2013 auf den Punkt gebracht, als er darauf hinwies, dass die Kinder in Sderot nicht nur real von Raketen bedroht seien: »Sie wissen aber auch, dass sie von Menschen, denen sie nie begegnet sind, gehasst werden für das, wer sie sind, in einer Region voller Chaos und Wandel.«

Spuren der zweiten Intifada und erneute Gewalt

Das Dolphinarium am Strand von Tel Aviv beherbergt schon lange keine Diskothek mehr. Graffiti erinnern an die Vergangenheit des heruntergekommenen Gebäudes. »Wir werden nicht aufhören, zu tanzen«, hatte jemand nach dem Anschlag vom Juni 2001 dort an die Wand gesprüht. Inzwischen ist das längst übermalt. Für die Kinder und Teenager, die jetzt in Neoprenanzügen auf dem Vorplatz unter einer Plane im Schatten sitzen, gehört das nicht mehr zu ihrer direkten Erinnerung. Sie waren zu klein oder noch gar nicht auf der Welt, als sich dort ein Palästinenser aus dem Westjordanland in die Luft jagte und 21 Jugendliche, die sich hatten vergnügen wollen, gewaltsam mit in den Tod riss. Damals hatte die zweite Intifada gerade erst so richtig Fahrt aufgenommen. Aber das ist im Herbst 2015 für die jungen Kursteilnehmer, die gerade mit Begeisterung das Surfen lernen, weit weg. Ihre Sorge sind vielmehr die Messerattacken, die den Alltag seit Monaten prägen.

Allein der Stil des Ausbilders im Surfkurs gibt einen Vorgeschmack darauf, was die israelischen Jugendlichen in ein paar Jahren erwartet. Man verlangt von ihnen nämlich, dass sie sich »wie Soldaten« verhalten; das soll in diesem Fall heißen, genau hinzuhören und die Anordnungen zu befolgen, keinen Quatsch zu machen, denn »im blauen Meer draußen ist man mit sich und dem Brett ganz allein«. Er macht klare Ansagen und schafft Raum für Kritik am Tagesablauf, die prompt kommt. In jedem Fall schafft er es, die kleine bunte Gruppe mit Humor zu disziplinieren und gleichzeitig zu motivieren. Das hat er nicht nur auf dem Sportplatz geübt. Es besteht kein Zweifel, dass der barfüßige Mann in Shorts so ähnliche Sätze auch als Offizier zum Besten gibt.

Der Wehrdienst, der für Männer drei und für Frauen zwei Jahre dauert, prägt die Israelis in mehrerlei Hinsicht. Das bedeutet für viele, früh eine große Verantwortung zu tragen, aber oftmals auch die bittere Erfahrung, Kameraden zu verlieren, und die immer komplexere Auflage, sich in realen Konfliktsituationen richtig zu verhalten. Die Armee soll Land und Bewohner vor Terror schützen, ohne auf ihre ethischen Normen zu verzichten. Ihre Soldaten dienen aber auch in den besetzten Gebieten, wo sie Checkpoints bemannen und allein schon durch ihre Anwesenheit zu Zielscheiben werden – wie während der Gewaltwelle 2015. Zudem hat sich die Bedrohungslage verändert: An die Stelle konventioneller militärischer Konfrontationen sind asymmetrische Kriege getreten: Auseinandersetzungen mit hochgerüsteten Milizen, die schwer zu gewinnen sind, auch weil es sich um Imagekriege handelt. Die Vorstellung, vor den Internationalen Gerichtshof in Den Haag gestellt zu werden, ist längst nicht mehr nur eine theoretische. Die Frage, die Israelis immer wieder stellen, lautet, wie sich wohl andere freie Gesellschaften unter ähnlichen Bedingungen verhalten würden.

Wenn sich auch die Form der Konfrontation geändert hat, ist der Konflikt mit den Nachbarn in der Region der alte geblieben: Es geht um die Anerkennung des Existenzrechts Israels, um eine bessere Verankerung in der Region. Nur zwei arabische Länder, Ägypten und Jordanien, haben Friedensabkommen unterzeichnet. Alle Verhandlungen mit den Palästinensern sind hingegen bisher immer gescheitert. Eine Vereinbarung, die – gleichsam als Junktim – vorsieht, einen unabhängigen palästinensischen Staat in den von Israel seit 1967 besetzten Gebieten zu schaffen, sofern im Gegenzug die Palästinenser Israel zweifelsfrei anerkennen und auf alle weiteren Rechtsansprüche – einschließlich des »Rückkehrrechts« der Flüchtlinge – verzichten, kam bis heute nicht zustande. Interessant ist: Während die israelischen Wähler, ausgelöst durch die Terrorwellen im Zuge der Unterzeichnung der Osloer Verträge von 1993, einen klaren Rechtsruck vollzogen haben, ist der konservative Likud programmatisch immer mehr nach links gerückt. Die Einsicht, dass sich Israels Charakter als demokratischer und zugleich jüdischer Staat nur bewahren lässt, indem man die Besatzung aufgibt und sich von den Palästinensern im Westjordanland trennt, hat längst auch einflussreiche Politiker dieses Lagers erreicht. Die Frage nach einem sicheren Abzug bleibt eine höchst relevante Frage, auch wenn sich der politische Diskurs seit der Wahl im März 2015 verändert hat, da die von einer ideologischen und religiösen Rechten kontrollierte Regierung das Siedlungswesen im Westjordanland aus eigenen politischen Gründen weiter vorantreibt und eine Entwicklung, die einen sicheren Abzug ermöglichen würde, noch weiter in die Ferne rücken lässt. Nach einer Umfrage des »Palestinian Center for Policy and Survey Research« vom Dezember 2015 sprachen sich zudem auch aber zwei Drittel der Palästinenser im Westjordanland und im Gazastreifen gegen die Zweistaatenlösung und für Gewalt gegen Israelis aus. Von diesen Entwicklungen legen die palästinensische Gewaltwelle im Herbst 2015, aber auch die sogenannten Preisschild-Aktionen eines Teils der Siedlerjugend und ihrer Sympathisanten Zeugnis ab (siehe meinen Beitrag zum israelisch-palästinensischen Konflikt).

Die geografische Lage, aber auch ihre historische Prägung führen dazu, dass die Israelis die Welt anders wahrnehmen als Europäer. Wir sind nicht die Schweiz, sagen sie dann, umgeben von friedlichen Bergen. Die Angst vor der iranische Atombombe und ein tiefes Misstrauen in die Versprechen aus Teheran, diese nicht zu bauen, sind nur ein Beispiel. Die eigene militärische Macht, die ja durchaus Abschreckung erzeugt, dringt dabei nicht immer ins Bewusstsein. Manche israelischen Beobachter bescheinigen ihren Landsleuten deshalb eine gespaltene, schizophrene Selbstwahrnehmung. Man habe es als Gesellschaft immer noch nicht verinnerlicht, die Mehrheit zu bilden, also nicht mehr wehrlose Diasporajuden zu sein. Man kultiviere die eigene Stärke, aber sehe sich selbst weiterhin als schwach und bedroht. Anders formuliert: Man kann einen Juden aus dem Ghetto herausnehmen, aber das Ghetto nur schwer aus dem jüdischen Bewusstsein.

Die anhaltende Besatzung und vor allem der fortgesetzte Siedlungsbau im Westjordanland und die drei Gazakriege haben die Kluft zur restlichen westlichen Welt in den vergangenen Jahren vertieft. Die Israelis selbst sehen sich vor einer doppelten Herausforderung: Es geht um einen politischen Streit um Land, aber auch um den Kampf gegen Fundamentalisten, die Israel als solches ablehnen. Was Letztere anbelangt, sieht man sich in einer Vorreiterrolle – und fühlt sich oftmals darin alleingelassen. Viele sorgen sich, dass in Zukunft die Grenze zwischen legitimer Kritik an israelischer Politik (deren Vertreter ja auch im Land selbst kein hohes Ansehen genießen) und gezielten Delegitimierungsversuchen ihres Staates verwischt werden könnte.

Palästinenser und »arabische Israelis«

Im Alltag sind die Palästinenser jenseits der Grünen Linie als Kollektiv für die Mehrheit der Israelis hinter der Sperranlage im Westjordanland verschwunden. Sie begegnen ihnen weiterhin – als Arbeiter auf Baustellen und in Restaurantküchen, die abends wieder nach Hause zurückkehren. Der Gazastreifen hingegen, aus dem Armee und Siedler 2005 abgezogen wurden, ist weitgehend abgeriegelt, seitdem dort die Hamas die Kontrolle übernommen hat.

In Israel stellen die Araber ein Fünftel der Bevölkerung. Sie gelten als eine benachteiligte Minderheit, wissen dabei aber durchaus auch das demokratische Rechtsverständnis zu schätzen, was in ihrem mehrheitlichen Vertrauen in das Oberste Gericht und in die Polizei zum Ausdruck kommt (2014 Israeli Democracy Index). 67 Prozent der arabischen Befragten wiederum geben an, dass sie sich nicht Israel zugehörig fühlten. Sie können sich nicht mit den (jüdischen) Symbolen des Staates identifizieren – nicht mit dem Davidstern auf der Flagge, dem siebenarmigen Leuchter auf den Behördenpapieren oder der Nationalhymne, die von der Sehnsucht nach der Rückkehr nach Zion spricht. Die arabische Minderheit verfügt über eigene Schulen mit eigenen Lehrplänen, in zivilrechtlichen Fragen gelten muslimische und christliche Regelungen; Araber müssen auch nicht zur Armee oder einen nationalen Ersatzdienst leisten. Sie leben in separaten Nachbarschaften und Städten. Außerdem gehören sie auch nicht der Mainstreamkultur an, was sich negativ auf Ausbildung und Beruf auswirkt. Dennoch klettert heute eine wachsende Anzahl von Ärzten, Apothekern und Rechtsanwälten weiter die Karriereleiter hinauf.

Es gibt aber auch Orte der Begegnungen. Dazu zählt neben den Universitäten besonders das Gesundheitswesen. Das Pflegepersonal und die Ärzte in den Krankenhäusern sind Juden und Araber, die gemeinsam jüdische und arabische Patienten, ungeachtet ihrer Herkunft, betreuen. So kommt es nicht selten vor, dass nach einem Anschlag verwundete jüdische Opfer und der verletzte arabische Täter gleichzeitig in die Notaufnahme gebracht werden. Für das Team aber spielt die Identität der Patienten prinzipiell keine Rolle, da man ansonsten dem Eid des Hippokrates zuwiderhandeln würde.

In vielerlei Hinsicht hat in der arabischen Bevölkerungsgruppe ein Israelisierungsprozess stattgefunden, der sich auch in einer mit hebräischen Ausdrücken gespickten Sprache niederschlägt. Niemand hatte es in den Medien auch nur für erwähnenswert gehalten, dass es ein arabischer Richter war, der den einstigen Staatspräsidenten Mosche Katzav wegen Vergewaltigung zu mehreren Jahren Haftstrafe verurteilt hat. In den letzten Jahren hat aber auch eine verstärkte Islamisierung eingesetzt, die der generellen Entwicklung in der Region entspricht. Das führte im November 2015 zum Verbot der Islamischen Bewegung im Norden Israels. Dennoch gibt es in Israel keine polarisierenden Debatten über Kopftücher für Musliminnen oder den Bau von Minaretten, obwohl sich Israel mit einem Großteil der arabischen Welt im Konflikt befindet.

Orte der Begegnung: Wartezimmer in einer Ärztepraxis der Makkabi-Krankenkasse, 2016

Auch hat die arabische Minderheit einen anderen Umgang mit der Vergangenheit und neigt dazu, sich als Opfer der Opfer zu sehen, also als sekundäre Opfer des Holocausts. Ausgeblendet (oder oft sogar verleugnet) wird dabei aber die eigene Verantwortlichkeit für die Entwicklung der Geschichte des Nahen Ostens.

Für jüdische Israelis wiederum spielt der Holocaust eine zentrale Rolle für ihre Identität. Viele junge Israelis sind die Kinder und Kindeskinder von Juden, die einst in Deutschland oder in anderen europäischen Ländern gelebt haben, die von dort flüchten mussten und deren Verwandte ermordet wurden. So mancher stellt sich deshalb schon einmal vor, wie denn sein Leben heute aussähe, wenn seine Vorfahren dort hätten bleiben können, wie also sein Leben heute in Warschau oder Frankfurt oder Wien aussähe.

Der Schatten des Holocaust

Je länger der Holocaust zurückliegt, desto stärker prägt er offenbar die eigene Identität, gleichgültig, ob man aschkenasischer oder misrachischer Herkunft ist. Man ist neugierig auf die Geschichten der letzten Überlebenden. Diese wiederum vertrauen ihre Geschichten der Generation der Enkel- und Urenkel eher an als ihren eigenen Kindern. Jene Überlebenden, die heute noch ihre Geschichten erzählen können, waren im Holocaust Kinder. Es sind also zunehmend Kindergeschichten, die von Zeitzeugen Kindern erzählt werden. Und so lernen heute israelische jüdische Kinder, die ganz selbstverständlich in einer Mehrheitsgesellschaft aufwachsen, dass es einst eine Schande war, in Deutschland Jude gewesen zu sein. Sie zeichnen im Kindergarten den gelben Davidstern nach und schreiben das deutsche Wort »Jude« hinein. Sie stehen auch am Holocaustgedenktag still, wenn landesweit eine Sirene zur Erinnerung an die sechs Millionen Opfer aufruft.

Wer Vorfahren hat, die aus Deutschland stammen, macht häufig von seinem Recht Gebrauch, sich als Nachkomme einbürgern zu lassen, und ist somit im Besitz eines deutschen Passes. Die Vorteile liegen auf der Hand. Mit einem solchen Dokument lässt sich in Europa ohne hohe Gebühren studieren, ohne Aufenthaltsgenehmigung arbeiten und ohne Visum in die Vereinigten Staaten einreisen. Der zusätzliche Pass ist keineswegs eine Absage an Israel, aber er enthält durchaus eine Dimension, die sich als Lebensversicherung bezeichnen ließe. Auch da gibt es Nichtausgesprochenes als Antriebskraft. Wie zum Beispiel die Angst, dass man sich eines Tages – wie schon die Vorfahren mit ihrem tragischen Schicksal – an einer Grenze befinden könnte, ohne über die richtigen Papiere zu verfügen. So haben sich Traumata weitervererbt.

Den Überlebenden war es – fast spiegelbildlich zur Generation der Täter in Deutschland – ohnehin lange Zeit schwergefallen, über diese Zeit zu reden. Erst im Alter verspüren manche den Drang, ihre Erlebnisse doch noch der Nachwelt zu vermitteln. Was sie mit ihren Kindern nicht oder nur ungern taten, holen sie mit den Enkeln nach. Das Interesse der israelischen Jugendlichen ist heute so groß wie nie. Die Lehrpläne fordern zum Nachfragen auf. So müssen sich alle Siebtklässler in einem fast ganzjährigen Projekt mit dem Thema »Wurzeln« befassen. Fragen wie »Woher kommt meine Familie, wie viele haben den Holocaust überlebt, wo sind deren Mitglieder jetzt?« sind Teil der israelischen Identität geworden. Der Literaturkritiker Efraim Sicher sieht darin ein »Erwachsenwerden der israelischen Gesellschaft«. Diese sei überhaupt – anders als früher – heute in der Lage, individuellen Identitäten und Erinnerungen breiten Raum einzuräumen.

Allerdings geht dieses Interesse für die Vergangenheit nicht mit einer Ablehnung Deutschlands einher, eher im Gegenteil. Fünfzig Jahre nach Aufnahme der diplomatischen Beziehungen ist ein enges Beziehungsgeflecht entstanden, die Bundeskanzlerin gilt als eine gute Freundin und der Schwarzwald als Topdestination für Touristen. 2015 waren Deutschland und Italien die bevorzugten Urlaubsziele der Israelis. Wer am Tag der Deutschen Einheit zum Empfang des deutschen Botschafters kommt, findet heute kaum Platz. Vielen israelischen Führungskräften gilt Deutschland heute politisch und wirtschaftlich, wissenschaftlich und technologisch als zweitwichtigster Partner nach den USA. Es gibt mittlerweile über hundert Städte- und Kreispartnerschaften, einen regen Jugendaustausch und Reisebetrieb sowie sehr enge kulturelle und zivilgesellschaftliche Verbindungen. In Berlin leben mittlerweile über 20 000 Israelis. Die deutsche Hauptstadt ist somit Teil der israelischen Diaspora geworden.

Anders als noch die ältere Generation kaufen Israelis heute auch, ohne zu zögern, deutsche Waren, begeistern sich für deutschen Fußball und hören deutsche Musik. »Tokio Hotel« und »Rammstein« wurden schon vor einer Dekade plötzlich zu Lieblingsbands. In der deutsch-israelischen DJ-Szene feiert man per Internetübertragung gemeinsame Partys; Gastauftritte deutscher DJs in Israel und israelischer in Deutschland gehören längst zur Routine. Die Kinos zeigten in den vergangenen Jahren viele deutsche Filme, nicht im Nischenprogramm, sondern als Teil einer Hitliste. Dazu zählen »Good Bye, Lenin«, »Das Leben der Anderen« oder »Soul Kitchen«. Dass auch im Theater nun manchmal Stücke in deutscher Sprache aufgeführt werden, passt in den Trend. Hans Falladas Roman »Jeder stirbt für sich allein« aus dem Jahr 1947 kam 2011 in hebräischer Übersetzung mit dem Titel »Allein in Berlin« auf die Bestsellerliste und hielt sich dort ungewöhnlich lange. Auf dem Cover prangt eine vernebelte Schwarz-Weiß-Aufnahme vom Brandenburger Tor, nur die Umrisse sind erkennbar.

Die Helden des Buches sind Gegner der Nazis. So interessieren sich Israelis heute für die Einstellung der Deutschen im »Dritten Reich«, auch jenseits des jüdischen Themas. Dabei spiele der Wunsch, verstehen zu wollen, was auf der anderen Seite passiert sei, ebenso eine Rolle wie das im Übrigen auch für andere Länder geltende Bedürfnis, ein Gegengewicht zu den Tätern zu finden, glaubt der Historiker Moshe Zimmermann. »Solche Figuren machen es möglich, mit den Deutschen ein normales Verhältnis zu haben und ins Gespräch zu kommen.« Und so wurde 2015 erstmals auch die deutsche Wanderausstellung »Die Weiße Rose« in Israel gezeigt.

Um sich auf einen Aufenthalt in Berlin vorzubereiten, oder aufgrund anderer Interessen an Deutschland, werden die Goethe-Institute in Tel Aviv und Jerusalem heute von jungen Israelis, die Deutsch lernen wollen, gleichsam überrannt. Der »deutsche« Einfluss in Israel ist dabei keineswegs neu. Es mag überraschen, aber Erich Kästner und Karl May wurden für die israelischen Nachkommen der aus Deutschland Geflohenen schon sehr früh übersetzt. Und vermutlich gibt es auch heute mehr israelische Kinder, die noch »Pünktchen und Anton« und »Emil und die Detektive« kennen, als in Deutschland. Ebenso sind viele hebräische Kinderlieder ursprünglich deutsche Kinderlieder. Auch war Deutsch nicht nur die Kultursprache, deren Schriftsteller einst bewundert und nachgeahmt wurden, sie war – und ist bis heute – eine Sprache des Alltags. Wörter wie Schlafstunde, Schluck, Biss, Schnitzel, Strudel, Schlagsahne, Kugellager, Scheibe, Stahlband, Unterputz, Spachtel, Schleiflack, Isolierband, Schalter, Stecker, Kupplung, Flaschenzug, Eisen, Letzteres wird als Adjektiv gebraucht, legen davon beredt Zeugnis ab.

Israelis und Deutsche

Berlin-Hype

Fania Oz-Salzberger hat bereits 2001 über das sich damals gerade erst abzeichnende Phänomen der »Israelis in Berlin« ein Buch veröffentlicht. In ihren Augen signalisiert der jüngste Berlin-Exodus deshalb nicht das Ende des Zionismus. Denn, wenn diese Israelis sich nur nach billigeren Preisen sehnen würden, müssten sie ja wohl eher nach Bangkok gehen, lautet ihr Argument. Fania Oz-Salzberger sieht vielmehr eine »einzigartige Kombination« von Faktoren am Werk, die ihre jungen Landsleute heute nach Berlin ziehen lässt: ein globaler Trend, geringere Lebenshaltungskosten, die historische Bedeutung der Stadt einschließlich ihrer Nazivergangenheit, kreative Energien, kulturelle Tiefe, liberale Politik und eine aufgeschlossene Haltung gegenüber Juden. In gewisser Weise gehöre Berlin zur »Geschichte jedes einzelnen Israeli« – und das werde so bleiben, auch wenn das Leben dort einmal teurer und somit weniger attraktiv wäre.

So kommt es zu einer interessanten Rochade. Juden aus Paris und London wandern verstärkt in Israel ein, weil sie sich in ihrem Herkunftsland nicht mehr sicher fühlen. Israelis wiederum ziehen nach Berlin, weil sie sich dort mehr Freiräume erhoffen. Diese Zugezogenen bilden aber keine Einwanderergemeinde. Man konsumiert jedoch lieber israelische Medien als deutsche und interessiert sich im Zweifelsfall auch

Diskussion über den Spruch »I love Berlin« auf dem T-Shirt, Tel Aviv 2014

weniger als angestammte Berliner Juden für politische Entwicklungen in Deutschland.

Bei Begegnungen zwischen Israelis und Deutschen stehen die israelische Gegenwart und die deutsche Vergangenheit aber dennoch immer mit im Raum. Das führt dazu, dass Israelis sich Deutschen gegenüber offener als umgekehrt verhalten, weil sie ihnen meist nur Vergangenes entgegenhalten können, sich aber dessen bewusst sind, dass es keine persönliche Verantwortung der Nachgeborenen gibt. Deutsche hingegen sind auch einzelnen Israelis gegenüber zunehmend distanzierter, weil sie ihnen kollektive Verantwortung für Gegenwärtiges aufbürden.

Deutsch-israelische Asymmetrien

Vier Flugstunden beträgt die Entfernung zwischen Israel und Deutschland. Das kann wenig sein, wenn die jungen Menschen überrascht feststellen, wie ähnlich sie sich im Lebensstil und in ihren Geschmäcken sind. Aber auch eine riesige Distanz, wenn es um die Lehren aus eben jener Vergangenheit geht, die für beide Seiten so identitätsstiftend sind: Denn, wo die Deutschen mit Blick auf Auschwitz ein universales »Nie wieder« rufen, heißt es bei den Israelis partikularistisch: »Das soll nie wieder UNS passieren.«

Diese Kluft wird besonders deutlich, wenn es um die Einschätzung von Gefahren und den Umgang damit geht. Aus deutscher Sicht mutiert da sogar Israel selbst schnell zur Bedrohung. Nach einer Umfrage der EU-Kommission von 2003 sahen damals immerhin 65 Prozent der Deutschen (und 59 Prozent aller Europäer) in Israel »eine Gefahr für den Weltfrieden«. Dieser hohe Prozentsatz lässt sich aber nicht allein auf objektive Tatbestände zurückführen. Denn das konkrete Wissen über Israel und den Nahostkonflikt hält sich meist in Grenzen. Entlastung und Schuldabweisung spielen ihren unbewussten Part. »Wir haben unsere Lektion gelernt« ist das eine Motiv, »die Nachfahren der Opfer gebärden sich wie unsere Vorväter« das andere. So schrumpft die ererbte Last und das Selbstgefühl wächst. Dass Israel trotz seiner militärischen Stärke nach wie vor in einem Existenzkampf verstrickt ist, wird ignoriert oder unterdrückt. Aus sicherer Entfernung lassen sich die universellen humanistischen Grundsätze, die viele Deutsche nach dem Holocaust verinnerlicht zu haben glauben, leichter anwenden – und gegebenenfalls eben auch gegen Israel einsetzen.

Eine andere Ungleichzeitigkeit, die das deutsch-israelische Verhältnis prägt, hat mit der generellen Entwicklung beider Länder im Hinblick auf die Selbstbetrachtung zu tun. Israelis haben lange den Schild einer »überaus selbstbewussten nationalen Selbstpräsentation« (Dan Bar-On 2015, S. 40) benutzt, die nun schon länger eine kritische und schmerzhafte Phase der Neubewertung durchläuft. Deutschland hingegen kann sein Wiedererstarken als wichtigste wirtschaftliche und politische Macht Europas feiern, nachdem es eine lange Periode internationaler und interner Kritik durchlaufen hat.

Zukunftsherausforderungen

Herzl-Graffito mit dem Spruch: »wenn nicht, dann eben nicht«, 2016

Es gibt Zeiten, da fällt besonders auf, wie klein dieses Land ist, seine Fläche entspricht etwa der Hessens. Feiertage gehören dazu. Das ganze Volk ist dann anscheinend auf den Beinen: Alles drängt sich in diesen Tagen in den National- oder Freizeitparks, zum Picknick und Barbecue im Grünen, in den Staus. Im Gegensatz dazu gibt es an Jom Kippur, dem höchsten jüdischen Feiertag, 24 Stunden lang eine allgemeine Auszeit, die Israel stillstehen lässt. Die Geschäfte und Cafés sind zu, es fahren keine Autos, nur gelegentlich

Ambulanzen, es gibt weder Radio- noch Fernsehübertragungen. Während religiöse Israelis diesen Tag in der Synagoge verbringen und fasten, erobern die Kinder säkularer Familien die Straßen mit ihren Skateboards und Fahrrädern.

Skulptur David Ben Gurions in seiner berühmten Handstandpose am Strand von Tel Aviv, 2016

Wenn sie sich dann auf der Küstenautobahn von Tel Aviv nach Herzlia auf den Weg machen, kommen sie unweigerlich an der unprätentiösen Herzl-Statue vorbei, die auf einem Wasserturm steht. »Wenn ihr wollt, ist es kein Märchen«, ist bekanntermaßen sein berühmtester Satz, dem man heute in verschiedenen (hebräischen) Varianten begegnet. So steht auf einer Werbung für Billardtische in unmissverständlicher Anspielung: »Das ist kein Märchen.« Es gibt auch eine postzionistische Variante, verstreut über Häuserwände im ganzen Land. Die schwarzen Graffiti mit Herzls Gesichtskonturen lassen viele Betrachter erst einmal rätseln. Denn darunter steht knapp: *lo rozim – lo tzarich*. Was frei übersetzt in etwa heißt: »Wenn ihr nicht wollt, dann lasst es bleiben.« Oder kürzer: »wenn nicht, dann eben nicht«. Der Literat in Herzl hätte sich vermutlich gefreut.

Dass an die Gründerväter also bisweilen in kurioser Form erinnert wird, zeigt auch der Umgang mit David Ben Gurion. »Ein Boulevard steht Kopf«, hieß es auf einer Faltbroschüre, die für ein Straßenfestival in der Tel Aviver Ben-Gurion-Straße warb – mit improvisiertem Theater und Anleitungen für Yogaübungen. Auf dem Deckblatt prangte ein berühmtes Bild: David Ben Gurion ganz aktiv, in der Badehose beim Kopfstand am Strand.

Eine solche Skulptur steht nun seit Sommer 2015 auch auf dem Frishman-Strand im Stadtzentrum.

68 Jahre nach seiner Geburt hat der Staat Israel auch nach hiesigen Maßstäben das Rentenalter erreicht. Dennoch bleiben viele Probleme ungelöst und viele Fragen offen. Ari Shavit diagnostiziert in seinem Buch »Mein gelobtes Land« sechs Befürchtungen, die seit Beginn des Jahrtausends den Lebenshunger der Israelis dämpfen: die Vorstellung, dass der israelisch-palästinensische Konflikt nicht in absehbarer Zeit beendet wird; die nicht nur theoretische Möglichkeit, dass die strategische Hegemonie des Landes in der Region bedroht sein könnte; die Angst, dass die Legitimität des jüdischen Staates untergraben wird; die Vermutung, dass es innerhalb einer zutiefst gewandelten Gesellschaft zu Spaltung und Polarisierung kommt; die Beobachtung, dass deren liberal-demokratische Fundamente zu bröckeln beginnen; und zuletzt die Erkenntnis, dass die wechselnden Regierungen des Landes nicht in der Lage waren, solche grundlegenden Problemen wie Besatzung und soziale Desintegration zu bewerkstelligen, und sich das so schnell auch nicht ändern wird.

Literatur

Bar-On, Dan, Die Erinnerung an den Holocaust in Israel und Deutschland, in: Aus Politik und Zeitgeschichte, 15/2005, S. 37–45.

Ezrachi, Yaron, Gewalt und Gewissen. Israels langer Weg in die Moderne, Berlin 1998 (englisches Original: Ezrahi, Yaron, Rubber Bullets. Power and Conscience in Modern Israel, Berkeley 1997).

Obama, Barack, To the People of Israel, 21. März 2013 (www.whitehouse.gov/the-press-office/2013/03/21/remarks-president-barack-obama-people-israel, Aufruf: 12. Januar 2016).

Rosenthal, Donna, Die Israelis. Leben in einem außergewöhnlichen Land, München 2008.

Shavit, Ari, Mein Gelobtes Land. Triumph und Tragödie Israels, Bonn 2015 (Lizenzausgabe der Bundeszentrale für politische Bildung).

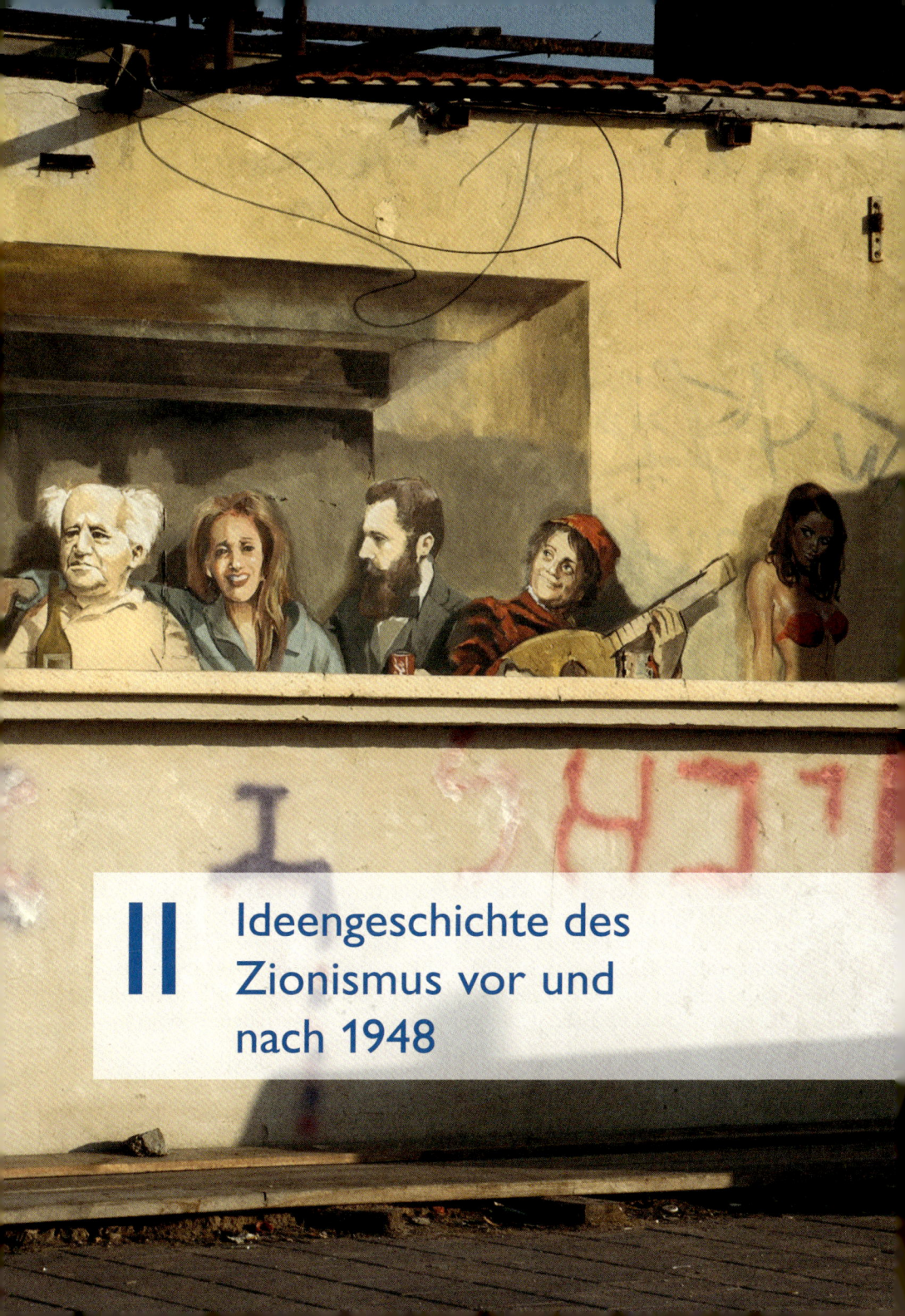

II Ideengeschichte des Zionismus vor und nach 1948

Einführung

Der Zionismus bezeichnet eine in der zweiten Hälfte des 19. Jahrhunderts entstandene weltweite jüdische Nationalbewegung und Ideologie. Ihr Ziel war die Gründung bzw. Wiedererrichtung eines jüdischen Nationalstaates in Palästina. Als Theodor Herzl zu dieser Zeit sein Buch »Der Judenstaat« verfasste, schwebte ihm ein nationales Modell vor, das ein Gegenentwurf zur Diaspora sein sollte. Das wichtigste Element war dabei das Recht auf Selbstbestimmung. In ihrer neuen Heimat sollten Juden sich endlich selbst regieren dürfen, also nicht mehr von nicht jüdischen Herrschern abhängig sein. Es ging darum, das Schicksal in die eigenen Hände zu nehmen. Eine Existenz fernab von ewiger Verfolgung, vom jiddisch sprechenden Schtetl, von Frömmigkeit, befreit von einem Minderheitendasein nach zwei Jahrtausenden Staatenlosigkeit. Es ging um die Normalisierung jüdischer Existenz. Das ist in mancher Hinsicht durchaus gelungen.

Israel als nationale Heimstätte für die Juden ist nun schon seit fast siebzig Jahren eine Realität. Jeder, der die viel befahrene Küstenautobahn Tel Aviv–Haifa benutzt, muss an Theodor Herzls Denkmal vorbei. Der Mann mit dem langen schwarzen Bart blickt mit verschränkten Armen auf den nach ihm benannten Ort Herzlia – eine typisch israelische Stadt mit neuen hochgewachsenen Nachbarschaften, alten Einfamilienhäusern, mit Hightechindustrie und Vergnügungsvierteln. Seine Utopie ist Wirklichkeit geworden.

Heute allerdings hat hier der Vater des Zionismus eher den Status eines entfernten Verwandten. Über ihn lernt man in der Schule, seine Bücher aber hat kaum einer gelesen. Mit dem Mitteleuropäer, der gern Zylinder trug und am liebsten im Staat seiner Träume Deutsch als Landessprache eingeführt hätte, lässt sich nicht allzu viel anfangen. Herzl, der Diasporajude, kommt aus einer anderen Welt. Geblieben aber ist die Streit um den Umgang mit dem Erbe seiner europäischen Utopie – dem Zionismus.

◀ Graffito an einer Wand in Jaffa, Tel Aviv (v. l. n. r.: Sigmund Freud, Golda Meir, Albert Einstein, unbekannt, David Ben Gurion, Ofra Haza, Theodor Herzl, der Lautenspieler von Franz Hals, unbekannt; oben der amerikanischer Rapper Tupac Shakur), Künstlerin: Anna Kogan

Zionismus ist ein Begriff, dessen Bedeutung sich im Lauf der Zeit geändert hat. Ursprünglich stand er für die Anerkennung der Juden als Volk im staatsrechtlichen Sinn mit Recht auf eine eigene Heimatstätte. Die zionistische Bewegung war, so urteilt der Historiker Dan Diner, im Grunde »eine frühe Reaktion auf die Ahnung einer fehlgeleiteten Emanzipation in Europa« gewesen. Nachdem Hitler aus dieser Ahnung eine Gewissheit gemacht hatte, wurden viele Juden, die bis dahin den Ideen Herzls kritisch gegenübergestanden hatten, zu Anhängern des Zionismus.

Heute stellt sich die Frage nicht neu, aber anders. Man streitet darüber, was im Namen des Zionismus heute erlaubt, notwendig oder verboten ist. Darüber gibt es, wie in so vieler Hinsicht, unterschiedliche Ansichten und gegensätzliche Visionen. Eine der Kernfragen, die sich dabei stellt, ist der Charakters des Staates – während man im rechten politischen Spektrum zunehmend auf den jüdischen Nationalcharakter des Staates pocht, beruft man sich im Mitte-links-Lager weiterhin auf den Anspruch, zugleich ein jüdisch-nationaler und demokratischer Staat zu sein. Eine Minderheit wünscht sich Israel als ein Staat aller seiner Bürger, dessen offizieller jüdischer Charakter damit verschwinden würde.

Der Streit um den Zionismus, der im späten 19. Jahrhundert begann und 1948 schließlich zur Staatsgründung führte, ist somit ein anderer als jener, der seither im Land selbst stattfindet. Ein Ende ist nicht in Sicht.

Michael Brenner

Vom Zionismus zu Zion

Vorläufer

Auch wenn der Zionismus als politische Bewegung erst am Ende des
19. Jahrhunderts auftauchte, reichen die Wurzeln der jüdischen Sehnsucht
nach Zion – einem Berg in Jerusalem, der häufig mit dem Land selbst gleichgesetzt wird – mehrere Jahrtausende zurück. Lange vor der Zerschlagung
des einstigen jüdischen Staates unter der römischen Herrschaft waren die
Juden im Exil verstreut, in Babylon, Ägypten und anderswo. In Psalm 137
wird ein früher Traum von der Rückkehr der Juden nach Zion beschrieben:

> »Dort an den Strömen Babels weilten wir
> ach, weinten wir wenn Zijons wir gedachten!
> An Weidenbäume dort
> hängten wir unsere Zithern.
> Denn dort verlangten unsre Zwingherrn von uns Sangesworte
> und unsere Dränger Freudenspiel:
> ›So singet uns von Zijons Sang!‹
> Wie sängen wir des Ewgen Sang
> auf Fremdlands Erde?
> Vergäße ich dein, Jeruschalaim
> versagte meine Rechte
> es klebte meine Zunge mir am Gaumen
> wenn dein ich nicht gedächte
> hielt ich Jeruschalaim mir nicht vor
> oban bei meinem Freudenspiel.«

Übersetzt von Naftali Herz Tur-Sinai

Nachdem die Römer den Tempel zerstört und Jerusalem völlig umgestal-
tet hatten, wurde die Sehnsucht, die Stadt und den Tempel wiederaufzu-
bauen, Teil des täglichen Gebets. Und so schließen die an Pessach verlesene

Haggada und der Gottesdienst an Jom Kippur mit dem Wunsch: »Nächstes Jahr in Jerusalem!« Spanisch-jüdische Dichter wie Judah Halevi im 12. und Philosophen wie Nachmanides im 13. Jahrhundert begnügten sich nicht damit, diese Sehnsucht in ihren Werken auszudrücken, sondern sie wanderten in das Land Israel aus, um sich dort anzusiedeln und dort beerdigt zu werden. Im 16. Jahrhundert verließen zahlreiche bekannte Kabbalisten, jüdische Mystiker, Europa und gründeten eine Schule in Galiläa, in der Stadt Tsefat (Safed). Im Jahr 1700 machte sich eine Gruppe osteuropäischer Mystiker auf den Weg ins Heilige Land. Viele fromme Juden wollten in Jerusalem nicht nur leben, sondern auch in heiliger Erde beigesetzt werden.

Ihr Handeln war nicht politisch grundiert, denn nach traditioneller religiöser Überzeugung mussten die Rückkehr aller Juden nach Palästina und der Wiederaufbau eines jüdischen Staates auf messianische Zeiten warten. Die meisten frommen Juden hielten den Versuch, den messianischen Plan durch politische Aktion zu beschleunigen, für Frevel. Und so stieß Napoleon Bonaparte bei den frommen jüdischen Führern auf wenig Begeisterung, als er sich vorübergehend für den Gedanken an einen jüdischen Staat in Palästina erwärmte.

In der Mitte des 19. Jahrhunderts freundeten sich kleinere Gruppen von religiösen und säkularen Juden allmählich mit dem Gedanken an, im Land ihrer Vorfahren eine jüdische Heimstätte zu gründen. Dazu trugen unterschiedliche Entwicklungen bei. Im Verlauf des 19. Jahrhunderts hatte die europäische Judenheit einen ungeheuren Transformationsprozess durchlaufen. In Frankreich waren die Juden durch die Revolution gleichberechtigte französische Staatsbürger jüdischen Glaubens geworden. In den Niederlanden und Großbritannien waren sie fast in jeder Hinsicht gleichberechtigte Bürger. In den deutschen Staaten hatte ihre Integration rasche Fortschritte gemacht, wenn auch die rechtliche Gleichstellung noch bis zur neuen Verfassung von 1871 auf sich warten ließ. In Osteuropa, Heimat der meisten Juden, waren noch viele Restriktionen in Kraft, aber auch dort hatte sich einiges geändert. Gegen Ende des 19. Jahrhunderts sprachen immer mehr Juden in den Großstädten Russisch und Polnisch statt Jiddisch und ein wachsendes jüdisches Proletariat entstand, häufig von der Religion entfremdet.

Zugleich waren europäische Juden – oft aktiv beteiligte – Zeugen der Kämpfe um Einigung und Unabhängigkeit, von den polnischen Aufständen gegen das zaristische Reich bis zu dem italienischen Risorgimento und dem Kampf um die deutsche Einheit. Im 19. Jahrhundert war der Nationalismus ein Bestandteil des Lebens und die europäischen Juden standen keineswegs am Rand. Es ist also kein Zufall, dass die wichtigsten Vorkämpfer des Zionismus aus den umstrittenen europäischen Grenzregionen stammten oder den Kampf der europäischen Nationen um die Souveränität als Inspiration für ihre eigenen zionistischen Schriften benannten.

Yehuda Alkalai (1798–1878), in Sarajevo geboren, war Rabbiner im serbischen Semlin, heute ein Stadtteil von Belgrad. Alkalai wuchs im multikulturellen Habsburgerreich auf und erlebte die häufig leidenschaftlichen Debatten und Kämpfe zwischen Serben, Kroaten und Bosniern mit. Wie die meisten Juden in Sarajevo war auch Alkalai Sepharde, das heißt, seine Vorfahren waren von der Iberischen Halbinsel eingewandert. Trotz seines Glaubens fand er einen Weg, den religiösen Widerstand gegen die aktiv betriebene Gründung eines Judenstaates in Palästina zu umgehen: Er übernahm die traditionelle jüdische Auffassung, ein kriegerischer Vorläufer des Messias aus dem Haus Joseph werde den Weg für den wahren Messias aus dem Haus David bereiten. In seinen Augen übernahm der Zionismus die Rolle eines kollektiven Messias aus dem Haus Joseph und mithilfe dieser recht originellen theologischen Deutung legitimierte er die Rückkehr der Juden und den Aufbau ihres Staates in Israel. Zweifellos waren die Unabhängigkeitskämpfe der anderen Nationen, auch der Serben und Kroaten, ein wichtiger Impuls für seine innovativen theologischen Schlussfolgerungen.

Alkalais Zeitgenosse Zvi Hirsch Kalischer (1795–1874) wurde in der Stadt Lissa (Leszno) geboren und war Rabbiner in Posen (Poznan), beides östliche Grenzregionen Preußens mit polnischer, deutscher und jüdischer Bevölkerung. Auch er wurde Zeuge nationaler Auseinandersetzungen, die sich auf seine religiösen Überzeugungen auswirkten. In seiner Abhandlung »Drishat Zion« (Sehnsucht nach Zion) von 1862 vertrat er die Ansicht, man solle nicht passiv auf den Messias warten, sondern dessen Ankunft aktiv beschleunigen. Dazu gehörte für ihn die Besiedlung des Landes Israel.

Ein dritter Pionier des Zionismus in der Mitte des 19. Jahrhunderts war ein säkularer politischer Denker und früher Weggefährte von Karl Marx. Der in Bonn geborene Moses Hess (1812–1875) gehörte zu den ersten Sozialisten und entfernte sich weit von der jüdischen Religion. Der Erfolg der italienischen Nationalbewegung ließ in ihm die Überzeugung reifen, dass die Juden dem italienischen Beispiel folgen und nach vielen Jahrhunderten wieder zu einer Nation werden könnten.

»Mit der Befreiung der ewigen Stadt am Tiber beginnt auch jene der ewigen Stadt auf Moria, mit der Wiedergeburt Italiens auch die Auferstehung Judäas. – Auch Jerusalems verwaiste Kinder werden Teil nehmen dürfen an der großen Völkerpalingenesis, an der Auferstehung aus dem totenähnlichen Winterschlaf des Mittelalters mit seinen bösen Träumen.« (Hess 1935, S. 5)

In seiner unter dem Eindruck des italienischen Risorgimento verfassten Schrift »Rom und Jerusalem« prophezeite er, dass die Juden nach zweitausend Jahren Exil wieder in die »Heimat der Vorfahren« zurückkehren würden. Der Untertitel seines in Briefform verfassten Buches, »Die letzte Nationalitätenfrage«, berührte direkt den Kern seiner Argumentation. Zunächst musste er seine deutsch-jüdische Leserschaft davon überzeugen, dass sie nicht, wie viele behaupteten, »deutsche Bürger jüdischen Glaubens« waren, sondern in Wahrheit einer jüdischen Nation angehörten.

Ähnlich argumentierte ein anderer deutsch-jüdischer Intellektueller, der Historiker Heinrich Graetz (1817−1891). In seinem Standardwerk »Geschichte der Juden« wandte er sich gegen die von seinem Vorläufer Isaac Marcus Jost (1793−1860) vertretene Auffassung, das jüdische Volk habe zu existieren aufgehört und die Juden seien lediglich eine Religionsgemeinschaft. Vielmehr lag ihm die Idee eines jüdischen Volkes mit dem Zentrum Israel sehr am Herzen. Nach einer Palästinareise 1872 kehrte er, inspiriert von der Idee einer modernen jüdischen Besiedlung, zurück. Auch wenn er sicher kein in der Wolle gefärbter Zionist war, überzeugten seine in vielen Auflagen und Übersetzungen verbreiteten Schriften zahlreiche Juden von der Bedeutung des jüdischen Volkstums und des Landes Israel.

Gleichzeitig setzten sich osteuropäische Denker (hebräisch: *maskilim*) wie Abraham Mapu (1808−1867) und Moses Leib Lilienblum (1843−1919) für die Wiederbelebung der hebräischen Sprache ein und rühmten in auf Hebräisch geschriebenen Artikeln und Büchern das Land Israel. Durch die Literatur weckten sie und weitere Schriftsteller die Sehnsucht nach der Heimkehr ins Land Israel. Als führendes Mitglied des Rates der hebräischen Sprache verfasste Elieser Ben-Jehuda (1858−1922) ein modernes hebräisches Wörterbuch. Er wanderte nach Jerusalem aus, als im Jahr 1881 der große Exodus der osteuropäischen Juden begann: Nach der Ermordung von Zar Alexander II. im Jahr 1881 wurden die Juden beschuldigt, das Attentat geplant zu haben. In weiten Teilen des Russischen Reiches kam es zu Pogromen und in den folgenden drei Jahrzehnten verließen mehr als zwei Millionen osteuropäische Juden den Kontinent. Die meisten emigrierten in die USA, doch führte die Welle der Gewalt auch zur ersten organisierten jüdischen Einwanderung nach Palästina. Als Reaktion auf die von dem jüdischen Arzt Leon Pinsker verfasste Broschüre »Auto-Emancipation« bildete sich im Zarenreich die Bewegung »Chibbat Zion« (Zionsliebe). Deren Anhänger, »Chovevei Zion« genannt, propagierten die Auswanderung nach Israel statt nach Amerika. Und tatsächlich ließen sich bis zum Ende des Jahrhunderts etwa 25 000 jüdische Siedler aus Osteuropa im Land nieder, nicht nur in Jerusalem und den wenigen anderen Städten, sondern auch in neu gegründeten landwirtschaftlichen Siedlungen,

Straßenschild in Tel Aviv

die teilweise auf jüdische Philanthropen wie Baron Edmond de Rothschild zurückgingen. Rischon LeZion, Sichron Ja'akov und Rosch Pinna gehörten zu den frühen Agrarsiedlungen unter den Fittichen des *nadiv ha'yadua*, des »bekannten Wohltäters«, wie er allgemein genannt wurde.

Diese als »erste Alija« bezeichnete Einwanderungswelle begann 15 Jahre vor der gut organisierten weltweiten zionistischen Bewegung. Bei dem Jischuw, der bis dahin vor allem auf Spenden der Diasporagemeinden angewiesenen jüdischen Bevölkerung Palästinas, rief sie das Bedürfnis nach politischer Autonomie und ökonomischer Autarkie hervor. Vielen der Einwanderer wurde jedoch bewusst, dass sie sich in eine neue Abhängigkeit begeben hatten, diesmal von der Verwaltung des »bekannten Wohltäters« in Paris und deren Agenten in Palästina.

1897: Jüdische Politik, neu gestaltet

Der Zionismus machte sich daran, die Situation der Juden zu »normalisieren«, indem er einen Staat »wie für alle anderen Nationen auch« gründete. Die Meinungen zum Begriff »Normalität« gingen allerdings stark auseinander und 1897 wurde in vier Richtungen diskutiert. Bereits 1893 war der »Central-Verein deutscher Staatsbürger jüdischen Glaubens« ins

Leben gerufen worden, um dem modernen politischen Antisemitismus in Deutschland entgegenzutreten. In jenem Jahr waren mehrere Abgeordnete mit explizit antijüdischen Parolen in den Reichstag eingezogen. Zwar erlangten die deutschen Juden mit der Gründung des Deutschen Reichs 1871 die rechtliche Gleichstellung, doch blieb ihnen der Zugang zu bestimmten gesellschaftlichen Bereichen, etwa dem Offizierskorps oder der Regierung, weiterhin verwehrt. In Frankreich konnten Juden zwar Offiziere werden, doch in der Mitte der französischen Gesellschaft wurden sie praktisch nicht geduldet. Als der jüdische Offizier Alfred Dreyfus 1894 wegen Hochverrats angeklagt und verurteilt wurde, hallten die Pariser Straßen von antijüdischen Ressentiments wider. Nach Jahren der Verbannung auf der abgelegenen Teufelsinsel wurde Dreyfus endlich von den falschen Beschuldigungen freigesprochen und rehabilitiert, doch der Schaden für die französisch-jüdische Gemeinschaft wirkte lange nach. 1897 schließlich wurde der populistische antisemitische Karl Lueger Bürgermeister von Wien, nachdem Kaiser Franz-Joseph dessen Ernennung wiederholt verweigert hatte.

Trotz dieser beunruhigenden Entwicklungen im letzten Jahrzehnt des 19. Jahrhunderts glaubten die meisten europäischen Juden auch weiter an den sozialen und wirtschaftlichen Fortschritt. In West- und Mitteleuropa waren sie während der vergangenen 100 Jahre Zeugen einer bis dahin nicht für möglich gehaltenen Transformation geworden und nun hofften sie auf die noch fehlenden Schritte zur gesellschaftlichen Integration. Zugleich wurde ihnen immer stärker bewusst, was der Historiker Fritz Stern so treffend als »Last des Erfolgs« bezeichnete. Viele erkannten immer klarer, dass sie nicht wirklich integriert waren.

Zu ihnen gehörte Walter Rathenau (1867–1922). 1897 veröffentlichte der Erbe des größten deutschen Elektrokonzerns AEG, der später hoch geschätzte politische Theoretiker und führende Kopf der Kriegswirtschaft, am Ende seiner Karriere Außenminister, seinen ersten Aufsatz unter dem Titel »Höre, Israel!«. Der kurze Essay wurde in der »Zukunft« abgedruckt, einer der damals wichtigsten intellektuellen Zeitschriften. Sie wurde von Maximilian Harden herausgegeben, einem zum Protestantismus konvertierten Juden und bedeutenden Kopf im wilhelminischen Deutschland. Der Text erschien unter einem Pseudonym, doch war die Identität des Autors kein Geheimnis. Der Artikel stellte eine solche Provokation dar, dass Rathenaus Vater Emil alle erreichbaren Exemplare aufkaufte – um sie zu verbrennen. Was war der Grund dafür? Rathenau war überzeugt, dass die Juden nur »normal« werden konnten, wenn sie sich den Deutschen noch stärker annäherten. Manche Passagen lesen sich wie ein antisemitisches Traktat:

»Inmitten deutschen Lebens ein abgesondert fremdartiger Menschenstamm, glänzend und auffällig staffiert, von heißblütig beweglichem Gebaren. Auf märkischem Sand eine asiatische Horde. [...] So leben sie in einem halb freiwilligen, unsichtbaren Ghetto, kein lebendes Glied des Volkes, sondern ein fremder Organismus in seinem Leibe.« (Rathenau 1902, S. 4)

Nach Rathenaus Überzeugung mussten die Juden sich völlig assimilieren, wenn sie weiter in Deutschland leben wollten. Sie mussten ihre Berufe ebenso anpassen wie ihre religiösen Praktiken, ja sogar ihr physisches Erscheinungsbild. Die Konversion war dagegen keine echte Lösung und veränderte ihre Lage nur oberflächlich und scheinbar. Schon früh war ihm bewusst, »dass ein getaufter Jude immer noch kein getaufter Christ ist«.

In Osteuropa führten die Pogrome und die schwere Wirtschaftskrise nicht nur zur größten jüdischen Auswanderungswelle der modernen Geschichte, sondern auch zur Suche nach neuen politischen Lösungen an den Wohnorten der Juden. 1897, im Erscheinungsjahr von Rathenaus »Höre, Israel!«, veröffentlichte der russisch-jüdische Historiker Simon Dubnow (1860–1941) den ersten seiner Briefe vom alten und neuen Judentum in der russischen Zeitschrift »Voskhod«. Diese Texte wurden zur Basis der jüdisch-nationalistischen Bewegung in der Diaspora. Einige Jahre später gründete er die »Jüdische Volkspartei« (Yidishe Folkspartey), die sich für die nationale Autonomie der Juden in Osteuropa einsetzte. Er argumentierte, dass die Juden eine Nation bildeten, aber nicht unbedingt ein eigenes Territorium brauchten. Seiner Meinung nach hatten die Juden die höchste Stufe einer Nation erreicht – eine Stufe, auf der kein Territorium mehr benötigt wurde.

Die Juden sollten die gleichen Rechte bekommen wie Tschechen oder Slowaken, Polen oder Ukrainer, auch wenn ihnen ein abgegrenztes Territorium fehlte. Anders gesagt, würde ihre Emanzipation erst dann Realität werden, wenn sie über die individuellen Bürgerrechte hinaus kollektive Rechte als Juden erhielten. Sie brauchten Europa nicht zu verlassen, sie konnten weiter Jiddisch sprechen und sie würden die gleichen Rechte genießen wie alle anderen Bürger.

Auch der dritte Weg zur Normalisierung wurde 1897 offiziell vorgegeben. Am 7. Oktober trafen sich osteuropäische Juden in Wilna (Vilnius), um den »Allgemeinen Jüdischen Arbeiterbund von Litauen, Polen und Russland« (Algemeyner Yidisher Arbeter Bund in Lite, Poyln un Rusland) zu gründen, auch als »Bund« bekannt. Er sollte alle jüdischen Arbeiter innerhalb des rasch wachsenden Proletariats zusammenschließen. Ursprünglich forderte der Bund nur die Anerkennung des Jiddischen, der Sprache der jüdischen Arbeiter. Zunehmend jedoch verstand er sich als Vertretung einer nationalen Minderheit, die gegen die jüdische Bourgeoisie ebenso wie gegen den Antisemitismus kämpfte.

Wie die Autonomisten sah auch der Bund die Zukunft darin, dass die Juden in ihrem Land bleiben, ihre Sprache sprechen und die gleichen Rechte wie alle anderen haben sollten. Allerdings war in ihren Augen eine wirkliche Normalisierung ohne einen siegreichen Klassenkampf undenkbar. Nur durch den Umsturz der kapitalistischen Gesellschaft und die Herrschaft des Proletariats konnte der Antisemitismus ausgerottet und den Juden ein normales Leben ermöglicht werden. Und vor allem würden ihre Tätigkeiten sich strukturell normalisieren und sie von einer bourgeoisen Händlergesellschaft zu einer Gesellschaft von Arbeitern, Handwerkern und Bauern werden.

Wenige Wochen vor der Zusammenkunft in Wilna fand vom 29. bis 31. August 1897 der erste Zionistenkongress in Basel statt. Auch hier strebten die Delegierten die Normalisierung des meist als »jüdische Frage« bezeichneten Zustands an. Dabei unterschied ihr Weg sich stark von den beiden oben beschriebenen. Zwar sahen auch die Zionisten ebenso wie die Autonomisten und die Bundisten die Juden als eine Nation – aber als eine Nation mit einem genau umrissenen Territorium. Normalisierung bedeutete für die Zionisten also, dass man sein bisheriges Land verließ und nach Palästina oder ins Land Israel »zurückkehrte«.

Theodor Herzl: Begründer des politischen Zionismus

Ein assimilierter österreichischer Journalist stellte den ersten Zionistischen Weltkongress fast allein auf die Beine. Wie Walter Rathenau hatte Theodor Herzl sich zunächst für die völlige Assimilation eingesetzt, jedoch erkennen müssen, dass sie in einer feindselig eingestellten Gesellschaft zum Scheitern verurteilt war. Und wie Rathenau befand er, dass die Juden sich ändern mussten, doch verordnete er ihnen eine andere Therapie. Daher kommentierte er Rathenaus Essay folgendermaßen:

»Wenn er den Juden rät, sich einen anderen Knochenbau anzugewöhnen, so begleite ich ihn heiter in diese Zuchtwahlfernen. Ich spöttle darüber nicht, wie es jeder Durchschnittsjude tun wird, sondern will ihm beipflichten. Nur meine ich, dass die Juden den Phosphor für diese neuen Knochen aus einem einzigen Boden ziehen können, nämlich aus ihrem eigenen.« (Herzl an Maximilian Harden, 16. März 1897, in: Herzl 1990, S. 205)

Als Herzl die Bühne der jüdischen Politik betrat, sagte er zunächst wenig Neues. Doch er sagte es zu einer anderen Zeit und auf andere Art. Diese beiden Umstände machten ihn dort erfolgreich, wo Hess und Pinsker gescheitert waren. Er hatte weder »Rom und Jerusalem« noch »Auto-Emancipation« gelesen, als er 1896 »Der Judenstaat« verfasste. Die Botschaft war gleich, nicht jedoch der Botschafter.

Herzl wurde 1860 in Budapest geboren, 1878 zog seine deutschsprachige, weitgehend assimilierte Familie nach Wien. Auch Herzl vertrat die Assimilation, bis er den Zionismus entdeckte. Er ließ seinen Sohn nicht beschneiden und richtete ihm auch keine Bar-Mizwa-Feier aus. Zunächst glaubte er, die »jüdische Frage« durch eine Massentaufe der Wiener Juden im Stephansdom lösen zu können, die er in einer feierlichen Zeremonie anführen wollte. Als ihm bald klar wurde, dass der moderne, rassistisch begründete Antisemitismus sich durch religiöse Konversion nicht beeindrucken ließ und er dem Oberrabbiner von Wien seinen noch unveröffentlichten »Judenstaat« vorstellen wollte, kam ihm nicht einmal der Gedanke, Rabbiner Güdemann könne sich vom Anblick von Herzls Wohnzimmer abschrecken lassen. Folgendes hielt Herzl in seinem Tagebuch fest:

> »Eben zündete ich meinen Kindern den Weihnachtsbaum an, als Güdemann kam. Er schien durch den ›christlichen‹ Brauch verstimmt. Na, drücken lasse ich mich nicht! Aber meinetwegen soll's der Chanukkabaum heißen − oder die Sonnenwende des Winters?«
> (Herzl am 24. Dezember 1895, in: Herzl 1982, S. 288)

Herzls Zionismus war ein Nebenprodukt des Antisemitismus. Hätte Europas Gesellschaft die Juden willkommen geheißen, dann hätte er sein Glück als Journalist und Schriftsteller gefunden, idealerweise, wie er seinem Tagebuch einmal anvertraute, als »preußischer Altadeliger«. Antisemitismus kannte er aus seiner Jugend in Budapest und auch in Wien wurde ihm sein Außenseitertum immer wieder bewusst. Kurz nach seinem Eintritt in die Studentenverbindung »Albia« beschlossen seine neuen Kameraden, keine weiteren Juden zuzulassen. Herzls Stolz war verletzt, er trat aus der »Albia« aus. Mehrere Jahre später erlebte er, wie der offen antisemitische Wiener Politiker Karl Lueger die Wahl zum Bürgermeister gewann. Herzls Traum, den von seinen Eltern eingeschlagenen Weg der Assimilation weiterzugehen und ein renommierter Bühnenautor zu werden, der an Wiens populärsten Theatern gespielt wird, erlitt einen entscheidenden Rückschlag.

Immerhin erlangte er als Feuilletonredakteur der »Neuen Freien Presse«, der seinerzeit führenden deutschsprachigen Tageszeitung, große

Bekanntheit. Seine Position war so einflussreich, dass junge Schriftsteller auf der Suche nach Veröffentlichung ihn fast als Halbgott betrachteten. So beschreibt der junge Autor Stefan Zweig seine erste Begegnung mit Herzl:

> »Der Redakteur des Feuilletons empfing bloß an einem Tag der Woche zwischen zwei und drei Uhr, da durch den regelmäßigen Turnus der berühmten, festangestellten Mitarbeiter nur ganz selten Raum für die Arbeit eines Außenseiters war. Nicht ohne Herzklopfen stieg ich die kleine Wendeltreppe zu dem Büro empor und ließ mich anmelden. Nach einigen Minuten kam der Diener zurück, der Herr Feuilletonredakteur lasse bitten, und ich trat in das enge, schmale Zimmer. Der Feuilletonredakteur der ›Neuen Freien Presse‹ hieß Theodor Herzl und es war der erste Mann welthistorischen Formats, dem ich in meinem Leben gegenüberstand.« (Zweig 1982, S. 124)

Zweigs Beschreibung vermittelt uns einen Eindruck von Herzls Bedeutung in der Zeit, als er sich für zionistische Politik engagierte. Der Feuilletonredakteur der renommiertesten deutschsprachigen Tageszeitung genoss hohes Ansehen. Seine Stücke wurden im Burgtheater aufgeführt. Herzl war ein erfolgreicher Mann. Was trieb ihn dazu, seinen großen Erfolg als einer der führenden deutschen Journalisten aufs Spiel zu setzen?

Zweifellos spielte der Wiener Antisemitismus bei Herzls neuer Mission eine wichtige Rolle. Er veranlasste Herzl zu dem Drama »Das neue Ghetto«, in dem er die gesellschaftliche Situation der jüdischen Wiener Mittelschicht als ein zum Teil selbst verschuldetes unsichtbares Ghetto beschrieb. Entscheidend jedoch war seine Entsendung als Korrespondent der Neuen Freien Presse zum Dreyfus-Prozess. Mehr als die rechtswidrige Verurteilung des angeblichen Spions Dreyfus schockierte ihn das Getöse rund um den Prozess. »Die Juden« wurden verantwortlich gemacht, nicht ein einzelner jüdischer Offizier.

Wenn nicht einmal Frankreich, das Mutterland der Gleichheit und der Judenemanzipation, gegen den Antisemitismus gefeit war, dann blieb nur noch der Abschied von Europa. Die Juden brauchten einen eigenen Staat. Noch war ihm nicht klar, wo dieser Staat liegen würde. Er hatte zwei Optionen ins Auge gefasst, Argentinien und Palästina, und eine Zeitlang bevorzugte er Argentinien. Erst als er eine Bewegung ins Leben rief, erkannte er, dass die Menschen sich bei dieser Entscheidung eher von Gefühlen als von Vernunftgründen bestimmen ließen. Nachdem er sich Jahre später mit dem britischen Angebot einer Heimstatt in Ostafrika (Uganda-Programm) befasst hatte, musste er sich eingestehen, dass die meisten Anhänger ihm nirgendwohin als ins Land Israel folgen würden.

Herzls Judenstaat vereinigte Utopie und Realismus, Universalismus und Partikularismus, Modernismus und Tradition. Diese einzigartige Verbindung machte seinen Erfolg aus. Er schlug eine »Society of Jews« vor, die jüdisch vor allem dadurch wurde, dass die meisten ihrer Mitglieder Juden waren. In seinem Buch werden jüdische Religion und Kultur nicht genannt, vielmehr geht es um die praktische Planung der Emigration und die Wirtschaftsform in der neuen Heimat. Nicht zufällig spricht er von der »Society of Jews« statt von der »Jewish Society«.

Herzl wollte den Lebensstil des jüdischen europäischen Mittelstandes nicht ändern, sondern ihn einfach in den Nahen Osten verpflanzen und so viel wie möglich beibehalten: die Sprache (Deutsch oder Französisch oder Englisch, aber nicht Hebräisch oder Jiddisch) und die Kultur, das Essen und die »kleinen Gewohnheiten«, denen er ein ganzes Kapitel widmete.

»Es gibt englische Hotels in Ägypten und auf den Berggipfeln der Schweiz, Wiener Cafés in Südafrika, französische Theater in Russland, deutsche Opern in Amerika und das beste bayerische Bier in Paris.

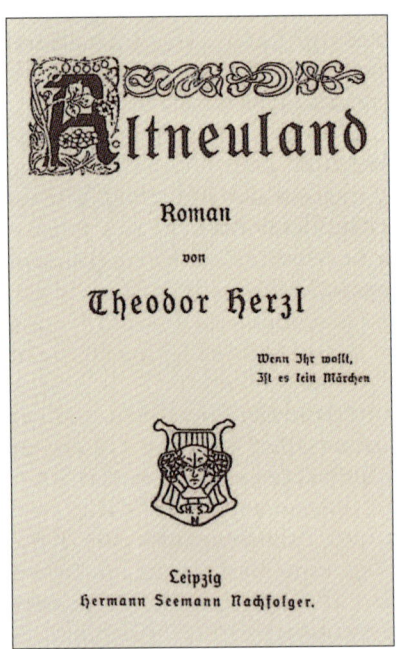

Cover des Romans »Altneuland«
von Theodor Herzl, 1902 in Leipzig
erschienen

Wenn wir noch einmal aus Mizraim [hebräischer Name für Ägypten, Anm. M. B.] wandern, werden wir die Fleischtöpfe nicht vergessen. In jeder Ortsgruppe kann und wird jeder seine kleinen Gewohnheiten wiederfinden, nur besser, schöner, angenehmer.« (Herzl 1986, S. 64)

Diesen Gedanken vertiefte er in seinem zweiten Buch, dem 1902 veröffentlichten Roman »Altneuland«. In seinem utopischen Bild von Palästina im Jahr 1923 beschreibt er eine europäische Gesellschaft im Nahen Osten. Am Vormittag kann man eine englische Schule besuchen, am Nachmittag eine Wiener Melange trinken und abends in das deutsche, englische, französische, italienische oder spanische Theater gehen. Herzl erwähnte weder Arabisch noch Jiddisch und schon gar nicht Hebräisch – eine Sprache, die er nicht verstand und in der man, so seine berühmt gewordene Behauptung, nicht einmal eine Bahnkarte kaufen konnte.

In »Altneuland« führte Herzl in Romanform zahlreiche Gedanken aus, die er sechs Jahre zuvor in seinem kürzeren und eher pragmatisch orientierten »Judenstaat« entwickelt hatte. Doch eine wichtige Änderung gab es hier. 1902 sprach Herzl nicht mehr von der »Society of Jews«, sondern von einer »Neuen Gesellschaft«. Nichtjuden konnten sich dieser anschließen, nicht jedoch Radikale oder Fundamentalisten. In scharfen Worten kritisierte er Juden, die Nichtjuden die gleichberechtigte Mitgliedschaft verwehren wollten.

Charakteristisch für die »Neue Gesellschaft« waren ihre sozialen und technologischen Errungenschaften. Bereits im Judenstaat hatte Herzl den neuen Staat als »Siebenstundenland« bezeichnet. Damit meinte er, dass jeder Bürger nur sieben Stunden am Tag arbeiten würde. Diese Idee lag ihm so sehr am Herzen, dass sein Fahnenentwurf für die »Neue Gesellschaft« sieben Sterne enthielt, symbolisch für die sieben täglichen Arbeitsstunden. Frauen sollten das Wahlrecht bekommen – das ihnen noch kein einziger europäischer Staat zugestanden hatte. Er beschrieb auch zahlreiche technische Neuerungen, von der elektrischen Straßenbeleuchtung über die Schwebebahn bis zur Telefonzeitung.

Herzl hielt seine Utopie keineswegs für unrealistisch. Als er Lord Rothschild ein Exemplar seines Romans schickte, schrieb er im Begleitbrief:

»Es wird natürlich dumme Leute geben, die, weil ich die von Platon u. Thomas Morus u. anderen gebrauchte Form der Utopie wählte, die Sache für eine Utopie erklären. Von Ihnen befürchte ich ein solches Missverständnis nicht.« (Herzl am 5. Oktober 1902, in: Herzl 1985, S. 461)

In einem anderen Brief an Kanzler von Bülow betonte er: »Ich schrieb sogar die Utopie, nur um zu zeigen, dass es keine ist.«

Herzl konnte sich nicht vorstellen, dass die arabische Bevölkerung sich gegen einen derartigen Fortschritt verschließen würde. In »Altneuland« ist der edle Araber Reschid Bey an all diesen Leistungen beteiligt und heißt die jüdischen Einwanderer willkommen. Die Wirklichkeit sah schon damals völlig anders aus.

In den sechs Jahren zwischen dem »Judenstaat« und »Altneuland« hatte sich viel verändert. 1896 war Herzl als begabter Autor hervorgetreten. Wenig später zeigte er Talent als außergewöhnlicher Organisator und charismatischer Begründer einer neuen Bewegung. 1897 berief er den ersten Zionistenkongress in Basel ein. Auch wenn ihm die Unterstützung reicher jüdischer

Theodor Herzl bei seiner Eröffnungsrede zum sechsten Zionistenkongress in Basel vom 23. bis 28. August 1903

Philanthropen wie der Rothschilds oder des Barons Hirsch versagt blieb, so konnte er doch in Osteuropa eine Massenbewegung ins Leben rufen.

Aufgrund von Pogromen und wirtschaftlichem Elend war die Not hier viel größer und der Aufruf zur Rückkehr ins Heilige Land, über den Herzls westeuropäische Freunde sich gern lustig machten, wurde sehr aufmerksam vernommen. In Frankreich und Deutschland, in Österreich und Italien betrachteten sich die meisten Juden als »französische oder deutsche, österreichische oder italienische Bürger jüdischen Glaubens«. Als Herzl schrieb: »Wir sind ein Volk, Ein Volk«, widersprachen sie. Sie verstanden ihr Judentum als Religion, nicht als Nation. Osteuropäische Juden dagegen sahen ihr Judentum als religiöse und zugleich ethnische Identität.

In den jüdischen Gemeinden Westeuropas regte sich heftiger Widerstand. Die jüdischen Redakteure von Herzls Zeitung lehnten es ab, zionistische Gedanken oder Aktivitäten auch nur mit einer Silbe zu erwähnen. Die Rothschilds wollten sich seine Ideen nicht einmal anhören. Die jüdischen Kulturkritiker in Wien und Berlin, unter ihnen der scharfzüngige Karl Kraus, verspotteten ihn als »König der Juden«. Als Herzl mit den Vorbereitungen für den ersten Zionistenkongress in München begann, protestierten die Münchner Israelitische Kultusgemeinde und der Allgemeine Deutsche Rabbinerverband, sodass die Versammlung dort nicht stattfinden konnte. Im letzten Moment änderte Herzl seinen Kurs und rief den Kongress in Basel ein, in dem es nur eine kleine jüdische Gemeinde mit osteuropäischem Hintergrund gab.

Aber auch in Osteuropa hatte Herzl nicht nur Gefolgsleute. Orthodoxe Juden wehrten sich gegen jede von Menschenhand ausgehende Initiative, die Juden zurück ins Land Israel zu führen. Das war die Aufgabe des künftigen Messias und sie sollte zwar durch Menschen beschleunigt werden, aber ganz sicher nicht durch eine säkulare Persönlichkeit wie Herzl. Wie bereits gezeigt, waren da auch die Sozialisten und die Autonomisten der Diaspora, die Osteuropa nicht verlassen und der jiddischen Kultur und Sprache treu bleiben wollten.

Und schließlich gab es die, die sich schon vor der von Herzl begründeten zionistischen Bewegung als Zionisten betrachteten. Manche unter ihnen waren froh über den Aufstieg Herzls, andere weniger. Der bekannteste unter Letzteren war Ascher Ginsberg, besser bekannt unter dem Namen Achad Ha'am (1856–1927), Journalist und Schriftsteller aus Odessa.

Achad Ha'am und der kulturelle Zionismus

Nicht der Antisemitismus ließ Achad Ha'am zum Zionisten werden, sondern die Befürchtung, die Juden würden sich assimilieren und ihre kulturelle Schaffenskraft verlieren, wenn sie kein spirituelles Zentrum in Palästina errichteten. Eine der Säulen dieses kulturellen Zionismus war die Wiedererweckung der hebräischen Sprache, einer ihrer Helden Elieser Ben-Jehuda, der für die Wiederbelebung des Hebräischen als Alltagssprache Entscheidendes leistete.

Hatten Karl Kraus und andere westliche Kritiker Herzl als zu jüdisch geschmäht, so warfen Achad Ha'am und weitere Verfechter einer neuen hebräischen Kultur ihm vor, er sei nicht jüdisch genug. Was, so fragten sie, war an der von ihm propagierten Gesellschaft überhaupt jüdisch? Zwar wurde ein Zufluchtsort für verfolgte Juden geschaffen, doch lebten sie weiter wie die assimilierten europäischen Juden. Nach Achad Ha'ams Ansicht ging es Herzl nur um Assimilation auf der Ebene einer ganzen Nation.

Während Herzl eine Gesellschaft von Juden anstrebte, wollte Achad Ha'am eine jüdische Gesellschaft, nicht zu verwechseln mit einer religiösen Gesellschaft, denn beide waren entschieden säkular. Die jüdische Gesellschaft jedoch sollte nicht einfach ein in den Nahen Osten verpflanztes kleines Europa sein, eine Schweiz in der Levante, sondern sie sollte eine moderne hebräische Kultur entwickeln und so zur Wiederbelebung der jüdischen Kultur in der Diaspora beitragen, nach Achad Ha'ams Meinung auch künftig Heimat der meisten Juden. In anderer Hinsicht konnte Achad Ha'am Herzl ebenso wenig folgen. Schon Jahre vor Herzls Erscheinen auf der zionistischen Bühne hatte er in einer Reihe von Artikeln vor der Illusion gewarnt, die Araber würden die neuen Einwanderer mit offenen Armen begrüßen. Er hielt Herzl nicht nur in diesem Punkt für naiv.

Achad Ha'am kehrte der organisierten Bewegung den Rücken zu und nahm nicht an den Zionistenkongressen teil. Andere Zionisten gründeten innerhalb der Bewegungen Parteien und Splittergruppen. Zu den Gründern der beim fünften Kongress 1901 etablierten »Demokratischen Fraktion« gehörten Anhänger von Achad Ha'ams Konzept des kulturellen Zionismus.

Achad Ha'am, Pseudonym für Ascher Ginsberg, Zionist, Schriftsteller und Journalist aus Odessa

Im Jahr darauf gründeten religiöse Zionisten die Misrachi-Bewegung, die orthodoxes jüdisches Denken mit der zionistischen Ideologie verband.

1904 starb Herzl im Alter von 44 Jahren. Er hatte seine Gesundheit vernachlässigt, während er die Zionistenkongresse fast allein organisierte, während er zu den jüdischen Massen über den Zionismus sprach und während er unablässig versuchte, die Mächtigen der Welt, ob Kaiser oder Sultan, ob Zar oder Papst, vom jüdischen Recht auf die Rückkehr nach Israel zu überzeugen.

Herzl und Achad Ha'am kamen aus unterschiedlichen Perspektiven zum gleichen Schluss: Der Zionismus Theodor Herzls und der meisten mittel- und westeuropäischen Zionisten war eine direkte Antwort auf den Antisemitismus. Ihr Zionismus wollte aus den Juden eine Nation wie jede andere machen; in der Sprache der Jahrhundertwende konnte das nur heißen, dass sie ihren eigenen Staat bekommen mussten. Sollte ein Körnchen Wahrheit in dem oft zitierten Satz sein, dass Juden wie alle anderen sind, nur ein bisschen mehr, dann war Herzls Judenstaat wie jeder andere, nur ein bisschen mehr: eine Modellgesellschaft, ein Licht unter den Nationen. Aber auch ein bisschen weniger: Liest man den Judenstaat genau, dann war er weder ein Staat noch jüdisch.

In Achad Ha'ams Augen äffte eine solche Gesellschaft lediglich die europäisch-christliche Kultur nach und verlegte eine (westeuropäische) jüdische Gesellschaft in den Nahen Osten. Lange vor Herzls Auftreten hatten osteuropäische Juden wie Achad Ha'am sich dem Zionismus verpflichtet. Sicher trug der Antisemitismus zu ihrer nationalen jüdischen Erweckung bei, doch wichtiger waren andere Faktoren.

Die osteuropäischen Juden verstanden unter Zionismus nicht nur, dass die Juden – wie alle anderen Nationen – ihr eigenes Land haben sollten, in dem sie weiter Deutsch oder Englisch oder Französisch oder auch Jiddisch sprechen und geradeso leben würden wie vorher, sondern auch, dass sie eine Hebräisch sprechende Gesellschaft schaffen würden, die auf körperlicher Arbeit fußen und das Land fruchtbar machen würde. Der zionistische Denker Jakob Klatzkin befand: »In Eretz Israel soll das Judentum seine Norm erlangen.« Und Aaron David Gordon wollte »ein Volk, das ganz von der Natur losgerissen ist, das jahrtausendelang in Mauern eingesperrt war; ein Volk, das an alle Arten des Lebens gewöhnt war, nur nicht an eine natürliche«, in ein »lebendiges, natürliches, arbeitendes Volk« verwandeln. Wenn das Volk erst wieder »mit seiner in Boden und Arbeit wurzelnden Kultur verwachsen« wäre, würde es auch »organische und natürliche« Tätigkeiten entwickeln.

Diplomatischer Durchbruch

In dem Jahrzehnt nach Herzls Tod tat sich in der zionistischen Bewegung ein Machtvakuum auf. Der bekannteste Zionist jener Zeit war der zweite

Max Nordau, aus Ungarn stammender, in Paris lebender Arzt, Schriftsteller und enger Mitarbeiter Theodor Herzls, um 1905

Mann der Bewegung, der produktive Schriftsteller Max Nordau (1849–1923). Wie Herzl stammte er aus Budapest und setzte sich zunächst für die Assimilation ein. Er änderte sogar seinen jüdisch klingenden Namen Südfeld in Nordau und deutete damit an, dass sein Bezugspunkt Europa war, nicht der Nahe Osten. Allerdings konnte er, der mit seinen kulturkritischen Büchern und dem von ihm geprägten und später von den Nazis missbrauchten Begriff »Entartung« berühmt geworden war, nicht die Führung übernehmen, weil seine Frau keine Jüdin war. Er wusste, dass das in der zionistischen Bewegung als Makel galt und ihn angreifbar machen würde. Er gestand sogar ein, dass er gegen Mischehen war und seine Frau nicht geheiratet hätte, wenn er die Ehe in den letzten zwei Jahren hätte schließen sollen. Herzl kritisierte diese Ehe übrigens nie. Schließlich, so sagte er zu Nordau, war Moses mit einer Midianiterin (= Angehörige eines nordarabischen Volkes im Alten Testament) verheiratet gewesen.

Da Nordau im Rennen um Herzls Nachfolge also nicht an den Start gehen konnte und Achad Ha'am sich von der Bewegung distanziert hatte, wurde nun David Wolffsohn (1856–1914) auserkoren, ein osteuropäischer Jude, der als erfolgreicher Holzhändler in Köln lebte. Er hatte Herzl sehr unterstützt und wurde in dessen »Altneuland« verewigt: Die Hauptperson David Littwak, später Präsident der »Neuen Gesellschaft«, trägt die Züge von David Wolffsohn, einem »Littwak«, also einem litauischen Juden.

Dem echten Wolffsohn fehlten allerdings Herzls Charisma und auch dessen intellektuelle Fähigkeiten. Zwar bildete er eine Brücke zwischen Ost und West, aber es gelang ihm nicht, die Bewegung zu gestalten und in eine neue Richtung zu lenken. Auf dem Höhepunkt der Konflikte von 1911 trat er zurück. Sein Nachfolger, der Botaniker Otto Warburg (1859–1939), war ein anerkannter Zionist, konnte sich jedoch mit Herzls Organisationstalent und dessen politischem Geschick bei Weitem nicht messen.

Im Ersten Weltkrieg wurden die zionistischen Büros in das neutrale Kopenhagen verlegt. Das eigentliche Zentrum der Bewegung allerdings verlagerte sich an einen anderen Ort. Die Briten bereiteten sich auf die Machtübernahme in Palästina vor und die zionistische Führung erkannte, dass die grundlegenden Entscheidungen für die Region von nun an nicht mehr in Berlin oder Istanbul, sondern in London getroffen werden würden. Der junge, energiegeladene russische Zionist Chaim Weizmann, der als Chemiker in Manchester Arbeit gefunden hatte, stieg zum wichtigsten Spieler hinter den Kulissen auf. Dank seiner für die britischen Kriegsanstrengungen entscheidenden Erfindung von synthetischem Azeton fand er Zugang zu britischen Politikern. Bedeutender noch als sein wissenschaftliches Genie waren wohl seine rhetorische Begabung und seine bemerkenswerte

Chaim Weizmann, Präsident der Zionistischen Weltorganisation und späterer Präsident des Staates Israel, der englische Politiker Baron Melchett of Langford, Golda Meir, die spätere Außenministerin und Ministerpräsidentin Israels, und Meir Dizengoff, der spätere Bürgermeister von Tel Aviv, 1922 in Tel Aviv

Fähigkeit, selbst mit allen Wassern gewaschene Politiker von seinen Ideen zu überzeugen, die ihn in die vorderste Reihe der zionistischen Führung katapultierten.

Weizmanns Fähigkeiten, Türen zu öffnen, waren entscheidend für das Dokument, das für die diplomatische Anerkennung der zionistischen Bewegung ausschlaggebend werden sollte. In dem Moment, als die Briten mit der Eroberung Palästinas begannen, schrieb der Außenminister Lord Arthur James Balfour einen später als Balfour-Deklaration bezeichneten Brief an Baron Walter Rothschild, in dem er erklärt:

»Die Regierung Seiner Majestät betrachtet mit Wohlwollen die Errichtung einer nationalen Heimstätte für das jüdische Volk in Palästina und wird ihr Bestes tun, die Erreichung dieses Zieles zu erleichtern, wobei, wohlverstanden, nichts geschehen soll, was die bürgerlichen und religiösen Rechte der bestehenden nicht jüdischen Gemeinschaften in Palästina oder die Rechte und den politischen Status der Juden in anderen Ländern infrage stellen könnte.« (zum Kontext: Schneer 2010)

```
                          Foreign Office,
                            November 2nd, 1917.


Dear Lord Rothschild,
            I have much pleasure in conveying to you, on
behalf of His Majesty's Government, the following
declaration of sympathy with Jewish Zionist aspirations
which has been submitted to, and approved by, the Cabinet

      "His Majesty's Government view with favour the
establishment in Palestine of a national home for the
Jewish people, and will use their best endeavours to
facilitate the achievement of this object, it being
clearly understood that nothing shall be done which
may prejudice the civil and religious rights of
existing non-Jewish communities in Palestine, or the
rights and political status enjoyed by Jews in any
other country".
      I should be grateful if you would bring this
declaration to the knowledge of the Zionist Federation.
```

Balfour-Deklaration vom 2. November 1917: Im Brief des britischen Außenministers Arthur James Balfour an Lord Lionel Walter Rothschild erklärt Großbritannien sich einverstanden mit den zionistischen Bestrebungen, in Palästina eine »nationale Heimstätte« des jüdischen Volkes zu errichten, wobei die Rechte bestehender nicht jüdischer Gemeinschaften gewahrt bleiben sollen.

Vieles in diesem Dokument blieb offen: Was bedeutete eine nationale Heimstätte in rechtlicher Hinsicht? In welchem Gebiet »in Palästina« sollte sie errichtet werden? Welche Rechte hatten die Araber, falls sie diese Heimstätte nicht hinnehmen wollten? Ungeachtet dieser und anderer ungeklärter Fragen war die Balfour-Deklaration das erste offizielle Dokument einer für Palästina zuständigen Regierung, das einen Rechtsanspruch der Juden auf mindestens einen Teil des von den Zionisten beanspruchten Landes begründete. Zwar war der Weg zur Staatsgründung noch weit, aber die Erklärung trug dazu bei, der zionistischen Bewegung größeres Ansehen auch bei denen zu verschaffen, die ihr vor dem Krieg gleichgültig oder sogar feindlich gegenübergestanden hatten.

In den zwei folgenden Jahrzehnten wurde die Umsetzung der Balfour-Deklaration zur Hauptaufgabe der zionistischen Führung. Bei der Konferenz von Sanremo 1920 übertrug der neu gegründete Völkerbund Großbritannien das Mandat über Palästina; die Briten behandelten es nicht viel anders als ihre Kolonien.

Zionistische Parteien

Das Wachstum der zionistischen Bewegung brachte Zersplitterung mit sich. In den 1920er-Jahren war man nicht einfach Zionist, sondern sozialistischer, revisionistischer, allgemeiner oder religiöser Zionist. Mehr noch – ein sozialistischer Zionist war ein marxistisch orientierter Anhänger von »Poale Zion« (Arbeiter Zions) oder aber ein weniger ideologischer Unterstützer von »Hapoel Hatzair« (Der junge Arbeiter). Und weiter: Man rechnete sich zum rechten Flügel von Poale Zion oder zu dessen linkem Flügel, der die bolschewistische Revolution in Russland unterstützte.

Weizmann gehörte zur wichtigsten Strömung, den sogenannten allgemeinen Zionisten. Sie vertraten wirtschaftlichen Liberalismus und gemäßigte politische Ansichten und bildeten das politische Zentrum der sich herausbildenden Parteienlandschaft. Schon bald allerdings identifizierten sich die meisten Zionisten, vor allem in Palästina, mit dem Sozialismus. Unter dem Einfluss von dessen frühen Theoretikern Nachman Syrkin (1868–1924), Ber Borochov (1881–1917) und Berl Katznelson (1877–1944) arbeiteten sie auf eine klassenlose Gesellschaft hin. Die osteuropäischen Juden wollten die Händlergesellschaft in Europa hinter sich lassen und strebten in ihrer Mehrzahl das Ideal des Arbeiters und Bauern an. Unter der Führung von David Ben Gurion (1886–1973) schlossen die wichtigsten Strömungen der zionistischen Linken sich 1930 zur Arbeitspartei »Mapai« zusammen. Zwei kleinere Gruppierungen, der linke

■ Jischuw

Mit Jischuw bezeichnet man allgemein das jüdische Geimeinwesen in Palästina vor 1948. Als in diesem Jahr der Staat Israel gegründet wurde, gab es ihn gewissermaßen schon. Man hatte sich nämlich längst als Gemeinwesen organisiert. Am 19. April 1920 fanden die ersten Wahlen zur Delegiertenversammlung statt, die wiederum den Nationalrat wählte. Als Vorläufer der heutigen Knesset übernahm der Nationalrat mit seinen 23–42 Mitgliedern die Gestaltung der Politik des Jischuw.

1928 wurde der Jischuw von der britischen Regierung offiziell anerkannt. Sein Herzstück war die Jewish Agency – ein Verwaltungsgebilde mit jüdischen Ortschaften und einem demokratisch gewählten Parlament, das die Regierung kontrollierte. Diese »Urbehörde« des praktischen Zionismus versucht bis heute, Juden in aller Welt für die Übersiedlung nach Israel zu gewinnen.

Das vorstaatliche Gemeinwesen zeichnete sich dadurch aus, dass es bereits alle relevanten Bereiche wie Erziehung, Wohlfahrt, Sicherheit und Verteidigung mit zu seinen Aufgaben zählte. Dazu gehörten auch die paramilitärischen Organisationen Haganah, Irgun und Lechi. Aus der Haganah ging später die israelische Armee hervor.

Es gibt aber darüber hinaus auch noch eine Aufteilung in einen »alten Jischuw« und einen »neuen Jischuw«. So bezieht sich der neue Jischuw auf die Zeitspanne nach Beginn der ersten zionistischen Einwanderungswelle 1882. Der alte Jischuw wiederum bezeichnet die jüdische Gemeinde im Land Israel von der Zerstörung des Zweiten Tempels im Jahr 70 n. Chr. an bis 1881. Es bestand vor allem aus drei Gruppen: den Mustarabim (einheimischen Juden, die das Land nie verlassen hatten), den Sephardim (Juden mit einer ausgedehnten Geschichte in Spanien und Portugal, von wo sie 1492 vertrieben wurden, und ihre Nachkommen) und den Aschkenasim (Juden mit einer ausgedehnten Geschichte in Mittel- und Osteuropa und ihre Nachkommen).

Die meisten Juden des alten Jischuw lebten in den vier heiligen Städten: Jerusalem, Safed, Hebron und Tiberias. Kleinere Gemeinden befanden sich in Jaffa, Haifa, Pek'in, Akko, Nablus, Schfaram und bis 1779 in Gaza. Petach Tikwah wurde zwar 1878 vom alten Jischuw gegründet, unterstützte jedoch die eintreffenden Zionisten. Rischon LeZion, 1882 von russischen Einwanderern gegründet, gilt als der eigentliche Beginn des neuen Jischuw. Schon zuvor aber waren vom neuen Jischuw Häuser außerhalb der Altstadtmauern von Jerusalem errichtet worden.

G. D.

Flügel von Poale Zion und die Hashomer Hatzair, gingen diesen Weg nicht mit. Eine Reihe russischer Mitglieder der Poale Zion hatten auf die Kommunisten gesetzt. Viele Jahrzehnte sollte die sozialistische Leitung von nun an die zionistische Organisation dominieren, ohne aber aus den unterschiedlichen ideologischen Lagern eine wirklich einige Partei formen zu können.

Als letzte größere Strömung des Zionismus betrat der Revisionismus die Szene. Innerhalb der Bewegung stand er für antisozialistische und nationalistische Haltungen. Die bestimmende Figur war bis zu seinem Tod Wladimir Zeev Jabotinsky (1880−1940), eine der schillerndsten Gestalten der jüdischen Politik in der ersten Hälfte des 20. Jahrhunderts. Im literarisch interessierten Russland hatte er sich einen Namen als Journalist, Schriftsteller und Übersetzer gemacht. Dank seiner brillanten Rhetorik

Plakat der Organisation Keren Hayesod, die im Sommer 1920 auf dem Zionistischen Weltkongress in London gegründet wurde, um Spenden für den Aufbau eines jüdisches Staates in Palästina zu sammeln. Es zeigt Zeev Jabotinsky, Begründer der Jüdischen Legion im Ersten Weltkrieg, 1926.

konnte er eine große Gefolgschaft um sich scharen, die sich vor allem aus der polnisch-jüdischen Mittelschicht der Zwischenkriegszeit rekrutierte. Jabotinsky betrachtete sich als den wahren Nachfolger des von ihm sehr bewunderten Herzl und anfänglich bemühte er sich, die zionistische Bewegung von innen heraus zu beeinflussen. Wie Herzl gab er auf politische und diplomatische Bemühungen mehr als auf kulturelle Ziele. Er legte sein Augenmerk auch auf die Notwendigkeit des militärischen Kampfes und konnte im Ersten Weltkrieg die Aufstellung der »Jüdischen Legion« in der britischen Armee durchsetzen. Auch die Jugendorganisation Betar war im Grunde eine paramilitärische Gruppe. Erst 1925 gründete Jabotinsky seine eigene revisionistische Partei. Zehn Jahre später trennte er sich mit dieser Partei von der »Zionistischen Weltorganisation«, weil er sie gegenüber Briten und Arabern für zu kompromissbereit hielt, und gründete seine eigene »Neue Zionistische Organisation«. Zu den Anhängern von Jabotinsky und seinen

Revisionisten zählten neben polnischen Zionisten aus der Mittelschicht einige kleinere jüdische Gemeinden, vor allem in Südafrika.

Die religiösen Zionisten sammelten sich um die Partei »Misrachi«, eine kleine Minderheit innerhalb der zionistischen Parteien; sie musste sich gegen die nicht zionistischen Charedim (Ultraorthodoxe) durchsetzen. Die Bemühungen, die orthodoxen Juden zu einigen, scheiterten auf ganzer Linie. Die britischen Behörden zwangen der Gemeinschaft – in der eine große Anzahl von Charedim die Zusammenarbeit verweigert – ein Oberrabbinat mit je einem aschkenasischen und einem sephardischen Oberrabbiner auf. Während die säkulare zionistische Führung den Versuch begrüßte, den Jischuw, die jüdische Bevölkerung Palästinas, zu einen, misstraute sie dem wachsenden Einfluss des Oberrabbinats. Dessen Rolle ging zu einem guten Teil auf die von den Briten gebilligte Bildung einer jüdischen Gemeinschaft zurück. Das neue Amt verdankte seine Anerkennung weitgehend der Autorität des ersten Oberrabbiners von Palästina, Rabbi Abraham Isaak Kook. In seinen Augen war die Gründung eines jüdischen Staates wesentlich für den messianischen Prozess und für die Erlösung des jüdischen Volkes.

In der Zwischenkriegsperiode zersplitterte die zionistische Bewegung sich immer weiter, was zu der tiefen Spaltung der späteren israelischen Gesellschaft führte. Israels politisches System bestand in der Mandatszeit bereits in den wesentlichen Zügen, entwickelte sich nach der Staatsgründung jedoch noch weiter. Vor allem bildeten sich zusätzlich zu den ideologischen Lagern ethnisch begründete Parteien heraus. Schon in den ersten Parlamenten im Mandatsgebiet Palästina meldeten sich Parteien zu Wort, die Juden aus dem Jemen oder aus Buchara vertraten; die von Einwanderern aus deutschsprachigen Ländern gegründete »Alija Chadasha« (Neue Einwanderung) wurde bei den Wahlen zum vierten Parlament 1944 zur drittstärksten Partei. Doch erst seit etwa 1980 bzw. seit der zweiten Hälfte der 1990er-Jahre spielen ethnische Parteien, die hauptsächlich Juden aus arabischen Ländern bzw. aus der früheren Sowjetunion vertreten, eine bedeutende Rolle in der Regierungspolitik.

Fazit

Israel entstand 1948 nicht ex nihilo. Der schon vor Theodor Herzl entworfene und 1897 zu einer organisierten politischen Bewegung geformte Zionismus bildete für Hunderttausende die ideologische Grundlage, um in der Hoffnung auf einen jüdischen Staat ihre Heimat zu verlassen. In vieler Hinsicht bildete der Jischuw bereits die Keimzelle eines Staates. Die Jewish Agency, 1929 als Nachfolgerin des Palästina-Büros der Zionistischen

Weltorganisation gegründet, agierte in der Zeit des britischen Mandats als eine vorstaatliche Regierungsorganisation. Für eine jüdische Heimstätte in Palästina engagierten sich prominente jüdische Unterstützer wie der Nobelpreisträger Albert Einstein, der französische Premierminister Léon Blum und der erste Hochkommissar in Palästina, Lord Herbert Samuel, die dem erweiterten Ausschuss der Jewish Agency beitraten. Mit Unterstützung des Jüdischen Nationalfonds kaufte die Agency Land für die jüdische Ansiedlung in Palästina. Ausbildung und Kultur wurden auf der Grundlage der modernisierten hebräischen Sprache autonom organisiert. Schon vor dem Holocaust waren die politischen Strukturen des jüdischen Staates funktionsfähig.

Von jeher war der jüdische Staat, wenn auch nicht ausschließlich, als Zuflucht für Juden gedacht, deren Leben in der Diaspora bedroht war. Die Pogrome in Russland, die Affäre Dreyfus und die Wahl eines antisemitischen Bürgermeisters in Wien gaben der zionistischen Bewegung im späten 19. Jahrhundert Auftrieb; die antijüdische Gewalt vor dem Ersten Weltkrieg, die diskriminierende Politik im Osteuropa der 1920er- und 1930er-Jahre und schließlich der Aufstieg des Nationalsozialismus in Deutschland legitimierten das zionistische Vorhaben auch in den Augen vieler Kritiker. Doch nicht einmal der schwärzeste zionistische Pessimismus hätte die Katastrophe erahnen können, die während des Zweiten Weltkriegs über das jüdische Volk hereinbrach. Der Holocaust trug vielleicht entscheidend dazu bei, dass die Welt von der Notwendigkeit eines jüdischen Staates überzeugt wurde, doch zugleich hätte er die zionistischen Träume beinahe begraben. Wie es Israels erster Premierminister David Ben Gurion ausdrückte:

»Jahrhundertelang fragten sich die Juden in ihren Gebeten: ›Wann wird es für unser Volk wieder einen Staat geben?‹ Aber niemand hätte jemals daran gedacht, die furchtbare Frage zu stellen: ›Wird es unser Volk noch geben, wenn dieser Staat entstehen wird?‹« (Ben Gurion 1957, S. 147)

Aus dem Englischen von Elisabeth Thielicke

Literatur

The Balfour Declaration. The Origins of the Arab-Israeli Conflict, hrsg. v. Jonathan Schneer, London 2010.
Ben Gurion, David, Like Stars and Dust, in: Netzach Yisrael. Governmental Yearbook, 1957, Ramat Gan 1976 (hebr.).

Brenner, Michael, Israel. Traum und Wirklichkeit des jüdischen Staates. Von Theodor Herzl bis heute, München 2016.

Herzl, Theodor, Briefe und Tagebücher, Bd. 4, Berlin 1990.

Herzl, Theodor, Briefe und Tagebücher. Bd. 3, Berlin 1985.

Herzl, Theodor, Briefe und Tagebücher. Bd. 2, Berlin 1982.

Herzl, Theodor, Der Judenstaat. Versuch einer modernen Lösung der Judenfrage, Leipzig 1896.

Hess, Moses, Rom und Jerusalem. Die letzte Nationalitätenfrage, Tel Aviv 1935 (ungekürzte Neuausgabe der Erstausgabe von 1862).

Rathenau, Walther, »Höre Israel!«, in: ders., Impressionen, Leipzig [3]1902, S. 1–20.

Zweig, Stefan, Die Welt von Gestern. Erinnerungen eines Europäers, Frankfurt am Main [2]1982.

Gad Arnsberg

Kurze Ideengeschichte Israels

Nach einer Laufzeit von nur knapp zwei Jahren verkündete das israelische Parlament, die Knesset, Neuwahlen für den 17. März 2015. Ein Grund für den vorzeitigen Urnengang war der Streit um die Vorlage eines neuen Grundgesetzes, das die nationale Identität des Staates Israel rechtlich verankern sollte. Während die politische Rechte im Parlament den jüdischen Nationalcharakter des Staates hervorkehren wollte, pochten die liberalen und linken Fraktionen auf die Beibehaltung des Doppelcharakters Israels als jüdisch-nationaler und demokratischer Staat. Sie beriefen sich hierbei auf die Unabhängigkeitserklärung von 1948 sowie auf zwei Grundgesetze von 1992.

Die Idee des Staates

Das Ideenspektrum, wie der angestrebte Staat aussehen sollte, war von Anbeginn des Zionismus sehr breit gefächert. Das mag daher rühren, dass Israel aus einer Idee hervorgegangen ist. Diese war nicht aus der Luft gegriffen, rein künstlich »konstruiert«, sondern beruhte auf einer 2000 Jahre alten Sehnsucht der Juden in der Diaspora nach ihrer Urheimat. Neu war das Konzept, das alte ethnoreligiöse Motiv national und säkular umzudeuten. Es entstand aus der Not heraus, einem neuen, politisch und nationalistisch gefärbten Antisemitismus begegnen zu müssen. Im Vergleich zur Genese anderer moderner Nationalstaaten fehlte hier die reale Vorstruktur einer auf eigenem Boden ansässigen Bevölkerung, die über eine gemeinsame Sprache, gemeinsame Erfahrungen und über Grundlagen verfügte, gemeinsame wirtschaftliche Institutionen und Verwaltungsstrukturen sowie einheitliche Kontrollorgane zu entwickeln. Am Anfang also war die Utopie. Theodor Herzl, Begründer des politischen Zionismus, malte sich in seiner Fantasie den zukünftigen Staat der Juden aus. Unter dem Motto »Wenn ihr wollt, ist es kein Märchen« trat er auch an, seiner Vision sowohl in der jüdischen Welt als auch in der internationalen Arena Resonanz zu verschaffen und ihr konkrete Gestalt zu verleihen (siehe den Beitrag von Michael Brenner).

Dabei stand Herzl mit seiner Idee nicht allein da. Einige jüdische Intellektuelle waren ihm schon zuvorgekommen. Allerdings vermochte er dank seiner Persönlichkeit der Idee die entsprechende Wirkungsmacht zu verschaffen. Wie er strebten fast alle zionistischen Denker einen weltlichen Nationalstaat des jüdischen Volkes an. Das nationale und nicht das religiöse Problem stand im Vordergrund, da sich die aufkommenden nationalen Bewegungen in Europa gegen Juden abschotteten und eine neue Form des Antisemitismus schürten. Herzl nannte deswegen sein erstes Buch, das als Gründungsmanifest des Zionismus gilt, wohlweislich »Der Judenstaat» (1896) und nicht »Der jüdische Staat«. In diesem und in seinem Roman »Altneuland« (1902) beschrieb er die grundlegenden Merkmale des angestrebten Staates. Es waren überwiegend liberale Vorstellungen, durchsetzt von demokratischen und sozialistischen Elementen, die seine Vision leiteten. Er war der Auffassung, dass ein Staat der Juden auch deren einseitige soziale Struktur transformieren sollte. Herzls Idealverfassung war nach eigener Aussage eine demokratische Monarchie oder gar eine aristokratische Republik norditalienischen Musters. Er teilte Montesquieus Vorbehalte gegen die reine Demokratie. Sie bedürfe der bürgerlichen Tugend, an der es den Menschen gemeinhin mangele. Die Grundannahme der zionistischen Denker war, durch Errichtung eines eigenen Nationalstaates die Lage der Juden der anderer Nationen anzugleichen, sie also zu»normalisieren«. Dabei sollte es aber nicht bleiben. Herzl erstrebte gleichzeitig ein politisch, gesellschaftlich und technisch fortschrittliches Versuchs- und Musterland zum Wohl der Menschheit.

Achad Ha'am, ebenfalls eine Leitfigur des Zionismus, fehlte an Herzls Konzept die geistige Substanz des zukünftigen Staates. Er sollte nicht ein wertneutraler Staat mit jüdischer Mehrheit bzw. ein »Abklatsch« europäischer Staaten und europäischer Kultur sein, sondern ein jüdischer Staat. Aber auch er war wie Herzl säkular. Mit jüdisch war eine »neuhebräische kulturelle Substanz« gemeint. Dieser Staat könne wegen der historischen Verwurzelung nur in Palästina errichtet werden, was auch Herzl letztlich einsah. Da allerdings dieser Staat nicht allen Juden in der Welt eine Heimat bieten werde, sollte er als geistiges Zentrum und Inspirationsquelle für die Juden in aller Welt dienen. Achad Ha'am war der Begründer des kulturellen Zionismus. Wieder andere Vordenker des Staates Israel verquickten das nationale Problem mit dem sozialen Profil des Diasporajudentums und sahen im sozialistischen Zionismus die zukunftsträchtige Lösung. Im Zuge einer grundlegenden Umgestaltung der jüdischen Sozialstruktur in der Diaspora sollten Land- und Industriearbeiter den Grundstock einer neu zu errichtenden, auf sozialer Gerechtigkeit und gegenseitiger Solidarität beruhenden Gesellschaft dienen. Zu diesen Vorstellungen gesellte sich ein Anspruch, einen neuen, physisch gesunden, produktiven, selbstbewussten und naturverbundenen Menschentyp zu schaffen, der sich vom negativ besetzten Bild des herkömmlichen Diasporajuden absetzte. Dieser Sozialismus zionistischer Prägung wollte, dem utopischen Sozialismus ähnlich, aus der Idee heraus eine neue Gesellschaft errichten. Er nannte sich daher »konstruktivistisch«.

Während einige der geistigen Väter des Zionismus sich des Problems der ansässigen arabischen Bevölkerung wohl bewusst waren und Lösungsvorschläge unterbreiteten, unterschätzen es die anderen. Herzl selbst sprach von völliger rechtlicher Gleichstellung aller Nationalitäten und Moses Hess, ehemaliger Weggefährte von Karl Marx und Vorläufer des Zionismus, war der Ansicht, die nationalen Bewegungen beider Völker könnten sich gegenseitig stärken.

Umsetzung der Idee

Mit den Einwanderungswellen (Alijot) ab 1881 begann der Aufbau einer Infrastruktur des zukünftigen Staates. Der Schwerpunkt der zionistischen Tätigkeit, der bisher auf diplomatischer Ebene lag, wurde nun von der

Mikwe Israel, die älteste jüdische Landwirtschaftsschule in Palästina, wurde 1870 auf Initiative von Charles Netter im Norden der heutigen Stadt Holon gegründet. Heute befindet sich dort ein Schulkomplex samt Internat.

Britische Sicherheitskräfte bekämpfen arabische Aufständische gegen die jüdische Einwanderung in Jaffa, um 1933.

praktischen Arbeit vor Ort flankiert. Ab der zweiten Einwanderungswelle 1904 richtete sich diese Arbeit auf die Schaffung einer neuen, produktiven Gesellschaft als Fundament für den zukünftigen Nationalstaat. Damit veränderte sich auch das politische Profil der Bewegung von einer bürgerlich-liberalen zugunsten einer sozialistischen Ausrichtung. Gesellschaftliche Transformation galt als Vorbedingung für die nationale Genese. David Ben Gurions Formel hieß »von der Klasse zum Volk« (1933). Erst die Schaffung einer Arbeiterklasse als Trägerschicht der neuen Gesellschaft würde das Fundament für eine neue Nation und folglich für einen zukünftigen Staat stellen. Um die Hegemonie dieser Arbeiterklasse zu garantieren, müssten eine starke Gewerkschaft sowie gemeinwirtschaftliche Betriebe und Genossenschaften geschaffen werden, die der Privatwirtschaft überlegen seien. Die soziale Revolution sollte die Pyramide der jüdischen Berufsstruktur in der Diaspora auf den Kopf stellen. Ihre Basis sollten Land- und Industriearbeiter bilden. Diese soziale Umstrukturierung sollte mit einer kulturellen und mentalen einhergehen. Dem »entwurzelten«, »kopflastigen« und »gebückten« Diasporajuden setzte man den »kraftstrotzenden«, »bodenständigen« und »naturverbundenen« jüdischen Landarbeiter entgegen, der seine Scholle zur Not wehrhaft verteidigt. Dieses Pionierethos war auch nach der Staatsgründung weiter wirkmächtig.

Ankunft jüdischer Einwanderer im Hafen von Haifa, um 1936

Die vordringlichste Aufgabe der Pioniere war die Urbarmachung der öden bzw. sumpfigen Teile des Landes. In alten Reiseberichten macht Palästina den niederschmetternden Eindruck eines unentwickelten Landstreifens mit kahlen Bergen im Inneren des Landes, Dünen entlang der Küste und Sümpfen in den Flusstälern. Die Zionisten bezeichneten die Urbarmachung des Landes als »Erblühen der Einöde« (*hafrachat haschmama*). Der Aufkauf von Land zu diesem Zweck hieß »Erlösung« bzw. »Einlösung des Landes« (*geulat karkaot*). Diese euphemistisch anmutenden Wortschöpfungen vertuschten den hinter ihnen schlummernden Konflikt mit der arabischen Landbevölkerung. Die von feudaloiden arabischen Grundherren, meist für überteuerte Preise, an jüdische Käufer veräußerten Böden betrafen zum Teil auch fruchtbare und bearbeitete Landstreifen, deren Ackerbau treibende Pächter ihren Erwerb verloren. Während in der ersten, bürgerlich geprägten Einwanderungswelle der präzionistischen »Chibbat Zion« (1881) die Siedler sich noch arabischer Arbeiter bedienten, lautete die Maxime ab der zweiten, sozialistisch-zionistischen Einwanderungswelle »hebräische Arbeit«. Dieser positive Ansatz von zionistischer Seite stieß auf Widerstand der arabischen Arbeiter, die um ihre Beschäftigung bangten. Für die arabische Führung, die sich herauszubilden begann, wardie sozialistische und kommunistische Orientierung der neuen Einwanderer nicht minder anstößig und bedrohend.

Der zunehmende Widerstand der arabischen Bevölkerung gegen die zionistische Politik führte ab 1919 zu gewaltsamen Ausschreitungen gegen Juden in den neuen Siedlungen und in gemischten Städten. Die zionistische Utopie von einer friedlichen Koexistenz zwischen jüdischen Einwanderern, die das vernachlässigte Land zur blühenden Oase verwandeln, und einer arabischer Bevölkerung, die von diesem Fortschritt profitieren würde, wich der Ernüchterung eines unvermeidlichen gewaltsamen Konflikts. Das ideale Bild vom jüdischen Pionier, der, durch harte Arbeit geläutert, der Kultivierung des Landes und dem Aufbau einer sozial gerechten Mustergesellschaft dient, wurde dahin ergänzt, dass er sich nun auch als tapferer Krieger zu erweisen hatte. Eine gleichsam mustergültige Symbolfigur für den neuen pionierhaften jüdischen Menschentyp war Joseph Trumpeldor. Der ehemalige hochdekorierte russische Offizier, Sozialist und Zionist starb 1920 im Alter von 40 Jahren heldenhaft bei der Verteidigung der abgelegenen jüdischen Kommune Tel Hai am nördlichen Zipfel von Galiläa im Kampf gegen beduinische Araber. Ihm wurde der mythologische Spruch nachgesagt, es sei gut, für sein Land zu sterben – eine ungenaue Wiedergabe seiner letzten Worte.[1] Eindeutig belegbar jedoch ist seine Definition des idealtypischen Pioniers, der sich selbstlos für das Land Israel aufopfert. Trumpeldor wörtlich: »Ich bin die reinste Idee des unbeschränkten Dienstes. Ich bin an nichts gebunden. Ich kenne nur einen Imperativ – zu bauen.«

Nach der Staatsgründung

Mit der Gründung des Staates Israel endete die von den Idealen eines »Sturm und Drangs« geprägte Aufbauphase. Der Staat musste nun nach innen konsolidiert und nach außen verteidigt werden. Die utopische, zum Teil anarchisch sich artikulierende Pionierideologie wurde staatlich eingehegt. Sie sollte den Zwecken des Staates untergeordnet und der Realität angepasst werden. Diese »Verstaatlichung«, von Ben Gurion mit dem Begriff *mamlachtiut* belegt, richtete sich gegen links und rechts und stieß dementsprechend auf Opposition. Auch innerhalb der führenden Arbeiterpartei Mapai wurde Widerstand laut.[2]

Nach der Staatsgründung strömten jüdische Immigranten aus arabischen Ländern nach Israel. Die alte Formel »von der Klasse zum Volk« wurde

---

1   Er soll laut Zeugenaussage geäußert haben: »Es ist nicht schlimm. Es lohnt sich, für Eretz Israel (das Land Israel) zu sterben.«

2   Zu den Oppositionellen innerhalb der Partei zählten Pinkhas Lavon, führendes Mitglied und Intellektueller, sowie der linkszionistische Philosoph Nathan Rotenstreich.

Soldatin als Kindergärtnerin in einem Aufnahmelager für jüdische Einwanderer, 1958

zugunsten einer Schmelztiegelideologie aufgegeben. Viele der Neueinwanderer waren vollkommen mittellos, traditionell und wenig gebildet. Sie sollten ihre Traditionen und Gewohnheiten zugunsten einer vom Pionierethos bestimmten neuen Identität abstreifen. Ben Gurion bezeichnete unglücklicherweise die in Israel gestrandeten Einwanderer, die aus arabischen Ländern kamen, und diejenigen, die der Schoah entronnen waren und nach Israel eingewandert waren, als »Menschenstaub«, sozusagen als amorphe Masse, die eine neue Identität als stolze Israelis annehmen sollte.[3] Die von überall her stammenden jüdischen Einwanderer, deren Mehrheit nicht nach Israel kam, weil sie leidenschaftliche Zionisten waren, sondern aus Not und aus religiösen Gründen, sollten aus ideologischen Gründen in eins gesetzt werden. Aus einem Mosaik verschiedener Herkunftskulturen sollte das Amalgam des neuen Juden, des Israeli, entstehen. Die Politik der *mamlachtiut* sollte die Schmelztiegelideologie ergänzen. Sie lief auch darauf hinaus, den Einwanderern außer dem Pionierethos ein staatsbürgerliches Bewusstsein einzuflößen. Die Diaspora habe, so Ben Gurion, einen korrumpierenden Effekt auf viele Juden gehabt. Sie seien in ihren Ländern feindselig behandelt worden, was sie jedem Staat gegenüber misstrauisch mache. So versuchten sie, den neuen Staat zu hintergehen. Auch unter-

---

3 1949 sprach er vor der Knesset generell von der Mehrheit des zusammengewürfelten Volkes als »Menschenstaub«, dem es an jüdisch-nationalem Bewusstsein mangele.

einander ermangele es ihnen oft an höflichem Umgang und an gesellschaftlicher Solidarität. Hier sollte die staatliche Erziehung eingreifen. Ben Gurion sah neben der staatlichen Erziehung in der Armee ein wichtiges Instrument zur Sozialisierung und Formation einer neuen Nation. Weiter führte er aus, dass es Zeiten gegeben habe, zu denen führende Zionisten sich jüdische Verbrecher und Gefängnisse als Zeichen der Normalität herbeigewünscht hätten. Nun gebe es diese mehr als genug. Insofern sei das zionistische Ideal, so normal wie andere Nationen zu sein, hinreichend erfüllt.

Schon bei Herzl und Achad Ha'am tauchte der Wunsch auf, nicht nur so normal wie andere zu sein, sondern darüber hinaus einen idealen Musterstaat zu errichten. Ben Gurion griff diese Formel auf mit dem Vorsatz, Israel möge ein »Licht der Nationen« (or lagoim) sein, wie es im Buche Jesaja steht. Er schlug den historischen Bogen zur Bibel als Messlatte für den neuen Staat. Im Gegensatz zur »degradierenden« Diasporaexistenz suchte er den Anschluss an die antike staatliche Herrlichkeit. Den Unabhängigkeitskrieg assoziierte er mit der biblischen Eroberung des Landes. Er selbst sah sich als modernen Josua, den Sohn Nuns, der die alten Hebräer bei der Eroberung Kanaans anführte. Ben Gurion stützte sich aber auch auf die universale Ethik der alten Propheten als Postulat des neuen Staates. Durch diese Rückkoppelung an die biblische Vergangenheit bürdete er dem partikularen Staat eine universale, zukunftsgerichtete Bestimmung auf. Er sprach nicht nur vom Staat als »Licht der Nationen«, sondern auch von der »Tugendnation« (am segula). Wenngleich sich Ben Gurion auf die Bibel bezog, war er nie religiös.

Herzls Sentenz »Wenn ihr wollt, ist es kein Märchen« schwang in Ben Gurions Aphorismus mit: »Wer nicht an Märchen glaubt, ist kein Realist.« Israel mit seinen enormen Leistungen trotz widrigster Umstände galt als ein Wunder und als Vorzeigestaat unter den neuen Nationalstaaten. Es ging aus den Kriegen gegen die Überzahl arabischer Staaten siegreich hervor, es vermochte die Massen an Einwanderern aufzunehmen und trotz fehlender Ressourcen ein beachtenswertes Wohlfahrts- und Bildungssystem zu entwickeln. Die starke Gemeinwirtschaft und die Kibbuzim galten als Modelle für einen funktionierenden demokratischen Sozialismus. Die israelische Innovationskraft erweckte Bewunderung nicht nur im Westen, sondern auch in Entwicklungsländern, denen Israel heiß begehrte technische Hilfe leistete. Die Attraktivität und Ausstrahlungskraft Israels standen in keinem Verhältnis zu seiner geringen Größe und seinen beschränkten Kapazitäten.

Die Unabhängigkeitserklärung vom 14. Mai 1948 stellte einen handlungsleitenden Entwurf dar, der die Grundlinien für eine zukünftige Verfassung abstecken sollte. Diese Verfassung kam jedoch nicht zustande, nicht zuletzt wegen des Streits um das jüdische Selbstverständnis des Staates, der bis heute anhält. Sollte Israel ein liberaldemokratischer Staat einer jüdischen Kulturnation sein oder sollte der Staat jüdisch im religiösen Sinn sein? Die Befürworter der zweiten Position teilten sich in Gemäßigte, die jüdische religiöse Traditionen mit demokratischen Grundwerten koppeln wollten, und Ultraorthodoxe, die einen klerikalen Staat anstrebten und in der Halacha, der überlieferten jüdischen Gesetzgebung, die verbindliche Verfassung sahen. Die Unabhängigkeitserklärung sprach von Israel als

Ben Gurion verliest am 14. Mai 1948 die Unabhängigkeitserklärung des Staates Israel.

jüdischem Staat ohne religiöse Merkmale. Gott kommt im Text nicht vor, stattdessen einigte man sich auf ein Wort zur Umschreibung, das als »Allmächtiger Israels« bzw. als »Zitadelle Israels« interpretiert werden konnte. Das jüdische Kulturerbe, nicht im religiös-gesetzlichen, sondern im ethischen Sinn der Weissagung der alten Propheten, diente als Referenz für die angestrebten universalen Grundwerte: Freiheit, Gerechtigkeit und Frieden. Der Staat, so das Versprechen in der Unabhängigkeitserklärung, wird seine Tore der jüdischen Einwanderung öffnen und die Zusammenführung des verstreuten Volkes ermöglichen. Das Dokument sicherte ebenso ausdrücklich die Religions-, Gewissens-, Sprach-, Erziehungs- und Kulturfreiheit sowie die soziale und politische Gleichheit aller Staatsbürger zu, gleich welcher Religion, Nation oder welchen Geschlechts. Der Staat werde auch für die Entwicklung des Landes zum Wohl all seiner Einwohner sorgen. Um das Problem der fehlenden Verfassung zu umgehen, beschloss die Knesset die allmähliche Verabschiedung von Grundgesetzen, die bisher den Charakter des Staates als jüdisch und demokratisch festigten.

Die Geburt des Staates war von Krieg gezeichnet. Bereits nach der Verabschiedung des UN-Teilungsplans für das britische Mandatsgebiet Palästina am 29. November 1947 begannen die Übergriffe arabischer Milizen im Land, die von einer Freiwilligenarmee der Arabischen Liga unterstützt wurden, auf die jüdische Bevölkerung. Mit der Gründung des Staates am 14. Mai 1948 trat eine Vielzahl arabischer Staaten dem Kampf bei (siehe den Beitrag zum israelisch-palästinensischen Konflikt von Gisela Dachs). Der Unabhängigkeitskrieg riss auf allen Seiten tiefe Wunden auf. Die jüdische Seite büßte ein Prozent ihrer Bevölkerung ein. Für die Araber in Palästina zog die Kriegsniederlage Flucht und Elend nach sich.[4]

Dieser Krieg war sozusagen die Bewährungsprobe für die junge jüdische Generation. Sie schlug sich tapfer und avancierte zur Retterin des neugeborenen Staates. Der heroische Sieg und der hohe Blutzoll rückten die Armee als Stützpfeiler des neuen Staates in den Vordergrund. Nathan Alterman, namhafter israelischer Dichter der Gründungsphase, widmete dieser Jugend ein Gedicht, das in den Schrein der identitätsstiftenden israelischen Literatur eingegangen ist. Das Gedicht schildert die gefallenen und überlebenden Jugendlichen im Unabhängigkeitskrieg als das Silbertablett, auf dem der Staat Israel dargereicht worden ist. Die Elite der jungen Generation hatte sich in den Kibbuzim und anderen kooperativen Siedlungen, in Jugendverbänden und in den Untergrundorganisationen,

---

4 Die Anzahl der Flüchtlinge betrug ca. 700 000; ungefähr 150 000 blieben in den neuen Grenzen des Staates Israel.

vornehmlich in der größten unter ihnen, die der sozialistischen jüdischen Führung im Mandatsgebiet unterstand, der Haganah, und der ihr angegliederten militärischen Elitetruppe Palmach, formiert. Es waren die im Land geborenen jungen Israelis, die dieser und den folgenden Generationen ihren Stempel aufdrückten. Ihnen wurde der Beiname »Sabre« (*zabar*) gegeben; er bezeichnet ursprünglich eine örtliche Kaktuspflanze, deren Frucht, analog dem Typ des neuen Israeli, außen stachelig und innen süß, weich und wohlschmeckend ist.

Die Unabhängigkeit wird gefeiert, 14. Mai 1948.

Die Jugendlichen, die ins Land einwanderten, darunter Überlebende des Holocausts, versuchten, den »eingeborenen« jungen Israelis nachzueifern. Exemplarisch hierfür dürfte Dan Ben-Amoz sein, der seine osteuropäische Herkunft verdrängte und sich eine fingierte Identität als Sabre zurechtlegte. Ben-Amoz war Spitzenrepräsentant der neuen, »autochthonen« hebräischen Kulturszene und galt als Prototyp des neuen, ungehobelten Israelis.

Die Überfälle arabischer Infiltranten nach dem Unabhängigkeitskrieg mit Rückendeckung der arabischen Nachbarstaaten, die israelischen Vergeltungsschläge und die Sinaikampagne im Jahr 1956 gegen Ägypten festigten die Existenzängste der Israelis und vertieften die Erkenntnis, dass der israelisch-arabische Konflikt von anhaltender Natur sei.

Diese Erkenntnis beherrschte die ikonenhafte Trauerrede, die Moshe Dayan am 30. April 1956 am Grab von Roi Rotberg hielt. Rotberg war die Inkarnation des Pioniertyps, ein bildhübscher Jüngling aus Tel Aviv, der in den Kibbuz Nachal Oz am Gazastreifen gezogen war. Er hatte versucht, durch Zureden arabische Infiltranten auf ihr Gebiet zurückzudrängen und war dabei in eine Falle gelockt und erschossen worden. Seine Leiche wurde über die Grenze verschleppt und verstümmelt. Sie wurde durch UN-Vermittlung zurückgeführt. Dayan war damals Generalstabschef. Er gehörte zur jungen, in Israel geborenen Generation und verkörperte den Idealtyp dieser Gruppe. In der kommunalen Landwirtschaft groß geworden, griff er schon früh zur Waffe und absolvierte eine ruhmreiche militärische Karriere. Dayans Vater war führender Repräsentant der eingewanderten sozialistischen Gründergeneration. Der Trauerrede kommt dank ihres Inhalts und sprachlichen Niveaus eine gleichsam kanonische Bedeutung zum Verständnis der israelischen Identität zu. In dieser Rede verklärt Dayan die Gestalt des Gefallenen zum Prototyp des neuen, bodenständigen und kriegstüchtigen israelischen Juden. »Wir sind die Generation der Siedler«, so beginnt die Rede, »und ohne Stahlhelm und die Mündung der Kanone werden wir keinen Baum pflanzen und kein Haus bauen können.« Weiter heißt es: »Die Millionen Juden, die umkamen, weil sie keine Heimat hatten, schauen auf uns aus der Asche der israelischen Geschichte (sic!) und befehlen uns, uns niederzulassen und eine Heimat zu errichten.« Dayan nimmt hier Bezug auf den Holocaust, was für die damalige Periode noch nicht so üblich war. Die Erkenntnis der existenziellen Gefährdung Israels klingt in den Worten an: »Unserer Generation ist die Lebensentscheidung beschert, bereit, bewaffnet, stark und streng zu sein, falls jedoch das Schwert unserer Faust entgleitet, wird unsere Lebensader abgeschnitten.«

Trotz anhaltender kriegerischer Auseinandersetzungen mit den arabischen Nachbarn ließ sich nicht die ganze Bevölkerung in einen mentalen Belagerungszustand versetzen. Kritische Stimmen meldeten sich schon kurz nach dem Unabhängigkeitskrieg. Die Wochenzeitung »Ha'olam Hazeh« (Diese Welt), die 1950 von Uri Avneri und Schalom Cohen aufgekauft worden war, machte sich zum Sprachrohr einer militanten außerparlamentarischen Opposition. Avneri stammte aus Deutschland. Er war ursprünglich Mitglied einer nationalistischen Untergrundorganisation, nahm an den Kämpfen gegen die Ägypter im Unabhängigkeitskrieg teil und schrieb kurz nach dem Krieg zwei Bücher über seine Kriegserfahrungen. Das zweite Buch, das 1950 erschien und dessen Titel auf Deutsch »Die Kehrseite der Medaille« lautet, war antimilitaristisch und regierungskritisch. Das Buch wurde nach der ersten Publikation verboten und erschien in einer Neuauflage erst 1976. S. Yizhar (Pseudonym von Yizhar Smilansky), der wichtigste Schriftsteller der Kriegsgeneration, veröffentlichte 1948 und 1949 die beiden Bücher »Ha'schavui« (Der Gefangene) und »Chirbet Chiz'e« (der arabische Name für einen umkämpften Hügel im Unabhängigkeitskrieg). Beide beleuchteten die Schattenseiten des Krieges und die moralischen Skrupel der Soldaten. Die Selbstreflexion war ein untypisches Sujet der damaligen Literatur.

Ha'olam Hazeh kämpfte für eine Koexistenz von Juden und Arabern in Israel und für die Abschaffung der Militärverwaltung in den arabischen Gebieten Israels. Das Blatt stand damals den sogenannten Kanaanitern nahe, einer Bewegung, die eine eigene hebräische Identität anstrebte, losgelöst von der jüdischen Diaspora. In Zukunft sollten die neuen Hebräer mit den anderen Einheimischen aufgrund geografischer und sprachlicher Affinitäten eine Verbindung eingehen. Das Blatt kämpfte auch gegen die Hegemonie der Mapai unter Ben Gurion und gegen die Allmacht des Geheimdienstes, des damaligen Schin Bet, sowie gegen die Militärzensur. Das Blatt war das erste, das die Benachteiligung der Misrachim, der aus Nordafrika und dem Nahen Osten eingewanderten Juden, offen zur Sprache brachte. Die Zeitung enthüllte, unter Umgehung der Zensur, einige Affären und Skandale, die das Land erschütterten. Im Jahr 1965 gründete Avneri eine eigene Partei, die dieselben Themen wie die Zeitung aufgriff, diesmal jedoch unter dem Schutz der parlamentarischen Immunität.

1951 begann Ephraim Kishon seine ätzende Kritik an den Missständen im Land, die 1952 durch seine Kolumne in der damals meistgelesenen Zeitung, »Ma'ariv«, enormen Widerhall fand. Er wirkte auch als Bücher- und Schauspielautor und später als Filmregisseur. Er nahm sich unter anderem die verknöcherte Bürokratie, die ideologischen Phrasen der Regierung, die Nöte der Neueinwanderer, speziell der orientalischen Juden, und die nachlässigen Manieren der Israelis vor. Ein erstes Indiz für den abnehmenden gesellschaftlichen Zusammenhalt waren die im Jahr 1959 ausgebrochenen Unruhen von aus Nordafrika stammenden Einwohnern im Wadi

Salib, einem Stadtteil von Haifa. Sie bezichtigten die sozialistische Mapai-Regierung, sie bei der Wohnraumzuweisung zu diskriminieren. Es war der erste soziale Protest dieser Bevölkerungsgruppe, die die Schmelztiegelideologie infrage stellte.

Die sich in den 1950er-Jahren artikulierende Kritik an der vorherrschenden Ideologie nahm in den 1960er-Jahren bedeutend zu. Die kohärent scheinende, ideologisch ausgerichtete und mobilisierte israelische Gesellschaft, in der das Erziehungssystem, die Jugendbewegungen, die kooperativen Siedlungen und die Armee als wichtige Einrichtungen der Sozialisation wirkten, begann nunmehr zu bröckeln. Die Gründe hierfür waren vielfältig. 1963 trat Ben Gurion, Symbolfigur der »heroischen Ära«, endgültig zurück. Seine Partei wurde durch inneren Streit wegen der sogenannten Lavon-Affäre zerrieben. Diese betraf eine umstrittene Sabotageaktion des militärischen Geheimdienstes in Ägypten im Jahr 1954. Sie artete in einen Führungskampf zwischen Ben Gurion und seinen jungen Gefolgsleuten wie Shimon Peres und Moshe Dayan auf der einen und der alten Garde der Mapai auf der anderen aus. Dieser von Intrigen und Machttrieben genährte Streit zehrte an der Substanz der Partei, führte 1965 zu ihrer Spaltung und kündigte möglicherweise ihren Verlust der Macht im Jahr 1977 an. Der Nachfolger von Ben Gurion, Levi Eschkol, war auf einen Ausgleich der politischen Gegensätze im Land aus.[5] Er liberalisierte zudem die Medienlandschaft und schaffte 1966 die Militärverwaltung in den arabischen Gebieten Israels ab.

Erosion der alten Paradigmen

In den 1960er-Jahren bahnte sich ein Mentalitätswandel unter der neu heranwachsenden Generation der ungefähr 20-Jährigen an. Sie wollte der anhaltenden Bedrohung und den materiellen Entbehrungen im Gefolge der Austeritätspolitik der 1950er-Jahre entfliehen. Die neue junge Generation nahm die bürgerlichen Gewohnheiten ihrer Altersgenossen im Westen an. Dies veranlasste S. Yizhar, den Repräsentanten der 48er-Generation, eine Wendung Arthur Koestlers aufgreifend,[6] 1960 von der »Espresso-Generation« zu sprechen: Er bezichtigte sie, sich dem Müßiggang in Kaffeehäusern hinzugeben, statt sich – wie seine Generation – den nationalen Aufgaben

---

5 Im Gegensatz zu Ben Gurion, der die rechte Partei »Cherut« und die Kommunisten boykottierte.

6 Koestler kritisierte die westliche Jugend der Nachkriegsära, sie sei auf schnelle, scharfe und billige Befriedigung ihrer Bedürfnisse aus, die ihr der Espresso biete.

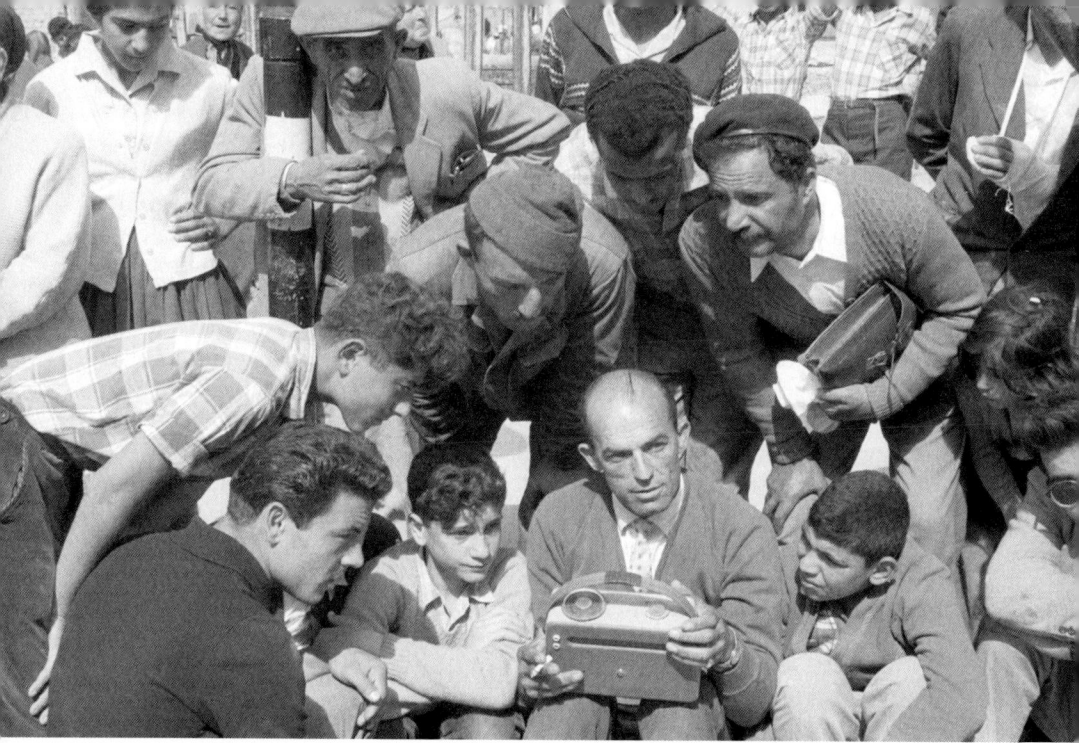

Israelis in Jerusalem verfolgen gebannt am Radio Berichte über den Eichmann-Prozess, 11. April 1961.

zu stellen. Eine Gruppe Intellektueller aus den Kibbuzim, die der Mapai nahestand, traf sich 1961 mit Ben Gurion und warnte ihn vor dem Gesinnungswandel der großstädtischen Jugend, vornehmlich in Tel Aviv, der seinen Niederschlag neuerdings auch in der israelischen Kulturszene fände. Sie prangerten die individualistischen, zuweilen nihilistischen Tendenzen in der Gesellschaft an. Die Generation, die etwa zehn bis 15 Jahre vor der Staatsgründung zur Welt gekommen war, wurde – im Gegensatz zur älteren »1948er-Generation« (*dor taschach*) – als »Staatsgeneration« bezeichnet.

Ein anderes wichtiges Ereignis fand im Jahr 1961 statt: Es war der Eichmann-Prozess. Die Medienübertragung der Sitzungen konfrontierte die israelische Öffentlichkeit erstmals mit den tragischen Einzelschicksalen der Zeugen. Bis dahin waren die Opfer und die Überlebenden der Lager mit dem Stigma behaftet gewesen, sie hätten sich wie Schafe zur Schlachtbank führen lassen. Nur die Ghettokämpfer und Partisanen standen hoch im Ansehen. Sie passten in das Schema des neuen, aufrechten und mutigen jüdischen Kämpfers, wie ihn sich die zionistische Ideologie vorgestellt hatte. Nun löste sich die »amorphe Masse« der Opfer in konkrete, Mitgefühl und Hochschätzung verdienende menschliche Gestalten auf. Neben dieser Form einer auf die konkreten Opfer ausgerichteten Trauer arbeit pflegte der Staat das institutionelle kollektive Gedächtnis. Je mehr die »reale Utopie« des Zionismus, die sozialistische Pionierideologie und die Devise der *mamlachtiut* an Zugkraft verloren, wie dies bei Idealen oft der Fall ist, wenn sie in die Realität umgesetzt werden, umso mehr nahm die Schoah als zentrale Identitätsklammer der jüdischen Gesellschaft in Israel wie in der Diaspora an Bedeutung zu. Parallel nahm das israelische Bewusstsein zugunsten eines jüdischen ab. Dies bedeutete eine Umorientierung von einer zukunftsgerichteten, konstruktiven und optimistischen Haltung der jüdischen Gesellschaft in Israel, die sich von der Diaspora loslösen wollte, hin auf ein rückwärtsgewandtes, traumatisches und pessimistisches Selbstverständnis. Kritiker in Israel sahen darin eine Abkehr vom zionistischen Bestreben nach Normalität. Die Orientierung auf die Schoah hin leiste einer neuen kollektiven »Ghettomentalität« Vorschub. Auch die einseitige »Lehre« aus der Schoah, Israel müsse stark und wehrhaft sein, stieß auf Kritik, denn sie erschwere ein Zugehen auf den Feind.[7]

Die Krise am Vorabend des Sechstagekriegs von 1967, als die Schlinge aufmarschierender arabischer Armeen sich um den Hals Israels legte und die Weltgemeinschaft passiv zuschaute, beschwor in der israelischen Öffentlichkeit die Angst vor einem erneuten Holocaust. Obwohl der überraschend schnelle und überzeugende israelische Sieg eine unglaubliche Euphorie im Land auslöste, blieb das Trauma haften. Im Oktoberkrieg sechs Jahre danach, der Israel in harte Bedrängnis brachte, trat dieses Trauma wieder an die Oberfläche.

Infolge des überwältigenden Siegs im Juni 1967 eroberte Israel neue Territorien. Das Problem der besetzten Gebiete, vor allem der von Palästinensern dicht bewohnten Westbank und des Gazastreifens, entstand. Das Schicksal dieser Gebiete sollte das Profil Israels und den politischen Diskurs des Landes zunehmend bestimmen. Während die einen in diesem territorialen Zuwachs einen sicherheitspolitischen Segen oder gar ein Vorzeichen der kommenden göttlichen Erlösung sahen, warnten die anderen vor einem Unglück. Einer der ersten »Zornpropheten«[8] war der Religionsphilosoph Jeschajahu Leibowitz. Er warnte vor der demografischen und moralischen Gefahr, die eine langwierige Herrschaft über die Palästinenser für Israel zur Folge hätte.

---

7 Aus diesen Gründen forderte der israelische Philosophieprofessor Yehuda Elkana 1988 in provokativer Weise, die Schoah zu vergessen, wenn Israel ein normaler Staat werden wollte. Elkana trat jedoch dafür ein, die Erinnerung an die Schoah in anderen Ländern aufrechtzuerhalten (siehe den Beitrag von Yehuda Bauer).

8 Der Begriff bezieht sich ursprünglich auf eine Reihe von mahnenden Propheten in der hebräischen Bibel. Als erster dieser Propheten gilt Jeremia. Zur Zeit des ersten Tempels prophezeite er Zerstörung und Exil.

■ Aschkenasim, Sephardim, Misrachim

Als Aschkenasim werden mittel-, nord- und osteuropäische Juden und ihre Nachfahren bezeichnet. Der Ausdruck leitet sich vom biblischen Personen- und Gebietsnamen »Aschkenas« ab. Bereits im 9. Jahrhundert übertrugen ihn eingewanderte Juden auf das deutschsprachige Gebiet und die dort lebenden Juden. Mit deren zunehmender Verbreitung ging der Name auf alle europäischen Juden über (mit Ausnahme der in Portugal und Spanien ansässigen Sephardim) und schließt heute auch deren Nachfahren in englischsprachigen Ländern mit ein. Von etwa 1200 bis 1945 war Jiddisch die Sprache vieler Aschkenasim, vor allem der Juden in Osteuropa. Darüber hinaus sind sie aber so verschieden wie ihre Herkunftsländer.

Die Sephardim sind in erster Linie die Nachkommen der Juden von der Iberischen Halbinsel. Sie wurden von dort 1492 vertrieben. Damals hatten die spanischen Könige Fernando II. und Isabella I. die jüdischen Bürger in einem Edikt aufgefordert, zum Katholizismus überzutreten oder das Land für immer zu verlassen. 50 000 Juden flüchteten damals vor allem in Richtung Nordafrika und Südosteuropa. Manche ihrer Erben sprechen heute noch Ladino, das mittelalterliche Judenspanisch. Die Anzahl ihrer Nachkommen wird auf 3,5 Millionen geschätzt. Die meisten leben heute in Israel, Frankreich, der Türkei, den USA oder in Lateinamerika. 2015 verabschiedete das Parlament in Madrid ein Gesetz zur Wiedereinbürgerung der Nachfahren vertriebener Juden.

Als Sephardim werden aber fälschlicherweise oft auch die Juden aus islamischen Ländern bezeichnet, von denen viele in Israel leben. Das sind vielmehr »Misrachim«, orientalische Juden, die aus Irak, Iran, Syrien, Jemen, Ägypten und vornehmlich aus dem Maghreb, wo die ehemals sephardischen Juden sich in den vorhandenen älteren Gemeinden integriert haben, eingewandert sind. Da die Misrachim in der Regel mit europäischen Prozessen wie Emanzipation und Säkularisierung nicht konfrontiert waren und auch den Holocaust nicht durchleiden mussten, haben sie ihr traditionelles Judentum weiter gepflegt, was sich in eigenen Synagogen und Ritualen bemerkbar macht. Im heutigen Diskurs in Israel verdrängt der Begriff »Misrachim« den Begriff »Sephardim« und wird zunehmend als Bezeichnung für beide verwendet.   *G. D.*

In dem Zeitfenster bis zum Oktoberkrieg lebte Israel auf. Der Sieg von 1967 »rehabilitierte« die seit der »Espresso-Generation« in Verruf geratene Jugend. Im Vergleich mit der Generation von 1948 erwies sie sich als nicht minder kriegstüchtig. Siegesalben und Musikschlager feierten den Militärerfolg. Zwei Bücher errangen besondere Popularität. Sie spiegelten die komplexe Stimmungslage der israelischen Öffentlichkeit wider. Das eine war ein Loblied auf den heldenhaften Kampf der Panzertruppen und das andere offenbarte anhand aufgezeichneter Gespräche die Skrupel der Soldaten während des Kriegs. Zwischen diesen Polen bewegte sich die Gesellschaft in dieser stürmischen Zeit. Der spektakuläre Sieg mag auch die Existenzangst gemildert und die Belagerungsmentalität gelockert haben. Der Eindruck einer monolithischen, ideologisch gefestigten Nation wich dem facettenreichen Bild einer von widerstreitenden Tendenzen gezeichneten Gesellschaft. Mehr noch, es schien, als ob sich zumindest Teile der Gesellschaft von staatlicher Einwirkung zu befreien versuchten. Die israelische Gesellschaft wurde nun liberaler und demokratischer, da die politischen und kulturellen Impulse stärker von unten kamen.

Die Jugend, die sich so hervorragend im Krieg geschlagen hatte, wurde selbstbewusst. Sie brachte nun ihre Befindlichkeit in den gesellschaftlichen Diskurs ein und forderte das Establishment heraus. Der Jugendprotest gegen die hegemonialen Kräfte in Israel bekam einen gewissen Auftrieb durch die Studentenrevolte von 1968 im Westen. Letztere war politisch und ideologisch deutlich ausgeprägter als in Israel. Sie richtete sich gegen den Vietnamkrieg, gegen den »amerikanischen Imperialismus«, sie solidarisierte sich mit nationalen Freiheitsbewegungen und sie war antikapitalistisch bzw. »antifaschistisch« und antiautoritär. Sie wollte eine neue Form von demokratischem Sozialismus einführen und die alten bürgerlichen Institutionen der Nachkriegsära abschaffen. Die Studentenbewegung war weitgehend auch antiisraelisch und antizionistisch, da Israel als Verbündeter Amerikas und als Gegner der »fortschrittlichen« arabischen Nationalbewegungen, darunter die PLO, als »imperialistische Bastion« im Nahen Osten galt.

Die israelische Jugend wehrte sich gegen diese Stigmatisierung. Israel sah sich in einem Existenzkampf gegen die arabische Umwelt. Als der Krieg 1967 ausbrach, gab es noch keine besetzten Gebiete. Die PLO-Charta sprach von einem säkularen demokratischen palästinensischen Staat zwischen dem Meer und dem Jordan. Das war eine euphemistische Formel für die Auflösung Israels. Israel sah sich im Vergleich zu seinen arabischen Nachbarn und deren Nationalbewegungen als viel fortschrittlicher an. Es verstand sich als Heimat der Opfer des Nationalsozialismus. Die USA waren der wichtigste Verbündete Israels, nachdem Frankreich unter de Gaulle ein Waffenembargo gegen Israel verhängt hatte. Die kommunistischen Staaten stellten sich auf die Seite der arabischen Gegner Israels. Hinzu kam, dass das Establishment in Israel sozialistisch geprägt war, im Unterschied zum bürgerlich geprägten Westen.

Der Jugendprotest in Israel nach 1967 war eine sanfte Spielart der westlichen '68er-Bewegung. Politisch kreiste er um interne Probleme. Er artikulierte sich nicht in gewalttätigen Massenprotesten, sondern in sublimerer Form. So zum Beispiel in den Bühnendramen von Hanoch Levin. Levins Stücke rüttelten an geheiligten Werten der israelischen Gesellschaft. Er kritisierte den militärischen Opferkult und die Arroganz der politischen und militärischen Führung. Herausfordernd und neu waren die vulgäre Sprache und die rabiaten Szenen.

Jugendliche nordafrikanischer Herkunft aus benachteiligten Vierteln formieren sich 1971 zur Black-Panther-Bewegung und fordern ein Ende der Diskriminierung durch das aschkenasische Establishment.

Ab den 1970er-Jahren traten neue Bühnenautoren wie Joshua Sobol und Hillel Mittelpunkt mit Stücken auf, die sich kritisch mit Gründungsmythen, mit kollektiven und privaten Identitätsmerkmalen sowie mit inneren Konflikten und Zerfallserscheinungen in der israelischen Gesellschaft auseinandersetzten. Der traumatische Jom-Kippur-Krieg 1973 dürfte einen bedeutenden Beitrag hierzu geliefert haben. Insgesamt leistete die Jugend weiter ihren Dienst für die Gesellschaft, sie entglitt aber zusehends der Kontrolle und Disziplinierung der bisherigen politischen Elite. Dies zeigte sich nach diesem Krieg anhand des spontanen Protests der heimkehrenden Reservisten gegen die Regierung, die zur Rechenschaft gezogen werden sollte. Der Protest, der schnell um sich griff, war ein deutliches Zeichen des schwindenden Vertrauens der jungen Generation gegenüber der versteinerten Führung. Dadurch ebnete diese Generation den Weg zur allgemeinen politischen Wende von 1977.

In den Universitäten bildeten sich Diskussionsgruppen der neuen Linken. Ganz links außen machte eine Splittergruppe der Kommunistischen Partei, »Matzpen« (Kompass), auf sich aufmerksam. Sie bestand ab 1962, wurde aber erst ab dem Sechstagekrieg öffentlich wahrgenommen. Sie plädierte für einen sozialistischen, föderalen und supranationalen Staat in ganz Palästina. Durch ihre extrem antizionistische und linkssozialistische Haltung entbehrte sie jeden Rückhalt in der israelischen Öffentlichkeit, gewann aber in bestimmten Kreisen im Westen umso mehr an unverhältnismäßiger Resonanz.

Im Jahr 1971 trat eine militante Gruppe von jüdischen Jugendlichen nordafrikanischer Herkunft ins Rampenlicht. Sie nannte sich in Anlehnung an die gleichnamige kämpferische Gruppe von Afroamerikanern die »Schwarzen Panther«. Sie gab sich eine sozialistische Plattform, was dem politischen Grundtenor der Misrachim in Israel widersprach, die bis heute mehrheitlich rechte Positionen vertreten. Die Gruppe protestierte gegen die Diskriminierung durch das aschkenasische Establishment.

Kultureller Wandel[9]

Die 1960er-Jahre standen im Westen auch für einen breit gefächerten Wandel der Jugendkultur. Die gleichaltrige Generation in Israel rezipierte diesen eher apolitischen Jugendprotest, der vor allem in der Pop- und Rockszene in Großbritannien und den USA seinen Ausdruck fand. Als Symbol für diesen Wandel standen die Beatles. Der unkonventionelle Haarschnitt, der Aufstand gegen die bürgerlichen Konventionen der 1950er-Jahre, der erotisierende Effekt dieser Musik, der die sexuelle Revolution und die freie Liebe ankündigte, sowie der neue, laute und expressive musikalische Stil, der sich von der früheren eher »braven« Musik unterschied, und das Repertoire, das ungeschminkt die pubertäre und jugendliche Gefühlswelt ansprach, all das machte ihre mitreißende Wirkung auf die Jugend weltweit aus.

Ein Indiz für die kollidierenden Ideenwelten der alten politischen Elite auf der einen und der Jugend der 1960er-Jahre in Israel auf der anderen Seite dürfte der abgesagte Auftritt der Beatles im Jahr 1965 sein. Die von Paternalismus durchdrungene alte Führungsgarde sah in den antiautoritären Zügen der neuen Rockkultur eine besorgniserregende Erscheinung, die die Jugend auf Abwege führen bzw. der Kontrolle des Staates entziehen könnte. Sie wehrte sich gegen den neuen Zeitgeist.

---

9   Siehe auch den Beitrag von David Witzthum.

Die sanfte Seite der Sixties, für die die Hippiekultur stand, wirkte hauptsächlich auf die urbane und studentische Jugend in Israel ein. Das Musikfestival Woodstock, Slogans wie *flower power* oder *make love not war*, der Griff zu Hasch, der lange Haarschnitt, die Bartmode und die Diskotheken veränderten den Lebensstil vieler junger Israelis. Der Einfluss dieses kulturellen Wandels auf die israelische Jugend war aber dennoch viel moderater als in den USA und in Westeuropa. Die gesellschaftlichen Rahmenbedingungen in Israel waren hierfür maßgebend, so zum Beispiel der Militärdienst, die Kriegserfahrungen sowie das höhere Alter der Studenten und das kostenaufwendige Studium.

Die neuen Tendenzen der Popkultur machten sich in Israel auch in der Musik deutlich bemerkbar. Prominenter Vertreter des neuen Musikstils

Briefmarke mit dem Bild Arik Einsteins

war Arik Einstein. Bis dahin waren die israelischen Lieder Teil einer politischen Liturgie, die vom zionistischen Gründungsethos zeugt. Ein großer Teil der patriotischen Lieder thematisierte die Kriege, die soldatische Kameradschaft und die Trauer um die Gefallenen. Persönliche Sujets gingen in der allgemeinen zionistischen Thematik auf. Bis in die 1960er-Jahre waren die Unterhaltungsgruppen des Militärs wichtige Vermittler eines patriotischen Musikgenres, das mit einem jugendlich-kecken Stil einherging.

Nun kamen allgemeinmenschliche, existenzielle Belange sowie der internationale Idealismus der späten 1960er- und frühen 1970er-Jahre zum Tragen, so die Zuversicht auf eine bessere Welt und die Solidarität mit anderen Völkern, zum Beispiel mit den Tschechen während des Prager Frühlings 1968. Die neue Musik thematisierte die Befindlichkeit der Jugend von 1967 und berührte deren Gemüter. Ein Freiheitsdrang, der sich der alten ideologischen Zwänge entledigen wollte, brach sich Bahn. Er konnte sowohl in ein zwangsloses, sensualistisches, hedonistisches und sinnentleertes Verhalten umschlagen als auch sich in einer oppositionellen, idealistischen und engagierten Haltung artikulieren. Einsteins Lied »Ich und du werden die Welt verändern«

entsprang einem naiven Idealismus, der auch viele israelische Jugendliche beflügelte. Es schwang in seinen Werken wie auch in denen anderer Pop- und Rocksänger ein kultureller Dualismus mit, in dem das Lokale und Universale aufeinander einwirkten. Die Texte dieser Musik bedienten sich einer authentischen hebräischen Umgangssprache, die die Jugend ansprach. Aber auch Begebenheiten des Alltags und eine Sehnsucht nach dem verklärten Land von einst wurden thematisiert.

Einsteins durchschlagender Erfolg begann 1967 als Mitglied einer neuen Band, die israelische Musik mit der westlichen Pop- und Rockmusik verband. Der Einfluss der Beatles war unverkennbar. Einstein personifizierte auch die schönen Seiten von Land und Leuten in Israel, die er aussterben sah. Mit zunehmender Ernüchterung über den Idealismus der 1960er- und beginnenden 1970er-Jahre und angesichts unliebsamer Veränderungen in Israel klingt ein pessimistischer Ton an, voller Sorge um die Zukunft des Landes, aber auch voller Wehmut um die unerfüllten Träume der zionistischen Aufbauphase.

Einsteins Sehnsucht bezog sich auf das kleine Land vor dem Sechstagekrieg, die einstige Bescheidenheit und Einfachheit, die Intimität und Menschlichkeit im Umgang miteinander, die Solidarität und Naivität der Leute und vor allem den idealistischen Optimismus der Aufbauphase. Dieses Bild von der Vergangenheit mag nostalgisch verklärt sein. Die Sehnsucht richtete sich nicht unbedingt auf das Land, wie es einst war, sondern darauf, wie die Leute es sich einst vorgestellt hatten bzw. wie wir uns die Vergangenheit ausmalen. Einsteins Kritik an den Verhältnissen ist meistens sublim. Sie wird eher angedeutet. Sie betrifft die gesellschaftliche Atomisierung, die Entfremdung, den ungehemmten Materialismus und die Erfolgsorientierung. Seine Liebe zum kleinräumigen Israel von früher verbirgt die Kritik an dem messianischen Nationalismus unter den Siedlern in den 1967 eroberten Gebieten, der seiner Vorstellung vom säkularen und pragmatischen Zionismus widerspricht. Seine Liebe zu Land und Leuten von früher gilt der aufrichtigen und naiven Hoffnung, die die Einstellung vieler prägte, und nicht dem ideologischen Pathos des ehemaligen politischen Establishments. Der nostalgische Rückblick rührt aus der Erkenntnis einer unwiederbringlich abgeschlossenen Epoche.

Einsteins plötzlicher Tod am 26. November 2013 im Alter von 74 Jahren löste einen Schock und eine tiefe Trauer aus. Die öffentliche Anteilnahme erinnerte an den Abschied von großen Staatsmännern. Das Hinscheiden dieses »ewig jungen« Idols der 67er-Generation bescheinigte ihr, dass sie ihren Lebensabend angetreten hat. Sie trauerte um sich und um ihre idealistischen Jugendträume, die nun symbolisch zu Grabe getragen wurden, genauso, wie sie den von Einstein besungenen alten zionistischen Träumen von einem mustergültigen Staat mit mustergültigen Menschen nachtrauerte.

Einstein wurde von den einen als vorbildlicher Vertreter israelischer Identität, von den anderen als Vertreter des »ersten Israels«, wie die etablierten Nachfahren der aschkenasischen Gründergenerationen des Staates genannt werden, angesehen. Wieder andere beschrieben ihn als Repräsentanten eines bürgerlichen, ja bohemehaften, urbanen und säkularen Tel Aviver Milieus. Er verkörpere nicht die Befindlichkeiten des »zweiten Israels«, also der Nachkommen der späteren Einwanderungswellen, vornehmlich jener aus den arabischen Ländern. Diese Gruppe fühlt sich großenteils von der zionistischen Gründungsmythologie ausgeklammert.

Interessant ist es, die Beerdigung Einsteins mit der Beerdigung des geistigen Oberhaupts der Schas-Partei, Ovadia Joseph, die kurz zuvor, am 7. Oktober 2013, stattfand, zu vergleichen. Die sephardische orthodoxe Schas erhält ihren Zulauf hauptsächlich von Juden nordafrikanischer Abstammung, die teils strenggläubig, teils traditionell sind und von denen ein Teil in Israel die Bräuche der ultraorthodoxen osteuropäischen Juden übernahm. Die Wähler der Schas-Partei gehören überwiegend den sozial schwachen Schichten der Gesellschaft an. Abertausende Anhänger begleiteten den Verstorbenen zu Grabe. Sie waren überwiegend – den strenggläubigen Gepflogenheiten entsprechend – schwarz gekleidet, kopfbedeckt, bärtig und durchgehend männlich. Einstein wurde in Tel Aviv begraben, der ersten hebräischen Stadt des neuen und zionistischen Israel, der Hochburg der säkularen Juden. Sie ist von bürgerlichem Antlitz, diesseitsorientiert und pulsierend. Die Bestattung des Rabbiners fand in Jerusalem statt, dem geistigen und religiösen Herzstück des Judentums, der überwiegend von Orthodoxen, Ultraorthodoxen und Arabern bewohnten Stadt. Sie ist die Hauptstadt des Landes, aber sie ist auch arm, spirituell und in sich gekehrt. In nuce offenbart der Vergleich beider Veranstaltungen und deren Austragungsorte einen der zentralen Gegensätze, die die heutige israelische Gesellschaft, die weit vom alten Ideal eines Schmelztiegels entfernt ist, durchziehen.

Die Entwicklung der israelischen Filmszene vermag ebenfalls den Abschied von heroischen zionistischen Mythen zu reflektieren. Anhand der Biografien und Werke zweier Schauspieler und Filmemacher, Uri Zohar und Assi Dayan, lässt sich dieser Wandel konkret verfolgen. Beide begannen als Darsteller. Beide spielten anfangs die Rolle des im Land geborenen, blondhaarigen, idealtypischen heldenhaften Kämpfers für die Unabhängigkeit Israels. Vor allem Assi Dayan, der Sohn des legendären Moshe Dayan, erlangte Berühmtheit in der Darstellung des Sabre und Pioniers in der Filmversion des Buches »Er zog durch die Felder« (1968) von Mosche Schamir. Das Buch gehört zum Kanon der zionistischen Literatur.

Uri Zohar begann im Jahr 1964, diesmal als Filmregisseur, sich von alten zionistischen Losungen zu distanzieren. Er verspottete die zu Allgemeinplätzen gewordenen Maximen der kollektivistischen Pionierideologie angesichts der sich abzeichnenden materialistischen Konsumgesellschaft, in der individualistische und bürgerliche Werte die Oberhand gewannen und zentrifugale Kräfte zunahmen. In den 1970er-Jahren erschienen drei Filme von Zohar, die das damalige gelockerte Tel Aviver Milieu widerzuspiegeln versuchen. In den Filmen spielt er selbst mit – neben Arik Einstein, der sich auch als Schauspieler einen Namen gemacht hatte. Weit entfernt von den Idealgestalten der Pionierära, sind die Akteure mit sich und ihren alltäglichen Problemen beschäftigt. Sie sind charakterlich schwach und versuchen, in einer zügellosen Atmosphäre ihre Bedürfnisse zu befriedigen. Existenzielle Probleme, sexuelle Freizügigkeit, unbeschwerte Lebensfreude und die Banalitäten des Alltags vermischen sich. Die Filme betonen das Machogehabe des israelischen Mannes. Die ersten zwei Teile dieser Tel Aviver Trilogie wurden zu Kultfilmen. Während in der 67er-Generation ein idealistischer Individualismus mit allgemeinmenschlichen Werten einherging, verflüchtigte sich nun dieser Idealismus. Assi Dayan wurde ebenfalls Filmregisseur und spielte in vielen seiner Filme auch die Hauptrolle. 1975 drehte er einen Film, der seine Wende vom Darsteller des zionistischen Idealtyps zum gepeinigten Künstler und »zornigen Propheten« ankündigt. Fortan zählen zu den zentralen Themen seiner formal vom absurden Theater geprägten Filme persönliche Nöte, das Scheitern von Existenzen, Selbstmord sowie körperlicher und seelischer Verfall. Sein wichtigster Film, der auch international Anerkennung fand, ist »Life According to Agfa – Nachtaufnahmen« (1992). Schonungslos wird darin das Verhalten einer Gruppe chauvinistischer und rassistischer israelischer Soldaten dargestellt, die, nachdem sie wegen Beleidigung und sexueller Belästigung einen Pub in Tel Aviv verlassen mussten, ihre »Ehre« verletzt sahen, am nächsten Morgen in militärischer Ausrüstung zurückkehren und alle Personen im Pub und den angrenzenden Privaträumen ermorden.

Die Bekehrung Zohars zur Ultraorthodoxie und die Suchtproblematik Dayans bis zu seinem frühzeitigen Tod geben ihren Filmen eine autobiografische Note. Ihre Filme und Lebensläufe reflektieren auch die Ratlosigkeit und Desillusionierung einer ganzen Generation: Es ist die Generation der Sabres, die im Geist der zionistisch-sozialistischen Ideologie groß geworden sind. Deren Niedergang in den 1960er- und 1970er-Jahren hinterließ eine Leere, die letztlich auch der kurzfristige universale Idealismus der Sixties nicht kompensieren konnte. Prototyp eines neuen Israeli, bar jeder Ideologie und auf sein persönliches Fortkommen und seinen Komfort bedacht, war der Yuppie, der auf den Sabre und Hippie folgte.

Nationalismus und Multikulturalismus

Die nachlassende Zugkraft der hergebrachten sozialistischen Ideologie führte allmählich zu einer Neudefinition der politischen Linken in Israel. Im Konflikt mit den Palästinensern war man zu weitgehenden Zugeständnissen bereit. Diese Auffassung vertraten zunächst kleine Parteien wie Ha'olam Hazeh und Ratz, bis sie später auch in der Arbeitspartei mehrheitsfähig wurde. Außerparlamentarischer Exponent dieser Position war die Schalom-Achschaw-Bewegung (Frieden-jetzt-Bewegung). Sie entstand 1978 und plädiert seitdem generell für die Rückgabe von Gebieten als Gegenleistung für Friedensabkommen mit den arabischen Nachbarn. Innenpolitisch schwenkte die politische Linke auf neoliberale Positionen ein, die an die Demokraten in den USA erinnern. Die Zweistaatenlösung, die Abwendung der Gefahr eines binationalen Staates, die Wahrung Israels als jüdischer und demokratischer Staat und ein gewisses Maß an wohlfahrtsstaatlichen Strukturen sollten schließlich die Hauptkennzeichen linker Positionen werden.

Demonstration der »Frieden-jetzt«-Bewegung in Tel Aviv anlässlich des Brandanschlages jüdischer Siedler auf ein palästinensisches Haus im Westjordanland, August 2015

Nach 1967 war die israelische Rechte im Aufwind. Die Eroberung neuer Territorien schuf die Grundlage für die Siedlungsbewegung. Die ersten Siedlungen, die von Sicherheitserwägungen geleitet waren, gingen noch auf das Konto der linken Regierungen. Die nationale Rechte forcierte nach ihrem Machtantritt 1977 das Siedlungswerk aus ideologischen Gründen. Beansprucht wurden die Westbank – in der israelischen Terminologie Judäa und Samaria – und der Gazastreifen, beides Gebiete, die, wie das heutige Jordanien auch, zum früheren Völkerbundmandat gehörten. Die nationalreligiöse Rechte erblickte im Siedlungswerk, vor allem in der Westbank, die Rückkehr in das von Gott verheißene biblische Kernland der hebräischen Vorfahren. Die Unversehrtheit von »Eretz Israel« (das Land Israel) spielt in der rechten Ideenwelt eine wichtigere Rolle als die positivrechtliche Entität des Staates Israel. Die nationalreligiösen Siedler behaupten, die alte zionistische Pionierideologie fortzusetzen, was die zionistische Linke als Pervertierung dieses Gedankens betrachtet. Die von messianischem Eifer getriebenen nationalreligiösen Siedler haben die mehrheitlich säkular und pragmatisch orientierte zionistische Bewegung sozusagen gekapert und im Nachhinein in ihrem Sinn umgedeutet. Diese Gruppe, eine Minderheit in der israelischen Gesellschaft, ist stark ideologisch motiviert und militant, was ihr ein überproportional großes Gewicht verleiht.

Die »Bewegung für ein Großisrael«, die 1967 entstand, plädierte für die Beibehaltung aller im Sechstagekrieg eroberten Gebiete und deren Besiedlung (Westbank, Ost-Jerusalem, Gaza, Golan und Sinai). Zu ihren Gründern gehörten auch Persönlichkeiten aus dem linken Spektrum, die von der nationalen Euphorie nach 1967 mitgerissen wurden, sowie alte Revisionisten und Nationalreligiöse. Sie scheiterte in den Wahlen zur siebten Knesset und ging 1973 im nationalliberalen Likudblock auf. Die Idee eines »Großisrael«, die in der säkularen Öffentlichkeit in Israel keinen großen Anklang fand, wurde mit der Gründung von »Gusch Emunim« (Block der Gläubigen) 1974 zum Anliegen der Nationalreligiösen. Ihr geistiges Oberhaupt, der Rabbiner Zvi Jehuda Kuk, sah in der Besiedlung ganz Israels, einschließlich der eroberten Gebiete, einen Schritt hin zur Erlösung.

Im Machtantritt des nationalliberalen Likud 1977 manifestierte sich der politische und ideologische Epochenwandel. Während die in der Tradition der alten sozialistischen Pionierideologie aufgewachsenen Nachfolgegenerationen ihre geistige Orientierung verloren hatten, verfolgte die Rechte einen nationalistischen Kurs der territorialen Unversehrtheit gegenüber den Palästinensern und war zugleich bereit, gegenüber dem wichtigsten arabischen Nachbarstaat Ägypten einzulenken. Die Idee von »Großisrael« wurde somit aufgegeben und auf die Beibehaltung der neu erworbenen Territorien innerhalb des Mandatsgebiets Palästina beschränkt. Die Annexion der Golanhöhen hingegen war in erster Linie sicherheitspolitisch bedingt. Innenpolitisch vertrat der Likud eine Politik, die sich gegen den früheren zentralistischen Etatismus und den staatlichen Dirigismus richtete. Er verabschiedete sich von der Schmelztiegelideologie und setzte sich für eine Belebung traditioneller jüdischer Identitäten ein. Diese Kehrtwende fand großen Anklang in der traditionell gesinnten Gruppe von Einwanderern aus Nordafrika und Nahost, die damit auch Protest gegen ihre mangelnde Integration und die Einebnung ihrer alten Identität durch die Schmelztiegelideologie und die Politik der *mamlachtiut* bekundete. Sie fand auch Anklang in national gesinnten bürgerlichen Kreisen. Die Eindämmung der staatlichen Kompetenzen, vor allem die Orientierung hin auf eine freie Marktwirtschaft, sicherte dem Likud auch Unterstützung im liberalen Bürgertum.

Statt des bisherigen Versuchs, eine übergeordnete israelische Identität zu schaffen, die allerdings die arabische Bevölkerung in Israel ausklammerte, förderte der Likud eine jüdische Identität, in der nationales und religiöses Selbstverständnis ineinander übergehen. Damit hängt auch der zunehmende Stellenwert der Schoah im kollektiven israelischen Gedächtnis zusammen. Die Urkatastrophe der Schoah geriet mehr und mehr zur Raison d'Être, zu dem einschneidenden Ereignis, das alles überschattet. Die Schoah dient als Rechtfertigung für die Existenz eines eigenen starken jüdischen Staates. Dem liegt die Vorstellung zugrunde, Israel sei der Garant dafür, dass sich eine neue Schoah nicht wiederhole. Zugleich werfen Kritiker den Regierungen des Likud vor, sie schürten Angst vor einer neuen Schoah, um die Bevölkerung an sich zu ketten und Kritik zurückzuweisen. Indem man angesichts von Feinden wie dem Iran, der Hamas oder dem Islamischen Staat (IS) die Gefahr einer neuen Schoah heraufbeschwöre, laufe man Gefahr, Realitäten verzerrt wahrzunehmen und versperre sich gegebenenfalls den Blick auf mögliche gemäßigte Partner. Eine solche Politik schmiede die Gesellschaft zu einer Schicksalsgemeinschaft zusammen wie in der Diaspora und wirke so dem zionistischen Anliegen, die Lage der Juden zu normalisieren, entgegen.

Jenseits dieser staatlich genährten Tendenzen eines nationalreligiös definierten jüdischen Selbstverständnisses Israels und der Schoah als zentraler Referenzpunkt konnten die verschiedenen ethnischen, säkularen oder religiösen Gruppen ihre partikularen Identitäten im Sinn eines kulturellen Pluralismus entfalten. Ein dem Postmodernismus entlehnter Hang zum Abbau ideologischer Gerüste kennzeichnet das Bestreben jüdischer Intellektueller meist nordafrikanischer und nahöstlicher Herkunft, eine ihren Herkunftskulturen angemessene partikulare Gruppenidentität zu fördern. Sie agieren in verschiedenen Foren wie zum Beispiel der »Keschet Demokratit Mizrachit« (Demokratischer Bogen der Misrachim). Ihre Haltung speist sich aus einem Ressentiment gegen die ihrer Ansicht nach hegemoniale »aschkenasische« Kultur. Allem voran richtet sie sich gegen die Schmelztiegelideologie und gegen die Politik der *mamlachtiut* sozialistischer Regierungen. Sie greift den Unmut vieler aus arabischen Staaten stammender Einwanderer gegen diese früheren Regierungen auf, denen die mangelnde Integration der Misrachim und deren gesellschaftliche Diskriminierung bis heute angelastet werden. Dabei regieren seit 1977 überwiegend die rechten Parteien in Israel.

Diese Form des kulturellen Partikularismus stellt eine Herausforderung an die Prämissen des zukunftsorientierten Zionismus dar. Sie ist rückwärtsgewandt und rekurriert auf die traditionellen Bande der präzionistischen religiösen Diasporagemeinde im Maghreb oder in Nahoststaaten. Ihre traditionalistische Grundhaltung rückt sie in die Nähe der konservativen Rechten in Israel. Allerdings behauptet diese Gruppe, sie steuere einen Beitrag zum Mosaik einer multikulturellen Gesellschaft bei. In ihrer eindimensional »landsmannschaftlichen« Sichtweise verschließt sie sich den großen gemeinsamen Problemen. Sie zieht es eher vor, in Spurensuche zu schwelgen und hintertreibt die gesellschaftliche Solidarität zugunsten eines gruppenspezifischen Trends *back to the roots*. Der Staat soll als eine Art Dachverband von zum Teil primordialen, vormodernen, partikularen Gemeinden dienen. Während ein Teil von ihnen diesen kulturellen Pluralismus durch Reformen im bestehenden Rahmen Israels als jüdischer und zionistischer Staat durchsetzen möchte, wollen andere, die sich als »Postzionisten« bezeichnen, den bestehenden Rahmen sprengen.

Die Postzionisten sind eine heterogene Gruppe, die Postmodernisten und moderne Antizionisten umfasst. Sie lehnen überwiegend jeglichen Nationalismus als fiktive Idee, als »Vorstellung«, die auf »erfundenen Traditionen« beruht, ab, ereifern sich aber nur gegen den jüdischen Nationalgedanken. Andere vertreten die Ansicht, der Zionismus sei nach der Gründung des Staates Israel obsolet. Der Abbau der nationalen Idee des Zionismus, so die vorherrschende Position, dessen Narrativ dazu diente, die Hegemonie der aschkenasischen Juden in Israel zu sichern, würde die Errichtung eines »nationallosen« Staates ermöglichen, in dem alle bisher diskriminierten Gruppen wie die Misrachim, die (israelischen) Palästinenser, die Ultraorthodoxen und die Frauen gleichgestellt sein würden. Ein Gruppenpluralismus dieser Art ließe sich in einem »Staat all seiner Bürger« verwirklichen. Diese Gruppe übergeht den virulenten Nationalismus der Palästinenser, auch in Israel selbst. Sie geht von einem wertneutralen, kulturliberalen »Nachtwächterstaat« aus, von einem Volk ohne übergeordnete kulturelle und historische Bande, die es kollektiv auf eigenem Territorium artikulieren möchte.[10] Dieser Modellstaat hebt sich vom jetzigen mentalen Bedingungsgefüge der nahöstlichen Region ab. Der Postzionismus übersieht

---

10 Paradoxerweise knüpft diese Vorstellung von Staat an Herzls Überlegungen an. Herzl war aber Verfechter der nationalen Idee, die er auf die Juden angewandt wissen wollte, ohne deren Inhalt näher zu bestimmen. Das war der Kritikpunkt Achad Ha'ams.

im Fall Israels den fortschrittlichen, demokratischen Aspekt der nationalen Idee als Bekundung eines souveränen Volkes, sich politisch und kulturell selbst zu bestimmen, und als Ausdruck einer übergeordneten gesamtgesellschaftlichen Solidarität. Er wendet seinen Blick ab einerseits vom arabischen Nationalismus, andererseits von der reaktionären Attacke eines religiösen Fundamentalismus auf den modernen Nationalstaat im Nahen Osten. Er verschließt sich auch der Gefahr des neuen Antisemitismus.

Auf die Formel vom »Staat all seiner Bürger« beziehen sich auch die Kritiker vom linken Rand und arabische Israelis. Ihnen geht es nicht um die postmoderne »Dekonstruktion« der nationalen Idee, sondern um den Ausbau der nationalen Rechte der palästinensischen Minderheit in Israel, in Wirklichkeit um die Errichtung eines »Staates all seiner Nationen«, also um einen binationalen Staat in den Grenzen von 1967.

Die Postzionisten hinterfragen nicht nur den jüdischen Nationalgedanken, sondern die Darstellung – das »Narrativ« – der zionistischen Geschichte. Sie verübeln den Zionisten ihre Ablehnung der Diaspora und begründen damit ihre These, die zionistische Führung in Palästina hätte die Opfer der Schoah ihrem Schicksal überlassen und die Überlebenden sowie die Immigranten aus den arabischen Staaten zu ihren Zwecken eingesetzt. Im Sinn der postmodernen Geschichtsrezeption lenken sie ihr Augenmerk auf die Geschichte der »anderen« und kehren die Palästinenser einseitig als unschuldige Opfer des Konflikts heraus. Die zionistische Bewegung wird als eine kolonialistische Bewegung beschrieben.

Oft werden die Postzionisten mit den sogenannten neuen Historikern und kritischen Soziologen gleichgesetzt, was nur bedingt stimmt.[11] Die Postzionisten unter ihnen sind nicht alle Postmodernisten und andere wie Benny Morris, der den Begriff »neue Historiker« im israelischen Kontext erstmals verwendete und für sich in Anspruch nahm, ist weder Postzionist noch Postmodernist. Er ist ein herkömmlicher Historiker, der aufgrund neuer Archivalien die idealisierende israelische Schilderung des Unabhängigkeitskriegs korrigierte. Die Aufdeckung eigener Schattenseiten änderte nichts an seiner grundsätzlichen zionistischen Haltung. Vor allem die offizielle These, wonach die Palästinenser 1948 auf Geheiß der eigenen politischen Führung die Flucht ergriffen, um das Terrain für eine Vernichtung der Juden durch die arabischen Armeen »zu reinigen«, vermochte er zu hinterfragen. Er wies nach, dass die Palästinenser in der Regel aus Angst flüchteten oder vertrieben wurden. Die Idee der vorzeitigen Evakuierung kam zwar sporadisch auf, war aber zum Schutz von Alten, Frauen und Kindern gedacht. Er

---

11 Die neuen Historiker und die kritischen Soziologen traten in den 1980er-Jahren des vorigen Jahrhunderts infolge der ersten Intifada erstmals in Erscheinung.

widerlegte nachweislich jedoch die von Postzionisten aufgestellte Behauptung, Israel hätte vorsätzlich die Politik der »ethnischen Säuberung« verfolgt. Der Begriff an sich ist neu und im Kontext der damaligen Zeit, in der Flüchtlinge und Bevölkerungsaustausch gängige Begleiterscheinungen von Kriegen waren, anachronistisch. Morris rüttelte zwar am Nimbus der moralisch einwandfreien Kriegsführung der jüdischen Kämpfer, kontextualisierte aber deren Vorgehen, indem er es mit dem Vorgehen anderer Armeen in ähnlichen Kriegen verglich und das Moment der drohenden Vernichtung der jüdischen Bevölkerung im Fall von – letztlich ausgebliebenen – arabischen Erfolgen berücksichtigte. Die herkömmliche Rezeption des Krieges als ungleiches Kräftemessen zwischen dem »jüdischen David« und »arabischen Goliath« vermochte Morris zu differenzieren, ohne dass er sie ganz abstritt, wie dies postzionistische Historiker und kritische Soziologen taten.

Der Postzionismus und dessen Konzept vom »Staat all seiner Bürger« ist eine Antithese zum virulenten Nationalismus, der vor allem unter den Siedlern, die von einem nationalreligiösen Messianismus getrieben werden, grassiert. Deren Haltung birgt die Gefahr eines binationalen Staates zwischen dem Jordan und dem Mittelmeer, in dem die Juden zur Minderheit werden würden. Im Fall einer Demokratie würde Israel aufhören, jüdischer Nationalstaat zu sein. Ein solcher könnte dann nur noch unter undemokratischen Umständen fortbestehen. Damit würde diese politische Rechte sich als Konkursverwalterin des Zionismus wie der Postzionismus erweisen.

Um die bisherige Balance zwischen jüdischem und demokratischem Charakter Israels aufrechtzuerhalten, so lautete bisher der politische Konsens, bedarf es der Zweistaatenlösung. Dies entlastet Israel nicht, auch das Problem der palästinensischen Minderheit im Land anzugehen. Die fortwährend existenzbedrohende Situation Israels in seiner von Kriegen mit den arabischen Staaten gekennzeichneten Aufbauphase hat die arabische Minderheit in Israel in Bedrängnis gebracht. Eine Beilegung des Konflikts mit den Palästinensern dürfte auf die Haltung der Palästinenser in Israel beschwichtigend wirken und ihre volle rechtliche und soziale Gleichstellung erleichtern. Sie würde auch ihre längst fällige Eingliederung in ein israelisches Gemeinwesen voranbringen, ohne ihre kollektiven Rechte einzuschränken, aber auch ohne die nationale jüdische Identität Israels zu hinterfragen. Ministerpräsident Rabin hatte damit begonnen, parallel zu seinen Friedensbemühungen. Dafür bezahlte er mit seinem Leben. Viele der israelischen Araber blicken mit Wehmut auf seine Amtsperiode als Glanzperiode ihrer Beziehung zum Staat. Seine Nachfolger sollten in seine Fußstapfen treten, eine die Araber im Land einschließende israelische Identität auszubauen. Eine israelische Gesamtidentität stünde nicht im Widerspruch zur jüdischen Identität, sie wäre eher komplementär.

Kinneret Rosenbloom

Tel Aviv: Autoimmundefekt und lebendige Fantasie

Wie jeden Freitag zogen wir gegen sechs abends los, in Gehschuhen und nicht besonders sportlich gekleidet. Obwohl der Juli schon begonnen hatte, waren Hitze und Licht für diese Jahreszeit relativ gnädig. In der Stadt wimmelte es von Touristen aus dem In- und Ausland, unser Weg über die zentralen Boulevards war gesäumt von deutsch-, englisch- und hebräischsprachigen Gruppenführungen. Schüler einer Fotoklasse stellten Kameras mit Stativen auf. Die Cafés, wie das ebenso gängige wie zutreffende Klischee über Tel Aviv besagt, waren voll. Die Stadt quoll über vor Leben und Lebensfreude. Bettler schleppten sich im Zickzack über die Gehsteige, ohne die symbolische Trennung zwischen Fahrrad- und

Gründung Tel Avivs auf einer Sanddüne: Am 11. April 1909 wurden vorab parzellierte Grundstücke unter 60 Familien verlost.

Tel Aviv, 2016

Fußgängerspur zu beachten. Auf den schmalen Rasenstreifen, die die Straßenseiten der Boulevards trennen, hatten junge Elternpaare Decken für ihre Säuglinge ausgebreitet; deren Lungen waren wohl bereits immun gegen Autoabgase. Zwischen den Auspuffwolken machte sich zuweilen auch ein zarter Marihuanaduft bemerkbar. Sommerurlaubszeit 2014. Ich mochte kaum an die Warnung denken, die mir mein Lebensgefährte mit auf den Weg gegeben hatte.

Wir durchquerten also das alte Newe-Tzedek-Viertel, wo die Stadt Tel Aviv vor nur 105 Jahren ihren Anfang genommen hatte und das später zu einem dicht besiedelten, verwahrlosten Armenviertel verkam. Heute gehört Newe Tzedek zu den malerischsten und auch teuersten Flecken des Landes, obwohl man das Viertel noch immer nicht einmal mit einem Kinderwagen passieren kann, ohne häufig vom Gehsteig auf die Straße ausweichen zu müssen. Die Franzosen, die es in Scharen hierherzieht, sind braun gebrannter als alle Israelis; schließlich reicht Newe Tzedek auch fast bis an den Strand. Vorsichtig überqueren wir die Straße, die die Stadt vom Strand trennt.

Nur die Touristen wissen die Nähe zum Meer anscheinend gebührend zu schätzen. Die Stadt selbst kehrt ihm den Rücken zu, versperrt durch eine stark befahrene Straße und durch hohe Gebäude den Zugang zu ihm.

Die Strandmeile ist von Cafés und der Strand selbst von gemieteten Liegen gesäumt, sodass man fast keinen freien Flecken findet, auf dem man eine Decke ausbreiten kann, um sich hinzusetzen und den Wellen zuzuschauen. Aufgrund eines längeren Arbeitskonflikts sind kaum Lebensretter am Strand anzutreffen.

Doch wir sind ja nur für einen Fußmarsch am Wasser entlang da. Dafür eignet sich die neue Strandpromenade, die lang und schön geworden ist, hervorragend. Wäre diese im Ausland, würden wir sie wohl viel mehr schätzen, das müssen wir uns eingestehen.

Große Felsbrocken trennen die Strandpromenade vom eigentlichen Strand und riesige Ratten und Katzen mit Schnurrbärten, die mir größer vorkommen als anderswo, schleichen auf ihnen herum, als wären sie orientalische Seehunde. Hier begegneten wir Läufern, Radfahrern, vielen Touristen und auch ein paar arabischen Familien. Die Sonne brannte nicht mehr so stark und neigte sich dem Untergang zu, am Strand hatten es sich Familien mit ihren Kindern bequem gemacht, badeten im warmen Wasser und bauten Sandburgen. Das Klack-klack-Klopfgeräusch der hin- und hergeschlagenen Gummibälle des Matkot-Spiels, des israelischen Strandtennis, markierte die Sekunden, bis die Sonne hinter dem Horizont verschwand. Dann plötzlich eine Sirene. Auf- und abschwellend. Das war es, wovon mein Mann sprach, bevor ich mich auf den Weg machte. Eine lange, verfluchte Sirene, auf- und abschwellend und wieder aufschwellend, ausgerechnet, als wir uns im völlig freien Gelände befanden. Das nächstgelegene Gebäude war das Museum der jüdischen Untergrundbewegung, das Lechi-Museum. Mein Bekannter ermittelte rasch die Himmelsrichtungen: Die Raketen würden von Süden kommen, wie rannten also zur Nordseite des Gebäudes und gingen dort in Deckung.

*

Tel Aviv ist so zivil orientiert, so bürgerlich und großstädtisch in eigener Anschauung, so dynamisch und reich, dass in normalen Zeiten die Vorstellung, Raketen könnten auf die Stadt niedergehen, wie ein Kapitel aus einem besonders abgedroschenen Science-Fiction-Roman anmuten muss. Doch allmählich hat sich diese Vorstellung zu einer konkreten Angst gewandelt.

Ich hätte es wissen müssen. In meiner Jugendzeit waren ja bereits Raketen auf Tel Aviv gefallen, Scud-Raketen, die von weit her, aus dem Irak, kamen und zielgenau ihre große Zerstörungskraft im Landeszentrum entfalteten, besonders in unserem Viertel, Ramat Chen, am Rand der Großstadt. Das haben wir mit einem lachenden und einem weinenden Auge hinter uns gebracht. Ein langer Riss durchquert die Fassade unseres Hauses der Länge nach, zur Erinnerung. Er war die Folge eines Raketeneinschlags auf der anderen Seite des Viertels.

Doch seit dem Golfkrieg sind 23 Jahre vergangen und ich habe inzwischen zwei Töchter geboren. Seit ich Mutter bin, erscheint mir die Vorstellung, dass Raketen auf Tel Aviv fallen, wie der Weltuntergang. Ich bin es gewohnt, dass man uns an den Rändern angreift: Katjuschas im Norden, Kassam-Raketen im Süden. Doch die Bedrohung des geografischen und symbolischen Herzens Tel Aviv macht mir wirklich Angst. Ich habe nie an das Paradies geglaubt, aber wenn die Hamas mir droht, das Tor zur Hölle aufzuschieben, dann bekomme ich es mit der Angst zu tun (na ja, beim zweiten Mal vielleicht weniger).

Seit ich Mutter bin, hat es schon einige Spannungsperioden gegeben, in denen ich fast die Koffer gepackt hätte. Einmal hatte ich bereits Sachen zusammengestellt – Mineralwasser, Toilettenpapier und Ersatzkleider für uns alle, eine Erste-Hilfe-Apotheke und Ladegeräte für die Handys –, doch am Ende konnte ich nichts damit anfangen, da es in den Wohnhäusern im Herzen von Tel Aviv nur wenige Luftschutzbunker gibt. Ich würde gern behaupten, dass ich die Stadt wegen niemandem verlassen würde, doch die Wahrheit ist, dass uns unser Verdrängungsvermögen, in zweiter Linie auch unser Durchhaltevermögen, bisher in unserem Glashaus gehalten hat. Im letzten Krieg begaben wir uns beim Ertönen der Sirenen wie im Krieg davor ins Treppenhaus im zweiten Stock des Gebäudes, zählten zusammen mit den Nachbarn die Explosionen und versuchten zu erraten, wie es um das Verhältnis bestellt ist, wie viele Explosionen unseren Feinden galten und wie viele uns. Und vielleicht sind wir auch nur dageblieben, weil es nicht zu gefährlich wurde.

*

Kaum war der Widerhall der ersten Sirene, die mich am Strand überraschte, verstummt, setzte das Klack-klack des Strandtennis wieder ein. Die Familien hatten keinen Moment daran gedacht, ihre Sachen zusammenzupacken und in Schutzräume zu flüchten. Die Mädchen zu Hause, wurde mir telefonisch mitgeteilt, seien auch nicht besonders beeindruckt gewesen: Sie hätten sich zusammen mit dem Vater ins Treppenhaus im zweiten Stock begeben, an den am besten geschützten Ort im Gebäude laut Zivilschutzkommando, und hätten sich nach dem Abklingen der Sirene sogleich wieder dem Spiel am Computer zugewandt. Ich kicherte beängstigt, erleichtert und überrascht zugleich: Wieder wird auf uns geschossen und die Welt geht zur Tagesordnung über.

Carmel Markt in Tel Aviv, 2014

Wir setzten unseren Fußmarsch bis Jaffa fort und der Schrecken darüber, dass die Hamas ihre Drohungen so rasch umsetzt, wich einer Überraschung ganz anderer Art: Die Promenade war unverändert belebt. Wie wir setzten die Leute ihr gewohntes Jogging- oder Gehprogramm unverändert fort und auch auf dem Rückweg waren die Gehsteige gegenüber den Cafés voll. Zwei Bands spielten an jenem Abend an dem imaginären Punkt, wo Tel Aviv in Jaffa übergeht, und es war schwer zu sagen, ob man ihr Spiel zu jenem Zeitpunkt und an jenem Ort als eine Art moderne Hommage an das Orchester interpretieren sollte, das auf dem Deck der Titanic gespielt hatte, oder etwa als deutliches – zionistisches – Signal dafür, dass der Alltag unbeirrt seinen Lauf nimmt. Ich hatte ein wenig Mitleid mit einem Fernsehteam, das sich neben einer der Bands, die sommerlich-groovigen, jazzigen Rock 'n' Roll spielte, perfekt positioniert hatte: für Bilder von einer angegriffenen Nation mit Sonnenuntergangsstimmung. Die nächste Sirene ertönte dann am nächsten Morgen.

Ich hasse Krieg und fühle mich persönlich beleidigt, wenn man mich mit Raketen beschießt, aber am meisten hasse ich es, Mutter zu sein, die ihren Töchtern beibringen muss, was man bei einem Raketenangriff tun soll. Verrückter noch als der Umstand, dass wir immer verwundbarer werden (in meiner Jugend war das Hinterland keiner solchen Gefahr ausgesetzt wie heute), scheint mir die Widerstandsfähigkeit der »Blase« Tel Aviv.

*

»Medinat Tel Aviv«, Staat Tel Aviv, wird die Stadt wegen ihrer Abgehobenheit vom israelischen Dasein von Bewohnern anderer Landesteile spöttisch genannt. Manche Metropolen sind wie exterritoriale Einheiten in ihren Staaten. Die New Yorker sind viel schlanker als die übrigen Amerikaner, die Pariser viel kultivierter und auch stressgeplagter nicht nur als französische Dorfbewohner, sondern auch als die Bewohner von Lyon, Lille oder Nizza. Tel Aviv ist Juniorpartner einer Kette von Weltstädten und lässt sich von New York, London und Berlin nicht weniger, ja vielleicht noch mehr inspirieren als von Jerusalem, Eilat oder Aschkelon. Es ist eine Stadt, die Geld und Handel, Kultur und Kunst, politische und gesellschaftliche Aktivitäten gleichermaßen anzieht. Wie andere Weltstädte ist auch Tel Aviv liberaler als ihre Nachbarn.

Zusätzlich zu den bekannten Unterschieden zwischen jedem urbanen Zentrum und der Peripherie hebt sich Tel Aviv von der Umgebung auch in einer Weise ab, die der Stadt zum Vorwurf gemacht wird. In Israel, wo die nationale Identität, der Zusammenhalt und vielleicht auch ein Gleichheitsideal – vermutlich ein Überbleibsel der Kibbuz-Epoche – wichtige Werte darstellen, bedeutet das Anderssein Tel Avivs nicht nur eine Alter-

Die weltgrößte Ansammlung von Gebäuden im Bauhaus-Stil findet sich in Tel Aviv.
Seit 2003 gehört die »Weiße Stadt« zum UNESCO-Weltkulturerbe.

native zu den übrigen israelischen Lebensarten, sondern weckt auch viel Neid und böses Blut, in den letzten Jahren vermehrt auch Kritik und Spott.

In Israel gilt Tel Aviv als »Blase«. Die Stadt verkörpert die Boheme und das Kapital. Tel Aviv ist Trendsetter. Gleichzeitig gilt sie auch als Ursprung des Sozialprotests im Sommer 2011 gegen die hohen Lebenshaltungskosten. Er hat sich weder in Jerusalem noch in einer der Entwicklungsstädte geformt, ja nicht einmal im ärmeren Süden von Tel Aviv. Der Sozialprotest, der auf seinem Höhepunkt eine halbe Million Menschen auf die Straße lockte, mehr als jeder andere politische Protest zuvor, begann mit einem Zelt, das die damals als Filmcutterin arbeitende Daphni Leef (28) auf dem Rothschild Boulevard, dem pulsierenden, wohlstandsgesättigten Herzen der »Weißen Stadt« – wie Tel Aviv wegen seiner hellen Bauhaus-Architektur auch genannt wird –, errichtet hatte, nachdem sie aus ihrer Mietwohnung geworfen wurde und keine andere Wohnung fand, die sie sich mit ihrem Einkommen leisten konnte.

Die Massendemonstrationen jenes Sommers, die bedeutendsten, die Israel seit vielen Jahren erlebte und die auch einen gewissen Wandel des öffentlichen Diskurses bewirkt haben, gingen, kaum hatten sie begonnen, jäh zu Ende, als der Sommer dem Herbst wich und die Studenten wieder in die Hörsäle strömten. Das »Tel-Avivische« an dem Sozialprotest war zugleich auch seine Achillesferse: Die Gegner der Protestbewegung, das heißt die dominante politische und wirtschaftliche Elite, verurteilten ihn als Protest von Verwöhnten, was sich für eine Bewegung, die sich als Sprachrohr breiter Bevölkerungsschichten verstand, als überaus schwere Belastung erwies. Wie manche Tel Aviver profitierte auch der Protest vom »Markenzeichen« Tel Aviv und davon, dass er im physischen und symbolischen Zentrum Israels stattfand – sonst hätte er nicht so viel Aufmerksamkeit auf sich gezogen –, um dann unter der Last eben dieses Images begraben zu werden. Tel Aviver zu sein, ist in Israel ebenso erstrebens- wie verachtenswert. Verachtenswert deshalb, weil damit Egoismus, Anmaßung und Isolationismus verbunden wird.

Eine tiefe ideologische Kluft trennt den »Staat Tel Aviv« vom Staat Israel. Vordergründig könnte man behaupten, der Hauptunterschied gleiche dem medizinethischen Dilemma zwischen der Investition in die Verlängerung des Lebens und in die Verbesserung der Lebensqualität. Doch die Wahrheit ist weitaus prägnanter: Tel Aviv ist säkularer und linker als die anderen Landesteile. Der Anteil der linken Wählerstimmen liegt in Tel Aviv viel höher als im übrigen Israel. Mit anderen Worten, je weiter Israel sowohl politisch als auch sozioökonomisch nach rechts rückt, desto weniger lässt sich eine echte Linke außerhalb von Tel Aviv ausmachen, außer vielleicht in einigen Kibbuzim. So ist Tel Aviv gleichzeitig Landeszentrum, dessen Speerspitze und auch Hochburg der Opposition.

Tel Aviv ist eine Stadt unter Beschuss, in vieler Hinsicht. Sie ist nicht nur Aggressionsobjekt von Gojim, namentlich des Iran, der Hamas und der Hisbollah, sondern auch von Israelis. Manchmal befällt sie sogar ein Autoimmundefekt. Auf kultureller Ebene hat Tel Aviv den israelischen Imperativ verinnerlicht und greift sich selbst an. Ein Großteil des kulturellen Schaffens – Fernsehen, Medien, Kunst und andere Kulturbereiche – findet in Tel Aviv statt und wird von Tel Avivern realisiert, richtet sich aber in den wenigsten Fällen an ein Tel Aviver Publikum. Sich direkt an Tel Aviv und seine Einwohner zu richten, würde als Snobismus sowie als kultureller und kommerzieller Selbstmord empfunden.

Doch je mehr Tel Aviv gedemütigt wird, desto stärker blüht die Stadt auf. Der Krieg 2014 dauerte zwei Monate, in denen die Cafés und Restaurants, Kinos und Kleidergeschäfte schließlich doch hohe Verluste hinnehmen mussten. Doch bereits am Tag nach der Erklärung des langfristigen Waffenstillstandes hatte Tel Aviv wieder zu sich gefunden.

Ich werde immer noch hellhörig, wenn ein schweres Motorrad vorbeifährt, und auch das ferne Tosen von Busmotoren nehme ich manchmal als anschwellende Sirene wahr. Aber ich bin mir auch bewusst, dass, ein- bis zweimal am Tag in den Luftschutzkeller oder in einen geschützten Raum hinunterzueilen, in keiner Weise vergleichbar ist mit der massiven Störung des Alltags und der Lebensgefahr, denen die Bewohner Südisraels ausgesetzt sind, von der Katastrophe im Gazastreifen ganz zu schweigen.

Tel Aviv hat auch schon schlimme, blutige Jahre mit Terroranschlägen auf Busse, Straßencafés und Restaurants erlebt und wurde dabei mehr als jede andere israelische Stadt getroffen. Dennoch sind die Narben dieses anhaltenden Traumas in der Stadt heute kaum zu erkennen. Diese Unbekümmertheit, die Fantasie der Unverwundbarkeit, der sich Tel Aviv hingibt, ist ein Affront für all jene außerhalb des »Staates Tel Aviv«.

Das Blasenhafte an Tel Aviv ist politisch und stilistisch gewollt, zeugt aber nicht von Eskapismus und bestimmt nicht von Schwäche. Im Gegenteil, wie Lara Croft im Samtkleid mit hohen Absätzen, gebiert sich Tel Aviv wie eine Amazone, die, umgeben von einer Aura der Nonchalance, ihre historische Aufgabe trotz Anfeindungen von innen und außen unbeirrt weiterverfolgt. Tel Aviv muss sich weder staatstragend noch national oder religiös-zionistisch geben. Dafür haben wir Jerusalem. Die paradoxe Aufgabe, die Tel Aviv auf sich genommen hat und mittlerweile schon hundert Jahre treu und entschlossen wahrnimmt, besteht darin, den Beachboy des hart arbeitenden Israels zu spielen, das Partygirl, den kulturellen und akademischen Mittelpunkt, das Feldlabor zum Ausprobieren neuer künstlerischer, politischer und sozialer Ideen sowie Genderkonzepte. Die Tel Aviver Blase ist nur der funkelnde Glanzanstrich einer Stadt, die die bedeutende Idee einer humanistischen, temperamentvollen Nation verkörpert, einer Stadt, die mit ihrem Land und der Welt verbunden ist und zugleich genug auf Distanz geht, um sich über die Nöte des Alltags hinwegzusetzen und zu träumen.

Aus dem Hebräischen von David Ajchenrand

III Gesellschaft

Einführung

Demografie war in Israel immer schon eine Überlebensfrage. In dem kleinen, von Feinden umgebenen Land galt es von Anfang an, das Bevölkerungswachstum zu unterstützen, um nach außen Stärke zu demonstrieren. Zudem fühlte sich die jüdische Mehrheit von der schneller wachsenden arabisch-palästinensischen Minderheit bedroht. Schon vor der Staatsgründung ließ eine große Anzahl an Einwanderern zudem auf eine Lebenstüchtigkeit schließen, mit der potenzielle Investoren umworben werden konnten.

Wer heute über Aufnahmekapazitäten diskutiert, kann sich ein Beispiel an Israel nehmen. In vermutlich keinem anderen Land sind in einer so kurzen Zeitspanne so viele Zuwanderer aufgenommen und eingegliedert worden. Der ganze Staat ist sozusagen auf Immigration gebaut. So waren im Zuge der zionistischen Bewegung ab 1882 kontinuierlich Juden in das damals osmanische und später britisch verwaltete Palästina eingewandert. Bis zur Staatsgründung 1948 zählt man fünf sogenannte Alijot (Einwanderungswellen). In den ersten fünf Jahren nach der Unabhängigkeit wanderten neben Holocaustüberlebenden aus Europa vor allem Juden aus arabischen Ländern in Israel ein; die Gesamtbevölkerung verdoppelte sich. In den 1990er-Jahren – als nach dem Fall des Eisernen Vorhangs rund eine Million Einwanderer aus der ehemaligen Sowjetunion ins Land strömten – war Israel der Staat mit der im Verhältnis zu seiner Bevölkerung höchsten Einwanderungsquote weltweit. 2016 zählt das Land mehr als acht Millionen Einwohner, rund ein Fünftel gehört der angestammten arabisch-palästinensischen Minderheit an.

Der Prozess der Integration war trotz seines offensichtlichen Erfolgs jedoch nie einfach gewesen. Denn das Ideal des einst erträumten ethnischen Schmelztiegels, der alle zu »neuen Hebräern« macht, hat es in der Wirklichkeit nie gegeben. Spannungen zwischen den verschiedenen Gruppen prägen heute stärker denn je den Alltag. Man spricht deshalb längst von einer Mosaikgesellschaft oder einer Pluralisierung der Gesellschaft. Die Pessimisten warnen vor dem Desintegrationspotenzial, das in ihren Augen mit

◀ Zentraler Busbahnhof in Jerusalem, 2014

einer zunehmenden Fragmentierung einhergeht. Auch Präsident Reuven Rivlin sorgte sich bei einer Ansprache 2015 über ein zunehmendes Auseinanderdriften und stellte die rhetorische Frage, was denn ein Kind aus einer Siedlung im Westjordanland, ein Beduinenkind aus dem Negev, ein säkulares Kind aus Herzlia und ein ultraorthodoxes Kind gemeinsam hätten. Nicht nur, dass sie einander nicht begegneten, sie würden auch alle nach völlig verschiedenen Grundwerten erzogen.

Die wichtigsten Trennlinien verlaufen entlang politischer, ethnischer, religiöser und wirtschaftlicher Linien. Rechts versus links, europäische Israelis versus orientalische Israelis, fromme versus säkulare Juden, alteingesessene Israelis versus Neueinwanderer, jüdische Mehrheit versus palästinensische Minderheit, aber auch reich versus arm, Zentrum versus Peripherie, partikularistisch-national versus universalistisch-global, historischer Kollektivgeist versus postmoderner Individualismus. Die Fronten sind aber oft auch fließend, deshalb gibt es auch viel Spielraum für Israelisierungsprozesse, die auch das ultraorthodoxe Milieu und die arabische Bevölkerung betreffen.

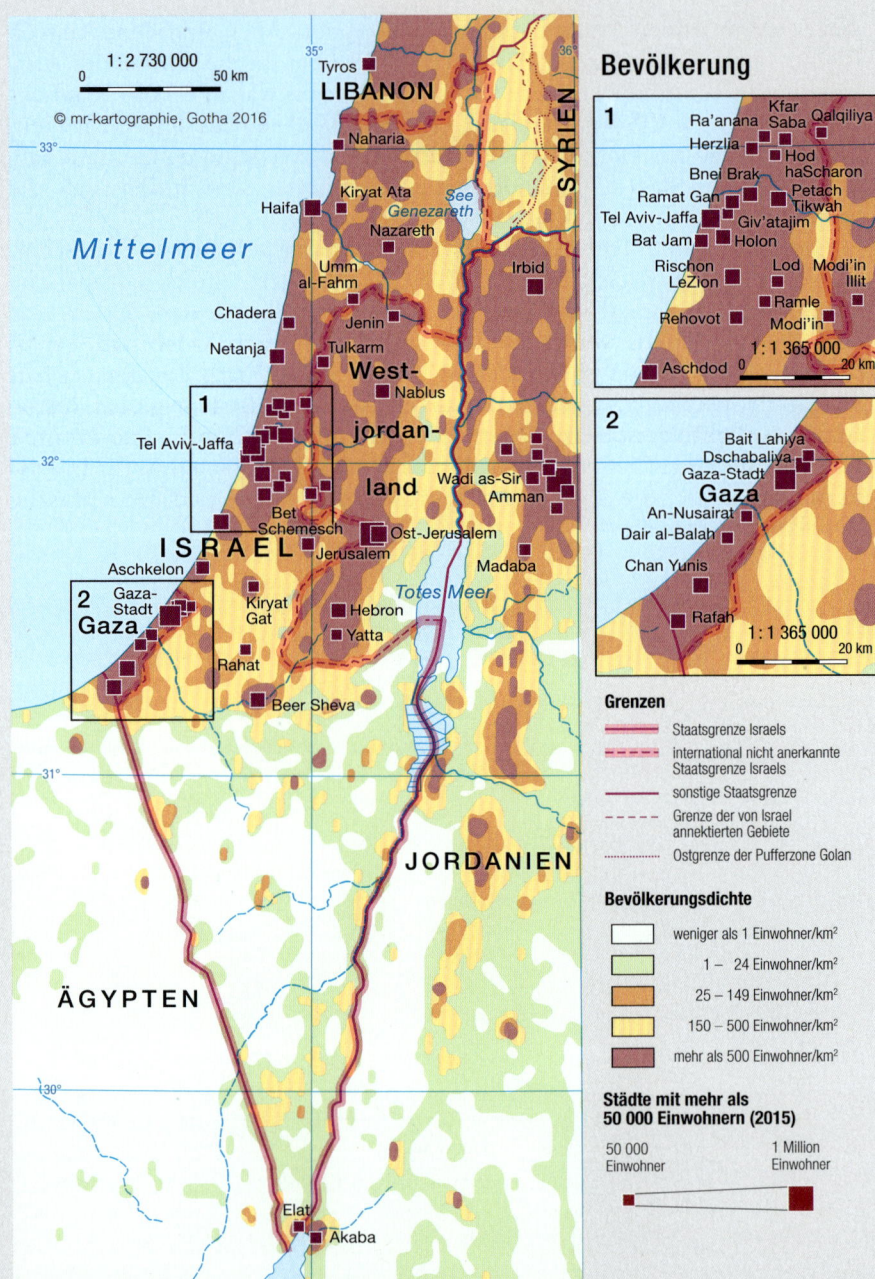

1 : 2 730 000

0   50 km

© mr-kartographie, Gotha 2016

Mittelmeer

Tyros

LIBANON

Naharia

See
Genezareth

Kiryat Ata

Haifa

Nazareth

Umm
al-Fahm

Irbid

Chadera

Jenin

Netanja

Tulkarm

West-

Nablus

1

Tel Aviv-Jaffa

jordan-

land

Wadi as-Sir
Amman

Bet
Schemesch

Ost-Jerusalem

ISRAEL

Jerusalem

Madaba

Aschkelon

Totes Meer

2

Gaza-
Stadt

Kiryat
Gat

Hebron

Gaza

Yatta

Rahat

Beer Sheva

JORDANIEN

ÄGYPTEN

Elat

Akaba

Bevölkerung

1

Ra'anana

Kfar
Saba

Qalqiliya

Herzlia

Bnei Brak

Hod
haScharon

Ramat Gan

Petach
Tikwah

Tel Aviv-Jaffa

Giv'atajim

Bat Jam

Holon

Rischon
LeZion

Lod

Modi'in
Illit

Ramle

Rehovot

Modi'in

Aschdod

1 : 1 365 000

0   20 km

2

Bait Lahiya

Dschabaliya

Gaza-Stadt

An-Nusairat

Gaza

Dair al-Balah

Chan Yunis

Rafah

1 : 1 365 000

0   20 km

Grenzen

— Staatsgrenze Israels

--- international nicht anerkannte
Staatsgrenze Israels

— sonstige Staatsgrenze

--- Grenze der von Israel
annektierten Gebiete

····· Ostgrenze der Pufferzone Golan

Bevölkerungsdichte

☐ weniger als 1 Einwohner/km²

☐ 1 – 24 Einwohner/km²

☐ 25 – 149 Einwohner/km²

☐ 150 – 500 Einwohner/km²

☐ mehr als 500 Einwohner/km²

Städte mit mehr als 50 000 Einwohnern (2015)

50 000
Einwohner

1 Million
Einwohner

Karin Amit und Sergio DellaPergola

Demografie und Migration

Die Demografie kann eine Gesellschaft sehr stark beeinflussen: sozial, ökonomisch, politisch und ökologisch. Demografische Analyse untersucht die Elemente von Variation und Veränderungen der Einwohnerschaft. Dieser Beitrag befasst sich mit den wichtigsten demografischen Trends in Israel und besonders mit der internationalen Migration und deren enormen Auswirkungen auf die israelische Gesellschaft; darüber hinaus gibt er einen Überblick über weitere demografische Trends. Wir beschreiben zunächst Größe und Wachstum der israelischen Bevölkerung und gehen dann kurz auf die wesentlichen Kategorien gesellschaftlicher Gliederung wie Ethnie, Religion, Ursprungsregion und Religiosität ein. Daraufhin geraten die Gründe für das Bevölkerungswachstum in Israel – natürlicher Zuwachs und Wanderungssaldo – ebenso in den Blick wie die unterschiedlichen Phasen der Migrationsgeschichte; zudem betrachten wir die von der israelischen Einwanderungspolitik anerkannten Gruppen von Einwanderern.

Wir untersuchen die Folgen der Zuwanderung für die Zusammensetzung der israelischen Bevölkerung und legen diesbezüglich ein besonderes Augenmerk darauf, wie sich die Immigration aus unterschiedlichen Herkunftsländern auf die Diversifizierung der Einwohnerschaft auswirkt. Darüber hinaus werden neuere Trends dargestellt und wird die französische Einwanderung nach Israel diskutiert. Den Abschluss bildet eine kurze Zusammenfassung.

Größe und Wachstum der Bevölkerung

Seit dem 14. Mai 1948, dem Tag der Unabhängigkeit, hat Israels Bevölkerung so schnell zugenommen wie kaum eine andere auf der Welt und bis heute nimmt ihr Wachstum unter den entwickelten Gesellschaften einen Spitzenplatz ein. Die 1948 auf 805 600 geschätzte Einwohnerzahl war Ende 1968 auf 2 841 000 gestiegen, Ende 1988 auf 4 477 000 und im November 2014 auf 8 282 000 – im Verlauf von 66 Jahren hatte sie sich somit mehr als verzehnfacht (Israel CBS). Seit der Unabhängigkeit leben auf dem Hoheitsgebiet Israels eine jüdische Mehrheit und nicht jüdische Minderheiten, hauptsächlich Araber. Im November 1948 ergab die erste Volkszählung 716 700 Juden und 156 000 Araber, nämlich 108 000 Muslime, 34 000 Christen (in ihrer Mehrzahl griechisch-orthodox) und 14 000 Drusen, sowie winzige weitere Minderheiten. Ende 1966 war die Anzahl der Juden auf 2 283 600, die der Araber auf 392 700 angestiegen. Nach dem Junikrieg 1967 besetzte Israel unter anderem Ost-Jerusalem mit etwa 70 000 Arabern, das 1980 annektiert wurde. 1981 kamen die Golanhöhen mit etwa 10 000 Drusen hinzu. Ende 2000 bestand die israelische Bevölkerung aus 4 955 400 Juden, 970 000 Muslimen, 135 100 Christen und 103 800 Drusen. Ende 2013 waren es 6 104 500 Juden, 1 420 300 Muslime, 160 900 Christen und 133 400 Drusen (einschließlich anderer Minderheiten). Außerdem gab es 305 400 Menschen ohne Glaubensbekenntnis, die meisten von ihnen Einwanderer oder Nachkommen von Einwanderern aus der früheren Sowjetunion (FSU).

Die unterschiedlichen ethnoreligiösen Gruppierungen wuchsen in ganz unterschiedlicher Geschwindigkeit. Die jährliche Wachstumsrate in den sechs Jahrzehnten bis 2014 betrug 3,6 Prozent: 3,5 Prozent bei den Juden und 3,8 Prozent bei den Arabern. Ab den frühen 1990er-Jahren kam mit der massiven Immigration aus der FSU eine neue Kategorie von »anderen« hinzu, darunter nicht jüdische Mitglieder jüdischer Familien, die entsprechend dem Rückkehrgesetz[1] einwanderten. 2014 umfassten sie mehr als 350 000 Menschen, größtenteils religionslos, eine Minderheit Christen. Zwischen 1948 und 1960 nahm die jüdische Bevölkerung jährlich um 9,2 Prozent zu – global gesehen eine einzigartige Wachstumsrate. In den letzten Jahren haben die Wachstumsraten sich bei 1,8–1,9 Prozent eingependelt: 1,7 Prozent bei den Juden, 2,7 Prozent bei den Arabern. Bemerkenswert ist außerdem, dass die jüdische Bevölkerung zwischen 1948 und 2013 um das 8,5-Fache zunahm, die Muslime nahmen um das 12,9-Fache zu, die Christen um das 5-Fache und die Drusen um das 9,5-Fache. Israel ist damit das einzige Land im Nahen Osten, in dem die Christen einen so starken Zuwachs verzeichnen.

In einer von einem fortdauernden ungelösten Konflikt dominierten Region ist auch das Wachstum einzelner Bevölkerungsgruppen ein Politikum. Der Anteil der jüdischen Bevölkerung (einschließlich der »anderen«) geht seit 1957 kontinuierlich zurück: Nachdem er sich 1948 auf 81,1 Pro-

---

1 Nach der Halacha, dem jüdischen Religionsgesetz, gilt als jüdisch, wer von einer jüdischen Mutter abstammt oder formell zum Judentum übergetreten ist. Hingegen dürfen nach dem Rückkehrgesetz auch die Kinder und Enkel von Juden (samt Ehepartner) einwandern.

zent belief, erreichte er 1957 mit 89,2 Prozent den bisherigen Höchststand, betrug 1967 85,9, 1992 81,9 und Ende 2013 79,3 Prozent (Israel CBS). Die Angaben zur jüdischen Bevölkerung enthalten auch die Siedler im Westjordanland; Ende 2013 waren das etwa 350000 Personen. Nicht berücksichtigt ist die palästinensische Bevölkerung im Westjordanland und dem Gazastreifen. Die Tatsache, dass die jüdische Bevölkerung prozentual abnimmt, wird immer wieder besorgt festgestellt und ist dementsprechend auch immer wieder Thema politischer Debatten (Bachi 1977; Friedlander/ Goldscheider 1979; DellaPergola 2003, 2010, 2011, 2014).

Die jüdische Bevölkerung Israels – Herkunftsregionen und Religiosität

Bezogen auf die jüdische Bevölkerung Israels spielen zwei grundlegende Differenzierungen eine wesentliche Rolle: die Herkunftsregion und der Grad an Religiosität.

Im Großen und Ganzen können die jüdischen Bevölkerungsgruppen entsprechend den größeren Zivilisationen aufgeteilt werden, mit denen sie es während ihrer langen Erfahrung in der Diaspora zu tun hatten: mit dem Islam im Nahen Osten und in Nordafrika sowie mit den diversen Ausprägungen des Christentums in Europa und später in außereuropäischen Erdteilen. Erstere Gemeinschaften werden im Volksmund häufig als Sephardim bezeichnet, nach dem hebräischen Wort für das antike Spanien, oder als orientalisch, letztere als Aschkenasim, nach dem hebräischen Begriff für die früheren deutschsprachigen Länder, oder als westlich. Tatsächlich verläuft die Grenze weniger zwischen Ost und West als zwischen Süd und Nord. Bedeutsam ist, dass die Immigranten vor allem wegen des unterschiedlichen Entwicklungsstands der Herkunftsgesellschaft ganz unterschiedliche sozioökonomische Merkmale mitbrachten. Im Lauf der Zeit variierte die jüdische Bevölkerung des Landes entsprechend der Herkunftsregion der Immigranten, später ihrer Kinder.

1948 waren 35,4 Prozent der jüdischen Einwohner im Land geboren, dieser Anteil stieg bis 2013 auf 74,7 Prozent an. Von den im Ausland geborenen Einwohnern stammten 1948 84,8 Prozent im Wesentlichen aus Europa, einige wenige darunter kamen aus Amerika, und 15,2 Prozent aus Asien und Afrika. Der Anteil der Immigranten aus Europa und Amerika sank auf 52,9 Prozent im Jahr 1972, um allmählich wieder auf 67,9 Prozent im Jahr 2013 zu steigen. Stammten 1948 53,9 Prozent der im Land Geborenen von europäischen (bzw. amerikanischen) Einwanderern ab, waren es um 1995 39,9 Prozent und 2013 44,9 Prozent.

Ebenso von Interesse – und zwar nicht nur unter ideologischen Gesichtspunkten, sondern ganz wesentlich auch in vielen Aspekten der demografischen Dynamik und der sozioökonomischen Schichtung – ist die Zusammensetzung der jüdischen Bevölkerung je nach Grad der Religiosität. Es wäre falsch, würde man die israelische Gesellschaft als zwischen religiöser und säkularer Ausprägung gespalten beschreiben, vielmehr haben wir es mit einem Kontinuum unterschiedlich intensiver religiöser Ausprägung zu tun: von völlig säkular bis ultraorthodox. Letztgenannte Gruppe ist nicht nur religiösen Vorschriften und Praktiken minutiös verpflichtet, sondern, und das ist vielleicht noch folgenschwerer, sie segregiert sich geografisch und sie beteiligt sich kaum an der Erwerbsarbeit (siehe Beitrag von Guy Ben-Porat).

Berücksichtigt man die religiöse Praxis der Juden in der Diaspora vor der Immigration, besonders in Nordafrika und dem Nahen Osten, so hat Israel langfristig den Weg der Säkularisierung eingeschlagen. Allerdings ist das religiöse Segment infolge höherer Geburtenraten und des Rückgangs der Einwanderung säkularer Juden in den letzten Jahren schneller gewachsen. Eine Sozialerhebung unter Erwachsenen ab 20 Jahren ergab die folgende Verteilung: ultraorthodox neun Prozent im Jahr 2013 vs. sechs Prozent im Jahr 2002; religiös zehn Prozent (in beiden Erhebungsjahren); traditionell religiös 14 Prozent vs. 13 Prozent; traditionell weniger religiös 23 Prozent vs. 28 Prozent; nicht religiös/säkular: 44 Prozent vs. 43 Prozent. Die Veränderungen sind insgesamt also keineswegs dramatisch und laufen letztlich darauf hinaus, dass die sehr Religiösen um drei Prozent, die Säkularen um ein Prozent gewachsen sind, auf Kosten der traditionell weniger Religiösen, die um fünf Prozent geschrumpft sind. Wenn überhaupt Polarisierung zwischen den religiösen Extremen, so geht sie zulasten der Zwischenpositionen.

Einwanderung in die israelische Gesellschaft

Israel gehört neben den USA, Kanada, Australien und Neuseeland zu der Handvoll Länder, die die dauerhafte Einwanderung lange Zeit aktiv gefördert haben bzw. noch fördern. Die Einwanderung wurde meist mit dem hebräischen Wort »Alija« (der Aufstieg gen Zion) bezeichnet.

Nach dem Ende des Zweiten Weltkrieges stand der Staat noch vor seiner Gründung. Im britischen Mandatsgebiet (1920/22–1948) lebten die gut organisierten jüdischen Siedler, der Jischuw, inmitten der größeren, aber weniger modernen und institutionell weniger gut organisierten arabischen Bevölkerung. Nur Einwanderung würde das Überleben eines in Teilen

■ Einwanderung

Die Einwanderung wird in zwei Perioden vor und nach der Staatsgründung aufgeteilt. Die erste Immigrationswelle – Alija (wörtlich »Aufstieg«) – dauerte von 1882 bis 1903. Etwa 30 000 Juden, hauptsächlich aus Osteuropa, verließen ihre Heimatländer, weil ihre Existenz dort durch Pogrome gefährdet war. Im damaligen Palästina gründeten sie die ersten landwirtschaftlichen Siedlungen, zur gleichen Zeit begann der in Frankreich lebende Baron Edmond James de Rothschild in sechzehn Musterdörfern 12 000 Juden anzusiedeln, die sich selbstständig ernähren konnten. Die zweite Alija 1904–1914 brachte weitere 35 000 bis 40 000 zionistische Pioniere ins Land, vor allem aus Russland und Polen. Sie war wegen ihrer sozialistischen Prägung für den Charakter des späteren Staates entscheidend. Diese wurde durch die dritte Aljia unterstützt, mit der zwischen 1919 und 1923 35 000 Menschen kamen, von denen viele 1917 die Russische Revolution erlebt hatten. Sie gründeten die älteste jüdische Jugendbewegung, »Hashomer Hatzair« (Der junge Wächter), und die ersten Kibbuzim und später auch eine politische Partei, die gemeinsam mit dem linken Flügel von Poale Zion 1948 die historische Arbeiterpartei Mapam bildete. Diese Pioniergeneration prägte und dominierte den Staat bis in die Sechzigerjahre des 20. Jahrhunderts. Die vierte Alija (1924–1931) brachte etwa 80 000 Menschen ins Land, vor allem aus Polen, wo sich ein starker Antisemitismus ausgebreitet hatte. Diese Einwanderung verstärkte sich durch die Entscheidung der USA, ihre Grenzen für Masseneinwanderung zu schließen. Mit der fünften Alija zwischen 1932 und 1938 wanderten mehr als 250 000 Juden, hauptsächlich Flüchtlinge aus Polen und Deutschland, ins britische Mandatsgebiet Palästina ein.

Nach der Staatsgründung 1948 ließen sich bis 1951 rund 690 000 Einwanderer aus Ägypten, Irak und Jemen sowie Holocaustüberlebende aus Europa in Israel nieder. 1955–1957 wanderten 100 000 Juden aus Marokko, Algerien, Tunesien und Libyen ein. Die meisten Juden aus der muslimischen Welt verließen nach der Unabhängigkeit Israels ihre Geburtsländer, als sie dort als Minderheiten zunehmend angefeindet wurden. Im Zuge der Suezkrise 1956 wurden 25 000 Juden aus Ägypten vertrieben.

Von 1969–1975 trafen 100 000 Einwanderer aus der UdSSR ein. Nach dem Fall des Eisernen Vorhangs kamen rund eine Million Einwanderer aus der ehemaligen Sowjetunion. 1984–1985 und 1991 brachten die Operationen Moses und Salomon 8 000 bzw. 14 000 äthiopische Juden ins Land. Ihnen folgten zwischen 2011 und 2013 weitere knapp 8 000 äthiopische Juden. In den vergangenen Jahren kam es auch zu einer größeren Einwanderungswelle aus Frankreich.

G. D.

Zeltlager für Neueinwanderer in der Nähe von Beit Lid, 1949

Palästinas gegründeten Staates als jüdische Heimstätte sichern können, eine Heimstätte, wie sie 1917 in der Balfour-Deklaration vorgesehen, 1922 im Völkerbundsmandat für Palästina festgehalten und am 29. November 1947 mit der Resolution 181 von der UN-Generalversammlung angenommen wurde, und zwar in einem Palästina, das in einen jüdischen und einen arabischen Staat aufgeteilt werden sollte (siehe den Beitrag zum israelisch-palästinensischen Konflikt von Gisela Dachs). Aus jüdischer Perspektive konnte die Nation nur durch Einwanderung existieren; diese wirkte sich also nicht einfach auf eine bereits bestehende Gesellschaft aus, sondern konstituierte diese gleichsam erst. Als wichtigster Impuls förderte Einwanderung den Aufbau einer dank ihrer Größe überlebensfähigen Bevölkerung und sicherte so den im Werden begriffenen jüdischen Staat ebenso wie in der Folge dessen Weiterbestehen. Auch auf der arabischen Seite gab es Immigration, sie war für die demografische, soziale und institutionelle Verfasstheit des künftigen Staates jedoch nicht entscheidend. Wenn überhaupt, so war es eher die starke arabische Emigration während der ersten Monate nach der israelischen Unabhängigkeit, die sich auf den Aufbau der israelischen Gesellschaft auswirkte.

Die internationale Migration beeinflusste bzw. beeinflusst die Zusammensetzung der Bevölkerung erheblich und war bzw. ist deshalb auch immer wieder Thema politischer Debatten. Politisch gewünscht war und ist, dass Juden möglichst zahlreich nach Israel einwandern können, ohne Beschränkungen unterworfen zu sein. Allerdings waren die israelische Einwanderungspolitik oder ökonomische und politische Umstände weniger entscheidend als äußere Gegebenheiten, mit denen die jüdischen Gemeinden außerhalb Israels konfrontiert waren (Friedlander/Goldscheider 1979; DellaPergola 2009a). Da die arabische Bevölkerung seit einigen Jahren schneller wächst als die jüdische, was sich auf das soziokulturelle Profil der israelischen Gesellschaft auswirkt, und da die internationalen Wanderbewegungen ganz neue Formen angenommen haben, wie weiter unten beschrieben, wird der Ruf nach einer kohärenteren Einwanderungspolitik Israels laut (Rubinstein/Orgad/Avineri 2009; Amit/Borowski/DellaPergola 2010; DellaPergola 2009a, 2011).

Migration nach Israel aus globaler jüdischer Perspektive

Die Migration nach Israel war Teil der umfassenderen internationalen jüdischen Migrationsbewegung. *Abbildung 1* stellt die wichtigsten Tendenzen der weltweiten jüdischen Wanderungsbewegungen zwischen 1880 und 2014 dar. Deutlich sind zyklische Mobilitätsmuster zu erkennen.

Abb. 1: Jüdische Migration weltweit 1880–2014 (Angaben in 1 000)

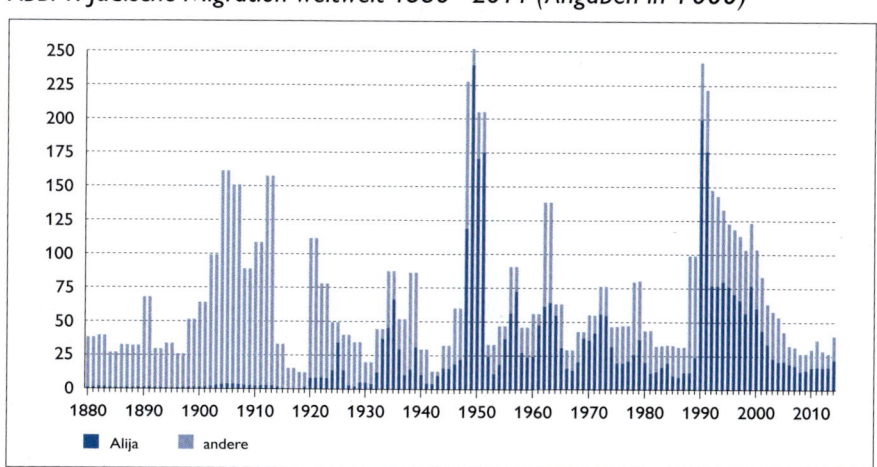

Quellen: Israel CBS, DellaPergola 2009a und Schätzungen der Verfasser.

Zwischen der zweiten Hälfte des 19. Jahrhunderts und der beginnenden zweiten Dekade des 21. Jahrhunderts bewegten sich mehr als neun Millionen Juden durch zahlreiche Länder und Kontinente. Die Mehrzahl wanderte in die USA aus (DellaPergola 1998, 2007, 2014). Das wiederkehrende Auf und Ab reflektiert tiefere Veränderungen in den sozioökonomischen Bedingungen ebenso wie die Sensibilität, mit der die jüdischen Gemeinden auf diese Veränderungen reagieren. Andererseits war Migration nur möglich, wenn Aufnahmeländer zur Verfügung standen. Restriktive bzw. vielversprechende Auswanderungs- bzw. Einwanderungspolitik wirkten sich nachdrücklich auf das Bewegungsmuster aus.

Ab dem Zweiten Weltkrieg verließen mehr als fünf Millionen Menschen eine Vielzahl von Ursprungsländern – 1,9 Millionen von 1948 bis 1968, eine Million von 1969 bis 1988 und über 2,2 Millionen von 1989 bis 2014. 45 Prozent stammten aus Osteuropa, 29 Prozent aus Asien und Afrika, zwölf Prozent aus westlichen Ländern und 14 Prozent aus Israel. Zwischen 1948 und 2014 nahm Israel 63 Prozent der jüdischen Migranten, also die Mehrheit, auf, während 37 Prozent in westliche Länder gingen. 65 Prozent aller Zuwanderer aus Osteuropa und 74 Prozent aus Asien und Afrika entschieden sich für Israel.

Elemente des Bevölkerungswachstums

Die Bevölkerung wächst, wenn die Zahl der Geburten die der Todesfälle übersteigt (natürlicher Zuwachs) und/oder die Zahl der Zuzüge die der Fortzüge übertrifft (Wanderungssaldo). Israel hatte einen raschen Bevölkerungszuwachs zu verzeichnen. Veränderungen bei natürlichem Zuwachs und Wanderungssaldo führen auch zu einem variablen Bevölkerungswachstum. Der jeweilige Anteil von natürlichem Zuwachs und Nettomigration fluktuierte immer wieder auffallend.

Natürlicher Bevölkerungszuwachs

Für ein so entwickeltes Land wie Israel ist die Geburtenrate dauerhaft ungewöhnlich hoch. Nach dem Höchststand von 4,0 im Jahr 1951 lag die zusammengefasste Fruchtbarkeitsziffer (Total Fertility Rate, TFR)[2] der Juden in Israel Mitte der 1990er-Jahre bei 2,6 und nahm unter den höher entwi-

---

2 Die zusammengefasste Geburtenziffer gibt an, wie viele Kinder eine Frau im Lauf ihres Lebens bekommen würde, wenn ihr Geburtenverhalten so wäre wie das aller Frauen zwischen 15 und 49 Jahren im jeweils betrachteten Jahr.

ckelten Ländern den Spitzenplatz ein. 2013 erreichte die TFR 3,03, und zwar 3,05 bei den Juden, 3,35 bei den Muslimen, 2,13 bei den Christen, 2,21 bei den Drusen und 1,68 bei Personen, deren Religion nicht erfasst wurde (DellaPergola 2009b; Israel CBS 2014). Die Fertilität der jüdischen Bevölkerung erklärt sich daher, dass die Geburtenraten bei Zuwanderern aus Asien und Afrika erheblich sinken, bei Zuwanderern aus Europa und Amerika dagegen steigen. Von den 1990er-Jahren bis etwa 2005 war die jüdische TFR ziemlich stabil, um von da an wieder leicht anzusteigen. Besonders die im Land geborenen Erwachsenen, heute mehr als 70 Prozent der Gesamtbevölkerung, spielen dafür eine wesentliche Rolle. Deren Wahrnehmung der vorhandenen Ressourcen, ideologische und kulturelle Einstellungen und Entscheidungen bestimmen Familienstrukturen und Reproduktionsraten (DellaPergola 2015).

Ursprünglich glich die TFR der christlichen Israelis, mehrheitlich ethnische Araber, derjenigen der jüdischen Einwanderer aus Asien und Afrika, fiel dann aber mit 2,13 im Jahr 2013 unter die der Juden. Bei den israelischen Drusen setzte der Geburtenrückgang erst in der zweiten Hälfte der 1970er-Jahre ein, um sich der jüdischen Geburtenrate anzugleichen und sie mit 2,21 im Jahr 2013 zu unterschreiten. Von dieser Angleichung an die jüdische Reproduktionsrate wichen hauptsächlich die israelischen Muslime ab. In den 1960er-Jahren überschritt ihre TFR kurze Zeit die Marke von 10,0, fiel Mitte der 1980er-Jahre auf 4,6−4,7 und verblieb bis zum Jahr 2000 mit 4,74 auf diesem Niveau. Von da an sank sie auf 4,03 im Jahr 2005, auf 3,84 im Jahr 2008 und auf 3,35 im Jahr 2013. Noch ist nicht abzusehen, ob die israelischen Muslime sich der Geburtenrate der jüdischen Mehrheit anpassen oder dauerhaft ein höheres Niveau beibehalten werden. Tatsächlich betrifft die sinkende Geburtenrate besonders die Untergruppe der Beduinen, während sie bei der Mehrzahl der israelischen Muslime konstant bleibt und leicht über dem jüdischen Durchschnitt liegt (DellaPergola 2009b).

Die Gesundheits- und Mortalitätsmuster in Israel entsprechen denen der wenigen hoch entwickelten Länder mit hoher Lebenserwartung. Diese Rate gehört weltweit zu den zehn Spitzenreitern und stieg bisher alle vier bis fünf Jahre um ein Jahr. Die früher stark divergierende Lebenserwartung von Juden und Arabern differierte zwischen 2009 und 2013 nur noch um 3,4 Jahre: Bei den Männern betrug sie 80,6 Jahre für Juden und 76,9 für Araber, bei den Frauen 84,0 Jahre für Juden und 80,9 für Araber (Israel CBS). Eine relativ hohe Fertilität in der Vergangenheit und dazu die Altersstruktur früherer internationaler Einwanderung führten zu einem niedrigen Altersdurchschnitt und damit zu geringer Sterblichkeit und einem großen natürlichen Bevölkerungszuwachs.

Immigration

Seit dem Ende des 19. Jahrhunderts vollzieht sich die jüdische Einwanderung nach Israel in Wellenbewegungen. Semyonov und Lewin Epstein (2003) unterscheiden für diesen Zeitraum fünf Hauptperioden:

1. Einwanderung vor der Staatsgründung bis 1948;
2. Masseneinwanderung unmittelbar nach der Staatsgründung (1948–1952);
3. variable Zuwanderung in den folgenden drei Jahrzehnten (1953–1988), mit einer bemerkenswerten Abweichung 1968, nach dem Sechstagekrieg im Juni 1967;
4. Masseneinwanderung nach dem Zusammenbruch der früheren Sowjetunion (1989–1995) sowie
5. regelmäßige, wenn auch geringere Zuwanderung aus westlichen Ländern wie Argentinien, Frankreich und den USA, dazu eine noch bestehende, aber nachlassende Zuwanderung aus Äthiopien und abnehmender Zuzug aus der FSU, der aber immer noch den größten Anteil stellt (1995 bis heute).

Im Verlauf dieser fünf Perioden lassen sich zwei größere Immigrationsgipfel beobachten. *Abbildung 2* stellt den Zuwanderungsrhythmus in absoluten Zahlen und relational – pro 1 000 Einwohner – dar und zeigt, dass diese Gipfel 1949 mit einer bis heute nicht übertroffenen Zahl von etwa 240 000 Zuwanderern und 1990 mit fast 200 000 Neuankömmlingen erreicht wurden. Die Wellenbewegungen der Immigration reflektieren vor allem wiederkehrende Krisen in der jüdischen Diaspora und lassen in unterschiedlichen Zeiten und unter unterschiedlichen Bedingungen die Notwendigkeit oder mindestens das Bestreben der Migranten erkennen, die Sicherheit der Gemeinschaft und der Individuen ebenso zu verbessern wie die Bürgerrechte und den Lebensstandard.

Die Zuwandererrate je 1 000 Staatsbürger macht die Belastung für die aufnehmende Gesellschaft sichtbar. Beim ersten Gipfel verlief die Integration wesentlich dramatischer als beim zweiten, da die aufnehmende Einwohnerschaft beträchtlich kleiner war und die ökonomischen Bedingungen viel schwieriger waren (Bachi 1977). Relativ gesehen, wirkte die Immigration in den frühen 1990er-Jahren sich ähnlich aus wie in den Wellen der späten 1950er- und frühen 1960er-Jahre. Allerdings waren in den frühen 1990er-Jahren die sozioökonomischen Ausgangsbedingungen deutlich besser und, gemessen an der großen Anzahl von Einwanderern in dieser späteren Periode, gestaltete sich ihre Integration recht unproblematisch.

Nach gängiger Meinung lässt die Alija sich vor allem ideologisch erklären: Der Staat Israel als Mittelpunkt der jüdischen Sehnsucht weltweit war ein Idealziel. In dieser Hinsicht wurden die beträchtlichen periodischen

Schwankungen in der Anzahl der Immigranten besonders durch variierende ideologische und sozioökonomische Pull-Faktoren[3] verursacht. Allerdings muss man die globalen jüdischen Bevölkerungsbewegungen pragmatischer deuten, will man Israels Rolle als größtes jüdisches Einwanderungsland verstehen.

Abb. 2: Einwanderung absolut und pro 1 000 der israelischen Bevölkerung 1947–2013*

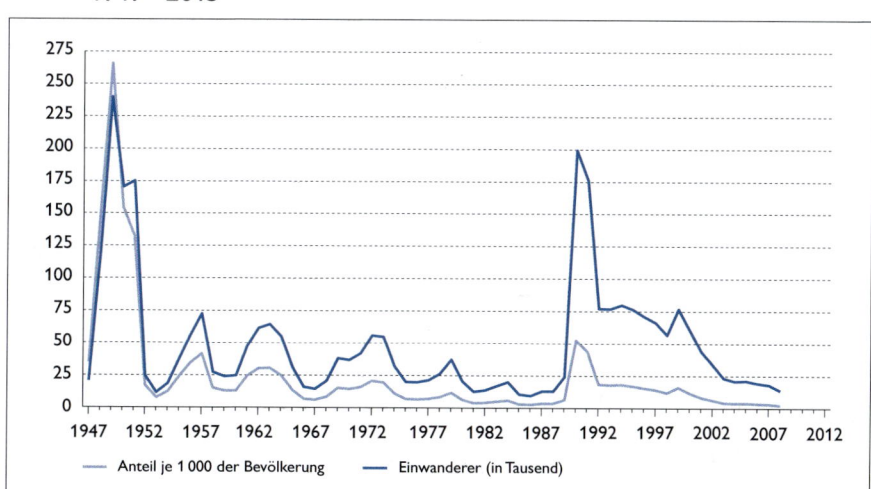

* Nicht berücksichtigt sind zugewanderte Staatsbürger, das heißt im Ausland geborene Staatsbürger, die zuvor nicht in Israel gelebt haben.
Quelle: Israel CBS.

Eine detaillierte Analyse der Alija in den einzelnen Ländern macht deutlich, dass die Einwanderung von variablen negativen (Push-)Faktoren in den Ursprungsländern abhängt (DellaPergola/Rebhun/Tolts 2005; DellaPergola 2009a). So ergab eine Untersuchung der Migrationshäufigkeit bei 1 000 Juden, die Anfang des 21. Jahrhunderts aus 73 Ländern mit völlig unterschiedlichen politischen Regimes und Lebensstandards nach Israel ausgewandert waren, eine hohe negative Korrelation (– 0,66) zwischen

---

3 Die Ursachen für Migration lassen sich in Pull- und Push-Faktoren gliedern. Pull-Faktoren sind diejenigen Faktoren, die die Einwanderung in ein Land der Wahl attraktiv machen (z.B. Verbesserung der Lebensqualität, Freiheit), unter Push-Faktoren subsumiert man die Gründe, die dafür sprechen, das Herkunftsland zu verlassen (z.B. Verfolgung, Armut, Hunger, Umweltkatastrophen).

der Häufigkeit der Alija und dem Index der menschlichen Entwicklung (Human Development Index, HDI). In Ländern mit einer überdurchschnittlich hohen Neigung zur Alija herrschte eine besonders negative soziökonomische, politische und physische Umgebung. Dazu gehörten alle Republiken der FSU, früher auch islamische Länder. Zu den Ländern mit einer geringeren Neigung zur Alija zählten die wichtigsten englischsprachigen Länder (USA, Kanada, Australien). Auch in den meisten lateinamerikanischen Ländern trat der Wunsch nach Alija seltener auf, als nach der gesellschaftlichen Entwicklung und den HDI-Levels zu erwarten gewesen wäre. Vermutlich ist der Grund darin zu suchen, dass der Lebensstandard der jüdischen Gemeinden weit über dem Durchschnitt der sonstigen Bevölkerung lag.

In den letzten Jahren haben die politischen Verwerfungen in der Ukraine und der zunehmende Antisemitismus in Frankreich zusammen mit der Wirtschaftskrise in mehreren europäischen Ländern die Anzahl der Zuwanderer aus Europa hochschnellen lassen. 2015 erreichte die Einwanderung aus Frankreich mit knapp 8 000 Menschen einen bisherigen Höchststand (siehe den Beitrag zur französischen Einwanderung von Gisela Dachs). Manche von ihnen halten noch wirtschaftliche Beziehungen zum Ursprungsland aufrecht und es gibt mehr Pendler zwischen Europa und Israel (Pupko 2009; Amit 2012; Ben-Rafael/Ben-Rafael 2013).

Emigration

Die Forschung befasst sich vorwiegend mit der Immigration nach Israel, während die Emigration eher vernachlässigt und meist nur partiell und indirekt untersucht wird. Israels anspruchsvolle Informationssysteme liefern keine direkten Daten über die Emigration, unter anderem, weil die entsprechenden Daten in der Vergangenheit auf der Selbsteinschätzung der auswandernden Israelis basierten und sich nicht als belastbar erwiesen.

Deshalb wurde die Zahl der Emigranten mithilfe zweier indirekter Verfahren veranschlagt: Zum einen wurden diejenigen einbezogen, die auch nach mehreren Jahren nicht zurückkehrten, zum anderen wurde die Anzahl der Auswanderer aus der Differenz zugezogener und abgewanderter Einwohner errechnet, wobei die Neuzuwanderer berücksichtigt wurden. Diese Schätzung erfasst die längerfristigen Tendenzen präzise *(Abbildung 3)*.

Von wenigen Ausnahmen in den 1950er- und 1980er-Jahren abgesehen, reichte die Emigration aus Israel bei Weitem nicht an die Immigration heran. Nie waren es mehr als 30 000 Emigranten pro Jahr. Israel nimmt damit unter den wichtigen Einwanderungsländern eine Sonderstellung ein; in Letzteren war die Differenz von Einwanderung zu Auswanderung geringer. Die häufigen Ausschläge bilden vor allem die variierenden ökonomischen Bedingungen im Land ab, ebenso eine gewisse Gegenbewegung zu den größeren Einwanderungswellen. Die Emigration aus Israel ging in das Herkunftsland oder in ein drittes Land.

Abb. 3: Anzahl der Emigranten und Abwanderungsraten pro 1 000 Bürger für Israel 1947–2013*

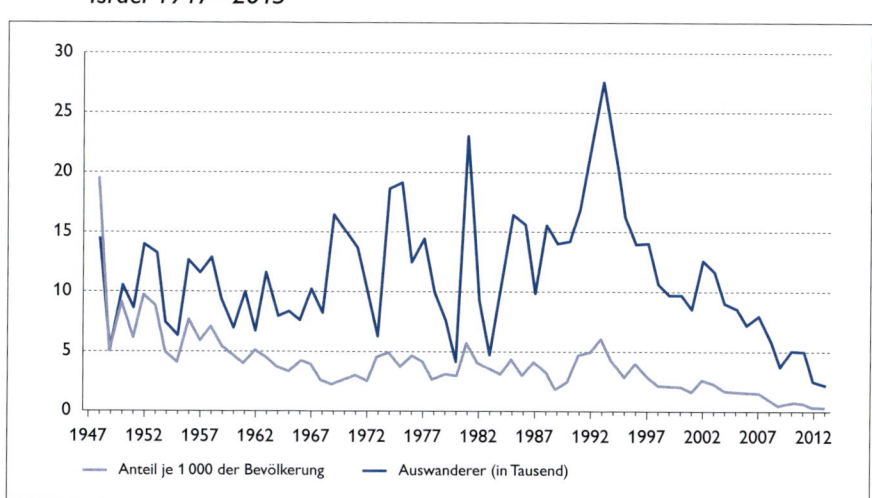

* Berechnet als Differenz zwischen dem Wanderungssaldo und der Zahl der Immigranten. Quelle: Israel CBS.

Hauptursache der Emigration ist die Rezession. Die Anzahl der Auswanderer variiert, lag in den letzten 66 Jahren aber fast immer zwischen 5 000 und 20 000. In Relation zu der rasch wachsenden Bevölkerung sinkt die Emigrationsquote pro 1 000 Einwohner also konstant (Della-Pergola 2009a). Untersuchungen von Emigrationen aus Israel, besonders in die USA, lassen eine positive Selbstauslese im Migrationsprozess erkennen: Unter den Emigranten finden sich vor allem gebildete und gut ausgebildete Bürger, es findet also ein Braindrain statt (Cohen 2002; Cohen/Haberfeld 2003).

Interessanterweise werden Auswanderer heute weit weniger stigmatisiert als früher. Die Umgangssprache bezeichnet die Emigration als *yerida* oder Abstieg. Der Begriff war einst stark negativ konnotiert, doch heute wird das Phänomen wie in vielen anderen liberalen Demokratien viel eher als »normal« akzeptiert.

Wanderungssaldo

Aus *Abbildung 4* geht die prozentuale Verteilung des Wanderungssaldos hervor, aufgeschlüsselt nach der jüdischen und arabischen Zuwanderung zu bestimmten Zeitpunkten zwischen 1948 und 2013. Mehr als 3,2 Millionen Immigranten beeinflussten das Bevölkerungswachstum entscheidend, besonders in den beiden ersten Jahrzehnten des Bestehens, später noch einmal in den frühen 1990er-Jahren.

Abb. 4: Wanderungssaldo und sein prozentualer Anteil am Bevölkerungswachstum insgesamt für Israel 1948–2013

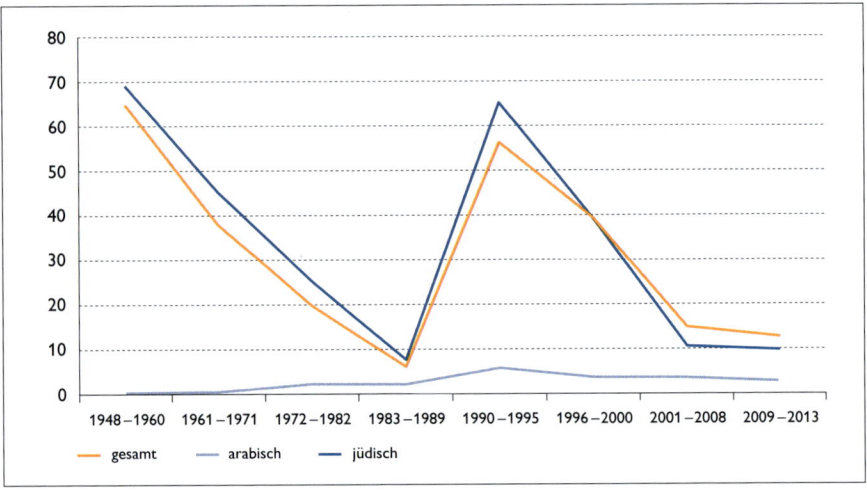

Quelle: Israel CBS.

35 Prozent des Bevölkerungswachstums ergab sich aus Zuwanderung, die übrigen 65 Prozent aus natürlichem Zuwachs. Innerhalb der jüdischen Bevölkerung lag der Migrationsanteil höher, bei 41 Prozent, der natürliche Zuwachs bei 59 Prozent. Von 1948 bis 1960 vergrößerte sich die jüdische Bevölkerung durch Einwanderung um 69 Prozent. Dieser Anteil fiel in den 1970er-Jahren auf sieben Prozent, um in den frühen 1990er-Jahren wieder auf 65 Prozent zu steigen und zwischen 2001 und 2008 erneut auf zehn Prozent zu fallen, zwischen 2009 und 2013 bewegt er sich auf diesem Niveau. Bei den Arabern und anderen Israelis wuchs die Bevölkerung vor allem durch natürliches Wachstum, der Anteil der Zuwanderung am Bevölkerungswachstum war dagegen verschwindend gering. Sie fand vor allem Mitte der 1990er-Jahre statt, im Gefolge der Oslo-Abkommen sowie

im Rahmen der Familienzusammenführung von Palästinensern, die israelische Staatsbürger geheiratet hatten. Immigranten weder arabischer noch jüdischer Abstammung waren, wie bereits erwähnt, vor allem nicht jüdische Mitglieder jüdischer Familien aus der früheren Sowjetunion. Diese Gruppe wuchs zwischen 1996 und 2013 insbesondere durch Zuwanderung um mehr als 81 Prozent an.

Einwanderungspolitik gegenüber unterschiedlichen Gruppen

Einwanderer jüdischer Abstammung

Mehr als 2 000 Jahre galt Israel für das jüdische Volk als religiös-kulturelle Heimat, doch bis zum 20. Jahrhundert lebten dort nur sehr wenige Juden. Als die zionistische Bewegung sich zu Beginn des 20. Jahrhunderts etablierte, lebten weniger als ein Prozent aller Juden in Israel. Im Jahr 2014, 66 Jahre nach der Gründung des Staates Israel, lebten dort mehr als 43 Prozent der weltweiten jüdischen Bevölkerung, in den USA waren es 40 und in anderen Ländern 17 Prozent (DellaPergola 2014).

Die Migration der Juden nach Israel kann man als Rückkehr aus der Diaspora charakterisieren. Im Gesamtbild der internationalen Wanderbewegungen stellt sie ein besonderes, wenn auch nicht einzigartiges Phänomen dar. Israel als Heimstätte des jüdischen Volkes, das war und ist ein wesentlicher Grundpfeiler seiner Unabhängigkeitserklärung und seines Selbstverständnisses als Staat (Borowski/Yanay 1997, S. 496). Als Zentrum der Rückkehr aus der Diaspora fördert Israel die Einwanderung von Juden ohne jede Quotierung. Die Einwanderung von Nichtjuden ist nicht unerwünscht, wird aber mit eigenen Gesetzen geregelt. Gemäß Rückkehrgesetz von 1950 und Einbürgerungsgesetz von 1952 hat jeder Jude das Recht, sich in Israel niederzulassen und bei seiner Ankunft die Staatsbürgerschaft anzunehmen. Das gilt auch für die Kinder und Enkel von Juden und ihre Ehepartner, unabhängig von ihrer Religion. Kleinere Einschränkungen gelten bei Gesundheit und Sicherheit. So sind die Immigranten in Israel in ihrer übergroßen Mehrheit zwar Juden, davon abgesehen aber viel heterogener als die Zuwanderer in Ländern mit Auswahlkriterien wie Bildungsabschluss, Sprachbeherrschung und Alter.

In Israel werden die Neuankömmlinge nicht Immigranten, sondern *olim* genannt – ein sehr positiv konnotierter Begriff für Menschen, die, wie oben beschrieben, aufgestiegen sind. Ein eigenes Ministerium ist für ihre Belange und ihre Eingliederung zuständig und bemüht sich um die erfolgreiche Integration dieser Neuankömmlinge. Gemäß ihrem Selbstverständnis, Heimstätte des jüdischen Volkes zu sein, sieht sich die israelische Regierung gemeinsam mit der Jewish Agency in der Verantwortung, bedrohte jüdische Gemeinden zu retten. So wurden ganze jüdische Gemeinschaften nach Israel gebracht, etwa die Juden aus dem Irak und aus dem Jemen kurz nach der Staatgründung, in jüngerer Zeit die jüdische Bevölkerung Äthiopiens.

Temporäre und illegale Arbeitsmigration

Bis zum Sechstagekrieg im Juni 1967 konnte Israel seinen Bedarf an Arbeitskräften selbst decken und erfüllte damit einen der wichtigsten Grundsätze des modernen Zionismus. Von da an bis Ende 1987, der Zeit der ersten palästinensischen Intifada, pendelten palästinensische Tagelöhner aus dem Gazastreifen und dem Westjordanland ins israelische Kernland. Als Konsequenz aus den von der Intifada ausgelösten Terrorangriffen auf israelische Zivilisten wurden jedoch zeitweilig die Grenzen geschlossen. Auf der Suche nach »verlässlicheren« Quellen ungelernter Arbeitskräfte begann die Anwerbung ausländischer Arbeiter in Ländern außerhalb des Nahen Ostens. Zum ersten Mal in der Geschichte Israels setzte zusätzlich zu den jüdischen Einwanderern aus der FSU und Äthiopien ein größerer Zuzug nicht jüdischer und nicht palästinensischer Immigranten ein, auch wenn er nur als vorübergehender geplant war (Raijman/Kemp 2010). Die Welle terroristischer Angriffe nach der Unterzeichnung der Verträge von Oslo im September 1993 beschleunigte diesen Prozess.

Die Arbeitsmigranten mit einer Arbeitserlaubnis kamen aus unterschiedlichen Entsendeländern nach Israel. Anfang der 1990er-Jahre stammten etwa 60 Prozent aus Osteuropa (Rumänien, Türkei) und 30 Prozent aus Asien (China, Philippinen und Thailand). Im Jahr 2004 kamen nur noch 20 Prozent aus Osteuropa, die Mehrzahl dagegen aus Asien.

Die offiziellen Arbeitsmigranten werden vor allem in drei Sektoren beschäftigt: 28 Prozent, hauptsächlich aus Rumänien, China, der Türkei und der FSU, arbeiten in der Baubranche, 27 Prozent, überwiegend aus Thailand, arbeiten in der Landwirtschaft, 45 Prozent, besonders von den Philippinen, sind in der häuslichen Pflege tätig (zu der zuletzt erwähnten Gruppe siehe den Beitrag von Claudia Liebelt). Andere Arbeitskräfte mit einer Erlaubnis, vor allem aus Afrika, arbeiten in weiteren Wirtschaftsbereichen und im Gaststättengewerbe (Raijman 2009). Die Verlagerungen bei Entsendeländern und Beschäftigungssektoren gehen auf Regierungserlasse zu den Quoten zurück.

Nach Schätzungen hielten sich im Jahr 2013 220 000 Arbeitsmigranten in Israel auf (Einwanderungs- und Bevölkerungsbehörde Israel 2014), mit

Flüchtlinge aus Eritrea und dem Sudan im Levinski-Park im Süden Tel Avivs

neun Prozent machen sie einen beträchtlichen Anteil an der Erwerbsbevölkerung aus. Auf diese Weise wurden zwar Engpässe im Niedriglohnsektor überbrückt, zugleich entstanden aber auch neue Probleme.
Der Fachwelt ist schon lange bekannt, dass mit der legalen auch die illegale Einwanderung einhergeht, ob permanent oder temporär. Da nur die
Hälfte aller ausländischen Arbeitskräfte eine Erlaubnis besitzt, wird die
Aushöhlung der Gesetze befürchtet. Auch die in Israel geborenen Kinder illegaler Arbeitskräfte stellen die Gesellschaft vor Probleme, etwa
in der Frage der Staatsbürgerschaft. Manche Kommentatoren in Israel
befürchten auch, die Gastarbeiter könnten die israelische Gesellschaft in
ihren Grundzügen verändern. Und viele Arbeitsmigranten betrachten
ihren vermeintlich vorübergehenden Aufenthalt – nicht überraschend –
als permanent. In Tel Aviv gibt es fest etablierte afrikanische, latein-
amerikanische und philippinische Gemeinschaften vor allem illegaler
Zuwanderer. Deshalb richtete die Regierung 2008 die im Innenministerium angesiedelte Einwanderungs- und Bevölkerungsbehörde ein. Diese
Behörde ist für die Melderegister, die Verleihung der Staatsbürgerschaft
und die Überprüfung der Zu- und Abwanderung nach und von Israel
zuständig.

Flüchtlinge und Asylbewerber

Israel ist für Flüchtlinge und Asylbewerber ein sicherer Zufluchtsort. Die meisten sind vor menschengemachten Katastrophen – Kriegen und politischen Unruhen – in Afrika geflohen. Nicht jüdische Asylsuchende in Israel sind ein neues Phänomen, das erst ein Jahrzehnt zurückreicht. Sie überqueren die auf dem Sinai poröse Grenze zwischen Israel und Ägypten. Genaue Zahlen liegen nicht vor, aber nach Schätzungen handelt es sich um 50000 bis 60000 Menschen, meist aus dem Südsudan und aus Eritrea. Die israelische Regierung gestattet dieser Gruppe den temporären Aufenthalt in Israel grundsätzlich, also ohne Einzelfallprüfung, nicht aber die Arbeitsaufnahme, und ist bemüht, sie in bestimmten Gegenden im Süden Israels anzusiedeln. Die meisten Asylsuchenden finden jedoch ihren Weg in das Zentrum des Landes, besonders nach Tel Aviv, und werden von NGOs unterstützt.

Jüdische Einwanderung nach Israel: Auswirkungen auf die Bevölkerungsstruktur

Abbildung 5 zeigt, nach Kontinenten aufgeschlüsselt, wie sich die jährliche Einwanderung seit der Gründung des Staates Israel entwickelt hat. Die Verschiebungen bei den Herkunftsländern haben zu Veränderungen in der sozialen und ethnischen Zusammensetzung der israelischen Gesellschaft geführt.

Die gängige Einteilung der Juden in Sephardim bzw. Misrachim einerseits und Aschkenasim andererseits (s. S. 97) ist eine starke Vereinfachung, da sie die Unterschiede innerhalb der Gruppen, die sich nicht zuletzt daraus ergeben, dass unter diesen Begriffen jeweils Dutzende von Ländern mit verschiedenen wirtschaftlichen, sozialen und kulturellen Voraussetzungen subsumiert sind, nicht berücksichtigt. Trotzdem kann festgehalten werden, dass die Aschkenasim einen höheren sozialökonomischen Status aufweisen: Sie sind im Allgemeinen besser ausgebildet, besetzen dementsprechend qualifiziertere Arbeitsplätze und erhalten höhere Einkommen, ihr Gesundheitszustand ist besser und der Lebensstandard höher. Diese Differenz ist zumindest partiell auf den Entwicklungsstand ihres jeweiligen Herkunftslandes zurückzuführen. Die folgenden Ausführungen basieren auf der von Semyonov und Lewin-Epstein (2003) vorgenommenen Einteilung der Einwanderung in fünf Hauptperioden.

Mit der ersten Zuwanderungswelle, die um die Wende vom 19. zum 20. Jahrhundert einsetzte und bis 1947, also bis kurz vor der Staatsgründung, dauerte, kamen mit etwa 84 Prozent hauptsächlich Einwanderer aus den mittel- und osteuropäischen Ländern, in denen damals weltweit die meisten Juden lebten, ins Land. Es waren diese frühen Einwanderer, die die politischen, wirtschaftlichen und zivilgesellschaftlichen Institutionen des künftigen Staates weitgehend aufbauten, sie dominierten die oberen Segmente der sozialen, kulturellen und ökonomischen Institutionen und bildeten die Elite des neu gegründeten Staates.

Abb. 5: Einwanderung nach Israel nach Jahr und Herkunftsregion 1948–2013

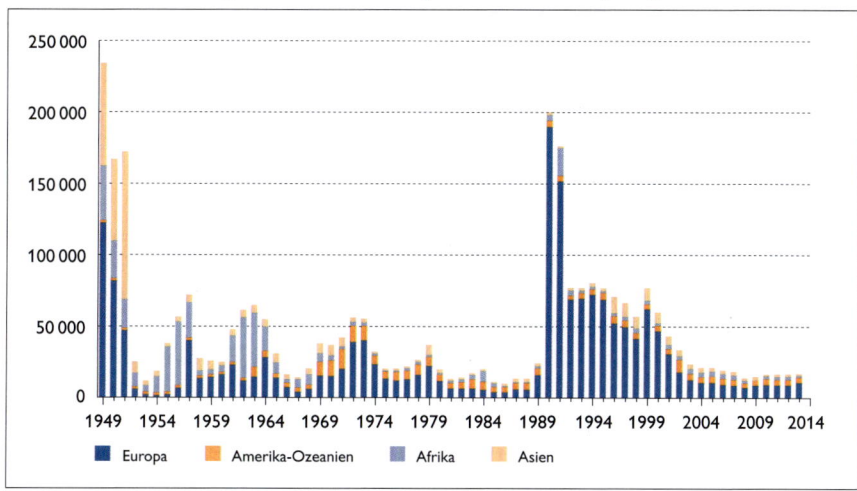

Quelle: Israel CBS.

Unmittelbar nach der Staatsgründung setzte 1948–1952 eine zweite Einwanderungswelle ein. Sie bestand vor allem aus Flüchtlingsströmen aus dem Nahen Osten und Nordafrika sowie aus Überlebenden der Schoah. In den ersten fünf Jahren nach der Unabhängigkeit verdoppelte sich die jüdische Bevölkerung, sie stieg von 600 000 auf mehr als 1,5 Millionen Menschen (Hacohen 1993). Die Heterogenität der Einwanderer und die knappen Ressourcen führten dazu, dass diese Zuwanderer beachtliche sozioökonomische Leistungen hervorbrachten.

Die europäischen Zuwanderer wiesen im Durchschnitt ein höheres soziökonomisches Profil und niedrigere Geburtenraten auf als die Immigranten aus afrikanischen und asiatischen Ländern. Auch in der zweiten und dritten Generation der Zuwanderer wirken die Folgen dieser Ausgangsvoraussetzung nach. Forschungsergebnisse zeigen, dass die europäischen Immigranten und ihre Söhne und Töchter sich erfolgreicher oder zumindest schneller integriert haben als die asiatischen und nordafrikanischen Immigranten und ihre Kinder (z. B. Amit 2005; Ben-Rafael 1982; Semyonov 1996; Cohen/Haberfeld 2003; DellaPergola 2007).

In der dritten Periode, die die Jahre 1953 bis 1988 umfasst, verlief die Zuwanderung eher ungleichmäßig und wurde vor allem durch politische, wirtschaftliche und soziale Ereignisse in den Herkunftsländern ausgelöst. So führte die Entkolonialisierung in Nordafrika zu Beginn dieser Periode dazu, dass zahlreiche Juden den Maghreb, Ägypten und Libyen verließen. Die meisten nordafrikanischen Zuwanderer, etwa 76 Prozent, kamen in dieser Phase ins Land. Sie wurden in den neu gegründeten Städten, die in den Jahren ab 1953 im Norden und Süden des Landes entstanden, um die Bevölkerung breit zu verteilen, angesiedelt.

Politisch verworrene Zeiten in Osteuropa bewirkten ebenfalls eine massive jüdische Zuwanderung aus Polen, Ungarn, Rumänen und der Tschechoslowakei. Auf die iranische Revolution und politische Unruhen in Südafrika und Argentinien folgten Einwanderungswellen aus diesen Ländern. Und nach der Änderung der Auswanderungsbestimmungen nahm die Zahl der Immigranten aus der Sowjetunion zu; etwa 14 Prozent von ihnen kamen in dieser Zeit nach Israel und ihre Eingliederung in die Gesellschaft verlief größtenteils problemlos.

Ende 1989 markierte bei der Einwanderung nach Israel einen Wendepunkt. Nach dem Fall der Berliner Mauer und dem einsetzenden Zusammenbruch der Sowjetunion führte eine plötzliche Liberalisierung der bis dahin geltenden restriktiven Emigrationspolitik zu einem starken Zustrom aus den Sowjetrepubliken. Für diese jüdischen Auswanderer war Israel das erste mögliche Ziel. So hatte das Land, das damals 4,5 Millionen Einwohner zählte, es in den folgenden Jahren mit einer Million Zuwanderer zu tun, 400 000 von ihnen kamen in den Jahren 1990 und 1991, die meisten, etwa 71 Prozent, aus der FSU. Insgesamt wanderten zwischen 1990 und 2014 1 025 699 Menschen aus der FSU ein.

Die überwältigende Mehrheit hatte jüdische Vorfahren, doch zunehmend reisten auch nicht jüdische Familienmitglieder ein. Die Mehrzahl hatte ein Studium oder eine Berufsausbildung absolviert und erlebte zunächst eine berufliche Deklassierung, im Verlauf der Zeit jedoch einen bemerkenswerten beruflichen und wirtschaftlichen Aufstieg (Raijman/Semyonov 1998).

Zur selben Zeit kamen Einwanderer aus Äthiopien, etwa 45 Prozent der äthiopischen Immigranten, die bis heute eingewandert sind; viele von ihnen wurden in zwei großen Luftrettungsaktionen ins Land gebracht. Im Jahr 2013 lebten mehr als 124 000 äthiopische Einwanderer und ihre Nachkommenschaft in Israel. Mit einem Durchschnittsalter von weniger als 35 Jahren bilden sie die jüngste Zuwanderungsgruppe. Ihre sozioökonomischen

Erfolge sind noch gering und ihre Anpassung und Integration in die israelische Gesellschaft gestaltet sich nach wie vor schwierig (Semyonov u. a. 2007).

Ab 1995 ging die Zuwanderung aus der FSU stark zurück, dafür nahm die Einwanderung aus entwickelten westlichen Ländern zu, vor allem aus den USA, Frankreich und Argentinien. Zwischen 1990 und 2013 kamen 162 000 Immigranten aus Europa (ohne die FSU), Nord- und Lateinamerika sowie Ozeanien (Israel CBS 2014). Sie waren in ihrer Mehrheit gut ausgebildet und qualifiziert. Die Immigranten aus Nordamerika und Frankreich waren meist ideologisch und religiös motiviert (Amit/Riss 2007). Im Fall von Frankreich war der Antisemitismus als Folge der zunehmenden Islamisierung des Landes ein wichtiges Motiv. Bei den Zuwanderern aus Argentinien spielte die politische und ökonomische Krise von 1999 bis 2002 eine entscheidende Rolle (Schenkolewski-Kroll 2004; Dgani/Dgani 2004).

Die neue Wanderungsbewegung von Frankreich nach Israel ist besonders interessant und sollte zu einem Umdenken hinsichtlich der klassischen Konzepte von Immigration und Integration wie auch der ethnischen Klassifizierung führen. Seit 1990 sind etwa 43 000 französische Juden nach Israel eingewandert; 30 Prozent von ihnen wurden in Nordafrika geboren, mehr als die Hälfte ist nordafrikanischer Abstammung (Israel CBS 2013). Die meisten dieser Immigranten haben also nordafrikanische Wurzeln, wurden aber in Frankreich geboren und sind dort aufgewachsen, sodass sie aus der in Israel üblichen klassischen Zweiteilung herausfallen. Die französischen Einwanderer sind großteils hoch qualifiziert und sehen sich als religiös oder traditionell orientiert (Amit 2012; Amit/Bar-Lev 2014). In einem kürzlich erschienenen Buch von Ben-Rafael und Ben-Rafael (2013) werden sie als transnationale Migranten eingeordnet, die sich ihrem Herkunftsland noch sehr verbunden fühlen. Die Verbindung zur ursprünglichen Kultur zeigt sich in starken sozialen Netzwerken; diese Migranten leben häufig in abgegrenzten Vierteln und arbeiten in frankofonen Unternehmen, die französische Märkte in Israel und Frankreich bedienen, oder geben sich sogar als ortsungebundene Migranten, die in Frankreich arbeiten und in Israel leben (Pupko 2009; siehe auch den Beitrag zur französischen Einwanderung von Gisela Dachs).

In einer neuen Untersuchung von Amit und Bar-Lev (2014) werden Immigranten aus Frankreich und aus der FSU verglichen: Zwar tendieren beide Gruppen zur ethnischen Segregation, sie unterscheiden sich jedoch in ihrer Identifikation mit dem Aufnahmeland. Während beide Gruppen hinsichtlich Qualifikation und Zufriedenheit mit der Arbeit ähnliche Angaben machen, bringen die Zuwanderer aus der FSU zwei Vorteile mit: Sie leben schon länger in Israel und sie sprechen besser Hebräisch als ihre französischen Pendants. Doch trotz dieser Vorzüge fühlen die Immigranten aus der FSU sich in Israel weniger zu Hause. Darüber hinaus bedeutet die Religion ihnen nicht so viel und ihre Auswanderung nach Israel war in geringerem Maß religiös und zionistisch motiviert. Die Zufriedenheit mit ihrem Leben ist signifikant geringer als bei den Franzosen. Diese Forschungsergebnisse können der aktuellen Debatte über die Relationen zwischen ethnischer Herkunft, Religiosität und Identifikation mit dem Land neue Impulse geben.

Geografische Verteilung

Die Volkszählung von 2008 liefert Daten über die Verteilung der Immigranten. Sowohl Israels ursprüngliche Siedlungspolitik – vor allem das Bestreben, die Bevölkerung im ganzen Land zu verteilen – als auch die daraus folgenden Mobilitätsmuster – vor allem die Binnenmigration in die stärker entwickelten Gebiete Zentralisraels – haben sich in den unterschiedlichen Erfahrungen der Zuwanderergruppen niedergeschlagen. Beide Faktoren wirkten sich in den unterschiedlichen Perioden der israelischen Einwanderungsgeschichte sehr verschieden aus. Aus den nach Unterbezirken (*nafot*) aufgeschlüsselten Zensusdaten lässt sich ableiten, wie die Immigrantengruppen sich nach dem jeweiligen Herkunftsland zusammensetzen.

Besonders die Einwanderer aus Indien, Pakistan, Usbekistan und Georgien konzentrieren sich in bestimmten Gegenden, nämlich im zentral gelegenen Unterbezirk Ramle (die Georgier auch in Aschkelon); die Libyer vor allem im Unterbezirk Sharon sowie in der Stadt Netanja; die Iraker in Ramat Gan; Bulgaren und Griechen in Holon; Zuwanderer aus Nordamerika, Australien und Neuseeland im Westjordanland (Judäa und Samaria) und auf den Golanhöhen, den im Sechstagekrieg 1967 von Israel besetzten Gebieten, sowie in Jerusalem; Franzosen in Jerusalem, Judäa und Samaria sowie einzelnen Städten im Zentralbezirk von Israel. Am stärksten in neu entstandenen Städten waren die Nordafrikaner mit 23 Prozent vertreten, gefolgt von Äthiopiern (20 Prozent) und Einwanderern aus der FSU (16 Prozent), die sich nach 1989 wegen der niedrigeren Mieten in diesen Städten niederließen.

Schlussbemerkungen

Israel ist ein ethnonationaler Staat, der sich aus einer jüdischen Mehrheit und einer arabischen Minderheit zusammensetzt und dessen jüdische Einwohner sich nach Herkunftsländern und Grad der Religiosität stark voneinander unterscheiden. Wie in anderen ethnonationalen Ländern wurde die staatliche Einwanderungspolitik durch ethnonationale Vorstellungen stark beeinflusst (Raijman 2009). Der palästinensisch-israelische Konflikt und die damit verbundenen Spannungen zwischen der jüdischen und der arabischen Bevölkerung in Israel tragen dazu bei, dass Israel ein einzigartiger Fall ist.

In den vergangenen sechs bis sieben Jahrzehnten spielte die Einwanderung nach Israel eine sehr große Rolle. Der Zustrom von Menschen variierte von Jahr zu Jahr. Nach dem Zweiten Weltkrieg und in den frühen 1990er-Jahren war der Zuzug besonders hoch. Daneben gab es mehrere kleinere Gipfel: in den späten 1950er- und frühen 1960er-Jahren, in den frühen 1970er-Jahren nach dem Sechstagekrieg, Ende der 1970er-Jahre, um das Jahr 2000 sowie, ganz aktuell, in der ersten Hälfte der zweiten Dekade des 21. Jahrhunderts.

Die Immigration hat Bevölkerungswachstum, Wirtschaftsentwicklung und Sozialgeschichte Israels entscheidend beeinflusst und macht sich auch in der Zusammensetzung der heutigen Bevölkerung bemerkbar. Die Auswanderung war teilweise eine verzögerte Reaktion auf die vorangegangene Immigration, doch die Verbleibsquote ist insgesamt hoch. In jüngster Zeit lässt sich ein bedenklicher Braindrain gut ausgebildeter Israelis in andere hoch entwickelte Länder beobachten.

Beim Aufbau der israelischen Gesellschaft haben die Zuwanderer schon immer eine große Rolle gespielt. Bei den Immigranten selbst wirkten die Push-Faktoren stärker als die Pull-Faktoren, trotz der weitverbreiteten Annahmen über den besonderen Platz Israels in den Herzen und Köpfen der Juden als jüdische Heimstätte. Die Push-Faktoren wirkten so stark, dass Flüchtlinge einen sehr hohen Anteil an den Immigranten stellten – Holocaustüberlebende, nach der Staatsgründung Flüchtlinge aus arabischen Ländern, in den 1950er-Jahren aus Polen, ab den späten 1980er-Jahren aus der FSU. In letzter Zeit wurde die Zuwanderung aus Ländern wie Frankreich, Großbritannien und Argentinien von der Sorge über den wachsenden Antisemitismus oder durch jahrelange Wirtschaftskrisen gefördert. Der positive Wanderungssaldo hat zum raschen Bevölkerungswachstum und zu einer sehr vielfältig zusammengesetzten Einwohnerschaft beigetragen, wenngleich die Zuwanderer in ihrer überwältigenden Mehrzahl Juden sind.

Aus dem Englischen von Elisabeth Thielicke

Literatur

Amit, Karin, Social Integration and Identity of Immigrants from the FSU, Western Countries and Ethiopia in Israel, in: Ethnic and Racial Studies, 35 (2012) 7, S. 1287–1310.

Amit, Karin, The Binary Ethnic Classification and the Economic Assimilation of First and Second Generation Immigrants in the Israeli Labor Market, in: Megamot, 44 (2005) 1, S. 3–28 (hebr.).

Amit, Karin/Bar Lev, Shirly, Immigrants' Sense of Belonging to the Host Country. The Role of Life Satisfaction, Language Proficiency, and Religious Motives, in: Social Indicators Research, 124 (2015) 3, S. 947–961.

Amit, Karin/Borowski, Allan/DellaPergola, Sergio, Demography: Trends and Composition, in: Markus, Andrew/Semyonov, Moshe (Hrsg.), Immigration and Nation Building: Australia and Israel Compared, Cheltenham/Northampton (Mass.) 2010, S. 15–45.

Amit, Karin/Riss, Ilan, The Role of Social Networks in the Immigration Decision-Making Process: The Case of North American Immigration to Israel, in: Immigrants & Minorities, 25 (2007) 3, S. 290–313.

Bachi, Roberto, The Population of Israel, Paris/Jerusalem 1977.

Ben-Rafael, Eliezer, The Emergence of Ethnicity. Cultural Groups and Social Conflict in Israel, Westport 1982.

Ben-Rafael, Eliezer/Ben-Rafael, Miriam, Sociologie et Sociolinguistique des Francophonies Israéliennes, Frankfurt/Berlin/New York 2013.

Borowski, Allan/Yanay, Uri, Temporary and Illegal Labour Migration: The Israeli Experience, in: International Migration, 35 (1997) 4, S. 495–511.

Cohen, Yinon, From Haven to Heaven: Changing Patterns of Immigration to Israel, in: Levy, Daniel/Weiss, Yfaat (Hrsg.), Challenging Ethnic Citizenship. German and Israeli Perspectives on Immigration, New York/Oxford 2002, S. 33–56.

Cohen, Yinon/Haberfeld, Yizhak, Economic Assimilation among Children of Israeli Immigrants in the US, in: International Migration, 41 (2003) 4, S. 141–160.

DellaPergola, Sergio, View from a Different Planet: Fertility Attitudes, Performances and Policies among Jewish Israelis, in: Fishman, Sylvia (Hrsg.), Love, Marriage and Jewish Families Today. Paradoxes of the Gender Revolution, Waltham 2015, S. 123–150.

DellaPergola, Sergio, World Jewish Population 2014, in: American Jewish Year Book, 114 (2014), S. 301–393.

DellaPergola, Sergio, Jewish Demographic Policies. Population Trends and Options in Israel and in the Diaspora, Jerusalem 2011.

DellaPergola, Sergio, International Migration of Jews, in: Ben-Rafael, Eliezer/Sternberg, Yitzhak (Hrsg.), Transnationalism. Diasporas and the Advent of a New (Dis)Order, Leyden/Boston 2009, S. 213–236 (= 2009a).

DellaPergola, Sergio, Fertility Prospects in Israel: Ever Below Replacement Level? United Nations Expert Group Meeting on Recent and Future Trends in Fertility, Population Division – United Nations Department of Social and Economic Affairs, New York, 2–4 December 2009 (www.un.org/esa/population/meetings/EGM-Fertility2009/DellaPergola.pdf, Aufruf: 9. November 2015) (=2009b).

DellaPergola, Sergio, »Sephardi and Oriental« Migrations to Israel: Migration, Social Change and Identification, in: Studies in Contemporary Jewry, 22 (2007), S. 3–43.

DellaPergola, Sergio, Demographic Trends in Israel and Palestine: Prospects and Policy Implications, in: American Jewish Year Book, 103 (2003), S. 3–68.

DellaPergola, Sergio, The Global Context of Migration to Israel, in: Leshem, Elazar/Shuval, Judith (Hrsg.), Immigration to Israel: Sociological Perspectives, New Brunswick/London 1998, S. 51–92.

DellaPergola, Sergio/Rebhun, Uri/Tolts, Mark, Contemporary Jewish Diaspora in Global Context: Human Development Correlates of Population Trends, in: Israel Studies, 11 (2005) 1, S. 61–95.

Dgani, Avi/Dgani, Rina, Argentinian Olim. Attitudes and Beliefs towards the Absorption Process in Israel, Jerusalem 2004.

Friedlander, Dov/Goldscheider, Calvin, The Population of Israel, New York 1979.

Hacohen, Dvora, Immigrants in Turmoil, Jerusalem 1994 (hebr.).

Israel CBS– Israelisches Zentralbüro für Statistik, Statistical Abstract of Israel, versch. Jgg.

Pupko, Israel, Multi-local Aliyah: Placing Two Feet in Two Places. The Jewish People Policy Planning Institute (Working Paper), Jerusalem 2009.

Raijman, Rebeca, Immigration to Israel. A Map of Trends and Empirical Research: 1990–2007, in: Israeli Sociology, 10 (2009) 2, S. 339–379 (hebr.).

Raijman, Rebeca/Kemp, Adriana, The New Immigration to Israel: Becoming a De-Facto Immigration State in the 1990s, in: Segal, Uma A./Elliott, Doreen/Mayadas, Nazneen S. (Hrsg.), Immigration Worldwide. Policies, Practices, and Trends, New York 2010, S. 227–243.

Raijman, Rebeca/Kemp, Adriana, State and Nonstate Actors: A Multilayered Analysis of Labor Migration Policy in Israel, in: Korn, Dani (Hrsg.), Public Policy in Israel, Lanham u. a. 2002, S. 155–173.

Raijman, Rebeca/Semyonov, Moshe, Best of Times, Worst of Times, and Occupational Mobility: The Case of Russian Immigrants in Israel, Research on Immigration and Integration in the Metropolis. Working Paper Series #98-04, January 1998.

Rubinstein, Amnon/Orgad, Liad/Avineri, Shlomo, Facing Global Migration: Outline to an Immigration Policy for Israel, Metzilah Center for Zionist, Jewish, Liberal and Humanistic Thought (Working Paper), Jerusalem 2009 (hebr.).

Schenkolewski-Kroll, Silvia, Argentinean Jews: From a Supportive Zionistic Movement to a Supported Community, in: Kivunim Hadashim, 1 (1999), S. 190–202 (hebr.).

Semyonov, Moshe, On the Cost of Being an Immigrant in Israel: The effects of Tenure, Ethnicity and Gender, in: Research on Social Stratification and Mobility, 15 (1996), S. 115–131.

Semyonov, Moshe u. a, Ruppin Index for Immigrants' Integration in Israel – 2nd report, The Institute for Immigration and Social Integration, Ruppin Academic Center, Publication No. 2, 2007 (hebr.).

Semyonov, Moshe/Lewin-Epstein, Noah, Immigration and Ethnicity in Israel: Returning Diaspora and Nation-Building, in: Münz, Rainer/Ohlinger, Rainer (Hrsg.), Diasporas and Ethnic Migrants. Germany, Israel and Post-Soviet Successor States in Comparative Perspective, London 2003, S. 327–337.

Weblinks

Einwanderungs- und Bevölkerungsbehörde Israel: www.piba.gov.il

Natan Sznaider

Gesellschaften in Israel

Zur Dialektik des israelischen Staates

Angenommen, Israel stellte einen Antrag auf Mitgliedschaft in der Europäischen Union – was wäre die Antwort? Die Mitgliedschaft in der EU müsste (wie der Antrag der Türkei) zurückgestellt oder abgelehnt werden – aus dem schlichten Grund, weil Israel nach europäischer Auffassung die eigenen Demokratiekriterien nicht erfüllt. Fast siebzig Jahre nach seiner Staatsgründung, also fast siebzig Jahre nach dem Beginn der Ausübung jüdischer politischer Souveränität in Israel, ist diese Staatsgründung immer noch nicht vollzogen. Noch gibt es keine endgültigen Grenzen. Das Land kämpft immer noch um seine Unabhängigkeit und es ist Besatzungsmacht. Israel ist demokratisch, aber gleichzeitig keine liberale Demokratie. Seine Hauptstadt ist de facto geteilt und ständig wird ob der Heiligkeit der Stadt gekämpft. Die Lage zwischen Europa, Asien und Afrika hat nicht nur geografische Bedeutung. Israel liegt auch unter soziologischen Gesichtspunkten inner- und außerhalb Europas, Asiens und Afrikas.

Es ist daher sehr schwierig, allgemeingültige soziologische Modelle und Kriterien einfach auf Israel anzuwenden. Das mag widersprüchlich sein, da es ja gerade das Selbstverständnis der Soziologie ist, allgemeingültige Begrifflichkeiten zu entwickeln, um gesellschaftliche Prozesse und Phänomene beschreiben, analysieren, verstehen und vergleichen zu können. Mit diesem Widerspruch werden die folgenden Überlegungen formuliert. Israel ist kein »normaler« und »geordneter« Staat, in dem gesellschaftliche Regeln und Normen eines geordneten Gemeinwesens zum Alltag gehören. Israel stammt zwar aus Europa, liegt aber nicht in Europa. Israel ist für viele seiner Kritiker auch ein (west)europäisches Auslaufmodell. Während anscheinend in Europa schon das sogenannte postnationale Zeitalter

■ Rückkehrgesetz

Am 5. Juli 1950 verabschiedete das israelische Parlament das sogenannte Rück-kehrgesetz. Die Erinnerung an den Holocaust war ganz frisch, als die Abgeordneten dafür stimmten, dass »jeder Jude das Recht hat«, nach Israel einzuwandern. Es sollte auch eine Antwort sein auf die nationalsozialistische Verfolgung von Menschen jüdischer Herkunft. 1970 wurde die Einwanderungsgarantie des Rückkehrgesetzes auch auf Kinder und Enkel eines Juden, den Ehepartner eines Kindes eines Juden sowie den Ehepartner eines Enkels eines Juden ausgedehnt. Diese Gesetzesänderung erfolgte auch, um die Immigration nach Israel zu vereinfachen, die auch interreligiöse Ehepaare einschloss. Inzwischen wurde diese Regelung für Ehegatten auch auf die nicht jüdischen Partner einer eingetragenen Partnerschaft bzw. gleichgeschlechtlichen Ehe ausgeweitet.

Da jedoch nach jüdischem Religionsgesetz, der Halacha, nur eine Person, die eine jüdische Mutter hat oder zum jüdischen Glauben übergetreten ist (sofern sie keiner anderen Konfession angehört), als jüdisch gilt, gibt es im heutigen Staat Israel nicht wenige jüdische Einwanderer, die nicht als Juden anerkannt sind. Das betrifft vor allem Einwanderer aus der ehemaligen Sowjetunion – und unterstreicht eine offene Frage, die bis heute vom Staat Israel nicht klar beantwortet wurde: Wer ist Jude? Das Rabbinat, das seit der Staatsgründung die Hoheit über zivilrechtliche Fragen wie Eheschließungen und Scheidungen hat und nur Übertritte anerkennt, die von orthodoxen Rabbinern durchgeführt wurden, beantwortet diese Frage anders als der Staat im Rahmen des Einwanderungsrechts.

Im Wortlaut heißt es im Gesetz: »Ein jüdisches Einwanderungsvisum wird jedem Juden erteilt, der seinen Willen, sich in Israel niederzulassen, bekundet hat, es sei denn, der Innenminister ist davon überzeugt, dass der Antragsteller I. gegen das jüdische Volk agiert; II. die Gesundheit der Bevölkerung oder die Sicherheit des Staates gefährden könnte; oder III. [1954] sich strafrechtlich insofern schuldig gemacht hat, als das Allgemeinwohl dadurch gefährdet werden könnte.«

G. D.

angebrochen ist, besteht Israel sowohl nach innen als auch nach außen auf seine ethnisch-nationale Grenzen – darin einem osteuropäischen Staat der 20er-Jahre des 20. Jahrhunderts vergleichbar. Geografisch liegt es jenseits der Grenze in Asien und wie die Türkei verbindet es Europa und Asien, ohne dabei zu beiden dazuzugehören. Israel ist als jüdischer Staat auf dem Grundsatz gegründet, dass Staat, Nation und Religion untrennbar miteinander verbunden sind. Das macht Israel für viele christliche Europäer, die sich auf die Tradition der Trennung von Staat und Religion berufen, heute mehr als »uneuropäisch«, denn die Rolle der Religion kann in Israel nicht nach dem Modell der Trennung zwischen Staat und Kirche beurteilt werden. Diese ist zwar auch in vielen europäischen Staaten nicht konsequent vollzogen, aber keiner dieser Staaten kann in dieser Hinsicht mit Israel gleichgesetzt werden, wo es weder eine Trennung von Staat und Synagoge gibt noch eine zwischen Religion und Nation. Während anderswo Religion für politische Zwecke instrumentalisiert werden kann, ist in Israel genau das Gegenteil der Fall: Politik wird für religiöse Zwecke missbraucht. (Nur so kann man zum Beispiel die Siedlungspolitik verstehen. Es geht dabei nicht nur um Territorium und Sicherheit, sondern in erster Linie um die religiöse Legitimation des Landes.) Auch das passt nicht in die üblichen gesellschaftlichen Entwicklungsmodelle des säkularen Weltbildes der Soziologie.

Israel wird dadurch zum »anderen« der europäischen oder westlichen Normalität. Israel ist vieles gleichzeitig, eine postindustrielle Hightechdienstleistungsgesellschaft (fast 70 Prozent der Israelis arbeiten im Dienstleistungssektor), Israel ist eine Besatzungsmacht und etwa 300 000 Israelis leben außerhalb der international anerkannten Grenzen, die Kriterien der Zugehörigkeit sind daher fließend. Das Rückkehrgesetz erlaubt es Juden in der Diaspora sowie ihren Angehörigen, sofort Bürger zu werden, während Nichtjuden, die im Land leben oder sogar in Israel geboren sind, keine vollwertigen Bürger sind. Dazu gehören die arabischen Bürger Israels, die zwar Staatsbürger sind, aber als Minderheit im »jüdischen Staat« gelten. Dazu gehören auch die im Land geborenen Kinder von Arbeitsmigranten, deren Geburt im Land sie nicht automatisch zu Bürgern werden lässt. Sie haben Rechte als Individuen, aber keine als Kollektiv. Israel ist demokratisch und gleichzeitig ethnisch definiert und es ist ein militarisierter Staat, der stets kriegsbereit sein muss. Auch lebt es im fortwährenden Kampf zwischen einer staatlichen Normalität und religiösen und metaphysischen Gesetzen der Erlösung, die ständig in die Tagespolitik eindringen – das zeigt sich nicht zuletzt an der Formel, dass das »Land Israel« dem »Volk Israel« gehört, in der Metaphysik und Politik miteinander verschmelzen. Das heißt, dass die Gesellschaften in Israel schwer mit allgemeingültigen soziologischen Formulierungen zu erfassen sind. Es ist, als ob eine Last der religiösen und messianischen Erwartungen dauerhaft das anscheinend kulturelle und säkulare Projekt überfrachtet.

Wie kann man die Gesellschaften in Israel einteilen, greifen, beschreiben und verstehen? Da sind zunächst die anfangs hegemonischen, sich selbst als säkular verstehenden Aschkenasim der Mittel- und oberen Mittelklasse, des Weiteren das nationalreligiöse Milieu (dem die Siedlerbewegung angehört), das in Israel nicht nur ein politisches, sondern auch ein religiöses Projekt sieht: Israel als Beginn der Erlösung, wie es in einem wichtigen Gebet auch heißt. Es ist dieses Milieu, das in den 1967 eroberten Gebieten diese Erlösung im wahrsten Sinn des Wortes ansiedelt. Darüber hinaus gibt es die Misrachim, das orthodoxe und ultraorthodoxe Milieu, die Einwanderer aus der ehemaligen Sowjetunion, die äthiopischen Juden, die arabischen Staatsbürger Israels und auch in den letzten Jahren die nicht jüdischen Arbeitsmigranten aus Afrika, Lateinamerika, Osteuropa und Asien. Das sind keine eindeutigen Kategorien, manche überschneiden sich auch und man kann diese nochmals unterteilen und neu definieren (wie zum Beispiel in Juden und Nichtjuden, Religiöse und Säkulare, Westliche und Orientalische und natürlich auch nach Generationen und Geschlechtern, in Neueinwanderer und Alteingesessene).

Das heißt auch, dass man von »der« israelischen Gesellschaft an sich nicht sprechen kann. Es sollte besser von »Gesellschaften« in Israel gesprochen werden. Auch das ist eigentlich nichts Außergewöhnliches. Mehrere Gesellschaften innerhalb einer politischen Formation gibt es zur Genüge, nur können diese Gesellschaften nicht mehr nur im nationalen Rahmen verstanden werden. Sowohl »der« Staat als auch »die« Gesellschaft existieren noch im Bewusstsein der Menschen, aber sie werden zu Zeichen der Krise und nicht der Integration. Gesellschaften pluralisieren sich und Staaten müssen ihre Souveränität neu definieren. Man kennt die für die Soziologie typischen Unterscheidungen von Tradition einerseits und Moderne und Rationalität andererseits, die unter anderem den Übergang von mechanischer zu organischer Solidarität[1], von Status zur Vertragsgesellschaft, von Gemeinschaft zu Gesellschaft implizieren. Die klassische Soziologie hat sich, zumindest in ihrer Lehrbuchversion, im Kontext einer neuen, modernen Epoche konstituiert und sich vor allem durch eine Abgrenzung von der sogenannten Vormoderne definiert. Die moderne Gesellschaft zeichnet sich demnach durch einen Bruch mit der traditionellen Gemeinschaft aus. Wobei die bindende Kraft in diesem Übergang in der Nation gesehen wird. So lassen sich aber die Gesellschaften in Israel nicht greifen.

---

1 Nach Emilé Durkheim ist unter mechanischer Solidarität der Zusammenhalt von Gesellschaften aufgrund von Tradition, Sitten und Sanktionen zu verstehen. Signifikant dafür sind gemeinsame Anschauungen und Vorstellungen. Organische Solidarität ist hingegen funktional bestimmt. Der Zusammenhalt wird über gesellschaftliche Strukturen, zum Beispiel die Arbeitsteilung, hergestellt, in der die Individuen unterschiedlich involviert sind.

Zum Verhältnis von Allgemeinem und Besonderem

Israel ist ein ethnisch definierter Staat. Was heißt das? Der ethnische Staat ist partikular, sein Partikularismus handelt von Identität und Identität exkludiert: Jedem »Wir« steht ein »Sie« gegenüber, die Menschen, die nicht wie wir sind. Ohne diese scharfe Grenzziehung existiert kein ethnischer Staat. Die partikularistischen Welten sind antagonistisch und damit werden die kulturell anderen in einer Wertehierarchie verortet. Es geht um Kampf, Ehre und Ruhm, im Grenzfall sogar um den eigenen Tod als Ausweis der existenziellen Ernsthaftigkeit. Ohne den Gegensatz von Juden und Nichtjuden kann Israel nicht existieren. Aber das allein genügt nicht, die israelischen Gesellschaften zu erfassen. Denn gleichzeitig existiert die Antithese dieses ethnischen Partikularismus – das Prinzip des Universalismus. Davon zeugt bereits die Formel des gleichzeitig »jüdischen und demokratischen« Staates. Es ist mehr als eine Floskel. Es ist ein im Alltag Israels gelebter Widerspruch, ein Widerspruch in der Praxis, in der die Verschiedenartigkeit der Rassen, Nationen, Religionen aufgehoben und die Gleichheit aller Menschen, einschließlich gleicher Rechte, behauptet wird. Das wird in der israelischen Politik ständig verhandelt. Dabei geht es um »Wahrheit«, und zwar um eine solche, die wahr ist für jeden zu allen Zeiten und an allen Orten; und je universeller eine Kultur, eine Nation sich versteht, desto näher kommt sie dieser Wahrheit. In Israel treffen diese Wahrheiten frontal aufeinander. Die verschiedenen gesellschaftlichen Milieus in Israel kämpfen daher ständig um die »wahre« Definition des israelischen Selbstverständnisses. Manchmal wird versucht, die Hegemonie einer Gruppe gesetzlich zu verankern, wie es in den oft eingebrachten Gesetzesvorlagen, die Israel in erster Linie als jüdischen Staat definieren wollen, deutlich wird. Wie in anderen Ländern auch herrscht in Israel die Gleichzeitigkeit des Ungleichzeitigen, wobei verschiedene gesellschaftliche und kulturelle Stufen nebeneinander, miteinander und gegeneinander existieren. Die Sprache der Soziologie kann das schlecht einfangen. Sie selbst ist gefangen in der Sprache des nationalen Containers, der Gesellschaft mit Staat verwechselt und damit den Begriff »Gesellschaft« wie in »israelische Gesellschaft« essenzialisiert. Auch in Israel bewegen sich die Menschen heute eher in weitmaschigen Netzwerken, in denen die Grenzen der Zugehörigkeit eher uneindeutig geworden sind, also in einer Mischung von vielen losen und wenigen engen Beziehungen.

Im Zeitalter der Globalisierung kann kulturelles und politisches Selbstverständnis weder konzeptionell noch empirisch auf einen territorial fixierten Ansatz reduziert werden. Was hier zur Disposition steht, ist das Verhältnis von Nation, Religion und Staat in Israel, nicht Staatlichkeit per se. Auch in Israel sind die Nebenfolgen der Moderne zu spüren. Auf der einen Seite der nostalgische Wunsch nach einer besseren, solidarischeren und patriotischen Zeit und auf der anderen Seite das Auseinanderbrechen vorgegebener Strukturen. Dies wurde gerade auch während der großen Sozialproteste im Sommer 2011 deutlich. Das geschieht gleichzeitig mit existenzieller Bedrohung, Besatzung, Krieg und der permanenten Präsenz des Sakralen im Alltag. Auch in Israel implodieren die Gesellschaften – ihre Basisprinzipien, Grundunterscheidungen und Schlüsselinstitutionen lösen sich im Zuge radikaler Modernisierung von innen her auf. Die Veränderungen werden zum Beispiel auf struktureller Ebene sichtbar, etwa anhand des Wandels politischer oder auch familialer Formen. So gilt Israel zum Beispiel als weltoffen und tolerant gegenüber Homosexuellen und im »innerasiatischen« Vergleich als das toleranteste Land in der Region. Weiterhin wird diese Toleranz gegenüber gleichgeschlechtlicher Liebe durch traditionelle Familienstrukturen bestärkt. Solange die gleichgeschlechtliche Paarbeziehung sich an die traditionelle einschließlich Elternschaft anpasst, sind die meisten Menschen Israels ihr tolerant gegenüber. Auch hier zeigt sich die Gleichzeitigkeit des Ungleichzeitigen. Und diese Toleranz wird dann auch von den radikalen Kritikern Israels als *pinkwashing* bezeichnet, als eine Taktik, nach der die Toleranz gegenüber einigen nur die Unterdrückung anderer verdecken soll.

Dieser Konflikt zwischen den verschiedensten Ansprüchen, die die Bürger an das Land haben, war auch einer der Gründe für die großen Sozialproteste im Sommer 2011. Die lange hegemonial herrschende Sozialdemokratie in Israel (1948 – 1977) hatte es immer verstanden, die israelische Gesellschaft als einen auf Gleichheit beruhenden Sozialstaat vorzustellen. Das war sowohl für die Staatsgründung als auch für die Staatserhaltung in den ersten Jahrzehnten ein Mythos von entscheidender Wichtigkeit. Und vieles daran stimmte auch. Es gab weniger und dieses »Weniger« war breiter verteilt. Die Demonstranten mussten diesen Widerspruch von Nostalgie und Gegenwart aushalten. Sie selbst sind Kinder der digitalen Revolution, sie leben und arbeiten in einem Hightechstaat und sind Teil einer neuen Individualisierung. Die Demonstranten wussten wohl, dass es heute in Israel mehr Chancengleichheit gibt, als dies früher der Fall war. Viele von ihnen sollten als Studenten ein Bewusstsein davon haben, dass der Zugang zu höherer akademischer Ausbildung weitaus leichter ist als vor zwanzig Jahren. Gerade wegen der gerechteren Chancenverteilung waren sie auf der Straße. Einer der großen Widersprüche ist, dass sie so leben wollen, wie sie glauben, dass ihre Altersgenossen außerhalb Israels im Westen leben. Sie wollen Normalität, bezahlbare Mieten, kostenlose Kinderbetreuung, gute Universitäten, ein funktionierendes Gesundheitssystem, Ferien im Ausland, die bürgerliche Normalität des bezahlbaren Luxus,

Sozialproteste im Sommer 2011: Hunderte Israelis zelten auf dem Rothschild Boulevard im Zentrum von Tel Aviv, sie wehren sich unter anderem gegen die horrenden Mieten in der Stadt.

den es fast schon nirgends mehr gibt. Es ist der amerikanische Traum, eingepackt im europäischen Sozialstaat. Man will vor allem Kontrolle über das eigene Leben haben, die von so vielen Menschen gespürte Hilflosigkeit bremsen.

Die gesellschaftliche Wirklichkeit macht diesen Menschen das Angebot, ihr Leben selbst gestalten zu können, was dann auf die politische Wirklichkeit trifft, die dies verneint. Diese jungen Israelis bewegen sich in weitmaschigen Netzwerken, in denen die Grenzen der Zugehörigkeit anders definiert sind als durch die früheren Unterscheidungen zwischen links und rechts. »Gemeinschaft« bedeutet für sie keine Rückkehr zu einer imaginären Vergangenheit, in der alles einmal besser war. Auch geht es nicht darum, die Sozialdemokratie künstlich wiederbeleben zu wollen – das funktioniert auch in Israel nicht mehr. Die Solidaritäten sind diffus, sie haben mit der nationalen und ethnischen Homogenität, wie sie die Vertreter des alten nationalen Ethos anstrebten, die aus den in der Diaspora verstreut lebenden Juden einen neuen Juden – den israelischen Staatsbürger – schaffen wollten, nicht viel gemein. Viele junge Israelis sind heute empört darüber, dass sie hohe Steuern zahlen und keine entsprechenden Dienstleistungen dafür bekommen, dass generell zu wenige die Hauptlast des Staates tragen. Aber sie sind auch nicht bereit, auf die enge Definition der ethnischen Zugehörigkeit zu verzichten.

Viele Menschen trauen den alten Institutionen nicht mehr (außer der Armee, die noch großes Vertrauen gerade bei der jüdischen Bevölkerung Israels genießt) und warum sollten sie auch? Es fehlt eine klare Perspektive, dank der junge Israelis ihrer Existenz einen Sinn geben könnten: Auf der einen Seite ist Israel eine von Feinden umzingelte Besatzungsmacht, auf der anderen Seite will man ein ganz normales Leben führen, was aber in Israel nicht möglich ist.

Hinzu kommen eine Vielzahl von Migranten (junge Israelis, die eine Zeit lang außerhalb Israels leben, und afrikanische und asiatische Arbeitsmigranten, die versuchen, in Israel Fuß zu fassen) und ihre Angehörigen, die ihr Leben sowohl innerhalb als auch über die Grenzen verschiedener Nationalstaaten hinweg leben und organisieren. Denn bei diesen Menschen geht es ja nicht um Integration. Das sieht oberflächlich wie ein Widerspruch zur staatstragenden Ideologie des Zionismus aus. Aber diese Ideologie ist in der Tat staatstragend und wird nicht unbedingt von allen Gruppen in Israel geteilt; sie unterliegt ständigen Verhandlungen zwischen Staat und Gesellschaften. Wer Staatsgrenzen als Gesellschaftsgrenzen und Denkgrenzen unreflektiert voraussetzt, verschreibt sich einer Ordnungslogik, die Migranten (sowohl junge Israelis in Berlin als auch junge Sudaner in Tel Aviv) als eine fundamentale Bedrohung der sozialen Ordnung und Solidarität erscheinen lässt. Damit werden für die auch in Israel typische Spätmoderne neue Identitäten geschaffen, nach denen das Selbstverständnis der Individuen nicht dem Entweder-oder, sondern dem Sowohl-als-auch folgen: Während sie ethnische und kulturelle Wurzeln haben, sehen sie sich doch wesentlich von Erfahrungen und Begegnungen mit anderen Kulturen, Ethnizitäten, Geschlechtern, historischen und politischen Umständen geprägt, die sie nicht ihr Eigen nennen könnten, wenn sie nicht auch Teil der globalen Moderne wären. Das ist der Schlüssel für das Verständnis der israelischen Gesellschaften. Es kann nicht mehr von EINEM jüdischen Kollektiv in Israel gesprochen werden. Dieses Kollektiv war schon immer mehr Mythos als Realität. Er existiert weiterhin in Form der 1967 eroberten Gebiete Judäa und Samaria, deren Namen schon allein Teil des Mythos sind; zugleich wird er in politischer Nostalgie sowohl von links als auch von rechts bemüht. In der heutigen Spätmoderne Israels bröckelt jedoch zusehends der Glaube an diesen Mythos.

Was heute in Israel vor sich geht, ist nicht nur für Israel selbst bedeutsam, sondern für ein dynamisches Modernitätsverständnis im Allgemeinen. Nicht nur in Israel gibt es Probleme mit der Definition der Zivilgesellschaft als einer auf Gleichheit und Universalismus beruhenden Vergesellschaftungsform, die die partikularistischen Eigenheiten verschiedener Gruppen im Namen universaler Rechte wegdefinieren möchte. Aber hier sind diese Probleme eher verschärft, da verschiedene Gruppen aufeinandertreffen, deren Lebenswelt sich erheblich unterscheidet und die zum Teil kaum bis gar kein Verständnis füreinander aufbringen. Israel ist in den fast siebzig Jahren seiner Existenz zu einer Melange der verschiedensten sprachlichen und kulturellen Gruppen geworden, die durch gegenseitige tiefe Abneigung, mitunter gesteigert zum Hass, zusammengehalten werden. Und das trotz (und auch wegen) der zionistischen Ideologie. Dieser Wertepluralismus findet seinen politischen Ausdruck in den fast schon barocken Koalitionsverhandlungen nach jeder Wahl, in denen diese gesellschaftlichen Prozesse ihren politischen Ausdruck finden. Die Gesellschaften in Israel sind daher ständig gezwungen, ihre radikalen Differenzen über das gute und richtige Leben miteinander zu verhandeln. Sie fordern sich ständig gegenseitig heraus und konkurrieren über die legitime Definition der israelischen Identität. Dabei haben die jüdischen Gesellschaften einen klaren Vorteil gegenüber den nicht jüdischen Gesellschaften, da sie Teil des nationalen Ethos sind.

Klar scheint zu sein, dass man nicht von EINER nationalen Kultur und Gesellschaft sprechen kann. Das kann man auch in der israelischen Kulturproduktion wie der Musik, dem Kino und der Literatur beobachten (siehe den Beitrag von David Witzthum). So kann sich die israelische Rockmusik an globalen Trends orientieren, wie das in anderen politischen Formationen auch der Fall ist. Und dann gibt es Gesellschaften in Israel, die diese völlig ignorieren und sich an traditionellen ethnischen und religiösen Mustern orientieren und versuchen, die Welt auszuklammern. Schon daran lässt sich erkennen, dass die israelische Nation, die diesbezüglich keine Ausnahme unter den Nationen bildet, nicht wirklich als homogene kulturelle und gesellschaftliche Gemeinschaft existiert. Davon unbenommen sind Versuche, Nation und Gesellschaft – trotz der kulturellen und gesellschaftlichen Brüche und Variationen, die in »Parallelgesellschaften« nebeneinander existieren – als kohärente Einheit darzustellen.

Diese Gleichsetzung von Gesellschaft und Nation kennzeichnet auch das Konzept der »kollektiven Erinnerung«: Offizielle und öffentliche Erinnerungsdiskurse werden demnach sowohl theoretisch als auch empirisch innerhalb des nationalen Rahmens angesiedelt. Sie stehen somit zum einen im Widerspruch zu der Signatur der neuen Uneindeutigkeit, die am Anfang des 21. Jahrhunderts prägend wurde, und geraten zum anderen in Widerspruch zu den Wirklichkeiten der Europäisierung der Erinnerungskulturen, die sich notwendig jenseits des nationalen Rahmens bewegen.

Zusammenfassend lässt sich festhalten, dass es eine homogene Nation trotz der Tatsache, dass der Staat ethnisch definiert ist, in Israel nicht gibt.

Vielmehr existieren verschiedene Kollektive mit zum Teil auch unterschiedlichen Rechten. Diskriminierungserfahrungen gehören zum Alltag einiger Kollektive. Zugleich existieren Pluralismus und Wertevielfalt. Eine dynamische Zivilgesellschaft, Medien, Universitäten, Theater, eine international beachtete Filmindustrie und eine demokratische Diskussionskultur sind nur einige Beispiele dafür, dass sich in Israel eine Gesellschaft mit einer lebendigen Alltagskultur herausgebildet hat. Das geschieht auch inmitten traditioneller Lebensweisen, die durchaus aus der Vormoderne stammen. Die gesellschaftliche Unordnung ist demnach miteingebaut, so, wie auch die israelische Urbanität mehr von der Unordnung als von der Ordnung definiert ist.

Was heißt das für die Gesellschaften, die sich in Israel befinden? Was für ein Staat ist Israel? Was bedeutet die Formulierung »jüdischer Staat« heute in einer globalen – scheinbar säkularen und aufgeklärten – Welt? Und was heißt das für die säkularen Milieus, die in Israel leben und sich eher als demokratisch denn als jüdisch verstehen wollen, aber den Raum mit denjenigen teilen müssen, die sich eher als jüdisch denn als demokratisch verstehen?

Paradoxien und Spannungsfelder

Die zionistische Bewegung setzte die jahrtausendealte Sehnsucht der Juden nach »Zion« (siehe den Beitrag von Michael Brenner) praktisch um: Es ging um »Rückkehr«. Daher ist auch eines der wichtigsten Gesetze Israels das 1950 verabschiedete Rückkehrgesetz, das es jedem Juden auf der Welt ermöglicht, nach Israel einzuwandern und die Staatsbürgerschaft zu erhalten. Aber diese Rückkehr ist nicht nur ein staatsbürgerlicher, sondern auch ein metaphysischer Akt. Es geht nicht nur um die Rückkehr der Juden in ihre »physische Heimat«, sondern auch um die Rückkehr der Juden als handelnde Subjekte der Geschichte, aus der sie gewaltsam exiliert wurden. Jede politische Aktion in Israel ist damit gleichzeitig metaphysisch aufgeladen. Der Zionismus wollte die Juden aus ihrer Weltlosigkeit befreien, ihnen durch »normale« territoriale Souveränität eine Welt geben, sie durch einen normalen Staat mit seinen Institutionen und staatsbürgerlichen Kriterien zu einem Teil der Weltgemeinschaft machen. Aber genau das ist eine der unlösbaren Spannungen, die die israelischen Gesellschaften durchziehen. Die Spannung zwischen Heiligkeit und Souveränität gehört in Israel zur politischen Alltagssprache. Die alte heilige hebräische Sprache wurde in Israel zum Leben erweckt. Dass in dieser Wiederbelebung der Sprache auch Zündstoff liegt, hat Gerschom Scholem schon 1926 erkannt, als er an seinen Freund Franz Rosenzweig schrieb: »Dies Land ist ein Vulkan. Es beherbergt die Sprache.«

Dazu kommt, dass es kaum Staaten gibt, die ihre Existenz so sehr der internationalen Moralität verdanken wie Israel. Das war die Grundlage des UNO-Teilungsplans von 1947. Aber internationale Moralität allein macht noch keinen Staat und die Unabhängigkeit musste bitter – und oft mit unmoralischen Mitteln – erkämpft werden. Dieser Widerspruch begleitet bis heute Israel. Zwar ist das Bestreben, Juden vor Antisemitismus zu schützen, eine der Existenzgrundlagen des Staates Israel. »Nur ein starkes Israel kann einen erneuten Holocaust verhindern« wurde zu einem der Pfeiler der israelischen Identität. So heißt es auch in der israelischen Unabhängigkeitserklärung: »Die Katastrophe, die in unserer Zeit über das jüdische Volk hereinbrach und in Europa Millionen von Juden vernichtete, bewies unwiderleglich aufs Neue, dass das Problem der jüdischen Heimatlosigkeit durch die Wiederherstellung des jüdischen Staates im Lande Israel gelöst werden muss, in einem Staat, dessen Pforten jedem Juden offenstehen und der dem jüdischen Volk den Rang einer gleichberechtigten Nation in der Völkerfamilie sichert.«[2] Das ist einer der Grundpfeiler der jüdischen Gesellschaften in Israel. Aber die Verurteilung des Holocaust und des ihn begründenden Antisemitismus verdankt seine Kraft einer Revolution der globalen Moralität. Jenseits der zionistischen Bemühungen der Juden, sich selbst als Nation zu definieren, hat die jüdische Nation ihre internationale Legitimation durch diese weltweite Verurteilung erhalten. Ohne sie kann sich Israel nur auf die gemeinsame Religion oder Ethnizität berufen, eine Legitimationsbasis, die von Beginn an nicht von der arabischen Welt akzeptiert wurde. Aber nicht nur die arabische Welt ist nicht mehr bereit, diese Grundlage der Legitimation anzuerkennen. Was oft bleibt, ist die Legitimation durch Gewalt.

Die Verankerung von Israels staatlicher Legitimität in der globalen Moralität des Antiantisemitismus impliziert, dass dieser Staat mit höheren moralischen Maßstäben gemessen wird als andere Staaten. Für viele Menschen in Israel ist das sowohl Bürde als auch Würde. Durch den Holocaust wurde der Antisemitismus zum Gesinnungsverbrechen par excellence, damit aber zu einem Verbrechen, das auch Verpflichtungen an die ehemaligen Opfer stellt. Das globalisierte Verständnis der Holocausterinnerung nimmt Opfern und Tätern ihre ethnische Zugehörigkeit und sieht sie in allgemeinen Kategorien von Recht und Unrecht. Israel sieht sich als rechtlicher und moralischer Nachfolger der Opfer. In diesem Sinn wird

---

2 Für den deutschen Wortlaut siehe: http://embassies.gov.il/berlin/AboutIsrael/Dokumente %20Land%20und%20Leute/Die_Unabhaengigkeitserklaerung_des_Staates_Israel.pdf, Aufruf: 5. Oktober 2016.

von den jüdischen Israelis eine moralische Sensibilität eingefordert, wie sie von anderen Völkern nicht verlangt wird. So kann Israel von der Welt nie erwarten, als ganz normaler Staat behandelt zu werden, und die jüdische Existenz in Israel kann nie eine normale sein. Zugleich stammt diese Legitimation nicht aus dem geografischen Ort der Existenz von Israel. Sie versteht sich nicht aus sich selbst heraus. Es ist ja auch gerade diese faktische Legitimation, die viele Feinde Israels nicht anerkennen.

Die israelische Souveränität am Ort musste erkämpft werden. Die Rückkehr musste auch damit umgehen, dass die Ausübung jüdischer Souveränität von der nicht jüdischen Bevölkerung nicht akzeptiert wurde. Die zionistische Bewegung war von Beginn an auch eine militärische. Die Formel vom »Land ohne Volk für ein Volk ohne Land« war von Anfang an infrage gestellt. Die Ausübung jüdischer Souveränität im Staat Israel war auch das Resultat von Krieg und Entbehrung und nicht nur der internationalen Moral. Diese Spannung zwischen Moralität und Gewaltausübung bestimmt nicht nur die israelische Geschichte, sondern auch das Israelbild weitgehend mit. Auch hier geht die Trennung durch die israelischen Gesellschaften. Und so ist Israel auch ständig bestimmt durch den Ort und den Nichtort. Die jüdischen Wurzeln des Ortes stehen oft mit dem Ort selbst im Konflikt. Heimat und Exil stehen im ständigen Widerspruch miteinander.[3] Der Ort musste erkämpft werden und dieser Kampf ist bis zum heutigen Tag nicht abgeschlossen.

Juden standen auch schon vor der Staatsgründung für alle Paradoxien der Moderne: Auf der einen Seite versinnbildlichten sie Partikularität und unterliefen damit den universellen Anspruch der Aufklärung. Juden wurden zu Außenseitern der Aufklärung, immer noch von traditionellen Riten und Gesetzen abhängig (das Problem der Emanzipation). Gleichzeitig symbolisierten sie Transnationalität, Heimatlosigkeit, Abstraktion, mehrere Loyalitäten und die Geldwirtschaft (das Problem der Minderheiten). Das war das Paradox der europäischen Juden – ihre Partikularität war transnational. Und ihre Transnationalität war partikular. Dieser Prozess wurde in Israel immer noch nicht abgeschlossen und bestimmt einen großen Teil der Lebenswelten der Menschen. Auch die Diasporisierung, die die Staatsgründung eigentlich beenden sollte, zieht sich mitten durch die israelischen Gesellschaften. So ist auch der Blick auf die allabendlichen

---

3 Davon zeugt auch die Werbekampagne der israelischen Fluggesellschaft El Al, die ihren Passagieren im Hebräischen anbietet, »Zu Hause in der Welt zu sein«. Die englische Version ist eher neutraler. Auch ist es kein Zufall, dass mehrere israelische Parteien auf den Begriff »Heim« oder »Heimat« rekurrieren (»Habayit Hayehudi« = Das jüdische Haus oder »Israel Beitenu« = Unser Haus Israel).

Fernsehprogramme, die hier wie überall auch via Kabel oder Satellit empfangen werden können, in Israel verwirrend.

Aber selbst das »Judesein« ist in Israel ein verwirrendes Begriffsspiel. Nach innen gerichtet, halten die verschiedenen Gesellschaften in Israel stärker zusammen, weil sie stärker gespalten sind. Die Spannungen werden dadurch kleiner und nicht etwa größer. Aus der Perspektive der jüdischen Israelis bedeutet das, dass es einfacher wird, verschiedene Kombinationen auszuprobieren und zu rekombinieren. Sie finden mehrere sich überschneidende Identitäten vor und leben aus der Kombination heraus. Der geschlossene Raum Israel existiert nicht mehr. Die israelischen Gesellschaften öffnen sich über die Grenzen des Nationalstaats. Und so werden auch – ähnlich wie in den USA – ethnische Kategorien zu Lebenspraktiken. »Russen« halten ständige Verbindungen zu ihrem Herkunftsland und werden in Israel eigentlich zu Russen mit ihrer Literatur und Kultur. So auch »Marokkaner«, die über die multikulturelle Ideologie, die gerade von der gebildeten westlichen Elite in Universitäten und Medien gefördert wird, ihre Identität finden. Es sind diese Gruppen, die das natürliche Hier und Jetzt des andauernden zionistischen Projektes nie zum Stillstand kommen lassen. Dabei sind es natürlich auch die sogenannten orientalischen Juden, die gerade auch den Anspruch der aschkenasischen Eliten, Europa zuzugehören, herausfordern. In den 1950er-Jahren wollte das offizielle Israel die jüdischen Einwanderer aus arabischen Ländern noch »modernisieren« oder »europäisieren«. Aber diese Einwanderer haben in der zweiten oder dritten Generation ihre eigene israelische Identität erzeugt, die sich aus Tradition und Moderne zusammensetzt. Auch haben diese Gruppen ihre eigene Version von orientalischer Orthodoxie erzeugt, die sich nicht mehr der Autorität der offiziellen, aus Europa stammenden Orthodoxie unterordnen will. Damit werden viele aus Europa stammende Israelis daran erinnert, dass Israel zwar aus Europa stammen mag, aber nicht mehr in Europa liegt.

Arabische Bevölkerung

Das ist natürlich noch deutlicher für die nicht jüdische arabische Bevölkerung, die nach 1948 innerhalb der israelischen Staatsgrenzen geblieben ist. Ethnisch und national gehören sie zu den Palästinensern, aber sie sind auch gleichzeitig israelische Staatsbürger. Sie sind die wahren Außenseiter im zionistischen Projekt, da sie keinen Bezug zum jüdischen Nationalstaat herstellen können. Ganz im Gegenteil. Der Anfangspunkt der jüdischen Souveränität in Israel aus dem Jahr 1948 wird von einer großen Anzahl der arabischen Bevölkerung in Israel als Tag der Katastrophe bedacht. »Israelische Araber« (wie sie oft offiziell genannt werden) müssen seit 1948 zwischen

»Golan Heights«, eine Band arabischer Israelis (von links: Rami Nakhleh, Maysa Daw und Rimon Haddad), die in einer Bar in Majdal Shams arabische Lieder spielen, 2014.

ihrer palästinensischen und israelischen Identität manövrieren, ein nicht leichtes Unterfangen, wenn man die Feindschaft zwischen diesen Gruppen bedenkt. So ist auch diese Bevölkerungsgruppe zwischen den Forderungen nach bürgerlicher Gleichberechtigung einerseits und kultureller Autonomie andrerseits gespalten. Aber die Anwesenheit der arabischen Bevölkerung ist auch eine ständige Erinnerung daran, dass die jüdische Souveränität keine garantierte sein kann.

Einwanderung aus der ehemaligen Sowjetunion

Gleichsam als andere Seite der Medaille kann die Einwanderung aus der ehemaligen Sowjetunion betrachtet werden. Sie ist ein Beweis, dass Israel fast 70 Jahre nach seiner Staatsgründung immer noch eine dynamische Einwanderergesellschaft ist.[4] Israel kann kein Monopol für diese Einwanderer beanspruchen, sondern muss mit Deutschland, Kanada und den USA um diese Menschen konkurrieren. Dennoch kamen mit dieser Welle, die in den

---

4   Zahlen zu den verschiedenen Einwanderergruppen können über das Central Bureau of Statistics abgerufen werden.

1990er-Jahren ihren Höhepunkt erreichte, mehr als Million Menschen nach Israel (siehe den Beitrag von Judy Maltz); insgesamt waren es etwa 1,5 Millionen Juden aus der ehemaligen Sowjetunion, die ihre Heimat in den letzten 20 Jahren verlassen haben. Damit wurde auch eine der größten noch existierenden Diasporagemeinden, die den Holocaust in Europa überlebt haben, aufgelöst. Mit der Auswanderung dieser Juden aus der ehemaligen Sowjetunion ist die Geschichte des osteuropäischen Judentums fast schon abgeschlossen. Diese Menschen haben ihre Kultur mit nach Israel gebracht, wo sie das Land dynamisch von innen verändern. Sie sind allerdings keine ethnisch homogene Gruppe. Wir finden Einwanderer aus Asien (wie aus Usbekistan und Kasachstan) oder aus Europa (Ukraine, Weißrussland, Baltikum), aber trotz dieser ethnischen und kulturellen Vielfalt gelten sie in Israel fast alle als »Russen«. Wenn der heutige israelische Staat pluralistische und multikulturelle Elemente aufzeigt, ist das maßgeblich dieser Einwanderungswelle zu verdanken. »Russische« Konsumgüter oder auch Kulturprodukte wie Radio, Fernsehen, Zeitungen, Theater, Literatur oder sogar politische Parteien legen davon Zeugnis ab. Sie belebten eine osteuropäische jüdische Kultur in diesem Land wieder, die durch den geografischen Ort in den Hintergrund rückte und brachten damit den Nichtort zurück. Diese Einwanderer stehen auch in engem Kontakt zu »russischen« Enklaven in Westeuropa und Amerika. Ihre Eingliederung kann als großer Erfolg für Israel verbucht werden. Die meisten Einwanderer sind im Arbeitsmarkt integriert, sprechen die hebräische Sprache und sind dadurch in der Lage, sowohl die bürokratischen Hürden zu nehmen als auch den Arbeitsmarkt zu ihren Gunsten zu nutzen. Gleichzeitig sind sie in der Tat »neue Israelis«. Israel ist ihre Heimat und dieses Heimatsgefühl ist für sie selbstverständlich; und das gilt auch dann, wenn sie Russisch oder Hebräisch mit starkem russischen Akzent sprechen. Damit fordern sie die alteingesessenen Gesellschaftsgruppen heraus. Das geschieht auch über ihre politische Partei, Israel Beitenu, die beansprucht, dass ihre ethnonationale Definition des Judentums von den alteingesessenen Israelis akzeptiert werden soll. Es geht nicht um Eingliederung in ein fast schon nicht mehr vorhandenes Ganzes, sondern sie leben ein kulturell autonomes Leben, obwohl sie gesellschaftlich Teil des Staates sind. Es geht also mehr um ethnischen und kulturellen Pluralismus und um eine aus der Mode gekommene Schmelztiegelideologie. Diese Einwanderer stellen auch die Konturen des nationalen Gedächtnisses infrage. Für sie steht weniger die Erinnerung an den Holocaust und die Vernichtung der europäischen Juden, die für die Legitimierung von Israel so wichtig ist, im Vordergrund, sondern die Erinnerung an den Zweiten Weltkrieg. Es ist der 9. Mai 1945, die Kapitulation Deutschlands in Berlin-Karlshorst, die für viele ehemalige Sowjetbürger prägend war. Nicht hilflose Opfer, sondern aktive Teilnehmer am »Großen Vaterländischen Krieg« gewesen zu sein, bestimmt ihr historisches Bewusstsein. Damit kommt der Sowjetunion und der Roten Armee auch eine historisch positive Rolle zu – eine Rolle, die in Israel durch seine jahrzehntelange Westanbindung in den Hintergrund rückte.

Russische Einwanderer, unter ihnen hochdekorierte Veteranen aus dem Zweiten Weltkrieg, versammeln sich am 8. Mai 2016 zu einem Marsch durch Jerusalem, um den Sieg der Alliierten über Nazi-Deutschland zu feiern.

In der Zeit vor dem Zweiten Weltkrieg lebten Juden in der Spannung zwischen Universalismus und Partikularismus; diese Spannung, die der israelische Staat durch seine Souveränität aufheben sollte, ist nun wieder lebendig. Juden waren zu universal, um partikular zu sein, und zu partikular, um universal zu sein. Dieses »Nichtdazugehören« machte die Juden zu den Kosmopoliten Europas. Ort und »Nichtort« vermischten sich in ihrem Erfahrungsraum. Europäische Juden waren gleichzeitig assimiliert, orthodox, jüdisch und nicht jüdisch, national und kosmopolitisch. Nur eines waren sie nicht: integraler Teil der nationalen Gesellschaften Europas.

Äthiopische Einwanderer

Hier sind auch gerade die äthiopischen Einwanderer entscheidend. Sie sind in gewisser Hinsicht die Kehrseite der »russischen« Einwanderung. Im Vergleich zu den »russischen« Einwanderern handelt es sich hier um eine relativ kleine Gruppe von etwa 125 000 Menschen, aber ihre symbolische Präsenz ist um vieles größer. Dabei geht es auch um die äußere Symbolik. Sie sind die am weitesten von Europa entfernten Juden. Der kulturelle und soziale Unterschied ist größer als bei allen anderen Gruppen. Sie wurden in den 1980er- und 1990er-Jahren in Geheimoperationen aus Gebieten nach Israel gebracht, die von Hungersnot und Bürgerkrieg bedroht waren. Mit ihrer Anwesenheit wurden die ethnischen Grenzen der jüdischen Israelis noch weiter nach außen verschoben. Auch ist ihr Judentum von der Orthodoxie noch nicht vollkommen anerkannt. Symbolisch gehören sie kaum zum kollektiven Gedächtnisraum der Israelis. Sie sind in dieser Hinsicht Außenseiter geblieben. Viele äthiopische Jugendliche bedienen sich bewusst der Symbole afroamerikanischer Jugendlicher in den USA, um damit ihre Außenseiterrolle als die »Schwarzen« Israels noch strikter zu betonen.

Operation Salomon – Luftbrücke für äthiopische Juden: Vom 23. bis 25. Mai 1991 flog die israelische Armee innerhalb von 36 Stunden über 14 000 äthiopische Juden aus der von Rebellen eingeschlossenen Hauptstadt Addis Abeba nach Israel.

Arbeitsmigranten

Man sollte auch den immer stärker werdenden Einfluss von Arbeitsmigranten, die in den letzten Jahren nach Israel kommen und damit auch die Palästinenser als billige Arbeitskräfte vom Arbeitsmarkt drängen, erwähnen. Da die Grenzen zum Westjordanland und Gazastreifen oft aus Sicherheitsgründen geschlossen wurden, war die Nachfrage nach solchen Arbeitskräften stärker geworden. Hier werden weiterhin die Grenzen des israelischen Symbolsystems herausgefordert. Die zionistische Ideologie beruhte unter anderem auch auf der Praxis der jüdischen Produktivität. Nicht jüdische Arbeitskräfte stellen diese Vorstellung infrage. Des Weiteren definieren diese Arbeitnehmer auch den Staat als Einwanderungsland um. Der Staat war auf der Grundlage jüdischer Einwanderung gegründet worden. Nun gibt es in Israel plötzlich Enklaven von Einwanderern, die sich nicht sonderlich von europäischen Migrantenenklaven unterscheiden.

Man sollte aber ein pluralistisches Kultursystem nicht mit einer multikulturellen Situation verwechseln. Der israelische Staat und die alten Eliten sind immer noch sehr stark und ihre monokulturelle Vision des Staates ist immer noch wirkmächtig, sieht jedoch langsam ihrem Niedergang

Thailändische Arbeitsmigranten verpacken Stangensellerie für den Export, 1995.

entgegen. Auch dies wird aus der Reaktion der Eliten klar, deren unterschiedlichste Akteure alle versuchen, eine eigene Version der »israelischen« Identität zu schaffen und in die Welt zu setzen. Israel ist in dieser Hinsicht ein interessanter Testfall. Wegen seiner Lage am Rand des Westens kann man dort die Modernisierung noch im Gegensatz zur unmittelbaren Kriegsgefahr erfahren und erleben. Israel ist noch immer ein »von Feinden umzingelter Staat« und die soziologischen Gesetze des »feindlosen Staates« treffen noch nicht voll auf ihn zu. Auf der einen Seite ist Israel Teil der globalen Moderne und sieht sich vor dieselben Herausforderungen gestellt wie viele europäische Staaten auch, auf der anderen Seite ist Israel ein ethnischer Nationalstaat, dessen Existenzberechtigung von seinen Feinden immer noch nicht anerkannt wird.

Das muss zu symbolischen Konflikten führen. Gerade in Israel sind in den letzten Jahren neue soziale Gruppen, die sich der Heteronormativität entziehen, aufgetaucht, man kann sogar sagen: neue »Helden« einer globalen Moderne, für die Lebensstil ein neues Projekt wurde. In gewissen Nischen der Gesellschaft haben Individualisierungsschübe stattgefunden, besonders in Israels Konsumhauptstadt Tel Aviv, wo die Mehrzahl der Einwohner jeder Art von traditioneller oder religiöser Ereiferung ablehnend gegenübersteht. Diese individualistischen Lebensstile kämpfen gegen die Überreste einer immer noch funktionierenden kollektivistischen Identität. In diesem Sinn kann man die globale Moderne auch als ein Gegenmodell verstehen – ein Gegenmodell zur Religion, das entgegen den religiösen Integrationsmustern seinen Identitätsschwerpunkt auf Vergnügen und Gegenwartsbezogenheit legt; oder auch ein Gegenmodell zur »bewaffneten Nation«, mit dem Schwerpunkt auf Lebens- und nicht auf Opferbereitschaft. Dieser Gegensatz wird besonders dann sichtbar, wenn man den (post)modernen Flaneur in Tel Aviv betrachtet. Man kann die Illusion gewinnen, Tel Aviv könnte überall auf der Welt sein. Der Hedonismus und Optimismus einer westlichen Metropole beherrscht das Straßenbild. Normalität liegt in der Luft, ein freudig erregter Säkularismus. Der Tel Aviver Flaneur kommt an den verschiedensten Symbolen globaler und homogenisierter Lebensführung vorbei. Das steht im Gegensatz zur Situation in Jerusalem, wo sich alle religiösen und ethnischen Konflikte bündeln. Ein Teil der israelischen Bevölkerung wünscht sich einen säkularen oder neutralen Staat und eine ebensolche Kultur, oft werden das amerikanische oder das französische Modell als mögliche Vorbilder beschworen. Die Frage, ob diese Modelle, sei es das amerikanische des Pluralismus und der Toleranz, sei es das französische eines entschlossen säkularen Staates, identitätsbildend für Israel sein können, bleibt natürlich offen. Denn diese westlichen Modelle kommen schnell mit dem besonderen Modell des jüdischen

Säkulare Israelis am Strand von Aschdod und eine orthodoxe jüdische Frau: Sie verrichtet das Taschlich-Gebet vor Sonnenuntergang an einem Gewässer am ersten Neujahrstag, der nach dem jüdischen Kalender in den September oder in die erste Oktoberhälfte fällt, September 2014.

Staates in Konflikt. Tel Aviv ist zwar eine Metropole, ein dynamischer Ort, ein Teil des Mittelmeerraums, ein Ort, wo dieser Tage die Mehrheit der Juden in Israel lebt. Aber Tel Aviv muss auch mit der Heiligkeit Jerusalems konkurrieren. Der jüdische Staat entsprang der zionistischen Revolution, einer Revolution, die einerseits einen neuen jüdischen Menschen auf eigenem Territorium begründen wollte, dies aber andererseits nur in Berufung auf die alte jüdische Symbolik bewerkstelligte. Ethnizität und Religion sind in Israel nicht zu unterscheiden. Der Zionismus war nie eine universale Ideologie, sondern wandte sich immer nur an eine bestimmte ethnisch-religiöse Gruppe. Nationale Symbole sind gleichzeitig religiöse Symbole. Das »Land Israel« ist gleichzeitig säkulare Heimat und heiliger Boden. Ort und Nichtort. Diese Verschmelzung von heilig und profan ist bezeichnend für Israel. Als der Zionismus mit seiner nationalen Befreiungsidee Heimat schuf, befreite er zugleich das Heilige. Während also anderswo die Moderne die Religion als Integrationsfaktor untergrub, wurde diese – nolens volens – zu einem Konstituens der jüdischen Nationalbewegung. Ohne religiöse Symbolik kann der Staat Israel sich kaum legitimieren. Die säkulare »Normalisierung« des jüdischen Volkes auf eigenem Territorium konnte also nur durch Rückgriff auf eine religiöse Symbolik geschaffen werden. Damit ist das zionistische Projekt auch ein Projekt, das die nicht jüdischen Bürger symbolisch ausschließt. Sie mögen zwar den Ort teilen, aber sie können nicht Teil des Nichtortes sein. Sie können sich in den staatstragenden Symbolen wie Nationalhymne, Fahne, Geldscheine etc. nicht wiederfinden. Trotzdem stehen Ort und Raum im Zentrum des politisch-kulturellen Diskurses in Israel. Dies wird an der Zentralität, die die Frage der besetzten Gebiete einnimmt, und an der Bedeutung Jerusalems klar.

Die Siedler

Die Siedler haben nach 1967 die Legitimitätshoheit erobert, unterstützt von den damaligen säkularen Regierenden des Landes wie zum Beispiel dem bis 2013 amtierenden Staatspräsidenten Shimon Peres. Die Siedler besiedelten nicht nur Territorium, sondern rissen auch die Deutung jüdisch-israelischer Identität an sich. Das war kein einfacher Kampf, aber einer der wichtigsten Legitimationskämpfe innerhalb der israelischen Gesellschaften. Als die »normale« israelische Armee die biblischen Stätten einschließlich des historischen Ost-Jerusalems eroberten, wurde aus dem politischen und weltlichen Projekt des Zionismus ein metaphysisch aufgeladenes, ja sogar heiliges Projekt, was sich jenseits der Politik ansiedelte. Mit diesem Widerspruch lebt die israelische Gesellschaft, der israelische Staat und die Siedler geben diesem Widerspruch ihren praktischen und theologischen Ausdruck.

Schlussbetrachtung

Die Spannung zwischen Heiligkeit und Souveränität ist, wie bereits erwähnt, für Israel konstitutiv. Hier geht es nicht um den Widerspruch zwischen israelischen Linken und Rechten, sondern um etwas viel Tieferes. Das »aufgeklärte« Israel hat zudem keine Sprache, die gleichberechtigt neben der Heiligkeit bestehen kann. Das heißt dann auch, dass die Gegner der israelischen Siedlungspolitik beginnen müssen, Religion in seiner politischen Formulierung ernst zu nehmen – dies ist gerade in Zeiten des Niedergangs des säkularen Zionismus und der Stärkung des religiösen Zionismus wichtiger denn je. Denn die Geschichte beginnt nicht 1967 mit der Eroberung, sondern sie reicht in die Anfangszeit des 20. Jahrhunderts zurück, als die zionistische Bewegung darüber diskutierte, ob denn ein anderes Territorium (z. B. Uganda) als Land Israel für die Rückkehr der Juden nach Zion infrage käme. Die Zionisten stimmten damals, also vor mehr als 100 Jahren, gegen diesen Plan. Eine Rückkehr war nur in das »Land Israel« möglich. Damit begann auch die religiöse Aufladung des zionistischen Projektes, die nach der Eroberung der biblischen Stätten 1967 nochmals zunahm. Ein säkularer Zionismus ist daher auch ein Widerspruch in sich. Jeder Kampf um Demokratie in Israel muss daher religiöse Elemente des Judentums einbeziehen. Das heißt auch, dass »säkulare« und »aufgeklärte« Juden in Israel eine Variante der Aufklärungstradition entwickeln müssen, die auf jüdische partikulare Bedingungen eingeht. Im »anderen« Lager sollten gerade religiöse Menschen im jüdisches Gesetz und der religiösen Kultur die kreative Flexibilität wiederentdecken, die Teil jahrhundertelanger Diasporakultur war. Das wird eine der entscheidenden Aufgaben für Israels Zukunft sein.

Das ist in Israel bis jetzt nicht der Fall. Während das mehr religiös orientierte Lager den Legitimationskonflikt nach innen für sich entscheiden konnte, versucht das andere Lager, sich weiterhin am Westen und den USA zu orientieren. Das zeigt sich am deutlichsten bei der arabischen Bevölkerung Israels, aber nicht nur bei dieser. Die arabische Bevölkerung kann und will nicht Partner in der Selbstdefinition Israels als jüdischer Staat sein. Und hier beginnt auch die Problematik des säkularen Zionismus. Der sogenannte säkulare Zionismus wollte den Juden ihren verlorenen Ort und Raum wiedergeben. Ort und Ortsansässigkeit sind daher identitätsbildende Aspekte religiöser Juden und säkularer Zionisten. Aber dieser Raum muss nun auch ständig verteidigt werden. Der Versuch, das ortlose Judentum zu normalisieren, hat auch dazu geführt, dass die israelische Existenz ständig im Kampf ums Überleben stehen und damit sich stärker an ihrer jüdischen Grundexistenz anlehnen muss, als es dem Zionismus recht war. Dazu kommt die immerwährende Kriegsbereitschaft des modernen Israel. Israel war und ist immer noch eine »bewaffnete Nation«. Die Bindungskräfte von Religion und Opferbereitschaft sind in Israel im Gegensatz zu anderen westlichen Ländern noch vorhanden.

Dies ist wiederum damit verbunden, dass das zionistische Projekt das jüdische Exil abschaffen wollte. Das Land und die Menschen sollten wieder verbunden werden. Das war das Ziel des Zionismus – aus Juden sollten Israelis werden, und zwar »eingeborene« Israelis. Dieses Projekt konnte nicht vollständig gelingen. Die Anwesenheit von einer relativ großen Gruppe von Nichtjuden, die sogar selbst im Land geboren sind (etwa 20 Prozent der Bevölkerung), erschwert und fordert dieses Projekt ständig heraus.

Der Zionismus und die Staatsgründung Israels sollten aus Juden Israelis machen und damit das Judentum »aufheben« und national universalisieren. Der klassische Zionismus wollte auch die nicht jüdische Bevölkerung in dieses »nationale« Projekt einschließen, wurde aber wegen der gleichzeitigen ethnischen und religiösen Komponente daran gehindert. Aber: Ein jüdischer Nationalstaat ohne die jüdische Komponente, lediglich als Schutz gegen Antisemitismus und Pogrome, ganz gleich wo, in anderen Worten: ein Zionismus ohne Zion oder ein Staat, in dem alle Religion private Angelegenheit wäre und alle Staatsbürger in der Tat gleich wären, wäre im Nahen Osten nur noch illegitimer Kolonialismus, wie er auch heute schon von der arabischen Seite gesehen wird. Aber auch das »jüdische Argument«, von dem Israel nicht abweichen kann, ist für die andere Seite nicht legitim. Dieser Konflikt bestimmt die gesamte gesellschaftliche Situation des Landes. In ihm sind auch die beiden gesellschaftlichen Imperative, die die israelische Gesellschaft prägen, begründet: der demokratische und zivile einerseits und der an der Kriegs-und Konfliktsituation orientierte Imperativ des ethnischen und religiösen Ausschlusses andererseits. Das ist die Spannung, die nicht überwunden werden kann.

Israel ist aber nicht nur von Konflikt und Religion bestimmt. Es ist auch ein ganz normales Land mit den alltäglichen Praktiken des Alltags: Holocaustüberlebende, die in einem Strandcafé eine hebräische Zeitung lesen, die aus Nordafrika stammende Bankangestellte, die einem aus Odessa eingewanderten Juden einen Kredit ausstellt – und zwar auf Hebräisch. Ein arabischer Professor, der in einem hebräisch geschriebenen Zeitungsartikel gleiche Bürgerrechte einfordert. Ein orthodoxer Rabbiner, der in einer Polittalkshow auf Hebräisch mehr Heiligkeit für den Sabbat einklagt und seinen Zionismus dadurch bekräftigt, dass er ihn ablehnt. Junge Schwule und Lesben, die ihre Ehen anerkannt haben wollen. Junge Studenten und Studentinnen, die nach den neusten Nachtclubs suchen und sich auch die Vorlesungspläne der Freien Universität anschauen. Das ist der praktisch gelebte alltägliche Zionismus.

Das gesellschaftliche Leben Israels ist mithin nicht nur von Ideologie und Leiden bestimmt. Die meisten Menschen wollen ein kleines, nicht heroisches und ideologiefreies Leben führen, ihre Kinder in die Schule schicken, Urlaub machen, einen neuen Fernseher kaufen, eine Kaffee trinken gehen und den nächsten Tag überleben. Die israelische Wirklichkeit macht dies fast unmöglich. Auch das ist Teil des zionistischen Alltags. Der Nahe Osten ist ein Meer der Gewalt, des Leidens, der Unterdrückung, der Angst vor Terroranschlägen, der Angst vor einem gewaltsamen Tod, der zu jeder Zeit in den Alltag einbrechen kann. Die Ausübung politischer jüdischer Souveränität ist gegeben und doch nicht gegeben. Man weiß instinktiv, dass auch die Kinder, die man großzieht, hier nicht in Frieden werden leben können. Keiner weiß, wie man seine Kinder in einem nationalen Kampf beschützen kann. Und trotzdem leben die Kinder hier weiter. Jeder, der hier lebt, weiß das, ja muss es wissen. Deshalb ist der Ort gleichzeitig auch Nichtort. Der Konflikt wird auch in absehbarer Zeit nicht gelöst werden. Die Einwanderung nach Israel nimmt prinzipiell ab, auch wenn diese Tendenz temporär durchbrochen wird, wie die jüngste Einwanderung aus Frankreich, die eine Antwort auf den dort erstarkenden Antisemitismus ist, zeigt. Trotzdem ist die Diaspora wieder eine lebbare Alternative. Israel wird sich weiter von Europa entfernen und mehr und mehr Teil des Nahen Ostens werden. Das heißt aber nicht, dass das Land damit in sich ruhen wird. Ganz im Gegenteil.

Die Frage nach der Rolle Israels im neuen Nahen Osten ist vor allem eine politische Frage. Hinter dieser politischen Frage verbirgt sich ein strukturelles Problem – und zwar, ob »normale« Politik für Juden möglich ist. Kann die Ausnahmeposition der Juden (eine historisch gesellschaftliche Situation) mit der eines normal handelnden souveränen Staates in Einklang gebracht werden? Israel ist seit 2010 Mitglied der OECD und damit Mitglied einer Organisation, die der westlichen Demokratie und Marktwirtschaft verpflichtet ist. Damit wird Israel gesellschaftlich und wirtschaftlich mit anderen demokratischen marktorientierten Gesellschaften verglichen. In Israel ist es vor allem das Oberste Gericht, das in den letzten Jahren immer aktiver geworden ist, um sogenannte westliche Werte und westliches Demokratieverständnis sogar gegen das israelische Parlament zu verteidigen. Der Oberste Gerichtshof dient diesbezüglich als Bastion eines politischen und kulturellen Milieus, das in Israel in den letzten Jahrzehnten ihren hegemonischen Einfluss auf die israelischen Gesellschaften verloren hat.

Das bringt uns zur letzten Frage: Die Frage nach der Normalität der jüdischen Politik ist auch eine Frage nach der sogenannten Normalität jüdischer Existenz. Die gesellschaftliche Situation der Juden in Israel unterscheidet sich von derjenigen der Juden in der Diaspora. Das Mehrheitsverhältnis hat sich gedreht. Juden sind nicht mehr wie in der Diaspora das »prototypische andere«, sondern sie machen die Mehrheitsgesellschaft aus, die mit dem »arabischen anderen« im eigenen Land existieren muss. Es geht nicht mehr um Assimilation und Integration. Es geht auch nicht um Antisemitismus. Es geht vielmehr um politische Sicherheit, politisches Handeln und die Ausübung von Souveränität und damit auch um politische Verantwortung für das souveräne Handeln. Staatlichkeit fordert, dass man imstande ist, zwischen den politischen Möglichkeiten eines Staates und denen eines Diasporavolkes zu unterscheiden. Es gibt einen gesellschaftlichen jüdischen und einen israelischen politischen Kontext, die als verschiedene Lebenswelten verstanden werden sollten. Israel ist Widerspruch. Die Existenz des Landes ist ein Widerspruch. Es lebt in einer von Feinden umzingelten Region und innerhalb dieses Raums leben Menschen mit den verschiedensten Lebensauffassungen, die aus der ganzen Welt stammen und trotz allem versuchen, Alltag zu leben. Genau hier liegt der Widerspruch der Gesellschaften in Israel.

Literatur

Ben-Eliezer, Uri, Rethinking the Civil-Military Paradigm, in: Comparative Political Studies, 30 (1997) 3, S. 356–374.

Ben-Yehuda, Nachman, The Masada Myth: Collective Memory and the Making of the Israeli National Tradition, Madison 1995.

Eisenstadt, Shmuel Noah, Jewish Civilization. The Jewish Historical Experience in a Comparative Perspective, New York 1992.

Eisenstadt, Shmuel Noah, The Transformation of Israeli Society: An Essay in Interpretation, London 1985.

Etzioni-Halevi, Eva, The Divided People: Can Israel's Breakup be Stopped, Langam 2002.

Gurevitch, Zali/Aran, Gideon, Never in Place: Eliade and Jewish Sacred Space, in: Archives de Sciences Sociales des Religions, 87 (1994), S. 135–152.

Horowitz, Dan/Lissak, Moshe, Trouble in Utopia, Albany 1989.

Kimmerling, Baruch, The Invention and Decline of Israeliness, Berkeley 2001.

Mautner, Menachem, Law and the Culture of Israel, Oxford 2011.

Ram, Uri, Israeli Nationalism. Social Conflicts and the Politics of Knowledge, New York 2011.

Regev, Motti/Seroussi, Edward, Popular Music and National Culture in Israel, Berkeley 2004.

Ravitzky, Aviezer, Messianism, Zionism, and Jewish Radicalism, Chicago 1996.

Shafir, Gershon/Peled, Yoav, Being Israeli: The Dynamics of Multiple Citizenship, Cambridge 2002.

Sznaider, Natan, Jewish Memory and the Cosmopolitan Order, Cambridge 2011.

Judy Maltz

Eins, zwei, drei, vier – wir öffneten die eiserne Tür

2015 jährte sich zum 25. Mal der Beginn einer Masseneinwanderung, die mehr als eine Million Immigranten aus der ehemaligen Sowjetunion nach Israel gebracht und die israelische Gesellschaft stark verändert hat.

Unter den Neueinwanderern, die nach dem Fall des Eisernen Vorhangs in großer Zahl in Israel eintrafen und heute fast ein Fünftel der jüdischen Bevölkerung dieses Staates ausmachen, befanden sich Ärzte, Wissenschaftler, Ingenieure, Lehrer, Balletttänzer, Geiger, Sporttrainer, Schriftsteller, Dichter, Friseure, Masseure, Fabrikarbeiter und Bauern – Frauen und Männer.

Die Einwanderungswelle, die als »russische Alija« bekannt wurde, obwohl diese Immigranten mehrheitlich nicht aus Russland selbst kamen, ist eine bemerkenswerte Erfolgsgeschichte.

»In wenigen Jahren musste Israel etwa 20 Prozent seiner Bevölkerung aufnehmen«, sagt der sowjetische Dissident Natan Scharanski, der zum bekanntesten Vertreter der internationalen Menschenrechtsbewegung wurde, die für das Recht der Juden in der UdSSR auf Auswanderung nach Israel kämpfte. »Der Erfolg dieser Immigration ist weltweit ohne Beispiel«, bemerkt Scharanski, der heute die israelische Einwanderungsbehörde leitet.

»Das ist schon eine sehr spezielle Auffassung von Einwanderung, wenn die Einwanderer die Phase der Integration überspringen und von Anfang an Führungsansprüche anmelden.«

Die israelische Journalistin Lily Galili, Koautorin des Buches »The Million that Changed the Middle East«, das sich mit den Auswirkungen dieser Einwanderungswelle beschäftigt, betont, dass man keineswegs von »Integration« sprechen könne. »Sie haben sich keine Sekunde um Integration bemüht«, sagt sie, »es ging ihnen vielmehr um Führung. Das liegt in ihrer Natur, in ihren Genen. In diesem Geist wurden sie erzogen, und sie sagen es ganz offen – wir sind nicht hergekommen, um uns zu integrieren. Wir bewundern eure Kultur und euer Land nicht unbedingt, aber wir wissen, was hier verbessert werden könnte und wie es zu tun ist, und möchten es auch umsetzen. Das ist schon eine sehr spezielle Auffassung von Einwanderung, wenn die Einwanderer die Phase der Integration überspringen und von Anfang an Führungsansprüche anmelden.«

Vielleicht war ihr Erfolg vorprogrammiert angesichts von so viel geballter Intelligenz, Kultur, Disziplin und Tatendrang, die diese Neueinwanderer mitbrachten. Doch im Nachhinein ist man immer klüger.

Die Ankunft Hunderttausender russischsprachiger Immigranten in den frühen 1990er-Jahren – manche Einwanderer kamen mitten im ersten Golfkrieg[1] und erhielten gleich am Flughafen zur Begrüßung einen Karton mit einer Gasmaske ausgehändigt – war eine Belastung, der der israelische Wohnungs- und Arbeitsmarkt anfangs nicht gewachsen war.

Die israelische Regierung ließ deshalb über Nacht überall im Land Barackensiedlungen errichten, um den Neueinwanderern eine provisorische Unterkunft zu bieten. Aus Mangel an Arbeitsmöglichkeiten, die den Fähigkeiten der Einwanderer entsprachen, mussten viele Ärzte, Wissenschaftler und Künstler zunächst mit Arbeiten als Straßenkehrer, Wachleute oder Kassierer im Supermarkt vorliebnehmen.

Doch in den letzten fünfundzwanzig Jahren hat sich das alles geändert. Heute sind die russischsprachigen Israelis in Politik, Medizin, Hochtechnologie und unter Computerwissenschaftlern, Mathematikern und Dozenten in anderen wissenschaftlichen Fächern sowie unter olympischen Sportlern überproportional vertreten. Der frühere israelische Außenminister Avigdor Lieberman ist russischsprachig, ebenso der Knessetvorsitzende Juli-Joel Edelstein und der Fraktionsvorsitzende des Likud Zeev Elkin. Eine der beliebtesten israelischen Popsängerinnen ist die in der Ukraine geborene Marina Maximilian und der zweimal zum israelischen Athleten des Jahres gekürte Turner Alex Shatilov wurde in Usbekistan geboren.

Die meisten israelischen Schulkinder bekommen Nachhilfe und Gymnastik-, Tanz- und anderen Unterricht bei russischsprachigen Lehrerinnen und Lehrern. »Mofet«, ein pädagogisches Förderprogramm, das von russischsprachigen Einwanderern ins Leben gerufen wurde, damit ihre Kinder in den öffentlichen Schulen mithalten konnten, erwies sich als derart erfolgreich, dass es auch unter Israelis ohne russischsprachigen Hintergrund nachgefragt wurde. »Gesher«, das von russischen Immigranten

---

1 Als »ersten Golfkrieg« bezeichnet man in Israel den Krieg zwischen Irak und den alliierten Streitkräften unter Führung der USA im Januar/Februar 1991 infolge der irakischen Besetzung Kuwaits im August 1990 (Anm. Hrsg.).

Gesher-Theater in Tel Aviv: Es wurde von russischen Einwanderern gegründet, 2015.

gegründete Vorzeigetheater, gehört mittlerweile zu den führenden israelischen Kulturexporten.

Wenn man heute vor dem Kartenschalter der israelischen Philharmo-
nie oder Oper in der Schlange steht, hört man viel Russisch. »Sie haben
nicht nur die Musiker nach Israel gebracht, sondern auch das Publikum«,
bemerkt Chaim Chesler, der ehemalige Direktor des Israel Public Council for Soviet Jewry, der auch der Gesandtschaft der Jewish Agency in der
Sowjetunion auf dem Höhepunkt der Auswanderungswelle nach Israel
vorstand. Wen man bedenkt, wie teuer Karten für solche Veranstaltungen
sind, spricht ihre Präsenz im Publikum Bände darüber, wie weit es diese
Einwanderer gebracht haben.

Allerdings hatte die russische Einwanderung auch weniger erfreuliche
Auswirkungen auf die israelische Gesellschaft. Der Alkoholismus wird seit
ihrer Ankunft als akutes soziales Problem empfunden. Gleiches gilt auch
für das organisierte Verbrechen. Die sogenannte russische Mafia hat Israel
als fruchtbare Basis für die Geldwäsche entdeckt und auch der jüngste
Korruptionsskandal (seit Dezember 2014), bei dem führende Mitglieder
der russisch dominierten Partei Israel Beitenu der Annahme von Schmier-
geldern verdächtigt werden, ist nicht gerade dazu angetan, den ohnehin angeschlagenen Ruf der Politikerschicht aus der russischsprachigen
Gemeinschaft zu verbessern.

Nicht alle Neueinwanderer aus der Sowjetunion haben sich in Israel willkommen gefühlt. Etwa 300 000 der russischsprachigen Einwanderer, die ab 1990 in Israel eintrafen, gelten laut Religionsgesetz nicht als Juden. Ihre Immigration wurde durch das Rückkehrgesetz ermöglicht, das nicht nur Juden nach halachischer Definition (das heißt Nachkommen von jüdischen Müttern), sondern auch Kindern von jüdischen Vätern und Personen mit mindestens einem jüdischen Großelternteil oder Ehepartnern von Juden die israelische Staatsbürgerschaft gewährt.

Da sie aber in halachischer Hinsicht nicht als jüdisch gelten, können sie in Israel nicht heiraten oder auf jüdischen Friedhöfen begraben werden. Viele Einwanderer fühlten sich deshalb in ihrer neuen Heimat ausgestoßen. Es überrascht also nicht, dass diese Untergruppe der russischsprachigen Einwanderer, deren jüdische Abstammung vom israelischen Establishment in Zweifel gezogen wurde, überproportional stark in der Gruppe der Israelis vertreten ist, die dem Land in den letzten Jahren den Rücken gekehrt haben.

»Besonders bei amerikanischen Juden und in gewissem Maß auch bei britischen und kanadischen Juden war diese Bewegung teilweise – zu Recht oder zu Unrecht – von Schuldgefühlen geleitet, zu wenig getan zu haben, um den Juden vor und während des Holocausts zu helfen.«

Für die Generation der Diasporajuden, die in den 1970er- und 1980er-Jahren erwachsen wurde, war das der »Schlachtruf« schlechthin: Die Bewegung für die Befreiung der sowjetischen Juden mobilisierte sie wie keine andere Bewegung. Die unangefochtenen Helden dieser Generation waren Menschen wie Natan (damals Anatoly) Scharanski, Yosef Mendelevich, Ida Nudel und Yosef Begun, also ihre jüdischen Brüder und Schwestern, die viele Jahre im Gefängnis saßen, weil sie gegen das kommunistische Regime aufbegehrt hatten. Als jüdische Dissidenten kämpften sie gleichzeitig auch für das Recht, die Sowjetunion zu verlassen und nach Israel auszuwandern.

Die wichtigsten Lobbygruppen in den USA waren die »National Conference for Sowjet Jewry«, der »Student Struggle for Sowjet Jewry« und die »Union of Councils on Soviet Jewry«. Eine andere, international aktive Organisation, die »Women's Campaign for Sowjet Jewry«, auch als »The 35s« bekannt, hatte ihren Sitz in London.

»Besonders bei amerikanischen Juden und in gewissem Maß auch bei britischen und kanadischen Juden war diese Bewegung teilweise – zu Recht oder zu Unrecht – von Schuldgefühlen geleitet, zu wenig getan zu haben, um den Juden vor und während des Holocausts zu helfen«, erläutert Zvi Gitelman, Dozent für Judaistik an der University of Michigan und Experte für das sowjetische Judentum. Zusätzlich Antrieb habe sie von der amerikanischen Bürgerrechtsbewegung in den Vereinigten Staaten erhalten, die damals auf ihrem Höhepunkt war und sich die Sache wie selbstverständlich zu eigen gemacht habe.

»Israel hatte als Anliegen für Juden und zum Teil auch für Nichtjuden an Attraktivität eingebüßt«, sagt Gitelman und fügt hinzu: »Angesichts der israelischen Politik nach 1967 und der Differenzen über diese Politik innerhalb der jüdischen Diaspora war Israel nicht mehr dieselbe einigende Kraft wie zuvor. Das sowjetische Judentum verkörperte jedoch ein Anliegen, mit dem sich ein breiteres Publikum identifizieren konnte – Nichtjuden, weil es eine Menschrechtsfrage darstellte, Liberale, weil es Menschenrechte und das Recht auf Auswanderung und die Redefreiheit betraf und politisch konservative Kreise, besonders in den Vereinigten Staaten, weil es mit direkter oder manchmal indirekter Kritik am sogenannten Reich des Bösen, das heißt an der Sowjetunion, einherging. So schuf die Bewegung für die Freiheit der sowjetischen Juden Koalitionen, die sich sonst nicht bilden würden. Es war ein Anliegen, das man fast nur unterstützen konnte.«

»Die sowjetischen Juden haben der übrigen jüdischen Diaspora eine sehr starke Botschaft übermittelt. Dass sich die sowjetischen Juden unter den gegebenen Umständen zum Judentum bekennen konnten, war für die Juden im Westen ein enormer Ansporn, dasselbe zu tun.«

Zu den Anführern der ersten Stunde des Student Struggle for Soviet Jewry gehörte Rabbi Avi Weiss, eine prominente Figur der modernen jüdischen Orthodoxie und geistiger Führer des New Yorker Hebrew Institute of Riverdale. »Ein Sprichwort besagt, dass mehr als die Juden den Sabbat bewahrt haben, hat der Sabbat die Juden bewahrt. Ich glaube fest, dass mehr, als die Juden des Westens für die Juden hinter dem Eisernen Vorhang getan haben, das sowjetische Judentum die jüdische Identität, die jüdische Leidenschaft und das Bekenntnis zum Judentum in der Diaspora zu neuem Leben erweckt hat«, so Rabbi Weiss. »Wir sind die Juniorpartner der wahren Helden. Die sowjetischen Juden haben der übrigen jüdischen Diaspora eine sehr starke Botschaft übermittelt. Dass sich die sowjetischen Juden unter den gegebenen Umständen zum Judentum bekennen konnten, war für die Juden im Westen ein enormer Ansporn, dasselbe zu tun.«

»Im Rückblick betrachtet«, fügte Rabbi Weiss hinzu, dessen Buch »Open up the Iron Door: Memoirs of a Sowjet Jewry Activist Rabbi« im Frühjahr 2015 erschienen ist, »scheint klar, dass es sich um eine außergewöhnliche Bürgerbewegung gehandelt hat.«

Obwohl sich die Juden auf der ganzen Welt gemeinsam für diese Sache einsetzten, gab es einen strittigen Punkt: Sollten die sowjetischen Juden selbst bestimmen dürfen, wohin sie ausreisen möchten, oder sollte sich ihre Ausreisemöglichkeit auf Israel beschränken. Viele israelische Regierungsvertreter befürworteten selbstredend die letztere Möglichkeit.

Wie Gitelman bemerkt, stufte die amerikanische Regierung die Emigranten aus der Sowjetunion viele Jahre als politische Flüchtlinge ein, die nicht zur normalen Einwanderungsquote gerechnet wurden. Das erleichterte ihre Auswanderung in die Vereinigten Staaten. So wanderten in dieser Zeit 90 Prozent aller jüdischen Emigranten aus der Sowjetunion in die Vereinigten Staaten aus. Das änderte sich erst im Oktober 1989, als der amerikanische Justizminister Edwin Meese eine Änderung dieser Politik ankündigte, wonach die Zahl der sowjetischen Dissidenten, die in die USA auswandern durften, drastisch reduziert werden sollte. »Zu diesem Zeitpunkt kehrte sich das Verhältnis um und 90 Prozent der Emigranten gelangten schließlich nach Israel«, erläutert Gitelman und fügt hinzu: »Es besteht der verbreitete Verdacht, dass das Teil eines Deals zwischen den Vereinigten Staaten und Israel war, wonach sich Israel, wenn auch unter Protest, bereit erklärte, zusammen mit einer palästinensischen Delegation an der Madrider Friedenskonferenz teilzunehmen. Als Gegenleistung würde die USA den Einwanderungskanal sperren und damit die sowjetischen Emigranten faktisch dazu zwingen, sich dem einen Land zuzuwenden, das bereit war, sie vorbehaltlos aufzunehmen.«

Mendelevich wurde 1970 zusammen mit einer Gruppe von Dissidenten verhaftet, als sie versuchten, ein russisches Flugzeug nach Israel zu entführen. Für diese Tat saß er elf Jahre im Gefängnis. Erst 1978, als Scharanski in dasselbe Gefängnis kam wie er, erinnert er sich heute, sei ihm bewusst geworden, dass sich eine gewaltige internationale Bewegung für ihre Freiheit einsetzte. »Wir hatten die Gelegenheit, auf der Toilette durch die Wand miteinander zu sprechen. Ich fragte ihn, was draußen los sei und ob wir unterstützt werden, und er erzählte mir alles«, erzählt Mendelevich, der heute in Jerusalem Talmud und Philosophie lehrt. »Ich war überrascht und erfreut«, so Mendelevich.

»Das Sowjetsystem hat ihnen ein persönliches und kollektives Trauma mitgegeben – Argwohn, Misstrauen, Furcht und Ängste –, das in Israel auf ein Klima stieß, das bereits von lokalen Traumata getränkt war.«

Die rund eine Million Immigranten, die in den vergangenen 25 Jahren aus russischsprachigen Ländern in Israel eingewandert sind, haben die politische Landschaft Israels besonders stark geprägt. Mit einer einzigen Ausnahme, 1992, als sie zum Wahlsieg der Arbeitspartei beitrugen, haben sie bislang überwiegend rechte Parteien gewählt.

»Sie haben zweifellos zur allmählichen Verschiebung des politischen Schwerpunkts auf Mitte-rechts beigetragen«, meint Professorin Larissa

Remennick von der Abteilung für Soziologie und Anthropologie der Universität Bar-Ilan in Ramat Gan. »Als Emigranten aus der Sowjetunion hatten sie zunächst einmal eine natürliche Abneigung gegen jedes sozialistische oder sozialdemokratische politische Programm. Abgesehen davon, ist zu bedenken, dass diese russischsprachigen Juden einer geopolitischen Supermacht entstammen, die über ein riesiges Territorium verfügt. Für manche dieser Einwanderer muss deshalb die Idee, Land gegen Frieden zu tauschen, verrückt erscheinen, besonders angesichts der winzigen Größe Israels. Rechte Narrative werden von dieser Gruppe als patriotisch empfunden, linke als defätistisch.«

Die Publizistin Galili hält die Neigung vieler russischer Neueinwanderer, rechte Parteien zu wählen, jedoch für komplexer. »Das Sowjetsystem hat ihnen ein persönliches und kollektives Trauma mitgegeben – Argwohn, Misstrauen, Furcht und Ängste –, das in Israel auf ein Klima stieß, das bereits von lokalen Traumata getränkt war. Russisches Großmachtgebaren fand, unmittelbar gepaart mit elementarem israelischen Nationalismus, ein neues Betätigungsfeld mit bedeutenden Auswirkungen auf die israelische Politik«, schlussfolgert Galili.

Da sie einer Gesellschaft entstammten, in der die Religionsausübung viele Jahre verboten war, hatten die russischsprachigen Einwanderer im

Schilder in russischer und hebräischer Sprache werben für Fleisch in einem Supermarkt in Aschdod, 2010.

Gegensatz zu den jüdischen Einwanderern aus westlichen Staaten kaum Kenntnisse ihrer jüdischen Wurzeln. Sie bewirkten also nicht nur eine Rechtsverschiebung der israelischen Politik, sie verstärkten auch den säkularen Charakter der israelischen Gesellschaft. Ein besonders geschätzter Beitrag dieser Bevölkerungsgruppe zum öffentlichen Leben in Israel – zumindest aus der Sicht säkularer Israelis – sind die Vielzahl neuer Fleischerläden im ganzen Land, die Schweinefleisch und andere unkoschere Esswaren verkaufen, sowie ihre eigene Supermarktkette, die auch am Sabbat geöffnet ist.

Sie haben auch das Weihnachtsfest in Israel salonfähig gemacht, zumindest im säkularen Sinn, wie Galili bemerkt: »Wenn Sie sich in dieser Jahreszeit hinausbegeben, werden Sie eine Menge Weihnachtsbäume sehen. Diese Bäume haben nichts mit Jesus oder mit dem Christentum zu tun, sie sind Teil des russischen Brauchtums zum Neujahr. Am Anfang mussten diese Neueinwanderer die Bäume aus Furcht vor der Reaktion der eingesessenen Israelis verstecken, doch mit der Zeit haben die Israelis gemerkt, dass diese Bäume nichts mit religiösem christlichen Brauchtum zu tun haben. Sie sind Teil einer fröhlichen Tradition, die die russischen Einwanderer nach Israel mitgebracht haben.«

Ihr Einfluss auf die israelische Kultur, besonders auf die Hochkultur, war nicht minder prägend. Diese Einwanderung brachte nicht nur unzählige Musiker, Schauspieler und Künstler ins Land, sagt Remennick, sondern auch eine Leidenschaft für Beschäftigungen wie Schach, Gymnastik und Balletttanz, die auch bei vielen eingesessenen Israelis Anklang fanden. Das Gesher-Theater, ihr Vorzeigeprojekt, sei vermutlich das beste Beispiel dafür, wie Kultur eine Brücke zwischen den russischsprachigen Einwanderern und eingesessenen Israelis bilden könne, meint Remennick.

Die Intendantin des Gesher-Theaters, Lena Kreindlin, stellt fest, dass die Schauspieler des Theaters heute zur Hälfte in Israel geboren sind. »Darauf sind wir stolz«, sagt sie, »denn das war vor vielen Jahren der Traum der Zionisten, nämlich, dass die Leute hierherkommen und mitbringen, was sie zu bieten haben, es dann mit dem vermischen, was bereits da ist, und sich daraus etwas Neues ergibt.«

Die Geburt der »Start-up-Nation« fiel zeitlich mit dem Einsetzen der gewaltigen Einwanderungswelle zusammen, was keineswegs ein Zufall ist. Zu den russischsprachigen Einwanderern zählten viele Ingenieure und Wissenschaftler, deren Fähigkeiten mithalfen, die israelische Hightechrevolution auszulösen. »Zwischen 55 und 60 Prozent der Neueinwanderer, ein viel höherer Anteil als bei der eingesessenen israelischen Bevölkerung, hatten zum Zeitpunkt ihrer Einwanderung eine Hochschulbildung«, führt Remennick aus und fügt hinzu: »Das war im Grunde ein Geschenk, da die Investition in die Bildung dieser Leute woanders erfolgt war.«

Ein Großteil dieses Humankapitals konnte jedoch, so Remennick, nicht genutzt werden, da die israelische Wirtschaft zumindest am Anfang den Einwanderern nicht die Beschäftigung habe bieten können, die ihren Qualifikationen entsprochen habe.

Im Gegensatz zu anderen Einwanderergruppen hatten die russischsprachigen Einwanderer nicht den Ehrgeiz, sich im israelischen Schmelztiegel assimilieren zu lassen. »Diese Alija kam mit viel Tatendrang, Wissen, Ambition, und Erfolgshunger«, sagt Scharanski, der heute nach einer kurzen politischen Karriere das Amt des Vorsitzenden der Jewish Agency bekleidet. »Sie mussten einiges einstecken und einiges lernen, um Israelis zu werden, doch sie hatten eine genaue Vorstellung davon, welche Art von Schulen sie wollten, welche Art von Theater und welche Art von Fernsehprogrammen. Sie erwarten vom Establishment, das zu akzeptieren, andernfalls würden sie ihr eigenes Parallelsystem aufbauen. So etwas hat Israel noch nie erlebt und ich glaube, es hat dem Land letztlich gutgetan, weil es die paternalistische Einstellung gegenüber den Einwanderern verändert hat«, so Scharanski.

Der Wunsch, ihre Eigenart beizubehalten und ihren eigenen Interessen gerecht zu werden, wurde in der politischen Sphäre besonders deutlich. Bei den Parlamentswahlen von 1992 warben etwa vier Parteien um die Stimmen dieser Immigranten, aber keine erreichte die Sperrklausel. Dann gründete Scharanski 1996 die Partei Israel Ba-Aliya, die sogleich zu einer ernst zu nehmenden politischen Kraft wurde und später ein Wahlbündnis mit dem regierenden Likud einging. Avigdor Liebermans Partei Israel Beitenu wurde dann zur nächsten großen »russischen« Partei.

Je länger diese Immigranten bereits in Israel leben würden, desto »israelischer« würden sie und desto weniger würden sie dazu neigen, ihre Stimme Parteien mit sektoralem Anliegen zu geben, meint Remennick.

Hätten sich die russischsprachigen Immigranten, die in den frühen 1990er-Jahren nach Israel gekommen seien, noch in erster Linie als Russen und erst in zweiter Linie als Israelis verstanden, sei bei ihren Kindern das Gegenteil der Fall, so Scharanski.

Darauf, dass sie israelischer geworden seien, deute nicht zuletzt der Umstand hin, dass ihre Familien größer geworden seien, bemerkt Scharanski. »In der ehemaligen Sowjetunion waren ein oder zwei Kinder die Norm. Nun haben sie drei oder vier.«

Das Leben in Israel hat auch ihre Prioritäten verändert, meint Galili. »Viele hatten Geld für das Begräbnis nach Israel mitgebracht, gaben es dann aber für Reisen ins Ausland und für Geschenke für die Enkel aus.«

Das Leben in der neuen Heimat hat auch einen positiven Effekt auf die Lebenserwartung. Statistiken deuten Galili zufolge darauf hin, dass russischsprachige Immigranten durchschnittlich etwa zehn Jahre länger leben als ihre ehemaligen russischen Landsleute. »Das ist unter anderem auf bessere Ernährung, besseres Klima und vor allem auf die bessere medizinische Versorgung zurückzuführen«, erklärt Galili.

In Israel befindet sich heute die bei Weitem größte Konzentration russischsprachiger Juden, aber nicht die einzige. Bedeutende russisch-jüdische Gemeinden gibt es auch in New York, Toronto, Berlin und Australien, ganz zu schweigen von den schätzungsweise 900 000 Juden, die in der Sowjetunion, vor allem in Russland und in der Ukraine, verblieben sind. Weltweit dürfte es zwischen drei und 3,5 Millionen russischsprachige Juden geben.

Nicht nur in Israel hat diese Gruppe manches erreicht. Die russischsprachige jüdische Gemeinschaft in den Vereinigten Staaten kann Berühmtheiten wie den Mitbegründer von Google, Sergey Brin, den Mitbegründer von WhatsApp, Jan Koum, den inzwischen weltbekannten Romanschriftsteller Gary Shteyngart und die Schauspielerin Mila Kunis vorweisen.

»Sie sind überzeugt, dass ein starkes Israel die Grundlage für ihre Sicherheit und ihre jüdische Identität in der Diaspora bildet. Das ist der Grund dafür, dass sie so zionistisch und so proisraelisch eingestellt sind.«

Abgesehen davon, dass sie eine gemeinsame Sprache sprechen, fühlen sich diese russischsprachigen Juden verpflichtet, ihr gemeinsames Erbe zu pflegen. Das mag erklären, weshalb »Limmud«, die Organisation, die die Beschäftigung mit jüdischen Themen pflegt und kulturelle Veranstaltungen zu jüdischen Themen durchführt, einen speziell auf das russischsprachige Publikum ausgerichteten Zweig einrichten musste. »Es gibt so viele russischsprachige Juden in New York, doch als ›Limmud New York‹ eine Veranstaltung in den Catskills durchführte, kam niemand von ihnen«, erinnert sich Chesler, der Gründer und Direktor von Limmud. »Unsere erste ›Limmud FSU‹-Veranstaltung [FSU = Former Sowjetunion] war dann völlig überlaufen. Das liegt daran, dass sie sich unter sich wohler fühlen.« Seit der Gründung von Limmud FSU im Jahr 2006 haben mehr als 30 000 Russischsprechende an den Veranstaltungen der Vereinigung teilgenommen, berichtet Chesler.

Die russischsprachigen Diasporagemeinden fühlen sich Israel sehr stark verbunden und neigen zu weniger Kritik gegenüber dem Land als ihre nicht russischsprachigen Glaubensbrüder und -schwestern im Westen.

»Sie sind überzeugt, dass ein starkes Israel die Grundlage für ihre Sicherheit und ihre jüdische Identität in der Diaspora bildet. Das ist der Grund dafür, dass sie so zionistisch und so proisraelisch eingestellt sind«, meint Alex Selsky, der Direktor des World Forum of Russian-Speaking Jewry, der im Alter von 16 Jahren nach Israel ausgewandert ist. »Ich bin fest davon überzeugt, dass wir alles tun müssen, um ihren Einfluss in den jüdischen Institutionen der Diaspora zu stärken, denn diese Leute sind die zukünftigen Anführer der proisraelischen Interessenverbände im Ausland.«

Geringfügig modifizierter Beitrag aus der englischsprachigen Ausgabe von Haaretz vom 8. Februar 2015, übersetzt von David Ajchenrand

Gisela Dachs

Französische Einwanderer hinterlassen Spuren

Die Pariser Attentate im Januar 2015 führten in Israel zu einer doppelten Identifizierung – mit den Franzosen und mit den französischen Glaubensbrüdern. Da war die Abscheu vor islamistischem Terror, dem man sich ja selbst seit Langem ausgesetzt fühlt, da war das Mitgefühl für die vier Opfer im koscheren Supermarkt. Sie waren zur Zielscheibe geworden, weil sie Juden waren. Als man Yohan Cohen, Philippe Braham, François-Michel Saada und Yoav Hattab wenige Tage später in Jerusalem zu Grabe trug, strömten Tausende Israelis zu ihren Gräbern. Das Fernsehen übertrug die Zeremonie live, sie wurde zu einem Staatsakt.

Dass Premierminister Benjamin Netanjahu bei dieser Gelegenheit dann auch gleich die französischen Juden zur Einwanderung aufrief, führte zu einer Debatte darüber, was diese dazu bringen sollte, ins Gelobte Land zu ziehen. Zur Einwanderung aufzurufen, sei ja an sich nichts Falsches, befand Yoaz Hendel in der populärsten Tageszeitung, »Yedioth Ahronoth«. Der Grund sollte aber doch sein, dass man gern und aus freien Stücken nach Israel kommen wolle, um teilzuhaben an der Mitgestaltung der Zukunft; aus einer wohlüberlegten freien Entscheidung heraus also, nicht aus Angst. Man könne zudem nur schwer argumentieren, konterte Hendel weiter, dass Israel wirklich ein viel sicherer Ort für Juden sei als Frankreich. Die Wahrscheinlichkeit, von einem Anschlag getroffen zu werden, sei hier doch ungleich höher. Auch der Vorsitzende der Einwanderungsbehörde, Natan Scharanski, distanzierte sich von dem Aufruf. Denn damit würde man sich zum Verbündeten der Gewalttäter und all der anderen Antisemiten machen. Flucht sei nicht angesagt. Andere, darunter auch bereits eingewanderte französische Juden, befanden: Bleibt erst einmal noch, man brauche schließlich auch eine starke Diaspora.

Dennoch haben die Pariser Attentate einen Prozess beschleunigt, der schon länger in Gang ist. Mehr französische Juden denn je denken seither zumindest darüber nach, ihr Land zu verlassen. Andere haben es bereits getan. Allein 2014 kamen mehr als 7 000 nach Israel, doppelt so viele wie im Jahr davor. 2015 geht man von knapp 8 000 Einwanderern aus. Und war es bisher vor allem die ältere Generation, die es nach der Pensionierung mit einer sicheren Rente nach Israel zog, so steigt inzwischen der Anteil der Jungen.

In Israel leben mittlerweile 75 000 französische Juden. Fast die Hälfte kam nach 2000 – nach Beginn der zweiten Intifada. Die Gründe sind ein Gemisch aus Push- und Pullfaktoren: Man bewegt sich zu etwa hin, was einen anzieht, und will weg von da, wo man ist. Dazu gehören in diesem Fall die Wirtschaftskrise in Frankreich, wachsender Antisemitismus, aber auch der Wunsch nach Familienzusammenführung und die Chance auf einen Neuanfang nach der Ausbildung. Viele haben in Israel Verwandte, die schon vor Jahrzehnten direkt aus Nordafrika eingewandert waren, während sie selbst damals nach Frankreich gingen. Andere, die sich im Zuge der zweiten Intifada durch ein immer feindseligeres gesellschaftliches Klima in Frankreich bedroht gefühlt haben, ziehen im Ruhestand ihren Kindern hinterher. Vor allem junge religiöse Paare wollen sich heute in Israel ein neues Leben aufbauen, um ihren Kindern zu ermöglichen, Teil der Mehrheitsgesellschaft zu sein – wo man in der Öffentlichkeit eine Kippa tragen kann, ohne sich dabei nach den Risiken zu fragen.

Als Wendepunkt gilt der Anschlag im März 2012 auf eine jüdische Schule in Toulouse, bei dem ein Lehrer und drei Kinder von einem Islamisten ermordet wurden. Dies habe die Menschen zwar nicht direkt zur Auswanderung veranlasst, heißt es bei der israelischen Einwanderungsbehörde, aber zum Nachdenken darüber. Unweit der vier Gräber der Opfer im koscheren Supermarkt liegen in Jerusalem auch diese Opfer begraben. Damals ärgerten sich viele Juden in Frankreich, dass die Medien in ihrem Land das Massaker als Einzeltat abtaten, da sie selbst ein ideologisches Muster sahen. Im kollektiven Gedächtnis eingegraben ist auch der grausame Mord an Ilan Halimi, der 2006 in dem Pariser Vorort Bagneux entführt und drei Wochen lang gefoltert worden war. Die Richter waren sich einig, dass die Täter – die alle aus dem afrikanisch-muslimischen Immigrantenmilieu stammten – aus antisemitischen Motiven gehandelt hatten. Doch gerade einmal tausend Menschen gingen damals in Paris auf die Straße. Das Gefühl, als Juden in Frankreich nicht mehr dazuzugehören, sagen viele, habe seither nur noch zugenommen.

Jede Einwanderungswelle hat das Land bisher verändert und dem Alltag ihren eigenen Stempel aufgedrückt. Auch Tel Aviv ist eindeutig französischer geworden. Bisher war das eher auf die Sommermonate beschränkt gewesen, wenn die jüdischen Touristen aus Frankreich zuhauf und tipptopp gekleidet den Stadtstrand vereinnahmten. Man hatte ihnen auch vorgeworfen, Zweitwohnsitze zu kaufen, die fast das ganze Jahr leer standen

Französisches Café im Stadtzentrum von Tel Aviv, 2016

und die Immobilienpreise nur noch weiter in die Höhe trieben. Jetzt kommen sie, um zu bleiben. Die neuen Einwanderer sind aber nach wie vor Frankreich in vieler Hinsicht stark verbunden.

In Netanja kann man sich heute bestens mit Französisch durchschlagen, manche nennen es eine Replik von Belleville am Mittelmeer. Das Jerusalemer Viertel Har Choma ist vor allem bei religiösen und jüngeren Neueinwanderern beliebt. In der Hafenstadt Aschdod gab es statt einer klassischen französischen Silvesterfeier (*réveillon* genannt) eine riesige Verkupplungsparty, die passenderweise *réveillons-nous* genannt wurde. Nach Tel Aviv zieht es die Wohlhabenderen. Hier mehren sich neben den zahlreichen Friseursalons und Immobilienbüros – wo man Französisch spricht, wie überall in den Auslagen steht – nun auch die Patisserien, Wein- und Käsehandlungen. Bei »Courcelles« auf der Tel Aviver Ben-Jehuda-Straße gibt es *éclairs au chocolat* und *baguettes*, die zwar nicht genau so wie in Frankreich schmecken, aber trotzdem genießbar sind. Dafür wird das andere Klima verantwortlich gemacht, was man gern glauben darf. Zwei weitere Filialen wurden bereits eröffnet. In ihren Cafés gibt es nicht nur bessere Croissants (mit Butter und nicht Margarine, wie die Besitzerin von Courcelles unterstreicht), sondern auch eine ganze Reihe verschiedener französischer *bulletins*. Das sind Magazine mit religiösen Kommentaren und Nachrichten mit einer klaren rechten politischen Färbung. Sie wer-

Neueinwanderer aus Frankreich in Netanja, 2015

den aber mittlerweile zunehmend von Onlinezeitungen ersetzt. Auf der französischsprachigen Website tel-Avivre.com gibt es nützliche Informationen für Beruf und Alltag.

Wer allerdings ohne Startkapital kommt oder auf keine Pension aus Frankreich zählen kann, tut sich schwer, wirtschaftlich Fuß zu fassen. Sprachbarrieren und bürokratische Hindernisse erschweren die Integration ins Berufsleben. Die Gehälter sind im Vergleich zu den französischen Einkommen gering, die Lebenshaltungskosten aber höher. Das hat dazu geführt, dass mancher Familienvater zwar mit seinen Angehörigen eingewandert ist, aber selbst weiterhin regelmäßig zur Arbeit nach Frankreich pendelt. Andere finden Arbeit in sogenannten Callcentern, die französische Enklaven sind. So kann man von Tel Aviv aus genauso gut wie in Paris einem Beratungsjob am Telefon in französischer Sprache nachgehen.

Die neue Welle aus Frankreich ist schon Stoff für Sozialwissenschaftler. Am Beispiel dieser Einwanderer stellt sich für sie die Frage nach Integration im 21. Jahrhundert – und in Israel – neu. Denn wollte man früher unbedingt in der Mehrheitsgesellschaft aufgehen oder gab es zumindest diesen Anspruch, so ist heute vielmehr die Rede von »multiplen kulturellen Zugehörigkeiten«. Niemand muss also sein altes Gepäck mehr leise abstellen. Und so gibt es neuerdings auch tief religiöse Bar-Mizwa-Feiern mit nordafrikanischem Flair, auf denen fast ausschließlich arabische Musik gespielt wird, was sich frühere Einwanderer viel weniger getraut hätten. Franzosen mit sephardischen Wurzeln aber sind anders sozialisiert – und haben keinerlei Probleme mit diesem Erbe, das in Israel seit jeher mit dem Feind assoziiert wird. Sie beanspruchen es jedenfalls viel selbstbewusster als alteingesessene Israelis.

Einwanderer von heute können auch in nie da gewesener Weise einfach ihre bisherigen Mediengewohnheiten beibehalten. Satellitenschüsseln, Kabelfernsehen und Internet machen es möglich, nahe dranzubleiben am Geschehen im Herkunftsland. Konkret bedeutet das für viele »Franzosen«, dass sie sich weiterhin täglich über die in ihren Augen voreingenommene Berichterstattung über Israel im französischen Staatsfernsehen ärgern.

Marc ist 1996 aus Lyon eingewandert und lebt heute als Lehrer in Jerusalem. Er erzählt, dass seine Eltern in Netanja wie viele andere gar kein israelisches Fernsehen sähen und sie mit anderen Einwanderern eine eigene Gesellschaft aufbauten, »kein Gegenentwurf, aber ein bisschen abseits«. Er hält die jüngste Welle für ein komplexes Konstrukt, weil man ja durchaus Israeli werden wolle, supernational eingestellt sei, aber zugleich spezifisch französisch bleiben möchte. Eine Studie der französischen Botschaft hat versucht, ein Bild dieser Gruppe zu zeichnen. Andere haben dazu schon erste akademische Forschungen veröffentlicht. In »Sociologie et sociolinguistique des francophonies israéliennes« der Tel Aviver Sozialwissenschaftler Eliezer Ben-Rafael und Miriam Ben-Rafael wird sie in einer interessanten Umkehrung des ursprünglichen Diasporabegriffs als »französische Diaspora in Israel« bezeichnet.

Avirama Golan

Frauen in Israel – zwischen zwei Extremen

Tel Aviv

Im Frühling 2014 veranstaltete die Tel Aviver Stadtverwaltung einen Festakt zu Ehren von zehn verdienstvollen Bürgerinnen und Bürgern der Stadt. Auf einer kleinen Bühne im Festsaal der Tel Aviver Stadtbibliothek stand eine junge hübsche Frau. Sie trug ein eng anliegendes, dekolletiertes Kleid und das lange, lockige Haar ein wenig wild. Nach den Anfangstakten führte sie auf ein Zeichen des Pianisten das Mikrofon an den Mund und begann, hoch erhobenen Hauptes zu singen.

Das Publikum war hingerissen von der Stimme der Sängerin und der zugleich einfachen und dramatischen Art, mit der sie, ein talentierter, erfolgreicher Opernstar, Text und Melodie darbrachte. Alle summten schließlich die beliebte, aus der Zeit kurz vor der Staatsgründung stammende Melodie mit.

Doch nicht für jeden im Publikum war es ein erhebendes Ereignis. Im selben Augenblick, als die Sängerin ihr Lied anstimmte, erhob sich ein bärtiger Mann mit einer großen, gestrickten Kippa und verließ den Saal. Der Mann, ein ehemaliger Militärrabbiner, danach Richter am Rabbinatsgericht und zurzeit führendes Mitglied der rechtsreligiösen Partei Habayit Hayehudi (»Das jüdische Haus«), erklärte später, er habe unter keinen Umständen dem Gesang einer Frau zuhören wollen oder sich erlauben können, es zu tun. Für ihn gilt gemäß dem strengen Religionsgesetz *kol be-ischa arewa*, »die Stimme einer Frau ist Scham«. Mit anderen Worten: Der Gesang der Frau sei eine provokative erotische Geste, von der eine gefährliche Verlockung ausgehe.

Kaum jemand im Publikum schien angesichts des Verhaltens des Rabbiners erstaunt oder unangenehm berührt, auch wenn es einer Missachtung des Festaktes, der Stadthonoratioren und dieses musikalischen Glanzstückes des hebräischen Kulturerbes gleichkam. Sein stiller, aber durchaus bemerkbarer Abgang wurde gleichmütig aufgenommen, als sei darüber kein Wort zu verlieren, als sei es ein vertrauter Teil der heutigen israelischen Realität.

Dieser kleine Zwischenfall spiegelt getreulich die entgegengesetzten Kräfte wider, die den Status der Frau in Israel bestimmen. Zum einen eine junge, säkulare Frau, emanzipiert, selbstständig, die international Karriere gemacht hat, eine zentrale Gestalt der Tel Aviver Kulturszene, in der sowohl die Veranstalter als auch das zu diesem offiziellen Festakt versammelte Publikum eine typische Vertreterin der israelischen Kultur sehen, und deren Körpersprache, Aufmachung und Verhalten dem für Bühnenkünstlerinnen der westlichen Welt charakteristischen Stil entsprechen. Zum anderen ein führender Vertreter des religiösen Lebens, der zwar in einer relativ gemäßigten, offenen Gemeinschaft aufgewachsen ist, sich aber in den letzten Jahren der neuen nationalorthodoxen Strömung angeschlossen hat. Diese Strömung begibt sich zunehmend in eine extreme gesellschaftliche und kulturelle Abschottung, will aber gleichzeitig der israelischen Gesamtgesellschaft einschließlich der säkularen Öffentlichkeit eine streng konservative, orthodoxe Auslegung des Judentums vorleben, wenn nicht gar mit politischen Mitteln gewaltsam aufzwingen. Unter den Bestrebungen dieser Strömung, eine Transformation herbeizuführen, ist es ein zentrales Anliegen, den Status der Frau zu verändern. An die Frauen ergeht die unmissverständliche Forderung, sich keusch und züchtig zu kleiden und sich auf ihre traditionelle Rolle als ergebene Ehefrau und Mutter zu besinnen.

Der eklatante Widerspruch zwischen den beiden Tendenzen, der ganz offensichtlich den Zündstoff für einen ausgesprochenen Kulturkampf in sich birgt, ist besonders spannend angesichts des Umstands, dass die Worte des von der Sängerin dargebotenen harmlosen Lieds aus der Feder einer Frau stammen, einer begnadeten, von humanistischen Werten beseelten Dichterin und Übersetzerin, die in Tel Aviv und Jerusalem zu einer Zeit lebte, als einflussreiche Positionen Frauen weltweit noch verschlossen waren. Dennoch wäre sie sicherlich erschüttert gewesen angesichts dieses offenen Boykottaktes während einer offiziellen Veranstaltung.

Lea Goldberg, Professorin für Vergleichende Literaturwissenschaft, die zu den bedeutendsten Intellektuellen in der Geschichte des Zionismus zählt und Generationen von Schriftstellern, Kritikern und Literaturwissenschaftlern herangebildet hat, wurde in den 1940er- und 1950er-Jahren von einer Gruppe männlicher Dichterkollegen, die der damaligen politischen Elite nahestanden, an den Rand des Literaturlebens gedrängt. Diese Männer erkannten Goldbergs poetische Größe nicht an. Ihre Dichtung, wie auch die einer anderen hervorragenden Lyrikerin, Rachel Bluwstein, erschien ihnen zu persönlich und »klein«.

Diese beiden Dichterinnen, Lea Goldberg und die vor allem unter ihrem Vornamen bekannte Rachel, sind heute die populärsten und am meisten verehrten in Israel; die Mehrzahl aus der Gruppe der männlichen Dichter mit ihren dogmatisch-nationalistischen Werken, die selbst unter dem Einfluss der staatlich diktierten sowjetischen Lyrik standen, ist hingegen fast völlig vergessen. Im Lauf der Jahre hat mit dem tief greifenden Wandel, den die kulturellen und gesellschaftlichen Moden in Israel durchliefen, die »weibliche«, persönliche über die männlich-nationalistische Lyrik gesiegt. Das ist eine bedeutende Entwicklung, die die Frauen in den Mittelpunkt des kulturellen Schaffens in Israel gestellt hat. Dessen ungeachtet, ist die Stellung der Frauen im heutigen Israel problematisch.

Um nachvollziehen zu können, wie diese seltsame Diskrepanz entstanden ist, muss man sich der Veränderungsprozesse, die die israelische Gesellschaft von den Anfängen des Zionismus bis heute durchlaufen hat, in ihrer ganzen Tragweite bewusst werden. Die aktuelle Ausgrenzung von Frauen wie auch ihre sozioökonomische Notlage in den vergangenen beiden Jahrzehnten unterscheiden sich in ihren Merkmalen grundsätzlich von der chauvinistisch geprägten Ausgrenzung, der Not und Diskriminierung ihrer Großmütter und Mütter zur Zeit der ersten Alija (1882–1903), in der vorstaatlichen Periode oder den Fünfziger- und Sechzigerjahren des vorigen Jahrhunderts.

Von einer aus einem Prozess des nationalen Erwachens entstandenen revolutionären Pioniergesellschaft, die stark vom europäischen säkularen, nationalen und sozialistischen Denken geprägt war, ging die kleine Einwanderergesellschaft in Israel in dramatischem Tempo zu einem von Westeuropa her beeinflussten, bürgerlichen Konservatismus über. Später wurde der Einfluss eines neoliberalen Weltbilds im Stil von Thatcher, Reagan und Bush spürbar. In den letzten Jahren macht sich zudem in bestimmten Teilen der israelischen Politik und Gesellschaft der Einfluss der US-amerikanischen Tea-Party-Bewegung in einer jüdisch-mediterranen Spielart deutlich bemerkbar.

Mit dem rechtsgerichteten Konservatismus geht, wie gesagt, der beschleunigte Prozess einer nationalreligiös-messianischen Radikalisierung einher, der eine Rückversetzung der Frauen in ihre traditionellen Rollen anstrebt. Gleichzeitig hat sich vor allem in Tel Aviv eine soziokulturelle Enklave von weitreichender liberaler Offenheit gebildet, zu der auch die völlige Toleranz gegenüber homosexueller Partnerschaft gehört. Die ungewöhnliche Kombination von Tel Aviver Liberalismus amerikanischen Stils und informeller mediterraner Offenheit (was unter anderem in einem minimalistischen, saloppen Kleidungsstil zum Ausdruck kommt) hat einen neuen, kraftvollen Typ der israelischen Frau hervorgebracht.

Zwischen diesen beiden Polen lassen sich noch Überreste der Vergangenheit ausmachen. Die Schulbücher, die staatliche *hasbara* (Propaganda) und ein nicht unwesentlicher Teil der im Kino und im Fernsehen gezeigten Dokumentarfilme präsentieren ein Weltbild, das von einer revolutionären Gleichheit zwischen Frauen und Männern in der Pionierzeit, während des Kampfes um die Eigenstaatlichkeit, in den Kibbuzim und in der Armee gekennzeichnet ist. Dieses Gleichheitsideal wurde viele Jahre lang hervorragend vermarktet. Jedem in Israel aufgewachsenen kleinen Mädchen ist beigebracht worden, dass hier mehr als in jedem anderen Staat der westlichen Welt eine beispiellose, revolutionäre Gendergleichheit praktiziert wurde, noch bevor das Wort Feminismus in aller Munde war.

Peinlicherweise hat die feministische Forschung der letzten Jahre die große Diskrepanz ans Licht gebracht, die zwischen diesem Ideal und dem wirklichen Leben der Pionierinnen, Kibbuzfrauen und Soldatinnen von den Anfängen der zionistischen Besiedlung bis heute geherrscht hat. Nichtsdestoweniger ist der israelische Versuch faszinierend und hatte auch seine revolutionären Momente, in der relativ fernen Vergangenheit ebenso wie ab den Siebzigerjahren des 20. Jahrhunderts.

Die israelische Erziehung zur Verehrung der tapferen Pionierinnen und Kämpferinnen ebenso wie der Frauen, die in den Jahren der Kargheit, der ökonomischen Probleme und Kriege im Straßenbau und in der Viehzucht unermüdlich tätig waren, hat in Israel Generationen von Frauen hervorgebracht, die viel rauer und härter sind als die Frauen im Westen. Die feministische Forderung nach Gendergleichheit auf dem Arbeitsmarkt und in der familiären Arbeitsteilung, die in den 1960er-Jahren aus den USA nach Israel importiert wurde, hatte zunächst Mühe, sich durchzusetzen, erhielt jedoch letztlich enormen Aufschwung, sodass die israelischen Feministinnen in vielen Bereichen ihrer Zeit voraus waren und eindrucksvolle Erfolge verbuchen konnten.

Ein Teil dieser Errungenschaften – wie zum Beispiel die Besetzung von Kampf-, Kommando- und Offizierspositionen verschiedener, auch der höchsten Dienstgrade der Armee mit Frauen – ist umstritten; ein anderer Teil – wie die Bewegung der feministisch-religiösen Frauen – wirft wesentliche Fragen über die Grenzen des Feminismus in der religiösen oder traditionellen Gesellschaft auf, die liberalen Wertvorstellungen gegenüber nicht offen ist. Wie dem auch sei, es handelt sich um eine vielstimmige, facettenreiche und komplexe Realität.

Kinneret

Nicht nur ihr wunderbares lyrisches Werk verlieh der Dichterin Rachel einen herausragenden Rang innerhalb der hebräischen Kultur. Im April

1931 starb sie nach Jahren schwerer Krankheit und Leidens. Sie wurde am Ufer des Sees Genezareth beigesetzt, an jenem Ort, den sie mehrere Jahre zuvor zu ihrem großen Bedauern verlassen musste und der als Sehnsuchtsort in all ihren Gedichten eine Rolle spielt.

Wenige Stunden nach dem Begräbnis schrieb Rachel Katznelson, eine der bedeutendsten und faszinierendsten sozialistisch-feministischen Führungspersönlichkeiten der Arbeiterbewegung, angesichts des offenen Grabes und der Reaktion der zahlreichen Trauernden, die sich um dieses versammelt hatten, habe sie plötzlich verstanden, wie eine Volkslegende entsteht. In der Tat versinnbildlicht die Geschichte des verträumten Mädchens mit großer Eindringlichkeit das Drama der Pionierbewegung mit all seinen positiven und negativen Aspekten: 1909 war Rachel mit der zweiten Alija (1904–1914) aus Russland nach Palästina gelangt. Zwei Jahre suchte sie für sich eine Aufgabe, schloss sich dann der landwirtschaftlichen Schule Chawat ha-alamot (Mädchenfarm) im Rahmen der Kinneret-Farm (der Vorläuferin des Kibbuz Kinneret) an, ging von dort nach Frankreich, um Agrarwissenschaften zu studieren, musste wegen des Ersten Weltkriegs nach Russland zurückkehren, von wo sie 1919 zum zweiten Mal ins Land kam. Sie ließ sich im Kibbuz Degania nieder, musste aber die Gemeinschaft aus Gesundheitsgründen bald verlassen und zog nach Tel Aviv, wo sie jung verstarb.

Noch vor Rachel Katznelson war ihr Mann, Salman Schasar, der 1963–1973 der dritte Staatspräsident Israels war, des Dramas gewahr geworden. In seinem Tagebuch hat er seine erste Begegnung mit Rachel beschrieben. Mit dem für jene Zeit und seine eigene Person charakteristischen Pathos schildert er, wie er in den frühen Morgenstunden nach Kinneret kam, um seine Freunde, die *chaluzim* (Pioniere), zu besuchen, und plötzlich eine schöne junge Frau in einem weißen Kleid vom Berghang herabsteigen sah, gefolgt von einer schneeweißen Gänseschar. Damit sind alle Elemente der Pionieridylle, wie sie jener Zeit vorschwebte, auf den Punkt gebracht: die landwirtschaftliche Arbeit, die ihn und seine Freunde an die Dörfer Russlands und der Ukraine erinnerte, das wunderbar freie Leben der Pioniere, die gegen die alte bürgerliche Ordnung rebelliert hatten und ins Land Israel gekommen waren, um ihren Traum zu verwirklichen, die Schönheit der Jugend und die der Landschaft. Schasar war zwar mit Rachel Katznelson verheiratet, die in Europa darauf wartete, dass er sie und ihre schwerbehinderte kleine Tochter nachholte. Das alles hinderte ihn nicht daran, sich in Rachel zu verlieben. Jahre später widmete sie ihm Gedichte der Liebe und Sehnsucht, die besonders in vertonter Form ungeheuer populär wurden.

Hinter dieser ländlichen Idylle verbarg sich jedoch eine schwierige Realität. Im Gegensatz zu den männlichen Pionieren und den Ehepaaren, die

Mütter veranstalten in dem Kibbutz Beit HaSchita mit ihren Kindern ein Wagen-
rennen, 1958.

in einem vom Baron de Rothschild für sie errichteten steinernen Gebäude
untergebracht waren, wohnten Rachel und ihre Genossinnen in einer
Baracke am Rand der Farm. In großer Enge schliefen sie dort auf dem
Dachboden. Im unteren Geschoss lebten die Gänse.

Diese Mädchen, Abiturientinnen, manche sogar mit Hochschulausbildung, waren nach Kinneret gekommen, um am großen Pionierprojekt
teilzuhaben. Still erduldeten sie die drückende Hitze, die Malaria, die ihre
Gesundheit ruinierte und manche von ihnen das Leben kostete, die kärg-
liche Ernährung, die nächtliche Einsamkeit und Angst und versicherten
einander und sich selbst, wie glücklich sie seien. Es bedarf jedoch nur eines
kurzen Blickes auf die rekonstruierten Gebäude der Kinneret-Farm, um
zu verstehen, dass sie den Männern im Status nachstanden. Und zwar von
Anfang an.

Die Männer widmeten sich den bedeutenden Arbeiten und der Leitung
der Farm. Den Frauen wurde ein Stück Land zugewiesen, auf dem sie
Gemüse und Hülsenfrüchte anbauten, was wegen der Hitze und des Was-
sermangels sehr mühsam war. Von der kärglichen Ernte kochten sie täglich
für alle und nur selten wurde ihnen die Genugtuung zuteil, dass die Teller, in denen Suppe oder angebrannter Brei ausgeteilt worden war, nicht
mit angewiderter Miene zurückgestellt wurden.

Es ist kaum anzunehmen, dass sie romantische weiße Kleider trugen, wenn sie in den Wohnräumen der *chaluzim* die glühend heißen Steinböden und die dreckigen Wände abschrubbten, eine Aufgabe, die, ungeachtet ihrer geringeren körperlichen Kraft, allein ihnen zufiel. Keine Spur von Gleichheit herrschte da zwischen Männern und Frauen und die Ungleichheit verschärfte sich mit der Zeit nur noch, als die mythenumrankten *chaluzim* die ersten Kibbuzim errichteten.

Wenn man heute die ersten Protokolle der Mitgliederversammlungen liest, weiß man nicht, ob man lachen oder weinen soll. In Degania etwa wurde beschlossen, keine Kinder zu haben. Als aber die Natur ihren Lauf nahm und die ersten Babys geboren wurden (zu ihnen zählte Moshe Dayan, gefeierter Kämpfer, Generalstabschef und schließlich als Verteidigungsminister einer der Mitverantwortlichen für das Fiasko des Jom-Kippur-Krieges), wurde beschlossen, dass die Kinder nicht von ihren Müttern betreut und wenn möglich auch nicht gestillt, sondern einer Kinderfrau anvertraut werden sollten, die im Auftrag des Kibbuz und gemäß seiner egalitären sozialistischen Wertvorstellungen für ihre Erziehung verantwortlich sein sollte.

Die Trennung von den Kindern wurde später institutionalisiert und zu einem umfassenden pädagogischen Konzept entwickelt, das über die »Kinderhäuser« bis zur weiterführenden Internatsschule, der sogenannten Bildungsanstalt, die Entwicklung der jungen Generation von der Geburt bis zur Reife prägte. Die Kinder lernten, aßen, schliefen und spielten unter der Betreuung von Kinderfrauen, Kindergärtnerinnen und Lehrerinnen. Ihre Eltern besuchten sie in deren »Zimmer« nur eine Stunde lang am Tag. Dieses System war unter anderem dazu bestimmt, den Frauen zu ermöglichen, in genau derselben Weise wie die Männer an der landwirtschaftlichen Arbeit – im Kibbuzethos der höchste Wert – teilzuhaben, ohne dass die besondere Situation der Frauen – Schwangerschaft und erste Wochen nach der Geburt – berücksichtigt werden musste und ohne dass die Routine der Mütter durch die Kinder gestört wurde.

Den Verfechtern der absoluten Gleichheit entging es anscheinend, dass in allen Kibbuzim nur Frauen die Aufgabe der Kinderbetreuung zugewiesen wurde. Zwar war die verhasste bürgerliche Familie im Namen der Gleichheit demontiert worden, doch während die Männer die Äcker pflügten und die Ernte einbrachten, gab es nur vereinzelt Frauen, die prestigeträchtige Aufgaben wie die Leitung des Kuh-, Schaf- oder Ziegenstalls innehatten. Die meisten von ihnen nähten, wuschen Wäsche, kochten oder wischten den Babys anderer Frauen den Popo ab.

Diese Arbeitsteilung hielt auch noch lange an, nachdem die Kibbuzim bereits ihre zentrale Rolle in der israelischen Gesellschaft eingebüßt, eine tief greifende ökonomische Krise erlitten und einen schwierigen Prozess des Zerfalls und der Privatisierung durchlaufen hatten. Erst in den letzten Jahren haben Frauen begonnen, in der Managementhierarchie der Kibbuzim, auch in den noch verbliebenen Erzeugungsbetrieben, hohe Positionen einzunehmen. In all den Jahren davor war die Kibbuzbewegung in den Linksparteien – der Avoda und Mapam – durch ihre Spitzenleute vertreten und der Anteil der Frauen unter ihnen ging gegen null.

Die Volkslegende von der Dichterin Rachel ist aus all jenen Elementen gewebt, im Guten und im Schlechten. Zwei Jahre nach ihrem Eintritt in die Mädchenfarm von Kinneret ertrug sie die – physisch und gesellschaftlich – stickige Atmosphäre nicht mehr und beschloss, zum Malstudium nach Toulouse zu gehen. Von den männlichen Funktionären wurde sie dafür gerügt, dass sie die Selbstverwirklichung als Pionierin aufgeben wolle, und sie sagte zu, zum Wohl der Allgemeinheit Agronomie zu studieren. Schließlich lernte sie ein wenig Malerei. 1914 gelang es ihr nicht, nach Kinneret zurückzukehren, sie blieb in Russland hängen, von wo sie 1919, reifer und gebildeter, zurückkam und sich freiwillig zur Betreuung der Kleinkinder in Degania meldete. Als die Mitglieder des Kibbuz entdeckten, dass sie an Tuberkulose litt, wurde sie zum Verlassen des Ortes gezwungen, da man eine Ausbreitung der damals noch als unheilbar geltenden Krankheit befürchtete.

Weit weg von allem, was ihr lieb und teuer war, ließ sich Rachel in Tel Aviv nieder. In ihrem kleinen Zimmer verfasste sie, krank und einsam, die schönsten jener Gedichte, die ihre Sehnsucht nach Kinneret und seinen Menschen zum Ausdruck brachten. Auf dem Totenbett war die Kränkung verdrängt, die männliche Despotie vergessen. Nur die Legende blieb. Die Legende des stolzen Mädchens von Kinneret. Und diese Legende lernen bis zum heutigen Tag die jungen Mädchen in Israel zu singen und zu deklamieren und möchten von ganzem Herzen daran glauben.

Caesarea

Im Sommer 2014 erwachte Israel aus einer Periode politischen Schlummers, manche sprachen gar von Tiefschlaf. Ein unerbittlicher Krieg gegen eine Terrororganisation forderte seinen doppelt schweren Tribut: Er grub sich tief in das Bewusstsein der Zivilbevölkerung, die sich in allen Bereichen des täglichen Lebens Raketenbeschuss ausgesetzt fand, ein und er hatte den schrecklichen Verlust des Lebens von 73 Soldaten zur Folge. Den Zehntausenden, die bei den Militärbegräbnissen und den Kondolenzbesuchen bei den betroffenen Familien bittere Tränen vergossen, schien es, als sei die israelische Gesellschaft um mindestens zwei Jahrzehnte zurückgefallen, in die traditionelle Aufgabenteilung – die Vorbereitung der jungen Männer darauf, ihr Leben für das Vaterland zu opfern, und der jungen Frauen, zu Hause auf sie zu warten, die Schreckensnachrichten gefasst entgegenzunehmen und die nächste Kämpfergeneration heranzuziehen.

Doch das ist eine vorübergehende, scheinbare Rückkehr. Eher ein schwaches Echo der Vergangenheit. Effektiv steigt der Anteil der jungen Frauen, die sich heute in der israelischen Armee zu Kampfaufgaben ausbilden lassen, stetig und die Anzahl derer, die Befehlsränge in den Eliteeinheiten wie der Luftwaffe und der Marine erklimmen, ist eindrucksvoll. Dieser Wandel hat in feministischen Kreisen vehemente Diskussionen ausgelöst und ist sogar Thema soziologischer Forschungsarbeiten, die die Tiefenprozesse in der israelischen Gesellschaft anhand der Veränderungen innerhalb der Armee zu entschlüsseln suchen.

In seinem Buch »Von der Volksarmee zur Armee der Peripherien« analysiert der Soziologe Yagil Levy den dramatischen Übergang der israelischen Armee von einer Institution, die mehr oder weniger einen Querschnitt der Gesellschaft repräsentierte und in den ersten Jahrzehnten der Eigenstaatlichkeit ausschließlich Männern ein Karrieresprungbrett bot (die Spitzen von Politik und Wirtschaft, einschließlich der Kommunalverwaltungen, setzten sich zum Großteil aus ehemaligen hohen Offizieren zusammen), zu einer Sphäre, die Menschen, die geografisch, kulturell und gendermäßig zur Peripherie der Gesellschaft gehören, neue Aufstiegsmöglichkeiten bietet. Levy zeigt auf, wie einerseits immer mehr religiöse Siedler in die mittleren Ränge der Befehlshierarchie aufsteigen und dadurch die politische Ausrichtung innerhalb der Armee verändern. Andererseits weist er nach, dass, je weniger die alte, ökonomisch gut etablierte männliche Elite die Armee für den Aufstieg benötigt – der Neoliberalismus zieht Exzellenz im Geschäftsleben dem Heldenruhm vor –, es Frauen umso mehr gelingt, in Einheiten Fuß zu fassen, die ihnen bis vor nicht allzu langer Zeit verschlossen waren.

Dieser Polarisierungsprozess ist noch extremer, als es scheinen mag, denn ein nicht unbedeutender Teil der jungen Frauen, die darauf bestehen, als Pilotinnen und Navigatorinnen, als Kommandantinnen von Raketenschiffen, Panzern oder Einheiten der Militärpolizei zu dienen, gehört dem nationalreligiösen Segment an. Das ist ein neues, keineswegs selbstverständliches Phänomen. In den 1950er-Jahren wurde in Israel in der Folge einer heftigen, von den religiösen Parteien initiierten Koalitionskrise ein Gesetz erlassen, das religiöse Mädchen vom Armeedienst befreit. Die jungen Frauen, die in den letzten Jahren in Kampfeinheiten dienen, leisten daher weit mehr als ihre Pflicht als Staatsbürgerinnen, doch entgegen dem, was in einer männlich dominierten, zumeist säkularen militärischen Umwelt zu erwarten gewesen wäre, beharren sie auf der strikten Einhaltung der religiösen Gebote. Das bedeutet unter anderem, dass sie auf züchtige Kleidung – die Armee musste eigens für sie lange Militärröcke herstellen lassen – sowie auf die kompromisslose Befolgung des Sabbats, der Speisegesetze und der Gebetszeiten achten.

Die Einhaltung der Gebetszeiten ist vielleicht der prägnanteste Ausdruck der komplexen Aufgabe, die diese jungen Frauen auf sich genommen haben: Ebenso, wie sie nach den Gesetzen des Staates überhaupt keinen Armeedienst leisten müssten, sind sie nach den Religionsgesetzen von der Verrichtung der Gebete befreit, denn für die Frau sind Kindererziehung und Haushaltsführung das höchste Gebot. Stattdessen strebt die religiöse feministische Bewegung eine revolutionäre Umwälzung innerhalb der Religion an: Unter anderem fordert sie für die Frauen das Recht, an allen Aspekten des religiösen Ritus teilzuhaben, angefangen vom öffentlichen Gebet über lautes Lesen der Thora bis zum gemeinsamen Singen mit Männern.

Das ist ein Feminismus außergewöhnlicher Art. Er wirkt innerhalb der religiösen Gesellschaft und ist im Rahmen der starren Religionsgesetze eine modernistische Kampfansage an die national- und ultraorthodox-religiöse männliche Hierarchie. Die religiösen Soldatinnen begründen ihr Streben nach einer militärischen Karriere mit dem Wunsch, Selbstverwirklichung und Geschlechtergleichheit mit Vaterlandsliebe und Engagement für das jüdische Volk zu vereinen.

Vor diesem Hintergrund besteht kein Zweifel, dass die junge religiöse Pilotin, die in der Operation »Protective Edge« im Sommer 2014 an den Angriffen auf Gaza teilnahm, sich als direkte Nachfolgerin der legendären ersten Kämpferinnen sieht – angefangen bei der Jüdischen Brigade im Zweiten Weltkrieg über den Palmach bis hin zu den Untergrundbewegungen. Sie hat recht. Jedoch musste diese Kontinuität neu geschaffen werden, nachdem die Gleichheit, die auf dem Schlachtfeld und in der Armee überhaupt galt, eine Zäsur erfahren hatte.

Die von diesen jungen Frauen meistbewunderte Gestalt ist die legendäre Fallschirmspringerin Hannah Szenes. Szenes wurde 1921 in Ungarn geboren. Hätte sie in ihrer protestantischen Schule nicht offenen Antisemitismus erlebt, wäre sie vielleicht nie begeisterte Zionistin geworden, hätte nicht alles hinter sich gelassen und wäre nicht aufgebrochen, den Traum vom Pionierdasein zu verwirklichen. Schließlich bot Budapest im ersten Drittel des 20. Jahrhunderts weitaus verlockendere und angenehmere kulturelle und gesellschaftliche Möglichkeiten als die öde Landschaft und das mühsame Leben im entlegenen Palästina. Doch in Europa wütete bereits der Faschismus und im Jahr 1939 ließ Szenes alles hinter sich, um in die landwirtschaftliche Mädchenschule in Nahalal einzutreten. Diese Schule wurde von der Agronomin Hannah Maisel gegründet und geleitet; derselben Hannah Maisel, die zwei Jahrzehnte zuvor eine Gruppe junger Frauen um sich geschart und in Kinneret die Mädchenfarm gegründet hatte, in der die Dichterin und Gänsehirtin Rachel morgens ihr Tagewerk antrat.

Jüdische Pionierinnen in der damals neu gegründeten Landwirtschaftsschule für Frauen in Nahalal, dem ältesten israelischen Moschaw, um 1929

Auch Hannah Szenes schrieb Gedichte und führte ein Tagebuch, das ihr Alltagsleben im neuen Land dokumentierte, einschließlich ihrer Gefühle der Einsamkeit, der kulturellen Zerrissenheit und der Sehnsucht nach der Kühle der europäischen Landschaft, doch sie verschloss ihre Aufzeichnungen in der Schublade. Mit 20 Jahren gehörte sie bereits zu den Gründungsmitgliedern eines neuen, unweit des antiken Caesarea am Meer gelegenen Kibbuz namens Sedot Jam. Das berühmteste Gedicht aus dieser Zeit trägt den Titel »Gang nach Caesarea«, ein kurzes, einfaches Gedicht, leise und menschlich wie ein Gebet.

Doch der Krieg sollte das Leben der begabten jungen Frau in eine andere Richtung führen. Im Jahr 1943 meldete sie sich zur britischen Armee und schloss sich einer Fallschirmeinheit an, die dazu ausgebildet wurde, auf von NS-Deutschland besetztem Gebiet abzuspringen. Am 15. März sprang sie mit ihren Kameraden in Kroatien nahe der ungarischen Grenze ab und schloss sich einer örtlichen Partisanengruppe an; als sie drei Monate später die ungarische Grenze überquerte, wurde sie gefangen genommen. In ihrer Heimatstadt Budapest wurde sie unter der Anklage von Spionage und Vaterlandsverrat vor Gericht gestellt, doch noch vor Prozessende am 7. November hingerichtet. Sie war 23 Jahre alt. Unbekannte begruben ihren Leichnam auf dem jüdischen Friedhof von Budapest; sechs Jahre danach ließ der Staat Israel die sterblichen Überreste der jungen Frau überführen und auf einem Militärfriedhof beisetzen. Damals wurden auch ihre geheimen Aufzeichnungen gefunden. Ihre Gedichte wurden vertont und werden oft an den zahlreichen Gedenktagen und bei nationalen Festakten in Israel gespielt. Die einfachen, schönen Worte des Liedes »Eli Eli« kennt jedes Mädchen in Israel. »Mein Gott, mein Gott, nie mögen sie enden, der Sand und das Meer, das Rauschen des Wassers, das Strahlen des Himmels, das Gebet des Menschen.«

Bei der Rekrutierung von Hannah Szenes und ihrer Kameradinnen zu den Fallschirmspringern wurde das Risiko, sie könnten bei ihrem Einsatz gefangen genommen oder getötet werden, bewusst eingegangen und verdrängt angesichts der dringenden Notwendigkeit, mit allen Mitteln gegen die NS-Okkupation zu kämpfen. Szenes und ihre – einige Tage nach ihr hingerichtete – Freundin Chaviva Reich trainierten den Absprung und die Überschreitung der Frontlinie unter schweren, komplizierten Feldbedingungen, sprachen aber kaum von Gleichheit, sondern von ihrer Sendung im Dienst der Nation. Dessen ungeachtet, haben sie sich als Heldenhaftigkeit ausstrahlende, außergewöhnliche Frauen ins nationale Gedächtnis eingeschrieben. Nicht nur wegen ihres beeindruckenden Mutes, sondern auch, weil die im Werden begriffene israelische Gesellschaft vor der Staatsgründung und noch mehr in der Frühzeit Israels mit seiner nunmehr regulären Armee Kampfsoldatinnen gegenüber eine andere Einstellung einzunehmen begann und sich schwertat, sie als den Männern in jeder Beziehung ebenbürtig zu akzeptieren.

Die religiösen und säkularen jungen Frauen, die eine militärische Laufbahn einschlagen und um ihr Recht kämpfen, im Kampf und in allen militärischen Berufen den Männern gleich eingesetzt zu werden, schließen nunmehr eine gewaltige, ein halbes Jahrhundert während Zäsur, um dort wieder anzuknüpfen, wo einst Szenes und Reich standen. Bereits in der Jüdischen Brigade der britischen Armee, im Palmach und der Haganah, den

Kampfeinheiten der Arbeitsbewegung und der Linken, die gegen die britische Mandatsbehörde in Palästina kämpften, und in den revisionistischen Untergrundbewegungen Etzel (= Irgun Zwai Leumi) und Lechi begann die Geschlechtergleichheit zu bröckeln. Zahlreiche Studien und Interviews mit Kämpferinnen, die vor dem und im Unabhängigkeitskrieg von 1948 in all diesen Organisationen gedient hatten, bezeugen die damalige Tendenz, die Frauen in klassische Frauenrollen abzudrängen: Sie waren Krankenschwestern, Feldsanitäterinnen, Funkerinnen und dergleichen.

In die Geschichte des israelischen Heroismus sind mit Stolz die Namen einiger besonders herausragender Heldinnen eingeschrieben: Zu nennen sind die bildschöne Pilotin Sohara Lewitow, deren Briefe an ihren geliebten Mann nach ihrem Tod bei einem Flugzeugabsturz veröffentlicht wurden; Netiva Ben-Jehuda, wagemutige Offizierin im Pionierkorps, die die Kampfhandlungen in einer Reihe faszinierender Bücher dokumentiert hat; Geula Cohen, Sprecherin beim Untergrundsender der Lechi, die, von den Briten gefasst und eingekerkert, aus dem Gefängnis entfloh und später Knessetabgeordnete und Gründerin der rechtsgerichteten Partei Techija wurde, und andere mehr. Ihr Heldenmut ist in zahlreichen Filmen, Büchern und Ehrenurkunden festgehalten; indes belegen Forschungsarbeiten der letzten Jahre, dass viele Frauen Frustration und Demütigung angesichts dessen empfanden, dass man ihnen verhältnismäßig »weibliche« Funktionen zuwies und ihnen im Frontdienst keine Aufstiegsmöglichkeiten gab. Mit der zunehmenden Institutionalisierung der Armee wurde es zur weitverbreiteten Norm, dass Frauen von allen Funktionen im Feldeinsatz ferngehalten und in die Büros, die Archive, die Telefonzentralen und alle anderen Serviceeinheiten im Hinterland verbannt wurden.

Der Rückschritt in Bezug auf die Gendergleichheit spiegelt getreulich den Normalisierungsprozess innerhalb der israelischen Gesellschaft wider: Von einer Gesellschaft von Kämpfern mit einem partisanenhaften Lebensstil wurde Israel zu einem Staat wie alle Staaten. Die Gestaltung der Israel Defence Forces (hebr. »Zahal«) war von zwei widersprüchlichen Normen geprägt, die sich auf wundersame Weise miteinander verschränkten: der westlichen Norm, nach der die Armee eine ausgeprägt männliche, hierarchische Organisation ist und den Frauen allein Servicefunktionen zusteht (unter dem gängigen Vorwand, das Training von Frauen sei teuer und überflüssig wegen ihres Ausfallens durch das Kinderkriegen, zudem dürfe man sie nicht in die Gefahr bringen, in Gefangenschaft zu geraten, vergewaltigt und gefoltert zu werden), und der traditionell-jüdischen Norm, die in der Familie eine zentrale Einrichtung sieht, die es zu hegen und fördern gilt (sodass man die Mädchen hüten müsse, damit sie sich »nicht wie Männer benehmen«).

Israelische Soldatinnen im Ernteeinsatz, 1967

Die Kriege in vorstaatlicher Zeit und kurz nach der Staatsgründung erwiesen sich nur vorübergehend als Ort der Gleichheit. Für die Friedenszeiten stellte die Armee einen riesigen, bürokratisch funktionierenden Apparat auf, zu dem jährlich Tausende junge Frauen eingezogen werden. Ein ganzes Heer von weiblichen Bürokräften, Archivarinnen, Kaffee- und Teeserviererinnen und Unteroffizierinnen für soziale Belange, die alle nach britischem Vorbild einem eigenen »Frauenkorps« unterstellt sind, wurde so geschaffen. Mehr als vierzig Jahre vergingen, bis die ersten Feministinnen medienwirksam einen gerichtlichen Kampf führten, um den Frauen die »männlichsten« Ausbildungskurse – für Piloten und Marinekapitäne sowie Eliteeinheiten und Spezialdienste des Nachrichtendienstes – wieder zu öffnen.

Und was, wenn der Erfolg im Kampf um Gendergleichheit in der Armee für den Status der Frauen in Israel ein Eigentor wäre? Die Meinungen der Feministinnen dazu sind geteilt. Die Kritikerinnen der Gendergleichheit in der Armee vertreten die Ansicht, der feministische Kampf dürfe die Frauen nicht dazu treiben, innerhalb einer traditionell von Männern dominierten Organisation dadurch weiterzukommen, dass sie die von ebendieser Institution diktierten aggressiven und gewaltorientierten Spielregeln akzeptierten. Das ist eine legitime Kritik. Angesichts der umstrittenen polizeilichen Aufgaben, die Zahal in den besetzten Gebieten erfüllt, und solange eine Armee, die sich nach wie vor als »Verteidigungsarmee« definiert, das Leben von eineinhalb Millionen Palästinensern kontrolliert, ergeben sich daraus auch Fragen, die nicht einfach zu beantworten sind.

Ein anderer, nicht weniger interessanter und wichtiger Kritikpunkt von feministischer Seite stützt sich auf Yagil Levys Schilderung der tief greifenden Veränderungsprozesse in der Armee. Den Frauen gelinge es zwar, Schlüsselpositionen in der Armee zu erobern; da aber parallel dazu die mittleren Befehlsränge zunehmend von zu religiösem Extremismus neigenden Siedlern besetzt würden, könne man sich zweifellos auf eine Frontalkollision dieser beiden Strömungen gefasst machen.

Jerusalem

Zwar wurde die israelische Armee nach dem Vorbild der britischen aufgebaut, aber im Gegensatz zu dieser hatte sie von Anfang an den Charakter einer ausgesprochenen »Volksarmee« und als solcher hafteten ihr rasch alle Merkmale an, die für die israelische Gesellschaft in der Frühzeit des Staates kennzeichnend waren: die Merkmale einer traditionell-patriarchalischen Gesellschaft, dem Pionierethos verpflichtet, von formalen Äußerlichkeiten befreit (allzu sehr, wie manche behaupten), gezeichnet von Intimität bis zu aufdringlicher Familiarität.

In dieser sehr männlich-chauvinistischen Lebenswelt waren die 18-jährigen Soldatinnen, die zumeist in verschiedenen Servicefunktionen gegenüber männlichen Berufsoffizieren eingesetzt wurden, tagtäglich psychisch und physisch gefährdet. Die militärisch geprägte Atmosphäre, die viele Jahre lang de facto die in der Gesellschaft geltende Werteskala bestimmte, festigte die Norm, die die Frauen zu einem dem Mann jederzeit zur Verfügung stehenden Sexualobjekt reduzierte.

Innerhalb weniger Jahre wandelte sich die scheinbar egalitäre oder zumindest Egalitarismus als Wert anstrebende Kameradschaft innerhalb der Kampftruppe. Die Soldatinnen wurden auf die unteren Ränge der Hierarchie verwiesen, ihnen war nicht nur jede Aufstiegschance in der Armee verschlossen, sondern sie saßen in der militärischen Hackordnung geradezu in der Falle. Missbrauch der Vorgesetztenposition, Belästigungen, Erniedrigungen und sogar Vergewaltigungen konnten mühelos vertuscht werden. Die Soldatinnen hatten Angst, sich zu beschweren, auch gab es dafür im Grunde keinen Ansprechpartner und ohnehin hätte es ihnen niemand abgenommen, dass der hochverehrte Kommandeur und Familienvater sich zu ihnen brutal verhalten habe und nicht sie es seien, die ihn verführen wollten.

Von den 1950er- bis in die Mitte der 1980er-Jahre bezeichnete diese Situation die Spitze des Eisbergs der in Israel herrschenden Genderungleichheit. Die Schutzlosigkeit, der die jungen Soldatinnen preisgegeben waren, war nur der krudeste Ausdruck einer gang und gäbe werdenden Norm. In Verbindung mit der Diskriminierung von Frauen im Arbeitsleben, die auch zur Folge hatte, dass Frauen deutlich schlechter verdienten als Männer, und der Gewalt gegen Frauen auch am Arbeitsplatz führte sie dazu, dass der Status der Frauen in Israel einen Tiefpunkt erreichte.

Diese Entwicklung betraf indes nicht nur Israel und dementsprechend erstarkten die feministischen Bewegungen weltweit. Nicht zuletzt vor diesem Hintergrund bewirkten Ende der 1980er-Jahre Feministinnen in Israel eine Bewusstseinsrevolution, indem es ihnen gelang, die Themen sexuelle Belästigung und Missbrauch der Vorgesetztenposition in den Fokus der öffentlichen Auseinandersetzung zu rücken. Scheinbar paradoxerweise kam ihnen dabei der Umstand, dass die Zustände in der Armee skandalös waren und man auch gar nicht versuchte, diese groß zu verschleiern, zur Hilfe, da sich ihnen so eine breite Angriffsfläche darbot.

Diese Bewusstseinsrevolution fand in einer kühnen Gesetzgebung ihren Ausdruck, die ihrer Zeit voraus war. Zunächst erschienen einige juristische Aufsätze, die im Arbeitsleben allseits übliche und bekannte Verhaltensweisen als sexuelle Belästigung definierten. Auf Basis dieser Definition wurde dann 1988 im Gesetz über die Chancengleichheit am Arbeitsplatz ein Artikel über sexuelle Belästigung verankert. Es sollten jedoch noch zehn Jahre vergehen, bis eine couragierte Juradozentin und eine feministische Knessetabgeordnete das Gesetz zur Verhinderung sexueller Belästigung am Arbeitsplatz ausformulierten, und noch einige weitere Jahre, bis eine hartnäckige Richterin das Gesetz auch auf scheinbar unklare Fälle anzuwenden begann, in denen es zu keinem physischen Übergriff gekommen war.

Der Name dieser Richterin, Dorit Beinisch, 2006–2012 die erste Frau an der Spitze des Obersten Gerichtshofs, ist mehr als jeder andere mit dem Geist des Gesetzes zur Verhinderung sexueller Belästigung verbunden. Ihre gesamte glanzvolle Karriere hindurch, von der Staatsanwältin über die Generalstaatsanwältin bis schließlich zur Richterin am Obersten Gerichtshof, evozierte sie – zuweilen sehr aggressiven – Widerstand von Männern in Schlüsselpositionen. Mit einiger Gewissheit kann man annehmen, dass dieser Widerstand nicht nur die Angst reflektierte, die starke und erfolgreiche Frauen gewöhnlich erwecken, sondern zumindest teilweise auch darauf beruhte, dass sie es wagte, gleichsam die Büchse der Pandora zu öffnen, indem sie die der israelischen Gesellschaft inhärente Ungleichheit thematisierte.

Dorit Beinisch, hier im Jahr 2008, war die erste Frau, die Präsidentin des Obersten Gerichtshofs von Israel wurde. Sie hatte dieses Amt von 2006 bis 2012 inne.

Miriam Naor, seit 2015 Präsidentin des Obersten Gerichtshofs Israels

Es mag auf den ersten Blick verwundern, dass gerade in der Armee und im öffentlichen Dienst, wo Frauen besonders unter sexuellem Missbrauch und sexueller Belästigung zu leiden hatten, das Gesetz am raschesten und eindrucksvollsten umgesetzt wurde. Offensichtlich ermöglicht dieselbe starre Hierarchie, die die Frauen auf die ganz unterste Ebene abgedrängt hatte, eine effektivere Überwachung und Bestrafung als dort, wo verhältnismäßig »fluide« Arbeitsbeziehungen herrschen.

Ab Mitte des ersten Jahrzehnts des neuen Jahrtausends entfaltete das Gesetz seine volle Wirkung und und veränderte die gesellschaftlichen Wertvorstellungen quasi in atemberaubender Schnelligkeit. Eine Reihe von Frauen, die zuvor Angst gehabt hatten, über Vergewaltigung und sexuelle Belästigung in der Armee und im öffentlichen Dienst auszusagen, traten ans Licht der Öffentlichkeit und die Resultate ließen nicht lange auf sich warten: Den Anfang machte das Gerichtsverfahren gegen Verteidigungsminister Jitzchak Mordechai, zuvor einer der angesehensten Armeegeneräle; er wurde verurteilt und degradiert. Den Höhepunkt bildete die Verurteilung des ehemaligen Staatspräsidenten Mosche Katzav zu einer langjährigen Gefängnisstrafe.

Kein Zweifel, dass diese Urteilssprüche, die den öffentlichen Dienst und die Gesellschaft als Ganze erschütterten, von einem tief greifenden Wandel zeugen, der in Ländern, die als fortschrittlicher gelten als Israel, kaum seinesgleichen kennt. Man denke an den Fall Dominique Strauss-Kahns, der vor der Kandidatur um das Amt des französischen Staatspräsidenten stand, obwohl die Medien von nicht wenigen vergangenen Affären von sexueller Belästigung und sogar Vergewaltigung wussten, die sie aber unter Berufung auf die »Wahrung der Privatsphäre einer öffentlichen Person« nicht publik gemacht hatten. Diese bahnbrechenden, mutigen Verurteilungen veranschaulichen, wie paradoxal der Status der Frau in Israel zunehmend wird.

Das Gesetz zur Verhinderung sexueller Belästigung und der darauf folgende revolutionäre Wandel stehen weitgehend unter dem Einfluss der aus den USA kommenden Norm der Political Correctness. Dieser Trend ist nur ein Teil des sehr weit und tief greifenden Einflusses amerikanischer Wertvorstellungen auf die israelische Gesellschaft, die vor allem im sozioökonomischen Bereich ihren Ausdruck findet. Denn seit Mitte der 1990er-Jahre praktiziert Israel eine sehr extreme Form neoliberaler Wirtschaftspolitik, die zum Teil diejenige in den USA noch übertrifft.

So findet sich an einem Extrem der Amerikanisierung die Political Correctness, die wiederum Teil eines breiteren Prozesses der Verrechtlichung des öffentlichen Lebens ist, also des bevorzugten Rückgriffs auf das Gesetz anstelle des Aushandelns ethischer Codes und der Definition von Wertesystemen; am anderen Extrem findet sich das amerikanische Credo, nach dem jeder und jedem alles offenstehe. Im Rahmen dieses Ethos, das a priori voraussetzt, diejenigen, denen es gelingt, die Karriereleiter zu erklimmen und zu Reichtum zu kommen, seien zwangsläufig besser als die, denen das nicht gelingt, kann die israelische Gesellschaft mit Stolz auf eine ansehnliche Liste von Frauen verweisen, die es »geschafft« haben: zum Beispiel Unternehmerinnen, Spitzenmanagerinnen von Banken, Generaldirektorinnen und weibliche Aufsichtsratsvorsitzende großer Firmen. Erst 2013 wurden zwei Schlüsselpositionen in der Wirtschaft mit Frauen neu besetzt: Die israelische Zentralbank wird seitdem von einer Gouverneurin geleitet und das Amt des Staatssekretärs im Finanzministerium bekleidet seitdem ebenfalls eine Frau. Ähnliche Erfolge sind in der Privatwirtschaft zu verzeichnen.

Jedoch verhüllt der schwindelerregende Erfolg von Frauen an der Spitze der Wirtschaft die dunkle Seite des Neoliberalismus: je weitgehender die Privatisierung der Wirtschaft und des öffentlichen Dienstes, je rascher bröckelt der Sozialstaat und umso größer ist die Kluft zwischen Arm und Reich. Hinsichtlich der Einkommensungleichheit und des Anteils der armen Bevölkerung an der Gesamtbevölkerung nimmt Israel schon seit einigen Jahren innerhalb der OECD-Staaten einen der sehr fragwürdigen Spitzenränge ein (siehe den Beitrag von Ruth Klinov).

Im Gegensatz zur erklärten Position der israelischen Regierung, nach der der Großteil der Armen in der Bevölkerung dem orthodoxen und arabischen Sektor angehöre und der Grund dafür deren geringe Beteiligung am Arbeitsmarkt sei, beweist die Statistik, dass die Wirtschaftspolitik in den letzten Jahren zu einer Vertiefung der Armut gerade unter den Erwerbstätigen geführt hat. Es überrascht auch nicht, dass der Anteil der Frauen unter den erwerbstätigen Armen weitaus größer ist als ihr Anteil an der Gesamtbevölkerung. Besonders ausgeprägt ist er unter Frauen orientalischer Herkunft. Das ist nicht zuletzt auch darauf zurückzuführen, dass diese überwiegend in der Peripherie leben, da ein Großteil der Einwanderer aus den nordafrikanischen und arabischen Ländern in den ersten Jahren nach der Staatsgründung dort angesiedelt wurde, und in den peripheren Regionen Israels der Anteil der Armen deutlich höher ist als im Landeszentrum.

Die Gründe, warum auch erwerbstätige Frauen häufiger arm sind, liegen auf der Hand: So verdienen Frauen, ungeachtet der gesetzlichen Vorschriften, im Durchschnitt zwischen 25 und 35 Prozent weniger als Männer. Hinzu kommt, dass von der Flexibilisierung der Arbeitsverhältnisse und dem geringen Arbeitsschutz »typisch weibliche« Berufe wie Sozialarbeit, Unterrichten, Kinderbetreuung und Altenpflege besonders betroffen sind. In diesen Bereichen ist der Staat in den letzten Jahren dazu übergegangen, Leiharbeitnehmer zu beschäftigen. Überdies hat sich die Wohnungsnot in Israel seit den Protesten 2011 eher verschlimmert. Auch hier sind die Hauptbetroffenen alleinerziehende Mütter, die infolge des fehlenden sozialen Wohnbaus (wie auch des fehlenden kostenlosen öffentlichen Schulunterrichts und fehlender kostenloser öffentlicher medizinischer Versorgung etc.) in beschämende Armut fallen.

Zu diesen besorgniserregenden Daten kommt noch, dass in Israel die Orthodoxie ausschließlich für das Familienrecht zuständig ist. Dieses Monopol geht besonders zulasten der Frauen; zum Beispiel kann eine Frau sich von ihrem Mann nicht ohne dessen Zustimmung scheiden lassen (hervorragend dargestellt in dem Film »Get − Der Prozess der Viviane Amsalem«, der die Auswegslosigkeit dieser Situation deutlich illustriert), was besonders jene armen Frauen in der Peripherie in Abhängigkeit hält, deren Umwelt traditionsverhafteter und konservativer ist als die ihrer ökonomisch und statusmäßig bessergestellten Geschlechtsgenossinnen im Landeszentrum. Die säkulare, gebildete Bankmanagerin aus Tel Aviv kann sich auf Zypern zivil trauen lassen oder auch ohne Heirat in einer Partnerschaft leben, wenn sie auf dem Papier nicht offiziell geschieden ist und von ihrem Mann keine Alimente erhält. Die von einer Stadtverwaltung im Süden des Landes beschäftigte Reinigungskraft kann sich das weder ökonomisch noch gesellschaftlich leisten.

Am Strand von Tel Aviv, 2014

In jeder Hinsicht ist die israelische Gesellschaft eine Gesellschaft der Extreme. Das liberale Tel Aviv wurde zum »Paradies für Schwule und Lesben« erklärt, während Jerusalem – jenseits der Knesset, des Obersten Gerichtshofs und der beeindruckenden Sehenswürdigkeiten – immer ärmer und ultraorthodoxer wird. Als glänzende Ausnahmen treten hier und da religiöse jüdische Frauen und christliche oder muslimische arabische Frauen (einschließlich Beduininnen aus der Negevwüste oder aus Galiläa) hervor, denen es gelungen ist, die doppelte gläserne Decke zu durchbrechen – die gendermäßige und die traditionell-konservative. Eine der herausragenden Erscheinungen ist Adina Bar-Schalom, Tochter des Begründers und langjährigen Führers der Schas, Ovadja Josef. Sie erhielt den Israel-Preis für ihre führende Rolle in der Förderung der akademischen Ausbildung ultraorthodoxer Frauen. Allerdings ist Bar-Schalom innerhalb des streng abgesteckten Rahmens der orthodoxen Welt geblieben.

Am entgegengesetzten Ende finden sich beeindruckende Frauen wie die ehemalige Präsidentin des Obersten Gerichtshofs Dorit Beinisch, die Chemienobelpreisträgerin Ada Yonath, hochrangige Kommandeurinnen der Armee, die die gläserne Decke (fast) durchbrochen haben, Politikerinnen wie Tzipi Livni, Zehava Gal-On, Shelly Yachimovich und zahlreiche andere junge, begabte und entschlossene Frauen, die in den beiden letzten Jahren Knessetabgeordnete geworden sind, Schriftstellerinnen wie Zeruya

Shalev und weitere, die Trägerinnen renommierter in- und ausländischer Literaturpreise sind. Doch die Kluft zwischen ihnen und konservativen Strömungen wird immer größer.

Im Status der Frau spiegelt sich wie in einem Mikrokosmos die zeitgenössische israelische Gesellschaft: innovativ, bahnbrechend, informell und kühn, doch auch konservativ, traditionsverhaftet und sektoral. In den letzten Jahren ist die israelische Gesellschaft von einer Welle separatistischen Nationalismus erfasst worden, der die israelische Identität als ausschließlich jüdisch neu definiert und der konservativsten Orthodoxie erneute Macht verleiht. Die Vertreter dieser politischen wie religiösen Richtung grenzen nicht nur die nicht jüdischen Bevölkerungsteile aus, sondern stellen an die Frauen in Israel die alt-neue Forderung, zu ihren traditionellen Aufgaben zurückzukehren, eine rückschrittliche Forderung, die fragwürdige, verstörende Wertvorstellungen repräsentiert.

Von außen betrachtet, scheint es, als drehe sich der politische Kampf zwischen links und rechts in Israel um den israelisch-palästinensischen Konflikt und die Frage der politischen Grenzen. In Wirklichkeit liegt sein kritischer Schwerpunkt bei der Frage nach der soziokulturellen Identität des Staates und der Gesellschaft. In diesem Kontext ist die Frage des Status der Frau nicht nur bedeutsam. Sie hat symbolischen Charakter. Ja mehr noch: Sie ist geradezu ein archimedischer Punkt. Sie ist fundamental.

Aus dem Hebräischen von Liliane Meilinger

Avirama Golan

Lucy Aharish – die neue Israelin

Die schönste staatliche Zeremonie, bei der alljährlich auf dem Herzlberg in Jerusalem ausgewählte Persönlichkeiten der israelischen Gesellschaft symbolisch für die biblischen Stämme zwölf Flammen entzünden, bildet den Abschluss des Gedenktages für die Gefallenen der Kriege Israels und eröffnet gleichzeitig die Feierlichkeiten zum Unabhängigkeitstag.

Es handelt sich um einen zwar sehr feierlichen, aber doch bescheidenen und zurückhaltend inszenierten Festakt ganz ohne politische Aspekte. Seit der Staatsgründung wird diese Zeremonie von einem hymnenartigen Lied umrahmt, dessen Worte die mutige Pioniertat der Staatsgründer beschreiben: »Es war kein Wunder, das uns widerfahren ist«, heißt es provokativ in säkular-modernistischer Anspielung auf die 2000-jährige religiöse Chanukkatradition, »keinen Ölkrug fanden wir, wir behauten den Fels und erklommen den Berg«.

Es ist eine Zeremonie mit ausgeprägt säkularem Charakter, bei der stets versucht wird, Persönlichkeiten aus allen Gesellschaftsschichten auszuwählen, um diesen Charakter beizubehalten und für größtmögliche gesellschaftliche Repräsentanz zu sorgen – Männer und Frauen, Peripherie und Zentrum, Hoch- und Volkskultur etc.

Es ist möglicherweise die einzige öffentliche Zeremonie, bei der noch immer der israelische Staat als Vertreter der ganzen Gesellschaft im Vordergrund steht, im Gegensatz zu anderen zeremoniellen staatlichen Veranstaltungen, die zunehmend von der Thematik der jüdischen Nationalstaatlichkeit, um nicht zu sagen: vom jüdischen Nationalismus, geprägt sind. Trotzdem löste im März 2015 die Veröffentlichung der Liste der diesjährigen Flammenanzünder, besonders der Umstand, dass sich darunter auch die 34-jährige muslimische Fernsehmoderatorin Lucy Aharish befand, einen kleinen Sturm aus.

Die negativen Reaktionen richteten sich aber nicht gegen die Wahl an sich – Aharish ist populär und wird sehr geschätzt –, es handelte sich vielmehr um Kritik von linker Seite und von arabischen Bürgern Israels, die argumentierten, Aharish habe sich zur Teilnahme an einer Zeremonie bereit erklärt, die mehr als alles andere die Verwirklichung des Zionismus symbolisiere, wodurch sie die anhaltende israelische Besatzung des Westjordanlandes und die Diskriminierung der arabischen Bürger Israels stillschweigend legitimiere.

Lucy Aharish, arabische Israelin, moderiert eine Diskussionsrunde während einer Konferenz in Jerusalem, Mai 2015.

Aharish ließ sich von dieser Kritik jedoch nicht beirren. Sie hat sich noch nie in eine vorgegebene Rolle zwängen lassen. Im Gegensatz zu den meisten arabischen Bürgern Israels kam sie in der jüdisch-israelischen Stadt Dimona zur Welt, wohin ihre Eltern aus Nazareth übergesiedelt waren. Sie spricht Englisch wie eine Amerikanerin, Hebräisch wie eine gebildete Frau aus Tel Aviv und ein ganz normales landesübliches Arabisch. Sie ist zudem begabt und sieht sehr gut aus. Ihre Karriere im Fernsehen nahm einen steilen Verlauf, sobald ihre Natürlichkeit und Unverkrampftheit sowie ihr hohes Ausdrucksvermögen vor der Kamera wahrgenommen wurden.

Aharish begnügte sich aber nicht mit der Rolle des Publikumslieblings und übte während des Krieges im Gazastreifen (Operation »Fels in der Brandung«) scharfe Kritik an der Hamas, die schutzlose Kinder als Schutzschilde gegen die israelische Armee einsetze, doch bevor diese Äußerungen Begeisterungsstürme in Israel auslösen konnten, verurteilte sie auch die rassistischen Ausfälle gegen Araber in den israelischen Städten, in denen sowohl Juden als auch Araber leben.

Aharish ist faktisch die Ausnahme, die die Regel bestätigt. Sie ist erfolgreich, tritt selbstbewusst auf und scheut sich nicht, ihre Meinung zu sagen, auf Hebräisch und auf meinungsbildenden Kanälen. Frauen wie sie gibt es in Israel nur einige Dutzend oder vielleicht wenige Hundert. Gemeint sind eindrückliche arabische Frauen, denen es gelungen ist, die doppelte Glasdecke zu durchbrechen, nämlich jene der ethnischen Abstammung und jene des Geschlechts.

Bei diesen Frauen in Israel handelt es sich zumeist um Ärztinnen, Ingenieurinnen, Frauen in leitenden Positionen im öffentlichen Dienst und in zivilgesellschaftlichen Organisationen sowie in wenigen Fällen um Managerinnen in der Privatwirtschaft und um Frauen in Führungspositionen in den Medien und in der Politik. In die 20. Knesset wurden − als Kandidatinnen der Gemeinsamen Arabischen Liste − zwei arabische Frauen gewählt, Aida Tuma (Hadash) und Hanin Soabi (Balad). Bislang waren nur zwei arabische Parlamentarierinnen in die Knesset gewählt worden: Hussniya Jabara (Meretz) und Nadia Hilou (Arbeitspartei). Beide hatten bei ihrer Wahl in ihren Parteien in doppelter Weise von reservierten Listenplätzen (für Frauen und für Araber) profitiert. Würde Aharish in die Politik gehen wollen, würden wohl mehrere Parteien um sie werben. Doch sie zieht es offenbar vor, sich auf anderen Plattformen für die arabischen Frauen einzusetzen.

Aharish verkörpert ein neues arabisch-israelisches Frauenbild. Sie lässt sich nicht in ein Schema zwängen und ist im Grunde genommen in keinem Lager voll akzeptiert, weder im jüdischen noch im arabischen. Vielleicht macht sie gerade diese Eigenschaft zum neuen Typus der israelischen Frau, die originell, mutig, nicht an Paradigmen und Konsens gebunden, einem Sektor zugleich angehört und nicht angehört, unabhängig und stark ist.

Aus dem Hebräischen von David Ajchenrand

Mohammed Darawshe

Minderheit in der Falle – Israels palästinensische Bürger

Israel setzt sich aus zwei nationalen Hauptkollektiven zusammen, Juden und Arabern. Die jüdische Mehrheit, 80 Prozent der Bevölkerung, ließ sich ab 1882 in mehreren Einwanderungswellen im Land nieder und entwickelte sich durch natürliches Bevölkerungswachstum. Diese jüdischen Kollektive waren vereint im Glauben an die Notwendigkeit eines zionistischen Staates und an dessen Fähigkeit, die nationalen jüdischen Interessen innerhalb Israels und im Ausland wahrzunehmen (Smooha 1997). Das andere nationale Hauptkollektiv in Israel besteht aus Arabern. Sie machen 20 Prozent der Gesamtbevölkerung aus und sind Teil der eingeborenen palästinensischen Bevölkerung, die das Land vor der Gründung des Staates Israel bewohnte. Nach dem Krieg von 1948 blieb dieser Teil der palästinensischen Bevölkerung in seiner Heimat unter jüdischer Herrschaft und nahm die israelische Staatsbürgerschaft an. Für diese Minderheit gibt es unterschiedliche Bezeichnungen, sie werden etwa als israelische Araber oder arabische Israelis oder auch als »palästinensische Bürger Israels« bezeichnet, was die Doppelfunktion ihrer Eingliederung und Ausgrenzung im Staat zum Ausdruck bringt.

In diesem Artikel möchte ich einige zentrale rechtliche und politische Aspekte der Stellung der palästinensischen Minderheit in Israel beleuchten; besonderes Augenmerk soll auf die Ungleichheiten zwischen den palästinensischen und den jüdischen Bürgern des Staates gerichtet werden. Solche Ungleichheiten finden sich fortdauernd in sämtlichen Bereichen des öffentlichen Lebens. Direkte und indirekte Diskriminierung der palästinensischen Bürger Israels sind in der obrigkeitlichen Praxis strukturell verwurzelt.

Die Definition des Staates Israel als jüdischer Staat macht Ungleichheit und Diskriminierung zur faktischen Realität und zu einer gewollten politischen Doktrin. Die Kopplung von »jüdisch« und »demokratisch« schreibt die Diskriminierung nicht jüdischer Bürger fest und verhindert die Verwirklichung voller Gleichheit.

Ein Rafa, ein israelisch-arabisches Dorf

Die palästinensische Bevölkerung Israels beläuft sich auf annähernd 1,3 Millionen Menschen, das arabische Ost-Jerusalem nicht inbegriffen, wo nochmals 300 000 Menschen leben, die zwar ein Wohnrecht in Israel, aber nicht die israelische Staatsbürgerschaft besitzen.

Bildungsniveau

Der Bildungsminister ist als zentrale Instanz landesweit für Form und Inhalt des Lehrplanes an arabischen Schulen zuständig, wobei in dieser Sache nur wenigen arabischen Pädagogen Entscheidungsvollmacht eingeräumt wird. Das staatliche Bildungsgesetz legt Lernziele für staatliche Schulen mit Schwerpunkt auf der jüdischen Geschichte und Kultur fest. Aufgrund der mangelnden Investition in arabische Schulen in Israel wird das Gefälle zwischen der jüdischen Mehrheit und der arabischen Minderheit längerfristig konserviert. Arabische Schulen erhalten weitaus geringere staatliche Mittel als jüdische Schulen.

Laut Beobachtungskomitee für die Bildung im arabischen Bevölkerungssektor in Israel (Follow-Up Committee on Arab Education – FUCAE) gibt der Staat Israel jährlich durchschnittlich 192 Dollar pro arabischem Schüler aus, für einen jüdischen Schüler dagegen 1 100 Dollar. Die Schulabbrecherquote ist bei arabischen Schülern doppelt so hoch wie bei jüdischen Schülern (zwölf gegenüber sechs Prozent). Im arabischen Sektor fehlen rund 5000 Klassenzimmer. Nahezu die Hälfte der arabischen Studienanwärter mit Abitur scheitert an der psychometrischen Aufnahmeprüfung und erhält keinen Studienplatz (gegenüber nur rund 20 Prozent der jüdischen Studienanwärter). Khaled Arar, Dozent am Beit Berl College, hält die psychometrische Prüfung für kulturell unausgewogen: »Die Differenz bei der erreichten Anzahl Punkte zwischen jüdischen und arabischen Studienanwärtern liegt stabil bei über 100 Punkten von insgesamt 800 möglichen Punkten, und das seit 1982. Allein dieser Umstand sollte Fragen aufwerfen.« (www.ynet.co.il/articles/0,7340,L-3330648,00.html, Aufruf: 5. Oktober 2016)

Staatliches Angebot für die Schulung junger arabischer Israelis im Umgang mit neuen Technologien

Araber sind in der Studentenschaft und in den Lehrkörpern der meisten israelischen Hochschulen sowie in leitenden Positionen auf höherer Fachebene und in der Privatwirtschaft unterrepräsentiert. Gut ausgebildete Araber sind oft nicht in der Lage, eine ihrem Bildungsstand angemessene Beschäftigung zu finden. Laut der Vereinigung für die Förderung zivilgesellschaftlicher Gleichberechtigung »Sikkuy« sind nur rund 60 bis 70 Stellen des rund 5000 Stellen umfassenden akademischen Lehrkörpers an israelischen Universitäten von arabischen Bürgern besetzt.

Beschäftigung

Palästinensische Bürger Israels sind aufgrund der mangelhaften Durchsetzung von Gleichstellungsgesetzen und tief verwurzelten strukturellen Barrieren, die besonders Frauen betreffen und auf mangelhafte oder gänzlich fehlende öffentliche Verkehrsverbindungen, den Mangel an Industriezonen und fehlenden Tagesschulen zurückzuführen sind, oft mit Diskriminierung bei Stellenangeboten, Gehalt und Arbeitsbedingungen konfrontiert. Zudem sind sie von einigen Beschäftigungsbereichen ausgeschlossen, für die der Wehrdienst Bedingung ist, oft, obwohl keinerlei Zusammenhang zwischen der Art der Arbeit und der Wehrdiensterfahrung besteht.

Die arabische Bevölkerung Israels leidet seit Jahrzehnten unter Beschäftigungsnöten, die sich in vergleichsweise hoher Arbeitslosigkeit und niedrigen Beschäftigungsraten niederschlagen. Die höhere Arbeitslosigkeit unter Palästinensern in Israel ist auf ihre verbreitete Diskriminierung auf dem primären Arbeitsmarkt (Khattab 2003), den mangelnden Beschäftigungsmöglichkeiten innerhalb der eigenen Gemeinschaft, dem ethnisch geprägten Arbeitsmarkt (Lewin-Epstein/Semyonov 1994) und auf ihre Konzentration auf den sekundären Arbeitsmarkt zurückzuführen. Diese Faktoren erhöhen die Exponiertheit der palästinensischen Bürger auf dem Arbeitsmarkt. Bei Rezessionen und wirtschaftlichen Fluktuationen sind ihre Stellen stärker gefährdet.

Sa'adi und Lewin-Epstein (2001) haben den dynamischen Einfluss des Arbeitsmarktes und der liberalisierten Wirtschaft auf die Beschäftigung arabischer Männer untersucht und Unterschiede bei den Arbeitslosenraten zwischen arabischen und jüdischen Männern festgestellt. Bei Ersteren war die Arbeitslosenrate demnach höher, was die Autoren unter anderem auf die zunehmende Segmentierung des Arbeitsmarktes zurückführen. Hinsichtlich der ethnischen Segmentierung des israelischen Arbeitsmarktes ist zwischen dem sekundären und dem ethnischen Arbeitsmarkt zu unterscheiden. Der sekundäre Arbeitsmarkt ist von einer hohen Konzentration arabischer Arbeitnehmer geprägt, die manuelle, unqualifizierte und schlecht bezahlte Arbeiten verrichten, der ethnische Arbeitsmarkt (Enklavenwirtschaft) hingegen bietet zahlreiche Beschäftigungsmöglichkeiten, die als Stellen des primären Arbeitsmarktes gelten. Dazu zählen Lehrerstellen an arabischen Schulen, Stellen in lokalen Gesundheitseinrichtungen (Ärzte und Pfleger) sowie Stellen für Fachkräfte in den Einrichtungen arabischer Lokalbehörden, zudem Beschäftigungen als Buchhalter, Rechtsanwälte, Zahnärzte usw. in den arabischen Gemeinden. Der ethnisch begrenzte Arbeitsmarkt hat sich als Folge der weitgehend separaten Wohngebiete von Arabern und Juden und dem abgestuften staatlichen

Fakten und Zahlen

▶ **Demografische Daten**

- Die arabischen Bürger stellen 20,6 Prozent der israelischen Bevölkerung – rund 1,6 Millionen Bürger; davon sind etwa 83 Prozent Muslime (einschließlich Beduinen), 8,7 Prozent Christen und 8,3 Prozent Drusen.
- Die jährliche Wachstumsrate der arabischen Bevölkerung beträgt 2,4 Prozent, verglichen mit 1,8 Prozent der jüdischen Bevölkerung; fast 50 Prozent der arabischen Bevölkerung Israels ist unter 19 Jahre alt.

▶ **Geografie**

- Die überwältigende Mehrheit der arabischen Bürger Israels wohnt in peripheren Regionen. Die geografische Verteilung ist wie folgt: Haifa, Galiläa und Nordregion 57 Prozent; Jerusalem 19 Prozent; Negev 13 Prozent; Tel Aviv und zentrale Landesteile zehn Prozent.
- Während die meisten Kommunen in Israel entweder jüdisch oder arabisch sind, gibt es in Israel fünf Städte, die als »gemischt« bezeichnet werden. In diesen Städten lebt eine bedeutende arabische Bevölkerung an der Seite der jüdischen Mehrheit: In Akko sind es 30 Prozent; in Lod 28 Prozent; in Ramle 21 Prozent; in Jaffa 31 Prozent; in Haifa elf Prozent.

▶ **Wirtschaft**

- Während die arabischen Bürger 20,6 Prozent der Gesamtbevölkerung ausmachen, liegt ihr Anteil am israelischen Bruttoinlandsprodukt bei nur acht Prozent.
- Der Staat schätzt die Einbußen der mangelnden Nutzung des Arbeitskräftepotenzials des arabischen Bevölkerungssektors für die israelische Wirtschaft auf 31 Milliarden Schekel pro Jahr.
- Die überwiegende Mehrheit der arabischen Kommunen wurde vom Ministerium für Handel und Industrie (heute: Wirtschaftsministerium) den niedrigsten sozioökonomischen Segmenten der israelischen Gesellschaft zugerechnet.
- 2007 richtete die israelische Regierung im Amt des Ministerpräsidenten eine spezielle Behörde für die wirtschaftliche Förderung der arabischen, drusischen und tscherkessischen Sektoren ein. Die von einem führenden arabischen Ökonomen geleitete Behörde verfolgt den Zweck, das volle Potenzial dieser Sektoren zu nutzen und sie in die allgemeine israelische Wirtschaft einzubinden.

- Neue »gemischte Städte« sind am Entstehen mit folgendem arabischen Bevölkerungsanteil: Nazareth-Illit 17 Prozent; Karmi'el und Beer Sheva fünf bis zehn Prozent (geschätzt).

▶ Armut

- 51,4 Prozent der arabischen Familien und 62,5 Prozent der arabischen Kinder in Israel leben unterhalb der Armutsgrenze, verglichen mit 15 Prozent der jüdischen Familien und 23,8 Prozent der jüdischen Kinder.

▶ Bildung

- Nur 63 Prozent der arabischen Jugendlichen erreichen jährlich die zwölfte Schulklasse, verglichen mit 93 Prozent ihrer jüdischen Mitschüler.
- 28 Prozent der arabischen Schüler jedes Jahrgangs schließen die Schule mit Abitur ab, gegenüber 51 Prozent ihrer jüdischen Mitschüler.
- 28,9 Prozent der arabischen Frauen haben nur acht Schuljahre absolviert, gegenüber 4,5 Prozent der jüdischen Frauen.
- Nur zwölf Prozent der BA-Studenten in Israel sind Araber.
- Beim MA-Studium und beim Doktorat fallen diese Werte auf 8,4 Prozent bzw. 4,4 Prozent.

▶ Beschäftigung

- Die Beschäftigungsrate (die aktuell Beschäftigten und die aktiv Arbeitsuchenden) arabischer Bürger Israels liegt bei Männern bei 69 Prozent und bei Frauen bei 27 Prozent, verglichen mit 78 Prozent der Männer und 76 Prozent der Frauen im jüdischen Sektor.
- Während die allgemeine Beschäftigungsrate bei arabischen und jüdischen Männern ähnlich hoch ist, sind die arabischen Männer in den Bereichen unqualifizierte Arbeit, im Bau und im Dienstleistungsgewerbe überrepräsentiert, in der Hightech- und Finanzbranche sowie im öffentlichen Sektor dagegen unterrepräsentiert.
- Bei arabischen Bürgern mit höherer Bildung steigt die Beschäftigungsrate auf 86 Prozent bei Männern und auf 77 Prozent bei Frauen an.
- Laut Regierungsbeschluss von 2007 sollten bis 2012 zehn Prozent der Beschäftigten im öffentlichen Dienst Araber sein. Aktuell sind es nur acht Prozent.
- Die Beduinengemeinschaft: Die Beduinen in der Negevwüste, rund 200 000 Menschen, sind die ärmste israelische Bevölkerungsgruppe und bei sämtlichen Bildungs-, Beschäftigungs-, Wirtschafts- und Sozialindikatoren zuunterst angesiedelt.

M. D.

Dienstleistungsniveau (Stellen des öffentlichen Sektors) (Lewin-Epstein/ Semyonov 1994; Kraus/Yonay 2000) entwickelt. Heute leben 90 Prozent der palästinensischen Bürger Israels in separaten arabischen Ortschaften. Die übrigen zehn Prozent wohnen in Städten und ländlichen Kommunen mit gemischter Bevölkerung, oft in separaten Vierteln.

Der arabisch-ethnische Arbeitsmarkt in Israel kann die Nachfrage nach Arbeitsplätzen jedoch nicht befriedigen (Khattab 2002; Khattab 2006), wodurch zahlreiche arabische Arbeitnehmer gezwungen sind, auf den jüdischen Arbeitsmarkt auszuweichen. Dort werden sie dann mehrheitlich in den sekundären Arbeitsmarkt mit den bereits erwähnten Charakteristiken abgedrängt (Sa'adi/Lewin-Epstein 2001). Als solche sind sie den Wirtschaftszyklen und Änderungen im Verhältnis zwischen der Bevölkerungsminderheit und -mehrheit extrem stark ausgesetzt. Bei Wirtschaftskrisen zahlen sie den höchsten Preis und werden zuerst aus dem Arbeitsmarkt gedrängt. Bei wirtschaftlichem Wachstum profitieren sie zuletzt.

Einkommen/Armut

Das Einkommensgefälle bildet die Grundlage mancher anderer Ungleichheiten, die in diesem Artikel erörtert werden, und verschärft sie. Das Einkommen als Indikator des sozioökonomischen Status ergibt folgendes Bild: Das durchschnittliche monatliche Bruttoeinkommen palästinensischer Bürger Israels betrug 2008 5 419 Schekel (etwa 1 250 Euro), rund 32 Prozent weniger als der Vergleichswert im jüdischen Sektor – 7 949 Schekel (etwa 1 850 Euro). Das durchschnittliche Bruttoeinkommen arabischer Arbeitnehmer lag 2008 rund 42 Prozent unter dem jüdischer Arbeitnehmer, bei den Frauen betrug die Differenz 28 Prozent. Das monatliche Nettoeinkommen arabischer Haushalte beträgt nur 63 Prozent des monatlichen Nettoeinkommens jüdischer Haushalte, obwohl die arabischen Familien durchschnittlich größer sind.

Arabische Familien sind unter den Armen in Israel stark überrepräsentiert: Mehr als die Hälfte gelten als arm, während die Armutsrate in der Gesamtbevölkerung bei 20 Prozent liegt. In arabischen Kleinstädten und Dörfern sind die untersten sozioökonomischen Schichten stark überrepräsentiert. Die nicht anerkannten Beduinendörfer in der Negevwüste sind die ärmsten Kommunen im Staat.

Einkommensunterschiede und Armutsraten stehen in direktem Zusammenhang mit der staatlichen Politik, die die arabischen Bürger Israels bei den Investitionen für Infrastrukturprojekte, dem Zugang zu Kapital und der Schaffung von Arbeitsplätzen diskriminiert.

Arabische Hochzeit in Israel: Brautpaar vor dem Haus der Braut in Jaffa, Tel Aviv 2011

Gesundheit

Während das israelische Gesetz allen Einwohnern des Staates eine einheitliche, qualitativ hochstehende medizinische Versorgung garantiert, führen verschiedene Schranken, darunter der Mangel an Kliniken und Krankenhäusern in arabischen Städten und Dörfern sowie Mobilitätsbeschränkungen, faktisch dazu, dass palästinensische Bürger oft nicht in der Lage sind, ihren Anspruch auf den höchsten nachhaltigen Gesundheitsstandard wahrzunehmen.

Arabische Bürger haben eine niedrigere Lebenserwartung als die jüdischen Bürger (etwa vier Jahre weniger) und signifikant höhere Sterberaten, besonders nach Überschreiten des 60. Lebensjahres. Die Kindersterblichkeit ist im palästinensischen Bevölkerungssektor etwa doppelt so hoch wie im jüdischen Sektor. Unter den Beduinen im Negev liegt sie sogar noch höher (mehr als 15 Todesfälle pro 1 000 Lebendgeburten).

Anteil am politischen Prozess

Die palästinensischen Bürger sind in manchen Sphären des öffentlichen Lebens und des Entscheidungsprozesses, von der Judikative, der Legislative und der Exekutive bis zum öffentlichen Dienst, unterrepräsentiert. Dadurch haben sie nur beschränkten Zugang zu den Entscheidungsprozessen und zu den Machtzentren sowie kaum Möglichkeiten, Ungleichheit und Diskriminierung selbst effektiv zu beseitigen. Keiner einzigen arabischen Partei wurde bislang die Teilnahme an einer Regierungskoalition und damit die Bekleidung von Ministerämtern mit Exekutivgewalt angeboten.

Parlamentswahlen im Januar 2013 in Sakhnin in Nordisrael

Die arabische Stimme wird im politischen Prozess und in der Legislative zudem zunehmend delegitimiert: Jüngsten Meinungsumfragen zufolge ist rund ein Drittel der jüdischen Bürger Israels der Meinung, dass die arabischen Bürger weder ein aktives noch ein passives Wahlrecht für die Knesset besitzen sollten und mehr als die Hälfte der jüdischen Teenager würde den Arabern das passives Wahlrecht für das israelischen Parlament entziehen.

Mehrere Gesetze beschränken die Meinungsfreiheit (das sogenannte Nakba-Gesetz) und den Zugang zum politischen System. Zudem werden Parteiprogrammen ideologische Beschränkungen auferlegt und Reisen arabischer Parlamentarier in arabische Staaten, die als »feindlich« eingestuft werden, stark begrenzt. Das Strafrecht wird regelmäßig dazu missbraucht, politische Handlungen und Äußerungen palästinensischer Bürger Israels sowie von deren gewählter politischer Führung zu delegitimieren.

Proteste gegen Polizeigewalt in Kafr Kana im November 2014

Die Polizei wendet routinemäßig übermäßige Gewalt gegen arabische Demonstranten an, als Abschreckung und um die Proteststimmen zum Schweigen zu bringen. Jahre bewusster Diskriminierung und ungleicher staatsbürgerlicher Behandlung sowie das beschränkte Gewicht im politischen System haben den palästinensischen Bürgern Israels ein Gefühl des Ausgeliefertseins und der Ausgrenzung gegeben und ihr Misstrauen gegenüber dem Staat verstärkt. Diese Entfremdung manifestiert sich beispielsweise in der geringeren Beteiligung der palästinensischen Bürger an den allgemeinen Wahlen: In den Wahlen von 2009 lag die landesweite Wahlbeteiligung bei 64,7 Prozent, von den arabischen Wahlberechtigten nahmen nur 53 Prozent an den Wahlen teil. Ähnlich verhielt es sich bei den Wahlen 2013, als 56 Prozent zur Urne gingen (bei einer Wahlbeteiligung von 68 Prozent), und den Wahlen 2015, an denen sich 68 Prozent der arabischen Wahlberechtigten beteiligt haben, während die landesweite Wahlbeteiligung auf insgesamt auf 73 Prozent angestiegen ist.

Palästinensische Frauen in Israel

Im Staat Israel leben 572 000 weibliche palästinensische Staatsbürger. Es handelt sich um die am meisten benachteiligte Bevölkerungsgruppe, die mit doppelter Diskriminierung zu kämpfen hat, zum einen als Araberinnen und zum anderen als Frauen in der palästinensischen Gesellschaft. Das macht sie zur ärmsten, am schlechtesten bezahlten und am wenigsten gebildeten Gruppe, die vom Gesetz und von den Gerichten nur unzureichend geschützt wird. Die Situation der palästinensischen Staatsbürgerinnen Israels verschlechtert sich zusätzlich dadurch, dass sie kaum politisch repräsentiert sind und keinen Zugang zu Entscheidungsprozessen und zu Machtpositionen haben. Das führt wiederum dazu, dass ihre Entwicklungsperspektiven und Bedürfnisse anhaltend vernachlässigt werden.

Beschäftigung: Die palästinensischen Frauen stellen das am meisten unterbeschäftigte Segment der israelischen Gesellschaft. Ihre Erwerbsquote wird derzeit auf rund 26 Prozent geschätzt (gegenüber 73 Prozent bei den jüdischen Frauen). Diese Erwerbsquote ist gering. Zusätzlich zur geringen Erwerbsquote ist die Beschäftigung palästinensischer Frauen von Teilzeitarbeit auf niedriger Stufe geprägt, oft unter Bedingungen, die gegen die israelischen Arbeitsgesetze verstoßen.

Beschäftigung in höheren Positionen: Der Anteil arabischer Frauen in leitenden Funktionen im öffentlichen Dienst ist vernachlässigbar. Von 641 Geschäftsführern staatlicher Unternehmen sind nur drei Araber, unter ihnen keine einzige Frau, von 1 059 leitenden Angestellten staatlicher Unternehmen sind 15 Araber, darunter eine Frau.

Armut: Fast 50 Prozent der arabischen Familien gelten als arm, verglichen mit 14 Prozent der jüdischen Familien. Die Hälfte der arabischen Frauen lebt unter der Armutsgrenze, verglichen mit zwölf Prozent der jüdischen Frauen.

Bildung: 2012 betrug der Anteil der arabischen Frauen mit 13 – 15 Bildungsjahren 12,4 Prozent gegenüber 26,1 Prozent bei den jüdischen Frauen. Untersuchungen deuten auf eine allmähliche Verbesserung des Bildungsniveaus der arabischen Frauen im vergangenen Jahrzehnt hin. Mehr Bildungsjahre und eine höhere Teilnahme am Arbeitsmarkt sind wohl eine zwingende Voraussetzung, um den wirtschaftlichen Status der Frauen zu verbessern, reichen allein aber nicht aus. Strukturelle Barrieren, staatliche Politik und die Beschaffenheit ihrer Bildung haben sich allesamt als Hindernisse für das sozioökonomische Fortkommen der arabischen Bürgerinnen erwiesen.

Politische Beteiligung: Arabische Frauen sind in der israelischen Politik extrem unterrepräsentiert. Es gibt kein Gesetz oder System, um die Vertretung von Frauen in gewählten Gremien zu garantieren. Seit 1948 wurde nur eine einzige Frau zur Bürgermeisterin einer arabischen Kommune gewählt.

Schlussbemerkung

Was im jüdisch-arabischen Diskurs zu fehlen scheint, ist eine gemeinsame integrative Perspektive einer gemeinsamen Gesellschaft. Früher entwarfen Juden und Araber separate Zukunftsperspektiven für die israelische Gesellschaft, jedoch keine gemeinsamen Visionen und operativen, umsetzbaren Vorhaben, die geeignet gewesen wären, den Interessen, Bedürfnissen und Wünschen beider Bevölkerungen Rechnung zu tragen. Angesichts der anhaltenden Verschlechterung des jüdisch-arabischen Verhältnisses, die den Frieden und die Demokratie in Israel gefährdet, kommt der Entwicklung langfristiger Perspektiven als Richtschnur für Politik und Gesellschaft wachsende Bedeutung zu.

Aus dem Englischen von David Ajchenrand

Literatur

Khattab, Nabil, Ethnic and Regional Determinants of Unemployment in the Israeli Labour Market: A Multilevel Model, in: Regional Studies, 40 (2006) 1, S. 93–105.

Khattab, Nabil, Explaining Educational Aspirations of Minority Students: The Role of Social Capital and Students' Perceptions, in: Social Psychology of Education, 6 (2003) 4, S. 283–302.

Khattab, Nabil, Ethnicity and Female Labour Market Participation: A New Look at the Palestinian Enclave in Israel, in: Work, Employment and Society, 16 (2002) 1, S. 91–110.

Kraus, Vered/Yonay, Yuval, The Power and Limits of Ethnonationalism: Palestinians and Eastern Jews in Israel, 1974–1991, in: The British Journal of Sociology, 51 (2000) 3, S. 525–551.

Lewin-Epstein, Noah/Semyonov, Moshe, Ethnic Labor Markets, Gender, and Socioeconomic Inequality: A Study of Arabs in the Israeli Labor Force, in: Sociological Quarterly, 35 (1994) 1, S. 51–68.

Sa'di, Ahmad H./Lewin-Epstein, Noah, Minority Labour Force Participation in the Post-Fordist Era: The Case of the Arabs in Israel, in: Work, Employment and Society, 15 (2001), S. 781–802.

Smooha, Sammy, Ethnic Democracy: Israel as an Archetype, in: Israel Studies, 2 (1997) 2, S. 198–241.

Raef Zreik

Das Verschwinden von der Landschaft: Gedanken zum öffentlichen Raum der Palästinenser in Israel

Wieder in Haifa und der Rückweg dorthin

Nach dem Abitur begann ich ein Studium an der Hebräischen Universität von Jerusalem. Haifa war für mich nur eine Station auf dem langen Weg von meinem Dorf Eilaboun im Norden nach Jerusalem. Haifa war eine ganz normale Stadt mit normalen Geschäften, ein Ort, der mir vertraut war. Ich pflegte den direkten Bus von Haifa nach Jerusalem, die Linie Nummer 947, zu nehmen. Dieser Bus fährt an der Küste entlang und biegt dann bei Herzlia nach links ins Landesinnere ab, von wo es ohne Halt nach Jerusalem weitergeht. Entlang der Route gibt es keine Station, ganz, als ob Jerusalem dich unbedingt haben möchte und nicht du Jerusalem (als Fahrziel) gewählt hast.

Die Fahrt von Haifa nach Jerusalem war stets eintönig und fad. Ich nahm die Strecke gar nicht wahr, nicht einmal als Gefühl der Entfremdung. Die Landschaft erschien mir bedeutungslos, ich fühlte mich weder angezogen noch abgekoppelt.

Die Ankunft in Jerusalem war dann jedoch jeweils ein besonderes Ereignis. Jerusalem war ein Ort ganz anderer Qualität. Die Stadt war für mich nicht irgendein Ort, nicht einfach die Fortsetzung des Ortes davor. Jerusalem war eine Insel mitten im Meer. Die physische Verortung beginnt in Jerusalem.

Jerusalem war ein distanzierender Ort. Er distanziert dich von deiner Familie und du entdeckst dort deine Individualität. Es war auch die erste Begegnung mit einer Stadt an sich, mit einer Stadt, in der du lebst und die dich lebt. Du kannst es einen Hauch Nationalismus und Individualismus nennen. Jerusalem war ein Ort der Entfernung, aber dennoch vertraut.

Blick auf den Ostteil von Jerusalem: links das palästinensische Flüchtlingslager Shuafat, rechts das palästinensische Stadtviertel Issawiya, Dezember 2015

Doch mein Ost-Jerusalem war eine besetzte Stadt. Die erste Begegnung meine erste Begegnung mit der Besatzung. Jerusalem war eine Stadt der Geburt und des Sterbens von Träumen.

Nun hast du also promoviert, bist Rechtsanwalt und möchtest dir einen Platz zum Leben auswählen. Der Ort sucht nicht mehr dich aus, nun musst du ihn aussuchen. Du musst dich auf der Landkarte eintragen.

Da fällt mir Haifa ein. Ich könnte mich für Haifa entscheiden.

Ich nehme also einmal mehr denselben Bus. Dieses Mal erscheint mir der Weg anders. Jerusalem hat die Bedeutung des ganzen Raumes zwischen Haifa und Jerusalem verändert. Wenn Jerusalem so vertraut und relevant ist wie Haifa, warum soll dann der ganze Raum, der zwischen den beiden Städten liegt, irrelevant, unvertraut und unsichtbar sein? Dieses Mal war der Rückweg nach Haifa anders. Der Raum war sichtbar, er wies mich zurück, doch er war sichtbar, ich konnte ihn sehen. Ich konnte nicht irgendwo auf dem Weg anhalten und mir einen Platz zum Leben suchen. Die Unsichtbarkeit hat sich zu Entfremdung gewandelt.

Jerusalem hat die Bedeutung, die Haifa für mich hat, geändert. Nun erscheinen mir beide Städte wie zwei kleine Teile eines großen Puzzlebildes. Ich kann das fehlende Bild erkennen: den Ort, der nicht existiert. Jerusalem hat mir die Augen für das geöffnet, was in Haifa unsichtbar ist. So kehrte ich nach Haifa zurück.

Haifa

Eine Brücke über Wadi Al-Saleeb

Wadi Al-Saleeb ist ein Viertel mit Steinhäusern, deren Fenster nicht geöffnet werden. Sie wurden vor fünfzig Jahren dicht gemacht und seither nicht wieder geöffnet. Das Quartier ist eines der letzten übrig gebliebenen Spuren der Untat. Man könnte dazu verleitet werden, von »verlassenen Häusern« zu sprechen, ohne sich darüber Rechenschaft zu geben, wer hier wen verlassen hat. »Verlassene Häuser« ist analog zu »aufgegebenes Eigentum«.

Um den Verkehr besser durch die gewundenen Gassen zu leiten, die von Wadi Al-Saleeb ins Zentrum des Viertels Hadar führen, wurde eine hohe und breite Überführung gebaut, die Wadi Al-Saleeb überdeckt. Autos können das Viertel nun rasch durchqueren und die eiligen Autofahrer sind nicht mehr mit dem Bild der sie anstarrenden zugemauerten Häuser konfrontiert. Die hundert Meter sind nun in fünf Sekunden überwunden. Fünfzig Jahre sind auf fünf Minuten reduziert. Die Brücke verbindet Orte – und überspringt die Zeit.

Wer sich der Zeitreduzierung verweigert und wen die Neugier nach Wadi Al-Saleeb treibt, der wird dort von einem großen Schild an einer verfallenen Mauer überrascht: »Hier entsteht ein Künstlerviertel!« Der Vollstrecker wartet fünfzig Jahre und beschließt dann, sich selbst zu vergeben.

Beit Al-Karma (Beit Hagefen)

Beit Al-Karma oder Beit Hagefen, wie der Ort auf Hebräisch genannt wird, liegt an einer Straßengabelung am südlichen Ende des arabischen Viertels Wadi Al-Nasnas. Beit Al-Karma ist ein jüdisch-arabisches Zentrum, das sich mit Fragen der Koexistenz und Versöhnung beschäftigt und den »nahenden Frühling« ankündigt. Das Gebäude liegt an der Stelle, an der die Rehov HaZionut, also die »Zionismus-Straße«, und die Rehov HaGefen aufeinandertreffen. Die »Zionismus-Straße« war ursprünglich die »Straße der Nationen«. Dann wurde sie auf die »Straße der Nation« verkürzt und schließlich auf »Zionismus«. Die Hagefen-Straße, hebräisch für »Weinberg«, wurde früher auf Arabisch Al-Kuroom-Straße genannt, was »Weinberge« bedeutet. Die Abänderung vom Plural in den Singular, von »Nationen« auf »eine Nation« sowie von »Weinberge« auf »Weinberg«, ist meines Erachtens eine abstoßende Angewohnheit, besonders, wenn das Gebäude, das Koexistenz, Toleranz und Pluralismus symbolisieren soll, dort steht, wo jene beiden Straßen ineinanderlaufen.

Zum Zeitpunkt seiner Errichtung befand sich das Beit Hagefen am Rand des arabischen Daseinsbereiches in Haifa. Obwohl es bereits vierzig Jahre aktiv ist, habe ich nie gehört, dass das Zentrum irgendeine Aktivität in den gehobeneren jüdischen Vierteln auf den Anhöhen des Karmel durchgeführt hat. Ich frage mich deshalb, warum wir uns an ihre Präsenz gewöhnen müssen, während sie nicht einmal bereit sind, unsere Absenz anzuerkennen, davon, dass sie gezwungen wären, sich an unsere Präsenz zu gewöhnen, ganz zu schweigen.

Jedes Jahr organisiert die Stadtverwaltung Veranstaltungen im Rahmen des »Festivals of Holydays«. Bei diesem Festival sollen die drei Religionen in einwöchigen Festveranstaltungen zusammenfinden. Die öffentliche Sphäre teilt die Palästinenser in Christen und Muslime, ordnete die Russen, Äthiopier, Polen und Sepharden etc. hingegen einheitlich den Juden zu – eine Art Spiel der Identitätsbildung.

Fünfzig Jahre sind vergangen und noch wurde für die Palästinenser in Haifa kein neues Viertel gebaut. Wir haben auch keines verlangt. Derweil führt das Beit Hagefen seine Aktivitäten weiter und befindet sich noch immer an der Grenze der arabischen Existenz in Haifa.

Das Fußballstadion in Kiryat Eliezer

Ein Fußballfeld mit saftig grünem Rasen. Der Heimverein »Makkabi Haifa« empfängt hier andere Mannschaften in einer asiatischen Atmosphäre. Hier spielte der arabische Fußballstar Zahi Aramali aus Shafa-Amr vor fünfzehn Jahren. Seitdem hat die Mannschaft auch arabische Fans. Elf Spieler mit weiß-grünen Leibchen tänzeln um den runden Ball gegen eine andere Mannschaft aus elf Spielern. Die Zuschauermenge wird in Fans von Makkabi Haifa und Fans der gegnerischen Mannschaft unterteilt. Das Stadion zieht die Grenzen neu: Die arabischen jungen Männer kommen in die umzäunte Fankurve der Fans des jüdischen Clubs auf dem Rasen. Ein Eisenmaschendraht trennt sie auf beiden Seiten von den Fans der gegnerischen Mannschaft. Zwei eiserne Schranken veranschaulichen die Schicksalsgemeinschaft der sich gegenüberstehenden Fans, die Verbrüderung in den eisernen Käfigen. Eine Eisenbarriere unterteilt die Menschen von Neuem und rekonstruiert ihre Identitäten. Es ist ein Raum, der dem arabischen Fußballfan ermöglicht, als einer der Ihren hineinzuströmen. Das Fußballfeld ist eine kleine Fabrik, die die Identitäten vorübergehend neu formt. Die jüdischen Fans entlehnen bestimmte Schimpfwörter von ihren arabischen »Brüdern« und brüllen diese mit polnischem Akzent und die arabischen Fans wiederholen sie mit ebendiesem Akzent. Eine Art Entlehnung des Entlehnten.

Zwischen Strand und »Kanyon« (Einkaufszentrum)

Das hohe Minarett der Al-Kababeer-Moschee thront hoch über der Küste, doch niemand scheint es wahrzunehmen. Die Strandpromenade der Küste entlang ist Tag und Nacht belebt, eine schüchterne arabische Präsenz miteingeschlossen. Niemand ruft laut, niemand erhebt die Stimme. Das Flüstern entpuppt sich hier als alte arabische Qualität. Es herrscht eine gewisse Spannung. Ein paar junge Männer schielen auf die sandfarbenen Körper der halb bekleideten jungen Mädchen und gehen weiter.

Der Kanyon, das Einkaufszentrum, ist ein komplizierter Ort, an dem sich zahlreiche Familien tummeln. Überall Kinderwagen. Hier kann man versuchen, Selbstvertrauen zurückzugewinnen. Die Beziehung zwischen dir und dem Raum um dich definiert sich durch deine Kaufkraft. Die Präsenz von Arabern ist spürbar, zuerst als Konsumenten und erst danach als Araber. Das Geld in deiner Tasche vermittelt zwischen dir und den Läden, den Schaufenstern und den Ladenbesitzern. Dabei ergeben sich einige der wenigen Gelegenheiten, bei denen Araber auch »unfreundlich« sein dürfen, ohne gleich Probleme zu bekommen. Eine triviale, blasse Präsenz, gefärbt von der gewichtigeren Absenz.

Sahit Alhanateer oder wo bleibt die Kirche?

Sahit Alhanateer bedeutet »Fuhrwagenplatz«. Nach 1948 wurde der Platz in Paris-Platz umbenannt. Er war einst ein Bahnhof für Fuhrwagen, Taxis und Busse. Damals konnte man noch ein Taxi nach Beirut oder Jenin nehmen. Nach 1948 nur noch nach Nazareth, 1967 dann wieder nach Jenin und nach 2000 wieder nur noch nach Nazareth.

In der Nähe des Platzes stand eine Kirche. Sie steht immer noch dort, aber man sieht sie nicht mehr. In den letzten zehn Jahren wurden überall um die Kirche herum Gebäude hochgezogen. Ist die Kirche wirklich noch da? Existiert sie überhaupt noch, wenn wir sie nicht mehr sehen können? Das ist ein Spiel mit Geschichte und Geografie. In gewisser Hinsicht ist die geografische Landschaft eine Ansammlung geschichtlicher Ereignisse. Die Geschichte ist das Ereignis und die Geografie der Beweis dafür. Gibt es Ereignisse, für die es keine Beweise gibt?

Schulen und Träume

Schulen sind eine heikle Sache. Wenn es sprachliche Differenzen gibt, kann man damit die Abgrenzung der einzelnen Bevölkerungsgruppen manipulieren, ganz einfach durch die Wahl der Standorte der einzelnen Schulen.

Arabische Kinder gehen in arabischsprachige Schulen, jüdische Kinder in hebräischsprachige. Sagen Sie mir, wo sich die arabischen Schulen in Haifa befinden, und ich zeige Ihnen auf der Karte, wo die Araber in der Stadt präsent sind. Die Eltern sind die Sklaven ihrer Kinder. Wenn Sie ein Viertel von arabischen Bewohnern frei halten möchten, brauchen Sie dafür keine Gesetze. Bauen Sie dort ganz einfach keine arabischen Schulen. Die Eltern werden von diesem Umstand in Geiselhaft genommen, denn, sich im Raum zu bewegen, den Wohnort zu wechseln, in ein neues jüdisches Wohnviertel ohne arabische Schulen zu ziehen, bedeutet, das Verhältnis zu den eigenen Kindern, ihre Zukunft und Träume aufs Spiel zu setzen.

Von der Unabhängigkeit links weiter zu Ben Gurion

Zuerst fährt man auf der Ha'atsmaut Road (Unabhängigkeitsstraße) Richtung Westen. An der Ampel geht es dann links auf die Ben-Gurion-Avenue. Dort breiten sich vor Ihnen die Abbas-Gärten (Bahai-Gärten) am Fuß des Karmel aus. Sämtliche Häuser in dieser Gegend wurden erneuert. Die Straße ist voller neuer Restaurants und Cafés. Gegen Abend füllt sich die Umgebung mit Lärm, Raunen und Rauch. Hier kommt man gern hin. Die führenden Restaurants sind die arabisch geführten Fatoosh, Makan und Duzan.

Die Symbolik von Orten

Arab-Al-Na'eem

Das Dorf Arab-Al-Na'eem wird vom Staat nicht anerkannt, obwohl es vor dessen Gründung errichtet wurde. Wir können also sagen, dass es sich um ein Dorf handelt, das seiner Anerkennung beraubt wurde, was bedeutet, dass der Staat das Dorf nicht als Wohnzone betrachtet. Das Land, auf dem es errichtet wurde, wurde zur »Landwirtschaftszone« erklärt, obwohl Menschen dort leben. Ihre Existenz auf diesem Land wird ignoriert.

Die Straße, die nach Arab-Al-Na'eem führt, ist trügerisch. Durch die zahlreichen Schilder auf beiden Seiten der Straße erfährt man unweigerlich, dass sich hier zwei jüdische Ortschaften befinden: Yuvalim und Esh'har. Ihr Alter lässt sich an den Fingern beider Hände abzählen. Wenige Hundert Einwohner leben hier. Die beiden Ortschaften wurden auf Land erbaut, das arabischen Grundbesitzern weggenommen wurde. Es gibt kein Schild, das auf die Existenz des Dorfes Arab-Al-Na'eem hinweist, und es ist auf keiner Karte eingezeichnet. Karten sind in der Regel ein Abbild

Arab-Al-Na'eem

einer geografischen Gegebenheit bzw. der Realität auf Papier. Hier versuchen die Karten jedoch, die Beschaffenheit des Ortes zu ändern. Der Ort hat sich der Karte anzupassen, nicht umgekehrt. Statt Arab-Al-Na'eem in die Karte einzuzeichnen und die Realität wiederzugeben, wurde es getilgt als erster Schritt zur faktischen Auslöschung. Entsprechend verhält es sich mit den Straßenschildern. Da der Staat Israel das Dorf Arab-Al-Na'eem nicht aus der Welt schaffen kann, versucht er, es aus der Erinnerung der Straßenbenutzer zu tilgen, und erklärt es als nicht vorhanden in der Landesgeografie.

Eine schön asphaltierte Straße führt nach Esh'har. Rechts geht es nach Esh'har, links nach Arab-Al-Na'eem. Dort endet die asphaltierte Straße abrupt und geht in einen steinigen und erdigen Weg über. Von da bis zum Dorf Arab-Al-Na'eem muss sich der Körper an Bedingungen wie beim Reiten, nicht wie beim Autofahren, gewöhnen. Wenige Minuten Fahrt, die Zeit würde kaum für eine Zigarette reichen, trennen die Einfahrt von Arab-Al-Na'eem vom Eingang zu Esh'har. Doch Welten trennen sie.

Die Bewohner von Arab-Al-Na'eem bauen ihre Häuser nicht aus Stein und Zement, weil sie befürchten, dass sie vom Staat abgerissen werden. Sie bauen deshalb nur temporäre Behausungen aus Asbest und Blechplatten. Seit fünfzig Jahren bauen sie temporäre Behausungen. Es gab dort richtige Häuser aus Stein und Lehm, aber der Staat hat sie alle zerstört. Daraufhin haben die Bewohner sie wieder aufgebaut. Ein ganzes Dorf wurde ohne Baugenehmigungen gebaut – ein illegales Dorf.

»Mohammed« baute an sein Asbestplattenhaus, das seiner Familie nicht genug Platz bot, einen weiteren Raum ohne Elektrizität und fließendes Wasser an und wurde deshalb angeklagt. Die Anklage lautete auf »ungenehmigtes Bauen«. Mohammed fragt: »Wie komme ich zu einer Baugenehmigung? Es gibt kein Verfahren, das mir ermöglicht, eine Baugenehmigung zu erhalten. Sie erkennen das Land ja von Anfang an nicht als Bauzone an und es gibt keinen Masterplan für das Dorf. Sie sind dafür verantwortlich, dass es keinen Plan gibt.«

Mohammed bleibt keine Wahl. Er kann seine Unschuld nicht beweisen, weil er seinen Weg nicht selbst gewählt hat. Er hat das Gesetz nicht willentlich gebrochen. Sein Verbrechen besteht nicht darin, dass er sein Haus ohne Genehmigung gebaut hat, sondern, dass er überhaupt ein Haus gebaut hat. Nach dieser Logik ist Mohammed als Verbrecher geboren. Mohammed und der Staat tauschen die Rollen. Das Opfer und der Täter tauschen die Rollen. Statt den Staat dafür anzuklagen, dass er Mohammad den Zugang zu fließendem Wasser verwehrt, wird Mohammeds Präsenz auf dem Land zur Untat.

Mohammed hat keine Möglichkeit, seine Unschuld zu beweisen, es sei denn, Gott würde ihm göttliche Eigenschaften schenken. Es bliebe ihm also nur, sein Haus in der Luft zu bauen oder den Ort zu verlassen.

Al-Musherfeh wird zur Straße

Al-Musherfeh ist ein Dorf im Dreiecksdistrikt. Es wird von Hunderten von Familien bewohnt. Neulich hat das Innenministerium beschlossen, Al-Musherfeh und drei weitere Dörfer in der Region zu einer Regionalverwaltung zusammenzufassen, die »Eron Local Council« genannt wurde. Der Sitz dieser Kommune liegt in Afula. Wer seine Personalkarte erneuern muss oder sich eine neue ausstellen lassen will, wird überrascht feststellen, dass als Dorf »Eron« und als Straße »Al-Musterfeh« eingetragen ist. Dadurch wird ein ganzes Dorfes auf eine Straße reduziert.

Ähnlich verhielt es sich mit einer Häusergruppe, die bei Kufr Kana in Galiläa errichtet wurde. Noch bevor überhaupt jemand in den Häusern wohnte, trug der Ort bereits den Namen »Beit Rimon« und die übersichtlich angelegte Straßenkreuzung die Bezeichnung »Beit Rimon Intersection«. All das geschah, bevor die Familien in die Häuser einzogen. Wir sehen also, wie ein Dorf in eine Straße verwandelt wird und eine Straße in ein Dorf.

Manchmal verdecken und vertuschen Orte ihre Geschichte. Hier gibt der Ort seine Zukunft preis und deutet an, was nicht dazugehört.

Nazareth und die Umgehungsstraße

Es gibt Nazareth und es gibt ein Nazareth-Illit. Die Leute von Nazareth nennen Nazareth-Illit »Shikun der Juden«, was so viel bedeutet wie die »Wohnsiedlung der Juden«. Nazareth-Illit ist inzwischen eine Stadt mit fünfzigtausend Einwohnern, doch die Nazarether nennen sie immer noch »Wohnsiedlung der Juden«. Sie verweigern sich intuitiv dem Namensraub und haben deshalb eine passende Bezeichnung für die eigenartigen Zuzügler gefunden, die sich auf ihrem Land niedergelassen haben.

Eine zwischen Nazareth und Nazareth-Illit verlaufende Umgehungsstraße bildet die Trennlinie zwischen den beiden Orten. Die Straße begrenzt die Ausdehnung von Nazareth und eröffnet Nazareth-Illit neue Horizonte. Sie markiert die Grenze von Nazareth und eröffnet Nazareth-Illit neue Möglichkeiten. Sie bildet das Ende eines Ortes und den Anfang eines anderen.

Auf der Umgehungsstraße

Bei der Einfahrt in die Stadt erblickt man an der Umgehungsstraße auf der Seite von Nazareth-Illit unweigerlich zwei gigantische Gebäude: Auf der Hügelspitze ragen zwei kalte, anmaßend wirkende Gebäude in den Himmel, die auf Nazareth und seine Viertel hinunterblicken. Sie überblicken die Stadt, sind gleichzeitig unnahbar und lassen nicht den geringsten Zweifel an der Frage, wer hier das Sagen hat. Es ist ein ungelenker Versuch, die Natur und die einheimische Bevölkerung zu unterwerfen. Beim ersten Gebäude handelt es sich um die Stadtverwaltung von Nazareth-Illit. Es wurde vor zwei Jahren gebaut für eine Stadt, die erst vierzig Jahre alt ist und die die Tatsache, dass das benachbarte Nazareth zweitausend Jahre alt ist, ganz unbeachtet lässt. Es ersetzt Zeit durch Raum und schützt sich vor der Geschichte durch Geografie. Das andere Gebäude beherbergt das Bezirksgericht. Hier gibt das Konzept der Rechtsstaatlichkeit, das heißt der Herrschaft des Rechts, seine symbolische Bedeutung ganz zugunsten seiner wörtlichen Bedeutung auf. Es ist ein Gebäude, das Macht ausstrahlt, aber auch Beklommenheit und Unruhe, ein Gebäude des Argwohns, das nie zur Ruhe findet.

Auf den Abhängen einer der gegenüberliegenden Hügel erkennt man drei Bauten, umgeben von Grün: der Karmelitinnenkonvent, die Salesianerkirche und die Moschee des Propheten Sain.

In der Stadt Nazareth

Bei der Ankunft in Nazareth fallen die aneinandergebauten Betongebäude, der dichte Verkehr und die vielen auf Hebräisch angeschriebenen Autoreparaturwerkstätten auf. Da und dort sieht man aristokratische Häuser. Es ist weder ein Dorf noch eine Stadt, einfach ein Ort, ohne ländliche Beschaulichkeit und ohne urbanen Raum, ein Ort ohne Hahnkrähen und ohne Intellektuellencafés, abgeschnitten von den Feldern, ein Ort, der seine Unschuld längst verloren hat, ohne Klubs, Kinos und öffentliche Plätze, ein Ort auf halbem Weg zwischen vergangenen Zeiten und der Zukunft, die es nie geben wird, auf halbem Weg zwischen dem verlorenen Dorf und der Stadt, die keine ist.

In Nazareth zu leben, bedeutet, keine Adresse zu haben. Die Straßen tragen weder Namen noch Nummern. Man muss entweder eine Postfachnummer besitzen oder einen bestimmten Namen in den Vierteln Al-Worood, Al-Safafra oder Bir-Al-Amir. Es bleibt einem nichts anderes übrig, als den verschwommenen Status zu akzeptieren.

Nazareth ist eine Stadt ohne Gehsteige und ohne Atmosphäre von Gehsteigen, das heißt ohne jenen Ort, wo die Stadt einen Teil ihrer Bürger, die sie zuvor von ihrer organischen genetischen Gruppe abzutrennen und zu verstreuen pflegt, im Chaos des Gehsteigs neu sammelt. Der Gehsteig ist ein Ort, wo das Individuum für ein paar Minuten seine Anonymität praktizieren kann und wo Entfremdung auf andere vorübergehende Entfremdung stößt, was wiederum vorübergehende Intimität schafft und einen Traumzustand der Erwartung spinnt: ein schönes lächelndes Gesicht, ein Café, das einen dazu animiert, eine Tasse Kaffee zu trinken oder einen schlechten Kauf zu tätigen. Der Gehsteig ist die Fabrik trivialer Überraschungen.

Nazareth hat keinen öffentlichen Platz, keinen öffentlichen Park oder sonstige öffentliche Flächen. Es ist ein Ort, der niemandem und gleichzeitig allen gehört, eine Stadt ohne Stadtatmosphäre, das heißt ohne jenen offenen Raum, in dem die Individuen sich so zerstreuen, dass jeder seine Eigenheit, Einzigartigkeit und Besonderheit entfaltet. Es fehlt also jeder offene Raum, der vom Willen der Individuen und ihrer Sehnsüchte geprägt ist und sie von ihren Rollen befreit.

Wir warten hier immer noch auf die Stadt mit ihren Gehsteigen und Plätzen, auf die Gehsteige, die uns zunächst voneinander trennen, um uns wieder zusammenzuführen.

Zu öffentlichem Raum, Kontrolle und Planung

Was ist physisch und geistig vom öffentlichen Raum übrig geblieben? Wer besitzt den öffentlichen Raum? Wer träumt davon und wer plant ihn?

Bei der Raumplanung in Israel fällt zunächst die zentralistische Struktur des Grundeigentums und der öffentlichen Planung auf und das Fehlen eines solchen Machtzentrums unter der palästinensischen Bevölkerung.

Das meiste Land in Israel (93 Prozent der Staatsfläche) ist in öffentlichem Besitz. Es gehört entweder dem Staat oder dem Jüdischen Nationalfonds. An solchem öffentlichen Besitz sind die Palästinenser nicht beteiligt. Bei uns gibt es keinen öffentlichen Grundbesitz, bei ihnen keinen privaten.

Der »National Council for Planning«, die »Israel Land Administration« und weitere nationale Einrichtungen wie die Israelische Naturschutzbehörde etc. haben alle nationale, zentralistisch geordnete Planungsbefugnisse. Sie sind mit Planungsaufgaben betraut, die ihnen ein übergeordnetes Bild vermitteln und Raum als einen Bestandteil für ein in Konsens und Harmonie operierendes Ganzes betrachten. Es ist die Harmonie eines Körpers, der sich an einer zentralistischen Logik orientiert. Die Tätigkeiten all dieser Einrichtungen sind gegen die Palästinenser gerichtet.

Umgekehrt fällt das Fehlen eines Zentrums in der palästinensischen Gemeinschaft in Israel auf. Die Palästinenser stehen der israelischen Zentralgewalt als Individuen gegenüber, sowohl auf der Ebene des einzelnen Bürgers als auch auf Dorfebene, ohne nennenswerte Möglichkeit der Koordination und ohne über die entsprechenden Fachleute zu verfügen, die sich in den Dienst dieser Notwendigkeit stellen. Diese Situation verringert das Vertrauen in kollektives Handeln und steigert die Bedeutung der Verteidigung der Interessen des Einzelnen, des Lokalen und des Privaten. Der Ort »Palästina« wird zu einer Anhäufung unbestimmter, sich oft gegenseitig bekämpfender Orte, die den Blick für das Gemeinsame verloren haben.

Das führt zur Auflösung der öffentlichen Institution, die eigentlich die Aufgabe hätte, den öffentlichen Raum (als physischen Raum) zu schützen, sodass sich die Anstrengungen auf den Schutz des privaten Raums konzentrieren. Deshalb sieht man Autos von Mercedes-Benz auf schlechten Straßen voller Schlaglöcher herumfahren und Kinder mit Adidas-Sportschuhen, aber keine Sportplätze. Der Raum bleibt ungeschützt.

In ihrer gesamten modernen Geschichte haben die Palästinenser den Kristallisationspunkt ihres öffentlichen Willens, der im öffentlichen Raum zum Tragen kommen soll, nie erreicht. Der öffentliche Raum war einst vom Osmanischen Reich dominiert, dann vom britischen Empire. Heute gehört er dem »anderen«, mit dem die Palästinenser in einem Verhältnis der Entfremdung stehen.

Privater und öffentlicher Besitz setzen die Dualität von Objekt und Kollektiv[1] voraus. Mit Objekt ist die materielle oder geistige Präsenz einer gewissen Sache wie Ländereien, Autos, Aktien oder Bücher gemeint, die theoretisch dazu neigen, von einem bestimmten Kollektiv besessen zu werden. Damit die Besitzverhältnisse zum Tragen kommen, sind besitzende

---

1 Im englischen Original *entity*.

Einheiten wie Individuen, Gesellschaften und andere gesetzliche Eigentümer erforderlich. Damit öffentlicher Besitz möglich wird, muss zuvor ein gewisses Kollektiv bestehen, das den öffentlichen Willen repräsentiert, der dazu berechtigt ist, einen öffentlichen Ort zu besitzen. Es ist das Fehlen dieses öffentlichen Kollektivs, das ich gemeint habe, als ich davon sprach, dass niemand da war, der den öffentlichen Raum verteidigen konnte. Die Tatsache, dass der gesamte öffentliche Raum uns nicht mehr zur Verfügung steht, kümmert niemanden. Abgesehen davon, haben wir uns nicht in den öffentlichen Raum begeben, um festzustellen, dass er uns fehlt und dass wir ihm fehlen. Unsere Gedanken sind nicht auf irgendeinen spezifischen öffentlichen Raum gerichtet, mit dem wir uns identifizieren.

In diesem Zusammenhang könnten wir fragen: Was verbindet Um-Al-Fahem mit Nazareth? Und was haben die Slums von Haifa mit den nicht anerkannten Dörfern gemein? Was meinen wir damit, wenn wir sagen, dass wir vom selben Ort stammen? Wo verlaufen die Grenzen dieses Ortes?

Diesbezüglich sollten wir fragen: Worauf könnte die Tatsache zurückzuführen sein, dass die Palästinenser in den vergangenen fünfzig Jahren kein neues Dorf, keine neue Stadt, ja nicht einmal ein neues Viertel in einer Stadt mit gemischter Bevölkerung eingefordert haben? Empfinden wir uns als Menschen, die in ihrer Heimat leben oder nur in ihrer ehemaligen Heimat? Ist diese Heimat die Heimat der Väter oder auch die Heimat der Söhne? Betrachten wir uns als Teil des öffentlichen Raumes oder nicht? Wer in Kufr-Kana, Rama oder Tira geboren ist, wird sehr wahrscheinlich auch dort aufwachsen, seine Liebe dort finden, dort arbeiten und dort sterben. Es gibt keine räumliche Mobilität. Jedes Dorf ist ein Reich für sich. Das meine ich mit »Fragmentierung der Raums«.

In jüngster Zeit, besonders nach dem Osloer Abkommen und der Gründung der Palästinensischen Autonomiebehörde, wurde unser Raum noch stärker zersplittert. Von Anfang an, und das für eine lange Zeit, wurden wir politisch marginalisiert und vom nationalen Projekt ausgeschlossen. So hat es die PLO gewollt und so wollten wir es auch. Fantastisch. Die nationale Bewegung zog sich hinter die Mauer zurück. Wir beglückwünschten sie zu ihren Erfolgen und beweinten ihre Missgeschicke und Fehler. Nach der Unterzeichnung des Osloer Abkommens drohte uns die Gefahr, vom Raum ausgeschlossen zu werden. Der Raum könnte uns abhandenkommen und wir könnten ihm verlustig gehen. Er könnte seinen schützenden Schatten von uns nehmen, worauf die Geschichte und die Geografie dem Kräftegleichgewicht entsprechend neu geschrieben werden könnten. Palästina als Staat und Palästina als Autonomiebehörde sind das eine, Palästina als Heimat ein anderes. Hier müssen wir uns mit Namensgebungen auseinandersetzen. Wenn Palästina »dort« ist, das heißt dort, wo die Autonomie behörde und die Zonen A, B und C sind,

Bewohner des ehemaligen Dorfes Lifta und ihre Nachkommen, die heute in Ost-Jerusalem leben, treffen sich mit israelischen Aktivisten zu einem gemeinsamen Gebet in den Ruinen von Lifta, 2005.

was ist dann »hier«? Wie sollen wir unseren Raum und unsere Felder nennen? Muss sich die Geschichte der Politik komplett unterordnen?

Wir wurden in das Spiel der Namen hineingezogen. Bei unserer Geschichte fanden wir Zuflucht, sie hat ihre schützende Hand über unser Narrativ gehalten. Von jetzt an müssen wir uns aber an eine neue Sprache gewöhnen. Hier wird der Raum völlig fragmentiert. Hier das Büro, das Haus, das Espanioli-Viertel. Hier sind Nazareth und Eilaboun wie verstreute Inseln im Meer.

Zwei Ideen finden in meinen Gedanken zusammen: einerseits die Idee des fehlenden öffentlichen Raums in ihrer unmittelbaren und physischen Bedeutung – das Fehlen eines Platzes, das Fehlen des Gehsteiges, des Parks, die Absenz öffentlicher Gebäude, die die Individuen als Besitz der Öffentlichkeit empfinden, die Absenz leerer Räume, die darauf warten, uns aufzunehmen –, andererseits die Idee der Absenz eines Zentrums in kultureller und politischer Hinsicht, das den kollektiven Willen der Palästinenser vermutlich herausbilden und reflektieren würde, die Absenz eines moralischen Leitbilds und eines politischen Zentrums, das Fehlen eines direkt gewählten repräsentativen Körpers, der dieses Publikum repräsentiert und dessen Willen in einer palästinensischen Gesamtheit reflektiert, die Absenz eines nur Palästinensern vorbehaltenen »Gesellschaftsvertrages«, der den Gemeinsamkeiten und Differenzen Rechnung trägt und ihre Differenzen zu

Die Ruinen von Lifta, einst ein palästinensisches Dorf in der Nähe von Jerusalem, aus dem 1948 während des Unabhängigkeitskrieges die palästinensische Bevölkerung vertrieben wurde.

einer Einheit der Vielfalt zusammenfasst. Die Absenz dieses Projekts kann als Fragmentierung der politischen Ganzheit bezeichnet werden.

Hier trifft das Fehlen des öffentlichen Raumes auf das Fehlen der öffentlichen Zeit. Die öffentliche Zeit ist die Zeit der Gruppe, ihr Puls, ihr Fokus, ihr historischer Rhythmus, ihr zukünftiges Selbstbild und ihre Fähigkeit, kollektive Träume zu träumen. Kurz, es ist die Fähigkeit, durch die Zeit zu reisen, zurück in die Vergangenheit, um ihr Erinnerungen zu entlocken und, vorwärts gerichtet in die Zukunft, um Träume zu schaffen.

Der Erinnerungsprozess – die Reise in die Vergangenheit – und der Prozess der Traumbildung – die Reise in die Zukunft – sind zwei verschiedene Ausprägungen derselben Präsenz, das heißt der Präsenz in der Zeit und der Fähigkeit, sich darin zu bewegen.

Ein Traum ist nicht nur eine Zukunftsvorstellung, sondern vielmehr eine Gedankenkette, die Gegenwartsmomente mit bestimmten, in der Vorstellung existierenden Momenten in der Zukunft verbindet. Ein Traum ist der Versuch, den Verlauf der sich ändernden Realität zu einer besseren Realität zu verfolgen. Ein Traum lässt sich nicht erträumen, indem die Erinnerung zurückgedrängt wird. Ohne Vergangenheit in der Gegenwart gibt es kein Zukunftsbild. Der Nihilismus hat keine Träume und aus dem Nihilismus erwachsen sie nicht. Träume sind das ausschließliche Privileg von Entitäten. Sie sind eine Verlängerung der Erinnerung und können nicht ohne sie bestehen, auch wenn sie sie wahrscheinlich übersteigen.

Das alles ist klar und offensichtlich, doch auch das Umgekehrte trifft zu. Der Erinnerungsprozess ist immer noch im Gang. Es ist ein selektiver Prozess. Die Vergangenheit wartet nicht wie Zugfahrgäste im Wartesaal. Aus dieser Vergangenheit wählen wir die Bilder, Szenen und Personen aus, die uns gefallen. Der Erinnerungsprozess ist Bestandteil der Traumsuche. Der Versuch, sich eine Zukunft vorzustellen, öffnet uns das Tor zur Vergangenheit. Die Vergangenheit ist ebenso auf die Zukunft angewiesen wie umgekehrt. Die Erinnerung ist nicht in sich selbst abgeschlossen und existiert nicht für sich selbst. Erinnerung lebt im Kontext der Traumbildung. Der Traumbildungsprozess wird demnach zur unabdingbaren Voraussetzung für unsere Fähigkeit, unsere Erinnerung zu bewahren.

Angesichts dessen ist der Versuch, die Landschaft zu erhalten und zu verteidigen oder eine in der Vergangenheit existierende Landschaft »wiederherzustellen«, kein selbstverständlicher Prozess. Manchmal stellt die Vergangenheit und das, was von deren Landschaften noch erzählt werden kann, eine schwere Bürde dar, wobei die Erinnerung die Auseinandersetzung mit der gelebten Realität stark behindert. In solchen Fällen ist deren Unterdrückung der beste Weg, um das Leben in der gegenwärtigen Landschaft zu ermöglichen. Nur unsere Fähigkeit, eine »neue« Landschaft zu erträumen, ermöglicht uns allenfalls, die Idolisierung der vergangenen Landschaften zu überwinden.

Über die Fragmentierung der Zeit lassen sich sodann dieselben Betrachtungen anstellen wie über die Fragmentierung des Raumes.

Der gespaltene, zerrissene und zerbrochene Raum schafft gespaltene und gebrochene Gedanken. Die Umgehungsstraßen schaffen nicht nur Begrenzungen im Raum, sie umgrenzen die Orte auch in den Gedanken. Zugleich beschränkt die Absenz einer Heimatmentalität und des Rechts, über einen öffentlichen Raum zu verfügen, die Möglichkeiten der Palästinenser in Israel, sich im offenen Raum, definiert als ihre Heimat, auszubreiten, und das Recht, sich darin zu bewegen, wann und wo immer sie möchten. Verleiht unser Vermögen, sich in der Zeit zu bewegen, der Zeit eine andere Dimension, tut es unsere Fähigkeit, sich von einem Ort an einen anderen zu bewegen, ebenso. So verbinden sich die Frage der Präsenz in der Geschichte und die Frage der Präsenz auf der Landkarte zu einer Frage.

Aus dem Englischen von David Ajchenrand.
Der englische Originaltext »Exit from the Scene: Reflections on the Public Space of the Palestinians in Israel« erschien 2007 in: Mixed Towns, Trapped Communities: Historical Narratives, Spatial Dynamic, Gender Relations and Cultural Encounters in Palestinian-Israeli Towns, ed. by Daniel Monterescu and Dan Rabinowitz, Ashgate Publishing London, S. 201–213.

Moshe Zimmermann

Sport in Israel

Sport und Zionismus sind sehr eng miteinander verbunden. Bereits auf dem zweiten Zionistenkongress 1898 propagierte der zweitwichtigste Zionistenführer, Max Nordau, das »Muskeljudentum«. Die Teilnehmer des sechsten Zionistenkongresses fünf Jahre später sahen dann mit eigenen Augen, was damit gemeint war: Jüdische Turner, die in Turnvereinen der zionistischen Bewegung organisiert waren, traten vor dem Kongress auf. Max Nordau war der Überzeugung, dass die Diaspora zur körperlichen Degeneration der Juden geführt hat und dem Zionismus die Aufgabe zukommt, zuerst den jüdischen Körper zu regenerieren, damit die jüdische Nation wiedergeboren werden kann. Als Mittel dazu wurde das Turnen ausersehen. Nordau hatte diese Sichtweise nicht erfunden. Er und die jüdischen Turner hatten sich von den Schriften des deutschen Initiators der deutschen Turnbewegung, Friedrich Ludwig Jahn, auch »Turnvater Jahn« genannt, inspirieren lassen. Sie übernahmen seine Methode, um einen »gesunden Geist in einem gesunden Körper« sowohl auf individueller als auch auf nationaler Ebene zu erreichen. Was Jahn für die Deutschen anstrebte, wollten die Zionisten bei den Juden umsetzen.

Max Nordau war kein Einzelgänger. Seine Ansichten über das »Muskeljudentum« begleiteten die zionistische Bewegung seit ihren Anfängen und ihr Anführer, Theodor Herzl, schilderte in seinem utopischen Werk »Altneuland« Juden, die in der biblischen Heimat Fußball und Kricket spielen. Im Verlauf der Zeit entstand der Eindruck, dass der Zionismus diese Vision tatsächlich umsetzte und die Juden zu »Muskelmenschen« und erfolgreichen Sportlern machte. Doch der Eindruck täuschte. Trotz der begeisternden Voten für das zionistische Judentum als »Muskeljudentum« errangen die Juden in der Diaspora bedeutend mehr Erfolge im Sport als die Juden, die sich vor oder nach der Gründung des Staates Israel in Palästina niederließen. Die sieben olympischen Medaillen, die israelische Sportler bislang erringen konnten, sind wenig im Vergleich zu den Hunderten Medaillen, die jüdische Sportler in der Diaspora vor und nach dem Zweiten Weltkrieg gewannen. Der Hauptbereich, in dem das zionistische »Muskeljudentum« zur Geltung kam, war das Militär, nicht der Sport.

Dennoch trifft es zu, dass die zionistische Bewegung einiges Gewicht auf die Förderung des Turnens im Besonderen und des Sports im Allgemeinen legte, um die Vision des »Muskeljudentums« zu verwirklichen. Bereits in der Frühzeit der Bewegung entstanden jüdische Turnvereine mit biblischen Namen wie »Chaschmonaim« (oder »Hasmonäer«) oder »Bar Kochba«, sowohl in der Diaspora als auch im jüdischen Jischuw in Palästina. Und, da die »nationale Wiedergeburt« auch eng mit der Renaissance der hebräischen Sprache verbunden war, gehörte es zu den ersten Schritten, die grundlegenden Begriffe im Bereich des Turnens und des Sports ins Hebräische zu übersetzen. Das erste hebräische Wörterbuch für Fußballbegriffe erschien in Palästina bereits 1913. 1937, also noch vor der Gründung des Staates Israel, erschien dann das erste hebräische Wörterbuch für Turnen und Sport mit 2 000 Stichwörtern auf 700 Seiten.

Wie in Deutschland wurde der »gesunde Geist im gesunden Körper« zuerst vom Turnen als Teilbereich der »körperlichen Ertüchtigung« verkörpert, erst danach vom Sport allgemein. Nach der Philosophie des Gründervaters der Turnerbewegung im Jischuw, Zvi Nishri (Orlov), sollte der »Turnlehrer seinen Schülern nationale Ideale näherbringen«. Der erste Turnverein des Jischuw, »Bar Giora«, wurde 1906 in Jaffa gegründet, drei Jahre bevor der Grundstein der Stadt Tel Aviv gelegt wurde. Danach wurden weitere Turnvereine ins Leben gerufen, die sich 1912 als Dachverband »Makkabi« zusammenschlossen, benannt nach den Makkabäern, die im zweiten Jahrhundert vor der Zeitrechnung das Königreich Israel als unabhängige Macht neu etabliert hatten. Sehr bald breiteten sich die Aktivitäten auch auf den Sport aus, besonders auf den Fußball, der sich zur beliebtesten Sportart entwickelte und bis heute die meisten finanziellen Mittel beansprucht.

1912 fand das erste Fußballspiel zwischen zwei Fußballvereinen in Palästina statt. Nach dem Ersten Weltkrieg erhielt dieser Sport einen besonderen Schub, da Palästina 1918 unter britische Herrschaft kam (ab 1920 als Völkerbundmandat) und die Militär- und Polizeieinheiten der britischen Mandatsverwaltung auch Fußballmannschaften unterhielten. Dies führte zu einem geordneten Ligabetrieb. Abgesehen davon, stand der Jischuw auch unter dem Einfluss der mitteleuropäischen Fußballtradition. Der jüdische Fußballverein Hakoah Wien, der 1924 die österreichische Fußballmeisterschaft gewann, stattete Palästina einen Besuch ab und einige Spieler der Mannschaft ließen sich später in Palästina nieder und wurden dort als Spieler und Trainer tätig.

1928 wurde der israelische Fußballverband gegründet. Ab 1927 fand in Palästina ein Pokalturnier unter Teilnahme jüdischer Mannschaften statt, ab 1930 ein geregelter Ligabetrieb. Im ersten Jahr umfasste die erste Liga sechs britische und fünf jüdische Mannschaften. Die Pokal- und Ligaspiele fanden auch während des Zweiten Weltkriegs statt. Die zweite und dritte Liga umfassten auch arabische Mannschaften (elf von 59 Mannschaften), doch die sportlichen Aktivitäten konzentrierten sich hauptsächlich auf den Jischuw, der nur rund ein Drittel der Gesamtbevölkerung Palästinas stellte. Aufgrund der maßgeblichen Mitwirkung zionistischer Vertreter schieden die palästinensischen Araber 1934 aus dem Sportverband von Palästina/Eretz Israel aus und gründeten einen eigenen Sportverband, der alsbald aufgelöst und 1944 neu gebildet wurde. Nach der Gründung des Staates Israel ging der arabische Sport im zionistisch-israelischen Sport auf, wobei erst ab 1959 Vereine der Dachverbände »Hapoel« und »Makkabi« in arabischen Ortschaften im Staat Israel ins Leben gerufen wurden. Die arabische Präsenz im Sport machte sich vor allem im Boxen und Ringen bemerkbar, doch auch im Fußball erreichten arabische Spieler (in jüdischen Mannschaften) die obersten Ligen und spielten schließlich auch in der Nationalmannschaft.

Der zionistische Sport in Palästina war fast von Anfang klar politisch gefärbt. 1926 trennten sich die Hapoel-Vereine in Palästina, die der zionistischen Arbeiterbewegung und dem internationalen Arbeitersportverband SASI angehörten, vom 1921 gegründeten Makkabi-Weltverband. Wie die Krankenkassen (siehe den Beitrag von Assaf Uni) wurden im Jischuw auch die Sportvereine und deren Dachverbände nach politischer Zugehörigkeit gegründet. Da das bürgerliche Lager zwischen den »Allgemeinen Zionisten« und den »Revisionisten« gespalten war (siehe den Beitrag von Michael Brenner), entstand neben Makkabi auch ein revisionistischer Sportverband, das heißt ein Verband der nationalen Juden, und zwar unter dem Namen »Betar« (genannt nach der letzten Festung des Bar-Kochba-Aufstands gegen die Römer 135 A.D., aber auch Akronym für »Hebräischer Jugendbund Joseph Trumpeldor«). In jeder Stadt maßen sich die Mannschaften von Hapoel, Makkabi und Betar untereinander und die politische Bedeutung der Zugehörigkeit zu einem bestimmten Verein war klar.

Die ultraorthodoxe jüdische Bevölkerung betrachtet den Sport als »fremde«, ja sogar religionsfeindliche Kultur, vor allem, weil Wettkämpfe am Sabbat ausgetragen werden. Aufgrund des Einflusses der Orthodoxie verzichtet Israel bis heute auf die Teilnahme an internationalen Sportwettkämpfen an religiösen jüdischen Feiertagen. An den Olympischen Spielen in Seoul 1988 büßten zwei israelische Ruderer die Chance auf eine Medaille ein, weil ihnen der Landesverband die Teilnahme an einer Regatta am Yom Kippur untersagte. Zwei andere israelische Ruderer, die an jenem

Tag an einem Wettkampf teilnahmen, wurden vom Landesverband ausgeschlossen.

Trotz religiöser Verbote gelangte aber offenbar auch die religiöse zionistische Strömung zu der Einsicht, dass sie einen Sportverband braucht, und rief 1939 »Elizur« ins Leben.

Mit der zunehmenden Professionalisierung des israelischen Sports in den 1970er-Jahren und der Privatisierung in den 1990er-Jahren verlor die Zugehörigkeit zu einem dieser Verbände ihre direkte politische Bedeutung, doch die damit verbundenen politischen Assoziationen und Haltungen wirken bis heute nach. So repräsentiert etwa der Verein Betar Jerusalem nicht nur das »nationale Lager«, sondern nimmt auch keine arabischen Spieler in seine Fußballmannschaft auf. Im Staat Israel, wo der Sport der arabischen Minderheit als wichtiges Vehikel für den sozialen Aufstieg dient und wo es zahlreiche arabische Sportler gibt, ist der Weg, den Betar Jerusalem eingeschlagen hat, ein klares und extremes politisches Signal.

Plakat für die erste Makkabiade: Das jüdische Weltsportfest, von der Konzeption her vergleichbar mit den Olympischen Spielen, wurde zum ersten Mal 1932 in Tel Aviv ausgetragen. Entwurf: Heinz Wangenheim

Da man das Schlagwort »Muskeljudentum« ernst nahm, wurde versucht, den Jischuw zu einem internationalen Zentrum des jüdischen Sports zu machen. 1932 wurde in Palästina die erste Makkabiade, eine Art jüdische olympische Spiele, an der jüdische Sportler von Makkabi-Vereinen aus aller Welt teilnehmen, abgehalten. Seit 1950 finden diese Spiele alle vier Jahre in Israel statt. Gleichzeitig sollte der israelische Sport im Ausland von Anfang an den Erfolg des Zionismus demonstrieren. Noch vor der Staatsgründung wurde eine jüdische Sportlerauswahl von Israel in die Vereinigten Staaten und nach Australien geschickt. Andere Sportlerdelegationen fuhren nach Polen und nach Deutschland, um der Welt und besonders den Juden der Diaspora das »Muskeljudentum« des Jischuw in Palästina zu zeigen. Allerdings war bereits vor der Gründung des Staates Israel deutlich zu erkennen, dass Israel in den meisten

Sportarten dem internationalen Niveau nicht gewachsen war. Die jüdische Fußballmannschaft Palästinas konnte sich nicht für die Weltmeisterschaften von 1934 und 1938 qualifizieren und auch nach der Staatsgründung qualifizierte sich die israelische Mannschaft bisher nur ein einziges Mal für die Endrunde einer Fußballweltmeisterschaft: 1970 war die israelische Mannschaft eine von 16 Mannschaften, die in Mexiko um den Weltmeistertitel spielten. Die ersten olympischen Medaillen errang Israel gar erst im 44. Jahr seines Bestehens.

Die Assoziierung des zionistischen Sports mit dem »Muskeljudentum« schuf a priori eine Diskriminierung des Frauensports. 1926 erschien in der »Makkabi«-Vereinszeitschrift ein Artikel gegen den Frauenfußball. »Der Fußball ist ein Männerspiel. [...] der hebräischen Frau wird es sehr schwer fallen, sich an dieses Spiel zu gewöhnen. [...] die Feinfühligkeit der Frau steht dem entgegen.« Zwar wurde der Frauensport weltweit bis zum letzten Drittel des 20. Jahrhunderts diskriminiert, doch in Israel blieb dieses Strukturproblem auch danach noch bestehen. Nur ein Fünftel der eingetragenen israelischen Sportler sind Frauen und nur eine der olympischen Medaillen Israels errang eine Frau (1992 im Judo). In dem Land mit dem geringsten Sportbudget aller OECD-Länder wird der Frauensport noch stärker diskriminiert. Dennoch gibt es Erfolge im Tennis (elfter Rang in der Weltrangliste von 2011) und im Basketball (die Frauenmannschaft Elizur Ramle gewann 2011 den Europapokal). Die Einwanderung aus der ehemaligen Sowjetunion trug ebenfalls zum internationalen Erfolg des israelischen Frauensports bei (Kunstturnen).

Eines der größten Probleme des israelischen Sports und besonders des israelischen Fußballs ist politischer Natur. Der arabische Boykott des israelischen Sports verhindert bis heute die Teilnahme Israels an regionalen Wettbewerben. Bis 1974 konnte Israel zumindest noch an den Asienspielen teilnehmen, doch seither bleibt dem Land auch diese Arena versperrt. Die Zuordnung Israels zur Ozeaniengruppe bei der Vorausscheidung für die Fußballweltmeisterschaft ist eine der absurden Folgen dieser Situation. Erst 1994, nach dem Auseinanderbrechen des Ostblocks, der die Isolierung Israels im internationalen Sport unterstützt hatte, wurde Israel in den europäischen Fußballverband UEFA aufgenommen, wodurch das Problem der Teilnahme Israels an internationalen Turnieren gelöst werden konnte. Aufgrund des hohen Niveaus des europäischen Fußballs gelang es Israel allerdings noch nie, sich für die Endrunde einer Europameisterschaft zu qualifizieren, gleichgültig, ob an dieser 16 oder 24 Mannschaften teilnahmen. Allerdings nehmen der israelische Meister und weitere israelische Vereine an europäischen Vereinsturnieren teil. Die größten Erfolge erreichten dabei bislang Makkabi Haifa mit dem Einzug in das

Fans feiern in den frühen Morgenstunden auf dem Rabin-Platz in Tel Aviv den Euro-league-Sieg ihrer Basketballmannschaft Makkabi Tel Aviv am 19. Mai 2014.

Viertelfinale des Europapokals der Pokalsieger 1999 und Hapoel Tel Aviv mit dem Einzug in das Viertelfinale der UEFA Europa League 2002.

Am meisten und international am erfolgreichsten ist der israelische Sport im Basketball vertreten. Im Basketball wurde Israel bereits viel früher in den europäischen Verband aufgenommen als im Fußball – und zwar in den 1950er-Jahren. In dieser Sportart, die in Europa weniger entwickelt war, konnte Israel auch einen relativen Vorteil nutzen. Dies galt vor allem für den Verein Makkabi Tel Aviv, der auch Spieler aus den USA aufnimmt und seit 1977 sechsmal den Europapokal der Landesmeister gewonnen hat. Aber auch die Landesauswahl erreichte immerhin einmal den zweiten Platz bei einer Europameisterschaft. Das heißt nicht, dass Israel im Sport generell unter amerikanischem Einfluss steht. Weder American Football noch Baseball konnten sich in Israel durchsetzen. Außer im Basketball ist Israel international auch im Judo, im Segeln und im Schwimmen relativ gut vertreten.

Zusammenfassend lässt sich festhalten, dass sich die Verbindung des zionistischen und israelischen Sports mit Deutschland nicht auf die Geschichte des Turnens und auf den Turnvater Jahn beschränkt. Bei den beiden ersten Makkabiaden vor dem Zweiten Weltkrieg (1932, 1935) waren Sportler von Makkabi-Vereinen aus Deutschland führend vertreten und nach dem

Surfen am Strand von Tel Aviv

Krieg entwickelten sich auch im Sport besondere Beziehungen zwischen Israel und Deutschland, vor allem im Fußball, im Basketball und im Fechten. Der Boykott Deutschlands durch Israel auf nationaler Ebene wurde faktisch schon 1969 aufgehoben, als in Israel ein internationales Fußballturnier von Jugendmannschaften stattfand. Israelische Fußballtrainer ließen sich in Deutschland ausbilden und einige israelische Spieler spielten in der Bundesliga. Der Einfluss des deutschen Fußballs machte sich in Israel besonders in der Zeit des israelischen Nationaltrainers Emanual Shefer bemerkbar, der in der Weimarer Republik aufgewachsen war. (Ein anderer Überlebender der Schoah, Ralf Klein, geboren in Berlin, war Trainer der deutschen Basketballmannschaft von 1983–86.) Dennoch traf die israelische Nationalmannschaft im Fußball in einer Vorrunde der Europameisterschaft oder der Weltmeisterschaft noch nie auf eine deutsche Auswahl. In europäischen Vereinsturnieren gab es hingegen bereits Spiele israelischer Vereine gegen Werder Bremen, Schalke 04, Bayern München, den Hamburger SV und Eintracht Frankfurt. Auch in der Vorrunde der Weltmeisterschaft 2018 wird Israel nicht auf Deutschland treffen.

Aus dem Hebräischen von David Ajchenrand

IV Die Rolle der Religion

Einführung

Für Außenstehende ist die Rolle der Religion im Judentum nicht immer leicht zu erfassen. So kann man ein säkularer Jude sein oder auch ein bekennender atheistischer Jude. Auch, wer nicht gläubig ist, ja religiöse Riten sogar ablehnt, gehört immer noch dazu. Für die in Israel lebenden Juden hat ihr Jüdischsein verschiedene Bedeutungen. Viele definieren sich vor allem als Angehörige einer Nation, deren Mitglieder in einer Schicksalsgemeinschaft – historisch und auch in der Gegenwart – miteinander verbunden sind, andere sehen sich als kulturelle Juden, für fromme Juden wiederum steht der praktizierte Glaube im Zentrum.

Es gibt Einwanderer, die in der Diaspora religiös waren und in Israel vom Glauben abgerückt sind, weil sie - in einer jüdischen Mehrheit – gut säkular sein konnten, ohne sich Fragen nach ihrer Identität stellen zu müssen. Denn so wie in Deutschland Weihnachten und Ostern gefeiert werden, prägen in Israel ganz selbstverständlich die jüdischen Feiertage den Kalender. Es gibt aber auch Einwanderer, wie viele in den letzten Jahren aus Frankreich, die froh sind, in Israel in aller Öffentlichkeit unbeschwert eine Kippa tragen zu können. In Israel wiederum ist oft die Rede von »Rückkehrern zum Glauben«, also jenen, die sich der Religion zuwenden und einen frommen Lebensstil annehmen; es gibt aber auch nicht wenige, die aus frommen Häusern stammen und sich von der Religion abwenden. Dieser Trend wiederum, der besonders in ultraorthodoxen Kreisen streng verpönt ist, dringt deshalb weniger an die Öffentlichkeit.

In jedem Fall spielt die Religion im privaten und öffentlichen Leben Israels eine wichtige, ja zentrale, jedoch auch umstrittene Rolle. Für die frommen israelischen Juden hat das öffentliche und private Leben eines jüdischen Staates dem jüdischen Religionsgesetz, der Halacha, zu entsprechen. Umgekehrt halten die säkularen israelischen Juden die Ausübung der Religion für Privatsache. Innerhalb dieser Bandbreite haben die meisten jüdischen Israelis ein flexibles Selbstverständnis, in dem Glaube und Observanz religiöser Gebräuche unterschiedlichen Raum einnehmen.

◀ Demonstration von Ultraorthodoxen gegen die Öffnung einer Straße am Sabbat in der Nähe eines religiösen Viertels in Jerusalem, 2011

Neu ist diese Debatte nicht. Welche Rolle die Halacha im öffentlichen und privaten Leben spielen soll, hat die weitgehend säkulare zionistische Bewegung von ihren Anfängen an beschäftigt. So wurden einander widerstrebende Tendenzen unmittelbar nach 1948 in dem sogenannten Status-quo-Abkommen durch Kompromisse miteinander vereint. Weil die säkularen Staatsgründer nach einem »Koscherstempel« für ihr nationales Unterfangen strebten, einigten sie sich mit ihren religiösen Koalitionspartnern darauf, dem Rabbinat die Hoheit über zivilrechtliche Fragen zu übertragen.

So gibt es bis heute in Israel weder zivile Eheschließungen noch Scheidungen. Auch der öffentliche Ruhetag, der Sabbat, unterliegt religiösen oder von der Religion abgeleiteten Regeln, die in regelmäßigen Abständen hinterfragt oder herausgefordert werden. Religiöse politische Parteien sind zudem ein wesentlicher Machtfaktor, der Reformen verhindert. Zugleich aber lässt sich seit den 1990er-Jahren – geprägt von wirtschaftlichem Aufschwung und demografischem Wandel durch die mehrheitlich säkularen Einwanderer aus der ehemaligen Sowjetunion – ein eher stiller Säkularisierungsprozess beobachten. Immer mehr junge Paare verweigern eine religiöse Trauung, nicht koscheres Fleisch ist vielerorts erhältlich, alljährlich finden in Tel Aviv und Jerusalem Gay-Paraden statt.

Guy Ben-Porat

Religion in Israel

Die Religion spielt im privaten und öffentlichen Leben Israels eine wichtige, ja zentrale, jedoch auch umstrittene Rolle. Für die in Israel lebenden Juden hat das Jüdischsein verschiedene Bedeutungen – Nation und Nationalismus, Kultur, Religion –, zu denen jüdische Israelis ganz unterschiedliche Einstellungen haben. Zwar sind sie sich in ihrer überwiegenden Mehrheit darüber einig, dass Israel ein jüdischer Staat ist und bleiben soll, sie stimmen aber keineswegs überein, was »jüdischer Staat« überhaupt bedeutet. Für die frommen israelischen Juden hat das öffentliche und private Leben eines jüdischen Staates dem jüdischen Religionsgesetz, der Halacha, zu entsprechen. Umgekehrt ist für die säkularen israelischen Juden ein »jüdischer Staat« ein ethnisch-national oder kulturell definierter Staat, in dem die Ausübung der Religion Privatsache ist. Innerhalb dieser Bandbreite haben die meisten jüdischen Israelis ein flexibles Selbstverständnis, in dem Glaube und Observanz religiöser Gebräuche unterschiedlichen Raum einnehmen. Welche Rolle die Halacha im öffentlichen und privaten Leben spielen soll, hat die weitgehend säkulare zionistische Bewegung von ihren Anfängen an beschäftigt. Die Debatte zwischen Säkularen und Religiösen wurde zunächst konkreter, als aus der vorstaatlichen Gemeinschaft ein souveräner Staat wurde, der sich mit grundlegenden Fragen in Bezug auf das Alltagsleben und das Wesen der öffentlichen Sphäre auseinandersetzen musste; akuter wurde sie schließlich, als die in der Zeit unmittelbar nach der Staatsgründung entstandenen Einrichtungen, die die widerstrebenden Tendenzen miteinander zu vereinbaren hatten, angesichts einer sich wandelnden Realität keine Lösungen mehr parat hatten.

Die Untersuchung der Rolle, die die Religion im öffentlichen und privaten Leben Israels spielt, erfordert eine vielschichtige Betrachtung: Formelle wie informelle, nicht lineare und multidimensionale Entwicklungsprozesse müssen dabei in den Blick genommen werden. Formell gesehen haben sich – ungeachtet der Unzufriedenheit der Säkularen und der von ihnen erhobenen Forderungen – viele der Bestimmungen und Richtlinien in Bezug auf die Rolle der Religion nicht verändert. Bis heute sind

Synagoge in Neve Zedek, Tel Aviv

Innenraum der Magen-Avraham-Synagoge in Jaffa, Tel Aviv

in Israel zivile Eheschließungen und Scheidungen nicht zugelassen, der öffentliche Ruhetag, der Sabbat, unterliegt religiösen oder von der Religion abgeleiteten Regeln und die religiösen politischen Parteien sind ein wesentlicher Machtfaktor, der die Durchführung von Reformen verhindert. Seit den 1990er-Jahren jedoch ist, vor allem aufgrund des demografischen und ökonomischen Wandels, ein Säkularisierungsprozess zu beobachten, auch wenn er sich formell nicht niederschlägt. So gibt es am Sabbat offene Geschäfte, es ist kein Problem, nicht koscheres Fleisch zu kaufen, immer mehr junge Paare gehen der religiösen Trauung aus dem Weg und alljährlich findet in Tel Aviv eine spektakuläre Gay-Parade statt.

Wie auch anderswo ist Säkularisierung in Israel ein facettenreicher Prozess, der die Religion nicht aus der öffentlichen und privaten Sphäre verdrängt, sondern vielmehr mit ihr interagiert. Die religiösen Einrichtungen halten an einem Teil ihrer Machtbefugnisse fest und sichern sich zusätzliche, die religiösen Organisationen kämpfen gegen die Säkularisierungstendenzen an und die einzelnen Menschen bewegen sich zwischen religiösen und säkularen Lebenspfaden. Statt einem kohärenten religiösen oder säkularen Selbstverständnis zu folgen, halten die meisten jüdischen Israelis oft neben säkularen Anschauungen und Praktiken zumindest an einigen als religiös zu bezeichnenden Überzeugungen, Identitätselementen und Praktiken fest. Um diese dynamische Realität zu verstehen, bedarf es einer umfassenden und tiefgründigen historischen und soziologischen Analyse.

Institutionalisierung der Religion

An der Spitze des im späten 19. Jahrhundert als nationale Bewegung entstandenen Zionismus (siehe den Beitrag von Michael Brenner) standen Juden, die sich, der im 18. Jahrhundert einsetzenden Modernisierung des jüdischen Lebens folgend, gegen die orthodoxe Führung auflehnten. Die nach moderner Bildung und Berufstätigkeit strebenden europäischen Juden verließen die in sich geschlossenen Gemeinschaften und integrierten sich, ohne religiös zu konvertieren, in die Mehrheitsgesellschaft. Emanzipierte, der Moderne verpflichtete Juden in Europa begannen, neue Formen jüdischen Selbstverständnisses zu entwickeln. Viele von ihnen verfolgten nationale Bestrebungen bis hin zum Wunsch nach Eigenstaatlichkeit. Die wachsende Kluft zwischen diesen Juden und ihren traditionellen Gesellschaften führte zur Schaffung verschiedener Institutionen und zur Herausbildung von Lebensstilen, die mit dem Judentum verbunden, jedoch von Frömmigkeit, religiösen Geboten und religiöser Autorität unabhängig waren (Yovel 2007).

Eine der Formen modernen jüdischen Selbstverständnisses gegen Ende des 19. Jahrhunderts war der Zionismus. Er war zum einen im Kontext des europaweit anschwellenden Nationalgefühls, zum anderen vor dem Hintergrund des Antisemitismus, der die jüdische Emanzipation zu unterminieren drohte, entstanden. Die zionistische Führung sah die Lösung der »jüdischen Frage« nicht in der Emanzipation, sondern in der territorialen Souveränität, die den Juden ein »normales« Dasein ermöglichen würde. Der jüdische Staat sollte den Juden eine sichere Heimstätte bieten und sie in die Lage versetzen, zu einer Nation gleich allen anderen Nationen zu werden. Damit würde auch der Antisemitismus, der aus dem anormalen Status der Juden als außerhalb der europäischen Nationen Stehende erwachsen war, verschwinden.

Um eine moderne nationale Erneuerung zu bewirken, mussten die jüdische Religion und die religiösen Institutionen infrage gestellt werden. Der Zionismus befürwortete einen modernen, säkularen Staat und die führenden Zionisten brachten oft ihre Abneigung gegen die Religion zum Ausdruck; diese war für sie identisch mit der alten Welt, die sie hinter sich lassen wollten (Avineri 1997). Viele religiöse Juden und die Mehrheit der religiösen Führung sahen hingegen auf den Zionismus mit Verachtung herab; die Emanzipation, so ihr Standpunkt, müsse auf das göttliche Eingreifen warten und der Versuch der Zionisten, die Erlösung des jüdischen Volkes zu beschleunigen, sei schlicht Gotteslästerung. Als nationale Bewegung befand sich daher der Zionismus in Opposition zum religiösen Establishment und suchte nach einem Weg, dieses abzulösen.

Der Bruch mit der Vergangenheit, wie ihn der Zionismus predigte, sollte das Judentum als Religion durch das Jüdischsein als ein modernes, auf Kultur, Ethnizität und einem historischen Zugehörigkeitsgefühl zum jüdischen Volk beruhendes Selbstverständnis ersetzen. Einerseits ermöglichte diese Unterscheidung den Zionisten, sich von den traditionellen Institutionen zu lösen, andererseits diente die jüdische Religion weiterhin als Kitt und als Quelle der Mobilisierung und Legitimation. So war der säkulare Zionismus von messianischer Begeisterung erfüllt und machte sich religiöse Symbole zu eigen, die in säkularer Form zu einer nationalen Tradition umgewandelt wurden (Shapira 1992). Mithin hörte die jüdische Tradition nie auf, unter dem dünnen Firnis des Säkularismus weiterzubestehen. Bezeichnenderweise existiert die englische Unterscheidung zwischen *Judaism* (Judentum als Religion) und *Jewishness* (dem kulturellen, ethnischen Judesein) in der hebräischen Sprache nicht (Liebman/Susser 1998). Herzls Werk »Der Judenstaat«, einer der konstitutiven Texte des Zionismus, ist beispielhaft für die spätere Problematik. Ins Englische übersetzt kann der Titel entweder, die religiöse Zugehörigkeit implizierend, als »The Jewish State« ausgelegt werden oder als »State of the Jews«, wobei in letzterer Version eine eher national definierte Grundlage und eine pragmatischere Ausrichtung mitschwingen.

Die auf Herzl folgenden säkularen zionistischen Führer – Herzl selbst war ein liberaler Säkularist, der die Trennung von Religion und Staat befürwortete – mussten sich bei dem Versuch, eine nationale Bewegung zu schaffen und deren Ziele zu definieren, mit der Macht der Religion arrangieren. Innerhalb der Bewegung wurden die Diskussionen über mögliche territoriale Alternativen zu Palästina rasch beiseitegeschoben und das Land Israel verblieb als einzige Option. Auf seiner Suche nach einer Lösung der jüdischen Notlage in Europa war Herzl bei seinen Treffen mit führenden Persönlichkeiten Großbritanniens, Deutschlands und des Osmanischen Reichs zusammengetroffen und sah sich vor die Notwendigkeit gestellt, die von den europäischen Mächten aufgebrachten territorialen Alternativen abzuwägen. Anstelle von Palästina, wo im Fall der Ansiedlung von Juden mit Schwierigkeiten zu rechnen war, wurden Herzl andere Kolonialgebiete angeboten, in denen eine jüdische Ansiedlung den Interessen der Kolonialreiche hätte dienlich sein können. Für die überwältigende Mehrheit der Zionisten kam aber nur das »Gelobte Land«, Eretz Israel, infrage. Angesichts heftigen Widerstands musste Herzl von einem Plan, Juden in Afrika anzusiedeln (sog. Uganda-Plan) absehen und seine Verpflichtung für Palästina mit dem Ausspruch bekräftigen: »Wenn ich dein vergesse, oh Jerusalem, möge meine rechte Hand verdorren.« Nur Erez Israel konnte nach Ansicht Herzls und der zionistischen Bewegung bei einer kritischen Masse von Juden Sehnsuchtsgefühle auslösen, die durch traditionelle religiöse Symbole zu evozieren seien (Ben-Porat 2000).

Die jüdische Religion hat in der Geschichte des Zionismus mehrere bedeutende Rollen gespielt und tut dies im zeitgenössischen Israel nach wie vor. Erstens knüpfte sie, wie bereits ausgeführt, das Band zwischen der Nationalbewegung und dem angestrebten Territorium enger. Zweitens bot sie die Rechtfertigung für den zionistischen Anspruch auf Palästina, der nicht nur mit der 2000 Jahre währenden Verbindung begründet wurde, sondern auch mit dem Hinweis, es handle sich um das dem Volk Israel von Gott »verheißene Land«. Drittens trug die Religion vor allem nach der Staatsgründung dazu bei, die Grenzen der Nation und die Frage, »wer ist Jude«, zu klären. Und schließlich war die Religion die maßgebliche Quelle für die Schaffung einer Nationalkultur.

Ein politisches Gebilde ließ sich nicht aus dem Nichts erschaffen; die im Entstehen begriffene Nation brauchte eine soziokulturelle Infrastruktur. Der Zionismus entwickelte die klassischen Merkmale eines organischen Nationalismus – er produzierte seinen eigenen Kult der überlieferten biblischen Geschichte, die Beziehung zum Boden und den Wunsch, in ihm Wurzeln zu schlagen, sowie die »Heiligung« des Territoriums, auf dem die Helden der Bibel gelebt und gekämpft hatten (Sternhell 1998). In der von den Zionisten geprägten hebräischen Kultur wie auch in der bürgerlichen Kultur wurden die religiösen Texte neu interpretiert und manches wurde aus der traditionellen jüdischen Kultur entlehnt, sodass die meisten ihrer Symbole, Riten und Mythen eine religiöse Bedeutung annahmen (Don-Yehia/Liebman 1984). Die Bibel und die religiöse jüdische Tradition boten dem Zionismus, nach entsprechender Auswahl und Neuauslegung, ein Narrativ nationaler Kontinuität, die Verbindung zum Land, eine Kultur und einen Kalender, nach dem das Leben der Nation gestaltet werden konnte. Dieser Kalender basierte auf dem jüdischen Ruhetag, dem Sabbat, sowie den jüdischen Feiertagen, deren alter religiöser Gehalt durch die Symbole neuer nationaler Erfahrungen und Erwartungen ersetzt wurde, sodass sie die nationale Befreiung zelebrierten (Ben-Porat 2000; Liebman/Don-Yehia 1984; Ram 2008). Der Zionismus konnte der Religion seine eigene Interpretation verleihen, sich jedoch nie völlig von ihr lösen, da er weiterhin von religiösen Machtstrukturen dirigiert wurde (Raz-Krakotzkin 2000; Ben-Porat 2000) und mit der Religion und der religiösen Bevölkerungsgruppe eine »gemeinsame ideologische Hülle« teilte (Elam 2000).

Familie in Haifa beim gemeinsamen Sabbatmahl, 2015

Die Religion sollte daher, ungeachtet vom Glauben oder auch nur der Einhaltung religiöser Gebote, eine Rolle im nationalen Leben spielen. Der schiere Umstand, dass die Zionisten, einschließlich der säkularen, die Religion als Fundament der Zugehörigkeit und Solidarität anerkannten, gestattete es der Religion, die »Türhüterfunktion« auszuüben (Ben-Porat 2000). Anders gesagt waren die Zionisten der Religion in höchstem Maß verpflichtet, ungeachtet ihrer Auflehnung gegen die jüdisch-religiöse Autorität. Die Ambivalenz gegenüber der Religion und ihrer Rolle war bereits in der Vision säkularer Denker wie Herzl offensichtlich. In seinem programmatischen Werk »Der Judenstaat« schilderte Herzl ein säkulares Gebilde, in der Religion und Staat voneinander getrennt sind.

> »Werden wir also am Ende eine Theokratie haben? *Nein!* Der Glaube hält uns zusammen, die Wissenschaft macht uns frei. Wir werden daher theokratische Velleitäten unserer Geistlichen gar nicht aufkommen lassen. Wir werden sie in ihren Tempeln festzuhalten wissen, wie wir unser Berufsheer in den Kasernen festhalten werden.« (http://gutenberg. spiegel.de/buch/der-judenstaat-1236/7, Abschnitt »Theokratie«, Aufruf: 5. Oktober 2016)

Dieser Vision zufolge muss die Politik von der Religion befreit und vom Wissen, das Freiheit schafft, regiert werden. Dessen ungeachtet ist es der Glaube, der das jüdische Volk vereint, sodass er notwendigerweise Teil der säkularen Ordnung bleiben muss.

Wesentliche politische Fragestellungen, ob sie nun symbolischer oder praktischer Natur waren, hatten deshalb eine Verbindung zur jüdischen Religion und sicherten dieser ihren Platz im politischen Leben der Nation und später des Staates. Erstens umfasste die zionistische Bewegung auch religiöse Gruppen, die, ebenso wie die säkularen Zionisten, die Eigenstaatlichkeit anstrebten. Zweitens und gewichtiger führte der Anspruch des Zionismus, für das gesamte jüdische Volk zu sprechen, ihn dazu, breite Unterstützung zu suchen und zwang zu Kompromissen über praktische religiöse Fragen. Drittens ist die Religion im Hintergrund immer die territoriale Ansprüche legitimierende Kraft geblieben.

Die Ambivalenz des säkularen Zionismus gegenüber der Religion und die pragmatische Einstellung der säkularen Zionistenführer kamen in verschiedenen formellen und informellen Vereinbarungen zum Ausdruck. Auf den Prüfstand gelangten diese, als 1947 ein UN-Sonderausschuss eingesetzt wurde, der Pläne für die Zukunft Palästinas nach Beendigung des britischen Mandats vorlegen sollte. Aus Sorge, die Ultraorthodoxen könnten die zionistische Position unterlaufen, verpflichtete sich die zionistische

Führung damals, die mit den Religiösen getroffenen Vereinbarungen nach der Staatsgründung aufrechtzuerhalten und weiterzuführen.

Eigenstaatlichkeit und Status quo

Das von David Ben Gurion an die ultraorthodoxe Partei Agudat Israel gerichtete Schreiben wurde zu einem Eckpfeiler der später unter dem Begriff »Status-quo-Vereinbarungen« bekannten Übereinkunft zwischen Religiösen und Säkularen. Den Hintergrund dafür lieferte eine Erkundungsmission des UN-Sonderausschusses über Palästina im Jahr 1947. Ben Gurion befürchtete, die ultraorthodoxe Partei könne sich von den zionistischen Parteien und Palästina lossagen und damit die jüdische Position schwächen. Deswegen war ihm daran gelegen, Agudat Israel mit der Verpflichtung, den jüdischen Charakter des Staates und die Interessen der Ultraorthodoxen zu wahren, ruhigzustellen. Im besagten Schreiben sagte er zu, dass Eheschließung und -scheidung so geregelt werden würden, dass keine Spaltung im jüdischen Volk entstünde (dass also die orthodoxen Gesetze dafür gelten sollten), dass die Speisegesetze, die Kaschrut-Regeln, in staatlichen Einrichtungen eingehalten werden würden, dass der Sabbat der offizielle Ruhetag des jüdischen Staats sein würde und dass die Ultraorthodoxen in Unterrichtsangelegenheiten Autonomie genießen würden. Die in diesem Brief festgehaltenen Zusagen waren etwas vage, doch hielt dieser »Status quo« eine grundsätzliche Übereinkunft über den jüdischen Charakter des Staates Israel fest, der es der Politik erlaubte, Kompromisse einzugehen und konfliktträchtige, einseitige Entscheidungen zu vermeiden (Don-Yehia 2000).

Der Konsenswunsch, der dem Status quo zugrunde lag, blieb auch nach der Staatsgründung bestehen. Die führenden politischen Parteien wie auch die Mehrzahl der jüdischen Israelis hatten mit dem Aufbau des Staates alle Hände voll zu tun und mussten sich mit der Existenzbedrohung von außen auseinandersetzen; all das ließ die Differenzen zwischen Säkularen und Religiösen als zweitrangig erscheinen. Die daraus resultierende, als *mamlachtiut* bekannte Auffassung stellte den Staat ins Zentrum des kollektiven Lebens der jüdischen Nation und hielt am Status quo fest, da der ihm zugrunde liegende Konsens die innere Stabilität des Staates festigte. Dieser Konsens wurde durch die politischen Interessen und die Kooperation zwischen der dominanten Arbeitspartei und der größten religiösen Partei, der Misrachi-Bewegung, gewährleistet. Diese Zusammenarbeit gestattete es der Arbeitspartei, die Außen- und Sicherheitspolitik zu bestimmen, während die Orthodoxen das Monopol über bedeutende Aspekte des öffentlichen Lebens behielten.

Die 1948 erfolgte Staatsgründung zwang die zionistische Führung, sich mit Fragen von Religion und Staat auseinanderzusetzen, die sich in dem Maß konkretisierten, in dem sich der souveräne Staat mit Fragen des Rechts und der öffentlichen Ordnung sowie mit widersprüchlichen Bedürfnissen und Forderungen auseinandersetzen musste. Insgesamt musste die Balance zwischen zwei Prinzipien gefunden werden, auf dem sein Charakter als jüdischer und demokratischer Staat beruhte. In der israelischen Unabhängigkeitserklärung heißt es:

> »Der Staat Israel wird der jüdischen Einwanderung und der Sammlung der Juden im Exil offenstehen. Er wird sich der Entwicklung des Landes zum Wohle aller seiner Bewohner widmen. Er wird auf Freiheit, Gerechtigkeit und Frieden im Sinne der Visionen der Propheten Israels gestützt sein. Er wird all seinen Bürgern ohne Unterschied von Religion, Rasse und Geschlecht, soziale und politische Gleichberechtigung verbürgen. Er wird Glaubens- und Gewissensfreiheit, Freiheit der Sprache, Erziehung und Kultur gewährleisten, die heiligen Stätten aller Religionen unter seinen Schutz nehmen und den Grundsätzen der Charta der Vereinten Nationen treu bleiben.«
> (deutsche Übersetzung: www.hagalil.com/israel/independence/azmauth. htm, Aufruf: 5. Oktober 2016)

Diese Grundsätze miteinander zu vereinbaren, hat sich, wie nachstehend erörtert, spätestens ab den 1990er-Jahren als schwierig oder gar unmöglich erwiesen.

Nach der Staatsgründung wurden die in Ben Gurions Schreiben von 1947 formulierten Zugeständnisse weiterentwickelt und ergänzt, um die Spielregeln und die Rolle der Religion im öffentlichen und privaten Leben zu unterstreichen. Zum einen wurde die Wehrpflicht der ultraorthodoxen Jeschiwa-Studenten aufgehoben; in einem Staat, in dem die allgemeine Wehrpflicht gilt, würde so die Last der Landesverteidigung ungleich verteilt sein. Zum anderen räumte die Regierung dem ultraorthodoxen Schulsystem Autonomie ein, eine Entscheidung, die Debatten über Lehrplan und Finanzierung entfachen würde. Drei weitere Elemente wirkten sich unmittelbarer auf das Leben der säkularen Juden aus: die Festlegung des Sabbats als öffentlicher Ruhetag, an dem Geschäfte und öffentliche Einrichtungen geschlossen bleiben, das Erfordernis, die jüdischen Speisegesetze in öffentlichen Einrichtungen einzuhalten, sowie das Monopol der Orthodoxen über Bestattung, Eheschließung und Scheidung.

Verschiedene Gesetze und Regelungen verbriefen den Einfluss der Religion sowohl auf die öffentliche Sphäre als auch auf das Privatleben; religiöse politische Parteien kämpfen überdies darum, diesen Einfluss abzusichern und zu vertiefen. Das Oberrabbinat, die zentrale Einrichtung für die Regelung religiöser Belange, ist allein für Fragen des Personenstands wie Eheschließung und Scheidung zuständig. Das bedeutet, dass alle jüdischen Bürger, sofern sie in Israel die Ehe schließen wollen, über das Rabbinat heiraten müssen, zivile Eheschließungen gibt es nicht. Des Weiteren betroffen sind Bestattungen, Übertritte zum Judentum, die Erteilung von Kaschrut-Zertifikaten und die Beaufsichtigung der Rabbinatsgerichte. Letztere, die Teil des israelischen Gerichtswesens sind, haben die ausschließliche Gerichtsbarkeit über die Eheschließung und -scheidung von Juden und befassen sich auch mit Fragen, die damit in Zusammenhang stehen, wie Unterhaltszahlungen, Sorgerecht und Erbrecht. Auf dem Status quo beruhende staatliche Gesetze erkannten die Zuständigkeit des Oberrabbinats und der Rabbinatsgerichte, die Autonomie des Unterrichtswesens der religiösen Gruppen und den Sabbat als offiziellen Ruhetag an. Über die Gesetzgebung hinaus leiten sich eine Reihe informeller Mechanismen vom Geist des Status quo ab, die das Verhältnis zwischen Religiösen und Säkularen regeln: In diesem Sinn wird von formellen, verbindlichen Entscheidungen über kontroverse Fragen Abstand genommen, religiöse Parteien haben in Koalitionsregierungen häufig überproportionalen Einfluss, in bestimmten Bereichen herrscht religiöse Autonomie und strittige Fragen werden vorzugsweise von der nationalpolitischen Arena an die Gerichte oder auf die lokale Ebene verwiesen.

Dass der Status quo fast dreißig Jahre lang aufrechterhalten werden konnte, lässt sich mit dem allgemeinen Wunsch, Konflikte zu vermeiden, die die jüdische Gesellschaft spalten könnten, wie mit den konkreten politischen Interessen der Parteien erklären, aber auch mit einer allgemein in der israelischen Gesellschaft herrschenden Ambivalenz gegenüber dem Säkularismus. Der Status quo wurde in diesen ersten drei Jahrzehnten auch von der Mehrheit der nicht religiösen Israelis unterstützt, für die Normen, Wertvorstellungen, Symbole und ein kollektives Gedächtnis, die alle von der jüdischen Religion kaum zu trennen sind, weiterhin von Bedeutung waren (Kimmerling 2004). Die Kluft zwischen den religiösen Gruppen und einem Großteil der säkularen Bevölkerung schrumpfte nicht nur dank gemeinsamer Symbole, sondern auch, weil in breiten Kreisen an der Idee des »jüdischen Staates« festgehalten wurde und die Religion für die Aufrechterhaltung der Grenzen zweckdienlich war. So definierte das Staatsbürgerschaftsgesetz die Kriterien für das Erlangen der israelischen Staatsbürgerschaft nicht in säkular-nationalen, sondern in religiösen Begriffen: Als Jude, der Anrecht auf die Staatsbürgerschaft hat, galt eine Person, die von einer jüdischen Mutter abstammt oder zum

Judentum übergetreten ist und keiner anderen Religion angehört (Ben-Rafael/Sharot 2007). So waren die Unterschiede, die in einer noch nicht der Konsumkultur ausgesetzten und mit dem Aufbau des Staates beschäftigten Gesellschaft religiöse und säkulare Israelis trennten, von relativ sekundärer Bedeutung.

Religion und Politik

Um das Spektrum von Religiosität in Israel zu beschreiben, werden oft die Ultraorthodoxen (Charedim) und die Säkularen als Pole benannt, zwischen denen man verschiedene Gruppen, vor allem die Nationalreligiösen oder die Traditionalisten (Masorti), verorten kann. Die Übergänge zwischen einzelnen Ausprägungen der Religiosität werden als fließend beschrieben. Diese Kategorisierung blendet, wie wir noch sehen werden, Verästelungen und Nuancen aus; auch haben sich die Kategorien selbst verändert und aufgefächert. In politischer Hinsicht wurden die Ultraorthodoxen und die Nationalreligiösen vor und in den ersten Jahrzehnten nach der Staatsgründung von den beiden großen religiösen Parteien – Agudat Israel und der Misrachi-Bewegung – vertreten. Den ursprünglich gegen den Zionismus eingestellten Ultraorthodoxen, die später eine instrumentelle Auffassung von Zionismus und Staat entwickelten, ging es vornehmlich um gruppenspezifische Interessen; die Nationalreligiösen waren Teil der zionistischen Bewegung, vertraten sowohl Gruppen- als auch Kollektivinteressen und arbeiteten mit den säkularen Parteien zusammen.

Die 1912 von ultraorthodoxen Rabbinern gegründete Bewegung Agudat Israel stellte einen Versuch dar, sich gegen die zionistische Bewegung und den Gedanken eines säkularen jüdischen Staates in Palästina zu stellen. Mit der Zeit lehnten sie Eigenstaatlichkeit und die Auswanderung nach Palästina nicht mehr ab; was hingegen blieb, war die beharrliche Forderung, die vorstaatlichen und später die staatlichen Einrichtungen hätten den Religionsgesetzen zu entsprechen. In Palästina entwickelte sich die Bewegung zu einer politischen Partei, die die ultraorthodoxen Juden vertrat und gelegentlich mit den zionistischen Parteien kooperierte. In verschiedenen Fragen jedoch, von denen einige durch die erwähnten Status-quo-Vereinbarungen gelöst wurden, blieb sie unabhängig und in Opposition zu den zionistischen Parteien. Nach der Staatsgründung beschloss die Agudat Israel, sich trotz ihrer Vorbehalte gegenüber dem Zionismus am politischen Leben zu beteiligen. Sie trat bei jeder Wahl an und gehörte mehreren Regierungskoalitionen an, sah jedoch davon ab, Ministerressorts zu übernehmen, die eine Beschäftigung mit säkularen Fragen und Anliegen

■ Strömungen im Judentum

Im Judentum gibt es verschiedene religiöse Strömungen. Sie sind vor allem als drei große Gruppen bekannt: Orthodoxe, Konservative und liberale (Reform-)Gemeinden. Damit verbunden sind jeweils unterschiedliche Auffassungen von der Interpretation und dem Verständnis von jüdischem Gesetz. Entstanden sind die nicht orthodoxen Bewegungen zunächst in Europa und später auch in anglofonen Ländern. Als Antwort auf die Herausforderungen der Integration jüdischen Lebens auf der Basis der Werte der Aufklärung entwickelten die deutschen Juden zu Anfang des 19. Jahrhunderts das Konzept des Reformjudentums. Ihr Ziel war die Anpassung jüdischer religiöser Praxis an die neuen Bedingungen einer zunehmend urbanisierten und weltlichen Gemeinschaft. Später bildeten Mitglieder, denen sich das Reformjudentum zu stark von der Tradition entfernt hatte, die konservative Strömung, Masorti-Bewegung genannt. Beide Bewegungen zeichnen sich dadurch aus, dass sie Frauen eine gleichberechtigtere Rolle einräumen. Sie dürfen etwa zu Rabbinerinnen ordiniert werden.

In Israel wiederum dominiert die orthodoxe Strömung. Den Grundstein dafür hat das sogenannte Status-quo-Abkommen gelegt. Die säkularen Staatsgründer wollten auf diese Weise unter anderem sicherstellen, dass, nachdem fast das gesamte osteuropäische Judentum im Holocaust ermordet worden war, die religiöse Tradition weitergeführt wird. Orthodoxe Juden sehen sich in der Regel als praktizierendes normatives Judentum. Auch hier gibt es aber ein Spektrum von Gemeinden und Praktiken. Dazu gehören das ultraorthodoxe (oder charedische) Judentum ebenso wie das moderne orthodoxe Judentum und eine Vielzahl von Strömungen, die ihren Ursprung im chassidischen Judentum haben.

Trotz der Bemühungen, ihre Mitgliedschaft in Israel zu erweitern und von der israelischen Regierung offiziell anerkannt zu werden, sind die nicht orthodoxen Bewegungen weitgehend ein Bestandteil des Judentums in der Diaspora geblieben. Im jüdischen Staat Israel, dessen Kalender ebenso selbstverständlich von jüdischen Feiertagen geprägt ist wie der deutsche Kalender von christlichen, stellt religiöse Praxis – anders als in der Diaspora – kein Identitätsmerkmal mehr dar. Das Bedürfnis oder die Nachfrage nach Zwischenstufen zwischen Orthodoxie und Säkularität sind deshalb geringer.

Zudem aber legen gerade auch viele säkulare Israelis eine Haltung an den Tag, die das orthodoxe Judentum – aus der Distanz – sogar unterstützt. Im Alltagsleben sind sie selbst von jeglicher religiöser Praxis weit entfernt, aber es gilt: Die Synagoge, in die man nicht geht, sollte schon orthodox sein.

G. D.

sowie das Eingehen von Kompromissen erfordert hätten. Das Hauptanliegen der Partei war der Schutz der Interessen der ultraorthodoxen Gemeinschaften; vor allem wollte sie die Suspendierung von der Wehrpflicht und die Autonomie des Bildungssystems abgesichert wissen.

Die religiösen Zionisten, oft an ihrer gestrickten Kippa zu erkennen, waren von jeher ein integraler Bestandteil der zionistischen Bewegung. Der 1902 innerhalb der zionistischen Bewegung gegründete Misrachi-Verband strebte eine Verquickung von Religion und Nationalismus an und baute darauf, dass der zukünftige Staat sich an die Religionsgesetze halten würde. Als Minderheit innerhalb der zionistischen Bewegung stand die Misrachi für eine pragmatische Kompromisshaltung und die Zusammenarbeit mit den Säkularen. Der geistige Führer der Bewegung, Rabbi Abraham Isaak Kook, sah in der Besiedlung Palästinas den Beginn der Erlösung. Im Gegensatz zu den Ultraorthodoxen, die aus religiösen Gründen gegen den Zionismus waren, war dieser für die Nationalreligiösen Teil eines göttlichen Plans, die Juden in ihr Heimatland zurückzubringen. Nach der Staatsgründung arbeitete die nunmehr als politische Partei auftretende Misrachi (ab 1956 unter dem Namen Nationalreligiöse Partei, NRP) mit der herrschenden Arbeitspartei (Mapai, ab 1968 Avoda) zusammen und war regelmäßig Teil der Regierungskoalition. Sie vertrat in dieser Zeit in Fragen der Sicherheit und der Außenpolitik eine ähnlich moderate Position wie die Mapai und richtete ihr Augenmerk auf religiöse Angelegenheiten und Institutionen.

Die säkularen beziehungsweise nicht religiösen Parteien gaben sich im Großen und Ganzen mit den Regelungen des Status quo zufrieden. Ebenso akzeptierte die Mehrzahl der säkularen Israelis die bestehenden Kompromissregelungen und vermied es, sich damit auseinanderzusetzen. Einige jedoch hinterfragten den Status quo und versuchten, religiöse Freiheit einzufordern. Einen »ideologisch« untermauerten Säkularismus, der für religiöse Freiheit einstand – sei es unter diesem Schlagwort oder unter den Stichworten Trennung von Religion und Staat beziehungsweise Freiheit von der Religion –, hat es seit der Entstehung des Zionismus gegeben. Säkulare Ideen und Weltanschauungen setzten sich mit theoretischen Fragen der jüdischen Identität ebenso wie mit praktischen Fragen von Recht und Politik auseinander. Im Sinn der Ideen der Aufklärung versuchten manche Säkularisten, ihre jüdische Sichtweise mit liberal-humanistischen Anschauungen, mit den Grundsätzen einer universalen Ethik, mit persönlichen Freiheiten und einer über den religiösen Geboten stehenden Rationalität zu vereinbaren. Eine auf kulturellen statt auf religiösen Begriffen basierende Definition der jüdischen Identität setzte eine Ablehnung der religiösen Autorität voraus. In der politischen Praxis lief dies auf die Vision eines säkularen öffentlichen Raumes hinaus, in dem die Religion nur für jene Geltung hätte, die sie bereitwillig akzeptierten. In der frühstaatlichen Periode wurde der Status quo zumeist nur vereinzelt, kurzfristig und auf lokaler Ebene infrage gestellt. Eine Ausnahme davon bildete die in den 1950er-Jahren gebildete »Liga gegen religiösen Zwang«, die eine umfassendere Agenda ausformulierte, mit der Absicht,

> »in der breiten Öffentlichkeit den Gedanken zu verbreiten, dass die Überzeugungen eines jeden Menschen seine Privatsache sind und dass es demnach in Israel unerlässlich ist, für die Trennung von Religion und Staat, Religions-, Glaubens- und Gewissensfreiheit zu kämpfen; jeden Einzelnen zu ermutigen und unterstützen, der sich durch [...] religiöse Einschränkungen beeinträchtigt fühlt«. (Tzur 2001, S. 220)

Organisatorisch unterstützt von den Kibbuzim, setzte sich die Liga für die Ziviltrauung, die Erleichterung des Übertritts zum Judentum und für die Aufhebung aller Einschränkungen von Aktivitäten am Sabbat (»Sabbat ohne Ketten«) ein. 1955 legte die Liga der Knesset eine von 100 000 Menschen unterzeichnete Petition vor, die eine Volksbefragung über die Einführung der Ziviltrauung forderte (Tzur 2001, S. 220). Es gelang ihr jedoch nicht, die breite Öffentlichkeit zu mobilisieren, und auch ihre Zusammenarbeit mit den säkularen Parteien brachte keine wesentlichen Ergebnisse. Ihre Aktivitäten wurden allmählich spärlicher und nach dem Sechstagekrieg verschwand die Liga schließlich völlig von der Bildoberfläche.

Es gab mehrere Gründe, weswegen die meisten Israelis den vergleichsweise großen Einfluss der Religion im öffentlichen Leben unterstützten beziehungsweise akzeptierten: Politischer Pragmatismus spielte ebenso eine Rolle wie die anhaltende Verbundenheit mit religiösen Symbolen und Ritualen sowie ein »traditionsverbundenes« Selbstverständnis, das zwischen dem Religiösen und dem Säkularen verortet war. Umfragen in den Jahren 1969 bis 1985 ergaben, dass zwölf bis 15 Prozent der Bevölkerung sich als orthodox (*dati*) definierten, 40–45 Prozent als traditionell (*masorti*) und weitere 35–45 Prozent als nicht religiös (Kedem 1991). Viele Israelis, unter ihnen auch solche, die sich als nicht religiös bezeichneten, beteiligten sich an den Feiertagen (Pessach) oder bei privaten Feierlichkeiten (Hochzeit, Begräbnis und Beschneidung) an religiösen Ritualen. Die orthodoxe Glaube hatte demnach eine Stellvertreterfunktion, er wurde »von einer aktiven Minderheit praktiziert, jedoch im Namen einer viel größeren Anzahl von Menschen, die (zumindest implizit) nicht nur Verständnis dafür haben, was die Minderheit tut, sondern das ganz offensichtlich auch gutheißen« (Davie 2007, S. 22).

In einer Synagoge in Bnei Brak, einer Stadt nordöstlich von Tel Aviv, in der hauptsächlich fromme Juden leben, während des Purimfestes, 2013

Die Kategorie der »Traditionellen«, in die sich viele Israelis bei der Beschreibung der Art ihrer Religiosität einordneten, ist nicht unbedingt eine bequeme Position in der Mitte; sie entspricht auch einem Selbstverständnis, das der ethnischen Zugehörigkeit und Kultur der Einwanderer aus Ländern des Nahen Ostens und Nordafrikas und ihrer Nachkommen, der Misrachim, verpflichtet ist. Die säkulare Elite des Staates hatte versucht, diese Einwanderer im Zuge eines Modernisierungsprozesses, der wenig Rücksicht auf die Traditionen der Einwanderer nahm, zu säkularisieren. Die Misrachim blieben jedoch diesen Bestrebungen gegenüber resistent und entwickelten eine Strategie der Akkulturierung, die einen religiösen Mittelweg zwischen der aschkenasischen Orthodoxie und den säkularen Aschkenasim darstellt, den sie als »traditionell« bezeichnen (Shokeid 1984). Dieses Modell beruht auf einer Tradition, die für Abweichungen in den Glaubensvorstellungen und -praktiken und für eine mündliche Überlieferung (im Gegensatz zum Formalismus und der schriftlichen Überlieferung der Aschkenasim) offen ist. Dabei handelt es sich jedoch nicht unbedingt um eine Anpassung oder eine Abschwächung der Religiosität, sondern eher um ein »importiertes« Muster, ein unabhängiges Modell, das sich unter den Juden in den muslimischen Ländern entwickelt hatte. Wie die muslimische Mehrheit in ihren Ursprungsländern betrachteten die Misrachim, auch nachdem sie einen Modernisierungsprozess durchlaufen hatten, die Religion und die religiösen Autoritäten weiterhin als bedeutsam. Diese Auffassung herrscht auch in der zweiten und dritten Generation vor. Wenn auch manche Glaubenspraktiken flexibel gehandhabt werden, ist die Einstellung dieser Gruppe in Bezug auf die Rolle der Religion in ihrer Gemeinschaft konservativ und die Rituale werden strikt eingehalten (Leon 2009).

Bis in die 1980er-Jahre galten für die meisten Israelis eine konservative Haltung und die Akzeptanz der Spielregeln als gegeben. Infolgedessen vermochte der Säkularismus als Weltanschauung kaum einen Säkularisierungsprozess voranzutreiben, der die durch den Status quo vereinbarte religiöse Autorität infrage gestellt hätte. Nicht nur die streng religiösen Israelis, auch die traditionellen und nicht religiösen zeigten keinen Wunsch nach Veränderung. Die religiösen Einschränkungen wurden von der Mehrheit als konstitutives Wesensmerkmal des Staates oder ihres eigenen jüdischen Selbstverständnisses wahrgenommen. Sie waren Teil eines notwendigen Kompromisses zwischen dem Religiösen und Säkularen oder einfach eher unwichtig, da die Einschränkungen sie im Alltag nicht so sehr beeinträchtigt hätten, als dass man sie einer Politisierung für wert befunden hätte.

Sozialer Wandel, politische Umwälzungen und der Status quo

In den 1980er-Jahren begann der Konsens zu bröckeln und der Groll der Säkularen gegen die religiöse Orthodoxie und vor allem gegen die Ultraorthodoxen verstärkte sich und führte dazu, dass der Status quo hinterfragt wurde. Noch näher zu erörternde Probleme ergaben sich aus Veränderungen innerhalb der religiösen Gruppen und aus neu aufkommenden Forderungen. Neben dem Unmut der Säkularen führten drei wichtige Veränderungen dazu, dass die Säkularisierungsbestrebungen und der Wunsch säkularer »politischer Entrepreneurs«[1], den Status quo infrage zu stellen, an Boden gewannen: die Entwicklung einer neoliberalen Wirtschaft (siehe den Beitrag von Ruth Klinov), die Einwanderung von einer Million Juden aus der ehemaligen Sowjetunion und die Ausformung religiöser und geistiger Alternativen.

---

1 Politische Entrepreneurs (*political entrepreneurs*) können, müssen aber nicht Teil der Politik sein, sondern entstammen auch sozialen Bewegungen, Lobbygruppen etc. Sie vertreten eine auf Änderung eines politischen Zustands hinarbeitende politische Agenda beziehungsweise ihre Handlungen haben eine transformative Wirkung auf Politik und politische Institutionen.

Der kollektivistische Ethos der Genügsamkeit und die beschränkten materiellen Ressourcen, die für die Anfangszeit des Staates charakteristisch waren, waren gleichsam ein Schutzschirm für den Status quo. In den 1950er-Jahren war das Leben in Israel recht einfach und noch beeinflusst von dem Pioniergeist, mit dem der Aufbau des Staates vorangetrieben wurde, sowie den Einschränkungen einer noch in Entwicklung befindlichen Wirtschaft. Die liberale Wirtschaftspolitik der 1980er-Jahre führte rasch zum Entstehen einer Konsumgesellschaft, die anderen westlichen Ländern ähneln wollte und es auch tat. Das Wachstum der israelischen Wirtschaft, das Mitte der 1980er-Jahre eingesetzt hatte, steigerte sich in den 1990er-Jahren unter der Einwirkung der Einwanderung, des Friedensprozesses und der Entwicklung der Hightechindustrie explosionsartig. Dieses Wirtschaftswachstum brachte neue Möglichkeiten und Ansprüche mit sich und der neue Lebensstil führte dazu, dass sich die Regelungen des Status quo nur schwer aufrechterhalten ließen. In diesem Jahrzehnt entstanden Einkaufszentren und Megastores, von denen viele zu US-amerikanischen oder globalen Ketten gehören, deren vorher unbekannte Warenfülle und -vielfalt eine neue Kauferfahrung boten. Der Wunsch der Konsumenten nach neuen Reizen und die neuen Muster der Freizeitgestaltung waren oft mit den religiösen Einschränkungen des Status quo unvereinbar. Für die religiösen Menschen, die ebenfalls unter dem Einfluss der Konsumkultur standen, blieben die religiös fundierten Regeln unantastbar. Die säkularen (und in geringerem Ausmaß auch die traditionellen) Israelis jedoch waren bereit, sich über die als unzeitgemäß empfundenen Einschränkungen hinwegzusetzen.

Die Million Einwanderer, die in den 1990er-Jahren aus der ehemaligen Sowjetunion ins Land kam, stellt herkunftsmäßig die größte einzelne Gruppe innerhalb der jüdischen Bevölkerung Israels dar. Obgleich diese große Gruppe nicht homogen ist, sind ihren Angehörigen einige Merkmale gemeinsam. Die Juden in der Sowjetunion wurden unter dem kommunistischen Regime säkular sozialisiert, sodass sie nur eine vage Ahnung vom Judentum hatten (Ben-Rafael 2007; Leshem 2001). Für Juden war es dort nicht unüblich, christlich-orthodoxen Gottesdiensten beizuwohnen, und die halachischen Vorschriften in der Frage »Wer ist ein Jude?« wurden oft völlig missachtet. Infolgedessen sind etwa ein Viertel der Einwanderer nach den religiösen Kriterien keine Juden (Ben-Rafael 2007). Diesen Einwanderern wurde gemäß dem Rückkehrgesetz von 1970[2] die Staatsbür-

---

2 Nach diesem Gesetz steht die israelische Staatsbürgerschaft »dem Kind oder Enkel eines Juden, dem Ehegatten eines Juden und dem Ehegatten eines jüdischen Kindes oder Enkels« zu.

gerschaft verliehen, doch für das orthodoxe Establishment[3] gelten sie als nicht jüdisch, solange sie nicht in einem formellen Verfahren zum Judentum übertreten.

Das schiere Ausmaß dieser Einwanderungswelle führte zu einer enormen Nachfrage nach russischer Kultur und russischen Produkten und gab somit auch den Anstoß für ökonomische Initiativen, um diese Nachfrage zu befriedigen. Die Einwanderergemeinschaft brachte eine »russische Nische« hervor, in der die russische Sprache und Beziehungen mit dem Ursprungsland dank eines Angebots von Produkten, Dienstleistungen und kulturellen Veranstaltungen aus der alten Heimat erhalten blieben. Die Status-quo-Regelungen und das Monopol der Orthodoxen stellten die Einwanderer vor erhebliche Schwierigkeiten, insbesondere jene unter ihnen, die nicht als Juden anerkannt waren und demnach unter anderem in Israel nicht heiraten konnten. Das verstärkte tendenziell, dass sie als Gemeinschaft unter sich blieben, intensivierte aber auch die politischen Forderungen nach einer Änderung der geltenden Sachlage und beförderte vor allem Initiativen, die den Status quo unterliefen.

Die egalitäre jüdische Reformgemeinde Beit Daniel feiert eine neue Torarolle.

---

3 Nach dem orthodoxen Religionsgesetz ist Jude, »wer von einer jüdischen Mutter geboren wurde, keiner anderen Religion angehört oder wer zum Judentum übergetreten ist«

Neben dem materiellen Wandel haben auch ideelle Entwicklungen dazu beigetragen, dass das orthodoxe Monopol angefochten wird; die Forderung nach Anerkennung alternativer jüdischer Strömungen beziehungsweise ihrer Angehörigen durch den Staat und nach ihrer Gleichstellung mit der jüdischen Orthodoxie wurde laut. Die Reformbewegung (Israeli Movement for Progressive Judaism) und die konservative Masorti-Bewegung wurden zu heftigen Kritikern des Status quo. Zwar sind diese beiden Strömungen für den Großteil der Bevölkerung nicht besonders attraktiv und bestehen hauptsächlich aus Einwanderern aus englischsprachigen Ländern, jedoch erhielten sie erhebliche Unterstützung vonseiten der entsprechenden Gemeinden in den USA, die es ihnen ermöglichte, ihren Status zu verteidigen und ohne die vom orthodoxen Establishment kontrollierte staatliche Finanzierung auszukommen.

In den 1990er-Jahren setzte in Israel ein weiterer Trend ein, der als »vierte Strömung« oder säkulares Judentum bekannt wurde. Dieser Trend lässt sich nur schwer charakterisieren; jedenfalls wurde er von den Erscheinungen des New Age, der Suche nach einer jüdischen Identität und, vor allem nach der Ermordung von Premierminister Itzhak Rabin 1995, der Hoffnung auf einen religiös-säkularen Dialog beeinflusst. Diese Gruppen legen oft Wert darauf, sich selbst von den zumeist aus englischsprachigen Ländern eingewanderten Reformjuden zu unterscheiden und ziehen es vor, sich als eine tief in Israel verwurzelte Strömung zu definieren. Viele, die sich mit dem säkularen Judentum identifizieren, beanspruchen das Recht auf Aneignung und Neuauslegung der Schriften sowie die Anpassung der jüdischen Rituale an das moderne Leben und an universelle Werte. Anfangs schien es, als würde ihr säkulares Interesse am Judentum und den jüdischen Quellen die Menschen der Religion und den Religiösen näherbringen. Ihre offene, kritische Lesart der Texte und vor allem die Neuauslegung der Rituale und Gebote forderten aber die religiöse Orthodoxie und den Status quo unverhüllt heraus. Spezifisch entwickelten sich säkulare Interpretationen von Ritualen und neue Begehungsformen jüdischer Lebenszykluszeremonien, die bis hin zu alternativen Hochzeiten und Bestattungszeremonien reichen. Damit stellten sie die vom Rabbinat und den dazugehörigen Einrichtungen verkörperte religiöse Autorität infrage. Diese religiöse Autorität ist in den Augen der säkularen Aktivisten zugleich Hauptschuldige und Hauptopfer des Säkularisierungsprozesses.

Oft wurde den religiösen Behörden Korruption, mangelnde Empathie und Starrheit vorgeworfen sowie deren niedriges Serviceniveau kritisiert. Diese Monita gingen in den eine Veränderung anstrebenden Forderungskatalog säkularer Entrepreneurs ein. In einer Umfrage der populären Nachrichtenwebsite YNET vom 6. November 2007 stimmten 41 Prozent der Befragten der Feststellung zu, die Oberste Rabbinatsbehörde sei überflüssig geworden. In einer breiter angelegten Umfrage drückten nur 45 Prozent der jüdischen Israelis ihr Vertrauen in das Oberrabbinat aus, das damit einen ähnlich niedrigen Wert erzielte wie die Knesset und die Regierung (IDI 2007).

Wie auch anderswo sind die beschriebenen Säkularisierungstendenzen auf die Gegenkräfte eines religiösen Fundamentalismus gestoßen, der seinen Lebensstil verteidigen und den ihn umgebenden öffentlichen Raum gestalten will. Drei wichtige Entwicklungen einer religiösen Erneuerung sind in Israel parallel zu den Säkularisierungstendenzen und ihnen zuwiderlaufend erfolgt: eine Hinwendung säkularer und traditioneller Juden zum streng religiösen Leben, der Aufstieg einer neuen, mächtigen ultraorthodoxen Partei und eine von religiösen Juden angeführte zionistische Renaissance. Diesen drei Tendenzen gemeinsam ist der Wunsch, die Autorität der Religion im privaten wie öffentlichen Bereich zu stärken.

Wiedergeborene Juden

Die Bewegung, die Juden dazu aufruft, zu einer religiösen Lebensführung zurückzukehren (*chasara bi-teschuva*), wird auf die Krise zurückgeführt, die die israelische Gesellschaft infolge des Jom-Kippur-Krieges erschütterte (Beit-Halahmi 1992) beziehungsweise auf die 1960er-Jahre, in denen dieses Phänomen einer von verschiedenen spirituellen Trends war (Kaplan 2001). Dieser erregte einige Aufmerksamkeit, besonders, wenn er nicht religiöse Prominente betraf, die sich unter Aufgabe ihres früheren Lebensstils einem orthodoxen Leben zuwandten. Gesteuert wird diese »Rückkehr« von religiösen Entrepreneurs, die sich darauf spezialisiert haben, mit verschiedenen Strategien den Weg in die Herzen nicht religiöser Juden zu finden. Zu ihrer religiösen Kampagne gehören spezielle Jeschiwot für »Rückkehrer« (*chosrim bi-teschuva*) sowie verschiedene andere Institutionen, die Seminare und Vorträge veranstalten und Lehrmaterial zur allgemeinen Verbreitung herstellen. Wie viele Säkulare fromm geworden sind, ist nicht bekannt, Sprechern der Charedim zufolge soll es sich um eine sechsstellige Zahl handeln; in der Forschung wird ihre Zahl jedoch auf etwa 40 000 geschätzt und die Auswirkung der *chosrim bi-teschuva* auf die Größe der ultraorthodoxen Gemeinschaft als unwesentlich beurteilt (Kaplan 2001).

Schas – religiöse und politische Erneuerung

Die bedeutendste Entwicklung, die vom Anstieg der Religiosität unter den Misrachim zeugt, ist die Entstehung der Schas-Partei in den 1980er-

Zehntausende fromme Juden nehmen am 13. Oktober 2013 an einer Gedenkfeier zu Ehren des kurz zuvor verstorbenen Rabbis Ovadia Joseph teil. Er war sephardischer Großrabbiner Israels und spirituelles Oberhaupt der Schas-Bewegung.

Jahren. Mit einer Verquickung von ethnischer Herkunft und Religiosität setzte sich Schas, als Reaktion auf die den eingewanderten Misrachim aufgezwungene Säkularisierung, für eine Rückkehr zur Tradition ein. Die Partei wurde zu einer signifikanten politischen Kraft, wobei sie im Bemühen um die Aufrechterhaltung der jüdischen Einheit, die aus ihrer Perspektive zugleich eine religiöse Einheit ist, den Unmut der Misrachim mit Erfolg nicht gegen die religiösen Aschkenasim, sondern eher gegen die säkularen Gruppen kanalisierte (Peled 1998). Schas organisierte ihre Aktivitäten unter Einsatz eines umfassenden Netzwerks von Bildungs- und Wohlfahrtseinrichtungen, etablierte sich als Ersatz für den im Rückzug befindlichen Wohlfahrtsstaat und festigte damit die Stellung der Partei sowohl gegenüber dem Staat, für den sie als Mittlerin fungierte, als auch gegenüber ihren Wählern, die zunehmend von diesem Parteinetzwerk abhängig wurden. Mit ihrem breiten Bildungs- und Wohlfahrtsnetz ist Schas zu einem wichtigen Faktor in der Förderung jüdischer religiöser Identität geworden. Die Schas-Wähler sind nicht unbedingt orthodox, oft identifizieren sie sich mit den sozialen und ethnisch gefärbten Botschaften, jedenfalls befürworten sie aber einen religiöseren, ja sogar halachischen Staat (Susser/Cohen 2000).

Anders als die aschkenasischen ultraorthodoxen Parteien sieht Schas ihre Aufgabe in der israelischen Politik nicht nur in der Wahrnehmung der Interessen eines bestimmten Teils der Öffentlichkeit und in der Förderung einer auf der Halacha beruhenden Gesetzgebung, sondern auch in der Durchführung einer tief greifenden Veränderung in der sozialen Agenda und im kollektiven Selbstverständnis Israels (Ben-Rafael/Leon 2006). Während die Schas-Partei ursprünglich gegen die Diskriminierung der Misrachim antrat, setzt sie sich seit den 1990er-Jahren für eine religiöse Revolution und eine spirituelle Erneuerung ein, mittels derer das Kräfteverhältnis zwischen der säkularen Mehrheit und der religiösen Minderheit verändert werden soll (Tessler 2003). Die Partei ist zu einer politischen Befürworterin eines Modells charedischer Lebensweise geworden, das säkulare Weltanschauungen ablehnt und eine von der Halacha geleitete religiöse Prägung der öffentlichen Sphäre anstrebt. Die eindrucksvolle elektorale Stärke von Schas, verstärkt noch durch das von der Partei betriebene Unterrichts- und Wohlfahrtsnetzwerk, ermöglicht es ihr, verschiedene gegen die Säkularisierungstendenzen gerichtete Vorschläge voranzutreiben. Zwar wurden bisher viele davon nicht realisiert, sie haben jedoch den Status der Partei als authentische Vertreterin jüdischen Selbstverständnisses gefestigt.

Zionistische Erneuerung: der jüdische Weg

Der religiöse Zionismus begnügte sich bis weit in die 1960er-Jahre mit der sekundären Rolle, die religiösen Institutionen zu verwalten und ihr Monopol aufrechtzuerhalten. Die jüngere Generation der religiösen Zionisten, die sich nach dem Sechstagekrieg durchsetzte, wollte sich damit nicht länger zufriedengeben. Die Gusch-Emunim-Bewegung (»Block der Gläubigen«), die in den 1970er-Jahren auf der politischen Bühne erschien, stellte den Versuch der religiösen Zionisten dar, unter Verknüpfung von Religion, Politik und territorialen Ansprüchen eine politische Machtposition zu erringen (Schwartz 1999). Die religiösen Zionisten waren überzeugt, dass der säkulare Zionismus »seine Aufgabe erfüllt und seine Rolle beendet« habe (Karpel 2003, S. 15) und dass es nun an der Zeit sei, selbst die Führung zu übernehmen und die im Sechstagekrieg besetzten Gebiete zu besiedeln, um sicherzustellen, dass sie Teil eines Großisraels würden. Dass sich säkulare Israelis nicht in den besetzten Gebieten ansiedeln wollten, erschien den Ideologen von Gusch Emunim als Beweis für eine generelle Schwächung des zionistischen Mainstreams.

Die Besiedlung dieser mit historischer und religiöser Bedeutung behafteten Gebiete war für die religiösen Zionisten die Erfüllung der religiösen Gebote und eine nationale Pflicht. Gusch Emunim übernahm für die von ihr propagierte nationale Erneuerung viele Symbole und Praktiken des säkularen Zionismus, verlieh ihnen jedoch eine religiöse Bedeutung. Wandertouren, Gemeinschaftsleben, die Pflege der hebräischen Kultur und vor allem die von Pioniergeist beflügelte Siedlungstätigkeit wurden zu Merkmalen der neuen Bewegung. Die von Gusch Emunim in den besetzten Gebieten, oft unter Umgehung staatlicher Vorschriften, errichteten Siedlungen genossen zumindest in der Anfangsphase auch die Sympathie und Unterstützung säkularer Zionisten, die sich mit der Erneuerung des Zionismus und dem kollektivistischen Pioniergeist der Bewegung identifizierten. Zugleich stand die Siedlungstätigkeit Gusch Emunims im Widerspruch zur Weltanschauung mancher Teile der säkularen Öffentlichkeit, die gegen die Besatzung waren und einen territorialen Kompromiss und eine Friedensregelung anstrebten. Diese Kluft vertiefte sich mit dem Beginn der israelisch-palästinensischen Verhandlungen über ein künftiges Friedensabkommen in den 1990er-Jahren, als Gusch Emunim die Siedlungstätigkeit intensivierte, um einen territorialen Kompromiss unmöglich zu machen.

Die drei den Säkularisierungstendenzen entgegenwirkenden Entwicklungen – die *chasara bi-teschuva*, der Aufstieg der Schas-Partei und die Entstehung von Gusch Emunim – hatten eine gemeinsame Agenda: das zu bewahren, was für sie den jüdischen Charakter des Staates ausmachte, sowie die Autorität der Religion im öffentlichen und privaten Leben aufrechtzuerhalten. Diese Entwicklungstendenzen sind ein Hinweis darauf, dass mit einer »Privatisierung« der Religion nicht zu rechnen ist und dass die Religion auch in Zukunft eine bedeutende politische Kraft bleiben wird.

Sind die Israelis religiös oder säkular?

Forschungsstudien, Umfragen und Presseberichte haben unterschiedliche Ergebnisse in Bezug auf den Prozentsatz der religiösen beziehungsweise säkularen israelischen Juden erbracht und divergieren auch in der Vorhersage zukünftiger Entwicklungen. Diese Unterschiede hängen nicht allein von der Anzahl der zur Auswahl stehenden Kategorien der Religiosität ab, sondern mehr noch von der Art und Weise, wie säkulare beziehungsweise religiöse Identität definiert werden – als Selbstbezeichnung, als Glaube beziehungsweise Überzeugung, Verhalten oder Werteschema (Ben-Porat/ Feniger 2009). Ordnet man die Kategorien auf einer eindimensionalen

Eine »typische« Laubhütte: Religiöse Juden errichten jährlich eine *Sukka* für das sie-
bentägige Laubhüttenfest, das im September oder Oktober gefeiert wird. Während
dieser Woche wird dort gegessen, manchmal auch übernachtet.

Achse nur nach der auf der Aussage der Befragten beruhenden Frömmigkeit, kommt nicht nur die Einzigartigkeit der Gruppen und Untergruppen
zu kurz (Goodman 2003), sondern es werden auch Komplexität und Mehr-
dimensionalität der unterschiedlichen Achsen von Glauben, Praxis und
Werten und die diesbezüglich eintretenden Veränderungen ausgeblendet.

Umfragen und Studien über jüdische Religiosität in Israel fördern ein
komplexes Bild von Glaubensvorstellungen, Glaubenspraktiken und Werten zutage. Viele Israelis halten religiöse Riten in selektiver Form ein,
ohne sich mit ihrem theologischen Gehalt oder ihrer religiösen Konsis-
tenz zu befassen (Liebman/Susser 1998; Levi/Levinson/Katz 2002). So
werden zum Beispiel die Speisegesetze in ihrer Gesamtheit oder nur partiell eingehalten, Gründe dafür können der Glauben, aber auch Respekt
vor der Umwelt sein. Umgekehrt handeln auch Menschen, die sich selbst
als traditionell bezeichnen, »säkular« (in dem Sinn, dass sie sich über religiöse Gesetze oder Vorschriften hinwegsetzen), wenn es um ökonomisch
relevante Entscheidungen oder Fragen der Freizeitgestaltung geht. Menschen, die am Sabbat einkaufen, betrachten sich selbst oft nicht als säkular und geben praktische Gründe für die Missachtung gewisser religiöser

Gebote und die Befolgung anderer Gebote und Praktiken an (Ben-Porat/ Feniger 2009).

Die gesellschaftlichen Veränderungen wirken sich auf fast alle Gruppen aus, und zwar auf je unterschiedliche Art und Weise. Im religiösen Lager ist gegenüber der säkularen Welt, der »Moderne«, sowohl im künstlerischen Schaffen (Literatur, Film und bildende Kunst) als auch in der Konsumkultur eine größere Offenheit zu beobachten. Ansätze von Veränderungen sind sogar in ultraorthodoxen Kreisen offensichtlich, die sie der säkularen Welt näherbringen (El-Or/Neriah 2003; Kaplan 1997; Stadler/Lomsky Feder/Ben-Ari 2008), ohne ihr religiöses Selbstverständnis in seinem Wesen zu beeinflussen (Kaplan 2001). Während Orthodoxe und engagierte säkulare Juden ein mehr oder weniger kohärentes Muster aufweisen, gelten für die meisten Israelis verschiedene Niveaus des Glaubens und der Einstellung und eine selektive Auswahl von Praktiken und Ritualen. Die selektive, partielle Einhaltung religiöser Gebote ist nicht einfach Sache des Zufalls oder Zeichen von Nachlässigkeit. Vielmehr sind die Ausprägungen der Religiosität Ausdruck eines Musters des Engagements für »jüdische Populärkultur« (Liebman 1997), die bewusste Entscheidung von Menschen, die moderner, aber nicht säkular leben wollen (Yadgar 2010), oder einer ethnisch begründeten Tradition, die eine entspanntere, flexiblere Art der Religiosität ermöglicht (Leon 2009).

Religion und Politik – vom Status quo in die Krise?

Die geschilderten demografischen und wirtschaftlichen Entwicklungen führten zu neuen Ansprüchen, denen der Status quo nicht gerecht werden konnte. Weder vermochte die Politik, die alten Regeln durchzusetzen, noch, neue, zeitgemäße Regeln zu formulieren, die den wachsenden Herausforderungen hätten entsprechen können. Dieser Stillstand betraf nicht allein religiöse Fragen, vielmehr war es eine tiefer gehende, umfassende politische Krise und Instabilität, die sich in häufigen Regierungswechseln, vorzeitigen Wahlen und dem Vertrauensverlust der Öffentlichkeit in die demokratischen Institutionen äußerte.

Die Bevölkerung reagierte jedoch nicht allein mit Apathie auf die politische Krise und Stagnation. Vielmehr betätigte sich ein beachtlicher Anteil zunächst außerparlamentarisch – 1981 etwa gaben 21,5 Prozent der erwachsenen Bevölkerung an, an mindestens einer Protestveranstaltung teilgenommen zu haben, womit Israel international eine Spitzenposition einnahm (Lehman-Wilzig 1991). Als die Protestaktionen und der außerparlamentarische Druck nur enttäuschende Resultate brachten, kam es zu einer Wende: zur Etablierung privater und halb privater Gesundheits- und Unterrichtssysteme, die statt der offiziellen oder parallel zu diesen bestehen (Lehman-Wilzig 1991). So regten der politische Stillstand und die Unfähigkeit der Regierung, wirksame und nachhaltige politische Entscheidungen zu treffen, die Bürger und die politischen Entrepreneurs dazu an, alternative Handlungsmodi legaler, halb legaler oder gar illegaler Natur außerhalb des politischen Systems zu entwickeln.

Wie andere formelle und informelle Institutionen verlor der Status quo rasch seine Legitimität und bot keine Richtlinien für religiöse und säkulare Kompromisse mehr. Die institutionelle Macht des Status quo hatte sich von dem politischen Kontext abgeleitet, in dem er entstanden war, dem ideologischen Konsens und der Dominanz der Arbeitspartei, die konstruktive Kompromisse ermöglichten. Diese Vorherrschaft erodierte jedoch allmählich bis zu ihrem endgültigen Zusammenbruch bei den Knessetwahlen von 1977, als die Arbeitspartei erstmals geschlagen wurde. Die Nationalreligiöse Partei (NRP), die Partner beim Zustandekommen des historischen Kompromisses gewesen war, gab sich nicht mehr damit zufrieden, den religiösen Status quo aufrechtzuerhalten, sondern wollte auch Einfluss auf die Bestimmung der Staatsgrenzen nehmen. Die Gusch Emunim nahestehende jüngere Generation verband die Religion mit einer außenpolitischen Hardlinerposition und kam daher nicht mehr als Partner für die säkulare Arbeitspartei infrage. Dem rechtsgerichteten Likud, der der Arbeitspartei nachfolgte, gelang es, regierungsfähige Koalitionen zu bilden, er war jedoch nicht imstande, eine dominante Stellung, wie sie die Arbeitspartei genossen hatte, und die darauf begründete Stabilität zu erreichen. Die Knessetwahlen endeten zumeist mit einer fast völligen Pattsituation zwischen den »Falken« und den »Tauben« (siehe den Beitrag von Benyamin Neuberger), sodass die ultraorthodoxen Parteien in die Koalition eingebunden werden mussten.

Der politische Status der ultraorthodoxen Parteien wurde durch den Umstand aufgewertet, dass sie das Zünglein an der Waage und in jeder Koalition begehrte Partner geworden waren. Ab 1977 konnten die Charedim zwar verschiedene politische Erfolge erzielen, etwa konnten sie die Finanzierung privater religiöser Schulen durchsetzen, doch ihr Image und ihr Verhältnis zur breiten israelischen Öffentlichkeit litten unter den gegen sie laut werdenden Anschuldigungen der »Erpressung« und der Ausübung »religiösen Zwanges«. Der meteorhafte Aufstieg der Schas-Partei machte diese zu einer bedeutenden Akteurin in der israelischen Politik. Ihre Position wurde durch die Bereitschaft und die Ambitionen der Partei, Ministerämter zu übernehmen und sich an der Regierungsarbeit zu beteiligen, noch verstärkt; darin unterschieden sie sich von den aschkenasischen Ultraorthodoxen, die diesen Schritt vermieden hatten. Die Ernennung von Ministern aus den Reihen der Schas führte zu Auseinandersetzungen mit säkularen Politikern, sei es im Innenressort, da das Innenministerium für die Zuerkennung der Staatsbürgerschaft und die Umsetzung des Rückkehrgesetzes verantwortlich ist, oder im Ressort Arbeit und Soziales, das für Geschäftstätigkeit am Sabbat zuständig ist.

Die »Politik des Aushandelns« (*politics of accommodation*), die für den Status quo charakteristisch gewesen war, wurde durch eine »Politik der Zuspitzung« (*politics of crisis*) abgelöst, die die Stabilität untergrub, das politische System spaltete (Susser/Cohen 2000) und es schließlich ineffektiv werden ließ. Der Unmut der Säkularen über das, was von ihnen als Eingriff der Religion in das öffentliche Leben empfunden wurde, und über die Ausnahmeregelung für ultraorthodoxe Männer in Bezug auf den Wehrdienst führte zu politischen Aktionen und außerparlamentarischer Tätigkeit. Der Widerstand gegen den »religiösen Zwang« und die Befürwortung des Pluralismus wurden zu Hauptanliegen der säkularen Parteien und jener Parteien, die die Einwanderer aus der ehemaligen Sowjetunion vertraten, die alle um die säkularen Wähler warben. Die politischen Parteien, die eine dezidiert säkulare Agenda vertraten, forderten eine Einschränkung der Macht der ultraorthodoxen Parteien und versprachen die Wahrung der Freiheitsrechte. So gaben viele Einwanderer aus der ehemaligen Sowjetunion den »russischen« Parteien ihre Stimme, die außenpolitisch »Falken« sind und innenpolitisch eine säkulare, auf die Bedürfnisse der Einwanderer abgestimmte Agenda vertreten. Die linksgerichtete Meretz-Partei, außenpolitisch eine »Taube« und die politische Heimat vieler säkularer Israelis, wurde 1999 von der erneut gegründeten Schinui-Partei (*schinui* = Änderung) herausgefordert, die mit ihrer radikaleren, schärfer fokussierten säkularen Agenda 2003 zur drittgrößten Partei in der Knesset wurde. Der Kampf um die säkularen Wählerstimmen wurde heftiger, nach anfänglichem Erfolg verschwand die Schinui-Partei fast völlig von der Bildfläche und Meretz verlor einen Großteil ihrer Anhängerschaft und fiel von zwölf (1992) auf drei bis sechs Mandate (2003 – 2015).

Dieser Bedeutungsverlust war nicht etwa ein Indiz dafür, dass die säkularen Wähler zufriedener waren, sondern reflektierte vielmehr den allgemeinen Vertrauensverlust in das politische System und in die Möglichkeit, durch formelle Gesetzgebungsverfahren einen Wandel anzustoßen. Die Frustrationsgefühle, die Bedürfnisse und Wünsche manifestieren sich daher auf anderer Ebene.

Eine Änderung von unten?

Das Unvermögen der Politik, den Status quo der geänderten Realität anzupassen, hat den Aufstieg säkularer Entrepreneurs gefördert, die außerhalb des politischen Systems agierten und so das politische Vakuum füllten. Diese Akteure – überzeugte Atheisten, Anhänger einer jüdischen kulturellen Erneuerung, Einwanderer aus der ehemaligen Sowjetunion oder Geschäftsleute – erkannten zunächst die Bedürfnisse, Wünsche und Forderungen, denen der Status quo entgegenstand, und bestimmten sodann die Möglichkeiten, die Einschränkungen durch verschiedenen Aktionsmodi und Dienstleistungsangebote zu durchbrechen.

Manche sind von politisch-weltanschaulichen Zielen motiviert, sie wollen zum Beispiel die Zivilheirat ermöglichen, andere verfolgen ökonomische Ziele, wenn sie zum Beispiel für offene Geschäfte am Sabbat plädieren. Zuweilen stellen sie den Status quo mit einem klaren politischen Ziel infrage (Einführung von Zivilheirat und -bestattung). In vielen anderen Fällen sind es individuelle, nicht politisch motivierte Initiativen, die Geschäftsmöglichkeiten nutzen wollen (private Heirats- oder Bestattungsdienstleistungen). Die Trennlinie zwischen ökonomischem Gewinnstreben und weltanschaulich-politischen Bestrebungen ist oft fließend, etwa wenn Geschäftsideen durch weltanschauliche Statements (Recht auf freie Entscheidung) gerechtfertigt werden oder weltanschaulich begründete Initiativen und die Nutzung sich bietender ökonomischer Chancen unter Einsatz von Marketingtechniken Hand in Hand gehen.

Angesichts des Unwillens der politischen Parteien, Entscheidungen über wichtige Fragen hinsichtlich der Rolle der Religion im öffentlichen Leben zu treffen, wurde die Justiz zu einer alternativen Adresse für säkulare Entrepreneurs. Themen wie die Wehrdienstbefreiung orthodoxer Männer oder die Ziviltrauung wurden von den an der Macht befindlichen Politikern ignoriert – lieber hielten sie sich bedeckt, als religiöse oder säkulare Wähler zu verstimmen. Diese Schwäche der Politik führte dazu, dass die säkulare Öffentlichkeit in der Hoffnung, klare, verbindliche Entscheidungen zu bewirken, die Gerichte anzurufen begann. Zunächst wandten sich Einzelpersonen und Gruppen an gerichtliche Instanzen, um eine Lösung konkreter Probleme herbeizuführen, später wurden auch Grundsatzfragen vor Gericht gebracht. Der Oberste Gerichtshof wurde zu einem Verfechter liberaler Wertvorstellungen (Mautner 2011) und hat seit den 1980er-Jahren eine aktive Rolle in der Wahrung liberaler Werte übernommen. Kritiker behaupten, der Oberste Gerichtshof habe enorme Machtbefugnisse an sich gezogen und seine Intervention in religiös-säkulare Konflikte habe zu einer »Umgehung der Politik des Aushandelns« (*politics of*

Proteste orthodoxer Juden in Aschdod gegen die vom Parlament beschlossene Aufhebung der Wehrdienstbefreiung – mittlerweile wurde dieser Beschluss wieder zurückgenommen, 19. März 2014.

accommodation) (Susser/Cohen 2000, S. 91) geführt. Zur Verteidigung des Obersten Gerichtshof wird vorgebracht, dessen Eingreifen sei angesichts des durch das Bröckeln des Status quo entstandenen Vakuums und der Untätigkeit der Politik unvermeidbar geworden. In hohem Maß sind die Gerichte zur ersten Instanz geworden, an die man sich wendet, um säkulare Rechte und liberale Sichtweisen vor der Politik der Regierung, der Knesset und des Rabbinats zu schützen.

Die Säkularisierungsbemühungen wurden zudem durch kleine und große Aktionen vorangetrieben, die den Status quo eher umgingen, als ihn direkt infrage zu stellen. Parteiunabhängige Aktivitäten legaler und illegaler Natur wurden zum integralen Bestandteil der israelischen politischen Kultur; verschiedene Gruppen, denen es nicht gelang, Veränderungen mit formellen demokratischen Mitteln zu bewirken, schufen eine neue De-facto-Situation, angefangen vom Siedlungsbau über Piratenradio- und -fernsehsender bis hin zu »grauen« Unterrichts- und Gesundheitseinrichtungen (Mizrahi/Meydani 2003). In ähnlicher Weise reagierte das säkulare Lager auf die Veränderungen und die sich neu bietenden Möglichkeiten.

Zu diesem neuen Phänomen gehören eine wachsende Anzahl von Israelis, die das Rabbinat umgehen, indem sie im Ausland heiraten und die

Eheschließung danach in Israel vom Innenministerium registrieren lassen (wie es für im Ausland geschlossene Ehen gesetzlich vorgeschrieben ist), nicht eheliche Lebensgemeinschaften und immer mehr alternative Familienformen wie Alleinerziehende oder gleichgeschlechtliche Partnerschaften. Private Beisetzungen und nicht religionsgebundene Friedhöfe bieten Alternativen zur religiösen, ultraorthodoxen Bestattung. Nicht zuletzt tragen die Öffnung von Geschäften am Sabbat sowie der Verkauf von nicht koscherem Fleisch den Konsumgewohnheiten vieler Israelis Rechnung. Selbstverständlich sind diese Alternativen weit davon entfernt, allen Wünschen und Forderungen der säkularen Bürger gerecht zu werden. Essenzielle Themen wie die Einberufung der Jeschiwot-Studenten, Frauenrechte, Rechte von Schwulen und Lesben, das Betreiben öffentlicher Verkehrsmittel am Sabbat sowie die Staatsbürgerschafts- und Einbürgerungsgesetze sind nach wie vor höchst umstritten und weit von jeder Lösung entfernt.

Eheschließung

Das Thema »Eheschließung« ist ein interessantes Beispiel, um die geschilderten Veränderungen zu veranschaulichen. Für säkulare Israelis ist die Heirat oft die bedeutsamste Begegnung mit religiöser Autorität. Die Rabbinatsgerichte sind in Sachen Eheschließung und Scheidung für alle Juden in Israel zuständig, ungeachtet ihrer Überzeugungen und Präferenzen, wobei das Verfahren den orthodoxen Religionsgesetzen entspricht. In den letzten zwei Jahrzehnten werden die Reformforderungen von säkularen Israelis, die gegen das Monopol der Orthodoxie sind, und von solchen Personen, denen dieses Monopol die Eheschließung in Israel unmöglich macht, dringlicher und in kürzeren Zeitabständen vorgetragen.

Israel ist das einzige westliche Land, das keine Ziviltrauung kennt und dessen Familienrecht ausschließlich vom Religionsgesetz bestimmt wird. Die Eheschließung ist in Israel eine religiöse Vereinbarung, die durch die Art der Zeremonie, die personenstandsrechtlichen Religionsgesetze und durch die für die Verwaltung und Umsetzung dieser Gesetze zuständige religiöse Institution, das Rabbinat, bestimmt ist. Die religiöse Öffentlichkeit in Israel sieht in der der Halacha entsprechenden Eheschließung einen wesentlichen Faktor für die Wahrung der Einheit des Volkes und betrachtet das orthodoxe Monopol darüber als zwingend. Nach dem »Gesetz über die Zuständigkeit der Rabbinatsgerichte (Eheschließung und Scheidung)« sind auch für Scheidungsverfahren ausschließlich die Rabbinatsgerichte zuständig. Versuche, das Gesetz zu ändern und die Ziviltrauung

Zeremonie einer jüdisch–orthodoxen Hochzeit unter einem Baldachin (Chuppa), 2014

einzuführen, sind fehlgeschlagen, obgleich eine große Anzahl von nicht als Juden anerkannten Einwanderern aus der ehemaligen Sowjetunion nicht heiraten kann und in säkularen Kreisen wachsender Unmut gegen das religiöse Establishment entstand. Es gab jedoch Gerichtsentscheidungen, die im Ausland geschlossene Ehen anerkannten und unverheirateten Paaren verschiedene Rechte zugestanden. So wurde Paaren, die nicht über das Rabbinat geheiratet hatten, einzelne Rechte, von der Adoption bis zum Erbrecht, eingeräumt, sodass de facto alternative Familienformen anerkannt wurden. Das Rechtssystem erkannte Schritt für Schritt eheähnliche Gemeinschaften an.

Die Heirat im Ausland, meistens in Zypern, und das Leben in unehelicher Gemeinschaft betreffen insbesondere zwei Bevölkerungsgruppen, Einwanderer aus der ehemaligen Sowjetunion und säkulare Israelis. Für die Einwanderer ist es oft keine Sache der freien Wahl, sondern Folge der Weigerung des Rabbinats, sie als Juden anzuerkennen und zu trauen. Sie ziehen pragmatische Lösungen vor, statt für einen Wandel zu kämpfen. Bei den Säkularen handelt es sich entweder um eine bewusste politische Entscheidung oder um eine kulturelle Präferenz, mit der die Ablehnung der vom Status quo auferlegten Einschränkungen zum Ausdruck gebracht wird. Da es sich bei dieser Gruppe um eine vergleichsweise kleine handelt, stellt sie für den Status quo keine ernsthafte Bedrohung dar. Obgleich die meisten Israelis die Ziviltrauung befürworten, ziehen sie de facto die orthodoxe Eheschließung vor, sodass eine Änderung des Status quo insgesamt keine große Priorität hat.

Zusammenfassung

Die Religion ist nach wie vor ein wichtiges, umstrittenes Thema in der israelischen Gesellschaft und Politik, nachdem frühere, konfliktmindernde Vereinbarungen an Wirksamkeit eingebüßt haben. Religiöse und säkulare Identitäten sind in der ethnischen Herkunft, dem gesellschaftlichen Stand und vor allem in die die Einstellung zu Krieg und Frieden betreffenden Fragen eingebettet. Seit dem Aufstieg der religiösen Rechten und der von ihr vorangetriebenen Siedlungstätigkeit werden politische Ausrichtungen in hohem Maß von der Religion mitbestimmt. Für die israelische Linke, die einen territorialen Kompromiss anstrebt, würde ein Friedensabkommen Israels »Normalisierung« besiegeln, mit der sich das Land in die Reihe der westlichen liberalen und demokratischen Länder einordnet. Die Linke setzt sich hauptsächlich aus säkularen israelischen Juden zusammen, die die israelische Besatzung in den Palästinensergebieten heftig missbilligen. Umgekehrt sind die besetzten Gebiete für die Rechte – insbesondere die religiöse – ein untrennbarer Bestandteil des von Gott dem jüdischen Volk verheißenen Landes. Mithin ist das Siedlungsprojekt nicht nur ein nationales, sondern auch ein religiöses Anliegen, das dem religiösen Zionismus eine Führungsrolle zuweist.

Die Polarisierung zwischen links und rechts hat in den letzten drei Jahrzehnten in der israelischen Politik jene Trennlinie gebildet, entlang derer sich die politischen Zugehörigkeiten und das Wählerverhalten bestimmen. Wie auch anderswo nimmt die Mehrzahl der Israelis eine eher zur politischen Mitte neigende Position mit Tendenz nach rechts ein. Im Mittelpunkt steht die Frage »Land gegen Frieden«, insofern sie andere Zugehörigkeiten und die Zusammensetzung der Regierungskoalitionen betrifft und beeinflusst. Aufgrund fragiler Koalitionen und interner Differenzen hat kaum eine Regierung in den letzten zwei Jahrzehnten ihre Amtszeit zu Ende geführt und nicht zuletzt dadurch überlebt, dass sie Entscheidungen, die das Land spalten könnten, aus dem Weg gegangen ist. Entsprechend schwierig ist es, Reformen zu beschließen, und noch schwieriger, sie in die Praxis umzusetzen.

Die religiösen Fragen und Debatten wurden infolge der wirtschaftlichen, kulturellen und demografischen Veränderungen, dem der Status quo nicht mehr entsprechen konnte, immer heftiger. Ein Beispiel: Während 1948 die Befreiung der Jeschiwa-Studenten vom Wehrdienst circa 400 Personen betraf, waren es in den 1990er-Jahren 40 000. Nicht weniger relevant ist der Umstand, dass an diesen Hochschulen Fächer wie Mathematik, Naturwissenschaften und Englisch oft kein Teil des Lehrplans sind, weswegen die beruflichen Möglichkeiten religiöser junger Menschen eingeschränkt und die Ultraorthodoxen weiterhin von staatlichen Zuschüssen abhängig sind und eine hohe Armutsrate aufweisen. Die Versuche, die bestehende Regelung dahingehend zu verändern, dass die Wehrpflicht auch Ultraorthodoxe umfasst und ihre Beteiligung am Arbeitsmarkt erhöht wird, haben nur bedingt Resultate gezeigt. Eine wichtige Veränderung in den letzten Jahren ist jedoch der wachsende Zulauf, den die auf die Bedürfnisse religiöser Menschen zugeschnittenen akademischen Einrichtungen erfahren. Dies lässt sich weitgehend auf die wirtschaftlichen Nöte zurückführen, die immer mehr ultraorthodoxe Männer und Frauen dazu bringen, sich in den Arbeitsmarkt zu integrieren und dafür auch ausbilden zu lassen, trotz der Vorbehalte einiger führender Rabbiner. Dieser Eintritt von Ultraorthodoxen in den Arbeitsmarkt wird neue Herausforderungen schaffen und Forderungen laut werden lassen, ihren Bedürfnissen gerecht zu werden.

Die Art der Eheschließung oder der Bestattung sowie die Einhaltung des Sabbat und der Kaschrut-Regeln sind in Israel nicht nur persönliche Entscheidungen, sondern unterstehen Institutionen, die vom Staat reguliert werden. Formell haben sich weder der Status quo, wie er in den Anfangsjahren des Staates vereinbart wurde, noch die Rolle der Religion im politischen Leben wesentlich verändert. Die auf das religiöse Monopol hinauslaufenden Regeln blieben weitgehend bestehen, die Rechte und Vorrechte der orthodoxen Juden wurden gewahrt und die Macht der religiösen Parteien hat nicht abgenommen. Wenn man nur die formalen Aspekte der Politik – Lobbyarbeit, Verhandlungs- und Gesetzgebungsverfahren – im Auge behält, läuft man Gefahr, wichtige Entwicklungen zu übersehen, die sich auf anderen Ebenen abspielen: Verschiebungen der Präferenzen, Initiativen und den Lebensstil betreffende Entscheidungen mit oder ohne politische Absicht, die schrittweise einen institutionellen Wandel bewirken. Richtet man den Blick über die formalen Aspekte von Politik und politischem Wandel hinaus, enthüllt sich mithin eine dynamische Realität.

Aus dem Englischen von Liliane Meilinger

Literatur

Avineri, Shlomo, From the »Jewish Issue« to the »State of the Jews«, in: Theodor Herzl, The Jewish Cause: Herzl's Diaries 1895–1904, Jerusalem 1997, S. 13–51.

Beit-Hallahmi, Benjamin, Despair and Deliverance. Private Salvation in Contemporary Israel, New York 1992.

Ben-Porat, Guy, In a State of Holiness: Rethinking Israeli Secularism, in: Alternatives, 25 (2000) 2, S. 223–246.

Ben-Porat, Guy/Feniger, Yariv, Live and Let Buy, Consumerism, Secularization and Liberalism, in: Comparative Politics, 41 (2009) 3, S. 293–313.

Ben-Rafael, Eliezer, Mizrahi and Russian Challenges to Israel's Dominant Culture: Divergences and Convergences, in: Israel Studies, 12 (2007) 3, S. 68–91.

Ben-Rafael, Eliezer/Leon, Nissim, Ethnicity, Religiosity and Politics: The Question of the Sources of Ultra-Orthodoxy among Mizrahim, in: Uri Cohen/Eliezier Ben-Rafael/Avi Bareli/Ephraim Yaar (Hrsg.), Israel and Modernity, Sde Boker 2006, S. 285–312 (hebr.).

Ben-Rafael, Elizer/Sharot, Stephen, Ethnicity, Religion and Class in Israeli Society, Cambridge 2007.

Cohen, Asher, Religion and State: Secularists, Religious and Haredim, in: Zvi Zameret/Hanna Yablonka (Hrsg.), The First Decade, Jerusalem 1997, S. 227–242 (hebr.).

Davie, Grace, Vicarious Religion: A Methodological Challenge, in: Nancy T. Ammerman (Hrsg.), Everyday Religion: Observing Modern Religious Lives, Oxford 2007, S. 21–36.

Don-Yehia, Eliezer, Conflict Management of Religious Issues: The Israeli Case in a Comparative Perspective, in: Reuven Y. Hazan/Moshe Maor (Hrsg.), Parties, Elections and Cleavages, London 2000, S. 85–108.

Don-Yehia, Eliezer/Liebman, Charles, Civil Religion in Israel. Traditional Judaism and Political Culture in the Jewish State, Berkeley 1984.

Elam, Yigal, Judaism as a Status Quo, Tel Aviv 2000.

El-Or, Tamar/Neriah, Eran, The Haredi Wanderer, in: Emmanuel Sivan/Kimmy Caplan (Hrsg.), Israeli Haredim: Integration without Assimilation?, Jerusalem 2003, S. 171–195 (hebr.).

Goodman, Yehuda, The Return to Religion and Jewish Identities in the Early 2000s, Discussion Paper 15–2002, Tel Aviv University 2003 (hebr.).

IDI (Israel Democracy Institute), The 2007 Israeli Democracy Index, Jerusalem 2007.

Kaplan, Dana, Marriage of the Middle Class in Israel (MA-Arbeit), Tel-Aviv University 2001 (hebr.).

Kaplan, Kimmy, Internal Popular Discourse in Israeli Haredi Society, Jerusalem 1997 (hebr.).

Karpel, Motti, The Revolution of Faith: The Decline of Zionism and the Religious Alternative, Alon Shvut 2003 (hebr.).

Kedem, Peri, Dimension of Jewish Religiosity in Israel, in: Zvi Sobel/Benjamin Beit-Hallahmi (Hrsg.), Jewishness and Judaism in Contemporary Israel, Albany 1991, S. 251–278.

Kimmerling, Baruch, Immigrants, Settlers, Natives: The Israeli State and Society between Cultural Pluralism and Cultural Wars, Tel Aviv 2004 (hebr.).

Lehman-Wilzig, Samuel N., Loyalty, Voice and Quasi-Exit, in: Comparative Politics, 24 (1991) 1, S. 97–108.

Leon, Nissim, A Post-Orthodox View on Mizrachi Traditionalism, in: Pe'amim, 122/123 (2009), S. 89–115 (hebr.).

Leshem, Elazar, The Immigration from the Former USSR and the Religious-Secular Schism in Israel, in: Moshe Lissak/Elazar Leshem (Hrsg.), From Russia to Israel: Identity and Culture in Transition, Tel Aviv 2001, S. 27–67 (hebr.).

Levi, Gal/Amreich, Zeev, Shas and the Mirage of Ethnicity, in: Yoav Peled (Hrsg.), Shas: The Challenge of Israeliness, Tel Aviv 2001, S. 126–158 (hebr.).

Levi, Shlomit, The Private and Public Sabbath in Israel, in: Gerald J. Blidstein (Hrsg.), Sabbath: Idea, History and Reality, Beer Sheva 2004, S. 123–137 (hebr.).

Levi, Shlomit/Levinson, Hanna/Katz, Eliahu, Jews, Israelis: A Portrait, Jerusalem 2002 (hebr.).

Liebman, Charles, Prospects for Jewish Secularism, in: Alpayim, 14 (1997), S. 97–115 (hebr.).

Liebman, Charles/Don-Yehia, Eliezer, Traditional Culture in a Modern State: Changes and Developments in the Civil Religion of Israel, in: Megamot, 24 (1984) 4, S. 461–485 (hebr.).

Liebman, Charles/Susser, Bernard, Judaism and Jewishness in the Jewish State, in: Annals AAPSS, 555 (1998), S. 15–25.

Mautner, Menachem, Law and the Culture of Israel, Oxford 2011.

Mizrahi, Shlomo/Meydani, Assaf, Political Participation via the Judicial System: Exit, Voice and Quasi-Exit in Israeli Society, in: Israel Studies, 8 (2003) 2, S. 118–138.

Peled, Yoav, Towards a Redefinition of Jewish Nationalism in Israel? The Enigma of Shas, in: Ethnic and Racial Studies, 21 (1998) 4, S. 703–727.

Ram, Uri, The Globalization of Israel: McWorld in Tel-Aviv, Jihad in Jerusalem, New York 2008.

Raz-Krakotzkin, Amnon, Rabin's Legacy: On Secularism, Nationalism and Orientalism, in: Lev Grinberg (Hrsg.), Contested Memory: Myth, Nationalism and Democracy, Beer Sheva 2000, S. 89–107 (hebr.).

Schwartz, Dov, Religious Zionism: Between Rationality and Messianism, Tel Aviv 1999 (hebr.).

Shapira, Anita, Land and Power, New York 1992.

Shokeid, Moshe, Cultural Ethnicity in Israel: The Case of Middle Eastern Jews' Religiosity, in: AJS Review, 9 (1984) 2, S. 247–271.

Stadler, Nurit/Lomsky Feder, Edna/Ben-Ari, Eyal, Fundamentalism's Challenges to Citizenship: The Haredim, in: Citizenship Studies, 12 (2008) 3, S. 215–231.

Sternhell, Zeev, The Founding Myths of Zionism: Nationalism, Socialism and the Making of the Jewish State, Princeton 1998.

Susser, Bernard/Cohen, Asher, Israel and the Politics of Jewish Identity. The Secular-Religious Impasse, Baltimore 2000.

Tessler, Ricki, In the Name of the Lord: Shas and the Religious Revolution, Tel Aviv 2003 (hebr.).

Tzur, Eli, To Be a Free People: The League against Religious Coercion, in: Anita Shapira (Hrsg.), State in the Making, Jerusalem 2001, S. 205–238 (hebr.).

Yadgar, Yaacov, Masortim in Israel: Modernity without Secularization, Tel Aviv 2010.

Yovel, Yirmiyahu, A New Jewish Age, Tel Aviv 2007 (hebr.).

Tamar Rotem

Das Leben einer ultraorthodoxen Familie

Die Cohens wohnen in einer gewundenen Straße in einem großen Jerusalemer Viertel, das früher einmal überwiegend säkular war. Wie viele andere Jerusalemer Stadtteile wurde diese am Stadtrand gelegene Gegend in den letzten zwanzig Jahren immer religiöser, worauf die weltlichen Einwohner die Flucht ergriffen. Das Viertel, in dem Bezalel und Fejge mit ihren sechs Kindern leben, bietet nicht das typische ultraorthodoxe Straßenbild. Die Familie ist aus der Innenstadt hergezogen, aus einem beengten Viertel, wo mit Kinderwagen verstellte Hauseingänge und an den Häuserfronten baumelnde Wäsche ein vertrauter Anblick sind. Das Haus der Cohens steht in einer locker mit Bungalows bebauten Gegend, hat zwei Stockwerke und Zugang zum Rasen: die Verkörperung des israelischen Traums. Vermutlich werden sie eines Tages am Unabhängigkeitstag auch im Garten grillen – ein israelischer Brauch, den immer mehr Charedim (Gottesfürchtige) übernehmen.

Doch die Integration der Cohens in die israelische Gesellschaft erschöpft sich nicht in dem Stück Rasen oder im Gartengrill. Die Charedi-Gesellschaft erlebt einen tief greifenden Wandel, im Denken wie in der Zukunftsvision, und Bezalel Cohen gehört zu den Hauptantriebskräften dieser Veränderung. Er träumt, kurz gesagt, von der Integration eines Großteils der Charedim in die israelische Wirtschaft und Arbeitswelt, in Hochschulen und ins Militär, unter Wahrung ihrer Eigenheit und der Werte ihrer Gemeinde. In der Charedi-Gesellschaft in Israel, in der die Männer – nach dem Grundsatz »die Thora ist sein Gewerbe« – den ganzen Tag die Thora studieren, statt zur Arbeit zu gehen, während die Frauen die Familie ernähren, ist das eine revolutionäre Vorstellung. Über einen langen Zeitraum gebührte Bezalel Cohen der Titel eines Don Quichotte, der gegen Windmühlen kämpft, aber neuerdings übernehmen immer mehr Charedim, vor allem der jüngeren Generation, diese Vision und fürchten sich nicht mehr vor dem Preis – ihrer gesellschaftlichen Ächtung.

Die Cohens sind normale Charedim. Bezalel (40) und seine Frau Fejge (37) sind in der Charedi-Gemeinde aufgewachsen und Absolventen ihrer

Bezalel Cohen, Gründer einer ultraorthodoxen Reformschule

Bildungseinrichtungen. Er leitet eine Jeschiwa für Jugendliche und sieht selbst aus wie ein Jeschiwa-Student, schwarz-weiß gekleidet, einen kurzen Bart im Gesicht. Fejge, mit Perücke und züchtiger Kleidung, fungiert als Schulinspektorin im ultraorthodoxen Bildungswesen. Die Kinder gehen auf Charedi-Schulen. Aber unter ihrer Wohnung gab es kürzlich zwei lautstarke Demonstrationen, die Bezalel als Verräter brandmarkten. Die Demonstranten – ihrer Aufmachung nach gehörten sie den extremsten Charedi-Gemeinden Jerusalems an – schrien: »Gewalt, Bezalel Cohen ist ein Hetzer und Anstifter. Gewalt, er ist ein Missionar und Reformjude. Hinaus, du Unreiner.« Stärkere Schimpfworte als diese sind in der ultraorthodoxen Gesellschaft kaum denkbar. Neben den Demonstrationen gibt es seit Langem Wandanschläge (ein in diesen Kreisen übliches Kommunikationsmittel) gegen Cohen, die sogar die Wohnanschrift der Familie preisgeben, sowie hässliche Graffiti im Viertel und am Zaun ihres Hauses. Die Anwürfe gegen Cohen zeugen von den heftigen Emotionen, die sein Tun und Wirken unter seinen Brüdern, den Charedim, erregen.

Für den auswärtigen Beobachter sieht es aus wie viel Lärm um nichts. Auf den ersten Blick scheint der Zorn daher zu rühren, dass Cohen eine ultraorthodoxe Oberschul-Jeschiwa gegründet hat (eine Schulform, die in Israel sonst fast nur unter Nationalreligiösen verbreitet ist). Die Jeschiwa mit dem Namen »Chachme Lev« (die weisen Herzens sind) besteht seit über einem Jahr. Das Sensationelle daran ist, dass Jungen im Oberschulalter (9.–12. Klasse) neben Thoraunterricht auch Naturwissenschaften, Mathematik, Englisch und Sport haben und nicht nur die heiligen Schriften studieren wie in Charedi-Jeschiwot sonst üblich. Ein Sohn der Cohens besucht die Jeschiwa, die sein Vater leitet, ein anderer geht auf die neue öffentliche Charedi-Grundschule. Tatsächlich richtet sich der Zorn jedoch gegen die Sprengung des Charedi-Monopols im Bildungswesen, dessen Macht darauf beruht, dass ultraorthodoxe Jungen zumeist kaum normale Schulfächer haben und in ihrer großen Mehrzahl aus Lethargie auf die höheren Jeschiwot weitergehen, in denen sie dann nur noch Thora lernen. Und das eben hält die meisten jungen Männer im ultraorthodoxen Gesellschaftssystem fest. Wer vom Weg abweicht, wird geächtet. Man droht ihm und den Eltern, seine Geschwister aus Charedi-Schulen zu entfernen. Deshalb entscheidet sich nur ein verschwindender Prozentsatz der männlichen Jugendlichen, Wehrdienst zu leisten und einen Beruf zu erlernen oder Hochschulbildung zu erwerben und eine Arbeit aufzunehmen.

Wer es wie Cohen wagt, sich über diese strengen sozialen Regeln hinwegzusetzen und eine Alternative anzubieten, gilt daher verständlicherweise als Ausbrecher. »Der wahre Widerstand gegen mich ist Teil des uralten Widerstands gegen Oberschul-Jeschiwot, die angeblich der Welt der Thora schaden«, sagt Cohen. »Man bezichtigt diese Jeschiwot, sie würden die künftige Generation von Thorastudenten dezimieren. Jeder, der eine weltlich-ultraorthodoxe Jeschiwa aufmacht, eröffnet Schülern eine Alternative, die sie verlocken kann, die Welt der Thora zu verlassen, Wehrdienst zu leisten und ein akademisches Studium aufzunehmen.«

Es gibt sehr wenige ultraorthodoxe Oberschul-Jeschiwot in Israel. Sie arbeiten unterhalb des Radarschirms, außerhalb ultraorthodoxer Ballungszentren. Cohen lenkte das Feuer auf sich, sobald er die erste solche Schule in der Charedi-Hochburg Jerusalem gründete. Als er die Stadt um ein Gebäude für die Jeschiwa in seinem Wohnviertel ersuchte, griffen ultraorthodoxe Kreise ihn auch offen in der Charedi-Presse an. Aber Cohens spezifische Schritte tun eigentlich nicht viel zur Sache. Die stürmische Aufregung hält an, vor allem, weil Cohen der ultraorthodoxen Gesellschaft entstammt und die Dinge von innen her verändern möchte. »Die größte Kritik gegen mich lautet: ›Wer hat dir erlaubt, das Jeschiwa zu nennen‹«, fasst er zusammen.

Auf die scharfen Proteste der Charedim hin zog der Jerusalemer Bürgermeister, besorgt um die Stimmen potenzieller Wähler, seine Zusage zurück, der Jeschiwa ein Gebäude zu überlassen. Cohen wandte sich an eine säkulare Einrichtung, den »Verband für Bildungsförderung«, der eine Reihe von Schulen betreibt und sich bereit erklärte, die Jeschiwa unter seine

Fittiche zu nehmen – noch ein Grund für die Charedim, gegen Cohen zu wettern. Heute floriert die Oberschul-Jeschiwa, die sich ein Grundstück mit einer säkularen Oberschule teilt – was keine andere Jeschiwa sich je erlauben könnte –, leidet jedoch an mangelnder öffentlicher Finanzierung und hat Mühe, Spenden einzutreiben. Aber damit nicht genug, wurde Cohen wegen der Schulgründung in seiner Synagoge geächtet. Die Beter ignorierten ihn und beteiligten ihn nicht mehr aktiv am Gottesdienst. Ein religiöser Jude kann nicht in einer Gemeinde leben und agieren, die ihn in der Synagoge ächtet, aber Cohen war nicht der Mann, sich dadurch beirren zu lassen. Er gründete flugs einen eigenen Minjan, eine eigene Gemeinde.

Wenn ich seine Frau Fejge frage, wie sie die Ächtungen und Demonstrationen erträgt, lächelt sie. »Unser mittlerer Sohn hat eines Nachts geweint und gesagt: ›Das trifft mich. Welches Recht haben sie dazu.‹ Unsere sechsjährige Tochter ist vor Angst zu uns ins Bett gekrochen, als draußen eine Demonstration stattfand. Und du hast Gelegenheit zu prüfen, wer deine wahren Freunde sind.«

Cohens Onkel reden nicht mit ihm, aber seine Geschwister unterstützen ihn, ebenso sein Vater und Fejges Eltern. Fejge hat selbst einiges auszuhalten, seit sie als Schulinspektorin im ultraorthodoxen Bildungswesen fungiert. Viele Jahre lang genossen die Ultraorthodoxen völlige Freiheit in ihrem halb privaten Schulwesen. Die Charedi-Institutionen werden nur teilweise vom Erziehungsministerium finanziert und bis vor Kurzem beschäftigte dieses bloß einen einzigen Schulinspektor für das gesamte ultraorthodoxe Schulwesen. Im Ministerium ignorierte man das, was im Charedi-Sektor vor sich ging. Doch kürzlich wurde die Schulaufsicht stark ausgebaut. Der frühere Erziehungsminister Gideon Sa'ar vom Likud, der inzwischen aus der Knesset ausgeschieden ist, richtete eine eigene Verwaltungs- und Aufsichtsbehörde für das ultraorthodoxe Schulwesen ein. Schon im ersten Jahr erhöhte sich die Anzahl der vom Ministerium eingesetzten Schulinspektoren auf sechzig. Sie prüfen Lehrpläne, Unterrichtsqualität und das Niveau der Lehrer und achten vor allem auf die Vermittlung der (weltlichen) Kernfächer. Das ist eine Revolution, die, milde ausgedrückt, nicht allen genehm ist. Die neue Schulaufsicht erregt viel Kritik. Fejge erzählt, am Rand gebe es zwar bereits Einrichtungen, die offen für eine Aufsicht einträten und auch daran interessiert seien, ihre Leistungen zu verbessern, aber in den weitaus meisten Schulen begegne man ihr argwöhnisch. Es gebe viele Frauen, die händeringend Arbeit suchten und sich als Inspektorinnen eignen würden, aber befürchteten, in diesem Amt die sattsam bekannten Sanktionen zu ernten: die Drohung, ihre Kinder aus den Charedi-Schulen zu entfernen, und die Warnung, keiner werde mehr in ihre Familie einheiraten wollen. Das interne Strafsystem der Ultraorthodoxen kennt kein Erbarmen mit einem, der auch nur geringfügig vom Üblichen abweicht.

Ihren zehnjährigen Sohn schicken Fejge und Bezalel auf die erste öffentliche Talmud-Thora-Schule (Grundschule für Jungen) im Viertel. Wie Bezalels Jeschiwa erntete auch diese Schulgründung vehemente Kritik in der einflussreichen Charedi-Zeitung Yated Neeman. »Die Charedim fürchten, je mehr solche Schulen entständen, desto weniger öffentliche Gelder würden die halb privaten Einrichtungen erhalten«, erläutert Fejge. Dabei stützen sie sich auf die klare Ansage des vorigen Erziehungsministers Schai Piron, man werde ein öffentliches ultraorthodoxes Schulwesen schaffen. Doch, oh Wunder, Eltern schickten – ungeachtet aller lärmenden Kritik – ihre Kinder weiterhin auf die öffentliche Talmud-Thora-Schule. Als auch diese Eltern aus der Synagogengemeinde ausgeschlossen wurden, traten sie Cohens neuer Gemeinde bei. »Wir sind die Ältesten in der Gruppe«, bemerkt Cohen lächelnd. »Die meisten sind junge Eltern, deren große Kinder im Grundschulalter sind. Wir sind eine gefestigte Gemeinde.« Jüngst haben sie ein gemeinsames Sabbatessen veranstaltet. Die Frauen haben eine WhatsApp-Gruppe unter dem Namen »Ezrat Nashim« zur wechselseitigen Hilfe und Beratung gebildet.

Seit Jahren laufen in den neuen Charedi-Städten Bemühungen, Schulen für die aufgeschlossenere Gruppe jener Charedim zu gründen, die einer Arbeit nachgehen und in die israelische Gesellschaft integriert sind. Doch diese Versuche wurden so lange torpediert, bis sie scheiterten. Im entscheidenden Moment hatten Eltern Angst, aus dem ultraorthodoxen Schulwesen auszuscheren, wohlwissend, welch großen Einfluss die Antwort auf die Frage »Welche Schule hast du besucht?« für die Entwicklung des Kindes, seine späteren Chancen bei der Heiratsvermittlung und seinen Rang in der Charedi-Gesellschaft hat. Wieso ist das Projekt, alternative Bildungseinrichtungen zu schaffen, dann gerade in Jerusalem geglückt und hat eine neue Gemeinde entstehen lassen?

»Das Besondere an unserer Gemeinde sind ihre Mitglieder, arbeitende Charedim, junge Akademiker, denen im Mainstream der Talmudstudenten unwohl war«, erklärt Cohen. »Sie fühlten sich nicht zugehörig in Einrichtungen, in denen die Leute vom Kollel (= Jeschiwa für Verheiratete) den Ton angeben. Sie sind unzufrieden mit der Qualität der Schulen und wünschen sich mehr Unterricht in Mathematik, Englisch und Naturwissenschaften. Und schließlich zählt auch der finanzielle und physische Zustand. Junge Eltern von heute achten darauf. Sie sehen, wie beengt und schmutzig es ist. Sie wollen bessere physische Bedingungen. Sie wünschen sich eine bessere Lehrerausbildung. Einige sagen von vornherein und nicht erst hinterher »Nein« zu den Bet-Jakob-Schulen (dem Charedi-Schulwesen für Mädchen) und nun beginnt es auch bei den Jungen. Sie wollen ›das Spiel nicht mehr mitspielen‹«.

In der neuen Schule herrscht einerseits die Atmosphäre des Cheder (der traditionellen jüdischen Grundschule für Jungen), aber andererseits werden auch Naturkunde und Englisch unterrichtet. Und es gibt Sport. Kaum zu beschreiben, wie revolutionär das ist. Ein Vorbild existiert in den USA, wo Charedi-Schulen solche Fächer unterrichten müssen, um öffentliche Gelder zu erhalten. Aber hier geschieht es aus freien Stücken.

Wahlfreiheit ist der Charedi-Gesellschaft an sich fremd, man ist gewohnt, den Rabbinern zu gehorchen und auf Kurs zu bleiben. Aber die Cohens glauben von ganzem Herzen an freie Wahl. Deshalb haben sie ihren großen Sohn wählen lassen, ob er eine normale Jeschiwa oder die Oberschul-Jeschiwa besuchen will. »Die Angriffe und Demonstrationen boten Gelegenheit, die Dinge offen anzusprechen«, sagt Cohen.

»Das Motto unseres Hauses und der Jeschiwa ist Wahlfreiheit. Wir glauben, dass Heranwachsende fähig sind, ihre eigene Wahl zu treffen, und das ist keine triviale Veränderung. Meist denkt man, sie haben keine Wahl. Meine Kinder wissen, dass sie sich für ein vielfältigeres Fächerangebot entschieden haben.« Bezalel selbst hat die üblichen Jeschiwot durchlaufen, wo man ihm eine große Zukunft als Thoragelehrter vorhersagte. Was ist dann passiert? »Ich habe immer unkonventionell gedacht, aber wirklich Luft unter die Flügel bekam ich, als ich die Wahlfreiheit entdeckte. Ich erkannte, dass der Gehorsam zur Ideologie geworden war. Man sagte uns, verzichtet auf euren Verstand, um auf die Rabbiner zu hören.« Zum Glück hat er nicht auf den Verstand verzichtet. »Ich habe Zeit gebraucht, um das Recht auf Wahlfreiheit als Lebensweise zu verinnerlichen und anzunehmen«, sagt Cohen. Er begann, andere Dinge als nur den Lehrstoff zu lesen und entdeckte seinen Wunsch, die Welt im Allgemeinen und die ultraorthodoxe Gesellschaft im Besonderen zu verbessern. Er verließ die Jeschiwa und fing an, über die Probleme der Charedi-Gesellschaft zu schreiben. Für das Joint Distribution Committee, die Hilfsorganisation US-amerikanischer Juden, leitete er Projekte zur Integration von Talmudstudenten in Bildung und Arbeitsmarkt und erkannte schließlich, dass die Veränderung viel früher ansetzen muss. Schon Kinder sollten Englisch und Mathematik lernen, um später nicht an diesen Hürden zu scheitern.

Cohen meint, die heutige Charedi-Gesellschaft müsse zwar weiterhin einen Kader an Talmudstudenten heranziehen, die sich ganz und gar dem Thorastudium widmen und schließlich die Rabbiner und Führungskräfte stellen, aber diese Gruppe sollte auf ein Drittel ihrer heutigen Anzahl schrumpfen. »Aus meiner Sicht liegt der Fehler darin, dass nicht alle geeignet sind, Thoragelehrte zu werden, und auch keine Chance besteht, alle in

Thoraberufen unterzubringen. Das bisherige Modell, wonach alle Jungen und Männer nur Thora lernen sollen, hat den Jeschiwot selbst geschadet, da sie sich mit den Ungeeigneten herumschlagen mussten, und hat alternative Bildungswege und die Integration in den Arbeitsmarkt blockiert. Daher sitzen viele junge Männer zwischen den Stühlen. Sie haben keinen Wehrdienst geleistet und sind nicht in die israelische Gesellschaft integriert. Das ist die Sackgasse dieser ultraorthodoxen Gemeinschaft und der Grund für ihren Konflikt mit der israelischen Gesellschaft. Die Charedi-Gesellschaft kann so nicht standhalten, zumal sie auch wirtschaftlich stagniert. Mein Verbesserungsvorschlag geht dahin, dass diese Gesellschaft zu einem Drittel aus Thoragelehrten besteht und die übrigen zwei Drittel Geld verdienen und die Thoragelehrten mitunterhalten sollten. Diese Veränderung wird schrittweise vor sich gehen.«

Er hat keine Angst vor den Auswirkungen der Wahlfreiheit, die er seinen Kindern gewährt, und blickt nüchtern in die Zukunft. »In der Oberschul-Jeschiwa tun sich ständig Optionen auf. Auch Wehrdienst ist eine Option.« Cohen erklärt das offen und er weiß, falls sein Sohn sich für Wehrdienst und Studium entscheiden sollte und nicht für die Talmudhochschule, wird er ihn unterstützen. »Das ist das Paradox, dass Leute von Wahlfreiheit sprechen, aber nicht wirklich wollen, dass man sie nutzt. Denn es kann ja nicht sein, dass es eine echte Wahl gibt und die Leute dann genau so entscheiden, wie du es möchtest.«

Aus dem Hebräischen von Ruth Achlama

Tamar Rotem

Mein irdisches Jerusalem

Warum ist Jerusalem immer zwei, eines himmlisch und eines irdisch
und ich möchte leben im Jerusalem dazwischen
ohne mir oben den Kopf anzustoßen und ohne mir unten die Füße zu verletzen.

Jehuda Amichai, Offen geschlossen offen

Ich möchte mein Gedächtnis anstrengen und den genauen Augenblick ausmachen, als es passierte: Als ich mich in Jerusalem verliebte. Überlegen, ob
es Liebe auf den ersten Schleierblick war oder eine ruhige und reife Ver-
liebtheit, weder stürmisch noch überschwänglich. Einfach die Erkenntnis,
die dir nach und nach ins Bewusstsein dringt, dass du hier zu Hause bist,
dass dies deine Stadt ist und du wirklich hier wohnen, hier leben möchtest, ohne Fragen und Bedenken. Dass die Nachbarn dir gefallen und du
dich zugehörig fühlst: ihren Straßen, ihren Menschen und ihren Steinen.
Aber in Wahrheit ist das nie geschehen. Ich habe mich nicht in Jerusalem
verliebt.

Israelis lieben oder hassen ihre Hauptstadt. Dazwischen geht nichts. Sie
ist keine weitere graue Schlafstadt an der Durchgangsstraße, aus der man
morgens massenweise zu einem neuen Arbeitstag aufbricht. In Jerusalem
wohnt man nicht einfach so, weil es bequem ist, weil die Stadt in annehm-
barer Entfernung von Tel Aviv oder vom Arbeitsplatz liegt. Jerusalem hat
keine Nachbarstädte, höchstens Sodom oder Jericho, keine besonders ver-
lockenden Orte.

Man wohnt nicht, man lebt in Jerusalem. Und in Jerusalem zu leben, ist
eine bewusste Entscheidung. Es ist eine Stadt, die einen nicht gleichgültig
lässt. Eine komplexe, komplizierte Stadt. Politisch, explosiv, streitfreudig.
Voll Schönheit, aber mit vielen hässlichen Slums gesprenkelt; ihr Licht ist
berühmt, doch zuweilen wird sie sehr düster. Die Stadt kann gewalttätig
sein, aber viele halten sie für heilig. Ihre Liebhaber sind, soweit sie nicht zu
den gläubigen Juden aller Schattierungen gehören, zumeist Einheimische,

Blick über Jerusalem vom Ölberg auf die Altstadt mit Felsendom, 2014

die schon seit je, vielleicht seit Generationen, hier leben oder früher hier gewohnt haben. Alle anderen stehen ihr bestenfalls fremd gegenüber und schlimmstenfalls hasserfüllt.

Ich bin ein Sonderfall. Vor zehn Jahren übersiedelte ich mit meinen zwei kleinen Kindern von Tel Aviv hierher. Ich zog in ein ruhiges altes Viertel mit viel Grün im Westen der Stadt. Es war eine spontane Entscheidung, aus Gründen, die nicht hierher gehören. Ein paar Tage nach dem Umzug erkannte ich dank einiger gehobener Augenbrauen, dass ich in Gegenrichtung gezogen war. Ich hatte einen ungewöhnlichen Transfer vollzogen, entgegen einem steten Fluss oder, richtiger, Strom von Menschen, die die Stadt verlassen. Die Wegziehenden haben kein einheitliches Gesicht: Manche gehen wütend, mit dem Gefühl, ihnen stehe das Wasser bis zum Hals. Sie sorgen sich um die Stadt, behaupten, die Stadtverwaltung habe sich nicht um sie gekümmert und der Dreck stinke zum Himmel. Andere gehen traurig: Das Nest hat sich geleert, die Kinder sind in die Küstenebene übergesiedelt und sie sind einsam zurückgeblieben. Als auch ihre guten Freunde wegzogen und sie freitagmorgens niemanden mehr zum Kaffeeklatsch hatten, sahen sie keine Alternative. Die Karawane derer, die der Stadt den Rücken kehren, umfasst also verschiedene Generationen: Junge Leute in ihren Zwanzigern, die ohnehin nur vorübergehend hergekommen waren, ziehen wieder weg, sobald sie ihr Studium an der Hebräischen

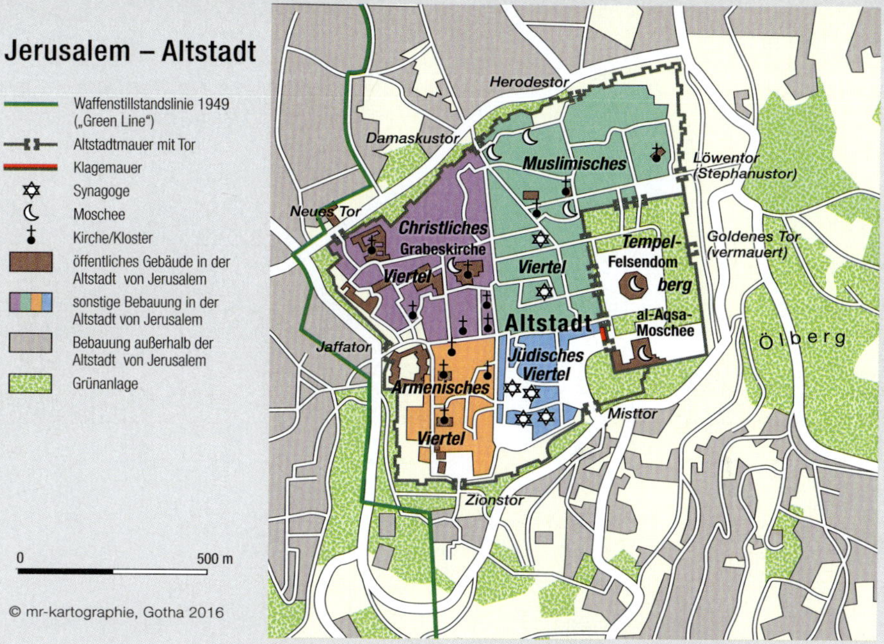
Jerusalem – Altstadt
Waffenstillstandslinie 1949 („Green Line")
Altstadtmauer mit Tor
Klagemauer
Synagoge
Moschee
Kirche/Kloster
öffentliches Gebäude in der Altstadt von Jerusalem
sonstige Bebauung in der Altstadt von Jerusalem
Bebauung außerhalb der Altstadt von Jerusalem
Grünanlage
0
500 m
© mr-kartographie, Gotha 2016
Herodestor
Damaskustor
Muslimisches
Löwentor
(Stephanustor)
Neues Tor
Christliches
Grabeskirche
Viertel
Viertel
Tempel-
Felsendom
berg
Goldenes Tor
(vermauert)
Altstadt
al-Aqsa-
Moschee
Ölberg
Jaffator
Jüdisches
Viertel
Armenisches
Viertel
Misttor
Zionstor

Universität oder an der Kunstakademie Bezalel abgeschlossen haben; Jerusalemer in ihren Dreißigern, die keinen Job gefunden und denen die hohen Wohnkosten den Rest gegeben haben. Und ältere Menschen im Pensionsalter, die schlichtweg allein geblieben sind. Keiner blickt zurück. Reue nagt nicht, das Heimweh ist erträglich.

Ich persönlich wohne zweifellos gern in Jerusalem, aber es ist keine verpflichtende Liebesgeschichte. Ich betrüge die Stadt ja jedes Mal, wenn ich nach Tel Aviv abschwirre, geblendet von den Menschenmassen auf den Straßen, den nach meinem Gusto gekleideten jungen Frauen, die mit hohen Absätzen radeln, von dem Lärm der Stadt und ihrem raschen Puls, der Gewissheit, dass sich hinter den Gebäuden der Meeresstrand verbirgt. Dieses ganze Gefühl der Freiheit, das dein Inneres durchpulst, wenn du aus Jerusalem kommst. Und dann stellt sich unausweichlich die Frage: Was tust du eigentlich noch in Jerusalem?

Nicht nur ich stelle mir diese Frage. Wann immer meine Tel Aviver Gesprächs- oder Interviewpartner entdecken, dass ich in Jerusalem wohne, fragen sie verblüfft: »Was, du bist Jerusalemerin?«, und ein erschrockener Unterton mischt sich in ihre Stimme. Sie fragen, als könnten sie sich gar nicht vorstellen, dass überhaupt jemand in Jerusalem wohnt. Als wären sie gar nicht auf die Idee gekommen, dass eine, die dieselben Klamotten trägt wie sie – keine Schlabberpullis, Karohemden und unmodischen Schuhe, die Erkennungszeichen von Jerusalemern in Tel Aviver Augen –, die so

Klagemauer, 2016

redet wie sie und sich in der Stadt und ihren Geschäftsstraßen auskennt, am Ende des Tages nach Jerusalem abfährt. Als könne eine Journalistin nicht in Jerusalem wohnen. Und ich antworte, wie von der Tarantel gestochen: »Jerusalemerin? Ich? Nein, nein. Ich wohne bloß in Jerusalem.« Und dann erkläre ich, das sei nur vorübergehend, und alle atmen erleichtert auf.

Doch gegen Ende unseres Gesprächs kommt das Thema ziemlich sicher erneut zur Sprache. Meine Gesprächspartner äußern sich bedauernd und besorgt darüber, dass ich nach Jerusalem zurückkehren muss. »Dann fährst du jetzt also nach Jerusalem?«, fragen sie mitfühlend und schütteln die Köpfe. »Ehrlich? Du bist extra hergekommen?«, staunen sie. Jedes Mal, wenn ich eine Kulturveranstaltung verlasse, huscht mir tatsächlich die Frage durch den Kopf: Kehrst du jetzt wirklich nach Jerusalem zurück? Denn ich bemitleide mich häufig selbst, dass ich Abschied nehmen muss von den pulsierenden Straßen und den vollen Cafés, um mich durch die Staus südwärts zu kämpfen, hinauf zu der Stadt hinter den dunklen Bergen. Und dann habe ich das Gefühl, nur die Pflicht treibe mich zurück nach Jerusalem. Schließlich habe ich dort ein Zuhause und ein Bett. Und dort schlummern Kinder (und Katzen), die ich großziehe und die ich morgen früh in die Schule schicken muss.

Manchmal reißt mir der Geduldsfaden bei diesen Fragen und ich beantworte sie mit einer Gegenfrage: »Wann warst du das letzte Mal in Jerusalem?« Die Antworten lassen nicht lange auf sich warten: vor fünf Jahren. Vor sieben Jahren. »Ich fliege eher nach New York«, sagt einer. Tel Aviver besuchen Jerusalem aus einem von zwei Gründen: Wenn sie zu einem Ministerium müssen oder während des Filmfestivals. Vielleicht noch zu einer Beerdigung.

Und das ist das Paradox des modernen, des irdischen Jerusalem. Betrachtet man Israel von außen, gibt es doch nichts Wichtigeres als Jerusalem. Es würde hier zu weit führen, seine Bedeutung erschöpfend zu behandeln. Seine dreitausendjährige Geschichte, seine Stellung in den verschiedenen Religionen; und politisch gesehen, steht die Frage seiner Souveränität im Mittelpunkt des Konflikts. Kein Tourist, der nicht die Altstadt besucht. Aber in dem Jahrzehnt, in dem ich in Jerusalem wohne, bin ich zu dem Schluss gelangt, dass die meisten (jüdischen) Israelis die Stadt meiden. Wenn sie nicht dort geboren sind und auch nicht ultraorthodox oder religiös – und sei es nur ein bisschen oder früher mal – und wenn sie keinerlei Sinn für Spiritualität besaßen, besitzen oder besitzen werden, bleiben sie ihr fern. Für die Ultraorthodoxen ist sie die Heilige, die treue Stadt, für die aufgeklärten Religiösen die vielfältigste, pluralistischste Stadt mit ihrem weitgefächerten Angebot an Schulen für die Kinder und der größten Bandbreite an Synagogen für sämtliche jüdischen Gruppen und Strömungen. Alle Übrigen, die Säkularen, darunter viele meiner Freunde und Branchenkollegen, Journalisten, Schauspieler, Bühnenkünstler und Schriftsteller, sind ihr entfremdet. Jerusalem im 21. Jahrhundert gilt ihnen als aufgegebene Stadt, von Ultraorthodoxen erobert. Iranische Verhältnisse geradezu. Man kann sie verstehen. Schließlich ist es eine Stadt, die Frauen ächtet: Auf Straßenschildern und Reklametafeln wird man keine Frauen sehen. Eine Stadt, in der der Sabbat Furcht verbreitet und Ladenbesitzer freitags hastig bereits um 14 Uhr schließen, eine Stadt, in der man am Sabbat nur schwer ein geöffnetes Café oder Kino findet. Beklemmende Stille herrscht von Freitag- bis Samstagabend. Friedhofsstille, sagen meine Freunde mit leichtem Schauder.

»Ich mag Jerusalem nicht. Ehrlich gesagt, hasse ich es eher«, schrieb Gideon Levy in der Tageszeitung »Haaretz« (2. November 2014). »Ich bemühe mich, möglichst selten hinzukommen und, so schnell es geht, wieder wegzufahren«, gestand er. »Im Prinzip ist die Stadt hässlich und empörend. In ihrem jüdischen Teil gibt es ein paar hübsche Ecken, allesamt in den alten Vierteln; im palästinensischen Teil befindet sich die Altstadt mit ihrer natürlich grandiosen Schönheit und Geschichte. Alles Übrige: Hässlichkeit. Hässlich sind die neuen Siedlerviertel und hässlich sind die schmutzigen und verwahrlosten palästinensischen Stadtteile. Dasselbe gilt für die Innenstadt. Sogar die Schönheit der Altstadt ist längst ausgelöscht – eine besetzte Stadt ist immer furchtbar hässlich.«

In ihren Glanzzeiten, in den Siebziger- und Achtzigerjahren, war Jerusalem die intellektuelle Hauptstadt Israels. Es gab hier große Stadtbüros aller Zeitungen, die einzige Fernsehanstalt und der staatliche Rundfunk sendeten von hier. Viele Journalisten bevölkerten mein Wohnviertel. Schriftsteller, Dichter, Intellektuelle, Dozenten, Professoren lebten in Rechavia. Die Cafés in der Innenstadt waren nicht weniger voll als die in Tel Aviv und rauchten schier vor Ideen und Kreativität. Die Jahre der Intifada, die schweren Anschläge, die Sabbatkriege (ultraorthodoxe Demonstrationen gegen die Entweihung der Sabbatruhe) und die häufigen Reibereien zwischen religiösen und weltlichen Bewohnern in den Wohngebieten vergraulten die Letzteren. Sie zogen in hellen Scharen weg. Die Abwanderung war ein schwerer Schlag für das bürgerliche, arbeitende, säkulare, liberale Jerusalem. Gerüchte besagen, sie sei zum Stehen gekommen.

Ich bin jedes Mal aufs Neue überrascht, wenn ich von Menschen höre, die der Stadt fernbleiben und erregt beteuern, wie sehr sie sie hassen. Aber später überlege ich dann, dass ich mir eigentlich in all den Jahren, die ich in Jerusalem wohne, nie Rechenschaft abgelegt, mich nie gefragt habe, warum ich gerade in dieser Stadt lebe, was ich an ihr finde.

Die einzige Linie der 2011 eröffneten Straßenbahn in Jerusalem verbindet den Herzlberg im Westen der Stadt mit Pisgat Ze'ev im Osten.

Auch wenn ich mir diese düstere und schöne Stadt nicht mit Vorbedacht als Wohnort ausgesucht habe, war mein Leben in hohem Maß darauf ausgerichtet, dass ich eines Tages in die Hauptstadt ziehen und dort leben würde. Aufgewachsen bin ich in einer Satellitenstadt Tel Avivs, die ihrer großen Nachbarstadt mental so fernsteht, als läge sie auf einem anderen Planeten: im ultraorthodoxen Bne Brak. In meiner Kindheit fuhren meine Eltern nicht viel weg, wegen der Größe der Familie mit sieben Kindern. Heute mieten Ultraorthodoxe mit Leichtigkeit geräumige Kleinbusse für jedes Ziel, aber damals galt ein normaler Familienwagen als Luxus und wir mieteten auch keine alte Rostschleuder, wie wir es selten mal getan hatten, als die Familie noch eine vernünftige Größe hatte. Auf unserem Höhepunkt hätten nicht alle reingepasst. Und in den öffentlichen Verkehrsmitteln kamen wir mit den vielen Kleinen schwer zurecht, ohne dass meine Mutter sie alle Augenblicke durchzählte, vor Angst, eines könnte verloren gehen.

Jehuda Halevis Zionslieder konnte ich auswendig. »Zion! Nicht fragst du den Deinen nach.« Aber sicher empfand ich nicht die Sehnsucht der Juden aller Generationen nach Jerusalem, weit gefehlt. In meiner Fantasie malte ich mir das »von Bergen rings umgebene Jerusalem« als ferne und geheimnisumwitterte Stadt jenseits der dunklen Berge aus. Und, als das Gerücht umging, ein mir bekanntes Mädchen werde nach Jerusalem umziehen, erfüllte mich diese Nachricht mit Staunen und Furcht, als übersiedle sie in ein anderes Land.

Auf dem ultraorthodoxen Planeten, auf dem wir lebten, galt Jerusalem als Schwesterstadt, von der ein Faden zur Heiligkeit führte. Aber nicht nur, weil der Überrest unseres Tempels, die Klagemauer, sich dort befand, sondern auch, weil die Chassidim, die Väter und Brüder meiner Freundinnen, dorthin wallfahrteten, um Sabbat und Feiertage mit ihrem Rebben zu verbringen. Auf den Friedhöfen in Jerusalem wurden Zaddiks begraben, wie der Admor von Gur, Rabbi Israel Alter, der Rabbiner der größten chassidischen Gemeinschaft und verehrter Vorsteher des chassidischen Seminars, das ich besuchte. An seinem Todestag vergoss ich, wie alle braven Schülerinnen der Schule, Tränenströme und eilte zur Beerdigung. Die chassidische Gemeinde stellte Busse für die Einwohner Bne Braks bereit, alles gratis, und auch wir fanden Platz darin, froh, dass der Schultag ausfiel, erhoben Jerusalem, in Abwandlung des bekannten Psalmverses, nicht zum Gipfel unserer Freude, sondern zum Gipfel unserer Trauer.

Meine zweite Begegnung mit Jerusalem hatte ich in meinen frühen Zwanzigern. Nachdem ich den frommen Lebenswandel aufgegeben hatte, machte ich samstags manchmal Ausflüge nach Jerusalem. Später wohnte ich dort sogar rund zwei Jahre in Sünde mit meinem Freund, der auch vom

Mahane-Jehuda-Markt in Jerusalem, 2015

Glauben abgefallen war. Wir beschlossen, aus dem Landeszentrum hier raufzuziehen, weil er an der Hebräischen Universität angenommen worden war. Der Gedanke, unsere Elternhäuser in Bne Brak zu verlassen und in unserem eigenen Heim, in einer Stadt, die wir nicht kannten, ein neues Leben anzufangen, hatte etwas Romantisches. Einige Wochen, nachdem wir in einem abgelegenen Viertel eine Wohnung gemietet hatten, adoptierten wir einen Welpen, ein schwarzes Wollknäuel, das in einer stürmischen Winternacht auf unserer Schwelle gelandet war.

Seinerzeit, Ende der Achtzigerjahre, lebte ich in Jerusalem, ohne die Stadt zu kennen. Ich hatte im Sommer vor dem Umzug meinen ersten Uniabschluss gemacht und wie viele Studenten, die sich vor dem Aufbruch in die weite Welt fürchten, schrieb ich mich sofort zum Weiterstudium ein, diesmal an der Hebräischen Universität. Ich mäanderte jeden Morgen mit dem Stadtbus durch Viertel, die ich nicht kannte, und erreichte erst nach einer geschlagenen Stunde den Campus auf dem Skopusberg. Auf dem Rückweg stieg ich am Israel-Museum aus, wo ich jobbte. Schwer zu erklären, warum ich niemals an einer anderen Haltestelle ausgestiegen bin, um durch die Straßen zu schlendern, warum ich nicht in die Höfe lugte, auf die mit Steinplatten verkleideten Häuser, durch die Gardinen und die Zaunritzen in den hübschen Straßen, die ich heute kenne. Ich bin niemals auf den Markt gegangen, um am Freitag-

Mamilla Mall, Einkaufsstraße in Jerusalem, 2012

morgen fürs Wochenende einzukaufen, bin nicht durch Nachlaot gestreift. Ich erinnere mich aus jenen Jahren nur an Kälte und Düsterkeit und an das Warten an Bushaltestellen. In Erinnerung ist mir auch der Anschlag auf den Überlandbus der Linie 405, mit dem ich damals häufiger zwischen Jerusalem und Tel Aviv pendelte. Nach diesem Terroranschlag war ich froh, aus der Stadt wegzukommen. Ich mietete eine Wohnung in Tel Aviv und machte einen Kurs für Flugbegleiterinnen. Die Welt öffnete mir ihre Tore und Jerusalem ließ ich weit hinter mir.

Spulen wir vorwärts. Nachdem ich wieder Boden unter den Füßen gewonnen hatte, fing ich als Journalistin an, heiratete, bekam Kinder, ließ mich scheiden. Und dann zog ich nach Jerusalem. Ich kehrte nicht auf den Schwingen der Nostalgie in die Stadt zurück und mein Verhältnis zu ihr hat nichts Romantisierendes. Trotzdem bin ich geblieben. Und habe doch ständig das Gefühl, mich in einer Art Übergangsstadium zu befinden, betrachte meinen Aufenthalt als zeitlich begrenzt. Ich werde ja eines Tages nach Tel Aviv zurückziehen, sage ich mir und jedem, der sich danach erkundigt. Was hält mich aber dann vorläufig in Jerusalem?

In der letzten Zeit habe ich mir vorgenommen, mein Verhältnis zu der Stadt zu untersuchen, und frage mich ernsthaft, ob ich mich ihr irgendwie verpflichtet fühle. Kann man Jahre in einer Stadt leben und sich immer noch fremd fühlen? Warum bleibe ich auf meinem Beobachterposten? Bin ich draußen oder drinnen? Ich gehe nicht so weit, zu fragen, ob ich bereit wäre, für immer dort zu leben. Aber man darf schon fragen: Ist mir wichtig, was in ihr geschieht? Fühle ich mich in sie integriert? Würde ich mich für ihr Wohl engagieren?

Was, jenseits aller Klischees, bedeutet Jerusalem mir, seinen übrigen Einwohnern? Aus der Ferne wirkt Jerusalem wie eine Stadt ohne Identitätsgefühl. Zweifellos macht Jerusalem keine Eigenpropaganda wie Tel Aviv, »die Stadt ohne Pause«. Aber Jerusalem besitzt eindeutig andere Qualitäten. Da ich in beiden Städten gelebt habe, kann ich sagen, dass der Vergleich zwischen ihnen Jerusalem unrecht tut. In der jüdischen Tradition ist Jerusalem nicht nur eine Stadt oder ein geografischer Punkt, sondern ein symbolischer Ort. Und daher verläuft die Trennlinie bei ihr nicht nur zwischen West- und Ostteil oder zwischen Nord und Süd, sondern auch zwischen Himmel und Erde. Das himmlische Jerusalem ist ein spiritueller Ort. Er schwebt über dem irdischen Jerusalem und verleiht ihm seine moralische und spirituelle Kraft. Nach einer anderen, stärker universalen und weniger traditionellen Interpretation, die ich leichter akzeptieren kann, symbolisiert das himmlische Jerusalem die Vision, den Sehnsuchtsort. Er ist das, was diese Stadt sein könnte: ein Symbol für Toleranz, Ethik und Frieden. Und das irdische Jerusalem ist die zerschnittene und zerstrittene Stadt, unterteilt in Sektoren, Ethnien, chassidische Höfe und Splittergruppen.

All diejenigen, die Jerusalem aus dem Abstand der Klischees betrachten, übersehen ihre Einzigartigkeit. Mein irdisches Jerusalem ist ein Ort, an dem man lebt, Kinder großzieht und ein Päckchen zur Post bringt. Und unterwegs die kleinen Alpenveilchen bewundert, die zwischen den Stufen im Garten hervorlugen. Es ist ein Ort, um sich an den Schneeflocken zu freuen, die im Winter sacht vorm Fenster tanzen, und an den gelben Blüten, die im Frühling von den Bäumen rieseln. Und auch, um vor Schreck und Freude zu kreischen, wenn ein Stachelschweinpärchen wie kleine Trolle durch die Grünanlage am Ende der Straße trippelt. In keiner israelischen Stadt ist die urbane Natur so herrlich wie in Jerusalem.

Es gibt einen kulturellen Aufschwung in der Stadt, einen Pioniergeist im aktuellen Theaterschaffen, im Ballett, im Untergrundradio. Es gibt Künstlergruppen, die in dieser Stadt denken und träumen und sich heimisch fühlen. Für sie und für mich wird Jerusalem wieder ein abstrakter Raum, ohne Territorium, unbegrenzt. In Jerusalem leben ist eine Denkweise und eine Geisteshaltung. Es ist dieses Jerusalemer Wesen, das an dir klebt, ob du willst oder nicht.

Oft tritt die Identität der Stadt und des Jerusalemer Wesens in der Negation Tel Avivs oder des Tel Aviver Wesens hervor, der Negation des Zentrums, der Zentralität, der Presseyuppies und dessen, was der Etiketten mehr ist. Und ein Gegensatz ist Jerusalems faszinierende Heterogenität, verglichen mit der Homogenität Tel Avivs. Da ich in einer ultraorthodoxen Gemeinde aufgewachsen bin, fühle ich mich wohl in Jerusalem, in seinen verschiedenen Gemeinden, mit den ultraorthodoxen »Litauern« und den Chassidim, mit ihrer Kleidung und ihren Bräuchen. Es gefällt mir, Mea Schearim leicht erreichen zu können. Da flüstert jemand: »Wie gehts dir, Zaddika?« Er ist ein gebürtiger Jerusalemer aus einer Familie, die seit vielen Generationen hier ansässig ist. An diesem Tag werden wir uns diskret in der Nationalbibliothek treffen, wo er sitzt und liest und studiert und wo wir uns ungestört unterhalten können, fern seiner extremen Gemeinde. Und in geringerem Umfang ergaben sich auch Begegnungen mit arabischen Interviewpartnern. Das Zusammentreffen dieser Gemeinden in der Straßenbahn ist für mich nicht trivial. Ich weiß: Die Kräfteverhältnisse können jeden Augenblick einen Brand auslösen. Aber: Kommt Zeit, kommt Rat.

Ich bin nicht sicher, ob ich mich wieder an die menschliche Monotonie Tel Avivs gewöhnen könnte, an den engen Horizont der Stadt. Auch wenn man in Jerusalem einen imaginären Stadtplan im Kopf haben und aufpassen muss, keine Grenzen zu überschreiten – es gibt Sackgassen, Orte, die man als Frau nicht betreten kann, schon gar nicht in Hosen, Viertel, die man besser meidet. Aber das Unterschiedliche ist wenigstens neugiererregend und anders.

Falls es einen Stadtpass gäbe, würde ich mich vermutlich als temporäre Einwohnerin registrieren. Doch wie bei allem in diesem Land wird das Einstweilige dauerhaft und das Temporäre schlägt Wurzeln. Ein älterer Taxifahrer und waschechter Jerusalemer seit Generationen mokierte sich über mich: »Sie sind Jerusalemerin. Wer hier fünf Jahre durchhält, ist Jerusalemer.« Danach zeigte er auf ein Haus in Nachlaot und erzählte seufzend, wie er es für ein Linsengericht an einen französischen Touristen verkauft hatte. In dieser Stadt wimmelt es von Menschen, die seufzen über die Ruinen, die sie verkauft haben und die heute Luxushäuser für Juden im Ausland sind. Für mich sind die wahren Schätze Jerusalems nicht seine feinen Häuser und nicht seine spirituellen Güter. Und gewiss nicht die Klagemauer. In dieser zwieträchtigen Stadt, fern vom Tel Aviver Tempo, habe ich das Gefühl, dass das Leben etwas langsamer und gemäßigter abläuft. Dass meine Kinder hier ein bisschen so wie früher aufwachsen. Mehr draußen, bei den Pfadfindern. Und auch ich fühle mich hier gelassener als woanders. Nichts geht über die Morgenstunde, wenn ich in vollen Zügen die kalte Luft, Gipfelluft, einatme. Wann immer ich in Tel Aviv übernachten muss, bin ich ruhelos, atemlos. Vielleicht habe ich mich nicht verliebt, aber gut möglich, dass ich süchtig geworden bin.

Aus dem Hebräischen von Ruth Achlama

Gisela Dachs

Atheisten der Bibel

Über Jahrhunderte packten Juden, wenn sie auf der Flucht waren, zweierlei ein. Den Nachwuchs und Bücher. Was sich als eine doppelte Überlebensstrategie erwies. Denn so blieb auch ein uraltes jüdisches Erbe bewahrt. Es bestand und besteht weiterhin aus geschriebenen Worten, seit Jahrtausenden von Generation zu Generation weitergegeben. In »Juden und Worte« (2013) zeigen der Schriftsteller Amos Oz und seine Tochter, die Historikerin Fania Oz-Salzberger, dass das (oder ihr) Judentum viel weniger von Erinnerungsstätten oder Ritualen abhängt als von Texten, deren Auslegung und kontroversen Debatten über sie. Im Kern geht es dabei aber auch um die Frage, inwieweit diese lang erprobte Erinnerungskultur Modell stehen könnte für Gesellschaften oder Menschen, die sich im Sinn der Aufklärung als säkular verstehen, aber deshalb nicht auf ihr religiöses Erbe verzichten wollen.

Vater und Tochter sind Sabres, bereits im Land geborene Israelis. Erste und zweite Generation. Ihre Muttersprache ist hebräisch. Nach uralter jüdischer Tradition bekommen die israelischen Erstklässler von ihren Lehrern am ersten Schultag Kuchen oder Schokolade. Eine Geste, die anknüpft an ein altes Ritual aus Diasporazeiten. Da durften die Kinder Honig von der Tafel schlecken, als Zeichen, dass sich das Studium der heiligen Buchstaben als genauso süß erweisen würde.

Im Kibbuz, der Hochburg des jüdischen Atheismus, wo Amos Oz als Teenager hinzog und Fania aufwuchs, war das nicht anders. In der Schule im Kibbuz las man auch wie selbstverständlich den Tanach, die Bibel in ihrer hebräischen Urfassung. Bis heute sind viele in der Wolle gefärbte säkulare Israelis von diesem von Menschenhand geschaffenen atemberaubenden Text fasziniert. Gott brauchte es dazu nicht. In Israel war das nie ein Widerspruch. Solche Atheisten der Bibel, die dieses uralte religiöse Erbe auf ihre eigene Weise beanspruchen, gibt es viele.

Der Schriftsteller und die Historikerin haben diese jüdisch-israelische Besonderheit genauer unter die Lupe genommen und befunden, dass darin auch reichlich Potenzial für andere steckt. Die Gründerväter des Landes waren überzeugte Atheisten, sagt Amos Oz. Ihnen sei klar gewesen, dass sie »einen Nachlass antraten und in einen völlig neuen Kontext stellten«. Aber so ist das nun einmal mit Erbschaften. »Ein legitimer Erbe hat das Recht, über sein Erbe zu verfügen, er kann entscheiden, welche Möbel auf den Dachboden kommen und welche in der Wohnung bleiben.«

Über die richtige Art des Entrümpelns haben Vater und Tochter schon früh einen Dialog miteinander begonnen. Sie war vielleicht acht, da unterhielten sich Vater und Tochter bereits über ihr jüdisches und israelisches Dasein, die Tatsache, dass sie hebräisch sprachen, über die Bedeutung von Religion und Atheismus. Beide sehen sich als nicht religiöse israelische Juden, die ihr ganzes Leben lang hebräische und nicht hebräische jüdische Texte gelesen haben. Für sie sind das die kulturellen und intellektuellen Tore zur Welt.

Amos Oz mit Tochter Fania Oz-Salzberger in seiner Tel Aviver Wohnung, 2013

»Juden und Worte« ist eine Liebeserklärung an die alte biblische Sprache, aber auch ein politisches Manifest. Denn natürlich wissen Vater und Tochter, dass die offizielle Definition vom Judesein eine ist, die sich auf die Mutter beruft oder die durch einen von Rabbinern sanktionierten Übertritt besiegelt wird. Aber darum geht es ihnen nicht. Auf die oft gestellte Frage nach der Definition und Kontinuität von Judentum – ist es eine Religion, eine Zivilisation, eine Schicksalsgemeinschaft, eine

Kultur, eine Nation oder hängt das jeweils von der Perspektive des Betrachters ab? – geben der Schriftsteller und die Gelehrte eine Antwort, die weder ethnischer noch politischer Natur ist. Einer ihrer schönsten Sätze lautet: »Was uns verbindet, sind nicht Blutsverwandtschaften, sondern Texte.«

Die Lebensadern der jüdischen Geschichte bestehen für sie aus geschriebenen oder mündlich überlieferten Worten, von der hebräischen Bibel bis zur Pessach-Haggada, anhand derer jüdische Familien – religiöse oder säkulare – seit je am Esstisch den Auszug aus Ägypten nacherzählen. Kontinuität ist so gewährleistet durch die Weitergabe von Texten und Geschichten, die man immer schon gelesen oder gehört hat, ganz im Sinn der biblischen Aufforderung »Sag deinem Sohn«.

Man hat schon sehr früh im Judentum textgestützte Geschichten erzählt. Gebildeter Nachwuchs war der Schlüssel zum kollektiven Überleben. Familien funktionierten als Träger des nationalen Gedächtnisses. All das findet Widerhall in den modernen Gedächtnistheorien des 20. Jahrhunderts, aber die Autoren vermeiden dieses Terrain ebenso wie den Identitätsbegriff. »Es geht tiefer als das«, sagt die Historikerin von den beiden. »Identität hat etwas Diktatorisches. Hier geht es um Texte und deren Weitergabe an die Nachkommen. Das ist nicht nur relevant für nicht religiöse Juden im Ausland, sondern auch für einen Buddhisten in Thailand, der nicht mehr gläubig betet wie sein Vater, denn er kann so die Tradition erhalten.«

Sie wünschen sich, dass ihr Buch als eine universelle Einladung wahrgenommen werde, sich mit seinem jeweiligen religiösen Texterbe auseinanderzusetzen. In vielen säkularen Gesellschaften sei es die Religion selbst, die den Blick auf das herausragende Kunstwerk Bibel verstelle. Es gehe doch, ganz im Sinn der Aufklärung, überall generell um die Frage, »wie jemand als freier Mensch mit seiner oder ihrer kulturellen und religiösen Tradition umgehen kann, ohne sich zum Sklaven dieser Tradition zu machen«.

An einer Stelle im Buch geben sie zu, dass das Wort »Juden« im Titel durch Leser ersetzt werden könnte. »Beide sind in unserem Vokabular fast Synonyme, jeder Mensch ist ein Jude in dem Maße, in dem er sich als Leser erweist. Es geht um die Liebe zu Büchern, zum Lesen und Argumentierten und ums Vergnügen der Interpretation. Uns geht es um eine aktive Beziehung zu einem Text, der sich so schon beim Lesen verändert.«

»Juden und Worte« ist zugleich auch ein politisches Manifest. Amos Oz nennt es eine »höfliche Antwort« auf linke Postzionisten wie Shlomo Sand, der mit seinem Buch »Die Erfindung des jüdischen Volkes« jeglichen biblischen »Ursprung« der heute lebenden Juden verwirft. Sands These wird seither besonders gern im Ausland von Israels Kritikern ins Feld geführt, um den historischen Anspruch der Juden auf das Gelobte Land infrage zu stellen. Und jetzt kommt da ausgerechnet die Oz-Familie daher und hält mit ihrer »Kontinuität-durch-Texte-Theorie« scharf dagegen. Leute wie Sand werden sie zu Nationalisten erklären, prophezeit das Autorenpaar, weil sie eben nicht auf dem Weg seien, hebräisch sprechende Weltbürger zu werden.

Amos Oz und Fania Oz-Salzberger, Juden und Worte, Berlin 2013.

V Politisches System

Benyamin Neuberger

Das politische System

Die Verfassungsfrage

Israel hat weder eine geschriebene noch eine ungeschriebene Verfassung (wie Großbritannien). Die Grundregeln der israelischen Politik (z. B. wie gewählt oder eine Regierung gebildet wird) sind in sogenannten Grundgesetzen verankert, die jedoch nicht mit dem deutschen Grundgesetz, das einer regelrechten Verfassung entspricht, identifiziert werden dürfen. Dies war das Ergebnis einer heftigen, kontrovers geführten Debatte in den ersten Jahren nach der Staatsgründung, in der sich die Gegner einer Verfassung durchsetzen konnten.

Die Gründe für das Fehlen einer Verfassung sind vor allem auf den Dissens in Fragen von Religion und Politik zurückzuführen. Die orthodox-religiösen Parteien betrachten das religiöse Gesetz, die Halacha, als das oberste Gesetz und lehnen jede liberal-säkulare Verfassung ab. Natürlich befürchten sie, dass liberale Prinzipien (Freiheit von der Religion, z. B. die Möglichkeit der Zivilehe, Gleichheit von Männer und Frauen in religiösen Fragen, Gleichheit der Religionen und der religiösen Strömungen im Judentum) den Status quo seit Staatsgründung gefährden würden, denn jeder betroffene Bürger könnte sich auf die Verfassung berufen und sich an das Oberste Gericht (Verfassungsgericht) wenden. In den ersten Jahren des Staates war auch Staatsgründer David Ben Gurion gegen eine Verfassung, weil die Mapai (Arbeitspartei) keine absolute Mehrheit hatte, um deren Inhalt zu bestimmen. Ben Gurion berief sich fälschlicherweise auf das britische Modell, obwohl in Großbritannien im Grunde Gesetze, Traditionen und Gerichtsurteile die Grundregeln der Politik, die sogenannte materielle Verfassung (konstitutionelle Monarchie, Parlamentarismus, Wahlsystem usw.), bestimmen. In Israel gibt es *keine Verfassung*, weil ein *tiefer Dissens* in Grundfragen (Staat und Religion, Grenzen) existiert, in *Großbritannien* gibt es eine *ungeschriebene Verfassung*, die auf einem *Konsens* basiert.

◀ Jerusalem: Oberster Gerichtshof, im Hintergund die Knesset, das Parlamentsgebäude

Als Ersatz für die Verfassung gelten die oben bereits erwähnten Grundgesetze, die laut Knessetbeschluss von 1950 künftig in eine Verfassung zusammengefasst werden sollen. 65 Jahre nach diesem Beschluss ist dies  immer noch nicht geschehen. Außerdem fehlt es noch an Grundgesetzen zu den meisten Grundrechten (z.B. Meinungsfreiheit, Pressefreiheit, Glaubensfreiheit, Demonstrationsfreiheit). Auch wichtige Prinzipien des Staates wie z.B. das Rückkehrgesetz, das einwandernden Juden die automatische Staatsangehörigkeit garantiert, das Parteiengesetz und das staatliche Erziehungsgesetz sind nicht in Grundgesetzen verankert.

Bis heute hat die Knesset elf Grundgesetze zu verschiedenen Aspekten des Staatswesens verabschiedet:

Staatswappen Israels

Nr. 1: Gesetz über das israelische Parlament, die Knesset (1958)
Nr. 2: Gesetz über die öffentlichen Böden, das heißt Böden, die dem Staat bzw. dem Jüdischen Nationalfonds gehören (1960)
Nr. 3: Gesetz über den Staatspräsidenten (1964)
Nr. 4: Gesetz über die Regierung (1968, 1992, 2001)
Nr. 5: Gesetz über den öffentlichen Haushalt (1975)
Nr. 6: Gesetz über das Militär (1976)
Nr. 7: Gesetz über den Status Jerusalems als Hauptstadt Israels (1980)
Nr. 8: Gesetz über das Gerichtswesen (1984)
Nr. 9: Gesetz über die Staatskontrolle (1988)
Nr. 10: Gesetz über Menschenwürde und Freiheit (1992); dieses Gesetz legt unter anderem fest, dass kein israelischer Staatsbürger willkürlich inhaftiert werden darf, dass jeder israelische Staatsbürger ein Recht auf freie Einreise und Ausreise hat und garantiert das Recht auf Eigentum und den Schutz der Privatsphäre.
Nr. 11: Gesetz über die Berufsfreiheit (1992, 1994)

Anders als eine Verfassung können diese Grundgesetze, mit Ausnahme weniger Klauseln, mit einfacher Mehrheit geändert werden. Eine absolute Mehrheit (61 von 120 Stimmen) ist erforderlich, um die Grundgesetze über die Regierung und die Berufsfreiheit sowie die Bestimmungen über das Wahlsystem im Grundgesetz über die Knesset zu ändern. Aber auch diese Hürde ist leicht zu überwinden, da jede Regierung im Grunde eine absolute Mehrheit (mindestens 61 von 120) besitzt. So wurde 2015 das Grundgesetz über die Regierung mit einer Mehrheit von 61 zu 59 (identisch mit der Koalitionsmehrheit) geändert, um die Anzahl der Minister von 18 auf 20 zu erhöhen.

Eine Schlüsselfrage ist, in welcher Weise die Unabhängigkeitserklärung vom 14. Mai 1948 als Verfassungsersatz gelten kann. Sie besteht aus drei Teilen: einem historisch-ideologischen Kapitel, das die moralische, ideelle und rechtliche Erklärung für die Staatsgründung enthält, einem operativen Teil, in dem der neue Staat proklamiert und sein Name bestimmt wird, und einem dritten Teil, in dem die Grundwerte des neuen Staates festgelegt sind.

Im Letzteren ist die Rede von der Verpflichtung des neu gegründeten Staates unter anderem zu Freiheit, Gerechtigkeit und Frieden, zur völligen sozialen und politischen Gleichheit aller Bürgerinnen und Bürger ungeachtet ihrer Rasse, Religion oder ihrem Geschlecht, zu Glaubens- und Gewissensfreiheit sowie zu Freiheit der Sprache, Erziehung und Kultur.

Urteile des israelischen Obersten Gerichtshofs haben jedoch festgelegt, dass die Unabhängigkeitserklärung weder eine Verfassung sei noch über den einfachen Gesetzen stehe. Trotzdem hat die Proklamation rechtliche und sogar verfassungsrechtliche Bedeutung. Die Gerichte haben sich immer wieder auf ihre Prinzipien gestützt, wenn es in Grundfragen keine klaren und konkreten gesetzlichen Bestimmungen gab. So berief sich das Oberste Gericht zum Beispiel auf das Prinzip der Freiheit, das in der Unabhängigkeitserklärung als Grundwert festgehalten ist, um die Pressefreiheit zu schützen oder die Religionsfreiheit der Reformjuden zu garantieren. Unter Berufung auf die nationale und religiöse Komponente der jüdischen Identität in der Unabhängigkeitserklärung hat das Gericht den Versuch eines katholischen Geistlichen, nach Israel unter dem Rückkehrgesetz (für Juden) einzuwandern, abgelehnt und auch eine arabische Partei verboten[1], die Israel nicht als jüdischen Staat anerkannte. Die Grundgesetze der 1990er-Jahre (»Gesetz über Menschenwürde und Freiheit« und »Gesetz über Berufsfreiheit«) enthalten auch die Verpflichtung, diese Gesetze gemäß der Unabhängigkeitserklärung zu interpretieren. Dennoch sind bisher alle Versuche gescheitert, die Unabhängigkeitserklärung in ihrer Gesamtheit in eine Verfassung zu verwandeln.

Parlament und Regierung

Israels Parlament, die Knesset in Jerusalem, hat 120 Sitze. Diese Zahl geht auf die Knesset HaGdola zurück – eine parlamentsähnliche Versammlung von Juden zur Zeit der griechischen Besatzung vor über 2000 Jahren. Die

---

1 Das war in den 1960er-Jahren. Seitdem wurde – unabhängig von ihrem politischen Programm – keine arabische Partei mehr verboten.

Abgeordneten werden in einer reinen Verhältniswahl – seit der Wahl im Jahr 2015 mit einer Sperrklausel von 3,25 Prozent – laut Gesetz alle vier Jahre gewählt (aber nicht selten nach 2–3 Jahren, wenn es vor Ablauf der Legislaturperiode zu Neuwahlen kommt). Die Wahlen sind direkt, gleich, geheim, allgemein und landesweit (das heißt, das gesamte Land ist, wie in Holland, ein Wahlkreis).

Wahlberechtigt sind alle israelischen Staatsangehörigen, die das 18. Lebensjahr vollendet haben (passives Wahlrecht mit 21 Jahren) und sich am Wahltag in Israel befinden. Die Möglichkeit einer Briefwahl im Ausland besteht nicht (mit Ausnahme von Diplomaten und Matrosen auf israelischen Schiffen). Gewählt werden Parteilisten. Die Knesset übernimmt, wie jedes andere Parlament, Funktionen der Repräsentation, der Gesetzgebung und der Regierungsaufsicht. Außerdem wählt sie den Staatspräsidenten.

Für die Besetzung der Parteilisten gibt es bei einigen Parteien Vorwahlen (*primaries*), am Wahltag selbst hat der Wähler keinen Einfluss auf die Zusammensetzung der Liste, da er eine Parteiliste und keine Personen wählt.

Das dominierende Staatsorgan des israelischen politischen Systems ist jedoch die Exekutive. Anders als etwa in den USA kann die Regierung existenzielle Entscheidungen über Krieg und Frieden treffen, ohne das

Regierungschef Benjamin Netanjahu (3. v. r.) während der wöchentlichen Kabinettssitzung in Jerusalem, September 2015

Parlament zu befragen. Sie muss auch nicht die Zustimmung des Parlaments einholen, um internationale Verträge zu unterzeichnen oder Notstandsverordnungen zu erlassen. Auch die Gesetzesinitiativen haben zum Teil ihren Ursprung in der Exekutive und nicht in der Legislative. Obwohl bislang alle israelischen Regierungen aus Koalitionsregierungen bestanden, waren und sind es meist relativ »starke« Regierungen, in denen in der Regel ein informelles Kabinett alle wichtigen Entscheidungen traf und trifft. Dieses Kabinett besteht aus den vier wichtigsten Ministern (Premier-, Verteidigungs-, Außen- und Finanzminister) und den führenden Ministern der Koalitionsparteien. Normalerweise werden die Entscheidungen des Kabinetts (2015: Premierminister und neun Minister) vom vollen Plenum der Regierung quasi automatisch bestätigt.

Der Premier hat eine starke Stellung innerhalb der Regierung. Er ist zwar formell *primus inter pares*, denn alle Regierungsbeschlüsse werden mit Mehrheit gefasst, doch in der Realität fällt der Ministerpräsident alle wichtigen Entscheidungen. Ihm unterstehen Organe und Institutionen wie der Auslandsgeheimdienst Mossad, der Inlandsgeheimdienst Schin Bet (Schabak) und die Atomenergiekommission. Der Premier kann Minister ernennen und entlassen. Seit 2002 hat er im Einverständnis mit dem Staatspräsidenten die Vollmacht, das Parlament aufzulösen und Neuwahlen auszurufen. Das Parlament kann (anders als in den USA) die Regierung durch ein Misstrauensvotum stürzen und Neuwahlen ausrufen. Eine weitere Reform von 2002 ist das konstruktive Misstrauensvotum, bei dessen Einführung das deutsche Modell Pate gestanden hat. Mit diesen Änderungen sollte das parlamentarische System an Effektivität und Stabilität gewinnen. Andererseits haben eine weitere Zersplitterung des Parteiensystems und seit 2006 das Fehlen einer starken Regierungspartei das parlamentarische System geschwächt und Forderungen nach einer Reform des Systems werden immer wieder erhoben.

Staatspräsident

Dem von der Knesset für eine Amtszeit von sieben Jahren gewählten Staatspräsidenten kommt vor allem eine repräsentative Bedeutung zu – ähnlich wie dem deutschen Bundespräsidenten oder der englischen Königin. Formal unterzeichnet er alle von der Knesset verabschiedeten Gesetze und internationalen Abkommen, ernennt Richter und hat die Vollmacht zu begnadigen, aber er ist in diesen Funktionen nicht autonom.

Der Staatspräsident beauftragt das Knessetmitglied mit der Regierungsbildung, dem er nach Beratungen mit den Parlamentsfraktionen die besten Erfolgsaussichten einräumt. Dabei gilt, dass er nur einen Kandidaten benennen kann, der der Knesset angehört.

Der Staatspräsident kann auch durch seine moralische Autorität politischen Einfluss nehmen. So zwang 1983 Staatspräsident Itzhak Navon die Regierung praktisch (gestützt von einer Massendemonstration von 400 000 Menschen in Tel Aviv), eine Untersuchungskommission zum Massaker an

Staatspräsident Reuven Rivlin während einer Pressekonferenz, Oktober 2015

Hunderten Palästinensern in den Flüchtlingslagern von Sabra und Schatila im Libanon, begangen von einer christlich-arabischen Miliz, die mit der israelischen Armee alliiert war, einzurichten. Der Kommissionsbericht führte zur Entlassung des Generalstabschefs und zum Rücktritt von Verteidigungsminister Ariel Scharon. Schimon Peres, der von 2007 bis 2014 Staatspräsident war, gab schon in den ersten Tagen seiner Amtszeit zu erkennen, dass er kein völlig unpolitischer Präsident sein werde. Er betonte, dass er eine Friedenspolitik aktiv unterstützen werde und veröffentlichte sogar einen Friedensplan, der einen Rückzug aus allen besetzten Gebieten vorsah (aber nicht der Politik der Regierung entsprach). Auch sein Nachfolger Reuven Rivlin

hat zu erkennen gegeben, dass er seine Stimme erheben wird, sollte die 2015 gebildete Regierung Netanjahu das Rechtssystem, und vor allem das Oberste Gericht, gefährden.

Gerichtswesen

Ein wichtiger Teil jedes politischen Systems ist das geltenden Recht und das Gerichtwesen. Die Rechtsprechung in Israel basiert auf vier Grundpfeilern:

- israelische Gesetzgebung seit Staatsgründung (15. Mai 1948);
- britische Gesetzgebung zur Zeit der britischen Herrschaft über Palästina (1918 – 1948) und englisches Common Law;
- ottomanisches Recht aus der Zeit der ottomanisch-türkischen Herrschaft (1517 – 1917), zum Beispiel in Fragen des Bodenrechts;

- jüdische, religiöse Gesetzgebung (nach der Halacha) in religiösen Fragen und »hebräisches« jüdisches Gesetz in allgemeinen Fragen, wenn es keine befriedigende israelische, britische oder ottomanische Gesetzgebung gibt. Die Gerichte berufen sich in solchen Fällen auch auf Gerichtsurteile anderer westlichen Staaten (vor allem der USA und Großbritanniens, aber auch Deutschlands – zum Beispiel beim Verbot von Rassenhetze und undemokratischen Parteien).

Man unterscheidet drei Hierarchieebenen: Lokalgerichte, auch Friedensgerichte (*schalom*) genannt, Regionalgerichte und das Oberste Gericht (Supreme Court). Letzteres erfüllt im Grunde zwei verschiedene Aufgaben. Es ist die höchste Berufungsinstanz, aber auch als eine Art Verfassungsgericht (obschon es keine Verfassung gibt!) zuständig für grundsätzliche Fragen, die in keinem Gesetz geregelt sind. Als solches muss es auch für »Gerechtigkeit« sorgen (daher auch der Name »High Court of Justice« [HCJ]). Jeder israelische Bürger kann sich im Prinzip an den HCJ wenden und um *justice* bitten. So entschied der HCJ in Fragen der Religionsfreiheit, Pressefreiheit, Demonstrationsfreiheit und des Verbots von antidemokratischen Parteien; er befasste sich im Kontext des Rückkehrgesetzes mit der Frage, wie »Jude« zu definieren sei, des Weiteren mit der Frage, wie der Begriff »jüdisch-demokratischer Staat«, der seit den 1990er-Jahren in einigen Gesetzen erscheint, zu verstehen sei. Die Richter des Obersten Gerichts werden von einer Kommission gewählt, in der Politiker (der Justizminister und ein weiterer Minister, zwei Mitglieder der Knesset, davon zumeist wenigstens einer von der Opposition) in der Minderheit sind. Sie wird von fünf »professionellen« Juristen komplettiert, dem Präsidenten des Obersten Gerichts, zwei weiteren Richtern des Obersten Gerichts und zwei Vertretern der Anwaltskammer, die nicht immer politikfern sind. Alle Richter können nicht entlassen werden und bleiben bis zu ihrer Pensionierung im Alter von 70 Jahren im Amt. So ist es gelungen, eine professionelle und »saubere« Justiz zu etablieren und zu erhalten. Außerdem gibt es religiöse Gerichte (Rabbinatsgerichte, vor allem für Fragen der Eheschließungen und Scheidungen), Arbeitsgerichte (für Fragen des Arbeitsrechts) und Militärgerichte innerhalb des Militärs.

Das Gerichtssystem in Israel gilt als effektiv und korruptionsfrei. Viele seiner Gründungsväter kamen aus Deutschland. So war die Mehrheit der neun Obersten Richter in den 1950er-Jahren aus Deutschland und zutiefst vom Schicksal der Weimarer Republik beeinflusst. Auch der erste Justizminister stammte aus Berlin: Pinchas Rosen (ursprünglich Felix Rosenblüth) von der linksliberalen Progressiven Partei, die 1948–1961 mit der sozialdemokratischen Mapai eine Koalition bildete, bekleidete das Amt 1948–1951, 1952–1956 und 1958–1961.

Eine Schlüsselposition im israelischen Rechtssystem hat der »Berater der Regierung für juristische Fragen«. Er hat zwei verschiedene, aber höchst wichtige Aufgaben – er ist die höchste Instanz der Anklage (Generalstaatsanwalt) und auch der Berater der Regierung in rechtlichen Fragen.

Abb. 1: Politisches und rechtliches System des Staates Israel

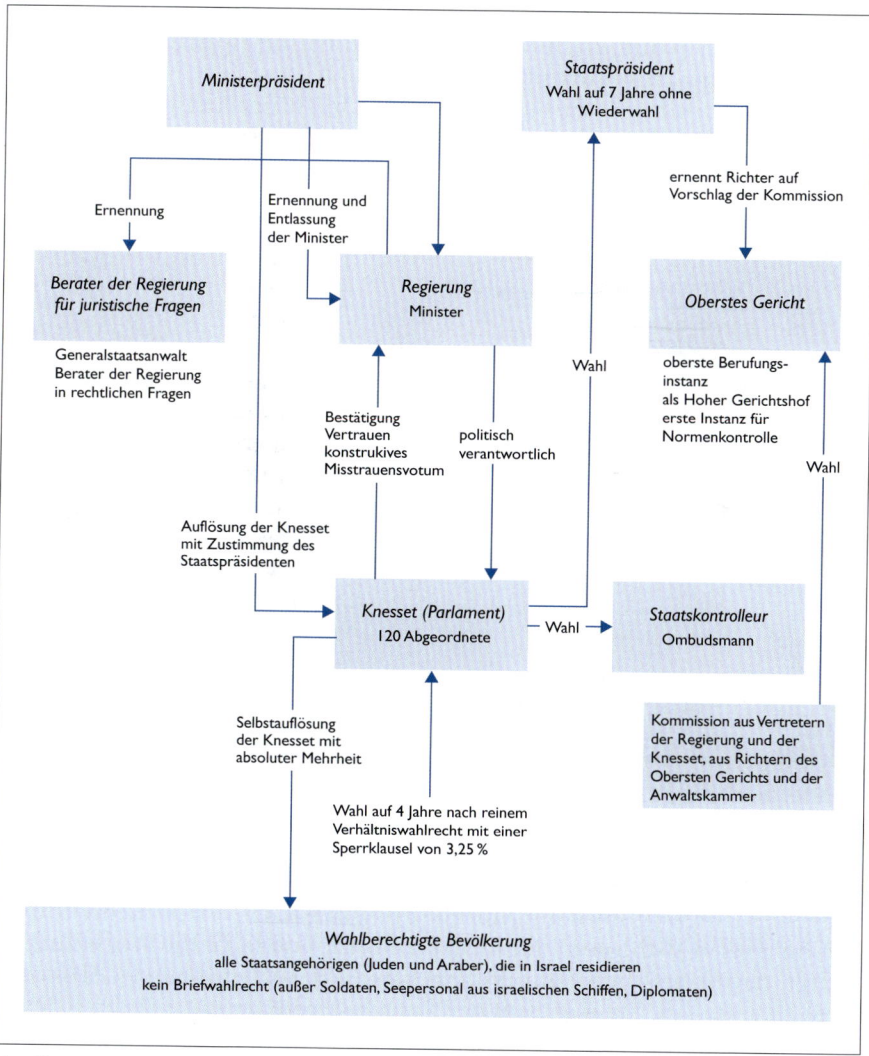

Quelle: eigene Zusammenstellung.

Staatskontrolle

Eine wichtige Institution in Israel ist die Staatskontrolle, neben der Legislative, Exekutive und Judikative das »vierte Organ« des Staates, auch der »Wächter der Demokratie« genannt. Die Staatskontrolle und die Funktion des Staatskontrolleurs wurden schon 1949 ins Leben gerufen (Staatskontrolleurgesetz von 1949). 1959 erweiterte ein neues Gesetz seine Funktionen, Aufgaben und Vollmachten und 1988 wurde die Staatskontrolle in einem Grundgesetz verankert (Grundgesetz Nr. 9).

Die Staatskontrolle gilt als »unabhängiges Organ im Rahmen des Parlaments«. Sie ist völlig unabhängig von der Exekutive, denn ihre wichtigste Funktion ist deren Kontrolle. Der Staatskontrolleur wird vom Parlament

Staatskontrolleur Yosef Shapira (r.) übergibt dem Sprecher der Knesset, Yuli Edelstein (2. v. r.), den Jahresbericht, 24. Mai 2016.

für sieben Jahre mit absoluter Mehrheit gewählt (oder mit einfacher Mehrheit im dritten Wahlgang). Nur das Parlament und nicht die Regierung ist befugt, den Staatskontrolleur mit einer Zweidrittelmehrheit (80 Abgeordnete) zu entlassen. Sie wird von der Staatskontrollkommission der Knesset und nicht von der Regierung finanziert und ist dem Parlament verantwortlich. Im Parlament arbeitet die Staatskontrolle vor allem mit anderen

Kommissionen der Knesset zusammen. Im Amt des Premiers gibt es eine Abteilung für Staatskontrolle, die dafür zuständig ist, die Berichte des Staatskontrolleurs entgegenzunehmen und dafür zu sorgen, dass die betreffenden Ministerien die nötigen Korrekturen vollziehen. In jeder Regierungsinstitution gibt es eine ähnliche Abteilung, die der Abteilung im Amt des Premiers Bericht über die vollzogenen Korrekturen erstatten muss (siehe *Abbildung 2*).

Abb. 2: Institutionelle Struktur für die Korrektur der im Bericht des Staatskontrolleurs aufgelisteten Beanstandungen

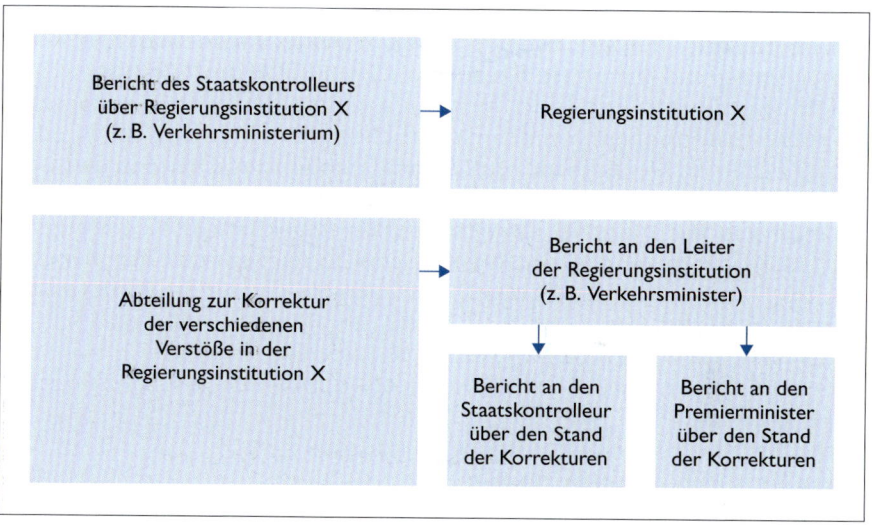

Quelle: eigene Zusammenstellung.

Die Beziehungen der Staatskontrolle zur Judikative gestalten sich wie folgt: Der Staatskontrolleur kontrolliert die Verwaltung des Gerichtswesens, aber auf keinen Fall die Richter oder deren Gerichtsurteile. Das Oberste Gericht, auch im Rahmen seiner Funktion als High Court of Justice, kann im Prinzip die Rechtmäßigkeit und die Rationalität der Arbeit der Staatskontrolle untersuchen, aber im Allgemeinen vermeidet er diese Intervention. So können diese zwei renommierten Kontrollinstanzen im Grunde zusammenarbeiten.

Die Vollmachten der Staatskontrolle sind recht weit gefasst. Der Staatskontrolleur kann »jede Sache«, die er für nötig hält, untersuchen. Er kontrolliert die finanziellen Aspekte, Effektivität, Qualität und Rationalität sowie Ethik von Entscheidungen der Minister und der Ministerien, der Städte und Gemeinden, der staatlichen religiösen Behörden (z. B. Zentralrabbinat und Lokalrabbinate) und aller Institutionen, ob öffentlich oder privat, die vom Staat wenigstens teilweise finanziert werden (z. B. die öffentlichen Universitäten), der Polizei, des Militärs und anderer Sicherheitsbehörden.

Der Staatskontrolleur ist auch bevollmächtigt, zu untersuchen, ob die verschiedenen Staatsorgane zu Recht gewisse Entscheidungen treffen. Er ist völlig unabhängig in dem Sinn, dass er die Themen bestimmt, mit denen er sich befasst. Regierung und Parlament können ihn um seine Meinung zu einem bestimmten Thema bitten, aber nicht zwingen.

Jedes Jahr veröffentlicht der Staatskontrolleur einen Jahresbericht über die von ihm untersuchten Institutionen (z. B. Gesundheitsministerium) und Themen (z. B. die Bereitschaft des Militärs zu einem eventuellen Krieg). Der Jahresbericht ist öffentlich und nur wenige Aspekte, vor allem in Fragen der Verteidigung und Sicherheit, bleiben der Öffentlichkeit verschlossen.

Die Staatskontrolle in Israel ist in ihren weiten Befugnissen einzigartig. Ähnliche Institutionen in anderen westlichen Demokratien – der Bundesrechnungshof in Deutschland, das General Accounting Office in den USA und das Office of the Controller and Audit General in Großbritannien befassen sich vor allem mit den finanziellen Aspekten der Regierungsarbeit. Die Befugnisse der israelischen Behörde reichen weit darüber hinaus. Im Folgenden einige Beispiele für Themen, die der Staatskontrolleur in Israel behandelt hat:

- die Krise im Bankwesen,
- den Bau (Rationalität und Kosten) eines israelischen Kampfflugzeuges (»Lavie«),
- die Staatshilfe an Holocaustüberlebende,
- die Krise der Wasserversorgung,
- die Verteilung von Gasmasken im Fall eines Krieges,
- die Behandlung von Flüchtlingen und Exilanten (z. B. aus Afrika) durch den Staat,
- den Gefangenenaustausch mit arabischen Terrororganisationen.

Eine außerordentlich wichtige Aufgabe der Staatskontrolle seit 1969 ist die Kontrolle der Parteifinanzen – vor allem der laufenden Einnahmen und Ausgaben sowie der Ausgaben in Zeiten von Wahlen und Vorwahlen. Auch die Ethik der Wahlpropaganda steht unter Kontrolle. Die Kontrolle ist politisch von höchster Bedeutung, seitdem der Staat die Parteien finanziert und deren Finanzen reguliert. So zum Beispiel ist die Höhe von Spenden begrenzt, um den Einfluss von einzelnen Spendern zu beschränken.

Wieder einzigartig in Israel ist die Kombination der Arbeit des Staatskontrolleurs mit der des Ombudsmanns – dieselbe Person hat beide Funktionen inne. Seit 1971 kann sich jeder Bürger, der sich von einer staatlichen Institution (z. B. Steueramt, Schule, Polizei usw.) unrechtmäßig behandelt fühlt, an die zuständige Abteilung im Büro des Staatskontrolleurs wenden. Im Jahr 2010 haben sich 14 000 Bürger an den Ombudsmann gewandt und etwa 30 Prozent der Klagen endeten mit einer Rüge der staatlichen Behörde und dem Verlangen nach Korrektur. Ziel des Ombudsmanns ist es, für »effektive Gerechtigkeit« zu sorgen.

Juristen aus Deutschland haben die Institution stark geprägt. Vor allem die zwei ersten Staatskontrolleure, der in Lautenberg geborene Siegfried Moses (1949–1961) und der in Frankfurt am Main geborene Itzhak (Ernst) Nebenzahl (1961–1981) haben diese höchst wichtige Kontrollinstitution im Grunde aufgebaut. Ein weiterer bedeutender Staatskontrolleur war der in Berlin geborene Micha Lindenstrauß (2005–2012).

Abb. 3: Die Staatskontrolle

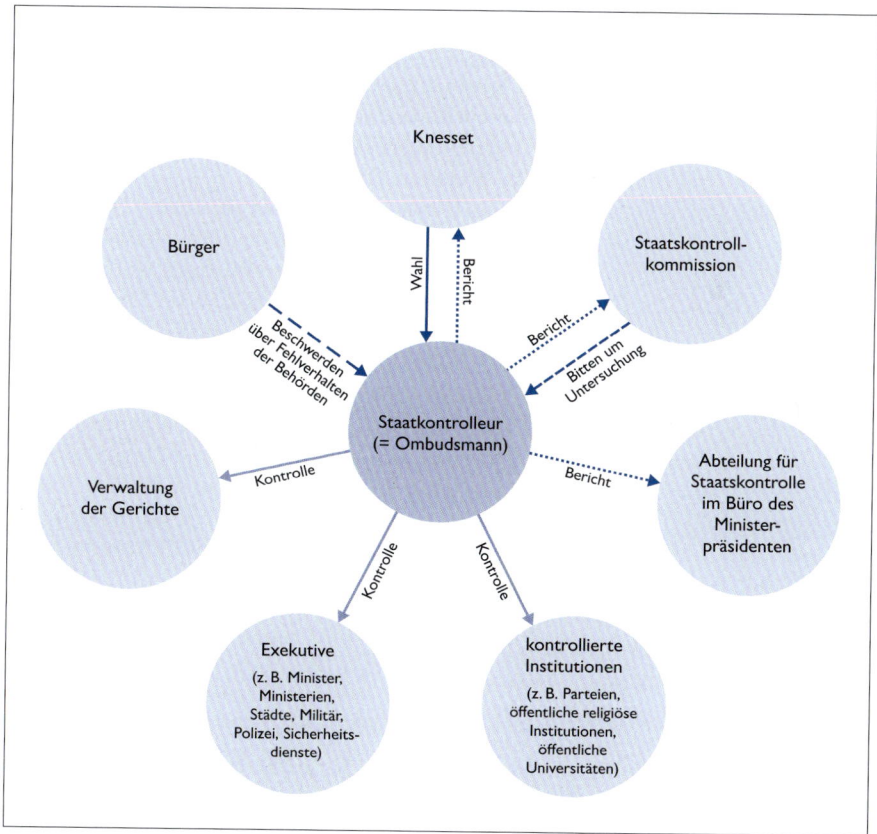

Quelle: eigene Zusammenstellung.

▶ Kritische Bemerkungen zum Zustand der israelischen Demokratie

Israel ist sicherlich eine Demokratie. Es gibt ein Mehrparteiensystem, es finden freie Wahlen und demokratische Regierungswechsel statt. Die Bürgerrechte werden respektiert, die Macht des Staates ist begrenzt und es besteht kein Zweifel, dass Israel ein Rechtsstaat ist. Das alles ist nicht selbstverständlich für einen jungen Staat, der seit seiner Entstehung um seine Existenz kämpft. Israel ist aber keine typisch westliche Demokratie – es gibt keine Verfassung, die arabische Minderheit genießt keine volle Gleichberechtigung, das Personenstandsrecht folgt religiösen Gesetzen und nicht weltlicher Gesetzgebung (z. B. gibt es keine Zivilehe) und es existieren militärisch besetzte Gebiete, in denen nur die jüdischen Siedler und nicht die arabisch-palästinensische Mehrheit demokratische Grundrechte besitzen. Israel ist gemäß dem UN-Teilungsbeschluss von 1947 und der Unabhängigkeitserklärung von 1948, aber auch entsprechend dem Willen der Mehrheit ein jüdischer und demokratischer Staat im Sinn anderer demokratischer Nationalstaaten. Die Problematik der Demokratie in Israel besteht nicht in diesem Grundkonzept, sondern im demokratischen Defizit einiger Gruppen der Bevölkerung – vor allem der rechtsradikalen Ultranationalisten und ultraorthodoxen Theokraten.

Wenngleich Israels Demokratie tiefe Wurzeln hat – in der jüdischen Tradition, in der zionistischen Bewegung, in der Selbstverwaltung der jüdischen Gemeinden in der Diaspora, im Voluntarismus der Pioniere und im Einfluss Englands und der USA auf die Gründungsväter der Nation –, muss man sie dennoch als labil bezeichnen. Die Labilität der Demokratie besteht darin, dass eine große Minderheit ausdrücklich autoritäre Positionen vertritt. So unterstützten zum Beispiel 2012 43 Prozent der Bevölkerung ein eventuelles Redeverbot für Personen, die die Regierung scharf kritisieren. Ähnlich starke Minderheiten wollen einen »starken Premier« ohne demokratische »Debatten und Gesetze« und befürworten eine Diskriminierung der arabischen Staatsbürger. Immer wieder kam es zu Krisen der Demokratie, in denen es unklar war, ob die demokratisch gewählte Regierung ihre Politik angesichts der Gewaltdrohung der rechtsradikalen Opposition durchsetzen kann. Solche Krisen gab es 1952 (Wiedergutmachungsabkommen mit der Bundesrepublik), 1967 (vor dem Sechstagekrieg), 1982 (Rückzug aus dem Nordsinai), 1993–1995 (Oslo-Verträge und Mord an Premier Itzhak Rabin) und 2005 (Rückzug aus dem Gazastreifen). Trotzdem wurden diese Krisen der Demokratie bisher letztlich immer im Sinn der Demokratie entschieden. Auch 2015 droht eine gewalttätige Opposition jeder Regierung, die die Westbank und Ost-Jerusalem räumen würde. Ein breiter Konsens in Grundfragen – Vorbedingung einer stabilen Demokratie – existiert in Israel in wesentlichen Punkten nicht: weder in Fragen der besetzten

Gebiete und – damit zusammenhängend – der Grenzen noch hinsichtlich der Frage, wie das Verhältnis von Staat und Religion zu gestalten ist. Zudem gibt es in Israel tiefe gesellschaftliche und politische Spaltungen, die sich zum Teil überlappen: so die Spaltungen zwischen Juden und Arabern, »Tauben« und »Falken«, Juden aus Europa und aus der islamischen Welt, zwischen Armen und Reichen sowie Alteingesessenen und Neueinwanderern. In anderen Staaten (z. B. Libanon, Zypern 1960–1974, Nordirland Anfang der 1920er- bis 1970er-Jahre) hat ein solches Überlappen zum Zusammenbruch der Demokratie geführt.

Die politische Kultur leidet unter der Intoleranz der radikalen Rechten. Diese Intoleranz war in den Jahren 1993 bis 1995 die Ursache für eine Hetzkampagne gegen Itzhak Rabin (und später auch gegen die Premiers Ehud Barak, Ariel

Demonstranten machen Itzhak Rabins Politik für einen palästinensischen Terroranschlag auf einen Bus verantwortlich, 1994.

Scharon und Ehud Olmert). Rabin wurde als Verräter stigmatisiert und unter anderem mit dem persischen Großkönig Nebukadnezar, der den Ersten Tempel zerstört hatte, und sogar mit den Nazikollaborateuren Pétain und Quisling verglichen. Im November 1995 wurde der israelische Premier von einem religiösen Extremisten erschossen. Einen weiteren Grund für die Labilität der israelischen Demokratie stellen die nicht demokratischen Reste in den Ideologien aller politischen Lager dar – jakobinischer Kollektivismus auf der Linken, die Priorität von Staat und Nation (und nicht der liberalen Bürgerrechte) auf der Rechten und der Glaube an eine Theokratie im orthodoxen Lager. Auch die Tatsache, dass Israels Existenz nach wie vor bedroht ist und der Sicherung der Existenz verständlicherweise zentrale Bedeutung zugemessen wird, verführt immer wieder große Teile der Bevölkerung, die Demokratie mit Schwäche zu identifizieren und an eine »starke« Führung zu glauben. In den Jahren 2009–2012 ist es dem rechtsradikalen Flügel des Likud mithilfe der orthodoxen und ultraorthodoxen Parteien gelungen, für eine Reihe von undemokratischen und illiberalen Gesetzen eine Mehrheit in der Knesset zu finden. Diese Gesetze richteten sich gegen die arabische Minderheit, gegen Flüchtlinge aus Afrika und oppositionelle Stimmen in der Presse und in den Medien. *B. N.*

Wir können zusammenfassen, dass die Staatskontrolle in Israel das öffentliche Leben demokratisiert, die Politisierung der Bürokratie geschwächt und die Korruption begrenzt hat. Ihre Effektivität hängt aber zum großen Teil von der Unterstützung durch die politische Führung und durch die Öffentlichkeit ab.

Parteienlandschaft – Spiegelbild einer komplexen Gesellschaft

In der Knesset hat es seit der Staatsgründung nie weniger als zehn Fraktionen gegeben. Eine Ursache für die Vielzahl der Parteien im Parlament ist die niedrige Sperrklausel. Von 1951 bis einschließlich zur Wahl der zwölften Knesset 1988 betrug sie ein Prozent, für die Wahlen, die zwischen 1992 und 2003 stattfanden, 1,5 Prozent, für die Wahlen in den Jahren 2006–2013 zwei Prozent und seit der Wahl im März 2015 3,25 Prozent. Wichtiger sind jedoch die kreuz und quer verlaufenden sozialen Spaltungen in der Gesellschaft, die ihren Ausdruck im Parteienspektrum finden. Die wichtigsten Spaltungen sind:
- sozioökonomische Spaltung
  a. soziologisch – Arm und Reich
  b. ideologisch – Sozialisten, Bürgerliche (und Zentristen)
- religiöse Spaltung
  Säkulare/Liberale, Traditionelle, Orthodoxe/Ultraorthodoxe
- nationale Spaltung – Juden (80 Prozent) versus Araber (20 Prozent)
- ethnische Spaltung – Juden aus Europa (Aschkenasim) versus Juden aus dem Orient (Misrachim); beide jeweils etwa 50 Prozent
- Alteingesessene (*vatikim*) und Neueinwanderer (*olim*), seit der Einwanderung aus der Sowjetunion von etwa einer Million Menschen machen Letztere etwa 20 Prozent aus
- Zionisten versus Nichtzionisten (Araber, Ultraorthodoxe, Linksradikale)
- Falken (»Frieden für Frieden«, für die Besiedlung der besetzten Gebiete und gegen den Rückzug aus den besetzten Gebieten in der Westbank) versus Tauben (»Land für Frieden«, gegen die Siedlungspolitik, für den Rückzug aus den besetzten Gebieten)

Alle Parteien lassen sich mithilfe dieser Kategorien beschreiben. So ist zum Beispiel die Wählerschaft des Likud überwiegend arm, aber die Ideologie der Partei ist bürgerlich-kapitalistisch. Die meisten Wähler sind traditionelle oder orthodoxe Juden, die aus dem Orient stammen. Eine beachtliche Zahl der Neueinwanderer wählt Likud und die große Mehrheit dieser Wähler sind Falken.

Zur besseren Übersicht kann die komplexe Parteienlandschaft in vier Gruppen gegliedert werden: »Tauben« und »Falken«, das »orthodoxe« und das »arabische« Lager. Außerdem gibt es die Parteien der Mitte, die keiner dieser Gruppen angehören. In jedem der Lager finden sich mehrere parlamentarische Fraktionen, die zuweilen aus lockeren Allianzen zwischen zwei oder drei Parteien bestehen.

Tauben und Falken

Die wichtigste Trennlinie zwischen den politischen Blöcken und Parteien seit dem Sechstagekrieg (1967) ist die zwischen »Tauben« und »Falken«. »Tauben« werden diejenigen genannt, die das Prinzip »Land für Frieden« unterstützen. Damit ist die Bereitschaft zu einem permanenten Frieden mit den Palästinensern (in Bezug auf das Westjordanland und den Gazastreifen) und mit den Syrern (in Bezug auf die Golanhöhen) gemeint. Voraussetzung dafür ist die Rückgabe der Gesamtheit oder eines großen Teils der von Israel im Sechstagekrieg besetzten Gebiete. Die Tauben befürworten die Errichtung eines palästinensischen Staates und die Teilung Jerusalems zwischen Israel und einem zukünftigen Palästina.

Diejenigen, die gegen die Formel »Land für Frieden« sind, werden »Falken« genannt. Ihr Schlagwort »Frieden für Frieden« verhüllt die Absicht, alle oder fast alle besetzten Territorien zu behalten und auf lange Sicht zu annektieren. Mit dem Begriff »gemäßigte Falken« bezeichnet man diejenigen, die zur Rückgabe von wenig Land (etwa 40 Prozent des Westjordanlandes) für Frieden bereit sind. Dabei wissen sie, dass dieses Angebot für die Palästinenser unannehmbar ist.

Falken und Tauben unterscheiden sich ebenfalls in ihrer Haltung gegenüber der arabischen Bevölkerung Israels. Während Erstere eine liberal-egalitäre Politik mit dem Ziel der Integration dieser Bürger verfolgen, zielen Letztere darauf, die arabischen Israelis vom Zentrum der israelischen Gesellschaft, von Wirtschaft und Politik fernzuhalten. Die Unterscheidung von Falken und Tauben wird in Israel häufig als Gegensatz von »Linken« (Tauben) und »Rechten« (Falken) verstanden, obwohl die ursprüngliche Differenzierung von links und rechts eine sozioökonomische war.

Die führende Partei des Taubenlagers ist die im sozioökonomischen Sinn gemäßigt linke, sozialdemokratische Arbeitspartei. Sie vertritt moderate Positionen in der Außenpolitik, ist in der religiösen Frage nicht orthodox (aber zu Kompromissen mit den Religiösen bereit) und stützt sich im Wesentlichen auf eine aschkenasische Wählerschaft. In der Vergangenheit war sie im Arbeitermilieu verortet, während sie heute den stärksten Rückhalt im gebildeten Mittelstand hat. In den Jahren 1948–1977 war die

Arbeitspartei (bis 1968 Mapai) die bei Weitem führende Partei des Landes. In den Wahlen 2015 hat sie unter den Namen »Zionistische Union« eine Allianz mit der eher zentristischen Ha-Tnu'a (»die Bewegung«) gebildet (viele der führenden Persönlichkeiten der Ha-Tnu'a waren früher Mitglieder der Arbeitspartei). Eine wichtige Komponente des Taubenlagers ist die linksliberale Meretz, die zwar bei den letzten Wahlen (März 2015) nur auf fünf Sitze kam, doch in der Knesset kontinuierlich vertreten ist und sich als klare (und manchmal sogar radikale) Taubenpartei auszeichnet.

Der im ökonomischen Sinn gemäßigt rechte Likud (»Einigung«) vertritt gegenüber den Palästinensern Falkenpositionen. Er ist den Orthodoxen und Religiösen gegenüber freundlich gesinnt und stützt sich hauptsächlich auf eine sephardische Wählerschaft. Der Likud war in den Jahren 1977–1992, 1996–1999, 2001–2005, 2008–2014 und ist auch seit den Wahlen im März 2015 die stärkste Partei.

Eine weitere Falkenpartei ist Israel Beitenu (»Israel ist unser Haus«) – eine ursprünglich russische Einwandererpartei der 1990er-Jahre. Anders als die anderen Parteien des Falkenlagers vertritt sie eine nationalistisch-weltliche Ideologie. Bei den Wahlen zur 19. Knesset (Februar 2013) haben der Likud und Israel Beitenu eine gemeinsame Liste (Halikud Beitenu, »Der Likud ist unser Haus«) gebildet. Aber bei den Wahlen im Jahr 2015 zur 20. Knesset brach die Allianz auseinander.

Auch die nationalorthodoxen Parteien (z.B. Habayit Hayehudi [»Das jüdische Haus«]) sind seit Jahren im Grunde ein Teil des Falkenlagers und deshalb die natürlichen Koalitionspartner des Likud. Die Siedler in den besetzten Gebieten der Westbank (in den Augen der orthodoxen Falken das biblische »Judäa und Samaria«) sind in dieser Partei stark vertreten.

Orthodoxes Lager

Die orthodoxen und ultraorthodoxen Parteien definieren sich hauptsächlich über religiöse Fragen. Die Nationalreligiösen sind seit 1967 mehrheitlich radikale Falken, die die besetzte Westbank als das jüdische Judäa und Samaria betrachten und eine aktive Siedlungspolitik unterstützen. Sie sind im Prinzip gegen jede territoriale Konzession. In der Knesset sind sie durch die Fraktion Habayit Hayehudi vertreten, einem Zusammenschluss der gleichnamigen Partei Habayit Hayehudi, die 2008 unter anderen von Mitgliedern der im gleichen Jahr aufgelösten Nationalreligiösen Partei ins Leben gerufen wurde, und der ultranationalistischen Hatkuma (»Wiedergeburt«). Die Nationalreligiösen wollen einen jüdischen Staat im religiösen Sinn. Sie sehen in der Errichtung Israels die Hand Gottes am Werk, in der Staatsgründung den Anfang der Erlösung.

Die Ultraorthodoxen sind die extremste religiöse Gruppierung. Für sie ist Israel kein jüdischer Staat und sie waren auch gegen seine Gründung durch die zionistische Bewegung. Allein Gott und der Messias und nicht die zionistischen »Häretiker« haben ihrer Meinung nach die Aufgabe, den jüdischen Staat wieder zu gründen. Die meisten Ultraorthodoxen nehmen trotzdem an Wahlen teil und sind durch Parteien in der Knesset vertreten, die sogar Regierungskoalitionen angehören. Sie akzeptieren aus pragmatischen Gründen den Staat, den sie gleichzeitig ideologisch ablehnen. Denn sie benötigen staatliche Gelder, um ihre nicht staatlichen Schulen zu finanzieren, und politischen Einfluss, um die Befreiung ihrer Männer vom Militärdienst zu sichern. Zwei wichtige ultraorthodoxe Fraktionen sind das Vereinigte Thora-Judentum und Schas (hebräische Abkürzung für »Sephardische Thora-Wächter«). Diese Spaltung der Ultraorthodoxie ist vor allem ethnisch. Das Vereinigte Thora-Judentum ist ein Zusammenschluss aschkenasischer Ultraorthodoxer, während Schas Juden und deren Nachfahren aus den arabischen und muslimischen Ländern – vor allem aus Marokko, Irak, Jemen, Libyen, Tunesien, Algerien, Iran und Ägypten – vertritt.

Arabisches Lager

Die nationalarabischen und islamisch-konservativen Parteien sind erst in den letzten 30 Jahren entstanden, da das israelische Sicherheitsestablishment vorher nationalarabische oder islamische Parteigründungen nicht zugelassen hatte. Die Nationale Demokratische Allianz (NDA) ist eine ultranationalistische, säkulare Partei. Die eher konservativen, religiös-islamischen arabischen Israelis sind im Parlament durch die Islamische Bewegung vertreten, die im Parlament bis 2015 mit der moderat nationalen, säkularen Arabische Bewegung der Erneuerung alliiert war. In der Außenpolitik vertritt sie die gleichen Positionen wie die anderen arabischen Parteien, ist aber stärker islamisch geprägt und in sozialen Angelegenheiten (zum Beispiel in der Frage der Frauenrechte) konservativ. Eine weitere Gruppierung ist die überwiegend arabische Israelische Kommunistische Partei, die relativ moderat arabisch-nationale und säkulare Positionen vertritt, aber sich als »internationalistisch« versteht und in ihrer Führung eine linke jüdische, nicht zionistische Komponente hat, obwohl nur fünf bis zehn Prozent ihrer Wähler Juden sind. Alle arabischen Parteien unterstützen einen totalen Rückzug Israels aus den besetzten Gebieten, die Errichtung eines palästinensischen Staates mit der Hauptstadt in Ost-Jerusalem und die Transformation Israels von einem jüdischen Staat zu einem »Staat aller Bürger«. In den Wahlen im März 2015 haben sich alle arabischen Parteien zu einer Liste – Vereinigte Liste genannt – zusammengeschlossen.

Abb. 4: Parteiensystem Israels

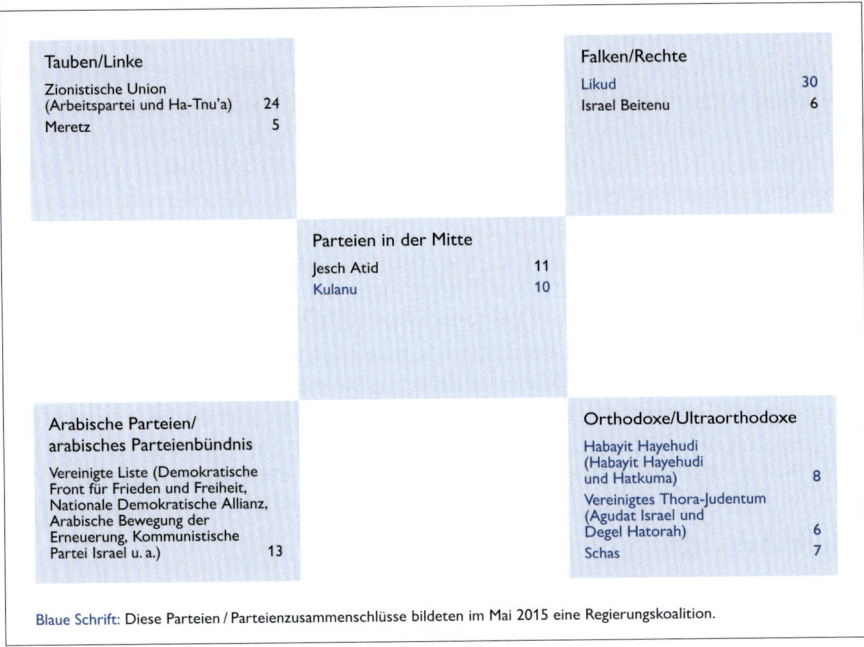

Tauben/Linke			Falken/Rechte	
Zionistische Union (Arbeitspartei und Ha-Tnu'a)	24		Likud	30
Meretz	5		Israel Beitenu	6

Parteien in der Mitte

Jesch Atid   11
Kulanu   10

Arabische Parteien/ arabisches Parteienbündnis		Orthodoxe/Ultraorthodoxe	
Vereinigte Liste (Demokratische Front für Frieden und Freiheit, Nationale Demokratische Allianz, Arabische Bewegung der Erneuerung, Kommunistische Partei Israel u. a.)	13	Habayit Hayehudi (Habayit Hayehudi und Hatkuma)	8
		Vereinigtes Thora-Judentum (Agudat Israel und Degel Hatorah)	6
		Schas	7

Blaue Schrift: Diese Parteien / Parteienzusammenschlüsse bildeten im Mai 2015 eine Regierungskoalition.

Quelle: eigene Zusammenstellung.

Parteien der Mitte

Parteien der Mitte hat es in Israel immer gegeben. Bei den Wahlen 2006 wurde zum ersten Mal eine neue Partei der Mitte, Kadima (»Vorwärts«), stärkste Partei. Sie entstand durch eine Spaltung des Likud zwischen den Befürwortern und den Gegnern der unilateralen Räumung des Gaza-streifens 2005. Auch Teile der Fraktion der Arbeitspartei, die unzufrie-den mit der neuen Parteiführung des Gewerkschaftsführers Amir Peretz waren, schlossen sich Kadima an. So wurde Kadima eine echte Partei der Mitte sowohl in der Außen- und Sicherheitspolitik als auch in der Wirt-schafts- und Sozialpolitik. In der religiösen Frage verfolgte die eher libe-ral-weltliche Kadima eine pragmatische Politik der Kompromisse, wie sie seit Staatsgründung auch die Arbeitspartei vertreten hatte. Im Vorfeld der Wahlen im Jahr 2013 entstand Jesch Atid (»Es gibt eine Zukunft«), eine neue Partei der Mitte, die auf Anhieb zweitstärkste Partei wurde. Jesch Atid versteht sich als Partei des säkularen Mittelstandes und vertritt eine betont antiklerikale Politik und moderate Positionen in der Außenpolitik. Kadima spaltete sich 2012 in zwei Gruppierungen – Kadima und Ha-Tnu'a. 2014 entstand eine weitere Partei der Mitte, Kulanu (»Wir alle«). Sie vertritt eher linke Positionen in sozioökonomischen Fragen und pragmatische, zentristische Positionen in der Außenpolitik und hinsichtlich des Verhältnisses von Staat und Religion. Im Vorfeld der Parlamentswahl im März 2015 hat sich Ha-Tnu'a mit der Arbeitspartei zusammengeschlossen, während Kadima sich aufgelöst hat.

Koalitionsregierungen

Das zersplitterte israelische Parteiensystem hat dazu geführt, dass eine Partei niemals die absolute Mehrheit erhält. Seit Staatsgründung waren alle Regierungen Koalitionsregierungen, häufig waren acht bis zehn Parteien an der Regierungskoalition beteiligt. Die Regierungskoalition, die nach den Wahlen im März 2015 gebildet wurde, besteht aus sieben Parteien (und fünf Fraktionen): Likud, Habayit Hayehudi und Hatkuma (die zusammen die Fraktion Habayit Hayehudi bilden), die soziale, aber in der Außenpolitik zentristische Kulanu, die ultraorthodoxe Schas und die ebenfalls ultraorthodoxe, aus zwei Parteien bestehende Fraktion Vereinigtes Thora-Judentum. In der Opposition sind die Parteien des Taubenlagers (Arbeitspartei, Ha-Tnu'a und Meretz), die zentristische Jesch Atid, die Parteien des arabischen Lagers (Vereinigte Liste) und die rechtsradikale Israel Beitenu.

VI Außenpolitik

Joel Peters und Rob Pinfold

Israel und die Welt

Wie jeder andere Staat auch verfolgt Israel mit seiner Außenpolitik und Diplomatie das übergeordnete Ziel, die nationalen Interessen auf internationaler Ebene zu fördern. Die Aufgaben der israelischen Außenpolitik lassen sich grob in fünf Bereiche einteilen: Erstens ist für die Sicherheit des Staates Sorge zu tragen und sein Überleben zu gewährleisten; zweitens soll der Frieden mit den Nachbarn gefördert werden; drittens strebt Israel nach internationaler Legitimität und politischer Unterstützung; viertens sind die Handels- und Wirtschaftsbeziehungen zu entwickeln und fünftens ist die jüdische Gemeinschaft außerhalb Israels zu beschützen. Der Schwerpunkt der israelischen Außenpolitik liegt eindeutig darauf, für das Überleben des Staates zur sorgen. Alle anderen Aufgaben sind dieser zentralen Aufgabe untergeordnet.

Realistische Vorstellungen von der anarchischen Beschaffenheit der internationalen Politik prägen zusammen mit den leidvollen Erfahrungen einer mehr als 2000-jährigen Verfolgungsgeschichte die Beschaffenheit und Ausrichtung der israelischen Außenpolitik. Obwohl sich Israel um die Unterstützung anderer Mächte, besonders der USA, bemüht, werden die heutige israelische Sicherheitskultur und der außenpolitische Ansatz von einem Narrativ der militärischen Stärke und des Vertrauens auf die eigene Stärke beherrscht. Aufgrund des andauernden Konflikts, in dem sich Israel befindet, nehmen das Land und seine Führung die Umgebung, wenn nicht das internationale Umfeld insgesamt, als Gefahr und Bedrohung wahr. Die Perzeption, Israel sei ständiger Belagerung und Bedrohung ausgesetzt, hat eine Außenpolitik geformt, die von Realpolitik, Pragmatismus und opportunistischem Denken bestimmt wird. Eine Folge davon war, dass Israel Beziehungen mit jedem Staat eingegangen ist, wenn sich die Gelegenheit dazu ergab, ungeachtet der politischen Ausrichtung der jeweiligen Regierung oder negativer politischer Auswirkungen. Außenpolitik ist weitgehend reaktiv, die Verfolgung kurzfristiger Interessen überwiegt die langfristige strategische Planung.

◀ Gebäude des Außenministeriums in Jerusalem, entworfen vom Architektenbüro Diamond/ Schmitt

Die israelische Außenpolitik soll, wie bereits erwähnt, vor allem den Sicherheitsbedürfnissen dienen, das Handeln der Diplomatie wurde Sicherheitserwägungen untergeordnet. Das hat zur Marginalisierung des Außenministeriums geführt und jede Debatte über die Beschaffenheit und Ausrichtung der israelischen Außenpolitik jeweils im Keim erstickt. Der Verkauf von Rüstungsgütern, militärische Ausbildung und Zusammenarbeit mit fremden Geheimdiensten sind wesentliche Elemente der israelischen Außenpolitik geworden. Die Ausfuhr von Rüstungsgütern hat dramatisch zugenommen, von etwa zwei Milliarden US-Dollar im Jahr 2003 auf unübertroffene 7,5 Milliarden US-Dollar im Jahr 2012. Die Ausfuhr militärischer Güter ist für die Entwicklung und das Überleben der israelischen Militärindustrie, die wiederum eine lebenswichtige Komponente des israelischen Sicherheitsapparats darstellt, unerlässlich. Deshalb war Israel, verglichen mit anderen westlichen Staaten, bisher eher bereit, Menschenrechtsverletzungen hinzunehmen und Beziehungen mit Militärdiktaturen und autokratischen Regimes zu pflegen.

Von der Staatsgründung bis zum Ende des Kalten Kriegs

In seinen ersten Jahren seines Bestehens versuchte der Staat Israel angesichts der sich zuspitzenden Rivalität zwischen den Vereinigten Staaten und der Sowjetunion, einen Kurs der »Nichtidentifikation« gegenüber den beiden im Entstehen begriffenen Blöcken einzuhalten, doch dieser Balanceakt war nicht von Dauer, da Israel seine Politik faktisch bald auf die Westmächte ausrichtete. Zunächst setzte es auf das Vereinigte Königreich und Frankreich (Letzteres war bis 1967 Israels Hauptwaffenlieferant), was zur unglücklichen Beteiligung des jüdischen Staates an der Suezkrise bzw. am Sinaifeldzug 1956 führte. Obwohl die Vereinigten Staaten zu den ersten Staaten gehörten, die Israel anerkannt hatten, zeigten sie Israel zunächst die kalte Schulter. Während Israel die Unterstützung weiter Teile der amerikanischen Öffentlichkeit genoss, betrachtete die US-Regierung eine übermäßige Unterstützung Israels als schädlich für die amerikanischen Interessen in der Region, besonders im Hinblick auf die Sicherung des Zugangs zu den Ölvorkommen am Persischen Golf. Angesichts der massiven politischen, militärischen und wirtschaftlichen Unterstützung, die die Sowjetunion arabischen Staaten zukommen ließ, begannen aber auch die Vereinigten Staaten, dem Werben Israels nachzugeben und zeigten wachsende Sensibilität für Israels Verteidigungsbedürfnisse. Unter den Präsidenten John F. Kennedy und Lyndon B. Johnson begann die Lieferung wichtiger amerikanischer Waffensysteme an Israel, darunter besonders das Hawk-Luftabwehrraketensystem im Jahr 1962 und Phantom-Kampfflugzeuge (1968). Mit diesen Rüstungsgeschäften etablierten sich die Vereinigten Staaten als Hauptrüstungslieferant Israels. Sie markierten auch den Beginn der US-Politik, Israel dauerhaft einen qualitativen militärischen Vorsprung vor seinen Nachbarn zu verschaffen.

In den ersten Jahren nach der Staatsgründung wähnte sich Israel vom gleichen Schicksal betroffen wie die neu gebildeten postkolonialen Staaten Afrikas und Asiens. Von der diplomatischen Anerkennung durch die Dritte Welt erhofften sich die politischen Entscheidungsträger deshalb einen Ausweg aus der politischen Isolation, in die die arabischen Staaten Israel zu treiben versuchten. Israel war insbesondere an der Entwicklung enger Beziehungen zu Indien und China interessiert. Doch entsprechende anfängliche Vorstöße zur Aufnahme diplomatischer Beziehungen mit diesen Staaten wurden umgehend zurückgewiesen. In Afrika gelang es der israelischen Außenpolitik hingegen, rasch Beziehungen zu den neu in die Unabhängigkeit entlassenen Staaten zu knüpfen. In den frühen 1970er-Jahren unterhielt Israel diplomatische Beziehungen zu zweiunddreißig afrikanischen Staaten und damit eines der größten diplomatischen Netzwerke auf jenem Kontinent. Diese Präsenz in Afrika beeinflusste das internationale Ansehen des Landes positiv.

Doch nach dem Sieg im Sechstagekrieg im Juni 1967 begann Israels internationales Ansehen zu bröckeln. Unmittelbar nach dem Krieg brachen die Sowjetunion und sämtliche kommunistischen Staaten Osteuropas (mit Ausnahme Rumäniens) die diplomatischen Beziehungen zu Israel ab. Der Oktoberkrieg 1973 war sodann der Anfang der gravierendsten außenpolitischen Isolation in Israels Geschichte. Unter dem Druck der ölproduzierenden arabischen Staaten brachen fast alle afrikanischen Staaten noch während des Krieges ihre Beziehungen zu Israel ab. Zwei Jahre später erreichte Israels internationales Ansehen dann den Tiefpunkt, als die UN-Vollversammlung eine Resolution verabschiedete, die den Zionismus mit Rassismus gleichsetzte. Auch die Beziehungen mit den Staaten Westeuropas verschlechterten sich zusehends und erreichten 1980 einen Tiefpunkt, als die Mitgliedstaaten der EG die Erklärung von Venedig verabschiedeten, in der sie sich unter anderem für das Selbstbestimmungsrecht der Palästinenser und die Einbeziehung der PLO in Friedensverhandlungen aussprachen.

Während andere Staaten Israel während des Oktoberkrieges den Rücken kehrten, versorgten die Vereinigten Staaten das Land während der Kämpfe in einem beispiellosen Schritt durch eine Luftbrücke mit dringend benötigtem Kriegsmaterial und Munition. Danach nahm die strategische Zusammenarbeit zwischen beiden Staaten immer mehr Gestalt an und entwickelte sich zu einem bedeutenden, wenn nicht zentralen Bestandteil des allgemeinen bilateralen Beziehungsgeflechts auf politischer, wirtschaftlicher und kultureller Ebene. Die US-Regierung unter Jimmy Carter unternahm den ersten Schritt, der die Kooperation der Rüstungsgüterindustrien beider Staaten, den Technologietransfer nach Israel und die Ausfuhr israelischer Rüstungsgüter in die USA ermöglichte. Die Vereinigten Staaten nahmen Israel zunehmend als Staat mit zentraler strategischer Bedeutung und als einzigen verlässlichen Partner im Nahen Osten wahr. Unter US-Präsident Ronald Reagan unterzeichneten beide Länder in den Jahren 1981 und 1983 Absichtserklärungen, die zu vertiefter Zusammenarbeit in den Bereichen Militärforschung, gemeinsame Planung und gemeinsame Militärübungen führten.

Abgesehen von den Beziehungen mit den USA, blieb Israel nach dem Oktoberkrieg 1973 außenpolitisch isoliert, was den jüdischen Staat dazu veranlasste, Beziehungen mit Militärdiktaturen in Mittel- und Südamerika zu pflegen. Ebenso knüpfte es die Beziehungen zu Südafrika enger, was im Staatsbesuch des südafrikanischen Premierministers John Vorster im April 1976 in Jerusalem seinen deutlichen Ausdruck fand. Israels Ruf als Militärmacht führte in den 1970er-Jahren zudem zu einer massiven Ausweitung der Rüstungsexporte von etwa 100 Millionen US-Dollar 1970 auf 1,25 Milliarden US-Dollar am Ende des Jahrzehnts. Gerechtfertigt wurden diese Rüstungsexporte damit, dass die Rüstungsindustrie essenziell für die Sicherheit und das Überleben des Landes ist. Doch der Waffenexport entpuppte sich als zweischneidiges Schwert. Israels Beziehungen zu Militärdiktaturen in den 1970er- und 1980er-Jahren schwächten sein internationales Ansehen zusätzlich. Statt die außenpolitische Isolation zu durchbrechen, isolierten sie das Land noch mehr. Mit der Unterzeichnung des Osloer Abkommens im September 1993 schlug die israelische Außenpolitik dann eine komplett neue Richtung ein. Die Aussicht auf Frieden mit den Palästinensern und der arabischen Welt eröffnete zahlreiche neue Perspektiven.

Außenpolitische Beziehungen seit den 1990er-Jahren

Das Ende des Kalten Krieges führte unter anderem auch zur Erneuerung der Beziehungen mit den osteuropäischen Staaten, die unmittelbar nach dem Sechstagekrieg 1967 abgebrochen worden waren. Von den Fesseln des Kommunismus befreit, sind diese Beziehungen inzwischen aufgeblüht. Die osteuropäischen Staaten zeigen oft mehr Verständnis für Israels Positionen im Friedensprozess als Westeuropa. Mit Russland wurden die Beziehungen im Oktober 1991 unmittelbar vor dem Zusammenbruch der Sowjetunion wieder aufgenommen. Der Niedergang des Kommunismus

Der russische Präsident Wladimir Putin nimmt während seines Besuchs in Israel am Festakt zur Einweihung des Siegesdenkmals in Netanja teil, das an den Sieg der Roten Armee über das nationalsozialistische Deutschland und die Verbundenheit mit Israel erinnert, 25. Juni 2012. Das Denkmal wurde durch Beschluss der israelischen Regierung und mit Zustimmung der russischen Regierung errichtet.

hat zu einer jüdischen Massenemigration aus der ehemaligen Sowjetunion geführt (siehe den Beitrag von Judy Maltz) und Israel ist heute die Heimat von mehr als einer Million russischsprachiger Bürger, die mehrheitlich in der ersten Hälfte der 1990er-Jahre einwanderten. Diese Einwanderung hat nicht nur das politische, gesellschaftliche und wirtschaftliche Leben in Israel entscheidend geprägt, sondern auch zu einem engen Beziehungsgeflecht mit Russland und den Nachfolgestaaten der Sowjetunion geführt. Moskau wurde zu einem bedeutenden Reiseziel israelischer Minister und fast jeder israelische Regierungs- und Staatschef hat Russland besucht. In Putins Amtszeit sind die Beziehungen enger geworden. Er hat Israel bislang zweimal besucht: 2005 und 2012. Der bilaterale Handel hat sich zwischen 2009 und 2013 mehr als verdoppelt und inzwischen ein Volumen von 3,5 Milliarden US-Dollar jährlich erreicht. Verglichen mit dem Handel mit den USA, der Europäischen Union, China und Indien ist das immer noch bescheiden, doch Russland ist – und das ist entscheidend – Israels zweitgrößter Öllieferant.

Das Verhältnis zu Russland war stets auch ein heikler Balanceakt und aufgrund der russischen Nahostpolitik – besonders wegen der russischen Waffenverkäufe an Syrien, der russischen Unterstützung für Baschar al-Assad und vor allem der russischen Rolle bei der Entwicklung der atomaren Fähigkeiten des Iran – oft spannungsgeladen. Russlands umfangreiches Engagement im Nahen Osten zwang Israel darüber hinaus zuweilen auch dazu, den geostrategischen Interessen Russlands entgegenzukommen. So beendete Israel etwa während des russisch-georgischen Krieges von 2008 die militärische Zusammenarbeit mit Georgien und stellte die Waffenlieferungen an dieses Land ein. In ähnlicher Weise blieb Israel 2014 bei der Abstimmung über die Krise in der Ukraine der UN-Vollversammlung fern und schloss sich, zum Leidwesen der Vereinigten Staaten, der Verurteilung Russlands wegen der Annexion der Krim nicht an.

Als die Sowjetunion auseinanderbrach, nahm Israel auch rasch Beziehungen zu den neuen unabhängigen Staaten in Zentralasien und in der Kaukasusregion auf. Besonders Israels Beziehungen zu Aserbaidschan und Kasachstan, zwei mehrheitlich muslimische Staaten, haben in den letzten Jahren für einige Aufmerksamkeit gesorgt. Die beiden Staaten sind wichtige Öllieferanten – mehr als 50 Prozent der israelischen Erdölimporte kommen von dort, das Handelsvolumen mit Aserbaidschan betrug 2012 mehr als vier Milliarden US-Dollar. In erster Linie dürfte das gemeinsame Interesse, den iranischen Einfluss einzudämmen, die beiden Staaten einander nähergebracht haben. Im Februar 2012 bestätigten Israel und Aserbaidschan die Unterzeichnung eines Rüstungsabkommens in Höhe von 1,6 Milliarden US-Dollar, wonach Israel Aserbaidschan Drohnen sowie

Luft- und Raketenabwehrsysteme liefert. Anfang 2014 schloss Israel mit Kasachstan ein umfassendes Verteidigungsabkommen ab.

Die israelisch-türkischen Beziehungen sind traditionell kompliziert und passen sich der Dynamik des israelisch-arabischen Konflikts an. Historisch gesehen, pflegte die Türkei ein offenes Verhältnis zu Israel und war 1949 das erste Land mit überwiegend muslimischer Bevölkerung, das den jüdischen Staat anerkannte. Die Entwicklung der Beziehungen mit der Türkei ist ein Teil von Israels Peripheriedoktrin, die in den 1950er-Jahren vom israelischen Premierminister David Ben Gurion entwickelt wurde. Dieser Doktrin zufolge strebt Israel enge Beziehungen mit den nicht arabischen muslimischen Staaten im Nahen Osten an, um dem arabischen Widerstand gegen die Existenz Israels entgegenzuwirken. Diese Doktrin führte auch zu engen Beziehungen mit dem Iran, die bis zum Sturz des Schahs 1979 andauerten.

Nach der Unterzeichnung des Osloer Abkommens 1993 blühten die israelisch-türkischen Beziehungen auf. Die beiden Länder tauschten Botschafter aus und Premierministerin Tansu Çiller und Staatspräsident Süleyman Demirel statteten Israel 1994 und 1996 Besuche ab. Im Kern waren es militärstrategische Interessen, die diese Beziehungen prägten. Im Februar 1996 unterzeichneten Israel und die Türkei ein Abkommen über gemeinsame Militärübungen und militärische Kooperation, das Technologietransfer, gemeinsame Forschung im militärischen Bereich, geheimdienstliche Zusammenarbeit, einen ständigen strategiepolitischen Dialog und gemeinsame Übungen ermöglichte. Die Türkei avancierte rasch zu einem lukrativen Absatzmarkt für die israelische Rüstungsindustrie: Das bilaterale Handelsvolumen weitete sich von 100 Millionen US-Dollar 1991 auf zwei Milliarden US-Dollar Ende des Jahrzehnts aus.

Der Zusammenbruch des Friedensprozesses und der Ausbruch der zweiten Intifada führten zu einer sichtbaren Verschlechterung des türkisch-israelischen Verhältnisses. Auf einer gewissen Ebene dauerte die Zusammenarbeit an, besonders im militärischen und nachrichtendienstlichen Bereich, doch die politische Führung der Türkei schlug Israel gegenüber einen zunehmend kritischen, ja sogar feindseligen Ton an und verurteilte die israelische Politik gegenüber den Palästinensern in aller Offenheit in schärfster Form. Im Mai 2010 erreichte das türkisch-israelische Verhältnis einen Tiefpunkt, von dem es sich seither nicht mehr erholt hat. Auslöser dafür war ein Zwischenfall vor der israelischen Küste, als neun türkische Aktivisten beim Versuch, mit einer Schiffsflotte die israelische Seeblockade des Gazastreifens zu durchbrechen, von israelischen Soldaten getötet wurden. Die Türkei rief daraufhin ihren Botschafter aus Israel zurück, gemeinsame Truppenübungen wurden abgesagt und Rüstungsgeschäfte, einschließlich eines Geschäfts in Höhe von fünf Milliarden US-Dollar, eingefroren. Obwohl sich Israel im Mai 2013 formell für den »Flottillen-Zwischenfall« entschuldigte, sind die bilateralen Beziehungen frostig geblieben.

Nachdem die Türkei die Beziehungen zu Israel eingefroren hatte, verbesserte sich Israels Verhältnis zu Griechenland bzw. Zypern, also zu zwei Staaten, die Israel traditionell reserviert gegenüberstanden. Benjamin Netanjahu war der erste israelische Premierminister, der 2010 Griechenland und 2012 Zypern einen Besuch abstattete, gefolgt von Gegenbesuchen des griechischen Premierministers Georgios Papandreou und des zypriotischen Präsidenten Nikos Anastasiadis im Jahr 2014. Die israelisch-griechische Zusammenarbeit im Verteidigungsbereich ist ein zentraler Bestandteil des neuen Verhältnisses, wobei Griechenland die Türkei bei gemeinsamen Manövern mit der US-amerikanischen Marine ersetzt.

Einen weiteren Grund dafür, dass Israel, Griechenland und Zypern ihre Beziehungen verbesserten, bildete die Entdeckung von Gasfeldern im östlichen Mittelmeer im Jahr 2009. Die drei Länder unterzeichneten 2013 ein Energiememorandum, worin sie sich zur gemeinsamen Ausbeutung und zum gemeinsamen Schutz der Erdgasressourcen in der Region verpflichten. Das Memorandum enthält überdies eine Absichtserklärung, die Elektrizitätsnetze Israels und Zyperns zu verbinden. Beobachter diskutierten auch über Möglichkeiten, Erdgas über eine Leitung von israelischem Gebiet über Zypern nach Europa zu exportieren.

Der israelische Anteil an den Erdgasvorkommen konzentriert sich auf zwei Felder – »Tamar« und »Leviathan«. Tamar allein liefert Gas, um 40 Prozent der israelischen Stromproduktion abzudecken, während »Leviathan« voraussichtlich ab 2017 angezapft werden soll. Die Entdeckung von Gasvorkommen in israelischen Gewässern birgt Potenzial für eine breitere regionale Zusammenarbeit. Israel hat bereits Energieabkommen mit traditionellen Gegenspielern geschlossen: ein Abkommen mit Jordanien über 15 Milliarden US-Dollar, eines mit Ägypten über mindestens 500 Millionen US-Dollar und selbst eines mit der Palästinensischen Autonomiebehörde über 1,2 Milliarden US-Dollar. Die Gasressourcen sind für einige außenpolitische Ziele nützlich, von der Selbstversorgung und der Diversifizierung der Energiequellen über die regionale Friedensstiftung bis zu einer Neuausrichtung der geopolitischen Verhältnisse im östlichen Mittelmeerraum.

Am deutlichsten manifestiert sich der Wandel der außenpolitischen Orientierung Israels in der stetig wachsenden Bedeutung Indiens und Chinas. Kommentatoren sprechen bereits von einer »israelisch-asiatischen Achse«. Im Januar 1992 nahm Israel diplomatische Beziehungen sowohl mit Indien als auch mit China auf und brachte damit einen Prozess der Annäherung zu einem gewissen Abschluss, der bereits Jahre zuvor begonnen hatte. Die Handelsbeziehungen zwischen Indien und Israel blühten in den vergangenen zwei Jahrzehnten auf. Im Jahr 2000 überschritt der Handel die Marke von einer Milliarde US-Dollar, um anschließend bis auf 4,4 Milliarden US-Dollar im Jahr 2013 zu steigen. Israel ist der größte Handelspartner Indiens in der Region und gehört zu den größten ausländischen Investoren in Indien.

Die Zusammenarbeit auf militärischem Gebiet bildet die Grundlage der sich entwickelnden indisch-israelischen Freundschaft und reicht von israelischen Rüstungsgüterverkäufen an Indien, nachrichtendienstlichem Austausch und Terrorabwehr, gemeinsamen Militärübungen bis zu gemeinsamer Forschung und zur Entwicklung neuer Waffensysteme. Israel ist Indiens zweitgrößter Rüstungsgüterlieferant. 2001 unterzeichneten Israel und Indien eine Reihe von Verträgen über die Lieferung israelischer Waffensysteme und Munition an Indien im Gesamtumfang von mehr als zwei Milliarden US-Dollar. 2004 folgte ein Vertrag über den Verkauf von drei Phalcon-Radarsystemen an Indien im Wert von 1,1 Milliarden US-Dollar. 2007 gaben Indien und Israel zudem ein gemeinsames Projekt im Umfang von 2,5 Milliarden US-Dollar für die Entwicklung eines neuen Luftabwehrsystems auf der Basis von Raketen des Typs »Barak« für die indische Luftwaffe und Armee bekannt. Die israelisch-indischen Beziehungen haben sich auch jüngst weiter vertieft: Zwischen Mai und November 2014 verkaufte Israel Indien Rüstungsgüter im Wert von 662 Millionen US-Dollar, mehr als in den letzten drei Jahren zusammen.

Ähnlich haben sich die Beziehungen zu China entwickelt. Mehrere gegenseitige Besuche hochrangiger Politiker waren von einem dramatischen Ausbau der wirtschaftlichen Zusammenarbeit begleitet. 2001 überschritt der israelisch-chinesische Handel erstmals die Marke von einer Milliarde US-Dollar, 2013 war er bereits auf über zehn Milliarden US-Dollar angewachsen und China zum drittgrößten Handelspartner Israels geworden. 2010 nahmen die nicht militärischen Exporte Israels nach China um 95 Prozent auf zwei Milliarden US-Dollar zu. Die Rüstungsgüterverkäufe spielten auch in den Beziehungen zu China eine bedeutende Rolle, waren jedoch auch heftig umstritten. Israels Bereitschaft, China Waffen zu verkaufen und chinesische Waffensysteme aufzuwerten, führte zu Reibungen zwischen Israel und den Vereinigten Staaten, die die chinesischen Aufrüstungsbestrebungen mit Sorge verfolgen. Die USA übten Druck auf Israel aus und zwangen es im Juli 2000, den Verkauf von Phalcon-Frühwarnsystemen an China zu widerrufen. Dennoch wurden begrenzte militärische Verbindungen im Stillen weiter gepflegt. Im Juni 2011 weilte der israelische Verteidigungsminister zu

Die chinesische Vizeministerpräsidentin Liu Yandong (l.) und Ministerpräsident Benjamin Netanjahu (r.) während der Eröffnung der Israel-China-Innovation-Conference in Jerusalem am 29. März 2016; die Zeremonie umfasste die Unterzeichnung von dreizehn Abkommen und Vereinbarungen zwischen den beiden Ländern im Bereich von Wissenschaft, Technologie und Gesundheit.

Gesprächen mit seinem chinesischen Amtskollegen in Beijing. Kurz darauf, im August 2011, besuchte ein Führungsmitglied der chinesischen Streitkräfte Tel Aviv. Eine weitere Intensivierung erfuhr das bilaterale Verhältnis mit dem Besuch von Premierminister Netanjahu in Beijing im Mai 2013, in dessen Rahmen erneut etliche Kooperationsvereinbarungen zwischen den beiden Staaten unterzeichnet wurden.

Angesichts der neuen Perspektiven in Asien kam den Beziehungen zu afrikanischen und lateinamerikanischen Staaten eine untergeordnete Bedeutung zu. Israel Hauptinteresse in diesen Regionen ist es nach wie vor, arabischen Aktivitäten, die sich gegen Israel richten, entgegenzuwirken. Das Hauptaugenmerk liegt derzeit vor allem darauf, den iranischen Einfluss in der Region zurückzudrängen, Unterstützung für die eigenen Positionen zu gewinnen und neue Absatzmärkte für die israelische Rüstungsindustrie zu erschließen. Im September 2009 besuchte der damalige israelische Außenminister Avigdor Lieberman mehrere afrikanische Staaten, darunter Äthiopien, Ghana, Kenia, Nigeria und Uganda. Es war die erste Afrikareise eines hochrangigen israelischen Regierungsvertreters seit zwanzig Jahren. Im Juli desselben Jahres hatte Lieberman auch Lateinamerika bereist, wo er mit führenden Politikern Brasiliens, Argentiniens, Perus und Kolumbiens zusammentraf. Im März 2010 besuchte der brasilianische Präsident Lula da Silva Jerusalem. Es war der erste Besuch eines brasilianischen Staatschefs in dieser Stadt. Die Zusammenarbeit auf militärischem Gebiet prägt auch die sich entwickelnden israelisch-brasilianischen Beziehungen. Brasilien ist zu einem lukrativen Absatzmarkt für Israel geworden und wurde jüngst zum fünftgrößten Importeur für israelische Rüstungsgüter. Der Wert von Lieferverträgen in diesem Bereich wird auf über eine Milliarde US-Dollar geschätzt.

Israels Verhältnis zu Europa weist eine Anzahl widersprüchlicher Tendenzen auf, woraus sich höchst problematische und volatile Beziehungen ergeben, die einerseits von einem immer dichteren Netz wirtschaftlicher, wissenschaftlicher und kultureller Verbindungen geprägt sind, andererseits auf politscher Ebene aber auch Ernüchterung, Bitterkeit und Ressentiments widerspiegeln. Israel war einer der ersten Staaten, der mit der Europäischen Wirtschaftsgemeinschaft 1975 ein Freihandelsabkommen unterzeichnete. Unmittelbar nach der Unterzeichnung des Osloer Abkommens nahmen Israel und die Europäische Gemeinschaft dann Verhandlungen über ein neues Assoziationsabkommen auf, das den israelisch-europäischen Wirtschafts- und Forschungsbeziehungen starken Auftrieb gab. 2013 belief sich der Handel zwischen der EU und Israel auf 29,5 Milliarden Euro – das entspricht rund 13,7 Prozent des israelischen Bruttoinlandsprodukts –, wobei die israelischen Ausfuhren in die EU 12,5 Milliarden Euro und die Einfuhren nach Israel 17 Milliarden Euro betrugen. Die EU ist Israels Haupthandelspartner; ein Drittel des israelischen Außenhandels findet mit der EU statt. Abgesehen vom Handel, bestehen zwischen Israel und der EU enge Beziehungen in der Landwirtschaft, in der Aviatik und in etlichen Bereichen der Forschung, einschließlich Nanotechnologie, Gesundheit, Umwelt und Kommunikation. 1996 wurde Israel als einziges nicht europäisches Land als vollberechtigter Partner in das EG-Forschungs- und Entwicklungsrahmenprogramm aufgenommen und im Juni 2014 schloss sich Israel auch dem EU-Förderprogramm für Forschung und Innovation »Horizont 2020« an.

Doch erhebliche Differenzen im israelisch-palästinensischen Konflikt (siehe den Beitrag zum israelisch-palästinensischen Konflikt von Gisela Dachs) belasten die israelisch-europäischen Beziehungen stark. Das Verhältnis zu Europa verschlechterte sich bereits in den 1970er- und 1980er-Jahren, die Meinungsverschiedenheiten zeigten sich vor allen in der Jerusalemfrage und der Frage, ob die PLO in den Verhandlungsprozess einbezogen werden solle. Die Unterzeichnung der Osloer Abkommen in den Jahren 1993–1995 schien diese Differenzen zu beseitigen, wobei Brüssel erwog, Israel einen »Sonderstatus« gegenüber der EU einzuräumen. 2008 wurden Verhandlungen über die Aufwertung des Verhältnisses zwischen Israel und der EU aufgenommen. Doch diese kamen zum Stillstand, da die EU die Aufwertung des israelischen Status vom Fortschritt im Friedensprozess abhängig macht.

Staatspräsident Reuven Rivlin spricht vor dem Europäischen Parlament in Brüssel, 22. Juni 2016.

Die politischen Eliten Europas und die europäischen Zivilgesellschaften sind ernüchtert vom nahöstlichen Friedensprozess und lasten den Stillstand in erster Linie Israels Unnachgiebigkeit an. Die EU ist verärgert, wie Israel sie marginalisiert, und beharrt auf einer Rolle, die der Bedeutung des Kontinents entspricht. Die (exzessive) Nutzung militärischer Mittel zur Verteidigung der eigenen Bevölkerung – besonders bei den jüngsten israelischen Operationen im Gazastreifen – wird in Europa als unangemessen, ja oft als völkerrechtswidrig gewertet und gilt als konfliktverschärfend. Als größte Belastung des israelisch-europäischen Verhältnisses erweist sich jedoch die Frage der jüdischen Siedlungen im Westjordanland. Europa betrachtet den israelischen Siedlungsbau als völkerrechtswidrig und als Versuch, die Entstehung eines lebensfähigen Palästinenserstaates zu verhindern. Während die EU bislang keine umfassenden Wirtschaftssanktionen gegen Israel verhängt hat, wurden Produkte von den jüdischen Siedlungen im Westjordanland vom Freihandelsabkommen mit der EU ausgeschlossen. Es gibt zudem immer mehr Stimmen in den europäischen Zivilgesellschaften, die eine härtere Gangart gegenüber Israel unter Nutzung wirtschaftlicher Druckmittel fordern, um eine Lösung des Konflikts zu erreichen.

Die Israelis pflegen ein widersprüchliches Verhältnis zu Europa. Israelische Politiker sprechen von der großen Bedeutung Europas für die israelische Wirtschaft und zeigen ein aufrichtiges Interesse an der Vertiefung der Beziehungen. Es gibt sogar Stimmen, die fordern, Israel sollte irgendwann die Mitgliedschaft in der EU beantragen, eine Idee, die in der israelischen Öffentlichkeit breite Unterstützung findet. Andererseits misstrauen die Israelis der europäischen Politik und kritisieren sie als dominant propalästinensisch. Die Israelis werfen den europäischen Politikern vor, die israelischen Sicherheitsbedenken nicht ernst zu nehmen und Israels politische Dilemmata beim Versuch, die eigenen Bürger vor palästinensischem Terrorismus und Raketenangriffen aus dem Gazastreifen zu schützen, zu ignorieren. Auch, dass die Politik in Europa nicht in der Lage ist, effektiv gegen den erstarkenden Antisemitismus zu intervenieren, gilt in Israel als Bestätigung dafür, dass jüdische Ängste und Anliegen und damit auch Israels langfristige Sicherheit für die europäische Politik keine zentralen Anliegen sind. Die Kritik europäischer Politiker an der israelischen Politik sowie die zunehmende Unterstützung der BDS-Bewegung (BDS = Boycott, Divestment and Sanctions) wird als Mitursache für die starke Zunahme des Antisemitismus und der zunehmenden Angriffe auf die jüdische Gemeinschaft gesehen. Der Diskurs zwischen Europa und Israel wird deshalb zunehmend mit Bitterkeit und Schuldzuweisungen sowie mit Verweisen auf die jüdische Tragödie in Europa geführt, wobei die substanziellen positiven Beziehungen, die sich zwischen Europa und Israel im wirtschaftlichen, wissenschaftlichen und militärischen Bereich entwickelt haben, oft übersehen werden.

Obwohl die Europäische Union Israels größter Handelspartner ist, zudem Indien, China und Brasilien neue Möglichkeiten und Absatzmärkte bieten, konzentriert sich die israelische Außenpolitik nach wie vor auf die Vereinigten Staaten. Das derzeitige israelisch-amerikanische Verhältnis wird von der überwältigen Unterstützung der amerikanischen Öffentlichkeit für Israel getragen. Es basiert auf gemeinsamen Werten, auf der besonderen Rolle der jüdischen Gemeinden in den USA und der ausgeprägten Sympathie, die Israelis der USA entgegenbringen.

Durch die Pflege politischer und persönlicher Kontakte, besonders mit konservativen christlich-evangelischen Kreisen, und durch geschicktes

Lobbying der proisraelischen Lobbyorganisation AIPAC (American Israel Public Affairs Committee) genießt Israel in beiden Parteien eine stabile Unterstützung seiner wirtschaftlichen und sicherheitspolitischen Anliegen. Die amerikanische Rüstungshilfe ist entscheidend für Israel, wenn es darum geht, die qualitative militärische Überlegenheit zu bewahren und neue Waffensysteme zu entwickeln. Wann immer Israel internationalem Druck seitens verschiedener Staaten in den Vereinten Nationen ausgesetzt war, verteidigten die USA Israels militärisches Vorgehen gegen den palästinensischen Terror und die Raketenangriffe auf seine Bürger durch die Hamas im Gazastreifen und die Hisbollah im Libanon. Die Vereinigten Staaten haben zudem häufig von ihrem Vetorecht Gebrauch gemacht, um Resolutionen des UN-Sicherheitsrates gegen Israels Vorgehen oder gegen die israelische Politik zu vereiteln.

US-Präsident Barack Obama im Gespräch mit Staatspräsident Reuven Rivlin im Weißen Haus, Dezember 2015

Die USA spielen zudem eine wichtige Rolle als Vermittler im israelisch-arabischen Friedensprozess; sie werden deshalb auch als Schlüssel für ein Friedensabkommen mit den Palästinensern und als Garant für solche Abkommen gewertet. Ungeachtet dessen, kommt es zwischen Israel und den Vereinigten Staaten oft zu politischen Meinungsverschiedenheiten, besonders über den Siedlungsbau und die Maßnahmen, die verhindern sollen, dass der Iran Atomwaffenfähigkeit erreicht. Die Obama-Administration ist zunehmend ernüchtert von der israelischen Politik, das Verhältnis zwischen Präsident Obama und Premierminister Netanjahu ist von offener Abneigung und Misstrauen geprägt. Kommentatoren sehen die israelisch-amerikanischen Beziehungen bereits auf dem Tiefpunkt und stellen Mutmaßungen über die nachlassende jüdisch-amerikanische Unterstützung der israelischen Politik und darüber an, ob das israelisch-amerikanische »Sonderverhältnis« Bestand haben wird. Die Krisenstimmung hat eine lebhafte Debatte über die Beschaffenheit der Beziehung zwischen den USA und Israel entfacht: Handelt es sich um eine »strategische Partnerschaft«, die auf gemeinsamen Werten und Interessen beruht, wie deren Befürworter argumentieren, oder um eine unausgeglichene Last und das Resultat einer übermäßig starken »Israellobby«, wie Kritiker meinen?

Trotz Mutmaßungen über wachsende Spannungen im israelisch-amerikanischen Verhältnis bleibt Israel für Washington jedoch ein treuer, stabiler strategischer Partner in einem zunehmend turbulenten nahöstlichen Umfeld. Die israelisch-amerikanischen Beziehungen im Sicherheitsbereich werden immer enger, geprägt von amerikanischer Finanzhilfe für die Entwicklung des Raketenabwehrsystems »Iron Dome«, das die meisten Raketen abgefangen hat, die während der Operation »Fels in der Brandung« im Sommer 2014 von der Hamas auf israelische Bevölkerungszentren abgefeuert wurden. Israel erhält weiterhin jährlich drei Milliarden US-Dollar Wirtschaftshilfe von den USA, wovon 2011 98 Prozent aus Militärhilfe bestand. Beide Seiten sind stark daran interessiert, an diesem Verhältnis im Sicherheitsbereich festzuhalten. Im Sommer 2012 haben Israel und die Vereinigten Staaten ein Abkommen über eine erweiterte Zusammenarbeit im Sicherheitsbereich unterzeichnet und Ende 2014 hieß der amerikanische Kongress ein strategisches Partnerschaftsabkommen zwischen den USA und Israel einstimmig gut.

Eine Bilanz

Eines der vorrangigen Ziele der israelischen Außenpolitik war und ist es, internationale Legitimität, Anerkennung und Unterstützung zu erlangen. Doch trotz der weitverzweigten Beziehungen zu anderen Staaten ist es Israel bislang nicht gelungen, diese Verbindungen in diplomatische Unterstützung seiner Standpunkte im Konflikt mit den Palästinensern umzusetzen. Die internationale Ebene bleibt für Israel ein feindseliges Pflaster, ein »politisches Schlachtfeld«, wo Israel mit den arabischen Staaten um Einfluss und politische Unterstützung konkurriert. Der jüngste palästinensische Vorstoß um Anerkennung und Mitgliedschaft in den Vereinten Nationen, die Eingabe der Palästinenser an den Internationalen Strafgerichtshof und die wachsende Unterstützung für die BDS-Kampagne werden von Israel als jüngste diplomatische Attacke auf seine Legitimität wahrgenommen. Das Gefühl der außenpolitischen Isolierung und Bedrängung und das Bedürfnis, ausschließlich der eigenen Stärke zu vertrauen, bleiben unter israelischen Entscheidungsträgern und in der israelischen Gesellschaft verbreitet.

Die Außenbeziehungen des Staates Israels und dessen internationaler Status hängen schon seit Jahren von den Launen des israelisch-arabischen Konflikts und vom Schicksal des Friedensprozesses mit den Palästinensern ab. Auf dem Höhepunkt des Osloer Prozesses Mitte der 1990er-Jahre erlebte Israel eine kurze Phase der außenpolitischen Öffnung, deren Früchte über die Befriedigung der unmittelbaren Sicherheitsbedürfnisse hinausgingen. Selbst mit Maghreb- und Golfstaaten wurden Beziehungen aufgenommen. Doch mit dem Zusammenbruch des Friedensprozesses schloss sich dieses Fenster rasch wieder. Das flüchtige Gefühl der Einbindung und Zugehörigkeit wird sich zweifellos erst dann wieder einstellen, wenn erneut konkrete Aussichten auf eine Beilegung des israelisch-palästinensischen Konflikts bestehen. Erst dann wird sich in den israelischen Außenbeziehungen eine gewisse Normalität einstellen, in der sich ein echter Ausgleich finden lässt zwischen den Bedürfnissen nach Sicherheit sowie wirtschaftlichen und anderen materiellen Bedürfnissen einerseits und der Förderung von Israels wichtigsten Werten und Interessen auf internationaler Ebene andererseits.

Aus dem Englischen von David Ajchenrand

Joel Peters

Verhältnis zur Diaspora

Das Verhältnis zwischen Israel und der jüdischen Diaspora ist kompliziert. Der Zionismus und die Gründung des Staates Israel waren ursprünglich als Negierung des jüdischen Lebens in der Diaspora und als Lösung für Zerstreuung und Exil gedacht. Anführer der zionistischen Bewegung betrachteten Israel als unangefochtenes geistiges und kulturelles Zentrum des zeitgenössischen jüdischen Lebens. Israel würde die Garantie gegen eine Wiederholung des Holocaust darstellen, für das Wohlergehen der Juden, die sich irgendwo auf der Welt in Gefahr befinden, sorgen und Juden auf der Flucht vor dem Antisemitismus Zuflucht gewähren.

So hat Israel jüdische Gemeinden, die sich in Bedrängnis befanden, aufgenommen, etwa die jemenitischen Juden, die in den 1950er-Jahren mit einer Luftbrücke ins Land gebracht wurden, die äthiopischen Juden in den 1980er-Jahren und die sowjetischen Juden nach dem Zusammenbruch der Sowjetunion. Gleichzeitig trägt der jüdische Staat aktiv zum Kulturleben in der jüdischen Diaspora bei, indem er Lehrer und Jugendleiter in die jüdischen Gemeinden auf der ganzen Welt schickt. Neuerdings unterstützt Israel das Taglit-/Birthright-Programm, das jedes Jahr Tausende jüdischer Jugendlicher nach Israel bringt, um ihre jüdische Identität und ihre Verbindung zu Israel zu festigen.

Die jüdischen Gemeinden in der Diaspora solidarisieren sich ihrerseits mit Israel und betrachten den jüdischen Staat als Mittelpunkt ihres geistigen und kulturellen Lebens. Seinen Ausdruck findet diese Solidarität in der philanthropischen Unterstützung von Schulen, Universitäten, Krankenhäusern und Kultureinrichtungen in Israel sowie in der Unterstützung der israelischen Politik und der Sicherheitsbedürfnisse, wie man sie, besonders ausgeprägt, von der proisraelischen Lobbyorganisation AIPAC (The American Israel Public Affairs Committee) in den Vereinigten Staaten kennt. Israel und die jüdische Diaspora verfolgen jedoch nicht immer dieselben Interessen und Anliegen. So hat Israel bisweilen nicht gezögert, die eigenen nationalen Interessen über die Interessen der Gemeinden in der Diaspora zu stellen. Der jüdische Staat war etwa bereit, der Militärjunta von Argentinien trotz ihrer antisemitischen Vorgeschichte und der Verfolgung der dortigen jüdischen Gemeinde Waffen zu verkaufen. Zudem pflegte Israel in den 1970er-Jahren enge Beziehungen zu Südafrika, obwohl die jüdische Gemeinde in jenem Land an vorderster Front gegen das Apartheidsystem kämpfte. Auch beharrte Israel darauf, dass die Juden der ehemaligen

---

▶ **Diaspora**

Der Begriff Diaspora hat längst einen Wandel erfahren und wird heute für alle Volksgruppen verwendet, die außerhalb ihres Heimatlandes leben. Ursprünglich bezeichnete er ausschließlich Juden, die außerhalb ihrer angestammten Heimat lebten. Das Wort stammt aus dem Griechischen und bedeutet »Zerstreuung« oder »Verstreuung«. Der Beginn der Diaspora verbindet sich mit der Verschleppung der Israeliten vom Land Israel nach Mesopotamien 722 v.u.Z. durch die Assyrer und 597–586 v.u.Z. durch die Babylonier. Später führte die Zerstörung Jerusalems und des Zweiten Tempels durch die Römer im Jahr 70 u.Z. zu einem weiteren Auszug der Juden aus dem Gelobten Land. Die Tatsache, dass sich das jüdische Volk über 2000 Jahre hinweg im Exil als ein solches begriffen hat und auch von außen als ein solches verstanden wurde, obwohl ein jüdischer Staat während dieser gesamten Zeit nicht existierte, ist ungewöhnlich. Die Geschichte des jüdischen Volkes ist von der Empfindung, sich außerhalb der eigentlichen Heimat zu befinden, geprägt. So spielt der größte Teil der historischen Erzählungen der Bibel im Herkunftsland. Traditionell wird der alljährliche Sederabend, der Pessach einleitet, mit dem Wunsch »Nächstes Jahr in Jerusalem!« beendet, womit dieser tief verankerten Sehnsucht nach Rückkehr Ausdruck verliehen wird.

Jüdische Existenz im Exil wurde seit je in einer polaren Spannung zum Leben innerhalb des Landes Israel gesehen. Als der Staat Israel 1948 gegründet wurde, erwarteten viele Israelis, dass die jüdischen Gemeinden in der Diaspora sich massenhaft zur Einwanderung in die alt-neue Heimat entscheiden würden. Heute bildet Israel mit 6,3 Millionen Juden (Ende 2015) die größte jüdische Gemeinschaft auf der Welt, aber das Leben in der Diaspora hat sich erhalten – wobei das ursprüngliche ebenso wie das moderne Israel für viele wichtige Bezugspunkte geblieben sind. Schätzungen gehen von insgesamt 14 bis 16 Millionen Juden aus, das sind rund 0,2 Prozent der Weltbevölkerung. Die zweitgrößte Gemeinde befindet sich in den Vereinigten Staaten mit 5,7 Millionen, gefolgt von Frankreich mit 475000, Kanada mit 385000 und Großbritannien mit 290000. Die Anzahl der in Deutschland lebenden Juden wird auf 200000 geschätzt, wobei nur die Hälfte registrierte Gemeindemitglieder sind.

G.D.

Sowjetunion direkt nach Israel ausgeflogen wurden, statt über eine europäische Zwischenstation auszureisen, da man befürchtete, dass ein Teil von ihnen sich dann dort niederlassen könnte.

Während die jüdische Diaspora nach wie vor einen starken, dynamischen und sicheren jüdischen Staat wünscht, sind trotzdem viele Juden außerhalb Israels nicht mehr bereit, die israelische Politik vorbehaltlos zu akzeptieren, besonders im Hinblick auf den Friedensprozess mit den Palästinensern. Doch die Kritik an der Politik der israelischen Regierung bedeutet nicht, dass Israel an sich nicht mehr unterstützt wird und dass sich die jüdischen Gemeinden von Israel abwenden.

Demonstration in Brüssel zur Unterstützung der palästinensischen Bevölkerung im Gazastreifen

Israel ist auf internationaler Ebene federführend daran beteiligt, über Antisemitismus aufzuklären und ihn zu bekämpfen. Der erstarkende Antisemitismus in Europa wirkt sich zunehmend auf das Verhältnis zwischen Israel und den europäischen Staaten aus; die israelische Regierung moniert immer wieder, dass europäische Politiker dieser Entwicklung nicht genügend Beachtung schenken. Vereinzelt warf Israel Europa, vor allem Frankreich, vor, den Juden keine Sicherheit zu bieten, und rief Letztere – zum Befremden europäischer jüdischer Gemeinden und europäischer Staatsführungen – dazu auf, nach Israel auszuwandern.

Lange Zeit bestimmten unterschiedliche Interessen und Positionen das Verhältnis zwischen Israel und der Diaspora, doch mit wachsender Verbreitung der Bewegung »Boycott, Disinvestment and Sanctions« (BDS), einer internationalen Kampagne, die Israel zu delegitimieren versucht, sowie angesichts des zunehmenden Antisemitismus, besonders in einigen europäischen Staaten, ist das Verbindende zwischen Israel und dem jüdischen Volk in der Diaspora wieder stärker als das Trennende.

Aus dem Englischen von David Ajchenrand

VII Der Konflikt

Einführung

Die Ursprünge des israelisch-arabischen Konflikts lassen sich auf den Beginn des 20. Jahrhunderts datieren, als immer mehr jüdische Pioniere nach Palästina einwanderten, um in ihrer historischen Heimstätte einen Staat zu errichten. Unter der britischen Mandatsherrschaft stieg der Prozentsatz der Juden auf 33 Prozent an, was damals zu vermehrten blutigen Auseinandersetzungen führte. 1936 begann ein arabischer Aufstand – gegen die Mandatsherrschaft Großbritanniens und die jüdische Einwanderung. Doch auch jüdische Untergrundbewegungen bekämpften die Briten, was schließlich 1947 zur Übergabe des ihnen 1922 vom Völkerbund übertragenen Mandats an die Vereinten Nationen führte. Diese beschlossen daraufhin die Teilung Palästinas in zwei unabhängige Staaten – einen jüdischen und einen palästinensischen Staat. Von den Juden wurde der Plan angenommen, die arabischen Führer lehnten ihn ab. Sie waren generell gegen einen jüdischen Staat, begründeten ihr einstimmiges Veto aber damit, dass der Plan die jüdische Minderheit begünstigte. Als am 14. Mai 1948 das Mandat offiziell endete und die britischen Truppen abzogen, wurde am selben Tag der Staat Israel ausgerufen. Das führte zum ersten großen Nahostkrieg, bei dem sämtliche umliegenden arabischen Armeen den neuen Staat Israel angriffen. Es war der erste von zahlreichen folgenden Kriegen. Im Lauf des Sechstagekriegs 1967 besetzte Israel das Westjordanland und den Gazastreifen – während sich die israelische Armee 2005 aus Gaza zurückgezogen hat, befindet sich das Westjordanland weiterhin weitgehend unter ihrer Kontrolle. Alle Versuche, zu einer Einigung mit den Palästinensern zu gelangen, sind bisher gescheitert.

Der doppelte Charakter des Nahostkonflikts – der Konflikt mit den palästinensischen Nachbarn, aber eben auch mit der umliegenden arabischen Welt – hat für die Israelis stets die Sicht auf die eigene schwierige strategische Lage geprägt. Während sie der Außenwelt vor allem als mächtige Besatzer im Westjordanland erscheinen, nehmen sie sich selbst als zwar militärisch hochgerüstetes, aber dennoch kleines und verletzbares Land im

◀ Abstimmung über den UN-Teilungsplan für Palästina am 29. November 1947 in Flushing Meadows, New York: 33 Staaten stimmten bei 13 Gegenstimmen und 10 Enthaltungen für den Teilungsplan.

Nahen Osten wahr. Eine winzige jüdische Insel inmitten einer riesigen arabischen Mehrheit – und mit einer eigenen arabischen Minderheit, die rund zwanzig Prozent der Bevölkerung ausmacht.

Die Palästinenser wiederum sehen sich gleich als mehrfache Opfer. Als Opfer der kolonialistischen britischen Mandatsregierung, als Opfer der Staatengemeinschaft und der Juden, die von den Nazis verfolgt wurden. Sie seien die »Opfer der Opfer«, lautet ein weitverbreitetes Narrativ, das die eigene Verantwortung für den Gang des Konflikts in keiner Weise reflektiert. Auch in einem unserer Texte wird diese Formulierung von einem palästinensisch-israelischen Autor gebraucht, dessen Familie 1948 aus ihrem angestammten Dorf vertrieben wurde. Diese Narrativ wird auch gern im Westen übernommen – in Deutschland wiederum auch als Hebel für moralische Entlastung. Wenn die eigenen einstigen Opfer ihre eigenen neuen Opfer produzieren, so die Logik, mindert das die Schuld an der Verfolgung und dem Massenmord der Juden während des Zweiten Weltkriegs. Somit wird der Nahostkonflikt zur Projektionsfläche, bei der es vor allem um den Umgang mit der eigenen Geschichte geht. Der reale Konflikt vor Ort aber ist schon komplex genug, als dass er solche Überlagerungen auf dem Weg zu einer Lösung »brauchen« könnte.

Seit dem Stagnieren des Friedensprozesses empfinden viele Israelis die zunehmende und oftmals allein gegen sie gerichtete Kritik des Westens als ungerecht. Ihnen fehlt eine ebenso kritische Grundhaltung in der Auseinandersetzung mit palästinensischen und arabischen Positionen und Entscheidungsprozessen.

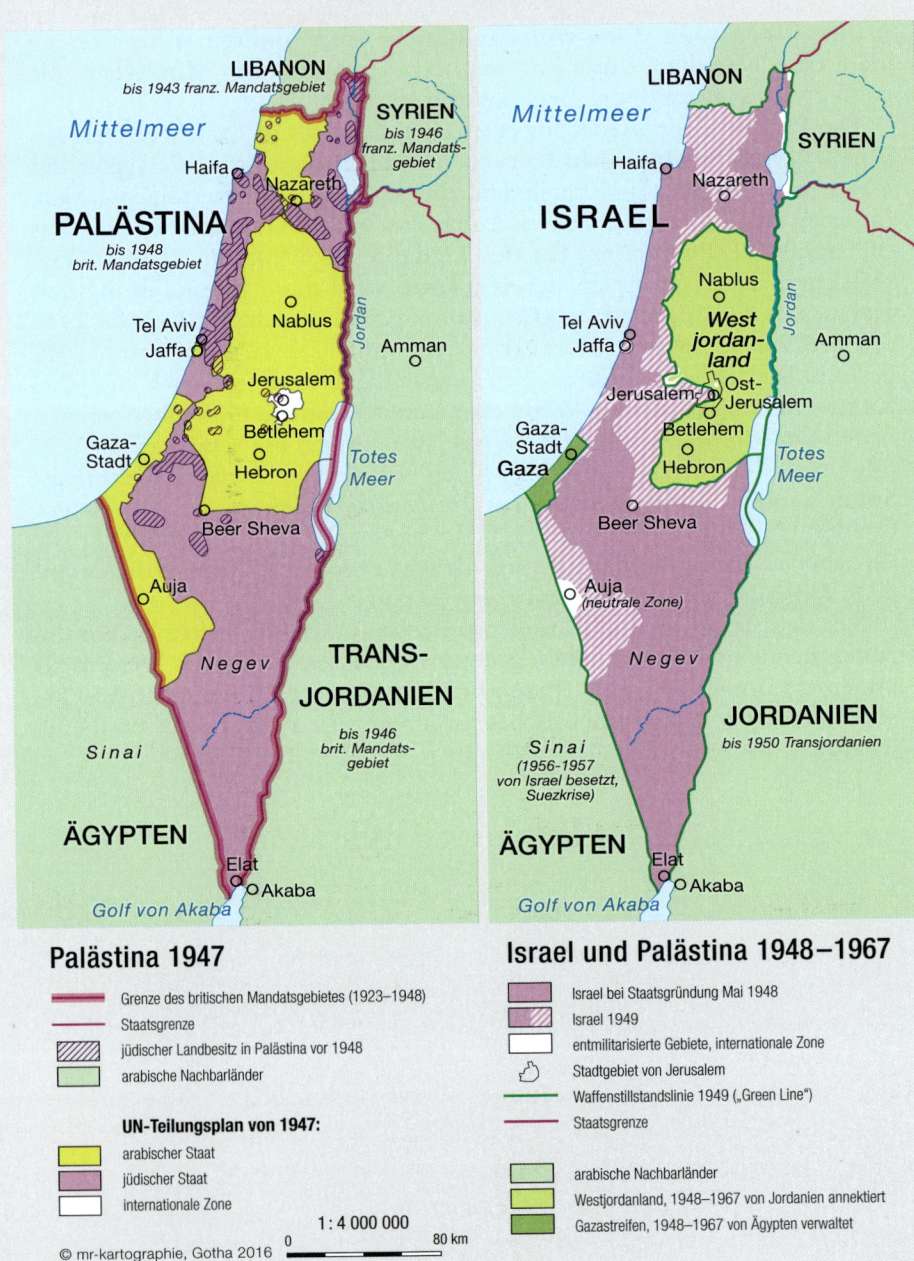

Palästina 1947

- ▬▬ Grenze des britischen Mandatsgebietes (1923–1948)
- ── Staatsgrenze
- ▨ jüdischer Landbesitz in Palästina vor 1948
- ▨ arabische Nachbarländer

UN-Teilungsplan von 1947:

- ■ arabischer Staat
- ■ jüdischer Staat
- □ internationale Zone

1 : 4 000 000

0 ___ 80 km

© mr-kartographie, Gotha 2016

Israel und Palästina 1948–1967

- ■ Israel bei Staatsgründung Mai 1948
- ▨ Israel 1949
- □ entmilitarisierte Gebiete, internationale Zone
- ⬧ Stadtgebiet von Jerusalem
- ── Waffenstillstandslinie 1949 („Green Line")
- ▬ Staatsgrenze

- ■ arabische Nachbarländer
- ■ Westjordanland, 1948–1967 von Jordanien annektiert
- ■ Gazastreifen, 1948–1967 von Ägypten verwaltet

Jerusalem

Stadtgrenze Jerusalems

Waffenstillstandslinie 1949 („Green Line")

israelische Sperranlage

israelische Sperranlage geplant

Westjordanland

palästinensische Wohngebiete

israelische Siedlungen im Westjordanland

Wohngebiete in Israel

Altstadt Jerusalems

israelisches Siedlungsplangebiet

Autobahn, Schnellstraße

Hauptverkehrsstraße

Bahnlinie

1 : 250 000

0   5 km

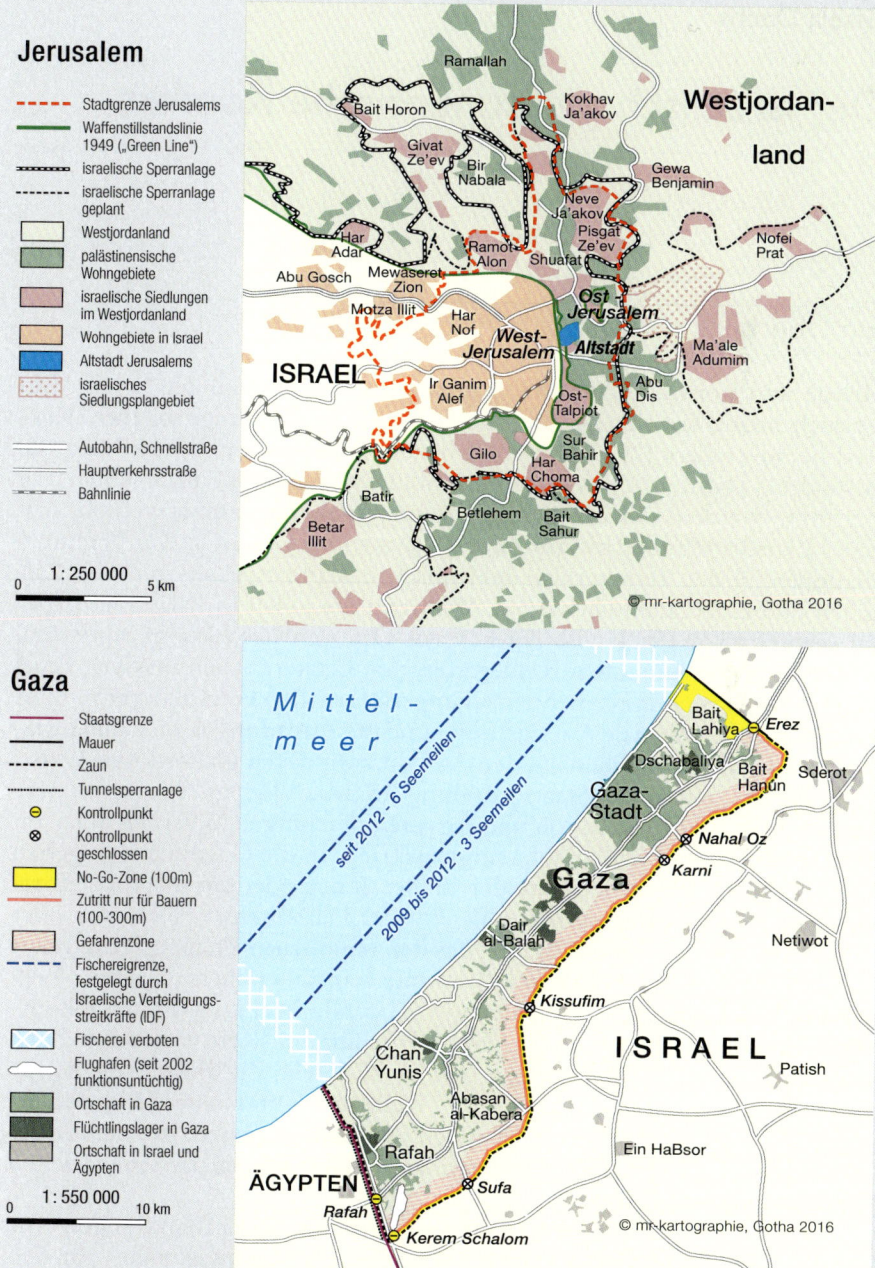

Ramallah — Westjordanland — Bait Horon — Kokhav Ja'akov — Givat Ze'ev — Bir Nabala — Gewa Benjamin — Neve Ja'akov — Pisgat Ze'ev — Nofei Prat — Har Adar — Ramot Alon — Shuafat — Abu Gosch — Mewaseret Zion — Ost Jerusalem — Motza Illit — Har Nof — West-Jerusalem — Altstadt — Ma'ale Adumim — ISRAEL — Ir Ganim Alef — Ost-Talpiot — Abu Dis — Gilo — Sur Bahir — Har Choma — Batir — Betlehem — Bait Sahur — Betar Illit — Betar

© mr-kartographie, Gotha 2016

Gaza

Staatsgrenze

Mauer

Zaun

Tunnelsperranlage

Kontrollpunkt

Kontrollpunkt geschlossen

No-Go-Zone (100m)

Zutritt nur für Bauern (100-300m)

Gefahrenzone

Fischereigrenze, festgelegt durch Israelische Verteidigungs-streitkräfte (IDF)

Fischerei verboten

Flughafen (seit 2002 funktionsuntüchtig)

Ortschaft in Gaza

Flüchtlingslager in Gaza

Ortschaft in Israel und Ägypten

1 : 550 000

0   10 km

Mittel-meer — seit 2012 - 6 Seemeilen — 2009 bis 2012 - 3 Seemeilen — Bait Lahiya — Erez — Dschabaliya — Bait Hanun — Sderot — Gaza-Stadt — Nahal Oz — Gaza — Karni — Netiwot — Dair al-Balah — ISRAEL — Kissufim — Patish — Chan Yunis — Abasan al-Kabera — Ein HaBsor — Rafah — Sufa — ÄGYPTEN — Rafah — Kerem Schalom

© mr-kartographie, Gotha 2016

Gisela Dachs

Der israelisch-palästinensische Konflikt

Ein Überblick

Kriege und Konflikte gehörten immer schon zum Leben der Israelis. Das ist auch heute, fast siebzig Jahre nach der Staatsgründung, so. Der »Kav-Ted beNovember« (29. November) bleibt in diesem Zusammenhang ein besonderes Datum. In jeder größeren Stadt ist eine Straße nach jenem Tag benannt, der dem jüdischen Staat internationale Legitimität verlieh. Mit einer Zweidrittelmehrheit stimmten 1947 die Delegierten in den Vereinten Nationen für den Teilungsplan des britischen Mandatsgebiets in einen jüdischen und einen arabischen Staat. Während die Juden in Palästina, offiziell vertreten von der Jewish Agency vor Ort, den Beschluss akzeptierten, lehnten ihn die arabischen Regierungen ab. Letztere sahen im Staat Israel einen vom Westen implementierten imperialistischen Fremdkörper in ihrer Region. Dessen formale Anerkennung und die Ausrufung der Unabhängigkeit Israels bildeten schließlich den Auftakt zum ersten Nahostkrieg 1948.

In der Nacht nach der Staatsgründung (15. Mai 1948) griffen Syrien, Jordanien, Irak, Jemen, Libanon und Ägypten den jungen jüdischen Staat an. Was für die Israelis als »Unabhängigkeitskrieg« in die Geschichte eingehen sollte, hieß auf arabischer Seite der 1948er-Krieg oder die »Nakba« (Katastrophe), in deren Verlauf mehr als 700 000 Palästinenser flüchteten oder vertrieben worden waren. Israel – das den feindlichen Truppen zumindest quantitativ weit unterlegen war – konnte sein Überleben meistern. 1949 schloss Israel unter UN-Vermittlung bilaterale Waffenstillstandsabkommen, die die militärischen Ergebnisse bestätigten. Kein arabischer Staat war zu direkten Verhandlungen mit Israel bereit. Zu dieser Zeit dominierte die Neigung in der arabischen Welt, Juden und andere Minderheiten bestenfalls als geschützte Gruppen, *dhimmis*, zu sehen, die den Status zweitklassiger Bürger haben können, aber keine Völker darstellen, denen Unabhängigkeit gebührt.

Die Landkarte des Nahen Osten war nach den Kampfhandlungen eine andere. Der Teilungsplan hatte 55 Prozent des Mandatsgebietes für den jüdischen Staat vorgesehen, nach seinem ersten Verteidigungskrieg erklärte Israel 78 Prozent des Territoriums zu seinem Besitz. Auf diese Zahlen berufen sich heute auch palästinensische Befürworter einer Zweistaatenlösung, wenn sie in der Grenzfrage hartnäckig am gesamten Territorium des Westjordanlands festhalten. Sie argumentieren, dass sie sich damit ohnehin mit nur 22 Prozent des historischen Palästinas zufriedengeben würden.

Palästinensische Flüchtlinge in einem der zwölf Flüchtlingslager im Gazastreifen, Juni 1949

Noch immer hat Israel keine festen Grenzen. Nur zwei seiner fünf potenziellen Grenzverläufe sind international voll anerkannt: jene zwischen Israel und Ägypten und zwischen Israel und Jordanien (ausgenommen der Grenzverlauf zwischen dem Westjordanland und Jordanien). Mit beiden Ländern unterhält Israel diplomatische Beziehungen, seit es 1979 ein Friedensabkommen mit Ägypten und 1994 mit Jordanien unterzeichnet hat. Mit Libanon und Syrien herrscht formal weiter Kriegszustand. Der Grenzverlauf zum Libanon steht fest, während die Grenzen zu Syrien (falls ein souveräner Staat Syrien bestehen bleibt) und zu einem Palästinenserstaat (sollte er tatsächlich entstehen) noch ausgehandelt und festgelegt werden müssen. Erst, wenn Friedensverträge unterzeichnet sind, werden diese Grenzen den Status völkerrechtlich anerkannter Grenzverläufe bekommen, deren territoriale Integrität nicht von außen oder von benachbarten Mächten verletzt werden darf.

Diese Prekarität führt mit zu einem Inseldasein im Nahen Osten. Im Hinblick auf kein anderes Land beteuern wohlmeinende Politiker im Westen immer wieder, dass sie dessen Existenzrecht unterstützten. Fragt man Israelis danach, was in fünfzig Jahren sein wird, gibt konstant eine Mehrheit Zweifel zu Protokoll, ob es ihren Staat dann noch geben werde. Was für Beobachter aus der Ferne oft untergeht, ist die doppelte Natur des Konflikts, von dem sie sich bedroht fühlen. Israelis sehen sich nicht nur in einem lokalen Konflikt mit den Palästinensern, sondern in einem Konflikt mit der arabischen Welt an sich. Beide Konfliktebenen sind in vieler Hinsicht miteinander verlinkt, aber nicht immer. Das führt zu unterschiedlichen Perspektiven. Während Israel sich selbst als kleines isoliertes Land innerhalb eines mehrheitlich feindlich gesinnten Nahen Ostens wahrnimmt, gilt es in Europa als ein hochgerüsteter Besatzungsstaat, der seit bald fünfzig Jahren seine palästinensischen Nachbarn besetzt und militärisch in Schach hält. Dass Israel allerdings auch schon vor dem Sechstagekrieg 1967 – und der damit verbundenen Eroberung des Westjordanlands und des Gazastreifens – Angriffen und Terror ausgesetzt war, geht dabei oft unter.

So war die palästinensische Befreiungsbewegung PLO bereits 1964 gegründet worden. Ihr Ziel war damals nicht die Schaffung eines eigenen Staates, sondern der bewaffnete Kampf gegen die Existenz Israels sowie die Rückführung der palästinensischen Flüchtlinge von 1948 in ihre Heimat. »Kleinisrael« von 1948–1967 war kein friedliches Staatsgebiet. An seiner schmalsten Stelle misst Israel in diesen Grenzen gerade einmal 16 Kilometer. Der ehemalige Außenminister Abba Eban bezeichnete sie als »Auschwitzgrenzen«, die sich nicht verteidigen ließen und an die man sich deshalb nie wieder zurückziehen dürfe.

Der Sechstagekrieg im Juni 1967 hatte da die geografische wie auch politische Landschaft bereits weiter verändert. In dessen Verlauf eroberte Israel das 1950 von Jordanien annektierte Westjordanland mit Ost-Jerusalem und den unter ägyptischer Verwaltung stehenden Gazastreifen ebenso wie die syrischen Golanhöhen und die ägyptische Halbinsel Sinai. Von nun an begann eine – wenn auch zunächst nur abstrakte – Debatte, wie man mit dem Konflikt und den neuen Territorien umgehen sollte. Dabei herrschte bald ein allgemeiner Konsens gegen die Annektierung des Westjordanlands, des Gazastreifens oder der Halbinsel Sinai, während es für die Inkorporierung der strategisch wichtigen Golanhöhen und Ost-Jerusalems eine breite Zustimmung gab.

Weitsichtige israelische Politiker, vor allem aus dem linken Spektrum, betrachteten die neu besetzten Gebiete ausschließlich als Verhandlungsgut,

um Friedensabkommen mit den feindlichen Nachbarstaaten und Kriegs-
gegnern Ägypten, Syrien und Jordanien auszuhandeln – nach dem Prinzip
»Land für Frieden«. Die Rechte wiederum hielt ein genuines Friedensan-
gebot von der arabischen Welt für illusorisch und schlug vor, was ohnehin
in ihrem Sinn war: nämlich diese Territorien als Teil ihres nationalen
Gebietes zu betrachten und dort Siedlungen zu errichten. Die Legitimität
dafür fußte ihrer Meinung nach auf dem angestammten Recht der Juden,
nach zweitausend Jahren Exil und Verfolgung in ihre ursprüngliche Heimat zurückzukehren.

Der tunesische Präsident Habib Bourguiba (r.) und der ägyptische Präsident Gamal
Abdel Nasser (l.) im Gespräch auf der Konferenz der Arabischen Liga in Khartum 1967

Die Skepsis der Rechten im Hinblick auf die arabische Welt wurde dann
im August 1967 durch die Versammlung der Arabischen Liga in der suda-
nesischen Hauptstadt Khartum mit ihren berühmten »drei Neins« noch
bestätigt. Da hieß es: nein zum Frieden mit Israel, nein zur Anerkennung
Israels, nein zu Verhandlungen mit Israel.

Zudem entdeckten 1967 aber auch viele Israelis in der Euphorie über
ihren raschen Sieg die historischen jüdischen Stätten in den neu eroberten Gebieten wieder, die für sie bis dahin unzugänglich gewesen waren.
Dazu gehören die Gräber der Patriarchen in Hebron ebenso wie die Klage-

mauer in der Jerusalemer Altstadt. Vor allem religiös motivierte »Pioniere«, wie sie selbst sich sahen, begannen mit den ersten Siedlungsprojekten im Westjordanland und der Jerusalemer Altstadt – dem historischen Zentrum des biblischen Israel. Im Lauf der Jahre sollten sich die Siedlungen in den besetzten Gebieten, die von der damals regierenden linken Arbeitspartei in begrenztem Maß zunächst geduldet und dann mit der Regierungsübernahme durch den rechtsgerichteten Likud 1977 aktiv gefördert wurden, allerdings zu schwerwiegenden »Tatsachen auf dem Boden« entwickeln.

Für die palästinensische Bevölkerung hatte und hat der Siedlungsbau eine immer stärkere Zerstückelung ihres Territoriums, den Wegfall von landwirtschaftlicher Anbaufläche und einen erschwerten Zugang zu Wasser zur Folge. Fragt man Palästinenser, was in ihren Augen besonders dazu beitrug, dass die PLO Ende der 1980er-Jahre erstmals eine Zweistaatenlösung – also die Teilung des historischen Palästina in einen jüdischen und einen arabisch-palästinensischen Staat – ins Auge fasste, lautet die Antwort: »Die Siedlungen, die uns langsam die Luft nahmen.« Deren kontinuierlicher Ausbau galt als eines der Haupthindernisse bei allen kommenden Aussöhnungsversuchen mit den Palästinensern, die mittlerweile – auch bedingt durch den Konflikt und die Besatzung – eine gemeinsame nationale Identität entwickelt hatten.

Beginn der ersten Intifada: gewalttätige Proteste gegen die israelische Besetzung des Westjordanlandes, des Gazastreifens und Ost-Jerusalems, 19. Dezember 1987

Tatsächlich spielten viele Gründe zusammen, als es Anfang der 1990er-Jahre zu einer ersten Annäherung kam. In Israel hatten die erste Intifada (arabisch, »von sich abschütteln«) von 1987, ein weitgehend ziviler Aufstand der Palästinenser gegen die israelische Besatzung, sowie eine wachsende interne Kritik an dieser Besatzung zu einem allmählichen Umdenken geführt. Weltpolitisch aber war es das Ende des Kalten Krieges, das sich als »Fenster der Gelegenheiten« präsentierte, weil die arabische Welt plötzlich ohne sowjetischen Schutzpatron und dazugehörige Waffenlieferungen dastand. Die Kassen der PLO waren leer. Deren Chef Jassir Arafat hatte mit seiner Unterstützung für Saddam Hussein im Golfkrieg 1991 zudem auch politisch aufs falsche Pferd gesetzt. Ein politischer Kurswechsel war für ihn eine Möglichkeit, sich wieder ins Spiel zu bringen.

Der Golfkrieg, der auf die Invasion Kuwaits durch den Irak folgte, hielt zudem neue Lehren für die Israelis bereit. Die Vereinten Nationen hatten vergeblich versucht, den irakischen Diktator Saddam Hussein zum Rückzug aus Kuwait zu bewegen. Internationale Truppen unter Führung der USA starteten daraufhin einen Militäreinsatz gegen den Irak. Als Antwort darauf schoss der Irak Raketen vom Typ »Scud« auf Israel ab. Ein Teil davon schlug in Städten wie Tel Aviv und Haifa ein, kostete mehrere Menschen das Leben und führte zu der Erkenntnis, dass strategische Tiefe allein keine ausreichenden Sicherheitsgarantien mehr bietet. Mit der Friedenskonferenz von Madrid Ende Oktober 1991 begann eine neue Etappe des nahöstlichen Friedensprozesses: Erstmals nahmen an einer Nahostkonferenz sowohl Israel als auch Jordanien, dessen Delegation palästinensische Vertreter angehörten, Syrien und der Libanon teil.

Während diese Gespräche aber auf der Stelle traten, handelten israelische Regierungsmitarbeiter und hochrangige Vertreter der PLO in Norwegen in aller Abgeschiedenheit die bilateralen Osloer Verträge aus, in denen sich beide Seiten erstmals gegenseitig anerkannten. Das war aber nur der Anfang eines Prozesses, der den Israelis Frieden und den Palästinensern einen eigenen Staat in Aussicht stellte – ohne jedoch zu sehr auf Details einzugehen. So wurden die Hauptstreitfragen (Grenzen, Jerusalem, Siedlungen, Flüchtlinge, Wasser) erst einmal ausgeklammert und sollten erst am Schluss des Prozesses gelöst werden, wenn – so die Hoffnung – genug Vertrauen zwischen den Parteien aufgebaut sein würde.

Am 13. September 1993 unterzeichneten der israelische Premierminister Itzhak Rabin und PLO-Chef Jassir Arafat das Oslo-I-Abkommen, zwei Jahre später folgte das Oslo-II-Abkommen. Darin wurde unter anderem die schrittweise Übertragung von Territorium und politischen Zuständigkeiten an die Palästinenser vereinbart, die im Mai 1999 mit einem Friedensvertrag abgeschlossen werden sollte. Was Rabin antrieb, war die

Historischer Händedruck: Ministerpräsident Itzhak Rabin (l.) und PLO-Chef Jassir Arafat (r.) nach der Unterzeichnung des Osloer-I-Abkommens am 13. September 1993 in Washington, hinter ihnen US-Präsident Bill Clinton

Vorstellung einer neuen Zweiteilung im Nahen Osten – in moderate und fundamentalistische Regime: Ihm ging es um die Schaffung eines Sicherheitsringes um Israel, das Verträge mit den Palästinensern, mit Jordanien (das Friedensabkommen wurde im Oktober 1994 unterzeichnet) und später auch mit Syrien und dem Libanon anstreben sollte. So würde der Nahe Osten aus einem befriedeten Kern und einem Ring aus weiter entfernten feindlichen Staaten wie dem Iran und dem Irak bestehen. Israel würde mit den moderaten Arabern gemeinsame Front machen – gegen die Extremisten in der Region, die alle gleichermaßen bedrohten.

Es gab aber auch ein innenpolitisches Argument, das bis heute gültig ist. Israel könne nicht gleichzeitig demokratisch, jüdisch und umfassend sein, lautete damals Itzhak Rabins Hauptargument. Wenn es die besetzten Gebiete unter seiner Kontrolle behielte und den Palästinensern dort die Staatsbürgerschaft gäbe, wäre es zwar umfassend und demokratisch, verlöre aber über kurz oder lang seine jüdische Mehrheit. Beanspruchte es eine dauerhafte Kontrolle über die besetzten Gebiete durch eine Annexion, ohne deren palästinensische Bewohner einzubürgern, wäre es jüdisch und umfassend, aber nicht mehr demokratisch.

König Hussein von Jordanien und Ministerpräsident Rabin in der königlichen Residenz in Aqaba kurz nach Unterzeichnung des Friedensvertrages am 26. Oktober 1996 an der israelisch-jordanischen Grenze

Das Dilemma zwischen Sicherheit, Territorium und Demografie geht schon auf die Zeit vor der Staatsgründung zurück. Das Gebiet des demokratischen jüdischen Staates entspricht nicht dem des biblischen israelischen Staates. Der pragmatische zionistische Flügel hatte sich schon früh für Demokratie und Demografie entschieden, was allein eine Zweistaatenlösung gewährleistete. Müsse er sich »zwischen einem Zweivölkerstaat auf dem Gebiet von ganz Palästina und einem jüdischen Staat auf einem Teil dieses Gebietes entscheiden«, sagte einst Staatsgründer David Ben Gurion, so wähle er den jüdischen Staat. Die nationalreligiösen Strömungen im Judentum wiederum betrachteten den Zionismus nicht als Weg zur Emanzipation des jüdischen Volkes, sondern als Weg zur Emanzipation des »Gelobten Landes« und strebten nach der Maximierung seines Gebiets. Für sie kam die Annäherung mit den Palästinensern, die 1993 mit dem Osloer Abkommen besiegelt wurde, einer Niederlage gleich.

Der Osloer Prozess war als Experiment angelegt. Israel übergab die Kontrolle von – zunächst nur – Teilen des Westjordanlands und den Gazastreifen an die von der PLO neu gegründete Palästinenserbehörde. PLO-Mitglieder, die sich – nicht nur aus israelischer Sicht – einen Namen als Terroristen gemacht hatten und im Ausland weilten, durften im Namen der Versöhnung dorthin zurückkehren. Ihre Behörde erhielt internationale Hilfsgelder in Milliardenhöhe, Waffen für die Sicherheitskräfte und wurde vom Westen anerkannt. Im Gegenzug sollte sie Gewalt und Hetze (in Medien und Schulen) gegen Israel bekämpfen. Die Hoffnung war, dass auf diese Weise allmählich gegenseitiges Vertrauen entstehen würde, um so am Ende des Prozesses zu einem allumfassenden Friedensabkommen zu gelangen, eine Einigung in den schwierigsten Streitfragen eingeschlossen.

So weit aber sollte es nicht kommen. Für Israels Sicherheitsbedürfnisse erwies sich Arafat als ein umstrittener und unzuverlässiger Vertragspartner. Er stand auch als Chef der Autonomiebehörde, die sich als ebenso ineffektiv wie korrupt erwies, in der Kritik. Ein Netz aus mehreren teilweise einander überlappenden Sicherheitsdiensten schützte Arafat vor potenzieller Illoyalität. Israelische Regierungsvertreter und Verhandlungspartner verwiesen dabei auch gern auf Arafats Doppelzüngigkeit, da dieser sich auf Arabisch oft auch inhaltlich anders ausdrückte als in englischen Reden vor internationalem Publikum. Ähnlich verhielt es sich mit der sogenannten Drehtürpolitik, bei der palästinensische Attentäter zwar verhaftet wurden, aber danach schnell wieder freikamen.

Die Palästinenser wiederum verwiesen auf die Asymmetrie im Machtgefüge und sahen sich zu Unterhändlern degradiert, um die Islamisten der Hamas und des Islamischen Dschihads in Schach zu halten, während Israel nicht zögerte, die Drahtzieher von Terroranschlägen in gezielten Aktionen zu töten. Als Busse explodierten, prägte Itzhak Rabin damals den Leitsatz: Er werde den Friedensprozess vorantreiben, als gäbe es keinen Terror, und Terror bekämpfen, als gäbe es keinen Friedensprozess. Vielen Israelis fiel es damals allerdings schwer, nachzuvollziehen, dass sie Anschlagsopfer als »Preis« für den in Aussicht gestellten Frieden hinnehmen sollten.

Auch wurde die Kluft zwischen Widerstand und Terror von Israel anders definiert als von seinen neuen palästinensischen Partnern. »Für die meisten Israelis ist Steinewerfen ein Terrorakt (es kann sich durchaus um Brocken handeln), für die meisten Palästinenser ist auch das Schießen auf einen Soldaten in den besetzten Gebieten ein legitimer Widerstand«, schrieb Amos Harel am 7. November 2014 in der Zeitung Haaretz anlässlich einer Bilanz zum zehnten Todestag Arafats.

Die Siedlerbewegung und generell die Angst vor Terror heizten damals in Israel die Stimmung gegen Rabin an, der Anfang November 1995 von einem fanatischen religiösen Israeli ermordet wurde. Wenig später erschütterte eine präzedenzlose Welle palästinensischer Selbstmordanschläge das

Zehntausende Israelis versammeln sich am 4. November 1995 in Tel Aviv, um für Frieden und gegen Gewalt zu demonstrieren. Am Ende der Demonstration wird der israelische Ministerpräsident Itzhak Rabin von einem jüdischen Extremisten ermordet.

Land und verhalf Likud-Chef Benjamin Netanjahu zum Wahlsieg. Doch auch der verhandelte. Er unterzeichnete 1998 das Wye-Abkommen, das eine Ausweitung der palästinensischen Selbstverwaltung vorsah. Dieser Schritt stellte einen ideologischen Meilenstein dar, weil damit erstmals ein rechter Politiker Abschied von der biblischen Vorstellung eines »Großisrael« – das eben auch das Westjordanland und den Gazastreifen mit einschließt – nahm.

1999 kam es erneut zum Regierungswechsel: Der Chef der Arbeitspartei, Ehud Barak, stellte Frieden mit den Palästinensern innerhalb von 15 Monaten in Aussicht. Doch die Verhandlungen von Camp David 2000 mit Jassir Arafat unter Vermittlung von US-Präsident Bill Clinton scheiterten unter anderem daran, dass sich Israelis und Palästinenser nicht über den territorialen Zuschnitt eines künftigen Palästinenserstaates einigen konnten. Über die genauen Vorgänge in Camp David gibt es unterschiedliche Versionen, aber in Israel haben sich Ehud Baraks einseitige Schuldzuweisungen an Arafat, dem er »alles bot« und der außer

Palästinensisches Selbstmordattentat in einem Bus in Jerusalem am 18. Juni 2002: 19 Menschen wurden getötet und 70 weitere verletzt.

einer Ablehnung auch keinerlei Gegenvorschläge gemacht habe, durchgesetzt.[1] Von da an fiel Arafat, der mit dem Osloer Prozess vom Terroristen zum Staatsmann geläutert worden war und sogar den Friedensnobelpreis bekommen hatte, in den Augen der Israelis wieder in seine alte Rolle zurück. Baraks Feststellung, es gäbe »keinen Partner« auf der anderen Seite, hat sich bis heute hartnäckig in der Öffentlichkeit gehalten.

Man warf Arafat vor, im Augenblick der Wahrheit – also wann immer ein Vorschlag auf dem Tisch lag – schlichtweg zu kneifen, weil er es nicht wirklich übers Herz brächte, Israel als legitime Heimstätte der Juden im Nahen Osten anzuerkennen. Den Palästinensern, so der israelische Vorwurf, ginge es vielmehr um eine Salamitaktik, mit der ein Ende der Besatzung herbeigeführt werden sollte, ohne sich endgültig auf einen Frieden mit Israel festzulegen.

Auf den gescheiterten Gipfel von Camp David folgte die zweite Intifada, die von suizidalem Terror geprägt war. In diese Zeit fielen die Zerstörung von Arafats Hauptquartier im Sommer 2002 sowie mehrfache

---

1 Diese Einschätzung teilten viele Israelis dann auch 2008 im Hinblick auf Arafats Nachfolger Mahmud Abbas, als dieser die bis dahin weitreichendsten Friedensvorschläge von Premierminister Ehud Olmert in Annapolis unbeantwortet ließ.

Israelischer Checkpoint in Hebron im Westjordanland, 2014

große Militäraktionen im Westjordanland und im Gazastreifen. Bei der israelischen Bevölkerung haben die Selbstmordanschläge – hauptsächlich der Hamas, aber auch der mit Arafats Fatah assoziierten Al-Aqsa-Brigaden – tiefe Spuren hinterlassen. Ein Albtraum, den die Gegner des Osloer Abkommens einst an die Wand gemalt hatten, wurde zudem wahr: Die Waffen der palästinensischen Polizei richteten sich gegen Israelis.

Es folgte ein politischer Rechtsruck bei den Wahlen 2001, aus der Ariel Scharon als Premierminister hervorging. Ideologisch wiederum rückten führende rechte Politiker (Ariel Scharon und Ehud Olmert) in die Mitte und betonten die Notwendigkeit einer Trennung von den Palästinensern – notfalls auch ohne Partner.

So begann Scharon 2002 aus Sicherheitsgründen mit dem Bau einer 750 km langen Sperranlage. Sie verläuft mehr oder weniger entlang der Grenze zu dem 1967 besetzten Westjordanland, schneidet aber an manchen Stellen tief in palästinensisches Gebiet hinein, weil sie sich um manche jüdische Siedlungen herumschlängelt, damit diese auf der israelischen Seite verortet bleiben. Die Sperranlage hat tatsächlich dazu beigetragen, Anschläge zu vereiteln und sorgte auf israelischer Seite für ein Gefühl erneuter – relativer – Sicherheit. Zugleich aber zog sie internationale Kritik auf sich, weil sie auf palästinensischem Land gebaut ist und das Leben vieler Palästinenser erschwert.

Siedler, deren Orte jenseits der Sperranlage liegen, haben deren Bau durchaus als ein klares politisches Signal aufgefasst – auch wenn Scharon bemüht war, es anders darzustellen. Dass diese Trennlinie an manchen Stellen bis heute offen geblieben ist, unterstreicht nur diesen Grenzcharakter. Fraglich ist, ob ein Abzug aus dem Westjordanland ähnlich ruhig über die Bühne gehen würde wie der aus Gaza (falls es dazu käme) – oder ob die größere Anzahl an Siedlern dazu führen könnte, dass es bürgerkriegsähnliche Auseinandersetzungen gibt. Sicher ist: Falls eines Tages die Armee nicht mehr da sein sollte, um sie zu schützen, würden viele Siedler von sich aus das Feld räumen.

Noch als Infrastrukturminister unter Netanjahu hatte Scharon in den Jahren zuvor den Siedlungsbau massiv gefördert, als Premierminister verfolgte er dann aber weiterhin eine Politik der Abschottung gegenüber den Palästinensern. Im Sommer 2005 stieß er mit der einseitigen Räumung aller jüdischen Siedlungen (und der Armeeposten) im Gazastreifen seine einstigen Siedlerschützlinge vor den Kopf. Auch Scharon argumentierte letztlich, dass eine Besatzung der palästinensischen Gebiete nicht im Interesse Israels läge. Manche Beobachter warfen ihm damals vor, dass sich hinter dieser Strategie nur das Ziel verbergen würde, umso stärker am Westjordanland festzuhalten. Sein einstiger Berater Dov Weisglas allerdings betonte, dass Scharon durchaus noch weitere Abzüge aus dem Westjordanland vorgehabt hätte, bevor er 2006 in ein Koma fiel, aus dem er nicht mehr aufwachten sollte.

Für Israel erwies sich schließlich aber auch das Konzept einer einseitigen Trennung als problematisch, weil nach dem Abzug aus Gaza im Jahr 2005 militante Hamas-Milizen grenznahe Ortschaften wie Sderot erst recht mit immer größeren Raketen beschossen. Im Dezember 2008 kam es zum ersten Krieg gegen die Hamas in Gaza, das in vieler Hinsicht zu einem großen Gefängnis mutierte, weil Israel – und Ägypten – die Grenzen des Küstenstreifens kontrollieren. Vier Jahre später erfolgte im November 2012 ein erneuter militärischer Schlagabtausch zwischen Israel und der Hamas. Dabei reichten deren Raketen erstmals bis nach Tel Aviv. Im Sommer 2014 kam es dann zum bisher längsten offenen Konflikt zwischen den Parteien. Ganze 51 Tage lang dauerte die Auseinandersetzung, in deren Verlauf auch Dutzende Tunnel in Gaza entdeckt wurden. Sie waren von der Hamas für Terrorangriffe auf die israelische Zivilbevölkerung geplant und gebaut worden.

Die drei Gazakriege zwischen 2008 und 2014 warfen für Israel immer wieder die Frage nach dem Umgang mit der Hamas auf. Einst hatte es die islamistische Bewegung – die mit dem Beginn der ersten Intifada Ende der 1980er-Jahre entstanden war – sogar als vermeintliches Gegengewicht zur Fatah gestärkt. Später wurde die Hamas zum Hindernis für einen

Zusammenstöße zwischen palästinensischen Jugendlichen und der israelischen Polizei im Flüchtlingslager Shuafat in Ost-Jerusalem am 8. August 2014

Ausgleich mit den Palästinensern während des Osloer-Prozesses. Die fundamentalistische Ideologie dieser »islamischen Widerstandsbewegung«, die auch ein soziales Netzwerk unterhält, wird im Westen oft heruntergespielt, von den Israelis aber umso ernster genommen. Fakt ist, dass die Hamas ihre Charta nie widerrufen hat, in der »sogenannte friedliche Lösungen und internationale Konferenzen zur Lösung der Palästinafrage« in einen Gegensatz zu ihren Auffassungen vom Islam gestellt werden. »Für die Palästinafrage gibt es keine andere Lösung als den Dschihad«, heißt es da. Juden solle man am besten töten.

Als 2005 Mahmud Abbas zum Nachfolger Jassir Arafats als Präsident der Autonomiebehörde gewählt wurde, schaffte er es zunächst, die Hamas zu einem vorübergehenden Waffenstillstand mit Israel zu bewegen; allerdings bekannte sich die Hamas nie zum Verzicht auf Terror, auch nicht nach ihrem Wahlsieg ein Jahr später bei den palästinensischen Parlamentswahlen. Das Ergebnis wurde international nicht anerkannt und führte zu einem blutigen Machtkampf mit der Fatah in Gaza, aus dem die Hamas siegreich hervorging. Alle Versuche einer innerpalästinensischen Aussöhnung sind seither immer wieder gescheitert.

Obwohl Israels offizielle Politik jeden Dialog mit der Hamas ablehnt – und umgekehrt –, kam es dennoch immer wieder zu Verhandlungen zwischen beiden Parteien. Auf diese Weise kam etwa der Gefangenenaustausch zustande, bei dem der israelische Soldat Gilad Schalit 2011 nach fünf Jahren Haft aus der Gewalt der Hamas freigelassen wurde. Indirekte Kontakte führten jeweils auch zur Beendigung der drei Kriege.

Zu den Forderungen der Hamas gehört eine Lockerung der Absperrung, die Israel gegenüber dem Gazastreifen aufrechterhält, um dessen fortgesetzte Aufrüstung zu verhindern und Druck auf die dortige Führung auszuüben. Seit einigen Jahren gibt es tatsächlich immer wieder Signale vonseiten der Islamisten, dass sie sich mit Israel auf eine langfristige Niederlegung der Waffen – eine sogenannte Hudna – einigen könnten, was zwar keiner Anerkennung Israels oder gar einem Friedensabkommen gleichkäme, sondern eher einem für beide Seiten längerfristig zuträglichen Modus Vivendi, den auch Teile des israelischen Sicherheitsestablishments befürworten würden. Diese Töne aus Gaza haben sich verstärkt, seitdem die Muslimbrüder in Ägypten – als Verbündete der Hamas – wieder von der politischen Bildfläche verschwunden sind. Solche Kontakte verweisen auch auf eine zunehmende Zweiteilung der palästinensischen Gebiete im Westjordanland und im Gazastreifen. Deshalb ist in diesem Zusammenhang – wenn überhaupt – zunehmend von einem Dreistaatenabkommen die Rede. Umfragen zufolge würde eine Mehrheit der Israelis heute immer noch einer Zweistaatenlösung zustimmen, auch wenn ein ebenso großer Prozentsatz nicht glaubt, dass dies im Rahmen des Möglichen läge – oder ihnen tatsächlich Ruhe und Frieden brächte.

Nach all den Versöhnungsversuchen stellt sich zudem die Frage, warum jetzt gelingen könnte, was in der Vergangenheit so oft gescheitert ist. Die letzten umfassenden Verhandlungen fanden 2007/2008 in Annapolis statt und sie gehen oft in der Liste der Friedensversuche unter, obwohl sie die möglicherweise wichtigste und weitestgehende israelische Offerte darstellen. Dass Mahmud Abbas eine Antwort schuldig blieb, erklären Palästinenser gern mit den Ermittlungen gegen Ehud Olmert, die ja dann auch zu dessen Rücktritt als Premierminister geführt haben.

Psychologen glauben, dass man therapeutisch mit den beiden Konfliktparteien umgehen müsste, um wieder Licht am Ende des Tunnels zu erblicken. Sie sehen auf der israelischen Seite einen Mechanismus am Werk, der dazu führt, dass man hartnäckig an dem Zustand festhält, der besteht. Die Angst vor dem Ungewissen sei dabei stärker als die Aussicht auf potenzielle Gewinne. Eine Studie der amerikanischen Denkfabrik RAND Cooperation hat im Juni 2015 vorgerechnet, dass die israelische Wirtschaft mehr als eine 120 Milliarden US-Dollar an Dividenden gewinnen würde, sollte es zu einem Abkommen zwischen Israel und seinen Nachbarn, einschließlich der Schaffung eines Palästinenserstaates, kommen.

Wirtschaftliche Aspekte sind aber Sicherheitsargumenten untergeordnet. Die Mehrheit der Israelis, die – aus Prinzip oder Angst – ohnehin nie einen Fuß ins Westjordanland setzt, geht deshalb auch nicht gegen die dortigen Siedlungen auf die Barrikaden, weil diese als eine Art Pufferzone wahrgenommen werden. Sie wollen verhindert wissen, dass sich das Szenario nach dem Abzug aus Gaza von 2005 im Westjordanland wiederholt. Man fürchtet, dass die Hamas nach einem israelischen Rückzug dort ebenfalls an die Macht kommen könnte, sei es durch einen Putsch oder durch Wahlen. Zudem haben sich der Irak und Syrien zur neuen Heimat von Dschihadisten entwickelt. Sollte also Israel das Westjordanland einmal nicht mehr kontrollieren, könnten Kämpfer von al-Qaida oder des IS gefährlich nahe an Tel Aviv herankommen. Pessimisten argumentieren, dass ein Abkommen mit den Palästinensern nicht nur nicht funktionieren, sondern die Gewalt steigern und die feindlichen Kräfte stärken würde. Optimisten hingegen unterstreichen die gemeinsame Interessenlage von Israelis und Palästinensern – gegen Extremisten in der Region.

Im Westen gilt die Schaffung eines Palästinenserstaates als unumgänglich für eine Befriedung der Region. Kaum ein anderer Konflikt auf der Welt ist nun schon über viele Jahre hinweg so stark im Fokus der internationalen Aufmerksamkeit wie dieser. Lange Zeit dominierte dabei die Vorstellung seiner Zentralität im Hinblick auf die Verhältnisse im Nahen Osten und oft auch weit darüber hinaus. Die radikalen Umstürze in der arabischen Welt, die 2011 begonnen haben, schwächten diese Sichtweise ab. Der oftmals in seiner Bedeutung überhöhte israelisch-palästinensische Konflikt ist gewissermaßen auf seine reale Größe zurückgeschrumpft. Dennoch wird er von der internationalen Bühne wohl kaum verschwinden, wenn er aller Wahrscheinlichkeit nach auch keinen großen Nahostkrieg mehr auslösen wird.

Die Mehrheit der Europäer nimmt aber das Fortdauern des Konflikts wahr als eine Quelle für Instabilität in der Region und – durch den Export des Konflikts – auch in den jeweiligen eigenen Gesellschaften mit ihren wachsenden muslimischem Gemeinden. Sie betrachtet eine Einigung zwischen Israelis und Palästinensern als kritische Komponente, um muslimische Proteste zu kontrollieren und das Anwachsen von islamischem Fundamentalismus und internationalem Terrorismus zu bekämpfen. Der Konflikt hat die heimatliche Politik vielerorts längst erreicht.

Die Antworten auf die Frage, was nach inzwischen fast fünfzig Jahren Besatzungsregime in Zukunft mit den Palästinensern im Westjordanland geschehen soll, haben sich unterdessen auch mehrmals verändert. Der 2009, 2013 und 2015 wiedergewählte Premierminister Netanjahu gehörte einst zu den Gegnern von Oslo. Doch auch er rang sich mit seiner Rede an der Universität Bar-Ilan, kurz nach den Wahlen 2009, zumindest zu einem prinzipiellen Bekenntnis zur Zweistaatenlösung durch. Damit hatte seine Likud-Partei ein altes Dogma aufgegeben. Zu einer echten Annäherung kam es allerdings nicht. Die Gräben zwischen den Positionen waren zu tief. Wie seine Vorgänger scheiterte auch US-Außenminister John Kerry mit seinen Vermittlungsversuchen, als erneute Friedenverhandlungen im April 2014 abgebrochen wurden. Fortgesetzte israelische Siedlungsbauten, Streit in der Frage der Freilassung palästinensischer Gefangener und eine – wenn auch nur kurz andauernde – innerpalästinensische Versöhnung mit der Hamas, die Israels Existenzrecht nicht anerkennt, setzten dem Dialog ein Ende.

Die Frage nach dem Preis einer Aufrechterhaltung des Status quo prägt seither erneut die Debatte in Israel. Netanjahus Absage an einen Palästinenserstaat am Vorabend der Wahlen 2015 rechtfertigte er mit dem Argument, dass die Bedingungen nicht reif wären für ein Abkommen angesichts der chaotischen Entwicklungen in der Region. Später ruderte Netanjahu wieder zurück und bekannte sich zu einer Zweistaatenlösung – mit einem demilitarisierten Staat für die Palästinenser, die Israel wiederum als die nationale Heimatstätte der Juden anerkennen müssten.

Nach ihrem Amtsantritt wies dann die neue stellvertretende Außenministerin Tzipi Hotovely die israelischen Diplomaten an, fortan von einem den Juden von Gott gegebenen Land zu sprechen, was – umgesetzt in Politik – einem Paradigmenwechsel in der Sprachregelung gleichkäme. Legitimität, die aus der Bibel heraus begründet wird, steht gegen das Streben nach internationaler Legitimität, die sich aus einem Ende der Besatzung ableitet – oder zumindest einem glaubwürdigen Streben danach.

Auch wenn viele Israelis zunehmend an deren Machbarkeit zweifeln, gilt eine Zweistaatenlösung nach wie vor als die strategische Formel für eine Beendigung des israelisch-palästinensischen Konflikts. Aus verschiedenen Gründen (etwa: die Fakten machten eine Zweistaatenlösung längst unmöglich) unterbreiteten die unterschiedlichen ideologischen Lager in den vergangenen Jahren aber auch zunehmend alternative Vorschläge. Die Einstaatenlösung oder binationale Lösung sieht einen einzigen Staat vor, der Israel, das Westjordanland und den Gazastreifen umfasst und allen Bürgern ungeachtet ihrer Herkunft oder Religion die gleichen Rechte zugestehen würde. Für die meisten jüdischer Israelis wäre so ein Szenario allerdings eine demografische Bedrohung, die ihre Mehrheit auf Dauer infrage stellen und sie zu einer ethnischen Minderheit im eigenen Land machen würde.

Kritiker sehen in der palästinensischen Forderung nach einer Einstaatenlösung antiisraelische Motive am Werk, die auf eine Zerstörung Israels – als jüdischer Staat – mit anderen Mitteln zielen. Es gibt allerdings auch Vorschläge aus rechten israelischen Kreisen, die auf eine Einstaatenlösung abzielen, um an den Siedlungen festhalten zu können. Sie denken dabei in den Kategorien einer Annexion der palästinensischen Gebiete und der Israelisierung ihrer Bewohner. Es ist jedoch höchst zweifelhaft, ob solche Szenarien eine tatsächliche Befriedung herbeiführen könnten. Die Skeptiker warnen vielmehr vor möglichen bürgerkriegsähnlichen Zuständen wie man sie aus dem ehemaligen Jugoslawien kennt.

Das Festhalten am Status quo fordert aber auch seinen Preis, vor allem im Hinblick auf die israelischen Siedlungspolitik. So führt die propalästinensische BDS-Bewegung (BDS = Boycott, Divestment, Sanctions), die es sich zum Ziel gesetzt hat, Israel international zu isolieren, eine zunehmend erfolgreiche Kampagne, ohne dass im Gegenzug die – eindeutig antiisraelischen – Motive vieler ihrer Initiatoren offengelegt würden.

Der Konflikt hat begonnen als ein Streit zwischen zwei säkularen nationalen Bewegungen, dem jüdischen Zionismus und dem säkularen arabischen Nationalismus, wobei es nur leichte religiöse Untertöne gab. Versuche, den Konflikt religiös aufzuladen, hat es in den letzten Jahren – von beiden Seiten – immer wieder gegeben, wie es sich bei Ereignissen rund um die heiligen Stätten in Jerusalem – besonders den Tempelberg oder Haram al-Sharif – zeigt. So wurde die jüngste palästinensische Gewaltwelle im Herbst 2015 von Gerüchten ausgelöst, die anfangs auch von rechten israelischen Regierungsvertretern mit genährt wurden, Israel wolle den Status quo verändern, der dort allein Muslimen ein Recht, zu beten, einräumt. Vor allem jugendliche Attentäter, von den sozialen Medien radikalisiert, griffen zum Küchenmesser, um Israelis umzubringen.

Nach einer Umfrage des Palestinian Center for Policy and Survey Research vom Dezember 2015 unterstützen zwei Drittel der Palästinenser im Westjordanland und im Gazastreifen diese neuerliche Gewaltwelle. Eine wachsende Mehrheit spricht sich zugleich gegen die Zweistaatenlösung aus und verlangt den Rücktritt von Palästinenserpräsident Mahmud Abbas, von dem sie sich nicht mehr vertreten fühlt. Drei Viertel der Befragten schätzen die Chance, in den nächsten fünf Jahren einen palästinensischen Staat neben Israel zu errichten, als gering bis nicht existierend ein. Die Untersuchung gelangte ferner zu dem Schluss, dass bei Wahlen ein Kandidat der Hamas einen klaren Sieg gegen Abbas erringen würde. Trotz der weitverbreiteten Opposition gegen die Zweistaatenlösung waren 70 Prozent der Interviewten auch gegen eine Einstaatenlösung, nach der Araber und Juden die gleichen Rechte genießen würden.

Doch auch die israelische Siedlerjugend und ihre Sympathisanten haben sich radikalisiert. Mit sogenannten Preisschild-Aktionen gerieten arabische

Ziele ins Visier, die Angriffe reichten von rassistischen Schmierereien und Brandsätzen in Moscheen bis hin zu vereinzelten mörderischen Anschlägen, die 2015 offiziell als »jüdischer Terror« deklariert wurden.

Wahrnehmung von Bedrohung und Konfliktlage

Jede Wahrnehmung der strategischen Realität ist das Ergebnis zweier Faktoren: Es geht dabei um Veränderungen im strategischen Umfeld des Staates und die Art und Weise, wie die Gesellschaft und ihre Entscheidungsträger diese interpretieren. Diese Auslegung ist dann wiederum verknüpft mit historisch-kulturellen Faktoren und der Vielfalt der Standpunkte der Entscheidungsträger einschließlich deren psychologischer Merkmale, Überzeugungen und Ideologien. Die besondere Lage Israels macht die Einschätzung seiner Konfliktlage zu einer besonderen Herausforderung.

Israelis reagieren oft empfindlich, wenn Außenstehende ihnen Ratschläge erteilen, wie sie am besten ihre Sicherheit zu gewährleisten hätten. Wenn es um das Abschätzen von Risiken geht, will man nur ungern hören, wie jene denken, die in einer weniger fundamentalistischen Region und in sicheren Grenzen leben. Dazu trägt auch eine weitverbreitete Grundhaltung bei, die davon ausgeht, dass sie – als Israelis – in den Augen

Sarona-Markt im Zentrum von Tel Aviv – zwei junge palästinensische Terroristen töten am 8. Juni 2016 vier Israelis und verletzen 16 weitere Personen.

der Welt mit einer Sonderrolle (Doppelstandards) und Argwohn bedacht seien. In den 1960er-Jahren hat das populäre hebräische Lied *ha'olam kulo negdeinu* dieses Gefühl erfasst – die ganze Welt ist gegen uns. Diese Angst oder andauernde Belagerungsmentalität ist Teil der zionistischen Ideologie, die auf einem Narrativ der Verletzbarkeit gründet und sich durch reale Bedrohungen immer wieder bestätigen lässt. Der Philosoph Asa Kascher bescheinigt der Gesellschaft »insgesamt einem posttraumatischen Zustand der Verfolgung. [...] Die Konzentration auf die Gegenwart und die allernächste Zukunft ist ein nervöses, auf Überleben ausgerichtetes Denkmuster von Verfolgten [...] die Diaspora ist Teil der historischen Infrastruktur unseres Lebens.« (Levi-Barzilai, S. 85 f. und 93 f.)

Die Nichtanerkennung des Staates Israel sowie die Spannungen an den Grenzen sind Nährboden für dieses kollektive Gefühl der Bedrohung, das von Politikern wie Netanjahu oft noch gezielt bestärkt wird. Es reiht sich ein in historische Ereignisse wie den Holocaust, aber auch die Vertreibung von fast allen Juden aus muslimischen Ländern nach 1948. Mehr als eine halbe Million sind damals in Israel eingewandert. Auch Israels Siege im Krieg gegen Ägypten, Jordanien und Syrien 1967 dürfe nicht vergessen machen, schreibt Barry Rubin (2012), wie aussichtslos Israels Lage zuvor ausgesehen hatte und was passiert wäre, wenn Israel verloren hätte. Ähnlich argumentieren heute Israelis im Hinblick auf die Golanhöhen. Was, fragen sich viele, würde wohl jetzt passieren, wenn man die strategisch wichtige Anhöhe in einem Friedensabkommen an die Syrer zurückgegeben hätte. Dann stünden die Kämpfer von al-Qaida und dem IS heute am anderen Ufer des Sees Genezareth.

Sicherheit wird in Israel wegen der Konfliktlage großgeschrieben, deshalb gibt es auch keine Debatten über Vorratsdatenspeicherung und Abhörbeschränkungen. Gabi Sheffer definiert den Begriff Sicherheit seit Beginn des Jischuws in Eretz Israel bis heute als die dringende Notwendigkeit, die physische Existenz der Bürger zu schützen. Diese Sorge intensivierte sich noch durch tatsächliche Angriffe seitens der Palästinenser und arabischer Staaten sowie durch antijüdische Vorfälle auf der ganzen Welt. Beispiele sind die Vertreibung eines Teils der Juden aus Eretz Israel durch die türkischen Behörden (während des Ersten Weltkriegs), die Pogrome zu Beginn und Ende der 1920er-Jahre und der »Arabische Aufstand« 1936–1939. Die Invasion der Armeen der arabischen Staaten 1948, die Aktionen der Fedajin (Ende der 1940er- und Anfang der 1950er-Jahre), der Krieg von 1973, die beiden palästinensischen Intifadas, Aktionen der Hisbollah und Hamas und die Angst vor einem iranischen Atomprojekt in den Händen fanatischer Mullahs.

Die Existenz des israelischen Atomwaffenprogramms in dem Wüstenstädtchen Dimona spielt in diesem Zusammenhang eine wichtige Rolle.

Wenngleich offiziell nie zugegeben, ist sie ein offenes Geheimnis. Alle bisherigen Regierungen erklärten lediglich, Israel werde nukleare Waffen niemals als erstes Land in der Region einsetzen – aber auch nicht als letztes. Mit dieser Zweideutigkeit soll der Abschreckungseffekt erhöht und sollen potenzielle Angreifer verunsichert werden. Außerdem kann sich Israel, das nur den Sperrvertrag für Atomtests unterschrieben hat, auf diese Weise den nuklearen Abrüstungs- und Kontrollabkommen entziehen.

Nach Schätzungen des militärischen Fachblattes »Jane's Intelligence Review« soll Israel bis zur Jahrtausendwende etwa 400 Atomsprengköpfe hergestellt haben. Mit dieser Zahl belegt es den sechsten Platz unter den Atommächten nach den Vereinigten Staaten, Russland, Großbritannien, Frankreich und China. Für den Militärexperten Avner Cohen ist das Atomprogramm vermutlich »das politisch empfindlichste, teuerste, technologisch herausforderndste und geheimste« Unternehmen, das Israel jemals gestartet hat. Ziel dieses »ultimativen zionistischen Projektes« sei es, das Überleben des jüdischen Staates zu sichern. Für Cohen symbolisiert die Bombe die zentrale »Lehre« aus dem Holocaust, deren Einlösung durch die Gründung des Staates Israel ermöglicht wird. Atomwaffen seien Ausdruck der israelischen Variante des Mottos »Nie wieder«.

Auch Shimon Peres, der einstige Chefarchitekt des Atomprogramms, erklärte Jahre später, er habe den Reaktor in Dimona gebaut, um den Israelis ein Gefühl von Sicherheit zu geben. Nur der Glaube an die Unbesiegbarkeit des jüdischen Staates habe die arabischen Länder zur Einsicht gebracht, dass sie verhandeln müssen. Die meisten Israelis sind davon überzeugt, dass es die israelische Bombe war, die 1977 Ägyptens Präsident Anwar as-Sadat dazu gebracht hat, nach Jerusalem zu kommen und ein Friedenabkommen auszuhandeln.

Neben der Angst vor physischer Gefahr geht es aber auch um eine Bedrohung der Identität. Diese kommt in der Debatte über die palästinensische Flüchtlingsfrage im Rahmen einer endgültigen Regelung zum Ausdruck. Eine massive Rückkehr würde den Verlust der jüdischen Mehrheit in Israel bedeuten. Die damals vertriebenen und geflohenen Palästinenser haben inzwischen wegen hoher Geburtenraten etwa vier Millionen Nachkommen, da sich der Flüchtlingsstatus vererbt. Ihre politischen Organisationen reklamieren für sie alle ein prinzipielles Recht auf Rückkehr in die früheren Wohngebiete. Israel lehnt dies ab, um sich als mehrheitlich jüdischer Staat zu erhalten. Es sieht das Flüchtlingsproblem als Folge eines Angriffskrieges und will daher palästinensische Rechtsansprüche nicht bestätigen.

Als Kompromissformel gab es bei den Verhandlungen Vorschläge, sich auf ein begrenztes Kontingent für eine faktische Rückkehr zu beschränken, wenn im Gegenzug zumindest eine prinzipielle Anerkennung des

In Betlehem erinnern Palästinenser an die Nakba – die Katastrophe –, die Flucht und Vertreibung von Hunderttausenden Palästinensern im Zuge des Krieges 1948. Die großen Schlüssel symbolisieren die verlassenen Häuser, 15. Mai 2016.

Rechts erfolgte. In israelischen Ohren klingt das nach einem weiterhin offenen Konflikt, denn was – fragen sie – ist, wenn nach mehreren Generationen dann doch die Nachkommen ihr Recht auf Rückkehr einklagen?

Unsicherheit drückt sich in dieser Hinsicht auch in der Forderung nach einer expliziten palästinensischen Anerkennung Israels als jüdischer Staat aus. Es mag letztlich bloß eine Verhandlungstaktik gewesen sein, als Benjamin Netanjahu dies bei den Verhandlungen 2014 forderte, wie ihm Mitglieder der Opposition vorwarfen, aber mit der Forderung sprach der Premier vielen Israelis aus dem Herzen. Der Wunsch nach dauerhafter Anerkennung steht auch hinter der Skepsis in der Frage, ob Israel ein »Staat all seiner Bürger« werden sollte, was nicht nur eine integrativere Nationalhymne bedeuten würde – die dann auch die arabischen Staatsbürger ansprechen würde –, sondern auch den Verzicht auf das Recht aller Juden und ihrer Angehörigen, nach Israel einzuwandern. Solchen Forderungen werden als Chiffre für ein sanftes Ende des jüdischen Staates betrachtet.

Wer in das pulsierende moderne Zentrum des Landes kommt, tut sich schwer, die andauernde Relevanz solcher »ethnischen« Sorgen zu begreifen. Doch so sehr viele dieser Israelis, vor allem jene, die im Hightech-bereich arbeiten, schon aus beruflichen Gründen längst globale Vielflie-ger sind, so sehr führen sie in ihrem Alltag ein nationales Inseldasein. Es gibt so gut wie keine Grenzüberschreitungen, selbst nicht in jene Län-der, die ein Friedensabkommen mit Israel geschlossen haben. Es gilt als gefährlich, sich in Ägypten oder Jordanien als jüdischer Israeli zu erken-nen zu geben. So sind die Palästinenser aus dem Westjordanland die ein-zigen Nachbarn aus der Region, mit denen man zu Hause in Berührung kommt. Doch auch da handelt es sich um sehr spezifische Begegnungen, als Wehrdienstleistender oder Reservesoldat am Checkpoint, der – das Gewehr am Anschlag – die palästinensischen Passanten kontrolliert oder manchmal auch nachts in ihre Häuser eindringt. Ansonsten kennt man Palästinenser zum Beispiel als Bauarbeiter, aber auch als Terroristen, die heute nicht mehr unbedingt Bomben basteln müssen; ein Fahrzeug reicht aus, um in eine Menge zu fahren, wie sich in Jerusalem in jüngster Zeit mehrfach gezeigt hat.

Dieses Inseldasein ist aber zugleich auch eines, das den Status quo in den Augen vieler rechtfertigt. Ein Vorwurf an das israelische Friedenslager lau-tet, dass es die Ängste der Durchschnittsbürger nicht ernst nimmt. Es hat dabei versagt, die Menschen davon zu überzeugen, dass ihnen ein künfti-ges Abkommen Sicherheit gibt – mehr, als sie jetzt haben.

Dass sich eine skeptische Grundhaltung – gepaart mit einem in vieler Hinsicht durchaus komfortablen Leben unter der Glasglocke – dennoch ändern kann, zeigt ein Beispiel aus der Vergangenheit. Als Ägyptens Präsi-dent Sadat entschied, dass es im Interesse seines Landes liegt, den Konflikt mit Israel zu beenden, verhandelte er 1978 mit Israel. Die Verhandlungen endeten mit einem Durchbruch und der Rückgabe des Sinai an Ägypten samt Abbau der dortigen Siedlungen. Die israelische Rechte zeigte sich pragmatisch und flexibel.

Dem vorausgegangen war der Besuch Sadats in Israel, der die Israelis drei Tage lang mitgerissen hatte, begonnen bei seiner Landung auf dem Tel Aviver Flughafen über seine Rede in der Knesset bis zu seinem Gebet in der Al-Aqsa-Moschee in Jerusalem. Vor dem Abkommen hatte Verteidi-gungsminister Moshe Dayan die Ansicht vertreten, dass die Kontrolle über Sharm al-Sheikh – der Bereich am Sinai, wo Ägypten während er Suez-krise den Schiffsverkehr nach Elat blockiert hatte – wichtiger sei als Frieden mit Ägypten. Die Reise Sadats hatte dem israelischen Kollektiv die Ängste genommen. Bis heute hält der Frieden mit Ägypten. Es ist zwar ein kalter Frieden, aber er hat mittlerweile selbst das – wenn auch nur kurzfristige – Regime der Muslimbrüder unter Mohammed Mursi überdauert. Auch heute gilt die Sicherheitskooperation mit Ägypten als gut und verlässlich.

Festessen im King-David-Hotel in Jerusalem zu Ehren des ägyptischen Präsidenten Anwar as-Sadat (Mitte), der im November 1977 Israel besuchte; rechts Ministerpräsident Menachem Begin, links Verteidigungsminister Moshe Dayan

Israels Vertrauen in die internationale Gemeinschaft, sich für ihre Sicherheit einzusetzen, ist gering. EU-Beobachter, die nach Israels Abzug aus Gaza an der Grenze zu Ägypten Schmuggelaktivitäten hätten unterbinden sollen, ergriffen die Flucht, als die Hamas gewaltsam die Macht an sich gerissen hatte. Von den Golanhöhen wiederum wurden 2012, als der Bürgerkrieg in Syrien drohte, nach Israel überzuschwappen, die UN-Beobachter abgezogen. Damit schien sich für viele Israels Doktrin erneut bewahrheitet zu haben, im Notfall nur auf sich allein gestellt zu sein, um für die eigene Sicherheit zu sorgen.

Von konventionellen zu asymmetrischen Kriegen

Bei fast allen militärischen Auseinandersetzungen einschließlich des Jom-Kippur-Krieges 1973 ging es für die Israelis ums Überleben. Ein verlorener Krieg hätte für den bis damals ausschließlich von Feinden umgebenen Staat das Ende bedeutet. Es galt die Doktrin des *ein breira* – es gibt keine andere Wahl, als zu kämpfen. In den ersten vier Jahrzehnten seiner Existenz stellten somit die konventionellen Armeen all seiner Nachbarn – Ägypten, Syrien, Jordanien direkt sowie Saudi-Arabien und Irak auf indirekte Weise – eine tägliche Kriegsbedrohung dar, unterstützt durch sowjetische Waffenlieferungen. Die Friedensabkommen mit Ägypten (1979) und Jordanien (1994) haben zwei dieser Armeen außer Gefecht gesetzt. Auch andere Faktoren wie das Ende der Sowjetunion und die zunehmende Beschäftigung arabischer Staaten mit den eigenen internen Problemen oder dem iranischen Hegemonieanspruch haben die Gefahr eines erneuten konventionellen Krieges gegen Israel schrumpfen lassen.

Arabische Staaten rufen heute nicht mehr zur Zerstörung Israels auf, diese Rolle haben islamistische Milizen übernommen. Israels heutige Kriege sind vor allem asymmetrische Auseinandersetzungen, die zwar keine existenzielle Gefahr mehr für das Land darstellen, aber immer größere Teile der Zivilbevölkerung der Schusslinie aussetzen. Die Heimatfront ist wichtiger geworden, nicht nur in der sogenannten Peripherie. So weiß mittlerweile auch jedes Kind in Tel Aviv, wie es sich bei Raketenbeschuss verhalten soll.

Solche Kriege werfen aber auch die Frage nach der Legitimität Israels als demokratischer Staat auf, der Menschenrechte achtet. Denn dabei hat es die Armee nicht mehr mit einem militärisch klar fassbaren Gegner zu tun wie noch in den früheren Nahostkriegen, sondern mit Organisationen und Milizen, die auch vor der Benutzung von Zivilisten als »menschliche Schutzschilde« nicht zurückschrecken. Die Bilder der Opfer – besonders Kinder und Frauen – werden dann in einem Medienkrieg gegen Israel verwendet, das sich dann wiederum vor der internationalen Gemeinschaft zunehmend gegen den Vorwurf der Unverhältnismäßigkeit rechtfertigen muss. In dem Bestreben wiederum, die eigenen Soldaten zu schützen, haben sich in den letzten Jahren auch die an sich strikten Normen der Armee gelockert, nach denen der Tod von Zivilisten um jeden Preis vermieden werden müsse. In Zeiten asymmetrischer Kriege hat der Selbstschutz für Soldaten mehr Spielraum bekommen.

Die offizielle Opferbilanz vom Sommer 2014 verweist auf diese Diskrepanz. Es gab im Sommer 2014 in Gaza 2 125 Tote, die von palästinensischer Seite alle als Zivilisten ausgewiesen wurden. Mindestens 44 Prozent sollen aber nach Angaben der israelischen Armee bewaffnete Hamas-Kämpfer gewesen sein. Dass in Israel wiederum die Opferbilanz – im Vergleich – klein gehalten werden konnte (79 Opfer, davon die allermeisten Soldaten), ist zum einen auf das Raketenabwehrsystem »Iron Dome« zurückzuführen und auf das strikte Einhalten von Schutzmaßnahmen, sofern möglich.

Diese Art von Auseinandersetzung mit hochgerüsteten Milizen zwang Israel aber auch dazu, die Grenzen seiner militärischen Macht anzuerkennen. Denn ein klarer Sieg war weder bei dem Krieg gegen die Hisbollah

Dritter Gazakrieg im Sommer 2014: zerstörte Häuser im Norden des Gazastreifens nahe der israelischen Grenze

2006 noch bei den drei Gazakriegen errungen worden. Im Libanon hatte Israel seine Ziele nicht wirklich erreicht, weil die Hisbollah sowohl als politische Partei wie auch als paramilitärische Organisation weiterhin aktiv ist. Die internationale Resonanz war für Israel verheerend: Die Opfer auf libanesischer Seite waren weitgehend Zivilisten, Bilder von Flucht und Elend gingen um die Welt. Solche Bilder sind Siegesbilder, weil sie den Feind beschmutzen. Ihr Ziel ist es, die internationale Gemeinschaft gegen Israel aufzubringen und dessen Recht auf Selbstverteidigung einzuschränken.

Militärisch war der Gegner kaum greifbar, moralisch erschien die Verwüstung eines Landes, das selbst gar nicht in den Konflikt eingriff, äußerst fragwürdig. Dagegen rückte in der öffentlichen Meinung die permanente Bedrohung Nordisraels durch Raketen in den Hintergrund. Diese Art von Krieg zielt auf die langfristige Belastbarkeit der Israelis ab. Das Ziel solcher Kriege ist in erster Linie psychologischer Natur. Deshalb hätte schon eine einzige Rakete der Hisbollah im Zentrum des Landes eine weitaus größere Wirkung als ihr potenzieller tatsächlicher Schaden.

Angesichts der beschriebenen Voraussetzungen stellt sich auch für Israel die Frage nach der richtigen Taktik. Soll man Anführer umbringen, auch wenn das bedeutet, dass unschuldige Familienmitglieder ebenfalls umkommen? Wie lässt sich auf einen Beschuss aus Schulen reagieren? Und vor allem: Was lässt sich tun, um künftige Auseinandersetzungen zu vermeiden?

Dass sich radikale Milizen nicht so einfach selbst entwaffnen, auch wenn man ihnen politisch entgegenkommt, hatte im Jahr 2000 Israels Abzug aus der sogenannten Sicherheitszone im Süden des Libanons bewiesen. Seither hat die dortige Hisbollah-Miliz, deren erklärtes Ziel für viele ausländischen Beobachter »nur« die Befreiung ihres Landes war, ihr Arsenal aufgestockt – und könnte heute mit ihren Raketen ohne Weiteres den Tel Aviver Flughafen erreichen.

Israel und die Region: Gefahren, Herausforderungen und Chancen

Seit 2011 befindet sich zudem die gesamte Region im Umbruch. In der Vergangenheit hatte es Israel mit weitgehend souveränen, gewissermaßen berechenbaren – wenn auch nicht unbedingt freundlich gesinnten – Nachbarstaaten zu tun. Manche sind mittlerweile vom Zerfall bedroht. Im Nahen Osten, wo die meisten Grenzlinien gemäß dem Sykes-Picot-Abkommen von 1916 und den Vereinbarungen zwischen den Siegermächten, insbesondere Großbritannien und Frankreich, festgelegt bzw. hinzugefügt wurden, beginnen sich die Grenzen aufzulösen. Nach über einem halben Jahrhundert staatlicher Unabhängigkeit, aber erzwungener Einheit tritt die ethnische Vielfalt (Sunniten, Schiiten, Aleviten und Kurden) im Irak und in Syrien zutage. Die Kurden, weltweit die größte nationale Gruppierung ohne eigenen Nationalstaat, fordern erneut territoriale Kontrolle und Souveränität über ihre Heimatregion, die sich über mehrere benachbarte Staaten, darunter Irak, Iran, Türkei und Syrien, erstreckt. Auch der 2014 gegründete »Islamische Staat« (IS) dehnt sich mit seinen Netzwerken über die Staatsgrenzen zwischen dem Irak und Syrien aus und bedroht die territoriale Integrität benachbarter Staaten.

Diese neue Instabilität hat das Umfeld für Israel unberechenbarer gemacht. Es gibt mehr Akteure als früher, die nicht immer leicht zu identifizieren und oft nur schwer greifbar sind. Das Land hat heute dreierlei Feinde: traditionelle Nationalstaaten wie der Iran, Quasistaaten wie Hisbollah und Hamas und bewaffnete Gruppierungen verschiedener Größenordnungen. Drei dschihadistische Bewegungen – Salafisten, radikale Schiiten und Muslimbrüderschaften – befinden sich direkt an den Grenzen Israels. An der libanesische Grenze ist es die Hisbollah, an der syrischen Grenze stehen die Jabhat-al-Nusra-Einheiten von al-Qaida, im Gazastreifen herrscht die Hamas, im ägyptischen Sinai hat sich die Ansar Bait al-Maqdis breitgemacht; Letztere war nach der ägyptischen Revolution entstanden, nach dem Coup 2013 gegen Präsident Mursi haben sich ihre Operationen vervielfacht.

Für Israel bedeutet das eine Suche nach Verankerung in einer strategisch noch unfreundlicheren Umwelt. Einer der wichtigsten Kommentatoren des Landes, Nahum Barnea, schrieb in der Tageszeitung »Yedioth Ahronoth«, dass Ereignisse wie etwa der Coup in Ägypten viele Israelis in den Isolationismus treiben würden. »Sie sehen am Fernsehen einen hysterischen Mob, […] die Panzer und gepanzerten Fahrzeuge in den Straßen, die Generäle in Uniformen, die unter dem Gewicht der Medaillen für nie dagewesene Siege herunterhängen, den religiösen Fanatismus Seite an Seite mit dem nationalistischen Fanatismus, sie sehen sich das an und fragen sich: Was haben wir mit denen gemeinsam?« (Barnea 2013)

Zugleich erwies sich dieser Coup für Israel aber auch als ein stabilisierender Faktor. Zwischen Israel und Ägypten gibt es eine enge Sicherheitskooperation, auch wenn die Beziehungen ansonsten angespannt sind. Der Bürgerkrieg in Syrien hat wiederum die syrische Armee geschwächt und zur Entsorgung – unter internationaler Beobachtung – von 1300 Tonnen schweren chemischen Arsenals geführt. Die Umstürze im Nahen Osten haben zudem neue gemeinsame Interessenlagen hervorgebracht. Für Ägypten, Saudi-Arabien, Jordanien und einige Golfstaaten sind es die Islamisten – nicht etwa Israel und der Palästinenserkonflikt –, die ihre Regime am meisten bedrohen. Diese Länder sehen die Hamas in Gaza als gefährliche islamistische Enklave und verhalten sich auch so. Ägypten hält seinen Grenzübergang zu Gaza weitgehend geschlossen. Israel ist zum »natürlichen« Partner der prowestlichen Regime in der Region mutiert, auch wenn sie das nicht laut sagen.

Der Krieg 2014 war ein Beispiel dafür. Israel bekämpfte die Hamas mit der Unterstützung Ägyptens, Saudi-Arabiens und der Vereinigten Emirate, während die Islamisten in Gaza auf Katar und die Türkei zählen konnten. Auch Ägypten und Saudi-Arabien warnen zudem eindringlich vor einem Iran, der in den Besitz der Atombombe kommen könnte und nebenher seine Fühler weit ausstreckt zur Unterstützung islamistischer Kräfte in der Region – und darüber hinaus.

Die nukleare Bedrohung gegen Israel hat einen hohen Stellenwert. Sie führte zu militärischen Aktionen gegen Ägypten in den 1960er-Jahren, gegen den Irak 1981 und gegen Syrien 2008. Irans potenzielle nukleare Fähigkeiten vor dem Hintergrund seiner militanten Politik und als Unterstützer von Hisbollah und Hamas wird als schlimmste Gefahr aufgefasst. Premier Benjamin Netanjahu ist sogar überzeugt, dass eine solche Bombe nicht nur die Existenz Israels bedrohe, sondern »die Welt verändern« und zu einem atomaren Rüstungswettlauf in der Region führen würde. Die Israelis sind bereit, die Konsequenzen eines Präventivschlags in Kauf zu nehmen, wenn damit die iranische nukleare Bedrohung entschärft würde. Ein Abkommen mit dem Iran ist aus israelischer Sicht nur Augenwischerei.

Während der große Rest der Welt über das Rahmenabkommen mit dem Iran erleichtert ist, bleibt man in Israel skeptisch – auch weit hinaus über den unermüdlichen Warner Netanjahu, der von einem »historischen Fehler« sprach. Quer durch alle Lager herrscht die Sorge, dass dem iranischen Nuklearprogramm auf diese Weise internationale Legitimität verliehen würde. In dieser Frage gibt es keine Opposition, erklärt Yair Lapid von der Zukunftspartei. »Wir alle fürchten, dass die Iraner den Deal untergraben.« Israelis lenken das Augenmerk darauf, wie die langen Arme Teherans in die Brandherde Jemen, Irak, Libanon, Syrien und Ägypten hineinreichen. Sie warnen den Westen vor der Scheinheiligkeit dieses Regimes, das sich nach außen pragmatisch gebe, aber unter der Hand seine hegemonischen Bestrebungen in der Region skrupellos vorantreibe. Warum, so fragen sie, sollte es seinen Kurs ändern, wenn die Sanktionen einmal aufgehoben sind.

Dennoch bleibt die Frage nach den Alternativen. US-Präsident Barack Obama hat sie so formuliert: Ob seine Kritiker denn wirklich dächten, dass dieser verifizierbare Deal, implementiert von den Weltmächten, eine schlechtere Option sei als das Risiko eines erneuten Krieges im Nahen Osten? Für Israelis fällt die Antwort darauf längst nicht so eindeutig aus wie für viele im Westen. »Wir hätten kein besseres Ergebnis erzielen können, selbst wenn Israel, die USA oder andere Länder Militärschläge gegen Atomanlagen in Iran ausgeführt hätten«, argumentiert der Armeeexperte Ron Ben-Ishai. Denn diese hätten auch nur zu einer Verzögerung des Atomprogramms von wenigen Jahren geführt. Trotzdem warnt er vor verfrühtem Optimismus. Es bleibe unklar, was in zehn Jahren sein werde, und fraglich, ob sich Sanktionen einfach erneut verhängen ließen, sollte Teheran sich nicht an die Vereinbarungen halten.

Das veränderte Koordinatensystem in der Region bietet aber für Israel auch die Gelegenheit, neue Allianzen zu schmieden. Ob sie zu besseren Bedingungen für einen Frieden zwischen Israelis und Palästinensern führen, ist fraglich. Sicher ist, dass Israel mit den moderaten Kräften in der Region ein gemeinsames Interesse gegen die Vorherrschaft von islamistischen Fanatikern teilt. In diesem Zusammenhang wird immer wieder auf die saudische Friedensinitiative von 2002 verwiesen. Sie könnte zumindest als Grundlage für eine Lösung des Palästinenserproblems dienen. Dieser Plan sieht vor, dass Israel von den arabischen Staaten anerkannt wird – im Austausch gegen einen israelischen Rückzug auf die Grenzen von 1967, eine einvernehmliche Lösung der palästinensischen Flüchtlingsfrage und die Gründung eines unabhängigen palästinensischen Staates. Dass eine Einigung zwischen Israelis und Palästinensern nur funktionieren kann, wenn auch die anderen arabischen Nachbarstaaten dahinterstehen, ist heute klarer denn je. Ein solcher Rückhalt würde es jedem palästinensischen Präsidenten erleichtern, Kompromisse in der heiklen Jerusalem- oder Flüchtlingsfrage einzugehen.

In Israel wiederum hat die chaotische Lage im Nahen Osten dazu geführt, dass ein Abzug aus dem Westjordanland als gefährlicher denn je wahrgenommen wird. Die Ansichten sind geteilt, was den Umgang mit den verschiedenen Ebenen des Konflikts in diesen turbulenten Zeiten angeht. Die Befürworter einer Zweistaatenlösung (oder Dreistaatenlösung) weisen darauf hin, dass die Abwesenheit eines Abkommens mit den Palästinensern, parallel zu einem generellen Anwachsen von radikalem Islamismus, Israel daran hindere, echte neue Allianzen in der Region zu schmieden. Sie warnen vor der Illusion, ohne Fortschritte hinsichtlich des Konflikts mit den Palästinensern die partielle Interessenübereinstimmung mit sunnitischen Staaten zum Tragen zu bringen. Die Skeptiker in der Palästinenserfrage wiederum plädieren allein für eine verstärkte Wiederaufnahme früherer diplomatischer Strategien. In den 1950er-, 1960er- und 1970er-Jahren versuchte Israel gewissermaßen, seine unmittelbare feindselige arabische Nachbarschaft zu überspringen, und suchte die Allianz mit nicht arabischen und nicht muslimischen Ländern und Minderheiten in der Region. Indem Israel zum regionalen Akteur wurde, schreibt Yossi Alpher in seinem Buch »Periphery«, mutierte es in den Augen seiner arabischen Nachbarn zu einer in der Region verorteten Gegebenheit, statt – wie es die Propaganda in diesen Staaten verordnete – ein europäischer kolonialer Fremdkörper zu sein. Waren es einst vor allem Randstaaten wie Iran und die Türkei, zu denen Israel in den 1950er- und 1960er-Jahren Kontakte gesucht hatte, so gebe es heute wiederum ein Mosaik an strategischen Partnern. Neben sunnitischen Staaten in der Region zählten die Kurden im Nordirak dazu ebenso wie Aserbaidschan, Zypern, Griechenland, Bulgarien und Rumänien. Mit der Schaffung eines Palästinenserstaates könnte Israel idealerweise eine neue Peripheriestrategie verfolgen und zugleich – so weit möglich – zu einem Modus Vivendi mit arabischen und sogar islamistischen Nachbarn gelangen. Die Umstürze im Nahen Osten hätten zu mehr Rücksicht auf »die arabische Straße« geführt, auf die wiederum Bilder von unterdrückten Palästinensern Einfluss haben. Für die Anhänger der Zweistaatenlösung würde ein entmilitarisierter Palästinenserstaat, eingebettet in Sicherheitsarrangements, nach wie vor die Zukunft Israels sichern. Auch, weil das Land international zunehmend in dieser Frage unter Druck geraten ist. Die Gegner wiederum argumentieren, dass nur eine israelische Kontrolle über das Westjordanland und seine palästinensischen Bürger verhindern könne, dass sich auch dort Chaos ausbreitet und der Dschihad aus den Nachbarländern herüberschwappt.

In jedem Fall ist es schwieriger geworden, die israelische Öffentlichkeit davon zu überzeugen, in einem solchen Umfeld der Instabilität weitere Risiken für den Friedensprozess einzugehen. Die Geschichte Israels war immer schon geprägt von der Wahl zwischen zwei Übeln, wobei der Streit in der Regel darüber geht, welches das kleinere von beiden sei. So haben viele Israelis heute zwei Albträume hinsichtlich eines Palästinenserstaates: dass es keinen geben wird – und dass es einen geben wird.

Literatur

Alpher, Yossi, Periphery: Israel's Search for Middle East Allies, Lanham 2015.

Barnea, Nahum, Donner aus Kairo, in: Yedioth Aharonot vom 5. Juli 2013 (hebr.).

Bar-Tal, Daniel/Antebi, Dikla, Siege Mentality in Israel, in: International Journal of Intercultural Relations, 16 (1992) 3, S. 251–275.

Berti, Benedetta/Kurz, Anat, Gaza first (again)?, INSS Insight No. 710, Tel Aviv 2015.

Cohen, Avner, The Worst-Kept Secret. Israel's Bargain with the Bomb, New York 2012.

Freilich, Charles, Zion's Dilemmas. How Israel Makes National Security Policy, Ithaca 2013.

Gesellschaft und nationale Sicherheit in Israel, hrsg. von Reuven Pedatzur (S. Daniel Abraham Center for Strategic Dialogue/Netanya Academic College/ FES Israel), Netanya 2009 (deutsche Version: https://dl.dropboxusercontent. com/u/55557642/NetanyaCollege/IsraeliSocietyandNationalSecurityGerman. PDF, Aufruf: 2. August 2015).

The Israeli–Palestinian–Diplomatic Process over Time, hrsg. vom S. Daniel Abraham Center for Strategic Dialogue/Netanya Academic College/FES Israel, Netanya 2014 (englische Version: https://dl.dropboxusercontent.com/ u/55557642/NetanyaCollege/IsraeliPalestinianDiplomaticProcessEnglish. pdf, Aufruf: 2. August 2015).

Levi-Barzilai, Vered, Siebzehn Gespräche mit Asa Kascher, Or Yehuda 2005 (hebr.).

Newman, David, Israels Grenzen. Ein geopolitisches Dilemma, in: Gisela Dachs (Hrsg.), Grenzen (=Jüdischer Almanach), Berlin 2015, S. 172–180.

Rubin, Barry, Israel. An Introduction, New Haven/London 2012.

Welden, Jutta, Constructing National Interests. The United States and the Cuban Missile Crisis, Minneapolis 1999.

Yossi Alpher

Die jüdische Siedlerbewegung

Die Beschaffenheit der jüdischen Siedlerbewegung im Westjordanland 2015 lässt sich am besten im Kontext der relevanten historischen, völkerrechtlichen und ideologischen Hintergründe aufzeigen.

Historischer Hintergrund

Das Westjordanland – in Israel auch unter der biblischen Bezeichnung »Judäa und Samaria« bekannt – ist das Kerngebiet der israelitischen Königreiche. Die meisten bedeutenden Orte der alttestamentarischen jüdischen Geschichte wie Eli, Silo, Elon Moreh, Betlehem und Hebron liegen dort. Dass das Westjordanland bei der frühen jüdischen Besiedlung Palästinas in den ersten Jahrzehnten des modernen Zionismus nicht im Mittelpunkt stand, liegt an der bedeutenden arabischen Bevölkerung in jenen Gebieten, was dazu führte, dass für den Landkauf und die jüdische Besiedlung in erster Linie der malariageplagte Küstenstreifen, die nördliche Negevwüste und Galiläa infrage kamen. Die arabischen Städte und Dörfer im Westjordanland konzentrieren sich auf den von Norden nach Süden verlaufenden Bergrücken, dessen Anhöhen bereits in biblischen Zeiten für ein gesünderes Klima bekannt waren.

Der Gazastreifen gehört aus traditioneller jüdischer Sicht nicht zum biblischen Israel und bildete deshalb zunächst keinen Schwerpunkt der jüdischen Besiedlung. Erst nach dem Sechstagekrieg von 1967 erschien dies aufgrund von Sicherheitsbedürfnissen gegenüber der palästinensischen Bevölkerung und den ägyptischen Nachbarn angezeigt.

Vor dem israelischen Unabhängigkeitskrieg von 1948 siedelten Juden im Etzion-Block bei Betlehem, in der Nähe des Toten Meeres und nördlich von Jerusalem, doch alle diese Dörfer wurden in jenem Krieg evakuiert. Nachdem sie sich ergeben hatten, wurden die Verteidiger von Gusch Etzion von der jordanischen Arabischen Legion massakriert. Deshalb war diese Region nach 1967 die natürliche erste Wahl für die jüdische Besiedlung des Westjordanlandes. In Hebron hatte zudem eine jahrhunderte-

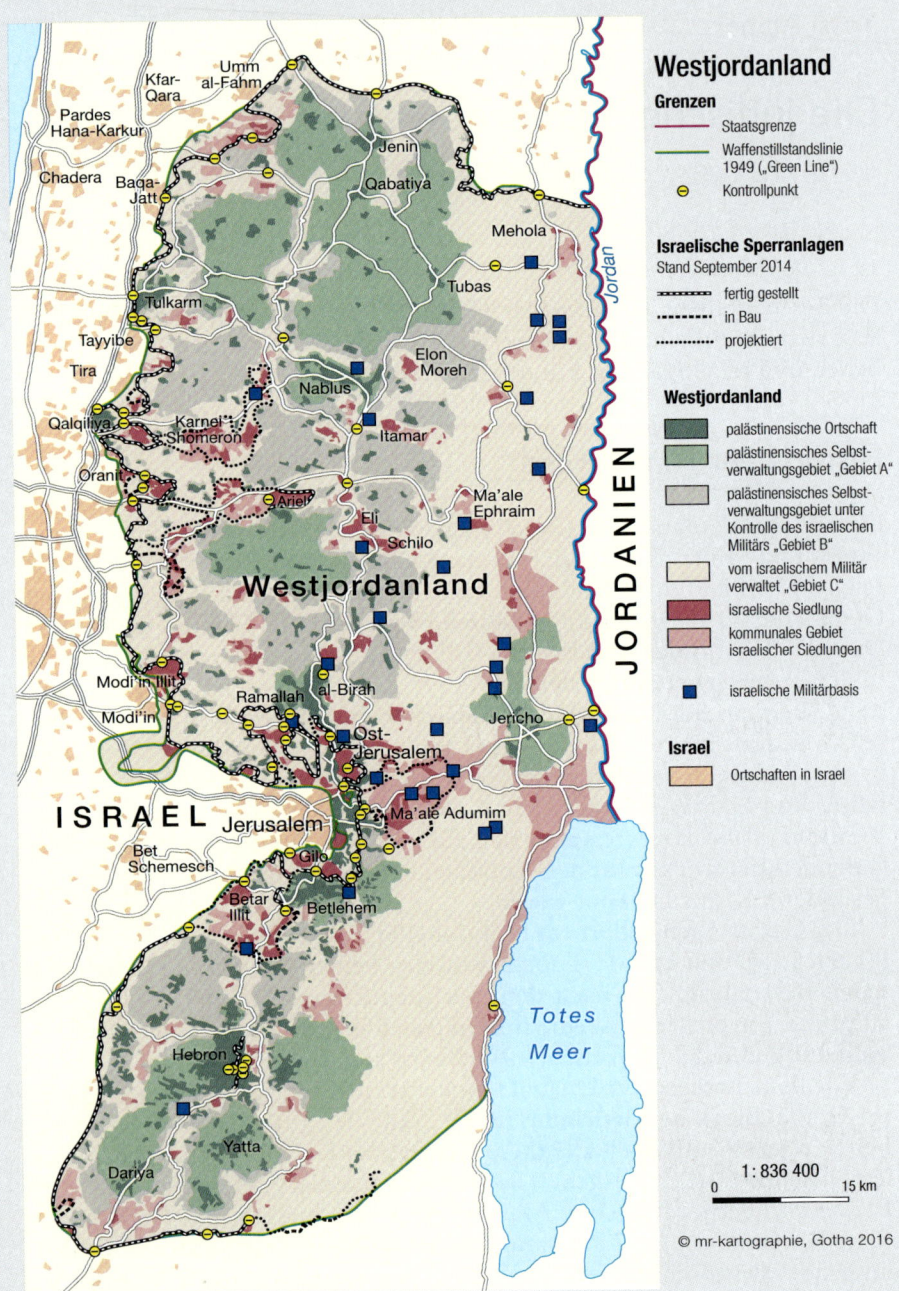

Westjordanland

Grenzen

- ⚊ Staatsgrenze
- ⚊ Waffenstillstandslinie 1949 („Green Line")
- ⚈ Kontrollpunkt

Israelische Sperranlagen
Stand September 2014

- ∙∙∙∙∙∙ fertig gestellt
- ---- in Bau
- ∙∙∙∙∙∙ projektiert

Westjordanland

- palästinensische Ortschaft
- palästinensisches Selbstverwaltungsgebiet „Gebiet A"
- palästinensisches Selbstverwaltungsgebiet unter Kontrolle des israelischen Militärs „Gebiet B"
- vom israelischem Militär verwaltet „Gebiet C"
- israelische Siedlung
- kommunales Gebiet israelischer Siedlungen
- ■ israelische Militärbasis

Israel

- Ortschaften in Israel

1 : 836 400

0   15 km

© mr-kartographie, Gotha 2016

Kfar-Qara · Umm al-Fahm · Pardes Hana-Karkur · Chadera · Baqa-Jatt · Jenin · Qabatiya · Mehola · Tubas · Tulkarm · Tayyibe · Tira · Elon Moreh · Nablus · Qalqiliya · Karnel Shomeron · Itamar · Oranit · Ariel · Eli · Schilo · Ma'ale Ephraim · Westjordanland · JORDANIEN · Modi'in Illit · Modi'in · Ramallah · al-Birah · Ost-Jerusalem · Jericho · ISRAEL · Jerusalem · Bet Schemesch · Ma'ale Adumim · Gilo · Betar Illit · Betlehem · Totes Meer · Hebron · Yatta · Dariya alte jüdische Gemeinde existiert, bis sie 1929 bei einem Pogrom dezimiert wurde. Das erklärt, weshalb auch Hebron zu einem der ersten Ziele der jüdischen Besiedlung des Westjordanlandes nach 1967 wurde.

Besetzte Gebiete, befreite Gebiete und Ost-Jerusalem

Nach dem Völkerrecht gilt das Westjordanland als besetztes Gebiet, das Israel Jordanien 1967 abgenommen hat. Die israelischen Regierungen haben diese Rechtsauffassung jedoch stets mit dem Hinweis zurückgewiesen, dass die jordanische Souveränität in jenem Gebiet nie international anerkannt worden sei. Der völkerrechtliche Status des Westjordanlandes ist nach dieser Auffassung – die von keinem anderen Staat anerkannt wird – also nach wie vor unbestimmt und muss in Verhandlungen mit der Palästinensischen Befreiungsorganisation (PLO) geklärt werden. Die Siedler und andere rechtsgerichtete Gruppierungen in Israel ziehen ihrerseits den Begriff »befreite Gebiete« für das Westjordanland vor und deuten damit ihre Absicht an, dereinst die israelische Souveränität auf dieses Gebiet aus-

Erste jüdische Siedler lassen sich im August 1968 nach dem Sechstagekrieg im besetzten Westjordanland – hier in Hebron – nieder.

zuweiten. Jedenfalls hat seit dem Sechstagekrieg eine israelische Regierung nach der anderen das Land im Westjordanland, das vor 1967 der jordanischen Krone gehörte und damit Staatsland und nicht im privaten Besitz war, als Gebiet erachtet, das grundsätzlich für den Bau jüdischer Siedlungen zur Verfügung steht. Da die Markierung des Grundbesitzes bis zur israelischen Besetzung des Gebietes im Jahr 1967 jedoch unvollständig war, wurden einige Siedlungen auf Land gebaut, deren Besitz umstritten ist. In seltenen Fällen hat der Oberste Gerichtshof die Rückgabe solchen Landes an die palästinensischen Eigentümer angeordnet.

Eine ähnliche völkerrechtliche Kontroverse entbrannte über den Gazastreifen – der zwischen 1948 und 1967 von Ägypten besetzt war, aber im Gegensatz zum jordanisch annektierten Westjordanland nie von Ägypten beansprucht wurde –, bis Israel 2005 sowohl die jüdischen Siedlungen dort abbaute als auch die eigenen Streitkräfte abzog. Seitdem betrachtet sich Israel nicht mehr als Besatzer des Gazastreifens, wird aber von der internationalen Gemeinschaft vielfach immer noch als Besatzungsmacht gesehen, da die Grenzen des Gazastreifens größtenteils von Israel kontrolliert werden. Im Zusammenhang mit jüdischen Siedlungen ist Gaza jedenfalls kein Thema mehr.

Unmittelbar nach dem Sechstagekrieg 1967 annektierte Israel das sogenannte Ost-Jerusalem. Faktisch hat Israel dann zusätzlich ein großes Gebiet annektiert und in das Stadtgebiet der israelischen Hauptstadt Jerusalem eingegliedert, das nördlich, östlich und südlich des jüdischen West-Jerusalems in den Grenzen von vor 1967 und des arabischen Ost-Jerusalems liegt. Die israelische Annexion wurde international nie anerkannt, trotzdem räumt Israel den über 200 000 Siedlern in diesen annektierten Gebieten einen anderen Status ein als den annähernd 400 000 jüdischen Siedlern im (übrigen) Westjordanland (mehr als 300 000 Palästinenser leben in Ost-Jerusalem, etwa 2,5 Millionen im Westjordanland).

In israelisch-palästinensischen Verhandlungen über ein endgültiges Friedensabkommen wie jene in den Jahren 2013/2014 hat sich die PLO grundsätzlich einverstanden erklärt, den Status des Großraums Jerusalem und dessen jüdischer Bevölkerung gesondert zu verhandeln. In den letzten Jahren haben – linke, rechte und von der politischen Mitte geführte – israelische Regierungen die Vollendung eines jüdischen Siedlungsrings rund um das arabische Ost-Jerusalem sowie den Ausbau der jüdischen Besiedlung der direkt an die Jerusalemer Altstadt angrenzenden Davidstadt, wo bei archäologischen Ausgrabungen bedeutende Funde aus der biblischen Zeit zutage gefördert wurden, stark forciert.

Argumente für die Siedlungstätigkeit: Nationalerbe, Ideologie, günstiger Wohnraum, Sicherheit

Die erwähnten historischen und völkerrechtlichen Aspekte sind für das Verständnis der Beweggründe der jüdischen Siedler wesentlich.

Die jüdischen Siedler, die sich direkt nach 1967 im Etzion-Block, in Hebron und innerhalb Ost-Jerusalems niedergelassen haben, beriefen sich auf ein »geschichtliches Erbe« und leiteten davon einen Anspruch auf Wiedergutmachung des Unrechts von 1948 und früherer Zeiten ab – was Teil des israelischen Geschichtsnarrativs wurde.

Die 1976/1977 einsetzende Siedlungstätigkeit der »Gusch Emunim« (Block der Gläubigen) auf dem Bergrücken des Westjordanlandes war religiös-zionistisch inspiriert. Diese Bewegung setzte sich zum Ziel, durch die Rückkehr zu biblischen Landstrichen sinnbildlich an biblische Zeiten anzuknüpfen. Ihre Siedlungstätigkeit reflektierte das Doppelargument, wonach der Zionismus die Rückkehr an diese Orte anstreben sollte, trotz der dortigen großen palästinensisch-arabischen Bevölkerung, und die Rückkehr und Neubesiedlung ein neues messianisches Zeitalter einleiten würden. Auch die meisten »illegalen Außenposten« im Westjordanland, die im Gegensatz zu den Siedlungen weder vom Staat finanziert noch anerkannt sind, wurden von solchen religiösen Idealisten errichtet, zum Teil durch die Beschlagnahme privaten palästinensischen Landes mit höchst dubiosen Mitteln. Mit der Errichtung solcher Außenposten wurde in den letzten Jahren versucht, die Beschränkungen zu umgehen, die der Staat aufgrund internationalen Drucks beim Bau neuer Siedlungen auferlegte. Die »Hügeljugend« und die »Bewegung für die Errichtung des Heiligtums« (das heißt des Dritten Tempels) sind kleine Abspaltungen dieser messianischen Strömungen. Die Ersteren, Siedler in zweiter oder dritter Generation, führen Provokationen und »Preisschild«-Angriffe gegen palästinensische Einwohner, Moscheen und christliche Institutionen als Vergeltung angeblicher Aggressionen von arabischer Seite durch. Aktivisten des »Dritten Tempels« glauben, dass Israel nicht untätig auf den Messias warten kann, um den Dritten Tempel auf dem Tempelberg oder Haram al-Sharif, wie er auf Arabisch genannt wird, zu errichten, und deshalb die Zerstörung der dortigen Moscheen anstreben sollte, um die Verwirklichung ihrer Ziele zu beschleunigen.

Während sich das israelische Establishment mit der religiösen Siedlerbewegung im Allgemeinen weitgehend arrangiert hat – und diese teilweise schon selbst zum Establishment gehört (siehe weiter unten) –, schreiten die Behörden gegen diese extremen Randgruppen aus Furcht vor den potenziell verheerenden Folgen ihrer Taten nicht nur für den israelisch-palästinensischen

Ein illegaler jüdischer Siedlungsvorposten im Westjordanland in der Nähe von Yishuv Hadaat, errichtet von religiösen Siedlern, Januar 2016

Konflikt, sondern auch für das muslimisch-jüdische Verhältnis insgesamt in der Regel entschlossen ein. Dennoch muss festgehalten werden, dass die israelische Polizei und Justiz eher halbherzig gegen Rechtsbrüche wie illegale Siedungserweiterung und Aufhetzung vorgehen. Im Jahr 2014 kam es aufgrund von Versuchen jüdischer Extremisten, Gebete auf dem Tempelberg abzuhalten, zu größeren Spannungen auf dem Tempelberg selbst und in Jerusalem allgemein.

Für einen Großteil der jüdischen Siedler bildete der Wunsch, die Lebensqualität zu verbessern, zumindest ursprünglich das Hauptmotiv, in das Westjordanland zu ziehen. An finanziellen Vergünstigungen erhalten sie dort hohe Wohnzuschüsse sowie praktisch kostenlos Bauland. Diese Siedler haben sich hauptsächlich in »Siedlungsblöcken« niedergelassen, die entlang der sogenannten Grünen Linie, das heißt entlang der Grenze von 1967 zwischen dem Westjordanland und dem israelischen Kernland, liegen. Manche von ihnen fahren täglich in israelische Städte zur Arbeit. Diese »Blöcke«, in denen rund 75 Prozent der Siedler leben, werden häufig in Debatten über einvernehmliche Korrekturen der grünen Grenzlinie zwischen Israel und dem Westjordanland im Rahmen einer Zweistaatenlösung erwähnt.

Schließlich gibt es noch einige Siedlungen, deren Errichtung vom Staat aus Sicherheitserwägungen angeregt wurde. Die Siedlungen im Jordantal sind das beste Beispiel: Die dortige Siedlungstätigkeit sollte für eine permanente israelische Präsenz auf einem strategisch wichtigen Landstrich sorgen, der das Westjordanland vom Ostufer des Jordan, also von Jordanien, trennt – offensichtlich zunächst, um feindliche Infiltrationsversuche zu verhindern, und auf lange Sicht, um ein Zusammenwachsen zweier größerer, Israel potenziell feindlich gesinnter palästinensischer Bevölkerungskonzentrationen an Israels Ostgrenze zu verhindern. Ariel Scharon, der die Siedlungsplanung im Westjordanland und im Gazastreifen jahrzehntelang entscheidend prägte, sah auch die jüdischen Siedlungen im Zentrum des Westjordanlandes als Garantie für den Zugang Israels zu den strategisch wichtigen Anhöhen für den Fall einer kriegerischen Auseinandersetzung zwischen Israel und arabischen Armeen an der Ostgrenze. Scharon gilt zudem als Architekt der jüdischen Siedlungen im Gazastreifen, wo Siedlungsblöcke mit einigen Tausend Siedlern palästinensische Städte und Dörfer mit insgesamt über 1,5 Millionen Einwohnern (Stand 2005) territorial voneinander trennten.

Die Frage des Jordantals als Sicherheitsgrenze spielte bei den fehlgeschlagenen Verhandlungen 2013/2014, die von US-Außenminister John Kerry initiiert wurden, eine Schlüsselrolle. Die jüdischen Siedlungen im zentralen Bereich des Westjordanlandes wiederum werden von der israelischen Rechten und auch von einigen Autoritäten des Sicherheitsestablishments, die politisch nicht rechts angesiedelt sind, als Garantie gegen territoriale Konzessionen genannt, die es feindseligen Palästinensern erlauben würden, vom Westjordanland aus israelische Städte aus kurzer Distanz mit Raketen zu beschießen.

Die Siedlungspolitik

Generell kann gesagt werden, dass vom Likud geführte Regierungen seit 1977 die Siedlungsanstrengungen forciert haben, während Regierungen unter der Führung der Arbeitspartei bestrebt waren, die Siedlungstätigkeit auf den Großraum Jerusalem, das Jordantal und, in den letzten Jahrzehnten, auf die Siedlungsblöcke zu beschränken. Dem ist allerdings hinzuzufügen, dass die jüdische Besiedlung des Westjordanlands nach 1967 unter Regierungen begann, die von der Arbeitspartei geführt wurden, und dass, obgleich diese Regierungen den Friedensprozess mit den Palästinensern in den 1990er-Jahren initiierten und vorantrieben und damit auch Bereitschaft zum Rückzug aus diesen Gebieten oder aus Teilen davon zeigten, sie die Siedlerbewegung aus politischen und ideologischen Gründen im Allgemeinen tolerierten und sich wiederholt mit den Tatsachen abfanden, die von den dynamisch agierenden, messianisch motivierten Siedlern im Westjordanland geschaffen wurden.

Es war dann der Likud-»Abtrünnige« Ariel Scharon, also derselbe Politiker, der die jüdische Besiedlung des Westjordanlandes und des Gazastreifens ursprünglich vorangetrieben hatte, der den bisher einzigen Abbau jüdischer Siedlungen im größeren Umfang veranlasste. Scharon ließ sämtliche jüdischen Siedlungen im Gazastreifen und vier Siedlungen im nördlichen Westjordanland aber nicht deshalb räumen, weil er 2005 an den Frieden und die Zweistaatenlösung glaubte. Im Gegenteil, er war in dieser Hinsicht sehr skeptisch. Es ging ihm vielmehr darum, mit diesen von ihm als minimal betrachteten territorialen Konzessionen dem Druck der Amerikaner, der internationalen Gemeinschaft und politischer Kräfte in Israel zu begegnen, um die Gefahr einer sich abzeichnenden Einstaatenlösung abzuwenden, die ihm zunehmend als Konsequenz der ungehemmten Ausbreitung der jüdischen Siedlungen erschien. Wiederholte groß angelegte Angriffswellen gegen die israelische Zivilbevölkerung durch die islamistische Hamas-Bewegung, die sich 2007 im Gazastreifen an die Macht putschte, führten dazu, dass inzwischen breite Kreise des israelischen Mainstreams ähnliche einseitige Schritte bzw. den Abbau jüdischer Siedlungen im Westjordanland entschieden ablehnen.

Die israelischen Regierungen unter Benjamin Netanjahu seit 2009 befürworten im Wesentlichen das Siedlungswerk und erleichtern damit dessen Entwicklung, während sich Netanjahu selbst zur Zweistaatenlösung und zur konstruktiven Mitwirkung an von den USA geführten Friedensbemühungen auf dieser Basis bekannte. Doch häufige Terroranschläge gegen israelische Zivilisten von palästinensischer Seite und – in den letzten Jahren – der Zerfall des gesamten arabischen Staatengefüges rund um Israel und Palästina, die Spaltung der palästinensischen Politik zwischen dem von der Fatah geführten Westjordanland und dem von der Hamas kontrollierten Gazastreifen mit eingeschlossen, haben die Bereitschaft einer großen Mehrheit der israelischen Bevölkerung verstärkt, die Siedlungen angesichts anscheinend fehlender gangbarer politischer Alternativen zu tolerieren.

Die bedeutendste politische Entwicklung der letzten Jahre im Zusammenhang mit der Siedlungsthematik war jedoch der Umstand, dass es der Hauptströmung der Siedlerbewegung gelang, sich im politischen und militärischen Mainstream zu etablieren und in der israelischen Gesellschaft eine »neue Elite« zu bilden. Die Anführer der Siedlerbewegung hatten längst verstanden, dass diese messianische Bewegung, die lange das dynamischste Element des politischen Spektrums in Israel war, den Weg in die »Herzen und Köpfe des israelischen Mainstreams« finden musste, um letztlich Erfolg zu haben. Nach der erzwungenen Evakuierung von rund 8000

Siedlern aus dem Gazastreifen 2005 ging es zunächst einmal darum, eine solche Räumung im großen Stil im Westjordanland zu verhindern.

Inzwischen ist die Präsenz der Siedler und der Befürworter der Siedlungspolitik im regierenden Likud, in Parteien, die ideologisch rechts vom Likud stehen, in den Finanzinstitutionen, die für den Ausbau und die Subventionierung der Siedlungen verantwortlich sind, und auch im Führungskreis des Sicherheitsestablishments, das eines Tages gefordert sein könnte, im Rahmen israelisch-palästinensischer Friedensabkommen Siedlungen im Westjordanland zu räumen, nicht mehr zu übersehen. In Ermangelung eines tragfähigen arabisch-israelischen Friedensprozesses und angesichts der chaotischen Zustände in der umgebenden arabischen Welt scheinen das Siedlerestablishment und ihre Unterstützer zuversichtlich, dass Israels Kontrolle über die besetzten Gebiete in absehbarer Zukunft nicht infrage gestellt wird.

Schlussfolgerung: Was die Siedlungen für Israel und den Nahen Osten bedeuten könnten

Indem sie einem Großisrael, das das ganze Westjordanland oder dessen größten Teil umfasst, Priorität gegenüber demografischen Erwägungen einräumt, kreiert die Siedlerbewegung für Israel und Palästina mutwillig eine Situation, die eine Einstaatenlösung unausweichlich machen könnte. Je nachdem, wen man von der Siedlerbewegung oder den dominierenden rechten Parteien fragt, wäre ein solcher Staat entweder binational, mithin jüdisch-arabisch und nicht mehr zionistisch, oder würde auf einem apartheidähnlichen Konzept beruhen, in dessen Rahmen die Araber Bürger zweiter Klasse wären oder nur noch den Status von Einwohnern hätten, womit ein solcher Staat nicht mehr als demokratisch gelten könnte.

Wie dem auch sei, den Siedlern und den zahlreichen politischen Strömungen, die sie aktiv unterstützt haben oder auch nur gewähren ließen, wäre es gedankt, wenn Israel nicht mehr das zionistische, jüdische und demokratische Gemeinwesen wäre, das den zionistischen Gründervätern vor mehr als einem Jahrhundert vorschwebte. Nach dem heutigen Stand der Dinge und vorbehaltlich jener Unwägbarkeiten, für die der Nahe Osten berüchtigt ist, scheinen sich Israel und Palästina am wahrscheinlichsten auf eines dieser beiden Szenarien zuzubewegen.

Aus dem Englischen von David Ajchenrand

Shimon Adaf

Sderot – fernab vom Zentrum

Ich erinnere mich an eine Zeit, als die Stadt Sderot und ihre Umgebung auf einem eigenen Kontinent lagen. Nachrichten waren wie Signale von der anderen Seite der Erdkugel, Ereignisse trugen sich in nebelverhüllten, mythenumrankten Regionen zu, die Geschichte war nichts als ein Zyklus von Legenden über Klimastörungen. Vielleicht ist jede Kindheit ein solch abgeschlossener, für sich stehender Raum. Es ist aber auch möglich, so meine ich eher, dass die Isolierung von der Welt, das von der Außenwelt abgelöste Bewusstsein, eine Funktion bestimmter gesellschaftlicher Bedingungen ist, von Umständen, die ich mittels rationaler Bemühung zu rekonstruieren vermag. Doch die Rekonstruktion selbst verdrängt jenes Sderot aus meinem Kopf, macht es unzugänglich. Wenn ich nach Sderot fahre, um meine Mutter und meine übrige Familie zu besuchen, kann ich nie voraussehen, wann und ob überhaupt am Ende der Reise das Sderot meiner Kindheit in meinem Bewusstsein als eine unverhüllte Erinnerung aufsteigen wird, geprägt von unschuldiger Erfahrung, freigelegt von den Schichten aufgezwungener Bilderwelten, verhornten Erwachsenenbewusstseins, das sich um ihre Entzifferung bemüht.

Anfangs bin ich ein Kind und ich streife mit anderen Kindern auf großen unbebauten Landflächen umher, in jener verwahrlosten Landschaft, die die Wohnhäuser und -viertel umgibt. Die Öde, müde Natur, ist immer präsent, da und dort Ginsterbüsche oder Bäume – Akazien, Eukalyptus-, Paternoster- und Flammenbäume. Eine geduckte Vegetation und graue Vögel, Streifenprinien vielleicht. Wir wissen nicht viel über die Welt außerhalb von Sderot. Unsere erstreckt sich, so weit unsere Füße laufen können. Wir wissen, dass Sderot von Kibbuzim umgeben ist, dass unsere Eltern dort in Fabriken arbeiten. Manchmal legen wir einen weiteren Weg zurück, schleichen uns auf einen Werkhof – am liebsten jenes Betriebs, in dem Essbestecke produziert werden – und klauen Restbestände. Unsere Häuser gehören einer öffentlichen Wohnungsbaugesellschaft. Jedes Mal, wenn wieder ein Kind in eine Familie hineingeboren wird, kommt ein Bauunternehmer mit arabischen Arbeitern und baut ein Zimmer dazu. Der Staat renoviert unsere Häuser, lässt sich aber drinnen nicht blicken. Eines

Tages jedoch tauchen auf dem Marktplatz Fernsehkameras auf. Reporter halten unseren Eltern Mikrofone hin und fragen nach ihrer Befindlichkeit. Sie filmen im Arbeitsamt die auf Plastikstühlen wartenden Arbeitslosen und jene, die im Einkaufszentrum Scheschbesch (Backgammon) spielen. Und fragen sich vermutlich, ob diese wohl Rauschgiftsüchtige sind oder Kriminelle. Es interessiert sie nur die Dreifaltigkeit der Peripherie: Armut, Kriminalität, Arbeitslosigkeit.

Mir scheint, dass der Einbruch der Außenwelt und das Heranreifen des Bewusstseins zeitgleich erfolgten. Plötzlich waren wir Objekte einer Außensicht und damit einer Fremdwahrnehmung unterworfen, die wir sukzessive als Selbstwahrnehmung übernahmen. Erst damals begriffen wir, dass die Erinnerungen unserer Eltern auf einen Kontext warteten, der diesen Erinnerungen Bedeutung verleihen würde, auf einen Raum, der ihnen Widerhall geben würde.

Meine Mutter war zwölf, als sie in den 1950er-Jahren aus Marrakesch nach Israel kam. Es war die Zeit der großen Einwanderungswellen aus Nordafrika. Die Familie wurde sogleich in eine Ma'abara (Transitlager für Neueinwanderer) in der Nähe des Kibbuz Dorot geschickt. Jeder Familie, erzählte meine Mutter, wurde eine Blechhütte zugewiesen. Ohne Fließwasser. Weit weg ein einziger zentraler Wasserhahn, von dem das Wasser in Kübeln in die Behausungen gebracht wurde. In der Nähe des Wasserhahns eine zentrale Toilettenanlage für alle Bewohner der Ma'abara. Zwischen den einzelnen Blechhütten schmale Gehwege. Strom gab es nicht. Einmal wöchentlich ging man ins rituelle Bad, die Mikwe. Eigentlich war es keine richtige Mikwe, sondern ein kleiner Raum, in dem jeweils nur zwei Personen gleichzeitig baden konnten. Es gab einen einzigen Gemischtwarenladen. Jede Woche bekam man Marken, mit denen man ein viertel Kilo Fleisch pro Person kaufen konnte.

Wie sich die Ankunft meines Vaters abspielte, weiß ich nicht. Er war nicht bereit, mit seinen Kindern über seine Vergangenheit zu sprechen. Auch er war mit seiner Familie mit derselben Einwanderungswelle aus einer anderen marokkanischen Stadt hierhergekommen, doch seine Geschichte setzte immer in einem ganz bestimmten Moment und keinem anderen ein, als er nämlich einen befreundeten Arbeitskollegen in dessen neuem Heim in Sderot besuchte und dort die jüngere Schwester des Freundes, fast noch ein Kind, erblickte. Er beschloss, dass sie seine Frau werden würde. Das Haus seiner Eltern lag am anderen Ende der Stadt.

Nicht von ungefähr tauchten plötzlich in den 1980er-Jahren die Fernsehkameras auf, die uns den Fluch der Reflexion bescherten. 1982 war irgendwo in der fernen, schwarzen Galaxie der (erste) Libanonkrieg ausgebrochen. Den Umfang und die Auswirkungen der Identitätskrise, die dieser Krieg in der jüdischen Bevölkerung Israels auslöste, sind bis heute kaum zu ermessen. Erstmals in der Geschichte des Staates gab es keinen Konsens über die Notwendigkeit des Krieges. Die völlige Übereinstimmung, die bis dahin zwischen dem angesichts der Vernichtungsgefahr von steter militärischer Kampfbereitschaft geprägten Charakter und dem zivilen Charakter der Gesellschaft bestanden hatte, bekam einen Riss. Fragen hinsichtlich des Wesens der israelischen Gesellschaft und ihrer Spezifität kamen auf – was bleibt, wenn der auf Sicherheitsdenken gründende Definitionsrahmen wegfällt? Was definiert das Selbstverständnis der Bürger dieses Landes?

Man kann sagen, dass diese Fragen letztlich einen anderen Wettstreit, den alten Kampf zwischen Jerusalem und Tel Aviv um die kulturelle Vorherrschaft, zugunsten Tel Avivs entschieden haben: Der säkulare Anstrich der Stadt, ihre Unbelastetheit von Geschichte und historischen Erbsünden, ihre Anziehungskraft für Künstler, Schriftsteller, Dichter und Intellektuelle machten sie zum erstrangigen Mittelpunkt der Kultur-, Geistes- und Medienlandschaft in Israel. Neue Eliten ließen sich in Tel Aviv nieder und sie waren es, die die nunmehr Geltung erlangenden Normen und Denkmuster, die dominanten Leitbilder der verschiedenen Gesellschaftsgruppen formulierten und prägten.

Die Figur des kämpferischen Sabre wich in jeder möglichen Sphäre der künstlerischen Repräsentation – der bildenden Kunst, Literatur, Musik und schließlich den Medien – der Figur des Außenseiters, des Abweichenden. Nach langen Jahren der Absenz, der Ausblendung der aus den islamischen Ländern stammenden Bürger und ihrer Degradierung zu einer Fußnote im öffentlichen jüdischen Leben war für Sderot die Zeit gekommen, als Vertreterin des gesellschaftlichen anderen, der Minderheiten und der Peripheriebewohner Einzug in den öffentlichen Diskurs zu halten.

Die bislang rein auf der europäischen Kultur basierende israelische Kultur öffnete sich den kulturellen Einflüssen, die von den Söhnen und Töchtern der Einwanderer aus den islamischen Ländern mit ihren anderen Vor- und Weltbildern ausgingen. Als Erste profitierte davon die Musik: Die Verquickung von Ost und West, von arabischen Tonleitern und den westlichen Harmonien der Rock- und Popmusik, wurde Anfang der 1990er-Jahre typisch für den neuen israelischen Sound. Sderot wurde zum Sinnbild dieser Verschmelzung. Von dort kamen viele Rockgruppen, die der israelischen Musik ein völlig neues Gesicht gaben.

Wie aber schon Hegel gelehrt hat, bleibt eine Synthese nicht ewig Synthese, sondern verwandelt sich ihrerseits in eine neue These, die neue Kritik herausfordert. Die barbarischen 1990er-Jahre brachten auch die Globalisierung, die Verflachung der Kultur, die Wissensrevolution und für die Wirtschaft den Fluch der Privatisierung. Und in Israel brachte sie große Einwanderungswellen aus Äthiopien (die zwar in den 1980er-Jahren begonnen hatten, deren volle Auswirkungen aber erst im Lauf des folgenden Jahrzehnts zum Tragen kamen) und aus der ehemaligen Sowjetunion. Und in alter Routine wurden die äthiopischen und die sozial schwachen Bevölkerungsschichten der Einwanderer aus dem vormals sowjetischen Raum – natürlich jene, die nicht aus dem »kultivierten« Russland stammten, sondern aus der Ukraine, aus Usbekistan und dem Kaukasus – sofort in die Peripherie und nach Sderot geschickt. Und das alles zu einer Zeit, als die Privatisierung die Sozial- und Wohlfahrtseinrichtungen des Landes aus den Angeln gehoben hatte. Der Übergang zur freien Marktwirtschaft, der den vermögenden, kapitalkräftigen Schichten zugutekam, verschlimmerte die Lage der Peripherie und damit auch Sderots noch weiter. Gerade erst hatte man sich von den mageren Jahren erholt, war dabei, sich eine eigene Identität zu bilden, stand gesellschaftlich und kulturell vereint und bedeutsam da und schon fiel man in die wirtschaftliche Not zurück.

Mit dem zweiten Fernsehkanal hielt das kommerzielle Fernsehen Einzug. Bis Anfang der 1990er-Jahre hatte es in den staatlichen Medien keine Werbung gegeben. Die Fernsehkanäle (ganze zweieinhalb an der Zahl) wurden aus dem Steueraufkommen und aus Fernsehgebühren finanziert, was sicherlich kein Idealzustand war. Doch die angestrebte Trennung zwischen Medien und Staat wirkte sich nachteilig aus: Das kommerzielle Fernsehen brachte dem Landeskern, Tel Aviv, Wohlstand, doch seine Inhalte wurden anhand von Quotenmessungen nur nach der Zahl der Zuschauer beurteilt, die es an die Fernsehschirme zu bannen vermochte. Und die Verantwortlichen der Sendeanstalten wählten den leichtesten Weg, diese Aufgabe zu erfüllen – sie wandten sich an die einfacheren Menschen in der Peripherie, die von einem besseren Leben träumen und ihre Existenzängste gern auch durch billige Unterhaltungsprogramme betäuben lassen. Das Fernsehen entwickelte ein unverhülltes Interesse, die Bewohner der Peripherie in ihrer Ignoranz zu belassen. Wieder einmal musste Sderot herhalten. Gleich mit der Einführung des zweiten Fernsehkanals wurde ein neuer Begriff geprägt, der sinnbildlich die Summe der Eigenschaften des Zielpublikums charakterisierte – »Mass'uda aus Sderot«, wobei Mass'uda ein bei den älteren, aus Marokko stammenden Frauen häufig anzutreffender Vorname ist.

Aber die alten Geister ruhten nicht. Der militaristische Geist, der infolge des Libanonkriegs seine Wirkungsmacht im öffentlichen Diskurs eingebüßt zu haben schien, schlich sich allmählich wieder in die zivile, sozioökonomisch geprägte Debatte innerhalb der jüdischen Gesellschaft ein. Diese Tendenz verstärkte sich allmählich im Lauf der 1990er-Jahre mit den Attentatsserien im Herzen Tel Avivs, mit den stagnierenden Friedensgesprächen, mit der nicht enden wollenden Besatzung, mit der anhaltenden Ignorierung der israelischen Araber durch die jüdische Bevölkerung.

Das Sicherheitsdenken drang jedoch erst dann wirklich in das öffentliche Bewusstsein ein, als es infolge der Auswirkungen der Al-Aqsa-Intifada und der Unruhen innerhalb der israelischen Araber im Oktober 2000 die Peripherie erfasste. Im Süden fielen dicht bei Sderot Artilleriegranaten aufs offene Feld. Ja, schon wieder jene Provinzstadt, als Fallbeispiel der Peripherie schlechthin bestens erprobt. Alle Augen wandten sich auf jenen Landstrich, der einen Gürtel um den Gazastreifen bildet und dessen Zentrum Sderot ist.

Bushaltestelle in Sderot mit einem Schutzraum gegen Raketen aus Gaza

Ich erinnere mich an die ersten Bilder, die die TV-Nachrichtensendungen brachten: die Bewohner von Sderot auf der Flucht vor der Bedrohung durch Kassamraketen und Katjuschas, wie sie auf die Straße stürzen im Trainingsanzug und mit wasserstoffblondem Haar, wie sie sich um den Platz im Autobus schlagen, der sie in Sicherheit bringen soll, und sich beim Anstehen in der Lobby des Hotels streiten, in das sie evakuiert worden sind. Und ich erinnere mich, wie schockiert ich war, dass diese Szenen immer wieder gesendet wurden, bis sie zum neuen Sinnbild von Sderot wurden. Mit Abscheu beobachtete ich, wie das Menschliche aus den Gesichtern verschwand, die ich aus meiner Jugend kannte, wie diese Gesichter zu einer Maske der Panik wurden, zu Figuren auf zum Krieg aufrufenden Plakaten.

So begann die Ära des belagerten Sderot, die Ära der Militäroperationen, eigentlich Minikriege, denen man das Etikett Militäroperation angeheftet hat: »Gegossenes Blei«, »Wolkensäule«, »Fels in der Brandung«. Sderot durchlief eine Metamorphose. Aus den Häusern sprossen Zubauten mit Schutzräumen. Die Stadt wurde vermessen und in den Straßen wurden Betonblöcke aufgestellt. Die Abstände zwischen ihnen sind angeblich so kalkuliert, dass man von jedem beliebigen Punkt aus innerhalb der zwanzig Sekunden zwischen dem Ertönen des Alarmsignals »Farbe Rot« bis zum Raketeneinschlag im Laufschritt einen Unterstand erreichen kann. Natürlich sind die Einwohner dabei nicht psychisch unbeschadet geblieben. Vor drei Jahren meldete sich meine älteste Nichte freiwillig im Rahmen ihres Wehrdienstes zu einer Kampfeinheit. Von mir nach dem Grund dafür befragt, gab sie mir zur Antwort, sie strebe einen interessanten Wehrdienst an. Denselben Grund nannten meine Neffen, als sie sich später ebenfalls zum Dienst als Kampfsoldaten meldeten. Mein Bruder und meine Schwestern wurden zu unbesoldeten Militärexperten, mittellose Experten, die sich im Kampf um das tägliche Brot aufreiben.

Die Zeit der Minikriege verbringe ich in Sorge um meine Verwandten mit Autofahrten hin und her. Ich schaffe es nicht, einfach in meiner Wohnung im Landeskern, dem Gusch Dan, zu verharren, also mache ich mich auf nach Sderot, hinein in die Staubwolken und die Raketenabwehrbatterien und die Alarmsysteme, die Narben in die Luft Südisraels schlagen, fahre durch sie hindurch, bis ich im Zentrum des Sturms, Sderot, angekommen bin. Ich bleibe nicht lange. Die grauenvolle Situation und die endlosen Debatten über die grausame, von der Wirklichkeit aufgezwungene Unterdrückung der palästinensischen Bevölkerung und über die Strafe, die »Verräter« wie ich verdienten – auf dem Stadtplatz gehenkt und eingeäschert zu werden –, machen mir jede Erinnerung an das Sderot zunichte, an das ich – welche Illusion – geglaubt hatte, mich festklammern zu können, und so fahre ich zurück ins Landeszentrum. Dort wird sicherlich schon ein neues Image von Sderot kreiert für das nächste falsche Bewusstsein.

Aus dem Hebräischen von Liliane Meilinger

Odeh Bisharat

Nazareth macht weiter

Am 24. November 1957 berichtete Dr. Herzl Rosenblum, Chefredakteur der auflagenstärksten Zeitung des Landes, »Yedioth Ahronoth«, von seinem Besuch in der neuen Stadt Nazareth-Illith, die gerade auf Böden des arabischen Nazareth gegründet worden war: »Drunten, am Fuß dieser Berge ringsum, sieht man das kleine arabische Nazareth, das von unten zu uns aufschaut.« Und im Weiteren: »Hier hat der nationale Weitblick mit bester staatlicher und technischer Kraft gearbeitet.« Dr. Rosenblum wurde 1903 in Kaunas in Litauen geboren. Als junger Mann hatte er antisemitische Zurücksetzung erfahren, als man ihm den Zugang zum Jurastudium verweigerte, sodass er nach Wien gehen musste, um sein Ziel zu erreichen.

Das ist die Geschichte von Nazareth und das ist die Geschichte der arabischen Bürger des Staates Israel. Nicht wenige von ihnen sehen sich als die Opfer der Opfer. In ihrem Buch »Unrepetant« zitiert die jüdisch-israelische Schriftstellerin Nurith Gertz ihren Mann, den Schriftsteller Amos Kenan, der den Europäern sagte: »Die Schuld, die die freie Welt gegenüber den Juden trägt, hat sie mit Leichtigkeit den Arabern aufgehalst.« Wehe dem Opfer des Opfers.

Damit war das Schicksal des arabischen Nazareth besiegelt. Die Stadt war eingekreist. An der einen Seite grenzt sie an Nazareth-Illit und im Übrigen an arabische Dörfer, die auch keinen Entwicklungsraum haben. Die beklemmende Enge ist die Verheißung für die Zukunft, die der Judenstaat ihr gebracht hat. Seither ist Nazareth eine Stadt, die sich nicht ausbreiten kann. Nur nachts träumt sie von längst konfiszierten Landreserven.

Doch wie das Grundwasser, trotz dicker Betonschichten, auf dem Nachbargrundstück eine Öffnung zum Emporquellen findet, so ging es auch den Einwohnern des arabischen Nazareth. Als ihre Böden beschlagnahmt wurden, erwarben sie Häuser oder Wohnungen in Nazarath-Illit.

Der frühere Bürgermeister der Stadt Nazarath-Illit, zu der das arabische Nazareth »von unten aufschaut«, ist ein jüdischer Immigrant aus Tunesien und ein führendes Mitglied der Partei Israel Beitenu, die den Transfer der

Stadtansicht von Nazareth

Araber ins palästinensische Autonomiegebiet befürwortet[1]. Er verkündete stolz, auf die Vertreibung der Araber aus seiner Stadt hinzuwirken. Er wünschte eine rein jüdische Stadt. Irgendwie hatte der Mann die Dreißigerjahre in Europa vergessen, als man die Juden nicht mehr »unter sich« haben wollte.

Trotz seiner rassistischen Tiraden durfte er von Gerichts wegen zur Bürgermeisterwahl antreten. Und die letzten Wahlen gewann er sogar mit großer Mehrheit. Doch zum Glück der Araber und der jüdischen Demokraten gibt es Korruption. Der Bürgermeister wurde wegen der Annahme von Bestechungsgeldern verurteilt. Vielleicht ist die politische Karriere eines rassistischen Bürgermeisters damit beendet. Andererseits ist es schade, dass das Gericht ihn nicht auch wegen Rassismus belangt hat.

Im Juli 1948 wurde die Stadt Nazareth von Truppen der Haganah erobert. Der Schriftsteller Emil Habibi schreibt in seinem Roman »Der Peptimist«, die Armee habe das östliche Viertel der Stadt eingekreist. Die Männer wurden auf den freien Platz hinter der koptischen Kirche getrieben. Es war ein heißer Sommertag. Die Versammelten blieben den ganzen Tag unter der prallen Sonne, ohne trinken zu dürfen, obwohl der Brun-

---

1 Von dem Transfer in das palästinensische Autonomiegebiet betroffen sein sollten ausschließlich arabische Israelis, die nahe der Grünen Linie leben.

nen zu ihren Füßen Wasser in Fülle spendete. »Heiliges Wasser aus der Quelle der Heiligen Jungfrau«, heißt es im Buch. Die Kommunisten verteilten Flugblätter, in denen sie auf die absurde Situation hinwiesen und dazu ein Gedicht von Antra Alabassi zitierten: »Wie weiße Kamele in der Wüste, ganz ausgedörrt vom Durst, / wo doch Wasser da ist, auf ihrem Rücken getragen als Last.« Habibi, der einen feinen Sinn für Absurditäten hatte, schildert die empörte Reaktion des Militärgouverneurs. Der hatte die Metapher des Gedichts anscheinend nicht verstanden, denn er erklärte, die israelische Armee habe Tiere niemals derart misshandelt. Menschen standen wohl auf einem anderen Blatt.

1948 nahm Nazareth meine Eltern auf, die aus dem Dorf Ma'lul vertrieben worden waren. Sie kamen in einem Haus am Rand des alten Marktes unter. Sieben Monate später zog meine Familie weiter in das Dorf Yafia, das zwischen Nazareth und Ma'lul liegt. Dort erwarb mein Großvater schließlich einen Dunam (1 000 m²) Land im Tausch gegen eine Kuh, die zusammen mit der Familie aus Ma'lul verjagt worden war. Einige Zeit später wurde ihm ein weiterer Dunam zum Kauf angeboten, den er verbissen ablehnte: »Warum soll ich noch mehr Land kaufen, liegt denn mein Großvater hier begraben? Bald werden wir ins Dorf Ma'lul zurückkehren.« Doch dieses »bald« dauert nun schon siebenundsechzig Jahre. Mittlerweile sind meine beiden Großeltern und fast alle ihre Altersgenossen gestorben. Und hatte mein Großvater auch keine Wurzeln in Yafia, so habe ich schon Großeltern und Eltern und viele andere Angehörige und Freunde, die in Yafia begraben liegen.

Nazareth blieb der Mittelpunkt unseres regen Lebens. Alles Nötige für den Haushalt kauften wir auf dem alten Markt der Stadt. Ich ging mit meiner Mutter von einem Stand zum anderen und sie feilschte fast immer mit den Verkäufern. Einmal, als sie den Preis einer Matte um zwei Drittel heruntergehandelt hatte, bedauerte sie den bereits getätigten Kauf mit der Bemerkung, man hätte sie noch billiger bekommen können. Vorbei sind die Zeiten des Handelns um den Preis, das immer eine Art fröhliches Theater war: Der Kunde geht scheinbar empört und beleidigt weg und der Verkäufer läuft ihm nach, um ihn zu beschwichtigen. Oder umgekehrt, der Verkäufer erklärt, nicht verkaufen zu wollen, und der Käufer versucht, ihn umzustimmen.

Auf dem Markt von Nazareth fand man alles: Kleidung, Schuhe, Fleisch, Geflügel, Gewürze. Mittendrin hatte ein Schuhmacher seinen winzigen Laden, ebenso ein Mann, der Petroleumkocher reparierte. Und vor den Süßwarenläden scharten sich die Leute, um die Leckereien zu probieren, denen man kaum widerstehen konnte. Auf dem Nazarether Markt war jeden Tag Festival.

Am 1. Mai, wenn die Kommunisten ihren großartigen, farbenprächtigen Umzug mit Trommeln und Transparenten veranstalteten, nahm mein Vater uns mit zum Zugucken und manchmal marschierten wir auch in den Reihen. Dieser Umzug gewann mein Herz und erregte meine Fantasie. Verschwommen erinnere ich mich an eine Beinverletzung, die ich im Gedränge der begeisterten Zuschauer eines Säbelfechtens erlitt. Mein Bein blutete stark, aber das Mitgefühl, das ich erntete, linderte den Schmerz.

Seither ist Nazareth für mich eine Stadt des Kampfes. Nazareth wurde die Hauptstadt der arabischen Bevölkerung Israels, nachdem andere große Städte Palästinas fast all ihrer arabischen Einwohner entleert und von Juden besiedelt worden waren. Nazareth war und bleibt die Speerspitze im Ringen der arabischen Bevölkerung. In Nazareth fanden die Demonstrationen gegen Landkonfiszierungen, gegen die Zerstörung von Häusern und für »Brot und Arbeit« statt, stets von einem Hauch Internationalität umweht. Und das Schlagwort, das mich bis heute begeistert, ist das von »jüdisch-arabischer Freundschaft«. Es war kein separater Kampf, Juden für sich und Araber für sich. Es ist ein allgemeinmenschlicher, der Raum für alle bietet, für Angehörige aller Völker, Religionen und Ethnien.

Nach dem Umzug versammelten sich die Teilnehmer auf dem Brunnenplatz. Wir lauschten den Reden auf Arabisch und Hebräisch. Die Redner verspotteten die Staatsführung. Und trotz unserer schwierigen Situation fühlten wir uns im siebten Himmel, da der Optimismus, den wir aus einer anderen Welt schöpften, unsere schlechte Lage in glänzende Farben tauchte. Diese Mischung aus Optimismus, Offenheit und der Möglichkeit, die Unterdrücker zu verspotten, hat offenbar eine junge Generation befähigt, zu kämpfen, ohne ihre Menschlichkeit aufzugeben.

Bei den Demonstrationen fehlte es nicht an Transparenten, die die Rückkehr der Flüchtlinge forderten. Und so gewann das Wort *al-awda* – die Rückkehr – einen warmen Platz in meinem Herzen. Bis heute weckt es starke Sehnsucht nach denen, die vertrieben wurden. Tawfiq Ziad, Dichter und späterer Bürgermeister von Nazareth, schrieb ein Gedicht, das sich unter der bewegenden Überschrift *unadikum* (Ich rufe euch!) an die palästinensischen Flüchtlinge richtet. Es war die unbezwingbare Sehnsucht nach der Rückkehr des Abwesenden, der im Schatten seines Feigenbaums und der Kaktushecke und der Olivenbäume sitzen sollte.

Im Mai 1958, als ich froh und munter im Bauch meiner Mutter lebte, verwandelten sich Nazareths Straßen in ein Schlachtfeld. Die Militärverwaltung veranstaltete am Vorabend des 1. Mai, der in jenem Jahr auf den zehnten Unabhängigkeitstag Israels fiel, ein großes Fest auf dem Brunnenplatz. Als Israel zehn Jahre zuvor seine Unabhängigkeit erlangte, hatte man bekanntlich Hunderttausende von Arabern aus ihrer Heimat vertrieben. Die Festbühnen waren aufgebaut, die Sänger aufgetreten – zur Unterhaltung der Einwohner, deren Verwandte jenseits der Grenze litten.

Kurz nach Programmbeginn störten Dutzende junger Leute die beschämende Veranstaltung. Ein Tumult brach aus und die Jubelfeier verwandelte sich in eine lautstarke Protestdemonstration, die die Ehre der Nazarether rettete. Die Polizei ging mit Macht gegen die jungen Leute vor, Dutzende wurden verhaftet. Aber all das war nur ein Vorspiel für den nächsten Tag.

Anderntags, am 1. Mai, wollten die Kommunisten ihren Demonstrationszug abhalten. So strömten denn Hunderte von Demonstranten aus den Dörfern Galiläas herbei und auf den Straßen standen Hundertschaften von Polizisten, ausgerüstet mit allem, was zur Auflösung von Demonstrationen taugte. Die Polizei griff die Demonstranten an und die warfen Steine, sperrten Straßen und wurden von den Polizisten bis in die engen Gassen der brodelnden Stadt verfolgt. Die Ausbeute hätte jedem Polizeistaat Ehre gemacht: Hunderte waren verhaftet, Dutzende verletzt und nach weiteren Hunderten fahndete die Polizei noch tagelang.

An dem Tag, als ich im englischen Krankenhaus in Nazareth zur Welt kam, saß mein Onkel Said nach einmonatiger Flucht im Gefängnis. Er gehörte zu den letzten Verhafteten nach jener Maidemonstration 1958. Im Gefängnis, erzählt er mir später, war die Moral haushoch. Sie hatten den Plan der Regierung vereitelt, der Welt Menschen vorzuführen, die ihre eigene Katastrophe feiern. Manche meinen, wie ich, die erste Intifada der Palästinenser habe am 1. Mai 1958 in Nazareth stattgefunden.

Später schrieb der Dichter Tawfiq Ziad in einem Gedicht unter der Überschrift »Ich bin aus dieser Stadt«, die Polizei wage sich nicht »in Nazareths Gassen, wenn der Zorn der Einwohner überbordet«.

Am 9. Dezember 1975 befreite sich Nazareth aus der Herrschaft der Regierungspartei, die im Rathaus den Ton angab. Die Nazarether wählten, allen Warnungen und Drohungen zum Trotz, eine couragierte politische Führung unter der Leitung von Tawfiq Ziad, der mit deutlicher Mehrheit zum Bürgermeister gewählt wurde. Einige Tage später zog er ins Rathaus ein. Doch das große, alte Gebäude am Markt war dem neuen Bürgermeister nicht fremd.

Als Tawfiq Ziad sieben Jahre alt war, drangen britische Polizisten in sein Elternhaus ein, auf der Suche nach dem Gewehr, das sein Vater besaß. Das war 1936, während der großen arabischen Unruhen in Palästina. Nach der Hausdurchsuchung und einer harten Befragung wandten sie sich auch an den kleinen Tawfiq, vielleicht würde er sie zu dem Waffenversteck führen. Doch, obwohl der Junge gesehen hatte, wie sein Vater das Gewehr versteckte, hielt er den Mund. Im weiteren Verlauf inhaftierte man den Vater in dem bewussten Gebäude. Und sein Sohn Tawfiq brachte ihm jeden Tag das Mittagessen von zu Hause.

Vor den bewussten Kommunalwahlen durchforstete ich, als Zwölftklässler, mit anderen Jugendlichen die Marktstraßen. Wir gingen in alte Häuser, die nur zu Fuß erreichbar waren, sprachen mit Menschen, verteilten Flugblätter für einen Stadtrat, der die Einwohner, nicht die Regierung vertreten würde. Und die äußerlich so traurig und verschlossen wirkenden Häuser erfreuten uns mit dem herzlichen Willkommen ihrer Bewohner.

Die Einwohner gingen mit vereinten Kräften daran, durch ehrenamtliche Arbeit ihre Lebensumstände zu verbessern. Auch vor uns machte der Gemeinschaftsgeist nicht halt. Das erste Freiwilligencamp kam auf Initiative des Landesbeirats arabischer Oberschüler zustande, dessen Vorsitzender ich war. Ein paar Hundert Teilnehmer machten mit, doch fortan verwandelte sich dieses Unternehmen in eine wichtige und prägende Einrichtung für Araber und fortschrittliche Juden. Alsbald strömten Tausende in das Camp, das sich zu einem großen Festival entwickelte und Friedens- und Freundschaftsliebende aus aller Welt anzog. Wir räumten Trümmer, pflanzten Grünanlagen, verbreiterten Straßen, bauten Zäune.

Die Realität des Freiwilligencamps ist für mich immer noch schwindelerregend. Hat sich das alles wirklich zugetragen? Wir streiften durch Nazareths Straßen, ein buntes Menschengewirr: Palästinenser mit israelischer Staatsbürgerschaft, Palästinenser aus den besetzten Gebieten, jüdische Demokraten und viele Freunde aus dem Ausland. Unser Erkennungszeichen waren ein Besen und eine Hacke, die wir auf der Schulter trugen.

Die Polizei sah das Treiben nicht gern. Nachts schliefen die Teilnehmer von außerhalb der Stadt, Juden wie ausländische Gäste, in Schlafsäcken im Camp. Doch unsere palästinensischen Brüder aus den besetzten Gebieten nahmen wir mit nach Hause. Wären sie im Camp geblieben, wäre die Polizei dort eingebrochen, um sie festzunehmen. Kaum auszudenken, was für einen Wirbel es beim Zusammenstoß mit Freiwilligen gegeben hätte, die ihre palästinensischen Kameraden vor der Verhaftung hätten retten wollen.

Auf der Heimfahrt legten wir ein paar Schlenker ein, weil die Polizei unsere Autos verfolgte. In ein Haus schmuggelte man fünf Palästinenser, in ein anderes vier. Mitten in der Nacht tauchte die Polizei auf. Die Häuser wurden umstellt und absurde Szenen spielten sich ab: Wer ist hier ein Palästinenser aus den besetzten Gebieten und wer ein Palästinenser mit israelischer Staatsbürgerschaft? Für die Polizei waren sie wohl allesamt Araber.

In solchen Situationen wussten unsere palästinensischen Brüder aus den besetzten Gebieten, die Razzien und Verhaftungen in ihren Häusern gewohnt waren, wie sie der Polizei ein Schnippchen schlagen und die Flucht ergreifen konnten: Einer sprang aus dem Fenster, einer vom Balkon, wieder einer verzog sich in eine dunkle Ecke. Und doch wurden am Ende der Jagd vier Palästinenser zum Verhör abgeführt. Einige Tage später wurden sie freigelassen und an der Grenze zum Westjordanland buchstäblich aus den Polizeiwagen geworfen, ohne jede Abstimmung mit palästinensischen Stellen. Nun konnten sie sich nur zu Fuß auf den Heimweg machen.

Später verlegte man das Camp in eine städtische Oberschule. Diese Schule, die ich selbst besucht habe, war fruchtbarer Boden für den Kampf der gebildeten jungen Generation, nicht nur Nazareths, sondern aller Araber in Israel. Hierher gelangten Schüler aus dem ganzen Land, vom Negev im Süden bis zu den Dörfern im Norden. Von dieser Schule erzählten Leute, die älter waren als ich, dass nach dem Tod des unter Arabern hoch geschätzten Staatsmanns Gamal Abdel Nasser ein riesiger Trauerzug von ihr ausgegangen war. Eines Tages klebten auch an den Zäunen dieser Schule Parolen gegen den Staat. Im Handumdrehen traten Polizisten auf den Plan, forderten die Schüler auf, ihre Kameraden zu denunzieren, um den »Terroristen« dingfest zu machen, der es gewagt hatte, ein böses Wort gegen die Regierung zu schreiben.

Als ich mich einer Gruppe Oberschüler anschloss, die die Gründung des Landesbeirats arabischer Oberschüler initiiert hatte, bestellte mich der Direktor, der mehr Geheimdienstler als Pädagoge war, eines Tages ein und erklärte mir, wer bei diesem Beirat mitmache, werde noch das Haus seiner Tante besuchen. Bis heute verstehe ich nicht, warum Araber »das Haus meiner Tante« für Gefängnis sagen. Wir ließen uns nicht einschüchtern und machten weiter.

In den letzten beiden Jahrzehnten ist viel Wasser aus der Quelle der Jungfrau Maria in Nazareth geflossen. Im ersten Jahrzehnt des neuen Jahrtausends war der Stadtfrieden empfindlich gestört, als ein unseliger Zwist zwischen den Religionsgemeinschaften, Muslimen und Christen, ausbrach. Ein schlechter Geist wehte damals in Nazareth und die Regierung fachte das Feuer noch an. Höhere Staatsbeamte erschienen auf der Bildfläche. Einen Tag verteidigten sie die eine Seite und hetzten gegen die andere, am nächsten taten sie dasselbe umgekehrt. Und das zu einer Zeit, als beide Seiten unter einer Politik der Ausgrenzung litten.

Nazareth hat die Krise überwunden und gerade in jenen schweren Zeiten zeigte sich der wahre Charakter der Stadt, da Muslime und Christen Schulter an Schulter gegen Hetze und Spaltung antraten und ihrer Einigkeit damit einen fortschrittlicheren Inhalt verliehen. Im Oktober 2000 erinnerte die Regierung die Nazarether und auch die übrigen Araber daran, wer wirklich am Ruder ist. Bei einer Demonstration starben drei

Einwohner Nazareths und zehn junge Araber aus anderen Orten unter den Kugeln von Scharfschützen der Polizei, ohne dass diese jungen Menschen die Sicherheitskräfte irgendwie gefährdet hatten. Zu diesem Ergebnis gelangte auch die zur Untersuchung des Falls eingesetzte staatliche Or-Kommission. Die damaligen Demonstrationen folgten der Tötung von Betenden in der Al-Aqsa-Moschee nach dem provokativen Besuch des Anführers der israelischen Rechten, Ariel Scharon, auf dem Tempelberg.

Trotz allem gibt es schöne Entwicklungen in Nazareth. Unter anderem hat Nazareth sich mit seinen vielen Restaurants, Cafés und Cafeterien den Ruf erworben, eine der kulinarischen Hochburgen Israels zu sein. Plötzlich entdeckt man, dass die Stadt touristisch einiges zu bieten hat: gute Unterkünfte, köstliches Essen und eine orientalische Atmosphäre, gepaart mit beachtlicher Modernität.

Aber auch in meiner Kindheit, als ich mich an einem Teller Hummus mit Saubohnen in einem schlichten Imbiss am Brunnenplatz labte, schwebte der Geist Nazareths über mir. Dazu trugen die Gebäude bei und die Geschichte, die durch die Gassen strömt wie das Wasser der heiligen Quelle. Aber vor allem sind es die Menschen, die das jahrtausendealte Nazareth auf den Schultern tragen – und weitermachen.

Aus dem Hebräischen von Ruth Achlama

VIII Die Armee

Aluf Benn

Zahal – die wichtigste Institution im Land

Zahal, Akronym für »Verteidigungsarmee Israels«, ist die größte und wichtigste Institution in Israel seit der Staatsgründung und wird es in absehbarer Zukunft auch bleiben. Die zentrale Bedeutung der Armee in diesem Land erstaunt nicht, wenn man bedenkt, dass es in einen ständigen Konflikt verwickelt ist, der die politische Tagesordnung Israels sowie seine Außen- und Sicherheitspolitik bestimmt. Dass die Armee und die hohen Offiziere deshalb auch eine Schlüsselrolle im öffentlichen Leben des Landes einnehmen, leuchtet ein.

Zahal ist nicht nur ein Sicherheitsapparat wie andere moderne westliche Armeen. Die israelische Armee beruht auf einem längeren Pflichtwehrdienst – drei Jahre für Männer und zwei für Frauen –, dem sich ein Reservedienst anschließt und der die Basis für das soziale Netzwerk der Israelis bildet. Die Frage »Wo warst du im Militär?« bestimmt in vielen Fällen den späteren Werdegang der jungen Israelis. Die öffentlichen und privaten Arbeitgeber ziehen Kandidaten vor, die in Eliteeinheiten gedient haben, zum Beispiel als Piloten oder als Kommandosoldaten (Letztere sind als Mitglieder von Eliteeinheiten u. a. für die Terrorismusbekämpfung zuständig). Der Erfolg der Hightechindustrie, des Wachstumsmotors der israelischen Wirtschaft, wäre ohne die Abgänger hoch technisierter Einheiten des militärischen Nachrichtendienstes oder der Luftwaffe nicht denkbar. Ihnen winkt nach der Ausmusterung eine prestigeträchtige Karriere im Zivilleben.

Bei dieser gesellschaftlichen Struktur haben jene das Nachsehen, die nicht im Militär dienen, besonders junge Araber und ultraorthodoxe Juden, für die keine Dienstpflicht gilt. Sie profitieren zwar von einer längeren unbeschwerten Jugendzeit und müssen weder Uniform noch Waffen tragen und ihr Leben riskieren, doch ihre Chancen auf dem Arbeitsmarkt sind a priori geringer. Dieses Problem hat sich in den letzten Jahren aufgrund des wachsenden Anteils der Araber und der ultraorthodoxen Juden

◀ Museum der israelischen Luftwaffe bei Beer Sheva, aufgenommen aus einem Flugzeug während der Feierlichkeiten am Unabhängigkeitstags, 2014

Soldatinnen und Soldaten des Armeeradios Galei Zahal im Nachrichtenstudio der Station in Jaffa, Tel Aviv, 2013

an der Gesamtbevölkerung noch verschärft. So gerät das traditionelle Militärdienstmodell zunehmend unter Druck. Immer mehr Israelis fordern eine gleichmäßigere Lastenverteilung.

Der Dienst im Militär ist das maßgebliche Jugenderlebnis der heranwachsenden Israelis, etwa vergleichbar mit dem Collegebesuch der jungen Amerikaner. Der hebräische Slang enthält zahlreiche Begriffe aus dem Militär, die israelische Populärkultur ist rund um das Militär entstanden. Das Armeeradio, »Galei Zahal«, das von Soldaten im Pflichtwehrdienst betrieben wird, ist das beliebteste Massenmedium in Israel, den israelischen Pop haben Sänger geschaffen, die im Militär in Musikkorps gedient haben, die erfolgreichsten israelischen Filme sind Komödien über den Militärdienst und die auflagestärksten Zeitungen im Land drucken häufig Bildreportagen über Soldatinnen und Soldaten sowie Geschichten und Anekdoten über das Leben bei der Truppe. In den Wochenendbeilagen sind Artikel über Kriegshelden, Kriegsverletzte und Kriegswitwen ein Dauerbrenner. Diese Beschäftigung mit dem Militär wird in Israel nicht als Ausdruck von Militarismus verstanden, sondern als natürliche Solidarisierung des Volkes »mit den Kindern von uns allen«. Im selben Geist nehmen auch die Gefallenen und deren Gedenken einen zentralen Raum in diesem Staat ein, der von Gedenkstätten zum Andenken an frühere Schlachten und Kriegsopfer übersät ist.

Die Ausgaben für die Zahal, die zivilen Sicherheitsorgane (das sind die Geheimdienste) und die Atomanlagen belaufen sich auf über sechs Prozent des Bruttoinlandprodukts (BIP), mehr als in jedem anderen entwickelten Staat. Mit 16 Prozent des BIPs erreichten die Ausgaben für Sicherheit Mitte der 1970er-Jahre einen Höhepunkt. Seither sinkt der Anteil dieses Ausgabenpostens am Gesamthaushalt, er hat jedoch nach wie vor Priorität gegenüber den sozialen Aufgaben des Staates. Die Berufssoldaten profitieren von komfortablen Dienstbedingungen, guter Besoldung, Rente im fünften Lebensjahrzehnt sowie qualitativ guten und relativ günstigen Wohnmöglichkeiten – und das bei allgemein großer Wohnungsnot. Da das Militär einen Spiegel der israelischen Gesellschaft darstellt, kommen die gesellschaftlichen Spannungen und Gegensätze auch dort voll zur Geltung. In den ersten Jahren des Bestehens des Staates Israel diente die Armee als »Schmelztiegel«. Der Wehrdienst förderte die Integration der jüdischen Einwanderer aus Europa (Schoah-Überlebende) und aus den islamischen Ländern. In den 1970er- und 1980er-Jahren standen Armeeangehörige und besonders Soldaten der Reserve im Mittelpunkt von Protestbewegungen, die einen politischen Wandel herbeiführten. In den letzten Jahren befindet sich das israelische Militär angesichts des steigenden Gewichts von nationalreligiös gesinnten Kommandeuren und Soldaten in kämpfenden Einheiten, also aus dem Lager, das die jüdische Besiedlung des Westjordanlandes anführt, im Spannungsfeld des Streits um den Platz der Religion im öffentlichen Leben und um die Zukunft der jüdischen Siedlungen in den besetzten Gebieten. Besonders deutlich zeigten sich diese Spannungen im letzten Krieg, den Israel im Sommer 2014 gegen die Hamas im Gazastreifen führte.

Der Militärdienst ist auch eine Art Sprungbrett für die spätere politische Karriere. Drei der sechs Premierminister, die in den letzten 20 Jahren amtierten, waren hohe Offiziere der Reserve – die Generalstabchefs Itzhak Rabin und Ehud Barak sowie Generalmajor Ariel Scharon. Shimon Peres diente nicht in der Armee, nahm aber Schlüsselfunktionen im zivilen Teil des Sicherheitsapparats wahr und setzte das Atomprojekt in Dimona in die Tat um. Der heutige Premierminister, Benjamin Netanjahu, diente als Offizier niederen Ranges in einer Elitekommandoeinheit und profitierte vom Ruhm seines Bruders Yoni, der bei der Geiselbefreiungsaktion in Entebbe ums Leben kam. Neben diesen Premiers stachen in der israelischen Politik noch manche andere ehemalige Generäle und hochrangige Beamte des Inlandgeheimdienstes (Schin Bet oder Schabak) hervor. Sie alle betrachteten die Knesset und die Regierung als natürliche Fortsetzung ihrer Militärkarriere.

Generalstabschefs und Generäle, die ihre Uniform ablegen und in die Politik wechseln, werden nicht selten als »Erlöser« betrachtet. Nachdem sie sich auf dem Schlachtfeld bewährt haben, sollen sie auch die schweren Probleme des Staates lösen. In den letzten Jahren sind unmittelbare Wechsel allerdings seltener geworden, da die »zivilen« Politiker, die deren Dominanz überdrüssig geworden sind, gesetzgeberische Maßnahmen ergriffen haben, um den raschen Übergang vom Generalstab im Armeehauptquartier in Tel Aviv an den Kabinettstisch im Regierungsviertel »Ben Gurion« in Jerusalem zu verhindern.

Die Vorläufer

Zahal wurde 1948 wenige Wochen nach der Ausrufung des Staates Israel in den Wirren des Unabhängigkeitskrieges gegründet, den Israel gegen die palästinensischen Araber und die regulären Armeen der benachbarten arabischen Staaten führen musste (siehe den Beitrag zum israelisch-palästinensischen Konflikt von Gisela Dachs). Die Armee entstand nicht aus dem Nichts, sie gründete auf der Infrastruktur der Haganah, dem militärischen Arm des Jischuw, der jüdischen Gemeinschaft in Palästina in der Zeit des britischen Mandats.

Die Haganah war als semilegale Untergrundbewegung im Wissen der britischen Mandatsregierung gegründet worden und wurde von ihr in bestimmten Zeiten im Hinblick auf Ausbildung und Ausrüstung auch aktiv unterstützt. Zudem dienten Zehntausende von Bürgern des Jischuw im Zweiten Weltkrieg in der britischen Armee und eigneten sich dabei wertvolles Wissen über Aufbau, Einsatz und Kampfdoktrin einer regulären militärischen Organisation an. Dieses Wissen diente als Grundlage für den raschen Aufbau der israelischen Armee, gestützt auf die britische Militärdoktrin. Den Kampfgeist übernahm die junge Armee vom Palmach (Akronym für »Sturmtruppen«), den Bereitschaftseinheiten der Haganah, die militärische Übungen mit landwirtschaftlichen Siedlungsaufgaben in Kibbuzim kombinierten. Der Palmach war Partisanenarmeen ähnlich, deren Kommandeure keine Dienstgradabzeichen trugen und deren Disziplin auf gesellschaftlicher Solidarität und Verpflichtung gegenüber dem Ziel und nicht auf formellen Befehlen und Strafandrohungen beruhte. Bis heute vereint Zahal in seinen Strukturen beide Traditionen, die sich nicht selten widersprechen und konfliktreich aufeinanderprallen. Der britische Einfluss zeigt sich besonders bei der Luftwaffe, den gepanzerten Einheiten, der Artillerie und der Logistik. Deren Gründer hatten in der Armee ihrer Majestät gedient. Diese Einheiten sind straff geordnet und diszipliniert, verglichen mit den Infanterie- und Sondereinheiten, bei denen die Palmach-Tradition der lockeren Kleiderordnung und des Vertrauens auf die Improvisation als Mittel der Problemlösung fortdauert. In der israelischen Armee ist ein Bonmot verbreitet, das besagt, jeder Plan sei die Grundlage für Planänderungen, ein deutlicher Ausdruck dafür, dass die Ad-hoc-Problemlösung an der Front vorausschauender straffer Planung vorgezogen wird. Dieser Ansatz ist verantwortlich für einige der größten Erfolge der Zahal auf dem Schlachtfeld, hat aber auch schon mehrmals dazu geführt, dass Soldaten in genauso heldenhafte wie umstrittene Kämpfe verwickelt wurden, die viele Opfer gefordert haben. Die Haganah stützte sich auf die breite Unterstützung der Bevölkerung sowie auf unbedingten Gehorsam gegenüber der politischen Führung des Jischuw und dessen Anführer David Ben Gurion, der nach der Staatsgründung zum ersten Premierminister und Verteidigungsminister ernannt wurde. Ben Gurion nahm diese beiden Aufgaben 15 Jahre lang wahr (mit einer Pause von zwei Jahren). Gleichzeitig war er der Gründer der israelischen Armee und prägte ihren Geist bis heute.

Ben Gurion war vom Grundsatz der »Staatlichkeit« geleitet, das heißt vom Vorrang des Staates gegenüber dem Militär und der zivilen Befehlsgewalt über das militärische Oberkommando. Sein erstes Ziel war die Schaffung einer einheitlichen militärischen Organisation mit Gewaltmonopol und die Liquidierung der einzelnen Untergrundorganisationen, die unter der britischen Mandatsherrschaft aktiv waren und in bitterer Riva-

David Ben Gurion (4. v. l.), gemeinsam mit jungen Rekruten, 1947

lität zur Führung des Jischuw unter Ben Gurion agierten. Mitten im Unabhängigkeitskrieg zögerte er deshalb nicht, die Untergrundorganisation Etzel (Akronym für »Nationale Militärorganisation« oder kurz »Die Organisation«) unter Führung seines politischen Gegenspielers und rechten Führers Menachem Begin mit Waffengewalt aufzulösen, später auch die kleinere Untergrundbewegung Lechi (Akronym für »Kämpfer für die Freiheit Israels«) sowie die separaten Befehlsstrukturen des Palmach, dessen Anführer einer rivalisierenden Linkspartei angehörten.

Nach der Unterzeichnung des Waffenstillstandabkommens von 1949, das den Unabhängigkeitskrieg beendete, nahm Ben Gurion den geordneten Aufbau der Armee in Angriff und legte eine Struktur fest, die bis heute besteht und von der Schweizer Armee übernommen wurde: Pflichtwehrdienst für alle jüdischen jungen Männer und Frauen, die eine militärische Grundausbildung erhalten und Übungen absolvieren, Berufsmilitär, das sich aus den Wehrdienstpflichtigen rekrutiert, und ein großes Reserveheer, das den Hauptteil der kämpfenden Einheiten darstellt und dessen Soldaten einmal im Jahr etwa für einen Monat zum Reservedienst einberufen werden. Das stehende Heer aus Soldaten im Pflichtwehrdienst soll feindliche Überraschungsangriffe bremsen, bis das Reserveheer bereitsteht, um den Vorstoß des Feindes ganz zu stoppen und zum Gegenangriff überzugehen.

Generalstabschef Itzhak Rabin (l.) bei einem militärischen Zeremoniell in Jerusalem, 1967

Ben Gurion war ein revolutionärer Zionist und Sozialist, dem eine neue Gesellschaft vorschwebte, deren Mitglieder die hebräische Sprache sprechen und sich mit der landwirtschaftlichen Besiedlung des Landes und mit nationalen Aufbauwerken beschäftigen. Für die Armee sah er nicht nur rein militärische, sondern auch gesellschaftliche Aufgaben vor: Sie sollte die Funktion des »Schmelztiegels« für Neueinwanderer, die dadurch Hebräisch lernten, übernehmen sowie den Aufbau eines Netzwerks ziviler Krankenhäuser, die Kindererziehung in der Peripherie sowie die Gründung neuer Dörfer entlang der Grenzen unterstützen. Das Berufsheer betrachtete Ben Gurion als Eliteschmiede des Staates. Er wollte, dass die Offiziere nach ihrer Ausmusterung eine zweite Karriere als politische Anführer, Direktoren der großen Betriebe und Leiter der großen Organisationen der Wirtschaft beginnen. Deshalb legte er fest, dass Berufssoldaten zwischen 40 und 45 in Pension gehen und nicht, wie bei anderen Berufsarmeen üblich, erst im siebten Lebensjahrzehnt. Seiner Anschauung getreu richtete er es so ein, dass die Abgänger des Sicherheitsapparats in der Hierarchie der führenden Regierungspartei rasch aufsteigen und Schlüsselpositionen in der Wirtschaft und in der Akademie einnehmen konnten.

Sicherheitsdoktrin

David Ben Gurion formulierte die Sicherheitsdoktrin Israels, die bis heute gilt. Sie beruht auf Israels geopolitischer Lage als kleiner jüdischer Staat mitten in der arabischen Welt, die sich der Gründung Israels widersetzte und über einen gewaltigen Ressourcenvorteil verfügt. Ben Gurion ging davon aus, dass Israel in der Lage sein würde, die Araber wiederholt zu bezwingen, und dass sich die Araber nach jeder Niederlage neu sammeln. Eine einzige Niederlage würde jedoch den Untergang Israels bedeuten. Deshalb war er bestrebt, die zahlenmäßige und territoriale arabische Übermacht durch die militärische Überlegenheit Israels auszugleichen, die aus fünf Elementen bestand: aus einer offensiven Militärdoktrin, großer Feuerkraft, der Fähigkeit, eine rasche Entscheidung im Kriegsfall herbeizuführen, atomarer Abschreckung und aus einem Bündnis mit einer westlichen Großmacht.

Die Militärdoktrin, die Ben Gurion in den 1950er-Jahren formulierte, sah vor, den Krieg schnell auf feindliches Territorium zu übertragen, um die israelischen Bevölkerungszentren zu schützen, deren Entfernung von den Landesgrenzen gering war. Er hatte das »Totalfall«-Szenario – wie es damals genannt wurde – vor Augen: ein gleichzeitiger, kombinierter Überraschungsangriff mehrerer arabischer Armeen an mehreren Fronten mit dem Ziel, Israel zu erobern, seine Armee zu zerstören und seine Städte einzunehmen.

Um dieser Bedrohung zu begegnen, räumte Ben Gurion der Luftwaffe Priorität ein. Sie konnte gleichzeitig an mehreren Fronten eingesetzt werden und den feindlichen Luftwaffen Überraschungsschläge zufügen, um Kriege rasch zu entscheiden.

Die Kommandeure der israelischen Armee waren stets bestrebt, im Krieg die Initiative zu behalten, um den Feind zu überraschen, ihn aus dem Gleichgewicht zu bringen und dadurch einen Vorteil zu erringen. Sie waren davon überzeugt, dass der Angriff fast immer die beste Verteidigung sei. Doch die politische Führung teilte diese Sichtweise nicht immer, da sie auch Rücksicht auf außenpolitische Sachzwänge und auf die Haltung strategischer Bündnispartner, darunter vor allem die Vereinigten Staaten, die es manchmal vorzogen, Israel zu Zurückhaltung zu drängen, nehmen musste.

Die Kräftestruktur der israelischen Armee ist dergestalt, dass die Verantwortlichen die Feuerkraft der Manövrierfähigkeit und die schnelle Entscheidungsfindung längeren Abnutzungskriegen vorziehen müssen, um der zahlenmäßigen Unterlegenheit Israels gegenüber den arabischen Staaten und der begrenzten Fähigkeit der israelischen Wirtschaft, eine lang anhaltende Mobilisierung des Reserveheeres durchzustehen, Rechnung zu tragen. Dieser Ansatz machte es notwendig, der Luftwaffe Priorität einzuräumen. Diese kann große Explosionskraft ins Ziel befördern, sie beruht auf Einheiten im Pflichtwehrdienst und ihr Einsatz ist mit weitaus weniger Toten und Verletzten verbunden als Vorstöße der Infanterie. In den meisten Kriegen, die Israel bisher geführt hat, profitierte die Luftwaffe von drückender Luftüberlegenheit, während die Bodentruppen gleichwertigen Kräften gegenüberstanden und hohe Verluste hinnehmen mussten.

1955 kehrte Ben Gurion nach einer zweijährigen Pause in die Regierung zurück. Ab jenem Zeitpunkt und bis zu seinem endgültigen Rücktritt 1963 verfolgte er zwei Ziele: den Aufbau einer atomaren Abschreckung und die Schaffung eines Verteidigungsbündnisses mit einer westlichen Großmacht. Die Vereinigten Staaten hielten damals noch Distanz zu Israel und weigerten sich, dem jungen Staat Waffen zu liefern, doch Ben Gurion fand in Frankreich einen Partner für seine Bestrebungen. Die mediterrane Großmacht kontrollierte damals noch Algerien und befand sich im Krieg mit der algerischen Befreiungsfront FLN, die für die Unabhängigkeit Algeriens kämpfte und dabei vom ägyptischen Herrscher Gamal Abdel Nasser, Israels geschworenem Feind, unterstützt wurde. Der gemeinsame Feind führte die im Niedergang befindliche Kolonialmacht und den aufstrebenden jungen jüdischen Staat zusammen.

Die Franzosen verkauften Israel moderne Waffen und schmiedeten zusammen mit Israel (und den Briten) eine militärische Allianz in der Suezkrise bzw. im Sinaifeldzug von 1956. Nach jenem Krieg lieferten die Franzosen Israel einen Atomreaktor zur Plutoniumherstellung, der neben der Kleinstadt Dimona errichtet wurde. Innerhalb eines Jahrzehnts erlangte Israel atomare Fähigkeiten, die dem Land eine beispiellose Macht im Nahen Osten verschafften. Seit den 1960er-Jahren verfolgt Israel eine Politik der »atomaren Zweideutigkeit«. Das Land erklärt sich weder zum Atomstaat noch hat es bislang eine Atombombe gezündet. 1969 verständigte sich Israel dann mit den USA darauf, an dieser Politik festzuhalten. Die Abschreckung konnte auch ohne ausdrückliche Erklärungen und ohne Detonationen von atomaren Sprengkörpern erreicht werden. Viele Israelis glauben, dass Dimona die Araber letztlich von der Macht des jüdischen Staates überzeugt und allmählich dazu bewegt hat, sich mit seiner Existenz abzufinden.

Ben Gurions Nachfolger als Ministerpräsident und Verteidigungsminister, Levi Eschkol, konnte dann die strategischen Früchte der Politik ernten, die sein Vorgänger gesät hatte. In Eschkols Amtszeit wurde das Atomprojekt zu Ende geführt und parallel dazu wandelte sich das Verhältnis zu den Vereinigten Staaten dramatisch. Die Amerikaner gingen kein formelles Verteidigungsbündnis mit Israel ein, wie es die NATO darstellte und wie von Ben Gurion erhofft, doch 1967 haben die Vereinigten Staaten die Aufgabe übernommen, Zahal mit Waffen zu versorgen und den militärischen Schritten Israels diplomatische Rückendeckung zu geben. Die amerikanische Haltung hat seither entscheidenden Einfluss auf die politischen Entscheidungen und Schritte Israels. Zugleich verschaffte die völlige Abhängigkeit der israelischen Armee vom amerikanischen Waffennachschub und vom amerikanischen Veto im UN-Sicherheitsrat den US-Regierungen ein Druckmittel, das sie ohne Zögern auch einsetzten und mit dem sie dem Oberkommando der israelischen Armee einen tiefen Respekt vor den Vereinigten Staaten einpflanzten.

Dayan, Scharon und die Entstehung des israelischen Militärethos

Zahal bestand die erste Feuerprobe im Unabhängigkeitskrieg mit Erfolg. Noch vor der Staatgründung hatten Einheiten der Haganah zunächst den palästinensischen Arabern eine Niederlage zugefügt. Dann maß sich die neu gebildete israelische Armee mit den vorstoßenden Armeen der arabischen Nachbarstaaten, besiegte die ägyptische Armee, erreichte ein Patt mit der Arabischen Legion Jordaniens und schlug die Syrer und Libanesen zurück. Als Folge davon erlangte Israel die Kontrolle über ein Gebiet, das größer als das Gebiet war, das dem jüdischen Staat im Teilungsbeschluss der Vereinten Nationen vom November 1947, der auch einen arabischen Staat vorsah, zugeteilt wurde. Der militärische Erfolg konnte im Waffenstillstandsabkommen von 1949 zementiert werden und die neuen Waffenstillstandslinien erhielten allmählich den Status international anerkannter Grenzen. Dabei erhielt Israel 78 Prozent des ehemaligen britischen Mandatsgebiets, Jordanien sicherte sich die Kontrolle über das Westjordanland und Ost-Jerusalem und Ägypten besetzte den Gazastreifen. Die Mehrheit der palästinensischen Einwohner im Gebiet, auf dem der Staat Israel gegründet wurde, flüchteten oder wurden mit Gewalt aus ihren Ortschaften vertrieben und zu Flüchtlingen in den arabischen Nachbarstaaten, nachdem Israel ihre Rückkehr verhinderte. Israel annektierte das Land und die Häuser der entwurzelten Palästinenser und baute darauf Hunderte neuer Ortschaften, die Juden aus Osteuropa und aus islamischen Ländern – mehr als eine halbe Million der von dort im Rahmen der israelischen Staatsgründung vertriebenen Juden sind nach Israel eingewandert – aufnahmen. Die palästinensische Bevölkerung begreift die Resultate des Unabhängigkeitskrieges als »Nakba« (Katastrophe).

Der Waffenstillstand von 1949 brachte keine Ruhe. Palästinensische Flüchtlinge versuchten, in ihre Häuser zurückzukehren und die Ernte auf ihren Feldern einzufahren. Später führten sie auch Terroperationen durch, was Israel zu heftigen militärischen Gegenschlägen veranlasste. Dem Grundsatz, dass Kriege auf feindlichem Gebiet auszutragen sind, getreu führten Kommandos der israelischen Armee Einsätze in arabischen Dörfern jenseits der Grenze durch und später auch gegen Polizeistationen und militärische Einrichtungen Ägyptens im Gazastreifen und Jordaniens im Westjordanland.

Die Vergeltungsschläge in den Jahren 1953–1956 bildeten die Grundlage des militärischen Ethos der israelischen Armee, der im Wesentlichen von zwei Kommandeuren konstituiert wurde, dem damaligen Generalstabchef Moshe Dayan und dem Kommandeur einer Kommandoeinheit (und später auch Fallschirmspringer) Ariel Scharon. Sie verwiesen die Kriegs- und Heldengeschichten des Unabhängigkeitskrieges in die Geschichtsbücher und verkörperten eine neue Generation von Kommandeuren, die die Armee und den Staat in den folgenden fünfzig Jahren anführen sollte. Die israelische Kampfdoktrin bildete sich in den erwähnten Vergeltungsoperationen und leitet Zahal bis heute. Wer das heutige Verhalten Israels gegenüber der Hamas im Gazastreifen verstehen will, sollte die Operationen von Scharons Fallschirmspringern im Gazastreifen und in nahe gelegenen Dörfern in den 1950er-Jahren studieren.

Dayan und Scharon waren Anhänger einer aktivistischen Sicherheitspolitik. Sie glaubten, dass Israel jede Provokation oder Terroraktion mit einem weitaus schmerzhafteren Gegenschlag beantworten sollte. Sie maßen dem Schutz des Lebens von Zivilisten jenseits der Grenze oder dem Standpunkt der internationalen Gemeinschaft keine besondere Bedeutung bei. Ben Gurion, der sie in dieser aggressiven Haltung bestärkte, äußerte sich verächtlich über die Vereinten Nationen und nannte die »UM«, wie die Organisation akronymisch auf Hebräisch genannt wird, spöttisch *umschmum*. Zudem ist von ihm das Bonmot bekannt: »Wichtig ist nicht, was die Gojim (= Nichtjuden) sagen, sondern, was die Juden tun.« Die Armeekommandeure interpretierten seinen Standpunkt als Lizenz zum Töten. Als Dayan und Scharon Jahre später an der Spitze des Staates standen, nahmen sie durchaus Rücksicht auf den Standpunkt der USA. Doch als junge, energische Kommandeure interessierte sie nur eines: die gesteckten Ziele zu erreichen, mögen die eigenen Verluste noch so hoch sein.

Die Figur des israelischen Kriegshelden formte sich also in den Vergeltungsoperationen der 1950er-Jahre: der junge Frontoffizier oder der unerschrockene Kampfsoldat, der das Kommando übernimmt und seine Kameraden aus der Feuerhölle herausholt, unter Feuer Lösungen und Listen improvisiert und in manchen Fällen verletzt wird oder fällt. Der höchste Wert, den Dayan und Scharon der Truppe diktierten, war das Festhalten an der Mission, selbst zum Preis von hohen eigenen Verlusten. Die Kämpfer wussten auch, dass niemals verletzte oder tote Kameraden im Feindesland zurückgelassen werden durften und dass alle zurück nach Hause gebracht werden mussten, selbst bei großer Gefahr für die Truppe. Auch dieser Grundsatz leitet den Staat Israel bis heute, der verschiedene gewagte Militäroperationen durchführen ließ und große diplomatische Anstrengungen unternahm, um seine Soldaten und Bürger aus der Hand des Feindes zu befreien. In der Werteskala der israelischen Armee ist das In-Gefangenschaft-Geraten noch schlimmer als der Tod auf dem Schlachtfeld und die Bereitschaft zum Risiko, um die Kriegsgefangenschaft zu vermeiden, dementsprechend groß. Die Vergeltungsoperationen der frühen 1950er-Jahre waren das Vorspiel zum zweiten Krieg, den Israel gegen die Araber führte, dem Sinaifeldzug, der im Westen auch Suezkrieg genannt wird. Die israelische Armee unter Dayans Kommando schlug die ägyptische Armee und brachte innerhalb einer Woche die gesamte Sinaihalbinsel und den Gazastreifen unter israelische Kontrolle. Der militärische Erfolg beruhte auf Panzereinheiten, die der ägyptischen Armee in den Rücken fielen und diese zerrieben. Die israelischen Bodentruppen erhielten von den Franzosen Luftunterstützung, die gleichzeitig zusammen mit den Briten den Versuch unternahmen, den Suezkanal unter ihre Kontrolle zu bringen und

Nasser zu stürzen, was jedoch nicht gelang. In einem seltenen Moment der Übereinstimmung ihrer Interessen mitten im Kalten Krieg zwangen die Vereinigten Staaten und die Sowjetunion die Briten und die Franzosen, ihre militärischen Interventionen abzubrechen, sowie Israel, sich aus dem eroberten Gebiet zurückzuziehen. Doch die militärischen Erfolge der Israelis vor dem Hintergrund der gescheiterten Mission der Franzosen und Briten erhöhten das Ansehen der israelischen Armee, dessen hochklassige Kampfkraft erstmals international wahrgenommen wurde.

Aufstieg und Fall der israelischen Luftwaffe

Nach dem Sinaifeldzug profitierte Israel von einem Jahrzehnt relativer Ruhe ohne größere militärische Vorkommnisse. Doch Mitte der 1960er-Jahre meldeten sich die Palästinenser als Akteure im israelisch-arabischen Konflikt zurück, indem sie mit Unterstützung des radikalen syrischen Regimes die Fatah-Organisation unter Jassir Arafat gründeten. Die Fatah führte Terroranschläge gegen Israel aus, das wiederum mit Vergeltungsschlägen und Drohungen gegen das Regime in Syrien und Jordanien reagierte. Wie im Jahrzehnt zuvor lösten die Grenzzwischenfälle einen umfassenden Krieg aus. Nasser, der Syrien zu Hilfe eilte, um das Land vor der israelischen Bedrohung zu schützen, und nach der Zerstörung des Atommeilers in Dimona trachtete, um den Bau einer Atombombe durch Israel zu verhindern, schickte seine Armee auf die Sinaihalbinsel, vertrieb die UN-Beobachter und blockierte den Seefahrtsweg nach Eilat, den Zugang Israels zum Roten Meer, und damit auch dessen Energieversorgungsroute. Das war für Israel ein klarer Casus Belli, doch der Ausbruch des Krieges verzögerte sich, obwohl Ministerpräsident Eschkol die Reservearmee bereits mobilisiert hatte. Darauf zwang ihn das Oberkommando der Armee mit breiter Unterstützung der Öffentlichkeit, das Amt des Verteidigungsministers an Dayan abzutreten und einen Präventivschlag gegen Ägypten zu führen, um die Blockade zu durchbrechen. Frankreich warnte Israel davor, den ersten Schuss abzugeben, doch Israel interpretierte die amerikanische Haltung als stillschweigende Zustimmung zum Krieg, der das Ansehen Nassers, der von der Sowjetunion protegiert wurde, schwer beschädigen würde. Das grüne Licht aus Washington setzte auch Eschkols Zögern ein Ende.

Israel zog in den Sechstagekrieg, mit Atomwaffen gerüstet und mit der – wenn auch diskreten – Unterstützung einer Großmacht. Diese beiden Errungenschaften wurden geheim gehalten und die Öffentlichkeit, die davon keine Ahnung hatte, verharrte in panischer Angst vor einem kombinierten

Ost-Jerusalem am 7. Juni 1967: Israelische Soldaten erobern im Sechstagekrieg die Altstadt von Jerusalem.

arabischen Angriff an allen Fronten. In den größeren Städten wurden bereits Massengräber ausgehoben. Die Furcht vor einer weiteren Schoah schwebte in der Luft. Unter Historikern ist bis heute umstritten, ob Nasser wirklich die Absicht hatte, Israel anzugreifen, oder ob es nur Drohgebärden waren. Doch Israel zögerte nicht und beschloss, die Bedrohung selbst zu beseitigen. Die Aufgabe wurde diesmal der Luftwaffe übertragen, die sich jahrelang darauf vorbereitet hatte, die feindlichen Luftwaffen in einem Überraschungsangriff zu zerstören. Der Plan wurde minutiös umgesetzt: Binnen dreier Stunden zerstörte sie die ägyptische Luftwaffe und neutralisierte die Bedrohung. Bei der gleichzeitig beginnenden Bodenoffensive eroberte die israelische Armee im Süden innerhalb von sechs Tagen die Sinaihalbinsel und den Gazastreifen, wobei der Suezkanal faktisch zur neuen Grenze zwischen Israel und Ägypten wurde. Im Osten besetzte Israel das Westjordanland und im Norden die Golanhöhen. Die Atmosphäre der Angst wich der Euphorie. Im Gegensatz zum Sinaifeldzug forderten die USA Israel dieses Mal nicht auf, die besetzten Gebiete wieder zu räumen, sondern ermöglichten dem jüdischen Staat, sie als Faustpfand für künftige Friedensverhandlungen zu behalten. Ben Gurions Sicherheitsdoktrin war auf eine harte Bewährungsprobe gestellt worden – und hat sie mit Bravur bestanden.

Israel nach dem Sechstagekrieg war nicht mehr der Staat von vor dem Krieg. Das Staatsgebiet vervielfachte sich, das Selbstvertrauen erreichte schwindelerregende Höhen und die Kommandeure der israelischen Armee wurden bewundert wie Götter. Dayan wurde auch international zum Kriegshelden hochstilisiert, besonders vor dem Hintergrund des amerikanischen Debakels in Vietnam. Israel festigte darauf seine Kontrolle über die besetzten Gebiete und begann mit dem Siedlungsbau. Doch die Araber gaben sich nicht geschlagen. Ägypten rüstete mit sowjetischer Hilfe neu auf und begann einen Abnutzungskrieg, der Israel letztlich zwingen sollte, die Sinaihalbinsel aufzugeben. Derweil brachten die Fatah, deren Anführer Arafat die Führung der palästinensischen Nationalbewegung übernahm, und andere palästinensische Organisationen Jordanien weitgehend unter ihre Kontrolle und begannen, Terroranschläge in Israel und in anderen Ländern zu verüben, wodurch das Palästinenserproblem erneut auf die Tagesordnung der internationalen Gemeinschaft gelangte. Israel reagierte nach dem bekannten Muster der Vergeltungsschläge, die diesmal deutlich verschärft zu Bombardierungen Kairos führten und große Zerstörung in den ägyptischen Städten entlang des Suezkanals anrichteten. Die Sowjetunion reagierte mit dem Aufbau eines Luftverteidigungssystems, das die israelische Luftwaffe ausbremste.

Im Sommer 1970 wurde ein Waffenstillstand am Suezkanal ausgerufen und einige Wochen später vertrieb der jordanische König Hussein Arafat und seine Kräfte aus Jordanien in den Libanon, der zu einer neuen Operationsbasis der Palästinenser gegen Israel wurde. Die israelische Armee interpretierte den Ausgang des Abnutzungskrieges falsch und verharrte in der irrigen Annahme, dass sich die Luftwaffe und die Panzereinheiten den arabischen Armeen gegenüber auch im nächsten Krieg überlegen zeigen würden. Doch Ägyptens Präsident Anwar as-Sadat hielt unbeirrt an seinem Ziel fest, die Sinaihalbinsel zurückzuerlangen, und entwickelte ein Mittel gegen die militärische Übermacht Israels: die rasche Überquerung des Suezkanals mit großen Infanterieeinheiten, unter Deckung einer dichten Luftabwehr, die die israelische Luftwaffe neutralisieren sollte, um einen schmalen Landstreifen auf der israelischen Seite des Suezkanals zu erobern. Sadat glaubte, dass ein solcher minimaler militärischer Erfolg ausreichen würde, um politische Verhandlungen in Gang zu bringen, die zum Rückzug Israels von der Sinaihalbinsel führen würden. Zu diesem Zweck bildete er mit Syrien eine Koalition, um gleichzeitig an zwei Fronten, im Sinai und auf den Golanhöhen, anzugreifen.

Ägypten und Syrien griffen Israel am höchsten jüdischen Feiertag an, an dem die Straßen in Israel wie ausgestorben sind und sich viele Israelis in Synagogen zum Gebet aufhalten. Die Überraschung war nahezu perfekt.

Die Generäle Moshe Dayan (Mitte) und Ariel Scharon (l.) am Ende des Jom-Kippur-Kriegs oder Oktoberkriegs (6. bis 25. Oktober 1973) am Westufer des Suezkanals

Die Staatsführung und das Oberkommando der Armee verharrten in Schockstarre und Sadat sicherte sich seinen Brückenkopf östlich des Suezkanals in kurzer Zeit. Seine Luftabwehrraketen fingen die israelischen Kampfflugzeuge ab und Panzerabwehrraketen bremsten den Vorstoß israelischer Panzereinheiten. Später kehrte sich die Lage auf dem Schlachtfeld um. Zahal vertrieb die Syrer wieder von den Golanhöhen und im Süden überquerte die israelische Armee den Suezkanal und stieß bis 101 Kilometer vor Kairo vor. Doch dieser militärische Erfolg wurde teuer erkauft. Rund 3000 israelische Soldaten fielen, Tausende weitere wurden verletzt und Hunderte gerieten in Gefangenschaft. Israel hat seinen Nimbus der Unbesiegbarkeit endgültig verloren und das bedingungslose Festhalten an den militärischen Zielen wich nun einer extremen Empfindlichkeit für eigene Verluste im Krieg. Die Öffentlichkeit wollte keine Soldatenbegräbnisse mehr und politischen Führern, die Zahal in verlustreiche Kriege geführt hatten, liefen die Wähler davon. Der Jom-Kippur-Krieg markiert einen Bruch in der Geschichte Israels. Über diesen Krieg wurden mehr Bücher, biografische Aufzeichnungen und Forschungsarbeiten geschrieben als über jedes andere Ereignis der Landesgeschichte. Zu jedem Jahrestag erscheinen neue Details über dessen Hintergründe und zum nachrichtendienstlichen Versagen. Die Frage »Warum wurden wir überrascht?«

beschäftigt ehemalige Mitglieder der Geheim- und Nachrichtendienste sowie viele einfache Bürger bis heute und die ehemaligen Generäle bekriegen sich bis heute, auch wenn die meisten Beteiligten bereits gestorben sind. Die Ägypter stellten jenen Krieg als großen Sieg dar, der nur sechs Jahre nach der erniedrigenden Niederlage des Sechstagekrieges errungen werden konnte. Wenige Jahre nach dem Jom-Kippur-Krieg unterzeichneten Ägypten und Israel einen Friedensvertrag, wonach Israel die gesamte Sinaihalbinsel für die Demilitarisierung des geräumten Gebietes und die Aufnahme diplomatischer Beziehungen zwischen beiden Staaten zurückgab. Der bitterste Feind Israels wandelte sich zu einem strategischen Partner und der Frieden hat bislang standgehalten, trotz zahlreicher schwieriger innen- und außenpolitischer Herausforderungen.

Wandlung des Feindes

Der Schrecken des Überraschungsangriffs am Jom Kippur zerstörte das Vertrauen der Öffentlichkeit in ihre politische Führung. Die Soldaten der Reserveeinheiten, die nach monatelangem Einsatz von den Fronten am Suezkanal und auf den Golanhöhen nach Hause zurückkehrten, richteten ihre Wut gegen die Regierung. Die spontan entstandene Protestbewegung bewirkte, dass Ministerpräsidentin Golda Meir und Verteidigungsminister Moshe Dayan, dessen politische Welt von einem Tag auf den anderen zusammenbrach, zurücktraten. Eine auf Druck der Öffentlichkeit eingesetzte Untersuchungskommission führte zudem zur Absetzung des Generalstabschefs und der verantwortlichen Geheimdienstkommandeure. Auch diese Lehre wurde verinnerlicht: Der ehemalige Generalstabschef, Verteidigungsminister und Ministerpräsident Ehud Barak pflegt zu sagen, dass die Armeeführung seither in ständiger Angst vor möglichen Untersuchungskommissionen handelt. Niemand möchte ohne Not seine Stellung gefährden. Seit dem Jom-Kippur-Krieg nehmen die Haushaltsforderungen des Militärs zu. Zudem verlangt die Militärführung von der politischen Ebene, die Verantwortung zu übernehmen. Die hochrangigen Kommandeure der Generation nach 1973 waren keine »Halbgötter« mehr wie jene in der Zeit nach dem Sechstagekrieg. Die israelische Armee wird heute von Technokraten in Uniform angeführt, die sich einst auf dem Schlachtfeld ausgezeichnet haben und aufgrund guter Beziehungen zu Politikern zur Spitze aufgestiegen sind. Es gibt keine verherrlichenden Biografien und keine aufwendigen Bildbände mit Fotos von Generälen mehr.

Dass der Ruhm der israelischen Armee verblasst ist, hat noch einen weiteren Grund: Der Jom-Kippur-Krieg war der letzte Krieg, in dem sich

Israels Armee mit mehr oder weniger gleichwertigen Armeen maß. Mit Ägypten wurde ein Frieden erreicht und Syrien hat den Waffenstillstand auf den Golanhöhen bisher strikt eingehalten. Die Rolle des Feindes haben seither paramilitärisch organisierte Einheiten eingenommen, die Palästinenser und Libanesen oder aber Armeen ferner Staaten, die keine gemeinsame Grenze mit Israel haben. Seit 1973 konzentriert sich die israelische Armee auf »laufende Sicherheitsaufgaben«, das heißt auf die Vereitelung von Terror und auf Vergeltungsakte nach Terroranschlägen. Die Schlachtfelder in der Sinaiwüste sind nur noch eine ferne Erinnerung an frühere Kriege. Der heutige Kampf findet in Städten und Dörfern statt wie 1948. In solchen »asymmetrischen« Kriegen gibt es keine großen Eroberungsschlachten und sagenumwobene Heldentaten mehr. Eine weitere Aufgabe, die der israelischen Armee auferlegt wurde, war, die atomare Rüstung benachbarter Staaten zu verhindern und später auch in der Ferne Waffenlieferungen an feindliche Kräfte zu vereiteln.

Nachdem die Palästinenser ihre Operationsbasis in den Libanon verlegt hatten, konzentrierte auch die israelische Armee ihre Aktivitäten auf diesen Staat. Im Sommer 1982 marschierte Israel in den Libanon ein, um Arafat von dort zu vertreiben und seine Milizen zu schlagen. Zudem bezweckte die Operation, der syrischen Armee einen Schlag zu versetzen, um in Beirut eine proisraelische Regierung zu installieren, die einen Friedensvertrag mit Israel abschließen würde. Die Ziele wurden nur teilweise erreicht. In einer Überraschungsoperation und mithilfe moderner Bewaffnung zerstörte die israelische Luftwaffe die in der libanesischen Bekaa-Ebene stationierte syrische Luftverteidigung und erlangte damit die Lufthoheit im gesamten Nahen Osten zurück. Dieser Erfolg war derart überwältigend, dass er den Schlag, den die israelische Luftwaffe 1973 einstecken musste, vergessen machte.

Die israelischen Bodentruppen waren aber nicht annähernd so erfolgreich. Sie stießen zunächst bis nach Beirut vor und belagerten die Stadt, bis Arafat abzog. Doch statt einer Siegesstimmung machte sich danach in Israel Kritik über die hohen Verluste bei den Bodentruppen, schwerwiegende operative Fehler sowie über die hochgesteckten Ziele von Verteidigungsminister Ariel Scharon, des Planers jenes militärischen Feldzugs, breit. Zahal fügte der Zivilbevölkerung in Beirut und in den palästinensischen Flüchtlingslagern hohe Verluste zu, der Staat Israel war mit heftiger internationaler Kritik konfrontiert und wurde beschuldigt, Kriegsverbrechen verübt zu haben. Im September richteten christliche Falangisten mit Deckung der israelischen Armee überdies ein Massaker in den Flüchtlingslagern Sabra und Schatila als Rache für das Attentat auf den Falangistenführer und gewählten Präsidenten des Libanon, Baschir Gemayel, an.

Mit dem Mord an Gemayel schwand die Hoffnung auf eine proisraelische Regierung im Libanon, doch Israel hatte Bedenken, sich zur Grenze zurückzuziehen, sodass die israelische Armee 18 weitere Jahre in einem sogenannten Sicherheitsstreifen im Libanon präsent blieb. In dieser Zeit erwuchs Israel ein neuer Feind, die Schiitenorganisation Hisbollah, die als kleine Guerillaorganisation unter iranischer und syrischer Schirmherrschaft zu operieren begann und sich allmählich zu einer großen regulären Armee entwickelte, bewaffnet mit Zehntausenden von Raketen verschiedener Größen, die das gesamte israelische Staatsgebiet abdecken. Die Operationen der Hisbollah forderten auf israelischer Seite Tote und Verletzte, ein Zustand, der so lange andauerte, bis sich Israel im Jahr 2000 aus dem Südlibanon zurückzog. Im Libanonkrieg 1982 hatte der öffentliche Protest einen Höhepunkt erreicht. Erstmals in der Geschichte Israels verweigerten Soldaten aus Gewissensgründen die Teilnahme an bestimmten Operationen an der Front. Der Kommandeur einer Panzerbrigade, Eli Geva, weigerte sich, an der Belagerung Beiruts teilzunehmen und quittierte seinen Dienst. Das Massaker in Sabra und Schatila weckte großen Zorn in der israelischen Bevölkerung und führte zur Einsetzung einer Untersuchungskommission, deren Bericht zur Absetzung Scharons als Verteidigungsminister führte. Wenige Monate später trat auch Premierminister Menachem Begin zurück. Die Protestkundgebungen vor seinem Amtssitz wegen der hohen Verluste im Libanonkrieg hatten ihm stark zugesetzt. Die Botschaft an die politische Führung war klar: Die Öffentlichkeit ist nicht bereit, Verluste zu tragen, und die Reservearmee, deren Soldaten aus dem Zivilleben kommen, ist eine Brutstätte der Kritik und des Protests, die für die Staatsführung gefährlich werden kann. In den folgenden Jahren verringerte die israelische Armee den Einsatz von Reservesoldaten im Libanon, woraufhin sich eine neue Protestbewegung bildete: die »Vier Mütter«, angeführt von Müttern von Soldaten im Pflichtwehrdienst, die die Beendigung der militärischen Präsenz Israels im Libanon forderte.

Im Gegensatz zu den Problemen und den Verlusten an der Front gelangen der israelischen Armee zwischen dem Jom-Kippur-Krieg und der Libanoninvasion einige beeindruckende Erfolge bei Einsätzen der Luftwaffe in großer Distanz. Im Sommer 1976 entsandte Israel Spezialkräfte nach Entebbe in Uganda, um rund hundert Geiseln aus der Hand von Flugzeugentführern einer Air-France-Maschine zu befreien. Die »Operation Entebbe« weckte international Bewunderung und die israelische Öffentlichkeit sehnt sich bis heute nach der Atmosphäre der Einheit und dem Gefühl des Triumphs, aber besonders nach dem Gefühl, im Recht zu sein.

Im Sommer 1981 schickte Begin die Luftwaffe in den Irak, um den Atomreaktor »Osirak« bei Bagdad zu zerstören. Der Irak unter Saddam

Hussein war damals völlig vom Krieg mit dem Iran absorbiert und hatte keine Möglichkeiten, Israel anzugreifen. Die erfolgreiche Operation trug zum Wahlsieg Begins drei Wochen danach bei. Die internationale Gemeinschaft äußerte zunächst Vorbehalte, verhängte aber keine wirklichen Sanktionen gegen Israel. Begin gab zu verstehen, dass Israel es keinem Feindesstaat erlauben werde, Atomwaffen zu entwickeln, und fügte der Sicherheitsdoktrin seines früheren politischen Widersachers Ben Gurion ein wichtiges Element hinzu. Die »Begin-Doktrin« wurde im Sommer 2007 erneut auf die Probe gestellt, als Israel bei einem Luftschlag eine Geheimanlage in Syrien zerstörte, die nach geheimdienstlicher Einschätzung eine Atomanlage im fortgeschrittenen Baustadium war. Doch im Gegensatz zu Begins Gepflogenheit bekannte sich Premierminister Ehud Olmert diesmal nicht zu der Militäroperation. Sie wurde aus Furcht vor syrischen Gegenschlägen offiziell geheim gehalten und erst später von den USA publik gemacht.

In den letzten Jahren drohte Israel damit, die Atomanlagen des Iran anzugreifen, dessen politische Führung die Vernichtung des »zionistischen Regimes« predigt. Zahal hat viel in die Vorbereitung einer Luftoperation investiert. Die Piloten haben in Griechenland und Rumänien trainiert, also in Ländern, die von Israel etwa so weit entfernt sind wie der Iran, doch der Marschbefehl blieb aus. Netanjahu zögerte aufgrund des entschiedenen Vetos der amerikanischen Regierung unter Barack Obama. Vorbehalte im Armeeoberkommando und bei den Geheimdiensten trugen das Ihre dazu bei. Doch die Bedrohung ist noch immer auf der Tagesordnung.

Vom Libanon zur Intifada und wieder zurück

Das Bestreben, die eigenen Verluste möglich gering zu halten, veranlasst die israelische Armee seit dem Jom-Kippur-Krieg, Waffensysteme und Kampfstrategien zu entwickeln, bei denen die unmittelbare Konfrontation mit feindlichen Kräften möglichst gering gehalten wird. Während die Konstrukteure des israelischen Panzers »Merkava« besonderen Wert auf die Sicherheit der Besatzung legten, intensivierte die Luftwaffe stufenweise die Nutzung unbemannter Flugkörper, zunächst für Überwachungs- und Fotoeinsätze, später auch für Angriffe mit zielgenauen Waffen. Solche Systeme wurden scherzhaft »Panzer und Flugzeuge für jüdische Mütter« genannt, da sie garantieren sollen, dass die Söhne gesund und wohlbehalten nach Hause zurückkehren.

Doch je mehr ausgeklügelte Systeme die israelische Armee entwickelte, um den Feinden jenseits der Landesgrenzen zu begegnen, desto geringer wurde die Gefahr einer Konfrontation mit einer regulären Armee. Die zentrale Bedrohung ging nicht länger von einfallenden Panzerdivisionen, sondern von Terror- und Raketenangriffen auf das zivile Hinterland aus. Die Hauptaufgabe der Armee bestand nun nicht mehr darin, sich auf einen klassischen Krieg vorzubereiten, sondern die Verwaltung der besetzten Gebiete durchzusetzen. Die Einheiten der Infanterie, die in der Zeit der mechanisierten Kriegsführung gegen Ägypten eine untergeordnete Rolle gespielt hatten, erhielten erneut eine führende Rolle in der Strategie der israelischen Armee. Der Übergang zum Kampf in bebautem Gelände, in Dörfern und engen Gassen der Städte im Gazastreifen und im Westjordanland erforderte Infanterieeinheiten mit entsprechender Ausbildung und Spezialeinheiten, keine Luftwaffenstaffeln, keine Panzerdivisionen und keine Artilleriebatterien.

Ende 1987 erhoben sich die Palästinenser im Gazastreifen und im Westjordanland gegen die israelische Besatzung und forderten Unabhängigkeit. Israel wurde erneut überrascht und die Armee in die palästinensischen Städte geschickt, um Steine und Molotowcocktails werfende Jugendliche zu bekämpfen. Zuerst versuchte es das Militär mit massiver Gewalt, doch die Niederschlagung der Intifada war umstritten. Offiziere und Soldaten, die im Verdacht standen, Kriegsverbrechen begangen zu haben, wurden vor Gericht gestellt und Generalstabschef Dan Schomron erklärte gegenüber der Regierung mit Nachdruck, es gebe keine militärische Lösung für das Problem. Erneut kam es zu Dienstverweigerungen und Menschenrechtsorganisationen wie »B'Tselem« wurden gegründet, die sich zum Ziel setzten, die Einhaltung des Völkerrechts bei den Aktivitäten der israelischen Armee in den besetzten Gebieten zu überwachen.

Die gescheiterte Unterdrückung des Palästinenseraufstandes und der internationale Druck trugen dazu bei, dass Israel die PLO anerkannte und eine diplomatische Initiative einleitete (siehe den Beitrag zum israelisch-palästinensischen Konflikt von Gisela Dachs). 1992 kam Itzhak Rabin an die Macht und unterzeichnete ein Jahr später das Oslo-Abkommen, worin Israel die PLO als Partner für Friedensverhandlungen anerkannte und stufenweise Teile des Gazastreifens und des Westjordanlandes an eine Palästinensische Autonomiebehörde abtrat, die von der PLO unter Führung Arafats aufgebaut wurde. Rabin glaubte, Arafat würde für Ruhe in den besetzten Gebieten sorgen – ohne die Einschränkungen, denen die israelische Besatzung durch die israelische Justiz und israelische Menschenrechtsorganisationen unterworfen war, doch dieses Arrangement brach nach wenigen Jahren unter dem Druck von Terroranschlägen von beiden Seiten zusammen. Als der Friedensprozess im Sommer 2000 an der Camp-David-Konferenz endgültig zum Stillstand kam, kam es zur zweiten Intifada.

Diesmal war die israelische Armee bereit. Man hatte sich auf den Ausbruch von Feindseligkeiten mit den Palästinensern vorbereitet. Die Armee setzte massiv Gewalt ein, Palästinenser verübten Selbstmordattentate in israelischen Städten. Die Wahlen im Februar 2001 brachten Scharon an die Macht, dem als Einzigem die Fähigkeit nachgesagt wurde, Arafat zu besiegen und den Israelis das Gefühl der Sicherheit zurückzugeben. Als die Selbstmordattentate im israelischen Hinterland überhandnahmen, brachte die israelische Armee die Palästinensergebiete im Westjordanland wieder unter ihre Kontrolle, belagerte Arafats Amtssitz und setzte sich über einige der juristischen und ethischen Grundsätze hinweg, die in der ersten Intifada noch eingehalten wurden. Doch auch unter diesen Bedingungen konnte Israel seine Feinde nicht restlos niederringen. Erneut kam es in der eigenen Bevölkerung zu Protesten und einer Verweigerungsandrohung, worauf Scharon aus Furcht, im In- und Ausland die Unterstützung zu verlieren, die Evakuierung der jüdischen Siedler aus dem Gazastreifen beschloss. Die Räumungsaktion wurde der Armee auferlegt.

Der Rückzug aus dem Gazastreifen führte zu einer tiefen Spaltung der israelischen Öffentlichkeit, die ihren Ausdruck auch im Militär fand. Es gab Befürchtungen, dass sich Soldaten, die sich mit der Siedlerbewegung identifizieren, Räumungsbefehlen verweigern könnten oder dass renitente Siedler bei der Räumung Gewalt gegen Soldaten anwenden. Das Militär griff für diese Aufgabe auf Reserveeinheiten zurück, da die Reservesoldaten älter sind und als politisch gemäßigter gelten; auch die Siedler wandten keine Gewalt an. Doch seither hat der Einfluss religiöser Kommandeure und Soldaten, von Unterstützern jüdischer Siedlungen im Westjordanland und von deren Bewohnern in den Kampfeinheiten stark zugenommen. Die Frage, ob die israelische Armee künftig in der Lage sein wird, auf Anordnung der Regierung Siedlungen im Westjordanland im Rahmen einer Friedensregelung mit den Palästinensern oder einseitig zu räumen, weckt starke Zweifel.

Im vergangenen Jahrzehnt führte die israelische Armee einmal Krieg mit der Hisbollah-Miliz im Libanon 2006 und dreimal – 2008, 2012 und 2014 – mit der Hamas, nachdem diese gewaltsam die Macht über den Gazastreifen übernommen und dort eine eigene Streitmacht aufgebaut hatte. In all diesen Kriegen bekämpfte Israel den Feind aus der Luft und am Boden mit großer Feuerkraft. Dieser feuerte wiederum Tausende von Raketen auf das israelische Hinterland aus Stellungen in ziviler Umgebung. Die Bombardierungen und der Granatenbeschuss forderten zahlreiche Opfer unter den Libanesen und Palästinensern. Nach der Konfrontation im Libanon, bei der es Zahal nicht gelungen war, den Raketenbeschuss durch die Hisbollah zu unterbinden, entwickelte Israel das Raketenabwehrsystem

Raketenabwehrsystem »Iron Dome«, hier in Beer Sheva

»Iron Dome«, das die Gefahr von Raketeneinschlägen im israelischen Hinterland fast völlig neutralisierte. Die Hamas reagierte ihrerseits mit der Grabung von unterirdischen Durchgängen, die vom Gazastreifen bis auf israelisches Gebiet reichten. Sie aufzuspüren und zu zerstören, kostete die israelische Armee im Sommer 2014 einige Anstrengungen.

Die Regierung und die Armee profitierten bei diesen Kriegen, die in Israel als legitime Verteidigungskriege empfunden wurden, von breiter öffentlicher Unterstützung. Doch die Ergebnisse enttäuschten. Jedes Mal, wenn die Bodentruppen ins Gefecht geschickt wurden, mussten sie Verluste hinnehmen und waren nicht in der Lage, den Feind vernichtend zu schlagen. Der Libanonkrieg 2006 dauerte 34 Tage, 2014 im Gazastreifen wurden es gar 50 Tage. Israel konnte Ben Gurions Grundsatz, dass Kriege möglichst rasch entschieden werden müssen, nicht einhalten, woraufhin die Hisbollah und die Hamas den Umstand, dass sie der großen und mächtigen israelischen Armee wochenlang standhalten konnten, als Sieg darstellten. In der israelischen Öffentlichkeit machte sich Ernüchterung breit, doch der Zorn der Bürger richtete sich gegen die Politiker, nicht gegen die Soldaten und Kommandeure an der Front. Seit Israel nicht mehr regulären Armeen, sondern in ziviler Umgebung agierenden paramilitärischen

Gruppierungen gegenübersteht, hat die internationale Kritik an Israel und der israelische Armee zugenommen. Israel werden mitunter Kriegsverbrechen wegen »unverhältnismäßiger Gewaltanwendung« gegen Zivilisten vorgeworfen. Demgegenüber rechtfertigt Israel sein Vorgehen damit, dass die Hisbollah und die Hamas die Zivilisten in ihrem Machtbereich als »menschliche Schutzschilde« missbrauchen, und behauptet, alles zu tun, um zu vermeiden, dass Unschuldige zu Schaden kommen. Die Ergebnisse aber führten in jedem Fall zu einer krassen Assymetrie. Bei der Operation »Fels in der Brandung« im Gazastreifen im Sommer 2014 kamen rund 2 200 Palästinenser ums Leben und selbst nach Schätzungen der israelischen Armee waren etwa die Hälfte davon nicht in die Kämpfe verwickelte Zivilisten, darunter Hunderte von Kindern. Israel verlor 67 Soldaten und fünf Zivilisten.

Doch im Gegensatz zu den Geschehnissen im Zusammenhang mit dem Libanonkrieg 1982 unterstützte die israelische Öffentlichkeit nun mehrheitlich den Standpunkt der Regierung, die der Weltgemeinschaft eine zynische antiisraelische Haltung vorwarf und die Bevölkerung aufforderte, sich beim Kampf gegen den Terror hinter die eigenen Streitkräfte zu stellen. Bürgerprotest gegen den Krieg gab es nur noch als linksideologisches Randphänomen ohne nennenswerten Einfluss auf die Geschicke des Staates. Den Israelis ist klar, dass die eigene Armee auch bei der nächsten bewaffneten Auseinandersetzung mit der Hamas oder mit der Hisbollah große Feuerkraft entfalten und viel Zerstörung anrichten wird, um den Feind zu veranlassen, den Raketenbeschuss einzustellen. Nur hoffen sie, dass bis dann die Entwicklung der Raketenabwehrsysteme so weit gediehen sein wird, dass auch die Hisbollah das israelische Hinterland mit ihren Raketen nicht mehr treffen kann.

Beteiligung am politischen Prozess

Die häufigen Kriege und die routinemäßige Aufrechterhaltung der Sicherheit zwischen den Kriegen machten die enge Zusammenarbeit zwischen der politischen und militärischen Führung unumgänglich. Einige Premiers amtierten gleichzeitig auch als Verteidigungsminister, andere wie etwa Netanjahu begnügten bzw. begnügen sich mit dem Amt des Premierministers. Jedenfalls widmen israelische Spitzenpolitiker einen wesentlichen Teil ihrer Arbeitszeit – etwa ein Drittel – sicherheitspolitischen und nachrichtendienstlichen Fragen. Der Premierminister autorisiert nachrichtendienstliche Missionen und andere Operationen jenseits der Landesgrenze, besucht regelmäßig Armeeeinheiten, liest nachrichtendienstliche Dokumente und nimmt an Arbeitssitzungen mit der Armeeführung und mit Leitern der Geheimdienste teil.

Viele Jahre nahmen der Generalstabchef und weitere hohe Offiziere an den Regierungssitzungen teil, noch sind sie ständige Teilnehmer an Sitzungen des Sicherheitskabinetts. Die nachrichtendienstliche Abteilung der israelischen Armee wirkt als »nationaler Lagebeurteiler«, die Einschätzungen des Geheimdienstes werden der Regierung vorgelegt. Die außen- und sicherheitspolitische Planung liegt weitgehend in den Händen der Planungsabteilung des israelischen Militärs. Das Außenministerium hat darauf keinen nennenswerten Einfluss. Auf Drängen von Fachleuten und Untersuchungskommissionen wurde, ähnlich wie in den USA, zusätzlich ein nationaler Sicherheitsstab, dem der Premierminister vorsteht, eingerichtet. Doch es handelt sich um ein schwaches Gremium, das keine wirkliche Alternative zur Dominanz des Militärs in der Gestaltung der Außen- und Sicherheitspolitik darstellt.

Die Positionen, die führende Militärs in Krisenzeiten äußerten, waren nicht immer gleich. Manchmal drängte der Generalstab zu offensiven Operationen wie etwa in der Zeit der Vergeltungsaktionen und des Sinaifeldzugs, vor dem Sechstagekrieg und während der zweiten Intifada. In all diesen Fällen übernahmen die verantwortlichen Politiker die Standpunkte des Militärs. In anderen Zeiten, etwa während der ersten Intifada oder bei der jüngsten bewaffneten Auseinandersetzung im Gazastreifen, riet der Generalstab eher zur Zurückhaltung und bemühte sich, die Eskalation zu vermeiden, und ignorierte Rufe von Politikern nach »Kampf bis zum Ende«.

Die Marschrichtung der israelische Außen- und Sicherheitspolitik hängt meist vom Kräftegleichgewicht zwischen politischer und militärischer Führung sowie vom gegenseitigen Verständnis und dem Umfang der Zusammenarbeit zwischen dem Premierminister, dem Verteidigungsminister und dem Generalstabchef ab. Die Armeeführung scheint eher darauf bedacht, ihren Einfluss auf die Gestaltung der Politik zu wahren, als von vornherein eine gewisse Linie zu predigen.

Die Kritiker der heutigen Struktur meinen, die massive Beteiligung von Mitgliedern der Sicherheitsorgane am politischen Entscheidungsprozess lenke die Debatte zwangsläufig auf militärische Lösungen hin und andere Vertreter, die in Krisenzeiten diplomatische Alternativen aufzeigen könnten, hätten nicht genug Gewicht. Doch so haben es bisher alle israelischen Premierminister gehalten: Wie schon seinerzeit Ben Gurion schoben sie ihre politischen Rivalen ins Außenministerium ab und behielten die wirklich wichtigen außenpolitischen Themen wie die lebenswichtigen Beziehungen zu den USA und anderen strategischen Partnern in den eigenen Händen. Daran wird sich wohl auch in absehbarer Zukunft nichts ändern.

Aufgrund ihrer bereits bestehenden Beteiligung am politischen Prozess erschien hohen Offizieren der rasche Wechsel vom Generalstab ins Kabinett als attraktive Option. Die Bevölkerung sah in diesen Offizieren »Retter in der Not« und begegnete solchen Wechseln daher mit Wohlwollen. Die meisten Generalstabschefs und manche Generäle begaben sich nach ihrer Ausmusterung in die Politik, aber nur wenige – Rabin, Scharon und Barak – schafften den Weg an die Spitze und wurden Premierminister. Das Amt des Verteidigungsministers wird hingegen seit 1967 fast ausnahmslos von ehemaligen Generälen bekleidet und das Scheitern des Zivilisten Amir Peretz auf diesem Posten im Libanonkrieg 2006 gegen die Hisbollah sorgt dafür, dass das wohl auch in Zukunft so bleiben wird. Doch den meisten ehemaligen Generälen fiel der Übergang in die Politik nicht leicht. In hohen politischen Ämtern wirkten sie oft wie Fremdkörper und fielen nicht selten politischen Manövern von erfahrenen »zivilen« Politikern zum Opfer. Andere Offiziere machten wiederum erfolgreich Karriere als Bürgermeister, eine Aufgabe, bei der die operativen Fähigkeiten eher gefragt sind als in der Knesset oder im Kabinett.

Die ehemaligen Offiziere in der Politik sind in allen Rechts- und Linksparteien vertreten, außer in den ultraorthodoxen und arabischen Parteien, deren Abgeordnete und Wähler im Allgemeinen nicht im Militär dienen. Sie zeichnen sich meist durch pragmatische und gemäßigt konservative Standpunkte aus und nicht durch ideologisch geprägte rechte oder linke Haltungen. Zudem befürworten sie in der Regel eine Mischung zwischen militärischer Macht und außenpolitischer Flexibilität, weshalb sie auch Schlüsselpositionen im Friedensprozess mit Ägypten, Jordanien, Syrien und den Palästinensern einnahmen. Die Teilnahme von Militärs an politischen Verhandlungen, bei denen es auch um Gebietsabtretungen ging, sollte wesentlich dazu beitragen, die Öffentlichkeit davon überzeugen, dass das Resultat der Verhandlungen sicherheitspolitisch vertretbar sei.

Die »zivilen« Politiker konnten sich nie damit abfinden, dass ehemalige Armeeoffiziere in der Politik, von der fast euphorischen Sympathie der Öffentlichkeit getragen, direkt in hohe Ämter gewählt wurden, ohne sich vorher im innerparteilichen Kontext durchsetzen zu müssen. Um dieser Erscheinung zu begegnen, wurde 2007 das sogenannte Abkühlungsgesetz verabschiedet, wonach hohe Offiziere im Militär und Geheimdienst erst nach Ablauf einer »Abkühlungsfrist« von drei Jahren nach ihrer Ausmusterung für ein politisches Amt kandidieren bzw. ein Ministeramt bekleiden können. Diese »Abkühlungsstrafe« scheint abschreckend zu wirken. Offiziere und Geheimdienstleute halten sich seit der Verabschiedung des

Gesetzes von der Politik fern, was wiederum zur Förderung einer jungen »zivilen« Politikergeneration beiträgt. Das bestätigten auch die Wahlen 2015.

Auch die Leiter des Inlandsgeheimdienstes und ihre Stellvertreter gingen in den letzten 15 Jahren nach Beendigung ihrer geheimdienstlichen Laufbahn in die Politik und ähnlich wie ihre Kollegen vom Militär hatten sie nach Jahren in einem geheimen Organisationsumfeld mit strikter Disziplin mit etlichen Akklimatisierungsschwierigkeiten zu kämpfen. Der Inlandsgeheimdienst ist das wichtigste Organ, mit dem die Israelis ihre Macht über die Palästinenser ausüben, doch seine Chefs neigen nach ihrem Abgang dazu, gemäßigte Haltungen einzunehmen. 2012 wurden sechs ehemalige Chefs des Inlandsgeheimdienstes für den Dokumentarfilm »Töte zuerst«, in dem sie heftige Kritik an der israelischen Politik in den besetzten Gebieten übten, interviewt. Der Film sorgte für Aufsehen in Israel und setzte sich im kollektiven Bewusstsein als Beispiel dafür fest, dass leitende Beamte der Sicherheitsorgane während ihrer Amtszeit die israelische Besatzungspolitik unabhängig von ihrer persönlichen Meinung widerspruchslos mittragen. Netanjahu erklärte seinerzeit, er werde sich diesen Film nicht ansehen; jedenfalls hatte der Film keinerlei Einfluss auf die Besatzungsrealität.

Die israelische Armee hat sich seit 1967 auf verschiedene Arten an der schleichenden Annexion der besetzten Gebiete beteiligt. Zwei hohe Offiziere haben die Landkarte der Erweiterung Jerusalems skizziert, die zur Eingliederung Dutzender palästinensischer Dörfer in das Stadtgebiet geführt hat. Die israelische Armee hat sodann die Grundlagen für die jüdischen Siedlungen im Westjordanland und im Gazastreifen geschaffen und von Anfang an für die Sicherheit der Siedlungen gesorgt, auch für die Sicherheit der illegalen Außenposten. Die Armee setzt zudem das Besatzungsregime gegenüber den Palästinensern durch – mit Mauern, Straßensperren und Verhaftungen. In welchem Umfang das Militär die jüdischen Siedlungen unterstützte, hing bisher weitgehend von der Haltung des Kommandeurs des Zentralkommandos ab, in dessen Zuständigkeit das Westjordanland liegt.

In den 48 Jahren Besatzung haben die Armee und ihre Kommandeure die grundsätzliche Besatzungspolitik sämtlicher israelischer Regierungen, das heißt die Fortsetzung der Kontrolle der besetzten Gebiete und deren palästinensischer Bewohner, nie hinterfragt. Die Armee hat die Regierungspolitik widerspruchslos umgesetzt und die einzelnen Armeekommandeure unterschieden sich höchstens darin, wie sie die politischen Vorgaben umsetzten; keiner von ihnen hat die Besatzung und die jüdischen Siedlungen grundsätzlich infrage gestellt. Die linken Bewegungen,

Israelische Soldaten durchsuchen ein Haus in Hebron, 2013.

darunter »Peace Now«, die sich der Besatzung widersetzten, verwiesen mit Stolz auf die Militärkarrieren ihrer Gründer, aber ihre Standpunkte fanden im Militär selbst kaum Widerhall. Einige Hundert hohe Offiziere im Ruhestand sind Mitglieder des »Rates für Frieden und Sicherheit«, der den Rückzug vom Westjordanland befürwortet und die Meinung vertritt, dass sich Israel auch ohne die besetzten Gebiete verteidigen lässt. Der Standpunkt des Rates spielte früher eine wichtige Rolle bei der Stärkung linker Positionen, hat jedoch in den letzten Jahren an Einfluss eingebüßt.

Armeeoffiziere wurden früher im Rahmen ihres Dienstes oft zur Weiterbildung an Universitäten geschickt und manche von ihnen haben einen Masterabschluss, doch in den letzten Jahren gehen das Militär und die zivile Intelligenz immer mehr getrennte Wege. Die Zeit, in der Generäle nach ihrer Ausmusterung hohe Lehrämter an Universitäten bekleideten, ist längst vorbei und auch das enge Verhältnis zwischen einigen großen hebräischen Literaten wie dem Dichter Nathan Alterman und dem Romancier Amos Oz und hohen Armeeoffizieren hat den Generationenwechsel im Generalstab nicht überdauert.

Militär und Gesellschaft

Grundsätzlich gilt für alle 18-jährigen Israelis die allgemeine Wehrpflicht, doch zwei Bevölkerungsgruppen sind davon ausgenommen. Der Staat verzichtet auf den Wehrdienst des größten Teils der arabischen Minderheit (mit Ausnahme einiger kleiner Gemeinschaften innerhalb dieser Minderheit, vor allem der Drusen) wegen Loyalitätsproblemen. Die ultraorthodoxe jüdische Minderheit forderte und erhielt eine Dienstbefreiung für ihre jungen Männer, damit diese sich dem Talmudstudium widmen und ihren religiösen Lebensstil bewahren können, ohne den Verlockungen der säkularen Gesellschaft ausgesetzt zu sein (religiöse Frauen sind ohnehin vom Militärdienst befreit). Die beiden Minderheiten, die Araber und die ultraorthodoxen Juden, sind in der Mehrheit nicht zionistisch eingestellt und pflegen ein schwieriges Verhältnis zum Staat. Im Militär dient also hauptsächlich der Nachwuchs der zwei zionistischen Gruppen der israelischen Gesellschaft: die säkularen und die »nationalreligiösen« Juden. Letztere führen einen religiösen Lebensstil und setzen sich in der heutigen Generation für das jüdische Siedlungswerk im Westjordanland ein.

Die Dienstbefreiung für ultraorthodoxe Juden war anfänglich beschränkt, wurde aber mit der Machtübernahme der Rechten 1977 stark erweitert. Seit da wächst die Unzufriedenheit in der Bevölkerung über die ungleiche Verteilung der bürgerlichen Pflichten, doch sämtliche bisherigen Versuche, Teile der ultraorthodoxen Jugend zum Militärdienst zu zwingen, sind bisher gründlich gescheitert. Die säkulare Bevölkerung hat sich mehrheitlich, wenn auch nicht mit Begeisterung, damit abgefunden, dass die ultraorthodoxe Gemeinschaft keinen Militärdienst leistet. Die letzte Regierung (2013–2015), der keine ultraorthodoxen Parteien angehörten, versuchte, ein Gesetz für »gleiche Lasten« zu erwirken, das dem Zweck dienen sollte, mehr Jugendliche aus der ultraorthodoxen Bevölkerungsgruppe zum Wehrdienst zu verpflichten. Das Resultat war jedoch dürftig und bewirkte keine wesentliche Änderung des derzeitigen Mobilisierungsmusters. Da die Ultraorthoxen nach der Wahl 2015 wieder der Regierungskoalition angehören, verlor das Gesetz weiterhin an seiner ohnehin schwachen »Schlagkraft«.

Vorschläge, die israelische Armee zu einer auf Freiwilligen beruhenden Berufsarmee umzubauen, fanden in Israel bislang keinen nennenswerten Widerhall. Das Konzept der »Volksarmee« ist tief in der israelischen Kultur verwurzelt und die Armeeführung ist gegen jede Änderung des bestehenden Wehrdienstmodells, auch wenn die Dienstzeit etwas gekürzt werden sollte. Nur die allgemeine Dienstpflicht kann ihrer Meinung nach garantieren, dass dem Militär auch die Jugendlichen aus höheren sozioökonomischen

Etzel-Haus in Tel Aviv, ein Museum, das sich mit der Geschichte der vorstaatlichen paramilitärischen Untergrundbewegung Etzel beschäftigt

Schichten zur Verfügung stehen, die sie zu Piloten und Soldaten in Einheiten mit fortgeschrittenen technischen Systemen ausbilden kann. Dennoch berät die israelische Armee aufgrund des gesellschaftlichen Wandels seit einiger Zeit vorsichtig über die Möglichkeit des schrittweisen Übergangs zu einer Berufsarmee.

Die nationalreligiöse Gemeinschaft ermutigt heute ihre Jugend am meisten, in Kampfeinheiten zu dienen und dort Führungsaufgaben wahrzunehmen, besonders in der Infanterie und in Spezialeinheiten. Beim letzten Offizierslehrgang waren 40 Prozent der Offiziersanwärter der Infanterie Kippaträger, also Religiöse bzw. Angehörige der nationalreligiösen Gemeinschaft. Vor 20 Jahren waren es noch zwei Prozent. Die Jugend der alten Eliten, die früher die Offiziersränge füllte, zieht es heute vor, in zwar anspruchsvollen, aber weniger gefährlichen Einheiten zu dienen: beim Nachrichtendienst, bei der Luftabwehr oder als Cybersoldaten.

Der gesellschaftliche Wandel wirkt sich auch auf das Militär aus und führt dort zu Reibungen. Während die Armee den Dienst von Frauen in Kampfeinheiten fördert, möchten sich die religiösen Soldaten im Militär von Frauen weitgehend fernhalten. Damit die Einheiten ihre Aufgaben erfüllen können, sind manchmal komplizierte Regelungen notwendig, um den gemeinsamen Dienst von Soldatinnen und Soldaten dennoch zu ermöglichen.

Die Religion in Israel beschränkt sich nicht auf den Glauben und die geistige Welt, sondern ist gleichzeitig auch prägendes Merkmal der politischen Identität. Im letzten Krieg gegen die Hamas löste die Botschaft des Kommandeurs der Givati-Infanterieeinheit, Oberst Ofer Winters, an seine Soldaten einen Sturm der Entrüstung aus, weil er sie dazu aufrief, für den »Gott Israels« gegen die Feinde zu kämpfen. Winter zeichnete sich als führender Kommandeur des Krieges im Sommer 2014 aus, weswegen die Armeeführung den Protestbrief ignorierte. Dieses Verhalten wirft die Frage auf, ob die »Armee zur Verteidigung Israels« nicht allmählich zur »Armee zur Verteidigung Gottes« werde. Die nationalreligiöse Bewegung stilisierte Winter zum Symbol und zum Helden und bezeichnete die Kritik gegen ihn – nach einer besonders gewalttätigen Operation in Rafah, bei der Dutzende palästinensischer Zivilisten ums Leben kamen – als von der Linken inszenierte politische Hexenjagd.

Wie bereits erwähnt, stellt sich auch die Frage, ob die religiösen Soldaten Befehle einer gewählten Regierung ausführen werden, sollte diese die Räumung von Siedlungen, in denen viele von ihnen selbst wohnen, anordnen, oder ob diese Soldaten dann auf die Rabbiner hören, die sie zur Befehlsverweigerung aufrufen könnten. Allein die Furcht vor solchen Befehlsverweigerungen zusammen mit der allgemeinen Ernüchterung angesichts der Folgen der Evakuierung des Gazastreifens halten die Politiker, selbst von linken Parteien, davon ab, eine Debatte über die Räumung von Siedlungen anzustoßen.

Betende Soldaten während des Gazakriegs 2014

Die Weigerung linker Dienstanwärter, Wehrdienst in den besetzten Gebieten zu leisten und an Operationen der Besatzungsmacht teilzunehmen, ist eine Erscheinung, die Israel schon mehr als dreißig Jahre begleitet. Sie findet ein gewisses Verständnis in der Öffentlichkeit und wird von der Armee nicht radikal verfolgt. Die Dienstverweigerer werden in der Regel vom Dienst befreit, manchmal nach wenigen Monaten Gefängnis. Da die Anzahl der Dienstverweigerer relativ gering ist und ihre Position bei der Masse der Dienstanwärter kaum auf Widerhall stößt, steht die Armee diesem Problem relativ gelassen gegenüber.

In den letzten Jahren reduzierte die israelische Armee die Einberufung von Reservesoldaten, die früher einen Monat im Jahr oder sogar länger militärische und andere Einrichtungen bewachten und Polizeiaufgaben wahrnahmen. Änderungen im Staatshaushalt zwangen die Armee, den Reservedienstetat zu reduzieren, sodass heute praktisch nur noch Kampfsoldaten und Soldaten mit Schlüsselaufgaben zum Reservedienst einberufen werden. Die meisten Reservesoldaten, besonders jene, die im Pflichtwehrdienst mit Verwaltungs- und Logistikaufgaben betraut waren, sind nur noch auf dem Papier Teil der Truppe. Doch diese Kluft scheint fast niemanden zu stören. In Zeiten relativer Ruhe wird vielmehr Kritik an der Höhe des Verteidigungshaushalts laut, eine Kritik, die sich in den letzten Jahren vor allem an den Dienstbedingungen der Berufssoldaten entzündet hat. Ben Gurions »Zweikarrierenmodell« ermöglicht Berufssoldaten und Mitgliedern der Geheimdienste im fünften Lebensjahrzehnt, in den Ruhestand zu gehen. Doch die Finanzierung dieses Ruhestandes ist eine riesige Last für den Staatshaushalt – die Summe dafür beträgt rund ein Prozent des Bruttoinlandsprodukts. Kein anderer Arbeitnehmer in Israel genießt solche Bedingungen. Trotzdem ist die Armee gegen jede Änderung der Arbeitsbedingungen und hat bisher jede Kritik erfolgreich abgewehrt. In der letzten Amtsperiode (2013–2015) von Premierminister Netanjahu wurde der Verteidigungshaushalt stetig erhöht; nach dem Krieg gegen die Hamas im Sommer 2014 erreichte er einen historischen Höchststand.

Geheimhaltung und Zensur

Die Untergrundorganisationen des Jischuw waren von strikter Geheimhaltung geprägt und diese Tradition setzte sich auch nach der Staatsgründung fort. Bis heute sind im israelischen Telefonverzeichnis weder die Nummern des Generalstabs noch anderer Abteilungen und Einheiten der Armee verzeichnet, mit Ausnahme des Rekrutierungsamts und der Pressestelle. Bis vor 20 Jahren wurden nur die Namen der höchsten Offiziere oder von Empfängern von Ehrenabzeichen öffentlich gemacht.

Heute werden diese Themen etwas freier gehandhabt. Die Armee hat eine große PR-Abteilung aufgebaut und gibt die Identität von mehr Offizieren preis. Nur die Namen von Piloten, Soldaten von Sondereinheiten und Kommandeuren niedriger Ränge von Kampfeinheiten werden immer noch geheim gehalten. Früher wurde die Geheimhaltung mit dem Entführungsrisiko begründet, heute geht es darum, die Betreffenden vor Klagen im Ausland wegen Kriegsverbrechen zu schützen.

Der Beitritt des »Staates Palästina« zum Internationalen Gerichtshof in Den Haag und die Ankündigung, israelische Bürger wegen Kriegsverbrechen im Gazakrieg im Sommer 2014 anzuklagen, weckte in Israel Befürchtungen, es könne eine Klagewelle gegen israelische Soldaten und Offiziere folgen. Doch ein solches Szenario ist nach wie vor unwahrscheinlich und in Israel wird man versuchen, diese Gefahr durch eigene Untersuchungen zu bannen. Nach dem Krieg im Gazastreifen entbrannte eine Debatte über die Frage, ob auf der Basis des Strafrechts gegen Soldaten und Kommandeure zu ermitteln ist oder ob man sich mit truppeninternen Nachforschungen begnügen soll, in deren Rahmen die Militärangehörigen vor Strafverfolgung geschützt sind. Der Ausgang dieser Debatte wird weitgehend davon abhängen, wie hoch die Gefahr von Strafverfolgungen und Anklagen von israelischen Militärangehörigen im Ausland eingestuft wird.

Die israelischen Medien sind der Militärzensur unterworfen und verpflichtet, ihr jede Veröffentlichung zu den Themenkreisen Militär, Nachrichtendienst oder atomare Rüstung vorab zu unterbreiten. Die Zensur hat weitreichende gesetzliche Befugnisse, faktisch gibt es jedoch eine Vereinbarung mit den Medien, wonach Differenzen einvernehmlich oder in einem gemeinsamen Schiedsforum statt durch Polizei und Justiz gelöst werden.

In den letzten 25 Jahren wurde die Zensur etwas aufgeweicht, nachdem der Oberste Gerichtshof sie auf Angelegenheiten beschränkte, die »mit an Sicherheit grenzender Wahrscheinlichkeit die Sicherheit des Staates gefährden«. Heute verhindert die Zensur keine Kritik an der Armee und ihren Kommandeuren wie vor 40 Jahren. Doch allein ihre Existenz wirkt immer noch als einschränkender Faktor, sodass sich für Journalisten manchmal die Frage stellt, ob es sich überhaupt lohnt, mühevoll Informationen zusammenzutragen, wenn sie dann von der Zensur unterschlagen werden und ohnehin nicht erscheinen können.

Die Behörden erwirken heute öfter als früher ein gerichtliches Veröffentlichungsverbot, das mit einer entsprechenden Strafandrohung verbunden ist. Solche gerichtlichen Nachrichtensperren erschweren die Arbeit der

Presse beträchtlich. Als im Juni 2014 drei israelische Jugendliche entführt wurden, durften die Medien die Information, wonach die Armee davon ausging, dass sie unmittelbar nach ihrer Entführung ermordet wurden, nicht verbreiten. Die Folge war eine öffentliche Kampagne »zur Rückführung der Jugendlichen«, die auf falschen Hoffnungen beruhte. Dennoch gibt die israelische Öffentlichkeit bei der Abwägung zwischen den staatlichen Sicherheitsbedürfnissen und dem »Recht auf Information« den Sicherheitserwägungen Priorität. Bislang hat es auf politischer Ebene jedenfalls keine ernsthafte Debatte über irgendwelche Vorschläge zur Abschaffung der Zensur oder der Veröffentlichungsbeschränkungen gegeben. Im letzten Krieg brüsteten sich einzelne Medien sogar damit, dass sie die Armee unterstützen – und fürchteten, Kritik an der Bodenoffensive im Gazastreifen oder die Betonung der Opferzahl und des Ausmaßes der Zerstörung auf der palästinensischen Seite könnte den Zorn der Zuschauer oder Leser wecken.

Im 67. Jahr ihres Bestehens ist die israelische Armee nach wie vor das zentrale Element des Staates Israel und der israelischen Gesellschaft. Die Werte, die der Staatsgründer Ben Gurion formulierte, gelten noch immer: Zahal ist eine Volksarmee, die sich auf die allgemeine Wehrpflicht und den Reservedienst stützt und deren Kommandeure sich der gewählten Regierung unterwerfen. Ihre Aufgabe ist es, den Staat zu verteidigen, indem der Krieg rasch auf feindliches Territorium übertragen wird. Wichtig sind zudem die Möglichkeit atomarer Abschreckung und die Unterstützung durch die Westmächte.

Die Aufgaben der israelischen Armee haben sich im Lauf der Jahre geändert, vom Krieg gegen reguläre Armeen über die Durchsetzung des Besatzungsregimes in den besetzten Gebieten bis hin zu sporadischen Waffengängen mit paramilitärischen Gruppierungen jenseits der Grenze, die Israel mit Raketen bedrohen. Doch das rasche Wachstum der überwiegend nicht zionistischen Bevölkerungsteile, also der ultraorthodoxen Juden und der Araber, macht aus der Volksarmee zunehmend eine »Armee der zionistischen Gemeinschaft«. Diese Entwicklung wird sich in den nächsten Jahren vor dem Hintergrund des Zusammenbruchs benachbarter arabischer Staaten und den raschen demografischen Änderungen innerhalb der israelischen Gesellschaft noch akzentuieren. Gerade deshalb werden die Gemeinschaften des israelischen Mainstreams die Armee aber weiterhin als »Schmelztiegel« und als einigendes Element betrachten, das sie von den Minderheiten abhebt, eine Haltung, die dem Militär auch weiterhin großzügige Budgets und Ansehen garantieren wird.

Aus dem Englischen von David Ajchenrand

IX Wirtschaft und Sozialwesen

Einführung

Die wirtschaftliche Entwicklung des Landes ist unübersehbar. Wer Vergleichsbilder von früheren Jahren im Kopf hat, kann nur staunen. Vielstöckige moderne Wohnhäuser und gläserne Bürotürme prägen zunehmend die urbane Landschaft. Straßenkarten müssen permanent aktualisiert werden, weil dauernd neue Nachbarschaften entstehen, riesige Einkaufszentren schossen vielerorts aus dem Boden. Dieser rasante Wandel hin zu einer westlichen, konsumorientierteren Gesellschaft schlägt sich mittlerweile auch erfolgreich in Bereichen wie Gastronomie oder Weinproduktion nieder.

Das einstige Agrarland ist seit 2010 Mitglied der Organisation für wirtschaftliche Zusammenarbeit und Entwicklung (OECD), was ihm offiziell den Status einer führenden Industrienation verleiht. Gemessen am Bruttoinlandsprodukt nahm die israelische Wirtschaft 2014 den 36. Rang weltweit ein. Der Anteil der Gesamtbevölkerung, die im wissenschaftlichen und technologischen Sektor beschäftigt sind, gehört mit zu den höchsten überhaupt. Israel zählt auch die weltweit meisten Firmenneugründungen pro Kopf und die dritthöchste Anzahl von Patenten.

Ein wichtiger, wenn auch nicht der Motor der Wirtschaft ist der außerordentlich innovative und dynamische Hightechsektor. Außer im Silicon Valley in Kalifornien sind nirgendwo die Bedingungen für Start-ups so günstig. Die Szene profitiert von der engen Zusammenarbeit zwischen Forschung, Unternehmern, Kapitalgebern und einer großen Anzahl an gut ausgebildeten Ingenieuren. So können Ideen schnell umgesetzt werden und erfolgreich gedeihen. Auf der Liste der Unternehmen, die an der US-amerikanischen Technologiebörse NASDAQ notiert sind, rangieren die Israelis zahlenmäßig an dritter Stelle nach Kanada und China – weit vor den Deutschen.

Historisch betrachtet, hat Israel tatsächlich einen bemerkenswerten Weg zurückgelegt. An die Stelle einer einst sozialistisch geprägten Planwirtschaft ist längst eine Marktwirtschaft getreten – und das in relativ kurzer Zeit und mit allen Vor- und Nachteilen. Dazu gehört auch, dass zu wenige

◀ Dizengoff Center, ein Einkaufszentrum in Tel Aviv

zu viel Kapital kontrollieren. So ist zwar zweifelsohne der Lebensstandard gestiegen, aber auch die Wohlstandskluft gewachsen. Vom wirtschaftlichen Aufschwung profitieren längst nicht alle. So sind vor allem die ultraorthodoxe und arabische Bevölkerung, die zusammen mehr als ein Viertel aller Einwohner ausmacht, von wachsender Armut betroffen.

Das wirft Fragen hinsichtlich der sozialen Kohäsion in einer Gesellschaft, die angesichts der besonderen Bedrohungslage stärker auf Solidarität angewiesen ist, auf. So verlangen etwa der reguläre Wehrpflichtdienst und der danach folgende Reservedienst den Bürgern schon in »normalen Zeiten« und erst recht in Zeiten militärischer Auseinandersetzungen viel ab. Darüber hinaus sind die durchschnittlichen Lebenshaltungskosten höher als in Deutschland – und das bei geringeren Löhnen, weniger Urlaub und längeren Arbeitszeiten.

Zudem spielte und spielt bei der Entwicklung immer auch die Eingliederung von Immigranten eine Rolle. In jüngerer Zeit ist man zudem mit neuen Herausforderungen wie Arbeitsmigration, Flucht und illegalem Aufenthalt konfrontiert – Entwicklungen, wie man sie aus anderen westlichen Ländern in Europa und Nordamerika kennt.

Ruth Klinov

Wirtschaft, Sozialwesen und Politik

Wer die Politik und Gesellschaft eines Landes verstehen möchte, muss sich zwangsläufig auch mit seinen ökonomischen Grundlagen beschäftigen. Israel ist da gewiss keine Ausnahme. Deshalb werden in diesem Kapitel alle wichtigen Fakten aufgeführt und die Interdependenzen zwischen wirtschaftlichen, politischen und sozialen Entwicklungen skizziert. Historisch betrachtet, hat Israel einen wirklich bemerkenswerten Weg zurückgelegt: weg von einer Planwirtschaft, in der ausschließlich die jeweilige Regierung die ökonomischen und sozialen Ziele vorgab, hin zu einem System, in dem der Einfluss der Politik auf ein absolutes Minimum reduziert wurde und die Interessen der Privatwirtschaft im Mittelpunkt stehen. Nun die richtige Balance zwischen diesen beiden Denkschulen zu finden, stellt wohl nicht nur Israel vor eine große Herausforderung, sondern zahlreiche Nationen weltweit.

Wichtig für das richtige Verständnis dieser fundamentalen Verschiebungen und Brüche in der Wirtschaftspolitik sind die historischen Rahmenbedingungen, in denen sie sich vollzogen. Deshalb ist dieses Kapitel zeitlich gegliedert. Das erste Kapitel vermittelt das relevante Basiswissen und nennt dabei auch ganz spezifische Faktoren, die die israelische Volkswirtschaft seit ihren Anfängen maßgeblich beeinflussen. In den darauffolgenden drei Kapiteln soll die Wirtschaftsgeschichte im Mittelpunkt stehen. Zum Schluss werden noch einmal aktuelle Probleme und Sachverhalte kurz aufgegriffen und die Ergebnisse diskutiert.

In diesem Kontext sei vorweg auf einige Fachbegriffe hingewiesen, die für Leser ohne größeres Hintergrundwissen auf den ersten Blick vielleicht etwas missverständlich erscheinen können, insbesondere dann, wenn von einer »Volkswirtschaft als Ganzer« gesprochen wird. Dieses bedarf genauso einer Definition wie zum Beispiel das Wort »Investition«, weil diese Begriffe immer wieder in verschiedenen Kontexten ganz unterschiedlich vorkommen. Deshalb werden im Folgenden Schlüsselbegriffe vorab definiert.

▶ Bruttoinlandsprodukt

Das Bruttoinlandsprodukt (BIP) ist das gängige Maß für die Leistung einer »Volkswirtschaft als Ganzer«. Gemeint ist damit der Gesamtwert aller Güter und Dienstleistungen, die innerhalb eines klar definierten Zeitraumes – beispielsweise eines Quartals oder Jahres – auf dem Territorium eines Staates hergestellt werden. Der Begriff »brutto« bezieht sich in diesem Zusammenhang darauf, dass keine Abschreibungen von der Summe abgezogen wurden.

Das BIP pro Kopf berechnet sich aus dem Gesamt-BIP dividiert durch die Anzahl der Bewohner eines Staates.

In diesem Text kommt der Begriff »Bruttoinlandsprodukt« auf dreierlei Weise vor, und zwar abhängig davon, ob seine Zusammensetzung, Entstehung oder Verwendung gemeint ist.

Ist von der Zusammensetzung des BIPs die Rede, so geht es um folgende vier Komponenten:

- das Sachkapital, auch physisches Kapital genannt, worunter alle vorhandenen Maschinen, Immobilien, Infrastruktureinrichtungen wie Verkehrs- und Energienetze sowie Waren auf Lager gemeint sind, die zu einem bestimmten Datum vorhanden waren;
- das Humankapital, das auf der verfügbaren Anzahl von Arbeitskräften sowie ihrem Ausbildungs- und Qualifizierungsgrad basiert;
- die Fähigkeiten des Humankapitals, technologische Veränderungen organisatorisch umzusetzen, um so die allgemeine Produktivität einer Volkswirtschaft zu steigern;
- die geleistete Arbeitszeit pro Jahr.

Spricht man von der Entstehung des BIPs, so betrachtet man die Bereiche, in denen es erzeugt wird. Schwerpunktmäßig ist das die Privatwirtschaft, die ihre Produkte auf den inländischen und internationalen Märkten verkauft, um Gewinn zu erwirtschaften, hinzu kommt der öffentliche Sektor auf staatlicher und kommunaler Ebene sowie die Nichtregierungsorganisationen (non-governmental organizations, NGOs), die soziale, politische oder religiöse Dienstleistungen anbieten.

Geht es um die Verwendung des BIPs, dann spricht man von den staatlichen und privaten Ausgaben für den Konsum von Waren und Dienstleistungen, von inländischen Investitionen sowie dem Exportüberschuss (Ausfuhren minus Einfuhren). Inländische Investition (Kapitalanlage) ist die alljährliche Addition zum physischen Kapital (siehe oben), die zur Erweiterung des BIPs in den folgenden Jahren beiträgt.

R. K.

Grundlegende Fakten

Wirtschaftliche Entwicklung: Israel ist eine kleine, aber sehr offene Volkswirtschaft mit rund acht Millionen Einwohnern. 75 Prozent davon sind Juden, 21 Prozent Araber, die übrigen vier Prozent verteilen sich auf Minoritäten wie Drusen, Tscherkessen und andere (siehe den Beitrag von Karin Amit und Sergio DellaPergola).[1] 2012 betrug das Bruttoinlandsprodukt pro Kopf 31 000 US-Dollar (PPP)[2], zum Vergleich: In Deutschland waren es 41 098 US-Dollar (PPP). In der Organisation für wirtschaftliche Zusammenarbeit und Entwicklung (OECD), der die entwickelten und demokratisch regierten Industrienationen angehören und der Israel 2010 beitrat, liegt es bei durchschnittlich 36 706 US-Dollar (PPP). Damit rangiert Israel von den 34 OECD-Mitgliedstaaten auf Platz 20 (siehe *Abbildung 1*).

Ein weiteres Kriterium, um das Entwicklungsniveau von Staaten messen zu können, ist der Human Development Index (HDI), der auf einer Kombination von wirtschaftlichen, kulturellen und sozialen Indikatoren basiert (z. B. auch Lebenserwartung und Bildungsniveau). Danach befindet sich Israel auf Platz 19 von 187 Ländern (Deutschland liegt auf Platz sechs).

Damit ähnelt die Wirtschaft Israels in vielerlei Weise den Ökonomien der anderen entwickelten Industrienationen. Der Staat ist eindeutig marktwirtschaftlich orientiert; der Schwerpunkt der Beschäftigung liegt vor allem auf dem Dienstleistungssektor (Handel, Transport, Kommunikation, Finanzdienstleistungen) und weniger auf der Produktion von Gütern (Agrarprodukte, Fertigung, Bauwirtschaft, Wasser und Energie). Zudem ist Israel überdurchschnittlich stark abhängig vom internationalen Handel: 2012 machten die Ausfuhren 37 Prozent des BIPs aus (OECD-Durchschnitt: 29 Prozent), die Einfuhren sogar 41 Prozent des BIPs (OECD-

---

1 Diese Daten beziehen sich ausschließlich auf das Staatsgebiet Israels in den Grenzen von 1967 und nicht auf die Westbank und den Gazastreifen. Diese werden nur dann mit einbezogen, wenn es um ihre konkrete Bedeutung für die israelische Volkswirtschaft geht. 2012 lebten auf der Westbank rund 2,7 Millionen Menschen, fünfzehn Prozent davon waren Juden; die Bevölkerung des Gazastreifens betrug 1,6 Millionen. Juden leben dort seit der Räumung der Siedlungen im Jahr 2005 nicht mehr.

2 Die Umrechnung des BIP-Wertes eines Landes von der lokalen Währung – in diesem Fall dem Neuen Israelischen Schekel (NIS) – in US-Dollar erfolgt auf Basis der Kaufkraftparität-Methode (engl.: Purchasing Power Parity = PPP). Dabei wird berechnet, wie viele Schekel notwendig sind, um den gleichen repräsentativen Warenkorb zu kaufen, für den man in den Vereinigten Staaten zum Beispiel 100 US-Dollar bezahlen muss. Wenn ein solcher Warenkorb mit identischen Produkten in Israel beispielsweise 400 NIS kostet, dann ist ein US-Dollar nach dieser Methode genau vier Schekel wert.

*Abb. 1: Bruttoinlandsprodukt pro Kopf, basierend auf Kaufkraftparitäten (PPP),
sowie Wechselkurse der OECD-Mitgliedstaaten 2012*

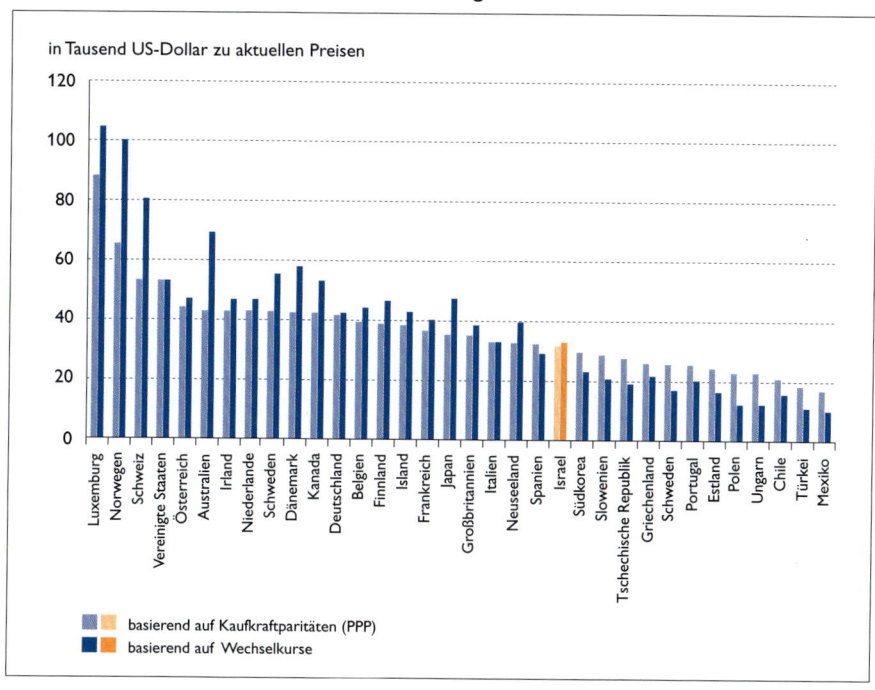

Quelle: OECD.

Durchschnitt: 24 Prozent). Israels wichtigste Handelspartner sind die Europäische Union, die Vereinigten Staaten sowie Asien. Die arabischen Nachbarländer und die palästinensischen Autonomiegebiete spielen im Außenhandel dagegen eher eine marginale Rolle.[3]

Bevölkerung: Israel ist ein Einwanderungsland. Aufgrund von Migration sowie einer hohen Geburtenrate fällt das Bevölkerungswachstum deutlich

---

3   Dies ist nicht unbedingt eine Folge des Nahostkonflikts. Auch die meisten Geschäftsbeziehungen unter den arabischen Staaten der Region reduzieren sich auf den Austausch von Arbeitskräften, so haben viele Ägypter, Jordanier oder Palästinenser Beschäftigung in einem der reichen Ölstaaten gefunden. Israel ist da keine Ausnahme, zwischen 1970 und 1990 war der wichtigste Exportposten der besetzten Gebiete die Arbeitskraft seiner Bewohner, die in Israel zumeist als Tagelöhner arbeiteten. Aufgrund der politischen Entwicklungen sowie der Sicherheitslage ist ihre Anzahl in den vergangenen Jahren jedoch stark zurückgegangen.

Wirtschaft – Israel und palästinensische Gebiete

Bergbau, Rohstoffe, Energie

- Erdöl
- Erdgas
- Erdölraffinerie
- Salze
- Phosphat
- Magnesit
- Wärmekraftwerk

Industrie

- Eisen- und Stahlerzeugung
- Maschinen- und Metallbau
- Luft- und Raumfahrttechnik
- Elektronik, Optik, Elektrotechnik
- Atomindustrie
- Chemie, Pharmazeutische Erzeugnisse
- Textilien, Bekleidung
- Diamantenverarbeitung
- Lebensmittel

Verkehr

- Autobahn, Schnellstraße
- sonstige Straße
- Eisenbahnlinie
- internationaler Flughafen
- Seehafen

Dienstleistung

- Dienstleistungszentrum
- Tourismus
- wichtiger Ort

Bodennutzung

- Bewässerungsland
- sonstiges Ackerland
- Wald
- Weiden, Ödland
- Steppe
- Wüste, Halbwüste

Pflanzenproduktion

- Obst, Gemüse
- Oliven
- Wein
- Zitrusfrüchte

1 : 2 730 000

0   50 km

Mittelmeer

LIBANON

SYRIEN

ISRAEL

West-Jordan-land

JORDANIEN

Gaza

ÄGYPTEN

Totes Meer

See Genezareth

Golf von Akaba

Kiryat Schmonah
Naharia
Akko
Karmi'el
Haifa
Nescher
Jokne'am
Nazareth
Chadera
Jenin
Netanja
Herzlia
Nablus
Tel Aviv-Jaffa
Petach Tikwah
Holon
Rehovot
Jerusalem
Aschdod
Aschkelon
Kiryat Gat
Hebron
Gaza-Stadt
Sderot
En Gedi
Chan Yunis
Beer Sheva
Arad
En Bokek
Zefa
Dimona
Sedom
Elat

© mr-kartographie, Gotha 2016

35°
33°
32°
31°
30°

Abb. 2: Bevölkerungswachstum in Prozent

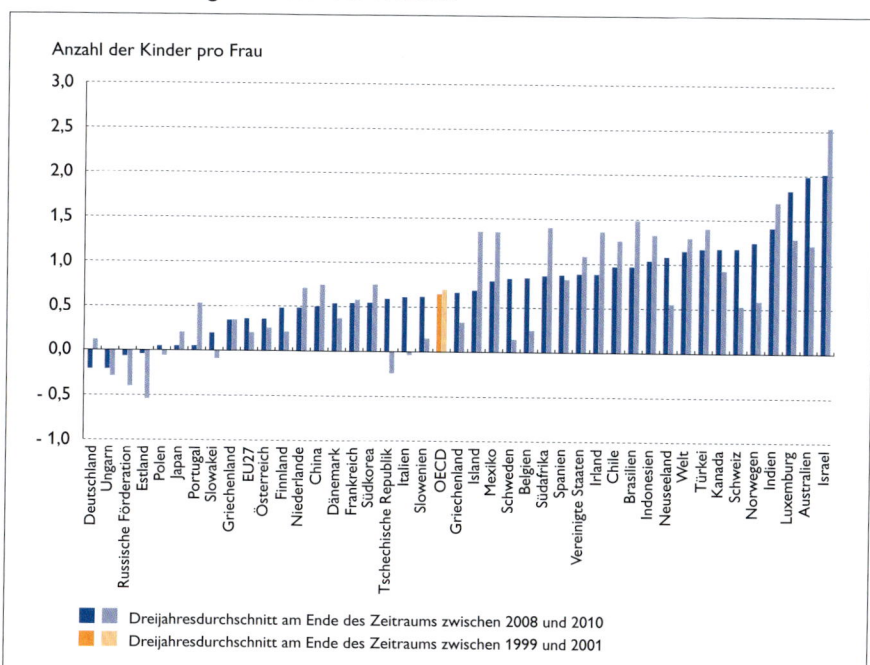

Quelle: OECD.

stärker aus als in jedem anderen OECD-Staat (siehe *Abbildung 2*). Allein zwischen 1990 und 2012 wuchs Israels Bevölkerung um imposante 75 Prozent. Das stellt natürlich jede Volkswirtschaft vor enorme Herausforderungen. Denn es muss kontinuierlich genug Wachstum generiert werden, um all diese Menschen überhaupt in den Arbeitsmarkt integrieren zu können. Zudem repräsentieren Zuwanderer der ersten und zweiten Generation mit rund 60 Prozent die Mehrheit der jüdischen Bevölkerung, was wiederum nicht ohne Folgen für die politische und soziale Agenda Israels bleiben konnte.

Die Zuwanderung hat eine äußerst heterogene Bevölkerung hervorgebracht, die in ihrer Zusammensetzung wohl einzigartig sein dürfte: Rein ethnisch besteht sie aus Juden, die aus europäischen, nord- und südamerikanischen sowie aus muslimischen Ländern, der ehemaligen Sowjetunion und Staaten wie Äthiopien und Indien kommen, des Weiteren aus muslimischen und christlichen Arabern, Drusen und Beduinen. Zudem ist die jüdische Bevölkerung auch noch in säkulare, modern-religiöse oder ultra-

Abb. 3: Gesamtfruchtbarkeitsrate der OECD-Mitgliedstaaten 2012

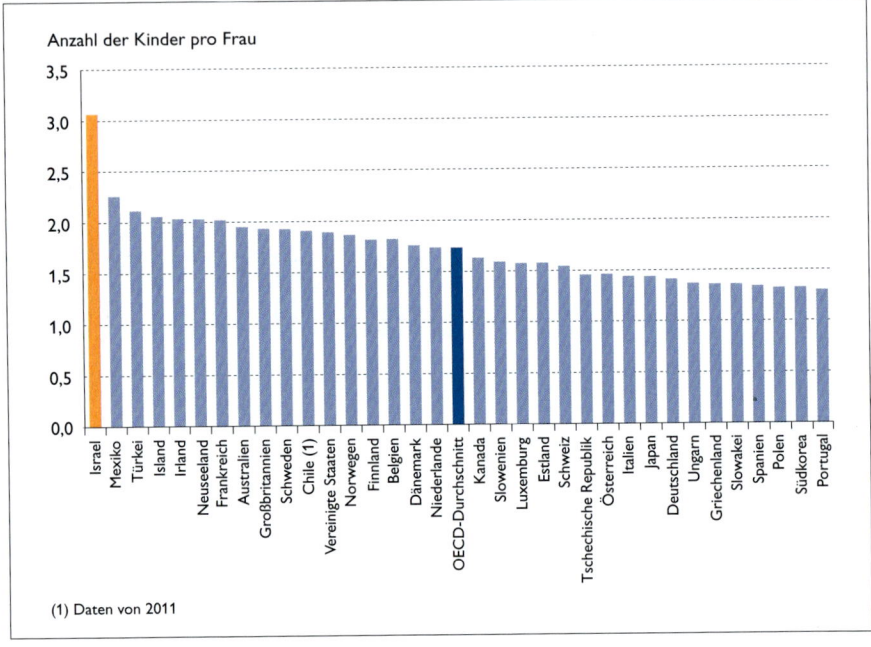

Quelle: OECD.

orthodoxe Gruppen fragmentiert. Oft sind es genau diese ethnischen undreligiösen Trennungslinien, die die Unterschiede in Fragen des Einkommens und der Bildung markieren und sogar Einfluss auf die Lebenserwartung haben können. Eine der zentralen Fragen für Israel lautet daher: Bleibt diese ethnische und religiöse Heterogenität auch in Zukunft noch ein bestimmender Faktor oder werden sich diese Unterschiede irgendwann einmal nivellieren? Zudem verzeichnet Israel von allen OECD-Staaten die höchste Gesamtfruchtbarkeitsrate[4] (siehe *Abbildung 3*), wobei insbesondere der arabische und der ultraorthodoxe Sektor ins Gewicht fallen; beide repräsentieren aber zugleich die sozial schwächsten Gruppen innerhalb der israelischen Gesellschaft.

Humankapital: Mit 46 Prozent verfügt Israel über einen – gemessen an der Gesamtbevölkerung – sehr hohen Anteil an Hochschulabsolventen

---

4 Die Gesamtfruchtbarkeitsrate gibt an, wie viele Kinder eine Frau durchschnittlich hätte, wenn die zu einem bestimmten Zeitpunkt ermittelten altersspezifischen Fruchtbarkeitsziffern für ihre gesamte fruchtbare Lebensphase auf sie zuträfen.

(OECD-Durchschnitt: 33 Prozent, Deutschland 28 Prozent). Gerade einmal 16 Prozent verlassen die Schule ohne jeden Abschluss (OECD-Staaten: 24 Prozent, Deutschland 13 Prozent). Diese Zahlen berücksichtigen die formale Ausbildung, die Israelis sowohl in Israel selbst als auch im Land ihrer Herkunft erhalten haben. Dennoch steht die Gruppe der Neueinwanderer oftmals vor großen Problemen: Nicht immer werden ihre in der alten Heimat erworbenen akademischen Abschlüsse in Israel anerkannt. Oder es existiert auf dem Arbeitsmarkt kein Bedarf an ihren beruflichen Fähigkeiten. Genau das macht in vielen Fällen eine Neuorientierung oder Weiterbildung geradezu zwingend. Auch beherrschen die wenigsten bei ihrer Ankunft die hebräische Sprache. Deshalb entstand in Israel ein breit gefächertes Angebot an Sprachschulen und Fortbildungseinrichtungen, um diese Defizite auszugleichen.

Arbeitsmarkt: Der Prozentsatz der arbeitenden Menschen in Israel ist – gemessen an der Gesamtbevölkerung – seit vielen Jahren von allen OECD-Staaten der mit Abstand niedrigste. So befanden sich im Jahr 2011 lediglich 65 Prozent aller Israelis aus der Altersgruppe zwischen 15 und 64 Jahren in einem Beschäftigungsverhältnis oder waren Selbstständige (OECD-Durchschnitt: 71 Prozent). Gerade vor dem Hintergrund einer recht hohen Geburtenrate bedeutet dies, dass im Durchschnitt mehr Personen von dem Gehalt eines einzigen Verdieners abhängen als anderswo. Dabei fällt auf, dass es eher die Männer und weniger die Frauen sind, die keiner geregelten Arbeit nachgehen. In diesem Kontext treten zwei Gruppen ganz besonders in Erscheinung: ungelernte Arbeiter, die von staatlichen Transferleistungen leben, weil ihre Nettoeinkommen aus einer regelmäßigen Erwerbsarbeit geringer ausfallen würden als die staatliche Unterstützung, sowie Ultraorthodoxe, die ausschließlich an einer der vielen Religionsschulen (Jeschiwot) den Kanon der religiösen Schriften studieren und dafür häufig ein Stipendium erhalten. Zudem können sie aufgrund ihrer überdurchschnittlich großen Familien in vielerlei Hinsicht Begünstigungen und Sozialhilfe in Anspruch nehmen.

Eine weitere auf dem Arbeitsmarkt unterrepräsentierte Gruppe, die quantitativ zwar relativ klein, dafür aber von gesellschaftlicher Relevanz ist, sind arabische Frauen. Im Vergleich zur Gesamtbevölkerung leben sie in größeren Familien, verfügen über ein geringeres Bildungsniveau und kaum Möglichkeiten, nahe an ihrem Wohnort zu arbeiten.

Die israelischen Daten sowie die der OECD im Hinblick auf den Anteil der Erwerbstätigen an der Gesamtbevölkerung weisen einige Diskrepanzen auf, die sich dadurch erklären, wie man Erwerbstätige definiert. Die OECD bezieht alle Wehrpflichtigen als Werktätige in ihren Statistiken mit ein, Israel dagegen macht dies erst seit 2012, sodass der Anteil der arbeitenden Bevölkerung mittlerweile eher dem OECD-Durchschnittsniveau entsprechen dürfte, aktuelle Zahlen liegen aber noch nicht vor.[5]

In den vergangenen Jahren betrug die Arbeitslosenquote in Israel zumeist weniger als sechs Prozent und lag damit niedriger als in vielen anderen OECD-Staaten. Auch die Zeitspanne, in der Menschen ohne Arbeit sind, ist vergleichsweise kürzer. Die Gründe dafür sind nicht nur in der positiven Wirtschaftsentwicklung zu suchen, die einen kontinuierlich wachsenden Bedarf an Arbeitskräften mit sich brachte. Israels Arbeitsmarkt ist deutlich weniger reguliert, sodass Personal bei Bedarf schnell rekrutiert, ohne größere Kosten und Umstände aber genauso rasch auch wieder entlassen werden kann. Zudem fällt das Arbeitslosengeld, das im Regelfall gerade einmal sechs Monate gezahlt wird, vergleichsweise mager aus.

Die ausreichende Verfügbarkeit von billigen Tagelöhnern aus den besetzten Gebieten oder dem Kreis der Arbeitsmigranten aus der Dritten Welt sowie Neueinwanderern, die häufig bereit sind, selbst für weniger als den gesetzlichen Mindestlohn zu arbeiten, trägt zu dieser vergleichsweise niedrigen Arbeitslosenquote mit bei. Dies hat jedoch zur Folge, dass die Gehälter für wenig qualifiziertes Personal dauerhaft niedrig bleiben.

Rund drei Viertel aller Arbeitskräfte sind im privaten Sektor beschäftigt, ein Viertel im öffentlichen. Die Gehälter in der freien Wirtschaft sind reine Verhandlungssache. Zwar existiert ein gesetzlicher Mindestlohn, aber die Kontrollen seitens der Behörden, ob dieser auch eingehalten wird, sind eher nachlässiger Natur. Organisierte Streiks bleiben die Ausnahme und ereignen sich zumeist nur dann, wenn ein Eigentümerwechsel im Unternehmen ansteht oder Fabriken stillgelegt werden sollen. Ein anderes Bild dagegen herrscht im öffentlichen Sektor vor, in dem immer noch zahlreiche Monopole existieren. Der Organisierungsgrad der Arbeiter in den Versorgungsbetrieben, der Eisenbahn oder an den Flughäfen ist entsprechend hoch, weshalb sie auch über vergleichsweise große Interventionsmöglichkeiten verfügen, was in Streikaktionen immer wieder auf beeindruckende Weise demonstriert wird.

In der Vergangenheit sah dies noch ganz anders aus: Bis Anfang der 1990er-Jahre hinein war der Allgemeine Verband der Arbeiter Israels, kurz Histadrut genannt, eine allmächtige Gewerkschaft mit einem eigenen Firmenimperium. Unabhängig davon, ob jemand im öffentlichen Dienst oder in einem Privatunternehmen arbeitete, gehörten ihm rund 80 Prozent der

---

5 Vom Grundgedanken her hat Israel recht mit seiner Definition – schließlich herrscht im Staat allgemeine Wehrpflicht, sodass der Dienst an der Waffe keine Frage des Marktes ist. Zudem erhalten die Rekruten nur einen geringen Sold und nur in den höheren militärischen Rängen ein richtiges Gehalt.

Bevölkerung (Mitglieder einschließlich deren Familienangehörige) an. Wie im Kapitel 4 noch näher erläutert wird, setzte in den Jahren danach ein geradezu dramatischer Bedeutungsverlust ein.

Gasförderinsel »Tamar«, etwa 90 Kilometer vor der israelischen Küste gelegen: Das Gasfeld wurde im Jahr 2013 erschlossen, sein Gasvolumen wird auf etwa 270 Milliarden Kubikmeter geschätzt.

Natürliche Rohstoffe: Israel ist ein Land, das relativ arm an natürlichen Ressourcen ist. Allein die Kalivorkommen am Toten Meer sowie einige wenige chemische Rohstoffe wie Phosphat in der südlichen Negevwüste sind von Bedeutung. Immerhin ist Israel deshalb einer der weltgrößten Produzenten von Kunstdünger; da die Phosphatreserven im Schwinden begriffen sind, wird ihre Bedeutung für Israels Wirtschaft in Zukunft jedoch wohl eher abnehmen. Allerdings wurden 2008 vor der Mittelmeerküste in israelischen Hoheitsgewässern zahlreiche neue Erdgasvorkommen entdeckt, die im Zuge ihrer Erschließung in den kommenden Jahren nicht nur Israels eigenen Bedarf decken können, sondern ebenfalls exportiert werden dürften.

Industrie- und Handelsstruktur: Wie in anderen entwickelten Volkswirtschaften setzt sich auch das israelische Bruttoinlandsprodukt zum größten Teil aus den Komponenten Außenhandel, Hightech sowie Finanzdienstleistungen, technische und professionelle Services sowie öffentlicher Dienst zusammen. Sie machen rund 67 Prozent des Bruttoinlandsprodukts aus. In diesem Kontext sind drei wichtige Faktoren zu nennen:

- Israel gibt vier Prozent seines BIPs für Forschung und Entwicklung aus und belegt damit von allen OECD-Staaten den Spitzenplatz.
- Die einzigartige Zusammensetzung der israelischen Bevölkerung – die hohe Geburtenrate – sorgt für vergleichsweise hohe Ausgaben im Bildungswesen und erklärt, warum es in Israel so viele Lehrer gibt.
- Verglichen mit anderen Staaten fallen die Zuwendungen für das Militär zwar hoch aus, sind aber trotz der besonderen Sicherheitslage, in der Israel sich befindet, mit 5,5 Prozent des BIPs im Jahr 2013 überraschend moderat.

Der Beitrag des produzierenden Gewerbes zur Wertschöpfung liegt bei rund 25 Prozent. Auch hier befindet sich Israel in einer einzigartigen Position, denn absolut dominant sind Hightechprodukte. Vor allem technisch anspruchsvolle Güter wie Hard- oder Software, elektronische Bauteile, Sicherheitstechnik, optische Geräte, Chemikalien und Erzeugnisse der Pharmaindustrie werden dort hergestellt. Der hohe Spezialisierungsgrad in diesen Bereichen ist nicht nur das Resultat einer gezielten Forschungs- und Entwicklungspolitik, sondern auch eine Folge der Masseneinwanderung aus der ehemaligen Sowjetunion, die zahlreiche und hervorragend ausgebildete Ingenieure und Techniker ins Land brachte.

Branchenstruktur: Die Leistungsfähigkeit der israelischen Wirtschaft gilt gemeinhin als ausgezeichnet. Wie der Volkswirt Yoram Gabai bereits 2009 zu Recht anmerkte, belegt Israel in allen internationalen Indizes den Spitzenplatz, wenn es um die Anzahl von Start-ups im Hightechbereich sowohl in absoluten Zahlen als auch im Verhältnis zu seiner Bevölkerung geht. Israel nimmt ferner den achten Rang im Bereich »Innovationen und Business-Entwicklung« ein; gemessen am Bruttoinlandsprodukt leistet sich Israel sogar die höchsten Ausgaben für Forschung und Entwicklung weltweit. Zudem befindet man sich hinsichtlich des Kriteriums »Effizienzbeschleuniger« auf Platz zwölf, was bedeutet, dass die Anzahl derjenigen, die eine Hochschulausbildung oder Berufsausbildung absolviert haben, die ihnen die Fähigkeiten verleiht, neue Technologien nachhaltig zu implementieren, sehr hoch ist.

Der Anteil des öffentlichen Sektors an den staatlichen Gesamtausgaben ist mit 24 Prozent deutlich größer als in den meisten anderen Staaten (OECD-Durchschnitt: 19 Prozent). Während die Aufwendungen für Dienstleistungen, die wie Erziehung, Gesundheit und Sozialhilfe dem Einzelnen zugutekommen, ungefähr dem internationalen Durchschnitt entsprechen, fallen die Ausgaben für den »kollektiven Verbrauch«, also Verwaltung, Militär und Sicherheit, deutlich höher aus.

▶ Soziale Proteste

Via Facebook hatte im Juni 2011 ein junger Mann namens Itzik Elroy zum Verbraucherboykott von Hüttenkäse, in Israel eines der beliebtesten Grundnahrungsmittel, aufgerufen. Die Resonanz war überwältigend; daraufhin organisierten am 14. Juli 2011 die drei Aktivisten Stav Shafir, Daphni Leef und Itzik Shmuli auf dem Tel Aviver Rothschild Boulevard den sogenannten Zeltprotest. Über Wochen hinweg hatten sich überwiegend junge Menschen in Zelten an prominenten Orten der Stadt niedergelassen, um so ihrer Forderung nach bezahlbarem Wohnraum Nachdruck zu verleihen. Es folgte am 3. September 2011 mit schätzungsweise bis zu 400 000 Teilnehmern die größte Demonstration in der Geschichte Israels. Gefordert wurden nicht nur eine neue Wohnungspolitik, sondern auch der kostenlose Kindergartenbesuch sowie eine Einschränkung der Macht der Monopole. Als Reaktion auf die Proteste setzte die Regierung eine Kommission ein, die entsprechende Empfehlungen aussprach. Kinder ab dem Alter von drei Jahren erhielten nun umsonst einem Kindergartenplatz. Die Proteste des Sommers 2011 wurden überwiegend von Israels Mittelschicht getragen und nur zu einem geringen Teil von den sozial schwächsten Gruppen des Landes. Nach den Wahlen vom Januar 2013 zogen Stav Shafir und Itzik Shmuli für die Arbeitspartei als Abgeordnete in die Knesset ein.

R. K.

Hüttenkäse des »Tnuva«-Unternehmens. Eine Preiserhöhung dieses beliebten »Cottage« war einer der Auslöser der sozialen Proteste im Sommer 2011.

In Israel gilt die Schulpflicht bis zur 12. Klasse; akademische Ausbildung wird zwar subventioniert, ist aber nicht kostenlos. Israel verfügt zudem über ein umfassendes Gesundheits- und Sozialversicherungswesen, das sowohl Arbeitslose als auch Geringverdiener, Menschen mit einer Behinderung sowie Senioren und kinderreiche Familien finanziell oder durch Sachleistungen unterstützt.

Sozioökonomische Problemfelder und Spannungen: Mit der Forderung »Das Volk verlangt soziale Gerechtigkeit!« entstand im Sommer 2011 eine breite Protestbewegung, die die Aufmerksamkeit auf zahlreiche Missstände in der Gesellschaft richtete und es schaffte, diese auf die politische Agenda zu bringen. Denn trotz aller wirtschaftlichen Erfolge in den vergangenen Jahren fühlt sich vor allem die israelische Mittelschicht von manchen Entwicklungen durchaus bedroht. Viel zu stark hatte sich mittlerweile die Kluft zwischen Arm und Reich vergrößert. Als Ursachen dafür gelten insbesondere die wachsende Einkommensungleichheit, aber auch die seit 2007 rasant ansteigenden Immobilienpreise und das damit einhergehende Problem der Verfügbarkeit von bezahlbarem Wohnraum in den urbanen Ballungsgebieten sowie die im OECD-Vergleich überdurchschnittlich hohen Preise für Waren des täglichen Bedarfs.

Komplementär dazu hatte sich eine kleine Anzahl sehr einflussreicher Familien von Großindustriellen und Unternehmern – in der Öffentlichkeit gern auch »Tycoons« genannt – herauskristallisiert, die eine in der Geschichte Israels bis dato ungekannte Machtfülle auf sich zu konzentrieren vermochte; durch den Aufbau von Monopolen und das Erschweren von Importen hat sie vielerorts den Wettbewerb zum Nachteil der israelischen Konsumenten quasi außer Kraft gesetzt.

Zudem konnten Banken bis 2013 gleichzeitig als Kreditgeber und Inhaber von Unternehmen agieren, was ihnen einen enormen wirtschaftlichen und politischen Einfluss verlieh. Dem wurde im Dezember 2013 per Gesetz ein Riegel vorgeschoben; das Gesetz wird aber nur schrittweise umgesetzt.

Weil es nahezu unmöglich ist, in diesem kurzen Text alle Themen umfassend zu behandeln, beschränken wir uns im Folgenden inhaltlich auf vier Schwerpunkte, die Israels Volkswirtschaft maßgeblich beeinflussten und von vielen anderen unterscheiden:

1. Israel ist ein Einwanderungsland und wurde explizit mit der Absicht ins Leben gerufen, Juden aus der Diaspora eine neue Heimat zu geben und sie so vor weiteren Verfolgungen zu schützen. Die Mehrheit seiner Bewohner kam aus dem Europa der Nachkriegszeit, der ehemaligen Sowjetunion oder einem der vielen muslimischen Länder nach Israel; sie wurden Bürger einer neuen Nation. Masseneinwanderungen waren insbesondere in den Jahren zwischen 1949 und 1965 sowie zwischen 1990

und 1995 zu verzeichnen. Rein wirtschaftshistorisch betrachtet, hätte der Zustrom einer derart großen Anzahl von Menschen innerhalb eines so kurzen Zeitraums eine rapide ansteigende Arbeitslosigkeit sowie ein sinkendes Pro-Kopf-Einkommen mit sich bringen müssen. Nicht so in Israel: Dort verzeichnete die Wirtschaft immer dann die höchsten Wachstumsraten, wenn die meisten Zuwanderer eintrafen. Dieses wohl einzigartige Phänomen wirft selbstverständlich zahlreiche Fragen auf.

2. Israel hat eine ethnisch und religiös stark fragmentierte Bevölkerung: Juden aus sehr unterschiedlichen Regionen und Kulturen sowie im Land selbst geborene muslimische und christliche Araber sowie Drusen. Oftmals definieren sich die Höhe des Einkommens und der Bildungsgrad genau entlang dieser Linien. Es bleibt abzuwarten, ob sich im Laufe der Zeit diese Unterschiede weiter nivellieren werden und welche Maßnahmen die Politik dafür implementieren muss.

3. Seit seiner Unabhängigkeit 1948 befindet sich Israel in einer permanenten Konfliktsituation mit seinen Nachbarn. Dabei kam es in den Jahren 1956, 1967, 1973, 1982 und 2006 zu kriegerischen Auseinandersetzungen; darüber hinaus fanden immer wieder größere Militäroperationen, die international Aufmerksamkeit erregten, statt.

4. Die Integration von Einwanderern sowie die spezielle Sicherheitslage erfordern nahezu zwangsläufig eine sehr dominante Rolle des Staates. Doch die wirtschaftlichen Rahmenbedingungen haben dazu geführt, dass sich diese im Laufe der Jahre deutlich abgeschwächt hat. Das wiederum führte zur Privatisierung zahlreicher Schlüsselindustrien sowie einer weitreichenden Deregulierung der Wirtschaft. Angesichts zahlreicher sozialer Missstände in der Gegenwart ist deshalb die Frage durchaus berechtigt, ob diese Entwicklungen wirklich alle so optimal verlaufen sind und wo Bedarf für weitere Reformen besteht.

Der untersuchte Zeitraum: Der Staat Israel wurde zwar erst 1948 gegründet, aber die Geschichte vieler seiner Institutionen und seiner Wirtschaft reicht weit zurück bis an den Anfang des 20. Jahrhunderts. Aus Platzgründen beschränkt sich dieser Beitrag aber nur auf die Jahre nach 1948, wobei eine Gliederung in folgende Zeitabschnitte sinnvoll erscheint: die Jahre von 1948 bis 1972, von 1973 bis 1989 sowie von 1990 bis in die Gegenwart. Diese definieren sich über die ganz besonderen Herausforderungen, mit denen Israels Wirtschaft jeweils konfrontiert war. Im ersten Zeitabschnitt war es die Masseneinwanderung, wodurch sich die Bevölkerung Israels innerhalb von 25 Jahren nahezu vervierfachte. Im zweiten verlangsamten sich die demografische Dynamik und damit auch das Wachstum der Wirtschaft, nun standen die Ausgaben für die Sicherheit, die dramatisch sich entwickelnde Inflation und die steigende Staatsverschuldung im

Abb. 4: Bruttoinlandsprodukt als Ganzes und Bruttoinlandsprodukt der Wirtschaft allein* auf Basis der Preise des Jahres 2010** (1950–2013)

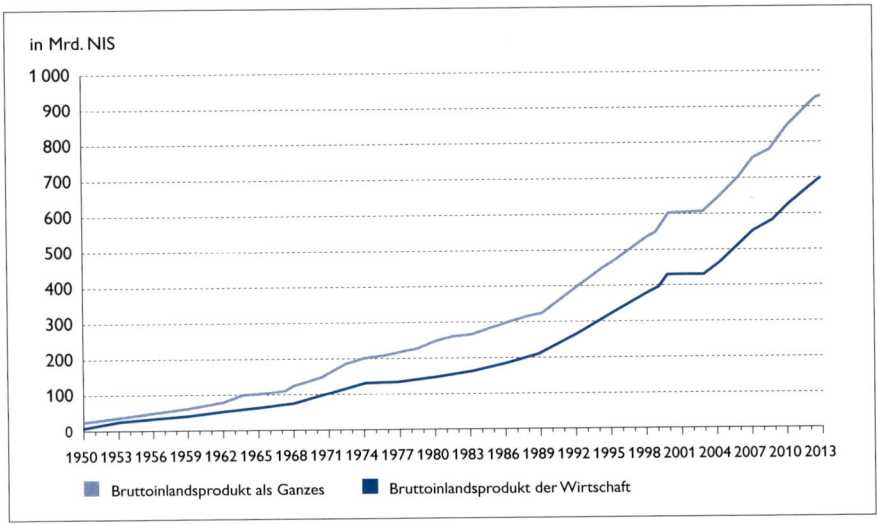

* Jeweils ohne Nettosteuern auf Importe.

** Die Schätzungen dieser Grafik basieren auf den Kalkulationen zweier Serien.
Die Unterbrechung im Jahr 1995 wurde durch einen Wechsel von SNA68 auf
SNA2008 – das sind zwei verschiedene Arten der Berechnung volkswirtschaftlicher
Gesamtrechnungen – verursacht.

Quelle: Nationale Statistikbehörde.

Mittelpunkt. Im dritten und letzten Zeitabschnitt geht es vor allem um tief
greifende strukturelle Probleme, und zwar die Anpassung der israelischen
Wirtschaft an den globalen Wettbewerb, die Steigerung der Produktivität sowie die Reformansätze, um die wachsende Kluft zwischen Arm und
Reich in den Griff zu bekommen.

Abbildung 4 zeigt das Wachstum des realen Bruttoinlandsprodukts als
Ganzes sowie das der Wirtschaft allein. 2013 war sein realer Wert[6] zehnmal so hoch wie im Jahr 1950, während der Gesamtwert der Wirtschaft

---

6 Das reale BIP ist der um Inflationseffekte bereinigte Gesamtwert aller Produkte und
   Dienstleistungen und wird immer dann benutzt, um möglichst exakt die Veränderungen zu den Vorjahren berechnen zu können. Im Unterschied zum nominellen
   BIP, das in den Preisen des jeweils definierten Erhebungszeitraumes zu Marktpreisen erstellt wird, berechnet man das reale BIP auf der Basis von Preisindizes anhand
   der Preise eines festgelegten Basisjahres.

im Vergleich zu 1950 sogar 12,4-mal so hoch war. Infolgedessen stieg der Anteil der Wirtschaft am BIP in diesem Zeitraum von 61 auf 75 Prozent. Eine weitere Hauptkomponente des BIPs ist der Gesamtwert der vom Staat produzierten Dienstleistungen, sein Anteil am BIP fiel von 44 auf gerade einmal vierzehn Prozent. Dies belegt das Ausmaß der Privatisierung gerade in jüngster Zeit. Parallel dazu erhöhte sich das reale BIP pro Kopf um den Faktor 6,7 von 18 000 NIS im Jahr 1950 auf 120 000 NIS im Jahr 2013, was auf eindrucksvolle Weise die Steigerung des Lebensstandards der Bevölkerung widerspiegelt.

Die Zeit von 1948 bis 1972

Bevölkerung: Als David Ben Gurion am 14. Mai 1948 die Unabhängigkeit Israels ausrief, lebten in dem Staat gerade einmal 0,9 Millionen Menschen. 1972 waren es bereits 3,2 Millionen. Der Grund für diese beeindruckende demografische Entwicklung war vor allem die Zuwanderung. Absprachen mit anderen Staaten ermöglichten in diesen Jahren die Ausreise nahezu aller Juden aus dem Ostblock – mit Ausnahme der Sowjetunion – sowie aus zahlreichen muslimischen Ländern wie Irak oder Jemen. Die Kosten für ihren Transport übernahm die Jewish Agency, eine Organisation aus der Zeit von vor 1948, die als quasiinoffizielle Regierung der Juden im zuvor britischen Mandatsgebiet Palästina wichtige Befugnisse hatte und nach der Staatsgründung für den Transfer von Spendengeldern aus der Diaspora nach Israel zuständig wurde. Da im Regelfall den jüdischen Auswanderern in ihren Heimatländern untersagt wurde, Kapital oder sonstigen Besitz mitzunehmen, erreichten die meisten von ihnen Israel völlig mittellos.

Zudem führte der Krieg von 1948 zu gravierenden Veränderungen in der ethnischen Zusammensetzung der Bevölkerung vor Ort. Zwar hatten die Vereinten Nationen im November 1947 angesichts der Tatsache, dass ein binationales Gemeinwesen wohl kaum realisierbar gewesen wäre, die Teilung des Landes in einen arabischen und einen jüdischen Staat vorgesehen. Doch die politische Führung der Araber lehnte auch diese Entscheidung ab. Aufgrund ihrer Verweigerungshaltung brach letztlich der Unabhängigkeitskrieg aus. In dessen Verlauf entschloss sich ein Großteil der Araber in den von Israel eroberten Gebieten zur Flucht oder wurde vertrieben. Aber der arabische Staat konnte auch deshalb nicht errichtet werden, weil Jordanien die Westbank und Ägypten den Gazastreifen okkupierte.

Nach 1948 betrug der Anteil der Araber an Israels Gesamtbevölkerung daher nur noch 18 Prozent. Und obwohl sie von Anfang an als Staatsbürger offiziell alle Rechte besaßen, arabische Abgeordnete in der Knesset vertreten waren und das Arabische neben dem Hebräischen Amtssprache wurde, blieben Araber politisch und wirtschaftlich weitestgehend marginalisiert. Zudem unterlagen sie bis 1966 der Militärkontrolle, wodurch ihre Bewegungsfreiheit mitunter stark eingeschränkt war. Trotz der relativ hohen Geburtenrate sank ihr Anteil an der israelischen Gesamtbevölkerung bis 1972 auf vierzehn Prozent. Ursache dafür war die weitere Zuwanderung von Juden aus aller Welt.

Aber auch die Zusammensetzung der jüdischen Bevölkerung sollte sich in diesem Zeitraum dramatisch verändern. Dies lässt sich am besten zeigen, wenn man als Kriterien ihre Herkunft sowie den Zeitpunkt der Einwanderung zugrunde legt. Dafür wird hier das Kürzel »EA« für Zuwanderer aus dem gesamten Zeitraum sowie für die zweite Generation aus Europa und Amerika (Aschkenasim) verwendet und »AA« für solche der ersten und zweiten Generation aus dem Nahen Osten und Nordafrika (Misrachim). Die Bedeutung dieser Kategorisierung zeigt sich vor allem in den Bereichen Wirtschaft und Kultur.

Die der Gruppe »EA« angehörenden Aschkenasim konnten im Durchschnitt eine bessere Ausbildung vorweisen, hatten eine niedrigere Geburtenrate und lebten demzufolge in kleineren Familien. Sie waren häufiger erwerbstätig und verfügten zumeist über ein höheres Einkommen. Bei beiden Gruppen aber spielte der Zeitpunkt ihrer Einwanderung eine gleichermaßen wichtige Rolle. Denn je später jemand einwanderte, desto geringer waren seine Sprachkompetenzen. Neu zugewanderte Juden mussten häufig ihren alten Beruf aufgeben, sich umorientieren und verfügten selten über ausreichend Kapital, um den Schritt in die Selbstständigkeit zu wagen.

Unterschiedliche Geburtenraten sowie die Tatsache, dass im Verlauf dieses Zeitraums (1948–1961) mehr Neueinwanderer aus Nordafrika als aus Europa kamen (siehe *Tabelle 1*), hatten maßgeblich Anteil daran, dass ein immer größerer Prozentsatz der jüdischen Bevölkerung als sozial schwach galt und mitunter in prekären Verhältnissen lebte.

Genau diese Entwicklungen führten denn auch zu den ersten größeren sozialen Unruhen in Israel. Bereits 1959 hatte sich die Wut der Misrachim über ihre Diskriminierung bei der Zuteilung von Wohnraum in Protesten in dem überwiegend von Juden aus Marokko bewohnten Viertel Wadi Salib in Haifa entladen. 1971 kam es sogar in Anlehnung an die sozialrevolutionäre Bewegung von Afroamerikanern in den Vereinigten Staaten zur Gründung der Schwarzen Panther in Jerusalem, einer sehr offensiv auftretenden Gruppe von Misrachim der zweiten Generation, die sich für bessere Lebensbedingungen einzusetzen versuchte.

Tab. 1: Zusammensetzung der jüdischen Bevölkerung auf Basis ihrer Herkunftsländer, erste und zweite Generation (in Prozent)

Jahr	Israel/Israel	Europa/Amerika	Asien/Afrika	
1948	35,4*	54,8	9,8	100,0
1961	5,5	52,2	42,3	100,0
1983	15,9	40,0	44,1	100,0
1995	25,3	40,1	34,5	100,0
2012	39,6	35,2	25,1	100,0

* Keine Daten über die zweite Generation verfügbar.
Quelle: Nationale Statistikbehörde.

Bildung: Das Bildungsniveau gehört zu einem der wichtigsten Indikatoren,
um die Produktivität eines Staates zu messen und die sozioökonomische
Struktur seiner Gesellschaft zu analysieren. Vor 1948 zählte das Bildungsniveau der jüdischen Bevölkerung in Palästina zu einem der höchsten weltweit, weil sich diese überwiegend aus Zuwanderern aus Mitteleuropa zusam-
mensetzte, von denen ein nicht unerheblicher Teil in den 1930er-Jahren aus
Deutschland geflohen war.

Die Juden, die aber nach der Staatsgründung nach Israel kamen, wiesen
im Durchschnitt ein deutlich niedrigeres Bildungsniveau auf. 28,3 Prozent
der Zuwanderer der Kategorie »AA« waren ohne jegliche formale Bildung
und nur 6,2 Prozent aller Männer hatten länger als dreizehn Jahre eine
Schule besucht oder anschließend studiert. Zum Vergleich: Unter den Juden der Kategorie »EA« waren nur 1,6 Prozent ohne jegliche Schuldbil-
dung ins Land gekommen, dafür aber hatten 17,2 Prozent aller Männer die
Mittelschule beendet.

Der Staat reagierte auf diese Situation umgehend mit massiven Investitionen in die Bildung. Bereits im September 1949 wurde ein Gesetz erlassen, das die kostenlose Unterbringung in vorschulischen Einrichtungen ab
dem Alter von fünf sowie den Schulbesuch von der ersten bis zur achten
Klasse zur Pflicht erklärte. Diese Regel wurde zuerst auf die neunte Klasse
und zuletzt 2007 auf die zwölfte Klasse ausgeweitet und das Angebot des
unentgeltlichen Vorschulunterrichts 2012 auf die Gruppe der Drei- bis
Vierjährigen erweitert. Zusätzlich baute man die Anzahl der weiterführenden Schulen aus. Ihren Unterhalt bestreiten Eltern und Staat gemeinsam. Sukzessive richtete man vor allem in den urbanen Zentren des Landes
ein breites Angebot an Sprachkursen sowie Um- und Fortbildungsmög-
lichkeiten ein, beispielsweise ließen sich neu eingewanderte Landwirte von
professionell geschultem Personal mit den Besonderheiten der Agrarwirt-
schaft des Landes vertraut machen.

Hebräischunterricht für Einwanderer in der neu gegründeten Entwicklungsstadt Dimona, 1955

Auf diese Weise konnte in den Jahren zwischen 1961 und 1972 der Anteil von Juden im Alter von fünfzehn Jahren und älter mit weniger als acht Jahren Schulausbildung von 55 auf 45 Prozent gesenkt werden, der entsprechende Anteil von Arabern in dieser Altersgruppe sank von 91 auf 82 Prozent. Der Prozentsatz von Juden mit neun bis zwölf Jahren Schulausbildung stieg im selben Zeitraum von 35 auf 44 Prozent und der im arabischen Sektor von acht auf 16 Prozent. Trotzdem existierten weiterhin gravierende Unterschiede im Bildungsniveau und das, obwohl die Ausgaben inflationsbereinigt in diesem Bereich schneller wuchsen als das Bruttoinlandsprodukt: Allein zwischen 1962 und 1968 stiegen diese um durchschnittlich 11,6 Prozent, während die Zuwachsrate des BIPs nur 7,7 Prozent betrug. Diese Differenz sollte noch viele Jahre weiter bestehen.

Bruttoinlandsprodukt und durchschnittlicher Lebensstandard: Die übliche Maßeinheit zur Erfassung des materiellen Wohlstands eines Landes ist sein Bruttoinlandsprodukt pro Kopf. Jegliche Verbesserung oder Verschlechterung der Lebensumstände spiegeln sich in seiner prozentuellen Veränderung zum Vorjahr wider. Die Wachstumsraten des gesamten Bruttoinlandsprodukts als auch des BIPs pro Kopf in den Jahren zwischen 1950 und 1972 waren in der Tat sehr beeindruckend – insbesondere dann, wenn man auch das niedrige Bildungsniveau, die fehlenden Sprachkenntnisse sowie die marktinkompatiblen Berufsqualifikationen der Masse der Neueinwanderer in Betracht zieht. Denn, volkswirtschaftlich gesprochen, reduzierten alle diese Faktoren das durchschnittliche Humankapital pro Arbeitskraft erst einmal ganz dramatisch.

Was also waren die wesentlichen Gründe für den rapiden Anstieg des BIPs pro Kopf in diesen Jahren? Zweifelsfrei gehören dazu die sehr hohen Investitionen im Inland; konkret heißt das die Anhäufung von Sachkapital pro Arbeitnehmer, also Infrastruktur, in Form von Straßen, Energie- und Wasserversorgung oder Maschinenparks, die dazu beitrug, die Produktivität des einzelnen Arbeitnehmers deutlich zu erhöhen. Im Zeitraum von 1950 bis 1972 belief sich das Volumen der Inlandsinvestitionen im Durchschnitt auf 30 Prozent des BIPs und übertraf damit fast alle anderen Länder in der Welt.

Der zweite Grund für die beeindruckenden Zuwachsraten beim Bruttoinlandsprodukt waren die hohen Investitionen in das Humankapital in dieser Phase, die eine anfängliche Abschwächung teilweise wieder kompensieren sollten. Wie bereits erwähnt, waren die Ausgaben für den Ausbau des Schul- und Bildungswesens sowie für Hebräischsprachkurse beachtlich. Ergänzend zu ihrer ursprünglichen formalen Ausbildung, erwarben die Neueinwanderer Sprachkenntnisse und zusätzliches Know-how, die sie auf die Anforderungen des israelischen Arbeitsmarktes vorbereiteten und ihre Qualifikation verbesserten.

Israel brachte die finanziellen Mittel für seine gewaltigen Inlandsinvestitionen in Höhe von durchschnittlich 30 Prozent des BIPs zu einem großen Teil durch Kapitalzufluss[7] sowie den Einsatz eines Teils des generierten BIPs in weitere Investitionen auf. Warum dieser Kapitalzufluss für massive Investitionen im Inland und nicht für den Konsum seiner Staatsbürger benutzt wurde, ist von ganz entscheidender Bedeutung: Die Israelis und unter ihnen vor allem die Neueinwanderer waren damals vergleichsweise mittellos und hätten es vielleicht sehr begrüßt, wenn diese Mittel mehr zur Förderung des privaten Konsums und weniger für ein eventuell höheres BIP irgendwann in der Zukunft verwendet worden wären. Die Absichten, die diesen Investitionen zugrunde lagen, erschließen sich einem vielleicht am besten, wenn man sich die Herkunft dieser Gelder sowie das Wirtschaftssystem Israels in dieser Zeit genauer betrachtet.

Der größte Teil dieser Gelder stammte aus drei Quellen: Wirtschaftshilfe und Kredite aus den Vereinigten Staaten, »Wiedergutmachungszahlungen« an die israelische Regierung und individuelle Restitutionen an die Überlebenden der Schoah aus Deutschland sowie das Spendenaufkommen

---

7 Kapitalzufluss sind Kapitalbeträge, die einer Volkswirtschaft aus im Ausland erbrachten Leistungen in Form von Investitionen zufließen.

von jüdischen Organisationen weltweit, vor allem aber aus den Vereinigten Staaten. Die Tatsache, dass es sich dabei primär um staatliche Geldgeber handelte, die in der Lage waren, auch langfristige Verpflichtungen zu übernehmen, brachte nicht nur einen stabilen Kapitalzufluss zuwege, sondern erlaubte darüber hinaus auch auf längere Zeiträume angelegte Investitionsentscheidungen. Private Geldgeber hätten diese Spielräume wohl kaum möglich machen können; zum einen wären die finanziellen Mittel weniger kontinuierlich und reichhaltig geflossen, was wiederum einen negativen Einfluss auf langfristige Investitionsentscheidungen gehabt hätte. Zum anderen war Israel damals zu wenig attraktiv, als dass es überhaupt das Interesse von privaten Kapitalanlegern hätte wecken können.

Und obwohl damals größere Mengen an Kapital nach Israel flossen, blieb in diesem Zeitabschnitt die Auslandsverschuldung relativ niedrig, da ein Großteil dieses Kapitals aus »Wiedergutmachungen«, Restitutionen und Spenden aus dem Ausland bestand und nicht zurückgezahlt werden musste. Die Kredite aus den Vereinigten Staaten wie auch die auf den Finanzmärkten platzierten Staatsanleihen waren langfristiger Natur; zudem konnte Israel ausländisches Kapital zu relativ günstigen Konditionen beziehen.

Empfänger dieser Geldmittel – mit Ausnahme der Entschädigungen aus Deutschland an Privatpersonen – war allein die israelische Regierung. Wie im nächsten Kapitel noch näher erläutert wird, unterlag das gesamte damalige Wirtschaftsleben in Israel einem sehr strengen staatlichen Regiment: So gab es unter anderem strikte Preiskontrollen, die Rationierung von Gütern des täglichen Bedarfs, einen stark reglementierten Devisenhandel sowie zahlreiche Auflagen für Bankgeschäfte und Importquoten für eine ganze Palette von Produkten. Dank dieser Maßnahmen besaß die Regierung die Kontrolle über nahezu alle verfügbaren finanziellen Ressourcen und konnte entsprechend über ihren Verwendungszweck bestimmen, was mit dazu führte, dass die Inlandsinvestitionen weiterhin auf einem hohen Niveau verblieben.

Zudem gab es bis in die späten 1960er-Jahre hinein keine Opposition gegen diese Politik. Die Art und Weise, wie der Privatkonsum geregelt oder der Wohnraum verteilt wurde, unterlag allein den Bestimmungen der seit 1948 regierenden Arbeitspartei, deren dominante Rolle kaum jemand infrage stellte. Die Mehrheit der nach der Staatsgründung eingewanderten Israelis, die immerhin mehr als die Hälfte der Bevölkerung ausmachte, verhielt sich politisch weitestgehend passiv, sodass eigentlich kaum jemand die Grundlinien dieser Wirtschaftspolitik infrage stellen sollte.

Die Rolle des Staates in der Wirtschaftspolitik: Im Vergleich zu anderen Ländern der nicht kommunistischen Welt erwies sich die Dominanz des

Staates sowie seiner Institutionen in der Wirtschaft als wohl einzigartig. So waren nicht nur einige Firmen in staatlichem Besitz, darüber hinaus trat dieser als Miteigentümer oder Geschäftsführer in sehr vielen weiteren Unternehmen in Erscheinung. Auch einigen nicht staatlichen öffentlichen Trägern wie etwa dem Gewerkschaftsverband Histadrut oder dem Jüdischen Nationalfonds (Keren Kayemet L'Israel) gehörten große Aktienpakete. Die Histadrut gibt es bereits seit 1920, sie bestand im Wesentlichen aus drei Bereichen: zum einen aus den eigentlichen Gewerkschaften, die als Interessenvertretung der Arbeiter die Tarifverträge aushandelten, zum anderen aus einem weitverzweigten Netz aus Sozialeinrichtungen, Kliniken (Kupat Holim), Krankenhäusern und Versicherungen sowie ferner aus dem gigantischen gewerkschaftseigenen Dachkonzern mit seinen eigenen Baufirmen, Fabriken und Dienstleistern. Viele von diesen wiederum kooperierten mit staatlichen und privaten Unternehmen oder besaßen ähnlich wie die Regierung geschäftsführende Funktionen und damit großen Einfluss vor allem in den Genossenschaften oder in den Kibbuzim, den landwirtschaftlichen Genossenschaftssiedlungen, die der Histadrut zwar nicht angehörten, personell, wirtschaftlich und ideologisch aber eng mit ihr verflochten waren. Barkai (1964) schätzte die Anteile der drei Sektoren – Staat, Histadrut und privat – auf 20, 20 und 60 Prozent des BIPs.

Der Jüdische Nationalfonds wurde schon 1901 von der zionistischen Bewegung mit dem Zweck gegründet, vor Ort in Palästina Land für die jüdischen Siedlungen zu erwerben. Dieses sowie der Grundbesitz, den die israelische Regierung von den britischen Mandatsbehörden 1948 übernommen hatte, repräsentieren mit Ausnahme der urbanen Zentren sowie Grund und Boden in arabischem Besitz mehr als 90 Prozent der Fläche Israels. Die Jewish Agency, die vor der Staatsgründung quasi als Regierung der jüdischen Bevölkerung fungierte, finanzierte damals den Aufbau der landwirtschaftlichen Siedlungen. Nach 1948 änderte die Regierung wenig an diesen Besitzverhältnissen und verzichtete auf die Verstaatlichung des Jüdischen Nationalfonds. Allenfalls Schulen und später die Arbeitsämter fielen in den Zuständigkeitsbereich des Staates.

Unabhängig davon, ob sich die Unternehmen in Privatbesitz oder unter Ägide der Histadrut befanden, mussten fast alle Unternehmen ihre Produktionsziele und Preise mit der Regierung verhandeln und koordinieren, vor allem in der Baubranche und den Bereichen Infrastruktur, Wasser, Transport und Kommunikation. Dadurch entstand eine Situation, die viele Monopole hervorbrachte und einen Wettbewerb, der sich an den Bedürfnissen des Marktes orientierte, unmöglich machte.

Einen Großteil des Kapitalzuflusses stellte die Regierung genau diesen Unternehmen zur Verfügung. Daraus ergab sich die Frage, wer auf politischer Ebene die Prioritäten setzte und über die Vergabe dieser Gelder zu entscheiden hatte.

In den frühen 1950er-Jahren existierte dafür eigens ein spezieller Etat für Entwicklung, über dessen Vergabe allein das Parlament bestimmte. Aber im Lauf der Jahre entschieden sich viele Unternehmen eher für die Aufnahme eines Kredits oder versuchten, private Investoren zu gewinnen. Der Grund für diesen Trend, eher nicht auf die Mittel dieses Etats zurückzugreifen, war die Tatsache, dass die politisch Verantwortlichen in ihrer Vergabepraxis Projekten in der Land- und Bauwirtschaft eindeutig den Vorrang gaben. Die Regierung dagegen konnte sich bei der Zuteilung von finanziellen Mitteln auf die Banken verlassen, weil diese dazu verpflichtet waren, Firmen zu bevorzugen, die exportintensiv waren und Arbeitsplätze schufen.

Das enorme Wachstumstempo der israelischen Wirtschaft drohte 1965 an Dynamik zu verlieren. Zum einen lag dies am Auslaufen der Reparationszahlungen aus Deutschland, die auf zwölf Jahre festgelegt waren und zahlreiche Investitionen in die Infrastruktur überhaupt erst möglich gemacht hatten. Das führte zu einer Entlassungswelle und dem Anstieg der Arbeitslosigkeit. Zum anderen verhielt sich die Regierung bei der Inangriffnahme von neuen Projekten recht zögerlich, weil sich damals auch die Zahlungsbilanz zu verschlechtern begann. Die Einwanderungszahlen waren gleichfalls rückläufig geworden, was eine deutlich schwächere Nachfrage auf dem Immobilienmarkt mit sich brachte. All das führte zu einer Rezession, die die Arbeitslosenquote 1966/1967 auf zehn Prozent hochschnellen ließ. Ohne weitere Zuwanderung und mit einem Abschwächen der Investitionsaktivitäten verloren auch viele der staatlichen Regulierungen an Bedeutung, da sie sich zunehmend als ineffizient und überflüssig erwiesen hatten. Trotzdem blieben sie weiter bestehen, was in der Öffentlichkeit zunehmend auf Unverständnis stieß.

Dann aber brach im Juni 1967 der Sechstagekrieg aus. Israels Sieg über die arabischen Nachbarstaaten sowie die Eroberung des Golans, der Westbank, Gazas sowie des Sinais veränderten die Situation von heute auf morgen dramatisch. Die Rezession war vorbei und die Wirtschaft gewann erneut an Schwung. Zudem strömten kurzfristig wieder mehr Neueinwanderer ins Land. Trotzdem, auf lange Sicht sollte das Ende der groß angelegten staatlichen Aufbauprogramme das konjunkturelle Tempo deutlich verlangsamen.

Beschäftigung: Angesichts des enormen Bevölkerungszuwachses und den sich ständig verändernden Rahmenbedingungen in diesem Zeitabschnitt wurde die Schaffung von ausreichend Arbeitsplätzen zu einer unmöglichen Herausforderung. Ein wichtiger Indikator für die Fähigkeit der Wirtschaft, Arbeitsplätze zu schaffen, ist der Umfang der Arbeitslosigkeit. Als »arbeitslos« bezeichnete man die Menschen, die aktiv Arbeit suchten und sie nicht fanden. Laut dieser Definition betrug die Arbeitslosigkeit bis 1953 nur sieben Prozent.

Aber in Israel gab es eine Gruppe, die nicht in dieser Definition einbezogen war. Denn in den ersten Jahren nach der Staatsgründung verbrachten viele der Neueinwanderer Monate und mitunter sogar Jahre in sogenannten Durchgangslagern. Dort erhielten sie zwar kostenlos Unterkunft und Verpflegung, aber nur, wenn sie keine Arbeit fanden. Sie waren aber im Regelfall ohne jegliche Beschäftigung, weil es wenig Anreize gab, sich auf Jobsuche zu begeben. Deswegen tauchten sie auch in keiner Statistik auf. Vor den ersten offiziellen Untersuchungen zum Thema Arbeitsmarkt und Beschäftigung, die 1954 in Angriff genommen wurden, basieren daher alle Aussagen auf reinen Schätzungen. Dies gilt ebenfalls für den arabischen Bevölkerungsteil, dessen Bewegungsfreiheit zudem starken Einschränkungen unterlag. Man kann davon ausgehen, dass die Arbeitslosenquote in den ersten fünf Jahren nach der Staatsgründung trotz der Masseneinwanderung nur zwischen zehn und 13 Prozent lag. 1953 wurde das letzte dieser Durchgangslager aufgelöst und nach einer kurzen Erhöhung sank die Zahl der Arbeitslosen kontinuierlich. 1965 lag die Arbeitslosenquote gerade einmal zwischen drei und vier Prozent.

Dabei wuchs die Zahl der Beschäftigten in den Jahren zwischen 1949 und 1965 um das Zweieinhalbfache. Die Tatsache, dass die Arbeitslosigkeit derart niedrig blieb, verdient deshalb ganz besondere Beachtung. Um die Mechanismen und Besonderheiten des israelischen Arbeitsmarktes besser verstehen zu können, ist es vielleicht ganz hilfreich, zwischen seinen wirtschaftlichen und staatlichen Kräften, die diesen bestimmten, zu differenzieren. Vorweg daher eine kurze Klärung der Mechanismen des Arbeitsmarktes und ihrer Bedeutung:

- Wenn der Bestand an Arbeitskräften in Relation höher ist als der aktuelle Bedarf, dann bedingt ihre Aufnahme in ein Beschäftigungsverhältnis niedrigere Löhne.
- Ein Anstieg des verfügbaren Kapitals in Relation zu der Anzahl der Arbeitskräfte dagegen steigert die Produktivität, führt zu einem höheren Bedarf an Personal und hat damit höhere Löhne zur Folge.
- Ein Anstieg der Anzahl an wenig qualifizierten Arbeitskräften bringt gleichzeitig eine höhere Nachfrage nach besser qualifiziertem Personal mit sich und damit auch eine Anhebung ihrer Löhne im Verhältnis zum Bestand an wenig qualifizierten Arbeitskräften.

Der Volkswirtschaftler Uri Baharal hat aufgezeigt, dass genau diese Marktkräfte in den 1950er- und frühen 1960er-Jahren das Expandieren des Arbeitsmarktes sowie die Anhebung des Lohnniveaus ermöglichten, gleichzeitig aber die Gehaltskluft zwischen qualifizierten und weniger qualifizierten Arbeitern vergrößern sollten.

Moderne neue Wohnhäuser in Tel Aviv, 1950

Diese Entwicklung brauchte jedenfalls ihre Zeit und sorgte nicht unmittelbar für eine Vollbeschäftigung. Deshalb griff auch die Regierung mit Maßnahmen auf dem Arbeitsmarkt ein: Zum einen wurden auf staatlicher und kommunaler Ebene Gelder freigegeben, um gezielt Arbeitslose zum Aufbau der Infrastruktur rekrutieren zu können. Zum anderen griff man Unternehmen bei der Einstellung einer größeren Anzahl von neuen Arbeitskräften finanziell unter die Arme. Ob diese staatlichen Schritte langfristig Einfluss auf die Beschäftigungszahlen hatten, darf bezweifelt werden. Kurzfristig jedoch sollten sie ihren Zweck erfüllen.

Die Regierung gab dem Arbeitsmarkt wichtige Impulse, schließlich trat der Staat als größter Investor auf. Bereits ab 1949 förderte man die Ansiedlung von Neueinwanderern vor allem in der Peripherie des Landes. Zahlreiche landwirtschaftliche Genossenschaftssiedlungen wurden gegründet, viele davon auf dem Gebiet ehemaliger arabischer Ortschaften. Sie erhielten Starthilfe in Form von Gebäuden, Nutztieren, Wasserversorgung sowie der Bereitstellung von Expertenwissen. Später gründete man neue Entwicklungsstädte oder wandelte bestehende Durchgangslager in der Nähe bereits bestehender urbaner Zentren in suburbane Siedlungen um.

Neueinwanderer waren nicht gezwungen, sich dort niederzulassen, auch wenn es politisch gewollt war, dass vor allem Misrachim dort Fuß fassten. Die »EA-Gruppe« suchte lieber in Tel Aviv, Haifa oder Jerusalem eine Bleibe. Die Entwicklungsstädte boten zumeist nur Arbeitsmöglichkeiten in staatlich subventionierten Betrieben, für die keine besondere berufliche Qualifikation notwendig war, oder aber auf dem Bau. Alle Anstrengungen, um sie wirtschaftlich irgendwie attraktiv zu machen, zeigten nur wenig Erfolg und so sind die meisten dieser Entwicklungsstädte, die mehrheitlich von Juden der Kategorie »AA« bewohnt werden, relativ arm und verzeichnen oftmals eine hohe Arbeitslosigkeit. In den bereits etablierten urbanen Zentren dagegen machte die Industrie größere Fortschritte. Gerade im Dienstleistungssektor entstanden viele neue Jobs, sodass entsprechend die Arbeitslosigkeit dort deutlich niedriger ausfiel.

Bis heute halten die Debatten über den Sinn oder Unsinn dieser Politik von damals an: Die Verteilung der Neueinwanderer in die neuen Siedlungen war mehr oder weniger zufällig – außer in kleineren Orten, wo die Tendenz zu beobachten war, Personen aus demselben Herkunftsland anzusiedeln. Damit waren auch die wirtschaftlichen Perspektiven des Einzelnen wesentlich davon abhängig, wo er oder sie sich anfangs niederließ. Eric Gould und andere Wissenschaftler konnten mit ihrer Umfrage aus dem Jahr 2007 belegen, dass Juden aus dem Jemen, die als Kinder nach Israel kamen und in urbanen Zentren aufwuchsen, hinsichtlich Ausbildung, Beschäftigung und Integration in die israelische Gesellschaft deutlich besser abschnitten als solche, die in der Peripherie lebten.

In den Jahren zwischen 1948 und 1972 stieg der Anteil der Arbeitnehmer, die im Dienstleistungssektor oder im Baugewerbe tätig waren, deutlich an, während die Bedeutung des verarbeitenden Gewerbes relativ konstant blieb und die der Landwirtschaft abnahm. Im Vergleich zu anderen Volkswirtschaften, die sich in einer frühen Entwicklungsphase befanden, spielten der Dienstleistungssektor sowie das Baugewerbe eine deutlich gewichtigere Rolle. Das bereitete einige Sorgen, denn beides war damals weitestgehend nicht international handelbar.

Um die Handelsbilanz auch langfristig halbwegs ausgeglichen zu halten, sollte die Priorität auf die Produktion von Waren gesetzt werden, die entweder exportfähig waren oder aber teure Importe substituieren konnten.

Dabei waren die Bedenken unbegründet: Die Produktion von handelbaren Gütern konnte dank der ständig verbessernden Produktivität pro Arbeitnehmer in der Landwirtschaft und im verarbeitenden Gewerbe deutlich ausgebaut werden. Die Diversifizierung eines erheblichen Teils der Industrie trug mit dazu bei.

Militärausgaben: Ab seiner Gründung machten Israels militärische Ausgaben einen beachtlichen Teil des BIPs und des Imports aus. 1956 und 1967 war der Staat in zwei größere Kriege verwickelt, zudem kam es zwischen 1949 und 1972 regelmäßig zu militärischen Zusammenstößen an seinen Grenzen. Nach dem Sechstagekrieg 1967 agierte Israel als Besatzungsmacht auf dem Golan, der Westbank sowie im Gazastreifen und dem Sinai. Entsprechend erhöhten sich die Ausgaben für die Landesverteidigung in diesem Zeitraum von acht auf 18 Prozent des BIPs, wobei dieser starke Anstieg vor allem nach 1967 zu beobachten war.[8] Zum Vergleich: Der Durchschnitt in anderen westlichen Ländern mit Ausnahme der Vereinigten Staaten betrug in dieser Zeit rund fünf Prozent.

Auf den ersten Blick lassen diese Zahlen eine sehr starke Belastung der Wirtschaft vermuten, doch war dies nicht unbedingt der Fall. Ein beträchtlicher Teil kam aus dem Ausland in Form von Hilfslieferungen oder Spenden aus den Vereinigten Staaten. Diese waren ausschließlich für das Militär bestimmt und für nichts anderes, weshalb sie auch nicht als finanzielle Belastung zählen können. Entsprechend war die tatsächliche Bürde substanziell kleiner. Insgesamt fielen die Kosten beispielsweise für den Sechstagekrieg weitaus weniger ins Gewicht, wie die positive wirtschaftliche Entwicklung sowie die Arbeitsmarktzahlen der Jahre 1968 bis 1972 beweisen. Dies sollte sich aber in den 1970er-Jahren dramatisch verändern.

Einkommensverteilung und -ungleichheit: Einkommensverteilung kann aus zwei ganz unterschiedlichen Blickwinkeln betrachtet werden. So ermöglicht die Höhe des Gehalts, das eine Person durch seine Erwerbstätigkeit verdient, Rückschlüsse auf die Vorgänge und Mechanismen des Arbeitsmarktes. Wer sich aber mit dem Wohlstand einer Bevölkerung beschäftigen möchte, nimmt für seine Berechnungen das zur Verfügung stehende Nettoeinkommen einer Familie, das ebenfalls andere Bezugsquellen wie staatliche Transferleistungen berücksichtigt und Steuerabgaben davon abzieht. Dieser Abschnitt beschäftigt sich ausschließlich mit Letzterem.

---

8 Daten siehe Tabelle 3. Die konventionelle Definition von Militärausgaben ist recht knapp gefasst: Sie enthält keine Gehälter, die die Wehrpflichtigen auf dem zivilen Arbeitsmarkt erhalten hätten. Ausgeklammert bleiben ebenso die Kosten, die Todesfälle oder Verwundung verursachen.

Tab. 2: Ausgewählte Posten der öffentlichen Ausgaben in Prozent vom BIP

Jahr	Transferleistungen an Unternehmen	Transferleistungen an private Haushalte	privater Konsum	Militärausgaben ohne Unterstützung aus den USA	Militärausgaben
1961	1,2	2,2	8,6		8,3
1973	2,2	9,3	9,7		28,9
1977	7,2	14,5	11,0		21,0
1982	6,1	8,2	16,5	11,8	19,7
1989	2,3	9,4	15,6	5,6	12,3
2000	0,7	9,3	17,3	3,7	8,0
2006	1,0	9,0	17,2	3,3	8,1
2012	0,7	8,7	17,3	3,0	5,6

Quellen: Nationale Statistikbehörde; Israelische Zentralbank, Jahresbericht 2013.

Die Hauptkomponenten des zur Verfügung stehenden Nettoeinkommens einer Familie sind Löhne und Gehälter. In den 1950er- und 1960er-Jahren verfügten die meisten Haushalte in Israel über sehr wenig Kapital. Zudem fielen damals auch die staatlichen Transferleistungen recht mager aus (siehe *Tabelle 2*). Zwei wesentliche Faktoren, die etwaige Unterschiede in der Einkommensverteilung wieder ausglichen, waren in diesem Zeitraum die für alle geltenden Maßnahmen zur Rationierung von Grundnahrungsmitteln und Bekleidung sowie die ständig steigenden öffentlichen Ausgaben für Erziehung und Gesundheit, die in keiner Einkommensstatistik auftauchen.

Alle damals gemachten Untersuchungen über die Einkommenssituation bezogen sich ausschließlich auf jüdische Familien in urbanen Zentren, deren Oberhaupt sich in einem Angestelltenverhältnis befand. Selbstständige blieben darin ebenso außen vor wie Juden, die auf dem Land und in der Peripherie lebten, und die gesamte arabische Bevölkerung. Und, weil diese beiden letztgenannten Gruppen sozial deutlich schwächer waren, spiegeln die Aussagen nicht unbedingt die Realität wider. Mithilfe eines Indikators, der eine Version des Gini-Indexes ist, lässt sich sagen, dass die Ungleichheit bei der Einkommensverteilung von 0,260 im Jahr 1954 auf einen Wert von 0,288 im Jahr 1963 anstieg.

Obwohl keine fundierten Daten über den arabischen Sektor für diesen Zeitraum vorliegen, darf angenommen werden, dass sich auch der Lebensstandard der arabischen Bevölkerung deutlich verbessert hatte. Denn bereits vor der Aufhebung der Militärkontrolle über sie im Jahr 1966 hatte sich für sie der jüdische Arbeitsmarkt geöffnet. Ab 1958 konnten Araber Mitglieder der Histadrut werden, weshalb die Lohnsteigerungen, die in den Tarifverhandlungen ausgehandelt wurden, auch für sie galten. Die Gehälter von arabischen Arbeitnehmern im jüdischen Sektor waren signifikant höher als im arabischen. Dennoch verdienten sie aufgrund geringerer Qualifikationen und Diskriminierungen deutlich weniger als Juden. Auch die Araber in den besetzten Gebieten erhielten ab 1968 Zugang zum israelischen Arbeitsmarkt, was dort ebenfalls einen Anstieg der Einkommen einleitete.

Zusammenfassung: Die Jahre von 1948 bis 1972 erwiesen sich als so etwas wie die »goldene Ära« der israelischen Wirtschaft. Außer einer kurzen Rezessionsphase 1966 und 1967 war dieser Zeitraum von einem ungewöhnlich starken Wachstum des Bruttoinlandsprodukts gekennzeichnet. Sowohl die Produktivität und die Reallöhne verbesserten sich als auch der Lebensstandard insgesamt. Arbeitslosigkeit und Inflation bewegten sich in Grenzen und lagen durchschnittlich bei sechs bis sieben Prozent.

Die Integration einer derart großen Anzahl von Neueinwanderern darf trotz einiger Fehlentwicklungen als eine Erfolgsgeschichte bezeichnet werden. Maßgeblich Anteil daran hatten die langfristigen Kredite und zahlreichen Spenden aus dem Ausland sowie die israelische Herangehensweise, rund ein Drittel des Bruttoinlandsprodukts in den Ausbau des Sachkapitals zu investieren. Zwar gab es seitens des Staates wenige Interventionen, um auftretende soziale Ungleichheiten wieder zu korrigieren, aber immerhin wurde ein Großteil der vorhandenen Ressourcen dafür verwendet, das Humankapital zu verbessern. Dank massiver ausländischer Militärhilfen stellten die Ausgaben für die Landesverteidigung für die israelische Wirtschaft eine verhältnismäßig geringe Belastung dar. Was sich langfristig aber als problematisch erweisen sollte, war die dominante Rolle des Staates im gesamten Wirtschaftsleben. Daraus ergaben sich zahlreiche Ineffizienzen und Fehlentwicklungen. Diese begannen vor allem gegen Ende des untersuchten Zeitraums sichtbar zu werden, und zwar zu einer Zeit, als die Notwendigkeit staatlicher Interventionen deutlich weniger gegeben war. Das vielleicht größte Problem aus diesen

Jahren aber waren die Unterschiede hinsichtlich Einkommen, Bildung und Familiengröße zwischen Aschkenasim einerseits und Misrachim sowie Arabern andererseits, die später maßgeblich Anteil am Entstehen eines Wohlfahrtsstaates haben sollten.

All diese Erfolge waren nur deshalb möglich, weil der Staat und seine Institutionen ein hohes Maß an Planungssicherheit versprachen und Korruption nahezu unbekannt war. Auch zeigte sich die Bevölkerung sehr kooperativ und geradezu enthusiastisch, was die langfristigen Ziele dieser Politik anging. Sie akzeptierte deshalb ohne größere Proteste die Rationierung des privaten Konsums. All das sollte sich im nächsten Zeitabschnitt grundlegend ändern.

Die Zeit von 1973 bis 1989

Dieser Zeitabschnitt ist gleichfalls durch unterschiedliche Phasen gekennzeichnet: Gerade die Jahre zwischen 1973 und 1985 waren von einer zuerst beschleunigten, später dann galoppierenden Inflation, dem Anstieg der Steuerbelastung und der Staatsausgaben sowie einer wachsenden Verschuldung geprägt (siehe *Tabelle 3*). Zugleich stagnierte die Entwicklung des Bruttoinlandsprodukts. Im Juli 1985 setzte dann eine umfassende Reform des gesamten Wirtschaftslebens ein, die bis in die Gegenwart nachhallt. Die Konjunktur konnte wieder angekurbelt werden und die Inflationsrate ging sukzessive auf eine zweistellige, dann auf eine einstellige Zahl zurück und ist in den vergangenen Jahren zu einer vernachlässigbaren Größe geworden.

Anfang des Jahres 1973 schien die Wirtschaft noch in Ordnung zu sein. Die Zeit unmittelbar nach dem Sechstagekrieg war von ökonomischer Dynamik und kurzfristig mehr Einwanderung geprägt. Juden wanderten nicht nur wegen der problematischen Situation in ihren Heimatländern nach Israel aus, sondern, weil nach dem Sieg von 1967 eine allgemeine Aufbruchstimmung vorherrschte. Aber vom Oktober 1973 bis in den Sommer 1985 hinein sollte sich alles verändern: Die demografische Entwicklung stagnierte ebenso wie die Wirtschaft. Statt durchschnittlich sechs Prozent jährliches Bevölkerungswachstum wie im Zeitabschnitt zuvor verzeichneten die Statistiker nur noch ein Plus von zwei Prozent; auch das Bruttoinlandsprodukt legte statt wie früher um neun nur noch um drei Prozent pro Jahr zu. Die Auslandsverschuldung, die zuvor nie ein Thema war, stieg bedrohlich an und die Inflationsrate betrug nun nicht mehr sechs oder sieben Prozent wie früher, sondern mutierte zu einer Hyperinflation mit über 400 Prozent im Jahr 1985. All das geschah relativ schnell und abrupt.

Tab. 3: Staatssektor*, Gesamtsummen in Prozent vom BIP

Jahre	Defizit (minus)	Steuern	Ausgaben
1960–1964	+1,8	28,8	27,0
1965–1967	−2,4	29,6	32,0
1968–1973	−6,6	34,4	41,0
1974–1977	−14,3	42,1	56,4
1978–1980	−15,2	45,5	60,7
1981–1983	−14,4	46,5	61,0
Staatssektor			
1986	+2,7	43,2	59,7
1989	−6,1	36,4	55,6
1995	−4,6	34,2	49,1
2000	−1,4	34,6	45,1
2006	−0,2	33,7	43,1
2012	−3,9	29,0	39,2

* Bis 1981–1983 die Zentralregierung. Nach 1986 der Staatssektor, der die Zentralregierung, das Nationale Versicherungsinstitut sowie lokale Behörden, die Jewish Agency und andere soziale NGOs umfasst.
Quellen: Bruno/Fischer (1986) für die Jahre 1960–1983; Israelische Zentralbank, Jahresbericht 2013.

Tab. 4: Durchschnittliche jährliche Wachstumsrate des BIPs, des BIPs pro Kopf sowie der Bevölkerung

Zeitraum	BIP	BIP pro Kopf	Bevölkerung
1948–1960	10,8*	2,4*	8,2
1961–1972	8,8	5,4	3,2
1973–1982	3,6	1,0	2,4
1983–1989	2,1	0,2	1,8
1990–1995	3,2	0	3,2
1996–2006	3,0	0,3	2,6
2007–2012	3,3	1,2	2,0

* 1950–1960.
Quelle: Nationale Statistikbehörde.

Diese Entwicklungen werfen gleich mehrere Fragen auf: Was geschah Ende 1973 und warum so plötzlich? Wie konnte Israels Wirtschaft dann wieder an Fahrt gewinnen?

Zum besseren Verständnis ist es notwendig, auf einige einschneidende Ereignisse in diesen Jahren zu verweisen: zum einen auf den bewaffneten

Konflikt zwischen Israel und einer Koalition aus Ägypten und Syrien, der als Jom-Kippur-Krieg in die Geschichtsbücher einging, zum anderen auf die weltweiten wirtschaftlichen Turbulenzen und die von der Organisation der Erdöl exportierenden Länder (OPEC) ausgelöste Ölkrise, die dieser militärischen Auseinandersetzung folgen sollte. Darüber hinaus erlebte auch Israel eine Zeit politischer Instabilität, die 1977 zur Abwahl der seit 1948 regierenden Arbeitspartei führte, was wiederum ein Umlenken in der Wirtschaftspolitik mit sich brachte.

Der Jom-Kippur-Krieg 1973: Im Oktober 1973 eröffneten Ägypten und Syrien gemeinsam gegen Israel die Kampfhandlungen (siehe den Beitrag von Aluf Benn). Ziel dieses militärischen Überraschungsangriffs war die Rückeroberung des 1967 verlorenen Sinai sowie der Golanhöhen. Israel erlitt dabei schwere Verluste an Menschen und militärischem Material. Zwar ging es letztlich als Sieger aus diesem Konflikt hervor, dessen Ende zugleich den Anfang von Verhandlungen einläutete, die 1978 zum Abschluss des Friedensvertrags zwischen Israel und Ägypten führten. Doch die israelische Regierung erhöhte ihre Ausgaben für Verteidigung, um ihre militärische Stärke wiederzugewinnen. Ein Teil der Rüstungsgüter wurde im Inland produziert, doch das meiste wurde importiert. In den Jahren 1973–1980 betrugen die Ausgaben für das Militär etwa 13 Prozent vom BIP; der Anteil des Imports stieg von acht Prozent 1972 auf 18 Prozent 1980. Inwieweit die Wirtschaft durch die Mehrausgaben für das Militär belastet wurde, hängt hauptsächlich von ihrer Finanzierungsweise ab. Nach Berglas (1986, Tafeln 3–8) konnten die wachsenden Ausgaben für Importe militärischer Güter durch vermehrte Unterstützung aus dem Ausland kompensiert werden, sodass die finanzielle Belastung kaum höher ausfiel.

Die Ölkrise: Im Oktober 1973 beschloss das internationale Kartell der Erdöl exportierenden Länder eine drastische Erhöhung der Ölpreise. Dieser Schritt hatte Preissteigerungen von weiteren Rohstoffen zur Folge. All dies sollte die Produktionskosten in den meisten OECD-Staaten deutlich erhöhen und ihre Erträge schmälern. Überall in der industrialisierten Welt sanken das Bruttoinlandsprodukt und die Beschäftigungszahlen. Alle Versuche, wieder profitabel zu werden, führten zu mehr Inflation. Dieser Anstieg bei gleichzeitig hochschnellenden Arbeitslosenzahlen war eine ausgesprochen ungewöhnliche Kombination. Denn normalerweise wird Inflation durch eine Nachfrage verursacht, die höher als das Angebot ist, während dabei allgemeine Vollbeschäftigung herrscht. Die Preissprünge der 1970er-Jahre aber waren eindeutig kosteninduziert, was zu einem Abschwung der Produktion führte. Diese Situation nennt man dann Stagflation. Die OECD-Länder hatten sie fast wieder in den Griff bekommen, als 1979 und 1980 eine weitere Runde des Anstiegs der Öl- und Rohstoffpreise einsetzte.

Auch Israels Wirtschaft wurde von dieser Stagflation stark in Mitleidenschaft gezogen. Produktion und Beschäftigung gingen zurück. Doch im Unterschied zu den meisten OECD-Staaten zog die Arbeitslosenquote nicht an, weil die Regierung gegensteuerte und für mehr Beschäftigung im öffentlichen Sektor sorgte. Dieser Schritt vergrößerte jedoch das Haushaltsdefizit, was wiederum zu mehr Inflation führte. Die Ölkrise allein wäre vielleicht wie bei anderen entwickelten Staaten ein temporäres Problem gewesen, das zu mehr Arbeitslosigkeit geführt hätte. Aber die Veränderungen der internen Wirtschaftspolitik machten daraus das Problem einer galoppierenden Inflation. Dieselbe Abweichung von den Daten der übrigen OECD-Staaten lässt sich ebenfalls für die Zeit der zweiten Ölkrise Ende der 1970er-Jahre beobachten.

Politische und soziale Unruhen: Obwohl Israel den Krieg 1973 gewonnen hatte, waren die Verluste an Leben und Material gewaltig. Die Ursachen für diese Ereignisse motivierten die Öffentlichkeit dazu, die Politik und die Repräsentanten der seit 1948 herrschenden Arbeitspartei infrage zu stellen. Um ihre Popularität zurückzugewinnen, erhöhte die Regierung die Ausgaben für Sozialleistungen und begann, ärmere Familien finanziell stärker zu unterstützen. Zudem verhinderte sie einen zu starken Anstieg der Arbeitslosigkeit durch mehr Jobs im öffentlichen Dienst. Dessen Anteil an der Gesamtbeschäftigung stieg entsprechend von 22 Prozent im Jahr 1969 auf 28 Prozent im Jahr 1981. Dazu addierte sich noch eine nicht zu quantifizierende Anzahl an Militärangehörigen. Der wachsende politische Aktivismus von Einwanderern der zweiten Generation, die Folgen des Jom-Kippur-Krieges sowie der Druck vor allem der sozial Schwächeren brachte letztlich die Ablösung der Arbeitspartei durch eine eher rechte, vom Likud geführte Regierung, was mit grundlegenden Veränderungen in der Wirtschaftspolitik einherging.

Veränderungen in der Wirtschaftspolitik – der Übergang von fixen hin zu flexiblen Wechselkursen:[9] 1977 sollte Israel entscheidende Veränderungen in seiner Wechselkurspolitik einleiten. Als der Staat im August 1948 seine eigene Währung herausbrachte, optierte er dabei für einen fixen und nicht für einen flexiblen Wechselkurs. Für diese Entscheidung gab es zwei wesentliche Argumente: Zum einen besaß man nur geringe Mengen an ausländischen Devisenreserven und jede größere Schwankung der Wechselkurse hätte sie quasi auf null bringen können. Zum anderen entsprach der fixe

---

9 Der Wechselkurs ist der Preis einer Währung in ausländischem Geld. Ein fixer Wechselkurs wird von der Regierung festgelegt, während ein flexibler Wechselkurs durch die internationalen Devisenmärkte bestimmt wird und kontinuierlich Schwankungen unterliegt.

Wechselkurs der damaligen Situation mit dem Staat als omnipräsenten Akteur im Wirtschaftsleben. In einer klassischen freien Marktwirtschaft hätten die Importeure auf Basis der Inlandsnachfrage darüber entschieden, welche Produkte in welchen Quantitäten eingeführt werden. Nicht so aber in Israel. Die Regierung wollte die vollständige Kontrolle darüber haben und selbst die Prioritäten setzen, was genau mit den kostbaren Devisen aus dem Ausland importiert wird. Dabei war für sie allein entscheidend, ob diese Waren dem Aufbau des Landes dienten und der Integration der Neueinwanderer zugutekamen. Private Konsumbedürfnisse mussten hintangestellt werden. Diese Einstellung brachte das System der Importlizenzen mit sich, wobei die Regierung verschiedene effektive Wechselkurse für die unterschiedlichen Importprodukte festzulegen begann.[10] Zudem besaß sie Kontrolle über die Banken, die zuständig für die Vergabe von Krediten in ausländischen Devisen waren. Diese Politik war in höchstem Maße ineffizient.

Im Oktober 1977 hob die Regierung die Vorschriften für Import und Exporttransaktionen auf, während der fixe Wechselkurs für ausländische Hilfsgelder, Investitionen und Kredite aber beibehalten wurde. Auch die Banken erhielten nun mehr Spielraum. Weil jedoch der alte fixe Wechselkurs deutlich unter dem neuen lag, beschleunigte er aus drei Gründen die Inflation:

- Die schwache israelische Währung verteuerte Importe ungemein.
- Empfänger von US-Dollar und anderen harten Währungen erhielten beim Umtausch in den Banken nun viel mehr israelisches Geld als früher, wodurch sich das Angebot von diesem vergrößerte, was wiederum zu höheren Preisen führte.
- Die Gehälter waren an den Verbraucherpreisindex gebunden, was der Inflation nochmals Auftrieb verlieh.

Von all diesen Faktoren dürfte die Bindung der Gehälter an die Lebenshaltungskosten wohl der unbedeutendste gewesen sein. Zum einen, weil dabei nur zwischen 70 bis 80 Prozent der Inflation ausgeglichen wurden, was nicht diese enorme Beschleunigung erklären konnte. Zum anderen wären sie auch ohne dieses Reglement deutlich angestiegen. Die eigentlichen Treiber hinter dieser besorgniserregenden Entwicklung waren die steigenden Importpreise sowie die vorhandene Geldmenge. Denn normalerweise werden als Gegenmaßnahme die Geldmenge sowie andere sich im Umlauf befindliche flüssige Anlagen wie zum Beispiel Staatsanleihen reduziert.

---

10 Der offizielle Wechselkurs war immer derselbe – außer im Fall von Kapitalzufluss. Aber die Regierung benutzte Steuern und Subventionen als Mittel, um abhängig für die Verwendung verschiedene effektive Wechselkurse zu erzielen.

Dadurch sinkt die Nachfrage nach Waren und Dienstleistungen, was wiederum den Inflationsdruck verringert. Langfristig erhofft man sich auf diese Weise, eine Vollbeschäftigung bei niedriger Inflationsrate zu erzielen, kurzfristig aber steigt dadurch die Arbeitslosigkeit erst einmal an, weshalb solche Maßnahmen auch äußerst unpopulär sind und jede Regierung davor zurückschreckt.

Die israelische Regierung verfolgte also das genaue Gegenteil dieser Politik: Sie vergrößerte die Geldmenge und das Volumen der Staatsanleihen. Zugleich versprach sie höhere Rendite, um so Kaufanreize für diese Papiere zu schaffen. Infolgedessen stiegen die Vermögenswerte, die sich im Besitz der Anleger befanden, was einen weiteren inflationären Schub auslöste. Und statt die vorhandenen öffentlichen Ersparnisse in notwendige Investitionsvorhaben im Inland zu lenken, wodurch die Produktivität hätte gesteigert werden können, verwendeten die Verantwortlichen diese finanziellen Mittel ausschließlich für den Ausgleich des stetig anwachsenden Haushaltsdefizits. Infolgedessen beschleunigte sich die Inflation dramatisch und erreichte Mitte der 1980er-Jahre über 400 Prozent jährlich.

Für das Handeln der Regierung in Jerusalem gibt es verschiedene Erklärungsansätze. Sehr wahrscheinlich wollte man keine allzu unpopulären Schritte zur Inflationsbekämpfung einleiten, um nicht die eigene Klientel abzuschrecken und die nächsten Wahlen zu verlieren. Vielleicht aber verstanden die Verantwortlichen auch nicht die eigentlichen Ursachen der Inflation. Denn eine Regierung sollte sich sehr wohl darüber bewusst sein, wie viel sie wofür ausgibt. All diese Entscheidungen basieren im Regelfall auf Steuerschätzungen, sodass Klarheit darüber herrscht, welche finanziellen Mittel überhaupt zur Verfügung stehen. Etwaige Differenzen zu den Ausgaben werden dadurch ausgeglichen, dass man entweder die Notenpresse anwirft oder sich Geld auf den internationalen Finanzmärkten besorgt. Israels Regierung machte beides und das geradezu exzessiv.

Das Ergebnis war ein atemberaubender Anstieg der öffentlichen Ausgaben, der Besteuerung sowie des Haushaltsdefizits (siehe *Tabelle 3*): Von Anfang der 1960er-Jahre bis Anfang der 1980er-Jahre erhöhten sich die Ausgaben der Regierung von 27 Prozent des Bruttoinlandsprodukts auf 61 Prozent, die Steuern von 29 auf 46 Prozent und das Haushaltsdefizit von null auf 14 Prozent des BIPs. Der eigentliche Fehler aber lag in der Chronologie der Entscheidungen begründet: Zuerst wurden die Ausgaben beschlossen, dann die staatlichen Einnahmen eingeschätzt und zuletzt machte man sich Gedanken über das Haushaltsdefizit. All das wurde erst in jüngster Zeit auf den Kopf gestellt. Heute richten die Verantwortlichen primär den Blick auf das Haushaltsdefizit, legen anschließend die Besteuerung fest und zum Schluss kommen die Ausgaben.

All das wirft die Frage auf, für welche Aufgaben die Regierung den Haushalt verwendete. Das Verhältnis zwischen Ausgaben und Bruttoinlandsprodukt dient dabei als Maßeinheit, um dies genauer berechnen zu können. *Tabelle 3* zeigt, dass der Anstieg in zwei Stufen erfolgte: Einmal unmittelbar nach dem Jom-Kippur-Krieg 1973, ein zweites Mal 1977, als die Arbeitspartei die Wahlen verlor und erstmals der Likud die Regierungsgeschäfte übernahm. Zum größten Posten entwickelten sich Transferleistungen an Familien und hier vor allem das Kindergeld, deren Volumen von zwei Prozent des Bruttoinlandsprodukts im Jahr 1961 auf neun Prozent im Jahr 1973 und 15 Prozent im Jahr 1977 anstieg. Bis 1989 sollte sich deren Anteil wieder auf neun Prozent des BIPs verringern.

Kindergeld wurde nun nicht selten einer geregelten Arbeit als Einkommensquelle vorgezogen; zudem unterlagen Löhne und Gehälter unter einem bestimmten Niveau nicht der Steuerpflicht und waren der Regierung nicht bekannt. Genau deswegen existiert in Israel ein starker Zusammenhang zwischen Familiengröße und Armut.

Auch die staatlichen Ausgaben für Bildung und Gesundheit legten beachtlich zu: von neun Prozent des Bruttoinlandsprodukts im Jahr 1961 auf 15 Prozent im Jahr 1989. Dazu addieren sich Subventionen für Landwirtschaft und Industrie, die ebenfalls von einem Prozent des Bruttoinlandsprodukts im Jahr 1961 auf sieben Prozent im Jahr 1977 in die Höhe schnellten, danach aber wieder abnahmen. Dieser Anstieg der Ausgaben ging einher mit einem Rückgang der Investitionen der öffentlichen Hand im Inland sowie weniger Aufwendungen für das Militär in Prozent vom BIP. Diese in der Tat überraschende Verminderung der Rüstungsausgaben dokumentiert *Abbildung 5*.

Es zeigt sich, dass dieser Rückgang vor allem auf weniger Rüstungsimporte zurückzuführen ist, was sich in der geringeren Differenz zwischen dem Gesamtvolumen für das Militär sowie den im Inland getätigten Ausgaben widerspiegelt. Anteilig am BIP sind die Zahlen seit den späten 1970er-Jahren bis in die Gegenwart rückläufig, was sowohl auf einen Anpassung der Militärbestände zurückzuführen ist, die nach dem Krieg von 1973 einsetzte, als auch auf eine strengere fiskalische Disziplin infolge der Reformen nach 1985.

Wachstum, Wohlstandsverteilung und Beschäftigung: Die Wirtschafts- und Sozialpolitik dieses Zeitabschnitts brachte wesentliche positive Veränderungen für die Mehrheit der Israelis mit sich, vor allem aber für die sozial Schwächeren unter ihnen. Langfristig aber stellte sie eine Belastung dar, die letztlich auch für die ärmeren Teile der Bevölkerung nachteilig sein sollte. Die sich öffnende Schere zwischen der individuellen Mikro- und der gesamtwirtschaftlichen Makroebene basierte darauf, dass alle staatlichen Transferleistungen »auf Pump« finanziert wurden und somit ein stetig

Abb. 5: Verteidigungsausgaben in Prozent des Bruttoinlandsprodukts

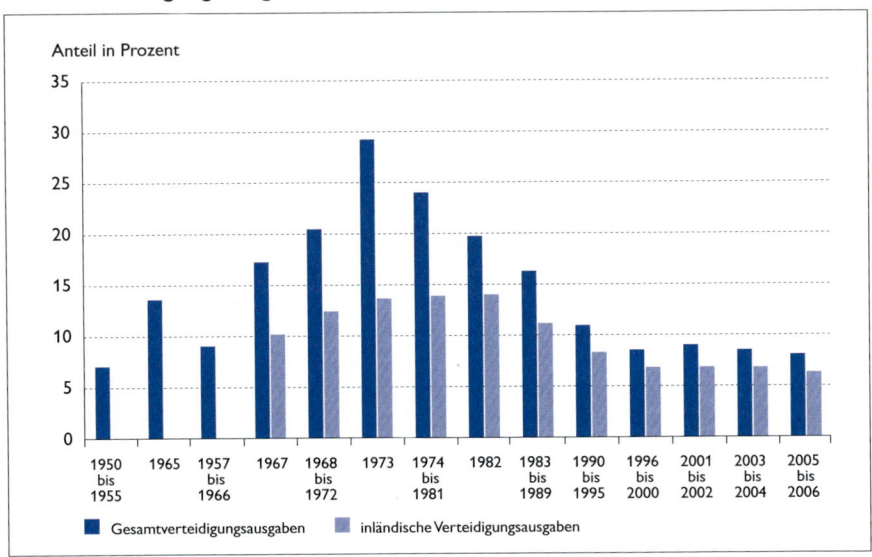

Quelle: Nationale Statistikbehörde.

wachsender Schuldenberg entstand, der eine schwere Hypothek für die Zukunft zu werden begann.

Auf der Makroebene lassen sich im Vergleich zum ersten Zeitabschnitt sehr deutlich die schwächeren Zuwachsraten des Bruttoinlandsprodukts erkennen (siehe *Tabelle 4* und *Abbildung 4*). Zudem zeigt sich für die Jahre von 1973 bis 1985 zwischen dem Wachstum des BIPs und der Inflationsrate kein eindeutiger Zusammenhang mehr. Sehr wohl aber existiert eine eher subtile Verbindung zwischen beiden, die – gemessen an der prozentuellen Veränderung zum Vorjahr – nicht unbedingt sichtbar wird: Einer der wesentlichen Faktoren für den effizienten Einsatz von Arbeit und Kapital ist das Preissystem. Es ist geradezu unerlässlich für eine Volkswirtschaft, dass Produzenten und Verbraucher einen genauen Überblick darüber besitzen, wie hoch ihr finanzieller Einsatz sein muss und was sie dafür am Ende erhalten. In Phasen einer überdurchschnittlich hohen Inflation aber verlieren sie darüber die Kontrolle, weil alle Parameter sich in einem immer schneller werdenden Tempo verändern und es daher zunehmend problematisch erscheint, den Einsatz von Kapital und Arbeit effizient zu gestalten. Sehr wahrscheinlich liegt darin die eigentliche Ursache, warum die Dynamik des BIPs zu Zeiten der Hyperinflation Anfang der 1980er-Jahre sehr niedrig ausfiel.

Parallel dazu schwächte sich ebenfalls das Wachstum des Durchschnittsertrags pro Arbeitsstunde ab und zwar von 5,8 Prozent im Schnitt pro Jahr im Zeitraum zwischen 1961 bis 1972 auf 2,4 Prozent in den Jahren zwischen 1973 und 1981. Dabei kam es zu einem gewissen Abschwung bei den Investitionen im Inland, sodass das produktive Kapital in Form von Maschinen, Infrastruktur und Lagerbeständen langsamer anwuchs als im zweiten Zeitabschnitt, was sich in seinen negativen Auswirkungen insgesamt aber eher in Grenzen hielt. Was primär zu einer Stagnation der Produktivitätszuwächse führte, war der Effizienzverlust des eingesetzten Kapitals. In den Jahren zuvor waren 72 Prozent des Anstiegs des Durchschnittsertrags auf einen effizienteren Einsatz des bestehenden Kapitals zurückzuführen und lediglich 28 Prozent auf eine Steigerung des Kapitalniveaus pro Beschäftigtem. Im Gegensatz dazu sank in der Zeit nach 1973 der Einsatz zur Effizienzsteigerung der Produktivität des einzelnen Arbeiters auf gerade einmal 25 Prozent. Dies bedeutete, dass trotz der kontinuierlichen Akkumulation von Sachkapital nach 1973 Defizite bei der Organisation der Produktion zu beobachten waren.[11]

Die Mikroebene: Die Jahre von 1973 bis 1979 waren für die lohnabhängig Beschäftigten in Israel eine vergleichsweise gute Zeit. Von der sehr niedrigen Arbeitslosenquote profitierten insbesondere die geringer Qualifizierten. Bis Anfang der 1980er-Jahre herrschte nahezu Vollbeschäftigung, woran die höhere Anzahl von Einstellungen im öffentlichen Dienst maßgeblich Anteil hatte. Darüber hinaus herrschte Bewegungsfreiheit zwischen den besetzten Gebieten und Israel, sodass ebenfalls arabische Arbeiter auf beiden Seiten der grünen Grenze Lohnzuwächse verzeichnen konnten. Aber auch die Einkommenssituation vieler ärmerer Israelis verbesserte sich zusehends. Israelische Araber waren aufgrund ihrer Zweisprachigkeit auf dem Arbeitsmarkt ebenfalls verstärkt nachgefragt, sie fanden häufig als Vorarbeiter oder Subunternehmer neue Verdienstmöglichkeiten. Eine ähnliche Entwicklung lässt sich bei den Misrachim beobachten, weil auch sie oftmals fließend Arabisch sprachen.

Eines der Resultate damals war eine Verringerung des durch die Unterschiede in der formellen Ausbildung entstandenen Lohngefälles. Allein zwischen 1973 und 1979 stiegen die Gehälter durchschnittlich um 3,5 Prozent im Jahr – ein Wert, der niemals danach wieder erreicht werden sollte. Und auch die israelischen Sparer konnten zufrieden sein, weil sie von den hohen

---

11 Vor allem aufgrund längerer Ausbildungszeiten nahm die Qualität des Humankapitals ganz beachtlich zu. Dennoch hatte dies relativ geringe Auswirkungen auf die Produktivität, da besser ausgebildetes Personal vor allem im öffentlichen Dienst unterkam, der per Definition aber keine Rolle bei der Messung von Produktivität spielt.

Renditen profitieren konnten, die ihnen die Staatsanleihen bescherten. Alle diese positiven Entwicklungen nahmen mit der Hyperinflation Anfang der 1980er-Jahre ein Ende. Danach nahm die Arbeitslosigkeit zu und die Reallöhne wuchsen nicht mehr so rasant wie noch in den Jahren zuvor. Auch die Transferleistungen des Staates an die ärmeren Teile der Bevölkerungen nahmen ab und reduzierten sich von 14,5 Prozent des Bruttoinlandsproduktes auf rund neun Prozent – ein Niveau, auf dem sie bis zum heutigen Tage verblieben sind.

Die Expansion des Wohlfahrtsstaates: Laut der Definition des Oxford Dictionary of Economics handelt sich bei einem Wohlfahrtsstaat um ein Gemeinwesen, das sich dem Erhalt eines Minimums an Lebensstandard verpflichtet fühlt, wozu auch die Bereitstellung von Wohnraum, Bildung und medizinischer Versorgung zählt. Zugleich verkörpert dieser auch das Ideal eines Staates, der umfassende Transferleistungen an seine sozial schwächeren Bürger gewährleistet. Wie es um die Verteilung des Wohlstands in Israel in diesem Zeitabschnitt bestellt war, zeigen erneut die Werte des Gini-Index, die sich zwischen 1961 und 1979 von 0,314 auf 0,280 zusehends verbessert hatten.

Wie bereits erwähnt, stammte ein Teil dieses Sozialsystems noch aus der britischen Mandatszeit und basierte auf der Histadrut und ihren Einrichtungen. Zum Beispiel gab es ein ganzes Netz an Gesundheitseinrichtungen und Kliniken, die allen ihren Mitgliedern und deren Familienangehörigen für eine monatliche Beitragsgebühr zur Verfügung standen. Dieses System versorgte rund 80 Prozent der jüdischen Bevölkerung sowie eine unbekannte Zahl von arabischen Israelis. Darüber hinaus gab es Angebote wie Rentenkassen, Arbeitslosenversicherung und – in geringerem Maße – den Zugang zu kleineren Darlehen. All das bestand in den ersten Jahren nach der Unabhängigkeit weiter fort.

Mitte der 1950er-Jahre traten aber neue Gesetze in Kraft, die einige von den Dienstleistungsangeboten der Histadrut verstaatlichen oder aber ergänzen sollten. Damit begann die Rolle der Gewerkschaftsorganisation als Quasiwohlfahrtsstaat zu schwinden. 1954 erfolgte die Einrichtung der Bituah Leumi, der israelischen Nationalversicherung, die Kindergeld an sozial schwächere Familien auszahlte. 1957 verabschiedete die Regierung ein Gesetz, das erstmals älteren Einwanderern, die niemals oder nur eine relativ kurze Zeit in Israel gearbeitet hatten und entsprechend keine oder nur geringe Rentenbeiträge eingezahlt hatten, eine finanzielle Absicherung gewährleistete. 1959 wurden auch die Arbeitsämter der Histadrut vom Staat übernommen.

Vor der Einführung des Kindergelds konnten Familien nur Vergünstigungen bei der Einkommensteuer für sich in Anspruch nehmen. Weil aber weniger qualifizierte Arbeitnehmer sowieso wenig oder gar keine Steuern zahlten, hatten sie davon keinerlei Vorteile. Zudem konnten nun auch Nichtbeschäftigte Unterstützung für ihre Kinder beantragen. Auf Basis der Empfehlungen des Ben-Shahar-Komitees wurde ab 1975 Kindergeld unabhängig von der individuellen Einkommenssituation an alle ausgezahlt. Das neue System garantierte jedem israelischen Staatsbürger eine finanzielle Unterstützung für seinen Nachwuchs, wobei diese mit jedem zusätzlichen Kind ein wenig größer ausfiel.

Kinderreiche Familien profitierten von diesen Zahlungen am meisten. Aber es gab auch zwei negative Folgen: Zum einen reichten diese Transferleistungen einigen zum Leben aus, sodass vor allem Geringverdiener keinen Grund mehr sahen, weiter einer bezahlten Beschäftigung nachzugehen. Zum anderen kamen vor allem Ultraorthodoxe, die sowieso keine Geburtenkontrolle ausübten, in den Genuss dieser Unterstützungszahlungen. Genau deshalb sank die Teilnahme am Arbeitsmarkt unter der Gruppe der Männer mit fünf bis acht Jahren Schulausbildung zwischen 1973 und 1985 von 52 auf 37 Prozent. Bei den Ultraorthodoxen fiel diese Entwicklung noch viel dramatischer aus, statt 70 Prozent arbeiteten fortan nur noch 40 Prozent. Auch die Anzahl der Kinder erhöhte sich in beiden Gruppen bis in die Gegenwart signifikant. Untersuchungen über die Ausgaben von Haushalten haben belegt, dass ab einem gewissen Punkt die Kosten pro Kind mit jedem weiteren proportional abnehmen. Deshalb trug jeder zusätzliche Nachwuchs zu einem Plus im realen Einkommen eines Haushalts bei und führte letztlich zu einem Anstieg der Geburten. Alle weiteren Reformen versuchten, genau diesen Effekten entgegenzusteuern: mehr Kinder in ärmeren Familien sowie weniger Partizipation am Arbeitsmarkt.

Die Histadrut hatte ihren Einfluss in zwei Bereichen jedoch bewahren können: Krankenversicherung und Altersversorgung. Doch in den 1990er-Jahren sollte sie diesen sukzessive durch weitere Reformen verlieren.

Was aber waren die Motive des Staates, ein Sozialsystem mit Arbeitslosen- und Kindergeld sowie Altersversorgung aufzubauen und auch die Arbeitsämter zu übernehmen? Eine Erklärung mag sein, dass die Histadrut als eine traditionelle Bastion der Arbeitspartei betrachtet wurde und nach dem Regierungswechsel von 1977 der Likud versuchte, den Einfluss der Gewerkschaftsorganisation mit allen Mitteln zurückzudrängen. Darüber hinaus gibt es auch eine Kontroverse aufgrund der klar definierten Zielgruppe der Histadrut: Im Mittelpunkt standen allein der israelische Arbeiter und dessen Absicherung und Wohlergehen. Die Aufgabe des Staates dagegen ist es, unabhängig vom Beschäftigungsstatus allen seinen Bürgern zu dienen und gegebenenfalls sozialen Schutz zu gewähren. Das ist der entscheidende Unterschied zwischen beiden. Die Gruppe der lohnabhängig Beschäftigten repräsentiert gerade einmal rund 50 Prozent der Bevölkerung im Alter ab 15 Jahren. Außerdem kann es nicht die Aufgabe einer Gewerkschaftsorganisation sein, die soziale Absicherung aller Israelis zu organisieren, sondern das muss dem Staat überlassen bleiben.

Das Stabilisierungsprogramm von 1985 und die sich daran anschließenden Reformen: Die wirtschaftliche Lage Israels in den Jahren zwischen 1980 und 1984 kam einer Katastrophe sehr nahe. Zum einen stieg die Anzahl der Arbeitslosen dramatisch an, zum anderen erreichte die Inflationsrate die schwindelerregende Höhe von 400 Prozent und mehr. Sowohl Unternehmer als auch die gesamte Bevölkerung litten unter einer geradezu erdrückenden Steuerlast von 45 Prozent des Bruttoinlandsprodukts. Darüber hinaus wurde die Öffentlichkeit zum Kauf von noch mehr Staatsanleihen verleitet, damit die Regierung alte Verbindlichkeiten begleichen konnte, was wiederum eine Spirale in Gang setzte und die Verschuldung weiter antrieb. Kontinuierlich steigende Staatsausgaben hatten ein höheres Haushaltsdefizit zur Folge, das bald 15 Prozent des BIPs erreichen sollte. Zum Vergleich: Nach den Konvergenzkriterien der Europäischen Union darf das Haushaltsdefizit eines Landes maximal drei Prozent des Bruttoinlandsprodukts betragen.

Erst die Wahlen von 1984 machten eine Implementierung dringend notwendig gewordener Reformen möglich. Weil keine der großen Parteien eine klare Mehrheit auf sich vereinigen konnte, bildeten Arbeitspartei und Likud eine gemeinsame Koalition der nationalen Einheit. Für das Amt des

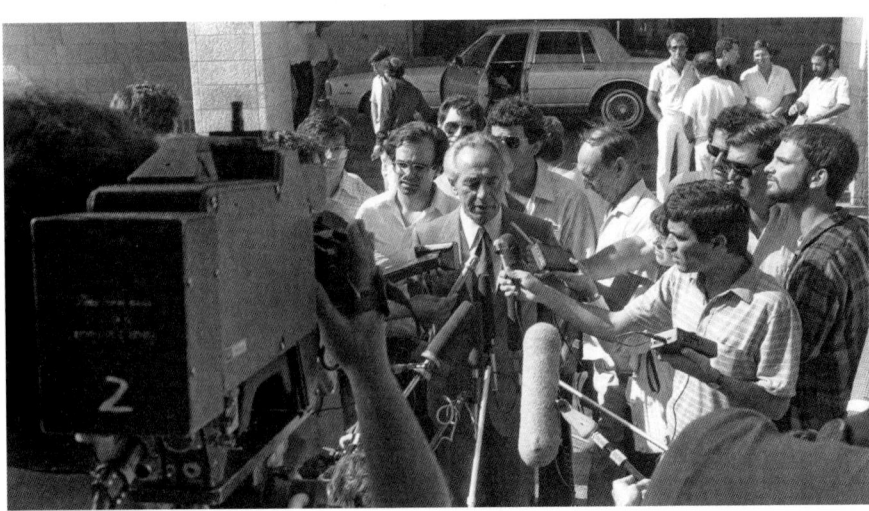

Nach einer dramatischen Kabinettssitzung tritt Ministerpräsident Shimon Peres vor die Presse, um Maßnahmen zur Stabilisierung der Wirtschaft zu verkünden, 1. Juli 1985.

Ministerpräsidenten einigte man sich auf ein Rotationsverfahren. Diese Regierungskonstellation hatte bis 1990 Bestand, was ihr genug zeitlichen Spielraum gab, um einen fundamentalen Richtungswechsel in der Wirtschaftspolitik einzuleiten.

Ein weiterer wichtiger Faktor war die neue Unabhängigkeit der israelischen Zentralbank, die fortan nicht mehr unter Regierungskontrolle stand und nun relativ unabhängig von der Politik Einfluss auf wirtschaftliche Entscheidungsprozesse nehmen konnte. Auch das gesamte Finanzwesen wurde eigenständiger, sodass Interventionen seitens der Regierung sich schwieriger gestalten sollten. Dadurch wurden die Vergabepraxis von Staatsanleihen und die Festlegung von Renditen ebenfalls neu geregelt. Langfristig sollten mithilfe dieser Reformen Produktivität und Beschäftigung verbessert und der Unternehmenssektor gestärkt werden. Eine erste einschneidende Maßnahme war das Einfrieren der Wechselkurse, Preise und Gehälter sowie eine drastische Reduzierung des Haushaltsdefizits, um so die Hyperinflation endlich in den Griff zu bekommen. Möglich konnte dieser Schritt nur deshalb werden, weil sich Regierung, Histadrut und Arbeitgeberverbände darauf in einem gemeinsamen Abkommen verständigten.

Innerhalb nur eines Jahres reduzierte der öffentliche Sektor seine Ausgaben derart drastisch, dass bereits Ende des Haushaltsjahres 1986 sogar ein Überschuss übrig blieb (siehe *Tabelle 3*). Auch die jährliche Inflation verlor ihre Schrecken und ging von 484 Prozent im Jahr 1984 auf 20 Prozent im Jahr 1989 zurück. All das konnte erreicht werden, ohne dass die Arbeitslosigkeit dramatisch anstieg. Sie entwickelte sich nur moderat nach oben und zwar von 5,9 Prozent im Jahr 1984 auf 6,4 Prozent im Jahr 1988. Zwar stieg sie in den Jahren danach deutlich an, doch war diese Entwicklung im Wesentlichen dem gewaltigen Zustrom von Neueinwanderern aus der ehemaligen Sowjetunion in der ersten Hälfte der 1990er-Jahre geschuldet. Weitere Reformschritte, die zu mehr Stabilisierung und Wettbewerbsfähigkeit führten, erfolgten in den Jahren nach 1990.

Zusammenfassung: Zu Beginn dieses Zeitabschnitts gingen die Wachstumsraten der israelischen Wirtschaft weiter zurück, weil die Politik eine Inflation in Kauf nahm und die Ressourcen in den Konsum flossen und nicht länger primär für notwendige Investitionen verwendet wurden. Aufgrund der galoppierenden Inflation konnten zudem nur geringe Produktivitätszuwächse erzielt werden; neue Arbeitsplätze schuf man im öffentlichen Dienst, nicht im Unternehmungssektor. Einkommensungleichheiten wurden durch Lohnsteigerungen vor allem für weniger qualifizierte Arbeitnehmer sowie infolge der Bewegungsfreiheit zwischen Israel und den besetzten Gebieten ein Stück weit angeglichen. Einsetzende Transferleistungen wie das Kindergeld hatten ebenfalls an dieser Entwicklung maßgeblich Anteil. Der Jom-Kippur-Krieg von 1973 dagegen hatte nur kurzfristig Auswirkungen auf die gesamtwirtschaftliche Entwicklung, auch der Libanonkrieg 1982 war kaum zu spüren. Und obwohl der Wechselkurs freigegeben wurde, wodurch sich die Verantwortlichen ein geringeres Maß an Einflussnahme des Staates auf die Wirtschaft erhofft hatten, nahm dessen Rolle indirekt zu, weil die Ausgabenpolitik der Regierung die Inflation massiv anheizte.

Die Zeit von 1990 bis 2012

Dieses Kapitel beschreibt zuerst die demografischen Veränderungen, die in diesen Jahren stattfanden, und wird anschließend die wirtschaftlichen Entwicklungen und weiteren Reformen in den Mittelpunkt rücken. Zum Schluss erfolgt eine Momentaufnahme der Situation der israelischen Volkswirtschaft, wie sie sich im Jahr 2012 präsentierte.

Demografische Veränderungen: Nach einigen Jahren mit nur geringen Zuwachsraten stieg die Anzahl der Israelis in den Jahren zwischen 1990 und 2012 von 4,8 Millionen auf acht Millionen. Das entspricht einem Bevölkerungsanstieg um beachtliche 66,7 Prozent. Zum Vergleich: Im selben Zeitraum vergrößerte sich die Bevölkerung Deutschlands nur um rund drei Prozent (siehe *Tabelle 5*). Diese Entwicklung wurde durch zwei Faktoren ausgelöst: die Zuwanderung aus der ehemaligen Sowjetunion und in einem geringen Maße aus Äthiopien, wodurch ein Drittel des Plus zustande kam, sowie durch natürliches Bevölkerungswachstum, was für zwei Drittel verantwortlich ist.

Im Unterschied zu den Einwanderungswellen der 1950er- und 1960er-Jahre verhielt sich die Politik bei der Integration seiner Neubürger weitaus weniger dirigistisch. Anders als früher verschaffte ihnen der Staat weder Wohnungen noch Arbeitsplätze. Sie erhielten lediglich eine zeitlich begrenzte finanzielle Unterstützung, kostenlose Sprachkurse sowie Zuschüsse zum Erwerb oder zur Anmietung von Wohnraum. Ansonsten blieben die Zuwanderer mehr oder weniger auf sich allein gestellt und waren gezwungen, selbst die Initiative zu ergreifen. Anfänglich stieg die Arbeitslosenquote von neun Prozent im Jahr 1989 auf elf Prozent im Jahr 1993, um danach sich für den Rest des Jahrzehnts auf einen Wert zwischen acht und neun Prozent einzupendeln. Einer der Gründe, warum sich ihre Integration in den israelischen Arbeitsmarkt relativ zügig vollzog, war die Bereitschaft vieler Neueinwanderer, für weniger als nur den Mindestlohn arbeiten zu gehen. Der eigentliche Faktor aber war die Qualität des

Humankapitals: Juden aus der Sowjetunion verfügten über ein vergleichsweise sehr hohes Bildungsniveau und daher auch über die Fähigkeit, sich neue berufliche Qualifikationen rasch anzueignen. Viele von ihnen waren hervorragend ausgebildete Ingenieure und besaßen umfassendes technisches Know-how, wodurch der Aufstieg der israelischen Hightechindustrie überhaupt erst möglich wurde. Aber auch andere Wirtschaftszweige profitierten vom Input an qualifiziertem Personal. Nur zehn Jahre nach ihrer Einwanderung war die Arbeitslosigkeit unter den neu eingewanderten Israelis geringer als unter den Alteingesessenen.

Die wirtschaftlichen Auswirkungen des natürlichen Bevölkerungszuwachses dagegen manifestierten sich deutlich anders als die durch die Zuwanderung ausgelösten Veränderungen. Wie bereits gezeigt, hat Israel die mit Abstand höchste Gesamtfruchtbarkeitsrate unter allen OECD-Staaten. Innerhalb der israelischen Bevölkerung weisen israelische Araber und ultraorthodoxe Juden die größte Fruchtbarkeitsrate auf. Während der Durchschnittswert 2011 für die Gesamtpopulation 3,05 Kinder pro Frau betrug, lag er im arabischen Sektor bei 3,32. Bei den ultraorthodoxen Juden verzeichnete die israelische Statistikbehörde zwischen 2007 und 2009 sogar einen Durchschnittswert von 6,53. Zugleich repräsentieren diese beiden Gruppen aber auch die sozial Schwächsten innerhalb der israelischen Gesellschaft. Die Einkommensdisparität tritt besonders zutage, wenn man statt des Gesamteinkommens pro Haushalt das verfügbare Pro-Kopf-Einkommen in einem Haushalt zugrunde legt.

Ein weiterer Zusammenhang zwischen Armut und Familiengröße lässt sich daran erkennen, wie gering der Anteil derjenigen aus beiden Gruppen ist, der einer bezahlten Beschäftigung nachgeht. Bei Männern liegen die Ursachen in einer Kombination aus gesunkenen Löhnen für weniger qualifizierte Kräfte sowie dem Zugang zu Transferleistungen wie Kindergeld.

Aber auch unter arabischen Frauen ist die Beschäftigungsquote vergleichsweise niedrig. Das liegt zum einen an ihrer oftmals unzureichenden Ausbildung, weshalb sie weniger Aussichten auf einen gut bezahlten Job haben als andere. Zweitens leben sie häufiger in größeren Familienverbänden abseits der urbanen Zentren in ländlichen Gegenden, in denen es für sie kaum Erwerbsmöglichkeiten gibt. Das Pendeln zu einer Arbeitsstelle rechnet sich finanziell und zeitlich oftmals nicht. Zudem wird arabischen Frauen aus Gründen der Tradition nicht immer gestattet, einer bezahlten Beschäftigung nachzugehen, was sie auf die Rolle als Hausfrau und Mutter festlegt. Die Landwirtschaft, in der Frauen in der Regel beschäftigt waren, hat mittlerweile ihre zentrale Bedeutung verloren und im eigentlichen Sinne haben sich die Dörfer im arabischen Sektor zu kleinen Städten verwandelt.

Gewächshäuser in der Küstenebene, 2015

Der Anteil von Arabern und Ultraorthodoxen in der Altersgruppe ab 15 Jahren an der Gesamtpopulation ist relativ hoch und beträgt schätzungsweise 30 Prozent. Dies ist einer der Gründe, warum Israel in Relation zu den anderen OECD-Staaten einen geringeren Anteil an Beschäftigten aufweist. Auf jeden Fall ist er niedriger als in Deutschland (siehe *Tabelle 5*). Zugleich erklärt sich damit auch zum Teil die Ungleichheit in der Einkommensverteilung. Das Wachstum dieser beiden Gruppen reicht bis in die Gegenwart, auch wenn jüngste Daten belegen, dass die Geburtenrate im arabischen Sektor ein wenig zurückgegangen ist und sich unter den Ultraorthodoxen auf einem hohen Niveau stabilisiert hat. Zudem haben die jüngsten Reformen zu einem erhöhten wirtschaftlichen Druck geführt, sodass der Anteil an lohnabhängig Beschäftigten leicht angestiegen ist.

Die in den beiden vorigen Zeitabschnitten beobachtete Bedeutung der ethnischen Herkunft hat sich seit den 1990er-Jahren langsam abgeschwächt. Schließlich wächst der Anteil der Israelis, die seit 1961 in der zweiten Generation im Staat leben, stetig an. Für sie haben die alten Trennungslinien zwischen Aschkenasim und Misrachim nicht mehr den Stellenwert wie einst. Trotzdem lassen sich zwischen Juden der Kategorien »AA« und »EA« in der zweiten Generation immer noch signifikante Unterschiede hinsichtlich Bildungsstand und Einkommenshöhe erkennen. Die bis in die Gegenwart wirkungsmächtigeren Kategorien in den israelischen Diskursen

Tab. 5: Israel, OECD und Deutschland im Vergleich

	Israel		OECD	Deutschland
	1990	2012	2012	2012
Bevölkerung in Mio.	4,8	8,0	1244,7	81,9
Bevölkerungswachstum in Prozent, 1990–2012	66,7		3,1	
BIP Veränderung in Prozent, 2002–2012		3,8	1,5	1,2
BIP pro Kopf in US-Dollar (PPP)		31,500	36,706	41,098
Privatkonsum in Prozent vom BIP	62,0	57,5	62,6	57,5
Bruttoanlageinvestitionen	18,8	19,0	16,5	16,7
Exporte	34,5	37,4	29,2	51,8
Importe	46,3	41,5	24,3	33,5
staatlicher Konsum, insgesamt	30,4	24,3	18,9	19,3
davon:				
individuell		12,8	9,9	12,3
kollektiv		11,5	9,0	7,0
Beteiligung am Arbeitsmarkt, in der Altersgruppe 15–64		64,6	70,9	77,1
Arbeitslosenrate in der Altersgruppe 15–64	9,6	5,7	8,2	5,5
Gini-Index-Wert bei den Ungleichheiten des verfügbaren Einkommen	0,366	0,377		0,293

Quelle: OECD.

aber lauten weiterhin Araber und Juden oder ultraorthodoxe Juden und säkulare Juden. Wie bereits erwähnt, wächst der Anteil der beiden ärmeren Gruppen an der Gesamtzahl der erwachsenen Bevölkerung und hat mittlerweile rund 30 Prozent erreicht. Unter Kindern und Jugendlichen sieht die Situation jedoch weitaus dramatischer aus. In den Grundschulen Israels zeigt sich heute folgende Verteilung: Araber stellen dort 26 Prozent aller Schüler, Ultraorthodoxe 22 Prozent. Gemeinsam repräsentieren beide zusammen in dieser Altersgruppe sogar 48 Prozent der Gesamtbevölkerung. Rein ökonomisch betrachtet, bedeutet dies, dass eines nahen Tages der Anteil der Erwachsenen, die nur wenige Jahre eine Schule besucht haben, sowie derer, die vielleicht zwar über einen höheren Bildungsstand verfügen, aber kein relevantes Einkommen erzielen, entsprechend hoch sein wird.

Viel wichtiger als in der Vergangenheit ist die Einkommensverteilung, auf deren Basis zwischen den sozial Schwachen, dem Mittelstand und den

Wohlhabenden unterschieden wird. Der Anteil der Personen in jeder Kategorie mag mit jeweils 40, 30 und 30 Prozent relativ konstant bleiben, aber die Einkommensunterschiede zwischen ihnen werden sich weiterhin vergrößern.

Wirtschaftliche Entwicklungen und Reformen: Generell handelt es sich bei diesem Zeitabschnitt um eine Phase guter makroökonomischer Performance. Das jährliche Wachstum des Bruttoinlandsprodukts lag bei durchschnittlich drei Prozent. Dennoch veränderte sich das BIP pro Kopf in den ersten Jahren aufgrund des enormen Bevölkerungszuwachses, den die Zuwanderung verursachte, kaum und wuchs auch in der Zeit danach nur minimal. Anfangs bewegte sich die Arbeitslosenquote auf einem Niveau von elf Prozent, ging dann aber sukzessive auf 5,7 Prozent im Jahr 2012 zurück, was im Vergleich zu den anderen OECD-Staaten ein hervorragender Wert ist. Die Inflation, lange Zeit das Sorgenkind der israelischen Wirtschaft, ist mittlerweile eine zu vernachlässigende Größe. Die makroökonomische Stabilität Israels spiegelt sich ebenfalls in den deutlich geringeren Haushaltsdefiziten, niedrigeren Verteidigungsausgaben sowie einer kontinuierlich steigenden Bedeutung des internationalen Handels wider.

Zugleich vermitteln die strukturellen Veränderungen ein etwas komplexeres Bild. Folgende Entwicklungen waren dabei von Relevanz.

Der Devisenmarkt: Nachdem die Preise und Gehälter für eine kurze Zeit eingefroren waren, sollten sie alle wieder freigegeben werden. Liberalisierung lautete die neue Strategie. Dennoch erfolgte diese Freigabe nicht von heute auf morgen, sondern graduell, vor allem auf dem Devisenmarkt. Die Verantwortlichen betrachteten vor allem Schwankungen auf den internationalen Devisenmärkten als eine Gefahr, die die israelische Wirtschaft womöglich destabilisieren könnten. Obwohl der Kapitalverkehr mit dem Ausland nun freigegeben wurde, implementierte die israelische Zentralbank einige Mechanismen zum Schutz der eigenen Währung. Zum einen kaufte und verkaufte die Bank of Israel Devisen, um eventuelle Schwankungen in einem tolerablen Rahmen zu halten, zum anderen setzte sie höhere Zinssätze fest, da ein hoher Zinssatz den Wechselkurs reduziert und vice versa. Die Überlegungen dahinter lauteten: Ein relativ hoher Zinssatz lockt ausländisches Kapital ins Land und wirkt sich positiv auf die Wechselkurse aus. Gleichzeit wurden fast alle Devisenregelungen für Export- und Importgeschäfte aufgehoben.

Der Binnenmarkt: Um die Preise für Waren den realen Kosten für die Volkswirtschaft anzupassen, wurden Zölle reduziert und Importquoten aufgehoben. Parallel dazu hörte man auf, die Produktion bestimmter Güter im Inland zu subventionieren, und bemühte sich, wenn auch nicht

Nanotechnologielabore des Weizmann-Instituts für Wissenschaften in Rehovot, 20 Kilometer südlich von Tel Aviv. Zu sehen ist der »gelbe Raum« für die optische Lithografie, ein Prozess, der im Rahmen der Mikrofabrikation von integrierten Schaltungen für Computer genutzt wird.

immer ganz erfolgreich, Investitionen in Sachkapital zu fördern. Alle diese Reformen dauern an und sind noch lange nicht abgeschlossen. Auch gibt es weiter zahlreiche Streitpunkte: So führten die Liberalisierungsmaßnahmen zu deutlich niedrigeren Preisen, insbesondere für technisch weniger anspruchsvolle Produkte wie Nahrungsmittel[12] oder Textilien. Dies wiederum bekamen die Arbeiter in einigen Branchen und die Landwirte deutlich zu spüren, was mit dazu beitrug, die Einkommensunterschiede zwischen weniger und höher qualifizierten Arbeitnehmern zu vergrößern. Darüber hinaus löste die Ausweitung der Produktion auf privater Basis und der Rückzug des Staates einen Konzentrationsprozess aus, der in einigen Branchen zur Bildung von Kartellen und Monopolen führte, die den Inlandsmarkt weitestgehend zu dominieren begannen. Zwar versucht die Regierung, in einigen Bereichen wieder gegenzusteuern, doch reichen ihre Maßnahmen noch lange nicht aus.

Hightechindustrie: Der Reifungsprozess einer Volkswirtschaft wird von zahlreichen strukturellen Veränderungen seiner industriellen Basis und seiner Beschäftigungsverhältnisse begleitet. So verlieren die Landwirtschaft

---

12 Eine Ausnahme stellen israelische Landwirtschaftsprodukte, z. B. Hüttenkäse, dar.

und klassische Produktion an Bedeutung, während der Dienstleistungssektor an Relevanz gewinnt. Auch in Israel war diese Entwicklung zu beobachten. Es gab eine klare Verlagerung weg von wenig technikintensiven und wenig anspruchsvollen Erzeugnissen hin zu komplexen und innovationsgetriebenen Hightechprodukten und Dienstleistungen. Dabei verlagerte sich ebenfalls der Schwerpunkt weg vom Inlandsmarkt und hin zu Exporten in alle Welt. Beschleunigt wurde dieser Trend durch den Zustrom von gut ausgebildeten Ingenieuren und Technikern aus der ehemaligen Sowjetunion sowie einer steigenden Anzahl von Hochschulabsolventen mit Qualifikationen in den entsprechenden Fachrichtungen. Zudem nimmt Israel im Bereich Forschung und Entwicklung dank hervorragender Forschungseinrichtungen wie dem Technion in Haifa oder dem Weizmann-Institut in Rehovot weltweit einen Spitzenrang ein. Der Anteil von Arbeitskräften im Bereich Hightech – gemessen an der Gesamtzahl der Beschäftigen – war 2012 der höchste von allen OECD-Staaten; dennoch sind nur acht Prozent aller Arbeitnehmer in Israel in diesem Wirtschaftssektor aktiv.

Der Wohnungsbau: Der israelische Immobilienmarkt ist kontinuierlich von einem gestörten Gleichgewicht geprägt. In Relation zur Entwicklung der Verbraucherpreise sanken zwischen 1996 und 2007 die Preise für Wohnungen und Häuser. Seither aber ziehen sie unverhältnismäßig an. Für diese Schwankungen gibt es einige Ursachen, die stark mit der Bevölkerungsentwicklung zusammenhängen. In der ersten Hälfte der 1990er-Jahre gab es eine massive Zuwanderung, was zu vermehrter Bautätigkeit und einem Überangebot an Wohnungen führte, dessen Folgen bis 2007 auf dem Immobilienmarkt zu spüren waren. Die daraus sich ergebene negative Preisentwicklung schreckte viele potenzielle Investoren ab, sodass in den Folgejahren wieder weniger gebaut wurde, woraufhin eine Knappheit auf der Angebotsseite entstand und die Preise in die Höhe schossen. Ein weiterer Faktor mag das Auslaufen von staatlichen Subventionen gewesen sein, was vor allem finanziell schwächere Familien betraf, die sich nun keine eigene Wohnung mehr leisten konnten.

Darüber hinaus entwickelten sich Immobilien aber auch immer mehr zu Spekulationsobjekten. Wenn wie in den vergangenen Jahren die Zinsen auf einem sehr niedrigen Niveau verbleiben, dann steigt die Nachfrage nach Wohnungen und Häusern. Zudem betraf die Knappheit vor allem den verfügbaren Wohnraum in den urbanen Zentren, den sich auch Familien aus der Mittelschicht hätten leisten können. Genau dies war dann auch einer der Gründe für die sozialen Proteste der jüngsten Zeit. Doch trotz verschiedener Interventionen seitens der Regierung, die Situation zu entspannen und Einfluss auf die Immobilienpreise zu nehmen, konnte dieser Trend nicht abgebremst werden.

Werbung für Produkte des größten israelischen Milchkonzerns »Strauss«

Die Konzentration wirtschaftlicher Macht: Die Konzentration von Besitz und enormem Reichtum auf eine Handvoll Familien bereitet mittlerweile Experten und Laien gleichermaßen Sorgen. Die Gründe dafür sind zahlreich: Zum einen droht durch den Mangel an ausreichend Wettbewerb ein Verlust an Effizienz in manchen Produktionsbereichen, was wiederum die Preise antreibt. Zum anderen ist der Einfluss der sogenannten Tycoons auf die Politik der Regierung sowie der Abgeordneten in der Knesset gewaltig, sodass die Tatsache, dass sich ein Großteil der Unternehmen aus ganz verschiedenen Branchen im Besitz einer sehr kleinen Zahl von Personen befindet, nicht nur als Gefahr für die Demokratie Israels betrachtet wird, sondern auch für seine Volkswirtschaft.

Um diesem Problem zu begegnen, beschloss die Knesset im Dezember 2003 das sogenannte Gesetz zur Bekämpfung wirtschaftlicher Konzentration. Dieses besteht im Wesentlichen aus drei Teilen:

- Es verbietet den gleichzeitigen Besitz von Finanzdienstleistern und von Unternehmen, die Waren herstellen oder nicht finanzielle Services anbieten.
- Keine Gruppe darf mehr als zwei Pyramidenstufen eines börsennotierten Unternehmens allein besitzen.
- Einer Holding ist es nicht erlaubt, in mehr als einer bestimmten Anzahl von Branchen gleichzeitig aktiv zu sein.

Ein weiteres Feld, in dem der Staat versuchte, die Machtkonzentration und exzessive Preise wieder in den Griff zu bekommen, war der Energiesektor. Die Knesset folgte damit den Empfehlungen einer Untersuchungskommission, die von Eytan Sheshinski, Professor für Finanzwissenschaften an der Hebräischen Universität in Jerusalem, geleitet wurde und unter anderem eine Besteuerung von außergewöhnlich großen Gewinnen in Höhe von 50 Prozent in der Gas- und Erdölförderung vorsah.

Löhne und Gehälter: Der gesamte Zeitabschnitt ist durch eine weitere Vergrößerung der Einkommensdifferenz zwischen weniger und höher qualifizierten Arbeitnehmern gekennzeichnet. Für reife Volkswirtschaften in der OECD ist dies durchaus eine normale Entwicklung, der folgende Ursachen zugrunde liegen:

- Der Niedriglohnsektor gerät durch die Zuwanderung von billigeren Arbeitskräften aus den ärmeren Entwicklungsländern unter Druck.
- Die Liberalisierung des Handels führt dazu, dass die Importe von technisch weniger anspruchsvollen Produkten wie Textilien aus Schwellen- und Entwicklungsländern ansteigen. Die inländischen Produzenten können dabei nicht mithalten und werden vom Markt verdrängt, was in mehreren OECD-Staaten gleichzeitig der Fall war.
- Aufgrund technischer Innovationen und von Automatisierungsprozessen sinkt der Bedarf an weniger qualifizierten Arbeitskräften. Die Nachfrage nach qualifiziertem Personal, das diese Technologien entwickeln, implementieren und bedienen kann, steigt dagegen, was zu höheren Einstiegsgehältern für Hochschulabsolventen führt.
- Der Einfluss von Arbeitnehmervertretungen und Gewerkschaften schwindet, vor allem im Industriesektor, kontinuierlich.

All diese Entwicklungen fanden auch in Israel statt. Der Einfluss der Histadrut verringerte sich nach Inkrafttreten des Gesetzes über die nationale Gesundheitsversicherung im Jahr 1995 weiter dramatisch. Bis dahin lag die medizinische Versorgung des Landes zu großen Teilen in den Händen des Gewerkschaftsverbandes, was viele Arbeitnehmer zum Beitritt motiviert hatte. Ihre Beiträge sorgten dafür, dass immer reichlich Geld in die Kassen floss. Doch seit 1994 fördert der Staat die private Gesundheitsversorgung, sodass die Histadrut massiv an Mitgliedern und Finanzen einbüßen musste. Doch im Vergleich zu den anderen OECD-Ländern gibt es im Fall Israels einige ganz spezifische Faktoren, die verantwortlich für die gravierenden Unterschiede bei der Einkommensverteilung waren:

- In relativ kurzer Zeit emigrierten rund eine Million Juden nach Israel. Viele von ihnen waren gezwungen, in den ersten Jahren nach ihrer Einwanderung schlecht bezahlte Jobs anzunehmen, was sich dauerhaft negativ auf den Niedriglohnsektor auswirken sollte.

- Aufgrund der sich veränderten Sicherheitslage begann Israel in den 1990er-Jahren, den Zugang von Palästinensern aus den besetzten Gebieten zum israelischen Arbeitsmarkt zu beschränken. Stattdessen wurden Billigkräfte vor allem aus Entwicklungsländern wie den Philippinen oder Thailand angeworben, die nun auf dem Bau oder in der Landwirtschaft arbeiten. Aufgrund eines Gesetzes aus dem Jahr 1991 ist die Arbeitserlaubnis dieser Arbeitsmigranten an den jeweiligen Arbeitgeber gekoppelt, dem sie zudem ihre Reisepässe übergeben müssen. Diese Regelungen führten zu weitverbreitetem Missbrauch und sklavenähnlichen Abhängigkeitsverhältnissen, die stark in Kritik gerieten. Aber vor allem trug die Beschäftigung von Arbeitsmigranten mit dazu bei, dass die Löhne und Gehälter in vielen Bereichen der Wirtschaft auf extrem niedrigem Niveau verblieben. Im Jahr 2001 repräsentierten diese ausländischen Billigkräfte rund zehn Prozent der gesamten Arbeitnehmerschaft, danach schwand ihr Anteil wieder leicht.

Die ungleiche Einkommensverteilung sollte bis in die Mitte des ersten Jahrzehnts im neuen Jahrtausend andauern. Anschließend änderte sich der Trend, weil die Löhne im Niedriglohnsektor leicht anstiegen, die Einstiegsgehälter für Hochschulabsolventen aber sanken. Um eine Beteiligung möglichst vieler Menschen am Arbeitsmarkt zu erreichen, hatte die Regierung die Mindestlöhne in einem Maße angehoben, das stärker war als die Zuwächse bei den Durchschnittseinkommen. Zugleich sorgte der Ausbau des Hochschulwesens für ein Überangebot an Absolventen in einigen Fachrichtungen. Genau das führte zu Einkommenseinbußen insbesondere unter den Angehörigen der Mittelschicht, was mit zu den Auslösern der Proteste von 2011 gehörte.

Ungleichheiten beim verfügbaren Nettoeinkommen: Der vorangegangene Abschnitt beschäftigte sich primär mit der Entwicklung der Bruttogehälter von Arbeitskräften, was sich entlang verschiedener Angebots- und Nachfragetrends auf dem Arbeitsmarkt analysieren lässt. Das verfügbare Nettoeinkommen pro Haushalt verweist dagegen auf das Niveau des Lebensstandards und ist die Summe aller Verdienste der Familienmitglieder plus staatlicher Transferleistungen wie Kindergeld oder Invalidenrenten sowie den hier ausnahmsweise ignorierten nicht verdienten Einkommen aus Immobilienbesitz minus Steuern. So können, von den reinen Gehältern losgelöst, die Effekte der Sozialhilfe besser erkannt werden. Um dies zu verdeutlichen, enthält der in *Abbildung 6* dargestellte Gini-Index zwei Charts. Die obere Linie stellt die marktgetriebene Ungleichheit dar. Sie misst die Disparitäten, die auf dem Arbeitsmarkt durch das Bruttoeinkommen pro Haushaltsangehörigem entstehen. Die untere Linie misst das verfügbare Nettoeinkommen inklusive staatlicher Transferleistungen.

Wohlstandsgefälle in Tel Aviv: Armut in Süden der Stadt

Die Differenz zwischen beiden Charts verweist auf die Effekte der Sozialhilfe.

Abbildung 6 deckt die Jahre zwischen 1979 und 2011 ab. Die obere Linie spiegelt eine Verringerung der Ungleichheiten seit etwa 2003. Im Unterschied dazu zeigt die untere Linie keinen Rückgang der Ungleichheiten. Das wiederum impliziert, dass der Anteil der staatlichen Transferleistungen rückläufig ist. Der marktgetriebene Gini-Index-Wert betrug 1995 rund 0,50, während der auf dem verfügbaren Nettoeinkommen basierende Gini-Index-Wert bei 0,35 lag. Die Sozialhilfe reduzierte also die Einkommensungleichheiten um 15 Prozent, 2011 aber nur noch um zwölf Prozent. Beide Zahlen liegen deutlich unter den Effekten, die im Durchschnitt die sozialen Transferleistungen in den OECD-Staaten erzielten und die bei durchschnittlich 35 Prozent liegen.

Infolge dieser Erkenntnisse sollte sich auch die Politik der Regierung ändern. Statt weiter auf Sozialhilfe als Mittel zur Verringerung der Ungleichheiten bei den Einkommen zu setzen, erhöhte man die Mindestlöhne. Trotzdem blieben die Auswirkungen recht gering, denn die Kürzungen bei den staatlichen Transferleistungen fielen größer aus als die Zuwächse beim Mindestlohn. Zudem wurden auch die Zahlungen der Arbeitslosenversicherung drastisch heruntergefahren und der Leistungszugang einem starken Regelwerk unterworfen. Heute haben Israelis im Durchschnitt nur

Abb. 6: Einkommensungleichheit der privaten Haushalte*, Gini-Index 1979–2011

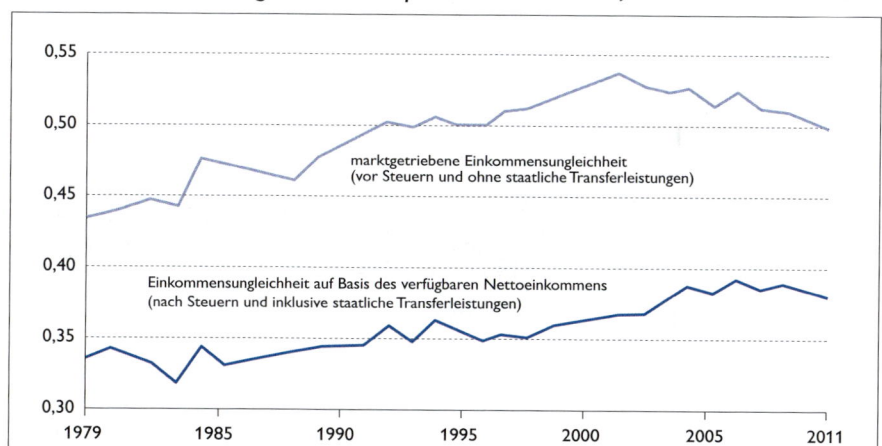

marktgetriebene Einkommensungleichheit
(vor Steuern und ohne staatliche Transferleistungen)

Einkommensungleichheit auf Basis des verfügbaren Nettoeinkommens
(nach Steuern und inklusive staatliche Transferleistungen)

* Seit 1997 inklusive Ost-Jerusalem, verknüpft mit dem Zeitraum davor.
Daten: Nationales Versicherungsinstitut.
Quelle: Dan Ben-Daviv und Haim Bleikh, Taub Center.

noch für 70 bis 138 Tage Anspruch auf Arbeitslosenunterstützung, dies ist eine weitaus kürzere Zeitspanne als in den meisten anderen OECD-Staaten. Zwar mögen diese Maßnahmen mit dazu beigetragen haben, dass die Arbeitslosenquote bei 5,7 Prozent recht niedrig ausfällt, jedoch geschah dies eindeutig auf Kosten der Gleichheit bei der Einkommensverteilung.

Die Wirtschaft heute – eine Momentaufnahme

Die makroökonomischen Daten zeigen mit Gewissheit eines: Israel hat sich in vielerlei Hinsicht dem Niveau der meisten OECD-Staaten angenähert oder es auf einigen Gebieten sogar leicht übertroffen. *Tabelle 5* zeigt, dass Israel in etlichen Punkten heute mindestens dem Durchschnitt entspricht.

Aber trotzdem gibt es reichlich Nachholbedarf: So hinkt Israel bei den Ausgaben für Bildung und Gesundheit deutlich hinterher und weist zudem überdurchschnittlich hohe Ungleichheiten bei der Einkommensverteilung auf. Nur Mexiko und die Türkei weisen schlechtere Gini-Index-Werte auf, während die Vereinigten Staaten gleichauf liegen.

Die Probleme sind eher struktureller Natur und bewegen sich überwiegend im Grenzbereich zwischen Wirtschaft und Gesellschaft. Die Ungleichheiten bei der Einkommensverteilung sind dabei die Spitze des

Wohnsiedlung in Kiryat Malachi

Eisbergs und zugleich ein Symptom für die wachsende Kluft: in Arm und Reich, einer blühenden Privatwirtschaft und eines problematischen öffentlichen Sektors sowie der urbanen Zentren des Landes und der Peripherie. Dazu zählen ebenso hervorragende Leistungen in Forschung und Entwicklung wie ein niedriges Niveau in Grundschulen und weiterführenden Schulen.

Reich und Arm: Wie bereits gezeigt, basiert das Ausmaß der Ungleichheit auf einer marktgetriebenen Ebene, die durch Unterschiede in den Bruttolöhnen definiert wird, sowie auf dem zur Verfügung stehenden Nettoeinkommen, das durch staatliche Transferleistungen beeinflusst wird. Beide stehen aber in einem direkten Zusammenhang. Denn wenn die Sozialhilfe nicht die Effekte einer Beteiligung an der Beschäftigung mit in Betracht zieht, dann vergrößert sich die Marktungleichheit. Aber genau das geschieht aktuell: Der Mangel an arbeitspolitischen Maßnahmen, die diese Beteiligung attraktiv machen können, erhöht den Druck auf den Staat, Sozialhilfe zur Verfügung zu stellen.

Der öffentliche und der private Sektor: Während die Privatwirtschaft einen kräftigen Aufschwung erlebt, ist es um den öffentlichen Sektor mehr schlecht als recht bestellt. Der Rückgang der staatlichen Ausgaben von 60 Prozent

Bauboom in Tel Aviv

des Bruttoinlandsprodukts im Jahr 1986 auf rund 40 Prozent im Jahr 2012 (siehe *Tabelle 3*) hat deutliche Spuren im Gesundheits- und Bildungswesen und bei den sozialen Hilfsleistungen hinterlassen. Die Gehälter im öffentlichen Dienst hinken in ihrer Entwicklung deutlich hinter denen in der Privatwirtschaft her, was sowohl die Qualität als auch die Wettbewerbsfähigkeit stark beeinträchtigt. Vielerorts müssen die Israelis eigentlich selbstverständliche Leistungen aus privater Tasche finanzieren. Das fängt bei den öffentlichen Schulen an, die allein aufgrund der finanziellen Selbstbeteiligung der Eltern eine halbwegs gute Unterrichtsqualität gewährleisten können, was sich aber wiederum nur die Wohlhabenderen leisten können. Auch Mediziner dürfen mittlerweile – wenn auch nur in einem gewissen Rahmen – in öffentlichen Krankenhäusern privat und gegen Gebühr behandeln. Gerade diese Vermischung von Privatwirtschaft und staatlichen Dienstleistungen ist nicht ganz unproblematisch. Auf der einen Seite verhindert man so das Entstehen von unabhängigen Privatschulen oder -krankenhäusern, auf der anderen Seite werden ebenfalls im öffentlichen Sektor zusätzliche Ungleichheiten geschaffen. Zu den Problemen bei der Servicequalität von staatlichen Behörden im sozialen Bereich gesellt sich darüber hinaus auch eine mehr als problematische die Haltung der verantwortlichen Stellen, wenn es um Verwaltungsakte geht, das Geschäft betreffen. Generell haben sich seitens der Öffentlichkeit deshalb eine immer größer werdende Skepsis und Misstrauen gegenüber Institutionen des Staates sowie seinen Repräsentanten in Politik und Verwaltung eingestellt.

Das Zentrum und die Peripherie: Tel Aviv und sein Umland sind das eigentliche wirtschaftliche Zentrum Israels. Dort schlägt das Herz der Hightechbranche, des Finanzwesens und der verarbeitenden Industrie. Entsprechend ist für die Peripherie ein Gefälle zu beobachten, wenn es um Löhne und Gehälter, Bildungseinrichtungen und die Bereitstellung sozialer Dienstleistungen geht. Dies ist zum Teil sowohl auf die ursprüngliche Zusammensetzung seiner Bevölkerung zurückzuführen, die oftmals ein niedrigeres Bildungsniveau hat oder aus sozial schwächeren Großfamilien besteht, als auch auf die Tatsache, dass für die Regierungen der vergangenen zwei Jahrzehnte eher die jüdischen Siedlungen in den besetzten Gebieten Priorität hatten als das israelische Kernland.

Bildung und Wissenschaft: Seit Jahren nimmt Israel hinsichtlich Forschung und Entwicklung im internationalen Vergleich einen Spitzenplatz ein. Ein Beleg für das außergewöhnliche Niveau seiner akademischen Institutionen ist die für eine kleine Nation von acht Millionen Einwohnern beeindruckend hohe Anzahl von Nobelpreisträgern. Zugleich schneidet Israel in den OECD-Studien besonders schlecht ab, wenn es um die Bildung seiner Schüler geht. Diese paradoxe Situation steht sehr wahrscheinlich im Kontext mit den bereits angesprochenen Ungleichheiten in der israelischen Gesellschaft: Israels Hochschulen sind keine staatlichen Einrichtungen, sondern werden durch einen Mix aus öffentlichen und privaten Geldern finanziert. Ihre Standards gelten weltweit als die besten, weshalb auch viele ihrer Absolventen an renommierten amerikanischen oder britischen Universitäten weiterstudieren und dort ihren Abschluss machen. Im Unterschied dazu leiden die meisten Grund- und Mittelschulen schon seit Langem unter einer schlechten finanziellen Ausstattung. Die unterdurchschnittliche Bezahlung tut ihr Übriges, sodass qualifizierte und motivierte Lehrer dort nicht arbeiten wollen und lieber Jobs in der freien Wirtschaft suchen. Diese Lage hat sich aber seit 2012 zum Guten verändert: Lehrer wurden besser bezahlt, Schüler bekamen Hilfsstunden usw.

Die Schulen im arabischen Sektor verfügen über noch kleinere Budgets und an den Bildungseinrichtungen der Ultraorthodoxen werden weltliche Fächer wie Mathematik, Wissenschaft oder Englisch oftmals gar nicht erst unterrichtet, was den Zugang dieser Bevölkerungsgruppe zum Arbeitsmarkt weiter blockiert.

Fazit

Dieses Kapitel kehrt noch einmal zu den Fragen zurück, die zu Beginn des Beitrags angesprochen wurden.

1. Das Bevölkerungswachstum in Israel war höher als in allen anderen entwickelten Industriestaaten. Wie aber hat das Land es geschafft, dass weder eine Massenarbeitslosigkeit einsetzte noch ein Rückgang des Bruttoinlandsprodukts pro Kopf zu verzeichnen war? Wenn man sich mit diesem Thema näher auseinandersetzt, sollte immer zwischen einer demografischen Entwicklung differenziert werden, deren Dynamik durch Zuwanderung ausgelöst wird, und einer solchen, die auf natürlicher Vermehrung basiert. Wie bereits ausführlich dargestellt, bestand mit Ausnahme einiger kurzer Phasen wie in Momenten einer Masseneinwanderung ein durchaus positiver Zusammenhang zwischen Migration und BIP-Wachstum. Dies lässt sich anhand einiger simpler statistischer Analysen auf jeden Fall sagen. Doch wie ist es um die Kausalität bestellt? Geschah dies, weil die Zuwanderer von wachsenden Volkswirtschaften generell angezogen werden, oder sind sie es, die das Wachstum erzeugen? Die absolute Mehrheit der Zuwanderer kam anfangs deshalb nach Israel, weil sie aus ihren Heimatländern vertrieben wurde, sodass es weniger die ökonomischen Perspektiven des jungen Staates waren, die sie anzogen. Das belegt die These, dass Migration durchaus wirtschaftliches Wachstum zu erzeugen vermag. Die Erklärungen, warum das so ist, sind zahlreich wie auch komplex und sprengen den Rahmen dieses Beitrags. Ein zentraler Deutungsansatz aber besagt, dass Zuwanderer besonders dynamisch sind, über eine Vielzahl an Kompetenzen verfügen und somit das Innovationspotenzial vergrößern können. Zumeist sind sie auch sehr motiviert, mittels Arbeit und persönlicher Leistung in ihrer neuen Heimat Fuß zu fassen und die soziale Leiter nach oben zu klettern. Das sind jedoch keine allgemeingültigen Regeln. Im Falle Israels hing das auf jeden Fall weitestgehend von dem gleichzeitig mit den Zuwanderern ins Land strömende Kapital ab. In den Jahren zwischen 1950 und 1972 war es vor allem das Sachkapital, in der Phase zwischen 1990 und der Gegenwart vor allem das Humankapital der Zuwanderer. Ihr erfolgreicher Einsatz, außer in den Jahren 1973–1989, war weitestgehend von den jeweils dominanten Vorstellungen in der Wirtschaftspolitik abhängig, die in den einzelnen Phasen durchaus unterschiedlich ausfallen konnten, aber den Rahmenbedingungen und Voraussetzungen ihrer Zeit dennoch entsprechen sollten.

2. Die demografische Dynamik in Israel ging einher mit einer zunehmenden Differenzierung der Bevölkerung. Zwischen den einzelnen ethni-

schen und religiösen Milieus existierten anfänglich tiefe Gräben sozialer, wirtschaftlicher und kultureller Natur. Aus rein ökonomischer Perspektive stellt sich daher die Frage, ob sich die verschiedenen Gruppen sukzessive annäherten oder ob sich die Klüfte zwischen ihnen weiter vergrößerten? Die Antworten dazu dürften gemischt ausfallen. Innerhalb des jüdischen Sektors ist die Herkunft des Einzelnen ein weniger entscheidendes Kriterium als früher. Dafür haben sich neue Gräben entlang wirtschaftlicher, ethnischer und religiöser Linien aufgetan. Studien haben belegt, dass die Diskriminierung von Misrachim bei Löhnen und Gehältern kaum noch augenfällig ist. Dafür besteht sie zwischen Juden und Arabern durchaus weiter. Auch die Familiengröße hat sich im Laufe der Jahrzehnte zwischen Aschkenasim und Misrachim weitestgehend angeglichen. Wenn aber religiöse Kriterien die Basis bilden, dann sieht man eine wachsende Kluft zwischen ultraorthodoxen Juden mit ihren zahlreichen Kindern und den eher säkularen Israelis. Angesichts dieser Entwicklungen sind eher Zweifel erlaubt, dass sich die Unterschiede zwischen den verschiedenen Milieus verkleinert haben. Sehr wohl aber hat sich die hebräische Sprache zu einer großen gesellschaftlichen Klammer entwickelt. Heute ist das moderne Hebräisch nicht nur die dominante Sprache im Alltag, sondern findet ihren Ausdruck auch in einer reichhaltigen wie auch vielfältigen Literatur.

3. Welche Auswirkungen hatten die zahlreichen militärischen Konfrontationen und die oftmals angespannte Sicherheitslage auf die israelische Volkswirtschaft? Wie die Entwicklungen gezeigt haben, blieben ihre direkten Einflüsse auf den Wachstumsverlauf relativ moderat. Die beidseitige Unabhängigkeit der öffentlichen Politik von der Sicherheitslage ist unter anderem eine Folge der Verkleinerung der Sicherheitsausgaben. Eine der Erklärungen dafür sind die, gemessen am Bruttoinlandsprodukt, überraschend geringen Ausgaben für die Landesverteidigung, die aber deutlich höher ausfallen würden, wenn die Maßnahmen zur Sicherung der jüdischen Siedlungen in den besetzten Gebieten in die Statistiken mit einbezogen worden wären.

4. Wie ist es um die Rolle der Regierung in der Wirtschaft bestellt? Am Beispiel der Reformen der vergangenen zwanzig Jahre lässt sich durchaus erkennen, dass eine Reduzierung der staatlichen Interventionen in wirtschaftliche Entscheidungsprozesse zu einer deutlich besseren ökonomischen Leistungsfähigkeit führte. Auf jeden Fall wurden diese mit großer Vorsicht umgesetzt. Einige relevante Institutionen verfügen weiterhin über Möglichkeiten zum Eingriff, um beispielsweise eine Preisstabilität zu gewährleisten. All das hatte bis dato sehr positive Auswirkungen auf das wirtschaftliche Wachstum.

Trotzdem hängen konjunkturelle Entwicklung und wirtschaftliche Stabilität nicht allein von den Interventionsmöglichkeiten mittels Geldpolitik ab. Auch der soziale Zusammenhalt ist von entscheidender Bedeutung und genau dieser wurde in der Vergangenheit vernachlässigt. Das beginnt bei dem Nichtvorhandensein von politischen Konzepten zur Beseitigung gravierender Ungleichheiten und zieht sich angesichts des Unwillens des Staates, korrigierend auf den Arbeitsmarkt einzugreifen, wie ein roter Faden durch das Reformwerk der vergangenen Jahre. Wenn die Politik nichts gegen die sich verschärfenden sozialen Konflikte unternimmt, wird der Anteil der wirtschaftlich ausgegrenzten und marginalisierten Menschen an der israelischen Gesamtbevölkerung sprunghaft ansteigen. Die sich daraus ergebenden negativen Folgen für die israelische Volkswirtschaft sind nur schwer einzuschätzen.

Aus dem Englischen von Ralf Balke

Literatur

Baharal, Uri, The Effect of the Mass Immigration on Salaries in Israel, Jerusalem 1965 (hebr.).

Bank of Israel, Annual Report, versch. Jahrgänge.

Barkai, Haim, The Public Sector. The Histadrut Sector and the Private Sector in Israel's Economy, Jerusalem 1964.

Ben-Bassat, Avi, The Israeli Economy 1985–1998: From Government Intervention to Market Economy, Cambridge/Mass. 2002.

Ben-Porath, Yoram (Hrsg.), The Israeli Economy: Maturing through Crises, Cambridge/Mass. 1986.

Berglas, Eitan, Defense and the Economy, in: Ben-Porath, Yoram (Hrsg.), The Israeli Economy: Maturing through Crises, Cambridge/Mass. 1986, S. 173–191.

Bruno, Michael/Fischer, Stanley, The Inflationary Process: Shocks and Accommodation, in: Ben-Porath, Yoram (Hrsg.), The Israeli Economy: Maturing through Crises, Cambridge/Mass. 1986, S. 347–371.

[The] Central Bureau of Statistics, Statistical Abstract of Israel, versch. Jahrgänge.

Gabai, Yoram., Political Economy, Tel Aviv 2009 (hebr.).

Gould, Eric D./Lavy, Victor/Paserman, M. Daniele, Sixty Years after the Magic Carpet Ride: The Long-Run Effect of the Early Childhood Environment on Social and Economic Outcomes, in: The Review of Economic Studies, 78 (2011) 3, S. 938–973.

Halevi, Nadav, The Exchange Rate in Israel, Policy and Opinion, in: Revue Économiqe, 30 (1979) 1, S. 10–30.

Halevi, Nadav/Klinov-Malul, Ruth, The Economic Development of Israel, Jerusalem 1968.

Hleihel, Ahmad, Fertility among Jewish and Moslem Women by Level of Religiosity 1979–2009. Central Bureau of Statistics, Jerusalem 2011 (hebr.).

Hovne, Avner, The Labor Force in Israel, Jerusalem 1961.

Kimhi, Ayal, Income Inequality in Israel, in: Ben-David, Dan (Hrsg.), State of the Nation: Society, Economy and Policy 2010, Jerusalem 2011, S. 113–151.

Israel's Security Expenditures 1950–2006, 2007 (hebr.).

Klinov, Ruth, Decisions and Policies Regarding Palestinian and Other Foreign Workers, in: Hacohen, Devorah/Lissak, Moshe (Hrsg.), Crossroads of Decisions in Israel, Jerusalem 2010.

Metzer, Jacob, The Slowdown in Economic Growth: A Passing Step or the End of the Big Spurt?, in: Ben-Porath, Yoram (Hrsg.), The Israeli Economy: Maturing through Crises, Cambridge/Mass. 1986, S. 75–100.

Ofer, Gur, Public Spending on Civilian Services, in: Ben-Porath, Yoram (Hrsg.), The Israeli Economy: Maturing through Crises, Cambridge/Mass. 1986, S. 192–208.

Ralf Balke

Aspekte sozialer Sicherung

Renten

Wie die meisten anderen OECD-Staaten musste auch Israel aufgrund zahlreicher Faktoren wie beispielsweise einer steigenden Lebenserwartung, die zu den höchsten in der Welt gehört (80,3 Jahre bei Männern und 83,9 Jahre bei Frauen), sowie der vergleichsweise hohen Zahl von Personen, die nie einem Beschäftigungsverhältnis nachgegangen waren, sein umlagefinanziertes Rentensystem grundlegend reformieren. Ein wesentlicher Baustein der Reform ist die stufenweise Anhebung des Renteneintrittsalters. Seit 2004 gehen israelische Männer nicht mehr mit 65 Jahren in den Ruhestand, sondern mit 67 Jahren. Statt wie früher mit 60 Jahren hören israelische Frauen mittlerweile mit 62 zu arbeiten auf. 2017 soll dies erst mit 64 Jahren möglich sein. Eine Frühverrentung wie in Deutschland ist unbekannt; wer freiwillig länger arbeitet, erhält für jedes Jahr Rentenaufschub einen Aufschlag von fünf Prozent. 19,4 Prozent aller Israelis arbeiten bis zum Alter von 70 Jahren (OECD-Durchschnitt 25,5 Prozent).

Arbeitnehmer zahlen ab einem Einkommen von 4 100 NIS (= New Israeli Sheqel; ca. 820 Euro nach Umtauschkurs Ende 2013), was dem Mindestlohn nahekommt, Beiträge in Höhe von 0,22 Prozent bis hin zu 60 Prozent des nationalen Durchschnittseinkommens, das Anfang 2012 bei 8 619 NIS (ca. 1 730 Euro nach dem Umtauschkurs von Januar 2012) lag, sowie 3,85 Prozent ihres über dieser Schwelle liegenden Entgelts an die israelische Nationalversicherung Bituach Leumi. Wer weniger als 4 100 NIS monatlich verdient, entrichtet Beiträge, die sich am Beitragssatz, der für 4 100 NIS zu leisten ist, orientieren. Die Beitragsbemessungsgrenze selbst entspricht dem Fünffachen des Durchschnittseinkommens vom Januar 2012.

Die erste Säule der Altersvorsorge bildet die gesetzliche Rentenleistung, die nicht an das jeweilige Einkommen gekoppelt ist. Für Alleinstehende beträgt sie 17,7 Prozent des für die Berechnung der gesetzlichen Altersrenten relevanten Grundbetrags pro Monat in Höhe von 8 370 NIS (ca. 1 670

Euro), bei Ehepaaren sind es 26,6 Prozent. Wer eine Versicherungsdauer von zehn Jahren überschreitet, bekommt einen Aufschlag von zwei Prozent bis hin zu maximal 50 Prozent. Senioren, deren Einkommen inklusive der gesetzlichen Rente unter dem Existenzminimum liegt, erhalten abhängig vom Familienstand sowie Kinderzahl zwischen 28,8 Prozent und 62,9 Prozent des maßgeblichen Grundbetrages als Zuschlag. Die Einkommensarmutsquote unter israelische Senioren über 65 Jahren ist trotzdem verhältnismäßig hoch und liegt bei 20,8 Prozent (OECD-Durchschnitt 12,8 Prozent).

Zusätzlich setzt man verstärkt auf die betriebliche Altersvorsorge als zweite Säule. Vor 2008 war diese freiwillig, seither sind Arbeitnehmer verpflichtet, auf ihren Verdienst bis zur Höhe des Durchschnittseinkommens Beiträge von 15 Prozent zu entrichten. Der Arbeitnehmer übernimmt ein Drittel, der Arbeitgeber zwei Drittel des zu zahlenden Beitrages. Dabei dient die Hälfte des Arbeitgeberbeitrages als Abfindungsfonds im Fall einer Entlassung; bei dessen Inanspruchnahme verringert sich die betriebliche Rente.

Als dritte Säule gewinnt die private Altersvorsorge zunehmend an Bedeutung. 81,8 Prozent aller Israelis legen Geld gezielt für den Lebensabend zur Seite und investieren es in die verschiedensten Anlageformen. Damit gehört Israel zu der Gruppe von OECD-Staaten, in denen mittlerweile zwischen 30 und 45 Prozent der Renteneinkommen aus Kapitalerträgen stammen. Der Staat fördert diesen Trend, legt dabei aber auch Wert darauf, dass das Geld in weniger riskante Investitionen fließt. Wer seit 1995 mit dem Rentensparen begonnen hat, kann deshalb seit 2009 ohne Strafgebühren oder Steuern seine Rentenersparnisse zwischen Lebensversicherungen oder Vorsorgefonds problemlos umschichten.

(Stand 2013, Quelle: OECD)

Arbeitsverhältnisse und Sozialrecht

Die Höhe der Gehälter von abhängig Beschäftigten in Israel kann auf drei Arten ausgehandelt werden:
1. gewerkschaftlich für ganze Berufsgruppen auf tariflicher Basis;
2. individuell und temporär zwischen dem Arbeitnehmer und Arbeitgeber;
3. von Subunternehmern und privaten Arbeitsagenturen abhängig von der Konjunktur und Marktsituation mit dem jeweiligen Auftraggeber.

Bis in die frühen 1990er-Jahre hinein dominierte die erste Art, da rund 84 Prozent aller Arbeitnehmer gewerkschaftlich organisiert waren. Davon gehörten 95 Prozent der Histadrut an, der Rest verteilte sich auf einen kleinen und dem Likud nahestehenden Verband (»Histadrut Haovdim Haleumit«), der Lehrergewerkschaft (»Irgun Hamorim«) sowie der Vertretung der im Gesundheitswesen Arbeitenden (»Hahistadrut Harefuit«). Die Zahl der gewerkschaftlich Organisierten sank sukzessive auf mittlerweile unter 32 Prozent (OECD-Durchschnitt 2013: 16,9); zudem betraten weitere und unabhängige Gewerkschaften wie die 2009 gegründete »Koach L'ovdim« (Kraft den Arbeitern) die Bühne, die rund 7 000 Arbeitnehmer aus den verschiedensten Branchen vertritt, oder kleinere Arbeitnehmervertretungen, die die Interessen von Berufsgruppen, zum Beispiel von Universitätsmitarbeitern oder Journalisten, wahrnehmen. Die Anzahl der in der zweiten Gruppe Erfassten betrifft mittlerweile über 41 Prozent aller Arbeitnehmer, vor allem gut ausgebildete aus den Hightechberufen, aber auch solche, die Aushilfstätigkeiten übernehmen, oder Studenten. Der Rest fällt unter die dritte Gruppe; hierbei handelt es sich um Arbeitsverhältnisse, die oftmals prekär sind.

Generell gilt seit 1988 ein gesetzlich verankertes Diskriminierungsverbot aufgrund des Geschlechts, ethnischer Herkunft, Religion, Alter sowie sexueller Orientierung oder Behinderung.

Für gewerkschaftlich organisierte Arbeitnehmer gelten im Fall einer Entlassung folgende Kündigungsfristen: Einen Tag im Voraus für jeden Monat des Beschäftigungsverhältnis im ersten Jahr, 14 Tage im zweiten, 21 Tage im dritten sowie einen Monat für die Zeit danach muss ein Arbeitgeber seinen Mitarbeiter über diesen Schritt vorab informieren. Die zu zahlende Abfindung beträgt ein Monatsgehalt pro Jahr Betriebszugehörigkeit. Kollektive Entlassungen sind nur in Absprache mit der jeweiligen Gewerkschaft erlaubt. Für nicht gewerkschaftlich organisierte Arbeitnehmer ist der Kündigungsschutz fallabhängig geregelt.

Der Mindestlohn pro Stunde beträgt seit April 2015 25 NIS (ca. 5 Euro), pro Monat bei Vollzeitarbeit 4 650 NIS (ca. 950 Euro).

Die Beschäftigung von Minderjährigen im Alter von unter 15 Jahren ist gesetzlich verboten.

Mutterschutz besteht für den Zeitraum von 26 Wochen, die ersten 14 Wochen davon zahlt Bituach Leumi das Gehalt weiter. Voraussetzung dafür ist eine Betriebszugehörigkeit von mindestens einem Jahr. Nach einer Rückkehr auf ihren Arbeitsplatz steht Müttern ein Kündigungsschutz von 60 Tagen zu.

Arbeitnehmer haben in den ersten vier Jahren des Beschäftigungsverhältnisses einen gesetzlichen Anspruch auf 14 Tage bezahlten Urlaub, im fünften 16 Tage, im sechsten 18 Tage und im siebten 21 Tage, danach sind bis zu 28 Tage möglich.

Im Fall von Krankheit erhalten Arbeitnehmer, soweit nicht über einen besonderen Fonds abgedeckt, für den ersten Tag kein Gehalt, für den zweiten und dritten Tag der Fehlzeit 50 Prozent und danach für maximal 90 Tage 100 Prozent ihres Gehalts.

Israelische Staatsbürger im Alter zwischen 18 und 65 Jahren haben unter der Voraussetzung Anrecht auf Arbeitslosenunterstützung, dass ihr Arbeitgeber in die entsprechende Versicherung eingezahlt hat. Das gilt gleichfalls für frisch vom Armeedienst entlassene Rekruten, die nicht sofort einen Arbeits- oder Ausbildungsplatz finden. Wer selbst die Beiträge entrichtet hat, kann auch als nicht israelischer Staatsbürger Ansprüche erheben. Personen, die Freiberufler sind, keinerlei Erwerbsbiografie vorweisen können oder Mitglied eines Kibbuz sind, besitzen keinen Anspruch auf Arbeitslosengeld. Die Bezugsdauer und -größe sind abhängig vom Alter, Familienstand sowie der Anzahl der unterhaltspflichtigen Kinder, maximal sind 80 Prozent des letzten Gehalts für einen Zeitraum von zwölf Monaten vorgesehen, danach können Erwerbslose Sozialhilfe empfangen, deren Umfang von denselben Kriterien abhängt.

Eltern haben ebenfalls Anspruch auf Kindergeld. Für das erste und zweite Kind werden 140 NIS (ca. 25 Euro) ausgezahlt. Stieg für vor 2003 Geborene ab dem dritten die gesetzliche Leistung sukzessive auf bis zu 354 NIS (ca. 60 Euro) pro Sprössling an, so sind es seit 2013 für danach zur Welt gekommene Kinder pauschal nur noch 140 NIS. Gezahlt wird, bis der Nachwuchs mit 18 Jahren die Volljährigkeit erreicht.

(Quelle: OECD, ILO, Bituach Leumi)

Reinhard Engel

Erfindungsreichtum und Hightechindustrie

Lange Jahre galt der israelische Kibbuz international als Paradebeispiel einer sozialistischen Arbeits- und Lebensform. In selbstverwalteten ländlichen Gemeinschaften wurde das Land bestellt, demokratisch fällten die Mitglieder Entscheidungen über Investitionen, Kindererziehung und kulturelle Angelegenheiten. Doch die Kibbuzbewegung sollte sich innerhalb einiger Jahrzehnte dramatisch verändern. Die Mitglieder legten größeren Wert auf individuelle Freiheiten, man engagierte Arbeitskräfte und Manager von außen, eine tiefe ökonomische Krise – nicht unähnlich jener in der europäischen Staatsindustrie – zwang manche Kibbuzim zur Aufgabe, die meisten überlebenden zu drastischen Reformen.

Heute leben in den Kibbuzim etwa 120 000 Menschen, das entspricht kaum mehr als zwei Prozent der jüdischen Bevölkerung des Landes. Ihre ökonomische Bedeutung darf aber dennoch nicht unterschätzt werden: Sie produzieren 40 Prozent der landwirtschaftlichen Erzeugnisse, sieben Prozent der Industriegüter und tragen zum nationalen Tourismusumsatz etwa zehn Prozent bei. Entsprechend vielfältig sind auch ihre wirtschaftlichen Aktivitäten, weit über Obstanbau und Viehzucht hinaus.

Der historisch erste Kibbuz etwa, Degania A nahe dem See Genezareth, erzeugt heute neben landwirtschaftlichen Produkten auch Werkzeuge für Diamantenschleifer. Kiryat Anavim, in den Weingärten westlich von Jerusalem gelegen, bietet seinen Besuchern ein elegantes, modernes Spa mit speziellen Behandlungen auf Weinbasis. Nahsholim südlich von Haifa baut Bananen und Baumwolle an und betreibt daneben eine Plastikfabrik sowie ein Hotel am Meer. Ma'agan Michael ganz in der Nähe widmet sich neben der Fischzucht der Herstellung von Plastikteilen und Baugruppen für die Elektronikindustrie. Sasa in Galiläa besitzt mit Plasan eine Spezialfirma für Kugel- und Splitterwesten sowie für die Armierung von Fahrzeugen. Tzora bei Jerusalem erzeugt neben Wein noch Rollstühle und stellt heiratswilligen Paaren einen *wedding venue* zur Verfügung, eine Art modernen Ballsaal. Lavi im Norden betreibt ein Hotel für orthodoxe Gäste und erzeugt Möbel für Synagogen.

Aber einige backen größere Brötchen; sie haben es geschafft, zu Global Players aufzusteigen. Die drei Kibbuzim Hatzerim, Yiftach und Magal in der Negevwüste entwickelten ihr Tröpfchenbewässerungssystem unter der Marke »Netafim« bis zum Weltmarktführer. Vor drei Jahren verkauften sie die Mehrheit an den europäischen Investmentfonds Permira und sind jetzt nur mehr Minderheitseigentümer. Netafim ist rund um den Erdball aktiv, in 110 Ländern. Seine 2200 Mitarbeiter bauen riesige Anlagen für die Kultivierung von Kartoffeln in China, sie bewässern Teeplantagen in Tansania, Baumwollfelder in Indien, Zuckerrohrfelder auf den Philippinen, Apfelhaine in Polen und Weingärten in Österreich. Die Schläuche, Pumpen und Steuerungen werden in 14 Fabriken erzeugt, nur drei davon stehen in Israel. Und Netafim hat längst mehr anzubieten als bloß Plastikschläuche mit feinen Poren: Heute verkauft das Unternehmen komplexe Systeme, bei denen Sensoren und Wetterstationen mit den Büros der Landwirte online verbunden sind.

Ähnlich international verankert, wenn auch in einer ganz anderen Branche, ist Teva, Israels bedeutendster Pharmakonzern. Teva, 1901 als kleine Drogerie gegründet, gilt als weltgrößter Produzent für Generika. Die günstigeren »Nachbauten« von Medikamenten bieten wegen der überall explodierenden Gesundheitsbudgets langfristig einen großen Wachstumsmarkt. Im Jahr 2014 setzte die Gruppe 20,3 Milliarden US-Dollar um und beschäftigte mehr als 46000 Mitarbeiter in 60 Ländern. Teva konnte in den letzten Jahrzehnten eine beispiellose globale »Einkaufstour« hinlegen, mit Übernahmen in Nordamerika, aber auch auf anderen Kontinenten. So erwarben die Israelis etwa die deutsche Generikagruppe Ratiopharm inklusive deren Tochterfirmen in Westeuropa und wurden damit zu einem bedeutenden Akteur in diesem Marktsegment.

Doch das Management hat in den letzten Jahren die einst klare Strategie etwas verwässert: Um den sinkenden Margen bei Generika zu begegnen, setzte man verstärkt auf Eigenentwicklungen und kaufte auch »klassische« Pharmaunternehmen wie die amerikanische Cephalon zu. Und auf einmal sieht sich Teva selbst als Gejagten: 2014 lief etwa ein Patent für eines der weltweit profitabelsten Medikamente von Teva aus und nun knabbern die Konkurrenten ihrerseits mit eigenen Nachbauten an diesem Markt.

Israels größter Exporteur ist ein US-Unternehmen: Intel. Im Rekordjahr 2012 beliefen sich seine Ausfuhren von Halbleitern auf mehr als 4,6 Milliarden US-Dollar. Das bedeutet, dass allein in diesem Jahr aus seiner Fabrikation rund 20 Prozent aller Hightechexporte des Landes stammten oder zehn Prozent sämtlicher industrieller Exporte Israels (ausgenommen Diamanten). Und Intel wächst weiter kräftig: Allein sechs Milliarden US-Dollar investiert der US-Technologiekonzern seit 2015 in eine neue

Chipfabrik in Israel. Das ist mit Abstand die größte Einzelinvestition eines Privatunternehmens in der Wirtschaftsgeschichte des Landes. Im Jahr 2014 beschäftigte der Konzern beinahe 10 000 Frauen und Männer in Israel – und vergab zusätzlich Aufträge an etwas mehr als 20 000 Menschen in Zulieferbetrieben oder Partnerfirmen.

Start-up-Unternehmen in Jerusalem, 2014

Intel ist seit Anfang der 1970er-Jahre in Israel aktiv. Der Beitrag des Unternehmens zur Entwicklung der gesamten IT-Branche im Land dürfe nicht gering geschätzt werden, argumentieren Dan Senor und Saul Singer in ihrem Buch »Start-up Nation. Was wir vom innovativsten Land der Welt lernen können«. »Das israelische Team begann mit einer Investition von gerade einmal 300 000 Dollar und mit fünf Angestellten. Aber das Unternehmen sollte über die Jahre Israels größter Arbeitgeber werden. […] Auch wenn die Investition von Intel am Anfang wie ein riskantes Spiel wirkte, sollte sie dann auch ganz entscheidend für den Erfolg der gesamten Firma werden.« Die beiden Autoren zählen einige der Erfolge der israelischen Ingenieure von Intel auf: Dazu gehörten etwa das Design für Chips in den ersten IBM-PCs oder die ersten Pentium-Chips, die für die weitere Entwicklung von Laptops eine entscheidende Rolle spielten.

Senor und Singer stellen sich in ihrem Buch die schwierige Frage: Wie konnte Israel mit kaum mehr als sieben Millionen Einwohnern innerhalb

Stand des Software-Technologieunternehmens Check Point während der Cybertech-Konferenz 2016 in Tel Aviv

von bloß 60 Jahren seines Bestehens in die globale wirtschaftliche Oberliga vorstoßen? Und das in »einem provinziellen und isolierten Land«. Einige Kennzahlen sprechen für sich: Bei der zivilen Forschungsquote liegt Israel laut »Start-up Nation« mit 4,5 Prozent weltweit an der Spitze – vor Japan, den USA und Deutschland. Mit 63 Unternehmen an der Technologiebörse NASDAQ hat Israel bereits Kanada überholt, das in den USA zuletzt das wichtigste Herkunftsland ausländischer Firmen war. Alle übrigen Nationen folgen unter ferner liefen. Und bei der Kennzahl »Risikokapital pro Kopf der Bevölkerung« liegt Israel beinahe um das Dreifache vor den USA – die besten Europäer bleiben auch hier weit abgeschlagen.

Die israelischen Hightechunternehmen sind in vielfältigen Subbranchen aktiv: Sie beschäftigen sich mit Apps und Marketing auf mobilen Endgeräten, sie erzeugen medizintechnische Geräte auf höchstem Niveau, sie bearbeiten Big-Data-Probleme für internationale Konzerne und sie haben sich auf ein ganz heikles Feld spezialisiert: Cybersecurity. Allein einer der größten dieser Branche, Check Point, mittlerweile längst ebenfalls am NASDAQ notiert, zählt weltweit 100 000 Firmenkunden, darunter so unterschiedliche wie den deutschen Haushaltsgerätehersteller Miele, den Schweizer Versicherer Swiss Re oder den japanischen Maschinenbauer Mitsubishi Heavy Industries.

Roboter, ausgestattet mit künstlicher Intelligenz aus Israel, im Museum für Wissenschaft in Haifa

Das Buch »Start-up Nation« gibt keine einfachen Antworten, wie es zu diesen Erfolgen kommen konnte. Senor und Singer liefern allerdings eine Fülle von sorgfältig recherchiertem Material. Dabei erstaunt, wie viele – oft komplexe und gewagte – Einzelentscheidungen zu dieser Entwicklung beigetragen haben. Dazu gehört etwa die umfassende Transformation einer eher sozialistisch ausgerichteten Gesellschaft zu einem kapitalistischen Entwicklungsmodell mit staatlich gefördertem Risikokapital, mit Hightech-gründerzentren und ganzen Universitätsabteilungen zur Umsetzung von Forschungsergebnissen in Produkte. So hält etwa allein das Technion in Haifa 60 Beteiligungen an Unternehmen, die von Professoren oder Assistenten – mithilfe der Universität – gegründet worden sind. Ähnliches gilt für die Hebrew University in Jerusalem, für die Tel Aviv University und für das Weizmann-Institut.

Diese jungen Unternehmenspflänzchen müssen sorgfältig gehegt werden. Zwar gibt es in Israel mittlerweile ein sehr breites, gut funktionierendes »Biotop« von Risikokapitalfirmen und auch aus den USA strömt schon seit Jahren stetig Venturecapital ins Land. Aber diese Investoren haben einen konkreten Zeithorizont für ihre Anlage, etwa fünf Jahre, und sie müssen einen Ausstieg planen können, entweder über einen Börsengang oder über den Verkauf an einen großen internationalen Konzern. Laut Benjamin Soffer, Geschäftsführer für Technologietransfer am Technion, sind die

Uni-Start-ups dafür meist noch zu klein oder zu unsicher. »Man muss sie also über die ersten 18 bis 24 Monate drüber bringen, mit Unterstützung der Universität und mit Geld von Business Angels.« Wenn diese schwierige Phase überstanden ist, fließt auch das Geld von den Investoren. So konnten Technion-Gründungen innerhalb von drei Jahren immerhin 160 Millionen US-Dollar an Kapital einsammeln.

Da Israel – vor dem gerade beginnenden Gasboom – kaum über nennenswerte Rohstoffe verfügte, setzte die Wirtschaftspolitik vorrangig auf Intelligenz und Innovation. Das bedeutete auch eine optimale Einbindung der hoch qualifizierten Zuwanderer oder Rückwanderer. So fanden etwa viele russische Mathematiker oder Physiker in der israelischen Wirtschaft schon Jobs, noch ehe sie korrekt Hebräisch sprachen. Einen entschiedenen Beitrag lieferten aber auch stets Israelis, die es im Ausland, vor allem in den USA, zu etwas gebracht hatten und dann dafür sorgten, dass globale Konzerne wichtige Schlüsseltechnologien in Israel ansiedelten oder dort entwickeln ließen: neben Intel etwa Cisco, IBM, Microsoft oder Siemens.

Die Autoren von »Start-up Nation« beschreiben auch detailliert die Rolle der Armee in diesem Wirtschaftssystem: nicht nur als Käufer hoch entwickelter technischer Systeme, sondern auch als Betreiber eigener Forschungs- und Entwicklungsstätten, für deren Labors alljährlich die Jahrgangsbesten an den Mittelschulen rekrutiert werden. Später können diese Ingenieure und Techniker die dort erworbenen Fähigkeiten in der Privatwirtschaft einsetzen. Oft werden auch in der Armee jene informellen Beziehungsnetzwerke geknüpft, die dann im Geschäftsleben zu schnellen Allianzen, Kooperationen und Firmengründungen führen.

Es waren traumatische Erlebnisse, die die Israelis zum Aufbau einer eigenen Waffenproduktion zwangen: ein überraschend ausgesprochener Boykott des Schlüssellieferanten Frankreich. Vor allem bei Flugzeugen war das Land sehr stark von diesem abhängig gewesen und in einem Kraftakt wurde eine einschlägige Industrie aus dem Boden gestampft – erst mit Kopien französischer Mirage-Jets, dann mit Adaptionen, schließlich mit Neuentwicklungen. Ähnliches passierte auf dem Gebiet der Panzerwaffe. Auf Druck der USA mussten die Israelis dann allerdings die Produktion eines eigenen, bereits vollständig entwickelten Kampfflugzeuges aufgeben – man kauft weiter in den USA. Im Gegenzug liefert Israel allerdings vielfältige, teils komplexe Baugruppen an amerikanische Konzerne. Selbst erzeugt werden unter anderem Infanteriewaffen, Kommunikations- und Aufklärungssysteme, Drohnen, Raketen, Anlagen zur Raketenabwehr, sogar Satelliten. Hinter all dieser militärischen Hardware liegen umfangreiche Steuerungs- und Messsoftwarelösungen, die Exporterlöse dafür waren in den letzten Jahren beträchtlich.

International wohl am bekanntesten ist »Iron Dome«. Das Raketenabwehrsystem hat in Israel während des Gazakriegs 2014 (und bereits davor, als die Hamas Israel täglich mit Raketen angriff) nicht nur Leben von Soldaten und Zivilisten geschützt, sondern auch die Wirtschaft vor teuren Unterbrechungen bewahrt. Das System war lange Zeit umstritten gewesen, immer wieder hatte es geheißen, es könne nicht funktionieren. Doch das Rüstungsunternehmen Rafael Advanced Defence Systems entwickelte gemeinsam mit Partnern Iron Dome innerhalb weniger Jahre zur Einsatzreife – mit finanzieller Unterstützung der US-Amerikaner.

Entscheidend für dessen Funktionieren sind nicht nur die Abwehrraketen selbst, sondern vor allem das Radar, das die gegnerischen Raketen (oder Mörsergranaten) frühzeitig erkennt. Dieses wurde von Elta, einem Tochterunternehmen von Israel Aerospace Industries (IAI) gemeinsam mit der Armee entwickelt. Die dritte Komponente stellt ein äußerst leistungsfähiges Leitsystem dar, entwickelt von MPrest Systems, einem israelischen Softwareunternehmen. Es berechnet die voraussichtliche Flugbahn der heranfliegenden Geschosse und vergleicht sie mit vorher festgelegten Sicherheitszonen. Abgefeuert werden die teuren Geschosse nur, wenn Gefahr für Siedlungen oder Industrieanlagen droht.

Doch Iron Dome ist nicht das einzige Abwehrsystem Israels. Für weiter reichende Raketen befindet sich das System »David's Slang« in Entwicklung, auch manchmal »Magic Wand« genannt. Es richtet sich gegen Angriffe aus 40 bis 300 Kilometer Entfernung. Produzenten sind Rafael und der US-Konzern Raytheon. Das Arrow-Raketenabwehrsystem schließlich ist auf ballistische Flugkörper, also solche großer Reichweite, ausgerichtet. Es soll diese schon vor Eintritt in die Atmosphäre abfangen und zerstören, durch die große Höhe sollen dabei etwaige chemische oder atomare Schadstoffe zerstreut werden. Arrow wird von einem Konsortium erzeugt, dem neben Israel Aerospace Industries unter anderen auch Boeing angehört.

Was Fahrzeuge betrifft, so hält Israel im Zivilbereich zur europäischen Industrie großen Abstand. Mit Ausnahme von einigen Zulieferbetrieben, die etwa Elektronikbauteile oder Magnesiumlegierungen herstellen, gibt es kaum eine Automobilbranche. Zwei Ausnahmen davon sind allerdings nennenswert.

Better Place war eines der weltweit ambitioniertesten Projekte für Elektromobilität, allerdings scheiterte es frühzeitig. 2007 hatte der ehemalige SAP-Manager Shai Agassi Better Place ins Leben gerufen und dafür enorme Summen an Risikokapital aufgestellt. Insgesamt 850 Millionen US-Dollar kamen von der Israel Corporation und von internationalen Schwergewichten wie GE Capital, HSBC und Morgan Stanley. Was hatte sie alle dazu gebracht, so viel zu investieren? Anders als regionale Versuche mit Elektroautos in Europa, die sich auf Fahrzeugflotten von Kraftwerksbetreibern oder Gemeinden beschränken, zielte Better Place auf den Massenmarkt eines ganzen Landes. Autofahrer in Israel sollten die Elektrofahrzeuge nicht bloß als Ministadtmobile nutzen können, sondern als vollwertige Erstautos zum täglichen Pendeln wie für die jährliche Urlaubsreise. Das macht eine komplexe Infrastruktur notwendig: dezentrale Ladestationen – vor dem Eigenheim, bei Bahnstationen oder auf den Parkdecks der Einkaufszentren. Für weitere Reisen waren Batteriewechselstationen vorgesehen, bei denen man den leeren Akku innerhalb weniger Minuten gegen einen vollen wechseln lassen kann.

Die Schwachstelle des Konzepts lag darin, dass sich nur ein einziger Automobilkonzern, nämlich Renault-Nissan, auf diese Technologie einließ, weswegen das Angebot mit einigen wenigen Modellen überschaubar blieb. Damit hielt sich auch das Interesse der wählerischen israelischen Kunden in sehr engen Grenzen: Statt der geplanten 100 000 Fahrzeuge verkaufte Better Place ab dem landesweiten Start gerade einmal 900. Die Insolvenz war die Folge.

Doch Israel Corporation wagte noch einen weiteren Versuch, diesmal mit klassischen Automobilen, angetrieben von Verbrennungsmotoren. In einem Joint Venture mit dem chinesischen Konzern Chery entwickelte man mithilfe von Magna International, bei null anfangend, ein neue Mittelklasselimousine: Qoros. Das Topmanagement wurde in Europa rekrutiert – bei den Besten der Zunft, bei Volkswagen, BMW, Mini und Volvo. Ähnliches galt für die Zulieferer des Autos aus der Retorte: Es handelte sich um Weltkonzerne wie Continental, Bosch, Valeo oder Microsoft. Gebaut wird der Qoros in China, seit 2014. Dort begann der Verkauf bereits, bald soll die Markteinführung in Europa folgen.

Auch andere Unternehmensgruppen können internationale Aktivitäten vorweisen. Dazu gehört nicht zuletzt die Immobilienentwicklung. Gekauft und gebaut wurde in Ost- und Westeuropa, aber auch in den USA und in Asien. Zu diesen Gruppen gehören etwa Africa Israel aus dem Imperium Lev Levievs, Shikun & Binui der Familie Arison oder Elbit Imaging von Motti Zisser.

Derartige Unternehmensgruppen haben in Israel beträchtliche ökonomische Macht konzentriert. So kritisierte etwa die Nationalbank in einem Bericht, dass 20 Familien rund die Hälfte der gesamten Wirtschaft beherrschten. In einem Papier der OECD liest man, die Konzentration in der israelischen Wirtschaft sei »problematisch«. Und sogar das ganz und gar nicht linke Wall Street Journal schrieb über »eine unproduktive ökonomische Struktur« der oft kompliziert verschachtelten Holdings oder »Pyramiden« mit zahlreichen Tochter- und Enkelfirmen.

So wissen oft viele Israelis nicht, dass sie die unterschiedlichsten Produkte und Dienstleistungen immer wieder bei derselben Firmengruppe einkaufen: Zu Nochi Dankners IDB Holding gehören etwa neben den Supermärkten von Shufersal der Mobilfunkanbieter Cellcom, die Internetfirma Netvision, der Herbizidhersteller Adama oder die Technologieholding Elron. Ähnliche Gruppen werden von den Familien Ofer mit ihrer Israel Corporation, von Tshuva mit Delek, von Recanati mit der Israel Discount Bank, von Blavatnik mit Clal Industries oder von Arison mit Shikun & Binui beherrscht. Sie managen so unterschiedliche Unternehmen wie Tankstellenketten, Transportfirmen, Zementwerke, Salzminen, Sportmodeläden, Banken oder Gasbohrinseln.

Oft erreichen derartige Holdings in einzelnen Branchen sehr hohe Marktanteile – mit entsprechenden Folgen. So hatte sich in Israel im Jahr 2011 eine der bisher mächtigsten Protestbewegungen des Landes an überhöhten Preisen für Milch, Joghurt und Hüttenkäse entzündet. Es gab eine Reihe von Großdemonstrationen und wochenlange Camps auf dem Tel Aviver Boulevard Rothschild. Die Demonstranten, junge Israelis aus den Mittelschichten, hatten für ihre Proteste gute Gründe. Die Kluft zwischen Arm und Reich in der israelischen Gesellschaft nimmt zu. Eine Kennzahl, der sogenannte Gini-Koeffizient misst das: Der Wert liegt zwischen null und eins, je höher er ist, desto ungleicher sind Vermögen und Einkommen in einer Gesellschaft verteilt. Für Israel beträgt der Gini-Koeffizient 0,39 und liegt damit klar über denen aller europäischen Länder, er ist sogar höher als jener für Großbritannien. Zum Vergleich: Deutschland rangiert mit 0,29 deutlich weiter im »harmonischen« Bereich, die »hartherzigen« USA überholen Israel mit 0,40 nur leicht.

Die ökonomischen Probleme der Mittelschicht haben mehrere Ursachen. Zunächst sind die im internationalen Vergleich hohen Preise auf mangelnden Wettbewerb im Handel und auf Importrestriktionen, um einheimische Produzenten, etwa Molkereien, zu schützen, zurückzuführen. Der fehlende Wettbewerb spiegelt sich auch im öffentlichen Bereich wider: So zahlen die Israelis hohe Strompreise – an einen Monopolisten. Das dürfte sich durch die Gasvorkommen im Mittelmeer zwar etwas entspannen, Ersatz für Konkurrenz zwischen verschiedenen Anbietern ist es aber nicht. Und schließlich stellen die rapide steigenden Wohnungspreise besonders für die jüngere Generation ein erhebliches Problem dar. Es gibt keinen öffentlichen Sozialwohnungsbau, private Investoren setzen eher auf den Luxusmarkt denn auf erschwinglichen Wohnraum für junge Familien. Ausländische Käufer – ob Franzosen, Engländer oder US-Amerikaner – treiben die Preise weiter nach oben. Das Interesse von Ausländern für Immobilien in Israel blieb in den letzten Jahren ungebrochen – in manchen

Städten, etwa Netanja oder auch Jerusalem, kaufen diese regelmäßig zwischen zehn und 30 Prozent aller neuen Wohnungen.

Die Regierung hat wohl eine Reihe von Maßnahmen beschlossen, so sollen die Preise für Grundstücke im Zentralraum Israels durch den Abzug von Militäreinrichtungen nach Süden oder verstärkte Aktivitäten der Antimonopolbehörde günstiger werden. Dennoch gibt es hier keine schnellen Lösungen und in israelischen Wahlkämpfen konnte die Ökonomie gegenüber der prekären Sicherheitslage immer mehr an Bedeutung gewinnen.

Viele junge, gut ausgebildete Israelis haben wegen der problematischen sozialen Situation ihrem Land den Rücken gekehrt und sind ins Ausland übergesiedelt – nicht unbedingt für immer, aber zumindest für einige Jahre. Sie arbeiten im kalifornischen Silicon Valley, an der New Yorker Wall Street oder in der Berliner Start-up-Szene. Manche, die nicht so weit weggehen wollten, erinnerten sich an leer stehende Immobilien in Israel. So sind in den letzten Jahren wieder vermehrt junge Familien in Kibbuzim auf dem Land gezogen. Sie wollen dort aber nicht Obstbau betreiben und den Sozialismus ihrer Vorfahren revitalisieren, sondern bloß in grüner, sicherer Umgebung wohnen und in die Städte pendeln – zu ihren Jobs in den Hochhäusern der Hightechbranche.

Gisela Dachs

Der Kibbuz Samar

Das moderne Israel war einst ein sozialistisches Projekt. Zu den ureigenen Erfindungen gehört der Kibbuz – eine landwirtschaftliche Gemeinschaftssiedlung, die auf dem Prinzip der Gleichheit beruhte und in der es kein Privateigentum gab. Obwohl selbst während seiner Glanzzeit in den ersten Jahrzehnten nach der Staatsgründung nie mehr als sechs Prozent der Juden des Landes in einem Kibbuz lebten, war dieser lange Zeit Inbegriff mustergültiger Lebensgestaltung. Damit ist es weitgehend vorbei, aber es gibt noch Orte, die sich bis heute erfolgreich von dieser Idee inspirieren lassen.

Samar, inmitten der steinigen Arava-Wüste, umrandet von roten Bergen und Dattelfeldern, ist so ein Ort. Von Tel Aviv sind es mit dem Auto gut vier Stunden bis zu dem südlichsten Zipfel des Landes. Der Flughafen von Eilat, eine halbe Stunde entfernt, hat Samar längst näher ans Zentrum des Landes rücken lassen, ebenso wie die Laptops, die es in jedem Haus gibt. Aber dennoch funktioniert hier das Zusammenleben seit vier Jahrzehnten nach seinen ganz eigenen Regeln – und ohne jegliches Sendungsbewusstsein. Dabei könnte man durchaus einiges lernen von den siebzig Familien, den Volontären und anderen Mitarbeitern. Wie etwa in einem gemeinschaftlich orientierten Leben durchaus dem Individualismus und dem Spaß an der Sache gehuldigt werden kann. Und warum zu funktionieren scheint, was unter anderen Umständen erfahrungsgemäß zum Ruin geführt hätte.

Eine der zentralen ursprünglichen Ideen aus der Gründungsphase in den 1970er-Jahren, die bis heute überlebt hat, ist die gemeinschaftliche Kasse. Früher war sie aus Holz und befand sich in einem für alle zugänglichen Schrank. Man musste nur aufschreiben, wie viel Geld man herausnahm, keinen Namen hinterlassen. Einmal in der Woche wurde die Kasse gefüllt, wenn nichts mehr da war, gab es nichts mehr. Jeder entschied für sich, wann er was brauchte. Die Kasse deckte die Bedürfnisse ab jenseits von den Grundleistungen wie Wohnen, Essen, Strom und Telefon, die bis heute allen Kibbuzmitgliedern selbstverständlich zur Verfügung gestellt werden. Um mit der Zeit zu gehen, wurden 1997 dann Kreditkarten für alle

Kibbuz Samar

eingeführt, das Prinzip aber blieb gleich. Jeder benutzt sie so, wie er es für richtig hält.

Wie überall ist man auch in Samar heute anspruchsvoller als früher. Die große Herausforderung bleibt der Umgang mit Bargeld, das man ja einfach mit der Karte abheben kann. Deshalb gibt es Richtlinien, wie viel eine Familie mit Kindern als Taschengeld braucht. Halten muss man sich an diese Richtlinien indes nicht. Diese Entscheidungsfreiheit gehört zu den Grundprinzipien des Zusammenlebens. Auf dieser amorphen Basis ist Samar aufgebaut. »Wir sind hierhergekommen, weil wir nicht wollten, dass andere für uns bestimmen«, sagen jene, die den Kibbuz mitbegründet haben. Deshalb geht es jetzt auch weniger darum, die Ausgaben zu beschränken, sondern darum, mehr Einkommensquellen zu schaffen.

Samar ist eine kleine industrielle Oase in der Wüste. Die Einkünfte stammen hauptsächlich aus dem Anbau von Biodatteln, andere Finanzquellen sind ein hoch technologisiertes Sortier- und Verpackungssystem, eine Milchwirtschaft samt Kuhstall und der Vertrieb von Fertigrasen sowie Tourismus. Es gibt aber unter den Mitgliedern auch Lehrer und Psychologen, die außerhalb des Kibbuz arbeiten und deren Gehalt in die Gemeinschaftskasse fließt. Neue Ideen sind immer willkommen. Man muss dafür aber auch Überzeugungsarbeit leisten.

Yair Sela sitzt schon frühmorgens in voller Fahrradmontur auf seiner Terrasse und dreht sich eine Zigarette. Er ist verantwortlich für das Mountainbike-Inn, das er 2011 gegründet hat. Als er mit der Idee kam, sollte er erst einmal einen vernünftigen Geschäftsplan vorlegen. Er verwies auf den boomenden Tourismus in dieser Branche, sicherte sich die Unterstützung der Bezirksverwaltung, folgte den Spuren der Kamele, deren Wüstenpfade sich auch gut als Fahrradwege eignen. Geeinigt hatte man sich schließlich auf die Einrichtung von sechs Gästezimmern, vorausgesetzt, dass nur organisierte Gruppen übernachten dürfen und das auch nur am Wochenende – also ohne allzu große Verweildauer. Touristen will man nicht im Kibbuz herumspazieren sehen. Das verweist wiederum auf ein Familiendasein, das es zu bewahren gilt.

Der Schriftsteller Amos Oz, der selbst ein Vierteljahrhundert in einem Kibbuz gelebt hat, beschrieb die Entwicklung der Kibbuzidee einmal so: »Die Gründer hofften, nicht nur das soziale System, die Klassengesellschaft, zu verändern. Sie wollten die menschliche Natur revolutionieren. Sie glaubten, wenn sie eine Gemeinschaft schaffen, wo jeder das Gleiche isst, sich genauso kleidet, gleichermaßen Arbeit verrichtet und den gleichen Lebensstandard teilt, dass dann Selbstsucht und Egoismus verschwinden und ein neuer Mensch entsteht. Das hat sich als falscher Gedanke erwiesen.«

Als Samar gegründet wurde, wusste man schon längst um die Schwachstellen der Kibbuzidee. Deshalb wollte man vieles anders machen. Das Gleichheitsprinzip wurde gewissermaßen subversiv umgesetzt, in der Form eines radikalen Individualismus. Was nicht heißt, dass sich die menschliche Neigung zu Neid und Eifersucht leugnen oder gar einfach abstellen ließe. Hier findet nur ein anderer, offenerer Umgang damit statt.

»Wir sind nicht anders, bei allem guten Willen«, heißt es. »Aber uns ist mehr bewusst, wie solche Gefühle funktionieren. Empathie und rationales Denken lohnen sich.«

Und während andere Kibbuzgemeinschaften nach und nach überhaupt umdachten und teilweise oder sogar ganz privatisiert wurden, blieb Samar sich treu. Selbstregulierung ist ein Wort, das oft fällt. Das Geheimnis der Problemlösung ist Kommunikation. Das ungeschriebene Regelwerk leitet dazu an, nichts grundsätzlich, sondern im Einzelfall zu entscheiden. So bleibt immer genug Spielraum.

Assaf Holzer, 57, ist verantwortlich für das Wüstenstudienzentrum, es bietet geführte Touren in der Region an. Er sitzt mit seiner Frau Ayelet in der offenen Küche ihres kleinen Hauses. In der Ecke steht eine Brotbackmaschine, auf dem Tisch liegt eine Schale mit gekauften Biokeksen. Die Tochter im Teenageralter tippt gerade eifrig auf ihrem Smartphone. Eine einfache Sitzecke mit Blick aufs Plasma-TV möbliert das Wohnzimmer. Die Terrassentür ist weit offen, das bleibt sie auch, wenn sie bei der Arbeit sind. Zugesperrt wird aber auch der Haupteingang nie. Eine Idylle, wie man das – wenn überhaupt – nur aus Büchern kennt.

Assaf Holzer, der auch Finanzmeister von Samar ist, sieht das realistischer. »Das hier ist weder Paradies noch Utopie. Wir sind wie eine große Familie mit viel Autonomie. Wir sind alle Partner. Keiner erteilt dem anderen Befehle, sondern vertraut, dass die anderen machen, wofür sie sich verantwortlich fühlen.« Vor sieben Jahren hat das Paar mit ihren drei Kindern etwa acht Monate lang in Indien verbracht, eine Auszeit auf Kosten des Kollektivs. Dafür mussten sie – anders als in »normalen« Kibbuzim – kein Komitee vorher um Erlaubnis fragen, aber sich durchaus erklären. Das ist Teil der anarchistischen Struktur. Holzer beschreibt ihr Funktionssystem so: »Weil man im klassischen Kibbuz nicht ständig alles aushandeln wollte, hat man ein Regelwerk erfunden, Gesetze. Hier in Samar ist es eher wie in einer Beziehung. Wir reden und reden und versuchen zu einer Einigung zu kommen.« Man müsse organisieren und überzeugen. Und, weil die nackten Zahlen durchaus Anlass zur Sorge geben können, versuchte man in den letzten Monaten, eine »Gruppe zusammenzubringen, die herausfinden soll, ob es Leute gibt, die ihre Zeit besser nutzen könnten«.

Seine Frau Ayelet sieht aber auch die Schattenseiten dieser Eigenverantwortlichkeit. Man müsse den anderen ja durchaus erklären, warum man etwas machen wolle. Sich zu outen vor den anderen, das fällt ihr nicht immer leicht. Natürlich sagten die Leute manchmal etwas, zum Beispiel, als die Lehrerin nochmals ein Studium aufnahm. Es gebe aber keine Norm und keine Gleichheit, argumentierte sie da. »Manche Menschen wollen sich immer weiter fortbilden, andere gar nicht. Die Charaktere sind so verschieden wie die Häuser hier, manche haben zwei Stockwerke, andere nur eins. Sie sind schön eingerichtet oder weniger gepflegt, es gibt jene, die gern verreisen, andere gar nicht.« Es gibt aber weder Villen noch heruntergekommene Baracken. Letztlich aber haben sich dennoch Menschen mit ähnlichen Grundvorstellungen hier zusammengefunden. Es gibt Abläufe, die gut, andere, die weniger gut funktionieren.

Ein paar Türen weiter wohnen Moshe, 62, und seine Frau Masal. Es ist Abend und Masal, die als klinische Psychologin arbeitet, bucht gerade ein Auto für den nächsten Morgen auf ihrem iPad. Sie muss zu einer Beerdigung im Zentrum des Landes fahren. Das Computerprogramm rechnet und verschiebt die in Samar zur Verfügung stehenden Fahrzeuge je nach zeitlichem Bedarf und Wegstrecke. Es gibt zwanzig Wagen. »Es kann sein, dass man gemeinsam fahren muss, irgendwie aber geht sich das immer aus«, sagt Masal. Moshe arbeitet im Zentrum der Wüstenkunde und im Dattelgeschäft. Da man

Dattelernte

Volontäre beim Verpacken nach der Ernte braucht, überlegt er, ausländischen »Pensionären über 53« einen dreimonatigen Aufenthalt anzubieten. Bevor er das annonciert, müsse er darüber aber noch mit den anderen reden.

Den Unterschied zu den klassischen Kibbuzim, deren Ära vorbei sei, erklärt Moshe so: »Da wurde das Kollektiv über das Private gestellt. Wenn es dem Kollektiv gut geht, so die Annahme, wird es auch jedem Einzelnen gut gehen. Also war alles dem Kibbuz untergeordnet. Wenn jemand Geige im Konservatorium lernen wollte, dem sagte man, wir brauchen aber jemanden in der Fabrik, also musste er stattdessen Ingenieur werden. Das machte ihn bitter und gab ihm das Gefühl, sein Leben zu vergeuden.« Hier in Samar ist es umgekehrt. »Wenn jemand Musik studieren will, sagt man, ja, entwickle dich, finde einen Weg, wie das dem Kollektiv helfen kann, sich zu entwickeln. Dabei zählt ja auch die kulturelle Bereicherung.« Und so seien immer wieder neue Dinge entstanden.

Ob die Menschen denn immer wüssten, was sie wollten? »Nein, aber die Leute wissen, was sie nicht wollen. Ich arbeite nicht gern in der Küche, wenn, dann bin ich allenfalls für den Abwasch zu haben. Ich bin gern auf dem Feld, aber nicht in der Werkstatt.«

Die menschliche Natur lässt sich aber auch in Samar nicht ganz abstellen. So gebe es trotz aller Freiräume auch hier Wertschätzung für jene, die viel arbeiten und wenig Geld ausgeben. Dies drücke sich in den Beziehungen aus, in der Art, zu reden. Es gebe ein eingebautes Radarsystem für das, was geht und nicht geht. Dinge, die niemand gern macht, müssen alle erledigen. Dazu gehört das Kochen und Spülen im Speisesaal oder das Saubermachen. Bei diesen Aufgaben wechselt man sich dann ab. Da darf sich keiner drücken.

Im Speisesaal gibt es Schwarze Bretter voller Zettel. Sie sind das Kommunikationsmittel per se. Man erfährt, dass die interne Internetzeitung, Nr. 5, gerade erschienen und auch gedruckt erhältlich ist. Ein Aquarium wird gesucht, die Theatergruppe braucht Kulissen, die Suche nach Nachtwächtern im kommenden Monat ist durchgestrichen. Hat sich erledigt. Der Speisessaal ist abends gut besucht, die Köche an diesem Abend haben sich Mühe gegeben – Vorspeisen, Salate, Suppe, gefülltes Gemüse, Aufläufe. Auch das ist nicht immer so. Die Kinder spielen nach dem Essen draußen in der Abendhitze, die nicht mehr so drückend ist, die Erwachsenen sitzen drinnen an großen Tischen zusammen. »Der Raum ist nie zu«, sagt Ayelet Holzer. »Er ist das Zentrum unseres Lebens, bei uns funktioniert viel über Gespräche, Worte sind unser einziges Mittel.« Hinzu kommt das eigene Gewissen als Motor.

Längst kann man hier nicht mehr von einer Testphase reden. Vierzig Jahre sind eine lange Zeit. Auf die Frage, warum in Samar gut ging, was an vielen anderen Orten gescheitert ist, geben die Mitglieder verschiedene Antworten. Ausreichende Finanzen, eine nicht zu große Gruppe und geografische Abgelegenheit, weil so die Energien vor Ort gebündelt bleiben. Lässt sich so ein historisches Projekt aber auch weiter in die Zukunft hinüberretten?

Was als ein Projekt rebellierender Jugendlicher begonnen hat, kommt jetzt in die Jahre. Die Gründergeneration nähert sich dem Pensionsalter. Bisher hat man damit noch keine Erfahrung. Immerhin war man klug genug gewesen, Rentenfonds anzulegen, um sich abzusichern. Das Alter ist ein heikles Thema. »Wir sind alle voneinander abhängig, das gemeinsame Eigentum ist nicht aufgeteilt. Alles gehört allen«, sagt Assaf Holzer. So lässt sich allerdings auch nichts vererben. Manchmal taucht dann das Thema Privatisierung auf. Die Solidarität wird auch schwieriger, wenn die eigenen Eltern, die ja in der Regel woanders leben, bedürftiger werden oder die Gesundheit angeschlagen ist. Pensionäre gibt es noch nicht. Aber in ein paar Jahren. Kinder, die schon in Samar geboren wurden, können sich durchaus vorstellen, auch als Erwachsene hier zu leben. Aber erst einmal wollen sie eine Weile draußen sein, andere Erfahrungen machen. »Man wird sehen, was sein wird, aber wer hiergeblieben oder zurückgekommen ist, der hat sich gefunden«, sagt Assaf.

Die Frage nach der Historizität stellt sich auch Yuval Kettner, 54, der seit zwanzig Jahren in Samar lebt. Er ist an diesem Vormittag zu Hause, seine disziplinierte Frau aber ist von sechs bis 15 Uhr auf Dattelschicht. Der groß gewachsene Mann steht auf und holt ein Glas Dattelsirup – frisch produziert von seiner Tochter. Sie denke an eine kleine Fabrik für die Serienproduktion und an die Herstellung von Energiesnacks. Mal sehen, ob etwas daraus wird. Yuval Kettner fragt sich, ob das Modell, das sie hier leben, aber das von niemandem so genannt wird, weil es kein Sendungsbewusstsein gibt, ob dieses Modell ein Kreis ist, der von den Kindern weiterverfolgt werde, oder eine Linie mit einem Anfang und einem Ende, also eher eine Zeitstrecke sei. Es sei beides, glaubt Yuval. »Unsere Schulden sind klein und wir haben Durchhaltevermögen.«

Der Filmemacher Amir Har-Gil, 57, gehört jenem Kreis an, der Samar einst mit aufgebaut hat. Damals war er Gymnasiast. Heute lebt er im Kibbuz Yakum im Zentrum des Landes, in dem längst vieles privatisiert wurde. Weil sich nun sein Sohn in Naama, die Tochter von Assaf und Ayelet Holzer verliebt hat, kommt er wieder öfter zu Besuch.

Erzählt er in seinem jetzigen Kibbuz von der Sache mit den Kreditkarten, stößt er nur auf ungläubiges Staunen. Oft fragt er sich, was wohl in Samar aus ihm geworden wäre. »Viele Möglichkeiten gab es am Anfang nicht, man konnte auf dem Feld arbeiten, in der Wäscherei, in der Kantine. Aber es gab keinen Boss. Jeder konnte entscheiden, wie viele Stunden er arbeitete und wann er die Eltern besuchen wollte. Dafür aber brauchte es Fahrgeld für den Bus. Deshalb musste Geld in der Kasse sein. Deshalb brauchte man Vertrauen zueinander. Jeden Tag neu Vertrauen zu schenken, ist keine leichte Sache. Nicht jeder mag jeden. Die meisten Leute sind so nicht gebaut«, glaubt Amir Har-Gil. Dass so etwas aber nach vierzig Jahren immer noch funktioniere, müsse man doch hinausschreien in die Welt.

Sein Film, sagt er, sei wie ein Brief in der Flaschenpost, der in den Ozean geworfen wurde. Eines Tages werde man diesen dann finden und von diesem Projekt erfahren. Vor allem, dass es möglich ist. Kein Modell für Millionen, aber vielleicht für Tausende.

Reinhard Engel

Wasser in der Wüste

Den meisten Europäern ist frisches, kühles Nass aus der Leitung eine
Selbstverständlichkeit. In Israel hat die Versorgung mit genügend Wasser
stets hohe politische Priorität, benötigt gewaltige Investitionsmittel, erhebliche technische Neuerungen und heikle Vereinbarungen mit den arabischen Nachbarn.

Im Juli 2015 reiste eine israelische Firmendelegation nach Kalifornien. Sie
wurde dort auf höchster Ebene empfangen: im Büro des Gouverneurs, im
Landwirtschaftsministerium und in der Wasserbehörde des Bundesstaats.
Weitere Stationen der Tour waren die Wasserbehörden von Los Ange-
les und San Francisco sowie die Unternehmenszentralen von Coca-Cola,
Costco und Leprino Foods.
   Der reiche US-Bundesstaat und Israel haben ein gemeinsames Problem:
die gesicherte Versorgung der Bevölkerung, Landwirtschaft und Industrie mit sauberem Wasser. Doch einige schlanke Kennzahlen zeigen, in
welchen unterschiedlichen Welten diese Versorgung gesichert wird: Der
Wasserverbrauch pro Kopf liegt in Israel bei weniger als einem Drittel
von jenem in Kalifornien. Noch dramatischer fällt der Vergleich aus, welcher Anteil von Abwasser gereinigt und dann für die Bewässerung in der
Landwirtschaft genutzt wird. Dieser liegt an der US-Westküste bei fünf,
in Israel bei 85 Prozent. Auf diese Weise werden enorme Mengen an wert-
vollem Trinkwasser eingespart. Es wundert daher nicht, dass einschlägige
israelische Unternehmen ihre Produkte und Lösungen selbst in Hightech-
länder exportieren können. Und Kalifornien hat massive Probleme wegen
wiederkehrender Dürreperioden und ist bereit, in israelische Technologien
zur besseren Wassernutzung zu investieren.
   Das global bekannteste Vorzeigeunternehmen ist wohl Netafim, der
Weltmarktführer für Tröpfchenbewässerung. Seine schwarzen Kunststoff-
schläuche mit feinporigen Membranen sorgen dafür, dass das Wasser
äußerst sparsam an die Wurzeln der jeweiligen Pflanzen gebracht wird,
dass wenig verdunstet und deutlich weniger verbraucht wird als bei tradi-

Klima und Wasserversorgung

Klimazonen

· · · · · Klimazonengrenze

MK Mittelmeerklima *HK* Halbwüstenklima
SK Steppenklima *WK* Wüstenklima

Klimadiagramme:

815 m Höhe der Messstation in m über NN

▮ Niederschlagsmenge im Monat

━━ Temperaturverlauf über das Jahr, Tagesmaximum

━━ Temperaturverlauf über das Jahr, Tagesminimum

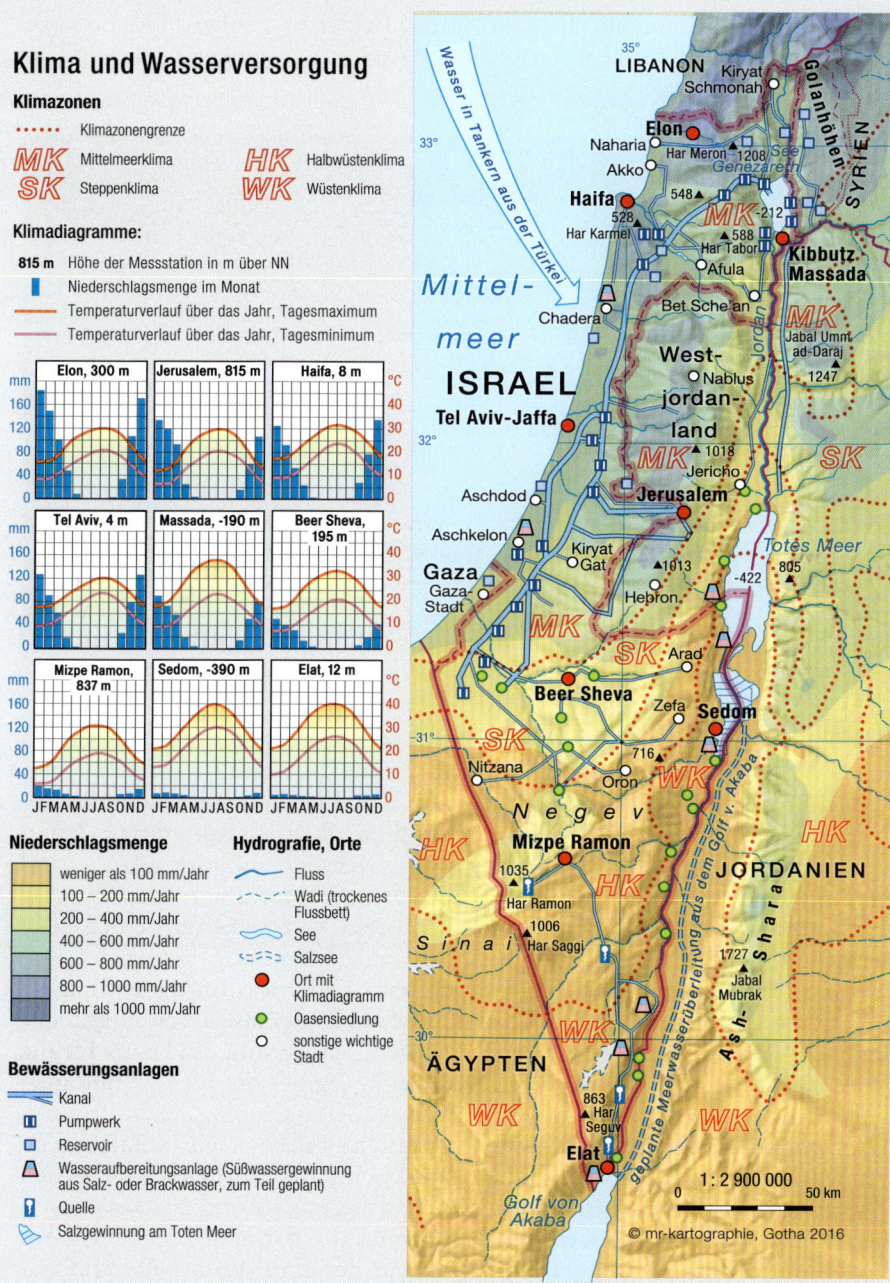

Niederschlagsmenge

weniger als 100 mm/Jahr
100 – 200 mm/Jahr
200 – 400 mm/Jahr
400 – 600 mm/Jahr
600 – 800 mm/Jahr
800 – 1000 mm/Jahr
mehr als 1000 mm/Jahr

Hydrografie, Orte

〰 Fluss
〰 Wadi (trockenes Flussbett)
〰 See
〰 Salzsee
● Ort mit Klimadiagramm
● Oasensiedlung
○ sonstige wichtige Stadt

Bewässerungsanlagen

〰 Kanal
▣ Pumpwerk
▢ Reservoir
△ Wasseraufbereitungsanlage (Süßwassergewinnung aus Salz- oder Brackwasser, zum Teil geplant)
⬙ Quelle
⬙ Salzgewinnung am Toten Meer

Klimadiagramme: Elon, 300 m; Jerusalem, 815 m; Haifa, 8 m; Tel Aviv, 4 m; Massada, -190 m; Beer Sheva, 195 m; Mizpe Ramon, 837 m; Sedom, -390 m; Elat, 12 m

Kartenbeschriftungen: LIBANON, Kiryat Schmonah, Golanhöhen, Elon, Naharia, Har Meron 1208, See Genezareth, Akko, Haifa, 548, SYRIEN, 212, Har Karmel 528, Har Tabor 588, Kibbutz-Massada, Afula, Mittelmeer, Bet Sche'an, Chadera, Jordan, Jabal Umm ad-Daraj 1247, ISRAEL, Westjordanland, Nablus, Tel Aviv-Jaffa, 1018, SK, Aschdod, Jericho, Jerusalem, Totes Meer, Aschkelon, Kiryat Gat, 1013, -422, 805, Gaza, Gaza-Stadt, Hebron, MK, Arad, Beer Sheva, Zefa, Sedom, WK, Nitzana, 716, Oron, Negev, Mizpe Ramon, 1035, Har Ramon, JORDANIEN, 1006, Har Saggi, 1727, Jabal Mubrak, Ash-Shara, Sinai, ÄGYPTEN, 863 Har Seguv, Elat, Golf von Akaba, geplante Meerwasserüberleitung aus dem Golf v. Akaba, Wasser in Tankern aus der Türkei

1 : 2 900 000 0 50 km

© mr-kartographie, Gotha 2016

539

tionellen Bewässerungen, die großflächig Felder besprühen. Die beinahe sagenhafte Erfindung der Tröpfchenbewässerung ist so etwas wie ein Gründermythos Israels.

Tröpfchenbewässerung

Als Erfinder und Gründer von Netafim gilt der Ingenieur Simcha Blass (1897–1982). Er war in den 1930er-Jahren aus Russland ins damalige britische Mandatsgebiet Palästina eingewandert. Der Legende nach hatte er in einem Zitrushain das Prinzip der Tröpfchenbewässerung durch Zufall entdeckt. Er hatte einen besonders kräftig wachsenden Baum gesehen und herausgefunden, dass eine in der Nähe dessen Stammes vorbeiführende Wasserleitung aus Keramik leckte – und den Zitronenbaum tröpfchenweise sanft, aber regelmäßig bewässerte.

Blass, der als genial, aber schwierig galt, ließ seine Entdeckung zwei Jahrzehnte lang in einer Schreibtischschublade liegen und arbeitete mit seinem kleinen Ingenieurbüro für die israelische Regierung, und zwar für die Wasserbehörde. Erst in den 1950er-Jahren kramte er die Idee wieder hervor, als mehrere Kibbuzim im Süden verzweifelt nach möglichen Produkten suchten, um ihr karges landwirtschaftliches Einkommen aufzubessern.

»Wir haben zuerst einige Jahre lang ausschließlich für den israelischen Markt produziert«, erzählt ein langjähriger Ingenieur und Marketingmanager von Netafim. »Unser erster Exportmarkt – daran erinnert man sich heute kaum noch – war der Iran. Das war der Iran des Schahs und wir waren Ende der 1970er-Jahre schon dabei, eine Netafim-Fabrik dort aufzubauen. Zahlreiche iranische Techniker reisten nach Israel zur Einschulung.« Doch dann kam die Revolution dazwischen und das Projekt versandete.

Aber das konnte die Expansion des Unternehmens nicht mehr stoppen. Die Technologie wurde bald in ihrem Nutzen erkannt. Netafim lieferte nach Nord- und Südamerika, in zahlreiche europäische Staaten und in den letzten Jahren verstärkt nach Asien. Auch wenn in dieser Branche noch weitere israelische Unternehmen und einige Südeuropäer tätig sind, auf globaler Ebene nimmt Netafim klar den ersten Platz ein.

Doch die Tröpfchenbewässerung, die den ersten Exportboom Israels mit Agrarprodukten wesentlich unterstützt hat, ist nur ein Teil des erfolgreichen Managements der knappen Ressource Wasser in einer ariden Umgebung. Vor der Staatsgründung schätzten britische Experten des damaligen Mandatsgebiets die wirtschaftlichen Möglichkeiten der Region als äußerst bescheiden ein – und zwar vor allem wegen der Wasserknappheit. Landwirtschaftliche Produktion, so argumentierten sie, sei nur mithilfe von Bewässerung möglich und diese würde die knappen Grundwasserspeicher bald leeren; die britische Mandatsregierung beschränkte nicht zuletzt deshalb die Anzahl der jüdischen Zuwanderer. Wasserknappheit sollte dann auch über lange Jahre das Bewusstsein sowohl der Kibbuzbauern wie der städtischen Bevölkerung prägen.

Im jungen israelischen Staat wurde schnell klar, dass die ausreichende Versorgung der Bevölkerung mit Wasser eine der dringlichsten Aufgaben darstellte. Die Übernahme dieser Aufgabe durch den Staat war daher eine Selbstverständlichkeit und schon in den 1950er-Jahren nahm dieser den Bau eines landesweiten Wasserleitungssystems in Angriff. Dessen Rückgrat bildet die Hauptader »National Water Carrier«. Diese leitet vor allem Wasser aus dem See Genezareth, der wiederum vom Jordan, vom Litani und vom Yarmuk gespeist wird, in Richtung Süden, um dort agrarische Siedlungen zu ermöglichen. Fertiggestellt wurde diese Hauptwasserleitung im Jahr 1964.

Allerdings war offensichtlich, dass diese Leitungen mit dem Wasser aus dem See Genezareth die Versorgung allein nicht gewährleisten konnten. Zusätzliche Mengen kamen aus dem küstennahen Grundwasserspeicher (»Coastal Aquifer«), von zahlreichen kleineren Quellen im ganzen Land und in den frühen 1970er-Jahren begann die nationale Wassergesellschaft Mekorot, die übrigens auf eine Gründung des Jahres 1937 zurückgeht, mit der Errichtung von Meerwasserentsalzungsanlagen. Diese waren anfänglich relativ klein und stellten sich als enorme Energievernichter heraus, aber der Wasserbedarf – unter anderem auch in der Landwirtschaft – schien

Der National Water Carrier – das Herz des Wasserversorgungssystems – fließt vom
See Genezareth bis zum südlichsten Teil der Negevwüste.

ungebrochen. Parallel dazu baute man zahlreiche kleinere Anlagen zur
Entsalzung von sogenanntem Brackwasser oder leicht salzigem Grundwasser. 2005 lief dann ein umfangreiches Investitionsprogramm für mehrere große, moderne Meerwasserentsalzungsanlagen an: in Chadera, Pal-
machim, Aschkelon und in Sorek. Eine weitere ist in Bau, nahe Aschdod.

Diese Entsalzungsanlagen wurden nun großteils nicht mehr von Mekorot selbst errichtet, sondern die öffentliche Hand führte internationale Aus-
schreibungen durch, mehrere unterschiedliche Konsortien bauten dann
diese Anlagen und verkauften ihrerseits das Wasser zu vorher ausgehandel-
ten Preisen an die staatlichen Verteiler. Israel plante die Kapazitäten bis weit
in die nächsten Jahrzehnte hinein, sodass derzeit die Anlagen in weniger tro-
ckenen Jahren erheblich überdimensioniert erscheinen. Die Behörde argumentiert, dass man für schwierige Zeiten gerüstet sein müsse, die Verbraucher wiederum verlangen Reduktionen des im internationalen Vergleich
relativ hohen Wasserpreises und konnten bereits mehrere durchsetzen.

Die heutige gute Versorgungslage lässt sich aber nicht ausschließlich
mit der verbesserten Angebotsseite erklären. Auch beim Verbrauch konnte
Israel bedeutende Erfolge erzielen: Der Pro-Kopf-Verbrauch ist vom
Höchststand 1998 von 111 m³/Jahr auf 86,8 m³ im Jahr 2014 zurückgegangen (allerdings ist in derselben Zeit die Bevölkerung von mehr als sechs auf

Jordan: Der Fluss ist die wichtigste Süßwasserquelle sowohl für Israel als auch für Jordanien.

rund acht Millionen gewachsen). Die Gründe für diesen Rückgang sind mehrere: Einerseits halten sich die Privathaushalte beim Wasserverbrauch zurück – nicht nur wegen der Preise, sondern auch motiviert durch wiederholte landesweite Werbekampagnen zum sparsamen Umgang mit Wasser. Andererseits gibt es weniger industrielle Großverbraucher als in anderen Ländern, da die Schwerpunkte der israelischen Industrie nicht in der Stahl-, Papier- oder Kunststofferzeugung liegen.

Auch die Landwirtschaft konnte ihre Produktion ausweiten, obwohl der Wasserverbrauch zurückging. Das hat wiederum mehrere Ursachen: Zuerst einmal wurden äußerst wasserhungrige Pflanzen, etwa Zuckerrüben oder Baumwolle, nicht länger angebaut. Dann brachte der massive Einsatz der Tröpfchenbewässerung erhebliche Einsparungen. Zudem lässt sich auf Basis intensiver Agrarforschung heute eine ganze Reihe von Gemüsesorten bereits mit salzigem Wasser züchten, was ebenfalls den Bedarf an Süßwasser reduzierte.

Eine der größten Umstellungen in der Landwirtschaft wiederum betrifft den Einsatz von recyceltem Abwasser. Dessen Anteil am Gesamtwasserverbrauch des Landes beträgt mittlerweile beinahe ein Drittel und beläuft sich damit auf einen Prozentsatz, der international kaum irgendwo überboten wird. Das geklärte Brauchwasser unterliegt strengsten Kontrollen. Ganz am Beginn von dessen Verwendung, 1970, war es einmal zu einem kurzen Ausbruch der Cholera gekommen, als mangelhaft gereinigte Abwässer illegal auf die Gemüsefelder ausgebracht wurden. Derartige Risiken musste man künftig mit allen Mitteln verhindern.

Dennoch ging die Versorgung der Israelis mit Wasser nicht ohne ökologische Folgekosten vor sich. Die großen Mengen, die dem See Genezareth – und damit dem Jordan – entnommen wurden, führten zu einem wohl irreversiblen Absinken des Wasserspiegels im Toten Meer. Hotels, die einst am See lagen, sind heute weit von dessen Ufer entfernt. Eine nicht unbeträchtliche Rolle spielt dort – und zwar sowohl auf der israelischen als auch auf der jordanischen Seite des Toten Meers – zudem die chemische Industrie mit der Produktion von Düngemitteln und Magnesium.

Das Abpumpen von Wasser aus den Grundwasserspeichern der Küstenebene hat zum Absinken des Grundwasserspiegels und teilweise zur Versalzung geführt. Seit die großen Entsalzungsanlagen im Regelbetrieb laufen und man deshalb weniger Wasser aus dem See Genezareth ableiten muss, hat man allerdings begonnen, in den Jordan vom See Genezareth aus wieder mehr Wasser einzuspeisen. Ebenso hält man sich bei den Entnahmen aus dem küstennahen Grundwasser etwas zurück, doch von Entwarnung kann noch keine Rede sein. Des Weiteren versucht man, mit Anlagen zum Auffangen von Wasser nach Gewittern oder mit dem von Regenflugzeugen initiierten künstlichen Abregnen von Wolken noch weiteres Frischwasser ins System einzuspeisen – durch diese Maßnahmen gewinnt man aber keine allzu großen Mengen.

Das knappe Gut Wasser spielte (und spielt zum Teil immer noch) auch in der politischen Auseinandersetzung der Juden vor der Staatsgründung und später der Israelis mit ihren arabischen Nachbarn eine nicht unwesentliche Rolle. Die Arabische Liga kritisierte schon früh, dass Israel zu viel Wasser aus dem See Genezareth und damit auch aus dessen Zuflüssen für eigene Zwecke abzweigte. Im Unabhängigkeitskrieg 1948, aber auch danach, kam es wegen der Wasserressourcen zu gewaltsamen Auseinandersetzungen, etwa mit Syrien in den 1950er-Jahren. Pläne der Araber, mit grenznahen Staumauern Wasser von Israel in Richtung Syrien und Libanon abzuleiten, wurden nach israelischen Drohungen mit Militäreinsätzen wieder fallen gelassen. 1965 forderte ein arabischer Gipfel, die Wasseraufteilung gewaltsam zu lösen. Der Beschluss wurde dann zwar nicht umgesetzt, hatte dann aber doch einen Anteil beim Ausbruch des Sechstagekriegs zwei Jahre später.

In den Jahren danach entspannte sich dieser Streit – zumindest zwischen den benachbarten Staaten. Nach dem Friedensschluss zwischen Israel und Jordanien im Jahr 1994 einigten sich Jerusalem und Amman auf fixe Zuteilungen aus dem Wasser des Sees Genezareth. Seitdem die

Meerwasserentsalzungsanlage in der Küstenstadt Chadera

großen Meerwasserentsalzungsanlagen die Lage entschärfen, also seit 2013, hat Israel die Wassermengen für das Nachbarland erhöht.

Darüber hinaus haben Israel und Jordanien sich nach jahrelangen Verhandlungen im Frühjahr 2015 auf ein gemeinsames grenzüberschreitendes Großprojekt zur Meerwasserentsalzung geeinigt. Dieses Projekt soll auch zur Stabilisierung des sinkenden Wasserspiegels im Toten Meer beitragen. Das Investitionsvolumen dürfte – mit Unterstützung der Weltbank – über drei Jahre verteilt insgesamt 900 Mio. US-Dollar betragen. Ursprünglich war das Projekt noch umfangreicher konzipiert, so war etwa auch der Bau eines Wasserkraftwerkes vorgesehen.

Das Abkommen sieht unter anderem vor, dass nördlich der jordanischen Küstenstadt Akaba eine Entsalzungsanlage errichtet wird, die Akaba versorgt, aber auch Wasser in Israels Arava-Region liefert. Als teilweise Kompensation für die Lieferung von Frischwasser an Israels Süden soll im Gegenzug noch einmal mehr Wasser vom See Genezareth in Richtung Amman geleitet werden. Die im Rahmen der Entsalzung entstehende Salzsole soll mit Meerwasser verdünnt und durch eine rund 180 Kilometer lange Pipeline vom Roten Meer zum Toten Meer gepumpt werden. Das dient dazu, den rapide sinkenden Wasserspiegel des Toten Meeres zu stabilisieren. Manche Umweltschützer begrüßen dies, halten aber die Wassermenge aus dem Projekt für viel zu gering, um eine dauerhafte Trendwende zu erreichen. Andere Ökologen wiederum warnen davor, dass die Zusammensetzung des Roten Meeres sich chemisch doch erheblich von jener des Toten Meeres unterscheide und dass man die Auswirkungen nicht wirklich vorhersagen könne.

Wenn auch mit Jordanien hinsichtlich der Wassernutzung erhebliche Fortschritte erzielt wurden, bedeutet das nicht, dass der Konflikt mit allen Nachbarn gelöst werden konnte. Weder mit Syrien noch mit dem Libanon gibt es Abkommen über die Wasseraufteilung. Die Osloer Verträge 1995 führten zu einer Vereinbarung über die Wasserzuteilung für die Palästinenser im Westjordanland, zuerst als fünfjähriges Provisorium, das allerdings seitdem angewendet wird. Die Palästinensische Autonomiebehörde hätte darüber hinaus selbst weitere Investitionen durchführen sollen, doch das blieb weitgehend im Planungsstadium, einerseits wegen technischer Probleme, andererseits aber aus Sicht der Palästinenser auch, weil die israelische Seite administrative Hürden aufstellte. Hinzu kommt, dass beiden Seiten mit deutlich unterschiedlichen Zahlen argumentieren: Laut palästinensischer Wasserbehörde verbrauchen ihre Bürger pro Kopf nur einen Bruchteil des Wassers der Israelis, die israelische Seite gibt eine deutlich geringere Differenz an.

Am ausgeprägtesten sind die Unterschiede zwischen den israelischen Siedlungen in der Westbank, die mit moderner Infrastruktur ausgestattet sind, und manchen ärmlichen arabischen Dörfern in unmittelbarer Umgebung. Insgesamt ist das Leitungssystem im Westjordanland bei Weitem nicht auf dem Stand des israelischen, es gibt hohe Verluste durch undichte Leitungen, teils wird auch Wasser illegal abgezweigt. Immer wieder kommt es zu Engpässen. Mehr als unbefriedigend ist die Lage auch im Gazastreifen. Die Wasserversorgung hängt dort von Brunnen in Küstennähe ab, das Wasser ist großteils von minderer Qualität und oft nicht trinkbar. Die örtlichen Grundwasservorkommen wurden jahrzehntelang – auch schon vor der israelischen Besatzung 1967 – übermäßig ausgebeutet, dazu kommt ebenfalls ein veraltetes Leitungsnetz mit hohen Verlusten. Gaza wird relativ schnell eine eigene große Meerwasserentsalzungsanlage benötigen, darüber hinaus eine weitgehende Modernisierung der Leitungsinfrastruktur.

Wie in anderen Ländern auch erfüllt Wasser in Israel sehr vielfältige Bedürfnisse. In Hamat Gader, am Golan nahe der syrischen und jordanischen Grenze, unweit des Sees Genezareth, findet sich ein kleiner Kurort. Dort treten 50 Grad warme schwefelhaltige Quellen an die Oberfläche, die schon von den Römern genutzt wurden. Heute steht dort ein modernes Boutiquehotel, das Wellness- und Gesundheitsbehandlungen anbietet.

Etwas weiter im Norden, beinahe an der libanesischen Grenze, züchtet ein Kibbuzbetrieb im frischen Gebirgsquellwasser Störe. Vor einigen Jahrzehnten hatten russische Einwanderer kleine Panzerfischlein mitgebracht, an denen sich die lokalen Fischfarmer neben der traditionellen Forellenproduktion versuchten. Inzwischen ist »Caviar Galillee« mit seiner Marke Karat zu einem international bekannten Produzenten der teuren, knappen Fischeier geworden. Die Ironie dabei: Der Kaviar wird in Israel selbst nicht verkauft. Fische ohne Schuppen – und der Stör ist ein Panzer- oder Knochenfisch – sind nicht koscher. Und um das lokale Koscherzertifikat für ihre Hauptprodukte, Forellen und Karpfen, nicht zu gefährden, haben sich die Manager mit dem Rabbinat darauf geeinigt, die gesamte Kaviarproduktion zu exportieren.

Zurück zum Meeresspiegel: Internationale Touristen in Tel Aviv wundern sich immer wieder, dass das moderne Sportbecken im Gordon Pool – am Strand zu Füße der großen Hotels gelegen – jeden Abend ganz ausgelassen wird. In der Früh ziehen die Athleten und sportlichen Senioren dann wieder kontinuierlich ihre Bahnen im kalten Wasser. Doch das schmeckt salzig, es wird jede Nacht von weit draußen und tief unten aus dem Meer hereingepumpt.

Claudia Liebelt

Von philippinischen Altenpflegerinnen und Aufopferungen im »Gelobten Land«

Schlendert man an einem Spätnachmittag über Tel Avivs Dizengoff-Platz, durch Haifas Gan Ha'Em oder durch irgendeinen anderen städtischen Park oder Grünstreifen in einem Wohnviertel der israelischen Mittelschicht, fallen sie unmittelbar ins Auge: die Grüppchen israelischer Rentner und ihre philippinischen, zunehmend auch indischen, nepalesischen oder sri-lankischen Pflegerinnen. Wer hier wen trifft, ist nicht auf Anhieb ersichtlich, denn sowohl die Pflegerinnen als auch die Rentner und Rentnerinnen scheinen sich untereinander gut zu kennen – es wird getratscht, Karten gespielt, gepicknickt. Wie andernorts im Mittelmeerraum sind Hausarbeiterinnen bzw. Pflegerinnen aus Übersee aus der hiesigen Öffentlichkeit und Gesellschaft nicht mehr wegzudenken.

Vergleichbar mit den europäischen Gastarbeitern rekrutiert Israel seit Anfang der 1990er-Jahre Kontraktarbeiter (*ovdim zarim*), deren Arbeitsgenehmigung zeitlich begrenzt und an einen bestimmten Arbeitgeber gebunden ist. Im Zuge umfassender Privatisierungen und Kürzungen im sozialen Bereich beschloss das israelische Gesundheitsministerium etwa, die Altenpflege in staatlichen Einrichtungen in eine häusliche private Betreuung umzuwandeln. In den folgenden Jahren wurden Zehntausende Frauen von den Philippinen, aus Osteuropa und später auch aus Indien, Sri Lanka, China und Nepal angeworben, um pflegebedürftige Menschen in ihrem Alltag zu begleiten. Rund 60000 Arbeitsmigranten und Arbeitsmigrantinnen begleiten heute pflegebedürftige Israelis in ihrem Alltag, meist in den letzten Jahren ihres Lebens. Dabei entstehen intime und vielschichtige Beziehungen und die Pflegerinnen – in ihrer überwiegenden Mehrzahl Frauen – erhalten tiefe Einblicke in die israelische Gesellschaft. Sie werden zu Eingeweihten oder Verbündeten in Familienkonflikten, lernen Jiddisch oder Ladino und sind manchmal – wie es eine im Sterben liegende, über neunzigjährige ehemalige Berlinerin ausdrückte – »the last to remember«.

Philippinische Frauen blicken auf eine lange Geschichte der internationalen Arbeitsmigration im Gesundheits- und Pflegesektor zurück. Eine

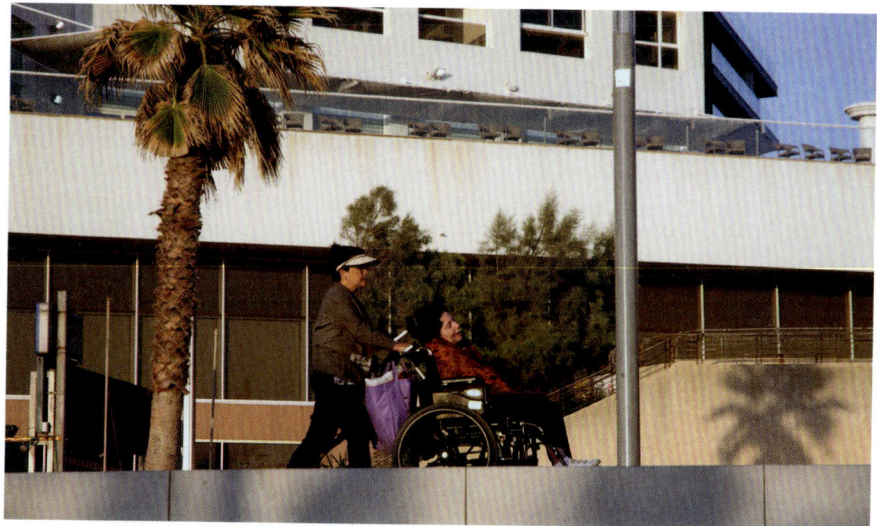

Philippinische Altenpflegerin in Tel Aviv

Monografie über den Beginn dieser Migrationsströme, die Ausbildung philippinischer Krankenschwestern für den amerikanischen Arbeitsmarkt Anfang des 20. Jahrhunderts durch die damalige Kolonialmacht USA, trägt den bezeichnenden Titel »Empire of Care«. In den Philippinen ist man stolz auf diesen Titel und immer wieder verwiesen Gesprächspartnerinnen darauf, dass Barmherzigkeit, Mitgefühl und eine liebevolle Pflege Hilfsbedürftiger sozusagen Nationaltugenden seien. Voller Empörung hingegen wurde auf die angebliche Kälte der Israelis hingewiesen, die ihre Eltern vernachlässigten, sie im Alter allein ließen bzw. in die Obhut von Fremden gäben.

Viele dieser Frauen sind überdurchschnittlich gut ausgebildet, meist verheiratet und lassen oft Kinder auf den Philippinen zurück (was wiederum bei vielen Israelis auf Unverständnis und Ablehnung stößt). Der Wunsch, für ihr Wohl zu sorgen, wird als einer der häufigsten Migrationsgründe genannt. Zudem stellt der Weg ins Ausland, raus aus den katholisch geprägten Philippinen, wo weder Abtreibung noch Scheidung auf legalem Weg zu haben sind, oftmals den einzigen Ausweg aus schwierigen Familienverhältnissen dar. Dennoch wird die Arbeitsmigration auf den Philippinen gängigerweise mit dem Motiv des »Märtyriums« beschrieben. Einerseits wird die temporäre Migration selbst als Aufopferung für die Kinder und andere Familienmitglieder gesehen. Mit ihrem Lohn – im Durchschnitt etwa 700 US-Dollar – bezahlen Mütter die teure Ausbildung ihrer Kinder, kommen ältere Schwestern für die Erziehung ihrer Geschwister auf und jüngere Schwestern, denen nach hergebrachtem Verständnis die Rolle der unverheirateten Pflegerin der Eltern zukommt, für die finanzielle Versorgung dieser im Alter. Geldüberweisungen werden auch erwartet, wenn Verwandte heiraten, sterben, sich mit hohen Krankenhausrechnungen konfrontiert sehen oder durch eine der häufigen Naturkatastrophen auf den Philippinen in finanzielle Not geraten sind. Schließlich übernehmen Ehefrauen so die traditionell männliche Rolle der Brotverdienerin – anstelle der zumeist unterbezahlten oder arbeitslosen Ehemänner.

▶ Rahmenbedingungen der Arbeitsmigration in der Pflege

Die Anzahl der vom Innenministerium ausgegebenen Arbeitsgenehmigungen im Bereich der Pflege ist an ein vom Parlament bestimmtes Kontingent gebunden; derzeit sind dies etwa 50 000 Genehmigungen. Eine beträchtliche Anzahl migrantischer Pfleger und Pflegerinnen arbeitet so ohne einen gültigen Arbeits- und, damit verbunden, Aufenthaltstitel, was für die Betroffenen erhebliche Probleme, u.a. in Bezug auf die Durchsetzung von Arbeitsrechten, Planbarkeit des Aufenthaltes und den Zugang zu sozialen, kulturellen und medizinischen Dienstleistungen, mit sich bringt. Oftmals »verlieren« legal eingereiste Migrantinnen und Migranten ihren legalen Status in Israel, da Rekrutierungsagenturen oder Arbeitgeber sich nicht zeitnah um Verlängerungen bemühen. Hinzu kommen die von Rekrutierungsagenturen illegal erhobenen, überzogenen »Vermittlungsgebühren«, für deren Begleichung die Arbeitsmigrantinnen und Arbeitsmigranten gezwungen sind, Kredite zu überhöhten Zinsen aufzunehmen bzw. sich Geld bei einer Vielzahl von Verwandten und Bekannten zu leihen. Aufgrund dieser Schulden sehen sie sich unter hohem Druck, ihren Aufenthalt in Israel auch ohne die gültigen Genehmigungen fortzusetzen. So berichteten philippinische Pflegekräfte bereits 2012 von Vermittlungsgebühren von über 8 000 US-Dollar (Worker's Hotline 2013). Israelische Nichtregierungsorganisationen mahnen zudem die undurchsichtigen Auftragsverfahren bei der Rekrutierung ausländischer Pflegekräfte sowie deren geringe Löhne an, die üblicherweise weit unter dem israelischen Mindestlohn liegen. *C. L.*

Andererseits beschreiben diese Pflegerinnen ihre Tätigkeit als einen Akt der Aufopferung. Als sogenannte *live ins* arbeitet die überwiegende Mehrheit philippinischer Frauen in Israel in Privathaushalten; sie sind deshalb mit Ausnahme eines freien Tages pro Woche theoretisch 24 Stunden am Tag verfügbar. Als Betreuerinnen pflegebedürftiger Menschen richtet sich

ihr Alltag bis in die intimsten Details hinein – Schlafrhythmus, Essens-
rhythmus und -gewohnheiten oder Mobilität – nach demjenigen ihrer
Arbeitgeber. Wie auch in Israel gelten Hausarbeit und Pflege in den Philippinen als »dreckige« Arbeit und viele Frauen, die sich der philippinischen
Mittelschicht zugehörig fühlen und zu Hause oft selbst Hausangestellte
beschäftigen, berichten über den anfänglichen Ekel und die Überwin-
dung, die es sie kostete, eine fremde Wohnung zu putzen, einen fremden Körper zu waschen, fremde Zehennägel zu schneiden oder Windeln
zu wechseln.

Die Tatsache jedoch, dass sie alte jüdische Menschen in Israel, dem »Gelob-
ten Land«, pflegen, macht für die mehrheitlich christlichen Filipinas
einen großen Unterschied. In den zahlreichen evangelikalen Kirchen, die
Arbeitsmigranten und Arbeitsmigrantinnen in den letzten Jahren insbe-
sondere in Tel Aviv gegründet haben und denen viele Frauen im Lauf ihres
Migrationsprozesses beitreten, wird in diesem Zusammenhang gern die
Bibel, 1. Mose Kapitel 12, Vers 3, zitiert (»Ich will segnen, die dich [das
Volk Abrahams] segnen, und verfluchen, die dich verfluchen […]«). Dieser Vers wird herangezogen, um die Pflege jüdischer Menschen als eine
Handlung darzustellen, die von Gott besonders gesegnet würde. Diese
Auslegung hilft den Pflegerinnen, ihre Arbeit als sinnstiftend und ethisch
wertvoll zu begreifen, auch wenn ihnen die gesellschaftliche und die persönliche Anerkennung durch ihre Arbeitgeber und deren Familien versagt bleiben.

Viele dieser Kirchen verstehen sich als christlich-zionistisch und integrieren jüdische Symbole und Kultgegenstände wie etwa das Schofarhorn
oder den siebenarmigen Leuchter in ihre Gottesdienste. In diesem Kontext
stellen die Enttäuschungen der Migrantinnen und die schwierigen Arbeitsverhältnisse in Israel eine theologische Herausforderung dar. Die angebliche Hartherzigkeit jüdischer Arbeitgeber, die sich in zu niedrigen oder zu
spät ausbezahlten Löhnen, der Konfiszierung des Reisepasses, Misshand-
lungen, Streitigkeiten um Urlaubstage oder die Führung des Haushalts aus-
drückt, wird in den Predigten und Debatten immer wieder thematisiert. In
der Tel Aviver Gemeinde der philippinisch-evangelikalen Jesus-Is-Lord-
Bewegung etwa wird sie einerseits auf das kollektive Trauma des jüdischen
Volkes und andererseits theologisch auf die Weigerung der Juden, Jesus
Christus als ihren Messias anzunehmen, zurückgeführt. Wie Jane, eine der
philippinischen Pastorinnen, die unter der Woche selbst als Pflegerin einer
KZ-Überlebenden arbeitet, in ihren Predigten mehrfach ausführt, sind der
vermeintliche Geiz, der Starrsinn und die Unbarmherzigkeit vieler Arbeitgeber darauf zurückzuführen, dass diese die »erweichende« Liebe Gottes
nicht erfahren hätten. Im Gegensatz zur jüdischen Beschneidung prakti-

zierten die christlichen Gemeindemitglieder mit ihrer aufopfernden Pflege eine »Beschneidung des Herzens« und seien so empfänglich für die Leiden ihrer Mitmenschen, so Jane. Gefühle der Wut, Frustration und Aggression gegenüber den Arbeitgebern sowie bekannt gewordene Fälle von Pflegerinnen, die mithilfe versteckter Kameras der Misshandlung ihres Arbeitgebers überführt wurden, werden in diesem Kontext mit Teufelsbesessenheit erklärt. Dementsprechend hoch ist der Bedarf an Exorzismen und spirituellen Heilungen in den evangelikalen Kirchen.

Erzählungen von der Konvertierung jüdischer Arbeitgeber stehen in besagter Jesus-Is-Lord-Gemeinde hoch im Kurs und so bewertet eine andere Pastorin, Rebecca, die angebliche Konvertierung ihrer Arbeitgeberin Ruth als ihre größte Errungenschaft in Israel. Die an Alzheimer erkrankte Ruth hatte ein deutsches Konzentrationslager überlebt und Rebecca erinnert sich an die langen Diskussionen zu Beginn ihrer Arbeit mit Ruth, in denen sich diese als Atheistin beschrieb, die Gott »den Holocaust nicht verzeihen« konnte. Mit den Jahren und – so schien es mir – dem sich verschlechternden Gesundheitszustand besann sich Ruth nicht nur auf Gott, sondern wurde laut Rebecca immer empfänglicher für ihre Bekehrungsversuche. So widersprach sie nicht mehr, wenn Rebecca auf den Sender eines amerikanischen Televangelisten, ihren Lieblingssender, umschaltete, und sagte sogar »Amen«, wenn diese im Namen Jesu Christi mit ihr betete. Von ihren eigenen Erfahrungen ausgehend, predigt Rebecca nun die Bekehrung der jüdischen Arbeitgeber (*one by one*) als die wahre Mission der philippinischen Altenpflegerinnen in Israel.

In ihren Erzählungen über geizige oder bekehrte Arbeitgeber mischt sich der Frust der Pflegerinnen über schwierige Arbeitsverhältnisse auch mit antisemitischen Stereotypen. Indem sie im öffentlichen, aber intimen Raum der Kirchen erzählt werden, handeln sie immer auch von kollektiven Fantasien der Macht und Moral.

Die meisten Arbeitsbeziehungen zwischen israelischen Rentnern und philippinischen Pflegerinnen scheinen hingegen von gegenseitigem Respekt und großer Nähe geprägt zu sein. Viele Pflegerinnen nennen ihre Arbeitgeber *sabba* bzw. *savta* (Opa bzw. Oma) oder auch *abba* und *ima* (Mama und Papa).

Da waren etwa Anne und Rachel. Als eine von etwa dreißig Filipinas arbeitete Anne in einer exklusiven Anlage für betreutes Wohnen an der Küste südlich von Tel Aviv. Die Wohnanlage beherbergt etwa 360 Senioren, viele von ihnen Überlebende des Nationalsozialismus. Auch Rachel, Annes Arbeitgeberin, war Ende der 1930er-Jahre aus Berlin geflohen und nach einer Odyssee durch Westeuropa und Nordafrika nach Brasilien emigriert. Nach dem Tod ihres Mannes wanderte sie in Israel ein und wurde

Mitte der 1990er-Jahre eine der ersten Bewohnerinnen der Anlage. Kurz bevor ich Rachel kennenlernte, war sie gestürzt und hatte seither große Schwierigkeiten beim Gehen. Sie bekam nur selten Besuch und so verbrachten Anne und Rachel täglich viele Stunden, in denen sie einander vorlasen oder sich gegenseitig von ihrem Leben erzählten. Rachel war vor dem Krieg Balletttänzerin gewesen und, während Rachel mir gegenüber ihre Tanzkarriere herunterspielte, zeigte Anne mir bei einem meiner Besuche stolz einige alte Fotografien von Rachels Aufführungen. In den folgenden Monaten verschlechterte sich Rachels Zustand und sie wurde immer wieder in ein Krankenhaus eingewiesen. Anne, die sich Sorgen um ihre Betreuung dort machte, schlief jedes Mal auf einem Feldbett neben ihr. Ein gutes Jahr nach dem Sturz starb Rachel.

Als ich Anne wenige Tage nach Rachels Tod in deren Wohnung besuchte, wirkte sie erschöpft und emotional aufgelöst. Sie war am Vortag als eine von wenigen bei Rachels Beerdigung gewesen. Da Rachel kinderlos starb und in Israel keine Angehörigen hinterließ, fiel es nun Anne zu, ihre Sachen zu packen und zu verteilen. Mit Tränen in den Augen ging sie immer wieder die alten Fotografien durch und beschloss, einige für sich zu behalten. Rachel, so erinnerte sie sich, sei »like a mother« für sie gewesen. Sie fühle sich als die Letzte, die Rachels Lebensgeschichte kenne und weitergeben würde.

Mit deren Tod war Annes Aufenthaltsgenehmigung ungültig geworden, aber in ihrer Trauer fühlte sie sich außerstande, eine Entscheidung über ihre Rückkehr zu treffen. Anne war als eine der ersten philippinischen Pflegerinnen bereits vor dem offiziellen Anwerbeabkommen in den 1980er-Jahren nach Israel eingereist. Sie hatte ihren mittlerweile erwachsenen Sohn seit über zehn Jahren nicht gesehen. Rachel war bereits ihre vierte Arbeitgeberin gewesen, die sie nach Jahren des Zusammenlebens durch den Tod verlor. An diesem Tag fragte Anne sich laut, ob sie einen weiteren Tod eines weiteren Arbeitgebers verkraften würde. Schließlich entschied sie sich, zu bleiben, trotz der ihr drohenden Illegalität. Zu lieb war ihr der israelische Alltag geworden. Zu fern wirkte ihre Familie auf den Philippinen, der sie im Lauf der Jahre immer weniger Geld geschickt hatte.

Für die mehrheitlich christlichen Migranten und Migrantinnen aus den Philippinen ist ein Einblick in das »Heilige Land« ein besonderer Aspekt ihrer Migration nach Israel, der das Land trotz seiner restriktiven Einwanderungspolitik und seiner im Vergleich zu anderen westlichen Industriestaaten geringen Löhne attraktiv macht. Nichtsdestoweniger stellt Israel für viele nur eine Etappe auf einer erhofften längeren Migrationsroute dar, die über die Metropolen Asiens (etwa Hongkong, Singapur, Taipeh) bzw. den arabischsprachigen Nahen Osten (etwa Saudi-Arabien, Vereinigte Arabische Emirate, Libanon) nach Israel und von dort aus weiter nach Westeuropa, in die USA oder nach Kanada führt.

Literatur

Kemp, Adriana/Raijman, Rebeca, Migrants and Workers. The Political Economy of Labor Migration in Israel, Jerusalem 2008 (hebr.)

Liebelt, Claudia, Caring for the »Holy Land«. Filipina Domestic Workers in Israel, New York/Oxford 2011.

Workers' Hotline, Black Money, Black Labor: Collection of Brokerage Fees from Migrant Caregivers in Israel, December 2013 Report, Tel Aviv 2013 (www.kavlaoved.org.il/en/wp-content/uploads/2014/05/Black-Money-Black-Labor.pdf, Aufruf: 7. August 2015).

Assaf Uni

Das Gesundheitssystem

Zahlreiche Daten deuten auf die hohe Effizienz und Qualität des israelischen Gesundheitswesens hin, etwa die hohe Lebenserwartung, die niedrige Säuglingssterblichkeit oder die Zufriedenheit der Bürger mit der medizinischen Versorgung. In etlichen internationalen Rankings ist Israel auf Spitzenrängen anzutreffen. Die Weltgesundheitsorganisation zählt Israels Gesundheitswesen zu den 25 fortschrittlichsten der Welt, laut Bloomberg-Gesundheitsindex gehört es weltweit zu den zehn besten. Nach dem Better Life Index der Organisation für wirtschaftliche Zusammenarbeit und Entwicklung (OECD) rangiert Israel im Gesundheitsbereich auf dem achten Platz, vor Staaten wie Schweden, den USA, dem Vereinigten Königreich, Frankreich und Deutschland.

Dem sozialistischen Ideal der Frühzeit des Staates entsprechend, bietet das israelische Gesundheitswesen nach wie vor allen Bürgern eine medizinische Versorgung. Doch gewisse Versorgungslücken aufgrund von Mittelknappheit und steigender Nachfrage nach Dienstleistungen, die vom Staat nicht finanziert werden, haben in den letzten Jahrzehnten zur Entwicklung privater medizinischer Dienste geführt. Das wiederum hat das öffentliche Gesundheitswesen geschwächt und eine lebhafte öffentliche Debatte ausgelöst.

Das israelische Gesundheitswesen beruht auf dem Gesundheitssystem des Jischuw, der jüdischen Gemeinschaft im britischen Mandatsgebiet, sowie auf einem Konzept, das jüdische Einwanderer in der Frühzeit der zionistischen Einwanderung aus Deutschland mit nach Palästina brachten: Das »Bismarck-Modell« der beitragsfinanzierten Sozialversicherung diente der jüdischen Gemeinschaft in Palästina in der ersten Hälfte des zwanzigsten Jahrhunderts als Inspirationsquelle. Die damals eingerichteten Krankenkassen bestehen bis heute und werden auch auf Hebräisch in wortwörtlicher Übertragung des deutschen Ausdrucks »Krankenkassen« *kupot cholim* genannt. Den Krankenkassen in Israel – Klalit, Makkabi, Meuchedet und Leumit – gehören auch Kliniken und Forschungseinrichtungen. Neben den vier Krankenkassen gibt es auch öffentliche Krankenhäuser – darunter

Pflegeheime, Sanatorien, psychiatrische Kliniken etc. –, Krankenhäuser im Besitz von Vereinigungen, private Krankenhäuser, Facharztzentren etc.

Parallel zur Entwicklung der Krankenkassen vor der Staatsgründung wurden Gesundheitseinrichtungen eingerichtet, die jüdische Philanthropen im Ausland finanzierten. Ein Beispiel ist das Hadassah-Krankenhaus in Jerusalem, eines der größten und angesehensten medizinischen Zentren Israels. Es hat über Generationen hinweg ausgezeichnete Ärzte hervorgebracht und befindet sich bis heute im Besitz eines jüdisch-amerikanischen Wohltätigkeitsvereins, der zionistischen Frauenorganistation »Hadassah«. Auch die Familie Rothschild hat im Lauf der Jahre die finanzielle Verantwortung für Krankenhäuser in Israel getragen, darunter für das Rothschild-Krankenhaus in Haifa, das inzwischen in »Medizinisches Zentrum Bnei Zion« umbenannt wurde.

Nach einigen Änderungen und Reformen des israelischen Gesundheitswesens und dessen Finanzierung wurde 1995 ein Gesetz verabschiedet, wonach jeder Einwohner eine Gesundheitssteuer, die sich auf drei bis fünf Prozent seines Einkommens beläuft, zahlt und dafür Anspruch auf ein bestimmtes medizinisches Versorgungsangebot hat. Da der Beitragssatz variiert, leisten die Besserverdienenden einen Beitrag zur medizinischen Versorgung der Geringverdienenden. Seitdem ist zudem jeder Einwohner verpflichtet, einer der vier erwähnten Krankenkassen anzugehören, die ihm wiederum die gesetzlich vorgeschriebenen medizinischen Dienstleistungen bieten muss. Wie in anderen westlichen Staaten ist das israelische Gesundheitswesen gegliedert, von der medizinischen Grundversorgung in der Kommune über regionale medizinische Zentren, Eltern-Kleinkind-Stationen bis zu Krankenhäusern.

Das Gesundheitssystem steht gleichsam ständig im Fokus der öffentlichen Debatte in Israel, sei es im Zusammenhang mit überfüllten Krankenhäusern, in denen Patienten routinemäßig in den Gängen schlafen, oder mit medizinischen Leistungen und Innovationen. Die Namen von herausragenden Ärzten, die durch Mundpropaganda zwischen Patienten, Familienangehörigen und Nachbarn zirkulieren, haben zur informellen Krönung von einigen »Stardoktoren« geführt. Insgesamt ist man sich einig, dass das Budget für das Gesundheitssystem zu gering bemessen ist und zudem ein Arbeitskräftemangel zu erwarten ist, wenn viele Ärzte, die aus der Sowjetunion eingewandert sind, pensioniert werden.

Die folgende Datenauswahl gibt kompakt einen Überblick über verschiedene Aspekte des israelischen Gesundheitswesens.

Lebenserwartung

Die Lebenserwartung in Israel gehört zu den höchsten der Welt. Laut Angaben des israelischen Gesundheitsministeriums liegt sie für Männer bei 80,2 Jahren (Rang 4) und für Frauen bei 84 Jahren (Rang 14). Bei der gewichteten Lebenserwartung befindet sich Israel auf dem neunten Rang. Wie bei den anderen medizinischen Indizes besteht noch immer eine Kluft zwischen dem jüdischen und dem arabischen Bevölkerungsteil, wobei neuere Daten auf die Verringerung dieser Kluft schließen lassen: So wurde der größte Anstieg der Lebenserwartung in den letzten Jahren bei der nicht jüdischen Bevölkerung Israels registriert – von 80 Jahren 2010 auf 80,3 Jahre 2011. Die Lebenserwartung der jüdischen Bevölkerung betrug 2011 82,3 Jahre.

Niedrige Säuglingssterblichkeit

Die Säuglingssterblichkeit ist in Israel niedriger als im OECD-Durchschnitt und betrug 2012 3,6 Sterbefälle je 1 000 Lebendgeburten (OECD-Durchschnitt: 4,0 Sterbefälle auf 1 000 Lebendgeburten). Damit steht Israel in dieser Hinsicht besser da als etwa die USA und das Vereinigte Königreich, aber schlechter als die skandinavischen Länder, Spanien oder Griechenland. Letzteres wird von einigen Experten auf die unterschiedliche Situation im jüdischen und im arabischen Bevölkerungssektor sowie auf die allgemein hohe Anzahl von Schwangerschaften in Israel zurückgeführt. Der Anteil der Neugeborenen mit einem Geburtsgewicht unter 2,5 kg ist in Israel höher als in den meisten OECD-Staaten. Jedenfalls ist die Säuglingssterblichkeit in Israel seit 1975 deutlich zurückgegangen, nämlich von 22,9 Sterbefällen pro 1 000 Lebendgeburten auf 3,6 Sterbefälle pro 1 000 Geburten im Jahr 2012.

Dennoch bestehen zwischen dem arabischen (rund 20 Prozent der Gesamtbevölkerung) und dem jüdischen Bevölkerungsteil immer noch erhebliche Unterschiede. Die Säuglingssterblichkeit ist im arabischen Sektor 2,5-mal so hoch wie im jüdischen Sektor. Das Gesundheitsministerium hat erklärt, zur Bekämpfung der Säuglingssterblichkeit im arabischen Bevölkerungssektor sei es zunächst notwendig, mehr genetische Tests durchzuführen. Da es in diesem Sektor häufiger zu Verwandtenehen kommt, könnten solche biologischen Daten – im Vorfeld – Aufschluss über das Risiko einer Übertragung von Erbkrankheiten geben. Bei schwangeren Frauen in Israel werden genetische Tests bereits durchgeführt, da es sich – im jüdischen wie auch im arabischen Sektor – um eng verbundene Bevölkerungsgruppen handelt, die für spezifische Krankheiten ein erhöhtes Risiko aufweisen.

Platzmangel in Krankenhäusern

Die Bettenbelegungsrate in israelischen Krankenhäusern liegt bei 97 Prozent und ist die dritthöchste im OECD-Raum. Die durchschnittliche Belegungsrate in OECD-Staaten beträgt 75 Prozent, in Deutschland liegt sie etwas höher bei 76,6 Prozent. In fast allen Abteilungen der Krankenhäuser im Landeszentrum müssen eingewiesene Patienten wegen Platzmangel Nächte im Korridor statt im Krankenzimmer verbringen, wie viele Israelis berichten.

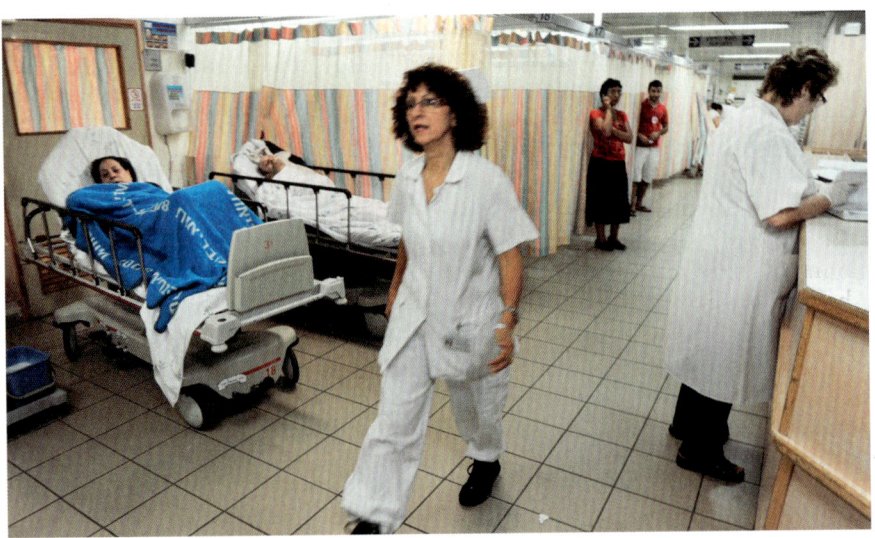

Überbelegtes Krankenhaus in Aschkelon

Der Grund ist Budgetknappheit. Während die israelische Bevölkerung in raschem Tempo wächst – Israel führt die OECD-Rangliste der Geburtenraten mit durchschnittlich drei Kindern pro Frau an; der Anteil der Kinder bis 14 Jahre an der Gesamtbevölkerung ist mit 28,2 Prozent der zweithöchste im OECD-Raum –, wurden die Budgets nicht entsprechend erhöht. Im vergangenen Jahrzehnt ist die Anzahl der Betten in israelischen Krankenhäusern nur um wenige Hundert angewachsen, wodurch der riesige Bedarf nicht gedeckt werden konnte. Das israelische Gesundheitssystem verfügt über 1,9 Krankenhausbetten pro 1 000 Einwohner, der OECD-Durchschnitt liegt bei 3,3 Betten pro 1 000 Einwohner.

Das schlägt sich in der im internationalen Vergleich sehr niedrigen Verweildauer von Patienten in israelischen Krankenhäusern nieder. Während sich Patienten im OECD-Raum 2014 durchschnittlich 6,5 Tage in Krankenhäusern aufhielten, betrug die Verweildauer in Israel nur 4,3 Tage. Die Anzahl der Krankenhausbetten in Israel ist seit 1996 von 2,5 Betten pro 1 000 Einwohner auf nur noch 1, 9 Betten gesunken.

Peripherie versus Zentrum

Trotz des relativ kleinen Staatsgebiets gibt es in Israel erhebliche sozioökonomische Unterschiede zwischen den großen Städten, besonders im Großraum Tel Aviv, zu dem die Stadt Tel Aviv und die umliegenden Städte gehören – auf Hebräisch »Dan-Block« genannt –, und Orten, die wenige Autostunden vom Landeszentrum entfernt liegen, oder sonstigen Städten mit niedrigem sozioökonomischem Profil. Die Unterschiede manifestieren sich etwa in der schlechteren Erreichbarkeit medizinischer Dienstleistungen (lange Fahrzeiten) oder in längeren Wartezeiten für operative Eingriffe. Seit 2012 versucht der Staat, junge Ärzte mit finanziellen Zuschüssen in Höhe von Zehntausenden Schekeln pro Jahr zur Arbeit in peripheren Krankenhäusern zu bewegen. Bei Fachärzten belaufen sich solche staatlichen Zuschüsse auf mehrere Hunderttausend Schekel pro Jahr. Dennoch bleiben die Unterschiede bestehen. Daten des Gesundheitsministeriums zeigen, dass Einwohner der zwischen Tel Aviv und Haifa gelegenen Stadt Chadera durchschnittlich eine um sechs Jahre verminderte Lebenserwartung haben als Einwohner der in Zentralisrael gelegenen Stadt Ra'anana; die Einwohner der nahe Beer Sheva gelegenen Beduinenstadt Rahat haben sogar eine um acht Jahre geringere Lebenserwartung.

Braindrain

Israel hat in den 1990er-Jahren nach dem Zusammenbruch der Sowjetunion von einem beispiellosen Akademikerzustrom von dort profitiert. Darunter befanden sich auch zahlreiche Ärzte. Viele von ihnen fanden Arbeit im israelischen Gesundheitswesen. Dem ist der Umstand zu verdanken, dass die Ärztedichte in Israel heute bei 3,3 Ärzte pro 1 000 Einwohner liegt. Dieser Wert entspricht dem OECD-Durchschnitt. In den nächsten Jahren zeichnet sich jedoch ein beträchtlicher Rückgang bei der Zulassung neuer Ärzte ab, während Tausende von Ärzten in den Ruhestand gehen werden. Beredtes Zeugnis davon legt die Anzahl der Medizinabschlüsse ab: In den letzten Jahren belief sie sich in Israel auf gerade mal 4,1 Abschlüsse pro 100 000 Einwohner gegenüber durchschnittlich

11,6 Abschlüssen im OECD-Raum. So versucht der Staat unter anderem, jungen Israelis, die, nachdem sie keinen Studienplatz an den angesehenen israelischen Akademien erhalten haben, im Ausland studieren (besonders in Bulgarien, Italien und Tschechien), die Rückkehr nach Israel zu erleichtern und sie in das israelische Gesundheitssystem einzubinden.

Nationale Ausgaben für Gesundheit

Experten schreiben die meisten Mängel des israelischen Gesundheitssystems der staatlichen Gesundheitspolitik zu, die dazu geführt hat, dass das Budget für Gesundheit pro Einwohner angesichts des raschen Bevölkerungswachstums erheblich zurückgegangen ist. Die staatlichen Ausgaben für Gesundheit in Israel belaufen sich auf 7,3 Prozent des Bruttoinlandsprodukts, während es im OEDC-Raum durchschnittlich 9,3 Prozent sind. Gleichzeitig ist der Anteil der privaten Ausgaben für Gesundheit sehr hoch. Von 30 Prozent in den 1990er-Jahren ist er inzwischen auf 40 Prozent angestiegen.

Viele Bürger in Israel schließen deshalb Zusatzversicherungen ab, die die von den Krankenkassen angebotene, staatlich garantierte Grundversorgung ergänzen. Im Rahmen dieser Zusatzversicherungen wurde den Krankenkassen gestattet, zusätzliche Dienstleistungen wie die Wahl des operierenden Arztes, das Einholen von Zweitgutachten und Komplementärmedizin anzubieten. Später sind weitere Privatversicherungen hinzugekommen, die noch exklusivere Leistungen anbieten. Sie arbeiten mit Fachärzten – in der Regel mit Abteilungsleitern von Krankenhäusern – zusammen und garantieren Behandlungen ohne oder mit stark verkürzten Wartezeiten. Diese neuen Wettbewerber und die Schwäche des öffentlichen Gesundheitswesens haben die israelische Öffentlichkeit dazu veranlasst, »mit dem Geldbeutel abzustimmen«: Mehr als 75 Prozent der Bevölkerung verfügt über eine Zusatzversicherung irgendeiner Art, ein beispiellos hoher Wert für einen westlichen Staat.

Parallel dazu hat sich in den letzten Jahren eine breit gefächerte Gesundheitstourismusbranche entwickelt. Die meisten »Gesundheitstouristen« kommen aus den Staaten der ehemaligen Sowjetunion. Eine große Anzahl von Vermittlern kümmert sich um dieses Publikum. Viele Patienten stammen aber auch aus arabischen Staaten. Israelische Ärzte behandeln diese ausländischen Patienten in Privatkliniken oder öffentlichen Krankenhäusern. Laut Krankenhausleitern sorgen diese Patienten, die in ihren Heimatländern nicht optimal behandelt werden können, für hohe Einnahmen, die zur Entwicklung der Krankenhäuser zum Wohl der israelischen

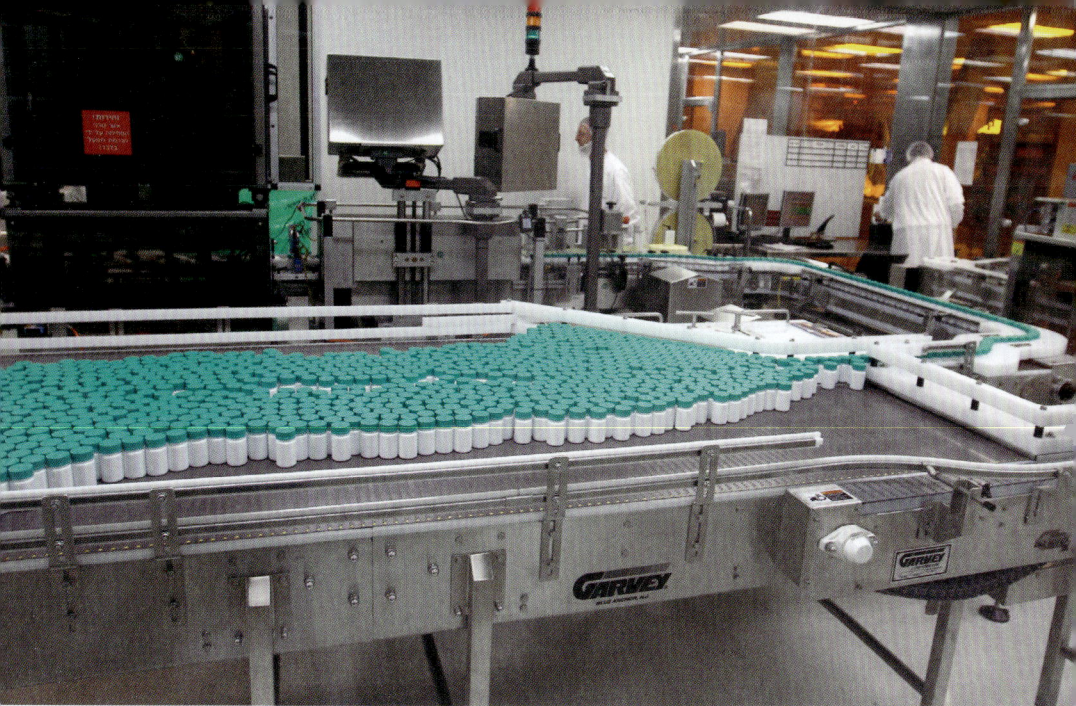

Produktionsanlage von Teva Pharmaceutical Industries, einer der weltführenden Produzenten von Generika

Bevölkerung beitragen. Der Umsatz des Gesundheitstourismusmarktes wird auf jährlich mehr als eine Mrd. Schekel (rund 200 Mio. Euro) geschätzt. Zeitungsberichten zufolge buhlt Israel im Wettbewerb mit Deutschland und anderen Ländern um diese vermögende Patientenschaft. Dieser Aspekt des Gesundheitswesens ist in Israel jedoch sehr umstritten. Es wird befürchtet, dass die Krankenhäuser und Ärzte die Einrichtungen der öffentlichen Medizin missbrauchen, um private Gewinne zu erwirtschaften.

Israel verfügt auch über eine breit gefächerte Industrie im Bereich der medizinischen Entwicklungen, angeführt von der Firma »Teva«, eines der fünf größten Pharmaunternehmen der Welt, das sich auf der Grundlage bahnbrechender Forschungsergebnisse des Weizmann-Instituts für Wissenschaften, wo auch der Wirkstoff von »Copaxone®« zur Behandlung der multiplen Sklerose entdeckt wurde, entwickelt hat. Hinsichtlich der Entwicklung medizinischer Geräte rangiert Israel laut einer neueren Studie der Israelischen Akademie für Wissenschaften hinter den USA an zweiter Stelle. Als Beispiele sind etwa der von der israelischen Firma »Medinol« 1992 entwickelte und sehr verbreitete Stent zu erwähnen oder die endoskopische Kapsel der Firma »Given Imaging«, mit deren Hilfe eine winzige Kamera in einer verschluckbaren Kapsel Bilder von den menschlichen Verdauungsor-

ganen liefert. Entwickelt wurde die Kapsel, eine Art virtuelle Kolonosko-
pie, auf der Grundlage von Forschungsprojekten und Patenten eines staatlichen Unternehmens für die Entwicklung von Waffensystemen namens
Rafael unter Nutzung vorhandener Technik für Raketenleitsysteme.

Aus dem Hebräischen von David Ajchenrand

Amir Gutfreund

Haifa – Stadt der Arbeiter

Die ursprüngliche Idee war bestechend. Man nehme eine stille, blaue Meeresbucht von schier perfekter Rundung, man nehme den grün bewachsenen, sich fast bis an die Wasserlinie erstreckenden biblischen Karmelberg und errichte dort eine Stadt. Wald, Gebirge, Meer – welch seltene Kombination, zumal im Land Israel. Damit war es mit der Inspiration aber auch schon getan und meine geliebte Stadt Haifa, die heute an diesem topografischen Schnittpunkt liegt, ist vor allem für die ihr eigene graue Langeweile bekannt. Eine Arbeiterstadt. Eine Blue-Collar-Stadt. Zahllose Witze, teils durchaus zutreffende, gibt es darüber, wie früh ihre Einwohner abends zu Bett gehen.

Das heutige Haifa ist bemüht, dieses Image loszuwerden und sich zu wandeln. Diverse urbane Bau- und Sanierungsprojekte sollen der Stadt ein Facelifting verpassen, um Touristen, Studierende und junge Bewohnerinnen und Bewohner – kurz: attraktives Publikum jedweder Art – anzulocken. Hinter der Fassade wird Haifa jedoch stets dieselbe nörgelnde Arbeiterstadt bleiben. Ich erinnere mich, wie ich, der in Haifa Geborene, bei meinem ersten Besuch in Tel Aviv perplex bemerkte, wie gemütlich die Menschen in den Cafés saßen, ohne sich irgendwie bemüßigt zu fühlen, ihr Nichtstun zu rechtfertigen. Im Haifa meiner Kindheit, das es nicht mehr gibt, bewegten sich die Menschen eiligen Schrittes durch die Straßen, als Schutzschild gegen bösen Klatsch stets bewaffnet mit irgendeinem eiligen Brief, schweren Einkaufstaschen oder einem Berg von Formularen, die es in irgendeinem öffentlichen Amt abzugeben galt. Das Haifa von heute ist bereits von seinen eigenen stolzen Müßiggängern bevölkert, mitten am Arbeitstag im Caféhaus zu sitzen, gilt nicht mehr als Verfehlung, die man spätestens beim nächsten Familientreffen zu verantworten hätte. Und doch – unter dem neuen, dünnen Anstrich wird hier immer das Herz einer Stadt von Werktätigen schlagen, deren Leben von harter Arbeit und Sorge gekennzeichnet ist.

Wäre ich ein Reiseführer, könnte man getrost annehmen, dass die mir anvertraute Touristengruppe nach kurzem Streifgang durch meine geliebten,

Blick von den Bahai-Gärten in Richtung Stadtzentrum und Hafen

farblosen, nur von meinen nostalgischen Erinnerungen verschönten Straßen sich zunächst empören, sich schließlich beschweren, sich womöglich in offenem Protest auflösen würde. Gerade in meiner eigenen Stadt bin ich nicht der ideale Fremdenführer. Da ich jedoch darum gebeten wurde, will ich in dieser kurzen Skizze für all jene, die sie nicht kennen, zu beschreiben versuchen, was Haifa in Israel zu einer besonderen, wundervollen Stadt gemacht hat und bis heute macht.

Bewohnt ist der Ort seit Tausenden von Jahren. Zunächst gab es da eine harmlose kleine Ansiedlung am Ufer des Mittelmeers ohne Bedeutung. Wie die meisten hierzulande wurde sie erbaut, dann unter dem Ansturm all jener, denen es nach der Herrschaft über das Heilige Land gelüstete, erobert, zerstört und wieder errichtet. Im 18. Jahrhundert bot sich unerwartet eine Gelegenheit zu einer gewaltigen Aufwertung. Der Beduinenfürst Dhaher al-Omar machte sich den Nordteil des Landes Israel untertan und erhob sich gegen die osmanische Herrschaft. Er beschloss, die Stadt niederzureißen, ausnahmsweise, weil ihm ihre Zukunft am Herzen lag: An einem nicht weit von der bisherigen Stelle gelegenen Standort ließ er sie neu aufbauen und betrieb ihre Entwicklung zu einem Zentrum von regionaler Bedeutung. Wer weiß, welche Gipfel des Ansehens meine Stadt erklommen hätte, wäre Dhaher al-Omar nicht binnen kurzer Zeit von den

Die deutsche Templer-Siedlung an der Ben-Gurion-Straße

Türken besiegt worden, sodass das neue Haifa erneut das Schicksal ereilte, als armselige, entlegene Kleinstadt vor sich hinzudämmern.

Doch dann kamen der Stadt Haifa gerade wegen ihrer Rückständigkeit Mitte des 19. Jahrhunderts unerwartet, wie ein Geschenk des Himmels, zwei Entwicklungen zugute, die sie bis heute zum Anziehungspunkt für Touristen machen.

Im fernen Iran begründete ein Mann namens Sayyid Ali Muhammad die Bahai-Religion. Weil er allerlei Seltsames predigte, wie die Gleichheit der Menschen und die Rechte der Frau, wurde er von den Machthabern ins Gefängnis gesperrt, gefoltert und ermordet. Seinen Anhängern gelang es, sich seines Leichnams zu bemächtigten, und sie flohen mit ihm von Ort zu Ort, bis sie schließlich ausgerechnet nach Haifa gelangten. Warum gerade dorthin? Vielleicht dachten sie, dass die Häscher das Andenken ihres Propheten an einem so abgelegenen Ort nicht stören würden. Um seine Grabstätte bauten sie einen Schrein und legten einen prachtvollen Garten an. Dieser hat für die Bahai rituelle Bedeutung, weil ihr Glaube einen Zusammenhang zwischen der Pflanzenwelt und der göttlichen Gegenwart in der Welt sieht. Im Lauf der Zeit erwarb die Religionsgemeinschaft der Bahai dank großzügiger Spenden den gesamten Abhang des Karmelbergs und der Garten wurde zu einem wunderschönen, die ganze Fläche bedeckenden Blütenteppich erweitert. Kein Besucher kommt umhin, angesichts dieses herrlichen Anblicks die Kamera zu zücken und so lange zu knipsen, bis die Speicherkarte voll ist.

Eine weitere Touristenattraktion, die Haifa ohne eigenes Zutun in den Schoß fiel, liegt zwischen den Bahai-Gärten und dem Meeresstrand. Wo sich heute angesagte Cafés, gute Restaurants, Boutiquehotels und Luxusbüros aneinanderreihen, war früher die ebenfalls in der zweiten Hälfte des 19. Jahrhunderts von der Religionsgemeinschaft der Templer errichtete Deutsche Kolonie. Den Templern unter der Führung von Christoph Hofmann schwebte ein Leben in Einfachheit, Bescheidenheit und Arbeit vor. Indem sie sich im Heiligen Land niederließen, wollten sie auf die Wiederkehr Jesu und die Errichtung des Reichs Gottes hinwirken. Mit unermüdlichem Fleiß gründeten sie im ganzen Land schöne, blühende Siedlungen. Neben dem armseligen, von einer Mauer umgebenen Städtchen Haifa hob sich die deutsche Siedlung besonders hervor, als Beispiel einer Bauart, die nicht nur aus gedrängt stehenden, schmutzigen Häusern bestand. Die verschlungene, dramatische Geschichte der Templer im Land Israel ausführlicher darzustellen, würde den hier gegebenen Rahmen sprengen. Zwar brachten sie den deutschen Kaiser Wilhelm II. ins Heilige Land, das Kommen des Messias vermochten sie jedoch nicht zu bewirken und, nachdem sie sich dazu hatten hinreißen lassen, sich dem Nationalsozialismus anzuschließen, wurden sie im Zweiten Weltkrieg von den Briten ausgewiesen. Sie hinterließen in Haifa ein städtebauliches Juwel, einen Anziehungspunkt für Touristen und ausgehfreudige Einheimische. Noch heute ist das Viertel für Haifa einzigartig und, blickt man vom Aussichtspunkt auf dem Kamm des Karmelbergs über die Stadt, sticht sofort die deutsche Kolonie mit ihrem besonderen Charakter ins Auge. Sie ist heute auch ein pulsierendes kulturelles und politisches Zentrum für die arabische Jugend Haifas und der ganzen umliegenden Region. Ein seltenes, unerwartetes Geschenk, das die Templer dem urbanen Leben Haifas mit seinem einzigartigen multiethnischen Facettenreichtum hinterlassen haben.

Ein paar Worte noch zu den Freizeitaktivitäten in Haifa: Viele Jahre lang hieß es, der wunderbarste Ort der Stadt sei die Schnellstraße nach Tel Aviv. Als Kind und Heranwachsender war ich wütend auf alle, die sich so über meine geliebte Stadt lustig machten, nicht zuletzt, weil mir klar war, dass sie recht hatten. Aber auch ein Lokalpatriot wie ich weiß, dass, will man sich in Haifa vergnügen, man die Stadt zunächst einmal ein Stück weit verlassen muss. Der wunderschöne Strand von Haifa verläuft vom Südrand der Stadt wie ein Kometenschweif Richtung Süden. Schuld daran, wie fast an allem anderen, was an Haifa negativ ist, sind die Briten mit dem, was sie zur Zeit ihres Mandats über Palästina anrichteten, denn sie sahen in Haifa vor allem einen hervorragenden Standort für die Errichtung umweltverschmutzender Industrieanlagen. Den Briten ist es zuzuschreiben, dass bis heute ein Gürtel von Hafenanlagen, Fabriken, Erdölreservoirs und Eisenbahntrassen die Einwohner von Haifa von ihrem Meer trennt. Alle Versuche neuerer Zeit, diese aus der Welt zu schaffen, schlugen bislang fehl.

Um ans Meer zu gelangen, was kein Tourist versäumen sollte, fährt man südwärts. Es gibt keinen besseren Ort als den Strand von Haifa, will man sich davon überzeugen, dass alle anderen um einen herum schöner und besser gebaut sind. Ja, das war von jeher der Stolz der Stadt: Ich bin mit der süßen Gewissheit aufgewachsen, dass die meisten Schönheitsköniginnen Israels aus Haifa stammen und dass auch alle anderen Frauen aus Haifa, die es nicht zur Königin gebracht haben, sich durch besondere Schönheit auszeichnen. Am Strand bestätigt sich, dass diese Legenden in der Realität verankert sind.

Und unser Lokalstolz, der Karmelwald? Zwar lugt er überall in den schönen, lebhaften Straßen des Berges hervor, aber niemand lässt sich dort mit Picknickdecke und -korb nieder. Wer in die Natur will, sei es zum Picknicken oder zu einer Wanderung, muss sich Richtung Südosten aus der Stadt hinausbegeben. Hier kann man auch die Drusendörfer Ussfija und Daliat al-Karmel besuchen, ebenfalls Anziehungspunkte touristischer, historischer und vor allem kulinarischer Art. Die Zeit, in der die Drusen von den Muslimen grausam verfolgt wurden, konnten diese Orte dank ihrer schwer erreichbaren, abgelegenen Lage auf dem Bergrücken überstehen. Nun sind sie als Hochburgen für Hummus und Backwerk und für ihre pittoreske Atmosphäre bekannt und beliebt.

Der eigentliche Glanzpunkt Haifas bleibt den Touristen vielleicht verborgen, den Landesbewohnern jedoch ist er sehr wohl bewusst. Haifa ist nämlich die einzige Großstadt Israels, in der Araber und Juden gemeinsam leben, in einem Miteinander, das für andere gemischte Städte Israels ein Wunschtraum bleibt. Als Nichtfachmann habe ich keine soziologische Erklärung für dieses Phänomen, aber es wird wohl nicht weit gefehlt sein, wenn ich behaupte, dass es zu einem nicht geringen Teil die ruhige, gelassene Atmosphäre Haifas ist, auf der diese hervorragenden Beziehungen beruhen. Einen wesentlichen Anteil daran haben auch die Führungspersönlichkeiten, die die Geschicke der Stadt in kritischen Perioden bestimmten. Unter ihnen ist vor allem der zu Beginn des 20. Jahrhunderts amtierende arabische Bürgermeister Hassan Schukri zu nennen. Seiner Umsicht und seinem Mut war es zu verdanken, dass die Stadt nicht den Nationalisten und Extremisten auf beiden Seiten zum Opfer fiel. Persönlich musste er dafür einen hohen Preis zahlen, unter anderem verübten arabische Nationalisten mehrere Attentate auf ihn, und die Abfolge von Rücktritt und Rückkehr ins Amt wäre Stoff für einen eigenen Essay. Jedenfalls waren es Hassan Schukri und einige arabische und jüdische Mitstreiter, die seine Vision der Koexistenz teilten und das moderne Haifa zu einem Ort machten, an dem das Zusammenleben funktioniert. In vielen Orten Israels laufen »Projekte«, die ein größeres Miteinander jüdischen und arabischen Lebens anstreben. Haifa jedoch ist kein Projekt, sondern Realität. Was dort geschieht, geschieht nicht als Teil eines begrenzten, experimentellen Rahmens, sondern ist schlicht selbstverständlicher Alltag. Das soll nicht heißen, dass es in Haifa nicht wie überall Spannungen und Probleme gibt. Im Unabhängigkeitskrieg von 1948 fanden blutige Straßenkämpfe zwischen Arabern und Juden statt; als die jüdische Seite gesiegt hatte, blieben sowohl Juden als auch Araber am Ort wohnen. Könnte es sein, dass zum Schluss alles gut werden wird? Wenn ich manchmal durch die Straßen schlendere und zum Beispiel auf die »Straße der Verteidiger« stoße, deren Bewohner überwiegend zu den Nachkommen jener zählen, vor denen man sich »verteidigte«, lächle ich vor mich hin und frage mich, wie es kommt, dass dieser Druckkessel trotz allem so friedlich und gelassen funktioniert. Eine bestimmte historische Konstellation, guter Wille, lethargisches Temperament und ein bisschen Glück führen dazu, dass »es« in Haifa funktioniert.

Haifa ist meine Stadt. Schon seit vielen Jahren lebe ich nicht wirklich dort, aber gerade das erlaubt es mir, bei jedem Besuch meine Liebe zu ihr neu zu entdecken, und sei es nur, wenn ich irgendeine Straße entlangschlendere, die voll von Kindheitserinnerungen ist. Entwicklung und Fortschritt finden im schläfrigen Haifa nur langsam Anhänger – und doch verändert und erneuert sich die Stadt allmählich. Hightechzonen, Ausgeh- und Touristikviertel erobern nach und nach die Stadt meiner Kindheit und machen Haifa in dem ihr eigenen Tempo zu einer für Einwohner und Besucher gleichermaßen attraktiven Stadt.

Alle sind herzlich eingeladen.

Aus dem Hebräischen von Liliane Meilinger

X Nationales Gedächtnis

Yehuda Bauer

Israel und die Schoah

Es liegt auf der Hand, dass die jüdische Bevölkerung Israels, aber auch die Juden in der Diaspora traumatisierte Gesellschaften sind. Das ist auch nicht verwunderlich, denn ein Drittel des jüdischen Volkes wurde im Zweiten Weltkrieg ermordet oder starb an den Folgen nationalsozialistischer Judenpolitik. Die Juden sind schließlich nicht das einzige Volk, das so reagiert hat. Bei den Armeniern, den Roma, den Tutsi, den amerikanischen Indianern und anderen kann man ähnliche Reaktionen beobachten.

Erste gesellschaftliche und politische Reaktionen auf das, was sich in Europa abspielte, gab es schon während des Krieges. Die jüdische Bevölkerung Palästinas, der »Jischuw«, betrug 1939 etwa eine halbe Million Menschen; die überwiegende Mehrheit stammte aus Ost- und Zentraleuropa und man hatte dort die meisten Familienmitglieder zurückgelassen. Gewöhnlich waren es die Jüngeren, die in Palästina Eingewanderte waren, während Eltern, viele der Geschwister und andere Verwandte in Europa blieben. Bis 1941 bestanden noch Postverbindungen, hauptsächlich vom Roten Kreuz vermittelt, und man war über die von Deutschen in den besetzten Gebieten eingerichteten Ghettos sowie über das von den Sowjets besetzte Ostpolen und Baltikum informiert, wenn man auch nicht alles wusste. Die britische Zensur hatte die Verbreitung von Nachrichten, die Panik hätten auslösen können, mit einem Verbot belegt. Trotzdem gab es immer wieder Beiträge in Zeitungen, die über die Verfolgung der Juden nicht nur in Polen, sondern auch in den von den Deutschen 1940 besetzten westeuropäischen Ländern berichteten. Die Juden in Palästina waren besorgt, konnten aber wenig ausrichten. Die britische Mandatsregierung hatte im Mai 1939 ein »White Paper« veröffentlicht, worin sie den Arabern die Errichtung eines halb unabhängigen Staates (im Rahmen des Empire) in Aussicht stellte und die jüdische Einwanderung in den kommenden fünf Jahren auf 75 000 Menschen begrenzte (Bauer 1970, S. 16–67). Vor diesem Hintergrund richtete sich die Aufmerksamkeit des Jischuw in erster Linie darauf, den Widerstand gegen die Engländer zu organisieren. Das Hauptziel war es, die äußerst begrenzen-

◀ Denkmal für die Kinder in Yad Vashem, Jerusalem

den Einwanderungsbestimmungen durch illegale Einwanderung zu bre-
chen. Bis heute wird die sogenannte illegale Einwanderung (»Alija B'«) als
große Hilfeleistung gefeiert. Allerdings konnten trotz aller Anstrengungen
zwischen 1938 und 1941 nur etwa 16000 Einwanderer im Rahmen der Alija
B' ins Land gebracht werden (Ofer 1992; Ofer/Weiner 1996).

Holocaustüberlebende nach ihrer Ankunft im Flüchtlingslager Atlit am 4. November
1944 im Mandatsgebiet Palästina: Während des Zweiten Weltkriegs errichtete Großbritannien dieses Lager, in dem die Behörden illegale jüdische Einwanderer nach Palästina internierten. Am 10. Oktober 1945 befreite die Hagana in einer von Itzhak
Rabin geplanten Aktion die Internierten.

Im Austausch für Deutsche, die in Palästina gelebt hatten, erreichten im
November 1942 69 Juden aus Europa Palästina (Bauer 1970, S. 243). Sie
erzählten über das, was wir heute die Schoah nennen; einige von ihnen
kamen aus polnischen Städten und sie hatten den Massenmord mit eigenen
Augen gesehen. Die Reaktion war außergewöhnlich stark. Man fing jetzt
an, die Sachlage zu verstehen, und das hatte eine nachhaltige Wirkung auf
die späteren Entwicklungen im Staat Israel.

Training einer Haganah-Einheit im Camp Yona in Tel Aviv in den 1940er-Jahren: Die Haganah, der Vorläufer der israelischen Armee, war eine im Untergrund agierende, paramilitärische Organisation in Palästina während der britischen Mandatszeit.

Für die meisten Zeitgenossen – ob sie nun in der Diaspora lebten bzw. leben oder in Israel – bestand und besteht die psychologische Schwierigkeit darin, zuzugeben, dass damals das jüdische Volk im Allgemeinen und der Jischuw in Palästina im Besonderen fast völlig ohnmächtig war, etwas für die Juden Europas zu tun. Es gab keinen jüdischen Staat und die halbe Million Juden des Jischuw waren nicht viel mehr als eine der Minderheiten im Nahen Osten. Der Jischuw wurde von der Jewish Agency (JA) geleitet, die theoretisch zu 50 Prozent aus Zionisten und zu 50 Prozent aus Nichtzionisten bestand, die aber praktisch das führende Organ der zionistischen Bewegung war. Sie war die offizielle Vertretung des Jischuw gegenüber der Mandatsregierung. Ab Anfang der 1930er-Jahre war die Arbeiterpartei (»Mifleget Poalei Erez Jisrael«, Abk. Mapai), von David Ben Gurion geleitet, die führende Kraft in der JA, hatte aber keine Mehrheit und musste Koalitionen bilden, um den Jischuw leiten zu können. Es gab einen illegalen bewaffneten Untergrund, die Haganah (»Verteidigung«), die zwar mit Not jüdische Siedlungen gegen arabische Gruppen zu verteidigen vermochte, aber prinzipiell sehr schwach bewaffnet war. 1944 gab es – auf dem Papier – 36 000 Haganah-Mitglieder, die außer veralteten Karabinern und Pistolen nur ein paar Dutzend Maschinengewehre und einige Mörser besaßen. Eine rechtsgerichtete Organisation, die Irgun (»Irgun Zwai Leumi«, Abk. IZL, Nationale Militärische Organisation), ab 1943 von Menachem Begin geführt, hatte etwa 1 500 Mitglieder und war noch schwächer bewaffnet (Bauer 1970, S. 306). Im Januar 1944 »erklärte« die Irgun den Engländern »den Krieg«; die Ursache waren die Hiobsbotschaften, die ab November 1942 dem Jischuw vor Augen geführt hatten, dass die Juden Europas von den Deutschen ermordet werden. Das veranlasste die Mandatsregierung nicht, die Tore Palästinas für Juden zu öffnen, weswegen die Irgun, die bis 1943 an einer probritischen Politik der zionistischen Rechten festgehalten hatte, ihre Einstellung änderte. Dass sie damit eigentlich objektiv die Nazis, gegen die England kämpfte, unterstützte, wurde ignoriert (Begin 1977). Eine dritte Untergrundbewegung, die Lechi (»Lochame Cherut Jisrael«, Kämpfer für die Freiheit Israels, auch Sterngruppe genannt), die etwa 120–200 Mitglieder hatte, war eine Organisation, die mit terroristischen Methoden versuchte, gegen die Engländer zu kämpfen. Im Januar 1941 versuchte Lechi, mit Nazideutschland in Verbindung zu treten (Naftali Lubinczik traf sich mit dem deutschen Agenten Otto von Hentig in Beirut), um mit deutscher Hilfe die Engländer aus Palästina zu vertreiben – dafür sollten die Deutschen den Juden Europas ermöglichen, in Palästina einzuwandern. Die Deutschen ignorierten den Vorschlag natürlich und Lechi wurde sowohl von den Engländern als auch vom Jischuw verfolgt. Ihr Anführer, Avraham Stern (»Yair«), wurde von einem englischen Polizisten im Februar 1942 ermordet. Nach 1948 wurden Irgun und Lechi zu politischen Gruppierungen. Beide waren zentral von der Schoah beeinflusst. In der rechtsgerichteten Cherut (»Freiheit«), später im Likud (»Zusammenhalt«) vereint, gelangten sie 1977 an die Macht und Begin wurde Premierminister. Sein Nachfolger, Itzhak Schamir, war einer der drei Leiter von Lechi in den 1940er-Jahren gewesen (Heller 1996). Begin und Schamir stammten beide aus Polen und hatten dort alle ihre Familienmitglieder verloren. Ihre Politik kann ohne Bezug auf das Schicksal der europäischen Juden nicht verstanden werden.

Zahlreiche israelische Historiker vertreten die Auffassung, dass man im Jischuw in den Kriegsjahren das Los der europäischen Juden vernachlässigt hätte. Die damalige politische Leitung unter Ben Gurion und seiner Arbeiterpartei hätte sich auf das Ziel der Errichtung eines jüdischen Staates konzentriert und die Diasporajuden als passive Opfer betrachtet, die nicht imstande gewesen seien, den Deutschen die Stirn zu bieten. Paradoxerweise führte die Tatsache, dass man sehr schnell über den Warschauer Ghettoaufstand, der am 19. April 1943 begann, informiert war, dazu, dass diese Ein-

Landung der »United States« mit 700 illegalen jüdischen Einwanderern aus Mitteleuropa am Strand bei Naharija 1947: Angesichts der strikten Quoten, die die britische Regierung für das Mandatsgebiet Palästina festgelegt hatte, versuchten zahlreiche Einwanderer, auf illegalem Wege nach Palästina zu gelangen.

stellung noch gestärkt wurde: Warschau war die Ausnahme, auf die man zwar sehr stolz war, die aber im Gegensatz zu der allgemeinen Passivität der jüdischen Diaspora zu stehen schien. Die Warschauer Aufständischen waren hauptsächlich Mitglieder zionistischer Jugendbewegungen gewesen, unter ihnen eine Mehrheit von Linken, was wiederum zu beweisen schien, dass die Juden in Palästina, von denen viele aus diesen Jugendgruppen kamen, anders waren als die Diasporajuden im Allgemeinen.

Doch ist diese Sicht großteils zumindest ungenau oder sogar übertrieben (Yablonka 1999). Schon während des Krieges widmete der Jischuw den Juden Europas viel Aufmerksamkeit und eine ganze Reihe von einflussreichen Schriftstellern, Dichtern und anderen Intellektuellen kritisierte, dass die Juden Palästinas am Schicksal ihrer Brüder und Schwestern in Europa scheinbar keinen Anteil nahmen. Diese internen Zwistigkeiten verschleierten die Tatsache, dass der kleine Jischuw keine Mittel hatte, den Juden Europas zu helfen.

Bereits 1942 schlug ein ziemlich einflussreiches Kibbuzmitglied, Mordechai Schenhabi, die Errichtung einer Gedenkstätte für die europäischen Juden vor, die schon damals den Namen Yad Vashem tragen sollte (Zayit

2006). Natürlich konnte 1942, als Rommels Armee noch vor El-Alamein stand und eine existenzielle Gefahr für die palästinensischen Juden bestand, eine solche Initiative nicht realisiert werden. Aber es ist bezeichnend und spricht nicht für einen Mangel an Empathie, dass noch, bevor man vom Massenmord überhaupt wusste, eine Gedenkstätte für die europäischen Juden vorgeschlagen wurde.

Die Leitung des Jischuw war sich ihrer Machtlosigkeit durchaus bewusst – im Gegensatz sowohl zu der damaligen jüdischen Bevölkerung als auch zu der jetzigen israelischen Gesellschaft. Trotzdem versuchte man, nachdem man Ende 1942 wusste, was in Europa geschah, zu helfen, wo und wie es eben ging. Jede von den vielen politischen Parteien und Splittergruppen im kleinen Jischuw wollte an Rettungsaktionen teilnehmen und ein Rettungskomitee (»Vaad Ha-Hatzalah«) wurde gegründet, aber die JA-Exekutive konnte eine in der Öffentlichkeit agierende Organisation, die nur durch halb legale oder illegale Wege vielleicht irgendetwas hätte erreichen können, nicht fördern. Ben Gurion rief stattdessen eine Dreimanngruppe ins Leben, die im Geheimen versuchte, Rettungsaktionen vorzunehmen. Die Gruppe bestand aus Ben Gurion, Mosche Sharett (Shertok), dem Leiter der politischen Abteilung der JA, und Eliezer Kaplan, dem Finanzmann der JA. Ihnen unterstellt waren die Leiter und Hauptaktivisten der Haganah und der Alija B' (Friling 2005).

Drei Rettungspläne, die bis heute lebhaft diskutiert werden und die einen wichtigen Teil der heutigen Stellungnahme zur Schoah in Israel darstellen, versuchte man, während des Krieges umzusetzen. Alle scheiterten letztlich an der jüdischen Machtlosigkeit.

Der erste war ein Vorschlag, den die faschistische rumänische Regierung am 3. Dezember 1942 den rumänischen Zionisten unterbreitete. Anscheinend war sie für horrende Geldsummen bereit, Juden zu verkaufen und sie irgendwie nach Palästina auswandern zu lassen (wie man die Engländer dazu bringen wollte, sie in Palästina aufzunehmen, blieb dahingestellt). Die JA wurde, illegal natürlich, über Istanbul informiert. Noch im gleichen Monat wandten sich die Rumänen an den deutschen Gesandten in Bukarest, Manfred von Killinger, da sie glaubten, die Deutschen seien bereit, Juden gegen fremde Valuta freizulassen; doch die Deutschen legten sofort ihr Veto ein und damit war die Sache eigentlich erledigt. Das wusste man in Palästina natürlich nicht. Ben Gurion gab seine Zustimmung, alles zu tun, um den Plan zu verwirklichen, und Kaplan war bereit, irgendwie Geld zu sammeln um diese Juden zu retten (Bauer 1981, S. 347). Natürlich führten diese Verhandlungen in Istanbul zu nichts, denn die Rumänen waren nicht bereit, gegen deutsche Vorgaben zu handeln. Doch der Vorschlag erreichte die USA, wo eine rechtsradikale zionistische Gruppe, von vielen Nichtjuden unterstützt, am 16. Februar 1943 in der New York Times eine große Annonce veröffentlichte, in der die amerikanische Regierung aufgefordert wurde, die rumänischen Juden freizukaufen. Dass die ganze Idee inzwischen tot war, wusste man dort ebenfalls nicht. Die JA war jedenfalls bereit gewesen, mitzumachen, aber es war umsonst.

Ein zweiter Plan (der sogenannte Europaplan) wurde in der Slowakei entwickelt. Eine illegale Gruppe von jüdischen Aktivisten, von denen einige dem Judenrat, den die unter deutscher Oberaufsicht stehende faschistische slowakische Regierung ernannt hatte, angehörten, wandte sich an Dieter Wisliceny, der »Berater für jüdische Fragen« an der deutschen Botschaft in Bratislava war. Man wollte die Nazis bestechen, um den Massenmord in Polen zu unterbinden. Im Herbst 1942 fragte Wisliceny über Eichmann bei Himmler an, ob er mit den Juden verhandeln solle. Dieser gab sein Plazet zu Verhandlungen auf eigene Faust − er hoffte, so mit den westlichen Alliierten in Kontakt zu kommen und diese für eine gemeinsame Front gegen die UdSSR zu gewinnen −, vermied aber jede Verbindlichkeit. Wisliceny erklärte daraufhin der jüdischen Gruppe, gegen eine Zahlung von zwei Millionen US-Dollar wäre es möglich, die Deportationen nach Polen zu stoppen − nicht aber den Mord in Polen selbst. Dass er alles frei erfunden hatte, wussten die Juden natürlich nicht. Eine Anzahlung von 200 000 Dollar stand an und die illegale jüdische Führungsgruppe, die sogenannte Arbeitsgruppe, wandte sich über Istanbul illegal an die JA und an das American Jewish Joint Distribution Committee (JDC), die große jüdische philanthropische Organisation, die auch heute noch existiert, und dessen Vertreter in der Schweiz, Sally Mayer. Parallel bat man auch die ungarischen Juden um Hilfe, aber die Leiter der Budapester jüdischen Gemeinde verweigerten aus Furcht, illegal zu handeln, eine Unterstützung. Erwiesen ist, dass vom Jischuw und dem JDC etwa 150 000 US-Dollar von der Türkei und der Schweiz nach Bratislava geschmuggelt wurden, aber es ist ziemlich sicher, dass nicht alles ankam. Geld konnte nur mit Personen geschickt werden, die oft einen Teil davon unterschlugen. Doch inzwischen war die ganze Sache sowieso nichtig geworden. Wisliceny wurde nach Thessaloniki versetzt, um dort die Deportation der griechischen Juden nach Auschwitz mitzuorganisieren (ab März 1943). Zudem erhielt er im August 1943 von Himmler den Befehl, alle Verhandlungen abzubrechen. Der ganze Rettungsplan basierte auf einer Illusion (Bauer 1981, S. 370−379; Bauer 1996, S. 103−165).

Der dritte Plan ist Gegenstand zahlreicher Untersuchungen und Publikationen: Während der Massendeportation der ungarischen Juden aus den Provinzen nach Auschwitz, zwischen Mai und Juli 1944, bot Eichmann über einen jüdischen Aktivisten, Joel Brand, der mit der illegalen palästinensischen jüdischen Delegation in Istanbul in Verbindung stand, die Freilassung von einer Million Juden an. Im Gegenzug sollten 10 000 Lkws mit winterlicher Ausrüstung, die gegen die Sowjets eingesetzt werden konnten, zudem Konsumgüter wie Zucker, Kaffee, Tee usw. geliefert werden. Brand flog im Mai 1944 in Begleitung von Antal (»Bandi«) Grosz, einem Kleinkriminellen und Agenten, der erst für die deutsche Abwehr, dann, nach Februar 1944, für die SS in Ungarn »gearbeitet« hatte, nach Istanbul. Grosz hatte von seinen Kommandanten bei der Budapester SS-Außenstelle den Auftrag erhalten, sich mit den Amerikanern und, wenn das nicht gelingen sollte, mit den Briten in Verbindung zu setzen, um ein Treffen in der Schweiz mit SS-Leuten zu organisieren, auf dem über einen Separatfrieden verhandelt werden sollte. Die vorhandenen Dokumente zeigen, dass höchstwahrscheinlich Grosz' Mission die für die Deutschen wichtigere war. Ließ sich dieser Plan nicht realisieren, so sollte dadurch, dass man die Freilassung von Juden in Aussicht stellte, dasselbe Ziel erreicht werden.

Die Türkei wollte mit dieser Spionageangelegenheit nichts zu tun haben und deshalb Brand und Grosz möglichst schnell abschieben. Die jüdischen Emissäre versuchten verzweifelt, Brand nach Palästina zu bringen, was die Briten jedoch anfangs ablehnten. Erst, nachdem ihr Interesse erwacht war, die beiden zu verhören, waren sie bereit, deren Einreise in von ihnen kontrolliertes Territorium zu gestatten. Brand traf sich in Aleppo mit Mosche Sharett. Im Beisein eines britischen Geheimagenten berichtete er über den Holocaust in Ungarn und über Eichmanns Vorschlag. Danach wurde Brand nach Kairo geschafft; parallel dazu und separat auch Grosz. Beide wurden dort intensiv verhört.

Als durch das Verhör von Grosz klar wurde, dass die SS einen Separatfrieden anstrebte, reagierten die Amerikaner und Briten entsprechend. Erstere informierten die Sowjets, die offiziell grundsätzlich jede Verhandlung mit Deutschland ablehnten. Die Briten berichteten über das Angebot Eichmanns in den Zeitungen.

In Budapest versuchte Rudolf Kasztner (Rezső Kasztner, auch: Kastner) parallel, ebenfalls durch Verhandlungen mit Nationalsozialisten, Juden zu retten. Der Journalist aus dem siebenbürgischen Cluj (Klausenburg), der erst 1940 ungarischer Staatsbürger geworden war, hatte den Vizevorsitz der kleinen, illegalen zionistischen Hilfsorganisation (nur ca. fünf Prozent der ungarischen Juden waren Zionisten) in Budapest inne. Die Verhandlungen wurden dort auch fortgesetzt, als Brand nicht wieder von seiner Mission zurückkehrte. Eine zentrale Rolle spielte auf deutscher Seite Kurt Becher, Himmlers Vertrauter und Finanzexperte, der fleißig die Juden Budapests ihres Besitztums beraubte. Kasztner gelang es, 1684 Menschen im sogenannten Kasztner-Transport (in zwei Teilen, im August und im

Rudolf Kasztner während einer Zeugenaussage im Nürnberger Wilhelmstraßen-Prozess, der vom 6. Januar 1948 bis 11. April 1949 vor dem 11. US-Militärtribunal stattfand

Dezember 1944) in die Schweiz zu bringen, nachdem sie einige Monate ängstlich im KZ Bergen-Belsen verbracht hatten. Für ihre Rettung mussten etwa sieben Millionen Schweizer Franken aufgebracht werden. Es war jedoch nicht das Geld, das die Nationalsozialisten veranlasst hatte, der Ausreise zuzustimmen. Die Freilassung ist in Zusammenhang mit Himmlers Absicht, einen Separatfrieden mit den Westmächten anzustreben, zu sehen (Bauer 1996, S. 231–308; Bauer 2001, S. 238–292).

Diese Rettungsaktion wurde nach dem Krieg zum Anlass genommen, Kasztner zweier schwerer Verbrechen zu beschuldigen. Erstens habe er sich um die Arrangements für diesen Transport gekümmert und darüber versäumt, andere Juden vor den Deportationen zu warnen. Also habe er sich von Eichmann kaufen lassen und die Deportationen sowie schließlich die Ermordung von mehreren Hunderttausend Menschen stillschweigend in Kauf genommen. Zweitens habe er seine Angehörigen und Freunde auf Kosten zahlreicher anderer Menschen gerettet. Diese Anschuldigungen sind allem Anschein nach weit hergeholt. Zum einen waren die ungarischen Juden sehr wohl informiert, zum anderen waren zu dem Zeitpunkt, als die Fahrt des Zuges vorbereitet wurde, im Juni 1944, die Deportationen bereits in vollem Gang. Zwischen Budapest und den Ghettos in den Provinzen war jeglicher Kontakt abgerissen. Hinzu kam, dass sehr wohl mutige Missionäre der zionistischen Jugend die Menschen zu warnen versuchten, jedoch überall auf Unglauben stießen. Die Warnung eines erwachsenen Zionisten hätte wohl kaum mehr Gehör gefunden. Die zweite Anschuldigung ist in gewisser Weise befremdlich: Wäre es nicht völlig gegen die menschliche Natur, wenn Kasztner nicht versucht hätte, seine Familie zu retten? (Bauer 1996, S. 311–316)

1954 endete ein Prozess, den Kasztner in Israel gegen Malkiel Grünwald, der ihn in einer Publikation unter anderem als »Verbrecher« bezeichnet hatte, angestrengt hatte, mit einem Freispruch in fast allen Punkten und schweren Anklagen gegen Kasztner. Anfang 1958 wiederum sprach das Oberste Gericht Kasztner von fast allen Beschuldigungen frei, aber inzwischen war er von rechtsgerichteten Radikalen in Tel Aviv ermordet worden (Bauer 1996, S. 231; Weitz 1995).

Bis heute (2015) werden in der israelischen Gesellschaft die drei misslungenen Rettungsversuche, und besonders die Brand-Kasztner-Geschichte, lebhaft diskutiert, als ob es sich um aktuelle Probleme handeln würde. Die sogenannte Kasztner-Affäre, das heißt das Gerichtsverfahren und der Mord an Kasztner, hat Theaterstücke, Bücher und emotional geführte Debatten sowie Demonstrationen hervorgerufen – ein klarer Beweis für die Existenz eines schweren Traumas. Die Rettungsversuche wurden politisiert. Die Leitung des Jischuw vor 1948, die Regierungen Israels bis 1977 und auch Personen wie Kasztner waren mit der moderaten Mapai oder der linken Mapam (»Vereinigte Arbeiterpartei«) verbunden. Die Kritiker kamen, durchaus nicht alle, aber doch zum großen Teil, von der rechtsgerichteten Opposition, die von Begin geführt wurde. Sie behaupten bis heute, dass der Jischuw viele der europäischen Juden hätte retten können, aber die Leiter der Linken wie Ben Gurion die Rettungsmöglichkeiten nicht ausgenutzt und keine Initiative gezeigt hätten, um die jüdischen Massen zu retten. Und nicht nur das: Sie hätten sogar, wie angeblich Kasztner, mit den Deutschen verhandelt, statt ihnen die Stirn zu bieten. Sozialdemokraten und die Linke überhaupt seien eben »Weichlinge« und »Verräter«. Während in Europa Juden ermordet wurden, habe es im jüdischen Palästina zur Zeit des Purimfestes, das an den christlichen Karneval erinnert, ausgelassene Feierlichkeiten und Umzüge gegeben. Die Geschichte des Holocaust aus jüdischer Perspektive sei von der zionistischen Linken geschrieben worden und das müsse sich ändern.

Zu ergänzen ist, dass solche Positionen nicht nur in Israel existieren. Eine Reihe von politisch engagierten jüdischen und nicht jüdischen Historikern in den USA, die dort gegen die Demokraten agieren, argumentieren, dass die USA und die damalige Führung der amerikanischen Juden die Juden Europas hätten retten können, dies aber unterlassen hätten (z. B. Medoff 2013).

Diese Kontroversen konzentrieren sich nicht nur auf den Jischuw der Kriegszeit. In den ersten zwei Jahrzenten nach der Gründung des Staates Israel war die Historiografie des Holocaust zentral mit der Frage beschäftigt, warum sich die Juden Europas nicht zur Wehr gesetzt hatten. Man wusste ziemlich wenig über die jüdischen Partisanen in der Sowjetunion, Polen und anderswo in Europa und befasste sich hauptsächlich mit dem Warschauer Ghettoaufstand, teilweise auch mit anderen Ghettoaufständen oder Widerstandsaktionen (Vilnius, Krakau, Częstochowa, Kaunas, Białystok, die Aufstände in den Vernichtungslagern Treblinka, Sobibor und Birkenau u. a.). Jüdischer bewaffneter Widerstand an diesen Orten, aber auch – was erst in den 80er- und 90er-Jahren des 20. Jahrhunderts Gegenstand der Forschung wurde – von Partisanen in ganz Europa, war zum großen Teil von linksgerichteten zionistischen Jugendverbänden oder jüdischen Kommunisten, in Polen auch von Mitgliedern der polnisch-jüdischen sozialistischen Partei »Bund«, die antizionistisch und antireligiös orientiert war, getragen oder mitgetragen worden. Romane, Gedichte, Theaterstücke und Filme, die den Widerstand als zentrales Ereignis der Schoah thematisierten, wurden produziert und damit das Leiden der Millionen – nolens volens – ausgeblendet. Das soll nicht heißen, dass nicht auch andere Stimmen zu Wort kamen, aber es dauerte zumindest bis zum Eichmann-Prozess (1961), bevor eine Identifizierung mit denen, die keinen Widerstand geleistet hatten – sei es, dass es dazu keine praktische Möglichkeit gegeben hatte, sei es, dass sie verzweifelt waren und der Widerstand für sie kein Ausweg war, sei es, dass sie ihre wehrlosen Familienangehörigen nicht im Stich lassen wollten – , möglich wurde. Die vielen Zeugen, die bei dem Prozess aussagten und die das hoffnungslose Los der Ermordeten beschrieben, riefen, besonders bei jungen Israelis, eine Welle der Empathie mit den Opfern hervor. Jetzt wurde man sich der Realität mehr oder weniger bewusst.

Eines der Ergebnisse des Eichmann-Prozesses war, dass sich der Blick auf die Schoah langsam änderte. Während vorher der Widerstand, besonders der bewaffnete, im Zentrum gestanden hatte, wurde jetzt auch betont, dass die Juden oft hilflose Opfer waren. Zugleich gab es Forschungen, die thematisierten, dass die Juden nicht nur Objekte der deutschen Politik gewesen waren, sondern auch Subjekte, individuell und kollektiv, und dass sie vielerorts versucht hatten, unbewaffneten Widerstand zu leisten. Dass dies Gegensätze sind, die der historischen Realität entsprechen, wurde kaum

Adolf Eichmann in einer kugelsicheren Kabine während seines Prozesses in Jerusalem 1961, im Vordergrund sein Verteidiger Robert Servatius

erkannt. Aber, dass die Juden Opfer waren, wurde zur dominanten Position. Diese Perspektive auf die Juden als Opfer führte auch dazu, dass vor allem nach dem politischen Umbruch von 1977 israelische Politiker besonders sensibel antisemitische Tendenzen wahrnahmen und wahrnehmen. Dies war und ist mehr als eine psychologische Reaktion auf die Schoah – europäischer und heute hauptsächlich auch islamischer Antisemitismus versuchte und versucht ja tatsächlich, die Juden weltweit anzugreifen. Aus Sicht der Antisemiten sind die Juden sowohl die eigentlichen Herrscher des Westens als auch »feige Eindringlinge«, die als »Feinde der Menschheit« vernichtet werden sollen. Parallelen mit dem Nationalsozialismus sind also nicht einfach erfunden, sondern können bis zu einem gewissen Maß wissenschaftlich begründet werden.[1] Gleichzeitig aber sind solche Analogien

---

1 Diese Problematik wird in meinem Buch »Wir Juden. Ein widerspenstiges Volk«, das 2015 im Lit Verlag erschien, eingehend besprochen.

nicht nur übertrieben, sondern an sich falsch, denn Israel ist heute ein nicht zu übersehender Machtfaktor und radikaler Islamismus kann nicht mit der militärischen Macht Nazideutschlands verglichen werden.

Es besteht in Israel die Meinung und die sehr scharfe Selbstkritik, dass es bis zum Eichmann-Prozess wenig Interesse an der Schoah gegeben hat und dass der Masseneinwanderung der Überlebenden (mehrere Hunderttausende, genauere Angaben sind schwer zu ermitteln) mit Indifferenz und sogar Ablehnung begegnet wurde. Man wollte damals, so eine weitverbreitete Meinung, die in den 1980er- und 1990-Jahren in Israel vorherrschte, von der Schoah nichts hören, denn das war eine negative Sache und der neue Staat brauchte positive und heroische Legenden, nicht Massenvernichtungsgeschichten. Eingehende Forschungen haben gezeigt, dass dem nicht so war (Yablonka 1999). Zwischen 1945 und 1961 wurden in israelischen Zeitungen Hunderte Augenzeugenberichte veröffentlicht; Theaterstücke über die Schoah wurden geschrieben und aufgeführt; eine große Anzahl von Memoiren und auch Romanen erschien und wurde gekauft. 1953 wurde die Gedenk- und Forschungsstätte Yad Vashem durch ein Gesetz, das die Knesset nach einer langen öffentlichen Diskussion verabschiedete, gegründet. Eine bittere Kontroverse, die zu Demonstrationen und Unruhen führte, entzündete sich an der Frage der deutschen »Wiedergutmachung«. Sowohl von der Rechten (Cherut, unter Begin) als auch von der Linken (Linkssozialisten der Mapam) wurde das am 10. September 1952 unterzeichnete Übereinkommen zwischen Deutschland, Israel und der Jewish Claims Conference abgelehnt (Sagi 1981). Doch die Befürworter des Abkommens unter Ben Gurion konnten diese Auseinandersetzung für sich entscheiden. Das Abkommen trat am 27. März 1953 in Kraft. Ebenfalls kontrovers diskutiert wurde die Aufnahme von diplomatischen Beziehungen zwischen Israel und Deutschland: Überlebende und viele »alte« (vor dem Krieg Eingewanderte) Israelis waren gegen diese von Ben Gurion geförderte Politik, obwohl die Mehrheit der Bevölkerung ihn unterstützte (Jelinek 2004; Wolffsohn 1986; Stein 2011).

Es stimmt, dass viele der frühen Pioniere die Schoahgeschichten nicht hören wollten. Es gab (und es gibt noch bis heute) viele Überlebende, die sich weigerten (bzw. weigern), von ihren Erlebnissen während des Krieges zu sprechen, auch mit den engsten Familienangehörigen. Aber viele Tausende erzählten, schrieben nieder, wurden auf Tonband (anfänglich auf Drahtband) aufgenommen und finden sich unter den 120 000 Zeitzeugenaussagen, die man heute im Yad Vashem lesen und hören kann.

Die Schoah ist in der israelischen Politik allgegenwärtig und eine ganze Reihe von Politikern sah und sieht alle Feinde Israels und des jüdischen

Halle der Namen in der Gedenkstätte Yad Vashem in Jerusalem: Sie dient als Denkmal für die sechs Millionen ermordeter Juden. Die Kuppel zeigt 600 Fotografien und Fragmente biografischer Notizen.

Volkes als Nazis. Wiederholte und ernst gemeinte Drohungen, zum Beispiel von Abdul Nasser vor dem Krieg 1967, vom Iran seit 1979, vonseiten der Hamas und anderer Islamisten oder von Intellektuellen in arabischen Ländern, die Juden Israels zu ermorden oder zu vertreiben, stärken eine Interpretation der Schoah, die die Juden als ewige Opfer charakterisiert. Die Reaktion darauf sind das Gefühl, belagert zu sein, eine Militarisierung der Gesellschaft und die Neigung, gegen wirkliche oder vermeintliche Feinde allzu schnell mit Gewalt vorzugehen. Das ist in Israel selbst nicht unumstritten. Auf den ersten Blick paradoxerweise findet man gerade bei vielen hohen israelischen Militärs und besonders bei den Geheimagenten eine Opposition gegen extreme Gewaltausübung. Zivile Politiker der Rechten sind die (durchaus nicht alleinigen) Vertreter einer gewaltsamen Reaktion, ob sie nun gerechtfertigt ist – was ja auch sehr oft der Fall ist – oder nicht.

Die israelische Literatur hat sich zu einer hoch geschätzten Weltliteratur entwickelt. Die meisten Schriftsteller und Künstler gehören der Linken an und stehen damit zur rechten Mehrheit und zur Regierung in Opposition.[2] Dasselbe kann man, vielleicht mit etwas Vorbehalt, auch von der Israelischen Akademie behaupten. Die antiisraelische Boykottbewegung, die bestimmt auch zum Teil vom Antisemitismus motiviert ist und die sich besonders auch gegen israelische akademische Institutionen wendet, ist deshalb widersprüchlich, denn es sind gerade die israelischen Universitäten, an denen die derzeitige Regierungspolitik besonders deutlich kritisiert wird. Die Tatsache, dass zum Beispiel russische oder chinesische Lehranstalten nicht boykottiert werden, obwohl Russland und China viel schwerer wiegend die Menschenrechte verletzen, stärkt das Opferbewusstsein in der israelischen Politik, das auf der Schoah aufgebaut ist. Auch Amerikaner und Briten sind im Nahen Osten und anderswo für viel mehr zivile Tote verantwortlich als Israel. Dennoch versucht niemand, Harvard, Yale oder Oxford zu boykottieren.

In spezifischer Weise wird die Schoah von Ultraorthodoxen interpretiert, die in Israel etwa 13 Prozent der jüdischen Bevölkerung ausmachen. Sie verstehen sie als ein Gottesurteil, das nur durch strikte Beachtung der religiösen Vorschriften gesühnt werden kann. Nach ihrer Auffassung hat sich die Welt von Gott entfernt, das göttliche Licht ist zerschmettert und es ist die Aufgabe des auserwählten Volkes, die göttlichen Feuerfunken aus der materiellen Welt wieder zusammenzubringen und damit die ganze Welt zu retten. Alle Nichtjuden sind potenzielle Feinde und beten falsche Götter an. Ultraorthodoxe unterstützen deshalb zu einem sehr großen Teil eine radikale nationalistische Politik, obwohl sie antizionistisch sind, denn Zionismus ist für sie gleichbedeutend mit Säkularismus. In ihren Schulen wird die Schoah durchaus erwähnt, hauptsächlich als göttliche Strafe oder als unerklärliche Tat Gottes. Das Urteil Gottes darf man natürlich nicht hinterfragen. In einer ganzen Reihe von ultraorthodoxen Schriften wird jüdischer Widerstand in der Schoah als Sünde gesehen, als ein Versuch, das Gottesurteil zu ändern (Schonfeld 1977). Dem wird positiv gegenübergestellt, dass thoratreue Juden mit erhobenem Haupt betend in den Tod gingen. Geschichten dieser Art, größtenteils wahre, werden in den ultraorthodoxen Lehranstalten studiert. Jom ha-Schoah, der jährliche Gedenktag am 27. Nissan des jüdischen Kalenders (findet nach dem gregorianischen Kalender im April/Mai statt), an dem um 10.00 Uhr durch Sirengeheul für zwei Minuten alles zum Stehen kommt, wird von Ultraorthodoxen nicht beachtet.

---

2 Zum Beispiel die Schriftsteller Amos Oz, A.B. Jehoschua, Meir Shalev, David Grossman; die Lyriker Natan Zach, Yehuda Amichai (beide in Deutschland geboren) oder die Künstler Dani Karavan (Denkmal für die Roma und Sinti in Berlin) und Yaacov Agmon.

Die religiösen Zionisten stellten in der zionistischen Bewegung seit ihren Anfängen eine Minderheit dar, die traditionell hauptsächlich mit der Mapai zusammenarbeitete. Ein sozialdemokratischer Flügel der orthodoxen Zionisten errichtete Kibbuzim und war innerhalb der Partei von beträchtlichem Einfluss. Heute identifizieren sich etwa zehn Prozent der Juden Israels mit der 2008 gegründeten religiösen Partei »Habayit Hayehudi« (Das jüdische Haus). In dieser ging auch die Nationalreligiöse Partei (»Mafdal«) auf, die sich ab Ende der 1980er-Jahre gleichsam als parlamentarischer Arm der nach dem Sechstagekrieg 1967 entstandenen radikalnationalistischen und messianischen Siedlerbewegung »Gusch Emunim« (Block der Gläubigen) verstand. Die heutige nationalistische Siedlerpartei Habayit Hayehudi versucht auch, nicht religiöse Israelis für ihre kompromisslose Politik zu gewinnen. Ihr Vorsitzender, der charismatische Naftali Bennett, ehemaliger Kommandooffizier und erfolgreicher Hightechunternehmer, ist inzwischen zu einem Alleinherrscher in seiner Partei aufgestiegen. Im Weltbild der Anhänger dieser Partei ist die Schoah allgegenwärtig. Das, was damals geschah, bedroht uns heute, so die Ideologie. Juden müssten aus der Katastrophe lernen und sich mit allen Mitteln gegen Existenzbedrohungen verteidigen. In den meisten – aber durchaus nicht in allen – religiös-zionistischen Schulen wird radikales Gedankengut unterrichtet. Die Schoah soll uns gelehrt haben, niemals auf nicht jüdische Hilfe zu rechnen, obwohl die Retter, die »Gerechten«, durchaus geschätzt werden als seltene und willkommene Ausnahmen. Den moderaten Flügel der religiösen Zionisten gibt es weiterhin und, obwohl er eine Minderheit darstellt, versuchen auch diese Gemäßigten, die Politik zu beeinflussen, sowohl in der Bennett-Partei als auch durch andere Parteien. Die Schoah ist auch bei ihnen präsent, aber sie interpretieren diese mehr universalistisch, das heißt, dass sie ein paradigmatischer, die ganze Menschheit bedrohender Genozid war.

Parteien der extremen Rechten sind »Israel Beitenu« (Unser Haus Israel), deren Vorsitzender der frühere Außenminister Avigdor Lieberman ist, und die mit Bennett verbundene radikale »Ichud Leumi« (Nationale Sammlung), die sich ursprünglich von der Mafdal als radikal rechtsgerichtete Gruppierung abgespalten hatte. Ichud Leumi war 2013/2014 Teil einer gemeinsamen Parlamentsvertretung mit Bennetts Habayit Hayehudi. Israel Beitenu war ursprünglich eine nationalistische Partei der Einwanderer aus der ehemaligen Sowjetunion, konnte aber zwischenzeitlich auch andere Wählerschichten gewinnen. Ihre antipalästinensische Einstellung wird von einer Schoahinterpretation unterstützt, die mit derjenigen Habayit Hayehudis praktisch identisch ist. Ganz rechts gibt es noch außerparlamentarische Splittergruppen, die mehr oder weniger klerikalfaschistisch eingestellt sind.

Die Siedler auf der Westbank sind zum Teil Menschen, die hauptsächlich aus materiellen Gründen dort leben, denn die Regierung unterstützt die Siedlungen finanziell und die Lebensbedingungen sind viel besser als die im »alten« Israel. Andere wieder sind ideologisch radikal, meistens religiös-radikal. Eine relativ kleine, aber sehr einflussreiche Gruppe bildet die sogenannte Hügeljugend (Noar Hagvaot), die ihr Zentrum in einigen Siedlungen im Norden der Westbank hat (z. B. in Yitzhar und Tapuach). Von dort kommen auch die Autoren von »Torat Hamelech« (Königliche Lehre), einem religiösen Traktat, das von einigen ganz radikalen Rabbinern unterstützt wird und eigentlich Mord an Nichtjuden, das heißt Palästinensern, propagiert. Diese radikalen Strömungen, die auch von Habayit Hayehudi abgelehnt werden, kann man wohl als Spiegelbild der Islamisten charakterisieren. Aus dieser Hügeljugend hat sich inzwischen eine kleine, gut organisierte antipalästinensische Terrorgruppe gebildet, die auch die Existenz eines demokratischen Israels ablehnt. Die Schoah spielt bei diesen Gruppen, eigentlich erstaunlicherweise, fast gar keine Rolle[3].

Für die Partei der Mitte, Jesch Atid (Es gibt eine Zukunft), von Yair Lapid, Sohn eines Überlebenden aus Ungarn (»Tommy« Jossef Lapid), der auch eine zentristische Partei angeführt hatte, ist die Schoah ein wesentlicher Bezugspunkt. Schai Piron, ein liberal denkender orthodoxer Rabbiner und einer der engsten Mitarbeiter Lapids, war 2013/2014 Erziehungsminister. Er setzte sich dafür ein, die Schoah in der Schule als eine nationale Katastrophe, die aber wissenschaftlich zu erklären ist, zu behandeln. Seine Auffassung von der Schoah verbindet das jüdisch-nationale Moment mit einer universalistischen Interpretation.

Links steht die sozialdemokratische Arbeitspartei »Avoda« (Vorsitzender: Jitzchak Herzog), die sich im Dezember 2014 mit »Ha-Tnu'a« (Die Bewegung, Vorsitzende: Tzipi Livni) zum Parteienbündnis »Hamachaneh Hatzioni« (Zionistische Union) zusammengeschlossen hat. Bei Avoda nimmt die Schoah eine zentrale Rolle ein, aber nicht als ein Radikalisierungselement, sondern als eine Tragödie, mit der man sich auseinandersetzen und die erinnert werden muss. Die Gründung Israels wird gewissermaßen als eine konstruktive Antwort auf die Schoah begriffen. Die Zionistische Union ist heute (2015) die stärkste Oppositionsgruppe in der Knesset. Links von ihr ist die »Meretz« (Energie), mit der sich eine große Anzahl von Akademikern, Schriftstellern, Schauspielern usw. identifiziert, angesiedelt.

---

3 (Rabbi) Yossef Elitzur und (Rabbi) Yitzhak Shapira, Torat Hamelech, Yeshiva Od Yossef Chai, Yitzhar, 2009. Unter anderen unterstützt von Rabbiner Dov Lior, der Rabbiner der Siedler in Kiryat Arba, einer Siedlung bei Jerusalem, ist.

Überlebende Widerständler und ihre Nachfahren sowie eine Mehrheit der Kibbuzbewegung sehen sich als die Erben der jüdischen Kämpfer gegen den Nationalsozialismus, identifizieren sich darüber hinaus aber auch mit den Opfern der Schoah.

Im Folgenden ist ein Blick auf die Frage zu werfen, wie die Schoah in israelischen Schulen unterrichtet wird. Das israelische Schulsystem ist in vier Schultypen untergliedert: die ultraorthodoxen Schulen, die zwar vom Staat finanziert werden, aber unabhängig sind, säkular ausgerichtete öffentliche Schulen, staatlich-religiöse Schulen und die staatlichen arabischen Schulen (siehe auch den Beitrag von Laurence Wolff). Dass die Schoah in den ultraorthodoxen Schulen als Strafe oder unerklärliche Tat Gottes gelehrt wird, wurde bereits erwähnt (vgl. S. 586). Bei allen Differenzen im Einzelnen ist den staatlichen jüdischen Schulen gemeinsam, dass die Schoah in der elften Klasse, in der die Jugendlichen im Allgemeinen 17 Jahre alt sind, in einem Umfang von 30 Stunden unterrichtet wird. Schwerpunkte des Unterrichts bilden die sogenannte Ereignisgeschichte, die vorrangig Fakten vermittelt, sowie Zeitzeugenaussagen (das sind heute selten persönlich erzählte Geschichten, sondern meist auf Video oder im Film festgehaltene Erzählungen), die einen stärker emotional geprägten Zugang vermitteln. Zukünftig dürfte dieser Unterrichtsstoff noch durch weitere Aspekte, zum Beispiel psychologische oder literarische, ergänzt werden.

Da der Jom ha-Schoah in Israel allgegenwärtig ist und über diesen Gedenktag auch Kleinkinder von der Schoah hören und deren Bedeutung erfragen, hat das Erziehungsministerium Richtlinien zu einem altersgemäßen Umgang mit diesem Thema vorgelegt. Um zu vermeiden, dass noch weitere Traumata entstehen, soll der Gedenktag pädagogisch so eingebettet werden, dass die Kinder den Tag als etwas Ernstes, aber nicht Furchterregendes wahrnehmen.

Einige linksgerichtete Intellektuelle, vor allem Journalisten, werfen die Frage auf, ob nicht »zu viel Schoah« gelehrt wird und ob nicht dadurch eine Identität mit den Opfern konstituiert wird, die letztlich in aggressiven Nationalismus umschlägt. Die politische Mitte, aber auch zahlreiche eher links stehende Intellektuelle wenden dagegen ein, dass die Frage, welche Konsequenzen aus der Schoah gezogen werden, nicht vom Umfang (also dem »Wie-viel«), sondern vom Inhalt (also dem »Wie«) abhängig ist.

Manche Politiker, Journalisten und »Möchtegernhistoriker« in- und außerhalb Israels sind noch immer der Meinung, dass Israel aus der Schoah entstanden ist. Das ist falsch. Im Gegenteil: Es ist sehr zu bezweifeln, dass es überhaupt noch Überlebende gegeben hätte, wenn das Deutsche Reich auch nur ein Jahr länger überdauert hätte. Aber auch so scheiterte der Versuch, einen Staat zu errichten, beinahe an der Schoah: Fast hätten nicht genug Juden überlebt, die für einen Staat hätten kämpfen können. 1938/1939 wollten mindestens 1,5 der 4,5 Millionen Juden, die in Polen, Rumänien und den baltischen Staaten lebten, nach Palästina auswandern, doch die Briten ließen das nicht zu. Ein Großteil von ihnen wurde in der Schoah ermordet. Jenen, die die Schoah überlebten, kam im Kampf um den Staat eine entscheidende Bedeutung zu und, wären sie zahlreicher gewesen, dann wäre der Kampf leichter und der Ausgang gewisser gewesen.

Auch lässt sich die in Israel weitverbreitete Annahme, die Mehrheit der Mitgliedstaaten der Vereinten Nationen habe aus moralischen Erwägungen oder gar aufgrund eines Schuldgefühls für den Teilungsbeschluss und damit für die Gründung eines jüdischen Staates votiert, für die (früheren) Alliierten Großbritannien, USA und UdSSR nicht belegen. Das heißt nicht, dass moralische Überlegungen gar keine Rolle gespielt hätten. Sie führten indes nicht dazu, dass zum Beispiel die USA die Gründung eines jüdischen Staates gefördert haben. Großbritannien und den USA war an einer Politik gelegen, die ein Bündnis mit den arabischen Staaten, die für die westlichen Alliierten wirtschaftlich viel wichtiger waren als die relativ kleine jüdische Bevölkerung in Palästina, ermöglichte. Dass die traditionell antizionistisch eingestellte UdSSR den UNO-Teilungsbeschluss unterstützte, lag daran, dass sie die Briten aus dem Nahen Osten verdrängen wollten und glaubten, Einfluss auf einen zukünftigen jüdischen Ministaat ausüben zu können.

Es waren vielmehr die Überlebenden in den Lagern für displaced persons (DPs), die eine wesentliche Rolle bei der Schaffung Israels spielten. Die Menschen der »Sche'erit ha-Pleta«, des »überlebenden Rests«, wie man die DPs nannte, waren in ihrer überwältigenden Mehrheit überzeugte Zionisten. Sie schufen sich ihre politischen Organisationen, die, unterstützt von amerikanischen Juden, Druck auf Armee und Regierung der USA ausübten. Dieser wiederum veranlasste die Vereinigten Staaten, die Briten zu drängen, wenigstens einen Teil der jüdischen DPs in Palästina aufzunehmen. Diesem Ansinnen verweigerten sich die Briten. Zugleich gerieten sie aber auch durch die Aktivitäten des jüdischen Untergrunds in Palästina und die illegale Einwanderung unter Druck, sodass sie sich letztlich dazu entschlossen, die Verantwortung für die Palästinafrage den Vereinten Nationen zu überlassen.

Zusammenfassend ist festzuhalten, dass der Staat Israel in erster Linie die Schöpfung der Generation vor der Schoah ist. Sie schuf in Palästina die Grundlage für den Kampf um Unabhängigkeit. Nur auf dieser Basis konnten die Überlebenden überhaupt etwas bewirken. Dennoch bedurfte es eines erbitterten Krieges, in dem ein Prozent der jüdischen Bevölkerung

Palästinas umkam, um die Möglichkeit eines eigenen Staates Wirklichkeit werden zu lassen (Bauer 2001, S. 293–314).

Yad Vashem ist für das Verständnis der Schoah äußerst wichtig. Mit 169 Millionen Dokumentarseiten, 480 000 Fotografien, etwa 1 500 Filmen oder Filmteilen, 4,3 Millionen identifizierten Namen der Opfer und 120 000 Zeugenaussagen (schriftlich niedergelegt, auf Audiogeräten oder Video aufgenommen) ist es das weltweit größte Archiv der Schoah. Die Bibliothek umfasst etwa 140 000 Titel. Die »International School for Holocaust Studies« ist die größte Schule im Land; sie bietet Kurse unterschiedlicher Länge an, von drei Tagen bis zu mehreren Wochen. Die Schule ist hauptsächlich auf dem Campus von Yad Vashem untergebracht, eine Zweigstelle davon befindet sich in Ramat Gan (bei Tel Aviv). Sie versucht, das gesellschaftliche Trauma zu lindern, indem sie auch den ideologischen und politischen Verzerrungen, denen die Interpretation der Schoah unterliegt, entgegenarbeitet. 2014 besuchten 304 000 Studierende aus Israel (darunter auch palästinensische Israelis) und dem Ausland die Seminare und Lehrgänge der Schule. An der neunten internationalen Lehrerkonferenz nahmen 450 Lehrkräfte aus 50 Ländern teil.[4]

Jährlich fahren Schüler, gewöhnlich der elften Klasse, nach Polen und besuchen dort während eines fünf- bis sechstägigen Aufenthalts Auschwitz-Birkenau und andere Orte der Vernichtung, aber auch ehemalige Zentren jüdischen Lebens in Polen vor der Schoah. Manchmal besuchen sie zudem Prag, seltener Städte in Deutschland oder Ungarn. Diese Reisen werden von der Regierung unterstützt, müssen aber im Allgemeinen von den Eltern bezahlt werden. Das heißt natürlich, dass die unteren Schichten kaum die Möglichkeit haben, teilzunehmen. Dennoch sind es jährlich mehrere Tausend Jugendliche, die sich beteiligen. Jahrelang waren diese Reisen nationalistisch und auch religiös beeinflusst: Man marschierte von Auschwitz I nach Birkenau, die Jugendlichen wickelten die Nationalflagge um sich, sangen Lieder und weinten. Jüdische Jugendliche aus der Diaspora schlossen sich den israelischen an. Im Lauf der Zeit nahm die Kritik an der Art, wie diese Besuche gestaltet waren, zu. Die Kritiker lehnten nicht die Besuche in Polen und der Vernichtungsstätten an sich ab, beanstandeten aber, dass ihre Ausrichtung die nationalistische und radikal-religiöse Orientierung, die das Trauma noch verstärke, fördere. In den letzten Jahren haben die Anzahl der

---

4 Statistisches Material bieten die Jahresberichte. Darüber hinaus können Statistiken auch per E-Mail angefordert werden (jane.jacobs@yadvashem.org.il). Einen instruktiven Überblick über die Einrichtungen von Yad Vashem, darunter auch das Museum zur Geschichte des Holocaust, bietet die deutschsprachige Website www. yadvashem.org/yv/de/

die Besuche begleitenden Märsche und das Tragen von Flaggen abgenommen, aber die Kontroverse über die Polenbesuche dauert an.

Angesichts dessen, dass die Schoah ein zentraler Referenzpunkt des Selbstverständnisses und der nationalen Erinnerungskultur ist, verwundert die stiefmütterliche Behandlung an den Universitäten. Israelische Universitäten befinden sich in einer permanenten Finanzkrise, unter der die historische Forschung und Lehre im Allgemeinen sowie die Holocaust Studies im Besonderen leiden. Das Department an der Hebräischen Universität von Jerusalem ist heute (2015) viel kleiner als vor zwanzig oder dreißig Jahren, auch an anderen Universitäten des Landes müssen die entsprechenden Abteilungen um ihr Überleben kämpfen. Es mangelt an wissenschaftlichem Nachwuchs: Die Anzahl der Doktoranden ist klein und oft entscheiden sie sich für ein Thema, für das weniger Fremdsprachenkenntnisse erforderlich sind. Zugleich gibt es dennoch einige hervorragende Wissenschaftler, die zur Schoah forschen. Für Veröffentlichungen und Debatten stehen zudem drei ausgezeichnete wissenschaftliche Zeitschriften, die auf Hebräisch und Englisch erscheinen, zur Verfügung.[5]

Das Problem, wie mit der Schoah umzugehen sei, ist in Israel ein fortwährend und leidenschaftlich diskutiertes Thema. Man versucht, »Lehren« oder Konsequenzen aus dem Völkermord an den Juden zu ziehen. Es verwundert nicht, dass jede Generation, im Grunde jeder Einzelne und jede Gruppe, ihre eigenen Schlussfolgerungen zieht, denn die Schoah, dieses präzedenzlose Verbrechen, war eben ein ganz besonderer Völkermord, der einen Sinn nur für die Mörder hatte. Für die Opfer und ihre Nachkommen wie auch für die Gesellschaft, in der die meisten Überlebenden Zuflucht fanden und versuchten, ihr Leben wieder aufzubauen, war die Schoah sinnlos. Und es ist wohl eine anthropologische Grundkonstante, dass Sinnlosigkeit kaum erträglich ist. Daraus lässt sich auch das Bedürfnis, einem Ereignis gleichsam im Nachhinein Sinn beizugeben, erklären. Das scheint das Grundproblem in Israel wie auch in der jüdischen Diaspora zu sein.

Literatur

Bauer, Yehuda, Die dunkle Seite der Geschichte. Die Shoah in historischer Sicht. Interpretationen und Re-Interpretationen, Frankfurt am Main 2001.

---

5 Yad Vashem veröffentlicht zweimal jährlich die »Yad Vashem Studies«; die Kibbuzbewegung veröffentlicht zusammen mit der Tel Aviver Universität »Yalkut Moreshet« und das Ghetto Fighter's Institute publiziert, zusammen mit der Haifaer Universität die »Dapim Lecheker ha-Schoah« (Blätter für die Schoah-Forschung).

Bauer, Yehuda, Freikauf von Juden? Verhandlungen zwischen dem nationalsozialistischen Deutschland und jüdischen Repräsentanten von 1933 bis 1945, Frankfurt am Main 1996.

Bauer, Yehuda, American Jewry and the Holocaust, Detroit 1981.

Bauer, Yehuda, From Diplomacy to Resistance. A History of Jewish Palestine, Philadelphia 1970.

Begin, Menachem, The Revolt, Tel Aviv 1977.

Friesel, Evyatar, The Holocaust: Factor in the Birth of Israel?, in: Yisrael Gutman (Hg.), Major Changes Within the Jewish People in the Wake of the Holocaust, Jerusalem 1996, S. 519–544 (kurze deutsche Zusammenfassung: ders., Der Holocaust und die Entstehung Israels, in: Universität Leipzig, Heft 4/95, S. 9–14; www.qucosa.de/fileadmin/data/qucosa/documents/11439/Journal_1995_04_UL.pdf, Aufruf: 15. Juli 2015).

Friling, Tuvia, Arrows in the Dark. David Ben-Gurion, the Yishuv Leadership, and Rescue Attempts during the Holocaust, Madison 2005.

Heller, Joseph, The Stern Gang: Ideology, Politics, and Terror, London 1996.

Jelinek, Yeshayahu A., Deutschland und Israel 1945–1965. Ein neurotisches Verhältnis (= Studien zur Zeitgeschichte, Bd. 66), München 2004.

Medoff, Raphael, FDR and the Holocaust, Washington, D.C. 2013.

Ofer, Dalia, Escaping the Holocaust, Oxford 1992.

Ofer, Dalia/Weiner, Hannah, The Dead-End Journey, Lanham/Maryland 1996.

Porter, Anna, Kasztner's Train, Vancouver 2007.

Sagi, Nana, Wiedergutmachung für Israel, Stuttgart 1981.

Schonfeld, Moses, The Holocaust Victims Accuse, New York 1977.

Stein, Shimon, Israel, Deutschland und der Nahe Osten. Beziehungen zwischen Einzigartigkeit und Normalität (= Jena Center Geschichte des 20. Jahrhunderts. Vorträge und Kolloquien; Bd. 9), Göttingen 2011.

Weitz, Yechiam, Haish shenirtzach paamayim (dt.: Der Mann, der zweimal ermordet wurde), Tel Aviv 1995.

Wolffsohn, Michael, Deutsch-israelische Beziehungen. Umfragen und Interpretationen 1952–1986 (= Zeitfragen Bd. 27), München 1986.

Yablonka, Hannah, Survivors of the Holocaust, New York 1999.

Zayit, David, The Dreamer and the Practitioner, M. P. Menashe 2006 (hebr.: Hacholem Vehamagshim).

Kinneret Rosenbloom

Kollektive Erinnerung an Verlust

Der Übergang zwischen Gefallenengedenk- und Unabhängigkeitstag, die Tonspur

Zu keiner Zeit ist das Talent israelischer Musikredakteure mehr gefordert als in den Dämmerstunden am Vorabend des israelischen Unabhängigkeitstags.

Um acht Uhr abends werden verdiente Staatsbürger auf dem Herzlberg Fackeln entzünden und damit die Feiern zum Unabhängigkeitstag eröffnen. Der Festakt in Anwesenheit der Spitzen des Staates und des Militärs sowie führender Persönlichkeiten aus anderen Bereichen wird von den öffentlich-rechtlichen Fernseh- und Rundfunksendern direkt übertragen. Unterdessen bereiten sich in Hunderttausenden israelischen Haushalten Familien, Kinder und Jugendliche auf die stürmische Nacht vor: private Partys und/oder Besuch von Freilichtbühnen in den Zentren der Städte mit beliebten Künstlern und großem Feuerwerk. In Kibbuzim und einigen anderen Ortschaften gibt es auch Volkstanz, bei dem Alt und Jung Traditionen noch aus der Zeit vor der Staatsgründung pflegen, die auf wundersame Weise auch junge Leute begeistern.

Die Straßen werden von Menschen wimmeln, schwerlich wird man Schaumsprayflaschen oder quietschenden Plastikhämmern entgehen, die zu überhöhten Preisen angeboten werden, und überall wehen Wimpel und Girlanden, made in China, in den blau-weißen Landesfarben.

Aber diese intensive und scheinbar allumfassende Feier beginnt erst um Punkt zwanzig Uhr. Bis 19:59 Uhr begeht Israel ebenso hingebungsvoll den Gedenktag für die Gefallenen der israelischen Kriege und die Opfer von Terroranschlägen.

Der Gefallenengedenktag ist ein Tag voll Trauer und Demut. Er beginnt am Vorabend mit einem einminütigen Sirenenton als Auftakt zu Gedenkveranstaltungen im ganzen Land, gefolgt von weiteren Abendprogrammen und Fernsehsendungen, die den Gefallenen und den Kriegen Israels gewidmet sind. Auch am nächsten Morgen geht es weiter mit Zeremonien auf den Militärfriedhöfen, in Schulen und an Arbeitsplätzen. Schüler wie Staatsbeamte kommen in weißen Hemden und heften sich zum Andenken an die Gefallenen einen Aufkleber mit einer roten Blume an, die im Hebräischen »Makkabäerblut« heißt (*helchrysum sanguineum*). Alle stehen still während eines längeren Sirenentons von diesmal zwei Minuten, zum Gedenken an die Gefallenen.

Gedenktag für die gefallenen israelischen Soldaten und die Opfer von Terroranschlägen, hier auf dem Militärfriedhof auf dem Herzlberg, 11. Mai 2016

Ein Fernsehsender zeigt während der 24 Stunden des Gefallenengedenktages durchlaufend Bilder von Gefallenen der israelischen Streitkräfte, in der Reihenfolge ihres Todesdatums. Jedes Bild gilt einem Gefallenen und ist mit einigen Daten über ihn versehen: Wann geboren, wann und unter welchen Umständen gestorben, welche Hinterbliebenen hat er zurückgelassen. Neben den knappen biografischen Daten prangt das Foto aus dem Dienstausweis – jenes Bild, das am Tag der Einberufung von einem Militärfotografen aufgenommen wurde. Es stammt aus der Schwellenphase: Am Morgen war der Abgelichtete noch Zivilist, dann verlief die Rekrutierung verwirrend hastig, mit neuer Uniform und neuem Haarschnitt, und, nachdem der Rekrut Impfungen und Ausrüstung erhalten, die Uniform zum ersten Mal angezogen hatte und beim Militärfotografen angetreten war, hatte einer in der Schlange der Rekruten vielleicht angemerkt: Mach

Unabhängigkeitstag, Pub in Tel Aviv, 2016

ein ernstes Gesicht, dieses Bild wird dich vielleicht nicht alle Tage deiner Militärkarriere begleiten, aber alle Tage deines Todes.

Im Radio laufen am Gefallenengedenktag die schönsten hebräischen Lieder, der israelische Musikkanon: Arik Einstein, Shlomo Artzi, Militärkünstlergruppen. Es sind nicht nur Trauerlieder, schließlich muss man 24 Stunden durchgehend mit Musik füllen, nur selten unterbrochen durch sanftes Geflüster der Moderatoren. Es sind Lieder über das Land und über die Jugend und über die Kriege; und viele Lieder besingen die Sehnsucht nach Frieden. Aber sie alle sind hebräisch, darunter viele Balladen, niemals Pop oder Rock 'n' Roll, und die Tonart ist Moll, Modo minore, obwohl die Trauer lebendig und vorherrschend, gewissermaßen im Modo maggiore ist. (Die musikalische Begleitung des Gefallenengedenktages ist dem israelischen Ohr so vertraut, dass ein Reflex eintritt: Sobald eine Anzahl von – sagen wir: drei – schönen, traurigen hebräischen Liedern nacheinander im Radio kommt, wechselt man rasch den Sender, um zu erfahren, was passiert ist: Ein Anschlag, eine feindliche Infiltration oder nur der Tod eines wichtigen israelischen Künstlers?) Es sind diejenigen Lieder, die wir bei Festakten und an Gedenktagen immer wieder gehört haben, und so entfalten sie, unter Umgehung des kognitiven Bereichs, unmittelbare körperliche Wirkung: Gänsehaut, Kloß im Hals, Tränen.

Nach dem zweiten Sirenenton des Gefallenengedenktages, am späten Vormittag, geht das Verkehrsgetümmel los – physisch. Die israelischen Straßen sind an diesem Tag verstopft, da viele Menschen zu den Militärfriedhöfen fahren, um an den Gräbern ihrer Gefallenen zu stehen – in Vorbereitung auf den Unabhängigkeitstag. Nach der Sirene und den Gedenkakten bleiben noch zwei bis drei Stunden Arbeit oder Schule, dann eilen alle nach Hause, parken unterwegs auch schon mal in Doppelreihe vor ihrer bevorzugten Fleischerei und springen, im selben weißen Hemd mit dem roten Blumenaufkleber, aus dem Wagen, um sich mit Fleisch, Pitas, Hummus und Essiggemüse zu versorgen, denn traditionell wird am Unabhängigkeitstag gegrillt.

Wie beim Sonnenaufgang – ein langsamer und gemessener Vorgang mit minimalen Veränderungen, wobei das Dunkel letztlich doch in Licht übergeht –, so bemühen sich die Musikredakteure, den Gemütszustand der Nation zu begleiten, ihn Schritt für Schritt sanft von tiefer Trauer über die Gefallenen zur Freude über die Unabhängigkeit zu lenken. Plötzlich stehlen sich andere Lieder in die Sendung, plötzlich lassen sich nicht alle im Chor mitsingen, es gibt mehr zeitgenössische Lieder und in den letzten Jahren erklangen, gegen Abend, auch Songs in anderen Sprachen.

Und trotz der Gewöhnung und der musikalischen Begleitung, die einen fürsorglich an die Hand nimmt, verblüfft doch immer wieder der Umschwung von der öffentlichen Trauer zu der nun losbrechenden Ausgelassenheit: Alkohol, Musik, Feuerwerk, Blinklichter, Schaumspraydosen und massenweise Fleisch, das auf Dachterrassen und in Parks auf dem Feuer brutzelt.

*

Die Schaffung solcher Gegensätze ist gängige Praxis in Israel. Eine Schocktherapie als konkreter Ausdruck des Satzes: »Durch ihren Tod haben sie uns das Leben geboten« (ein bekanntes Motto aus einem Gedicht des Nationaldichters Chaim Nachman Bialik). Tod und Leben laden sich gegenseitig mit Bedeutung, sogar mit Heiligkeit auf. Die Toten sind nicht umsonst gestorben und die Lebenden dürfen ihr Leben auch nicht umsonst leben, denn sie haben das teuerste Opfer gefordert. (Eine Doppelsiegstrategie: Es ist gut, für unser Land zu sterben, aber man muss fröhlich sein.)

Einen anderen Gegensatz liefert die Gedenksirene. Ihr Aufheulen ist ein erschütterndes Erlebnis: Stark und anhaltend und gleichbleibend wie eine Naturgewalt, erklingt der Sirenenton und überflutet das Land, hält dessen Atem an. Alles bleibt stehen: Autos unterwegs, Menschen bei der Arbeit, auf Straßen, in Parks, in Schulen, am Strand. In diesen ein oder zwei Minuten muss man nicht nur stillstehen, sondern zusammenstehen und an die Toten des Volks oder des Staates denken.

In Israel erklingen drei Gedenksirenen im Jahr: Eine am Vormittag des Holocaustgedenktags und zwei am Gedenktag für die Gefallenen der israelischen Streitkräfte, eine Woche später, die erste am Abend, die zweite am Vormittag. Daher erleben Kinder zwei der drei Sirenentöne in Schule oder Kindergarten. Die Bilder von Kindern, die beim Erschallen der Sirene stillstehen, sind ergreifend und komisch. Der Sirenenton ist ein so starkes, ausgefallenes und totales Ereignis, eine so scharfe Unterbrechung des Alltagslebens, dass er auch Verwirrung und Verlegenheit stiftet. Mit dem Heranwachsen entstehen die persönlichen Taktiken des Stillstehens während des Sirenentons: Manche zählen ihre Toten auf, andere denken an die Hinterbliebenen, wieder andere blicken zur Seite, um ja keinen Blickkontakt herzustellen, oder senken den Kopf und verschränken die Hände auf dem Rücken. Und Kinder – die lachen. »Denkt dran, dass Herzl tot ist«, pflegte eine legendäre Kindergärtnerin das kindliche Lachen zu unterdrücken. Egal was, denkt an die Toten.

Doch neuerdings hat der Sirenenton eine weitere Bedeutung angenommen. Schon seit einigen Jahren ist die israelische Zivilbevölkerung im Hinterland an ein Leben unter Raketenbeschuss gewöhnt. Beim Aufheulen des an- und abschwellenden Sirenenalarms lautet die Anweisung: Rettet euer Leben. Lasst alles stehen und liegen und rennt in die Schutzräume. Erklingt jedoch ein gleichbleibender Sirenenton, heißt es: Haltet alles an, bleibt auf der Stelle stehen und denkt an die Toten. Verwirrend, und das nicht nur auf praktischer Ebene.

Ob es nun um unseren möglichen Tod oder um das Gedenken an den Tod anderer geht – zweifellos ist der Tod das stärkste Organisationsprinzip im israelischen Dasein und dabei sind nicht nur die drei Sirenentöne gemeint, die das Leben im Land dreimal in einer Woche stillstehen lassen. Die Soziologin Vered Vinitzky-Seroussi verweist auf die Gedenktage für wichtige Persönlichkeiten des Landes, die immer an deren Todestag begangen werden. Das sei einleuchtend bei Ministerpräsident Itzhak Rabin und Minister Rehavam Zeevi, deren Todesart – politischer Mord[1] – bedeutend für ihr Andenken und ihr geistiges Erbe sei. Aber warum gedenke man Israels erstem Ministerpräsidenten, David Ben Gurion, der in gesegnetem Alter starb, an seinem Todestag? Und wieso habe man den Muttertag auf

---

1 Rabin starb am 4. November 1995 nach einem Attentat eines jüdischen Extremisten, Zeevi am 17. Oktober 2001 bei einem Attentat der »Volksfront zur Befreiung Palästinas«.

den Todestag von Henrietta Szold[2] angesetzt? Praktisch siege das Totengedenken in Israel über jede andere Erwägung, erklärt Vinitzky-Seroussi, man gedenke nicht Ben Gurions, sondern seines Todes.

Man darf und sollte darüber sprechen, in welchem Verhältnis diese Todesbezogenheit in der israelischen Kultur und die Heiligkeit der jüdischen Toten zum Kult des Lebens und seiner Feiern stehen. (Dieses Thema ist besonders brisant, wenn es um die Auslösung von Leichen israelischer Soldaten aus Feindeshand geht, ein Problem, bei dem man mit großer Vorsicht sagen kann, dass in der Praxis, nicht jedoch im öffentlichen Diskurs, mittlerweile eine gewisse Flexibilität Einzug gehalten hat.) Bei rund 80 000 Gefallenen bis heute (116 allein im letzten schweren Jahr) ist die Totentrauer allerdings wahrlich kein abstrakter Begriff. Kaum einer in Israel – von Ultraorthodoxen und Arabern, die keinen Wehrdienst leisten, einmal abgesehen –, der sie nicht selbst erlebt oder in seiner näheren Umgebung erfahren hat. Auch weil das Land so klein ist, hört man vom Tod eines Soldaten zumeist zweimal: Einmal in den Nachrichten und einmal von jemandem, der es von einem Hinterbliebenen gehört hat. Auch die sozialen Netzwerke beschäftigen sich ausgiebig mit Todesfällen, verleihen den Gefallenen ein Gesicht, einen Namen, Fotos, ein lebendiges digitales Profil.

Trotz alledem ist das israelische Gedenken an gefallene Soldaten und Terroropfer, verbunden mit der gelegentlich greifbaren Gefahr für das Leben von Zivilisten, nicht annähernd so stark wie das große, prägende Trauma Israels und gewiss auch des jüdischen Volkes.

Holocaustgedenken

In der heutigen Zeit, siebzig Jahre nach Ende der Schoah, ist bereits klar, welchen Platz sie als prägendes Trauma, als Archetyp im jungianischen Sinn, einnimmt, als maßgebliches Ereignis im bewussten wie im unbewussten Bereich und in weit größeren Kreisen als dem der konkret Betroffenen.

Doch der Holocaust war nicht immer Konsens im israelischen Diskurs. In den Jahren unmittelbar vor und nach der Staatsgründung stießen

---

2 Henriette Szold, am 21. Dezember 1860 in Baltimore geboren, war eine führende Zionistin. 1912 gründete sie die US-amerikanische zionistische Frauenorganisation »Hadassah«, ab 1933 leitete sie in Jerusalem die Kinder- und Jugend-Alija, die mehr als 20 000 Kinder und Jugendliche vor den nationalsozialistischen Konzentrations- und Vernichtungslagern retten konnte. 84-jährig starb sie am 13. Februar 1945 in Jerusalem.

Holocaustgedenktag: Wenn im gesamten Land um 10 Uhr für zwei Minuten die Sirenen heulen, steht der öffentliche Verkehr still, 2015.

Holocaustopfer auf Argwohn und Ablehnung. Im Gegensatz zu den Sabres, die zu kämpfen wussten und das Land aufbauten, galten die Überlebenden des Holocaust (und ihre ermordeten Verwandten) als träge und feige. Neben den Schuldgefühlen, weil man den Opfern nicht ausreichend zu Hilfe gekommen war, und neben den schwierigen Aufgaben, die der junge Staat zu bewältigen hatte, blieb kaum Zeit und Kraft, die unzähligen, gerade erst durchlebten Schoah-Geschichten aufzunehmen.

Später, als der junge Staat sich von den Nationen der Welt verlassen und verraten fühlte, entstand allmählich das Ethos des biblischen Satzes »Ein Volk, es wohnt für sich«, oder volkstümlich »Die ganze Welt ist gegen uns«. Israel kehrte der Diaspora zwar weiterhin den Rücken, sah aber in den Kräften, die gegen die Juden dort arbeiteten, dieselben starken Mächte, die jetzt die Existenz des Staates bedrohten. Die Einstellung zu den Holocaustopfern änderte sich, sie galten nun als Märtyrer. Die Antwort auf die Schoah war jetzt der Staat Israel selbst, speziell sein potentester Bestandteil – die Armee. »Die Schlagkraft der israelischen Streitkräfte ist der Garant unseres Schwurs: ›Auschwitz – nie wieder‹«, sagte Ehud Barak, als er das Vernichtungslager als Generalstabschef besuchte.

Die Erinnerung an den Holocaust verblasst nicht etwa mit der Zeit, die Schoah wird im kollektiven Gedächtnis sogar präsenter. Gedenken an sich ist ein wichtiges Gebot im Judentum (»Denk daran, was Amalek dir angetan hat«, »Gedenke des Sabbats: Halte ihn heilig!« und das Gebot der Haggada an Pessach, vom Auszug aus Ägypten zu erzählen), aber die Geschichte der Schoah hat auch nützliche Seiten: Da nicht alle – in Israel und in der Welt – das biblische Anrecht des Volkes Israel auf das Land Israel akzeptieren, ist das Gedenken an die Schoah das, was den Israelis ihr Israel gibt. Das Trauma der Schoah im Gedächtnis Israels und der Welt ist unser Garantieschein für das Leben hier – und vielleicht für unser Leben überhaupt.

Schülerreisen nach Polen

Ende der 1980er-Jahre organisierte das Erziehungsministerium die ersten Schülerreisen zu den Vernichtungslagern in Polen. Dieses Projekt ist seither stark angewachsen, zahlenmäßig – in den letzten Jahren sind es um die 25 000 Teilnehmer jährlich – wie kostenmäßig – insgesamt waren es laut Knesset-Bericht im Jahr 2010 rund 140 Millionen Schekel. Da Klassenreisen außerhalb der Landesgrenzen in Israel sonst kaum unternommen werden, sind diese Polenreisen etwas Einzigartiges, bieten an sich – also abgesehen von den spezifischen Inhalten – schon ein prägendes Gemeinschaftserlebnis.

Der Wissenschaftler Jackie Feldman hat fünf solche Reisen begleitet. Seines Erachtens tritt das Gedenkelement bei diesen Touren hinter ihrer eigentlichen Aufgabe zurück: Ausdruck der zivilen israelischen Religion zu sein.

Die Exkursionen führen nicht von Land zu Land, sie sind vielmehr Zeitreisen: aus dem heutigen Israel in das Polen zur Zeit des Holocaust. Aus logistischen Gründen und aus Sicherheitsgründen bewegen sich die israelischen Gruppen nicht frei im Land, sondern fahren gemeinsam, im Pulk, isoliert und bewacht in Autobussen. Die Busse verlassen sie fast nur, um die Konzentrations- und Vernichtungslager zu besuchen und dort Gedenkveranstaltungen abzuhalten. Die Touren beschäftigen sich kaum mit dem jüdischen Leben vor der Schoah oder dem Leben im heutigen Polen und erst recht enthalten sie keine fruchtbaren Begegnungen mit heutigen Polen. Im Gegenteil, die Reise ist inhaltlich auf den Tod und seine Verewigung abgestellt.

Wegen der Abschottung der israelischen Gruppen von der Außenwelt entsteht ein krasser Gegensatz: Das Leben im Hotel und in den Bussen ist junges israelisches Leben, doch, was sich draußen abspielt, gehört zum Leben der Alten, zu Tod und Verzweiflung. Instinktiv unterteilt man daraufhin in Gute und Böse, in Israelis und Nichtisraelis, und das übertriebene Beharren auf ständigem Zusammenbleiben lässt kaum individuelles oder kritisches Denken aufkommen.

Die gesellschaftlichen Auswirkungen dieser Polenreisen sind eindeutig: Sie prägen die Schüler, verwandeln sie in sieghafte Opfer, in Zeugen der Zeugen, die den im Land Gebliebenen erzählen sollen, was sie in Polen erlebt haben, um damit das Gedenken an die Schoah zu verewigen und die Existenz des Staates Israel zu verteidigen. Das Narrativ, das hier aufgebaut wird, nimmt die Schoah als Zeichen für die Hilf- und Schutzlosigkeit des jüdischen Volkes in den Ländern der Diaspora unter der ewigen Feindschaft des weltweiten Antisemitismus. Israel ist Macht, Antithese, eine Antwort auf die Schoah. Es ist eine rituelle Wiederholung der Überlebenshandlung, eine Bestärkung des primären zionistischen Narrativs. Die Gründung des Staates hat den Übergang von Zerstörung zu Erlösung eingeleitet, Israel ist der Lebensquell des jüdischen Volkes.

Junge Israelis im August 2013 am Schwarzen See in Auschwitz-Birkenau. Die SS hatte während des Zweiten Weltkriegs die Asche Hunderttausender verbrannter Männer, Frauen und Kinder in den See geschüttet.

Der Flug 301 der israelischen Luftwaffe war wohl das Musterbeispiel für diese Auffassung. Im September 2003 flog eine Ehrenformation von drei israelischen F-15-Maschinen über das Tor des Vernichtungslagers Auschwitz-Birkenau, während am Boden 200 israelische Offiziere und Soldaten eine Gedenkzeremonie veranstalteten.

Das kam so: Die polnische Luftwaffe hatte die israelische zu einer Flugmesse im Militärflughafen Radom eingeladen und Amir Eshel, damals Brigadegeneral und später Kommandeur der israelischen Luftwaffe, hatte vorgeschlagen, die Teilnahme mit einem Flug über Auschwitz zu verbinden. Fortan widmete er sich intensiver der Frage, warum die Alliierten Auschwitz nicht bombardiert hatten. Für den Ehrenflug, der gegen den ausdrücklichen Wunsch des Museums Birkenau stattfand, nahm Eshel Fotos seiner im Holocaust umgekommenen Angehörigen und den Gebetsmantel seines Vaters, eines Holocaustüberlebenden, mit ins Cockpit und noch in der Luft verlas er den Satz: »Wir Luftwaffenpiloten fliegen hier in der Luft hoch über das Lager des Schreckens hinweg, das über der Asche von sechs Millionen jüdischen Opfern steht, wir tragen ihre leisen Schreie mit uns, wir würdigen ihre Tapferkeit und wir versprechen, der schützende Schild des jüdischen Volkes in Israel zu sein.«

Der Ehrenflug erntete großes öffentliches Aufsehen und nicht wenig Kritik. »Der Staat Israel ist Yad Vashem mit Luftwaffe«, schrieb der Historiker Thomas Friedman. Der Holocaustforscher Yehuda Bauer erklärte, warum die rationale Basis für den Flug verfehlt gewesen sei und warum die Alliierten Auschwitz nicht hatten bombardieren können. Den Ehrenflug nannte er »eine kindische, gänzlich überflüssige Schau, die nur die Banalität derer aufzeigte, die meinen, mit solchen Mitteln solle man das Andenken an die Schoah wahren. Für Israels Zukunft ist dies das falsche Symbol.« (Bauer 2013)

Eines der Flugzeuge flog höher, um die zwei anderen über dem Lager aufzunehmen. Dieses Foto schickte der damalige Luftwaffenkommandeur, Eliezer Shkedi, einige Jahre später, 2008, allen höheren Luftwaffenoffizieren, dem Generalstab, den Leitern des Inlands- und des Auslandsgeheimdienstes, dem Verteidigungsminister und dem Ministerpräsidenten mit dem Satz: »Die Luftwaffe über Auschwitz – im Namen des Staates Israel und des jüdischen Volkes. Erinnern und nicht vergessen, uns nur auf uns selbst verlassen.«

Doch die symbolische Handlung zielte nicht nur auf die Vergangenheit. Shkedi, dessen Vater als Einziger seine in Auschwitz-Birkenau ermordete Familie überlebt hatte, verbreitete dieses Foto angesichts der Wirkung von tausend Atomzentrifugen im Iran, in dem Empfinden – Nachklang eines alten Sentiments –, dass die Westmächte wieder keinen Finger krümmten, um die Atombewaffnung des Iran zu stoppen. Shkedi beauftragte auch Historiker der Luftwaffe, Aussprüche von Ahmadinedschad und Hitler zu vergleichen, wodurch haarsträubende Ähnlichkeiten aufgezeigt wurden. Das Foto, das der Luftwaffenkommandeur, Sohn eines Holocaustüberlebenden, an alle wichtigen Sicherheitsstellen im Staat verschickte, transportierte also eine hochaktuelle Botschaft.

Der Publizist Ari Shavit, der die Helden des Ehrenflugs zehn Jahre später aufsuchte, erhob die Frage, warum hohe israelische Offiziere sich so stark mit der Auschwitz-Frage beschäftigten, »einem neuen Komplex, der den alten Massada-Komplex abgelöst hat«, erklärte das Phänomen jedoch als Antwort auf ein tiefes israelisches Bedürfnis. »Seit dem Jom-Kippur-Krieg ist das israelische Narrativ zerbrochen. Wegen der Besatzung, der Spaltung im Innern und der zynischen Kritik ist das sinnstiftende Gemeinschaftsgefühl verlorengegangen. [...] Und als praktische und tatkräftige Menschen haben sie [...] die Mittel der Luftwaffe eingesetzt, um ein Foto, das eine ganze Geschichte ersetzt, in den Mittelpunkt des israelischen Bewusstseins zu rücken.« (Shavit 2013)

Manche wagten jedoch, kritisch zu fragen: Ist es die Aufgabe der Streitkräfte, das aktuelle Narrativ zu erstellen, auf dessen Basis der Staat arbeiten soll? Und ist es das richtigste oder wirksamste Ethos? Ist die wichtigste Lehre aus dem Holocaust die darwinistische, biologische − »der Starke überlebt«? Die Lehre des »Nie wieder« bringe ein im inneren wie im äußeren Bereich militantes Israel hervor, heißt es nicht selten.

Andere Stimmen und kritisches Denken

Der Anschein, die Schoah sei ein Ethos, auf dem die zionistische Identität aufbaue, und der Sirenenton vereine alle jüdischen Israelis in trauerndem Gedenken, trägt jedoch etwas. Fast alle stehen beim Erschallen der Sirene still. Fast alle. Die Ultraorthodoxen der Neturei Karta, die den Zionismus ablehnen, beispielsweise gehen demonstrativ weiter. Und gelegentlich kommen auch Stimmen auf, die es wagen, sich gegen »unseren Holocaust« zu verwahren.

Maor Zaguri, ein junger Drehbuch- und Theaterschriftsteller, Schöpfer der beliebten Fernsehserie »Zaguri Imperia« über eine Familie marokkanischer Abstammung aus Beer Sheva, löste einen mittleren Skandal aus, als in einer Szene die Sirene am Holocaustgedenktag erschallte und Beber, der Familienvater, sich weigerte, dabei stillzustehen, solange nicht auch ein »Tag der Übergangslager« eingeführt werde. (In diese Aufnahmelager wurden viele Neueinwanderer aus Nordafrika bei ihrer Ankunft im Land eingewiesen und sie legten, verbreiteter Meinung zufolge, den Grundstein für die soziale und wirtschaftliche Diskriminierung, die Israelis orientalischer Herkunft immer noch erleben.) „Sie haben uns das Leben kaputt gemacht", waren die Worte, die der junge Zaguri Vater Beber in den Mund legte. »Als wir im Land ankamen, haben sie all den Frust wegen dem, was ihnen die Deutschen angetan hatten, auf uns abgeladen.«

1999 führte Sarah Blau, eine junge, religiöse israelische Schriftstellerin, den alternativen Gedenkakt ein. Blau bat – ausnahmslose junge – Schauspieler, Medienleute und Schriftsteller, darüber zu sprechen, wie der Holocaust ihr Leben berührte: Man durfte sehr persönlich, sehr kritisch werden, durfte Misrachi, Homo oder Araber, lustig oder traurig sein. 2011 beispielsweise eröffnete Blau die Veranstaltung mit der aktuellen Frage: Was geschieht mit dem Holocaustgedenktag, wenn er auf einen Termin zwei Tage nach einer königlichen Hochzeit fällt? In der Woche zuvor hatten die Zeitungen anstelle der üblichen Schoah-Artikel im Wesentlichen Berichte über die Hochzeit von Prinz Harry mit Kate Middleton gebracht.

Der alternative Holocaustgedenktag, der erstmals in einem Club in Tel Aviv stattfand und vielerorts Anklang findet, fordert die Schoah vor allem vom Staat zurück beziehungsweise von der aschkenasisch-staatlichen Hegemonie, die ihr eigenes Gedenken gestaltet hatte. Die Alternative, erklärt Blau, kam aus zwei Richtungen: einer politisch-radikalen Lesart der Geschichte des Holocaust und ihres Einflusses auf unsere Lebensgestaltung sowie einer allumspannenden und alle einbeziehenden kulturellen Lesart. Und vor allem befreite sie das Holocaustgedenken aus dem Meer der Trübsal und Trauer und öffnete es für weitere mögliche Denkrichtungen und Gefühle.

Eine weitere Initiative, die sich ebenfalls aus dem großen Staatsgedenken ausklinkt und dafür viele kleine, örtliche Veranstaltungen anstößt, nennt sich »Zikaron baSalon«, Gedenken im Wohnzimmer. Holocaustüberlebende werden in Privathaushalte eingeladen, um eine persönliche Begegnung im kleinen Rahmen zu ermöglichen, zunächst mit der Erinnerung in Ichform, danach in offener Debatte über eines der Themen, die der Zeitzeugenbericht aufgeworfen hat.

Und es gab auch technologische Initiativen. Bei dem Projekt »Menschen, nicht Zahlen«, erdacht von einer jungen Werbefachfrau, werden Tattoo-Aufkleber mit KZ-Nummern ausgegeben, die identisch mit denen von Holocaustüberlebenden sind. Scannt man die Nummer ins Mobiltelefon ein, erhält man die gefilmte Aussage des oder der Überlebenden mit der Nummer auf dem Arm.

Michal Govrin, Schriftstellerin, Professorin, Theaterschaffende und Tochter einer Holocaustüberlebenden, suchte einen modernen Weg, das Gedenken am Holocaustgedenktag zu etwas Greifbarem herunterzubrechen, das im Leben wurzelt, Vielstimmigkeit zulässt und die gegenseitige Ausgrenzung behebt, bei der die Erinnerung des einen die des anderen ausschließt. Im Jerusalemer Van-Leer-Institut leitete sie in den letzten drei Jahren ein fachübergreifendes Team zur Erarbeitung eines neuen Musters für das Zeremoniell des Holocaustgedenktags. Gemeinsam erstellten sie den Entwurf für einen modularen Gemeindegedenkakt nach dem Vorbild des Sederabends, geleitet von einem Moderator. Neben dem Singen bekannter Schoah-Lieder kann jede Gemeinde sich ihre Texte auswählen und so bleibt Raum für Aussprache und Gemeinschaft. Diese von einem oder einer Vorsitzenden geleitete Gedenkfeier soll die Großveranstaltungen ersetzen, denen die meisten Teilnehmer passiv beiwohnen, und stattdessen ein aktives Gedenken unter allgemeiner Beteiligung ermöglichen.

Besonders interessant wird die Sache dort, wo das Team nicht nur die Methode, sondern auch den Inhalt erörtert: Woran möchte man eigentlich erinnern, wenn man der Schoah gedenken möchte? An die Zerstörung, die Toten und den Verlust oder an die Auferstehung aus der Asche? An das Opferverhalten oder an Mut und Heldentum? An die Hilflosigkeit oder an Widerstand und Selbstschutz? Oder vielleicht ist die wichtigste Lehre aus der Schoah gerade die, dass Demokratie und Redefreiheit, Gleichberechtigung und Humanismus eminent wichtige Werte sind?

Schoah und Nakba: Man darf nicht gleichsetzen

Eine »geheime Denkschrift«, die der Publizist und Satiriker Kobi Niv verfasst und im September 2015 in der Tageszeitung Haaretz veröffentlicht hat, enthüllt den Plan des Erziehungsministeriums, hier, in Jehuda und Samaria, »unser Auschwitz« zu errichten, um die Kosten für die Schülerreisen nach Polen zu sparen. »Auf dass alle Schüler Israels […] in unserem souveränen Land und nicht, behüte, in der Diaspora, die heiligen und eminent wichtigen Unterrichtseinheiten über die Schoah erhalten, die unser Volk in der Diaspora erlitten und vor unseren Toren immer noch zu gewärtigen hat, da der Westen vor der atomaren Gefahr seitens des Iran kapituliert.« Die Denkschrift empfiehlt, die Lager anschaulich, im Stil einer gruseligen Nazigeisterbahn, zu gestalten, und zitiert den (fiktiven) Bericht eines Exkursionsteilnehmers aus der elften Klasse: »Was ich verstanden habe, ist: Wenn du der Vernichtung entgehen willst, bleibt dir nichts anderes übrig, als selbst ein Nazi zu sein.«

Dem ungeübten (oder nicht linksoppositionellen) Ohr mag dieser Satz radikal und abwegig, grob oder pietätlos klingen. Aber seit Jahren rührt der Diskurs über die Besatzung und das Vorgehen der israelischen Armee in den besetzten Gebieten (und letzthin auch der Diskurs über die illegalen Einwanderer) zusehends weniger vorsichtig an die ideologischen und praktischen Ähnlichkeiten zwischen Israel als Besatzerstaat und dem Nazieroberer. Der Satz »Man darf nicht gleichsetzen«, der in der gesellschaftlichen und politischen Debatte gelegentlich auftaucht, wenn es um umstrittene Maßnahmen des Militärs in den besetzten Gebieten, rassistische Diskriminierung oder die Ausweisung von Flüchtlingen und Infiltranten geht, hat in den letzten Jahren einen zynischen Beigeschmack angenommen. Doch, obwohl »Man darf nicht gleichsetzen« im israelischen Twitter schon zum abgedroschenen Witz mutiert ist, der seinen Sinn verkehrt, scheinen manche in Israel sicherstellen zu wollen, dass man künftig nicht mehr vergleichen darf.

Wegen der satirischen Benutzung der Schoah und des Wortes »Nazi« in seinem Artikel hätte Niv ein halbes Jahr Gefängnis und hunderttausend Schekel Geldstrafe riskiert, wäre ein Gesetzesentwurf gegen die Benutzung von Nazisymbolen und Nazibegriffen bereits verabschiedet worden. Untersagt werden sollen die Benutzung des Wortes »Nazi« in all seinen Ableitungen und einschlägige Symbole aus dem »Dritten Reich« wie der Judenstern und KZ-Häftlingskleidung, außer für Zwecke der Forschung, des Unterrichts und des Gedenkens, »mit dem Ziel, die Herabwürdigung der Schoah und die Verletzung des Andenkens an die Ermordeten und die Überlebenden zu unterbinden«. Das »Gesetz zum Verbot der Benutzung nationalsozialistischer Symbole und Begriffe« wurde von der Regierung unterstützt und zweimal in Vorabstimmungen angenommen (zuletzt 2014), doch die Knesset löste sich auf, bevor sie es durchbringen konnte.

Palästinenser begehen den 67. Jahrestag der „Nakba" (Katastrophe) in Nalin im West-jordanland, 2015.

Wäre das Gesetz durchgekommen – und vielleicht wird es das noch, seine Verzögerung ist rein technischer Natur –, käme das einem weiteren legalen Eingriff in die israelische Erinnerungskultur gleich – und das in ironischer Symmetrie zu einem der letzten bedeutenden Gesetze, die in diesem Bereich verabschiedet wurden, dem »Nakba-Gesetz«.

Nakba, »Katastrophe« auf Arabisch, ist die gängige Bezeichnung für die Flucht oder Vertreibung von Arabern, die im Zuge des israelischen Vorrückens im Unabhängigkeitskrieg 1948 ihre Häuser verließen und zu Flüchtlingen in Israel, im Westjordanland und im Gazastreifen oder in arabischen Ländern wurden. Seit Ende der 1990er-Jahre begehen Palästinenser inner- und außerhalb Israels den »Tag der Nakba« am israelischen Unabhängigkeitstag mit Demonstrationen, Kundgebungen und politischen Aktionen, was zuweilen in gewaltsamen Zusammenstößen mit israelischen Sicherheitskräften endet.

Das Gedenken an die Nakba gehört zu den schwierigsten und explosivsten Fragen im heutigen Israel. Es ist nicht nur eine historische Frage (Flucht oder Vertreibung?), sie rührt auch an die Existenzberechtigung des jüdischen Staates. Bis vor einigen Jahren durfte die Nakba in arabischen Schulbüchern in Israel nicht vorkommen. Später erlaubte das Erziehungsministerium ihre Erwähnung, verbot sie dann erneut. Auch in den Geschichtsbüchern für jüdische Schulen fand die kritische Erörterung, die das klassische zionistische Narrativ (von der Flucht der Araber und »dem Land ohne Volk«) nicht unbesehen akzeptiert, mal Eingang in den Lehrplan, dann wieder nicht und so weiter.

Im März 2011 verabschiedete die Knesset das Budgetgrundlagengesetz, wonach der Finanzminister das Budget einer staatlich unterstützten Einrichtung kürzen kann, wenn sie die Existenz Israels als jüdischer und demokratischer Staat abgelehnt, zu Rassismus, Gewalt oder Terror aufgerufen, den Staat und seine Symbole verunglimpft oder den Unabhängigkeitstag als Trauertag begangen hat. Das Gesetz und seine diversen Auswirkungen lassen allerlei ahnen, siehe die Entscheidungen der neuen Kulturministerin, Kultureinrichtungen die Unterstützung aus dem Kulturfonds zu versagen, wenn sie Narrative behandeln, die das zionistische Staatswesen kritisieren.

Die Nakba ist ein anschauliches Beispiel für die Verbindung zwischen Gedenken und Meinungsfreiheit und insofern besonders interessant, als man in einem Land, wo Gedenken einerseits als heilige Pflicht gilt, andererseits auf Vergessen und Verdrängung drängt.

Efrat Even Tzur, Psychologin und Mitglied von »Zochrot«, einem Verein mit dem erklärten Ziel, Israel solle Verantwortung für die Nakba übernehmen, betrachtet die Nakba nicht nur als Trauma des palästinensischen Volkes, sondern auch als eines der israelischen Gesellschaft. Ein Trauma berühre nicht allein das Opfer, erklärt sie. Auch der Aggressor setze sich erschütternden Erlebnissen aus und trage lange an den tiefen Nachwirkungen. Trauma und Schuldgefühl beförderten das Schweigen und schließlich käme noch Existenzangst hinzu: Angst um das Fortbestehen des israelischen Staates, sobald er zugäbe, auf Kosten eines anderen Volkes entstanden zu sein. Daher wurde die Vertreibung zunehmend tabuiert und das ganze Thema bis vor einigen Jahren in der israelischen Öffentlichkeit totgeschwiegen.

Dominick LaCapra, der das Holocaustgedenken erforscht, entlehnt Freuds Erkenntnisse über Traumatherapie und weitet sie auf Kultur und Gesellschaft aus: Eine Gesellschaft, die sich nicht ausreichend ihrer Vergangenheit stelle, werde in ihrer Kultur spontane und unkontrollierte Konfrontationen mit unverarbeiteten Erinnerungen erleben. Eine Gesellschaft, die an unverarbeiteten Traumata leide, könne sich nicht gesund und gut entwickeln.

Das Thema Nakba-Gedenken ist tiefgründig und heikel und besonders interessant ist sein Einfluss auf die Gestaltung des Holocaustgedenkens. In dem Wunsch, den Unterricht über den Holocaust zu vertiefen, lud das Van-Leer-Institut Pädagogen aus allen Teilen der israelischen Gesellschaft zu gemeinsamen Gesprächen ein: Säkulare und Religiöse, Juden und Araber. Das erklärte Thema der Treffen war die Schoah, doch bei genügend Spielraum stellte sich heraus, dass diese gemischte Gruppe nicht genug Zusammenhalt hatte, um mit nur einer Stimme über die Schoah zu sprechen. Man konnte nicht über die Schoah sprechen und dabei den Diskurs über die Nakba unterbinden, andererseits Schoah und Nakba auch nicht symmetrisch behandeln. Selbst, wenn man die Narrative der verschiedenen Gruppen zuließ, hatten die beiden Ereignisse natürlich nicht die gleiche Schwere und Größenordnung. Man kann nicht gleichsetzen. Aber will man nichts totschweigen und darf nicht vergleichen – wie soll man dann reden und lernen?

Die Studiengruppe beschloss, sich ein anderes Ziel zu setzen: Gemeinsam eine Methode zu suchen, mit der man in Israel in einer gemischten Gruppe über traumatische Erinnerungen sprechen könnte. In einem hoch komplizierten, spannungsgeladenen Prozess von Erinnern, Verschweigen und Vergessen wurden einige mögliche Gesprächsansätze erarbeitet:

Im globalen jüdischen Diskurs ist der Holocaust der wichtigste Bestandteil der heutigen jüdischen Identität, aber er ist auch ein symbolisches, globales Ereignis, das etwas über das Handeln der Menschheit aussagt. Sie ist unsere »prägende Vergangenheit« (*foundational past*), ein von Alon Confino geprägter Begriff. In diesem Diskurs kann man Lehren aus dem Holocaust ziehen, die nicht nur für Juden oder Deutsche relevant sind, und es besteht ein Imperativ, das Gedächtnis an den Holocaust zu wahren, um als Menschheit voranzukommen, besser zu werden. Im globalen jüdischen Diskurs ist die Schoah die Mutter aller nationalen Katastrophen, sie ist universal und steht daher im Mittelpunkt der Debatte, die Nakba ist eine partikulare Möglichkeit.

In den Bereich des Möglichen rückte ein anderer Diskurs, ebenso zukunftsweisend wie historisch – ein Diskurs der Empathie. Gemeint ist ein Diskurs über Erinnerung und Versöhnung, der Erkenntnisse und Thesen aus der persönlichen und kollektiven Traumadebatte über die Schoah gewinnt. Eine solche Diskussion verlangt gegenseitige Anerkennung – die beiden Traumata, Schoah und Nakba, sind zwar nicht identisch, aber sie entfalten eine ähnliche Wirkung in beiden Völkern: Sie sind prägende Traumata, eine traumatische Erinnerung, die auf beiden Seiten eine von Opfergefühl und Angst erfüllte Identität entstehen lässt.

Dieser Diskurs ermöglicht nicht nur eine wechselseitige Anerkennung des Leids, sondern auch die Übernahme der Verantwortung dafür – eine notwendige Voraussetzung für die Verarbeitung des Traumas.

Denkbar wäre schließlich noch der Diskurs über historische und konzeptuelle Kontinuitäten. In diesem Diskurs ist der Holocaust das Ende eines Ereignisablaufs, wie ein Völkermord, eine ethnische Säuberung oder politische Gewalt. Die einzelnen Ereignisse im Geschichtsverlauf unterscheiden sich in Umfang und Stärke, aber alle weisen gemeinsame Strukturen und eine ähnliche innere Logik auf. Alle bewirken einen paranoiden Diskurs über Sicherheit und einen ständigen Alarmzustand und zeigen die Gefahren des modernen Nationalstaats, der die Minderheit und den Fremden ausgrenzt.

Für das Vergessen

In Israel wird auf öffentlicher Ebene viel für das ewige Gedenken an die Toten, die Gefallenen und den Holocaust getan. Andere nationale Traumata, die verschwiegen und verdrängt wurden, melden sich neuerdings zu Wort. Während offizielle Stellen das nationale Narrativ zäh verteidigen, kommen gelegentlich neue und moderne Möglichkeiten für Diskurs und Gedenken zur Sprache. In diesem Zusammenhang muss man zwangsläufig auch die radikalste aller Möglichkeiten nennen: das Vergessen.

Yehuda Elkana, der 2012 verstarb, hatte Auschwitz und die Schoah als Kind überlebt und wurde in Israel Historiker, Wissenschaftsphilosoph und Pädagoge. Enden möchte ich mit einigen Sätzen aus seinem revolutionären, erhellenden und bewegenden Aufsatz »Für das Vergessen«, den er

1988 vor dem Hintergrund des Demjanjuk-Prozesses und des Ausbruchs der ersten Intifada geschrieben hat.

»In der letzten Zeit gewinne ich zunehmend die Überzeugung, dass nicht persönliche Frustration, als politisch-sozialer Faktor, das Verhältnis der israelischen Gesellschaft zu den Palästinensern antreibt, sondern eine tief sitzende Existenzangst, gespeist aus einer bestimmten Auslegung der Lehren des Holocaust und aus der Bereitschaft, zu glauben, die ganze Welt sei gegen uns und wir seien das ewige Opfer. Ich sehe in diesem uralten Glauben, dem so viele heute anhängen, Hitlers tragischen Sieg. [...] Jede Lehre oder Lebensanschauung, die auf dem Holocaust fußt, ist eine Katastrophe. [...] Eine Katastrophe für die Zukunft einer Gesellschaft, die in relativer Ruhe und Sicherheit leben möchte wie alle Völker.

Man darf der Vergangenheit keinerlei Herrschaft über die Zukunft der Gesellschaft und das Schicksal des Volkes einräumen. [...] Die Zukunft auf die Lehre aus der Vergangenheit aufbauen, vergangenes Leid als politisches Argument benutzen, heißt, die Toten am demokratischen Prozess der Lebenden beteiligen.

Ich sehe keine größere Gefahr für die Zukunft des Staates Israel als den Umstand, dass die Schoah systematisch und machtvoll ins Bewusstsein der ganzen israelischen Bevölkerung gedrängt worden ist. Ich verstehe das Bedenkliche unseres Tuns, als wir jahrzehntelang jedes Kind in Israel wieder und wieder nach Yad Vashem geschickt haben. Was sollten so junge Kinder wohl mit dieser Erfahrung anfangen? Wir haben hirn- und herzlos und ohne Erklärung immer wieder deklamiert – Gedenke! Wozu? Was sollte das Kind mit diesen Erinnerungen machen?

Vielleicht ist es wichtig, dass die große Welt sich erinnert. [...] Wir hingegen sollten vergessen. Ich sehe heute keine wichtigere politische und pädagogische Aufgabe für die Staatsführer dieses Landes, als sich auf die Seite der Lebenden zu stellen, den Aufbau unserer Zukunft anzupacken und sich nicht von morgens bis abends mit den Symbolen, den Zeremonien und den Lehren der Schoah zu befassen.«

Dieser Ansatz ist wichtig, schockierend und stellt ein bewegendes Dilemma in unserem Leben dar.

Meine Großmutter, Vera Castor (Spitzer), hat ihren Ehemann, Marton Tarkay, mutmaßlich in Sibirien verloren, nachdem er in ein Arbeitslager deportiert worden war. Sie selbst überlebte Mauthausen mit ihren beiden Kindern. Bis heute steht im Wohnzimmer meiner Eltern ein weißer Becher, in dem sie für ihre Kinder Essen geschmuggelt hatte. Meine Mutter gehört der zweiten Generation Überlebender an und ich der dritten. Meine Kinder wären so bereits die vierte Generation.

Meine Großmutter starb viele Jahre, bevor meine Kinder geboren wurden, und die verbliebenen Überlebenden, denen sie begegnen, drängt es nicht danach, ihre Wunden aufzureißen, sicherlich nicht gegenüber Kindern. Selbstverständlich aber wissen die Kinder vom Holocaust: Sie lesen darüber (etwa Janusz Korczaks wunderbare Bücher), sie sehen Filme und Theaterstücke, sie lernen in der Schule und hören darüber von uns, den Eltern. Von klein auf kannten sie die Geschichte des weißen Bechers. Sie haben auch die Zeichnungen von Jack Jaget gesehen, ihres Großonkels. Als der jahrelang mit seiner Familie in einem Erdloch unter einem Schweinestall eines polnischen Bauernhofes versteckt war, hatte er sehr präzise aus der Erinnerung sein einstiges Kinderzimmer, die Küche, Straße und Schulklasse gezeichnet. Alles, was er hinter sich lassen musste.

Meine Kinder wissen all das und ich versuche dennoch, sie zu schützen vor den immensen Tiefen des Horrors. Ich will ihnen die schrecklichen Details ersparen. In die Holocaustgedenkstätte Yad Vashem in Jerusalem sollen sie erst gehen, wenn sie groß sind. Ich denke auch nicht, dass ich sie als Gymnasiastinnen auf die Reise nach Auschwitz schicken werde. Ich will ihnen die Albträume meiner Kindheit ersparen und die Wahrnehmung, dass man »uns seit je immer wieder hatte auslöschen wollen«. Es scheint mir, dass in meinen Töchtern, im Unterschied zu uns, nicht sofort starke Ängste aufsteigen, wenn sie einen Haufen Kinderschuhe sehen, einen gestreiften Schlafanzug oder auch nur ein aggressives Hundebellen hören – sie denken dabei nicht unmittelbar an die sechs Millionen, an Auschwitz, an Gasduschen.

So lese ich Yehuda Elkanas Worte an uns jüdische Israelis als eine Aufforderung zur inneren Zweiteilung: eine Gehirnhälfte erinnert an den Holocaust, die Opfer und Lehren. Die andere ist naiv und ignorant, frei von der Trauer, dem Terror und den tradierten Ängsten. So gäbe es genug Raum, um sich eine optimistische Zukunft als menschliche Wesen, als Nation, als Volk vorzustellen. So schützten wir uns einerseits vor Bedrohungen, aber blieben auch der Welt gegenüber – vertrauensvoll – offen.

Aus dem Hebräischen von Ruth Achlama

Literatur

Bauer, Yehuda, Die Banalität des Luftwaffenflugs über Auschwitz, in: Haaretz Online vom 6. Oktober 2013 (hebr.).
Elkana, Yehuda, Für das Vergessen, in: Haaretz vom 2. März 1988 (hebr.).

Even-Tzur, Efrat, Still bitte! Über Schweigen und zum Schweigen bringen. »Die Stille spricht: Verdrängung der palästinensischen Nakba und ihre Rückkehr in die israelische Kultur«, Abteilung für Geschichte und Theorie, Bezalel (2013) 29 (http://bezalel.secured.co.il/zope/home/he/1376936935/1386323135, Aufruf: 7. Oktober 2015; hebr.).

Feldman, Jackie, Über die israelische Instrumentalisierung der Schoah: Israelische Schülerreisen nach Polen und nationale Identität, in: Theorie und Kritik (2001) 19, S. 167–190 (hebr.).

Galzer, Hilo, Wie sollte der neue staatliche Holocaustgedenkakt aussehen?, in: Haaretz vom 10. April 2015 (hebr.).

Knesset, Zentrum für Forschung und Daten, Prüfung der Kosten für Schülerreisen nach Polen und Wege zu ihrer Senkung, Knesset-Verlautbarungen vom 21. Juli 2010 (www.knesset.gov.il/mmm/data/pdf/m02591.pdf, Aufruf: 7. Oktober 2015; hebr.).

Niv, Kobi, Geheime Denkschrift des Erziehungsministeriums enthüllt den Plan für »Unser Auschwitz«, in: Beilage »Gibt es noch heilige Kühe?« zur Haaretz vom 17. September 2015 (hebr.).

Shavit, Ari: Flug 301 ist noch nicht gelandet – auf der Reise in das Bewusstsein der Luftwaffenkommandeure, in: Beilage zur Haaretz vom 2. September 2013 (hebr.).

Zerubavel, Yael, Der Tod der Erinnerung und die Erinnerung des Todes: Massada und Schoah als historische Metaphern, in: Zweitausend (1994) 10, S. 42–67 (hebr.).

XI Israel und Deutschland

Moshe Zimmermann

Das deutsch-israelische Verhältnis

Das deutsch-israelische Verhältnis gilt als »besonderes Verhältnis«, was beide Seiten seit der Aufnahme diplomatischer Beziehungen im Jahr 1965 auch ständig betonen. Über den Inhalt dieses besonderen Verhältnisses lässt sich diskutieren, nicht aber über dessen besonderen Stellenwert in der Geschichte der beiden Staaten. Was die deutsch-israelischen Beziehungen in den Augen von Historikern so besonders macht, ist zunächst der Umstand, dass sie nicht zeitgleich mit der Gründung der beiden Staaten begannen. Sie wurden nicht nur erst einige Jahre nach der Gründung dieser beider Staaten geknüpft, sondern – paradoxerweise – auch schon viele Jahre zuvor. Das bedarf einer Erklärung: Der Staat Israel wurde 1948 gegründet, die Bundesrepublik Deutschland 1949, der formale Akt der Aufnahme voller diplomatischer Beziehungen zwischen den beiden Staaten fand erst 1965 statt. Anders ausgedrückt: Die Aufnahme diplomatischer Beziehungen, das heißt der Austausch von Botschaftern zwischen den beiden Staaten, ereignete sich mehr als fünfzehn Jahre nach der Gründung der beiden Staaten. Zugleich entstanden die beiden Staaten nicht aus dem Nichts, sondern sehen sich als Vertreter zweier alter, um nicht zu sagen: antiker Völker, die in einer viel früheren Zeit eng miteinander verbunden waren. Zu diesen Beziehungen kam noch folgende Verbindung hinzu: Ein beachtlicher Teil der israelischen Bevölkerung zum Zeitpunkt der Staatsgründung, rund ein Achtel der damaligen jüdischen Landesbevölkerung, waren in der nahen Vergangenheit deutsche oder österreichische Staatsbürger gewesen, die nicht nur aus dem Deutschen Reich nach Palästina

◀ Deutsch-israelische Regierungskonsultation am 16. Februar 2016 im Bundeskanzleramt in Berlin. Vordere Reihe v.l.n.r: Bundesinnenminister Thomas de Maiziere, Ze've Elkin, israelischer Minister für Immigration, Bundesaußenminister Frank-Walter Steinmeier, Bundeskanzlerin Angela Merkel, Ministerpräsident Benjamin Netanjahu; obere Reihe v.l.n.r.: Staatssekretär Thomas Silberhorn, Staatssekretärin Dorothee Bär, Eli Groner, Generaldirektor des Büros des israelischen Premierministers, und Peter Altmaier, Chef des Bundeskanzleramtes emigriert oder geflüchtet waren, sondern auch ein ausgeprägt deutsches Kulturvermächtnis von dem einen Land ins andere transferierten.

Die Schwierigkeit, beide Partner zu definieren

Das Besondere an den Beziehungen zwischen den beiden Staaten beruht im Grunde auf der Schwierigkeit, die beiden Seiten zu definieren. Sowohl die Bundesrepublik Deutschland als auch der Staat Israel sind beispiellose Schöpfungen aus der Sicht der Völker, die sie zu repräsentieren wünschen oder vorgeben. Beginnen wir mit der Bundesrepublik: In territorialer Hinsicht kommt ihr als historisches Vorbild der Rheinbund aus der Zeit Napoleons am nächsten. Dieses Gebiet war viel kleiner als das Erste, das Zweite oder das »Dritte Reich«. Was Herrschaftsform und Verfassung anbelangt, war der Bundesrepublik die kurzlebige Weimarer Republik (1918–1933) vorangegangen. Und der Staat Israel? Dieser verortet seine historischen Wurzeln in früherer Zeit, in der Antike. Auch in diesem Fall decken sich die Grenzen des modernen Staates Israel (von vor oder nach dem Sechstagekrieg 1967) nicht mit den Grenzen des historischen Israels. Doch nicht nur hinsichtlich des Territorialen fällt es schwer, eine frühere Parallele zu finden, das gilt auch für die Namen der Staaten. Es hat in der Geschichte keine deutsche Bundesrepublik gegeben. Es gab ein Heiliges Römisches Reich deutscher Nation, einen Deutschen Bund, ein Kaiserreich und das »Dritte Reich«. Auf der anderen Seite gab es in ferner Vergangenheit (der biblischen Geschichte zufolge) ein Vereintes Königreich Israel, ein geteiltes Reich zwischen dem Nordreich Israel und dem Südreich Judäa und nach der Rückkehr aus dem babylonischen Exil das judäische Königreich. Die moderne jüdische Nationalstaatsideologie nennt sich Zionismus und bezieht sich auf einen Ort, nämlich einen Berg in Jerusalem, der »Zion« heißt (siehe den Beitrag von Michael Brenner), nicht Israel. Weder geografisch noch den Namen betreffend gibt es eine Übereinstimmung zwischen den beiden modernen Staaten und ihren historischen Vorläufern. Dennoch beanspruchen beide moderne Staaten, die Geschichte ihrer Völker oder Nationen, deren Heimat die historischen Staatswesen waren, allein zu vertreten. Das führt uns zu einer weiteren Definitionsschwierigkeit: Die Namen der Völker (oder Nationen), um die es hier geht, das »deutsche Volk« und das »jüdische Volk«, waren in ihrer politischen Geschichte nicht immer das entscheidende Definitionsmerkmal für die entsprechenden Gemeinwesen.

Doch zurück zur ursprünglichen Aussage: Da die beiden modernen Staaten ihre Existenzberechtigung und ihr Selbstverständnis von einem problematischen Alleinvertretungsanspruch für historische Völker ableiten, ist vorliegend die Definition von Bedeutung, die sich in der Retrospektive dieser Völker etabliert hat, und nicht eine fachhistorische, augenscheinlich neutrale Definition. Die Bundesrepublik Deutschland repräsentiert nach eigenem Verständnis die Deutschen aller Zeiten und Israel die Juden seit Beginn der jüdischen Geschichte. Das hat dazu geführt, dass auch die restliche Staatengemeinschaft dieses Selbstverständnis akzeptiert oder zumindest als Bezugsgröße angenommen hat. Damit werden die Bundesrepublik, so jung sie sein mag, als Nachfolgerin deutscher Staaten betrachtet, deren Wurzeln bis ins Mittelalter zurückreichen, und der junge Staat Israel als Nachfolger des Königreiches Davids und dessen Thronfolger. Das neue Israel beansprucht zusätzlich auch die Alleinvertretung für die jüdische Geschichte außerhalb ihres ursprünglichen geografischen Raumes, also für die Diaspora. Und so schließt sich der Kreis: Das Verhältnis zwischen Deutschen und Juden, das im Altertum nicht existierte, sich dann aber zu entwickeln begann, als die Juden in eine später »Aschkenas« genannte Region einwanderten, und das im Mittelalter und in der Neuzeit verschiedene Wendungen nahm, führte die beiden Völker schließlich auf Kollisionskurs und zu einer Katastrophe, die größer nicht sein könnte, worauf die Gründung der beiden erwähnten Staaten, die nur drei bzw. vier Jahre nach dem Ende des Zweiten Weltkriegs erfolgte, den nächsten Wendepunkt markierte.

Erste Kontakte nach der Schoah

Die ersten Kontakte zwischen Israelis und Deutschen in den Jahren zwischen dem Ende des Zweiten Weltkrieges und der Gründung der beiden Staaten, die zugleich Kontakte waren, die diese Bezeichnung verdienen, waren Kontakte zwischen Einzelpersonen, die versuchten, das »schwarze Loch«, den Zivilisationsbruch des »Dritten Reichs«, zu überwinden. Hier seien von israelischer Seite drei bzw. vier Personen erwähnt, die drei verschiedene Ansätze der Kontaktaufnahme nach 1945 vertraten: Gerschom Scholem, Josef Neuberger sowie Kurt Tuchler und Gerda Tuchler. Diese Beispiele verdeutlichen auch den Unterschied zwischen der unmittelbar nach dem Krieg herrschenden und der gegenwärtigen Wahrnehmung der Schoah.

Gerschom (Gerhard) Scholem (1897–1982) verließ Deutschland als überzeugter Zionist bereits zehn Jahre vor der Machtübernahme Hitlers und wurde später in Israel zum führenden Forscher für jüdische Mystik und zu einem prominenten Akademiker. Unmittelbar nach Kriegsende wurde er mit wissenschaftlichem Auftrag nach Deutschland geschickt. Er hatte die Aufgabe, jüdischen Kulturschätzen, vor allem Handschriften in ehemals jüdischem Besitz, nachzuspüren und sie in die israelische

Nationalbibliothek zu überführen. Obwohl seine Mission auf der Annahme beruhte, dass die jüdische Gemeinschaft in Europa nicht mehr existierte, und trotz schwerem Trauma, das der Aufenthalt in Deutschland bei Scholem hinterließ, bildete er den Neubeginn einer ständigen Beziehung mit der Deutschen Akademie nach dem Nationalsozialismus, eine neue Verbindung zwischen Berlin und Jerusalem, die bis zu Scholems Tod im Jahr 1982 immer enger wurde.

Josef Neuberger (1902–1977), Jurist und Mitglied der Sozialdemokratischen Partei Deutschlands in der Weimarer Republik, hatte es in seiner Heimatstadt Düsseldorf zum Assessor gebracht, kam bei den Pogromen der »Kristallnacht« fast ums Leben und flüchtete vor dem Ausbruch des Zweiten Weltkrieges nach Palästina. Auch er erneuerte seine Kontakte zu Deutschland unmittelbar nach dem Krieg, kehrte sieben Jahre später in seine alte Heimat zurück und wurde 1966 Justizminister in der nordrhein-westfälischen Landesregierung. Seine Söhne kehrten nach Israel zurück.

Kurt Tuchler (1894–1978) war ebenfalls ein deutscher Jurist und amtierte als Richter, bis er aus dem Amt gejagt wurde und 1936 nach Palästina auswanderte. Seine Lebensgeschichte wurde nach dem Tod seiner Frau Gerda einer breiteren Öffentlichkeit durch einen Dokumentarfilm des Enkels Arnon Goldfinger (»Die Wohnung«, 2011) bekannt gemacht: Goldfinger hat im Nachlass seiner Großeltern Briefe gefunden, aus denen hervorgeht, dass sie nach dem Krieg den Kontakt mit einem ehemaligen Freund, Leopold von Mildenstein, erneuerten, obwohl dieser in den 1930er-Jahren Leiter des Judenreferats und Vorgesetzter von Adolf Eichmann im SD-Hauptamt gewesen war.

Das sind drei Beispiele der Schließung des Kreises oder dafür, wie deutsche Juden, die vor dem Krieg nach Palästina ausgewandert waren, die große Kluft überwanden, die sich im »Dritten Reich« im Verhältnis zwischen deutschen Juden und nicht jüdischen Deutschen aufgetan hatte. Solche Beispiele gab es auch auf der anderen Seite. Zwei seien hier erwähnt: Orna Porat (1924–2015), geboren als Irene Klein, war eine nicht jüdische Deutsche, die in ihrer Jugendzeit wie die meisten Mädchen ihres Alters Mitglied im Bund Deutscher Mädel, dem weiblichen Zweig der Hitlerjugend, war. Danach wurde sie Schauspielerin, heiratete einen jüdischen Gesandten aus Palästina, der unmittelbar nach dem Krieg nach Deutschland geschickt wurde, und emigrierte mit ihm 1947 nach Palästina. Dort trat sie zum Judentum über, hebräisierte ihren Namen und wurde zu einer der bedeutendsten israelischen Schauspielerinnen. Bereits 1953 trat sie als Israelin vor Publikum in Berlin und Köln auf, obwohl es Israelis damals noch nicht erlaubt war, nach Deutschland zu reisen. Der deutsche Publizist Erich Lüth (1902–1989) wurde nach dem Krieg international für seinen Kampf gegen die Fortsetzung der Karriere des Filmregisseurs von »Jud Süß«, Veit Harlan, bekannt sowie für seine aufrichtigen Bemühungen um das deutsche Verhältnis zu Israel. Er war Mitbegründer der Aktion »Friede mit Israel« und gehörte zu den ersten Deutschen, denen noch in den frühen 1950er-Jahren die Einreise nach Israel gestattet wurde, um sein Ansinnen, zu einer Verständigung zwischen Deutschen und Juden sowie zwischen Deutschland und Israel beizutragen, voranzutreiben. Lüth gab ab 1953 neben Buchveröffentlichungen über Israel auch eine Broschüre mit dem Titel »Deutschland und die Juden nach 1945« (1957) heraus.

Die Mehrheit der Deutschen nahm freilich keinen Kontakt mit Israelis auf und auch die meisten Israelis, einschließlich jener deutscher Herkunft, verzichteten darauf, mit Deutschen in Deutschland in Kontakt zu treten. Die oben erwähnten Beispiele sind Ausnahmen, die die Regel bestätigen:

Erich Lüth, Vorsitzender der Gesellschaft für christlich-jüdische Zusammenarbeit, während einer Ansprache an Jugendliche im ehemaligen Konzentrationslager Bergen-Belsen, 1958

Bei den Kontakten der ersten Stunde – vor der Gründung der beiden Staaten, aber auch in den Jahren danach – handelt es sich um persönliche Initiativen. Davon sind natürlich die zwischenstaatlichen Verhandlungen ausgenommen, die 1951 begannen und 1952 zum »Schilumimabkommen« (sog. Wiedergutmachungsabkommen) führten, in dem sich die Bundesrepublik Deutschland und Israel darauf einigten, dass der Staat Israel im Namen des jüdischen Volkes für den (materiellen) Schaden entschädigt wird, den Nazideutschland den Juden zugefügt hatte.

Auf dem Weg zur Aufnahme diplomatischer Beziehungen

Zwei Faktoren führten dazu, dass sich aus den deutsch-israelischen Kontakten auf individueller Basis staatliche Beziehungen, also Beziehungen zwischen der Bundesrepublik Deutschland und dem Staat Israel, entwickelten. Das war zum einen den juristischen Bemühungen um Entschädigungsleistungen für das geraubte Eigentum deutscher Juden geschuldet. Sie bildeten die Grundlage für kollektive Entschädigungsforderungen gegenüber Deutschland, nicht nur von israelischen Bürgern deutscher oder europäischer Herkunft, sondern auch von Israel als Aufnahmestaat der Überlebenden der Schoah. Fritz Naphtali, SPD-Politiker in der Weimarer Republik und nach der Gründung Israels Politiker und Parlamentarier der Regierungspartei Mapai, setzte sich intensiv für ein Entschädigungsabkommen mit Deutschland ein, das Israel für das Eigentum entschädigen sollte, das die Nationalsozialisten von den Juden geraubt hatten, und zwar bevor die Besatzung Deutschlands beendet und damit die Umsetzung eines solchen Vorhabens verunmöglicht würde. Zum anderen führten realpolitische Erwägungen des ersten israelischen Ministerpräsidenten David Ben Gurion dazu, dass die beiden Staaten Beziehungen knüpften. Er verstand es, das Schuld- und Verantwortungsbewusstsein des neuen Deutschlands in politische und wirtschaftliche Unterstützung für Israel umzumünzen. David Ben Gurion ging von Anfang an davon aus, dass der neue westdeutsche Staat nur dann Unterstützung und Wohlwollen im Westen und besonders in den USA gewinnen konnte, wenn er seine Verantwortung für das, was Deutschland den Juden in der NS-Zeit angetan hatte, wahrnahm, und es gab keinen deutlicheren Weg, dies zu tun, als den neuen Judenstaat zu unterstützen. 1950 begann er, sich für ein Abkommen mit Deutschland einzusetzen, und zwar nicht nur mithilfe der Besatzungsmächte in Deutschland, sondern auch durch direkte Kontakte. Er strebte ein Abkommen an, von dem der Staat Israel profitieren würde, nicht nur die direkten Opfer der nationalsozialistischen Politik. Eine Rede des israelischen Außenministers Mosche Sharett im März 1951 in der Knesset markierte den Grundsatz, dem das spätere Abkommen folgen sollte: Die Deutschen sind als Kollektiv für das Unrecht verantwortlich, das im »Dritten Reich« begangen worden ist, und Israel sieht sich als Vertreter von Millionen Juden, die den nazideutschen Verbrechen zum Opfer fielen. Da die Bundesrepublik die Alleinvertretung für ganz Deutschland beanspruchte, entstand hier ein Ausgleich zwischen Israel und der BRD als alleinigen Vertretern der Juden und Deutschen aller Zeiten.

Bundeskanzler Konrad Adenauer (2.v.r.) und der israelische Außenminister Mosche Sharett (2.v.l.) unterzeichnen am 10. September 1952 in Luxemburg das »Wiedergutmachungsabkommen«.

Im Oktober 1951 erklärte Bundeskanzler Konrad Adenauer in einer Rede, die Bundesrepublik sei bereit, Israel Entschädigung zu zahlen, worauf in beiden Ländern eine öffentliche Diskussion zu dieser Frage begann. Die Knesset stimmte im Januar 1952 nach einer stürmischen, teils von Gewalt begleiteten parlamentarischen und außerparlamentarischen Debatte für Verhandlungen mit der Bundesrepublik über *schilumim* ab – die Gegner lehnten finanzielle Entschädigungen als »Blutgeld« ab – und im September 1952 unterzeichneten der deutsche Bundeskanzler Konrad Adenauer und der israelische Außenminister Mosche Sharett das Luxemburger Abkommen.

Oppositionsführer Menachem Begin tritt auf einer Kundgebung gegen die Verhandlungen zum Luxemburger Abkommen als Redner auf. Auf dem Banner steht: »Unsere Ehre soll nicht für Geld verkauft werden, unser Blut soll nicht mit Gütern beglichen werden – wir werden die Schande auslöschen!«

Eine Lokomotive der Maschinenfabrik Esslingen, geliefert infolge des Luxemburger Abkommens, im Einsatz bei den israelischen Staatsbahnen

Erst nach seinem Rücktritt als Bundeskanzler besucht Konrad Adenauer Israel, hier im Gespräch mit Ministerpräsident David Ben Gurion in dessen Kibbuz in Sde Boker, Mai 1966.

Der Bundestag ratifizierte das Abkommen erst nach einem halben Jahr. Gerade mal ein Zehntel der deutschen Bevölkerung hieß die damit verbundenen Leistungen gut. Jedenfalls beschränkte das Abkommen den israelischen Boykott Deutschlands fortan erheblich: Er konnte allenfalls noch in der Kultur und auf privater Ebene aufrechterhalten werden, weniger im institutionellen Bereich. Tatsächlich gab es in den 1950er-Jahren bereits Kontakte, die über die Umsetzung des »Wiedergutmachungsabkommens« hinausgingen.

Das »Wiedergutmachungsabkommen« und die Tatsache, dass die Bundesrepublik Deutschland wie Israel im Kalten Krieg zum westlichen Lager gehörten – der Wiedervereinigung Deutschlands wurden nach 1953 keine reellen Chancen mehr eingeräumt –, führten dazu, dass besonders die israelische Seite die rasche Aufnahme diplomatischer Beziehungen erhoffte, gerade auch bestärkt durch die bereits bestehenden Verbindungen zwischen der führenden israelischen Regierungspartei Mapai und der oppositionellen Sozialdemokratischen Partei Deutschlands. Bereits 1957 stattete der SPD-Vorsitzende Erich Ollenhauer Israel einen Besuch ab, etwas später folgte auch sein Parteikollege Carlo Schmid. Im Gegensatz zu dem, was man nach den gewalttätigen Demonstrationen im Vorfeld der Aufnahme der Schilumimverhandlungen und der Boykottaufrufe gegen Deutschland nach dem Krieg hätte erwarten können, war die Ursache dafür, dass sich die Hoffnungen auf eine rasche Aufnahme diplomatischer Beziehungen zunächst nicht erfüllten, weniger in Israel als in Deutschland zu suchen. Die Bundesrepublik maß der Nichtanerkennung der Deutschen Demokratischen Republik größte Bedeutung bei, weswegen sie gemäß der Hallstein-Doktrin grundsätzlich keine diplomatischen Beziehungen zu Staaten, die die DDR völkerrechtlich anerkannten, aufnahm bzw. aufrechterhielt. Um in der arabischen Welt keine Unterstützung des anderen deutschen Staates zu provozieren, verzichtete die Bundesrepublik deshalb einstweilen auf die Aufnahme diplomatischer Beziehungen mit Israel.

Quasi als Kompensation verpflichtete sich die Bundesrepublik, Israel wirtschaftlich und sicherheitspolitisch zu unterstützen. Die Gespräche zwischen dem Bundesminister für Verteidigung Franz Josef Strauß und dem israelischen Vizeverteidigungsminister Shimon Peres und vor allem die berühmte Begegnung zwischen den beiden Regierungschefs Adenauer und Ben Gurion im Hotel Waldorf Astoria in New York am 14. März 1960 bildeten den Anfang dieses Arrangements, das unter Ausschluss der Öffentlichkeit umgesetzt wurde. Der ägyptische Geheimdienst gelangte jedoch an Informationen, mit denen die Bundesregierung unter Druck gesetzt wurde, was schließlich dazu führte, dass diese die Militärhilfe an Israel Ende 1964 einstellte. Israel reagierte öffentlich – in Form einer Rede des

Dr. Rolf Pauls (l.) überreicht am 19. August 1965 dem israelischen Staatspräsidenten Salman Schasar als erster Botschafter der Bundesrepublik Deutschland sein Beglaubigungsschreiben.

israelischen Premierministers Levi Eschkols in der Knesset am 15. Februar 1965, die zunächst nichts bewirkte. Erst der Besuch des DDR-Staatsratsvorsitzenden Walter Ulbricht in Kairo (24. Februar bis 2. März 1965) und die ägyptische Anerkennung der DDR veranlassten die Bundesrepublik, inzwischen unter der Führung von Adenauers Nachfolger Ludwig Erhard, schließlich, die Aufnahme diplomatischer Beziehungen mit Israel anzustreben. Am 7. März 1965 beschloss Erhard nach Gesprächen auf verschiedenen Ebenen, an denen unter anderen der CDU-Fraktionsvorsitzende Rainer Barzel und der israelische Botschafter in den USA, Avraham Harman, teilnahmen, volle diplomatische Beziehungen zum Staat Israel aufzunehmen, die beide Staaten seit dem 12. Mai desselben Jahres unterhalten. Die Bundesrepublik zahlte einen Preis für diesen Schritt: Sämtliche arabischen Staaten mit Ausnahme von Tunesien, Libyen und Marokko brachen die Beziehungen zur Bundesrepublik ab. Am 17. August 1965 überreichte der deutsche Botschafter Rolf Pauls dem israelischen Staatspräsidenten das Beglaubigungsschreiben und trotz öffentlicher Debatte und Protestdemonstrationen kann man bereits vom Übergang von der Boykottphase zur Phase der Normalisierung des Verhältnisses zwischen beiden Staaten sprechen.

Die DDR sah selbstredend seit ihren Anfängen nicht nur davon ab, Israel Entschädigung zu zahlen, sondern nahm auch keine diplomatischen Beziehungen mit dem jüdischen Staat auf. Sie ging in dieser Politik weiter als die anderen Staaten des Warschauer Paktes, einschließlich der Sowjetunion selbst, die den Staat Israel anerkannt hatten und mit ihm bis zum Sechstagekrieg 1967 diplomatische Beziehungen unterhielten. Die DDR verfolgte eine konsequent antiisraelische Politik, die unter anderem nicht nur zur offiziellen Anerkennung der PLO im Jahr 1973 führte, also zu einem Zeitpunkt, zu dem die PLO noch offiziell gegen die Existenz Israels kämpfte, sondern auch zur Unterstützung der militärischen Aktivitäten der PLO. Vor diesem Hintergrund wird deutlich, weshalb die DDR in Israel komplett ignoriert wurde, wenn von »Deutschland« die Rede war, und warum das Ansehen der Bürger der DDR bei den Israelis nicht nur schlechter war als jenes der Bürger der Bundesrepublik, sondern auch als das vergangenheitsbelastete Bild des Deutschen generell.

Die dramatis personae

Israel und die Bundesrepublik waren zum Zeitpunkt der Aufnahme diplomatischer Beziehungen nicht mehr dieselben Staaten wie im Jahr der Unterzeichnung des Luxemburger Abkommens. Statt von Adenauer

(1876–1967) und von Ben Gurion (1886–1973) wurden sie nun von Ludwig Erhard und Levi Eschkol geführt. Beide Politiker waren jünger als ihre Vorgänger, hatten das »Dritte Reich« aber noch miterlebt. Eschkol (1895–1969) hielt sich in den Jahren 1933/34 längere Zeit im Auftrag der Jewish Agency in Nazideutschland auf, um das sogenannte Ha'avara-Abkommen (über den Transfer von Vermögen der auswandernden Juden nach Palästina) umzusetzen, und Erhard (1897–1977) leitete in den Kriegsjahren ein Institut für Industrieforschung und beschäftigte sich mit der Planung der deutschen Nachkriegswirtschaft. Beide standen den Gründern der neuen Staaten als Wirtschaftsexperten zur Seite und hatten prägenden Einfluss auf die Wirtschaftspolitik in ihrem jeweiligen Staat. Drei weitere Persönlichkeiten, die bei der Aufnahme der diplomatischen Beziehungen zwischen der Bundesrepublik Deutschland und Israel eine bedeutende Rolle spielten, gehörten einer Generation an, die den Zweiten Weltkrieg zwar miterlebt hatte, aber jünger war als die Generation der Staatsführer. Von deutscher Seite wurden die Verhandlungen mit Israel faktisch vom Bundestagsabgeordneten Kurt Birrenbach (1907–1987) geführt, der Deutschland vor Beginn des Zweiten Weltkriegs verlassen hatte, um eine Frau zu heiraten, die von der Naziherrschaft als »Mischling ersten Grades« eingestuft wurde. Der erste deutsche Botschafter in Israel, Rolf Pauls (1915–2002), war Offizier in Hitlers Armee, Kriegsverwundeter, nicht aber Mitglied der NSDAP. Sein Gegenüber, der erste israelische Botschafter in Deutschland, der gebürtige Wiener Asher Ben-Natan (1921–2014), hatte – in den Jahren nach dem Krieg – nicht nur als Nazijäger gewirkt, sondern als Beauftragter des israelischen Verteidigungsministeriums in Europa und später als dessen Staatssekretär vor der Aufnahme diplomatischer Beziehungen wirtschaftliche und sicherheitspolitische Kontakte mit Deutschland geknüpft. Kurz: Die Persönlichkeiten, die an der Annäherung zwischen Deutschland und Israel bis zur Aufnahme diplomatischer Beziehungen beteiligt waren, mögen verschiedenen Alterskohorten angehört haben, alle hatten sie jedoch in der Kriegszeit einen persönlichen Bezug zu Deutschland oder zum Verhältnis zwischen Deutschen und Juden. Es waren keine »Außenstehenden«.

Diese Feststellung hat einen wichtigen Bezug: Angesichts dessen, was inzwischen über die Verbrechen der Wehrmacht bekannt wurde, kann davon ausgegangen werden, dass das deutsche Auswärtige Amt heute keinen ehemaligen Wehrmachtsoffizier, der an der Ostfront eingesetzt wurde, für das Amt des deutschen Botschafters in Israel gewählt hätte, und man darf auch annehmen, dass Israel einen solchen Botschafter nicht akzeptiert hätte. Doch 1965 vertraten sowohl der Kanzler als auch sein Außenminister noch den Standpunkt, dass man dem guten Ruf der »sauberen« Wehrmacht zuliebe, die angeblich nur ihre legitime Aufgabe als Streitmacht im »Dritten Reich« wahrgenommen habe, den Protesten in Israel nicht nachgeben dürfe. Allerdings war sich das Auswärtige Amt der Bundesrepublik der Ereignisse vor 1945 auch damals schon bewusst genug, um gerade in arabische Länder, wo man keine »überflüssigen« Fragen stellte, Botschafter mit ausgeprägt nationalsozialistischer Vergangenheit zu entsenden – so war etwa Werner von Bargen, 1961–1963 Botschafter im Irak, im Krieg an der Deportation belgischer Juden beteiligt gewesen.

Die offizielle politische Ebene

Das halbe Jahrhundert, das seit der Aufnahme der diplomatischen Beziehungen zwischen der Bundesrepublik Deutschland und Israel verstrichen ist, kann aus deutscher Sicht in zwei jeweils 25 Jahre lange Abschnitte unterteilt werden – die Zeit der alten Bundesrepublik bis zur Wiedervereinigung und die Zeit nach der Wiedervereinigung Deutschlands. Doch aus nahöstlicher Perspektive sind auch andere Einteilungen denkbar, etwa nach den Ereignissen in der Region, vor allem den Kriegen Israels (1967, 1973 und 1982), den Intifadas oder den Friedensabkommen. Darüber hinaus bieten sich weitere Periodisierungen an, besonders eine solche, die sich am politischen Verhältnis zwischen beiden Staaten orientiert: Ein Jahr nach der Aufnahme diplomatischer Beziehungen trat die SPD als Koalitionspartnerin der Bundesregierung bei und war 1969 bis 1982 selbst führende Regierungspartei. Angenommen, es gibt einen grundsätzlichen Unterschied zwischen den beiden großen deutschen Parteien bezüglich Israel, ist auch die folgende Einteilung relevant: die christlich-demokratisch geführte Koalition unter Helmut Kohl (1982–1996), die von Gerhard Schröder geführte sozialdemokratische Regierungskoalition und seit 2005 erneut die CDU-geführte Koalition unter Angela Merkel. Eine Periodisierung nach dem Kriterium, welche Haltung die jeweilige Regierung dem anderen Staat gegenüber einnimmt, könnte auch bei der israelischen Seite ansetzen: Zwölf Jahre nach der Aufnahme diplomatischer Beziehungen kam es 1977 zum ersten großen politischen Machtwechsel in Israel, bei dem der Likud unter Menachem Begin an die Macht kam, der die Opposition gegen jede Art der Normalisierung mit Deutschland, sowohl hinsichtlich der *schilumim* als auch in Bezug auf die Aufnahme diplomatischer Beziehungen, angeführt hatte. Mit Ausnahme der Zeit unter Itzhak Rabin (1992–1995) und Ehud Barak (1999–2001), beide von der Arbeitspartei, dominiert der Likud seitdem die israelische Politik und somit auch die Politik gegenüber Deutschland. Die politische

Beisetzung der elf israelischen Athleten in Tel Aviv, die während der Olympischen Spiele 1972 in München getötet wurden: Am 5. September 1972 nehmen palästinensische Terroristen die israelische Olympiamannschaft als Geiseln. Insgesamt kommen 17 Menschen ums Leben.

Wende in Israel hat sich jedoch aus Gründen der Realpolitik, das heißt im Interesse der Sicherheit Israels (zu der Deutschland seit 1991 besonders durch die Lieferung und Finanzierung von atomwaffenfähigen U-Booten beiträgt), auch in der Zeit der Likud-Regierungen nach Begin, vor allem unter Benjamin Netanjahu, nicht auf die Deutschlandpolitik ausgewirkt. Die deutsch-israelische Normalisierung – im Zeichen des Schoahgedenkens – dauert an.

Trotz allgemeiner Annäherung waren die bilateralen Beziehungen in den vergangenen fünfzig Jahren auch Schwankungen unterworfen. Zu politischen Reibungen kam es etwa im September 1972 vor dem Hintergrund des Attentats auf die israelische Mannschaft bei den Olympischen Spielen in München, bei dem elf israelische Sportler getötet wurden, und angesichts der politischen Irritationen, die die Freilassung der drei überlebenden Terroristen aus deutschen Gefängnissen im Oktober desselben Jahres auslösten, oder wegen der Weigerung der Bundesrepublik, beim Ausbruch des Oktoberkrieges 1973, als Israel in Not war, deutsches Territorium für den Waffennachschub an Israel zur Verfügung zu stellen. Doch die schwerste Krise ereignete sich 1981 vor dem Hintergrund des Besuches von Bundeskanzler Helmut Schmidt in Saudi-Arabien und dessen Bereitschaft, diesem Land Waffen zu verkaufen, ohne dabei die historische Verantwortung Deutschlands gegenüber dem jüdischen Volk zu berücksichtigen. Diese Krise wurde weitgehend dadurch heraufbeschworen, dass in Israel Premierminister Menachem Begin amtierte, dessen Verhältnis zu Deutschland von Anfang an, mild formuliert, sehr reserviert war. Eine weitere nennenswerte Krise ereignete sich Anfang 1991 vor dem Hintergrund des ersten Golfkrieges[1]. Israel warf Deutschland vor, es habe versäumt, die Belieferung des Irak mit chemischen Kampfstoffen durch deutsche Firmen zu verhindern – was dazu führte, dass die israelischen Bürger im Krieg mit Gasmasken ausgestattet werden mussten. Darauf stattete Bundesaußenminister Hans-Dietrich Genscher Israel einen Besuch ab, um das Land im Rahmen der sogenannten Scheckbuchpolitik für Schäden, die von irakischen Raketen angerichtet worden waren, zu entschädigen. Seither gab es im Verhältnis zwischen der Bundesrepublik Deutschland und dem Staat Israel keine nennenswerten Krisen mehr, obwohl es immer wieder zu Meinungsverschiedenheiten kam. Der sozialdemokratische Kanzler Gerhard Schröder schien zwar deutliche Vorbehalte gegenüber der israelischen Politik zu haben, aber sein Außenminister von der grünen Partei, Joschka Fischer, hielt an der positiven Kontinuität des deutsch-israelischen Verhältnisses aus der Amtszeit von Helmut Kohl fest, die auch in Angela Merkels Amtszeit fortdauert. Merkel ist für zwei Vorgänge verantwortlich, aufgrund derer Deutschland ab 2008 nach den USA der Staat ist, mit dem Israel die engsten Beziehungen hat: die Festlegung einer jährlichen gemeinsamen deutsch-israelischen Regierungssitzung und die Erklärung des Existenzrechts Israels zur deutschen Staatsräson.

Wir haben vorhin die Bedeutung des Besuchs von Walter Ulbricht 1965 in Ägypten erwähnt. Gegenseitige Besuche von politischen Führern, besonders von Staats- und Ministerpräsidenten, gelten als Gradmesser für den Zustand der bilateralen Beziehungen, so auch im Fall des deutsch-israelischen Verhältnisses. Konrad Adenauer hat Israel als Bundeskanzler nie besucht (erst nach dem Rücktritt, im Jahr 1966; sein Besuch war von Protestdemonstrationen begleitet), auch Ludwig Erhard und Kurt Georg Kiesinger (von Letzterem wurde bekannt, dass er NSDAP-Mitglied war)

---

1   In Israel wird der Krieg zwischen Irak und alliierten Streitkräften unter Führung der USA im Januar/Februar 1991 als »erster Golfkrieg« bezeichnet, als »zweiter Golfkrieg« gilt in Israel derjenige zwischen Irak und Streitkräften unter Führung der USA im Frühjahr 2003. In Deutschland hingegen wird der Krieg zwischen Iran und Irak 1980–1988 als erster Golfkrieg bezeichnet, der Krieg 1991 ist dann der zweite und der 2003 der dritte Golfkrieg.

Bundeskanzler Willy Brandt besichtigt am 11. Juni 1973 während seines Staatsbesuchs in Israel die Felsenfestung Masada am Toten Meer.

sahen davon ab. Willy Brandt – im »Dritten Reich« aus Deutschland geflüchtet – kam als erster amtierender Bundeskanzler 1973 nach Israel. Helmut Schmidt plante ebenfalls einen Besuch, obwohl er im Krieg in der Wehrmacht gedient hatte, doch der Besuch fand wegen der Wahlen in Israel, aus denen Begin als neuer Ministerpräsident hervorging, nicht statt. Schmidt besuchte Israel erst nach seiner Amtszeit als Kanzler. Die Bundeskanzler nach Schmidt – Helmut Kohl, Gerhard Schröder und Angela Merkel – begaben sich als amtierende Kanzler alle nach Israel. Kohl war im »Dritten Reich« noch ein Knabe (und genoss nach dem von ihm mitgeprägten Ausspruch die »Gnade der späten Geburt«), die beiden anderen Kanzler wurden kurz vor dem Zusammenbruch oder nach dem Krieg geboren. Amtierende deutsche Staatspräsidenten reisten ab den 1980er-Jahren nach Israel. Theodor Heuss besuchte Israel erst nach seiner Amtszeit. Israelbesuche deutscher Staatspräsidenten, die Mitglieder der NSDAP gewesen waren, wie etwa Heinrich Lübke, Walter Scheel und Carl Carstens kamen nicht infrage (wobei niemand protestierte, als Walter Scheel 1971 in seiner Funktion als Außenminister nach Israel kam). Der erste Bundespräsident, der Israel einen offiziellen Staatsbesuch abstattete, war Richard von Weizsäcker, dessen Vater bei den Nürnberger Prozessen als Kriegsverbrecher verurteilt worden war. Ihm folgten Roman Herzog (1994), Johannes Rau (der die Tradition von Reden deutscher Staatsmänner in deutscher Sprache

Richard von Weizsäcker legt beim ersten Besuch eines deutschen Bundespräsidenten
in Israel im Oktober 1985 am Grab von David Ben Gurion im Kibbuz Sde Boker
einen Kranz nieder; rechts neben ihm Ministerpräsident Shimon Peres.

vor der Knesset begann und Israel unzählige Male besuchte), Horst Köhler,
Christian Wulff und Joachim Gauck. Dafür, dass deutsche Staatspräsidenten Israel besuchten, gab es offensichtlich zwei Hinderungsgründe, die es
zu überwinden galt: deutsche Politiker der NS-Tätergeneration einerseits
und israelische Politiker, die die Schoah direkt oder indirekt miterlebt hatten, andererseits. Ben Gurions Diktum vom »anderen Deutschland« erwies
sich auch in dieser Hinsicht als verfrüht und problematisch.

In der Gegenrichtung begann der Besuchsreigen erst mit dem Deutsch-
landbesuch von Premierminister Itzhak Rabin 1975, zwei Jahre nach dem
Besuch von Willy Brandt in Israel. Ben Gurion und Levi Eschkol kamen
ebenfalls nach Deutschland, aber nicht als Premierminister (Ben Gurion
nahm unter anderem am Begräbnis von Konrad Adenauer im Jahr 1967
teil), Golda Meir traf Helmut Schmidt kurze Zeit nach ihrem Rücktritt als
Premierministerin (allerdings nicht in Deutschland, sondern in London)
und Menachem Begin sah grundsätzlich von Besuchen in Deutschland ab.
Ben Gurions ideologische Nachfolger, Shimon Peres, Itzhak Rabin (1992
in seiner zweiten Amtszeit) und Ehud Barak, sowie schließlich auch Menachem Begins ideologische Erben Ehud Olmert (der vor seiner Amtszeit

Der israelische Präsident Ezer Weizman bedankt sich nach seiner Rede vor dem Bundestag in Bonn am 16. Januar 1996; links Bundespräsident Roman Herzog, in der Mitte Ehefrau Reuma Weizman.

als Premierminister bereits der deutsch-israelischen Parlamentariergruppe angehört hatte) und Benjamin Netanjahu statteten Deutschland offizielle Staatsbesuche ab; Itzhak Schamir war zwar nicht als Premierminister in Deutschland, aber bereits 1982 als Außenminister. Amtierende israelische Staatspräsidenten besuchten Deutschland erst ab den 1980er-Jahren, so Chaim Herzog (1987) und nach ihm Ezer Weizmann (1996), der sogar im Bundestag sprach, Mosche Katzav (zweimal, auch er sprach im Bundestag) und natürlich Shimon Peres. Reuven Rivlin, ein waschechter Likud-Mann, kam 2015 im Rahmen der Feierlichkeiten zum 50. Jahrestag der Aufnahme der diplomatischen Beziehungen zu einem Staatsbesuch nach Deutschland. Auch hier zeigte sich, dass selbst die Präsidenten aus dem revisionistischen Lager (Weizmann, Katzav und Rivlin), das Deutschland gegenüber traditionell reserviert war, offizielle Besuche in Deutschland nicht mehr für illegitim hielten. Zumindest formell hatten die deutsch-israelischen Beziehungen somit spätestens Mitte der 1980er-Jahre, also noch vor der deutschen Wiedervereinigung, einen Stand erreicht, der als »normal« bezeichnet werden konnte.

Sowohl im politischen als auch im wirtschaftlichen Bereich begann die gegenseitige Annäherung vor der Aufnahme diplomatischer Beziehungen und intensivierte sich danach. Der erste Besuch einer Delegation der Bundeszentrale für politische Bildung (bpb) fand 1963 statt. Das erste bilaterale Wirtschaftsabkommen wurde 1966 unterzeichnet und ein Jahr danach erfolgte die Gründung der deutsch-israelischen Handelskammer in Tel Aviv. 1966 wurde die Deutsch-Israelische Gesellschaft gegründet und 1971 deren israelische Entsprechung. Seit 1978 besteht zudem eine deutsch-israelische Parlamentariergruppe – trotz des politischen Umschwungs, durch den Menachem Begin an die Macht gelangt war.

Der israelische Präsident Reuven Rivlin und Bundespräsident Joachim Gauck präsentieren im Schloss Bellevue eine Sonderbriefmarke anlässlich der seit 50 Jahren bestehenden diplomatischen Beziehungen zwischen Israel und Deutschland, 2015.

Bereits 1965 und verstärkt seit 1990 zeichnete bzw. zeichnet sich eine Asymmetrie im Verhältnis der beiden Staaten ab, handelt es sich doch um eine europäische Großmacht auf der einen und um einen kleinen nahöstlichen Staat auf der anderen Seite. Das bedeutet, dass Israel stärker auf die Hilfe und die politische Rückendeckung Deutschlands angewiesen ist als Deutschland auf israelische Unterstützung. Doch das Ungleichgewicht ist nicht nur darin begründet. Deutschland ist Teil der Europäischen Union (1965 noch die Europäische Wirtschaftsgemeinschaft), Israel hingegen liegt in einer Region mit Staaten, mit denen es sich zum Teil noch im Kriegszustand befindet (wobei die Abkommen mit Ägypten [1979] und Jordanien [1994] in dieser Hinsicht einiges geändert haben). Wenn die Bundesrepublik – vor und nach der Wiedervereinigung – Stellung zu Nahostfragen bezog, spielten nicht die bilateralen, sondern die multilateralen Beziehungen eine wesentliche Rolle, sodass der deutsche Standpunkt zum Nahostkonflikt sich stets mit dem der EU deckte, oder mit anderen Worten: So schaffte und schafft sich Deutschland ein europäisches Alibi für seine Politik gegenüber Israel und so konnte sich die Bundesrepublik dem Beschluss der neun Mitgliedstaaten der Europäischen Gemeinschaften vom November 1973 unmittelbar nach dem Oktoberkrieg anschließen, der Israel nicht nur zum Rückzug aus den besetzten Gebieten aufforderte, sondern auch die Anerkennung der Rechte der Palästinenser forderte. So schloss sich die Bundesrepublik auch der Erklärung von Venedig vom Juni 1980 an, die das Selbstbestimmungsrecht der Palästinenser ausdrücklich anerkannte (nachdem Israel und Ägypten einen Friedensvertrag unterzeichnet hatten).

Auf bilateraler deutsch-israelischer Ebene fühlte sich die Bundesrepublik damals noch nicht frei genug, solche Erklärungen abzugeben, und nutzte eine weitere internationale Organisation, die Vereinten Nationen (in die sie erst 1973 aufgenommen wurde), um ihre Unterstützung für das Selbstbestimmungsrecht der Palästinenser zum Ausdruck zu bringen, wie etwa in einer Rede des bundesdeutschen UN-Botschafters in der Generalversammlung der Vereinten Nationen im November 1974. Die Bundesrepublik nutzte diese Methode der Adoption kritischer europäischer Standpunkte auch in weniger dramatischen Fragen in jüngerer Zeit: Ein späteres Beispiel desselben europäischen »Alibis« ist etwa, dass auch Deutschland verpflichtet ist, Waren, die aus den jüdischen Siedlungen in den besetzten Gebieten stammen, von den Zollerleichterungen für israelische Ausfuhren in die EU, die nach dem Assoziationsabkommen vom Jahr 2000 prinzipiell bestehen, auszuklammern. Der Beschluss des Europäischen Gerichtshofs von 2010 in dieser Frage ist ein völkerrechtlicher Entscheid, dem sich auch Deutschland anschließt, wie aus den Äußerungen der Bundeskanzlerin bei ihrem Besuch in Israel 2014 hervorgeht. Die jüdischen Siedlungen in den besetzten Gebieten werden auch von Deutschland als völkerrechtswidrig angesehen.

Wissenschaft und Kultur

Kontakte in den Bereichen Wissenschaft und Kultur wurden bereits vor der Aufnahme diplomatischer Beziehungen geknüpft und untergruben den erklärten Boykott gegen Deutschland schon in den 1950er-Jahren. Sowohl die sogenannte Hochkultur als auch die Populärkultur bildeten Grundlagen für die Entwicklung zwischenstaatlicher und zwischengesellschaftlicher Beziehungen. Beziehungen auf wissenschaftlichem Gebiet entwickelten sich wie auch Beziehungen in anderen Bereichen zuerst auf der Grundlage persönlicher Kontakte. Besonders deutsch-jüdischen Wissenschaftlern, die vor dem Nationalsozialismus nach Palästina geflüchtet waren, bot sich die Gelegenheit, die Kontakte zu erneuern, nicht zufällig in erster Linie in den Geisteswissenschaften. Außer Gerschom Scholem hat auch der jüdische Religionsphilosoph Martin Buber (1878–1965), der Deutschland 1938 verlassen hatte, eine Brücke zum Nachkriegsdeutschland geschlagen. Bis Buber seine inneren Widerstände gegen eine Rückkehr nach Deutschland überwinden konnte, dauerte es aber eine gewisse Zeit. 1953 nahm er in Hamburg den Hansischen Goethe-Preis in Empfang, der ihm bereits zwei Jahre vorher zugesprochen worden war. Im selben Jahr wurde ihm in der Frankfurter Paulskirche der Friedenspreis des Deutschen Buchhandels verliehen (diesen angesehenen Preis erhielten später auch Jerusalems Bürgermeister Teddy Kollek, der Schriftsteller Amos Oz sowie David Grossmann). Die frühe Erneuerung der Kontakte zur deutschen Wissenschaft weckte begreiflicherweise auch einige Kritik, doch es liegt in der Natur der Wissenschaften, dass sie international vernetzt arbeiten und sich die Entwicklung der wissenschaftlichen Beziehungen zwischen der Bundesrepublik und Israel deshalb nicht aufhalten ließ. Die aus Deutschland und dem deutschen Sprachraum nach Palästina emigrierten Juden Martin Buber, Samuel Hugo Bergman und Ernst Simon – alle Dozenten an der Hebräischen Universität in Jerusalem – haben die Gründung des Leo-Baeck-Instituts, dessen Zweck die Erforschung der Geschichte des deutschen Judentums ist, mitveranlasst. Dieses in London, New York und Jerusalem ansässige Institut gab Impulse für die Zusammenarbeit zwischen jüdischen Historikern in Israel und ihren Fachkollegen in Deutschland.

Im naturwissenschaftlichen Bereich ließen sich institutionelle Kontakte leichter anregen, weil die Inhalte in diesem Bereich unverfänglicher waren. Das Weizmann-Institut war die erste akademische Einrichtung in Israel, die eine Zusammenarbeit mit deutschen Institutionen anstrebte. Bereits 1964, fünf Jahre nach dem ersten Besuch einer Delegation der Max-Planck-Gesellschaft im Weizmann-Institut in Rehovot, unterzeichnete das israelische Institut ein Abkommen mit der Minerva-Gesellschaft, einer Tochtergesellschaft der Max-Planck-Gesellschaft (die bis 1948 Kaiser-Wilhelm-Gesellschaft hieß). 1978 schlossen sich die Hebräische Universität und später noch weitere israelische Hochschulen dem Abkommen mit der Minerva-Gesellschaft an. So entwickelte sich allmählich eine umfassende Forschungszusammenarbeit zwischen den beiden Staaten. Sie bildete auch die Grundlage für eine wissenschaftliche Zusammenarbeit im breiteren gesamtakademischen Rahmen wie dem Deutschen Akademischen Austauschdienst (DAAD) oder der Deutschen Forschungsgemeinschaft (DFG).

Bereits 1975 entstand auf Anregung Letzterer ein gesellschaftsgeschichtliches Forschungsprojekt über die deutschen Juden. Seit zwanzig Jahren ist Deutschland nach den USA der zweitwichtigste Partner Israels in der Forschungszusammenarbeit.

Der israelische Schriftsteller David Grossman bei der Verleihung des Friedenspreises des Deutschen Buchhandels am 10. Oktober 2010 in der Frankfurter Paulskirche

Im Bereich der Hochkultur beruhte der Aufbau der beiderseitigen Beziehungen nicht zwingend auf persönlichen Kontakten. Ins Hebräische übersetzte deutsche Literatur erschien in Palästina auch in der Zeit des »Dritten Reichs« und wurde nach dem Zweiten Weltkrieg und der Gründung des Staates Israel nicht boykottiert. Die neue deutsche Literatur der Nachkriegszeit – Heinrich Böll, Siegfried Lenz oder Günter Grass, die zusammen mit anderen Schriftstellern als Vertreter des »anderen Deutschlands« galten – erschien in hebräischer Übersetzung in hohen Auflagen. »Der Vorleser« von Bernhard Schlink oder Hans Falladas »Jeder stirbt für sich allein«, 1998 bzw. 2013 in hebräischer Übersetzung erschienen, sind herausragende Beispiele für die Beliebtheit zeitgenössischer deutscher Literatur in Israel. Noch stärker ist der Einfluss der deutschen Hochkultur in Israel in nicht literarischen Bereichen, beispielsweise in der Musik. Abgesehen von der Debatte über Richard Wagner, dem Autor der antisemitischen Schrift »Das Judenthum in der Musik«, scheint die israelische Öffentlichkeit nicht besonders empfindlich gegenüber deutscher Musik zu sein (der Bann gegen Richard Strauss, der 1953 in Jerusalem zu einem tätlichen Angriff auf den weltberühmten Geiger Jascha Heifetz führte, wurde in den 1980er-Jahren aufgehoben). Das Ballettensemble von Pina Bausch wurde in Israel auch unabhängig von den jüdischen Wurzeln der Tanzkünstlerin enthusiastisch aufgenommen. Als 1971 erstmals eine deutsche Kulturwoche in Israel stattfand, waren die Reaktionen im Land verhalten, doch danach wurde die Präsenz deutscher Kulturinstitutionen in Israel zunehmend selbstverständlich. Das Goethe-Institut, das seine erste Niederlassung in Israel 1979 in Tel Aviv eröffnete, gefolgt von Jerusalem 1987, ist eine bedeutende Plattform für die Verbreitung der deutschen Sprache und Kultur in Israel.

Im Rahmen des ebenso asymmetrisch geprägten Kulturaustauschs kam es im Lauf der Zeit auch zum israelischen Kulturexport nach Deutschland. Hebräische Literatur wurde und wird ins Deutsche übersetzt, besonders, nachdem Samuel Agnon 1966 den Nobelpreis für Literatur erhalten hatte (Agnon lebte mehrere Jahre in Deutschland und sein Werk erschien bereits ab 1919 auch in deutscher Sprache). Die »klassische« israelische Literatur – Amos Oz, Yoram Kaniuk, Abraham B. Jehoschua – und natürlich Ephraim Kishons Humoresken sind dem deutschsprachigen Publikum längst ein Begriff. Besonders auffällig ist die Präsenz junger israelischer Autoren im deutschen Bücherregal, von Zeruya Shalev bis Nir Baram. Auch israelisches Theater wird ins Deutsche übersetzt. Am erfolgreichsten waren bisher die Stücke von Jehoschua Sobol. Aus der israelischen Musikwelt ist Daniel Barenboim am besten bekannt. Er nutzt seinen Auftritt als Künstler auch als Plattform für die politische Agenda der Versöhnung zwischen Juden und Palästinensern.

Nicht minder eng ist das deutsch-israelische Verhältnis in der Populärkultur. Der deutsche Film weckt in Israel inzwischen ebenso viel Aufmerksamkeit wie die zeitgenössische deutsche Literatur, sowohl zu Themen im Zusammenhang mit der Geschichte bis 1945, von »Die Blechtrommel« (1979) von Volker Schlöndorff bis »Das weiße Band« von Michael Haneke (2009), als auch zu aktuellen Themen wie »Good bye, Lenin!« (2003) von Wolfgang Becker oder »Das Leben der Anderen« (2006) von Florian Henckel von Donnersmarck. Auch dieses Verhältnis ist gegenseitig. Seit den 1970er-Jahren laufen israelische Filme auch in deutschen Kinos und auf deutschen Filmfestspielen. Die Auswahl ist groß und reicht von anspruchsvoll bis vulgär, etwa von »Waltz with Bashir« von Ari Folman (2008) bis »Eis am Stiel« von Boaz Davidson (1978). Auch die deutsch-israelische Problematik wurde bereits mehrfach filmisch verarbeitet, so etwa in den israelischen Filmen »Walk on the Water« von Eytan Fox und »Metallic Blues« von Dani Verete (beide 2004) sowie in den deutschen Filmen »Hannah

Arendt« von Margarethe von Trotta (2012) und »Hannas Reise« von Julia von Heinz (deutsch-israelische Koproduktion 2013). Filme zur israelisch-arabischen Problematik, darunter solche von arabisch-israelischen Regisseuren, finden in Deutschland ein größeres Publikum, zum Beispiel »Die syrische Braut« von Eran Riklis (2004), »Paradise Now« von Hany Abu-Assad (2005) und »Ajami« von Jaron Shani (2009).

Ein klassischer Bereich der Massenkultur, der Sport, bildete ebenfalls eine Grundlage für die Entwicklung des bilateralen Verhältnisses vor der Aufnahme diplomatischer Beziehungen. Der einzige israelische Trainer, dem es gelang, sich mit seiner Nationalmannschaft für die Endrunde einer Fußballweltmeisterschaft zu qualifizieren (1970 in Mexiko), hatte seine Ausbildung in Deutschland erhalten und war mit der Elite des deutschen Fußballs vernetzt. Der gebürtige Berliner und Holocaustüberlebende, der Israeli Ralf Klein, war 1983–1986 Trainer der deutschen Basketballnationalmannschaft. Einer der herausragenden ehemaligen deutschen Fußballspieler, Lothar Matthäus, trainierte 2008/2009 die israelische Fußballmannschaft Makkabi Netanja und einige israelische Fußballspieler spielten und spielen in deutschen Vereinen. Die Aufnahme Israels in den europäischen Fußballverband UEFA ist weitgehend der Intervention des Deutschen Fußball-Bundes zu verdanken.

In einem weiteren Bereich der Massenkultur, dem Chanson, bildete der Erfolg von Esther Ofarim in Deutschland in den 1970er-Jahren den Anfang einer Reihe von Erfolgen israelischer Sängerinnen und Sänger in Deutschland und auch deutsche Pop- oder Rockkünstler waren in Israel erfolgreich. 2010 trat die deutsche Musikgruppe »Die Toten Hosen« in Tel Aviv auf. Diese Liste ließe sich noch beliebig verlängern.

Auch die in den letzten Jahren stets steigende Anziehungskraft Berlins für israelische Künstler, Wissenschaftler und Touristen lässt sich vor dem Hintergrund der Intensivierung der kulturellen und wirtschaftlichen Beziehungen zwischen Deutschland und Israel erklären.

Aus dem oben Ausgeführten ergibt sich, dass die offiziellen Beziehungen zwischen Israel und der Bundesrepublik auf einem verzweigten Netz von Kontakten und Beziehungen im wirtschaftlichen und kulturellen Bereich beruhen, die wichtig sind, wenn es darum geht, Tendenzen auszumachen und die Normalisierungsfrage zu beantworten. In diesem komplexen Geflecht zwischen Politik und Kultur – die politische Kultur mit eingeschlossen – sind die Spuren der Schoah und die Funktion des Schoahgedenkens – die persönliche und besonders die kollektive Erinnerung – auf israelischer und auf deutscher Seite sehr deutlich zu erkennen. Beide Staaten und ihre Bürgerinnen und Bürger denken in ihrem heutigen Verhalten stets dieses traumatische Ereignis im Hinterkopf mit. Sie haben einen weiten Weg zurückgelegt, seit die »Aktion Sühnezeichen« vier Jahre vor der Aufnahme diplomatischer Beziehungen ihre Aktivitäten in Israel aufnahm, seit dem Eichmann-Prozess 1961 in Israel, seit den Auschwitzprozessen 1963 in Frankfurt und seit der Ausstrahlung der vierteiligen Fernsehserie »Holocaust« in Deutschland und in Israel im Jahr 1979. Aber man sollte sich nicht nur auf politische Erklärungen und Äußerungen verlassen, bei denen die Schoah oft deutlich instrumentalisiert wird, sondern auch die Ergebnisse demoskopischer Umfragen in beiden Staaten über das beiderseitige Verhältnis berücksichtigen.

Asymmetrien der öffentlichen Meinung

Der Vergleich der öffentlichen Meinung in beiden Staaten zu diesem Thema offenbart ebenfalls eine deutliche Asymmetrie, die sich zudem im Lauf der Zeit noch verschärft hat: Der Ruf Deutschlands in Israel war nicht nur seit Beginn der Schilumimverhandlungen besser als Israels Ruf in Deutschland (wohlgemerkt ohne die DDR zu berücksichtigen, die das israelfeindliche Sentiment zur Staatsdoktrin erhoben hatte), dieses Ungleichgewicht nahm mit der Intensivierung der Beziehungen gar zu. Je besser der Ruf Deutschlands in Israel, desto schlechter Israels Ruf in Deutschland. Das Bonmot Henryk Broders, dass die Deutschen den Juden Auschwitz nie verzeihen werden, scheint wahr zu sein, jedenfalls, was den Judenstaat anbetrifft. Das negative Sentiment Israel gegenüber zeugt eher von der schweren Last der Schoah auf den Deutschen, als dass es Resultat einer – historisch unbelasteten – Kritik an der israelischen Politik gegenüber den Palästinensern ist.

Bei einer jährlich durchgeführten (repräsentativen) demoskopischen Umfrage des Koebner-Zentrums an der Hebräischen Universität Jerusalem wurden den jüdischen Bewohnern Israels zwei Fragen gestellt: ob die Bundesrepublik wirklich ein »anderes Deutschland« sei und ob die Beziehungen zwischen den beiden Staaten »normale Beziehungen« seien. Während bei der ersten Befragung im Jahr 1980 etwas mehr als 50 Prozent der Befragten diese Fragen bejahten, waren es am Anfang des zweiten Jahrzehnts des 21. Jahrhunderts bereits über 80 Prozent. Diesen Trend bestätigt auch eine Studie, die 2014 von der Konrad-Adenauer-Stiftung in Auftrag gegeben wurde. Demnach haben nur 23 Prozent der israelischen Bürgerinnen und Bürger ein negatives Bild von Deutschland. Nachfolgend möchte ich mich aber vor allem auf eine demoskopische Studie des PORI-Instituts im Auftrag der Friedrich-Ebert-Stiftung und des Koebner-Zentrums aus dem Jahr 2009 beziehen – die Studie umfasst die gesamte Bevölkerung des Staates Israel, also auch die arabische Minderheit – sowie auf Umfragen eingehen, die das Koebner-Zentrum in den letzten Jahren in der jüdischen

Bevölkerung durchgeführt hat. Zunächst ist darauf hinzuweisen, dass es zum Thema »Deutschland« eine nicht überraschende Kluft zwischen den Standpunkten der jüdischen Mehrheit und der arabischen Minderheit gibt. Die Rolle der Schoah wird in diesen beiden Bevölkerungsteilen unterschiedlich bewertet und auch deren Rezeption ist verschieden: Die absolute Mehrheit der jüdischen Israelis ist von einer besonderen Verpflichtung Deutschlands gegenüber Israel aufgrund der Schoah überzeugt, bei den arabischen Israelis sind nur 36 Prozent dieser Meinung. In Deutschland hingegen wurde die Frage, ob Deutschland gegenüber Israel angesichts der Schoah eine besondere Verpflichtung habe, von 60 Prozent der Befragten verneint (laut einer Meinungsumfrage des Forsa-Instituts 2011 im Auftrag des »Stern«). 13 Prozent der Deutschen sprechen Israel sogar das Existenzrecht ab. Meinungsforschungsinstitute in Israel kämen nicht einmal auf die Idee, die Frage zu stellen, ob die Bundesrepublik ein Existenzrecht habe.

In Israel scheinen die Menschen das Vergangenheitstrauma durch weitgehende Trennung zwischen Vergangenheit und Gegenwart zu überwinden, obwohl dies der Botschaft der israelischen Regierungspolitik nach Ben Gurion oder, genauer genommen, seit dem politischen Umschwung von 1977 eigentlich widerspricht. Vom Boykott gegen Deutschland ist kaum etwas übrig geblieben – nur sechs Prozent der Israelis boykottieren deutsche Waren und nur zwölf Prozent sind kategorisch gegen die Benutzung der deutschen Sprache in Israel. Darüber hinaus halten 54 Prozent der Israelis die Deutschen sogar für »ehrliche Makler« bezüglich israelischer Anliegen in der internationalen Politik. 52 Prozent der israelischen Befragten vertrauen außenpolitischen Interventionen Deutschlands und 47 Prozent sind zufrieden mit der deutschen Rolle im Nahostkonflikt. Eine Mehrheit der Israelis ist der Ansicht, dass Deutschland Israel stärker unterstützt, als es andere europäische Staaten tun, dementsprechend vertritt eine Minderheit die Auffassung, dass Deutschland Israel weniger als die anderen europäischen Staaten zur Seite steht. 47 Prozent der Israelis hätten prinzipiell keine Einwände gegen die doppelte, also die deutsche und israelische Staatsbürgerschaft. Gleichzeitig hielten 59 Prozent der Deutschen 2014 Israel für einen aggressiven Staat und nur 36 Prozent fanden Israel sympathisch (gegenüber noch 45 Prozent im Jahr 2009). Mehrmals stand Israel zuoberst auf der Liste der ungeliebtesten Staaten oder der Staaten, die den Weltfrieden aus der Sicht der deutschen Öffentlichkeit am meisten gefährden.

Im Rückblick betrachtet, scheint die Sympathie für Israel bereits kurz nach dem Oktoberkrieg 1973 abzuebben und während des Libanonkrieges 1982 nach der Bombardierung Beiruts und dem Massaker von Sabra und Schatila (siehe den Beitrag von Aluf Benn) noch deutlich weiter zu sinken.

Dennoch kann die israelische Politik nicht als Hauptfaktor für die Beurteilung Israels in der deutschen öffentlichen Meinung gelten, denn selbst die Unterzeichnung der Friedensverträge mit Ägypten und Jordanien oder die Osloer Abkommen mit den Palästinensern konnten das Israelbild der Deutschen nicht merklich verbessern. Die Unterscheidung zwischen Vergangenheit und Gegenwart scheint in Deutschland viel weniger ausgeprägt und führt längst nicht bis hin zur Widersprüchlichkeit, um nicht zu sagen: zur Schizophrenie, wie in Israel. Deshalb wird die Auseinandersetzung mit der Vergangenheit vermehrt in Kritik gegen Israel kanalisiert. Das geht auch aus Umfragen hervor, die sich speziell mit der Schoah und dem Schoahgedenken befassen: Während in Israel nur 36 Prozent der Befragten der Meinung sind, dass sich die Deutschen zu wenig mit der Schoah befassen oder das Thema verdrängen, und nur wenige Israelis deutsche Waren oder die deutsche Sprache boykottieren wollen, finden über 50 Prozent der Befragten in Deutschland, Israel missbrauche das Schoahgedenken. Israel als Ausweg im Prozess der »Vergangenheitsbewältigung« zu benutzen, ist für die Deutschen – bewusst oder unbewusst – deshalb bequem, weil sich auf diese Weise antisemitische Vorurteile relativ unverfänglich als Israelkritik artikulieren lassen, besonders seitdem die Erziehung gegen Rassismus und Antisemitismus in Deutschland zu einer hohen Sensibilisierung für antisemitische Äußerungen geführt hat.

50 Jahre nach der Aufnahme diplomatischer Beziehungen zwischen Israel und der Bundesrepublik Deutschland und 70 Jahre nach Kriegsende und dem Zusammenbruch des »Dritten Reiches« deuten die deutsch-israelischen Beziehungen auf eine stetige und zugleich paradoxale Entwicklung hin. Ein Verhältnis, das nach dem »Dritten Reich« chancenlos schien, ist inzwischen zur alltäglichen Routine geworden. Es ist die Geschichte des Verhältnisses zwischen Israel und Deutschland, die die Verwendung des Begriffs »besonderes Verhältnis« rechtfertigt, nicht das Verhältnis an sich.

Aus dem Hebräischen von David Ajchenrand

Sylke Tempel

Die Wahrnehmung Israels in Deutschland

Sprächen allein die in den Medien am häufigsten verwandten Fotos, dann ergäbe sich ein eindeutiges Bild. Israel ist ein Ort pittoresker Landschaften. Er wird in der Mehrheit von Soldaten bewohnt, die mit großen Gewehren vorzugsweise gegen palästinensische Zivilisten vorgehen, sowie von orthodoxen Juden, die eine für diesen Landstrich denkbar unpassende Bekleidung tragen. Daneben existiert aber auch noch eine feierfreudige Enklave namens Tel Aviv, in der das Leben hauptsächlich am Strand, in Nachtclubs oder aber auf Gay Parades stattzufinden scheint – wenn dessen Bewohner es nicht gerade bevorzugen, das kulturelle Leben in Berlin zu bereichern.

Natürlich: Als wissenschaftlich wasserfeste Grundlage für die Wahrnehmung Israels in Deutschland taugt die Bildauswahl in den deutschen Medien nur bedingt. Bilder müssen etwas sofort Identifizierbares darstellen, eine »Nachricht auf einen Blick« übermitteln, das Exotische und Außergewöhnliche eher als das Durchschnittliche abbilden, um im wahrsten Sinn des Wortes ein »Hingucker« zu sein. Und doch: Sie werden ja nicht willkürlich gewählt, sondern, weil ein Assoziationseffekt besteht und weil der Zuschauer oder Leser sie sofort zuordnen kann. Sie entsprechen einer schon vorhandenen Vorstellung und prägen diese Vorstellung gleichzeitig. Für die meisten Deutschen ist Israel wohl in erster Linie ein Land tiefer Religiosität und eines vertrackten und irgendwie unlösbaren Dauerkonflikts.

Ebenso interessant ist natürlich, wer in dieser Auswahl nicht vorkommt und wer folglich in der Wahrnehmung Israels in Deutschland meist nicht fest verankert ist: Die Gruppe arabischer Staatsbürger Israels, die immerhin etwa 20 Prozent der Bevölkerung ausmacht. Sie gehört wirtschaftlich eher zu den Problemgruppen, ist gesellschaftlich (noch) wenig sichtbar, aber politisch aktiv und gut repräsentiert. Ohne Frage leidet diese Gruppe unter einer »Diskriminierung aus Vorbehalt« – dem Vorbehalt vieler jüdischer Israelis nämlich, dass die arabischen Bewohner des Landes auch über sechzig Jahre nach der Staatsgründung keine loyalen Staatsbürger Israels wären. Darin spiegelt sich einerseits ein bekanntes Phänomen in eigentlich allen demokratischen Gesellschaften wider: Die Frage der Mehrheitsgesellschaft

Antiisraelische Al-Quds-Demonstration in Berlin am 11. Juli 2015

an die Angehörigen einer Minderheit, ob sie denn jemals »so wie wir« werden würde. Meist ist dies eine Frage der Alteingesessenen an die Neuankömmlinge. Nicht so in Israel. Es war ja nicht die arabische Minderheit, die in einen Staat mit fest gefügter Mehrheit eingewandert wäre. Es waren vielmehr der jüdische Staat und eine selbst durch Einwanderung anwachsende Gesellschaft, die gewissermaßen in die Wohngebiete der Alteingesessenen »eingewandert« sind. Das »Grundproblem« politischer Loyalität ist dabei nicht wirklich zu lösen. Als nicht jüdische Staatsbürger eines jüdischen Staates können sie weder das Grundnarrativ »Israels als Zufluchtsort für alle verfolgten Juden« noch das für die soziale Kohäsion Israels wirklich wichtige Element, nach dem es sich bei den Juden auch um eine »Schicksalsgemeinschaft« handelt, teilen. Um diese Frage dreht sich die Diskussion um den Charakter eines »jüdischen Staates« als »Staat für all seine Bürger« – der aber in der deutschen Öffentlichkeit meist nur in bestimmten Zusammenhängen wahrgenommen wird: wenn er die »bekannten« Züge entweder von »Diskriminierung einer Minderheit durch eine Mehrheit« oder aber, im Zusammenhang mit dem israelisch-palästinensischen Konflikt, Züge von »Diskriminierung von Arabern durch Israelis« trägt.

Entscheidend in diesem Zusammenhang ist, dass israelische Araber wohl auch deshalb als Bild nicht vorkommen, weil die relative Integration, die vorhanden ist, und die Natur des »Grundproblems« eine Annahme stören, die jüngst an Zugkraft gewonnen hat: dass es sich beim israelisch-palästinensischen Konflikt – vielleicht nicht in seinen Urgründen, wohl aber in

Gegendemonstration zum Al-Quds-Marsch in Berlin am 11. Juli 2015

seinen jetzigen Ausformungen – um einen »rassistischen Konflikt« handle. Und, dass »Rassismus« in der israelischen Gesellschaft und als Teil des Konflikts mehr Aufmerksamkeit gewonnen hat, darauf weist der in den Medien immer häufiger und reichlich unreflektiert verwendete ideologische Kampfbegriff der palästinensischen politischen Klasse von einem angeblichen »Apartheidstaat« hin. Im Extremfall – und vor allem im Zusammenhang mit den Gazakriegen – wird sogar die Behauptung aufgestellt, Israel versuche so etwas wie eine »ethnische Säuberung«. Diesen Vorwurf mögen zwar nur wenige direkt äußern. Dass aber, wie die jüngst durchgeführte Studie »Deutschland und Israel heute. Verbindende Vergangenheit, trennende Gegenwart?« der Bertelsmann Stiftung zu den deutsch-israelischen Beziehungen zeigt, 41 Prozent der Befragten in Deutschland meinen, die Politik Israels sei im Prinzip das Gleiche wie das, was die Nazis den Juden angetan haben, enthält implizit dieses Element.

Eine relativ integrierte Gruppe, die sich wohl immer stärker als »Palästinenser« identifiziert, aber doch im Staatsgefüge Israels politisch fest verankert ist, würde dieses Bild nur stören.

Noch wichtiger aber ist: In der die Wahrnehmung Israels ja zuvörderst prägenden Berichterstattung fehlt vor allem der israelische Durchschnittsbürger. Er lebt weder im teuren, liberalen, politisch eher linkslastigen Tel Aviv noch in pittoresken Städten wie Haifa oder Jerusalem, sondern eher in gesichtslosen Trabantenstädten wie Bat Jam, Holon oder Modi'in. Er ist nicht ausdrücklich »rechts«, sondern vermutlich Wechselwähler und gibt seine Stimme demjenigen, der ihm am ehesten Sicherheit vor Bombenanschlägen oder Raketenangriffen zu geben verspricht (oder diese Sicherheit mit entsprechender Rhetorik wenigstens vorzugeben weiß). Er hält allen Rückschlägen zum Trotz an einer Zweistaatenlösung fest, für die beide Seiten Kompromisse machen müssen. (Mit schöner Regelmäßigkeit sprechen sich 60 Prozent der Israelis für einen palästinensischen Staat aus, der allerdings die Sicherheit Israels nicht bedrohen darf.) Er ist Durchschnittsverdiener, zahlt aber gemessen an OECD-Ländern überdurchschnittlich hohe Steuern und Einfuhrgebühren für Exportgüter. Er hat weder für die Ultraorthodoxie als Empfänger großer Transferleistungen allzu viele Sympathien noch für das Projekt der nationalreligiösen Siedler, die ebenfalls Empfänger hoher Subventionen und staatlicher Leistungen sind – was dem »Durchschnittsisraeli« allerdings weniger bewusst ist als im Fall der Charedim. Er ist aber auch nicht »antireligiös«, sondern – und das dürfte ihn doch von einem großen, in Religionsfragen eher unmusikalischen deutschen Bürgertum unterscheiden – schätzt jüdische Traditionen. Oder etwas zugespitzter: Er mag über die Charedim schimpfen, aber er würde ganz gewiss an Jom Kippur nicht Auto fahren oder den Sederabend nicht nicht im Kreis seiner Familie verbringen.

Und, weil das Bild des Durchschnittsisraeli fehlt, der politisch, sozial und ökonomisch nach wie vor »feste Mitte« im israelischen gesellschaftlichen Gefüge ist, hält sich das Klischeebild von der zwischen »rechts und links«, »religiös und säkular« »gespaltenen Gesellschaft« so penetrant.

In der breiten deutschen Wahrnehmung ist Israel also nicht das »Ähnliche«: ein trotz seiner levantinischen und mittelöstlichen Elemente in seiner politischen Ordnung zutiefst in den Werten der europäischen Aufklärung verwurzeltes Land. Eine »Demokratie wie wir« – zumindest im Kernland, also jenseits der besetzten Gebiete – trotz seiner spezifischen Sicherheitsprobleme und einer für alle anderen Demokratien eher unüblichen schwierigen Nachbarschaft. Israel ist in der Wahrnehmung vieler Deutscher »das andere«. Und im Übrigen ein anderes »anderes«, als es dies noch vor wenigen Jahrzehnten war.

Noch in den 1950er-Jahren, so die Studie der Bertelsmann Stiftung zu den deutsch-israelischen Beziehungen, wurde Israel als das Land der Opfer wahrgenommen. Und Teilen der deutschen Elite – und ganz gewiss nicht der breiten deutschen Öffentlichkeit – war durchaus bewusst, dass Deutschland – oder genauer die Bundesrepublik, in der DDR lehnte man das für sich ab – das Land der Täter war. Es war der Holocaust, der vor allem anderen die Grenzen des »anderen« definierte.

Dies ist nicht mehr der Fall. Ja, es gibt Unterschiede in der Sichtweise. Israelis sehen zwar in den Deutschen von heute nicht mehr die Nazis von gestern. Sie interessieren sich für das Land und vertrauen vor allem seiner politischen Führung. Die Verpflichtungen, die sie aus dem Holocaust lesen, sind vergleichsweise konkret: Deutschland sollte Israel unterstützen – nicht in allem und jedem, aber jedenfalls so weit, dass Israels Sicherheit nicht gefährdet ist. (Und das schließt Waffenlieferungen durchaus ein.) Dass Israelis den Holocaust von den heutigen Deutschen »abstrahieren«, heißt aber nicht, dass sie ihn vergessen hätten. Sie haben eine Lehre aus Auschwitz gezogen, die deutlicher nicht sein könnte: »Nie wieder«, oder noch genauer: »Nie wieder wir.« (Pinto 2015)

Bundeskanzlerin Angela Merkel spricht am 18. März 2008 als erste deutsche Regierungschefin in ihrer Muttersprache vor dem israelischen Parlament.

Deutsche wiederum empfinden eine gewisse Verantwortung aus ihrer Geschichte, wobei dieses Gefühl in der jüngeren Generation zusehends schwindet. Zudem ist diese nur sehr bedingt an eine Verantwortung für das jüdische Volk oder den jüdischen Staat gebunden. Sie bleibt universellen Werten verhaftet. Das 2008 in ihrer Rede vor der Knesset gegebene Versprechen der deutschen Bundeskanzlerin Angela Merkel, dass »Israels Sicherheit zur deutschen Staatsräson« gehöre, fände wohl keine Unterstützung in der breiten Bevölkerung. Nur 40 Prozent der in der Bertelsmann-Studie Befragten fanden, dass Deutschland eine besondere Verantwortung für das jüdische Volk habe. Eine große Mehrheit von 74 Prozent will im Konflikt mit den Palästinensern am liebsten beide Seiten unterstützen oder aber neutral bleiben. Haben Israelis eine Lehre aus dem Völkermord gezogen, dann ist die Lehre der Deutschen eine aus dem Zweiten Weltkrieg, nämlich »Nie wieder Krieg«. Ihn gälte es in erster Linie zu vermeiden.

Dass Gewalt auch zur Vermeidung von Völkermord oder von humanitären Katastrophen ein Mittel sein könnte, dem stimmt nur knapp mehr als die Hälfte der deutschen Befragten zu, aber drei Viertel der Israelis.

Diese Lehren aus der Geschichte und das »neue« andere werden aber nicht so sehr von der Geschichte, sondern vielmehr von der Gegenwart, nämlich von zwei völlig unterschiedlichen Lebensrealitäten, geprägt.

Deutschland genießt, besonders nach 1989, das Privileg einer rundum sicheren Nachbarschaft. Es hat die europäische Integration wesentlich vorangetrieben, schon deshalb, weil dies die Möglichkeit bot, die schwierige deutsche Identität etwas im Hintergrund verschwinden zu lassen. Die deutsche Gesellschaft hat sich, den Auslandseinsätzen der Bundeswehr zum Trotz, nicht tief und kontrovers mit schwierigen Fragen von Krieg und Frieden oder vom akzeptablen Handeln einer demokratischen Gesellschaft im Krieg auseinandersetzen müssen (oder wollen). Die Diskussion über die Frage des »Wer oder was gehört zu Deutschland?« ist in dieser eher ungewöhnlich homogenen Gesellschaft einigen Eruptionen gerade über muslimische Einwanderung zum Trotz noch gar nicht richtig geführt worden. Deutschland ist eine Gesellschaft im Frieden – dass dieser angesichts der Krisen in der unmittelbaren europäischen Nachbarschaft brüchiger wird, wird derzeit noch gar nicht wirklich wahrgenommen. Deutschland ist also postnational, postreligiös und postmilitaristisch.

Israel kann nichts davon sein. Es ist ein Land im Dauerkonflikt, dessen Nachbarschaft vor unseren Augen zerfällt und das sich einen »Grundsatzpazifismus« nicht leisten kann. Es ist ein Land, das seine Nationenbildung nicht abgeschlossen hat – und sie angesichts immer noch fehlender, klar definierter Grenzen so bald auch nicht wird abschließen können. Auch die Diskussion über die Bedeutung der Selbstdefinition »jüdischer Staat« dürfte noch lange nicht beendet sein – was in diesem Zusammenhang immer auch eine Frage ist, wie »anders« nicht jüdische Minderheiten sein dürfen, ohne als »nicht zugehörig« empfunden zu werden. Und welche Rolle die Religion in diesem Staatswesen spielen soll.

Es steckt also in der Wahrnehmung Israels als das »Land des anderen« durchaus eine Reflektion der Wirklichkeit. Problematisch aber wird dies, wenn Israel eben nicht in seiner ganzen Komplexität wahrgenommen wird. Wenn sich zu dem »anderen« nicht auch das »Ähnliche« gesellt. Oder, wenn Israel als ein Land gesehen wird, das leider noch nicht die hehre, als »wahrlich aufklärerisch« empfundene Entwicklung Richtung Postnationalismus, Postreligiosität und Postmilitarismus eingeschlagen hat und deshalb irgendwie im Ruch des Reaktionären, des hinter den »ordentlichen« Entwicklungen demokratischer Gesellschaften Zurückgebliebenen steht.

Ein Stück Israel in Berlin: Doron Eisenberg (l.) und Nir Ivenizki (r.) vor ihrem Café
»Gordon« im Neuköllner Schillerkiez

Ist die Distanz zu Israel, die sich in der Wahrnehmung dieses Landes zeigt, denn zu überwinden? Vielleicht schon.

Sicherlich durch etwas Empathie – durch die Mühe also, dem Klischeebild doch ein etwas komplexeres Bild einer äußerst komplexen Gesellschaft hinzuzufügen.

Und womöglich durch eine Erkenntnis: Die Erkenntnis, dass Israel vielleicht nicht die »zurückgebliebene Demokratie« ist, sondern eher ein »Avantgardestaat«. Dass die Probleme – mit asymmetrischen Kriegen, zerfallenden Staaten in unmittelbarer Nachbarschaft, der Rolle der Religion, der Stellung von Minderheiten – durchaus Probleme sind, die eben nicht der Vergangenheit angehören, sondern nur allzu bald auch Deutschland beschäftigen könnten.

Literatur

Hagemann, Steffen/Nathanson, Roy, Deutschland und Israel heute. Verbindende Vergangenheit, trennende Gegenwart?, Studie der Bertelsmann Stiftung, Gütersloh 2015 (www.leipziger-buchmesse.de/media/programm/israel/Bertelsmann-Studie_Deutschland_und_Israel_heute_web_dt_final.pdf, Aufruf: 10. August 2015).

Pinto, Diana, Ein Minenfeld von Missverständnissen. Die Ursachen für den »Dialog der Schwerhörigen« zwischen Europa und Israel, in: Internationale Politik, 70 (2015) 1, S. 120–131.

XII Kultur, Medien und Bildung

Einführung

Zu den größten Errungenschaften Israels gehört zweifelsohne die Wiederbelebung der alten biblischen Sprache als moderne Landessprache. In jedem Städtchen gibt es eine Ben-Jehuda-Straße, die an den Vater des modernen Hebräisch erinnert. Die Wiederbelebung legte den Grundstein für eine lebendige Kulturlandschaft, wie sie heute existiert. So sind Gegenwartsliteratur, Tanz, Film- und zunehmend auch Fernsehproduktionen bis weit über die Grenzen hinaus bekannt – und gewinnen internationale Preise.

Historisch stellte sich für die frühen Kulturschaffenden die Frage nach ihrer Rolle beim Aufbau des zionistischen Projekts. Eine eigene, gemeinsame Kultur sollte geschaffen werden und damit auch das »Israelische« definieren. Dabei haben neben Neuem und Ursprünglichem immer auch andere Kulturen – aus dem Westen und dem Orient, jüdische und fremde, alte und zeitgenössische – diese neue Kultur geprägt und beeinflusst.

In den letzten Jahren hat sich das Kulturverständnis aber gewandelt. Ein kulturelles »Integrationsbemühen« um ein normatives Zentrum herum gilt zunehmend als ein veraltetes Streben. Stattdessen geht es um den pluralistischen Ausdruck kultureller Vielfalt, die den zahlreichen Traditionen und Ethnien gerecht wird. Bemerkenswert ist, dass das zeitgenössische Kunstschaffen heute weniger auf der Vergangenheit basiert als auf einer Debatte um Gegenwart und Vorstellungen für die Zukunft. Dementsprechend ist es auch voller Gegensätze. Das Resultat ist ein breites und buntes Spektrum, zu dem eine bissige, selbstironische Populärkultur gehört, die – ebenso wie andere Gegenwartskünstler und entgegen dem ursprünglichen Traum – das Heute und Morgen eher pessimistisch betrachtet. Hinzu kommt eine ausgeprägte Protestkultur, die sich gegen Materialismus, Konsum, Gleichgültigkeit gegenüber den Schwachen und mangelndes soziales Engagement richtet. Sie begann im linken Lager (da vor allem gegen die Besatzung) und greift mittlerweile aber auch auf die Mitte der Gesellschaft und das rechte Lager über.

◀ Skulptur des israelischen Künstlers Yigal Tumarkin in Arad. Tumarkin wurde 1933 in Dresden geboren.

Dissens und Debatten prägen ebenso die Medien. Skandale, die in den letzten Jahren so einige mächtige Politiker hinter Gitter brachten, wurden von einheimischen Journalisten aufgedeckt oder zumindest an die Öffentlichkeit gebracht. Die israelische Presse hat tiefe Wurzeln, die in der Geschichte des Jischuw und seiner politischen Parteien verankert sind. Die ersten Tageszeitungen auf Hebräisch erschienen bereits 1869 in Jerusalem. Ein Teil der zionistischen Elite kam aus dem Journalismus und importierte europäische Pressevorbilder. Bis heute sind es die aktuellen Nachrichten, die die Themen in den Medien, die immer digitaler geworden sind, unangefochten dominieren. Zudem beteiligt sich die Bevölkerung außerordentlich aktiv und breit über die sozialen Netzwerke und mittels Leserkommentaren an öffentlichen Debatten.

Dass das Land seit Beginn der zweiten Intifada 2000 einen Rückzug ins Nationale erfährt, spiegelt sich auch in den Medien wider, die – wie woanders auch – an Auflagen und Einschaltquoten interessiert sind. Grundsätzlich aber existiert nach wie vor eine wahrhaftige Meinungsfreiheit. Sie macht sich in Nachrichtensendungen, im Rundfunk und im Fernsehen und vor allem in der Tageszeitung »Haaretz« bemerkbar. Und natürlich lässt sie sich auch im Internet mit seinem breiten Meinungsspektrum finden.

David Witzthum

Israelische Kultur?

Die israelische Kultur[1] ist darin außergewöhnlich, dass sie größtenteils neu erschaffen – oder neu belebt – wurde, als Millionen Juden in mehreren großen Einwanderungswellen Ende des 19. und während des 20. Jahrhunderts in ihr Stammland zurückkehrten. Neben Neuem und Ursprünglichem haben immer auch andere Kulturen – jüdische und fremde aus West und Ost, Vergangenheit und Gegenwart – die sogenannte *israelijut* beeinflusst (ein Begriff, der im Folgenden, über das im Englischen eingeführte Wort *israeliness*, mit »Israelischkeit« wiedergegeben wird). Bemerkenswerterweise basieren die Grundlagen dieser »Israelischkeit«, ebenso wie die enge Beziehung zum Land Israel, nicht auf einer historischen und lokalen Entwicklung, sondern auf »einem Zukunftstraum«, wie der Schriftsteller Amos Oz sagte. Dementsprechend steckt das originäre israelische Kunstschaffen voller Gegensätze: Kämpfe und Risse entstehen im ständigen regen Dialog auf der Suche nach Identitäten und deren Austausch gegen neue. Sie bietet ein vielfarbiges und einfallsreiches künstlerisches Spektrum, eine bissige, selbstironische Populärkultur und dazu – entgegen dem ursprünglichen Traum – eine Gegenwartskunst, die die Gegenwart und Zukunft Israels und der Israelis eher düster und pessimistisch betrachtet.

Geschichte: Europäer in der Levante

Schon Theodor Herzls frühe Utopie über den Zionismus und die Israelis trägt einen Gegensatz im Namen: »Altneuland«. Und tatsächlich ist es bei den Einwanderungswellen aus mannigfaltigen Kulturen, Staaten und Ständen nicht ohne Streitigkeiten und Brüche abgegangen, aber die Gruppen

---

1 Der vorliegende Aufsatz beschränkt sich auf einige typische Formen künstlerischen Ausdrucks in der gesamten israelischen Kultur. Ich habe es vorgezogen, den Blick auf einige Hauptrichtungen in der Entwicklung dieser Kultur zu richten und keine umfassende Studie vorzulegen.

haben sich auch gegenseitig befruchtet und jene kulturelle Vielfalt geschaffen, die Israel seit je auszeichnet.

Die deutsche Kultur, die Herzl als Musterbeispiel universaler Kultur begriff, fand sichtbaren Einzug in Israel: Schriftsteller, Philosophen, Komponisten und Künstler, die nach Palästina übersiedelten, verbreiteten dort die deutsche Kultur – zunächst in deutscher Sprache, dann auf Hebräisch. Die »Jeckes«, wie man die deutschen Juden alsbald nannte, stellten zwar keine führenden Politiker, hinterließen aber deutliche Spuren: Bauhausgebäude in Tel Aviv, zahlreiche Wissenschaftler, Forscher, Lehrer und Denker an der Hebräischen Universität in Jerusalem wie am Technion und der hebräischen Reali-Schule in Haifa, die vorbildlichen Industrieunternehmen Stef Wertheimers und der Strauss-Familie im Industriepark Tefen im Norden des Landes, viele Elemente der öffentlichen und staatlichen Verwaltung, das Amt des Staatskontrolleurs, den Obersten Gerichtshof und die israelische Rechtsordnung, das Philharmonische Orchester und die vielen Kammerensembles.

Auch die neue hebräische Presse leiteten und veränderten drei bekannte Jeckes: Gerschom Schocken und sein lupenrein jeckisches Team bei der Tageszeitung »Haaretz«; Ezriel Carlebach, der das Abendblatt »Ma'ariv« gründete und zur einst auflagenstärksten Zeitung des Landes machte; und später die Wochenschrift »Ha'olam Hazeh« (Diese Welt) von Uri Avnery, ehemals Helmut Ostermann, der Rudolf Augsteins Spiegel zum Vorbild für sein Magazin nahm. Sie machten die in der Mandatszeit und in den ersten Jahren des Staates Israel parteilich und ideologisch gebundene hebräische Presse israelisch, unabhängig, modern, gut informiert und dialogfreudig, blickten über den heimischen Tellerrand in die weite Welt und übten – teils scharfe – Kritik an Regierung und Verwaltung.

Dominantere Einflüsse aus Russland und Osteuropa trafen im damaligen Palästina auf solche aus Westeuropa – und schrittweise immer mehr auf lokale Entwicklungen. Literatur und Dichtung übertrugen die importierte Kultur ins Hebräische und in die fragmentierte und polarisierte israelische Kunstszene. Das eretz-israelische Theater war zunächst stark von seinen russischen Wurzeln geprägt, wandte sich jedoch bald örtlicher Sozialkritik und Satire zu. Die bildenden Künste waren, auch durch französischen Einfluss, individualistischer und es bildeten sich israelische Künstlergruppen, die auf das mediterrane Licht und seine Farben reagierten. Die Gruppe »Neue Horizonte« – Joseph Zaritsky, Yehezkel Streichman, Avigdor Steimatzky, Arie Aroch und Avshalom Okshi – versuchte, beide Welten zu vereinen: lokal und doch weltverbunden, vor allem mit Frankreich. Andere Künstler – Naftali Bezem, Johanan Simon und Marcel Janco – wählten auch örtliche Motive: Zionismus und zionistisches Aufbauwerk,

Tanz auf einer Hochzeit im Hula Tal, 1951

Kibbuz, die Natur des Landes und seine alteingesessenen Bewohner. Wieder andere widmeten sich sozialer und politischer Kritik: die Gruppe »Arte Povera – Kargheit des Stoffes« und der Tel Aviver Postzionismus von Raffi Lavie, die persönliche Auseinandersetzung Moshe Gershonis und in der nächsten Generation Michal Na'amans in ihrem steten Bemühen, der engen israelischen Wirklichkeit zu entfliehen.

Eine ganze Generation jüdischer Musiker aus Europa kam in den 1930er-Jahren ins Land und so legte die Tragödie der Juden den Grundstein der israelischen Musikkultur: Paul Ben-Haim, Oedoen Partos, Hanoch Jacoby, Uriah Boskowich und ihre Kollegen waren Flüchtlinge, die sich in Gründer verwandelten. In Palästina entstand eine hochkarätige Musikszene mit einer Fülle an neuen Kompositionen, Orchestern, Opernaufführungen, Kammerensembles, den Musiksendungen im israelischen Radio und dem einflussreichen Radioorchester. Hier wirkten kompromisslose Avantgardisten wie Josef Tal neben Kollegen, die, angeregt durch Paul Hindemiths pädagogischen Ansatz in Deutschland, ihre zionistische Ideologie verbreiten wollten, und wieder andere, die dem Geschmack des breiten Publikums folgten, das wie in aller Welt das klassische und romantische Repertoire zu hören wünschte. Die eingewanderten Komponisten versuchten, in ihren Werken den orientalischen Klang eher so zu spielen, wie sie ihn sich in Europa vorgestellt hatten, als so, wie sie ihn in Palästina tatsächlich hörten.

Auch die israelische »Volksmusik« und ihre wichtigsten Ausdrucksformen, das »hebräische Lied« und der »Volkstanz«, waren Instrumente zur »Erfindung der israelischen Nation«: Dazu zählen die Lieder der Pioniere, der Jugendbünde und der Gesangstruppen, die Lieder und Tänze bei den sommerlichen Arbeitseinsätzen der Jugend im Kibbuz und bei der Feldarbeit sowie am Lagerfeuer, vor allem aber die israelische Institution der Volkstanz- und Singabende – das gemeinsame Singen bekannter und beliebter hebräischer Lieder, eine Veranstaltungsart, die bis heute gepflegt und sogar im Fernsehen übertragen wird. Diese Lieder, die man als »Heimatlieder« oder »Lieder des Landes Israel« bezeichnete, stammten überwiegend aus Russland, teils auch von Komponisten aus anderen Teilen Europas, die Musik studiert hatten und nach und nach ihre legendäre Berühmtheit in der israelischen Kultur erlangten. Eigentlich war das, was man im Land Israel »volkstümlich« nannte, eher eine Elitekultur, eine klangliche Utopie des europäischen Orientalismus und keine authentische Volkskultur. Die ersten israelischen Ballettchoreografen versuchten sogar, direkt an biblische Wurzeln anzuknüpfen, beispielsweise mittels des jemenitischen Tanzes, und schufen damit die spezifisch israelische Form des Reigens, der zum Inbegriff der wichtigsten Pioniertänze, der »Debka« und der »Hora«, wurde. Praktisch verbanden sich in den Reigentänzen eigene und balkanische Elemente zum eretz-israelischen Tanz.

Die Jahre der britischen Mandatsregierung in Palästina beeinflussten vornehmlich die öffentlichen Einrichtungen: Rechtsprechung, Verwaltung, Kommunikation – besonders die Rundfunknachrichten und Hörspielsendungen im Stil der BBC – und natürlich Wissenschaft und Hochschulwesen. Allgemein gesprochen, drängte der koloniale europäische Einfluss die Kultur des echten »Orients« lange an den exotischen Rand, doch gab es auch vielfältige Bemühungen, sie – ganz im Geist des europäischen »Orientalismus« Edward Saids – bei der jüdischen Ansiedlung in Palästina neu zu erfinden. Rückblickend betrachtet, war der jüdische Jischuw wohl eher die Umsetzung einer Utopie von europäischer Kolonialkultur als eine Rückkehr zu den Wurzeln oder eine Inbesitznahme des »Heiligen Landes« in messianisch-religiösem Sendungsbewusstsein.

Gegenwartskultur

War man in der Frühzeit der jüdischen Ansiedlung in Palästina bestrebt gewesen, ein neues Kapitel in einer neuen Epoche zu beginnen, so rangen letzten Endes die »Randgruppen« mit der herrschenden Kultur in Israel, was eine vielstimmige, stürmische Debatte und ungelöste Fragen mit sich brachte: Ist die israelische Gesellschaft »multikulturell« oder eine Ansammlung verschiedener Kulturen, die jeweils ihr eigenes Publikum ansprechen? Und was ist diese »Israelischkeit«, die sich nicht von Volk oder Nation ableitet, sondern nur vom Namen des Staates? Nach dem israelischen Gesetz ist Israel ja ein »jüdischer Staat«! Wer siegt im Ringen zwischen Judentum und Israelischkeit?

Jede gemeinsame Kultur basiert auf einer gemeinsamen Sprache. Doch in Israel erzeugen heute (mindestens) drei weitere Sprachen israelische Kultur und dienen israelischen Künstlern. Das dominante Hebräisch ist umstritten: Ist die heutige Umgangssprache in Israel tatsächlich nur den alten biblischen Wurzeln entwachsen, fortentwickelt durch die rege Tätigkeit der Akademie für hebräische Sprache und Generationen von Literaten? Der Philologe Ghil'ad Zuckermann (2008) behauptet, die Sprache der Israelis sei hybrid – sie basiere nicht nur auf dem Hebräischen, sondern zu einem erheblichen Teil auch auf dem Jiddischen sowie auf einigen anderen Fremdsprachen, die in den Jahrhunderten zwischen der Zeit der Bibel und der Rückkehr der Juden in die alte Heimat auf die jetzige Sprache eingewirkt hätten. Auch heute fungieren neben Hebräisch (oder »Israelisch«) Englisch, Russisch und natürlich Arabisch als Kultursprachen in Israel.

Wie in anderen – früheren und gegenwärtigen – Kulturen ist die Realität, das heißt das Kulturschaffen, den politischen Regelungen und akademischen Definitionen jedenfalls voraus, schafft oder »erfindet« sie häufig sogar. Das gilt auch für die sogenannte israelische Kultur, die – trotz ihrer unklaren und immer noch viel diskutierten Identität – durchaus einzigartige Wesensmerkmale aufweist.

Bedeutsame Kulturkämpfe

Hauptmerkmal der israelischen Gegenwartskultur ist dieses Ringen um die Identität – oder um verschiedene, wechselnde Identitäten. Der Begriff »Identität« gilt als »fließend«. Identitäten nehmen wechselnde Formen und Funktionen an: Die »jüdische« Identität stand früher der »israelischen« und steht heute der »arabischen« gegenüber, die »säkulare« früher der »religiösen« oder »ultraorthodoxen« und heute der »traditionellen«. Identitäten fußen auch auf ständischen, regionalen, nationalen oder sonstigen Unterschieden. Einige wichtige Zusammenstöße haben Risse in der Gesellschaft entstehen lassen, die im Folgenden aufgezeigt werden.

Israelis versus Diaspora

Die zionistische Ideologie propagierte – noch im Exil – die »Negation der Diaspora«. Danach ist die eretz-israelische Kultur idealerweise das

Gegenstück zur Gestalt, Tradition und Kultur des »Diasporajuden«, ein Begriff, der im israelischen Diskurs bis heute negativ belegt ist. Die israelische Identität definierte sich also durch Negation: Die Erneuerer der hebräischen Kultur wussten – schon vor der Staatsgründung – sehr gut, was sie nicht wollten, aber weniger, was sie anstrebten. So begann die Geschichte der neuen israelischen Kultur als Erfindung, nach dem Versuchsprinzip. An die Stelle der mitteleuropäischen, orientalistischen Utopie, die Herzl in seinem Roman »Altneuland« entworfen hatte, trat der erste Satz des berühmtesten Romans aus der Anfangszeit der Israelischkeit, Mosche Schamirs »Er zog ins Feld«. Elik, der Held, war »aus dem Meer geboren«, das heißt aus dem Nichts in ein unbesiedeltes Land gekommen, um dort die Kultur der Israelis zu erschaffen.

Israelis versus Juden

Infolge der demografischen und soziokulturellen Veränderungen im Israel der 1990er-Jahre zerfiel die Israelischkeit, die als homogen betrachtet wurde, langsam in ihre Bestandteile. Über eine Million Einwanderer aus der Sowjetunion, die ihre Sprache und Kultur mitbrachten, befeuerten separatistische Tendenzen anderer Gruppen, die früher schon erfolglos gegen die Hegemonie angekämpft hatten, wie die Schwarzen Panther in den Siebzigern, religiöse Juden orientalischen Ursprungs in den Achtzigern und israelische Araber zu verschiedenen Zeiten. Israel wandelte sein Gesicht. Shimon Peres sagte nach seiner Wahlniederlage 1996, wenige Monate nach der Ermordung von Ministerpräsident Itzhak Rabin, einen Schlüsselsatz, der die Vision des Staatsgründers Ben Gurion als gescheitert bezeichnet: Peres erklärte seine Wahlniederlage und die der Arbeitspartei mit der Feststellung, »die Juden haben die Israelis besiegt« (Ben-Simon 1997, S. 13). Er meinte den Vormarsch sektoraler Parteien, »Parteien der Identität«, die, anders als die bisherigen Parteien, in erster Linie nicht Ideologien und Weltanschauungen vertraten, sondern »Stämme«: Gemeinden, Ethnien, regionale, wirtschaftliche, kulturelle oder religiöse Untergruppen der israelischen Gesellschaft. »Juden« steht hier als Metapher: Nach dieser Definition sind auch die einheimischen Araber einer der Stämme Israels. Diese Gruppen ersetzten die gemeinsame Israelischkeit, den sozialen und kulturellen »Schmelztiegel«, der dazu gedacht war, Juden in Israelis zu verwandeln, ihnen mit Gewalt die »Ghettomentalität« auszutreiben, den Staat Israel unter die Staaten der Welt einzureihen und wie diese von der Gegenwart in die Zukunft zu blicken. Es zeigte sich wieder einmal, dass es leichter ist, die Juden aus der Diaspora zu holen, als die Diaspora aus ihren Köpfen zu vertreiben.

Die sektoralen Parteien drängten nun auf die Pflege und Förderung ihrer »eigenen« Kulturen, die ihres jeweiligen Sektors in der israelischen

Gesellschaft. Einerseits bereicherte diese kulturpolitische Entwicklung die Demokratie, machte sie authentischer, sorgte für schöpferische Fülle und Vielfalt und verwandelte die Parteien in getreue Vertreter verschiedener Identitäten und Kulturen. Andererseits gefährdete sie den Rechtsstaat, denn sie förderte eine ethnokratische Verwaltung und die Verteilung staatlicher Mittel nach der Anzahl der Knessetsitze der einzelnen Gruppen. Das zementierte die Herrschaft der Mehrheit über die Minderheit nach ihrer (ethnischen, religiösen, nationalen) Identität und nicht nach ihren Ansichten oder ihren politischen Leistungen.

Kulturföderalismus

An der Spitze der kulturellen Grabenkämpfe stehen Gruppen, die sich unter der weitgehend osteuropäisch, säkular, links und bürgerlich ausgerichteten Hegemonie der »Sabres« diskriminiert und zweitrangig gefühlt hatten. Diese Sabre-Identität bildet die Basis der israelischen Kultur. Die Kämpfe an der Oberfläche decken sich jedoch mit anderen – ethnischen, religiösen, geografischen, aber auch sozioökonomischen, standesmäßigen und politischen – Rissen in der Gesellschaft. Die Entwicklung verschiedener Kulturen, die nebeneinander leben, ist das wichtigste Merkmal der Kultur im Israel des Jahres 2015. Es ist ein *kultureller Föderalismus*. Im Gegensatz zu Bundesstaaten mit ihrer Unterteilung in Einzelstaaten oder Länder ist Israel nach anderen Kriterien fragmentiert, auch regional zwar, aber vor allem kulturell und sozioökonomisch, unterschiedlich in Sprache, Tradition, Glauben, Lebensweise, Familienleben, Freizeitgestaltung, Medienkonsum und politischer Zugehörigkeit. Jede Gruppe hat ihre Kultur, die sie zu bewahren sucht. Es ist kein völliges Eigenleben, keine »Konföderation« – außer in Extremfällen wie bei der nationalen Kluft zwischen Juden und Arabern –, sondern eine Vielfalt, die allerdings auch tief greifende Gemeinsamkeiten mit der Mehrheit der Israelis hat. Diese zeigen sich durch Solidarität und Nähe in Not-, Krisen- und Kriegszeiten. Allerdings werden die Gräben tiefer und es ist keineswegs sicher, ob man sie – nach einer politischen Lösung in Nahost, so sie denn kommen sollte – noch managen kann: zum Beispiel die Kluft zwischen Ultraorthodoxen und Säkularen oder zwischen Tel Avivern und fanatischen Siedlern.

Kulturelle Vielfalt versus israelische »Staatlichkeit«

Im Gegensatz zu europäischen Begriffen von einer »Leitkultur«, die als normativer Mittelpunkt diversen Randgruppen gegenübersteht, ringen in Israel diejenigen Kräfte, die weiterhin für kulturelle Einheit, die Ideologie der »Stammesgemeinschaft«, des »Schmelztiegels« oder eine Art »Kulturkompass« eintreten, mit den Befürwortern der Fragmentierung, jener kulturellen Vielfalt, die den zahlreichen Traditionen und Ethnien in Israel gerecht wird. Die kulturelle »Integration« Richtung Mitte gilt in den letzten Jahren als veraltetes Streben, das speziell den wirtschaftlichen Interessen der Populärkultur diene, den Hauptnachrichtensendungen und Talkshows der privaten Fernsehsender, nicht aber der »authentischen« Kultur. Zum Beispiel brächten die Privatsender regelmäßig politische und militärische Kommentatoren, Kulturjournalisten, Professoren und sonstige Experten, die demonstrativ das Zentrum repräsentieren, als Interviewer und Interviewte, als Moderatoren und Gäste während der besten Sendezeiten.

In den 1990er-Jahren beschloss man, im dritten Programm des öffentlich-rechtlichen Radiosenders »Stimme Israels« nur noch israelische Lieder zu spielen. Zu den besten Sendezeiten laufen im Fernsehen israelische Programme, trotz der Beliebtheit amerikanischer Fernsehsendungen und trotz des Umstands, dass es in Israel, im Gegensatz zu Europa, keine Begrenzungen für ausländische Serien und Programme gibt. Kulturelle Einflüsse von außen sind in alle schöpferischen Bereiche Israels eingedrungen, aber das Hebräische herrscht fast vollständig, obwohl Kino- und Fernsehfilme in Israel, anders als in vielen europäischen Ländern, nicht synchronisiert werden. Israelis sind gewöhnt, fremde Sprachen zu hören und die hebräischen Untertitel zu lesen, auch in der Oper und im Theater. Synchronisiert werden nur Kinderfilme und -programme.

Jerusalem versus Tel Aviv

Die beiden Städte stehen für zwei Pole, zwei Richtungen in der neueren israelischen Kultur. Es gibt auch noch weitere Pole – Peripherie versus Landesmitte, lokal versus global und andere. Jerusalem bezeichnet »die Juden«, die Hauptstadt, die jahrtausendealte Heilige Stadt, Inbegriff der Tradition, der durchgehenden jüdischen Existenz im Land Israel – und auch die Klüfte zwischen Juden und Arabern sowie zwischen Religiösen (und Ultrareligiösen) und Säkularen. Außerdem steht Jerusalem für die Regierung, die Knesset und die alte kulturelle Elite: die Hebräische Universität, die Nationalbibliothek, das Viertel Rechavia, den Obersten Gerichtshof und das alljährlich von staatlicher Seite organisierte »Israel Festival«, das seit über fünfzig Jahren bemüht ist, seinem Publikum das Beste an Kultur aus dem In- und Ausland zu bieten.

Tel Aviv hingegen symbolisiert das »neue Israel« und damit auch die »Blase« der internationalen Gegenwartskultur: Offenheit, Globalität, Internet, Fahrräder, Meeresstrand, rund um die Uhr geöffnete Geschäfte und Vergnügungsstätten in der »Stadt ohne Pause«, soziale Netzwerke, junge Menschen – egal welchen Alters. Die Stadt Tel Aviv tut viel für Kultur

Eingangshalle des Tel Aviv Museum of Art mit Werken der amerikanischen Künstler Roy Lichtenstein und Andy Warhol: Eröffnet wurde das Museum am 2. April 1932 im Haus des ersten Bürgermeisters von Tel Aviv, Meir Dizengoff. 1971 zog es an den heutigen Standort in der Shaul-Hamelekh-Straße.

und die Anzahl der Kultureinrichtungen wächst ständig: Kunstgalerien, Buchverlage, Theater und Orchester, Jazz- und Rockbands und neben der etablierten auch alternative Kultur, vor allem politisch-kulturelle Klubs, Kultur- und Vergnügungsstätten für die schwul-lesbische Gemeinde, und natürlich die Universitäten und Colleges, die neben dem akademischen Leben große kulturelle Tätigkeit entfalten. Die UNESCO hat Tel Aviv in die Liste der kreativen Städte in der Kategorie »Media Art« aufgenommen und ihre vielen Bauhausgebäude, die »Weiße Stadt«, als Weltkulturerbe ausgezeichnet.

Volkstümlichkeit und »Orient« versus Empfindsamkeit

In seinen ersten Jahren ermunterte der junge Staat seine Kulturschaffenden, eine hebräische und israelische »Volkskultur« fast aus dem Nichts zu entwickeln, das heißt, die aus ihren Herkunftsländern mitgebrachten Werte, die für den Geist des in sein Land heimgekehrten Volkes angeblich zu abstrakt oder sonst unpassend waren, abzulegen und dafür kulturelle Werte wiederzubeleben, die mit heimischer Scholle, Landwirtschaft, Pioniertätigkeit, einfachem Leben, körperlicher Arbeit und dem Kollektiv einhergingen. Im Zug der »Negation der Diaspora« sollte eine Nation der »Muskeljuden« entstehen. Die jüngeren Generationen, die bereits im Staat aufgewachsen waren, fanden diese Wertvorstellungen veraltet, provinziell, primitiv und »unterlegen« – weil sie nicht der optimalen Selbstverwirklichung dienten, aber auch, weil die aschkenasische Elite sie mit der als feindlich betrachteten Kultur des Orients und der Araber gleichsetzte. So gelangten Aspekte in die neue israelische Kultur, die das Gegenteil der vorigen Wertvorstellungen propagierte. Die »neue Empfindsamkeit« im Film betonte, unter europäischem Einfluss, die Verletzlichkeit der israelischen Gesellschaft und des israelischen Mannes. In der Literatur verwandelten sich »Pioniere« und Soldaten in »Kinder« ihrer Eltern und der Gesellschaft. Die frühere Mentalität des ständigen Krieges – Moshe Dayans biblischer Imperativ, »das Schwert wird unaufhörlich um sich fressen« – wurde langsam zur Belastung, getreu der Wendung »wir schießen und weinen«, die der zeitgenössische Journalist Nahum Barnea (* 1944) prägte.

Westliche und israelische Kunstgattungen ohne orientalisch-ethnische Merkmale gehörten demnach zur »Hochkultur«, während die orientalischen als »ethnisch« und »volkstümlich« abgestempelt wurden. Das war eine Täuschung, denn das meiste Ethnisch-Orientalische wurde in Israel selbst erfunden, häufig von den Angehörigen der zweiten Generation unter Umkehrung der elterlichen Wertvorstellungen. Die Kulturschaffenden orientalischer Herkunft, die sich nun Misrachim (von *misrach* – Osten) nannten, priesen zwar das Herkunftsland ihrer Familie und dessen Kultur, schufen aber lieber neue Werke. Es war also eine *erfundene Kultur*, oft in Protest oder Provokation gegen die hegemonische, aschkenasische israelische Kultur, die, wie viele Misrachim behaupteten, die Identität der Gruppe oder Ethnie »auslöschen« wollte. Eine Figur in Sara Shilos Roman kleidet die Vereitelung des Versuchs, eine alternative Sprache als Symbol der von Auslöschung bedrohten Identität zu schaffen, in folgende Worte: »[...] schon kommt das Hebräischmesser und schneidet uns in zwei Teile: Ein Teil, der immer verbessert wird, und einer, der immer verbessert.« (Shilo 2009, S. 48)

Das Wort »levantinisch«, das früher als Schimpfwort zur Bezeichnung eines Menschen oder einer Kultur diente, die als nicht ganz ehrlich, sauber oder tiefgründig galt, wurde durch »mediterran« ersetzt, das Werte wie Pluralismus, Offenheit und Toleranz ausdrücken sollte, begleitet von einer »Folklore«, die den Mittelmeeranrainern gemeinsam sei. Die israelischen Meeresstrände, einst als Randgebiete betrachtet und vernachlässigt, sind heute höchst begehrt: für Wohnen, Freizeit und Unterhaltung, Gaststätten, Volkssportarten wie Radfahren und Laufen, für Kunst und

Kultur. Aber neben der »Mittelmeerkultur« gewinnt auch gerade die *misrachijut* – die »Orientalischkeit« – an Stärke, belegt heute nach jahrzehntelanger Verdrängung eine zentralere und geachtetere Stellung im israelischen Kanon, mit erfolgreichen Musikfestivals, die Kunst, Ethnie und Unterhaltung verbinden. Der Weg dahin war mit Spannungen und Kämpfen gepflastert: Die abfälligen Worte des Dichters Natan Zach und vor ihm des (in Deutschland geborenen) Bildhauers Yigal Tumarkin, die die orientalische Kultur als »unterlegen« und »weinerlich« bezeichnet hatten, wurden um der »politischen Korrektheit« willen zwar zurückgewiesen, aber viele stimmten ihnen zu – sogar Künstler, die selbst Misrachim sind, wie Yehoram Gaon.

Konsum, Unterhaltung und Moderne versus Protest und »Subversion«

Die Protestkultur ist eng mit Tel Aviv verbunden – als Kultur, die das »soziale Banner« schwingt, mit »postzionistischen«, postkolonialistischen, feministischen Gruppierungen, mit Ökofreaks, der schwul-lesbischen Gemeinde und anderen, gleichfalls »subversiven« Gruppen, die Humor und Zynismus in den sozialen Netzwerken, auf den Satireseiten der Presse, im Fernsehen oder auf YouTube verbreiten. Der Protest richtet sich gegen Materialismus, Konsum, Gleichgültigkeit gegenüber den Schwachen und mangelndes soziales Engagement. Er begann in der Linken, wird letzthin aber auch von rechts her laut – im Radio, beispielsweise in der Sendung »Das letzte Wort« im Armeesender, und in der Presse: Der Satiriker Yedidya Meir gründete »Eppes«, erst als satirische Onlinezeitung im Internet und in der Tageszeitung Haaretz, dann in der Yedioth Ahronoth, unterstützt von den Publizisten Kobi Arieli, Jackie Levi und Uri Orbach, der in der Regierung Netanjahu 2013 sogar Minister für die religiöse Partei Habayit Hayehudi (»Das jüdische Haus«) wurde.

Andere Gruppen kämpfen für soziale Gleichstellung und gebührende Vertretung: Die Organisationen der Homosexuellen veranstalten jedes Jahr eine Pride Parade in Tel Aviv und Jerusalem. Und 2011 wurde die hegemonische Kultur von den Massenprotesten der »Zelte« auf dem Rothschild Boulevard mitten in Tel Aviv aufgerüttelt, die gegen die hohen Mieten im Landeszentrum protestierten. Mütter zogen gegen die hohen Preise der Kindergärten zu Felde und pflichtbewusste Steuerzahler, zumeist Pflichtwehrdienstentlassene oder Reserveoffiziere, protestierten gegen Ultraorthodoxe, die sich vor dem Wehrdienst drücken. Die neue israelische Protestkultur bezeichnet sich als »Gemeinschaft« oder »Stamm« mit eigenem Bewusstsein und eigenen Interessen und wendet sich, anders als früher, gegen das Establishment, dem ihre Familien eigentlich angehören, überzeugt, die Regierung begünstige nun andere »Stämme« – Siedler und Ultraorthodoxe –, um deren Stimmen

Tel Aviv

zu erhalten, und benachteilige dafür brave Steuerzahler und Wehrdienstleistende. Der Protest begann in den sozialen Netzwerken im Internet und manifestierte sich politisch zunächst in der neuen »Zukunftspartei«, die der Tel Aviver Fernsehjournalist Yair Lapid gegründet hatte und die bei den Wahlen 2013 über Nacht die größte Partei in der Knesset wurde.

Die Wiederkehr des verjagten Juden

In den 1950er-Jahren versuchte das israelische Establishment, die Kultur des Landes mit Gewalt »israelisch« zu machen: Die Polizei untersagte jiddische Theateraufführungen; Behörden, Volksvertreter und Kulturfunktionäre nebst ihren Untergebenen reagierten rassistisch, diskriminierend, abfällig und demütigend auf die Kultur und Gebräuche der Neueinwanderer, besonders derjenigen aus arabischen Ländern. Wer höherer Beamter werden wollte, war angehalten, seinen Namen zu »hebraisieren«. Radio- und Fernsehsprecher wurden danach ausgesucht, ob sie die Sprache »akzentfrei« sprachen, was letztlich hieß – ohne einen Akzent, der ihre Diasporaherkunft verriet, egal ob russisch, arabisch, englisch oder marokkanisch. Die Ideologie des »Schmelztiegels«, aus dem der »neue Israeli«, der »Sabre«, hervorgehen sollte, hatte erheblichen Einfluss auf die Entwicklung von Kultur und Gesellschaft in Israel und weckte letzten Endes Gegenbewegungen, die die Rückkehr der Diaspora und des Judentums in den israelischen Diskurs ankündigten. Dieser Trend verstärkte sich in den 1990er-Jahren derart, dass manche bereits eine »Renaissance« darin sahen: in der vielseitigen Einbeziehung »des Juden« in die »allgemeine« israelische Gesellschaft. Es war aber auch eine Art Flucht ins »Spirituelle«, signalisierte Ausstieg, Protest, Ablehnung der modernen, urbanen Gesellschaft und der Kultur des Konsums und des Materialismus. Und schließlich wollte man »jüdische« Elemente in die kanonische »israelische« Geschichte einfügen.

Zwei wichtige Werke der neuen israelischen Kultur illustrieren das: Das eine ist Amos Oz' autobiografischer Roman »Eine Geschichte von Liebe und Finsternis«, in der Oz in seine Kindheit im Jerusalem der 1940er-Jahre zurückkehrt, als er noch im Elternhaus wohnte und den Namen seiner Familie – Klausner – trug. Ein Kritiker schrieb, der Israeli »Amos Oz«, der als Jugendlicher seinen Namen änderte, als er aus Jerusalem in den Kibbuz übersiedelte, sei zurückgekehrt und wieder Amos Klausner geworden, als er die persönliche, schmerzliche Geschichte seiner Familie niederschrieb, vor allem das Schicksal seiner Mutter, die Selbstmord beging. Hier kehre der maßgebliche israelische Schriftsteller zurück zu seinen konkreten historischen Wurzeln, als Kind einer grüblerischen Familie, und sei damit das krasse Gegenteil von Elik, »der aus dem Meer geboren wurde«. Das zweite Werk ist der Film »Footnote« von Joseph Cedar, der in Israel bei Kritik und Publikum gleichermaßen erfolgreich war und mit dem Drehbuchpreis der Internationalen Filmfestspiele in Cannes ausgezeichnet wurde. Die beiden Helden, Vater und Sohn, sind Professoren für Talmud an der Hebräischen Universität Jerusalem. Der Vater, akribisch und analytisch in seiner Methodologie der historischen Erforschung des Talmuds, bleibt eine Randfigur und erlangt nur durch eine Fußnote in der Publikation eines erfolgreicheren Kollegen Bekanntheit. Der Sohn, der Anerkennung und Eingang in den hegemonischen israelischen Diskurs anstrebt, macht den Talmud fruchtbar fürs wirkliche Leben und für seine Karriere.

Cedars Entscheidung, den Talmud als Forschungsgegenstand seiner Helden zu wählen, schließt einen Kreis, den der erste Ministerpräsident Israels und dominanteste Gestalter der israelischen Kultur, David Ben Gurion, eröffnet hatte, als er die wichtigsten zeitgenössischen Schriftsteller und Intellektuellen zur Diskussion über seine Behauptung einlud, man könne beim Aufbau der israelischen Kultur die Jahrtausende in der Diaspora schlichtweg »überspringen«. Für Ben Gurion war die hebräische Bibel Grundlage und Gründungsgeschichte der Israelischkeit, ein Werk, das in Zeiten geschrieben wurde, als das Volk Israel in sein Land einwanderte und dort eine Kultur in seiner Sprache schuf. Er hielt Mischna, Talmud und das gesamte rabbinische Schrifttum, das in der Diaspora entstanden war, für überflüssig, ja sogar schädlich, da sein haarspalterischer und diskutierfreudiger Inhalt den Aufbau einer alt-neuen Kultur in der zu neuem Leben erwachten Heimat erschwerte. Zu den illustren Widerstreitern Ben Gurions zählten der Schriftsteller Chaim Hasas und ein weiterer berühmter Anwalt der Weltliteratur wie der Welt des Talmuds, des jahrtausendealten Judentums und auch dessen Fortlebens im Land Israel, der Schriftsteller und spätere Nobelpreisträger Samuel J. Agnon. Aber damals siegten die Bibel und die »Israelischkeit« noch über »die Juden«.

Ben Gurion leitete in seinem Haus einen Bibelkreis, unter Beteiligung führender Würdenträger und Intellektueller, und aufgrund seiner Initiative und Förderung fand die Bibel massiven Eingang in die Lehrpläne staatlicher Schulen, den öffentlichen Diskurs sowie in Literatur und Kultur. Biblische Romane und Hörspiele wurden verfasst, archäologische und historische Programme durchgeführt, die bildenden Künste widmeten sich biblischen Themen ebenso wie Ballett und Volkstanz. Und im Radio übertrug man (vor der Ära des Fernsehens) das »Bibelquiz«, ein bald jährlich stattfindendes internationales Ereignis und in den 1960er-Jahren die Sendung mit der höchsten Einschaltquote. Mythen wie der Auszug aus Ägypten, die Eroberung des Landes Israel unter Josua, das Heldentum der Makkabäer, David und Goliath sowie Masada entwickelten sich, mit Unterstützung der zuständigen Ministerien für Erziehung, Kultur, Religion und Archäologie unter Mitwirkung der Medien, zu prägenden Geschichten im neuen israelischen Diskurs. Überall wurden die biblischen Geschichten neu erzählt und in Verse gefasst, studiert und verbreitet – außer in der Welt der Ultraorthodoxen, die sich weiterhin abschottete.

Heute durchdringen Kultur und Tradition der Diaspora den kulturellen Diskurs in Israel: zum einen die jiddische, chassidische, kabbalistische und zum anderen die orientalische, sephardische Kultur in ihren verschiedenen Ausprägungen. Die erfolgreiche Fernsehserie »Shtisel« spielt im ultraorthodoxen Milieu und enthält jiddische Dialoge; israelische Klezmer-Gruppen, darunter auch Musiker religiöser, chassidischer oder ultraorthodoxer Herkunft, reüssieren nicht nur in Europa, sondern auch in Israel; es gibt das chassidische Musikfestival in Safed und Webseiten wie »Einladung zum Pijjut« (liturgische Dichtung). All das überschwemmt die beliebten Kulturzentren Israels, Kinos, Fernsehen und den Buchmarkt, wo diese Erscheinung neuerdings als »der jüdische Bücherschrank« bezeichnet wird. Tradition gilt wieder etwas, wird in Lese- und Lernzirkeln gepflegt.

Die erwähnten Werke von Oz und Cedar bringen eine Rückbesinnung auf das traditionelle Judentum, aber etwas ist darin auffallend abwesend: Im zweiten Jahrzehnt des 21. Jahrhunderts geht die obsessive israelische Beschäftigung mit der Schoah als kollektive, nationale Erinnerungsgeschichte langsam zurück. Stattdessen rücken *persönliche Geschichten* aus jener Zeit in den Vordergrund und geben ein vielfältigeres Bild, sei es im Inhalt der jährlichen Veranstaltungen am Holocaustgedenktag in Yad Vashem, bei der Darstellung Deutschlands und der Deutschen in der israelischen Literatur und in den Medien, zum Beispiel bei der jüngst angelaufenen Diskussion über Israelis in Berlin, sei es in Dokumentationen über das Schicksal von Frauen oder Kindern während der Schoah oder über jüdische Gemeinden außerhalb Mittel- und Osteuropas wie in Griechenland, Tunesien und Libyen. Die Schoah wird nun auch als konkretes historisches Ereignis diskutiert, einschließlich der umstrittenen Thesen von Hannah Arendt im Gefolge des Films »Ein Spezialist« von Eyal Sivan, der ihre Position zum Eichmann-Prozess und ihre These von der »Banalität des Bösen« in visuelle Szenen umsetzt. Weitere Dokumentarfilme wagten sich an zutiefst beunruhigende Themen, die dem gewohnten Narrativ des Holocaust zuwiderlaufen: darunter Arnon Goldfingers Film »Die Wohnung«, in dem der Regisseur die nach dem Zweiten Weltkrieg erneuerte Freundschaft mit der Familie des SS-Offiziers Leopold von Mildenstein thematisiert, und der Film »Geheimsache Ghettofilm« von Yael Hersonski, der das Trügerische der filmischen Dokumentation behandelt.

Von Generationen zu Identitäten

Der Diskurs über Identitäten in der Kultur Israels bekam die Oberhand über den politisch-ideologischen Diskurs der 1960er- und 1970er-Jahre. Konfliktfelder wie »Großisrael«, »binationaler Staat« oder »Zweistaaten-lösung« wurden zunächst ihres ideologischen Einschlags entkleidet, daraufhin mit Kultur und Identität verbunden und erhielten schließlich eine andere politische Bedeutung. Gruppen, die sich vom hegemonischen Kulturdiskurs ausgeschlossen fühlten, fochten fortan den Kampf um ihre Identität als politischen Konflikt mit der Hegemonie aus.

Damit verschwand die Einteilung der Kulturen in Israel nach Generationen, die auf der unausgesprochenen Annahme beruhte, alle Israelis einer bestimmten Ära bildeten im Grunde eine Wertegemeinschaft: »Die Generation der Palmach« vertrete die Kämpfer im Unabhängigkeitskrieg, »die Generation im Land« stehe für die ersten Kunstschaffenden nach der Staatsgründung und »die Generation Espresso« für den frühesten Versuch, eine Art kulturelle, urbane und säkulare »Normalität« zu erreichen (siehe den Beitrag von Gad Arnsberg); »die Generation des Sechstagekriegs« habe die umjubelten Offiziere der israelischen Streitkräfte und die Sehnsucht nach dem legendären, aber verschwundenen israelischen »Sabre« hervorgebracht (Almog 2004); »die Kerzenkinder« verträten die Anhänger Itzhak Rabins und seine Friedensverheißung, die mit ihm ermordet worden war, und so weiter. Auf der Gegenseite bezeichneten die Soziologen Khawla Abu-Baker und Dan Rabinowitz die neue Generation der Palästinenser im Israel des letzten Jahrzehnts des 20. und ersten Jahrzehnts des 21. Jahrhunderts als »die aufrechte Generation«, die keine Angst mehr habe, auf ihre Rechte und ihre nationale und kulturelle Identität zu pochen, anders als ihre Eltern, »die aufgeriebene Generation«, und ihre Großeltern, »die Generation der Überlebenden«, die noch um ihre blanke Existenz hatten kämpfen müssen (Rabinowitz 2002).

Provokation

Provozierendes findet sich heute besonders in der Dichtung, etwa in den Versen einer neuen Dichtergruppe, die sich »Ars Poetica« nennt. Dieser scheinbar hübsche und harmlose Name hat es insofern in sich, als es im Hebräischen zwei Möglichkeiten gibt, den Vokal »A« auszudrücken, und man hier nicht den Buchstaben »Alef« für das »A« in »Ars« gewählt hat, sondern den Buchstaben »Ajin«, sodass das hebräische Slangwort für einen Menschen von minderer Kultur daraus wird. Dichter und Dichterinnen wie Adi Kesar, Roy Hassan, Shlomi Hatuka und andere schreiben rebellische, schlagkräftige Misrachi-Lyrik, die ins Zentrum des Kulturdiskurses vorgedrungen ist, beispielsweise in die Kultur- und Literaturbeilage der Haaretz. Dies geschah nach langen Jahren des Aufbegehrens, angeführt von der »Mizrahi Democratic Rainbow Coalition«, Internetforen wie *haokets* (der Stachel) und Einzelpersonen wie dem Dichter Erez Biton. Sie wandten sich gegen die hegemonische, aschkenasische hebräische Dichtung, vertreten durch Chaim Nachman Bialik, Saul Tschernichowski, Rachel, Avraham Schlonski, Nathan Alterman, Lea Goldberg, Uri Zwi Greenberg, Zelda, Jehuda Amichai, Natan Zach, Yona Wallach, David Avidan, Amir Gilboa und Dalia Rabikowitz. In seinem Gedicht »Staat Aschkenas«, das von der untergeordneten Stellung des orientalischen Juden in den Augen der hegemonischen Elite in Israel erzählt, erteilte Roy Hassan dem Staat Israel den Scheidebrief, womit er einen literarischen Sturm auslöste: »Ich trauerte nicht um Kaniuk/und verbrannte die Bücher von Natan Zach/und feiere dir keine Unabhängigkeit/bis mir ersteht ein Staat.« (Hassan 2013)

Auch andere fordern die »israelische« Hegemonie heraus: Junge nationalreligiöse Zionisten, die mit Spitznamen »Häkelkäppchen« heißen, dringen in den letzten Jahren in Literatur und Fernsehfilme vor; ultraorthodoxe Frauen eröffnen sich neue Berufsfelder – von ultraorthodoxer Filmkunst bis zur Innenarchitektur; junge Araber und Drusen schaffen meist ortsbezogene Kultur und Kunstwerke. Doch noch immer beherrscht

Israelis marokkanischer Herkunft feiern das Maimuna-Fest, 2016

die alte Elite die kulturellen Machtzentren: Theater, Orchester, Ballett und Oper, Universitäten, Museen, Buchverlage, Presse, elektronische Medien, Musik- und Tonstudios. Zugleich verwandelt sich das Establishment langsam in einen populären und einträglichen Geschäftsbetrieb, der die ihm genehmen Kräfte von den Rändern und aus der Peripherie anzieht und natürlich auch für seine Bedürfnisse zurechtbiegt. Das ist eine »Honigfalle« für Kunstschaffende, Theatergruppen, Orchester und sogar Universitätsfakultäten, die der ewigen Frage, die sich Kulturschaffenden nicht nur in Israel stellt, gegenüberstehen: Soll man aus materiellen Gründen dem dominanten Publikumsgeschmack nachgeben oder lieber »Authentizität«, Unabhängigkeit und aufrechte Haltung wahren – und dafür auf öffentliche Unterstützung und Gelder verzichten?

Der Kulturkampf rankt sich sogar um den israelischen Festkalender: Das marokkanische Maimuna-Fest, gleich nach Pessach, beispielsweise hat sich von einer bescheidenen Familienfeier zu landesweiten Großveranstaltungen ausgewachsen, zu denen Politiker und andere Ehrengäste eingeladen werden; dasselbe gilt für das kurdische Seharane-Fest gleich nach dem Laubhüttenfest (Sukkoth). Auch das äthiopische Sigd-Fest wird von offizieller Seite beachtet und gewürdigt und nahm trotz seiner biblischen Ursprünge gerade in Israel eindeutig ethnische Züge an. Ähnliches gilt für die Hillulot – die chassidischen oder kabbalistischen Feiern am Grab

Das Sigd-Fest wird jährlich von aus Äthiopien stammenden Israelis gefeiert. Sie gedenken unter anderem ihrer Angehörigen, die auf dem Weg ins »Gelobte Land« umgekommen sind, 2012.

berühmter Rabbiner oder Zaddiks am Jahrestag ihres Todes, besonders am Grab des 1984 verstorbenen marokkanischen Baba Sali. Sie haben sich zu einem florierenden Geschäft mit Segenssprüchen, Amuletten und Politik entwickelt. Auch andere Feste mit offiziellem, staatlichem, »israelischem« Hintergrund haben – teils überraschenden – Volksfestcharakter angenommen: Der Unabhängigkeitstag, eigentlich ein staatlicher Feiertag am Jahrestag der Staatsgründung mit dem feierlichen Entzünden von Ehrenfackeln für auszuzeichnende Bürger, mit Preisverleihungen und Festbühnen für israelischen Tanz und Gesang, hat sich nach und nach in ein Grillfest verwandelt, einen Tag, an dem die Familie zum Picknick ins Freie fährt und Fleisch grillt. Sogar der Versöhnungstag, Jom Kippur, der heiligste Tag der jüdischen Religion, an dem jeglicher Motorverkehr ruht, ist über die Jahre zum »Tag der Fahrradfahrer« geworden – zu einem Fest für Kinder, die mit ihren Fahrrädern massenweise ausschwärmen, um die autofreien Straßen zu erobern.

Es liegt eine gewisse Ironie darin, dass die einzig verbliebenen »staatlichen« Anlässe Trauertage sind: der Gedenktag für gefallene Soldaten und zivile Terroropfer und der Holocaustgedenktag. Und selbst hier gibt es Veränderungen: Fast verschwunden ist die Verbindung von Schoah und

Am höchsten jüdischen Feiertag Jom-Kippur ruht für 24 Stunden das gesamte öffentliche Leben, Oktober 2014.

gevura, Holocaust und Heldentum (des jüdischen Widerstands gegen die Vernichtung), die in den 1960er- und 1970er-Jahren hergestellt wurde; Gedenkveranstaltungen thematisieren nun auch die Hilflosigkeit gegenüber dem Bösen. Und selbst die offiziellen Kundgebungen, die zum Holocaustgedenktag alljährlich in Yad Vashem stattfinden, konzentrieren sich seit Jahren mehr auf den Einzelnen und sein Schicksal in der Schoah, auf spezifische Familien, Gemeinden und Kulturen, ja sogar auf die greifbaren, stillen Hinterlassenschaften wie das Dichterwort, das schon vor einem Jahrzehnt in den israelischen kulturellen Dialog einging: »Jeder Mensch hat einen Namen.«[2] Die zentrale Stellung des Holocausts in der israelischen Kultur seit den 1970er-Jahren, die nicht von ungefähr mit der Wahl Menachem Begins zum Ministerpräsidenten einsetzte, hat auch neues Interesse für die jüdische Diasporakultur geweckt, die Ben Gurion dem Vergessen anheimgeben wollte. Der Talmud hat erneut über die Bibel gesiegt, könnte man sagen und damit bröselt auch die staatliche israelische Idee vom Schmelztiegel.

---

2 Das Gedicht stammt von Zelda, 1974: »Jeder Mensch hat einen Namen/den Gott ihm gegeben und sein Vater und seine Mutter.«

Paradigmenwechsel: Von der Besatzung zur Trennung, vom Dialog zum Diskurs der Kulturen

Die Schöpfer eigener, von der hegemonischen israelischen Kultur getrennter Strömungen sind jedoch bereit, mit ihr zu kooperieren, und so hat der Einfluss der zentralen Kultur in den letzten Jahren sogar zugenommen, trotz der tiefen Risse. Ihr Erfolg gründet sich auch auf den nationalen Konsens und die Solidarität, die in Krisenzeiten wie im Krieg oder bei Terrorakten immer wieder zutage treten und die Klüfte zwischen den Kulturen überbrücken. Das zeigte sich etwa während der beiden »Intifadas«, die Israel und die Palästinenser in den letzten Jahrzehnten durchmachten, und in den Kriegen gegen die Hamas im Gazastreifen.

Erklären lassen sich diese tief greifenden Veränderungen unter anderem mit dem Paradigmenwechsel im israelischen Diskurs, der direkt mit dem israelisch-palästinensischen Konflikt zu tun hat: Der Diskurs über »Besatzung« und »Annexion« einerseits und »Frieden« und »Versöhnung« andererseits ist in einen Diskurs der »Trennung« übergegangen. Das gilt gleichermaßen für die Linke wie für die gemäßigte Rechte. Der »Trennzaun«, den linke Regierungschefs – erst Itzhak Rabin, dann Ehud Barak – planten, wurde unter rechtsgerichteten Regierungen zum Faktum und die seit seiner Errichtung gleichbleibende Akzeptanz unter der israelischen Bevölkerung liegt bei über neunzig Prozent – ein selten erreichter Zustimmungswert in der politischen Realität Israels. Es geht hier also weniger um eine politische Frage als um ein Thema, das als existenzielles Problem betrachtet wird (Witzthum 2004). Dasselbe gilt für den Diskurs über die Trennung zwischen Israelis und Palästinensern, die alle israelischen Ministerpräsidenten unterstützt haben, und für Ehud Baraks Metapher von der »Villa im Dschungel«, mit der er Israels Situation inmitten seiner palästinensischen Nachbarn und der arabischen Nachbarländer beschreibt. Es ist keine politische Frage mehr zwischen links und rechts, sondern eine tiefer greifende, die auf Identität und Kultur zurückgreift.

Meinte man früher auf linker Seite, Bemühen um Koexistenz, Dialog, Annäherung und Zusammenarbeit zwischen Künstlern, Akademikern, Denkern, Arbeitsgemeinschaften und Friedensaktivisten sowie wechselseitige Besuche, gemeinsame Kundgebungen, Ausstellungen, Gebete und anderes mehr würden den Frieden näherbringen, so wirkt bei der gegenwärtigen Sachlage zwischen Israelis und Palästinensern und einem Seitenblick auf die unstabile und explosive arabische Welt der Diskurs über »Frieden« und »Koexistenz« eher hohl, wenn nicht gar realitätsfremd und heuchlerisch. Früher fürchteten manche Palästinenser bei derartigen Aktivitäten einen »Kulturkolonialismus« seitens Israel, eine kulturelle Okkupation neben der militärischen. Heute ist die Trennung das gemeinsame Anliegen der meisten Israelis und Palästinenser, sie verkörpert also einen neuen Wert und eine neue Realität. Aufgrund der gegenseitigen Feindschaft und des tiefen Misstrauens zwischen den beiden Völkern wirkt jedoch auch die Trennung nicht auf einen kulturellen Dialog hin – und natürlich auch nicht auf ein Friedensabkommen.

Gleichzeitig setzt die reale Trennung eine Grenze in der israelischen Kultur: Obwohl zwanzig Prozent der israelischen Bevölkerung Araber sind, ist ihre Kultur – nach eigenem Empfinden wie auch nach dem der meisten jüdischen Bürger – kein integraler Bestandteil der israelischen Kultur, sondern bestenfalls eine Art »geduldeter Gast«, die Ausnahme, die die Regel bestätigt. Die arabische Kultur, die in Israel entsteht, korrespondiert kaum mit der israelischen, dafür aber mit der palästinensischen, arabischen, muslimischen oder christlichen Kultur außerhalb der Landesgrenzen. Mehr israelische Araber als früher schreiben, filmen oder musizieren in arabischer Sprache und bezeichnen ihre Werke als Beitrag zur palästinensischen, nicht zur israelischen Kultur, obwohl sie israelische Staatsbürger sind und ihrer Kunst in Israel nachgehen. Jüngst verlangte das israelische Kulturministerium sogar staatliche Fördergelder von der israelisch-arabischen Filmregisseurin Suha Arraf zurück, weil sie ihren Film »Villa Touma« bei Vorführungen in aller Welt als »palästinensischen« Film bezeichnet hatte. Auch israelisch-arabische Sänger und Darsteller treten in ausländischen Fernsehprogrammen (beispielsweise bei »Lebanon Idol«) als Palästinenser, nicht als Israelis auf.

Ein Paradox in der israelisch-jüdischen Kultur zeigte sich, nachdem die orientalistische Exotik der ersten Generation israelischer Künstler zunächst der »mediterranen« und dann der selbstbewussten Misrachi-Kultur Platz gemacht hatte: Neuerdings sprechen einige Vertreter populärer Misrachi-Kultur wieder ausdrücklich von »jüdisch-arabischer Kultur«. Zunächst diente der Begriff »Kultur arabischer Juden« nur wenigen Intellektuellen und Schriftstellern, die Beschreibungen für die Kultur der Juden aus arabischen Ländern suchten. Zu ihnen gehören der Schriftsteller und Philosoph Albert Memmi, die Filmforscherin Ella Shohat und der Soziologe Yehouda Shenhav. Die meisten orientalischen Juden lehnten diese Definition früher ab – mit der Begründung, sie wollten nicht mit Arabern, den Feinden des Staates Israel, identifiziert werden, sondern – wie die Zionisten es wünschten – mit der neuen »Israelischkeit«. Doch schon die Möglichkeit, populäre Fernsehprogramme und Internetangebote aus der arabischen Welt zu frequentieren, besonders Musik, auch nicht arabische – griechische, persische, türkische –, führte dazu, dass viele Künstler sich in ihren Ausdrucksformen darauf bezogen – nunmehr ohne Bedenken, mit der arabischen Welt kulturell identifiziert zu werden. In einem Interview[3] erzählte der israelische Musiker und Produzent Asaf Atdagi, Misrachim in Israel hätten immer »Angst vor der ›Arabischkeit‹« gehabt, und erklärte: »Ich bin Araber. Ich bin marokkanisch-israelischer Jude. Meine Familie spricht Arabisch. Ich spreche Marokkanisch. Ich spiele Oud, ein arabisches Musikinstrument. Ich bin ein arabischer Jude, aus arabischen Ländern.« Doch der Zerfall der »Israelischkeit« und der Sieg des »Judentums«, das heißt der ethnischen Stammeszugehörigkeit, der eine Annäherung der Kulturen bewirkte, hat offenbar weder politische Brücken gebaut noch merklich zur Aussöhnung zwischen Arabern und arabischen Juden oder Israelis beigetragen.

Der Kreis schließt sich: Von der Negation der Diaspora zur Negation der »Israelischkeit«

Die israelische Kultur hat einen einzigartigen Beitrag zur Verwischung der Definition »israelisch« geleistet: Einerseits werden die Gemeinden, die die örtliche Kultur hervorbringen, ihrem Wesen nach eher regional, ethnisch, »stammesgebunden« und weniger »national«, andererseits lockt die wesensmäßig globale Kultur, die mit der Außenwelt in Verbindung steht. Israelische Künstler, deren Kunst häufig auch mit der der Juden im Ausland korrespondiert, emigrieren, überschreiten die physischen Grenzen des Staates, geradeso, wie man früher, vor der Staatsgründung, vom grenzenlosen Kosmopolitismus der Juden sprach. Israel ist in den letzten Jahren offen für Kulturen von außen geworden – und entsendet seine in alle Welt. Die heute in vielen Staaten angesiedelte israelische Diaspora sowie die israelischen Rucksacktouristen, die monatelang die fernsten Winkel der Welt bereisen, steigern das Besondere dieser Kultur. Neuerdings wurde die vielfältige israelische Kultur im Ausland um einen alt-neuen Identitätsbegriff erweitert: den des »Berliner Israelis«. Daher läuft in der israelischen Bevölkerung ein intensiver Diskurs über die Auswanderung zahlreicher Israelis nach Berlin, über ihre Beweggründe, ihre Möglichkeiten und ihren Einfluss auf die israelische Kultur. Einer von ihnen, Naaman Hirschfeld, behauptet in seinem Blog, das enormes Interesse und zahlreiche Kommentare erntete, die Entscheidung für Berlin sei schlicht und einfach ein Nein zu Israel. In diesem Fall schließt sich der Kreis, »Negation der Israelischkeit« im Namen einer neuen Diaspora.[4]

---

3   Im Programm »Leute«, zweiter israelischer Fernsehkanal, 24. November 2014.

4   Naaman Hirschfeld, https://haemori.wordpress.com/2014/10/11/hirschfeld (Aufruf: 15. Dezember 2015), antwortet auch auf Posts von Yair Lapid, Daphni Leef und anderen.

Die »Israelischkeit« und ihr Zerfall in der hebräischen Literatur

Ein anschauliches Beispiel für eine Kultur, die die sprachlichen und nationalen Grenzen überschreitet, ist der arabisch-israelische Schriftsteller Sayed Kashua. Seine Romane, seine Kolumnen im Haaretz, seine Fernsehserie »Arabische Arbeit« und der neue Film von Eran Riklis nach Kashuas Roman »Tanzende Araber« zeigen das problematische Leben der israelischen Araber – in Stadt und Land, bei Alt und Jung, auf Arabisch wie auf Hebräisch. Ein ähnlich anschauliches Beispiel für die russische Ambivalenz in Israel ist das Buch »Die Krone ist nicht schwer« der jungen Schriftstellerin Alice Bialsky, das unter dem Titel »Wir sahen die Nacht« aus dem Russischen ins Hebräische übersetzt wurde. Die Autorin lebt in Israel, dreht Filme auf Hebräisch und schreibt auf Russisch über die rebellische Rockszene in der Spätzeit der Sowjetunion, Ende der 1980er-Jahre. Andere Schriftsteller schreiben auf Russisch über ihr Leben in Israel: Leonid Pakrowski verdient seinen Lebensunterhalt als Wächter in einem Tel Aviver Parkhaus, beobachtet von dort aus die Israelis um ihn herum und schreibt auf Russisch Erzählungen, die ins Hebräische übersetzt und in Haaretz abgedruckt werden. Ein umgekehrtes Beispiel für das grenzüberschreitende Schreiben sind die Bücher der hervorragenden Schriftstellerin und Philologin Maya Arad, die seit fast zwanzig Jahren in den USA lebt

Sayed Kashua auf dem Dach seines Hauses in Tira

und vorwiegend über das Leben gebildeter Israelis dort schreibt, vor allem von denen an den Universitäten. Die Sprache ihrer Bücher ist Hebräisch, der Blick israelisch, aber die Handlung spielt in den Vereinigten Staaten. Die wichtigsten ihrer Bücher sind »Verdacht auf Demenz« und »Sieben schlechte Eigenschaften«.

Israelis machen sich zu vielen anderen Orten und Zeiten auf: Matan Hemoni schreibt über das »jiddische« jüdische Leben im Amerika des letzten Jahrhunderts, Nir Baram in seinem Roman »Gute Leute« über Deutschland und die Sowjetunion zur Nazizeit. Viele kehren zurück zu ihren Großeltern und deren Herkunftsländern: Sami Berdugo nach Marokko, Haim Sabato nach Syrien und Ägypten, Dorit Rabinyan in den Iran, Sami Michael und Eli Amir in den Irak, Moshe Sakal nach Ägypten; andere nach Mittel- oder Osteuropa wie Aharon Appelfeld, Chaim Be'er, Nathan Shacham; und im Genre der Unterhaltungsliteratur besinnen sich Yochi Brandes und Ram Oren auf die biblischen Wurzeln.

Doch die problematische Wirklichkeit der näheren Umgebung besitzt noch einen hohen Stellenwert für Literatur und Literaten in Israel: »Die drei Tenöre« des israelischen Literaturkanons, Amos Oz, Abraham B. Jehoschua und David Grossman, gestalten sie durch ihre Aufsätze und ihre politischen Äußerungen mit und behandeln sie unablässig in ihren belletristischen Werken. Die gegenwärtige Realität zerfällt und sie untersuchen diesen Zerfall aus verschiedenen Richtungen: In seinem neusten Buch, »Judas«, kehrt Oz zurück in das Jerusalem seiner Jugend und beleuchtet die tragische Gestalt des Archetyps des mythologischen Verräters; Jehoschua, der als rein lokaler Schriftsteller begann, reist in den letzten zwanzig Jahren in der Welt herum, kehrt aber immer wieder: Mit der Harfenistin in seinem neusten Roman, »Die Statistin«, aus Holland nach Israel, zuvor mit seinen israelischen Protagonisten aus Indien, Afrika und Spanien; ja er forschte sogar einer unbekannten russischen Christin nach, die bei einem Terroranschlag in Israel umgekommen war. David Grossman blieb letzthin in einem Zuhause, das für ihn tragisch geworden ist, in einem Buch, das ganz von Trauer erfüllt, ganz und gar israelisch und nah bei ihm daheim ist: »Eine Frau flieht vor einer Nachricht«[5], und jetzt in seinem aufrüttelnden neuartigen Werk »Kommt ein Pferd in eine Bar«, das durch und durch ein »volkstümlicher« israelischer Stand-up-Auftritt ist und dabei gleichzei-

---

5　In den letzten Jahren führen die drei wichtigen israelischen Schriftsteller auch einen interessanten Dialog mit christlichen Motiven: Zu nennen wäre die »Botschaft« als Paraphrase bei Grossmans Roman, der im Original »Eine Frau flieht vor einer Botschaft« heißt, die »Passion« in Jehoschuas »Die Passion des Personalbeauftragten« und nun »Judas« in Oz' neuem Roman.

tig fast eine Horrorshow. Auch andere umkreisen die zerfallende heimische Welt, darunter junge Schriftsteller, die eine Fülle aktueller, abgelöster, teils minimalistischer, entfremdeter Geschichten schreiben: Orly Castel-Bloom, Etgar Keret, Uzi Weil, Asaf Zippor und andere. Letzthin fällt bei manchen israelischen Schriftstellern auf, dass sie der Generation des Tablets angehören, über Facebook und Twitter kommunizieren, E-Books im Internet verbreiten und Gedichte oder Geschichten schreiben, die an »Selfies« erinnern, als Metapher natürlich. Andere wie Zeruya Shalev wählen das Gefühlsleben als Hauptschauplatz ihrer Werke – trotz allem.

Es gibt natürlich auch andere Stimmen, darunter sehr wichtige in der neuen Literatur: Meir Shalev, Jehoshua Kenaz, Assaf Inbari und davor die bereits verstorbenen Literaten Yoram Kaniuk und Amos Kenan, die an der Geschichte und Erde Israels festhielten. Aber alle gelangten sie zu ein und demselben Schluss: Der Mythos vom neuen Israeli im Land Israel, von Landarbeit, Kibbuz, Militär ist zerfallen, der Traum von der Heimat ausgeträumt.

»Staatlichkeit« in Musik und Ballett

Die israelische »Volksmusik« und ihre wichtigsten Ausdrucksformen, das »hebräische Lied« und der »Volkstanz«, waren von Anbeginn des jüdischen Jischuw eines der effektivsten Bindemittel bei »der Erfindung der israelischen Nation«. Das hebräische Lied war auch eines der wichtigsten Instrumente bei der erwähnten Negation der Diaspora und dasselbe galt für die Musikkunst. Eigentlich war das, was man im Land Israel »volkstümlich« nannte, wie schon erwähnt, eher eine von der dortigen jüdischen Elite geschaffene Kultur, eine klangliche Utopie des europäischen Orientalismus und keine authentische Volkskultur, wie sie in den jüdischen Gemeinden Asiens und Afrikas gesungen und gespielt wurde. Volksmusik im eigentlichen Sinn, das heißt Musik, die »aus den Wurzeln« hervorgeht, wuchs in Israel eigentlich erst im Aufbegehren gegen die hegemonische Kultur, die sie zunächst zurückdrängte, und nahm später mittels der Medien, in Fernsehen und Internet, kommerzielle Formen an.

Manche betrachten israelische Musik als »führend für den symbolischen Ausdruck der Israelischkeit« (Seroussi/Regev 2004). Und tatsächlich, als der Staat Israel die »Staatlichkeit« zum höchsten Wert erklärte, sie hoch über die Vielfalt jüdischer Traditionen stellte, erlebten besonders die Militärkünstlergruppen ihr goldenes Zeitalter: Sie repräsentierten zum einen den Staat – in Form der Streitkräfte –, die im Land geborene Jugend sowie die aus Osteuropa importierten Klänge und zum anderen die Werte der Gruppe, des Kollektivs, gegenüber dem »zivilen« Individualismus. Sie liebäugelten mit der Populärmusik – im Gegensatz zur ernsten Musik – und sprühten überdies vor Patriotismus, Optimismus, Kameradschaft zwischen den Geschlechtern, verbanden Text und Musik, Theater und Unterhaltung, schufen originelle Choreografien und Inszenierungen. Ihre Symbolik war vielseitig und drang dadurch besonders tief: ein kultureller, israelischer »Schmelztiegel«, losgelöst von überkommenen jüdischen, regionalen, orientalischen oder ethnischen Symbolen, dafür verbunden mit der Heimaterde, den Landschaften Israels, der Jugend, dem Mythos von Heldentum und Staat – und natürlich mit der Liebe und den Gefühlen, die sie erregen. All das erreichte seinen Höhepunkt in den Jahren gleich nach dem Sechstagekrieg, als das israelische Fernsehen seinen Sendebetrieb aufnahm und solche Musik gern übertrug. Jeder Truppenteil und jeder Kommandobereich gründeten schleunigst eine eigene Unterhaltungsband und die Israelis konnten gar nicht genug davon bekommen.

Neben den Militärbands reüssierten über die Jahre auch viele zivile israelische Musikgruppen: »Batzal Yarok« (Grüne Zwiebel), »HaTarnegolim« (Die Gockel), »Dudaim«, »Parvarim«, das »Sarid-Trio«, das »Jarkon-Bücken-Trio«, »Gevatron« und vor allem »HaGaschasch HaChiver« (Der blasse Spurenleser), eine Gruppe, die Gesang, Schauspiel und Satire verband und ab den 1960er-Jahren zum Symbol israelischen Volkshumors wurde. Daneben entstanden progressivere Gruppen: »Kaveret« (Bienenstock), »Ethnix«, »Teapacks«, »Nosse HaMigbaat« (Die Hutträger) und neuerdings die provokative, politische Hip-Hop-Gruppe »HaDag Nachasch« (Der Fisch ist eine Schlange). Schon in der Zeit des Sechstagekriegs drang das hebräische Lied auch in andere Welten vor – und schließlich in die Ära der Globalisierung. Zuerst eroberte es den Rock: Manche betrachten das Album »Schablul« (Schnecke) von Arik Einstein und »Shalom Hanoch« als erste Schwalben dieses Genres, aber gleich danach kam der Pop an die Reihe und dann die ethnische Musik. In den letzten Jahren fanden jüdische Traditionen Eingang in alle israelischen Musikgattungen, darunter der Pijjut, die für den liturgischen Gebrauch bestimmte Dichtung, und die arabische Musik des Nahen Ostens, die auch im Ausland erfolgreich sind.

Als Naomi Schemer 2004 starb, ging eine Epoche der israelischen Musik zu Ende. Schemer war die »Hohepriesterin« der israelischen Musik, prägte als Dichterin, Komponistin und Sängerin das israelische Bewusstsein und verfasste Hymnen, von »Jerusalem aus Gold« bis »Auf den Honig und auf den Stachel«. Und als der große hebräische Sänger Arik Einstein 2013 starb, trauerte das ganze Land um ihn. Sogar Ministerpräsident Benjamin Netanjahu hielt einen Nachruf, obwohl der Verstorbene, politisch gesehen, keineswegs auf seiner Linie gewesen war. Am ersten Todestag widmeten Radiosender seinen Liedern den ganzen Tag. Sänger und Künstler wie Arik Einstein, Shmulik Kraus, Chaim Topol, Shlomo Artzi und andere entstammten fast alle Militärkünstlergruppen, die als vereinigendes Element der israelischen »Staatlichkeit« wirkten. Israelische Lieder, Komponisten und Musikgruppen wie Sasha Argov, Yoni Rechter, Matti Caspi, Jehudit Ravitz, Chava Alberstein, Esther Ofarim, Shalom Hanoch und viele andere wurden zum wichtigsten Symbol der hegemonischen »Israelischkeit«, die um ihre Stellung kämpft.

Der neue Orient

Auch in der Populärmusik kam das Neue mit dem Aufstieg eines eigenen, provokativen Musikstils junger orientalischer Juden, die zumeist schon in Israel geboren waren. Es war die Zeit der »Tonkassettensänger«, vor allem ab den 1980er-Jahren. Sie sangen schlichte, sentimentale orientalische Lieder voller Triller, Gefühlsausbrüche und zuweilen auch Trauer und Melancholie. Die Lieder waren patriotisch und eingängig und die Kassetten wurden in Geschäften im Umfeld der Busbahnhöfe verkauft, da die israelischen Radio- und Fernsehsender (deren Mitarbeiter zumeist aschkenasischen Familien und der säkularen Elite entstammten) sich weigerten, solche Musik auszustrahlen. Die Musikkassetten waren ein sehr großer Erfolg, ebenso die im selben Stil privat gedrehten Filme des orientalischen »Kultsängers« Avi Biter. Einen ähnlichen Stil traf man immer öfter auf Hochzeiten und anderen Familienfeiern an. Dort traten Misrachi-Sänger auf, die in den öffentlichen Medien damals verkannt und abgelehnt wurden, wie der jemenitisch-israelische Sänger Sohar Argov, der alsbald Kultstatus erreichte. Später nahm er Drogen, landete im Gefängnis, wurde bei einem Fernsehinterview gedemütigt und beging schließlich Selbstmord. Heute zählt er zur israelischen Klassik.

Die neue Generation von Misrachi-Sängern gehört heute schon zum Mittelstand. Einige sind im Musikgeschäft voll integriert, andere changieren noch zwischen originärem Musikschaffen und dubiosen Gesellschaftszirkeln, in denen einige gewiefte Künstleragenten arglose, junge Sänger kapern, die sich durch die immense Popularität dieser Musik und ihr kommerzielles Potenzial verleiten lassen. Sänger und Künstler wie Ofer Levi, Eyal Golan, Omer Adam, Dudu Aharon, Sarit Hadad, Margalit Zanani, Miri Mesika sind zumeist nicht mit der kulturellen Elite des alten Israel verbunden, provozieren sie sogar, teilen als Aufsteiger jedoch ihr soziales und ökonomisches Leben. Die Angehörigen einer zahlenmäßig geringen, aber originellen und auffallenden Minderheit, beispielsweise Zehava Ben, die auch Lieder der klassischen ägyptischen Sängerin Umm Khultum gesungen hat, Shlomo Bar und seine Gruppe »Habrera Hativeet« (Die natürliche Wahl),

Yehuda Poliker, Sänger und Songschreiber, bei einem Auftritt in Bat-Hefer, 2015

Etti Ankri, Avihu Medina, Amir Benayoun und viele andere, leisten jeder auf eigene Weise einfallsreiche, teils umstrittene Pionierarbeit bei der Verbindung von israelischer Kultur mit der arabisch-muslimischen Umgebung.

Seit zwanzig Jahren wächst der Anteil ethnischer Musik, die sich als authentisch, vielfältig, reichhaltig und originell erwiesen hat. Den Anfang machten die Gruppe »Teapacks« aus der Kleinstadt Sderot im Süden Israels, unter der Leitung ihres Stars Kobi Oz, und die Gruppe »Ethnix«. In den letzten Jahren tritt das »Idan-Raichel-Project« hervor, das äthiopische Klänge und Interpreten in die Misrachi-Musik einbezieht. Andere wie Shlomo Gronich, Corinne Allal und das »Projekt Kohelet« wenden sich der überkommenen Synagogendichtung, den Pijutim, zu und verschaffen auch traditionellen Instrumenten – vor allem der Oud – einen Ehrenplatz bei Festivals und neuen israelischen Kompositionen. All das gewinnt Künstler und Mitwirkende aus mehreren Ethnien und Stämmen zu gemeinsamem Schaffen und verwischt die alten Einteilungen in »hoch« und »niedrig«, »Jerusalem« und »Tel Aviv«, »Zentrum« und »Peripherie«, »israelisch« und »jüdisch«. Außerdem integrierte der Sänger und Komponist Yehuda Poliker, der die Schoah in seinem Album »Asche und Staub« (1988) aus ungewöhnlichem Blickwinkel einbezog, Elemente der griechisch-jüdischen Kultur in seine Musik, was ihr neue Tiefe und Wehmut verlieh.

Oper in Tel Aviv, 2015

Moderne klassische Musik

Die neue israelische Klassik steckt in einer tiefen Krise, die Parallelen zur Entwicklung im Ausland aufweist: Die neue Musik führt notgedrungen einen echten Überlebenskampf um geringe staatliche Fördermittel, die Einbeziehung von Originalwerken in die Programme israelischer Orchester, Radio- und Fernsehsender, die Aufnahme ihrer Werke auf Tonträger und die Drucklegung ihrer Noten. Die zweite Generation israelischer Komponisten, darunter Ami Maayani, Noam Sheriff, Arik Shapira und ihre Kollegen, hat die Suche nach einem »israelischen« Stil weitgehend aufgegeben. Letzten Endes vertreten zeitgenössische Komponisten eine individuelle, nicht ideologisch-kollektive Identität und bemühen sich zumeist wieder um größere Publikumsfreundlichkeit. Einige schrieben eingängigere Werke sowie Musik für Film, Fernsehen und Theater. Zu nennen wären unter anderen Oded Zehavi, Haim Permont, Michael Volpe, Ella Milch-Sheriff und Aviya Kopelman. Wie in anderen Teilen der Welt sind auch in Israel die Theater und Ensembles von der Publikumsgunst abhängig, da sie keine nennenswerte staatliche oder öffentliche Unterstützung erhalten.

Eine ähnliche Entwicklung nahm das Ballett in Israel. Es begann mit Baruch Agadati, dem Tänzer und Filmproduzenten, und Gertrud Kraus, gefolgt von Sarah Levy-Tanai und der Inbal Dance Troupe, Noa Eshkol,

Batsheva Dance Company

Dvora Bartonov und anderen. Alle bemühten sich, örtliche, mythische, erfundene und erlebnisbezogene Motive mit der aus Europa mitgebrachten Kunsttradition zu verschmelzen. Der Reigen als prägendes, gemeinsames, egalitäres Erlebnis, der Inbegriff israelischen Balletts in den Anfangsjahren, löste sich jedoch immer mehr auf – zum Halbkreis, zu Paaren, zu Einzelnen. Für das provokative professionelle Ballett der neueren Zeit sind Ohad Naharin mit der Batsheva Dance Company, die Vertigo Dance Company, Ranana Raz, Yasmeen Godder, die Kibbutz Temporary Dance Company und die Inbal Pinto & Avshalom Pollak Dance Company nur einige Beispiele für die reichhaltige Ballettszene in Israel.

Theater

Hebräische Schauspiele beschäftigen sich häufig mit sozialen und politischen Problemen, sind aber auch offen für Weltkultur und Unterhaltung. Nissim Aloni, Dramaturg aus der Gründergeneration, begann mit Sozialkritik anhand biblischer Gestalten, ehe er zur Symbolik von Königen und Prinzen überging, schrieb jedoch auch israelische Unterhaltungsstücke. Joshua Sobol hingegen rührt in seinen Stücken an die schmerzlichen und heiklen Punkte der Israelischkeit: Schoah, Kibbuz, israelisch-arabischer Konflikt. Dasselbe gilt für Hillel Mittelpunkt, Shmuel Hasfari und Edna Mazya, die Themen aus der israelischen Politik aufgreifen. In den letzten Jahren entstand ein fast mythologischer Kult um den Dramatiker, Dichter und Satiriker Hanoch Levin, der 1999 früh verstarb. Seine Werke erschienen in Prachtausgaben, seine Stücke kommen immer wieder auf die Bühne, werden übersetzt und in aller Welt erfolgreich aufgeführt – obwohl er zu Lebzeiten im Ausland kaum bekannt war – und vielfach erforscht.

Zugleich, gewissermaßen im Kontrast zu Hanoch Levin, entdeckt das heutige Theater Ephraim Kishon wieder, der in der Vergangenheit an den Rand gedrängt und übergangen wurde, vielleicht wegen seines enormen Erfolgs im Ausland zu Lebzeiten, seiner Vorliebe für volkstümliche Kunst, seiner Geringschätzung der Hochkultur und wohl auch wegen seiner rechtslastigen politischen Ansichten. Außerdem arbeitet schon jahrelang ein erfolgreiches russisches Theater namens »Gesher« (Brücke), das ins Zentrum der israelischen Kultur vorrückt. Entgegen dem Cameri-Theater, dem es gelingt, einen ausgewogenen Spielplan mit Originalwerken und israelischen Inszenierungen klassischer Stücke (Shakespeare, Tschechow, Brecht u.a., die auch in Israel immer Erfolg haben) aufzustellen, sucht das altehrwürdige Nationaltheater Habima seinen Weg; seine Schwierigkeiten sind darin begründet, dass das, was mit dem Wort »national« verbunden ist, im

Nationaltheater Habima in Tel Aviv, im Hintergrund das Mann-Auditorium

heutigen Israel als problematisch gilt. Kleinere Theater und Kammerspiele – Beit Lessin, das Nissan Nativ Acting Studio, das Jerusalemer Khan-Theater – bemühen sich zumeist, im Verein mit Theaterfestivals wie »Theatronetto« für Einpersonenstücke und dem jährlichen Festival in Akko, auch um jüdisch-arabische Zusammenarbeit und kämpfen tagtäglich, von Inszenierung zu Inszenierung, ums Überleben.

Der Film und das israelische Leben

Ephraim Kishon war der Erste, der die Israelis eingehend betrachtete: Der jemenitische Einwanderer Sallach Shabati aus seinem 1964 gedrehten Spielfilm (deutscher Titel »Sallah Shabati – oder: Tausche Tochter gegen Wohnung«) war (auch) der Einwanderer Kishon selbst. Seine erste Satirensammlung, die er 1951 noch auf Ungarisch verfasste – sie erschien auf Hebräisch unter dem Titel »Der Aufsteiger« (im Sinn von »Einwanderer«; abgeleitet von »Alija«, das hebräische Wort für »Aufstieg«, ein Wort der Bibel, das die Rückkehr ins »Gelobte Land« bezeichnet), der in unser Leben absteigt –, erzählt von Kishhont Ferenc, der wie viele Zeitgenossen damals seinen Namen »hebraisierte« und Hebräisch zu schreiben begann. Im Fokus seines satirischen Films stehen die Israelis, die die Einwanderer aufnehmen. Fortan blickte Kishon tief in die israelische Gesellschaft und erkannte als Erster, wie sie »tickte«. Mit dem Film »Ervinka« präsentierte er den Israelis bereits 1967 einen lupenreinen israelischen Blick: Der Held ist ein junger Israeli, der nicht erwachsen und vernünftig werden will – ein Symbol, das in der neuen israelischen Kultur häufig wiederkehrt. Später wandte Kishon sich erneut der Satire zu und verspottete das Establishment, etwa in dem Film »Der Polizist Azulai« (deutscher Titel: »Schlaf gut, Wachtmeister!«), der durch Shaike Ophirs schauspielerische Leistung Tiefe gewann, und vor allem in »Der Blaumilchkanal«, der noch heute in regelmäßigen Abständen im Fernsehen läuft und neuerdings auch als Bühnenstück aufgeführt wird.

Der Film »Loch im Mond« des Regisseurs Uri Zohar, nach einem Drehbuch des Schriftstellers, Dichters und Bildhauers Amos Kenan, eines ehemaligen Lechi-Kämpfers, ebenfalls 1964 erschienen, warf einen nicht weniger scharfen Blick auf die israelische Gesellschaft und fand Anklang bei der Kritik, fiel jedoch beim Publikum durch. Zohar und Kenan übten hier metaphorische, fast abstrakte Kritik. Uri Zohar zerpflückte fortan in eindringlichen und verstörenden Filmen das damalige Hauptanliegen des Zionismus, die israelische Staatlichkeit, und führte einen Dialog mit dem französischen, englischen, deutschen Kino, wobei die israelische Gesellschaft als ungefestigt und unsicher dargestellt wird.

Krieg, Fernsehen und Wertewandel

Bis zum Sechstagekrieg wurde in Israel nur etwa ein Dutzend Spielfilme gedreht und die wenigen Dokumentarfilme waren meist Wochenschauen oder offizielle »Informationsfilme«. Doch mit dem weltweit beachteten Sieg wurde Israel ein beliebter Drehort für eigene und internationale Filmproduktionen und Bilddokumentationen. Im Mai 1968 ging das israelische Fernsehen auf Sendung – natürlich als Erstes mit der Übertragung der Militärparade in Jerusalem zum Unabhängigkeitstag. Der regelmäßige Sendebetrieb veränderte die israelische Kultur von Grund auf. Filmschaffende begannen, mit der neuen Fernsehindustrie zusammenzuarbeiten. So wurde praktisch im Fernsehstudio die israelische Staatlichkeit neu erfunden, in staatsfreundlichen Kultur- und Kunstsendungen.

Anders als die Fernsehprogramme, die patriotisch, unterhaltsam, kollektivistisch und politisch korrekt waren, behandelten die unabhängigen israelischen Filme von Anfang andere Themen, griffen Randerscheinungen oder Pubertätsprobleme von Heranwachsenden auf, im Gegensatz oder in ständiger Spannung zur »stabilen und reifen Mitte«, die das Fernsehen abbildete. Doch paradoxerweise liefen auch die subversiven, satirischen und kritischen Filme im staatlichen Fernsehen, darunter sogar bahnbrechende wie »Lul« (Hühnerstall), »Schablul« (Schnecke), »Nikui Rosch« (Kopfwäsche), »Sehu Se« (Das wär's) und sogar Ausschnitte aus Hanoch Levins Stück »Königin der Badewanne«, das auf der Bühne einen Theaterskandal ausgelöst hatte.

Das Hauptproblem der Kunstschaffenden nach dem Sechstagekrieg war der Schock über die Konfrontation mit den »anderen«: den Arabern, den Misrachim und der messianischen Rechten. Amos Oz' Bücher illustrieren die Begegnung mit den Arabern in »Mein Michael«, mit den Misrachim und den Rechten in »Gespräche mit israelischen Soldaten«, »Blackbox« und »Im Lande Israel«. Uri S. Cohen kommentierte: »Der Krieg erscheint wie der Augenblick, in dem sich alles änderte. Diese hervorragenden und verstörten Menschen begegneten all dem Düsteren und Schwarzen: der Finsternis des Messianismus, dem arabischen und dem misrachischen Schwarz.« Und deshalb war diese Zeit in gewissem Sinn – wie der prominente Journalist Israel Harel behauptet – »der Augenblick, in dem die Israelis und die Juden sich trennten« (Cohen 2007, S. 67).

Das Unbehagen sickerte von Anfang an als »Rückkehr des Verdrängten« in den Diskurs ein. Das prägende Werk der israelischen Literatur, Mosche Schamirs »Er zog ins Feld«, endet mit einer deprimierenden Tragödie. Amos Oz' »Mein Michael« führt die Araber traumhaft in die Handlung ein. Und die Erzählung »Drei Tage und ein Kind« von Abraham

Jehoschua versteckt und verdrängt die israelische Realität und Szenerie. Ein wichtiger Vertreter der »verlorenen Generation«, Jaakow Shabtai, beschreibt in »Sichron Dvarim« (deutscher Titel: »Erinnerungen an Goldmann«) die Beklemmung, die die Generation der Söhne ob der Stärke der Vätergeneration empfindet, die ihre Macht nicht aufgaben, bis die israelische Gesellschaft in den 1990er-Jahren in ihre kulturellen und ethnischen Bestandteile zerfiel. Die Söhne schafften es nie, aufzubegehren, die Vätergeneration abzusetzen und ihre Stelle einzunehmen. Die damaligen Filme erzählen die ersehnte Geschichte, die sich unter den herrschenden Bedingungen nicht verwirklichen ließ: das eigenständige Leben junger Menschen, Heranwachsender, Soldaten, Studenten, junger Eltern, Müßiggänger, Schauspieler, meist gesichtsloser Randfiguren. »Die Alten«, das heißt die Angehörigen der Gründergeneration, erscheinen in den Filmen ebenso lächerlich wie in Literatur und Theater. Herausragende Beispiele sind die Filme »Der Träumer« und »Floch«, die Dan Wolman nach Stücken von Hanoch Levin drehte. Hier werden die »Alten« als krasse Antithese zum Ideal des jungen Sabre dargestellt, wie etwa im wichtigsten Film jener Zeit: »Aber wo ist Daniel Wax?« von Abraham Heffner. Der Sänger und Individualist Lior Yeiny spielt in dem Film einen Israeli, der ausgewandert ist und eine nicht jüdische Frau geheiratet hat. Und der legendäre Held seiner Jugend, der Gesuchte im Film, entpuppt sich als glatzköpfiger Pedant, der in einer grauen Wohnsiedlung lebt. Der Film demonstriert mit seinem großen Schweigen die wachsende Angst vor dem Kommenden: Ein Jahr später begann der traumatischste Krieg von allen, der Jom-Kippur-Krieg.

Der schwierige Abschied von der scheinbar behaglichen, tatsächlich aber beklemmenden und fatalen altvertrauten Welt – ein häufiges israelisches Motiv – findet sich auch in den stark satirischen Schauspielen von Hanoch Levin, die häufig inszeniert und teils auch verfilmt wurden. Der Filmemacher Yehuda »Judd« Ne'eman behauptet, die Filme der sogenannten neuen Empfindsamkeit behandelten praktisch die Sehnsucht, die nach dem Abtritt der »Generation 1948« einsetzte, den Schock des Sieges von 1967, die jähe Konfrontation mit dem heterogenen, vielstimmigen, entfremdeten Großisrael, das so anders war als das warme, geschützte und vertraute Heim des kleinen Staates vor dem Sechstagekrieg, zumal der künftige politische Weg und die Definition der Identität im Dunkeln lagen.

Mit dem harten Schock, den die israelische Gesellschaft erlebte, verlor diese Generation das Interesse am Zionismus und am Projekt Israel. Es ist noch keine gezielte politische Kritik von links oder rechts, sondern der Rückzug ins Persönliche und Apolitische. Die Palästinenser kommen in diesem Entwicklungsstadium der israelischen Kultur nur zufällig und metaphorisch vor. Die Filmexpertin Ella Shohat erklärt, der israelische Film sei bemüht gewesen, alles Orientalische und Arabische zu verdrängen, zu negieren, auszulöschen, indem er sich dem westlichen Film zuwandte. Diese Kritik trifft auf die israelische Kultur im Allgemeinen zu. Es geht um die Angst als Symptom für den Abschied von der Kindheit, der Gewissheit, der Wärme fester Institutionen, für den Verlust der Grenzen, der festumrissenen Identität des Einzelnen und der Gemeinschaft und den Aufbruch in ungeschützte und undefinierte Weiten – denn Israel bestimmte keine territorialen Grenzen und hat noch immer keine gefestigten sozialen Normen, weder Werte noch Spielregeln. Es galt nun, mit dieser Ungewissheit umzugehen, mit anderen Grenzen und dem Vorstoß anderer Kulturen in die altvertraute hegemonische Kultur, die erst beschädigt und daraufhin irrelevant für die neue Situation der israelischen Kultur wurde. Hier nun stellt sich die Frage, ob Chaim Topol für die Rolle von »Sallach Shabati« und auch für »Ervinka« ausgesucht wurde, weil er Aschkenase ist, wie Shohat meint, oder doch eher, weil er das »ewige israelische Kind« verkörperte, nach dem sich die ganze Generation sehnte.

Daneben entstand am Rand eine kommerzielle Filmindustrie, die populäre Filme drehte, um den Bedarf an Nostalgie oder sogar Trost zu decken, als die israelische Gesellschaft ihre kollektivistischen Merkmale verlor. Hierher gehören die beliebten »Bureka«- oder »Bourekas«-Filme, die jahrelang als zweitklassig galten. Es waren Komödien, die sich über die ethnischen Unterschiede in Israel lustig machten und sie damit gleichzeitig verewigten, etwa der Film »Charlie and a Half« mit Yehuda Barkan. Andere Filme schilderten Cliquen: Gruppen von Teenagern vor der Einberufung wie in den Kultfilmen der Reihe »Eis am Stiel« von Boaz Davidson. Der erste wurde 1978 produziert und ihm folgten neun (!) weitere, die besonders in den Achtziger- und Neunzigerjahren populär waren. Oder Gruppen von Soldaten und Soldatinnen wie in »HaLahaka« (Die Band) von Avi Nesher, der die Mitglieder einer Militärkünstlergruppe schildert, dabei Lieder bekannter Militärbands spielt und einer der größten Kassenhits des israelischen Films wurde. Oder es geht um den Weg aus Kindheit und Familie ins Unbekannte wie in »Late Summer Blues« von Ranan Shor.

Neuere Filme

In den letzten Jahren entstehen Filme, die nicht nur den aschkenasischen Diskurs herausfordern, sondern auch den zwischen den Geschlechtern – vor allem in Filmen von israelischen Regisseurinnen – und den zwischen Gesellschaftsklassen. Zum Beispiel »Sh'Chur« von Hana Azoulay-Hasfari, die Trilogie »Getrennte Wege«, »Shiva« und »Gett« von Ronit Elkabetz und jüngst die Komödie aus dem Leben israelischer Soldatinnen, »Zero

Motivation« von Talya Lavie, die ein großer Erfolg wurde. Parallel dazu entstanden die Fernsehsendungen »Ha-Borer« (The Arbitrator), »Bat Jam New York«, »Liebe tut weh«, »Grundausbildung«, »Asfur« (arabisch für »Vogel«) und »Mit ihr sein«. Außerdem werden ständig wichtige, auch international beachtete Filme gedreht, die den jüdisch-arabischen Konflikt und das israelisch-palästinensische Problem thematisieren. Ein Dokumentarfilm, der den Blick von palästinensischer Seite auf Israel richtete, war »Checkpoint« von Yoav Shamir, der die Israelis erstmals mit der Perspektive der Gegenseite konfrontierte – dem Blick der Palästinenser hinter den Gittern und Stacheldrahtzäunen der Kontrollpunkte, die Israel überall im Westjordanland errichtet hat. Diese Gegenperspektive verstört und fordert Beachtung. Ein Glanzpunkt war der für den Oscar in der Kategorie »bester fremdsprachiger Film« 2010 nominierte Spielfilm »Ajami«, der vorwiegend in Jaffa spielt, ohne dass der hegemonische Staat Israel oder auch nur Tel Aviv und seine Kultur gleich um die Ecke darin groß vorkämen, außer hier und da durch Polizeikräfte und ähnliche Repräsentanten – eine bewusste und krasse Provokation. Dieser Film eröffnete ein neues Kapitel in der Kulturgeschichte Israels, da er zeigt, wie die kulturellen und kollektiven Narrative – die jüdischen und die arabischen – zerfallen. So bleibt den Helden kaum viel anderes übrig, als zu den alten Institutionen Familie, Religion, Clan zurückzukehren – und die daraus folgende Resignation und Gewalt sind beinah unvermeidbar und archaisch.

Filmisch gesehen, ist »Ajami« fast dokumentarisch: Die meisten Darsteller sind Laienschauspieler. Der Film zeigt Situationen und Geschichten, die sich tatsächlich ereignet haben, und wurde über einen langen Zeitraum als Gemeindeprojekt vor Ort im Jaffaer Viertel Ajami gedreht. Andere kritische Filmschaffende entschieden sich gleich für »Dokumentationen«: Avi Mograbi, Nizar Hassan, Ra'anan Alexandrowicz, Doron Tsabari sind nur einige Beispiele. Bei den meisten verwischen sich dabei die Kategorien »Fiction« und »Non-Fiction« zusehends. Jedenfalls halten sie der israelischen Gesellschaft schon über zwei Jahrzehnte kritisch den Spiegel vor und erhalten (vielleicht gerade deswegen) viel Unterstützung von internationalen Kulturgremien, die sich für kulturpolitische Arbeit im Nahen Osten engagieren.

Epilog: Assi Dayan und das Ende der Gründergeneration

2014 starb Assi Dayan, der Held von »Er zog in den Krieg«, der Mann, der endgültig die Generation zu Grabe trug, die er als Sohn des unübertroffenen israelischen Helden Moshe Dayan selbst repräsentierte. Seine Biografie erlaubte es ihm, vielleicht als Einzigem in ganz Israel, das Symbol jenes Israels, dem seine Familie, Freunde, Kollegen, Weggefährten, Gesinnungsgenossen entstammten, zu zertrümmern. 1992 gelangte die Generation der Sabres, die nicht erwachsen werden wollten, an die letzte Kreuzung, wo Assi Dayan sie direkt mit der gegenwärtigen israelischen Realität konfrontierte, allerdings immer noch als Metapher und am Rand, in einer

Filmszene aus »Life According to Agfa«

symbolischen Tel Aviver Kneipe in dem Film »Life According to Agfa – Nachtaufnahmen« –, und hatte damit das Feuer eröffnet (siehe den Beitrag von Gad Arnsberg).

Die Ermordung Itzhak Rabins im November 1995, das schlimmste Trauma in der israelischen Kulturgeschichte, veranlasste Assi Dayan, die Metapher aufzugeben. In dem kurzen Spielfilm »How to Cover Your Ass«, der einen angeblich linksgerichteten Israeli schildert, der es mit seiner Geliebten genau zum Zeitpunkt des Mordes treibt, rechnet er mit allen ab. Gezeigt wurde er im israelischen Privatfernsehen. Die Botschaft ist unzweideutig: Assi Dayan schrieb das Drehbuch, führte Regie und spielte die Hauptrolle – beinah die einzige Rolle und ziemlich enthüllend. Um die »Authentizität« der Botschaft zu erhöhen, fügte er dokumentarische Elemente ein: Die Eröffnungs- und die Schlussszene sind beim Gedenkstein für Rabin am Tatort und an der Wand mit den Graffiti auf der Rückseite des Tel Aviver Rathauses aufgenommen, dazu werden Ausschnitte aus den dramatischen Radio- und Fernsehnachrichten in der Mordnacht eingeblendet, nebst Zeitungen und Liedern der Militärunterhaltungsgruppen wie »Munitionshügel«, außerdem gibt es massenweise politische Symbole und Requisiten – all das, um der satten, selbstzufriedenen, ihr widersprüchliches Bürgerleben genießenden israelischen Linken den Todesstoß zu versetzen. Es ist ein subversiver, schmerzender Schlag ohne Alternativangebot, ohne Hoffnung, die Lehren aus dem Rabin-Mord hätten in Israel etwas geändert oder würden es künftig tun.

Bittere Ironie liegt darin, dass Assi Dayans Sohn, ein junger Mann auf der Suche nach seinem Weg, zwanzig Jahre später ausgerechnet der Star einer Realityshow im Fernsehen wurde. Dort schwelgt er im Gedenken an seinen Vater und enthüllt vertraute Momente mit ihm, »die letzten Stunden mit Assi Dayan in einer ergreifenden Dokumentation«, wie es in der Werbung für die Sendung heißt. Lior Dayan lässt sich sogar filmen, als er die Nachricht vom Tod seines Vaters erhält. Wieder und wieder werden sie aufgerollt, die letzten Tage, die Erniedrigung Assi Dayans, des Sohns Moshe Dayans, der ein Kollege Itzhak Rabins war. Rabin wurde ermordet und Assi Dayan tat alles, um sein Leben in Elend und Erniedrigung zu beenden. Zwischen diesem Mord und diesem Tod liegt wohl die Bruchlinie auf dem Weg der israelischen Kultur. Die Fragmentierung und die Brüche zwischen den Bestandteilen dieser Kultur sind noch nicht aufgehoben. Zugleich hat es noch nie eine solche Blütezeit im problematischen, zerstrittenen israelischen Kunstschaffen gegeben wie in den letzten Jahren. Die Intensität des Schmerzes erhöht wohl die Schaffenskraft.

Aus dem Hebräischen von Ruth Achlama

Literatur

Almog, Oz, Abschied von Srulik – Wertewandel in der israelischen Elite, Or Yehuda 2004 (hebr.).

Ben-Simon, Daniel, Ein anderes Land, Tel Aviv 1997 (hebr.).

Cohen, Uri S., Testament und Wendepunkt, in: Eretz Acheret vom 27. April 2007 (hebr.).

Hassan, Roy, Kultur und Literatur, in: Haaretz vom 31. Oktober 2013 (hebr.).

Rabinowitz, Dan/Abu-Baker Khawla, Die aufrechte Generation, Keter 2002 (hebr.).

Seroussi, Edwin/Regev, Motti, Popular Music and National Culture in Israel, Berkeley 2004.

Shilo, Sara, Zwerge kommen hier keine, München 2009.

Witzthum, David, Die israelisch-palästinensische Konfrontation und ihre Widerspiegelung in der öffentlichen Meinung Israels, in: Aus Politik und Zeitgeschichte 20 (2004), S. 29–37.

Zuckermann, Ghil'ad, Israelisch ist eine schöne Sprache, Am Oved 2008 (hebr.).

Jérôme Bourdon

Die Medien: Eine bedrohte demokratische Kultur, eine dynamische Industrie

Seit Anfang des einundzwanzigsten Jahrhunderts erleben die israelischen Medien eine paradoxe Parallelentwicklung, die im Grundsatz von politischer Abschottung und kultureller Öffnung gekennzeichnet ist. Politisch hat das Land einen Rechtsruck, einen Rückzug auf den Nationalismus, erfahren, wozu die Informationsmedien das Ihre beitragen. Dieser Rekurs auf nationalistische Haltungen ist weniger den politischen Autoritäten geschuldet als vielmehr der öffentlichen Meinung, die wiederum von einem Teil der Medien in dieser Tendenz gestärkt wird. Nichtsdestoweniger gibt es nach wie vor echte pluralistische Freiräume und es existiert immer noch eine wahrhaftige Meinungsfreiheit. Davon legen die Nachrichtensendungen, in höherem Maß die des Rundfunks als die des Fernsehens, und vor allem die Tageszeitung »Haaretz« Zeugnis ab. Ein breites Spektrum an Meinungen ist darüber hinaus auch im Internet anzutreffen.

Negativ schlägt die entfesselte wirtschaftliche Konkurrenz zu Buche, die das demokratische Bewusstsein nicht gerade fördert: Sie hat vielmehr das Themenspektrum, über das öffentlich diskutiert wird, auf einen Kampf um ein Stück vom Kuchen reduziert, von dem die arabische Minderheit (rund 20 Prozent der Bevölkerung) mehr denn je ausgeschlossen ist. Demgegenüber hat sich in der Kultur ein echter Pluralismus entfaltet. Auf dem Umweg über Satire, Fiktion und Teledokus ermöglicht das Fernsehen es neuen kulturellen Strömungen, sich auszudrücken. Die kleine, aber sehr dynamische Fernsehindustrie ist auch international höchst erfolgreich.

Im Folgenden wird zunächst ein Überblick über die Medien gegeben, erst über die hebräischsprachigen, dann über die der Minderheiten. Im Anschluss daran geraten die politische Blockade und die Folgen, die diese besonders für die Informationssparte nach sich zieht, in den Blick. Abschließend wird die kulturelle Dynamik der audiovisuellen Produktion und des Internets erörtert.

Hebräischsprachige Medien

Politische Zeitungen

Die Wurzeln der israelischen Presse sind tief in der Geschichte der Jischuw und seiner politischen Parteien verankert. Die ersten Tageszeitungen erschienen bereits 1869 in Jerusalem. Ein Teil der zionistischen Elite kam aus dem Journalismus und importierte europäische Pressevorbilder. Berl Katznelson von der Arbeitspartei gründete »Davar« (Das Wort) und der Revisionistenführer Zeev Jabotinsky »Doar Hayom« (Tagespost). Weitere Zeitungen der parteigebundenen Presse waren »Al Hamishmar« (Auf der Wache, Mapam), »Haboker« (Der Morgen, liberal), »Lamerchav« (Der Raum, sozialistisch) und »Kol Ha-Am« (Stimme des Volkes, kommunistisch). Gemeinsam war ihnen der Kampf gegen die Briten, darüber hinaus präsentierte die Presse des Jischuw ein breites Ideen- und Meinungsspektrum. Heute gibt es keine dieser Zeitungen mehr; als letzte wurde 1996 »Davar« eingestellt.

Zeitungslektüren, Tel Aviv 2016

Die heutige Medienlandschaft konzentriert sich vor allem auf einige Presse- und Fernsehkonzerne, es gibt aber auch kleine und mittlere Unternehmen, die zum Beispiel auf Produktion oder Öffentlichkeitsarbeit spezialisiert sind. Bis in das 21. Jahrhundert hinein wurde die Presselandschaft in der Hebräisch sprechenden Welt im Wesentlichen von drei großen Tageszeitungen bzw. Pressehäusern bestimmt. Sie alle wurden jeweils von einer prominenten Familie gegründet: »Yedioth Ahronoth« (Die neuesten Nachrichten, Moses-Konzern), »Ma'ariv« (Der Abend, im Besitz der Nimrodi-Familie) sowie die Qualitätszeitung »Haaretz« (Das Land, Schocken-Verlag). Inzwischen ist die Szene stärker zersplittert. Die Ma'ariv-Gruppe ist zusammengebrochen. Im Jahr 2011 wurde sie zunächst vom Finanzmagnaten Nochi Dankner übernommen. Er ging in Konkurs. Im April 2014 wurde der Name »Ma'ariv« von dem kleineren Medienbaron Eli Azur gekauft, der Zeitungen für jüdische Minderheiten in mehreren europäischen Sprachen herausgibt und seit 2004 die englischsprachige Tageszeitung »Jerusalem Post« und andere Blätter besitzt. Weitere Zeitungen im Besitz der Verlagsgruppe, zum Beispiel das rechte religiöse Wochenblatt »Makor Rishon« (Erste Quelle), das seit seiner Gründung 1997 dahinsiecht, sowie das Informationsportal NRG wurden an den neuen »israelischen« Pressezaren Sheldon Adelson verkauft. Im Jahr 2007 wirbelte dieser jüdisch-amerikanische Milliardär, ein enger Freund von Premierminister Benjamin Netanjahu, die Szene gründlich durcheinander, als er das Gratisblatt »Israel HaYom« (Israel heute) ins Leben rief – mit dem Ziel, Netanjahu und seine Politik zu unterstützen. Es sollte aber auch eine Antwort sein auf eine als links verrufene Medienlandschaft, wie sie zumindest von Netanjahu häufig kritisiert wurde.

Männer in roten Arbeitsanzügen verteilen das Gratisblatt »Israel HaYom«.

In Israel entwickelte sich die Gratispresse in dem im Vergleich zu anderen Staaten vielleicht noch stärker ausgeprägten »Biotop« der Hyperkonkurrenz. Yedioth Ahronoth brachte eine kleinere unentgeltliche Ausgabe heraus. 2007 gründete der bereits erwähnte Eli Azur ein neues Gratisjournal namens »Israel Post«. Daneben gibt es auf lokaler Ebene kostenlose Tages- und Wochenzeitungen.

Der Erfolg von Israel HaYom kann die ökonomische Krise der Tagespresse nicht verschleiern, die sich in Israel ebenso bemerkbar gemacht hat wie anderswo. Einer Umfrage des Meinungsforschungsinstituts TGI-Kantar zufolge lasen in der ersten Jahreshälfte 2014 60,9 Prozent der Befragten täglich Zeitung – gegenüber 65,1 Prozent im Jahr 2012 (Tucker 2014). Immerhin gehört diese Quote zu den höchsten in der westlichen Welt. Mit einer Leserquote von 3,2 Prozent ist Ma'ariv fast nicht existent; Haaretz, ebenfalls im Sinkflug, steht mit 4,8 Prozent nach der Israel Post mit 8,7 Prozent an vierter Stelle. Weit vor ihnen allen liegen die beiden Rivalen Israel HaYom (über 39 Prozent) und Yedioth Ahronoth (über 34 Prozent) – mit den Beilagen am Wochenende kehrt sich das Verhältnis um, denn da liegt Yedioth Aharonoth nach wie vor auf dem ersten Platz.

Elektronischen Medien

Lange Zeit beschränkte der Rundfunk sich auf zwei, maximal drei werbefreie Sender, die für die Pflege der hebräischen Kultur eine wichtige Rolle spielten. Ein besonderes Phänomen ist der 1950 gegründete Armeesender »Galei Zahal« (Die Welle der Armee). Er hat sich allmählich »zivilisiert« und ist zur inoffiziellen »Kaderschmiede« des israelischen Journalismus geworden (Soffer 2012). Galei Zahal war mehrmals von Schließung oder Privatisierung bedroht, konnte aber seinen ursprünglichen Status als ernst zu nehmende Informationsquelle aufrechterhalten, wenn auch innerhalb der Grenzen staatlicher Aufsicht. Für einen Militärsender ist der Ton sehr ungezwungen; er wird von Wehrpflichtigen gestaltet, nicht von Berufssoldaten. Seit 1993 wendet er sich mit einem zweiten, musikalischen Programm an eine junge Hörerschaft.

In den 1990er-Jahren wurde der Rundfunk dereguliert und lokale Privatsender traten auf den Plan. Dadurch wurden manche Piratensender nach und nach legalisiert. An erster Stelle steht der 1988 aufgebaute Sender Kanal 7 – heute eine kleine Mediengruppe –, der der Siedlerbewegung und der radikalen Rechten nahesteht. Nach langen juristischen und politischen Kämpfen wurde der Sender legalisiert, sein Direktor Yaakov Katz war für die Partei »HaEchud haLeumi« (Nationale Einheit) in die Knesset eingezogen. Der Sender befindet sich in der Siedlung Beit El im Westjordanland nahe Jerusalem und strahlt sein Programm auch in englischer, französischer und russischer Sprache aus, außerdem betreibt er eine Website und einen Internetnachrichtenkanal, zudem gehört ihm das weit verbreitete kostenlose Wochenblatt »BeSheva« (Sieben Uhr).

Das Fernsehen beschränkte sich lange auf einen einzigen öffentlich-rechtlichen Kanal ohne Werbung (Ch 1). Er wurde 1968 gegründet und in der Zeit seiner Monopolstellung als Symbol der nationalen kulturellen Einheit wahrgenommen. Schon bald setzte er vor allem auf Information rund um sein wichtigstes Programm, die Nachrichtensendung »Mabat«, die mehr als 30 Jahre von Haim Yavin, dem »Mister Fernsehen«, präsentiert wurde. Seine berühmtesten Unterhaltungssendungen wurden aus den USA importiert, ein bemerkenswerter Erfolg war vor allem »Dallas« beschieden (Liebes/Katz 1990).

1986 wurde das Gesetz über den (heute privatisierten) staatlichen Telefonanbieter Bezek geändert und damit das Kabelfernsehen ermöglicht. Innerhalb von sechs Jahren meldete sich die Hälfte der Bevölkerung an, heute sind es mehr als 70 Prozent. Im Jahr 2000 wurde das Satellitenfernsehen für zwei Unternehmen geöffnet, Hot, ein Zusammenschluss von mehreren Anbietern, und Yes, eine Tochter von Bezek. Die wichtigste Änderung geht allerdings auf die Einrichtung des zweiten Kanals im Jahr 1993 zurück. Es war der erste Privatsender. Die Sendezeit wurde zwischen mehreren Anbietern aufgeteilt, heute sind es zwei, Keshet und Reshet. Wie in anderen Ländern mit einem staatlich-monopolistischen Sender war der zweite Kanal sofort erfolgreich. Auch hielt der Erfolg an, denn der von einer unflexiblen Aufsicht und einer konservativen Leitung eingeschränkte staatliche Rundfunk konnte nicht angemessen reagieren. Das zweite Programm hat dem ersten den Rang als sehr wichtiges Informationsmedium abgelaufen. Die beiden Konzessionäre Reshet und Keshet haben sich zu einer Gesellschaft zusammengeschlossen; sie strahlt die sehr beliebten und viel gesehenen Nachrichten und Magazine aus, die einen großen Teil der Sendezeit in Anspruch nehmen. Die von Starmoderatoren präsentierten täglichen Nachrichten und Magazine wurden von einem von ihnen, Oded Ben-Ami, als »News-Talkshows, ein sehr israelisches Genre«, bezeichnet. Im Jahr 2002 erhielt ein weiterer kommerzieller Anbieter, Kanal 10, die Lizenz. Er kämpfte allerdings von Anbeginn an – und kämpft bis heute – mit finanziellen Schwierigkeiten.

Die Regulierung dieses Sektors folgt dem Zufallsprinzip. Theoretisch werden Hörfunk und Fernsehen von zwei Behörden kontrolliert, zum einen von dem 1986 gegründeten Kabel- und Satellitenausschuss, zum anderen von der 1993 ins Leben gerufenen Hörfunk- und Fernsehbehörde, die die Sendeerlaubnis auf den kommerziellen Kanälen vergibt. Wegen ihrer eingeschränkten Handlungsfähigkeit wurde ein Zusammenschluss diskutiert – bisher vergeblich, wie das bei allen großen Projekten, die sich die Reform der audiovisuellen Landschaft auf die Fahnen geschrieben haben, vor allem die von der Second Authority geforderte Überlassung eines jeweils eigenen Kanals an Reshet und Keshet, der Fall ist. Instabilität und Prekarität scheinen Grundelemente dieses audiovisuellen Systems zu sein. Offenbar hat es die Regierung nicht eilig, eine Fernsehlandschaft zu reformieren, deren wichtigste Protagonisten durch Konkurrenz einerseits und Desinteresse des Werbemarkts andererseits geschwächt sind. Unterdessen hat die Second Authority im Januar 2015 (erneut!) den Kanal 10 gerettet, indem diesem – im Namen der Stabilität – eine Sendegenehmigung für 15 Jahre erteilt wurde. Das könnte eine Fusion von Reshet und Keshet beschleunigen.

Globales Kapital und lokale Politik

Die Regulierungsbehörden und überhaupt die Behörden können sich nur schwer gegen die Macht mancher Pressezaren durchsetzen, die sich durch ihre Nähe zu wichtigen politischen Lagern auszeichnen. Am deutlichsten zeigt sich das am Beispiel von Sheldon Adelson, Berater und Freund von Benjamin Netanjahu. Bei seiner Zeitung Israel HaYom ist die Unabhängigkeit des Chefredakteurs gegenüber dem Eigentümer eingeschränkt. Adelson schreckt auch nicht vor heftigen Angriffen auf seine Kritiker zurück. Seit 2013 führt er einen Leitartikelkrieg gegen Yedioth Ahronoth, seinen wichtigsten Konkurrenten. Yedioth Ahronoth gehört zudem zu den Kritikern der Regierung unter Ministerpräsident Benjamin Netanjahu. Israel HaYom kämpfte auch gegen ein 2014 von Eitan Cabel, einem Abgeordneten der Arbeitspartei, eingebrachtes Gesetzesvorhaben. Dieses »Israel-HaYom-Gesetz« sollte die kostenlose Verteilung von Tageszeitungen untersagen, es wurde aber nie darüber abgestimmt.

Die Globalisierung der israelischen Medien zeigt sich nicht nur an dem etwas speziellen Fall Israel HaYom. Im Oktober 2013 wurde bekannt, dass der Gigant der Fernsehunterhaltung Endemol 30 Prozent von Reshet übernommen hat. Dass manche wichtige Investoren wie Adelson engagierte Juden in der Diaspora sind, lässt befürchten, dass deren kommerziellen Erwägungen mit politischer Einflussnahme verbunden sind. So ist der amerikanische Milliardär Ronald (Ron) Lauder, Präsident des Jüdischen Weltkongresses und Unterstützer von Benjamin Netanjahu, von Anbeginn einer der Hauptaktionäre von Kanal 10. Immerhin soll er die journalistische Unabhängigkeit respektiert haben – bis zur »Entschuldigungsaffäre« um Adelson: Im Jahr 2011 wurde in einer Porträtsendung über Adelson von einer der interviewten Personen angedeutet, dieser habe in Las Vegas eine Kasinolizenz widerrechtlich erworben. Mit der Androhung rechtlicher Schritte und mit Ron Lauders Intervention bei »seinem« Sender erreichte Adelson eine öffentliche Entschuldigung. Über den Vorwurf wurde weder weiter recherchiert noch berichtet. Aus Protest kündigten drei führende Redakteure bei Kanal 10, unter ihnen Reudor Benizman, Chef der Nachrichtenabteilung. Sie argumentierten, investigativer Journalismus in Sachen Adelson sei bei diesem Kanal unmöglich.

Medienmogul Patrick Drahi

Ein weiterer neuer Protagonist der Medienlandschaft ist Patrick Drahi. Der französisch-israelische Unternehmer hat in Frankreich mit dem Kabelfernsehen Numéricable ein Vermögen gemacht und kürzlich den Mobilfunkanbieter SFR gekauft. In Israel engagiert er sich seit 2009 auf dem Medienmarkt. Heute ist er Haupteigner des wichtigsten Kabelbetreibers Hot und hat den Mobilfunkanbieter Mirs von Motorola erworben: Er will massiv in die Konvergenz digitaler Netze investieren (Godeluck 2014). Seit 2013 engagiert er sich außerdem in einem Projekt, dessen wirtschaftliche Rentabilität zweifelhaft, das politisch aber international bedeutsam ist: In diesem Jahr gründete er das kontinuierlich sendende Satelliteninformationsfernsehen I-24-News, das von Tel Aviv aus in französischer, englischer und arabischer Sprache ausstrahlt. Das erinnert an Al Jazeera: Fähige

Journalisten sollen Informationen auf hohem Niveau produzieren, dabei aber den israelischen Standpunkt stärker vertreten als das die ausländischen, besonders die europäischen Medien tun.

Konkurrenz unter den Medien: Königin Fernsehen, wachsendes Internet

Für die Israelis ist das Fernsehen weiterhin das wichtigste Medium. Das trifft vor allem auf den zweiten Kanal zu: In den letzten Jahren ist der Zuschaueranteil von Reshet und Keshet kontinuierlich gewachsen. In den ersten sechs Monaten des Jahres 2012 erreichte Keshet eine Einschaltquote von 26,2 Prozent und Reshet eine von 18,3 Prozent. Hingegen dümpelt Kanal 10 seit 2006 bei einer Einschaltquote zwischen sechs und elf Prozent dahin, ohne Hoffnung auf Besserung. Die von den Peoplemeters des Israel Audience Research Board (IARB) gemessene durchschnittliche tägliche Fernsehdauer nimmt fortwährend zu. Im ersten Halbjahr 2012 pendelte sie sich bei 235 Minuten ein, gegenüber 231 Minuten in der ersten Hälfte von 2011.

Allerdings musste das Fernsehen es mit einem neuen Konkurrenten aufnehmen und seine Präsenz im Internet stärken, das sich in Israel extrem schnell verbreitet hat. Am 30. Juni 2012 nutzten 70 Prozent der Einwohner das Internet, im Jahr 2000 belief sich der Anteil gerade mal auf 18,2 Prozent. Am 30. September 2012 waren 48,7 Prozent der Bevölkerung bei Facebook registriert (www.internetworldstats.com/me/il.htm, Aufruf: 17. September 2015). Das tragbare Telefon (auf Hebräisch *pelefon*, »Zaubertelefon«) wurde 1993 eingeführt. Heute nehmen die Israelis bei der Nutzung von Handys und Smartphones weltweit einen Spitzenplatz ein. Die Bedeutung dieser Geräte wurde besonders deutlich, als die Armee begann, ihren Soldaten im Einsatz das kostbare *pelefon* abzunehmen, ein nie da gewesener Vorgang.

Der Wettbewerb zwischen den Medien zeigt sich auch an der Verteilung der Werbeeinnahmen. Zwischen 2004 und 2013 schrumpfte der Anteil der Zeitungen von 50 auf 25 Prozent, während der des Fernsehens von 30 auf 42 Prozent stieg und damit den ersten Platz im Land einnahm. Das Internet kam 2013 auf einen Marktanteil von 18 Prozent (Ifat Advertising Monitoring, zitiert in: Haaretz vom 14. Januar 2014).

Die Unterscheidung zwischen Presse und Internet muss man allerdings relativieren. Die Zeitungen sind im Web stark präsent. In einem Ranking der »Top Sites in Israel« folgt auf das Trio Google, Facebook und YouTube unmittelbar Ynet (die Website der Yedioth-Gruppe) und bald darauf Walla (im Besitz von Haaretz-Gruppe und Bezeq) (www.alexa.com/

topsites/countries/IL, Stand vom 17. September 2015). Auch die Seiten Mako.co.il (Fernsehen, im Besitz von Keshet und Reshet) und globes.co.il (Wirtschaftszeitung »Globes«) sind sehr beliebt.

Schließlich hat das Internet in Israel, vielleicht mehr als in anderen Ländern, zu einer extremen Aufsplitterung in öffentliche Gruppen je nach politischer Einstellung oder kultureller Präferenz geführt. Bestimmte angesehene Blogs werden viel gelesen, vor allem von denen, die nicht erst überzeugt werden müssen. Das gilt für die hebräischsprachigen Seiten des linken (www.ha-makom.co.il/, www.haokets.co.il oder http://mekomit. co.il) ebenso wie des rechten Lagers. Letzteres ist allerdings weniger in Blogs als auf den Facebookseiten führender Persönlichkeiten oder auf eigenen Internetseiten präsent. Wenn diese politischen Universen aufeinanderprallen, kann es zu verbal sehr gewalttätigen Auseinandersetzungen kommen. Wiederholt wurden strengere Regeln für die Veröffentlichung von Leserkommentaren und die Verpflichtung zu Klarnamen ins Auge gefasst. Bezeichnenderweise veranstaltete der Kongress der Israel Internet Society eine der Debatten unter dem Titel: »Forums and Talkbacks, Democracy or Harrassment« (Kohn/Neiger 2007).

Die Medien der Minderheiten

Die im Zuge der massiven russischen Einwanderung der 1990er-Jahre neu belebte russischsprachige Presse spielt eine wichtige Rolle: Sie wird von 15 Prozent der Bevölkerung gelesen. Den Spitzenplatz belegt die von Yedioth Ahronoth im Jahr 1992 gegründete Tageszeitung »Vesti« (Die Nachrichten). Daneben existieren Regionalblätter in russischer Sprache. Im Kabelfernsehen steht der russischen Minderheit nur ein einziger israelischer Sender, Kanal 9, in ihrer Sprache zur Verfügung. Die »Anglos«, das heißt die anglophonen Bürger Israels, und die ausländischen Einwohner können auf die ursprünglich linke, später ins rechte Lager gewechselte »Jerusalem Post« zurückgreifen, des Weiteren auf die 1997 in Kooperation mit der »Herald Tribune« gegründete englischsprachige Ausgabe der »Haaretz«, die nur eine kleine Auflage erreicht, im Web aber international stark wahrgenommen wird. Außerdem erscheinen Zeitungen sowohl als Printausgabe als auch im Internet in französischer, rumänischer, jiddischer und spanischer Sprache.

Die Medien in der ultraorthodoxen Welt (13 Prozent der Bevölkerung) sind ebenfalls breit aufgefächert. Die wichtigsten Titel sind »Hamodiya« (Der Anzeiger) von Agudat Israel und »Yated Neeman« (Glaubenspfeiler), die die Aschkenasim repräsentieren, sowie die Wochenzeitung »Yom Yom« (Von Tag zu Tag) von Schas. In den noch relativ neuen und erfolgreichen

Wirtschaftswochenzeitungen »Mishpacha« (Familie) und »Bakehila« (In der Gemeinschaft) wird parteiübergreifend über Lebensweise und Familie diskutiert. Erst kürzlich wurde in diesen Publikationen eine Diskussion über eine Rückkehr zur Arbeit angestoßen, was die religiösen Instanzen der Ultraorthodoxen strikt ablehnen (Tucker 2011). Außerdem geben die Ultraorthodoxen eine Vielzahl von Blättern heraus, die in den Synagogen der jeweiligen Glaubensrichtung verteilt werden. Ihre – kaum wahrgenommene – Bedeutung ist nicht zu unterschätzen. In feindseligem und verbal gewalttätigem Ton wenden sie sich gegen die laizistische Welt und noch mehr gegen die Araber.

Weniger bekannt sind die Medien und die Mediengewohnheiten der »israelische Araber« genannten palästinensischen Bürger Israels. Die Namen ihrer Zeitungen wechseln häufig, ihre wirtschaftliche Lage ist prekär und/oder sie werden von offiziellen Stellen politisch bedroht. Als einziges Parteiorgan hat die Tageszeitung der Kommunistischen Partei, »Al-Ittihad«, überlebt. Viel gelesen werden dagegen die erst vor etwa 20 Jahren gegründeten, stark kommerziellen und politisch zurückhaltenden Wochenblätter der Regenbogenpresse: »Kol El-Arab« (Alle Araber), »Assenerera« (Angelhaken) und »Panorama«. Internet und Satelliten-TV ermöglichen es den palästinensischen Bürgern Israels, mit der arabischen Welt in Kontakt zu bleiben.

Zensur und Pressekontrolle

Printmedien

Zwei von den britischen Mandatsbehörden erlassene Dekrete wirken bis heute nach: Die Presseverordnung (»Press Ordinance«) von 1933 und die Notfallbestimmungen für den Verteidigungsfall (»Defense Emergency Regulations«) von 1945 wurden nach der Unabhängigkeit in das israelische Rechtssystem übernommen. Gemäß der Presseverordnung brauchen Zeitungen zunächst eine Genehmigung des Innenministeriums und können verboten werden, wenn sie »die öffentliche Ruhe« stören. Die Notfallbestimmungen von 1945 sehen vor, dass jeder zur Veröffentlichung bestimmte Artikel einer Militärzensur vorgelegt wird.

Die Vorschriften überwacht das Oberste Gericht – das ist in einem Land ohne Verfassung von großer Bedeutung. 1953 setzte das Gericht ein Publikationsverbot außer Kraft und begründete sein Urteil damit, dass nur »eine unmittelbar drohende Bedrohung des öffentlichen Wohls« eine solche Entscheidung rechtfertigen könne. Das entscheidende Argument lautete: »Das Rechtssystem, auf dem die politischen Institutionen in Israel aufbauen und arbeiten, sind ein Beweis dafür, dass es sich um einen Staat mit demokratischen Grundlagen handelt.« (Caspi/Limor 1999, S. 172) Dieser ersten Entscheidung folgten weitere, die die Macht der Behörden und der Zensur begrenzten. Gegenüber der israelisch-palästinensischen Bevölkerung wird die Verordnung von 1933 dagegen strikt durchgesetzt. So hat das Innenministerium 1989 die Wochenzeitung der Bewegung »Abna'a Al Balad« (Die Kinder des Dorfes/Heimatland) wegen seiner radikalen Ansichten zwei Jahre nach Erscheinen verboten.

Die Verordnung von 1945 über die militärische Zensur wird auf die hebräische Presse nicht mehr in dieser Form angewendet. Nach heftigen Auseinandersetzungen trafen die im »Redakteurskomitee« zusammengeschlossenen Chefredakteure der zionistischen Zeitungen 1949 mit dem Zensor eine Vereinbarung. Sie wurde mehrfach überarbeitet, zuletzt im Jahr 1996. Es handelt sich um eine »Vernunftehe« (Nossek/Limor 2001) zwischen der Zensurbehörde und den Medien. Daraus ist das sogenannte Komitee der Drei hervorgegangen, das aus Vertretern des 1949 gegründeten Redakteurskomitees, der Armee und der Öffentlichkeit besteht. Letztere muss seit 1996 von einem Juristen repräsentiert werden. Dieses Komitee funktioniert bei Konflikten zwischen Zensor und Zensierten als Schiedsgericht. Anders als in früheren Zeiten kann der Generalstabschef sich nicht mehr über eine Entscheidung dieses Komitees hinwegsetzen. Und schließlich können die Medien sich an den Obersten Gerichtshof wenden, wenn das Komitee der Drei zu ihren Ungunsten entschieden hat. Seit 1996 gilt das von den Chefredakteuren geschlossene Abkommen auch für die anderen hebräischen Medien.

Der Militärzensor ist ein vom Verteidigungsministerium benannter Brigadegeneral. Er ist weitgehend unabhängig, auch von den Militärbehörden. Die mit etwa 30 Mitarbeitern ziemlich kleine Einheit arbeitet rund um die Uhr. Theoretisch kann alles der Zensur vorgelegt werden. Tatsächlich wird die Berichterstattung in drei Kategorien unterteilt: Als »weiß« werden die Themen bezeichnet, die nicht der Zensur vorgelegt werden müssen, das ist die Mehrheit; der Kategorie »schwarz« gehören alle Themen an, die zunächst geprüft werden müssen, in erster Linie sind das Fragen der Landesverteidigung; als dritte Kategorie gibt es »grau«, das sind sogenannte delikate Themen, zum Beispiel solche, die etwa im Zusammenhang mit Attentaten stehen. Die Stelle arbeitet eng mit den Zeitungen zusammen. Ein Zensurbeschluss führt häufig zu Verhandlungen, die dann in einen Kompromiss münden – andernfalls wendet der Zensor oder die Zeitung sich an das Komitee der Drei, das Strafen verhängen und sogar eine Zeitung verbieten kann; zum letzten Mal wurde eine Zeitung 1972 für einen Tag verboten.

Zudem tangieren andere gesetzliche Vorschriften die journalistische Tätigkeit und wirken sich sehr direkt auf die Berichterstattung über Sicherheitsthemen und auch auf den Quellenschutz aus. Durch das Gesetz von 1977, das Spionage und schwere Spionage unter Strafe stellt, wurden Journalisten wiederholt unter Druck gesetzt. Avner Cohen, israelischer Forscher und Autor eines Buches über die israelischen Atomwaffen, veröffentlichte gegen den Willen der Behörden sein Buch in englischer Sprache und wurde im Jahr 1999 mit einer Anklage wegen Spionage bedroht (Pedatzur 2000). Inzwischen lebt er in den USA, von wo aus er über seine Auseinandersetzungen mit der Zensur berichtet hat (Cohen 2010). Das Spionagegesetz wurde auch eingesetzt, um Druck auf Reuven Pedatzur auszuüben, der als Journalist in Haaretz die relative Ineffizienz amerikanischer Patriotraketen gegenüber den irakischen Scudraketen im Golfkrieg 1991 enthüllt hatte.

Auch ein jüngerer Fall zeigt die Problematik dieses Gesetzes. Laut Berichten, die der Journalist Uri Blau im Jahr 2008 in Haaretz veröffentlicht hat, verstößt die Armee gegen das vom Obersten Gericht verhängte Verbot gezielter Tötungen in den besetzten Gebieten. Seine Informantin war die ehemalige Soldatin Anat Kamm, die während ihres Militärdienstes geheime Unterlagen kopiert hatte. Im Februar 2011 wurde Kamm – die ursprüngliche Anklage wegen schwerer Spionage wurde fallen gelassen – zu einer Freiheitsstrafe von viereinhalb Jahren verurteilt, nachdem sie sich schuldig bekannt hatte, die Geheimdokumente veröffentlicht zu haben (Bourdon 2011). Und Uri Blau wurde 2013 wegen der Weitergabe geheimer Informationen zu vier Monaten gemeinnütziger Arbeit verurteilt. In beiden Fällen unterstrichen die Staatsanwälte, dass ein Exempel statuiert werden müsse, um potenzielle Whistleblower abzuschrecken.

Überwachung der elektronischen Medien

In den elektronischen Medien, im Radio und Fernsehen, gibt es Zensur. Deren rechtliche Grundlagen zeigen überdies, wie eng politisches und militärisches Establishment miteinander verbandelt sind. Es wäre durchaus denkbar gewesen, dass der Umbruch der 1990er-Jahre – Kabelfernsehen, zwei Privatsender, Internet – zu einer Lockerung der staatlichen Kontrolle von Informationssendungen in Radio und Fernsehen geführt hätte. Es kam aber anders (Schejter 2009). Zunächst einmal hindern die für das Kabelfernsehen geltenden Telekommunikationsgesetze die Betreiber von Kabel- und Satellitenfernsehen daran, Informationssendungen zu produzieren. Diesem ungewöhnlichen Sachverhalt liegt der Wille zugrunde, die elektronischen Medien einzuschränken, ausgerechnet in einem Land, in dem die Nachrichten mit so großem Interesse verfolgt werden. Die

Informationen werden von den staatlichen Medien und Galei Zahal zur Verfügung gestellt. Die kommerziellen Radiosender können so nur die Nachrichten aus dem staatlichen Radio und dem Rundfunk der Armee reproduzieren.

Die arabische Minderheit wird vernachlässigt. Mit dem Einzug des Kabelfernsehens wurde darüber diskutiert, ob ein Sender in arabischer Sprache für die ortsansässige Bevölkerung gegründet werden sollte, um die wenig beliebten und unterfinanzierten arabischsprachigen Programme in den öffentlich-rechtlichen Anstalten zu ersetzen. Als die Diskussionen im Jahr 2000 wieder aufflammten, erklärte der Generaldirektor des Telekommunikationswesens vor dem Finanzausschuss, dass die »Araber mit ihren Satellitenschüsseln Sendungen in arabischer Sprache empfangen können und an unseren Programmen kein Interesse haben« (Schejter 2009, S. 125). Diese Einschätzung war zumindest damals falsch: Die Fernsehnachrichten des zweiten Kanals (in hebräischer Sprache) und die arabischsprachige Radiostation Al-Shams der Second Authority waren in der arabischen Bevölkerung beliebt, allerdings nach den panarabischen Sendern und dem unvermeidlichen Sender Al Jazeera (Jamal 2006).

Öffnung zu Konkurrenz und Globalisierung

In diesem etwas düsteren Bild fehlen noch die Nuancen. Die israelische Gesellschaft sah sich zunehmend mit sehr unterschiedlichen Meinungen und einem wachsenden Pluralismus konfrontiert. Immer mehr Themen wurden diskutiert, Tabus wurden gebrochen, vor allem im Hinblick auf die Armee. In den 1990er-Jahren erschien eine Artikelserie, in deren Folge die Todesumstände von im Training oder im Kampf getöteten Soldaten viel schwerer geheim gehalten werden können, sofern Familien Druck ausüben, weil sie diese erfahren wollen. Anfang 2011 führte die Berichterstattung der Presse zur Entlassung des Generalstabschefs. Der Protegé der Regierung musste wegen der Manöver zurücktreten, mit denen er seinen Gegenspieler in Misskredit bringen wollte. Außerdem wurde bekannt, dass das Grundstück seiner Villa teilweise auf kommunalem Grund liegt. In der Politik trugen die Rivalitäten zwischen den Parteien, verschärft noch durch innerparteiliche Vorwahlen sowie die Konkurrenz zwischen den Zeitungen, dazu bei, dass Korruptionsfälle aufgedeckt wurden, in die Persönlichkeiten wie der frühere Premierminister Ehud Olmert (verurteilt im Jahr 2012) oder der frühere Außenminister Avigdor Lieberman (Freispruch) verstrickt waren bzw. gewesen sein sollen.

Satellitenfernsehen und Internet erschweren die Zensur in einem Land, das um seinen internationalen Ruf besonders in der angelsächsischen Welt

sehr besorgt ist und in dem zahlreiche Bürger, die mit ihrem Herkunftsland verbunden sind, sich dort informieren können. Die Regierung legte
2003 einen Gesetzesentwurf vor (Schejter 2009), der vorsah, sämtliche
Informationsprogramme via Kabel zu verbieten; betroffen waren BBC
World, CNN, Fox News und Sky News. Mit knapper Mehrheit kippte
das Oberste Gericht diesen Plan, den es angesichts der ihm zugrunde liegenden Sicherheitserfordernisse als überzogen beurteilte.

Die Aufdeckung der bereits erwähnten Affäre Kamm/Blau (siehe S. 703)
durch die Presse ist direkt an die Globalisierung der Nachrichten gebunden. Am 8. April 2010 konstatierte Sima Vatkin-Gil, Chefin der Zensurbehörde, in einem Interview mit Haaretz, dass ein gerichtliches Verbot,
über die Affäre zu berichten, durch die Enthüllungen aus dem Ausland
obsolet geworden sei – und sie beurteilte ein solches Verbot als schädlich
»für das Image des Staates Israel als Demokratie«.

Jenseits der Information – eine dynamische Produktion

Jenseits des Genres Nachrichten stehen die israelischen Medien wesentlich
positiver da. Kritik an und Diskussion der Politik finden zu großen Teilen
nicht in den Presse- oder Fernsehjournalen und Magazinsendungen statt,
sondern auf anderen Wegen. Vor allem die politische Satire blüht. Seit
Jahren belegt »Eretz Nehederet« (Ein wunderbares Land), eine satirische
politische Nachrichtensendung, die allgemein dem Mitte-links-Spektrum
zugeordnet wird, zur besten Sendezeit den Spitzenplatz. Die Satiresen-
dungen stellen die sozialen Spannungen zwischen den unterschiedlichen
Gruppen (Aschkenasim/Misrachim, Juden/Araber, laizistische Juden/Ult-
raorthodoxe) dar, manchmal recht ungeschminkt.

Seit 2002 boomen Realityshows im israelischen Fernsehen, an erster
Stelle die internationalen »Aushängeschilder« des Formats Big Brother
(»HaAch HaGadol«, Keshet, seit 2007), bis heute eines der meistgesehe-
nen Programme. Die Adaption von »Survivor« war der größte Erfolg von
Kanal 10. Auch die musikalischen oder kulinarischen Realitygames (»Mas-
ter Chef«, seit 2010, eine Adaption der gleichnamigen britischen Sendung)
sind sehr beliebt, ebenso die lokalen Entsprechungen. »Kokhav Nolad«
(A Star is Born, Keshet, 2003–2012) ließ sich ursprünglich von »American Idol« inspirieren. 2013 machte Keshet eine israelische Schöpfung daraus: »HaKokhav HaBa« (The Rising Star), eine crossmediale Castingshow,
die die Ausstrahlung mit der Beteiligung der Zuschauer via Internet und
Smartphones verbindet. Das Format wurde in 30 Länder verkauft, auch in
die Vereinigten Staaten und nach Deutschland.

Schließlich ist auch die israelische fiktionale Filmproduktion stark aufgeblüht. Im zweiten Programm wurden sehr nationale und sehr erfolgreiche Soaps von langer Dauer ausgestrahlt, etwa »Ahava MiEver laPina« (Love around the Corner, 270 Episoden, 2004–2007). Nach und nach wurden auch anspruchsvolle Serien entwickelt, die sich mit den neuen Milieus der israelischen Gesellschaft befassen: Die Serie »Meurav Yerushalmi« (Kanal 2, 2004–2009) erzählte die Probleme einer Familie von armen orientalischen Juden in Jerusalem. Ein besonderer Fall war die Serie »Avoda Aravit« (Arab Work, Keshet, 2009–2013) über das Leben einer arabisch-israelischen Familie, die vor allem auf den Erfahrungen des Schriftstellers und Drehbuchautors Sayed Kashua basierte. Die Serie kam vor allem bei den jüdischen Zuschauern sehr gut an, da sie diesen Einblicke in eine ihnen ansonsten eher unbekannte Welt vermittelte.

Die Dynamik dieser Industrie in ihrem stark wettbewerbsorientierten Kontext hat zusammen mit der Orientierung an den USA bei bestimmten Formaten zu internationalen Erfolgen geführt. Das ist besonders bemerkenswert, wenn man die Kapazitäten für nationale Produktionen bedenkt. Die Mip TV in Cannes 2014 präsentierte mehrere Panels und Ausstrahlungen zum Thema »Fokus auf Israel«. Die erfolgreichsten Serien sind »Hatufim« (In der Hand des Feindes, Keshet, 2010–2012), die unter dem Titel »Homeland« eine der beliebtesten amerikanischen Serien wurde. »BeTipul«, 2005/2006 auf Hot ausgestrahlt, basiert auf Gesprächen zwischen einem Therapeuten und seinen Patienten. Die Zuschauerbeteiligung war nicht sehr hoch, aber die Serie war hoch angesehen und kostengünstig. Sie wurde in mehreren Ländern, darunter die USA, übernommen (In Treatment). Seit ihrem Start 2011 auf Hot ist die Dokusoap »Mehubarim« (Connected), in der die handelnden Figuren ihren Alltag mit Videos von zu Hause darstellen, in Israel ein Erfolg. Inzwischen wurde das Format in 22 Länder, darunter die USA, verkauft. Der größte Erfolg resultiert aus dem Export von Realityshows wie dem oben zitierten Rising Star. Manche Produzenten haben sich auf die Erfindung neuer Formate spezialisiert, wie Avi Armoza, der bei der letzten Mip TV sechs verschiedene Formate verkauft hat.

Eine durchwachsene Bilanz

Es ist also nicht leicht, eine soziale und politische Bilanz der Medienlandschaft in Israel zu ziehen. Trotz der professionellen Qualität mancher seiner Vertreter wird der israelische Journalismus durch die Pressekrise, die Abnormität von Israel HaYom, das Erstarken der Rechten und das Wiederauflebendes sicherheitsorientierten Nationalismus belastet. Gleichzeitig hielt der Pluralismus in der Kultur Einzug, das betrifft fiktionale Produktionen ebenso wie Realityshows. Die Vielfalt der israelischen Gesellschaft ist im Netz und in den sozialen Netzwerken ebenfalls sehr gut repräsentiert; dort können sich die verschiedenen Bevölkerungsgruppen artikulieren, auch wenn sie sich dabei nicht unbedingt begegnen und sich miteinander auseinandersetzen: die laizistische Linke, Ultraorthodoxe und Araber, russischsprachige Einwanderer … Der israelische Pluralismus ist also prekär und wird durch die Abwesenheit einer echten gemeinsamen Debatte jenseits sporadischer Auseinandersetzungen ebenso gefährdet wie durch Konzentrationsprozesse und eine instabile ökonomische Basis.

Aus dem Französischen von Elisabeth Thielicke

Literatur

Bourdon, Jérôme, The Two Faces of Israeli Censorship, in: Books and Ideas vom 19. Januar 2012 (www.booksandideas.net/Anastasia-and-Massouda.html, Aufruf: 17. September 2015).

Carmel, Asaf, Censoring the Censor, in: Haaretz vom 20. Juli 2006 (www.haaretz.com/culture/arts-leisure/censoring-the-censor-1.193427, Aufruf: 17. September 2015).

Caspi, Dan/Limor, Yehiel, The In/Outsiders. The Media in Israel, Cresskill 1999.

Cohen, Avner, The Worst-Kept Secret. Israel's Bargain with the Bomb, New York 2010.

Dor, Daniel, The Suppression of Guilt, London 2005.

Godeluck, Solveig, Hot, le laboratoire israélien de la méthode Drahi, in: Les Echos vom 1. Juni 2014 (www.lesechos.fr/01/06/2014/lesechos.fr/0203534462512_hot--le-laboratoire-israelien-de-la-methode-drahi.htm#Aqua2WpysA2w Tjhf.99, Aufruf: 17. September 2015).

Jamal, Amal, The Culture of Media Consumption among National Minorities. The Case of Arab Society in Israel, Nazareth 2006.

Kohn, Ayelet/Neiger, Motti, To Talk and to Talkback: The Rethoric of the Talk-Back in Israeli On-Line Newspapers, in: Caspi, Dan/Altshuler, Tehila (Hrsg,), Journalism Dot Com: On Line Newspapers in Israel, Jerusalem 2007 (hebr.; www.mottineiger.com/image/users/171194/ftp/my_files/talkback -final-PDF. pdf?id=7669458, Aufruf: 17. September 2015).

Liebes, Tamar/Katz, Elihu, The Export of Meaning, Cross-Cultural Readings of Dallas, New York u. a. 1990.

Nossek, Hillel/Limor, Yehiel, Fifty Years in a »Marriage of Convenience«: News Media and Military Censorship in Israel, in: Communication Law and Policy, 6 (2001) 1, S. 1–36 (www.researchgate.net/publication/248941191_Fifty_Years_In_A_Marriage_Of_Convenience_News_Media_And_Military_Censorship_In_Israel, Aufruf: 17. September 2015).

Pedatzur, Reuven, Obsessive Secrecy Undermines Democracy, in: Haaretz vom 8. August 2000 (http://fas.org/news/israel/000808-israel-1.htm, Aufruf: 17. September 2015).

Schejter, Amit, Muting Israeli Democracy. How Media and Cultural Policy Undermine Free Expression, Chicago 2009.

Soffer, Oren, The Anomaly of Galei Tzahal: Israel's Army Radio as Cultural Vanguard and Force for Pluralism, in: Historical Journal of Film, Radio and Television, 32 (2012) 2, S. 225–243.

Tucker, Nati, They Held on but the Israeli Papers are Starting to Feel the Pinch, in: Haaretz vom 22. Januar 2014 (www.haaretz.com/news/israel/.premium-1.569765, Aufruf: 17. September 2015).

Tucker, Nati, Thou Shalt Not Work. The Haredi Press is One of the Main Barriers to the Integration of the Ultra-Orthodox into the Job Market, in: Haaretz vom 13. April 2011 (www.haaretz.com/business/thou-shalt-not-work-1.355647, Aufruf: 17. September 2015).

Gisela Dachs

Haaretz – die »kleinste« unter den »großen Zeitungen« der Welt

»Haaretz« ist die älteste Zeitung in Israel. Zionistische Pioniere aus Russland haben sie 1919 gegründet, unter ihnen der Revisionistenführer Wladimir Zeev Jabotinsky. 1935 erwarb sie der prominente Berliner Kaufhausbesitzer Salman Schocken, der vor den Nazis nach Palästina geflohen war. Ihm schwebte eine Art hebräische Version der Frankfurter Zeitung vor Augen, so, wie es sie damals vor dem Krieg gegeben hatte: ein Qualitätsblatt, nüchterner Ton, analytisch und mit einem ausgeprägten Sinn für Kultur. Das Unternehmen war als Familienbetrieb angelegt und sollte es auch bleiben. Fast fünfzig Jahre – bis zu seinem Tod 1990 – war Salman Schockens Sohn Gerschom (ursprünglich Gustav) Chefredakteur; danach übernahm dessen Sohn Amos die Geschäfte. Er ist der heutige Herausgeber und Besitzer.

Konstant über die Jahre blieb auch eine grundsätzlich kritische Haltung der Tageszeitung, die zu ihrem Markenzeichen geworden ist. Golda Meir formulierte das einmal so: Die einzige Regierung, die Haaretz je unterstützt habe, sei das britische Mandat gewesen. Haaretz (wörtlich: das Land) wird von manchen Stammlesern gern als wahre Heimat bezeichnet; gemeint ist die Opposition von links, säkular, aufgeklärt und – elitär. Was die Frage aufwirft nach ihrer Relevanz in einer Gesellschaft, die in den letzten Jahren immer mehr nach rechts gerückt ist. Sicher ist: Haaretz wird nach wie vor von wichtigen Leuten und an wichtigen Stellen gelesen; auch von jenen, die sie nicht mögen.

Wer heute das Redaktionsgebäude durch den Haupteingang in der Salman-Schocken-Straße betritt, trifft immerhin visuell auf ein breites politisches Spektrum. Den Eingang dekorieren Ölgemälde zeitgenössischer israelischer Politikerinnen aller Couleur. Daneben hängen gerahmte Bildschirme mit der digitalen Ausgabe der hebräischen Tageszeitung. Gedruckt wirkt Haaretz eleganter als die anderen großen Tageszeitungen im Land, die Buchstaben sind kleiner, die Bilder zwar längst auch farbig, aber immer noch weniger schrill als bei der Konkurrenz.

Redaktionsgebäude in der Schocken-Straße in Tel Aviv

Seit 2011 Jahren ist Aluf Benn Chefredakteur, als Journalist aber schreibt er schon seit 1989 für die Zeitung. In der folgenden Dekade profitierte Haaretz nicht nur wirtschaftlich vom Aufschwung, der mit dem Friedensprozess einherging, auch inhaltlich stimmte der Redaktionskurs mit dem Mainstream überein. »Haaretz war immer für Diplomatie statt Gewalt, gegen die Besatzung«, sagt Benn. Zu den Werten, die von der Redaktion verfochten würden, gehörten mittlerweile auch die Integration der arabischen Identität ins israelische Kollektiv und die Rechte der afrikanischen Flüchtlinge, die in den letzten Jahren ins Land geströmt sind. Am 60. Unabhängigkeitstag des Staates veröffentlichte Schocken einen Artikel, in dem er vorschlug, die Nationalhymne so abzuändern, dass sich auch die arabischen Staatsbürger Israels damit identifizieren könnten.

Wie überall sonst in der Welt kämpft man mit der Printkrise. Mit einer abgespeckten Redaktion versucht Benn, die journalistischen Standards zu wahren, und lotet aus, welche neue Leserschaft sich im Internet erschließen lässt. Im Visier hat er dabei die jüngere Generation, Frauen und Smartphonenutzer. Alles keine traditionellen Haaretz-Kunden.

2012 wurden über hundert Angestellte entlassen. Jetzt sind es immerhin noch dreihundert, einschließlich der Redaktion der 2004 eingeführten Wirtschaftsbeilage »The Marker«, die es auch getrennt zu kaufen gibt. Deren Leser sind jünger und mindestens so interessiert an Hightechentwicklungen wie an dem Konflikt mit den Palästinensern. Chefredakteur Guy Rolnik hat sich seither mit seinem Kampf gegen israelische Tycoons, die er als hauptverantwortlich für die wachsende Wohlstandskluft im Land sieht, einen Namen gemacht.

Verglichen mit der Konkurrenz, ist die Auflage nicht hoch. 60 000 Exemplare werden unter der Woche verkauft, 100 000 am Wochenende. Das ist ein Bruchteil des Umsatzes von »Yedioth Ahronoth« und dem Gratisblatt »Israel HaYom«. Die hebräische Onlineausgabe von Haaretz verzeichnet aber zwei bis drei Millionen Einzelbesucher (*unique visitors*) im Monat, die englische Ausgabe drei bis sechs Millionen. Wenn Krieg herrscht, sagt Aluf Benn, sind es immer mehr.

In solchen Zeiten verschärft sich das Klima in der Redaktion. Die Mitglieder stimmen dann nämlich nur bedingt mit ihrem Herausgeber Schocken überein, wenn der wütende Leser einfach mit dem Satz abspeist: »Es sieht so aus, als wäre Haaretz eben nichts für Sie.« Der frühere Chefredakteur Hanoch Marmari erzählt, dass es »Amos nicht gefallen hat, weil ich weniger radikal war als er«. Haaretz habe das Talent und die Begabung der »New York Times«, sagt Marmari, der während der zweiten Intifada am Ruder war, aber manchmal würde sie sich bis zur Irrelevanz marginalisieren. »Während der schlimmsten Terroranschläge hatten die Leute wirklich große Angst. Ich musste der Redaktion sagen, dass wir nicht nur die Toten und Verletzten zählen und die Palästinenser betrauern können. Wir mussten doch auch Empathie gegenüber den Israelis zeigen, egal, wer recht gehabt haben mag.«

Auch im jüngsten Gazakrieg vom Sommer 2014 wurde Haaretz fehlender Patriotismus vorgeworfen. Gideon Levys Kommentar über israelische Piloten, die komfortabel von ihrem Cockpit aus per Knopfdruck Bomben abfeuerten, ohne sich die Konsequenzen aus der Nähe ansehen zu müssen, löste eine massive Welle von Abbestellungen aus. Den Autor stellte man – vorübergehend – unter Personenschutz. Chefredakteur Aluf Benn verteidigt Levys Text im Namen der Meinungsfreiheit, die nicht selbstverständlich sei. »Es gibt keine Gesetze, die sie verankert, das Wohl des Staates ist wichtiger.« Er betont aber auch, dass weder Regierung noch Armee versucht hätten, die Berichterstattung einzuschränken. Es seien die Leser gewesen, die dem Blatt vorwarfen, die Kampfmoral der Soldaten zu untergraben, und den Imageschaden im Ausland beklagten. Die Frage nach der unvermeidlichen Außenwirkung solcher Texte, die ja dann besonders gern von Israelkritikern ins Feld geführt würden, kontert Benn mit dem Hinweis, dass er »nicht verantwortlich« sei für die israelische Informationspolitik im Ausland. »Im Iran oder in Syrien gibt es keine Gideon Levys«, fügt Benn hinzu.

Dass Haaretz längst auch auf Englisch erscheint, macht sie zu einer einflussreichen Zeitung, weit über die Grenzen Israels hinaus. Das Liveblog während des Gazakriegs 2012 trug ihr eine Auszeichnung das »World Media Summit Global Awards for Excellence« ein. Seit 1997 erscheint eine kleine englische Ausgabe als Beilage der »International Herald Tribune«, die mittlerweile zur »International New York Times« geworden ist. Da diese Artikel auch online erscheinen, wird Haaretz nicht nur vielerorts im Westen, sondern auch in der arabischen Welt gelesen. Die englische Ausgabe aber ist keine Kopie der hebräischen Haaretz, sondern setzt zum Teil andere Schwerpunkte. Also weniger Milchpreise und Schulsystem, dafür mehr über religiöse Strömungen in Israel. »Das Neueste über die Reformbewegung oder Masorti-Gemeinden – das interessiert die hebräische Leserschaft nicht«, sagt Aluf Benn. Die amerikanischen Leser hingegen schon.

Haaretz ist aber auch internationaler in ihrer Geschäftsstruktur geworden. 2006 verkaufte Schocken 25 Prozent der Anteile an die deutsche Verlagsgesellschaft DuMont Schauberg.

Einfluss habe der Verlag mit Nazivergangenheit, der heute unter anderem den Kölner Stadtanzeiger herausgibt, nie versucht zu nehmen, unterstreicht Benn. »Sie lassen uns in Ruhe, sie können uns nicht lesen und wir sie nicht.« Nur einmal, als es um Ausgrabungen ging, die in Köln jüdische Stätten zutage förderten, habe man von dort den Kontakt zu Haaretz gesucht. 2011 erwarb dann der israelisch-russische Geschäftsmann Leonid Nevzlin 20 Prozent der Anteile der Haaretz-Gruppe, 15 Prozent übernahm er dabei von der Familie Schocken, fünf Prozent von DuMont Schauberg.

Fest steht: Als eine Zeitung, die in Israel nie eine hohe Auflage hatte und stets nur an dritter oder vierter Stelle kam, verfügt Haaretz nach wie vor über Gewicht und Einfluss, die beide weit über diese bloßen Zahlen hinausgehen.

Laurence Wolff

Das Bildungssystem

Einführung: Israels Wissenskapital

Israels Errungenschaften in der Wissenschaft, im technologischen Bereich und in der Kultur sind beeindruckend. Die Anzahl der Wissenschaftler und Ingenieure gehört, gemessen an der Bevölkerung, zu den höchsten der Welt. So verhält es sich auch mit den Patenten, wissenschaftlichen Arbeiten und Nobelpreisträgern. 87 Prozent der jungen Israelis schließen mindestens die mittlere Bildungsstufe ab (OECD 2014a, Tab. A2.1a). Der Anteil der Hochschulabsolventen an der Gesamtbevölkerung gehört ebenfalls zu den höchsten der Welt; er beläuft sich auf 46 Prozent der 25- bis 64-jährigen Israelis (OECD 2014a, Tab. A13a).

Israel investiert von allen OECD-Ländern den höchsten Anteil seines Bruttoinlandsprodukts in die zivile Forschung und Entwicklung (4,1 Prozent). 40 Prozent dieser Mittel stammen vom privaten Sektor und 46 Prozent von ausländischen Investoren (CBS 2014, Tab. 26.8). Acht Millionen Israelis kaufen jährlich zwölf Millionen Bücher und gehören damit zu den größten Bücherkonsumenten pro Kopf weltweit. Über 90 Prozent der Israelis lesen zudem mindestens einmal pro Woche Zeitung (Ministry of Industry, Trade and Labor 2007). Auch bei den Filmproduktionen, Konzertbesuchen, Tanzensembles und der Erwachsenenbildung belegt Israel, gemessen an seiner Bevölkerung, einen hohen Rang. Auf den Gebieten der grafischen Künste, Unterhaltung und Musik gewinnen Israelis häufig internationale Preise.

Es mag deshalb überraschen, dass die gesamtwirtschaftliche Produktivität der israelischen Erwerbsbevölkerung (Bruttoinlandsprodukt pro Arbeitsstunde) niedriger ist als jene der meisten OECD-Länder und weiterer Konkurrenten (Ben-David 2013a). Das Wachstum der israelischen Wirtschaft scheint von einem kleinen Kader innovativer Beschäftigter im Hochtechnologiesektor abzuhängen. Sowohl die Wettbewerbsfähigkeit als auch der soziale Zusammenhalt Israels sind zum Teil aufgrund der Unzulänglichkeiten des Bildungssystems gefährdet. Das Niveau der schulischen Leistungen liegt unter dem OECD-Durchschnitt. Zudem bestehen große Leistungsunterschiede zwischen verschiedenen sozioökonomischen und ethnischen Gruppen. Der Sektor der höheren Bildung in Israel kann zwar beträchtliche wissenschaftliche, künstlerische und kulturelle Leistungen vorweisen, ist aber zugleich mit hohen Kosten, Ungleichheit und Qualitätsproblemen konfrontiert. Erschwerend kommt noch hinzu, dass die größten ethnischen und religiösen Gruppen über getrennte Bildungssysteme verfügen. Diese Spaltung reflektiert und verstärkt die Spannungen und das verbreitete Misstrauen zwischen den einzelnen Gruppen der israelischen Gesellschaft.

Der Wehrdienst in der israelischen Armee (Israel Defence Forces [IDF]) spielt eine Schlüsselrolle bei der Bildung intellektueller, leistungsbetonter Disziplin, die sowohl Kreativität als auch Risikobereitschaft fördert (Senor/Singer 2009, Kap. 4). Die Wehrdienstabsolventen sind reifer, karriereorientierter, haben ernsthaftere Bildungsabsichten und sind womöglich besser in der Lage, in ihren Studien das Praktische mit dem Theoretischen zu verbinden. Indem die Armee jeweils die besten und begabtesten Abiturienten in nachrichtendienstliche Einheiten einteilt, trägt sie wesentlich zur Entwicklung eines Hochtechnologiekaders bei. Diese jungen Leute haben eine führende Rolle bei der Hightechrevolution gespielt. Doch vom transformierenden Potenzial des Wehrdienstes wird in Zukunft nur noch ein abnehmender Teil der israelischen Jugend profitieren können, unter anderem aufgrund des wachsenden Anteils der Bevölkerungsgruppen, die in der Regel keinen Wehrdienst leisten (Araber und ultraorthodoxe Juden).

Der vorliegende Beitrag gibt einen Überblick über das israelische Bildungssystem aus internationaler Perspektive. Er beruht auf einer breiten Auswahl nationalen und internationalen Datenmaterials sowie auf Schulbesuchen und Gesprächen mit Lehrern, Schulleitern, leitenden Pädagogen und Bildungsforschern. Besondere Aufmerksamkeit gilt der Frage, wie sich die Trennung der einzelnen Bildungssysteme auf benachteiligte Gruppen und Minderheiten auswirkt.

Das Bildungssystem im Überblick

Das israelische Bildungssystem ist wie folgt aufgebaut: sechs Jahre Grundstufe, sechs Jahre Sekundarstufe (unterteilt in drei Jahre Mittelstufe [auch: untere Sekundarstufe] und drei Jahre obere Sekundarstufe) und drei bis fünf Jahre höhere Bildung. Die Vorschulstufe umfasst ein Jahr staatlich finanzierten Pflichtkindergarten und zwei Jahre zum Großteil

Einschulung in der Tel-Nordau-Schule in Tel Aviv

staatlich finanzierten Vorkindergarten.[1] Wie später noch ausgeführt
wird, sind die Grund- und Sekundarstufe in vier separate Schulsysteme
unterteilt, das säkular-jüdische (definiert als hebräischsprachige staatliche Schulen), das religiös-jüdische (staatlich-religiöse Schulen), das
ultraorthodox-jüdische bzw. charedische[2] und das arabische (definiert als
arabischsprachige Schulen).

Während das israelische Bildungsministerium für die Lehrpläne, die
Einhaltung der Bildungsnormen, die Überwachung des Lehrkörpers und

---

1   Ein neulich verabschiedetes Gesetz weitet den vom Staat getragenen Pflichtkindergar-
     ten auf die Drei- bis Vierjährigen aus, wurde aber noch nicht vollständig umgesetzt.

2   Der Terminus »charedisch« bedeutet (gottes)fürchtig und unterstreicht den Glauben
     der betreffenden Gemeinschaft an die zentrale Rolle der Religion für die Lebenspra-
     xis auf der Grundlage der Thora und deren rabbinischer Interpretation. Diese
     Gemeinschaft wird von Außenstehenden gewöhnlich als ultraorthodox bezeichnet,
     was jedoch von dieser Gemeinschaft selbst als abwertend empfunden wird. Im Fol-
     genden wird deshalb im Allgemeinen das Substantiv »Chared« (im Singular) bzw.
     »Charedim« (im Plural) und das Adjektiv »charedisch« benutzt.

Eingangsbereich des heutigen Herzlia-Gymnasiums in Tel Aviv

Unterhalt der Schulgebäude sowie für die Ausstattung der Schulen (z. B. Mobiliar, technische Geräte) zuständig. Das Lehrpersonal in den Kindergärten und Grundschulen ist direkt vom Bildungsministerium angestellt, die Lehrer in den oberen Stufen werden dagegen direkt von den Kommunen bezahlt, die wiederum vom Bildungsministerium ein der Anzahl der Schulkinder entsprechendes Budget erhalten.[3] Die Schulleiter sind für die pädagogischen Fragen an ihren Schulen zuständig und spielen besonders in der Sekundarstufe eine wesentliche Rolle bei der Auswahl des Lehrkörpers.

Fast alle Schulen der Grund- und Sekundarstufe werden vom Staat finanziert oder unterstützt. Seit einigen Jahrzehnten ermöglicht der Staat vielfältige Schulangebote, einschließlich einer erheblichen Anzahl von Schulen,

---

3 Dieses ungewöhnliche System geht vermutlich auf das Anliegen zur Zeit der Staatsgründung zurück, im Interesse der Stärkung des nationalen Zusammenhalts eine umfassende, auf einem einheitlichen Kern beruhende Grundschulbildung sicherzustellen.

die wie Vertragsschulen *(charter schools)*[4] funktionieren. Manche Schulen werden von Nichtregierungsorganisationen auf der Grundlage von Verträgen mit dem Staat geleitet.

Der Besuch in der Grundstufe ist, dem gewünschten Schulsystem entsprechend, nach Einzugsgebieten geregelt, wobei Eltern oft Wege finden, diese Regelung zu umgehen. In der Sekundarstufe können die Eltern die Schule auswählen. In den letzten zwei Jahren der Sekundarstufe absolvieren die Schülerinnen und Schüler eine nationale Reifeprüfung *(bagrut)*, während in ausgewählten Schulen der Grundstufe und der unteren Sekundarstufe die Schulleistungen mithilfe nationaler Leistungstests *(meitsav)* geprüft werden.

Die Einrichtungen der höheren Bildung umfassen acht Universitäten (Universität Haifa, Hebräische Universität Jerusalem, Universität Tel Aviv, Bar-Ilan-Universität in Ramat Gan, Ben-Gurion-Universität des Negev, Technion Haifa, Ariel-Universität im Westjordanland und das Weizmann-Institut in Rehovot[5]), 58 Colleges, davon 21 staatliche Lehrerseminare und 16 private« Colleges, und eine vom Staat getragene »Open University« mit Bildungsangeboten im Fern- und Teilzeitstudienbereich (vgl. Council for Higher Education 2014). Der Council for Higher Education unter dem Vorsitz des Bildungsministers fungiert als Aufsichtsbehörde.

Der Anteil der Bevölkerung im Schulalter (zwischen fünf und 24 Jahren) an der Gesamtbevölkerung beträgt aufgrund der hohen Geburtenrate in Israel, besonders im arabischen und im charedischen Sektor, 33 Prozent und ist damit höher als in fast allen anderen OECD-Staaten (OECD-Durchschnitt 26 Prozent). 2013 umfasste das gesamte Bildungssystem über 1,7 Millionen Lernende und Studierende, davon 929 000 Schülerinnen und Schüler in der Grundstufe, 511 000 Lernende in der Sekundarstufe und 308 000 Studentinnen und Studenten in der höheren Bildung (CBS 2014, Tab. 8.10, 8.12, 8.19, 8.23). Praktisch alle Kinder besuchen Schulen der Grund- und Sekundarstufe. 90 Prozent der israelischen Kinder im Schulalter schließen die obere Sekundarstufe ab, verglichen mit 80 Prozent im OECD-Durchschnitt (OECD 2014a).

Der Staat Israel gibt rund 7,3 Prozent des Bruttoinlandsprodukts für Bildung aus. Dieser Anteil ist höher als in den meisten anderen OECD-Staa-

---

4 Das Konzept der Vertragsschulen kommt aus den USA. Diese Schulen sind staatlich finanziert, werden aber privat geführt und genießen in Bezug auf Unterrichtsorganisation und -formen sowie Lehrpläne größere Freiheiten. In den USA versuchen immer mehr Städte, den sozial benachteiligten Bevölkerungsschichten mit diesem Schultyp eine Alternative zu bieten. Die dortigen *charter schools* legen im Allgemeinen sehr viel Wert auf gutes Benehmen und Disziplin.

5 Das Weizmann Institute of Science bietet nur Studiengänge ab der Masterstufe.

ten (OECD-Durchschnitt 6,1 Prozent) (Hemmings 2010). Israels »demografische Last«, das heißt der hohe Anteil der Fünf- bis 24-Jährigen an der Gesamtbevölkerung, und die hohen Einschulungsraten sind mit dafür verantwortlich, dass der Staat Israel einen höheren Anteil des Bruttoinlandsprodukts für Bildung ausgibt als manche andere OECD-Staaten. So liegt der Anteil der Ausgaben für die Grundstufe am Bruttoinlandsprodukt über dem OECD-Durchschnitt, während die Ausgaben pro Schulkind in der Grundstufe in Israel den OECD-Durchschnitt unterschreiten (OECD 2014a, Tab. B1/1a, B1.4).

Gespaltene Gesellschaft, gesonderte Schulen

Israels Bevölkerung umfasste 2014 rund 8,4 Millionen Menschen – 6,3 Millionen Juden (74,9%), 1,7 Millionen muslimische, christliche oder drusische Araber (20,7%) und 366000 »andere«[6] (4,4%) (CBS 2014, Tab. 2.1). Der Anteil der Charedim an der Gesamtbevölkerung wird auf zehn Prozent geschätzt.[7] Diese sozialen, religiösen und ethnischen Spaltungen finden im israelischen Bildungssystem ihren Niederschlag, das – wie bereits erwähnt – aus vier getrennt geführten Schulsystemen besteht, wie sie in manchen multikulturellen Gesellschaften verbreitet auftreten, besonders dort, wo der Staat und die vorherrschende Religion kaum getrennt sind.

Tabelle 1 sind die Einschulungen in den Grundschulen der vier Systeme in den Jahren 2000 und 2013 sowie 2019 (Schätzung) zu entnehmen:

Tab. 1: Anteil der Einschulungen in den Grundschulen nach Systemen in Prozent der Gesamtzahl der Einschulungen

	2000	2013	2019 (Schätzung)*
staatlich	45,5	38,0	36,6
staatlich-religiös	14,5	13,5	14,5
arabisch	24,6	26,9	25,1
charedisch	15,4	21,4	23,9
absolut	729000	929000	1044000

* Hochrechnungen des Israelischen Zentralamtes für Statistik.
Quelle: CBS 2014, Tab. 8.10., 8.12., 8.23.

---

6 Die »anderen« sind weder Juden noch Araber.

7 Über die exakte Zahl der ultraorthodox-jüdischen Bevölkerung herrscht große Unsicherheit. Vgl. z.B. Regev 2013 und Zeff 2015.

Auf die öffentlichen staatlichen Schulen, die vor allem von den Kindern der säkularen jüdischen Bevölkerung[8] besucht werden, entfielen 2013 38 Prozent der Einschulungen gegenüber 45,5 Prozent dreizehn Jahre zuvor. Diese Schulen werden offiziell als »hebräischsprachige Schulen« und nicht als »jüdische Schulen« bezeichnet. Die Unterrichtssprache ist Hebräisch, wenn auch Arabisch in der unteren Sekundarstufe als Pflichtfach und in der oberen Sekundarstufe als Wahlfach unterrichtet wird. Der Lehrplan an diesen Schulen umfasst den typischen Fächerkanon, zu dem Hebräisch, Fremdsprachen, Mathematik, Naturwissenschaften, Geschichte, Bürgerkunde etc. sowie Bibelunterricht gehören. Etwa 5000 arabische Schüler (Shwed u. a. 2014) besuchen öffentliche jüdische Schulen. Ihr Anteil wächst aufgrund verstärkter arabischer Migration in die urbanen Zentren sowie aufgrund der Überzeugung, dass der Unterricht an diesen Schulen besser ist als in arabischen Schulen.

Staatlich-religiöse Schulen werden von Kindern der religiösen, aber nicht der charedischen jüdischen Bevölkerung besucht. Ihr Anteil an den Einschulungen in der Grundschulstufe beträgt 13,5 Prozent gegenüber 14,5 Prozent vor einem Jahrzehnt. Diese Schulen weisen denselben Fächerkanon auf wie die säkularen Schulen, bieten jedoch zusätzlich vertieften Unterricht in religiösen Fächern. Die Schülerinnen und Schüler dieser Schulen kommen aus praktizierenden (»modern-orthodoxen« oder religiös-zionistischen) Familien, die einen koscheren Haushalt führen und den Sabbat einhalten, aber auch aus sogenannten traditionellen Familien (in der Regel orientalischer Herkunft [Misrachi], also aus arabischen Ländern stammend), die die Religionsgesetze weniger streng auslegen. Der Staat ist gesetzlich verpflichtet, Kindern auf Verlangen der Eltern eine religiöse Schulbildung zu bieten, was dazu führt, dass solche Schulen in kleineren Kommunen oft kleiner sind und sich durch ein besseres Betreuungsverhältnis auszeichnen.

In öffentlichen arabischsprachigen Schulen wurden 2013 in der Grundschulstufe 26,9 Prozent der Schülerinnen und Schüler eingeschult – gegenüber 24,6 Prozent im Jahr 2000. Solche Schulen werden von Moslems, Christen, Beduinen und Drusen besucht. Neben dem Arabischen, das – wie bereits erwähnt – Unterrichtssprache ist, wird Hebräisch als Unterrichtsfach gelehrt. Verglichen mit den jüdischen Schulen verfügen sie

---

8 Säkulare jüdische Israelis sind in der Regel nicht religiös praktizierend, das heißt, sie besuchen keine Synagogen, führen keinen koscheren Haushalt und fahren am Sabbat, begehen jedoch jüdische Feiertage und/oder halten sie ein. Eine kleine, aber wachsende Anzahl säkularer Juden begeht wichtige Ereignisse in ihrem Leben wie Hochzeiten und Bar-Mizwa-Feiern in Reformsynagogen und/oder sogenannten konservativen Synagogen.

traditionell über weniger Mittel, was vor allem auf höhere Schülerzahlen pro Klasse sowie mangelnde Ressourcen in arabischen Gemeinden zurückzuführen ist. In den letzten Jahren wurden jedoch gezielte Anstrengungen unternommen, um diese Diskrepanzen auszugleichen. Fast der gesamte Lehrkörper dieser Schulen ist arabisch. Der Lehrplan ist mit Ausnahme der Sprachfächer und des Religionsunterrichts fast identisch mit dem Lehrplan an jüdischen Schulen.[9]

Arabische und jüdische Kinder in der Jerusalemer Hand-in-Hand-Schule, in der zweisprachig in gemeinsamen Klassen unterrichtet wird

Es gibt immer mehr Initiativen, oft von Nichtregierungsorganisationen getragen, die gemeinsame jüdisch-arabische Schulen und in einigen Fällen auch Schulen, in denen Kinder aus religiösen und nicht religiösen Familien gemeinsam lernen, betreiben. Zu den Versuchen, die Vierteilung des Schulsystems aufzubrechen, gehören einige zweisprachige hebräisch-arabische Schulen, die Rekrutierung arabischer Lehrkräfte für den Unterricht in jüdischen Schulen, die Vermittlung der arabischen Sprache und Kultur, Begegnungen zwischen arabischen und jüdischen Schulkindern und Lehrkräften, Unterrichtsprogramme und Videos zur Förderung der gegensei-

---

9 Arabische Erzieher vertreten die Auffassung, dass politisch heikle Fächer wie Geschichte die Vergangenheit der arabischen Bevölkerung offener thematisieren sollten.

tigen Verständigung, Begegnungen zwischen jüdischen und arabischen Jugendlichen und Lehrkräften außerhalb Israels, neue Schulbücher aus einer gemeinsamen Gesellschaftsperspektive und sogar künstlerische Wettbewerbe zum Thema Toleranz und Respekt.[10] Die Regierung, die zwischen 2012 und 2014 amtierte, rief das Programm »Der andere bin ich« ins Leben, das Begegnungen zwischen verschiedenen ethnischen, religiösen und sozioökonomischen Gruppen und Schichten förderte und Schüler zu mehr Engagement in der Kommune verpflichtete. Eine der bestehenden großen Herausforderungen stellt die Notwendigkeit dar, solche gemeinsamen Gesellschaftsperspektiven auch Kindern in staatlich-religiösen und charedischen Schulen näherzubringen.

Der Anteil der charedischen Schulen an den Einschulungen im Jahr 2013 belief sich auf 21,4 Prozent, das waren sechs Prozent mehr als 2000. Bezogen auf die Grundstufe gibt es aktuell vier separate charedische Subsysteme, die nicht alle vom Bildungsministerium überwacht werden. Mit wenigen Ausnahmen lernen charedische Jungen nur partiell Mathematik, Naturwissenschaften, Englisch, Sozialwissenschaften und Bürgerkunde. Diese Schulen nehmen an keinen nationalen oder internationalen Bewertungsprogrammen teil und sind kaum wissenschaftlich erfasst. Der Staat trägt die Kosten der beiden größten Subsysteme und zwischen 55 und 75 Prozent der anderen beiden; ebenso übernimmt er 60 Prozent der Kosten der auf der Sekundarstufe angesiedelten Jeschiwot (männlichen Religionsschulen). Männliche Schulabgänger leisten keinen Wehrdienst[11] und eine Mehrheit ist dann auch nicht in den Arbeitsmarkt integriert (anders als charedische Gruppen in den USA und Kanada, die dort viel stärker am Wirtschaftsleben teilhaben). Gesetze, die in der Amtszeit des ersten Premierministers, David Ben Gurion, verabschiedet wurden, befreiten charedische Männer von der Wehrpflicht, solange sie eine Jeschiwa besuchten. Während diese Regelung damals nur ein paar Hundert Jeschiwastudenten betraf, erhalten heute 40 000 charedische junge Männer eine Wehrdienstverschiebung, deren negative Konsequenzen darin bestehen, dass sie die Betroffenen dazu ermutigt, das Jeschiwastudium fortzusetzen, statt einer Erwerbstätigkeit nachzugehen. Diejenigen Charedim, die sich in den Arbeitsmarkt eingliedern, gehen zumeist einer gering qualifizierten Tätigkeit nach, da ihnen die erforderlichen Kompetenzen für eine Tätigkeit im kaufmännischen Bereich, im Rechtswesen oder im technologischen Bereich fehlen.

---

10 Vgl. z.B. die Hand-in-Hand-Schule, Abraham Fund, Givat Haviva, Center for Educational Technology und Seeds of Peace, Shonim Beyahad und Rothenberg.

11 Ein 2014 verabschiedetes Gesetz soll den Wehrdienst von Charedim fördern, wurde aber bislang kaum durchgesetzt.

Ultraorthodoxe Juden widmen sich in der Jerusalemer Mir-Jeschiwa dem Tora- und Talmundstudium, 2013.

Dennoch zeichnet sich ein Wandel ab. So ist etwa der Anteil männlicher Charedim, die dem Arbeitsmarkt zur Verfügung stehen, zwischen 2009 und 2011 von weniger als 40 Prozent auf 48 Prozent gestiegen (Regev 2013, S. 121). Möglicherweise beginnt die charedische Gemeinschaft selbst, die Bedeutung der Eingliederung in die breite Gesellschaft zu erkennen. 2014 schlossen sich einige charedische Grundschulen dem öffentlich-orthodoxen Schulsystem an, was dazu führte, dass erstmals seit vielen Jahren weniger Kinder in die charedischen Grundschulen eingeschult wurden (Blass 2014). Zudem sind Pilotprojekte mit säkularen Bildungsangeboten wie Rechtsstudien für Abgänger eine Jeschiwa gestartet worden, außerdem sind Bildungsprogramme für charedische Frauen aufgelegt worden, die ihre Chancen auf Eingliederung in den Arbeitsmarkt erhöhen sollen. Bei jüngst stattgefundenen Jobbörsen für charedische Männer in Jerusalem war die Nachfrage größer als das Angebot.

Das getrennte Schulsystem sowie die räumliche Segregation in Israel führen zu einem Mangel an Respekt und Verständnis für den »anderen«. Demoskopische Umfragen deuten darauf hin, dass die überwiegende Mehrheit der jungen Israelis kaum oder gar keinen Kontakt zu anderen ethnischen oder religiösen Gruppen hat. Zusammen mit 29 anderen Staaten nahm Israel 1999/2000 an einer Studie der IEA (= International Association for the Evaluation of Educational Achievement) zur politischen Bildung

14- bis 19-Jähriger teil, die das Wissen und die Haltung von Schülerinnen und Schülern in der elften Klasse zu Themen wie Bürgerkunde, Demokratie, nationale Identität etc. prüfte. Es überrascht nicht, dass die Studie markante Unterschiede zwischen den Standpunkten von Juden und Arabern zu Themen wie Stolz über israelische Errungenschaften, Geschichte, nationale Symbole, Rechte jüdischer Einwanderer und legitimen Einsatz militärischer Gewalt feststellte. Arabische Schülerinnen und Schüler erkannten in der Demokratie tendenziell weniger Vorteile und sahen sie weniger bedroht als ihre jüdischen Pendants und stuften altruistisches Bürgerverhalten als weniger effektiv, vertrauenswürdig und erstrebenswert ein (vgl. Ichilov 1999). Mehrere Studien förderten negative stereotype Meinungen jüdischer Schülerinnen und Schüler zu Arabern zutage, wobei diese Haltungen den jeweiligen lokalen politischen Verhältnissen entsprechend zu variieren scheinen (Soen 2010). Der israelische Staatspräsident Reuven Rivlin hat sich selbst sehr besorgt über die wachsende Intoleranz in der israelischen Gesellschaft gezeigt (Remnick 2014). Er und andere argumentierten, dass Intoleranz und der Verlust der Zustimmung zum »Gesellschaftsvertrag« Israels Überlebensfähigkeit in der Zukunft gefährden könnten.

Das getrennte Schulsystem führt auch zu einer kostenintensiven Verwaltung und aufwendigen Zuteilung von Lehrkräften. Letzteres hat zum Ergebnis, dass die Betreuungsverhältnisse in staatlich-religiösen und charedischen Schulen oft besser sind, da der Staat gesetzlich verpflichtet ist, solche Bildungsangebote auf Verlangen der Eltern bereitzustellen.

Die Schulwahl erfüllt zwar eine wichtige Funktion, indem sie Gemeinschaften und sozialen Gruppen die Aufrechterhaltung der eigenen Identität ermöglicht, vertieft aber die soziale Segregation und führt indirekt zu niedrigeren Leistungen bei benachteiligten Kindern. So ist mittlerweile mithilfe internationaler Studien nachgewiesen, dass ein gemeinsames Lernen in Schulen mit gemischter sozialökonomischer Zusammensetzung sich auf die Leistungsfähigkeit von Kindern aus benachteiligten Schichten positiv auswirkt. Auch in Israel erzielen Kinder dieser Schichten bei internationalen Tests über 50 Punkte mehr, als von ihnen angesichts ihres sozialen Hintergrundes erwartet werden könnte, wenn sie solche Schulen besuchen (OECD 2014c, S. 93 f.). Trotzdem beläuft sich der Anteil der israelischen Schulkinder, die in der achten Klasse Schulen mit gemischter sozioökonomischer Zusammensetzung besuchen, nur auf 40 Prozent und liegt damit deutlich unter dem OECD-Durchschnitt von 50 Prozent.

Das unterschiedliche Wachstum verschiedener Bevölkerungsgruppen wirkt sich grundlegend auf die israelische Gesellschaft insgesamt und damit auch auf die Wahl des Schulsystems bei der Einschulung aus. Die Geburtenraten werden auf 6,0 Kinder pro charedische Frau geschätzt. Die Wachstumsraten dieser Bevölkerungsgruppe insgesamt werden auf 4,7 bis sechs Prozent pro Jahr beziffert (Paltiel 2013). In 20 Jahren werden die Charedim deshalb voraussichtlich 25 Prozent der Bevölkerung ausmachen. Im arabischen Sektor beträgt die Geburtenrate 3,1 Kinder pro Frau. Diese Rate ist stark gesunken, aber noch immer haben die Beduinenfrauen im Süden Israels eine durchschnittliche Geburtenrate von 5,0 Kindern pro Frau (Bowers 2014). Die Geburtenraten im charedischen und im arabischen Sektor dürften zukünftig weiter sinken und möglicherweise wird die charedische Gemeinschaft in Zukunft einen gewissen »Abfluss« zur modern-orthodoxen oder säkularen Gemeinschaft erleben. Dennoch wird der Anteil der Einschulungen an säkularen Grundschulen 2019 schätzungsweise auf 36,6 Prozent sinken, während die Einschulungen an charedischen Schulen voraussichtlich auf 23,9 Prozent ansteigen und an staatlich-religiösen Schulen auf 14,5 Prozent sinken werden. Aufgrund markant geringerer Geburtenraten (und möglicherweise auch aufgrund der Einschulungen an jüdischen Schulen und/oder Migration) werden die Einschulungen an arabischen Schulen, gemessen an der Gesamtzahl der Einschulungen, moderat zurückgehen.

Schulbildung in einem gespaltenen System unter der Prämisse der beschriebenen Entwicklungen zu garantieren, ist eine enorme Herausforderung, von der Bewältigung der politischen, gesellschaftlichen und wirtschaftlichen Folgen der sich abzeichnenden Mehrheit der charedischen und arabischen Bevölkerungsanteile ganz zu schweigen. Während es, wie bereits erwähnt, Anzeichen dafür gibt, dass sich Charedim heute mehr dem Erwerbsleben zuwenden (Regev 2013), wird es infolge des starken Bevölkerungswachstums anhaltend hohe Zahlen von jungen erwachsenen Charedim geben, die weder in der Lage noch willens sind, sich in den Arbeitsmarkt einzugliedern, was die anderen Teile der Gesellschaft dazu zwingen wird, immer mehr charedische Familien zu subventionieren. Im arabischen Sektor nimmt der Anteil der Jugendlichen, die das Gymnasium abschließen und studieren, zwar zu, doch die unzureichende technische und wissenschaftliche Bildung, mangelhafte Hebräischkenntnisse und die Diskriminierung auf dem Arbeitsmarkt behindern die volle Nutzung des arabischen Arbeitskräftepotenzials, was sich wiederum negativ auf die Produktivitätssteigerungskapazitäten der gesamten erwerbstätigen Bevölkerung auswirkt.

Lernerfolge, gleichberechtigter Zugang zum Bildungssystem und Bildungsqualität

1967 und 1970 nahm Israel an internationalen Bildungstests teil und erzielte damals die besten Resultate von zwölf bis 15 teilnehmenden Staaten.

Gestützt auf diese Ergebnisse, wiegte sich die israelische Öffentlichkeit in Sicherheit, dass das israelische Bildungssystem zu den besten weltweit gehöre. Ab 1999 nahmen die Israelis dann aber entsetzt zur Kenntnis, dass die israelischen Schulkinder international schlechter abschneiden als erwartet. Zu diesen Bewertungen neueren Datums gehören die von der Organisation für wirtschaftliche Zusammenarbeit und Entwicklung (Organisation for Economic Co-operation and Development [OECD]) durchgeführten PISA-Studien, die die Lesefähigkeit sowie die Kenntnisse in Mathematik und Naturwissenschaften von Fünfzehnjährigen testen, sowie die TIMSS-Untersuchungen des internationalen Bildungsforschungsverbandes IEA in Mathematik bei Schülerinnen und Schülern der vierten und achten Klasse.[12] Fachleute für psychometrische Tests sind der Meinung, dass die Stichproben bei den Tests der 1960er- und 1970er-Jahre die Gesamtsituation des Bildungssystems nur mangelhaft wiedergaben, da israelische Araber und Einwanderer, die zum Zeitpunkt der Durchführung der Tests weniger als zwei Jahre im Land waren, nicht einbezogen wurden. Der Eindruck, dass das israelische Bildungssystem in früheren Zeiten »bestens funktionierte«, lasse sich deshalb nicht objektiv bestätigen.[13] Von 1999 bis 2009 lagen die Resultate der Bildungstests in Israel 50−70 Punkte unter dem internationalen Durchschnitt; Israel lag fast hinter allen OECD-Ländern (Ausnahmen: Türkei und Mexiko) und nahm einen schlechteren Platz ein, als

---

12 Der internationale Bildungsforschungsverband International Association for the Evaluation of Educational Achievement wurde in den 1960er-Jahren als Nichtregierungsorganisation zum Zweck der Bewertung der Lesefähigkeit sowie der Lernerfolge in Mathematik und in den Naturwissenschaften in den teilnehmenden Ländern gegründet. Immer mehr Länder nehmen an IEA-Studien, einschließlich TIMSS (Trends in Mathematics and Science Study) bei Viert- und Achtklässlern, PIRLS (Progress in Reading and Literacy Study) bei Viertklässlern sowie an Studien über Bürgerkunde und Computerkenntnisse teil. In den frühen 1990er-Jahren gründeten OECD-Staaten das PISA-Programm (Progress in Student Achievement) zur Bewertung von Lernerfolgen bei Fünfzehnjährigen in den Bereichen Lesen, Mathematik und Wissenschaften. Dieses Programm konzentriert sich weniger auf die nationalen Lehrpläne als vielmehr auf die Bewertung von Grundkenntnissen und Fertigkeiten, die auf dem Arbeitsmarkt gefragt sind. Die PISA-Tests wurden bald auch auf Nicht-OECD-Länder, unter ihnen auch Entwicklungsländer, ausgeweitet. Israel führt zusammen mit über 50 Staaten seit 1999 TIMMS-Tests für Achtklässler und PISA-Bewertungen für Fünfzehnjährige durch.

13 Jüngste Berichte des Taub Center for Social Policy Studies in Israel weisen auf die Probleme im Zusammenhang mit dem Leistungsniveau und den Lernerfolgen an israelischen Schulen hin. Der Bericht der staatlichen Dovrat-Kommission (2005) empfahl diverse Reformen, von denen nur ein Bruchteil umgesetzt wurde.

man angesichts des Pro-Kopf-Einkommens und des Betrags, der pro Schüler in die Bildung investiert wird, hätte erwarten können. Bei diesen Tests ergibt sich der internationale Durchschnittswert 500 bei einer Standardabweichung = 100. Die Punktzahl der einzelnen Länder schwankt zwischen 560 und 600, wobei der Tiefstwert bei rund 330 liegt.

Nachdem die politisch Verantwortlichen realisiert hatten, dass sich die Grund- und Mittelstufe des israelischen Bildungssystems in einer Krise befinden, lancierten sie verschiedene Programme, um das Niveau des Unterrichts zu heben sowie Qualität, Entlohnung und Arbeitsbedingungen (z. B. hinsichtlich der Arbeitsatmosphäre) der Lehrkräfte zu verbessern. Die Anstrengungen wurden mit verbesserten Resultaten in den Tests von 2011 und 2012 belohnt. In den TIMSS-Mathematik-Tests von 2011 bei Achtklässlern erreichte Israel 516 Punkte gegenüber 463 Punkten im Jahr 2007. Die Steigerung um 53 Punkte brachte Israel in vier Jahren vom 24. auf den sechsten Rang (Mullis u. a. 2012). Auch die israelischen Araber verbesserten ihre Resultate. Sie liegen nun höher als jene sämtlicher arabischen Staaten, aber noch immer deutlich unter denen des jüdisch-israelischen Sektors. Israels Punktezuwachs von einer zur nächsten Testreihe war der größte in der 45-jährigen Geschichte der TIMSS-Tests. Zwischen 2007 und 2011 erreichten nur Katar und Saudi-Arabien einen ähnlichen Zuwachs, aber von einem viel tieferen Niveau ausgehend. Israel verbesserte sich auch bei den PISA-Tests von 2012, wenngleich das Land immer noch unter dem OECD-Durchschnitt rangiert. Die Anstrengungen des israelischen Bildungssystems basierten weitgehend auf dem Best-Practice-Ansatz.[14] Das Resultat dieser Anstrengungen war so gewaltig, dass sie in einer OECD-Publikation über die PISA-Resultate hervorgehoben wurden (OECD 2014e, Kasten 4.1.4).

Charedische Kinder nehmen an nationalen und internationalen Tests nicht teil, mit Ausnahme einiger Mädchenschulen. Zudem werden fast alle Einwohner von Ost-Jerusalem, die ein Daueraufenthaltsrecht in Israel, jedoch nicht die israelische Staatsbürgerschaft besitzen, weiterhin nach palästinensischen Lehrplänen unterrichtet und nicht geprüft. Als Folge davon blieben 22,3 Prozent der israelischen Schulkinder vom Stichprobenrahmen für TIMSS-Tests ausgeklammert (Mullis u. a. 2012, Anlage C3). Israel hat die weltweit geringste Teilnahmerate an internationalen Leistungstests.

Tabelle 2 fasst die Resultate der Pisa-Tests in Israel seit 2003, unterteilt nach ethnischen Gruppen, zusammen.

---

14 Der Best-Practice-Ansatz systematisiert Erfahrungen erfolgreicher Institutionen/Organisationen/Unternehmen, vergleicht verschiedene Lösungsansätze, die bereits zum Einsatz kommen und bewertet sie im Hinblick auf die Ziele, die erreicht werden sollen.

Tab. 2: Ergebnisse der PISA-Tests in Israel 2003 – 2012 (arabisch- und hebräischsprachige* Schulen und Landesdurchschnitt)

	PISA: Mathematik			PISA: Lesefähigkeit		
	arabisch	hebräisch	national	arabisch	hebräisch	national
2003	344	449	418	378	465	452
2006	372	460	442	372	456	439
2009	367	470	447	392	498	474
2012			466			486

* Die hebräischsprachigen Schulen umfassen die säkular-jüdischen und die religiös-jüdischen Schulen. Charedische Schulen nehmen an den Tests nicht teil.
Quellen: OECD 2014b, Beller 2013.

Tabelle 3 dokumentiert die Trends im israelischen Bildungssystem im Fach Mathematik laut TIMSS, während in *Tabelle 4* unter anderem die Punktzahlstreuung bei den PISA-Mathematiktests dargestellt wird.

Tab. 3: TIMSS-Testresultate in Mathematik 1999 bis 2011 in Israel (arabisch- und hebräischsprachige* Schulen und Landesdurchschnitt)

	arabisch	hebräisch	national
1999	397	482	466
2003	465	505	496
2007	408	484	463
2011	465	536	516

* Die hebräischsprachigen Schulen umfassen die säkular-jüdischen und die religiös-jüdischen Schulen. Charedische Schulen nehmen, wie bereits erwähnt, an den Tests nicht teil.
Quellen: Resultate im jüdischen und arabischen Sektor laut Beller 2011, beruhend auf internationalen Studien. Die landesweiten Resultate sind den PISA- und TIMSS-Studien entnommen.

Tab. 4.: Punktzahlstreuung bei den PISA-Mathematiktests von 2012

	Israel	OECD	Kanada	Korea	USA
beste zehn Prozent, durchschnittliche Punktzahl	603	613	633	679	600
schlechteste zehn Prozent, durchschnittliche Punktzahl	328	375	402	425	368
Streuung	275	238	231	254	232

Quelle: OECD 2014b, Tab. 1.2.1b.

Während sich Israel bei der erreichten Punktzahl insgesamt verbessert hat, ist die Streuung der PISA-Resultate noch immer die höchste im OECD-Raum. Die Differenz zwischen den zehn Prozent der Schüler, die am schlechtesten abschneiden, und den zehn Prozent der Schüler mit den besten Resultaten ist größer als in allen anderen OECD-Ländern (275 Punkte). Die zehn Prozent Schwächsten erreichen 328 Punkte, weniger als in allen anderen OECD-Ländern mit Ausnahme von Mexiko *(Tabelle 4)*.

Nationale Leistungstests

Im Rahmen eines Systems, das von der israelischen Bildungsbewertungsagentur RAMA (National Authority for Measurement and Evaluation in Education) entwickelt wurde, werden bei Fünft- und Achtklässlern externe Tests in Mathematik, Englisch, Hebräisch (für Hebräischsprachige) bzw. Arabisch (für Arabischsprachige) durchgeführt. Diese Tests finden auf gestaffelter Basis statt. Dafür werden die Schulen in vier landesweit repräsentative Gruppen eingeteilt und einzelne Schulen dann alle zwei Jahre in zwei Fächern extern geprüft. Nach zwei Jahren werden diese Schulen dann in zwei weiteren Fächern geprüft. In den Jahren, in denen die Schulen keine externen Tests durchlaufen, werden der Schulleitung und den Lehrkräften Beispieltests für interne Prüfungen überlassen. Bei den internen Tests soll es darum gehen, Lehrkräften und Schulleitungen ohne die negativen Konsequenzen (z.B. hinsichtlich des Ansehens der jeweiligen Schule, Druck auf Lehrer und Schulleitung), die mit den externen Tests verbunden sind, eine Momentaufnahme des Lernvermögens in den Klassen zu vermitteln.

Ab 2008 wurde es durch technische Verbesserungen, die von RAMA umgesetzt wurden, möglich, die Resultate der sogenannten *meitsav*-Tests auf Jahresbasis miteinander zu vergleichen. Wie *Abbildung 1* entnommen werden kann, haben sich die Resultate dieser Tests an israelischen Schulen seither durchgängig verbessert. Für 2008 wurde ein Basisdurchschnittswert von 500 Punkten festgelegt. 2012 lag der Durchschnitt aller Ergebnisse (Naturwissenschaften, Mathematik, Englisch, Hebräisch und Arabisch) für Achtklässler bei 525 Punkten (für Fünftklässler sogar bei 541 Punkten). Gegenüber 2011 (durchschnittlich 533 Punkte) haben sich die Ergebnisse von 2012 leicht verschlechtert, 2013 konnte gegenüber 2012 wieder ein geringer Zuwachs auf 536 Punkte verzeichnet werden.

Im Lauf der Jahre verringerte sich die Kluft zwischen den Leistungen an jüdischen und arabischen Schulen leicht, sie bleibt jedoch signifikant. Am schlechtesten schneiden die Beduinen im südlichen Landesteil ab.

Abb. 1: MEITSAV-Resultate 2008–2013

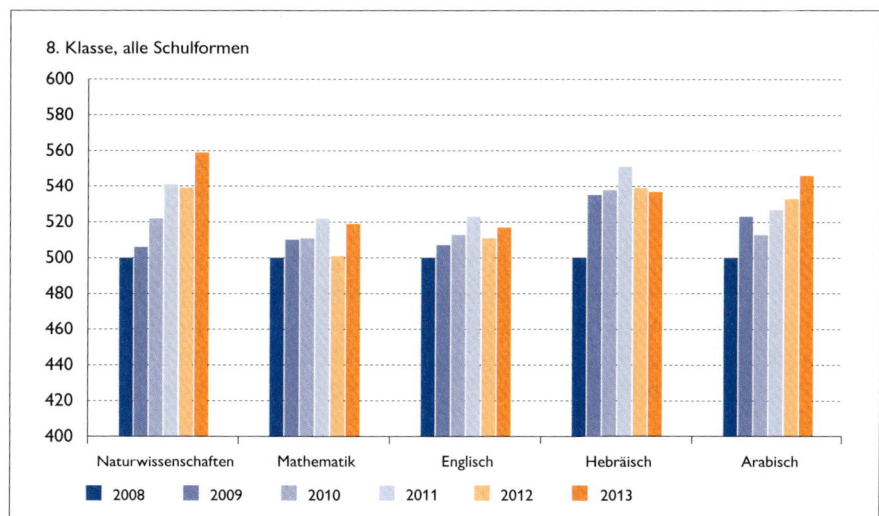

Quelle: Beller 2013.

Lehrkräfte

In Israel wurde mehrfach über den niedrigen gesellschaftlichen Status von Lehrerinnen und Lehrern und über ihre mangelnde Autorität im Unterricht berichtet (Volansky 2007). Lehrerinnen und Lehrer galten als schlecht bezahlt. Als Teil der Anstrengungen, das israelische Bildungswesen zu verbessern, implementierte die Regierung 2007 das Programm »New Horizon« in der Grund- und Mittelstufe. 2012 wurde ein ähnliches Programm, »Courage to change«, für die obere Sekundarstufe eingeführt. Im Rahmen dieser Programme wurde die Arbeitszeit der Lehrkräfte verlängert, ihre Gehälter wurden erhöht, das Betreuungsverhältnis wurde verbessert sowie die Weiterbildung von Lehrkräften und die Einstellung hoch qualifizierter Lehrerinnen und Lehrer wurden gefördert.

Nach diesen Gehaltserhöhungen (16–24 Prozent im Rahmen des Programms »New Horizon«) und Verbesserungen werden Lehrkräfte besonders in den Grundschulen nun deutlich besser bezahlt, wenn auch immer noch unter dem OECD-Durchschnitt (Blass 2013).

Auch die Zufriedenheit der Lehrerinnen und Lehrer mit ihrer Arbeit scheint sich verbessert zu haben. Sie scheint in ärmeren Gemeinden größer zu sein als in reichen, vermutlich wegen der geringeren Lebenshaltungskosten in der Peripherie und der etwas höheren Gehälter, die auf die höhere Bildung der Lehrer in diesen Gegenden zurückzuführen sind (Blass 2009).

Nach allgemeiner Ansicht herrschen in israelischen Klassenzimmern »chaotische Zustände«. Neben mangelnder Disziplin wird auch beklagt, dass sowohl Schulkinder als auch Eltern es an Respekt für die Lehrerinnen und Lehrer fehlen lassen.[15] Das führt dazu, dass viel Unterrichtszeit für Disziplin und Verwaltungsmaßnahmen aufgewendet werden muss. Eine Untersuchung internationaler Studien (Blank/Shavit 2013) kommt zu dem Schluss, dass die Anhebung der Disziplin in israelischen Klassenzimmern auf das Durchschnittsniveau anderer OECD-Staaten (wie in der TIMSS-Studie von 2007 berichtet) die Lernresultate verbessern könnte. Der Staat hat Programme zur Verbesserung des Schulklimas und zur Reduzierung der Gewalt an Schulen lanciert, die zu guten Resultaten geführt haben (RAMA 2014).

Ungleichheit im Bildungssystem

Wie in anderen Ländern ist das Lernen auch in Israel stark von bildungsexternen Faktoren geprägt. Das Einkommensgefälle zwischen Arm und Reich ist beträchtlich, größer als in fast allen anderen OECD-Ländern, etwa ähnlich groß wie in den Vereinigten Staaten. 2011 verfügten 33 Prozent der israelischen Haushalte über ein Bruttoeinkommen (vor Steuern und ohne Berücksichtigung von Sozialhilfe) unterhalb der Armutsgrenze (Ben-David/Bleikh 2013, S. 21 f.).[16] Im PISA-Test von 2012 war die Wahrscheinlichkeit, in der Mathematikprüfung eine Punktzahl im untersten Viertel des Leistungsspektrums zu erreichen, bei Kindern aus Familien, die sozioökonomisch dem untersten Viertel angehören, zweieinhalbmal höher als bei Kindern aus Familien des obersten Viertels (OECD 2014c, Tab. II.2.4ap, S. 185).

Laut *meitsav*-Test, den das israelische Bildungsministerium 2011 bei Achtklässlern durchführte, beherrschten die (sozioökonomisch gesehen) untersten 20 Prozent nur 42 Prozent des Lehrstoffes in Mathematik, während die obersten 20 Prozent sich 60 Prozent des Stoffes angeeignet hatten (CBS 2014, Tab. 8.24).

Trotz Verbesserungen schneiden arabische Schulkinder in den Tests immer noch deutlich schlechter ab als jüdische Schulkinder (vgl. *Tabellen 2*

---

15 Das ist ein Problem, das nicht nur Israel betrifft. 32 Prozent der Schulkinder in OECD-Staaten berichteten über erheblichen Lärm und Unordnung im Klassenzimmer (OECD 2010d, S. 91).

16 Transferzahlungen des Staates reduzieren diesen Wert auf 20 Prozent.

und *3*). Arabische Familien weisen im Durchschnitt ein geringeres Bildungsniveau auf als jüdische Familien. In der Folge messen sie Bildung oft einen geringeren Wert bei. Das wiederum hat Auswirkungen, in welchem Umfang sie ihren Kindern Lernmöglichkeiten erschließen (z. B. ihren kleinen Kindern aus Büchern vorlesen). Arabische Schulkinder im Süden des Landes (hauptsächlich Beduinen) erzielen signifikant schlechtere Resultate als Schulkinder anderer Landesregionen. Besonders in Gebieten mit beduinischer Bevölkerung kommt es vor, dass Eltern Analphabeten sind. In großen Familien haben die Eltern weniger Zeit, sich mit jedem Kind einzeln zu beschäftigen. Die arabische Sprache ist zudem diglossisch, das heißt, die Schriftsrache entspricht nicht der gesprochenen arabischen Umgangssprache. Die Kinder müssen also quasi eine »Fremdsprache« lernen, um in ihrer Muttersprache lesen und schreiben zu können. Außerdem müssen sie auch Hebräisch (und später Englisch) lernen. Arabische Muttersprachler sind überdies damit konfrontiert, dass ihre Sprache, besonders in urbanen Räumen, kaum wertgeschätzt wird. Arabische Jungen schneiden in den Tests schlechter ab als arabische Mädchen; das gilt auch für den *meitsav*-Mathematiktest. Es handelt sich um einen der wenigen Fälle weltweit, in denen Jungen in Mathematik signifikant schlechter abschneiden als Mädchen (CBS 2014, Tab. 8.24).

Tab. 5: Laufende Ausgaben für Bildung nach Quelle und Bildungsstufe für 2011 (in Prozent)

	private Haushalte und private Non-Profit-Organisationen (in %)	Kommunen und öffentliche Non-Profit-Organisationen (in %)	Staat (in %)	absolut (in Millionen NIS)
Verwaltung	0,0	34,1	65,9	1 730
Vorschulstufe	21,4	14,1	64,5	5 523
Primarstufe	2,5	4,5	92,9	20 648
Sekundarstufe	32,3	1,4	66,3	18 845
Tertiärstufe – Universitäten	39,8	-6,5	66,7	8 597
Tertiärstufe – Colleges	57,8	-0,6	42,8	5 656
Schulbücher	100,0			894
gesamt	24,7	3,5	71,9	

Quelle: CBS 2014, Tab. 82. Öffentliche Universitäten sind vom Staat subventioniert und haben eine negative Nettoausgabenbilanz.

Minderheiten in der jüdischen Bevölkerung, etwa Juden äthiopischer Herkunft und Neueinwanderer aus gewissen zentralasiatischen Ländern, haben mit ähnlichen Nachteilen zu kämpfen. Auch jüdische Schulkinder aus Familien orientalischer Herkunft (Misrachi-Familien) erreichen schlechtere Resultate als Kinder aus Familien aschkenasischer Herkunft, auch wenn sich diese Kluft verkleinert hat.

Im Folgenden soll ein Blick darauf geworfen werden, wie sich die Ausgaben für Bildung auf den Staat, die Kommunen und private Haushalte verteilen (*Tabelle 5*; Daten für das letzte veröffentlichte Jahr). 2011 deckte der Staat 71,9 Prozent der laufenden Kosten für Bildung, die Kommunen 3,5 Prozent und die privaten Haushalte, Individuen und privaten Non-Profit-Organisationen kommen für 24,7 Prozent aller Ausgaben auf. Städte mit einkommensstarker Bevölkerung wie Tel Aviv ergänzen die staatlichen Leistungen. Eltern, besonders höherer Einkommensgruppen, finanzieren Bildungsangebote wie Vorschulbetreuung am Nachmittag (bis vor Kurzem finanzierte der Staat nur den morgendlichen Vorschulunterricht), Nachhilfe, ergänzende Bildungsangebote auf der Primar- und Sekundarstufe, private Nachhilfeinstitute für nationale Prüfungen und die Studiengebühren für die höhere Bildung. Ärmere Kommunen sowohl im jüdischen als auch im arabischen Sektor verfügen nicht über die nötigen Mittel, um die staatliche Finanzierung zu ergänzen. Jüngsten Beschlüssen entsprechend, zeichnet sich ein Anstieg beim Anteil der öffentlichen Finanzierung der Vorschul- und Grundstufe ab. Eine Studie von 2014 beklagt den Mangel an Transparenz im Bildungshaushalt und stellt fest, dass oft von einem Jahr zum nächsten signifikante Änderungen an den Lehrplänen, die in der Folge finanziert werden müssen, vorgenommen werden, ohne den Zweck der Änderungen zu begründen (Blass/Cogan 2014).

Die Ausgaben für Bildung pro Schulkind schwanken in Israel je nach Ort und Ethnizität. Da jedoch das formale Ausbildungsniveau und damit die Gehälter der arabischen Lehrkräfte denen der jüdischen Lehrkräfte an jüdischen Schulen entsprechen, äußerte sich die unterschiedliche Alimentierung der Bildung früher vor allem in einem schlechteren Betreuungsverhältnis an arabischen Schulen. Doch die Anzahl der Schulkinder pro Lehrer (und damit auch die Klassengröße) an arabischen Schulen sank zwischen 2007 und 2012 signifikant und entspricht mittlerweile im Wesentlichen dem Verhältnis an jüdischen Schulen. An ultraorthodoxen jüdischen Schulen ist das Betreuungsverhältnis Studien zufolge besser.

Schulkinder mit zwei oder mehr Vorschuljahren erreichen in den PISA-Mathematiktests 46 Punkte mehr als Schulkinder ohne Vorschulbildung (OECD 2014c, Tab. II.4.I3). Eltern der Mittel- und Oberschicht versuchen, ihre Kinder zu fördern, indem sie erweiterten Vorschulunterricht sowie zusätzliche Jahre Vorschulunterricht aus eigenen Mitteln finanzieren.[17] Mittelschichtfamilien geben viel Geld für Nachhilfeunterricht und Nachmittagsschulen aus, besonders in Primarschulen, an denen der Staat den Unterricht nur bis 13.30 Uhr finanziert, sowie für die Vorbereitung zum Abitur – ein System, das als »grauer Bildungsmarkt« bekannt ist. So geben 52,9 Prozent der 15-jährigen Israelis an, Nachhilfeunterricht in Mathematik zu erhalten (OECD 2010d, S. 237). Zehn Prozent aller Schulabgänger der Sekundarstufe belegen Vorbereitungskurse für Hochschuleintrittsprüfungen.

In den letzten zehn Jahren hat Israel bedeutende Anstrengungen unternommen, um benachteiligte Gruppen gezielt zu fördern. Im Jahr 2008 legte die Regierung Programme zur Förderung der Grundbildung (vor allem Mathematik, Naturwissenschaften und Englisch) von arabischen, drusischen und beduinischen Kindern sowie zur Erweiterung bestehender bzw. für den Bau neuer Schulen auf, um dem Bevölkerungswachstum im arabischen Sektor Rechnung zu tragen. 2010 stellte die Regierung weitere Mittel für zusätzliche Unterrichtsstunden in Mathematik, Naturwissenschaften und Arabisch für alle arabischen Drittklässler zur Verfügung und stellte ergänzend Lehrer in diesen Fächern in 20 Prozent der Schulen ein. 2015 schlug die Regierung vor, weitere erhebliche Summen für arabische Schulen bereitzustellen. Zudem wurde ein großes Programm in die Wege geleitet, um das Vorschulangebot für benachteiligte Gruppen, besonders für Kinder aus charedischen und arabischen Familien, zu verbessern. Des Weiteren wurden die Mittel erhöht, um den Hebräischunterricht zu fördern sowie die Gewalt an arabischen Schulen und die Schulabbruchquote zu reduzieren. Ein ermutigendes Signal ist, dass die Testergebnisse und Leistungen arabischer und jüdischer Kinder, deren Mütter einen Hochschulabschluss haben, gleich sind. Daraus lässt sich schließen, dass sich die Leistungsfähigkeit der arabischen Kinder mit wachsendem Bildungsstand der Eltern verbessern wird (CBS 2014, Tab. 8.22 und 8.26).

Gestützt auf einen sozioökonomischen Index, werden Gelder unterprivilegierten Regionen im ganzen Land zugeleitet, wenn auch diese Art von Finanzierung nur fünf Prozent des Lehrerbudgets ausmacht. Das Bildungsministerium hat Maßnahmen ergriffen, um vor allem in Schulen mit einem hohen Anteil von Kindern aus sozial benachteiligten Familien die Klassengröße zu reduzieren und die Anzahl der Unterrichtsstunden zu erhöhen. Zudem wurde beschlossen, die Vorschulstufe schrittweise auf den ganzen Tag auszudehnen und sie unentgeltlich zugänglich zu

---

17 Jüngste staatliche Anstrengungen, die Schulpflicht in der Vorschulstufe zu erweitern, konzentrierten sich auf benachteiligte Gruppen.

machen. Die ersten Schritte in diese Richtung konzentrierten sich auf unterprivilegierte Bevölkerungsgruppen. Die erweiterte staatliche Finanzierung der Vorschulstufe sowie die Schaffung zusätzlicher Bildungsangebote für Kinder zwischen drei und neun Jahren am Nachmittag bildeten auch die wichtigste Empfehlung der Trajtenberg-Kommission zum Thema Bildung. Diese Kommission wurde nach den Sozialprotesten im Jahr 2011 eingesetzt. Israel verfügt außerdem über zahlreiche – oft von Nichtregierungsorganisationen finanzierte – Pilotprogramme zur Verbesserung der Lernleistungen in benachteiligten Bevölkerungsgruppen.

Sekundarstufe und höhere Bildung

Sekundarstufe

Die israelischen Schulen der Sekundarstufe unterteilen sich nach Ethnizität und religiöser Ausrichtung, aber auch nach Art der Schule. In den säkular-jüdischen Schulen lernten 2014 46,9 Prozent eines Jahrgangs, in staatlich-religiösen Schulen 13,6 Prozent, in charedischen Schulen 10, 7 Prozent und in arabischen Schulen 29 Prozent. 28,7 Prozent der Schülerinnen und Schüler eines Jahrgangs besuchen technische oder berufsbildende Schulen,

Abiturprüfung in der Kiryat-Sharet-High-School in Holon, 2013

von denen nicht alle einen Zugang zu höherer Bildung ermöglichen (CBS 2014, Tab. 8.19 und 8.21). Nichtregierungsorganisationen erhalten oft von Kommunen den Auftrag, Schulen der Sekundarstufe zu führen oder zu begleiten, besonders im berufsbildenden/technischen Bereich. Zudem gibt es sogenannte demokratische Schulen mit reformpädagogischen Unterrichtsstrukturen. Magnetschulen[18] im wissenschaftlichen und technischen Bereich sind oft auf bestimmte Bevölkerungsgruppen wie etwa russische Neueinwanderer oder Beduinen ausgerichtet.

Das israelische Prüfungssystem ist insofern ungewöhnlich, als es sowohl aus einer stark gewichteten Abschlussprüfung der Sekundarstufe nach europäischem Vorbild als auch aus einer standardisierten Eignungsprüfung amerikanischen Stils (»psychometrische Prüfung«) besteht, die von den meisten israelischen Universitäten als Aufnahmebedingung verlangt wird.

Wie bereits erwähnt, schließen die meisten Schülerinnen und Schüler die Sekundarstufe mit der Abschlussprüfung *bagrut*, das entspricht dem Abitur, ab. Sie müssen dabei jedoch eine bestimmte Punktzahl erreichen, um auch studieren zu können.

Die Abiturientinnen und Abiturienten werden in sieben Fächern geprüft: Englisch, Mathematik, Hebräisch bzw. Arabisch, Geschichte und Bürgerkunde sind Pflicht. Dazu kommen noch zwei Wahlfächer. Bis vor Kurzem wurden in Israel 157 verschiedene *bagrut*-Prüfungen abgelegt, viele davon in eng beschränkten technischen/berufsbildenden Bereichen, verteilt über drei Jahre auf fünf Etappen. Die einzelnen Fächer werden auf verschiedenen Schwierigkeitsstufen geprüft, den sogenannten Einheiten. So ist etwa eine Mathematikprüfung über fünf Einheiten sehr viel schwieriger als eine Mathematikprüfung über zwei Einheiten. 2012 schrieben 83,9 Prozent der Zwölftklässler die Abiturprüfung. Dabei erreichten 59 Prozent eine »Bescheinigung« für den Abschluss der Sekundarstufe (CBS 2014, Tab. 8.26). 48,3 Prozent hatten ein Resultat, das sie zu einem Hochschulstudium berechtigt. Wer dazu nicht zugelassen ist, hat die Möglichkeit, bestimmte nicht akademische Schulen oder Ausbildungsprogramme zu absolvieren. 51 Prozent der jüdischen Schüler hatten sich für ein Hochschulstudium qualifiziert, im Vergleich zu 38,2 Prozent der arabischen Schüler. Mädchen schneiden bei diesen Prüfungen besser ab als Jungen, besonders im arabischen Sektor.

Wie viel Prozent der Schülerinnen und Schüler die Abiturprüfung bestehen, wird von Eltern und Interessenverbänden genau verfolgt, sodass Politiker motiviert sind, diesen Anteil möglichst zu erhöhen. Das hat unter

---

18 Magnetschulen sind Schulen, die besondere curriculare Schwerpunkte aufweisen und/oder nach speziellen pädagogischen Konzepten unterrichten.

Graduiertenfeier an der Hebräischen Universität Jerusalem

anderem dazu geführt, dass Schülerinnen und Schüler die Möglichkeit haben, die *bagrut*-Prüfung ein zweites Mal abzulegen. Angebote, sich privat auf die *bagrut* vorzubereiten, haben deshalb zugenommen. Eine wachsende Anzahl von Schülerinnen und Schülern – 2012 waren es 32 Prozent aller Prüfungskandidatinnen und -kandidaten – beantragen besondere »Erleichterungen« wegen Lernschwächen (CBS 2014, Tab. 8.25). Solche Erleichterungen können darin bestehen, dass den Prüflingen zusätzliche Zeit oder eine zusätzliche mündliche Prüfung zugestanden wird oder dass ihre Schreibfehler ignoriert werden. Da diese Prüfungen keine gleichbleibenden Bestandteile aufweisen, kann nicht beurteilt werden, ob eine bestimmte Prüfung schwerer oder leichter war als die Prüfung des Vorjahres.

Die meisten Beobachter und Interessenverbände sind sich einig, dass die *bagrut*-Prüfung der Intention des Lehrplans der Sekundarstufe nicht gerecht wird. Es werden in allen Fächern ab der zehnten Klasse zu viele Prüfungen geschrieben, wobei es den Schülerinnen und Schülern freisteht, sie beliebig oft zu wiederholen. Im Januar 2014 unterzog das Bildungsministerium die *bagrut*-Prüfung deshalb einer Reform, um deren Auswirkungen (z. B. das mehrfache Wiederholen der Prüfungen) zu verringern und den Lehrerinnen und Lehrern mehr Flexibilität im Unterricht zu geben. Die Anzahl der Pflichtprüfungen wurde reduziert. Englisch und Mathematik werden nun zwei- statt dreimal geprüft und die *bagrut*-Prüfungen finden nur noch in den letzten zwei Jahren der Sekundarstufe statt. Es wird mehr Gewicht auf die Erfahrungsnoten gelegt, einschließlich der Bewertung von Arbeiten. Außerdem versucht man zu erreichen, dass die »psychometrische Prüfung« keine allgemein geforderte Voraussetzung mehr für die Aufnahme an einer Universität darstellt.

Höhere Bildung

Zu den Einrichtungen der höheren Bildung in Israel zählen, wie eingangs erwähnt, acht Universitäten, 58 Colleges, davon 21 öffentliche Lehrerseminare sowie 16 private Colleges, und eine staatlich finanzierte sogenannte offene Universität für Fern- und Teilzeitstudien. 2013/2014 waren 308 000 Studierende an höheren Bildungseinrichtungen in Israel eingeschrieben, davon 237 000 Studentinnen und Studenten in BA-Studiengängen und 59 700 Studierende in einem Masterstudiengang; 10 650 waren Doktorandinnen und Doktoranden, 1 200 Diplomstudierende. Die Einschreibung an privaten Institutionen hat zugenommen und umfasst derzeit 47 000 Studentinnen und Studenten (Council for Higher Education 2014). Auch die Anzahl der Studierenden an Colleges ist gestiegen und übertrifft mittlerweile die Anzahl derer, die an den Universitäten studieren. Als Aufsichtsbehörde fungiert ein Rat für höhere Bildung (Council for Higher Education) unter dem Vorsitz des Bildungsministeriums.

Weizmann-Institut in Rehovot

Die höhere Bildung gilt qualitativ als vergleichsweise gut; das trifft nicht nur für die Universitäten zu, sondern auch für die Colleges, deren Lehr- und Ausbildungsprogramme besser an die Bedürfnisse des Arbeitsmarkts angepasst sind. Drei Universitäten – die Hebräische Universität Jerusalem, das Technion und das Weizmann-Institut – rangieren unter den 100 besten Universitäten der Welt (Academic Ranking of World Universities 2015). Wie bereits angemerkt, weist Israel eine der höchsten Anteile von Wissenschaftlern und Ingenieuren an der erwerbstätigen Bevölkerung auf. Auch die Anzahl der Patente, wissenschaftlichen Arbeiten und Nobelpreisträger gehört – gemessen an der Bevölkerungsgröße – zu den höchsten der Welt.

Zugleich haben die israelischen Hochschulen auch mit Problemen zu kämpfen. Studien zufolge hat das geringe Lohnniveau zu einem erheblichen Braindrain, also zur Abwanderung hoch qualifizierter Wissenschaftler und Akademiker, überwiegend in die USA, geführt. Hohe Studiengebühren erschweren es bedürftigen Studierenden, ihr Studium erfolgreich abzuschließen. Private Haushalte und Studierende zahlen 38,8 Prozent der Kosten des Universitätsstudiums. An Colleges beträgt dieser Kostenanteil 57,8 Prozent (CBS 2014, Tab. 8.2). Ein schlechteres Betreuungsverhältnis und mangelnde Finanzierung sollen die Qualität der Studien beeinträchtigt haben. Die Anzahl der in Vollzeit beschäftigten Fakultätsmitglieder an den Universitäten hat sich nicht verändert, während die Anzahl der Studierenden um 50 Prozent zugenommen hat (Ben-David 2013b). Nur zwölf Prozent der eingeschriebenen Studierenden und nur zwei Prozent der Fakultätsmitglieder sind Araber, während ihr Anteil an Israels Gesamtbevölkerung 20 Prozent beträgt (Hai 2012). Lediglich 7,5 Prozent der charedischen Männer zwischen 25 und 44 Jahren verfügen über einen BA-Studienabschluss (Ben-David 2014a).

Da die Unterrichtssprache in der arabischen Grund- und Sekundarstufe Arabisch ist, fällt es arabischen Absolventen der Sekundarstufe schwerer, erfolgreich zu studieren, da die Unterrichtssprache in den Einrichtungen der höheren Bildung (mit Ausnahme eines oder zweier Lehrerseminare) Hebräisch ist. Zusätzlich sind sie gegenüber ihren jüdischen Kommilitoninnen und Kommilitonen auch deshalb benachteiligt, da diese zwei bis drei Jahre im Militär gedient haben, reifer sind und oft staatliche Unterstützung für die Vorbereitung zum Abitur und die Universitätsaufnahmeprüfungen erhalten.

Um der Benachteiligung von Bevölkerungsgruppen zu begegnen, hat der Rat für höhere Bildung 2012 ein Fünfjahresprogramm zur Förderung der höheren Bildung von Sekundarstufenabsolventen und zur Unterstützung arabischer Studierender aufgelegt. Das Programm umfasst Beratung auf Sekundarschulstufe, Hochschulvorbereitung, Stipendien sowie die

Beratung und Unterstützung von angehenden Studierenden (Hai 2012). Zudem wurden Programme zur Förderung der Englischkenntnisse arabischer Schüler und Aufbauprogramme in naturwissenschaftlichen Fächern und im Technologiebereich für diese Bevölkerungsgruppe erweitert.

Ab 2011 wurden zehn akademische Einrichtungen für charedische Studierende eröffnet. 2013 studierten 4855 Charedim in staatlich finanzierten Hochschuleinrichtungen. Einigen dieser Studenten stehen Darlehen und Stipendien sowie Arbeitsvermittlungsdienste zur Verfügung. Zudem sind Anstrengungen im Gange, das Betreuungsverhältnis zu verbessern, mehr Lehrstühle einzurichten, die Rückkehr von Wissenschaftlern nach Israel zu fördern und ein Programm der internen und externen Bewertung der Qualität von Colleges einzurichten (Council for Higher Education 2014).

Zukunftsaussichten

Was Israel heute für seine Kinder tut, wird die Welt der Erwachsenen von morgen prägen. Die Herausforderung besteht darin, ein Bildungssystem zu schaffen, das dazu beiträgt, eine kohäsive Gesellschaft aufzubauen, effizient funktioniert, allen israelischen Schulkindern offensteht und der Gesellschaft ermöglicht, ihr Humanpotenzial voll auszuschöpfen. In Ländern wie Kanada, Neuseeland und Finnland, in denen die Lernerfolge gesteigert werden konnten, zeitigte dieser Prozess, der die volle Unterstützung der Interessenverbände − einschließlich der Lehrerverbände − genossen hat, auch das Ergebnis, dass sich ein die politischen, ethnischen und religiösen Grenzen überwindender Konsens eingestellt hat. Die Verbesserung der Lernleistungen war das Resultat von zehn bis zwanzig Jahren konsequenter Anwendung einer Bildungspolitik, die auf dem Top-down-und-bottom-up-Ansatz beruht: Der Staat formuliert klare Ziele, die Gleichheit und messbare Resultate sicherstellen, und die Schulen, der Lehrkörper und die Kommunen arbeiten zusammen, um den Schulkindern in ihrem Bereich die bestmögliche Bildung zugänglich zu machen.

In Israel wurden im vergangenen Jahrzehnt erhebliche Anstrengungen unternommen, um zahlreiche ernste Probleme des Bildungssystems in Angriff zu nehmen. Nochmals hervorzuheben sind die Beseitigung von Finanzierungsunterschieden und die Förderung unterprivilegierter Gruppen, die Wiederherstellung der hohen Qualität der höheren Bildung und, zumindest ansatzweise, das Schlagen von Brücken zwischen den verschiedenen ethnischen und religiösen Gruppen und deren Schulsystem. Dadurch konnten Lernerfolge in der Grund- und Sekundarstufe verbessert werden.

Die Lernfortschritte, die in den letzten vier Jahren flächendeckend bei allen Schulkindern und besonders bei benachteiligen Bevölkerungsgruppen erzielt werden konnten, müssen konsolidiert werden. Zudem müssen die Anstrengungen intensiviert werden, um die Lernerfolge von arabischen Schulkindern zu verbessern, sie zur Hochschulreife zu führen und dafür zu sorgen, dass sie als gut qualifizierte Arbeitskräfte eine angemessene Beschäftigung finden. Ebenso ist die Einbeziehung allgemeinbildender Fächer in den charedischen Lehrplan stärker zu fördern und Charedim mit angemessener Qualifikation müssen mehr Unterstützung erfahren, um auf dem Arbeitsmarkt vermittelt zu werden. Sehr wichtig wäre es zudem, auf den kleinen Fortschritten aufzubauen, die in den Schulen im Bereich der »gegenseitigen Verständigung« erzielt werden konnten, sowie Toleranz und religiösen Pluralismus, die für eine demokratische Gesellschaft unerlässlich sind, zu pflegen. Dabei ist zu berücksichtigen, dass die überwiegende Mehrheit der Israelis es auch weiterhin vorziehen wird, ihre Kinder in Schulen zu schicken, die ihre eigenen religiösen Überzeugungen und Bräuche reflektieren.

Aus dem Englischen von David Ajchenrand

Literatur

Bekerman, Zvi/Shhadi, Nader, Palestinian-Jewish Bilingual Education in Israel: Its Influence on Cultural Identities and Its Impact on Intergroup Conflict, in: Journal of Multilingual and Multicultural Development, 24 (2003) 6, S. 473–484.

Beller, Michal, Assessment and Evaluation of the Israeli Education System, RAMA, April 2013.

Beller, Michal, Israel's Performance, RAMA, 2011 (hebr.).

Beller, Michal, Assessment for Learning: From Theory to Practice, RAMA, 2010.

Ben-David, Dan (Hrsg.), State of the Nation Report. Society, Economy and Policy in Israel, Jgg. 2009, 2010, 2013, 2014, Taub Center for Social Policy Studies in Israel, Jerusalem versch. Jahre.

Ben-David, Dan, A Picture of the Nation. Israel's Society and Economy in Figures, Taub Center for Social Policy Studies in Israel, Jerusalem 2014 (www.israel-braingain.org.il/Uploads/Attachments/6675/a_picture_of_the_nation_2014_eng_taub.pdf, Aufruf: 23. November 2015) (= 2014a).

Ben-David, Dan, Labor Market Productivity in Israel, Taub Center for Social Policy Studies in Israel 2013, Policy Paper No. 2013.05 (http://taubcenter.

org.il/wp-content/files_mf/e2013.05productivity.pdf, Aufruf: 23. November 2015) (= 2013a).

Ben-David, Dan, Update on the State of Israel's Universities and its Researchers, Taub Center for Social Policy Studies in Israel, Policy Paper No. 2013.12 (http://taubcenter.org.il/wp-content/files_mf/updateonthestateofisraelsuni versitiesanditsresearchers.pdf, Aufruf: 23. November 2015) (= 2013b).

Ben-David, Dan, Israel's Education System. An International Perspective and Recommendations for Reform, Taub Center for Social Policy Studies in Israel, Policy Paper No. 2010.03 (http://taubcenter.org.il/wp-content/files_ mf/israelseducationsystemaninternationalperspectiveandrecommendations forreform.pdf, Aufruf: 23. November 2015) (= 2010a).

Ben-David, Dan/Bleikh, Haim, Poverty and Inequality over Time: In Israel and the OECD, in: Ben-David, Dan (Hrsg.), State of the Nation Report. Society, Economy and Policy in Israel, Jerusalem 2013, S. 17–72 (http://taubcenter. org.il/wp-content/files_mf/stateofnation_013eng8.pdf, Aufruf: 23. November 2015).

Blank, Carmel/Shavit, Yossi, »It Disturbs the Whole Class«. Disciplinary Infractions in the Classroom and their Relation to Pupil Achievement, Taub Center for Social Policy Studies in Israel, Policy Paper No. 2013.10 (http://taubcenter. org.il/wp-content/files_mf/itdisturbsthewholeclass.pdf, Aufruf: 23. November 2015).

Blass, Nachum, Trends in the Development of the Education System, Taub Center for Social Policy Studies in Israel, Policy Paper No. 2014.13 (http://taub center.org.il/wp-content/files_mf/trendsinthedevelopmentoftheeducations ystem2014english.pdf, Aufruf: 23. November 2015).

Blass, Nachum, Trends in the Development of the Education System: Pupils and Teachers, Taub Center for Social Policy Studies in Israel, Policy Paper No. 2013.11 (http://taubcenter.org.il/wp-content/files_mf/trendsinthede-velopment2013.pdf, Aufruf: 23. November 2015).

Blass, Nachum, Israel's Education System. A Domestic Perspective, Taub Center for Social Policy Studies in Israel, Policy Paper No. 2010.04 (http://taubcenter. org.il/wp-content/files_mf/israelseducationsystemadomesticperspective.pdf, Aufruf: 23. November 2015).

Blass, Nachum, Israel's Education System – a Domestic Perspective, in: Ben-David, Dan (Hrsg.), State of the Nation Report. Society, Economy and Policy in Israel 2009, S. 157–212 (http://taubcenter.org.il/wp-content/files_mf/ fullreport.pdf, Aufruf: 23. November 2015).

Blass, Nachum/Cogan, Yulia, The Ministry of Education Budget 2000–2014: Trends and Issues, Taub Center for Social Policy Studies in Israel, Policy Paper No. 2014.06, (http://taubcenter.org.il/wp-content/files_mf/e2014.06 educationbudget.pdf, Aufruf: 23. November 2015).

Bowers, Liora, Family Structure and Well-Being across Israel's Diverse Population, Taub Center for Social Policy Studies in Israel, Policy Brief, August 2014 (http://taubcenter.org.il/wp-content/files_mf/familystructureandwellbeing.pdf, Aufruf: 23. November 2015).

Breit, Elizabeth, Bilingual Education in Israel, 2011 (unveröffentlichtes Manuskript).

CBS (= Central Bureau of Statistics), Statistical Abstract of Israel, versch. Jgg.

Council for Higher Education, The Higher Education System in Israel, Jerusalem 2014.

Dovrat Commission, National Task Force for the Advancement of Education, Jerusalem 2005.

Elran, Meir/Yashiv, Eran/Abo Nasra, Mohammed, The Five-Year Plan to Integrate the Arab Population in Israel: A Quantum Leap Forward?, INSS Insight No. 792, February 2, 2016 (www.inss.org.il/uploadImages/systemFiles/No.%20792%20-%20Meir%20et%20al%20for%20web.pdf, Aufruf: 29. Februar 2016).

Feniger, Yariv/Shavit, Yossi, Fertility and Educational Achievement: Israel in Comparative Perspective, Taub Center for Social Policy Studies in Israel, Research Paper No. 10–05, (hebr.; http://taubcenter.org.il/wp-content/files_mf/fertiltyandeducationalacheivement.pdf, Aufruf: 23. November 2015).

Feniger, Yariv/Shavit, Yossi, The Demographic Cost: Birth Rates and Achievement on International Tests, Policy Paper No. 2011.10 (http://taubcenter.1706_van_Dijk_Afrika_155_230_T org.il/wp-content/files_mf/thedemographiccost.pdf, Aufruf: 23. November 2015).

Hai, Avivit, Higher Education for Arab Citizens of Israel. Realities, Challenges and New Opportunities, Inter-Agency Task Force on Israeli Arab Issues, December 2012 (http://iataskforce.org/sites/default/files/resource/resource-1054.pdf, Aufruf: 23. November 2015).

Hemmings, Philip, Israeli Education Policy: How to Move Ahead in Reform, OECD Economics Department Working Papers No. 781, Paris 2010 (www.oecd.org/officialdocuments/publicdisplaydocumentpdf/?doclanguage=en&cote=eco/wkp%282010%2937, Aufruf: 23. November 2015).

Husen, Torsten, International Study of Achievement in Mathematics. A Comparison of Twelve Countries, Bde. 1–2), Stockholm 1967.

Ichilov, Orit, Becoming Citizens in Israel: A Deeply Divided Society. Civic Orientations in Hebrew and Arab Schools, in: Torney-Purta, Judith/Schwille, John/Amadeo, Jo-Ann (Hrsg.), Civic Education across Countries. Twenty-Four National Case Studies from the IEA Civic Education Project, S. 371–393, Amsterdam 1999 (http://files.eric.ed.gov/fulltext/ED431705.pdf, Aufruf: 23. November 2015).

Israel Association for Ethiopian Jews, The Present Situation of Ethiopian Jews in Israel, Tel Aviv 2009.

Jabareen, Yousef T./ Agbaria, Ayman, Education on Hold, DIRASAT – The Arab Center for Law and Policy, Arab Minority Rights Clinic – Faculty of Law, University of Haifa, Nazareth 2011 (www.dirasat-aclp.org/files/Report_Education%20On%20Hold_Jan2011.pdf, Aufruf: 23. November 2015).

Justman, Moshe/Bukobza, Gabriel (Hrsg.), Guidelines to Revise the System of Education Indicators in Israel. Executive Summary. Committee to Revise the System of Education Indicators in Israel, Initiative for Applied Education Research, the Israel Academy of Sciences and Humanities, Yad Hanadiv (The Rothschild Foundation), Jerusalem 2010 (http://education.academy.ac.il/Admin/Data/Publications/Indicators-eng.pdf, Aufruf: 23. November 2015).

Kraft, Diana, Separate but not Equal, in: Moment Magazine, September 2010.

Lavy, Victor, Performance Pay and Teachers' Effort, Productivity, and Grading Ethics, in: American Economic Review, 99 (2009) 5, S. 1979–2011.

Lavy, Victor/Angrist, Joshua D., The Effects of High Stakes High School Achievement Awards: Evidence from a Group Randomized Trial, in: The American Economic Review, 99 (2009) 4, S. 1 384–1 414.

Ministry of Industry, Trade, and Labor, The Intellectual Capital of the State of Israel, Jerusalem 2007 (www.moital.gov.il/NR/rdonlyres/C80F623B-65AD-41E3-AA8D-98A1B8A2D28A/0/intellectualcapital.pdf, Aufruf: 23. November 2015).

Mourshed, Mona/Chijioke, Chinezi/Barber, Michael Barber, How the World's Most Improved School Systems Keep Getting Better, McKinsey & Company, November 2010 (http://mckinseyonsociety.com/how-the-worlds-most-improved-school-systems-keep-getting-better, Aufruf: 23. November 2015).

Mullis, Ina V. S. u. a., TIMSS 2011. International Results in Mathematics, Boston College und IEA, Chestnut Hill 2012 (http://timssandpirls.bc.edu/timss2011/downloads/T11_IR_Mathematics_FullBook.pdf, Aufruf: 23. November 2015).

Mullis, Ina V. S./Martin Michael O./Foy, Pierre, TIMSS 2007. International Mathematics Report. Findings from IEA's Trends in International Mathematics and Science Study at the Fourth and Eighth Grades, Boston College und IEA, Chestnut Hill 2008 (http://timss.bc.edu/timss2007/PDF/TIMSS2007_InternationalMathematicsReport.pdf, Aufruf: 23. November 2015).

National Center for Education Statistics, Highlights from the TIMSS 1999 Video Study of Eighth-Grade Mathematics Teaching, Washington, D. C. 2003 (http://nces.ed.gov/pubs2003/2003011.pdf, Aufruf: 23. November 2015).

OECD (= Organisation for Economic Co-operation and Development), Education at a Glance 2014, Paris 2014 (= 2014a).

OECD, PISA 2012 Results, Paris 2014, im Einzelnen:

> Band 1: What Students Know and Can Do. Student Performance in Reading, Mathematics and Science (www.oecd.org/pisa/keyfindings/pisa-2012-results-volume-I.pdf, Aufruf: 23. November 2015) (= 2014b).
>
> Band 2: Excellence through Equity. Giving Every Student the Chance to Succeed (www.oecd.org/pisa/keyfindings/pisa-2012-results-volume-II.pdf, Aufruf: 23. November 2015) (= 2014c).
>
> Band 3: Ready to Learn, Students' Engagement, Drive and Self-Succeed (www.oecd.org/pisa/keyfindings/PISA-2012-results-volume-III.pdf, Aufruf: 23. November 2015) (= 2014d).
>
> Band 4: What Makes a School Successful? Resources, Policies and Practice (www.oecd.org/pisa/keyfindings/pisa-2012-results-volume-IV.pdf, Aufruf: 23. November 2015) (= 2014e).

OECD, PISA 2009 Results, Paris 2010, im Einzelnen:

> Band 1: What Students Know and Can Do. Student Performance in Reading, Mathematics and Science (www.oecd.org/pisa/pisaproducts/48852548.pdf, Aufruf: 23. November 2015) (= 2010a).
>
> Band 2: Overcoming Social Background. Equity in Learning Opportunities and Outcomes (www.oecd.org/pisa/pisaproducts/48852584.pdf, Aufruf: 23. November 2015) (= 2010b).
>
> Band 3: Learning to Learn. Student Engagement, Strategies and Practices (www.oecd.org/pisa/pisaproducts/48852630.pdf, Aufruf: 23. November 2015) (= 2010c).
>
> Band 4: What Makes a School Successful? Resources, Policies and Practice (www.oecd.org/pisa/pisaproducts/48852721.pdf, Aufruf: 23. November 2015) (= 2010d).

Ontario Ministry of Education, Education Quality and Accountability Office, TIMSS 2007 Ontario Results Report, Ontario 2008.

Ontario Ministry of Education, Reach Every Student. Energizing Ontario Education, Toronto 2008 (www.edu.gov.on.ca/eng/document/energize/energize.pdf, Aufruf: 23. November 2015).

Paltiel, Ari, Estimation of the Size and Vital Rates of the Haredi (Ultra-Orthodox) Population in Israel for the Purpose of Long-Range Population Projections (Israel), United Nations Statistical Commission and Economic Commission for Europe und Eurostat WP 7.3, 24. October 2013 (www.unece.org/fileadmin/DAM/stats/documents/ece/ces/ge.11/2013/WP_7.3.pdf, Aufruf: 23. November 2015).

Porter, Michael E./Stern, Scott, National Innovative Capacity, Institute for Strategy and Competitiveness, Harvard Business School, Cambridge 2001 (www.hbs.edu/faculty/Publication%20Files/Innov_9211_610334c1-4b37-497d-a51a-ce18bbcfd435.pdf, Aufruf: 23. November 2015).

Postlethwaite, T. Neville, What Do International Assessment Studies Tell us about the Quality of School Systems?, UNESCO, Paris 2004.

RAMA, Ethiopian Students in Israel's Education System, Tel Aviv 2011.

RAMA, Evaluation of the »New Horizons« Reform, Academic Achievement and School Climate, Tel Aviv 2010.

RAMA, Key Findings from Research TIMSS 2011 Mathematics and Science Achievement among Eighth Graders in Israel, Tel Aviv 2013.

RAMA, Monitoring Data for the Level of Violence in the School System, Tel Aviv 2014.

Regev, Eitan, Education and Employment in the Haredi Sector, Taub Center for Social Policy Studies in Israel, Policy Paper No. 2013.06 (http://taubcenter.org.il/wp-content/files_mf/edu_emp_haredimtaubcenter.org.il_tauborgilwp_wpcontent_uploads_e2013.06haredim3.pdf, Aufruf: 23. November 2015).

Remnick, David, The One State Reality, in: New Yorker vom 17. November 2014.

Rothenberg, Naftali, Values and Citizens: Civics Education through Active Learning for Middle Schools, hrsg. vom Van Leer Institute, Jerusalem 2014 (hebr.).

Schleicher, Andreas, Seeing Learning Outcomes in Israel through the Prism of Global Comparisons. PowerPoint Address. Van Leer Conference, Jerusalem, May 2009, 13.

Schneider, Alma, Shared Life Education in Israel's Public Education System, Inter Agency Task Force on Israeli Arab Issues, February 2016 (www.iataskforce.org/resources/view/1426, Aufruf: 29. Februar 2016).

Schulz, Wolfram u. a., ICCS 2009 International Report: Civic Knowledge, Attitudes, and Engagement among Lower-Secondary Students in 38 Countries, IEA, Amsterdam 2010 (www.iea.nl/fileadmin/user_upload/Publications/Electronic_versions/ICCS_2009_International_Report.pdf, Aufruf: 23. November 2015).

Senor, Dan/Singer, Saul, Start-up Nation. The Story of Israel's Economic Miracle, New York 2009.

Shavit, Yossi/Blank, Carmel/Fast, Idit, School Discipline and Achievement in Israel, November 2009, 10 (http://yossishavit.tau.ac.il/editor/File/School%20Discipline%20in%20Israel-7.pdf, Aufruf: 23. November 2015).

Shwed, Uri u. a., Integration of Arab Israelis and Jews in Schools in Israel, Taub Center for Social Policy Studies in Israel, Policy Paper No. 2014.12 (http://taubcenter.org.il/wp-content/files_mf/e2014.12schoolintegration45.pdf, Aufruf: 23. November 2015).

Skop, Yarden, Education Minister Unveils Plan to Streamline School Testing, College Admission Requirements, in: Haaretz vom 9. Januar 2014.

Soen, Dan, Arabic – what for? Jewish Students' Attitutdes towards the Arab Language and their Willingness to Learn It in Israel, in: International Journal of

Euro-Mediterranean Studies, 3 (2010) 2, S. 183–209 (www.emuni.si/press/ISSN/1855-3362/3_183-209.pdf, Aufruf: 23. November 2015).

Stigler, James W. u. a., Videotape Classroom Study: Methods and Findings from an Exploratory Research Project on Eighth Grade Mathematics Instruction in Germany, Japan, and the United States, U.S. of Education. National Center for Education Statistics, Washington, D.C. 1999 (https://nces.ed.gov/pubs99/1999074.pdf, Aufruf: 23. November 2015).

Stigler, James W./Hiebert, James, The Teaching Gap. Best Ideas from the World's Teachers for Improving Education in the Classroom. New York 1999.

Trajtenberg, Manuel u. a., Creating a More Just Israeli Society. Report to the Prime Minister, Jerusalem 2011.

US – Israel Science and Technology Commission and Foundation, Israel 2028. Vision and Strategy for Economy and Society in a Global World, März 2008 (www.moital.gov.il/NR/rdonlyres/DF896ED7-A757-4B41-8966-A6D-7F8B46EBD/0/Book_2028_eng.pdf, Aufruf: 23. November 2015).

Volansky, Ami, The Israeli Education System, in: International Encyclopedia of Education, Oxford 2007.

Zeff, Michael, Survey: Israel's Progressive Jews Are Equal in Number to Haredi Jews, in: the algemeiner vom 20. September 2015 (www.algemeiner.com/2015/09/20/survey-israels-progressive-jews-are-equal-in-number-to-haredi-jews, Aufruf: 23. November 2015).

Websites

Abraham Fund: www.abrahamfund.org

Academic Ranking of World Universities 2015: www.shanghairanking.com

Center for Educational Technology: www.cet.org.il

Central Bureau of Statistics: http://cbs.gov.il

Different Together (Shonim Beyahad): www.facebook.com/shonimbeyahad

Givat Haviva, The Center for a Shared Society at Givat Haviva: www.givathaviva.org

Hand in Hand, Center for Jewish Arab Education in Israel: www.handinhandk12.org

Seeds of Peace: www.seedsofpeace.org

Anhang

Zeittafel

1882–1903 Erste jüdische Einwanderungswelle (Alija) als Reaktion auf die Unterdrückung und Verfolgung der Juden in Osteuropa; etwa 30 000 Juden kommen nach Palästina.

1896 Theodor Herzl, jüdischer Schriftsteller und Gründer der zionistischen Bewegung, veröffentlicht das Buch »Der Judenstaat«.

1897 **(29. bis 31. August)** Erster Zionistenkongress in Basel; der Kongress strebt die Schaffung einer gesicherten Heimstätte für das jüdische Volk in Palästina, das seit 1517 zum osmanischen Herrschaftsbereich gehört, an.

1904–1914 Nach Pogromen im Zarenreich zweite Alija mit jüdischen Einwanderern aus Russland und dem zum Russischen Reich gehörenden Polen (35 000 bis 40 000 Einwanderer)

1909 Grundsteinlegung Tel Avivs **(11. April)**, der ersten jüdisch-zionistischen Stadt in Palästina; Gründung des ersten Kibbuz Degania Alef am See Genezareth **(25. Oktober)**

1917 Balfour-Erklärung **(2. Februar)**: Der britische Außenminister erklärt, die britische Regierung sehe »mit Wohlwollen« der Errichtung einer »jüdischen Heimstätte« in Palästina entgegen. Bereits 1915 hat die britische Regierung dem Scherifen von Mekka die Gründung eines Großarabischen Reichs in Aussicht gestellt, sofern gemeinsam die osmanische Herrschaft niedergeschlagen werden könne.

Britische Truppen ziehen in Jerusalem ein.

1919 **(Januar/Februar)** Erster arabischer Palästina-Kongress in Jerusalem, der die Forderung nach der Errichtung eines gesamtsyrischen Staates erhebt und in einem Telegramm an die Versailler Friedenskonferenz gegen die Balfour-Deklaration protestiert

1919–1923 Dritte Alija, überwiegend aus Russland (ca. 35 000 Einwanderer)

1920 **(19. April)** Wahl zum ersten Parlament des Jischuw

(24. April) Die Konferenz der Alliierten in San Remo überträgt Großbritannien das Mandat für Palästina (Cis- und Transjordanien). Daraufhin finden in Jerusalem blutige Unruhen gegen Juden und gewaltsame Proteste gegen die Mandatsmacht Großbritannien statt.

(13. Juni) Gründung der jüdischen Verteidigungsorganisation Haganah

(15. Dezember) Gründung des Gewerkschaftsverbandes Histadrut

1921   **(Mai)** Arabische Unruhen in Jaffa

Teilung des britischen Mandatsgebiets: Vier Fünftel von Palästina werden dem Emirat Transjordanien zugeschlagen.

1922   **(24. Juli)** Der Völkerbund bestätigt das britische Mandat über Palästina.

1924–1931   Vierte Alija, vor allem aus Polen und der Sowjetunion (ca. 80000)

1925   **(1. April)** Eröffnung der Hebräischen Universität Jerusalem

1929   Arabische Unruhen in Jerusalem, Safed und Hebron **(August)**, wo die alteingesessene (nicht zionistische) jüdische Gemeinde ausgelöscht wird

1932–1938   Fünfte Alija, mehr als 250000 jüdische Einwanderer, vor allem aus Mitteleuropa, darunter viele Flüchtlinge aus dem nationalsozialistischen Deutschland, wandern in Palästina ein.

1936–1939   Arabische Aufstände gegen britische Mandatspolitik und jüdische Einwanderung

1936   Gründung des Obersten Arabischen Komitees in Jerusalem unter dem Vorsitz des Muftis von Jerusalem, Hajj Amin al-Husseini, das bis zur Gründung der PLO 1964 die Führung der palästinensischen Nationalbewegung übernimmt

1939   Im Weißbuch der britischen Regierung werden Quoten für die jüdische Einwanderung nach Palästina festgelegt.

1939–1947   Einwanderung von Verfolgten des Nationalsozialismus trotz britischer Einwanderungsbeschränkungen (Alija B)

1947   **(19. Juni)** Die Jewish Agency schließt mit den religiösen Parteien die sog. Status-quo-Vereinbarung.

(29. November) Die UN-Vollversammlung stimmt für die Teilung des britischen Mandatsgebiets in einen jüdischen und einen arabischen Staat sowie für die Internationalisierung Jerusalems (Resolution 181). Palästinenser und arabische Staaten lehnen den Teilungsbeschluss ab. Der Bürgerkrieg beginnt.

1948   **(14./15. Mai)** Das britische Mandat über Palästina endet.

In Tel Aviv ruft David Ben Gurion den unabhängigen Staat Israel aus.

1948/49	(Mai 1948 bis Juli 1949) Der Bürgerkrieg entwickelt sich nach dem Angriff mehrerer arabischer Staaten zum Unabhängigkeitskrieg (erster Nahostkrieg). Am 31. Mai wird die israelische Verteidigungsarmee Zahal gegründet.
	(Dezember 1948) Die UN-Resolution 194 bekräftigt das Rückkehrrecht für all jene (Araber und Juden), die durch Flucht und Vertreibung ihre Heimat verloren haben, und das Recht auf Wiedergutmachung.
1948–1951	Jüdische Masseneinwanderung aus arabischen Staaten, insbesondere aus Ägypten, Irak und Jemen, sowie aus Polen und Rumänien (ca. 690 000 Einwanderer)
1949	(25. Januar) Wahl zur 1. Knesset
	(14. Februar) David Ben Gurion wird zum Ministerpräsidenten gewählt.
	(16. April) Chaim Weizmann wird erster Staatspräsident.
	(11. Mai) Aufnahme Israels in die UNO
	(Februar bis Juli) Waffenstillstandsabkommen mit Ägypten, Libanon, Transjordanien und Syrien
1950	(23. Januar) Die Knesset erklärt West-Jerusalem zur Hauptstadt Israels.
	(5. Juli) Rückkehrgesetz
	(10. September) Jordanien annektiert die Westbank und Ost-Jerusalem.
1952	(10. September) Israel und die Bundesrepublik Deutschland unterzeichnen das Luxemburger Abkommen über »Wiedergutmachung« (*schilumim*).
1955–1957	Jüdische Einwanderung vor allem aus Nordafrika (ca. 100 000 Einwanderer)
1956	(Oktober/November) Sinaikrieg (zweiter Nahostkrieg) zwischen Ägypten auf der einen, Großbritannien, Frankreich und Israel auf der anderen Seite, ausgelöst durch die Verstaatlichung des Suezkanals und die Blockade der Straße von Tiran am Ausgang des Golfs von Aqaba durch den ägyptischen Präsidenten Nasser
1960	(14. März) Erstes Treffen zwischen David Ben Gurion und Konrad Adenauer in den USA
1961	(11. April bis 15. Dezember) In Jerusalem findet der Eichmann-Prozess statt.

1961–1964	Weitere jüdische Einwanderung aus Nordafrika
1963	**(16. Juni)** David Ben Gurion tritt als Ministerpräsident zurück; ihm folgt am 26. Juni Levi Eschkol nach.
1964	Die Palästinensische Befreiungsorganisation (PLO) wird gegründet.
1965	**(12. Mai)** Israel und der Bundesrepublik Deutschland nehmen diplomatische Beziehungen auf.
1966	**(Dezember)** Die Militärverwaltung über die arabische Bevölkerung Israels wird aufgehoben.
1967	**(5. bis 10. Juni)** Sechstagekrieg Israels gegen Ägypten, Syrien und Jordanien (dritter Nahostkrieg); die israelische Armee besetzt Ost-Jerusalem, die Sinaihalbinsel, das Westjordanland, die Golanhöhen und den Gazastreifen.
	(1. September) Khartoum-Resolution von acht arabischen Staaten (Ägypten, Syrien, Jordanien, Libanon, Irak, Algerien, Kuwait und Sudan) proklamiert: kein Frieden mit Israel, keine Anerkennung Israels, keine Verhandlungen mit Israel.
	(22. November) Resolution 242 des UN-Sicherheitsrates fordert den Rückzug Israels aus den im Sechstagekrieg besetzten Gebieten im Gegenzug für eine Anerkennung Israels und eine Respektierung seiner Sicherheit.
1969	**(15. November)** Golda Meir wird Ministerpräsidentin.
1973	**(6. bis 26. Oktober)** Jom-Kippur-Krieg (vierter Nahostkrieg): Angriff Ägyptens und Syriens auf Israel, um die von Israel besetzten Gebiete zurückzugewinnen
1974	**(Januar/Mai)** Entflechtungsabkommen Israels mit Ägypten und Syrien
	(10. April) Rücktritt Golda Meirs
	(3. Juni) Itzhak Rabin wird Ministerpräsident.
1977	**(17. Mai)** Wahlsieg des Likud
	(20. Juni) Menachem Begin wird Ministerpräsident.
	(20. November) Der ägyptische Staatspräsident Anwar as-Sadat hält vor der Knesset eine Rede.
1978	**(17. September)** Israel und Ägypten unterzeichnen die Abkommen von Camp David (Rückzug aller israelischen Truppen von der Sinaihalbinsel, Ägypten erkennt Israel an).

(10. Dezember) Menachem Begin und Anwar as-Sadat erhalten den Friedensnobelpreis.

1979   **(26. März)** Ägypten unterzeichnet als erstes arabisches Land einen Friedensvertrag mit Israel.

1980   **(30. Juli)** Die Knesset verabschiedet das Grundgesetz, in dem das »vereinigte Jerusalem« zur Hauptstadt Israels erklärt wird.

(30. September) Das Israelisches Pfund wird durch den Israelischen Schekel ersetzt.

1981   **(1. November)** Eine Ziviladministration löst die Militärverwaltung in Westbank und Gaza ab.

(14. Dezember) Die Knesset beschließt die Annexion der Golanhöhen.

1982   **(25. April)** Die Rückgabe der Sinaihalbinsel an Ägypten ist vollständig abgeschlossen.

(Juni) Beginn des Libanonkriegs (fünfter Nahostkrieg): Ziel des israelischen Einmarsches im Libanon ist die Schwächung der PLO, die von Beirut aus ihre Angriffe auf Siedlungen im Norden Israels koordiniert. Obwohl Israel sein Ziel erreicht, wird der Krieg wegen der hohen Anzahl ziviler Opfer und wegen massiver Zerstörungen international und in Israel selbst heftig kritisiert.

(16.–18. September) Christlich-libanesische Milizen verüben ein Massaker an palästinensischen Flüchtlingen in den Lagern von Sabra und Schatila. Eine Untersuchungskommission des Obersten Gerichts stellt eine Mitverantwortung von Verteidigungsminister Ariel Scharon fest, da die israelische Armee nicht zum Schutz der Palästinenser eingegriffen habe. Im Februar 1983 legt Scharon sein Amt als Verteidigungsminister nieder.

(25. September) In Tel Aviv findet eine Massendemonstration der Friedensbewegung »Schalom Achschaw« (Frieden Jetzt) mit 400 000 Teilnehmern gegen den Libanonkrieg statt.

1983   **(28. August)** Rücktritt Menachem Begins

(10. Oktober) Itzhak Schamir wird Ministerpräsident.

1984–1985   »Operation Moses« bringt ca. 10 000 äthiopische Juden nach Israel.

1984   **(23. Juli)** Wahl zur 11. Knesset; in der daraufhin gebildeten Regierung der »nationalen Einheit« (Große Koalition) übernimmt zunächst Shimon Peres am 13. September das Amt des Ministerpräsidenten.

1985	(Februar bis Juni) Israelischer Teilrückzug aus dem Libanon
	(Juli) Notstandsplan zur Stabilisierung der Wirtschaft
1986	(20. Oktober) Itzhak Schamir wird Ministerpräsident der Regierung der »nationalen Einheit«.
1987	(8./9. Dezember) Ausbruch der ersten Intifada
	(Ende Dezember) Gründung der Hamas
1988	(November) Die PLO ruft den Staat Palästina aus.
1989	Beginn der Masseneinwanderung aus der Sowjetunion
1990	(15. März) Misstrauensvotum der Knesset beendet Regierung der »nationalen Einheit«.
1991	(18. Januar bis 25. Februar) Irakische Raketenangriffe auf Israel während des Golfkrieges
	(23. bis 25. Mai) »Operation Salomo« zur Evakuierung äthiopischer Juden
	(30. Oktober bis 2. November) In Madrid findet eine Nahostfriedenskonferenz statt, auf der erstmals sowohl Israel als auch Jordanien, in dessen Delegation sich palästinensische Vertreter befinden, Syrien und der Libanon teilnehmen.
1992	(23. Juni) Wahl zur 13. Knesset, in deren Folge die Arbeitspartei, Meretz und Schas unter Itzhak Rabin eine Koalitionsregierung bilden.
1993	(20. Januar bis 20. August) Geheimverhandlungen zwischen Vertretern Israels und der PLO bei Oslo
	(9./10. September) In einem Briefwechsel zwischen Itzhak Rabin und Jassir Arafat erkennen sich Israel und die PLO gegenseitig an.
	(13. September) Unterzeichnung der israelisch-palästinensischen Grundsatzerklärung über palästinensische Selbstverwaltung in Washington (»Oslo I«)
1994	(25. Februar) Der jüdische Siedler Baruch Goldstein verübt ein Attentat auf muslimische Gläubige in Hebron.
	(4. Mai) Gaza-Jericho-Abkommen, in dessen Folge Israel den Abzug seiner Sicherheitskräfte aus dem Gazastreifen und der Gegend um Jericho umsetzt und die Hoheit der neu gegründeten Palästinensischen Autonomiebehörde überträgt
	(14. Oktober) Itzhak Rabin, Shimon Peres und Jassir Arafat wird der Friedensnobelpreis zuerkannt.

(26. Oktober) Friedensschluss zwischen Israel und Jordanien

1995   Zunahme von Terroranschlägen palästinensischer Selbstmordattentäter im israelischen Kernland

(28. September) Das Interimsabkommen zwischen Israel und der PLO über die Ausdehnung der palästinensischen Selbstverwaltung im Westjordanland (»Oslo II«) wird unterzeichnet.

(Ende Oktober bis Ende Dezember) Rückzug der israelischen Streitkräfte aus sechs Städten des Westjordanlandes

(4. November) Ministerpräsident Itzhak Rabin wird auf einer Friedenskundgebung in Tel Aviv von dem jüdischen Extremisten Jigal Amir ermordet.

(20. November) Unterzeichnung des Assoziierungsabkommens mit der EU

(22. November) Shimon Peres wird Ministerpräsident.

1996   **(20. Januar)** Wahlen im Westjordanland, im Gazastreifen sowie in Ost-Jerusalem zum Palästinensischen Rat, aus denen die Fatah als Siegerin hervorgeht

(Februar/März) Selbstmordattentate palästinensischer Terroristen in Jerusalem, Aschkelon und Tel Aviv

(29. Mai) Wahl zur 14. Knesset und erstmalige Direktwahl des Ministerpräsidenten (Benjamin Netanjahu/Likud)

1997   **(Januar)** Hebron-Abkommen zwischen Israel und der Palästinensischen Autonomiebehörde: 80 Prozent des Stadtgebiets sollen in palästinensische Verwaltung übergehen.

1998   (23. Oktober) Israel und die Palästinensische Autonomiebehörde unterzeichnen das Wye-Abkommen, das eine Ausweitung der palästinensischen Selbstverwaltung vorsieht.

1999   (17. Mai) Wahl zur 15. Knesset und Direktwahl Ehud Baraks (Arbeitspartei) zum Ministerpräsidenten

2000   **(24. Mai)** Israel schließt seinen Rückzug aus dem Südlibanon ab.

(1. Juni) Assoziierungsabkommen mit der EU tritt in Kraft.

(11. bis 25. Juli) Israelisch-palästinensische Gespräche in Camp David

(28. September) Beginn der zweiten Intifada (Al-Aqsa-Intifada)

(9. Dezember) Rücktritt Ehud Baraks als Ministerpräsident

2001	**(21. bis 27. Januar)** Israelisch-palästinensische Verhandlungen in Taba
	(6. Februar) Ariel Scharon wird in direkter Wahl Ministerpräsident.
2002	Zahlreiche palästinensische Selbstmordattentate gegen Zivilisten ab 2001 und die Ermordung des israelischen Tourismusministers Rehavam Zeevi **(17. Oktober 2001)** führen zu israelischen Militäroperationen in den palästinensischen Autonomiegebieten (u. a. Besetzung der Mukata, Arafats Residenz in Ramallah; Kämpfe zwischen israelischer Armee und Verbänden der PLO im Flüchtlingslager von Jenin) und dem Beginn des Baus der Sperranlage im Westjordanland **(Mai/Juni 2002)** zum Schutz der Bevölkerung.
2003	**(28. Januar)** Die Wahl zur 16. Knesset kann der Likud für sich entscheiden; Ariel Scharon bleibt Ministerpräsident.
	(April) US-Präsident George W. Bush legt, in Kooperation mit dem sog. Nahostquartett (USA, Russland, EU, UN), die Roadmap vor, die die Gründung eines Staates Palästina bis Ende 2005 vorsieht.
	Fortgesetzte Selbstmordanschläge und Angriffe mit Kassamraketen vom Gazastreifen aus
2004	**(9. Juni)** Internationaler Gerichtshof in Den Haag erklärt, die Sperranlage verstoße gegen Völkerrecht; die israelische Regierung akzeptiert das Gutachten nicht, ordnet aber in Übereinstimmung mit Empfehlungen des Obersten Gerichts Israels Änderungen in deren Verlauf an.
	(11. November) Jassir Arafat, seit 1996 Präsident der palästinensischen Autonomiebehörde, stirbt in einem Krankenhaus bei Paris; einen Tag nach seinem Tod wird er in Ramallah beigesetzt.
2005	**(9. Januar)** Mahmud Abbas wird zum Präsidenten der palästinensischen Autonomiebehörde gewählt.
	(August/September) Die israelische Armee räumt alle jüdischen Siedlungen im Gazastreifen.
	(November) Ariel Scharon trennt sich vom Likud und gründet Kadima, der sechs Minister und zahlreiche Mitglieder des Likud und der Arbeitspartei beitreten.
2006	**(Januar)** Nach einem schweren Schlaganfall Scharons übernimmt Ehud Olmert die Amtsgeschäfte.
	(26. Januar) Die Hamas siegt bei den Parlamentswahlen im Westjordanland und im Gazastreifen.

(28. März) Wahl zur 17. Knesset entscheidet Kadima für sich, Ehud Olmert wird Ministerpräsident einer Koalitionsregierung.

(Juni 2006) Bei einem Überfall der Hamas auf einen israelischen Grenzposten, bei dem zwei Soldaten ermordet werden und ein Soldat entführt wird, marschiert die israelische Armee in den Gazastreifen ein.

(Juli/August) Nach einem Überfall der Hisbollah auf eine israelische Patrouille in Nordgaliläa, bei dem drei israelische Soldaten getötet und zwei in den Libanon entführt werden, zweiter Libanonkrieg Israels

(17. September) Auf Druck der israelischen Öffentlichkeit beschließt das Kabinett die Einsetzung einer Untersuchungskommission zum Libanonkrieg; der abschließende Bericht vom Januar 2008 moniert schwere militärische und politische Fehler.

2007	(28. Mai) Shimon Peres wird zum Staatspräsidenten gewählt.

(Mitte Juni) Die Hamas übernimmt gewaltsam die Macht im Gazastreifen.

(27. November) Internationale Nahostkonferenz in Annapolis

2008   (17. März) Erste deutsch-israelische Regierungskonsultationen in Jerusalem

2008/2009   (27. Dezember bis Mitte Januar) Auf den fortwährenden Raketenbeschuss der Hamas auf israelisches Gebiet reagiert Israel mit einer Militäroffensive im Gazastreifen.

2009   (10. Februar) In der Wahl zur 18. Knesset wird der Likud nach Kadima zweitstärkste Kraft; nach schwierigen Koalitionsverhandlungen wird Benjamin Netanjahu am 31. Mai als Ministerpräsident vereidigt.

(11. April) Die Stadt Tel Aviv feiert ihr hundertjähriges Jubiläum.

2010   (Dezember) Beginn der Umwälzungen in der arabischen Welt

2011   (Juli) Beginn der Massenproteste gegen soziale Ungleichheit in Israel

2012   (14. bis 21. November) Von Januar bis November werden aus dem Gazastreifen mehr als 850 Raketen auf Israel abgefeuert, Mitte November sind es innerhalb von fünf Tagen mehr als 100 Raketen. Die israelische Armee greift daraufhin zahlreiche Ziele im Gazastreifen an, die Hamas intensiviert den Beschuss. Durch ägyptische Vermittlung wird am 21. November eine Waffenruhe vereinbart.

2013   (22. Januar) Aus der Wahl zur 19. Knesset geht das Bündnis aus Likud und Israel Beitenu trotz erheblicher Einbußen gegenüber 2009 als stärkste Kraft hervor. Benjamin Netanjahu wird am 18. März als Ministerpräsident einer aus sechs Parteien bestehenden Koalition vereidigt.

(Sommer) Wiederaufnahme direkter Friedensverhandlungen zwischen Israel und der Palästinensischen Autonomiebehörde, die die israelische Regierung nach Ankündigung von Fatah und Hamas, eine gemeinsame Regierung zu bilden, im April 2014 aussetzt.

2014   (10. Juni) Reuven Rivlin wird zum Staatspräsidenten Israels gewählt.

(Juni bis August) Entführung und Ermordung von drei israelischen Jugendlichen im Westjordanland, verstärkter Raketenbeschuss aus dem Gazastreifen auf israelisches Gebiet (von Mitte Juni bis Anfang Juli etwa 200 Raketen), Verschleppung und Ermordung eines palästinensischen Jungen durch jüdische Extremisten in Ost-Jerusalem (die kurz darauf festgenommen und angeklagt wurden) führen zum dritten Krieg zwischen der Hamas und Israel, der vom 8. Juli bis 26. August dauert. Ägypten vermittelt wiederum eine Waffenruhe.

2015   (17. März) In der Wahl zur 20. Knesset wird der Likud stärkste Kraft. Die aus Likud, Kulanu, Habayit Hayehudi, Schas und Vereinigtes Thora-Judentum bestehende national-religiöse Koalition unter Ministerpräsident Benjamin Netanjahu verfügt über 61 der 120 Abgeordnetensitze.

(seit Herbst) Palästinenser greifen – vorrangig mit Messern – überwiegend israelische Zivilisten an.

Zusammengestellt von Gabi Gumbel

Literatur (Auswahl)

Avineri, Shlomo, Herzl. Theodor Herzl und die Gründung des jüdischen Staates, Berlin 2016 (Jüdischer Verlag im Suhrkamp Verlag)

Balke, Ralf, Israel. Geschichte – Politik – Kultur, München 2013 (5. aktualisierte Auflage, C. H. Beck)

Borgstede, Michael, Leben in Israel – Alltag im Ausnahmezustand, München 2008 (F. A. Herbig)

Brenner, Michael, Israel. Traum und Wirklichkeit des jüdischen Staates. Von Theodor Herzl bis heute, München 2016 (C.H. Beck)

Dachs, Gisela, Israel kurzgefasst, Bonn 2016 (bpb, Pocket)

Diner, Dan, Rituelle Distanz. Israels deutsche Frage, Bonn 2015 (bpb, Schriftenreihe Band 1575)

Gorenberg, Gershom, Israel schafft sich ab, Frankfurt am Main 2012 (Campus)

Grigat, Stephan, Die Einsamkeit Israels. Zionismus, die israelische Linke und die iranische Bedrohung, Hamburg 2014 (Konkret)

Hafner, Georg M./Schapira, Esther, Israel ist an allem schuld. Warum der Judenstaat so gehasst wird, Köln 2015 (Eichborn)

Haviv-Horiner, Anita, Grenzen-los? Deutsche in Israel und Israelis in Deutschland, Bonn 2016 (bpb, Schriftenreihe Band 1744)

Haviv-Horiner, Anita/Heilbrunn, Sibylle (Hrsg.), Heimat? – Vielleicht. Kinder von Holocaustüberlebenden zwischen Deutschland und Israel, Bonn 2013 (bpb, Schriftenreihe Band 1371)

Illouz, Eva, Israel. Soziologische Essays, Berlin 2015 (Suhrkamp)

Kron, Norbert/Shalev, Amichai (Hrsg.), Wir vergessen nicht, wir gehen tanzen. Israelische und deutsche Autoren schreiben über das andere Land, Bonn 2015 (bpb, Schriftenreihe Band 1558)

Lotem, Itay/Seitz, Judith, Israel – Nah im Osten, Bonn 2013 (bpb, Schriftenreihe Band 1358)

Lozowick, Yaacov, Israels Existenzkampf. Eine moralische Verteidigung seiner Kriege, Hamburg 2006 (Konkret)

Morris, Benny, 1948. A History of the First Arab-Israeli War, New Haven/London 2008 (Yale University Press)

Oz, Amos, Israel und Deutschland. Vierzig Jahre nach Aufnahme diplomatischer Beziehungen, Frankfurt am Main 2005 (Suhrkamp)

Rabinovici, Doron/Sznaider, Natan, Herzl relo@ded – Kein Märchen, Berlin 2016 (Jüdischer Verlag im Suhrkamp Verlag)

Rosenthal, Donna, Die Israelis. Leben in einem außergewöhnlichen Land, München 2007 (C.H. Beck)

Rubinstein, Amnon, Geschichte des Zionismus. Von Theodor Herzl bis heute, München 2001 (dtv)

Salzborn, Samuel, Antisemitismus als negative Leitidee der Moderne. Sozialwissenschaftliche Theorien im Vergleich, Frankfurt am Main 2010 (Campus)

Segev Tom, Die ersten Israelis. Die Anfänge des jüdischen Staates, München 2010 (Pantheon)

Senor, Dan/Singer, Paul, Start-up Nation Israel. Was wir vom innovativsten Land der Welt lernen können, München 2012 (Hanser)

Shavit, Ari, Mein gelobtes Land. Triumph und Tragödie Israels, Bonn 2016 (bpb, Schriftenreihe Band 1604)

Strenger, Carlo, Israel. Einführung in ein schwieriges Land, Berlin 2013 (4. Auflage, Jüdischer Verlag im Suhrkamp Verlag)

Tempel, Sylke, Israel. Reise durch ein altes neues Land, Berlin 2008 (Rowohlt)

Wolffsohn, Michael/Grill, Tobias, Israel. Geschichte, Politik, Gesellschaft, Wirtschaft, Opladen 2016 (8. aktualisierte Auflage, Verlag Barbara Budrich)

Yaron, Gil, Jerusalem. Ein historisch-politischer Stadtführer, Bonn 2014 (bpb, Schriftenreihe Band 1416)

Online

Dossier »Israel« der bpb: http://www.bpb.de/internationales/asien/israel/

Jüdisches Onlinemagazin, das auch über Israel berichtet: http://www.hagalil.com/

Autorinnen und Autoren

Shimon Adaf ist Schriftsteller. Er hat bisher drei Gedichtbände und acht Romane veröffentlicht. Seine Eltern stammen aus Marokko und leben in Sderot, wo er aufgewachsen ist.

Dr. Yossi Alpher ist der einstige Direktor des Jaffee Center for Strategic Studies an der Universität Tel Aviv. Zuletzt erschienen seine beiden Bücher »Periphery. Israel's Search for Middle East Allies« (2015) und »No End of Conflict. Rethinking Israel-Palestine« (2016).

Dr. Karin Amit ist Hochschuldozentin in der Abteilung für Business Administration am Ruppin Academic Center und leitet dort das MA-Programm für Einwanderung und soziale Integration. Sie ist Vorsitzende der Abteilung für Migration und Demografie des israelischen Soziologenverbands.

Dr. Gad Arnsberg, geboren in Tel Aviv, aufgewachsen in Frankfurt am Main, ist Historiker und ehemaliger langjähriger Hochschullehrer am Beit Berl Academic College in Israel.

Dr. Ralf Balke ist Historiker und Journalist in Berlin. Er arbeitete viele Jahre für das Handelsblatt und schreibt heute unter anderem für die Jüdische Allgemeine. Er ist Autor des in der Beck'schen Reihe erschienenen Bands »Israel. Geschichte – Politik – Kultur« (2013).

Prof. Dr. Yehuda Bauer ist emeritierter Professor für die Geschichte des Holocaust an der Hebräischen Universität Jerusalem und Mitglied der Israelischen Akademie der Wissenschaften sowie akadamischer Berater von Yad Vashem.

Aluf Benn ist seit 2011 Chefredakteur der israelischen Tageszeitung Haaretz, bei der er zuvor jahrelang als Korrespondent für die Themen Sicherheit und Verteidigung tätig war.

Prof. Dr. Guy Ben-Porat lehrt am Department of Public Policy and Administration an der Ben-Gurion-Universität des Negev. 2013 veröffentlichte er »Between State and Synagogue. The Secularization of Contemporary Israel«.

Odeh Bisharat ist Schriftsteller und Publizist. Seine Familie stammt ursprünglich aus Ma'alul, einem der 1948 zerstörten arabischen Dörfer. Er lebt in Jaffa-Nazareth in Galiläa. Nach der Jahrtausendwende war er Generalsekretär der israelischen Hadash-Partei.

Prof. Dr. Jérôme Bourdon lehrt am Institut für Kommunikation an der Universität Tel Aviv und ist außerordentlicher Professor an der INA-SUP School of Broadcasting in Paris. Zuletzt erschienen »Television Audiences Across the

World. Deconstructing the Ratings Machine« (Mitherausgeberin Cécile Méadel; 2014) und »Du service public à la télé-réalité. Une histoire culturelle des télévisions européennes, 1950–2010« (2011).

Prof. Dr. Michael Brenner ist Professor für Jüdische Geschichte und Kultur an der Ludwig-Maximilian-Universität München und Direktor des Center for Israel Studies an der American University in Washington, D.C. Seine jüngste Publikation »Israel. Traum und Wirklichkeit des jüdischen Staates« erschien 2016.

Dr. Gisela Dachs ist Publizistin, Sozialwissenschaftlerin und Dozentin an der Hebräischen Universität Jerusalem. Sie war zwei Jahrzehnte lang exklusive Israel-Korrespondentin der ZEIT und arbeitet heute als freie Autorin in Tel Aviv, unter anderem auch für die NZZ am Sonntag.

Mohammed Darawshe ist Direktor des Center for Shared Society am Givat-Haviva-Institut. Er hat einen Masterabschluss in Konfliktlösung und ist derzeit Richard-von-Weizsäcker-Fellow an der Robert Bosch Academy. Die in seinem Beitrag dargelegten Ansichten sind allein die des Autors.

Prof. Dr. Sergio DellaPergola ist emeritierter Professor für Demografie und Jüdische Studien am Hartman Institute for Contemporay Jewry an der Hebräischen Universität Jerusalem.

Dr. Reinhard Engel ist Wirtschaftsjournalist und Auslandskorrespondent in Wien. Seine Schwerpunkte sind Osteuropa und Israel. Zuletzt erschien »Wien global. Unternehmen im weltweiten Wettbewerb« (2015).

Avirama Golan ist eine israelischen Journalistin und Schriftstellerin. Sie leitet das Bat Yam Center for Urbanism.

Amir Gutfreund (gestr. 2015) war ein israelischer Schriftsteller. Auf Deutsch erschien 2003 »Unser Holocaust«.

Prof. Dr. Ruth Klinov (gestr. 2015) war Professorin für Ökonomie an der Hebräischen Universität Jerusalem.

Dr. Claudia Liebelt ist Ethnologin und Akademische Rätin am Lehrstuhl für Sozialanthropologie an der Universität Bayreuth. Sie ist Autorin zahlreicher Publikationen zu nicht jüdischer Migration nach Israel und philippinischer Diaspora, darunter »Caring for the Holy Land: Filipina Domestic Workers in Israel« (2011).

Judy Maltz ist eine israelische Journalistin und Filmemacherin. Sie schreibt u.a. für Haaretz.

Prof. Dr. Benyamin Neuberger ist emeritierter Professor für Politikwissenschaft an der Open University in Israel. 2014 zeichnete die Israelische Gesellschaft für Politikwissenschaft ihn für sein wissenschaftliches Lebenswerk aus.

Prof. Dr. Joel Peters ist Professor of Government and International Affairs in der School of Public and International Affairs, Virginia Tech, USA.

Rob Pinfold ist Doktorand im Department of War Studies, King´s College, London.

Kinneret Rosenbloom ist eine israelische Schriftstellerin und als Unternehmensberaterin Expertin für Führungsfragen. Sie hat einen Masterabschluss in Soziologie und lebt in Tel Aviv.

Tamar Rotem ist eine israelische Journalistin und Autorin. Sie lebt in Jerusalem. Sie schreibt u. a. für Haaretz.

Prof. Dr. Natan Sznaider ist Professor für Soziologie am Academic College in Tel Aviv.

Dr. Sylke Tempel ist Chefredakteurin der Zeitschrift »Internationale Politik« und des »Berlin Policy Journal«.

Assaf Uni lebt als israelischer freier Journalist in Berlin und Tel Aviv.

David Witzthum ist ein israelischer Journalist. Bis 2015 war er Chefredakteur der Nachrichtenabteilung des ersten Fernsehkanals; von 1982 bis 1985 arbeitete er als Korrespondent in Bonn.

Dr. Laurence Wolff war 22 Jahre lang bei der Weltbank als Hauptverantwortlicher für den Bereich Bildung tätig. Er hat im Bereich Bildungsplanung und Verwaltung an der Harvard Graduate School of Education promoviert.

Prof. Dr. Moshe Zimmermann ist emeritierter Professor für Geschichte. Er war bis 2013 Direktor des R. Koebner Center for German History an der Hebräischen Universität Jerusalem.

Dr. Rael Zreik ist Kodirektor des Minerva Humanities Center an der Universität Tel Aviv sowie außerordentlicher Professor für Jura am Carmel Academic College in Haifa.

Bildnachweis

Vorwort
S. 10/11 © Vered Navon

Kapitel 1
S. 18/19 © Vered Navon; S. 22 ullstein bild / imageBROKER / Christian Reister; S. 29 Mendy Hechtman / Flash90; S. 32 https://allybluefence.wordpress.com/2010/04/05/hey-babe-dolls-back-to-ein-hod-the-artists-village/dsc_2631/; S. 33 Getty Images / AFP / Jonathan Nackstrand; S. 35 © Peter van Agtmael / Magnum Photos / Agentur Focus; S. 37 © Vered Navon; S. 44 © Vered Navon; S. 48 laif / Uriel Sinai / NYT / Redux; S. 49 © Vered Navon; S. 50 © Vered Navon

Kapitel 2
S. 52/53 © Vered Navon; S. 60 © Vered Navon; S. 66 https://de.wikipedia.org/wiki/Altneuland#/media/File:Altneuland.jpg; S. 68 picture-alliance / Imago; S. 70 ullstein bild / Abraham Pisarek; S. 71 picture-alliance / Imago; S. 73 Süddeutsche Zeitung Photo / Rue des Archives; S. 74 ullstein bild; S. 77 akg-images / Pictures from History; S. 83 © Vered Navon; S. 84 Süddeutsche Zeitung Photo; S. 85 akg-images / Bildarchiv Pisarek; S. 87 © Micha Bar Am / Magnum Photos / Agentur Focus; S. 89 © Robert Capa / Magnum Photos / Agentur Focus; S. 91 © Robert Capa / Magnum Photos / Agentur Focus; S. 95 Getty Images / Bettmann; S. 99 © Micha Bar Am / Magnum Photos / Agentur Focus; S. 105 ullstein bild / Reuters / Baz Ratner; S. 111 picture-alliance / dpa / epa / Avraham Soskin; S. 112 © Vered Navon; S. 115 laif / Thomas Linke; S. 116 © Vered Navon

Kapitel 3
S. 120/121 © Peter van Agtmael / Magnum Photos / Agentur Focus; S. 130 Getty Images / Slotan Kluger / GPO; S. 141 ullstein bild / Fishman; S. 157 picture-alliance / dpa / Ofira Koopmanns; S. 164 © Jonas Opperskalski; S. 166 picture-alliance / ZUMA Press / Nir Alon; S. 167 © Micha Bar Am / Magnum Photos / Agentur Focus; S. 168 Getty Images / David Rubinger; S. 170 David Buimovitch / Flash90; S. 178 © Vered Navon; S. 182 laif / Rina Castelnuovo / NYT / Redux; S. 189 © Vered Navon; S. 190 Getty Images / Lior Mizrahi; S. 197 © Micha Bar Am / Magnum Photos / Agentur Focus; S. 202 picture-alliance / akg; S. 205 © Leonard Freed / Magnum Photos / Agentur Focus; S. 208 (links) Getty Images / Nicholas Kamm / Staff; S. 208 (rechts) GPO / Kobi Gideon; S. 211 © A. Abbas / Magnum Photos / Agentur Focus; S. 214 Hadas Parush / Flash90; S. 217 © Vered Navon; S. 218 laif / Uriel Sinai / NYT / Redux; S. 223 © Vered Navon; S. 224 Reuters / Ammar Awad; S. 225 picture-alliance / dpa / Gil Eliyahu; S. 229 © Jonas Opperskalski; S. 234 https://commons.wikimedia.org/wiki/File:Arabnaim.jpg; S. 240 © Vered Navon; S. 241 © Vered Navon; S. 246 ullstein bild; S. 248 Getty Images / Guy Prives; S. 249 © Izi Ohana-Duro

Kapitel 4

S. 250/251 Getty Images / Ahmad Gharabli; S. 255 (oben) © Vered Navon; S. 255 (unten) © Vered Navon; S. 259 laif / Naftali Hilger; S. 268 © Jonas Opperskalski; S. 271 © Vered Navon; S. 274 Getty Images / Menahem Kahana / Staff; S. 277 laif / Amos Schliack; S. 282 Reuters / Amir Cohen; S. 284 Getty Images / Dan Porges; S. 298 © Jonas Opperskalski; S. 300 Getty Images / Thomas Coex / Staff; S. 302 picture-alliance / SZ Photo / Alessandra Schnellnegger; S. 304 Reuters / Amir Cohen; S. 305 picture-alliance / DUMONT Bildarchiv; S. 309 © Loulou d'Aki

Kapitel 5

S. 312/313 https://commons.wikimedia.org/wiki/File:Israel_Supreme_Court.jpg; S. 315 https://commons.wikimedia.org/wiki/File:Emblem_of_Israel.svg; S. 317 ullstein bild / Reuters / POOL; S. 319 ullstein bild / CTK / Michal Dolezahl; S. 322 Issac Harari / Flash90; S. 327 Getty Images / David Rubinger

Kapitel 6

S. 334/335 © Tim Griffith; S. 340 laif / XINHUA; S. 345 picture-alliance / dpa /Atef Safadi; S. 347 Getty Images / John Thys; S. 349 Reuters / Jonathan Ernst; S. 354 Reuters / Sebastien Pirlet

Kapitel 7

S. 356/357 Getty Images / Apic; S. 363 picture-alliance / AP Images; S. 365 ullstein bild / dpa; S. 366 Getty Images / Menahem Kahana; S. 368 picture-alliance / dpa-Bildarchiv; S. 369 GPO / Sa'ar Ya'acov; S. 371 Getty Images / Sven Nackstrand; S. 372 laif / Shabi; S. 373 © Jonas Opperskalski; S. 375 © Peter van Agtmael / Magnum Photos / Agentur Focus; S. 380 Getty Images / Gili Yaari / NurPhoto; S. 383 Getty Images / Abedalrahman Hassan / NurPhoto; S. 385 © Micha Bar Am / Magnum Photos / Agentur Focus; S. 387 Getty Images / Roberto Schmidt / Staff; S. 395 Getty Images / Moshe Milner / GPO; S. 398 Reuters / Ronen Zvulun; S. 406 Reuters / Amir Cohen; S. 409 © Vered Navon

Kapitel 8

S. 416/417 ullstein bild / Reuters / Amir Cohen; S. 419 Reuters / Nir Elias; S. 422 ullstein bild / mirrorpix; S. 423 akg-images / Jacques Violet; S. 430 © Micha Bar Am / Magnum Photos / Agentur Focus; S. 432 © Micha Bar Am / Magnum Photos / Agentur Focus; S. 439 picture-alliance / AP Photo / Dan Balilty; S. 444 ullstein bild / Reuters / Ammar Awad; S. 446 © Jonas Opperskalski; S. 447 Reuters / Siegfried Modola

Kapitel 9

S. 452/453 © Vered Navon; S. 465 picture-alliance / dpa / Albatross Aerial Photography; S. 467 Reuters / Ronen Zvulun; S. 474 https://commons.wikimedia.org/wiki/File:Ulpan_1955.jpg?uselang=de; S. 480 © Robert Capa / Magnum Photos / Agentur Focus; S. 496 GPO / Herman Chanania; S. 500 Fotofinder / Duby Tal / Albatross / Okapia; S. 503 laif / Riccardo Venturi; S. 505 © Vered Navon; S. 508 © Vered Navon; S. 510 picture-alliance / Photoshot; S. 511 © Vered Navon; S. 523 Reuters/ Baz Ratner; S. 524 Reuters/

Baz Ratner; S. 525 © Vered Navon; S. 532 © Yan Yin; S. 535 © Yan Yin; S. 540 laif / Eitan Simanor / robertharding; S. 542 © Dennis Stock / Magnum Photos / Agentur Focus; S. 543 picture-alliance / DUMONT Bildarchiv / Ernst Wrba; S. 545 laif / Andre Abramovich; S. 549 © Vered Navon; S. 558 picture-alliance/ Photoshot; S. 561 Reuters / Ronen Zvulun; S. 564 laif / Naftali Hilger; S. 565 laif / Naftali Hilger

Kapitel 10

S. 570/571 akg-images/ Jürgen Sorges; S. 573 Getty Images / GPO / Pressemitteilung S. 574 akg-images/ Mondadori Portfolio; S. 576 akg-images; S. 580 bpk; S. 583 © Micha Bar Am / Magnum Photos / Agentur Focus; S. 585 laif / Jose Giribas / SZ Photo; S. 595 laif / UPI; S. 596 © Vered Navon; S. 600 © Peter van Agtmael / Magnum Photos / Agentur Focus; S. 602 picture-alliance / schroewig / Bernd Oertwig; S. 607 Getty Images / Anadolu Agency / Issam Rimawi

Kapitel 11

S. 614/615 picture-alliance / Rainer Jensen; S. 620 akg-images / picture-alliance / dpa; S. 622 picture-alliance / dpa / Bildarchiv; S. 623 (oben) https://commons.wikimedia. org/wiki/File:Begin_at_Mass.jpg; S. 623 (unten) https://commons.wikimedia.org/wiki/ File:Israel_Railways_Esslingen_LHB_1956.jpg; S. 624 © Micha Bar Am / Magnum Photos / Agentur Focus; S. 625 picture- alliance / dpa / Bildarchiv / Braun; S. 629 © Micha Bar Am / Magnum Photos / Agentur Focus; S. 631 ullstein bild / dpa; S. 632 ullstein bild / AP; S. 633 picture-alliance / dpa / Martin Gerten; S. 634 ullstein bild / Sven Simon; S. 637 picture-alliance / dpa / Frank Rumpenhorst; S. 644 picture-alliance / AA / Mehmet Kaman; S. 645 picture-alliance / Geisler-Fotopress / Michaela Ellguth; S. 647 laif / Amit Shabi; S. 649 laif / Regina Schmeken / SZ Photo

Kapitel 12

S. 650/651 © Vered Navon; S. 656 David Seymour / Magnum Photos / Agentur Focus S. 662 laif / Ludovic Maisant / hemis.fr; S. 665 © Vered Navon; S. 670 Yaakov Lederman / Flash90; S. 671 laif / Eitan Simanor; S. 672 laif / UPI; S. 676 Nati Shohat / Flash90; S. 681 Gili Yaari / Flash90; S. 682 picture-alliance / dpa / Rainer Jensen; S. 683 © Batsheva Dance Company; S. 684 © Vered Navon; S. 690 Süddeutsche Zeitung Photo / United Archives; S. 693 © Vered Navon; S. 694 © Vered Navon; S. 698 laif / Sebastien Leban / REA; S. 710 © Vered Navon; S. 715 © Vered Navon; S. 716 https://commons. wikimedia.org/wiki/File:Gate_of_Herzliya_High_School,_Tel_Aviv,_Israel.jpg; S. 720 laif / Shabi; S. 722 ullstein bild / Reuters / Ronen Zvulun; S. 734 Yossi Zeliger / Flash90; S. 736 ullstein bild / Israelimages / Israel Talby; S. 737 laif / Naftali Hilger

Anhang

S. 766/767 © Vered Navon

Wir danken allen Lizenzgebern für die Abdruckgenehmigung der Bilder. In Fällen, in denen es nicht gelang, Rechteinhaber an Abbildungen zu ermitteln, bleiben Honoraransprüche gewahrt.

◀ Der Har Meron ist mit 1200 Metern der höchste Berg Israels und liegt im Norden des Landes unweit der libanesischen Grenze.